西北大學名師大家學術文庫

張西堂 著

張銘洽 整理

# 張西堂全集 下

西北大学出版社
·西安·

# 目　録

## 下册　第三編

### 經學概論講義

群經緣始（《經解入門》）……………………………江　藩 2209

經名數略釋……………………………………………吴承仕 2211

史記·儒林列傳………………………………………司馬遷 2215

漢書·儒林傳…………………………………………班　固 2220

后漢書·儒林列傳……………………………………范　曄 2231

漢書藝文志辨僞（《新學僞經考》卷三上）…………康有爲 2245

漢書·禮樂志（附）…………………………………………2270

漢魏博士考（《觀堂集林》卷四）……………………王國維 2278

今古文論（《觀堂集林》卷七）………………………王國維 2295

經典釋文叙録…………………………………………陸德明 2310

傳經表序………………………………………………洪亮吉 2325

兩漢經師今古文家法考叙……………………………魏　源 2366

今古學宗旨不同表……………………………………廖　平 2368

今學改變古學禮制表…………………………………廖　平 2370

今古文家法述·答奉天黄翻問…………………象山　陳漢章　撰 2371

群經源流（《經解入門》卷一）………………………江　藩 2379

群經辨異（《經解入門》卷一）………………………江　藩 2382

群經辨僞（附：辨諸子之僞）（《經解入門》卷一）………… 江　藩 2383

群經今文古文（《經解入門》卷一）………………………… 江　藩 2384

注家有得有失（《經解入門》卷一）………………………… 江　藩 2386

古書疑例（《經解入門》卷一）……………………………… 江　藩 2388

群經辨逸（《經解入門》卷一）……………………………… 江　藩 2390

重論經今古文學問題………………………………………… 錢玄同 2391

經學中之重要問題………………………………………………… 2447

# 詩經學講義（甲乙種）

## 【甲種之一】
《詩》之名義 ………………………………………………… 2453

## 【甲種之二】
孔子刪詩 …………………………………………………… 王　崧 2455

## 【甲種之三】
《詩論》 …………………………………………………… 朱彝尊 2462

## 【甲種之四】
《夫子正樂論·中》 ………………………………………… 魏　源 2465

## 【甲種之五】
《經義考》中所述關於古詩之記載與評論 ………………… 朱彝尊 2469

## 【甲種之六】
論孔子刪詩（《詩經通論》）……………………………… 皮錫瑞 2476

## 【甲種之七】
孔子刪詩辨 ………………………………………………… 趙　坦 2479

## 【甲種之八】
《詩本誼·序》（半廠叢書）……………………………… 龔　橙 2481

## 【甲種之九】
三家詩異文異説録 ………………………………………… 陳喬樅 2487

## 【甲種之十】
《邶鄘衛·柏舟第四》 ……………………………………………… 2501

## 【甲種之十一】
《談談〈詩經〉》 …………………………………… 胡　適 2541

## 【甲種之十二】
《論〈詩經〉所錄全爲樂歌》 ……………………… 顧頡剛 2549

## 【乙種之一】
《三家詩遺説考序》（南菁書院《經解續編》）
　　………………………（清）陳壽祺　撰　（清）陳喬樅　述 2578

## 【乙種之二】
《論詩序》五篇（《詩瀋》） …………………… 范家相 2582

## 【乙種之三】
《詩辨妄》 ……………………………………… 顧頡剛　輯本 2585

## 【乙種之四】
《漢書藝文志辨僞》(詩)(《新學僞經考》卷三上) ……… 康有爲 2591

## 【乙種之五】
《論詩序》（《詩經通論》） …………………… 皮錫瑞 2596

## 【乙種之六】
《非詩辨妄》 …………………………………… 周　孚 2599

## 【乙種之七】
《經典釋文·序録》（詩） …………………… 陸德明 2609

## 【乙種之八】
齊魯韓毛異同論（《詩古微》） ………………… 魏　源 2612

## 【乙種之九】
《詩論》十七篇（藝海珠塵本　荆川稗編本《詩論》） 程大昌 2616

## 【乙種之十】
《詩本誼》（半厰叢書本） ……………………… 龔　橙 2629

## 【乙種之十一】
釋四詩名義 ……………………………………… 梁啓超 2669

## 【乙種之十二】
詩經奧論（選録） ……………………………… 鄭　樵 2673

【乙種之十三】
　　詩終始論《檢論》 ……………………………………… 章炳麟 2678
【乙種之十四】
　　小疋大疋説（《太炎文録》）………………………………… 章炳麟 2680
【乙種之十五】
　　六義與大小雅之別（《詩緝》）……………………………… 嚴　粲 2683
【乙種之十六】
　　大、小二雅當以音樂別之（《詩説》）……………………… 惠周惕 2685
【乙種之十七】
　　《釋頌》（《揅經室集》）…………………………………… 阮　元 2686
【乙種之十八】
　　説周頌（《觀堂集林》卷二）……………………………… 王國維 2690
【乙種之十九】
　　商頌魯韓發微（《詩古微·六》）…………………………… 魏　源 2692
【乙種之二十】
　　《商頌美宋襄公考證》（師伏堂叢書——經訓書院
　　　自課文卷一）……………………………………………… 皮錫瑞 2697
【乙種之二十一】
　　《説商頌》（上下）（《觀堂集林》卷二）………………… 王國維 2700
【乙種之二十二】
　　詩問十二則（《堯峰文鈔》）………………………………… 汪　琬 2703
【乙種之二十三】
　　四　始（《毛詩稽古編總詁舉要》）………………………… 陳啓源 2707
【乙種之二十四】
　　讀詩易法——六經奧論總文 ………………………………… 鄭　樵 2709
【乙種之二十五】
　　詩　論（《欒城應詔集》）…………………………………… 蘇　轍 2711
【乙種之二十六】
　　風雅頌賦比興（《朱子語類》卷八十）……………………… 朱　熹 2713

【乙種之二十七】
　　詩經論旨（賦比興） ································· 姚際恒 2717
【乙種之二十八】
　　六詩說 ··············································· 章太炎 2719
【乙種之二十九】
　　詩有六情五際解 ····································· 蔣湘南 2722
【乙種之三十】
　　齊詩翼氏學 ········································· 迮鶴壽 2727
【乙種之三十一】
　　魯詩無傳辨（《毛詩傳箋》） ····················· 馬瑞辰 2733
【乙種之三十二】
　　毛詩說（《毛詩傳疏》） ·························· 陳　奐 2734
【乙種之三十三】
　　關雎通釋（《七經樓文鈔》卷二） ················ 蔣湘南 2743
【乙種之三十四】
　　關雎故言（《檢論》卷二） ······················· 章炳麟 2747
【乙種之三十五】
　　毛詩韻例（《毛詩正韻·卷首》） ················ 丁以此 2750
【乙種之三十六】
　　詩經序傳箋略例 ···································· 黃　侃 2757

## 詩三百篇考略

詩名義略釋 ················································ 張西堂 2769
經義考（詩）（存目，原文參見《詩經學講義》甲種之五） ··· 朱彝尊 2772
孔子刪詩（存目，原文參見《詩經學講義》甲種之二） ······ 王　崧 2773
詩　論（存目，原文參見《詩經學講義》甲種之三） ········ 朱彝尊 2774
孔子刪詩辨（存目，原文參見《詩經學講義》
　　甲種之七） ············································· 趙　坦 2775
夫子正樂論（中）（存目，原文參見《詩經學講義》
　　甲種之四） ············································· 魏　源 2776

| 論孔子刪詩（《詩經通論》）（存目，原文參見《詩經學講義》甲種之六） ………………………………………………… 皮錫瑞 2777
| 采詩刪詩辨 …………………………………………………… 張西堂 2778
| 逸詩篇句表（附考） …………………………………………… 張西堂 2785
| 三家詩遺説考序（存目，原文參見《詩經學講義》乙種之一） ………………………………………………………… 陳喬樅 2797
| 齊魯韓毛異同論（存目，原文參見《詩經學講義》乙種之八） ………………………………………………………… 魏　源 2798
| 漢書藝文志辨僞（存目，原文參見《詩經學講義》乙種之四） ………………………………………………………… 康有爲 2799
| 經典釋文叙録（詩）（存目，原文參見《詩經學講義》乙種之七） ………………………………………………………… 陸德明 2800
| 毛詩序略説 …………………………………………………… 張西堂 2802
| 詩辨妄（顧頡剛輯本）（存目，原文參見《詩經學講義》乙種之三） ………………………………………………………… 鄭　樵 2819
| 詩序五篇（《詩瀋》）（存目，原文參見《詩經學講義》乙種之二） ………………………………………………………… 范家相 2820
| 論詩序（《詩經通論》）（存目，原文參見《詩經學講義》乙種之五） ………………………………………………………… 皮錫瑞 2821
| 釋四詩名義（存目，原文參見《詩經學講義》乙種之十一） ………………………………………………………… 梁啓超 2822
| 小疋大疋説（存目，原文參見《詩經學講義》乙種之十四） ………………………………………………………… 章炳麟 2823
| 釋　頌（《揅經室集》）（存目，原文參見《詩經學講義》乙種之十七） ………………………………………………………… 阮　元 2824
| 説周頌（《觀堂集林・卷二》）（存目，原文參見《詩經學講義》乙種之十八） ………………………………………… 王國維 2825
| 六義與大小雅之别（《詩緝》）（存目，原文參見《詩經學講義》乙種之十五） ………………………………………… 嚴　粲 2826
| 大小二雅當以音樂别之（《詩説》）（存目，原文參見《詩經學講義》乙種之十六） ………………………………… 惠周惕 2827

| 詩經奥論（選録）（存目，原文參見《詩經學講義》乙種之十二） | 鄭　樵 | 2828 |

詩　論（《欒城應詔集》）（存目，原文參見《詩經學講義》乙種之二十五） …………………………………… 蘇　轍 2829

讀詩易法（《六經奥論·總文》）（存目，原文參見《詩經學講義》乙種之二十四） …………………………………… 鄭　樵 2830

風雅頌賦比興（《朱子語類·卷八十》）（存目，原文參見《詩經學講義》乙種之二十六） …………………………………… 朱　熹 2831

詩經論旨（賦比興）（存目，原文參見《詩經學講義》乙種之二十七） …………………………………… 姚際恒 2832

詩論十七篇（存目，原文參見《詩經學講義》乙種之九）… 程大昌 2833

《詩問》十二則（存目，原文參見《詩經學講義》乙種之二十二） …………………………………… 汪　琬 2834

四　始（存目，原文參見《詩經學講義》乙種之二十三） …………………………………… 陳啓源 2835

詩終始論（存目，原文參見《詩經學講義》乙種之十三）… 章炳麟 2836

六詩説（存目，原文參見《詩經學講義》乙種之二十八）… 章炳麟 2837

魯詩無傳辨（存目，原文參見《詩經學講義》乙種之三十一） …………………………………… 馬瑞辰 2838

商頌魯韓發微（存目，原文參見《詩經學講義》乙種之十九） …………………………………… 魏　源 2839

商頌美宋襄公考證（存目，原文參見《詩經學講義》乙種之二十） …………………………………… 皮錫瑞 2840

説《商頌》（上、下）（存目，原文參見《詩經學講義》乙種之二十一） …………………………………… 王國維 2841

詩有六情五際解（存目，原文參見《詩經學講義》乙種之二十九） …………………………………… 蔣之瀟 2842

齊詩翼氏學（選録）（存目，原文參見《詩經學講義》乙種之三十） …………………………………… 迮鶴壽 2843

毛詩説（存目，原文參見《詩經學講義》乙種之三十二）… 陳　奐 2844

詩三百篇考略附録之一 ………………………………… 張西堂 2845

詩三百篇考略附錄之二 ………………………………………… 2853

# 春秋研究講義（甲乙種）

**【甲種之一】**
　　《春秋》之名稱 ……………………………………… 杜　預 2859

**【甲種之二】**
　　《〈公羊傳〉當正其名曰〈春秋傳〉》（《春秋復始》卷一）… 崔　適 2862
　　附錄：《以春秋爲春秋》（《春秋復始・卷一》）…… 崔　適 2863

**【甲種之三】**
　　《春秋三傳異同考》（藝海珠塵本） ………………… 陳寶崖 2865

**【甲種之四】**
　　春秋三家異文覈（《聚學軒叢書》） ………………… 朱駿聲 2870

**【甲種之五】**
　　《公》《穀》記孔子生說（《經韻樓集》） ……………… 段玉裁 2879
　　附錄：《〈穀梁〉補注》一則 ……………………… 鍾文烝 2880
　　　　　又，《〈公羊〉義疏》一則 …………………… 陳　立 2880

**【甲種之六】**
　　續經之舊說 …………………………………………………… 2881

**【甲種之七】**
　　證《續經》謬（《左氏春秋考證》） ………………… 劉逢禄 2883

**【甲種之八】**
　　《春秋》闕文表叙（《春秋大事表》四十三） ……… 顧棟高 2885
　　附錄：《春秋》俱係孔子修成以後闕誤論………………… 2902

**【甲種之九】**
　　《公羊傳》中之《春秋經》 …………………………… 梅思平 2905

**【甲種之十】**
　　春秋筆削大義微言考發凡 …………………………… 康有爲 2910

**【甲種之十一】**
　　"春秋大義"是什麼 …………………………………… 張西堂 2918

**【甲種附錄之一】**
　　《春秋》集目 ………………………………………… 張西堂 2927

【乙種之一】
《漢書藝文志辨僞》（《新學僞經考》卷三上
——《春秋》） ............................................. 康有爲 2939

【乙種之二】
《經義考》中所述關於《左氏傳》之記載與評論......... 朱彝尊 2947

【乙種之三】
《經義考》中關於《公羊傳》之記載與評論............. 朱彝尊 2955

【乙種之四】
《經義考》中關於《穀梁傳》之記載與評論............. 朱彝尊 2959

【乙種之五】
《公羊》先師考（《隸經文》卷四，《清經解續編本》）......... 江　藩 2961

【乙種之六】
左氏非丘明辨（《六經奧論》卷四——通志堂經解） ...... 鄭　樵 2963

【乙種之七】
左丘明之姓氏 ........................................................ 2965

【乙種之八】
傳經表（《春秋董氏學》卷七） ........................... 康有爲 2968

【乙種之九】
《經典釋文·序録》（《春秋》） ........................... 陸德明 2976

【乙種之十】
《春秋繁露目録》 ................................................ 2980
附：凌曙《春秋繁露注·序》 ................................. 2981
　　蘇輿《春秋繁露義證》凡例 ............................. 2982

【乙種之十一】
《漢書·劉歆傳》 ............................................... 班　固 2984

【乙種之十二】
春秋三傳先後考（《左盦集》卷二） ..................... 劉師培 2987

【乙種之十三】
《左氏》不傳《春秋》辨（附：《周季諸子述〈左傳〉考》）... 劉師培 2990

【乙種之十四】
《左氏學行於西漢考》 ....................................... 劉師培 2993

【乙種之十五】
 《穀梁補注·序》 …………………………………… 鍾文烝 2999

【乙種之十六】
 《穀梁補注·論傳》 ………………………………… 鍾文烝 3002

【乙種之十七】
 穀梁大義述序 ……………………………………… 柳興恩 3007

【乙種之十八】
 穀梁廢興源流 ……………………………………… 柳興恩 3010

【乙種之十九】
 《春秋公羊經傳通義叙》 …………………………… 孔廣森 3015

【乙種之二十】
 《春秋復始》（節錄） ……………………………… 崔　適 3021

【乙種之二十一】
 《史記探源》（節錄） ……………………………… 崔　適 3029

【乙種之二十二】
 清代中葉之春秋論三種 ……………………………………… 3036
 《春秋》論二篇（《潛研堂文集》卷一） ………… 錢大昕 3036
 《春秋》論二篇（《劉禮部集》卷三） …………… 劉逢祿 3039
 《春秋說》（三篇）（《夏仲子集》卷四） ……… 夏　炯 3042

## 《文心雕龍》筆記

前　言 …………………………………………………………… 3047

《神思》篇 ……………………………………………………… 3052

《情采》篇 ……………………………………………………… 3058

 附錄：《無言之美》（摘錄） …………………… 朱光潛 3064

《鎔裁》篇 ……………………………………………………… 3069

《附會》篇 ……………………………………………………… 3073

《章句》篇 ……………………………………………………… 3077

 附錄：杜甫：《奉贈韋左丞丈二十二韵》 ………………… 3079

《練字》篇 ………………………………………… 3086
《總術》篇 ………………………………………… 3091

## 語言文學書目舉要

  一　總類書目索引之屬 ……………………………… 3097
  二　語言類（文字訓詁之屬）……………………… 3104
  三　聲韻學書目 ……………………………………… 3115
  四　雅學書目（詞典類之屬）……………………… 3119
  五　五經輯注校詁書目（經學之屬）……………… 3122
  六　先秦諸子之屬書目 ……………………………… 3137
  七　其他 ……………………………………………… 3143

## 漢語修辭學講義

  Ⅰ　修辭通論 ………………………………………… 3147
    一　修辭二字之意義 ……………………………… 3147
    二　漢語言修辭之始 ……………………………… 3147
    三　漢語修辭學參考書 …………………………… 3148
    四　自然之文之分類 ……………………………… 3149
    五　修詞應有之傾向 ……………………………… 3151
    六　修詞現象之分際 ……………………………… 3152
  Ⅱ　消極修辭 ………………………………………… 3154
    一　修辭應有準備 ………………………………… 3154
    二　文意的精警 …………………………………… 3158
    三　文意的清順 …………………………………… 3162
    四　文辭的純正 …………………………………… 3166
    五　文辭的明確 …………………………………… 3169
  Ⅲ　積極修辭（上）………………………………… 3172
    一　詳明 …………………………………………… 3172
    二　簡略 …………………………………………… 3172

三　布置 …………………………………………………… 3172
　　　四　變化 …………………………………………………… 3173
　　　五　詳明法 ………………………………………………… 3173
　Ⅳ　積極修辭（下） ………………………………………………… 3181

附録一　**張西堂先生傳**（選自《陝西省誌·人物誌》） …………… 3191
附録二　**張西堂先生年譜** …………………………………… 張銘洽 3194
附録三　**張西堂先生著作目録** ……………………（中國臺灣）陳恆嵩 3197
**整理者後記** ………………………………………………… 張銘洽 3203

# 經學概論講義

# 群經緣始

## （《經解入門》）

江　藩

**西堂案：** 通論群經要略之書，皮氏《經學通論》而外，首推江氏《經解入門》。其第一篇論經名數尤簡潔有當。學者得之，與章氏《經解》、龔氏《六經正名》、太炎《國故論衡》之《文學總論》、劉氏《經學傳授考·經之定義》、吳承仕之《經名數略釋》，合而觀之，則於經之起源，經之名數，得以知其詳矣。

上古無經名，《禮記》以《經解》名篇，實爲經名所自始。其云孔子曰："溫柔敦厚，《詩》教也；疏通知遠，《書》教也；廣博易良，《樂》教也；潔静精微，《易》教也；恭儉莊敬，《禮》教也；屬辭比事，《春秋》教也。"案，即以《詩》《書》《易》《禮》《春秋》爲經，尚無"五經""六經"諸名目。六經之名，始見於《莊子·天運篇》，孔子謂老聃曰："丘治《詩》《書》《易》《禮》《樂》《春秋》六經，以爲文。"（《莊子·天運篇》原文爲："丘治《詩》《書》《禮》《樂》《易》《春秋》六經，自以爲久矣。"）又云："孔子見聃不許，於是翻十二經以説老聃。"（《莊子·天道篇》原文爲："往見老聃，而老聃不許。於是翻十二經以説，老聃中其説。"）至漢，則《樂經》亡，而五經僅存。徐氏《初學記》云："古者以《易》《書》《詩》《禮》《樂》《春秋》爲六經。至秦焚書，《樂經》亡。今以《易》《詩》《書》《禮》《春秋》爲五經。"漢武帝建元五年，初置五經博士，五經之名始於此。而其後則或離或合，各有不同。《考古類編》云："有稱七經者，五經之外兼《周禮》《儀禮》也；有稱九經者，七經之外兼《孝經》《論語》也；有稱十經者，《易》《書》《詩》《三禮》《春秋》《左氏》《公羊》《穀梁》《論語》《孝經》是也；有稱十二經者，六經六緯是也；有稱十三經者，《易》《書》《詩》《三禮》《春秋》《左氏》《公羊》《穀梁》《孝經》《論語》《孟子》《爾雅》是也。"《困學紀聞》云："以《禮》《樂》《詩》《書》《易》《春秋》爲六藝，始見於《太史公書·滑稽列傳》。"（原注："孔子曰：六藝於治一也。"）或云七經（原注：後漢趙典學孔子七經，蜀秦宓謂文翁遣相如，東受七經）；或以六經六緯爲十二經（原注：《莊子·天道》紀數略十二經，一説《易》上下經、《十翼》，一説春秋十二公經）；或以五經、五緯爲十經（原注：《南史·周續傳》。今按，應爲《宋書·隱逸傳·周續之傳》）。或云九經（原注：《釋文·序録》："《易》《書》《詩》《周禮》《儀禮》《禮記》《春秋》《孝經》《論語》。《新唐書·谷那律傳》：'九經庫'，始有九經之名。"）《讀書記》云："自漢以來，儒者相傳，但言'五經'，而唐時立之學宫，則云'九經'者，《三禮》《三傳》分而習之，故爲九也。其刻石國子學云：'九經並《孝經》《論語》《爾雅》在内，本朝增以《孟子》，十三之名以立'。"其前後次第，《釋文·序録》云："如《禮記·經解》之説，以《詩》爲首；《七略》《藝文志》所記，用《易》居前；阮孝緒《七録》，亦同此次；而王儉《七志》，《孝經》爲初。"原其後前，義各有指，而陸氏《釋文》所次，則《周易》爲先，次《尚書》，次《毛詩》，次三《禮》：《周禮》《禮記》《儀禮》，次《春秋》《左氏》《公羊》《穀梁》，次《孝經》，次《論語》，次《爾雅》，共十二經。本朝所定，則始《周易》，次《尚書》，次《毛詩》，次《三禮》，次《春秋》，次《孝經》，次《論語》，次《孟子》，次《爾雅》。至所行四子書，則宋、程、朱諸儒取《禮記》《大學》《中庸》二篇而配合之者也。所行五經，則用《易》《書》《詩》《禮記》《春秋》；所行七經，則五經之外加《周禮》《儀禮》而已。

# 經名數略釋

吳承仕

《説文》：經，織從絲也，從糸，坙聲。織之從絲爲經，衡絲爲緯。故《大戴記》曰：南北曰經，東西曰緯。書之稱經，亦由編絲綴屬得名。佛氏三藏，首修多羅，直譯爲綫，譯義爲經。蓋彼以貝葉成書，亦用絲聯貫也。故華、梵二土，稱經之情則同。其始皆爲質名，與後世引申之義，了不相應。

經緯不亂，總紕成文，故曰經常、經紀、經法、經理之義，又有經綸、經營之義。經本從坙，義由川脉，故有經塗、經術、經界之義。布帛織組，先經後緯，故有經始之義。經爲縱綫，可以緊著，故有經絞、經縊之義。經訓爲道，道爲所行，故有經歷、經過之義。後人習用引申之訓，遂以經常一義，爲五經所獨有。故《釋名・釋典藝》云："經，徑也。常典也，如徑路無所不通，可常用也。"此由漢人以五經爲萬世不刊之典，故言無所不通。稽之經傳，最初命名，殊不若是耳。江藩曰："上古無經名。《禮記》以《經解》爲名，實爲經名所自始。"承仕案：《禮記》有《檀弓》篇。鄭《目録》云："名曰'檀弓'者，以其記人善於禮，故著姓名以顯之。"《正義》云："此檀弓在六國時，知者，以仲梁子是六國時人，此篇載仲梁子，故知也。"檀弓非是孔子門徒，而能達禮，故善之以爲篇目。可知《禮記》篇名，多出後人題署。《經解》之目，蓋與彼同。江據之以爲經名之始，殆非其實。

陳漢章曰："《文心雕龍・宗經》篇：'三極彝訓，其書言經'。《文史通義・經解》篇：'《易》曰：雲，雷屯，君子以經綸。'鄭《注》：謂'論撰書禮、樂施政事。經之命名所由昉乎。'漢章案：《屯卦・象傳》，孔子之文，溯厥初名，非由孔子。《禮記・王制》曰：'樂正，崇四術，立四教。順先王詩書禮樂教造士。'《管子・戒》篇曰：'澤其四經'。尹知章注：'四經，謂《詩》《書》《禮》《樂》。'證以《春秋經二十七年傳》云：'《詩》《書》，義之府也；《禮》《樂》，德之則也'，可知管子所以處士就閒燕。先生施教，弟子是則者，實宗樂正之四術。而定名爲經，經之爲言術也。《説文》訓術爲邑中道。鄭注《考工記》曰：'經亦謂城中道'。高誘注《吕覽》《當染》《有始》，並訓經爲道。昭二十五年《左傳注》云：經者，道之常。故《管子・小匡》：

'士之子常爲士也。'《山權數》篇又益以五官技，備六家，則云：《詩》者，所以記物，時者所以記歲；《春秋》者所以記成敗，行者道民之利書；《易》者所以守凶吉成敗，卜者卜凶吉利書。此自《詩》之外，《春秋》易時行卜，不入四經。以《易象》與《魯春秋》，唯藏於魯太史氏，且未經孔子翼贊筆削耳。至孔子繙十二經，治《詩》《書》《禮》《樂》《易》《春秋》六經，而經術明，道術益明。其後荀子亦稱《詩》《書》《禮》《樂》《春秋》，然則經之術，始於《樂正》之四術；經之名，始於《管子》之四經。以經術爲道術，成於孔子之六經、十二經。"承仕案：陳説古人以《詩》《書》《禮》《樂》爲四教，於事爲近，以管子之四經，即《詩》《書》《禮》《樂》之四教，恐未足據。王念孫説之曰："澤，讀爲舍其路而弗由之舍，四經即孝、弟、忠、信。則視陳設爲優矣。"《管子》稱"禮義廉恥，國之四維"，維訓綱，維繫緯，正與經義相近。此以孝、弟、忠、信爲四經，彼以禮、義、廉、恥爲四維，文義正同。然則六經之名，要以《莊子·天運》篇爲最朔矣。

　　經名有達有私。吳語稱"挾經秉枹"。韋解云："兵書也，兵書爲經。"《論衡·謝短》曰："五經題篇，皆以事義別之。至禮與律，獨經也。"法律爲經，《管子》書有《經言》《區言》，教令爲經。《律曆志》序"庖犧以來，帝王代禪，號曰世經"。譜牒爲經。上世有《山海經》，桑欽有《水經》，摯虞有《畿服經》，地記爲經。仲尼作《孝經》，傳記爲經。墨子有《經上下》，韓非有《內儲》《外儲》，先經次説，凡略爲經。此外方書稱經，其類至衆，要之皆達名也。儒者以《詩》《書》《禮》《樂》《春秋》爲六經，餘皆靳而不與，則私名也。

　　依上所説，經之初義，本爲編絲聯貫，次爲經常、經緯諸説。孔子未修訂六籍以前，六籍不必稱經，經名亦不限於六籍。修訂以後，亦未嘗自名爲經也。自孔子刪《詩》《書》，定《禮》《樂》，贊《周易》，修《春秋》，以《詩》《書》《禮》《樂》教子弟，蓋三千焉，身通六藝者，七十有二人，頗受業者甚衆。孔子以人弘道，既強聒而不舍，徒黨遍布，復以稱述師説爲職志。故《莊子·天下》篇云："古之所謂道術者，果惡乎在。曰，無乎不在。其在於《詩》《書》《禮》《樂》者，鄒魯之士，縉紳先生，多能明之。《詩》以道志，《書》以道事，《禮》以道行，《樂》以道和，《易》以道陰陽，《春秋》以道名分，其數散於天下，而設於中國者，百家之學，時或稱而道之。"然則正名大籍爲六經，蓋起於齊宣王、梁惠王之時，亦即七十子後學之徒自所題署。自爾以還，六經之號獨尊異於他書者，蓋亦有故。往者《尚書》百篇，年月闊略，始末無以猝睹，自孔子作《春秋》，然後紀年有次，史法大備。

《曲禮》上稱宦學事師，明不爲貴臣僕隸，則無由識舊事。自孔子刪定大籍，布之民間，然後人知典常，家識圖史。異時老、墨諸公，不刪定六藝而仲尼擅之。遭焚散復出。則權軸自持於孔氏矣。經學名高，故後來多有依託。漢景帝以《老子》義禮尤深，改子爲經，始立道學，敕令朝野悉諷誦之，訖明帝世，四十二章經，始流入中土，其後三張之倫，乃僞造道經，浮夸猥雜，至不足道，而亦橫被經名，明漢人之視經獨異也。清乾隆間章學誠出，始言六經皆史。近餘杭章君，復有補苴修正，而真義大明。苟知經之當尊，而不知其所以尊，則差之毫釐，謬以千里。此學人所當明辨者也。

稱《易》《書》《詩》《禮》《樂》《春秋》爲六經，始於莊子。其後遭秦焚書，《樂經》亡，故漢人多言五經。《白虎通·五經》篇曰："經所以有五何？經，常也，有五常之道，故曰"五經"。《樂》仁、《書》義、《禮》禮、《易》智、《詩》信也。"又云："五經何謂？謂《易》《尚書》《詩》《禮》《春秋》也。"漢自文帝立傳記博士，亦立一經博士；武帝建元五年，立五經博士。而《本紀·贊》則云"罷黜百家，表章六經"。《叙傳》又云"憲章六學"，太史公謂之"六藝"。劉歆卒父業而奏其《七略》，亦以《六藝略》爲首。《三國志·秦宓傳》，稱"文翁遣相如，東受七經。"《後漢書·趙典傳·注》引謝承書，稱"典學孔子七經。"則五經合《論語》《孝經》。《南史·周續之傳》："續之通五經、五緯，號曰十經。"《經典釋文》所列，爲《易》《書》《詩》三《禮》三《傳》《孝經》《論語》《老子》《莊子》《爾雅》十四部書，此皆時人所誦習。故詳爲音釋，統爲精典，亦不質言爲幾經也。唐以三《禮》、三《傳》、《詩》《書》《易》九書試士，故名爲九經。《谷那律傳》稱"九經庫"，唐玄度作"九經"字樣是也。唐及後蜀石經並於九經外，刻《孝經》《論語》《爾雅》，亦名十二經。宋補刻《孝經》《孟子》，於是有十三經之目。又或加大戴《禮記》，名十四經。

孔子刪定六經，及漢而僅存其五。《論語》《孝經》爲仲尼師弟所述，又漢人所常習也，故合爲七經。宋以來有十三經之稱，則以此十三部書，注疏具備故耳。中間稱爲七經、九經者，大抵意爲進退，更無準的。承仕竊謂正今之世，欲定經之法數，蓋有二說，就名言之，則"五經"之目，自古而然，本非尊嚴奇偉之稱，則亦不煩上擬也。故《左氏》《穀梁》《公羊》三傳，大、小戴二《記》，皆爲釋經而作，非經也。《論語》《孝經》，亦傳記之流，非經也。《爾雅》者，小學訓詁之書，非經也。《孟子》明爲子書，非經也。即實言之，則五經皆史也。其義例、體用與經同者，亦當爲經。善夫段玉裁之言曰，禮經《周禮》之輔，《小戴記》也。《春秋》之輔，《左氏》《公羊》《穀梁》也。

《孝經》《論語》《孟子》，五經之木鐸也。《爾雅》五經之鼓吹也。昔人並《左氏》於經，其意善矣。愚謂當廣之爲二十一經。《禮》益以《大戴》，《春秋》益以《國語》《史記》《漢書》《資治通鑒》。《周禮》六經之書數，《爾雅》未足當之也。取《說文解字》《九章算術》《周髀算經》以益之。庶學者誦習既久，於訓詁名物制度之昭顯，民情物理之隱微，無不瞭然。有道學之名，而有其質（見《十經齋記》），此非一孔之儒所能道也。舍名取實，則不止二十一，可也，是故不知經有名實二義者，不與知六籍本意。

# 史記·儒林列傳

司馬遷

**西堂案：** 經之流傳授受，載在《史》《漢》《儒林列傳》甚詳，必先讀之，然後可與論經今古文之分殊，漢魏博士之建立；然後可以讀《傳經表》，畢氏《通經表》等書，《西漢經師傳授系統表》等篇。今先錄《史記·儒林列傳》，以備參考。

太史公曰：余讀功令，至於廣厲學官之路，未嘗不廢書而嘆也。曰：嗟乎！夫周室衰而《關雎》作，幽、厲微而禮樂壞，諸侯恣行，政由強國。故孔子閔王路廢而邪道興，於是論次《詩》《書》，修起禮樂。適齊聞《韶》，三月不知肉味。自衛返魯，然後樂正，《雅》《頌》各得其所。世以混濁莫能用，是以仲尼干七十餘君無所遇，曰"苟有用我者，期月而已矣"。西狩獲麟，曰"吾道窮矣"。故因史記作《春秋》，以當王法，其辭微而指博，後世學者多錄焉。

自孔子卒後，七十子之徒散游諸侯，大者爲師傅卿相，小者友教士大夫，或隱而不見。故子路居衛，子張居陳，澹臺子羽居楚，子夏居西河，子貢終於齊。如田子方、段干木、吳起、禽滑釐之屬，皆受業於子夏之倫，爲王者師。是時獨魏文侯好學，後陵遲以至於始皇。天下並爭於戰國，儒術既絀焉，然齊魯之間，學者獨不廢也。於威、宣之際，孟子、荀卿之列，咸遵夫子之業而潤色之，以學顯於當世。

及至秦之季世，焚《詩》《書》，坑術士，六藝從此缺焉。陳涉之王也，而魯諸儒持孔氏之禮器往歸陳王。於是孔甲爲陳涉博士，卒與涉俱死。陳涉起匹夫，驅瓦合謫戍，旬月以王楚，不滿半歲竟滅亡，其事至微淺，然而縉紳先生之徒負孔子禮器往委質爲臣者，何也？以秦焚其業，積怨而發憤於陳王也。

及高皇帝誅項籍，舉兵圍魯，魯中諸儒尚講誦，習禮樂，弦歌之音不絕。豈非聖人之遺化，好禮樂之國哉？故孔子在陳，曰："歸與歸與！吾黨之小子狂簡，斐然成章，不知所以裁之"。夫齊、魯之間於文學，自古以來，其天性也。故漢興，然後諸儒始得修其經藝，講習大射、鄉飲之禮。叔孫通作漢禮儀，因爲太常，諸生弟子共定者，咸爲選首，於是喟然嘆興於學。然尚有干戈，平定四海，亦未暇遑庠序之事也。孝惠、呂后時，公卿皆武力有功之臣。孝文時頗徵用，然孝文帝本好刑名之言。及至孝景，不任儒者，而竇太后又好黃老之術，故諸博士具官待問，未有進者。

及今上即位，趙綰、王臧之屬明儒學，而上亦鄉之，於是招方正賢良文學之士。自是之後，言《詩》於魯則申培公，於齊則轅固生，於燕則韓太傅。言《尚書》自濟南伏生。言《禮》自魯高堂生。言《易》自菑川田生。言《春秋》於齊、魯自胡毋生，於趙自董仲舒。及竇太后崩，武安侯田蚡爲丞相，絀黃老、刑名百家之言，延文學儒者數百人，而公孫弘以《春秋》白衣爲天子三公，封以平津侯。天下之學士靡然鄉風矣。

公孫弘爲學官，悼道之鬱滯，乃請曰："丞相御史言：制曰'蓋聞導民以禮，風之以樂。婚姻者，居室之大倫也。今禮廢樂崩，朕甚愍焉，故詳延天下方正博聞之士，咸登諸朝。其令禮官勸學，講議洽聞興禮，以爲天下先。太常議，與博士弟子，崇鄉里之化，以廣賢材焉'。謹與太常臧、博士平等議曰：聞三代之道，鄉里有教，夏曰校，殷曰序，周曰庠。其勸善也，顯之朝廷；其懲惡也，加之刑罰。故教化之行也，建首善自京師始，由內及外。今陛下昭至德，開大明，配天地，本人倫，勸學修禮，崇化厲賢，以風四方，太平之原也。古者政教未洽，不備其禮，請因舊官而興焉。爲博士官置弟子五十人，復其身。太常擇民年十八已上，儀狀端正者，補博士弟子。郡、國、縣、道、邑有好文學，敬長上，肅政教，順鄉里，出入不悖所聞者，令、相、長、丞上屬所二千石，二千石謹察可者，當與計偕，詣太常，得受業如弟子。一歲皆輒試，能通一藝以上，補文學掌故缺；其高弟可以爲郎中者，太常籍奏。即有秀才異等，輒以名聞。其不事學若下材及不能通一藝，輒罷之，而請諸不稱者罰。臣謹案詔書律令下者，明天人分際，通古今之義，文章爾雅，訓辭深厚，恩施甚美。小吏淺聞，不能究宣，無以明布諭下。治禮，次治掌故，以文學禮義爲官，遷留滯。請選擇其秩比二百石已上，及吏百石通一藝以上，補左右內史、大行卒史；比百石已下，補郡太守卒史：皆各二人，邊郡一人。先用誦多者，若不足，乃擇掌故補中二千石屬，文學掌故補郡屬，備員。請著功令。佗如律令。"制曰："可。"自此以來，則公卿大夫士吏斌斌多文學之士矣。

申公者，魯人也。高祖過魯，申公以弟子從師入見高祖於魯南宮。呂太后時，申公游學長安，與劉郢同師。已而郢爲楚王，令申公傅其太子戊。戊不好學，疾申公。及王郢卒，戊立爲楚王，胥靡申公。申公恥之，歸魯，退居家教，終身不出門，復謝絕賓客，獨王命召之乃往。弟子自遠方至受業者百餘人。申公獨以《詩經》爲訓以教，無傳，疑者則闕不傳。

蘭陵王臧既受《詩》，以事孝景帝爲太子少傅，免去。今上初即位，臧乃上書宿衛上，累遷，一歲中爲郎中令。及代趙綰亦嘗受《詩》申公，綰爲御史大夫。綰、臧請天子，欲立明堂以朝諸侯，不能就其事，乃言師申公。於是天子使使束帛加璧安車駟馬迎申公，弟子二人乘軺傳從。至，見天子。天子問治亂之事，申公時已八十餘，老，對曰："爲治者不在多言，顧力行何如耳。"是時天子方好文詞，見申公對，默然。然已招致，則以爲太中大夫，舍魯邸，議明堂事。太皇竇太后好老子言，不說儒術，得趙綰、王臧之過以讓上，上因廢明堂事，盡下趙綰、王臧吏，後皆自殺。申公亦疾免以歸，數年卒。

弟子爲博士者十餘人：孔安國至臨淮太守，周霸至膠西內史，夏寬至城陽內史，碭魯賜至東海太守，蘭陵繆生至長沙內史，徐偃爲膠西中尉，鄒人闕門慶忌爲膠東內史。其治官民皆有廉節，稱其好學。學官弟子行雖不備，而至於大夫、郎中、掌故以百數。言《詩》雖殊，多本於申公。

清河王太傅轅固生者，齊人也。以治《詩》，孝景時爲博士。與黃生爭論景帝前。黃生曰："湯武非受命，乃弒也。"轅固生曰："不然。夫桀紂虐亂，天下之心皆歸湯武，湯武與天下之心而誅桀紂，桀紂之民不爲之使而歸湯武，湯武不得已而立，非受命爲何？"黃生曰："冠雖敝，必加於首；履雖新，必關於足。何者，上下之分也。今桀紂雖失道，然君上也；湯武雖聖，臣下也。夫主有失行，臣下不能正言匡過以尊天子，反因過而誅之，代立踐南面，非弒而何也？"轅固生曰："必若所云，是高帝代秦即天子之位，非邪？"於是景帝曰："食肉不食馬肝，不爲不知味；言學者無言湯武受命，不爲愚。"遂罷。是後學者莫敢明受命放殺者。

竇太后好《老子》書，召轅固生問《老子》書。固曰："此是家人言耳。"太后怒曰："安得司空城旦書乎？"乃使固入圈刺豕。景帝知太后怒而固直言無罪，乃假固利兵，下圈刺豕，正中其心，一刺，豕應手而倒。太后默然，無以復罪，罷之。居頃之，景帝以固爲廉直，拜爲清河王太傅。久之，病免。

今上初即位，復以賢良徵固，諸諛儒多疾毀固，曰"固老"，罷歸之。時固已九十餘矣。固之徵也，薛人公孫弘亦徵，側目而視固。固曰："公孫子，務正學以言，無曲學以阿世！"自是之後，齊言《詩》皆本轅固生也。諸齊人以《詩》顯貴，皆固之弟子也。

韓生者，燕人也。孝文帝時爲博士，景帝時爲常山王太傅。韓生推《詩》之意而爲《內外傳》數萬言，其語頗與齊魯間殊，然其歸一也。淮南賁生受之。自是之後，而燕趙間言《詩》者由韓生。韓生孫商爲今上博士。

伏生者，濟南人也。故爲秦博士。孝文帝時，欲求能治《尚書》者，天下無有，乃聞伏生能治，欲召之。是時伏生年九十餘，老，不能行，於是乃詔太常使掌故朝錯往受之。秦時焚書，伏生壁藏之。其後兵大起，流亡，漢定，伏生求其書，亡數十篇，獨得二十九篇，即以教於齊魯之間。學者由是頗能言《尚書》，諸山東大師無不涉《尚書》以教矣。

伏生教濟南張生及歐陽生，歐陽生教千乘兒寬。兒寬既通《尚書》，以文學應郡舉，詣博士受業，受業孔安國。兒寬貧無資用，常爲弟子都養，及時時間行傭賃，以給衣食。行常帶經，止息則誦習之。以試第次，補廷尉史。是時張湯方鄉學，以爲奏讞掾，以古法議决疑大獄，而愛幸寬。寬爲人溫良，有廉智，自持，而善著書、書奏，敏於文，口不能發明也。湯以爲長者，數稱譽之。及湯爲御史大夫，以兒寬爲掾，薦之天子。天子見問，説之。張湯死後六年，兒寬位至御史大夫。九年而以官卒。寬在三公位，以和良承意從容得久，然無有所匡諫；於官，官屬易之，不爲盡力。張生亦爲博士。而伏生孫以治《尚書》徵，不能明也。自此之後，魯周霸、孔安國，洛陽賈嘉，頗能言《尚書》事。孔氏有古文《尚書》，而安國以今文讀之，因以起其家。逸《書》得十餘篇，蓋《尚書》滋多於是矣。

諸學者多言《禮》，而魯高堂生最。本《禮》固自孔子時而其經不具，及至秦焚書，書散亡益多，於今獨有《士禮》，高堂生能言之。

而魯徐生善爲容。孝文帝時，徐生以容爲禮官大夫。傳子至孫徐延、徐襄。襄，其天資善爲容，不能通《禮經》；延頗能，未善也。襄以容爲漢禮官大夫，至廣陵内史。延及徐氏弟子公户滿意、桓生、單次，皆嘗爲漢禮官大夫。而瑕丘蕭奮以《禮》爲淮陽太守。是後能言《禮》爲容者，由徐氏焉。

自魯商瞿受《易》孔子。孔子卒，商瞿傳《易》，六世至齊人田何，字子莊，而漢興。田何傳東武人王同、子仲，子仲傳菑川人楊何。何以《易》，元光元年徵，官至中大夫。齊人即墨成以《易》至城陽相。廣川人孟但以《易》爲太子門大夫。魯人周霸，莒人衡胡，臨菑人主父偃，皆以《易》至二千石。然要言《易》者本於楊何之家。

董仲舒，廣川人也。以治《春秋》，孝景時爲博士。下帷講誦，弟子傳以久次相受業，或莫見其面，蓋三年董仲舒不觀於舍園，其精如此。進退容止，非禮不行，學士皆師尊之。今上即位，爲江都相。以《春秋》災異之變推陰陽所以錯行，故求雨閉諸陽，縱諸陰，其止雨反是。行之一國，未嘗不得所欲。中廢爲中大夫，居舍，著《災異之記》。是時遼東高廟災，主父偃疾之，取其書奏之天子。天子召諸生示其書，有刺譏。董仲舒弟子吕步舒不知其師書，以爲下愚。於是下董仲舒吏，當死，詔赦之。於是董仲舒竟不敢復言災異。

董仲舒爲人廉直。是時方外攘四夷，公孫弘治《春秋》不如董仲舒，而弘希世用事，位至公卿。董仲舒以弘爲從諛。弘疾之，乃言上曰："獨董仲舒可使相膠西王。"膠西王素聞董仲舒有行，亦善待之。董仲舒恐久獲罪，疾免居家。至卒，終不治産業，以修學著書爲事。故漢興至於五世之間，唯董仲舒名爲明於《春秋》，其傳公羊氏也。

胡毋生，齊人也。孝景時爲博士，以老歸教授。齊之言《春秋》者多受胡毋生，公孫弘亦頗受焉。

瑕丘江生爲穀梁《春秋》。自公孫弘得用，嘗集比其義，卒用董仲舒。

仲舒弟子遂者：蘭陵褚大，廣川殷忠，温吕步舒。褚大至梁相。步舒至長史，持節使決淮南獄，於諸侯擅專斷，不報，以《春秋》之義正之，天子皆以爲是。弟子通者，至於命大夫；爲郎、謁者、掌故者以百數。而董仲舒子及孫皆以學至大官。

# 漢書·儒林傳

班 固

**西堂案：**二《漢書·儒林傳》所言，加詳於《史記·儒林列傳》；或謂劉歆、班固皆有《漢書》，後人雜之，以成今之《漢書》。劉歆者，後世所認爲造作僞經者也。然此傳所云，不可盡爲徵信。容有如康南海氏所謂歆"僞造師傳，假託名字"，彌縫其所竄僞之隙者矣。當參閱康著《僞經考·漢書儒林傳辨僞》，以核其實。茲姑先録《漢書·儒林傳》本文。

古之儒者，博學乎六藝之文。六藝者，王教之典籍，先聖所以明天道，正人倫，致至治之成法也。周道既衰，壞於幽、厲，禮樂征伐自諸侯出，陵夷二百餘年而孔子興，以聖德遭季世，知言之不用而道不行，乃嘆曰："鳳鳥不至，河不出圖，吾已矣夫！""文王既没，文不在兹乎？"於是應聘諸侯，以答禮行誼。西入周，南至楚，畏匡厄陳，奸七十餘君。適齊聞《韶》，三月不知肉味；自衛反魯，然後樂正，《雅》《頌》各得其所。究觀古今之篇籍，乃稱曰："大哉，堯之爲君也！唯天爲大，唯堯則之。巍巍乎其有成功也，焕乎其有文章！"又曰："周監於二代，郁郁乎文哉！吾從周。"於是叙《書》則斷《堯典》，稱樂則法《韶舞》，論《詩》則首《周南》。綴周之禮，因魯《春秋》，舉十二公行事，繩之以文、武之道，成一王法，至獲麟而止。蓋晚而好《易》，讀之韋編三絶，而爲之傳。皆因近聖之事，以立先王之教，故曰："述而不作，信而好古""下學而上達，知我者其天乎！"仲尼既没，七十子之徒散游諸侯，大者爲卿相師傅，小者友教士大夫，或隱而不見。故子張居陳，澹臺子羽居楚，子夏居西河，子貢終於齊。如田子方、段干木、吴起、禽滑釐之屬，皆受業於子夏之倫，爲王者師。是時，獨魏文侯好學。天下並争於戰國，儒術既黜焉，然齊魯之間學者猶弗廢，至於威、宣之際，孟子、孫卿之列咸遵夫子之業而潤色之，以學顯於當世。

及至秦始皇兼天下，燔《詩》《書》，殺術士，六學從此缺矣。陳涉之王也，魯諸儒持孔氏禮器往歸之，於是孔甲爲涉博士，卒與俱死。陳涉起匹夫，甌適戍以立號，不滿歲而滅亡，其事至微淺，然而搢紳先生負禮器往委質爲臣者何也？以秦禁其業，積怨而發憤於陳王也。

及高皇帝誅項籍，引兵圍魯，魯中諸儒尚講誦習禮，弦歌之音不絕，豈非聖人遺化好學之國哉？於是諸儒始得修其經學，講習大射鄉飲之禮。叔孫通作漢禮儀，因爲奉常，諸弟子共定者，咸爲選首，然後喟然興於學。然尚有干戈，平定四海，亦未皇庠序之事也。孝惠、高后時，公卿皆武力功臣。孝文時頗登用，然孝文本好刑名之言。及至孝景，不任儒，竇太后又好黃、老術，故諸博士具官待問，未有進者。

漢興，言《易》自淄川田生；言《書》自濟南伏生；言《詩》，於魯則申培公，於齊則轅固生，燕則韓太傅；言《禮》，則魯高堂生；言《春秋》，於齊則胡毋生，於趙則董仲舒。及竇太后崩，武安君田蚡爲丞相，黜黃老、刑名百家之言，延文學儒者以百數，而公孫弘以治《春秋》爲丞相，封侯，天下學士靡然鄉風矣。

弘爲學官，悼道之鬱滯，乃請曰："丞相、御史言：制曰'蓋聞導民以禮，風之以樂。婚姻者，居室之大倫也。今禮廢樂崩，朕甚愍焉，故詳延天下方聞之士，咸登諸朝。其令禮官勸學，講議洽聞，舉遺興禮，以爲天下先。太常議，予博士弟子，崇鄉里之化，以厲賢材焉。'謹與太常臧、博士平等議，曰：聞三代之道，鄉里有教，夏曰校，殷曰庠，周曰序。其勸善也，顯之朝廷；其懲惡也，加之刑罰。故教化之行也，建首善自京師始，由內及外。今陛下昭至德，開大明，配天地，本人倫，勸學興禮，崇化厲賢，以風四方，太平之原也。古者政教未洽，不備其禮，請因舊官而興焉。爲博士官置弟子五十人，復其身。太常擇民年十八以上、儀狀端正者，補博士弟子。郡國縣官有好文學、敬長上、肅政教、順鄉里、出入不悖，所聞，令、相、長、丞上屬所二千石。二千石謹察可者，常與計偕，詣太常，得受業如弟子。一歲皆輒課，能通一藝以上，補文學掌故缺；其高第可以爲郎中，太常籍奏。即有秀才異等，輒以名聞。其不事學若下材，及不能通一藝，輒罷之，而請諸能稱者。臣謹案詔書律令下者，明天人分際，通古今之誼，文章爾雅，訓辭深厚，恩施甚美。小吏淺聞，弗能究宣，亡以明布諭下。以治禮掌故以文學禮義爲官，遷留滯。請選擇其秩比二百石以上及吏百石通一藝以上補左右內史、大行卒史，比百石以下補郡太守卒史，皆各二人，邊郡一人。先用誦多者，不足，擇掌故以補中二千石屬，文學掌故補郡屬，備員。請著功令。他如律令。"

制曰："可。"自此以來，公卿大夫士吏彬彬多文學之士矣。

昭帝時舉賢良文學，增博士弟子員滿百人，宣帝末增倍之。元帝好儒，能通一經者皆復。數年，以用度不足，更爲設員千人，郡國置《五經》百石卒史。成帝末，或言孔子布衣養徒三千人，今天子太學弟子少，於是增弟子員三千人。歲餘，復如故。平帝時王莽秉政，增元士之子得受業如弟子，勿以爲員，歲課甲科四十人爲郎中，乙科二十人爲太子舍人，丙科四十人補文學掌故云。

自魯商瞿子木受《易》孔子，以授魯橋庇子庸。子庸授江東馯臂子弓。子弓授燕周醜子家。子家授東武孫虞子乘。子乘授齊田何子裝。及秦禁學，《易》爲筮卜之書，獨不禁，故傳受者不絶也。漢興，田何以齊田徙杜陵，號杜田生，授東武王同子中、雒陽周王孫、丁寬、齊服生，皆著《易傳》數篇。同授淄川楊何，字叔元，元光中徵爲太中大夫。齊即墨城至城陽相。廣川孟但爲太子門大夫。魯周霸、莒衡胡、臨淄主父偃，皆以《易》至大官。要言《易》者本之田何。

丁寬字子襄，梁人也。初，梁項生從田何受《易》，時寬爲項生從者，讀《易》精敏，才過項生，遂事何。學成，何謝寬。寬東歸，何謂門人曰："《易》以東矣。"寬至雒陽，復從周王孫受古義，號《周氏傳》。景帝時，寬爲梁孝王將軍，距吳、楚，號丁將軍，作《易說》三萬言，訓故舉大誼而已，今《小章句》是也。寬授同郡碭田王孫，王孫授施讎、孟喜、梁丘賀。繇是《易》有施、孟、梁丘之學。

施讎，字長卿，沛人也。沛與碭相近，讎爲童子，從田王孫受《易》。後讎徙長陵，田王孫爲博士，復從卒業，與孟喜、梁丘賀並爲門人。謙讓，常稱學廢，不教授。及梁丘賀爲少府，事多，乃遣子臨分將門人張禹等從讎問。讎自匿不肯見，賀固請，不得已乃授臨等。於是賀薦讎，結髮事師數十年，賀不能及。詔拜讎爲博士。甘露中，與"五經"諸儒雜論同異於石渠閣。讎授張禹、琅邪魯伯。伯爲會稽太守，禹至丞相。禹授淮陽彭宣、沛戴崇子平。崇爲九卿，宣大司空。禹、宣皆有傳。魯伯授太山毛莫如少路、琅邪邴丹曼容，著清名。莫如至常山太守。此其知名者也。由是施家有張、彭之學。

孟喜，字長卿，東海蘭陵人也。父號孟卿，善爲《禮》《春秋》，授后蒼、疏廣。世所傳《后氏禮》《疏氏春秋》，皆出孟卿。孟卿以《禮經》多、《春秋》煩雜，及使喜從田王孫受《易》。喜好自稱譽，得《易》家候陰陽災變書，詐言師田生且死時枕喜膝，獨傳喜，諸儒以此耀之。同門梁丘賀疏通證明之，曰："田生絶於施讎手中，時喜歸東海，安得此事？"又蜀人趙賓好小數書，後爲《易》，飾《易》文，以爲"箕子明夷，陰陽氣亡箕子；箕子者，萬物方荄兹也"。賓持論巧慧，《易》家不能難，皆曰"非古法也"。云受孟喜，喜爲名之。後賓死，莫能持其説。喜因不肯仞，以此不見信。喜舉孝廉，爲郎，曲臺署長，病免，爲丞相掾。博士缺，衆人薦喜。上聞喜改師法，遂不用喜。喜授同郡白光少子、沛翟牧子兄，皆爲博士。繇是有翟、孟、白之學。

梁丘賀，字長翁，琅邪諸人也。以能心計，爲武騎。從太中大夫京房受《易》。房者，淄川楊何弟子也。房出爲齊郡太守，賀更事田王孫。宣帝時，聞京房爲《易》明，求其門人，得賀。賀時爲都司空令。坐事，論免爲庶人。待詔黄門，數入説教侍中，以召賀。賀入説，上善之，以賀爲郎。會八月飲酎，行祠孝昭廟，先驅旄頭劍挺墮墜，首垂泥中，刃鄉乘輿車，馬驚。於是召賀筮之，有兵謀，不吉。上還，使有司侍祠。是時，霍氏外孫代郡太守任宣坐謀反誅，宣子章爲公車丞，亡在渭城界中，夜玄服入廟，居郎間，執戟立廟門，待上至，欲爲逆。發覺，伏誅。故事，上常夜入廟，其後待明而入，自此始也。賀以筮有應，由是近幸，爲太中大夫，給事中，至少府。爲人小心周密，上信重之。年老終官。傳子臨，亦入説，爲黄門郎。甘露中，奉使問諸儒於石渠。臨學精孰，專行京房法。琅邪王吉通《五經》，聞臨説，善之。時，宣帝選高材郎十人從臨講，吉乃使其子郎中駿上疏從臨受《易》。臨代五鹿充宗君孟爲少府，駿御史大夫，自有傳。充宗授平陵士孫張仲方、沛鄧彭祖子夏、齊衡咸長賓。張爲博士，至揚州牧，光禄大夫給事中，家世傳業。彭祖，真定太傅。咸，王莽講學大夫。由是梁丘有士孫、鄧、衡之學。

京房受《易》梁人焦延壽。延壽云："嘗從孟喜問《易》"。會喜死，房以爲延壽《易》即孟氏學，翟牧、白生不肯，皆曰非也。至成帝時，劉向校書，考《易》説，以爲諸《易》家説皆祖田何、楊叔元、丁將軍，大誼略同，唯京氏爲異，黨焦延壽獨得隱士之説，託之孟氏，不相與同。房以明災異得幸，爲石顯所譖，誅，自有傳。房授東海殷嘉、河東姚平、河南乘弘，皆爲郎、博士。繇是《易》有京氏之學。

費直，字長翁，東萊人也。治《易》爲郎，至單父令。長於卦筮，亡章句，徒以《彖》《象》《繫辭》十篇文言解説上下經。琅邪王璜平中能傳之。璜又傳古文《尚書》。

高相，沛人也。治《易》，與費公同時，其學亦亡章句，專説陰陽災異，自言出於丁將軍。傳至相，相授子康及蘭陵毌將永。康以明《易》爲郎，永至豫章都尉。及王莽居攝，東郡太守翟誼謀舉兵誅莽，事未發，康候知東郡有兵，私語門人，門人上書言之。後數月，翟誼兵起，莽召問，對"受師高康"。莽惡之，以爲惑衆，斬康。由是《易》有高氏學。高、費皆未嘗立於學官。

伏生，濟南人也，故爲秦博士。孝文時，求能治《尚書》者，天下亡有，聞伏生治之，欲召。時伏生年九十餘，老不能行，於是詔太常，使掌故朝錯往受之。秦時禁《書》，伏生壁藏之，其後大兵起，流亡。漢定，伏生求其《書》，亡數十篇，獨得二十九篇，即以教於齊、魯之間。齊學者由此頗能言《尚書》，山東大師亡不涉《尚書》以教。伏生教濟南張生及歐陽生。張生爲博士，而伏生孫以治《尚書》徵，弗能明定。是後魯周霸、雒陽賈嘉頗能言《尚書》云。

歐陽生，字和伯，千乘人也。事伏生，授倪寬。寬又受業孔安國，至御史大夫，自有傳。寬有俊材，初見武帝，語經學。上曰："吾始以《尚書》爲樸學，弗好，及聞寬説，可觀。"乃從寬問一篇。歐陽、大小夏侯氏學皆出於寬。寬授歐陽生子，世世相傳，至曾孫高子陽，爲博士。高孫地餘長賓，以太子中庶子授太子，後爲博士，論石渠。元帝即位，地餘侍中，貴幸，至少府。戒其子曰："我死，官屬即送汝財物，慎毋受。汝九卿儒者子孫，以廉潔著，可以自成。"及地餘死，少府官屬共送數百萬，其子不受。天子聞而嘉之，賜錢百萬。地餘少子政爲王莽講學大夫。由是《尚書》世有歐陽氏學。

林尊，字長賓，濟南人也。事歐陽高，爲博士，論石渠。後至少府、太子太傅，授平陵平當、梁陳翁生。當至丞相，自有傳。翁生信都太傅，家世傳業。由是歐陽有平、陳之學。翁生授琅邪殷崇、楚國龔勝。崇爲博士，勝右扶風，自有傳。而平當授九江朱普公文、上黨鮑宣。普爲博士，宣司隸校尉，自有傳。徒衆尤盛，知名者也。

夏侯勝，其先夏侯都尉，從濟南張生受《尚書》，以傳族子始昌。始昌傳勝，勝又事同郡簡卿。簡卿者，倪寬門人。勝傳從兄子建，建又事歐陽高。勝至長信少府，建太子太傅，自有傳。由是《尚書》有大、小夏侯之學。

周堪，字少卿，齊人也。與孔霸俱事大夏侯勝。霸爲博士。堪譯官令，論於石渠，經爲最高，後爲太子少傅，而孔霸以太中大夫授太子。及元帝即位，堪爲光禄大夫，與蕭望之並領尚書事，爲石顯等所譖，皆免官。望之自殺，上愍之，乃擢堪爲光禄勳，語在《劉向傳》。堪授牟卿及長安許商長伯。牟卿爲博士。霸以帝師賜爵號褒成君，傳子光，亦事牟卿，至丞相，自有傳。由是大夏侯有孔、許之學。商善爲算，著《五行論曆》，四至九卿，號其門人沛唐林子高爲德行，平陵吳章偉君爲言語，重泉王吉少音爲政事，齊炔欽幼卿爲文學。王莽時，林、吉爲九卿，自表上師冢，大夫、博士、郎、吏爲許氏學者，各從門人，會車數百輛，儒者榮之。欽、章皆爲博士，徒衆尤盛。章爲王莽所誅。

張山拊，字長賓，平陵人也。事小夏侯建，爲博士，論石渠，至少府。授同縣李尋、鄭寬中少君、山陽張無故子儒,信都秦恭延君、陳留假倉子驕。無故善修章句,爲廣陵太傅,守小夏侯説文。恭增師法至百萬言,爲城陽內史。倉以謁者論石渠,至膠東相。尋善說災異,爲騎都尉,自有傳。寬中有儁材,以博士授太子,成帝即位,賜爵關內侯,食邑八百户,遷光禄大夫,領尚書事,甚尊重。會疾卒,谷永上疏曰:"臣聞聖王尊師傅,襃賢儁,顯有功,生則致其爵禄,死則異其禮諡。昔周公薨,成王葬以變禮,而當天心。公叔文子卒,衛侯加以美諡,著爲後法。近事,大司空朱邑、右扶風翁歸德茂夭年,孝宣皇帝愍册厚賜,贊命之臣靡不激揚。關內侯鄭寬中有顏子之美質,包商、偃之文學,嚴然總《五經》之眇論,立師傅之顯位,入則鄉唐、虞之閎道,王法納乎聖聽,出則參冢宰之重職,功列施乎政事,退食自公,私門不開,散賜九族,田畝不益,德配周、召,忠合《羔羊》,未得登司徒,有家臣,卒然早終,尤可悼痛!臣愚以爲宜加其葬禮,賜之令諡,以章尊師襃賢顯功之德。"上弔贈寬中甚厚。由是小夏侯有鄭、張、秦、假、李氏之學。寬中授東郡趙玄,無故授沛唐尊,恭授魯馮賓。賓爲博士,尊王莽太傅,玄哀帝御史大夫,至大官,知名者也。

孔氏有古文《尚書》,孔安國以今文字讀之,因以起其家逸《書》,得十餘篇,蓋《尚書》兹多於是矣。遭巫蠱,未立於學官。安國爲諫大夫,授都尉朝,而司馬遷亦從安國問故。遷書載《堯典》《禹貢》《洪範》《微子》《金縢》諸篇,多古文説。都尉朝授膠東庸生。庸生授清河胡常少子,以明《穀梁春秋》爲博士、部刺史,又傳《左氏》。常授虢徐敖。敖爲右扶風掾,又傳《毛詩》,授王璜、平陵涂惲子真。子真授河南桑欽君長。王莽時,諸學皆立。劉歆爲國師,璜、惲等皆貴顯。世所傳《百兩篇》者,出東萊張霸,分析合二十九篇以爲數十,又採《左氏傳》《書叙》爲作首尾,凡百二篇。篇或數簡,文意淺陋。成帝時求其古文者,霸以能爲《百兩》徵,以中書校之,非是。霸辭受父,父有弟子尉氏樊並。時,太中大夫平當、侍御史周敞勸上存之。后樊並謀反,乃黜其書。

申公,魯人也。少與楚元王交俱事齊人浮丘伯受《詩》。漢興,高祖過魯,申公以弟子從師入見於魯南宫。吕太后時,浮丘伯在長安,楚元王遣子郢與申公俱卒學。元王薨,郢嗣立爲楚王,令申公傅太子戊。戊不好學,病申公。及戊立爲王,胥靡申公。申公愧之,歸魯退居家教,終身不出門。復謝賓客,獨王命召之乃往。弟子自遠方至受業者千餘人,申公獨以《詩經》爲訓故以教,亡傳,疑者則闕弗傳。蘭陵王臧既從受《詩》,已通,事景帝爲太子少傅,免去。武帝初即位,臧乃上書宿衛,累遷,一歲至郎中令。及代趙綰亦嘗受《詩》申公，爲御史大夫。綰、臧請立明堂以朝諸侯，不能就其事，乃言師申公。於是上使使束帛加璧，安車以蒲裹輪，駕駟迎申公，弟子二人乘軺傳從。至，見上，上問治亂之事。申公時已八十餘，老，對曰："爲治者不在多言，顧力行何如耳。"是時，上方好文辭，見申公對，默然。然已招致，即以爲太中大夫，舍魯邸，議明堂事。太皇竇太后喜《老子》言，不說儒術，得綰、臧之過，以讓上曰："此欲復爲新垣平也！"上因廢明堂事，下綰、臧吏，皆自殺。申公亦病免歸，數年卒。弟子爲博士十餘人，孔安國至臨淮太守，周霸膠西内史，夏寬城陽内史，碭魯賜東海太守，蘭陵繆生長沙内史，徐偃膠西中尉，鄒人闕門慶忌膠東内史，其治官民皆有廉節稱。其學官弟子行雖不備，而至於大夫、郎、掌故以百數。申公卒以《詩》《春秋》授，而瑕丘江公盡能傳之，徒衆最盛。及魯許生、免中徐公，皆守學教授。韋賢治《詩》，事大江公及許生，又治《禮》，至丞相。傳子玄成，以淮陽中尉論石渠，後亦至丞相。玄成及兄子賞以《詩》授哀帝，至大司馬車騎將軍，自有傳。由是《魯詩》有韋氏學。

　　王式，字翁思，東平新桃人也。事免中徐公及許生。式爲昌邑王師。昭帝崩，昌邑王嗣立，以行淫亂廢，昌邑群臣皆下獄誅，唯中尉王吉、郎中令龔遂以數諫減死論。式繫獄當死，治事使者責問曰："師何以無諫書？"式對曰："臣以《詩》三百五篇朝夕授王，至於忠臣孝子之篇，未嘗不爲王反復誦之也；至於危亡失道之君，未嘗不流涕爲王深陳之也。臣以三百五篇諫，是以亡諫書。"使者以聞，亦得減死論，歸家不教授。山陽張長安幼君先事式，後東平唐長賓、沛褚少孫亦來事式，問經數篇，式謝曰："聞之於師具是矣，自潤色之。"不肯復授。唐生、褚生應博士弟子選，詣博士，摳衣登堂，頌禮甚嚴，試誦說，有法，疑者丘蓋不言。諸博士驚問："何師？"對曰："事式。"皆素聞其賢，共薦式。詔除下爲博士。式徵來，衣博士衣而不冠，曰："刑餘之人，何宜復充禮官？"既至，止舍中，會諸大夫、博士，共持酒肉勞式，皆注意高仰之，博士江公世爲《魯詩》宗，至江公著《孝經說》，心嫉式，謂歌吹諸生曰："歌《驪駒》。"式曰："聞之於師：客歌《驪駒》，主人歌《客毋庸歸》。今日諸君爲主人，日尚早，未可也。"江翁曰："經何以言之？"式曰："在《曲禮》。"江翁曰："何狗曲也！"式恥之，陽醉遏地。式客罷，讓諸生曰："我本不欲來，諸生彊勸我，竟爲豎子所辱！"遂謝病免歸，終於家。張生、唐生、褚生皆爲博士。張生論石渠，至淮陽中尉。唐生楚太傅。由是《魯詩》有張、唐、褚氏之學。張生兄子游卿爲諫大夫，以《詩》授元帝。其門人琅邪王扶爲泗水中尉，授陳留許晏爲博士。由是張家有許氏學。初，薛廣德亦事王式，以博士論石渠，授龔舍。廣德至御史大夫，舍泰山太守，皆有傳。

轅固，齊人也。以治《詩》孝景時爲博士，與黃生爭論於上前。黃生曰："湯、武非受命，乃弒也。"固曰："不然。夫桀、紂荒亂，天下之心皆歸湯、武，湯、武因天下之心而誅桀、紂，桀、紂之民弗爲使而歸湯、武，湯、武不得已而立。非受命爲何？"黃生曰："'冠雖敝必加於首，履雖新必貫於足。'何者？上下之分也。今桀、紂雖失道，然君上也；湯、武雖聖，臣下也。夫主有失行，臣不正言匡過以尊天子，反因過而誅之，代立踐南面，非弒而何？"固曰："必若云，是高皇帝代秦即天子之位，非邪？"於是上曰："食肉毋食馬肝，未爲不知味也；言學者毋言湯、武受命，不爲愚。"遂罷。竇太后好《老子》書，召問固。固曰："此家人言矣。"太后怒曰："安得司空城旦書乎！"乃使固入圈擊彘。上知太后怒，而固直言無罪，乃假固利兵。下，固刺彘正中其心，彘應手而倒。太后默然，亡以復辠。後上以固廉直，拜爲清河太傅，疾免。武帝初即位，復以賢良徵。諸儒多嫉毀曰固老，罷歸之。時，固已九十餘矣。公孫弘亦徵，仄目而事固。固曰："公孫子務正學以言，無曲學以阿世！"諸齊以《詩》顯貴，皆固之弟子也。昌邑太傅夏侯始昌最明，自有傳。

后蒼，字近君，東海郯人也。事夏侯始昌。始昌通《五經》，蒼亦通《詩》《禮》，爲博士，至少府，授翼奉、蕭望之、匡衡。奉爲諫大夫，望之前將軍，衡丞相，皆有傳。衡授琅邪師丹、伏理斿君、潁川滿昌君都。君都爲詹事，理高密太傅，家世傳業。丹大司空，自有傳。由是《齊詩》有翼、匡、師、伏之學。滿昌授九江張邯、琅邪皮容，皆至大官，徒衆尤盛。

韓嬰，燕人也。孝文時爲博士，景帝時至常山太傅。嬰推詩人之意，而作內、外《傳》數萬言，其語頗與齊、魯間殊，然歸一也。淮南賁生受之。燕、趙間言《詩》者由韓生。韓生亦以《易》授人，推《易》意而爲之傳。燕、趙間好《詩》，故其《易》微，唯韓氏自傳之。武帝時，嬰嘗與董仲舒論於上前，其人精悍，處事分明，仲舒不能難也。後其孫商爲博士。孝宣時，涿郡韓生其後也，以《易》徵，待詔殿中，曰："所受《易》即先太傅所傳也。嘗受《韓詩》，不如韓氏《易》深，太傅故專傳之。"司隸校尉蓋寬饒本受《易》於孟喜，見涿韓生說《易》而好之，即更從受焉。

趙子，河內人也。事燕韓生，授同郡蔡誼。誼至丞相，自有傳。誼授同郡食子公與王吉。吉爲昌邑王中尉，自有傳。食生爲博士，授泰山栗豐。吉授淄川長孫順。順爲博士，豐部刺史。由是《韓詩》有王、食、長孫之學。豐授山陽張就，順授東海髮福，皆至大官，徒衆尤盛。

毛公，趙人也。治《詩》，爲河間獻王博士，授同國貫長卿。長卿授解延年。延年爲阿武令,授徐敖。敖授九江陳俠,爲王莽講學大夫。由是言《毛詩》者,本之徐敖。

漢興,魯高堂生傳《士禮》十七篇,而魯徐生善爲頌。孝文時,徐生以頌爲禮官大夫,傳子至孫延、襄。襄,其資性善爲頌,不能通經;延頗能,未善也。襄亦以頌爲大夫,至廣陵內史。延及徐氏弟子公户滿意、(柏)(桓)生、單次皆爲禮官大夫。而瑕丘蕭奮以《禮》至淮陽太守。諸言《禮》爲頌者由徐氏。

孟卿,東海人也。事蕭奮,以授后倉、魯閭丘卿。倉説《禮》數萬言,號曰《后氏曲臺記》,授沛聞人通漢子方、梁戴德延君、戴聖次君、沛慶普孝公。孝公爲東平太傅。德號大戴,爲信都太傅;聖號小戴,以博士論石渠,至九江太守。由是《禮》有大戴、小戴、慶氏之學。通漢以太子舍人論石渠,至中山中尉。普授魯夏侯敬,又傳族子咸,爲豫章太守。大戴授琅邪徐良斿卿,爲博士、州牧、郡守,家世傳業。小戴授梁人橋仁季卿、楊榮子孫。仁爲大鴻臚,家世傳業,榮琅邪太守。由是大戴有徐氏,小戴有橋、楊氏之學。

胡母生,字子都,齊人也。治《公羊春秋》,爲景帝博士。與董仲舒同業,仲舒著書稱其德。年老,歸教於齊,齊之言《春秋》者宗事之,公孫弘亦頗受焉。而董生爲江都相,自有傳。弟子遂之者,蘭陵褚大、東平嬴公、廣川段仲、温吕步舒。大至梁相,步舒丞相長史,唯嬴公守學不失師法,爲昭帝諫大夫,授東海孟卿、魯眭孟。孟爲符節令,坐説災異誅,自有傳。

嚴彭祖,字公子,東海下邳人也。與顏安樂俱事眭孟。孟弟子百餘人,唯彭祖、安樂爲明,質問疑誼,各持所見。孟曰:"《春秋》之意,在二子矣!"孟死,彭祖、安樂各顓門教授。由是《公羊春秋》有顏、嚴之學。彭祖爲宣帝博士,至河南、東郡太守。以高第入爲左馮翊,遷太子太傅,廉直不事權貴。或説曰:"天時不勝人事,君以不修小禮曲意,亡貴人左右之助,經誼雖高,不至宰相。願少自勉強!"彭祖曰:"凡通經術,固當修行先王之道,何可委曲從俗,苟求富貴乎!"彭祖竟以太傅官終。援琅邪王中,爲元帝少府,家世傳業。中授同郡公孫文、東門雲。雲爲荆州刺史,文東平太傅,徒衆尤盛。雲坐爲江賊拜辱命,下獄誅。

顏安樂,字公孫,魯國薛人,眭孟姊子也。家貧,爲學精力,官至齊郡太守丞,後爲仇家所殺。安樂授淮陽泠豐次君、淄川任公。公爲少府,豐淄川太守。由是顏家有泠、任之學。始貢禹事嬴公,成於眭孟,至御史大夫,疏廣事孟卿,至太子太傅,皆自有傳。廣授琅邪筦路,路爲御史中丞。禹授潁川堂溪惠,惠授泰山冥都,都爲丞相史。都與路又事顏安樂,故顏氏復有筦、冥之學。路授孫寶，爲大司農，自有傳。豐授馬宮、琅邪左咸。咸爲郡守九卿，徒衆尤盛。宮至大司徒，自有傳。

瑕丘江公，受《穀梁春秋》及《詩》於魯申公，傳子至孫爲博士。武帝時，江公與董仲舒並。仲舒通《五經》，能持論，善屬文。江公呐於口，上使與仲舒議，不如仲舒。而丞相公孫弘本爲《公羊》學，比輯其議，卒用董生。於是上因尊《公羊》家，詔太子受《公羊春秋》，由是《公羊》大興。太子既通，復私問《穀梁》而善之。其後浸微，唯魯榮廣王孫、皓星公二人受焉。廣盡能傳其《詩》《春秋》，高材捷敏，與《公羊》大師眭孟等論，數困之，故好學者頗復受《穀梁》。沛蔡千秋少君、梁周慶幼君、丁姓子孫皆從廣受。千秋又事皓星公，爲學最篤。宣帝即位，聞衛太子好《穀梁春秋》，以問丞相韋賢、長信少府夏侯勝及侍中樂陵侯史高，皆魯人也，言穀梁子本魯學，公羊氏乃齊學也，宜興《穀梁》。時千秋爲郎，召見，與《公羊》家並説，上善《穀梁》説，擢千秋爲諫大夫給事中，後有過，左遷平陵令。復求能爲《穀梁》者，莫及千秋。上愍其學且絶，乃以千秋爲郎中户將，選郎十人從受。汝南尹更始翁君本自事千秋，能説矣，會千秋病死，徵江公孫爲博士。劉向以故諫大夫通達待詔，受《穀梁》，欲令助之。江博士復死，乃徵周慶、丁姓待詔保宮，使卒授十人。自元康中始講，至甘露元年，積十餘歲，皆明習。乃召《五經》名儒太子太傅蕭望之等大議殿中，平《公羊》《穀梁》同異，各以經處是非。時，《公羊》博士嚴彭祖、侍郎申輓、伊推、宋顯，《穀梁》議郎尹更始、待詔劉向、周慶、丁姓並論。《公羊》家多不見從，願請内侍郎許廣，使者亦並内《穀梁》家中郎王亥，各五人，議三十餘事。望之等十一人各以經誼對，多從《穀梁》。由是《穀梁》之學大盛。慶、姓皆爲博士。姓至中山太傅，授楚申章昌曼君，爲博士，至長沙太傅，徒衆尤盛。尹更始爲諫大夫、長樂户將，又受《左氏傳》，取其變理合者以爲章句，傳子咸及翟方進、琅邪房鳳。咸至大司農，方進丞相，自有傳。

房鳳，字子元，不其人也。以射策乙科爲太史掌故。太常舉方正，爲縣令都尉，失官。大司馬票騎將軍王根奏除補長史，薦鳳明經通達，擢爲光禄大夫，遷五官中郎將。時，光禄勳王龔以外屬内卿，與奉車都尉劉歆共校書，三人皆侍中。歆白《左氏春秋》可立，哀帝納之，以問諸儒，皆不對。歆於是數見丞相孔光，爲言《左氏》以求助，光卒不肯。唯鳳、龔許歆，遂共移書責讓太常博士，語在《歆傳》。大司空師丹奏歆非毀先帝所立，上於是出龔等補吏：龔爲弘農；歆河内；鳳九江太守，至青州牧。始，江博士授胡常，常授梁蕭秉君房，王莽時爲講學大夫。由是《穀梁春秋》有尹、胡、申章、房氏之學。

　　漢興，北平侯張蒼及梁太傅賈誼、京兆尹張敞、太中大夫劉公子皆修《春秋左氏傳》。誼爲《左氏傳》訓故，授趙人貫公，爲河間獻王博士，子長卿爲蕩陰令，授清河張禹長子。禹與蕭望之同時爲御史，數爲望之言《左氏》，望之善之，上書數以稱説。後望之爲太子太傅，薦禹於宣帝，徵禹待詔，未及問，會疾死。授尹更始，更始傳子咸及翟方進、胡常。常授黎陽賈護季君，哀帝時待詔爲郎，授蒼梧陳欽子佚，以《左氏》授王莽，至將軍。而劉歆從尹咸及翟方進受。由是言《左氏》者本之賈護、劉歆。

　　贊曰：自武帝立《五經》博士，開弟子員，設科射策，勸以官禄，訖於元始，百有餘年，傳業者寖盛，支葉蕃滋，一經説至百餘萬言，大師衆至千餘人，蓋禄利之路然也。初，《書》唯有歐陽，《禮》后，《易》楊，《春秋》公羊而已。至孝宣世，復立大、小夏侯《尚書》，大、小戴《禮》，施、孟、梁丘《易》《穀梁春秋》。至元帝世，復立京氏《易》，平帝時，又立《左氏春秋》《毛詩》、逸《禮》《古文尚書》，所以罔羅遺失，兼而存之，是在其中矣。

# 後漢書·儒林列傳

范　曄

　　昔王莽、更始之際，天下散亂，禮樂分崩，典文殘落。及光武中興，愛好經術，未及下車，而先訪儒雅，採求闕文，補綴漏逸。先是，四方學士多懷協圖書，遁逃林藪。自是莫不抱負墳策，雲會京師，范升、陳元、鄭興、杜林、衛宏、劉昆、桓榮之徒，繼踵而集。於是立《五經》博士，各以家法教授，《易》有施、孟、梁丘、京氏，《尚書》歐陽、大小夏侯，《詩》齊、魯、韓，《禮》大小戴，《春秋》嚴、顔，凡十四博士，太常差次總領焉。

　　建武五年，乃修起太學，稽式古典，籩豆干戚之容，備之於列，服方領習矩步者，委它乎其中。中元元年，初建三雍。明帝即位，親行其禮。天子始冠通天，衣日月，備法物之駕，盛清道之儀，坐明堂而朝群后，登靈臺以望雲物，袒割辟雍之上，尊養三老五更。饗射禮畢，帝正坐自講，諸儒執經問難於前，冠帶縉紳之人，圜橋門而觀聽者蓋億萬計。其後復爲功臣子孫、四姓末屬別立校舍，搜選高能以受其業，自期門羽林之士，悉令通《孝經》章句，匈奴亦遣子入學。濟濟乎，洋洋乎，盛於永平矣。

　　建初中，大會諸儒於白虎觀，考詳同異，連月乃罷。肅宗親臨稱制，如石渠故事，顧命史臣，著爲通義。又詔高才生受《古文尚書》《毛詩》《穀梁》《左氏春秋》，雖不立學官，然皆擢高第爲講郎，給事近署，所以網羅遺逸，博存衆家。孝和亦數幸東觀，覽閱書林。及鄧后稱制，學者頗懈。時樊準、徐防並陳敦學之宜，又言儒職多非其人，於是制詔公卿妙簡其選，三署郎能通經術者，皆得察舉。自安帝覽政，薄於藝文，博士倚席不講，朋徒相視怠散，學舍穨敝，鞠爲園蔬，牧兒蕘豎，至於薪刈其下。順帝感翟酺之言，乃更修黌宇，凡所結構二百四十房，千八百五十室。試明經下第補弟子，增甲乙之科員各十人，除郡國耆儒皆補郎、舍人。本初元年，梁太后詔曰："大將軍下至六百石，悉遣子就學，每歲輒於鄉射月一饗會之，以此爲常。"自是游學增盛，至三萬餘生。然章句漸疏，而多以浮華相尚，儒者之風蓋衰矣。黨人既誅，其高名善士多坐流廢，後遂至忿争，更相誣告，亦有私行金貨，定蘭臺漆書經字，以合其私文。熹平四年，靈帝乃詔諸儒正定《五經》，刊於石碑，爲古文、篆、隸三體書法以相參檢，樹之學門，使天下咸取則焉。

初，光武遷還洛陽，其經牒秘書載之二千餘兩，自此以後，參倍於前。及董卓移都之際，吏民擾亂，自辟雍、東觀、蘭臺、石室、宣明、鴻都諸藏典策文章，競共剖散，其縑帛圖書，大則連爲帷蓋，小乃制爲縢囊。及王允所收而西者，裁七十餘乘，道路艱遠，復棄其半矣。後長安之亂，一時焚蕩，莫不泯盡焉。東京學者猥衆，難以詳載，今但録其能通經名家者，以爲《儒林篇》。其自有列傳者，則不兼書。若師資所承，宜標名爲證者，乃著之云。

《前書》云：田何傳《易》授丁寬，丁寬授田王孫，王孫授沛人施讎、東海孟喜、琅邪梁丘賀，由是《易》有施、孟、梁丘之學。又東郡京房受《易》於梁國焦延壽，別爲京氏學。又有東萊費直，傳《易》，授琅邪王橫，爲費氏學。本以古字，號《古文易》。又沛人高相傳《易》，授子康及蘭陵毋將永，爲高氏學。施、孟、梁丘、京氏四家皆立博士，費、高二家未得立。

劉昆字桓公，陳留東昏人，梁孝王之胤也。少習容禮。平帝時，受《施氏易》於沛人戴賓。能彈雅琴，知清角之操。王莽世，教授弟子恒五百餘人。每春秋饗射，常備列典儀，以素木瓠葉爲俎豆，桑弧蒿矢，以射"菟首"。每有行禮，縣宰輒率吏屬而觀之。王莽以昆多聚徒衆，私行大禮，有僭上心，乃繫昆及家屬於外黃獄。尋莽敗得免。既而天下大亂，昆避難河南負犢山中。建武五年，舉孝廉，不行，遂逃，教授於江陵。光武聞之，即除爲江陵令。時，縣連年火灾，昆輒向火叩頭，多能降雨止風。徵拜議郎，稍遷侍中、弘農太守。先是，崤、黽驛道多虎灾，行旅不通。昆爲政三年，仁化大行，虎皆負子渡河。帝聞而異之。二十二年，徵代杜林爲光禄勳。詔問昆曰："前在江陵，反風滅火，後守弘農，虎北渡河，行何德政而致是事？"昆對曰："偶然耳。"左右皆笑其質訥。帝嘆曰："此乃長者之言也。"顧命書諸策。乃令入授皇太子及諸王小侯五十餘人。二十七年，拜騎都尉。三十年，以老乞骸骨，詔賜洛陽第舍，以千石禄終其身。中元二年卒。子軼，字君文，傳昆業，門徒亦盛。永平中，爲太子中庶子。建初中，稍遷宗正，卒官，遂世掌宗正焉。

洼丹字子玉，南陽育陽人也。世傳《孟氏易》。王莽時，常避世教授，專志不仕，徒衆數百人。建武初，爲博士，稍遷，十一年，爲大鴻臚。作《易通論》七篇，世號《洼君通》。丹學義研深，《易》家宗之，稱爲大儒。十七年，卒於官，年七十。時，中山觟陽鴻，字孟孫，亦以《孟氏易》教授，有名稱，永平中爲少府。

任安字定祖，廣漢緜竹人也。少游太學，受《孟氏易》，兼通數經。又從同郡楊厚學圖讖，究極其術。時人稱曰："欲知仲桓問任安。"又曰："居今行古任定祖。"學終，還家教授，諸生自遠而至。初仕州郡。後太尉再辟，除博士，公車徵，皆稱疾不就。州牧劉焉表薦之，時王塗隔塞，詔命竟不至，年七十九。建安七年卒於家。

楊政字子行，京兆人也。少好學，從代郡范升受《梁丘易》，善説經書。京師爲之語曰："説經鏗鏗楊子行。"教授數百人。范升嘗爲出婦所告，坐繫獄，政乃肉袒，以箭貫耳，抱升子潛伏道傍，候車駕，而持章叩頭大言曰："范升三娶，唯有一子，今適三歲，孤之可哀。"武騎虎賁懼驚乘輿，舉弓射之，猶不肯去；旄頭又以戟叉政，傷胸，政猶不退。哀泣辭請，有感帝心，詔曰："乞楊生師。"即尺一出升，政由是顯名。爲人嗜酒，不拘小節，果敢自矜，然篤於義。時，帝婿梁松、皇后弟陰就，皆慕其聲名，而請與交友。政每共言論，常切磋懇至，不爲屈撓。嘗詣楊虛侯馬武，武難見政，稱疾不爲起。政入户，徑陞床排武，把臂責之曰："卿蒙國恩，備位藩輔，不思求賢以報殊寵，而驕天下英俊，此非養身之道也。今日動者刀入脅。"武諸子及左右皆大驚，以爲見劫，操兵滿側，政顔色自若。會陰就至，責數武，令爲交友。其剛果任情，皆如此也。建初中，官至左中郎將。

張興字君上，潁川鄢陵人也。習《梁丘易》以教授。建武中，舉孝廉爲郎，謝病去，復歸聚徒。後辟司徒馮勤府，勤舉爲教廉，稍遷博士。永平初，遷侍中祭酒。十年，拜太子少傅。顯宗數訪問經術。既而聲稱著聞，弟子自遠至者，著録且萬人，爲《梁丘》家宗。十四年，卒於官。子魴，傳興業，位至張掖屬國都尉。

戴憑字次仲，汝南平輿人也。習《京氏易》。年十六，郡舉明經，徵試博士，拜郎中。時，詔公卿大會，群臣皆就席，憑獨立。光武問其意。憑對曰："博士説經皆不如臣，而坐居臣上，是以不得就席。"帝即召上殿，令與諸儒難説，憑多所解釋。帝善之，拜爲侍中，數進見問得失。帝謂憑曰："侍中當匡補國政，勿有隱情。"憑對曰："陛下嚴。"帝曰："朕何用嚴？"憑曰："伏見前太尉西曹掾蔣遵，清亮忠孝，學通古今，陛下納膚受之訴，遂致禁錮，世以是爲嚴。"帝怒曰："汝南子欲復黨乎？"憑出，自繫廷尉，有詔敕出。後復引見，憑謝曰："臣無蹇諤之節，而有狂瞽之言，不能以屍伏諫，偷生苟活，誠慚聖朝。"帝即敕尚書解遵禁錮，拜憑虎賁中郎將，以侍中兼領之。正旦朝賀，百僚畢會，帝令群臣能説經者更相難詰，義有不通，輒奪其席以益通者，憑遂重坐五十餘席。故京師爲之語曰："解經不窮戴侍中。"在職十八年，卒於官，詔賜東園梓器，錢二十萬。時南陽魏滿字叔牙，亦習《京氏易》，教授。永平中，至弘農太守。

孫期字仲彧，濟陰成武人也。少爲諸生，習《京氏易》《古文尚書》。家貧，事母至孝，牧豕於大澤中，以奉養焉。遠人從其學者，皆執經壟畔以追之，里落化其仁讓。黃巾賊起，過期里陌，相約不犯孫先生舍。郡舉方正，遣吏齎羊、酒請期，期驅豕入草不顧。司徒黃琬特辟，不行，終於家。

建武中，范升傳《孟氏易》，以授楊政，而陳元、鄭衆皆傳《費氏易》，其後馬融亦爲其傳。融授鄭玄，玄作《易注》，荀爽又作《易傳》，自是《費氏》興，而《京氏》遂衰。

《前書》云：濟南伏生傳《尚書》，授濟南張生及千乘歐陽生，歐陽生授同郡兒寬，寬授歐陽生之子，世世相傳，至曾孫歐陽高，爲《尚書》歐陽氏學；張生授夏侯都尉，都尉授族子始昌，始昌傳族子勝，爲大夏侯氏學；勝傳從兄子建，建別爲小夏侯氏學：三家皆立博士。又魯人孔安國傳《古文尚書》授都尉朝，朝授膠東庸譚，爲《尚書》古文學，未得立。

歐陽歙字正思，樂安千乘人也。自歐陽生傳《伏生尚書》，至歙八世，皆爲博士。歙既傳業，而恭謙好禮讓。王莽時，爲長社宰。更始立，爲原武令。世祖平河北，到原武，見歙在縣修政，遷河南都尉，後行太守事。世祖即位，始爲河南尹，封被陽侯。建武五年，坐事免官。明年，拜揚州牧，遷汝南太守。推用賢俊，政稱異迹。九年，更封夜侯。歙在郡，教授數百人，視事九歲，徵爲大司徒。坐在汝南臧罪千餘萬發覺下獄。諸生守闕爲歙求哀者千餘人，至有自髡剔者。平原禮震，年十七，聞獄當斷，馳之京師，行到河內獲嘉縣，自繫，上書求代歙死。曰："伏見臣師大司徒歐陽歙，學爲儒宗，八世博士，而以臧咎當伏重辜。歙門單子幼，未能傳學，身死之後，永爲廢絕，上令陛下獲殺賢之譏，下使學者喪師資之益。乞殺臣身以代歙命。"書奏，而歙已死獄中。歙掾陳元上書追訟之，言甚切至，帝乃賜棺木，贈印綬，賻縑三千匹。子復嗣。復卒，無子，國除。

濟陰曹曾字伯山，從歙受《尚書》，門徒三千人，位至諫議大夫。子祉，河南尹，傳父業教授。

又陳留陳弇，字叔明，亦受《歐陽尚書》於司徒丁鴻，仕爲蘄長。

牟長字君高，樂安臨濟人也。其先封牟，春秋之末，國滅，因氏焉。長少習《歐陽尚書》，不仕王莽世。建武二年，大司空弘特辟，拜博士，稍遷河內太守，坐墾田不實免。長自爲博士及在河內，諸生講學者常有千餘人，著錄前後萬人。著《尚書章句》，皆本之歐陽氏，俗號爲《牟氏章句》。復徵爲中散大夫，賜告一歲，卒於家。子紆，又以隱居教授，門生千人。肅宗聞而徵之，欲以爲博士，道物故。

宋登字叔陽，京兆長安人也。父由，爲太尉。登少傳《歐陽尚書》，教授數千人。爲汝陰令，政爲明能，號稱"神父"。遷趙相，入爲尚書僕射。順帝以登明識禮樂，使持節臨太學，奏定曲律，轉拜侍中。數上封事，抑退權臣，由是出爲潁川太守。市無二價，道不拾遺。病免，卒於家，汝陰人配社祠之。

張馴字子儁，濟陰定陶人也。少游太學，能誦《春秋左氏傳》。以《大夏侯尚書》教授。辟公府，舉高第，拜議郎。與蔡邕共奏定《六經》文字。擢拜侍中，典領秘書近署，甚見納異。多因便宜陳政得失，朝廷嘉之。遷丹陽太守，化有惠政。光和七年，徵拜尚書，遷大司農。初平中，卒於官。

尹敏字幼季，南陽堵陽人也。少爲諸生。初習《歐陽尚書》，後受《古文》，兼善《毛詩》《穀梁》《左氏春秋》。建武二年，上疏陳《洪範》消灾之術。時，世祖方草創天下，未遑其事，命敏待詔公車，拜郎中，辟大司空府。帝以敏博通經記，令校圖讖，使蠲去崔發所爲王莽著録次比。敏對曰："讖書非聖人所作，其中多近鄙別字，頗類世俗之辭，恐疑誤後生。"帝不納。敏因其闕文增之曰："君無口，爲漢輔。"帝見而怪之，召敏問其故。敏對曰："臣見前人增損圖書，敢不自量，竊幸萬一。"帝深非之，雖竟不罪，而亦以此沈滯。與班彪親善，每相遇，輒日旰忘食，夜分不寐，自以爲鍾期、伯牙，莊周、惠施之相得也。後三遷長陵令。永平五年，詔書捕男子周慮。慮素有名稱，而善於敏，敏坐繫免官。及出，嘆曰："喑聾之徒，真世之有道者也。何謂察察而遇斯患乎？"十一年，除郎中，遷諫議大夫。卒於家。

周防字偉公，汝南汝陽人也。父揚，少孤微，常修逆旅，以供過客，而不受其報。防年十六，仕郡小吏。世祖巡狩汝南，召掾史試經，防尤能誦讀，拜爲守丞。防以未冠，謁去。師事徐州刺史蓋豫，受《古文尚書》。經明，舉孝廉，拜郎中。撰《尚書雜記》三十二篇，四十萬言。太尉張禹薦補博士，稍遷陳留太守，坐法免。年七十八，卒於家。子舉，自有傳。

孔僖字仲和，魯國魯人也。自安國以下，世傳《古文尚書》《毛詩》。曾祖父子建，少游長安，與崔篆友善。及篆仕王莽爲建新大尹，嘗勸子建仕。對曰："吾有布衣之心，子有袞冕之志，各從所好，不亦善乎！道既乘矣，請從此辭。"遂歸，終於家。僖與崔篆孫駰復相友善，同游太學，習《春秋》。因讀吳王夫差時事，僖廢書嘆曰："若是，所謂畫龍不成反爲狗者。"駰曰："然。昔孝武皇帝始爲天子，年方十八，崇信聖道，師則先王，五六年間，號勝文、景。及後恣己，忘其前之爲善。"僖曰："書傳若此多矣！"鄰房生梁郁和之曰："如此，武帝亦是狗邪？"僖、駰默然不對。郁怒恨之，陰上書告駰、僖誹謗先帝，刺譏當世。事下有司，駰詣吏受訊。僖以吏捕方至，恐誅，乃上書肅宗自訟曰：臣之愚意，以爲凡言誹謗者，謂實無此事而虛加誣之也。至如孝武皇帝，政之美惡，顯在漢史，坦如日月。是爲直説書傳實事，非虛謗也。夫帝者爲善，則天下之善咸歸焉；其不善，則天下之惡亦萃焉。斯皆有以致之，故不可以誅於人也。且陛下即位以來，政教未過，而德澤有加，天下所具也，臣等獨何譏刺哉？假使所非實是，則固應悛改；倘其不當，亦宜含容，又何罪焉？陛下不推原大數，深自爲計，徒肆私忿，以快其意。臣等受戮，死即死耳，顧天下之人，必迴視易慮，以此事窺陛下心。自今以後，苟見不可之事，終莫復言者矣。臣之所以不愛其死，猶敢極言者，誠爲陛下深惜此大業。陛下若不自惜，則臣何賴焉？齊桓公親揚其先君之惡，以唱管仲，然後群臣得盡其心。今陛下乃欲以十世之武帝，遠諱實事，豈不與桓公異哉？臣恐有司卒然見構，銜恨蒙枉，不得自叙，使後世論者，擅以陛下有所方比，寧可復使子孫追掩之乎？謹詣闕伏待重誅。帝始亦無罪僖等意，及書奏，立詔勿問，拜僖蘭臺令史。

元和二年春，帝東巡狩，還過魯，幸闕里，以太牢祠孔子及七十二弟子，作六代之樂，大會孔氏男子二十以上者六十三人，命儒者講《論語》。僖因自陳謝。帝曰："今日之會，寧於卿宗有光榮乎？"對曰："臣聞明王聖主，莫不尊師貴道。今陛下親屈萬乘，辱臨敝里，此乃崇禮先師，增輝聖德。至於光榮，非所敢承。"帝大笑曰："非聖者子孫，焉有斯言乎！"遂拜僖郎中，賜襃成侯損及孔氏男女錢、帛，詔僖從還京師，使校書東觀。冬，拜臨晉令，崔駰以《家林》筮之，謂爲不吉，止僖曰："子盍辭乎？"僖曰："學不爲人，仕不擇官，凶吉由己，而由卜乎？"在縣三年，卒官，遺令即葬。二子：長彦、季彦，並十餘歲。蒲坂令許君然勸令反魯。對曰："今載柩而歸，則違父令；舍墓而去，心所不忍。"遂留華陰。長彦好章句學，季彦守其家業，門徒數百人。延光元年，河西大雨雹，大者如斗。安帝詔有道術之士極陳變告，乃召季彦見於德陽殿，帝親問其故。對曰："此皆陰乘陽之徵也。今貴臣擅權，母后黨盛，陛下宜修聖德，慮此二者。"帝默然，左右皆惡之。舉孝廉，不就。三年，年四十七，終於家。初，平帝時王莽秉政，乃封孔子後孔均爲襃成侯，追諡孔子爲襃成宣尼。及莽敗，失國。建武十三年，世祖復封均子志爲襃成侯。志卒，子損嗣。永元四年，徙封襃亭侯。損卒，子曜嗣。曜卒，子完嗣。世世相傳，至獻帝初，國絕。

楊倫字仲理，陳留東昏人也。少爲諸生，師事司徒丁鴻，習《古文尚書》。爲郡文學掾。更歷數將，志乖於時，以不能人間事，遂去職，不復應州郡命。講授於大澤中，弟子至千餘人。元初中，郡禮請，三府並辟，公車徵，皆辭疾不就。後特徵博士，爲清河王傅。是歲，安帝崩，倫輒棄官奔喪，號泣闕下不絕聲。閻太后以其專擅去職，坐抵罪。順帝即位，詔免倫刑，遂留行喪於恭陵。服闋，徵拜侍中。是時，邵陵令任嘉在職貪穢，因遷武威太守，後有司奏嘉臧罪千萬，徵考廷尉，其所牽染將相大臣百有餘人。倫乃上書曰："臣聞《春秋》誅惡及本，本誅則惡消；振裘持領，領正則毛理。今任嘉所坐狼藉，未受辜戮，猥以垢身，改典大郡，自非案坐舉者，無以禁絕奸萌。往者湖陸令張叠、蕭令駟賢、徐州刺史劉福等，豐穢既章，咸伏其誅，而豺狼之吏至今不絕者，豈非本舉之主不加之罪乎？昔齊威之霸，殺奸臣五人，並及舉者，以弭謗讟。當斷不斷，《黃石》所戒。夫聖王所以聽僮夫匹婦之言者，猶塵加嵩岱，霧集淮海，雖未有益，不爲損也。惟陛下留神省察。"奏御，有司以倫言切直，辭不遜順，下之。尚書奏倫探知密事，激以求直。坐不敬，結鬼薪。詔書以倫數進忠言，特原之，免歸田里。陽嘉二年，徵拜太中大夫。大將軍梁商以爲長史。諫諍不合，出補常山王傅，病不之官。詔書敕司隸催促發遣，倫乃留河內朝歌，以疾自上，曰："有留死一尺，無北行一寸。刎頸不易，九裂不恨。匹夫所執，強於三軍。固敢有辭。"帝乃下詔曰："倫出幽升高，寵以藩傅，稽留王命，擅止道路，托疾自從，苟肆狷志。"遂徵詣廷尉，有詔原罪。倫前後三徵，皆以直諫不合。既歸，閉門講授，自絕人事。公車復徵，遂遯不行，卒於家。

中興，北海牟融習《大夏侯尚書》，東海王良習《小夏侯尚書》，沛國桓榮習《歐陽尚書》。榮世習相傳授，東京最盛。扶風杜林傳《古文尚書》，林同郡賈逵爲之作訓，馬融作傳，鄭玄注解，由是《古文尚書》遂顯於世。

《前書》魯人申公受《詩》於浮丘伯，爲作詁訓，是爲《魯詩》；齊人轅固生亦傳《詩》，是爲《齊詩》；燕人韓嬰亦傳《詩》，是爲《韓詩》；三家皆立博士。趙人毛萇傳《詩》，是爲《毛詩》，未得立。

高詡字季回，平原般人也。曾祖父嘉，以《魯詩》授元帝，仕至上谷太守。父容，少傳嘉學，哀、平間爲光祿大夫。詡以父任爲郎中，世傳《魯詩》。以信行清操知名。王莽篡位，父子稱盲，逃，不仕莽世。光武即位，大司空宋弘薦詡，徵爲郎，除符離長。去官，後徵爲博士。建武十一年，拜大司農。在朝以方正稱。十三年，卒官，賜錢及冢田。

包咸字子良，會稽曲阿人也。少爲諸生，受業長安，師事博士右師細君，習《魯詩》《論語》。王莽末，去歸鄉里，於東海界爲赤眉賊所得，遂見拘執。十餘日，咸晨夜誦經自若，賊異而遣之。因住東海，立精舍講授。光武即位，乃歸鄉里。太守黃讜署戶曹史，欲召咸入授其子。咸曰："禮有來學，而無往教。"讖遂遣子師之，舉孝廉，除郎中。建武中，入授皇太子《論語》，又爲其章句。拜諫議大夫、侍中、右中郎將。永平五年，遷大鴻臚。每進見，錫以几杖，入屏不趨，贊事不名。經傳有疑，輒遣小黄門就舍即問。顯宗以咸有師傅恩，而素清苦，常特賞賜珍玩束帛，奉禄增於諸卿，咸皆散與諸生之貧者。病篤，帝親輦駕臨視。八年，年七十二，卒於官。子福，拜郎中，亦以《論語》入授和帝。

魏應字君伯，任城人也。少好學。建武初，詣博士受業，習《魯詩》。閉門誦習，不交僚黨，京師稱之。後歸爲郡吏，舉明經，除濟陰王文學。以疾免官，教授山澤中，徒衆常數百人。永平初，爲博士，再遷侍中。十三年，遷大鴻臚。十八年，拜光禄大夫。建初四年，拜五官中郎將，詔入授千乘王伉。應經明行修，弟子自遠方至，著録數千人。肅宗甚重之，數進見，論難於前，特受賞賜。時會京師諸儒於白虎觀，講論《五經》同異，使應專掌難問，侍中淳于恭奏之，帝親臨稱制，如石渠故事。明年，出爲上黨太守，徵拜騎都尉，卒於官。

伏恭字叔齊，琅邪東武人，司徒湛之兄子也。湛弟黯，字稚文，以明《齊詩》，改定章句，作《解説》九篇，位至光禄勳，無子，以恭爲後。恭性孝，事所繼母甚謹，少傳黯學，以任爲郎。建武四年，除劇令。視事十三年，以惠政公廉聞。青州舉爲尤異，太常試經第一，拜博士，遷常山太守。郭修學校，教授不輟，由是北州多爲伏氏學。永平二年，代梁松爲太僕。四年，帝臨辟雍，於行禮中拜恭爲司空，儒者以爲榮。初，父黯章句繁多，恭乃省減浮辭，定爲二十萬言。在位九年，以病乞骸骨罷，詔賜千石奉以終其身。十五年，行幸琅邪，引遇如三公儀。建初二年冬，肅宗行饗禮，以恭爲三老。年九十，元和元年卒，賜葬顯節陵下。子壽，官至東郡太守。

任末字叔本，蜀郡繁人也。少習《齊詩》，游京師，教授十餘年。友人董奉德於洛陽病亡，末乃躬推鹿車，載奉德喪致其墓所，由是知名。爲郡功曹，辭以病免。後奔師喪，於道物故。臨命，敕兄子造曰："必致我尸於師門，使死而有知，魂靈不慚；如其無知，得土而已。"造從之。

景鸞字漢伯，廣漢梓潼人也。少隨師學經，涉七州之地。能理《齊詩》《施氏易》、兼受《河》《洛》圖緯，作《易説》及《詩解》，文句兼取《河》《洛》，以類相從，名爲《交集》。又撰《禮内外記》，號曰《禮略》。又抄風角雜書，列其占驗，作《興道》一篇。及作《月令章句》。凡所著述五十餘萬言。數上書陳救灾變之術。州郡辟命不就，以壽終。

薛漢字公子，淮陽人也。世習《韓詩》，父子以章句著名。漢少傳父業，尤善説災異讖緯，教授常數百人。建武初，爲博士，受詔校定圖讖。當世言《詩》者，推漢爲長。永平中，爲千乘太守，政有異跡。後坐楚事辭相連，下獄死。弟子犍爲杜撫、會稽澹臺敬伯、鉅鹿韓伯高最知名。

杜撫字叔和，犍爲武陽人也。少有高才。受業於薛漢，定《韓詩章句》。後歸鄉里教授。沈静樂道，舉動必以禮。弟子千餘人。後爲驃騎將軍東平王蒼所辟，及蒼就國，掾史悉補王官屬，未滿歲，皆自劾歸。時，撫爲大夫，不忍去，蒼聞，賜車馬財物遣之。辟太尉府。建初中，爲公車令，數月卒官。其所作《詩題約義通》，學者傳之，曰《杜君法》云。

召馴字伯春，九江壽春人也。曾祖信臣，元帝時爲少府。父建武中爲卷令，儵儻不拘小節。馴小習《韓詩》，博通書傳，以志義聞，鄉里號之曰"德行恂恂召伯春"。累仕州郡，辟司徒府。建初元年，稍遷騎都尉，侍講肅宗。拜左中郎將，入授諸王。帝嘉其義學，恩寵甚崇。出拜陳留太守，賜刀劍錢物。元和二年，入爲河南尹。章和二年，代任隗爲光禄勛，卒於官，賜冢塋陪園陵。

孫休，位至青州刺史。

楊仁字文義，巴郡閬中人也。建武中，詣師學習《韓詩》，數年歸，静居教授。仕郡爲功曹，舉孝廉，除郎。太常上仁經中博士，仁自以年未五十，不應舊科，上府讓選。顯宗特詔補北宮衛士令，引見，問當世政跡。仁對以寬和任賢，抑黜驕戚爲先。又上便宜十二事，皆當世急務。帝嘉之，賜以縑錢。及帝崩，時諸馬貴盛，各争欲入宮，仁被甲持戟，嚴勒門衛，莫敢輕進者。肅宗既立，諸馬共譖仁刻峻，帝知其忠，愈善之，拜什邡令。寬惠爲政，勸課掾史弟子，悉令就學。其有通明經術者，顯之右署，或貢之朝，由是義學大興。墾田千餘頃。行兄喪去官。後辟司徒桓虞府。掾有宋章者，貪奢不法，仁終不與交言同席，時人畏其節。後爲閬中令，卒於官。

趙曄字長君，會稽山陰人也。少嘗爲縣吏，奉檄迎督郵，曄耻於斯役，遂棄車馬去。到犍爲資中，詣杜撫受《韓詩》，究竟其術。積二十年，絶問不還，家爲發喪制服。撫卒乃歸。州召補從事，不就。舉有道。卒於家。曄著《吳越春秋》《詩細歷神淵》。蔡邕至會稽，讀《詩細》而嘆息，以爲長於《論衡》。邕還京師，傳之，學者咸誦習焉。

時，山陽張匡，字文通，亦習《韓詩》，作章句。後舉有道，博士徵，不就。卒於家。

衛宏字敬仲，東海人也。少與河南鄭興俱好古學。

初，九江謝曼卿善《毛詩》，乃爲其訓。宏從曼卿受學，因作《毛詩序》，善得《風雅》之旨，於今傳於世。後從大司空杜林更受《古文尚書》，爲作《訓旨》。時濟南徐巡師事宏，後從林受學，亦以儒顯，由是古學大興。光武以爲議郎。

宏作《漢舊儀》四篇，以載西京雜事；又著賦、頌、誄七首，皆傳於世。

中興後，鄭衆、賈逵傳《毛詩》，後馬融作《毛詩傳》，鄭玄作《毛詩箋》。

《前書》魯高堂生，漢興傳《禮》十七篇。後瑕丘蕭奮以授同郡后蒼，蒼授梁人戴德及德兄子聖、沛人慶普。於是德爲《大戴禮》，聖爲《小戴禮》，普爲《慶氏禮》，三家皆立博士。孔安國所獻《禮》古經五十六篇及《周官經》六篇，前世傳其書，未有名家。中興已後，亦有《大》《小戴》博士，雖相傳不絕，然未有顯於儒林者。建武中，曹充習慶氏學，傳其子褒，遂撰《漢禮》，事在《褒傳》。

董鈞字文伯，犍爲資中人也。習《慶氏禮》。事大鴻臚王臨。元始中，舉明經，遷廩犧令。病去官。建武中，舉孝廉，辟司徒府。鈞博通古今，數言政事。永平初，爲博士。時草創五郊祭禋，及宗廟禮樂，威儀章服，輒令鈞參議，多見從用，當世稱爲通儒。累遷五官中郎將，常教授門生百餘人。後坐事左轉騎都尉。年七十餘，卒於家。

中興，鄭衆傳《周官經》，後馬融作《周官傳》，授鄭玄，玄作《周官注》。玄本習《小戴禮》，後以古經校之，取其義長者，故爲鄭氏學。玄又注小戴所傳《禮記》四十九篇，通爲《三禮》焉。

《前書》齊胡毋子都傳《公羊春秋》，授東平嬴公，嬴公授東海孟卿，孟卿授魯人眭孟，眭孟授東海嚴彭祖、魯人顏安樂。彭祖爲《春秋》嚴氏學，安樂爲《春秋》顏氏學，又瑕丘江公傳《穀梁春秋》，三家皆立博士。梁太傅賈誼爲《春秋左氏傳訓詁》，授趙人貫公。

丁恭字子然，山陽東緡人也。習《公羊嚴氏春秋》。恭學義精明，教授常數百人，州郡請召不應。建武初，爲諫議大夫、博士，封關內侯。十一年，遷少府。諸生自遠方至者，著錄數千人，當世稱爲大儒。太常樓望、侍中承宮、長水校尉樊儵等皆受業於恭。二十年，拜侍中祭酒、騎都尉，與侍中劉昆俱在光武左右，每事諮訪焉。卒於官。

周澤字穉都，北海安丘人也。少習《公羊嚴氏春秋》，隱居教授，門徒常數百人。建武末，辟大司馬府，署議曹祭酒。數月，徵試博士。中元元年，遷黽池令。奉公克己，矜恤孤羸，吏人歸愛之。永平五年，遷右中郎將。十年，拜太常。澤果敢直言，數有據爭。後北地太守廖信坐貪穢下獄，沒入財產，顯宗以信臧物班諸廉吏，唯澤及光祿勳孫堪、大司農常沖特蒙賜焉。是時京師翕然，在位者咸自勉勵。

堪字子稺，河南緱氏人也。明經學，有志操，清白貞正，愛士大夫，然一毫未嘗取於人，以節介氣勇自行。王莽末，兵革並起，宗族老弱在營保間，堪常力戰陷敵，無所迴避，數被創刃，宗族賴之，郡中咸服其義勇。建武中，仕郡縣。公正廉潔，奉祿不及妻子，皆以供賓客。及爲長吏，所在有跡，爲吏人所敬仰。喜分明去就。嘗爲縣令，謁府，趨步遲緩，門亭長譴堪御吏，堪便解印綬去，不之官。後復仕爲左馮翊，坐遇下促急，司隸校尉舉奏免官。數月，徵爲侍御史，再遷尚書令。永平十一年，拜光祿勳。堪清廉，果於從政，數有直言，多見納用。十八年，以病乞身，爲侍中騎都尉，卒於官。堪行類於澤，故京師號曰"二稺"。十二年，以澤行司徒事，如眞。澤性簡，忽威儀，頗失宰相之望。數月，復爲太常。清潔循行，盡敬宗廟。常臥疾齋宮，其妻哀澤老病，窺問所苦。澤大怒，以妻干犯齋禁，遂收送詔獄謝罪。當世疑其脆激。時人爲之語曰："生世不諧，作太常妻，一歲三百六十日，三百五十九日齋。"十八年，拜侍中騎都尉。後數爲三老五更。建初中致仕，卒於家。

鍾興字次文，汝南汝陽人也。少從少府丁恭受《嚴氏春秋》。恭薦興學行高明，光武召見，問以經義，應對甚明。帝善之，拜郎中，稍遷左中郎將。詔令定《春秋》章句，去其複重，以授皇太子。又使宗室諸侯從興受章句。封關內侯。興自以無功，不敢受爵。帝曰："生教訓太子及諸王侯，非大功邪？"興曰："臣師於恭。"於是復封恭，而興遂固辭不受爵，卒於官。

甄宇字長文，北海安丘人也。清淨少欲。習《嚴氏春秋》，教授常數百人。建武中，爲州從事，徵拜博士，稍遷太子少傅，卒於官。傳業子普，普傳子承。承尤篤學，未嘗視家事，講授常數百人。諸儒以承三世傳業，莫不歸服之。建初中，舉孝廉，卒於梁相。子孫傳學不絕。

樓望字次子，陳留雍丘人也。少習《嚴氏春秋》。操節清白，有稱鄉閭。建武中，趙節王栩聞其高名，遣使齎玉帛請以爲師，望不受。後仕郡功曹。永平初，爲侍中、越騎校尉，入講省內。十六年，遷大司農。十八年，代周澤爲太常。建初五年，坐事左轉太中大夫，後爲左中郎將。教授不倦，世稱儒宗，諸生著錄九千餘人。年八十，永元十二年，卒於官，門生會葬者數千人，儒家以爲榮。

程曾字秀升，豫章南昌人也。受業長安，習《嚴氏春秋》，積十餘年，還家講授。會稽顧奉等數百人常居門下。著書百餘篇，皆《五經》通難，又作《孟子章句》。建初三年，舉孝廉，遷海西令，卒於官。

張玄字君夏，河内河陽人也。少習《顏氏春秋》，兼通數家法。建武初，舉明經，補弘農文學，遷陳倉縣丞。清净無欲，專心經書，方其講問，乃不食終日。及有難者，輒爲張數家之説，令擇從所安，諸儒皆伏其多通，著録千餘人。玄初爲縣丞，嘗以職事對府，不知官曹處，吏白門下責之。時，右扶風琅邪徐業，亦大儒也，聞玄諸生，試引見之，與語，大驚曰："今日相遭，真解矇矣！"遂請上堂，難問極日。後玄去官，舉孝廉，除爲郎。會《顏氏》博士缺，玄試策第一，拜爲博士。居數月，諸生上言玄兼説《嚴氏》《冥氏》，不宜專爲《顏氏》博士。光武且令還署，未及遷而卒。

李育字元春，扶風漆人也。少習《公羊春秋》。沉思專精，博覽書傳，知名太學，深爲同郡班固所重。固奏記薦育於驃騎將軍東平王蒼，由是京師貴戚争往交之。州郡請召，育到，輒辭病去。常避地教授，門徒數百。頗涉獵古學。嘗讀《左氏傳》，雖樂文采，然謂不得聖人深意，以爲前世陳元、范升之徒更相非折，而多引圖讖，不據理體，於是作《難左氏義》四十一事。建初元年，衛尉馬廖舉育方正，爲議郎。後拜博士。四年，詔與諸儒論《五經》於白虎觀，育以《公羊》義難賈逵，往返皆有理證，最爲通儒。再遷尚書令。及馬氏廢，育坐爲所舉免歸。歲餘復徵，再遷侍中，卒於官。

何休字邵公，任城樊人也。父豹，少府。休爲人質樸訥口，而雅有心思，精研《六經》，世儒無及者。以列卿子詔拜郎中，非其好也，辭疾而去。不仕州郡。進退必以禮。太傅陳蕃辟之，與參政事。蕃敗，休坐廢錮，乃作《春秋公羊解詁》，覃思不窺門，十有七年。又注訓《孝經》《論語》、風角七分，皆經緯典謨，不與守文同説。又以《春秋》駁漢事六百餘條，妙得《公羊》本意。休善曆算，與其師博士羊弼，追述李育意以難二傳，作《公羊墨守》《左氏膏肓》《穀梁廢疾》。黨禁解，又辟司徒。群公表休道術深明，宜侍帷幄，倖臣不悦之，乃拜議郎，屢陳忠言。再遷諫議大夫，年五十四，光和五年卒。

服虔字子慎，初名重，又名祇，後改爲虔，河南滎陽人也。少以清苦建志，入太學受業。有雅才，善著文論，作《春秋左氏傳解》，行之至今。又以《左傳》駁何休之所駁漢事六十條。舉孝廉，稍遷，中平末，拜九江太守。免，遭亂行客，病卒。所著賦、碑、誄、書記、《連珠》《九憤》，凡十餘篇。

潁容字子嚴，陳國長平人也。博學多通，善《春秋左氏》，師傅太尉楊賜。郡舉孝廉，州辟，公車徵，皆不就。初平中，避亂荆州，聚徒千餘人。劉表以爲武陵太守，不肯起。著《春秋左氏條例》五萬餘言，建安中卒。

謝該字文儀，南陽章陵人也。善明《春秋左氏》，爲世名儒，門徒數百千人。建安中，河東人樂詳條《左氏》疑滯數十事以問，該皆爲通解之，名爲

《謝氏釋》，行於世。仕爲公車司馬令，以父母老，託病去官。欲歸鄉里，會荊州道斷，不得去。少府孔融上書薦之曰：臣聞高祖創業，韓、彭之將征討暴亂，陸賈、叔孫通進説《詩》《書》。光武中興，吳、耿佐命，范升、衛宏修述舊業，故能文武並用，成長久之計。陛下聖德欽明，同符二祖，勞謙厄運，三年乃謹。今尚父鷹揚，方叔翰飛，王師電鷙，群凶破殄，始有櫜弓卧鼓之次，宜得名儒，典綜禮紀。竊見故公車司馬令謝該，體曾、史之淑性，兼商、偃之文學，博通群藝，周覽古今，物來有應，事至不惑，清白異行，敦悦道訓。求之遠近，少有疇匹。若乃巨骨出吳，隼集陳庭，黃能入寢，亥有二首，非夫洽聞者，莫識其端也。隼不疑定北闕之前，夏侯勝辯常陰之驗，然後朝士益重儒術。今該實卓然比跡前列，間以父母老疾，棄官欲歸，道路險塞，無自由致。猥使良才抱樸而逃，踰越山河，沉淪荊楚，所謂往而不反者也。後日當更饋樂以鈎由余，克像以求傅説，豈不煩哉？臣愚以爲可推録所在，召該令還。楚人止孫卿之去國，漢朝追匡衡於平原，尊儒貴學，惜失賢也。書奏，詔即徵還，拜議郎。以壽終。

建武中，鄭興、陳元傳《春秋左氏》學。時尚書令韓歆上疏，欲爲《左氏》立博士，范升與歆爭之未決，陳元上書訟《左氏》，遂以魏郡李封爲《左氏》博士。後群儒蔽固者數廷爭之。及封卒，光武重違衆議，而因不復補。

許慎字叔重，汝南召陵人也。性淳篤，少博學經籍，馬融常推敬之，時人爲之語曰："《五經》無雙許叔重。"爲郡功曹，舉孝廉，再遷除洨長。卒於家。初，慎以《五經》傳説臧否不同，於是撰爲《五經異義》，又作《説文解字》十四篇，皆傳於世。

蔡玄字叔陵，汝南南頓人也。學通"五經"，門徒常千人，其著録者萬六千人。徵辟並不就。順帝特詔徵拜議郎，講論"五經"異同，甚合帝意。遷侍中，出爲弘農太守，卒官。

論曰：自光武中年以後，干戈稍戢，專事經學，自是其風世篤焉。其服儒衣，稱先王，游庠序，聚横塾者，蓋布之於邦域矣。若乃經生所處，不遠萬里之路，精廬暫建，贏糧動有千百，其耆名高義開門受徒者，編牒不下萬人，皆專相傳祖，莫或訛雜。至有分爭王庭，樹朋私里，繁其章條，穿求崖穴，以合一家之説。故楊雄曰："今之學者，非獨爲之華藻，又從而繡其鞶帨。"夫書理無二，義歸有宗，而碩學之徒，莫之或徙，故通人鄙其固焉，又雄所謂"譊譊之學，各習其師"也。且觀成名高第，終能遠至者，蓋亦寡焉，而迂滯若是矣。然所談者仁義，所傳者聖法也。故人識君臣父子之綱，家知違邪歸正之路。

自桓、靈之間，君道秕僻，朝綱日陵，國隙屢啓，自中智以下，靡不審其崩離；而權强之臣，息其窺盜之謀，豪俊之夫，屈於鄙生之議者，人誦先王言也，下畏逆順勢也。至如張溫、皇甫嵩之徒，功定天下之半，聲馳四海之表，俯仰顧昐，則天業可移，猶鞠躬昏主之下，狼狽折札之命，散成兵，就繩約，而無悔心，暨乎剝橈自極，人神數盡，然後群英乘其運，世德終其祚。跡衰敝之所由致，而能多歷年所者，斯豈非學之效乎？故先師垂典文，褒勵學者之功，篤矣切矣。不循《春秋》，至乃比於殺逆，其將有意乎！

　　贊曰：斯文未陵，亦各有承。塗方流別，專門並興。精疏殊會，通閡相徵。千載不作，淵原誰澂？

# 漢書藝文志辨僞

## (《新學僞經考》卷三上)

康有爲

**西堂案：** 經學之流傳授受，已見《史》《漢》《儒林傳》，《藝文志·六藝略》者，亦記載群經流傳之重要篇籍也。然其說多本之劉歆《七略》，殊不可置信。茲並錄康有爲之辨僞，以見其本真。學者得此，庶不致爲僞說所誣，而知其是非黑白矣。

**按：** 劉歆僞撰古經，由於總校書之任，故得託名中書，恣其竄亂。東漢主張古學，若賈逵、班固、馬融、張衡、許慎之倫，皆校書東觀者，其守古學彌篤。蓋皆親見中古文經，故惑之彌甚。通學之徒，皆已服膺，其風滅天下，力固宜然。故原僞經所能創，考古學所以行，皆由《七略》也。《漢書》爲歆所作，人不盡知；《藝文志》即《七略》原文，人皆知之。今將《藝文志》之《六藝略》條辨於先，則歆之僞盡見矣。

昔仲尼沒而微言絕，七十子喪而大義乖。故《春秋》分爲五，《詩》分爲四，《易》有數家之傳。戰國從衡，真僞分爭，諸子之言，紛然淆亂。至秦患之，乃燔滅文章，以愚黔首。漢興，改秦之敗，大收篇籍，廣開獻書之路。迄孝武世，書缺簡脫，禮壞樂崩，聖上喟然而稱曰："朕甚閔焉！"於是建藏書之策，置寫書之官，下及諸子傳說，皆充秘府。至成帝時，以書頗散亡，使謁者陳農求遺書於天下；詔光祿大夫劉向校經、傳、諸子、詩、賦；步兵校尉任宏校兵書；太史令尹咸校數術；侍醫李柱國校方技。每一書已，向輒條其篇目，撮其旨意，錄而奏之。會向卒，哀帝復使向子侍中奉車都尉歆卒父業。歆於是總群書而奏其《七略》，故有《輯略》，有《六藝略》，有《諸子略》，有《詩賦略》，有《兵書略》，有《術數略》，有《方技略》，今删其要，以備篇籍。

**按：**《七略》之出於劉歆，此爲明條。《六藝略》爲歆專職，以承父向校經、傳、諸子、詩、賦也，故尤得恣其改亂，顛倒"五經"也。秦火雖焚，而"六經"無恙，博士之職不改，孔氏世世不絶，諸儒師師相受，微言大義至今具存，以爲"乖絶"及"書缺簡脱，禮壞樂崩"，皆歆邪説，攻今學真經而創古學僞經也。且所謂"微言大義"，即孔子改制之學也：申公、轅固生、韓嬰、伏生、高堂生、田何、胡毋生、董仲舒，四百年傳之不絶。自歆僞經出，託之周公，而後孔子之微言大義乃乖絶，實乖絶於歆也。《春秋》有《公》《穀》，而無《左氏》，更無鄒、夾；《詩》有齊、魯、韓，而無毛氏；《易》出於田何，施、孟、梁丘起於宣帝後，戰國前安有數家之傳？叙仲尼七十子後，即以己僞撰之經入之，以塗學者耳目。

首倡秦焚而書簡缺，言絶而諸家争，學者開卷，誦之習熟，彌滿胸臆，此所以豐蔀二千年而莫之解也。劉向所撮録，大率爲歆所改。今以劉向《新序》《説苑》《列女傳》校之，説皆不同，知《七略》中無向説矣。其云："迄孝武世，書缺簡脱，禮壞樂崩，聖上喟然而稱曰：'朕甚閔焉。'"《移太常書》並以"書缺簡脱"四字誣爲詔書。考《史記》《漢書·儒林傳》皆載武帝制，只有"禮廢樂崩，朕甚愍焉"八字。蓋博士具官，未有進者，六藝之學，朝廷未重，故以爲"禮廢樂崩"，非謂"書有缺脱"也。《儒林傳》制詔元文既無此語，則"書缺簡脱"四字，爲歆增加，以證佐僞經之説明甚。劉歆僞撰古文，既妄以傳授源流强誣古人，並誣其父，又誣其君，無忌憚之小人亦至此乎！

**按：**古今總校書之任者，皆有大權，能主張學術，移易是非，竄亂古書。先徵之今，國朝《四庫全書總目提要》，群書紀昀主之，算法則戴震主之。而《四元玉鑒》爲中國算學最精之術，戴震於《測圓海鏡提要》云："按：立天元一法，見於宋秦九韶《九章大衍數》中，厥後《授時草》及《四元玉鑒》等書皆屢見之。"則戴震必見其書，而乃不爲著録，蓋欲獨擅其術也。《提要》之及其目者，乃其不覺流露，不及校删者耳。紀昀力攻朱子，述董亨復《繁露園集》之野言，譏《名臣言行録》不載劉元城者數條，其他主張雜學，所以攻宋儒者無不至，後生多爲所惑。近世氣節壞，學術蕪，大抵紀昀之罪也。校書者心術若壞，何所不至！幸生當國家明盛，群書畢備，故不至大爲竄亂。若劉歆挾名父之傳，當新莽之變，前典校書之任，后總國師之權；加漢世書籍，皆在竹帛，事體繁重，學者不從大師，無所受讀，不如後世刻本流行，挾巨金而之市，則緗載萬卷，群書咸備也。若中秘之藏，自非馬遷之爲太史，則班嗣之有賜書，楊雄之能借讀，庶或見之，自餘學者無由竊見。故歆總其事，得以恣其私意，處處竄入。當時諸儒雖不答，師丹、公孫禄雖奏劾，然天下後世則皆爲所豐蔀而無由見日矣。孔子"六經"不亡於秦政之燒書，而亂於新歆之校書，豈不痛哉！王允謂："不可令佞臣執筆。"若校書之權任，尤先聖大道所寄，豈可使佞人爲之哉？徒以二千年經學乖訛，有若聚訟，童年而搜研章句，白首不能辨厥要歸，科罪劉歆，猶未當其獄也。

《易經》十二篇，施、孟、梁丘三家。（師古曰："上、下《經》及《十翼》，故十二篇。"）

《易傳周氏》二篇。（字王孫也）

《服氏》二篇。（師古曰："劉向《別錄》云：'服氏，齊人，號服光'。"）

《楊氏》二篇。（名何，字叔元，菑川人）

《蔡公》二篇。（衛人，事周王孫）

《韓氏》二篇。（名嬰）

《王氏》二篇。（名同）

《丁氏》八篇。（名寬，字子襄，梁人也）

《古五子》十八篇。（自甲子至壬子，説《易》陰陽）

《淮南道訓》二篇。（淮南王安，聘明《易》者九人，號九師説）

《古雜》八十篇，《雜災異》三十五篇，《神輸》五篇，圖一。（師古曰："劉向《別錄》云：'《神輸》者，王道失，則災害生；得，則四海輸之祥瑞。'"）

孟氏、京房十一篇；《災異》孟氏、京房六十六篇；五鹿充宗《略説》三篇；京氏、段嘉十二篇。（蘇氏曰："東海人，爲博士。"晉灼曰："《儒林》不見。"師古曰："蘇說是也。嘉即京房所從受《易》者也，見《儒林傳》及劉向《別錄》。"）

《章句》施、孟、梁丘氏各二篇。

凡《易》十三家，二百九十四篇。

《易》曰："伏羲氏仰觀象於天，俯觀法於地，觀鳥獸之文，與地之宜，近取諸身，遠取諸物，於是始作八卦，以通神明之德，以類萬物之情。"至於殷、周之際，紂在上位，逆天暴物，文王以諸侯順命而行道，天人之占，可得而交力，於是重《易》六爻，作上、下篇。孔氏爲之《彖》《象》《繫辭》《文言》《序卦》之屬十篇。故曰：《易》道深矣。人更三聖，世歷三古。及秦燔書，而《易》爲筮卜之事，傳者不絕。漢興，田何傳之。訖於宣、元，有施、孟、梁丘、京氏列於學官，而民間有費、高二家之説。劉向以中古文《易經》校施、孟、梁丘經，或脱去"无咎""悔亡"，唯費氏經與古文同。

**按：**《易》學爲歆亂僞之説有三，而京、焦之説不與焉：其一，文王但重六爻，無作上、下篇之事，以爲周公之作，更其後也；其二，《易》但有上、下二篇，無十篇之説，以爲孔子作《十翼》，固其妄也；其三，《易》有施、孟、梁丘，並出田何，後有京氏爲異，然皆今文之説，無《費氏易》，至有高氏，益支離也，今分辨於下：

《史記·周本紀》："西伯蓋即位五十年，其囚羑里，蓋益《易》之八卦爲六十四卦。"《日者傳》："周文王演三百八十四爻。"《法言·問神》篇："《易》始八卦，而文王六十四，其益可知也。"《問明》篇："文王淵懿也。重《易》六爻，不亦淵乎！"《漢書·楊雄傳》："文王以諸侯順命而行道，於是重《易》六爻。"此皆西漢前説辭之未著，若何而有上、下之篇，殊令人不可通曉。考馬融、陸績之説，皆以文王作《卦辭》，周公作《爻辭》，見《周易正義》一。此必有所受。《志》云"文王重六爻"，蓋未敢驟改西漢舊説，以駭觀聽，而又云"作上、下篇"，則是明以爲文王作《卦辭》矣。其辭閃爍，所謂"誣善之人，其辭游"也。其辨詳《經典釋文糾謬》。此《志》叙周王孫、服光、楊何、蔡公、韓嬰、王同諸《易》先師《傳》皆二篇，《章句》施、孟、梁丘氏各二篇，然則《易》之《卦辭》《爻辭》《彖辭》《象辭》皆合，以其簡帙繁重，分爲上、下二篇。史遷《太史公自序》稱"《繫辭》"爲"《易大傳》"，蓋《繫辭》有"子曰"，則非出孔子手筆，但爲孔門弟子所作，商瞿之徒所傳授，故太史談不以爲經，而以爲傳也。至《説卦》《序卦》《雜卦》三篇，《隋志》以爲後得，蓋本《論衡·正説》篇"河内後得《逸易》"之事。《法言·問神》篇："《易》損其一也，雖蠢知闕焉。"則西漢前《易》無《説卦》可知。揚雄、王充嘗見西漢博士舊本，故知之。

《説卦》與孟、京《卦氣圖》合，其出漢時僞託無疑。《序卦》膚淺，《雜卦》則言訓詁，此則歆所僞竄，並非河內所出，宋葉適嘗攻《序卦》《雜卦》爲後人僞作矣。(《習學記言》)

歆既僞《序卦》《雜卦》二篇，爲西漢人所未見，又於《儒林傳》云"費直徒以《彖》《象》《繫辭》、十篇《文言》解説上、下經"，此云"孔氏爲之《彖》《象》《繫辭》《文言》《序卦》之屬十篇"，又叙《易經》十二篇，而託之爲施、孟、梁丘三家。又於《史記·孔子世家》竄入"孔子晚而喜《易》、序《彖》《繫》《象》《説卦》《文言》"，顛倒眩亂。學者傳習，熟於心目，無人明其僞竄矣。諸家引孟、京注，間有及《説卦》《序卦》《雜卦》者，如非竄亂之條，即爲後人附益之語，猶《左傳正義》一引《嚴氏春秋》有"孔子與左丘明觀書，丘明爲傳"之事耳，不足據也。夫《易》爲未經焚燒之書，猶可託僞，而人無疑之者，況他經哉！然則天下人之被欺，固易易耳，若非藉馬遷、王充之説，孔子之《易》幾無復發明之日，亦危矣哉！

按：西漢但有施、孟、梁丘、京氏《易》，費氏、高氏突出於哀、平之世，西漢諸儒無見之者。傳之者王璜，即傳徐敖《古文尚書》之人，其爲歆所假僞付囑，至易見也。其云"唯費氏經與古文同"，亦僞託也，務借以尊費氏而已。漢逮中葉，經業至盛，人用其私，多思僞撰。故《易》則有焦、京、趙賓，以陰陽災變爲《易》；《書》則有《泰誓》、張霸《百兩》篇；《禮》則有方士、明堂諸説。蓋作僞者已多。劉歆之僞古文，發源於《左氏》，成於《周官》，遍僞諸經，爲之佐證。獨闕於《易》，遂剿焦、京之緒餘，而變其面目。故曰："長於卦筮。"又曰："亡章句，徒以《彖》《象》《繫辭》、十篇《文言》解説上、下經"。蓋歆以餘力爲之，湊成諸經古文耳。《後漢書·儒林傳》："陳元、鄭衆皆傳《費氏易》，其後馬融亦爲其傳。融授鄭玄，玄作《易注》。荀爽又作《易傳》。自是《費氏》興。"《經典釋文·序錄》曰："永嘉之亂，施氏、梁丘之《易》亡，孟、京、費之《易》，人無傳者。馬、鄭之《易》，即《費氏易》，安得謂《費》無傳？陸氏之説不足爲據也。是後漢末皆費氏學。而《釋文》有《費直章句》四卷，豈後人所傳益歟？"然既曰"興"，又曰"人無傳者"，則必有説。今自馬融、鄭玄、荀爽、虞翻及王輔嗣注，皆費氏説（《三國志·虞翻傳》注載翻奏曰："臣聞'六經'之始，莫大陰陽。"是歆"六經"首《易》之說也。"臣高祖父少治《孟氏易》，至臣五世。前人通講，多玩章句，雖有秘說，於經疏潤。"是翻棄師法之徵也。《翻傳》又載翻《國語訓注》，是翻蓋治古學者。蓋馬、鄭之後，費學大行，學者無不在其籠中，爲其學者又人人異論。荀爽既殊於馬、鄭，翻又異於鄭、荀，要之皆費氏之說。翻自言孟氏，蓋假借之辭耳）。則今之《易》亦歆僞學也。嗚呼！後世"六學"皆歆之說，孔子之道於是一變，蓋二千年矣。《儒林傳》言："高相亦亡章句，專說陰陽災異。"蓋歆別有五行傳之學，溢而爲此。《傳》又云："自言出於丁將軍。"猶《毛詩》自謂子夏所傳耳，亦猶《春秋》之故爲鄒氏、夾氏以影射耳，亦歆所爲也。唯歆斥孟、京之僞。詳《漢書儒林傳辨僞》。

《尚書古文經》四十六卷。（爲五十七篇。師古曰："孔安國《書序》云：'凡五十九篇，爲四十六卷。承詔作傳，引序各冠其篇首，定五十八篇。'鄭玄《叙贊》云：'後又亡其一篇'。故五十七。"）

《經》二十九卷。（大、小夏侯二家。歐陽《經》三十二卷。師古曰："此二十九卷，伏生傳授者。"）

《傳》四十一篇。

歐陽《章句》三十一卷。

大、小夏侯《章句》各二十九卷。

大、小夏侯《解故》二十九卷。

歐陽《説義》二篇。

劉向《五行傳記》十一卷。

許商《五行傳記》一篇。

《周書》七十一篇。（周史記。師古曰："劉向云：'周時誥誓號令也。蓋孔子所論百篇之餘也。'今之存者四十五篇矣。"）

《議奏》四十二篇。（宣帝時石渠論。韋昭曰："閣名也，於此論書。"）

凡《書》九家，四百一十二篇。（入劉向《稽疑》一篇。師古曰："此凡言'入'者，謂《七略》之外，班氏新入之也。其云'出'者，與此同。"）

《易》曰："河出《圖》，雒出《書》，聖人則之。"故《書》之所起遠矣。至孔子纂焉，上斷於堯，下訖於秦，凡百篇，而爲之序，言其作意。秦燔書禁學，濟南伏生獨壁藏之。漢興，亡失，求得二十九篇，以教齊、魯之間。訖孝宣世，有歐陽、大小夏侯氏立於學官。《古文尚書》者，出於孔子壁中。武帝末，魯共王壞孔子宅，欲以廣其宮，而得《古文尚書》及《禮記》《論語》《孝經》凡數十篇，皆古字也。共王往入其宅，聞鼓琴瑟鐘磬之音，於是懼，乃止不壞。孔安國者，孔子後也，悉得其書，以考二十九篇，得多十六篇。安國獻之，遭巫蠱事，未列於學官。劉向以中古文校歐陽、大小夏侯三家經文，《酒誥》脫簡一，《召誥》脫簡二，率簡二十五字者脫亦二十五字，簡二十二字者，脫亦二十二字，文字異者七百有餘，脫字數十。《書》者，古之號令。號令於衆，其言不立具，則聽受施行者弗曉。古文讀應《爾雅》，故解古今語而可知也。

按：伏生所傳二十八篇。伏生故秦博士，秦焚書，非博士所職悉焚，則博士所職不焚，然則伏生之《書》，爲孔子所傳之全經確矣。博士以《尚書》爲備，以其傳授有緒，故比之二十八宿也。歐陽、大小夏侯傳今文者無異辭。而《史》《漢·儒林傳》皆云"伏生求其《書》，獨得二十九篇"者，《隋志》引《論衡》以爲"河內女子得《泰誓》一篇"，劉歆《移太常書》所謂"《泰誓》後得，博士集而讀之"，故經二十九卷，大小夏侯《章句》各二十九卷，大小夏侯《解故》二十九篇，皆緣博士合《泰誓》於經中，並二十八篇數之，故爲二十九也。歆欲以古文亂今學，故云"凡百篇而爲之序""秦燔書禁學""漢興亡失，求得二十九篇"，明《書》之不備，所以便其作僞也。歆不明白言之，又竄之於《史記·儒林傳》以惑人，以便於作僞，而人不驚之也。《書序》之僞，別詳《書序辨僞》中，今不詳。

壁中古文之事，其僞凡十：

秦雖焚書，而"六經"不缺；孔氏遺書藏於廟中，世世不絕，諸儒以時習之。篆與籀文相承，無從有古文。孔襄爲孝惠博士，孔忠、孔武並爲博士，亦無從突出於共王之手。其僞一。

按：《史記·魯共王世家》無壞孔子壁得古文經事。史遷講業齊、魯之都，加性好奇，若有之，必詳述之。其僞二。

共王以景帝前二年即位，二十八年薨，爲武帝元朔元年，乃武帝初年，《志》云："武帝末。"其僞三。

自元朔元年至征和二年巫蠱事起，凡三十六年，武帝崇獎經學，搜訪遺書，安國何爲遲數十年，至遭巫蠱之時？且安國蚤卒，何得至征和時遇巫蠱？閻若璩《古文尚書疏證》據荀悅《漢紀》"安國家獻之",然既獻之,何以武帝久不立?歐陽氏不一言之?或據《外戚陳皇后傳》:"元光五年,女子楚服等坐爲皇后巫蠱祠祭祝詛,大逆無道,相連及誅者三百餘人。"其時安國正爲博士。然此後都尉朝等仍可請,何不見也?其僞四。

河間獻王亦得古文《書》,天下遺文古事靡不畢集太史公,何以史遷不見?又此本何傳,與共王出孰先後,本歟同異,增多幾何,何以《志》不叙及?豈有亡失之餘,遺書閒出,而篇簡文字不謀而合之理?其爲僞造,即此已明,其僞五。

孔安國以今文字讀古文,縱有壁中書,安國亦僅識二十九篇耳,若何而知爲多十餘篇?其僞六。

兒寬受業於安國,歐陽、大小夏侯學皆出於寬,則皆安國之傳也。司馬遷亦從安國問《故》,則使確有古文,確多十六篇,歐陽、大小夏侯皆傳之,則今古文實無異本矣。《儒林傳》云:"遷書載《堯典》《禹貢》《洪範》《微子》《金縢》諸篇,多古文説。"凡此皆今文篇,無一增多篇者,所異者乃安國古文説耳。然古文所異在字,安國仍讀以今文,更無説也。即安國確有其説,亦與兒寬同傳,且今考史遷載《堯典》諸篇,説實皆今文,以爲古文者妄。其僞七。

安國爲得古文之人,爲歐陽、大小夏侯之本師,經應全同,何以有脱簡三,脱字數十,文字異者七百有餘?其僞八。

歐陽、大小夏侯既傳安國學,則亦傳古文學,何以無此十六篇,而都尉朝、膠東庸生獨有之?其僞九。

安國傳《書》至龔勝者八傳,至孔光者五傳,至趙玄者七傳。詳《漢書儒林傳辨僞》。以今學經八傳而至勝,古學經三傳而至胡常,即當哀、平世矣。何相去之遠乎?其僞十。

比附觀之,蓋不待辭之窮,而其僞已露矣。武進劉逢禄曰:《尚書今古文集解》。"馬融《書傳·序》稱:'逸十六篇,絕無師説。'即《史記》云:'《逸書》得十餘篇。'劉歆云:'《逸書》有十六篇。'《正義》載其目云:'《舜典》一,《汨作》二,《九共》九篇十一,《大禹謨》十二,《棄稷》十三,《五子之歌》十四,《胤征》十五,《湯誥》十六,《咸有一德》十七,《典寶》十八,《伊訓》十九,《肆命》二十,《原命》二十一,《武成》二十二,《旅獒》二十三,《冏命》二十四。'《九共》九篇共卷,故十六篇。蓋此十六篇亦《逸周書》之類,未必出於孔壁,劉歆輩增設之以抑今文博士耳。東漢初治古文者衛、賈諸子，皆不爲注說，故遂亡佚。要之據《舜典》《皋陶謨·序》讀之，則《典》《謨》皆完備，《逸書》別有《舜典》《大禹謨》《棄稷》，必歆等之僞也。"劉氏已能發歆之僞矣，然猶以爲"亦《逸周書》之類，未必出於孔壁"，則仍爲歆所謾也。

《漢書·律曆志》全用劉歆《三統曆》，其引《武成》，以《逸周書》考之，即《世俘解》也。《世俘解》云："維四月乙未日，武王成辟四方，通殷命有國。"此敘以《武成》命篇之意。次云："唯一月丙午，（《志》作壬辰）旁生（《志》作"死"）魄，若翼（《志》作"翌"，下同）日丁未，（《志》作"癸巳"）王乃步自於周，征伐商王紂。（《志》作"武王乃朝步自周，於征伐紂"）《漢志》同。又云："越（《志》作"粵"，下同）若來二（《志》作"三"）月，既死魄，越五日甲子，朝至接於商，則（《志》無此六字）咸劉商王紂。"《漢志》同。又云："時（《志》作"唯"）四月，既旁生魄，越六日庚戌，武王朝至（《志》無此二字）燎於周。"（《志》下有"廟"字）《漢志》同。又云："若（《志》無此字）翼日辛亥，祼於（《志》下有"天"字）位，用籥於天位。（《志》無此句）越五日乙卯，武王（《志》無此二字）乃以庶國祼馘於周廟。"《漢志》同。其爲歆竊取以爲《武成》無疑。鄭康成以爲建武之際亡，（見《正義》）意歆以出於《逸周書》太顯，又從而匿之邪？若此篇，劉逢祿以爲亦《逸周書》之類，宜也。若《舜典》者，《書序》乃有之，伏生、《史記》並爲《堯典》一篇，無二篇之說。陸氏《經典釋文》云："元帝時，豫章內史梅賾奏上孔傳《古文尚書》，亡《舜典》一篇，購不能得，乃取王肅注《堯典》從'慎徽五典'以下分爲《舜典》篇以續之。齊明帝建武中，吳興姚方興采馬、王之注，造孔傳《舜典》一篇，云於大䑠頭買得，上之。梁武時爲博士，議曰：'孔《序》稱伏生誤合五篇，皆文相承接，所以致誤。《舜典》首有"曰若稽古"，伏生雖昏耄，何容合之？'遂不行用。"梁武之言，雖證方興之非真，實明伏本之不誤。計歆所僞，當別有一篇。《序》云"虞、舜側微，堯聞之聰明，將使嗣位，歷諸難，作《舜典》"。仍今《堯典》之義。趙岐《孟子注》云："孟子諸所言舜事，皆《舜典》及《逸書》所載。"意者歆竊《孟子》而爲之。然《宋書·禮志》載高堂隆引《書》"粵若稽古，帝舜曰重華，建皇授政改朔"，此必歆所僞者。

至於《湯誥》，竊於《殷本紀》。推此爲例，則十六篇皆歆所偷竊僞造至明也。其《儒林傳》都尉朝、膠東庸生、胡常、徐敖、王璜、涂惲、桑欽傳學姓名，率皆僞撰。又以胡常傳《左氏春秋》，徐敖傳《毛詩》，王璜傳《費氏易》，僞經師傳授受，皆此數人。然云："王莽時諸學皆立，劉歆爲國師，璜、惲等皆貴顯。"其爲歆所授意易見矣。

要而論之，安國傳業於兒寬，歐陽、大小夏侯出於寬，其門徒星羅雲布於漢世，而未聞古文十六篇之異說。歆《移文》謂庸生學同古文，《隋志》謂安國私傳其業於都尉朝，何朝、庸生之幸，而寬與司馬遷之不幸邪？考其源流，殆不值一噱也。

"《尚書古文經》四十六卷，《經》二十九卷。"《經》者，即伏生二十八篇，並後得《泰誓》之本。《古文經》四十六卷，二十九卷外並得多十六篇，計之尚缺一卷，必合《序》數之乃足，然則《序》與十六篇同出無疑。歐陽、大小夏侯皆不言《序》，後漢古文大行，注《尚書》者遂皆注《序》，則《序》出於歆之僞古文明矣。詳《書序辨僞》。

或曰：歆僞《書》《禮》《禮記》《周官》《左氏春秋》《論語》《孝經》皆古文，《毛詩》《費氏易》亦古文，凡後世號稱爲經者，皆歆僞經變亂先聖之典文，惑易後儒之耳目，其罪固不勝誅矣。歆所僞爲古文者固不足信，凡《史》《漢》所號爲古文者，舉皆歆所竄附乎？應之曰：《漢書》爲歆撰，不復據？《史記》所稱，如《太史公自序》"年十歲則誦古文"、《十二諸侯年表》"表見《春秋》《國語》，學者所譏盛衰大指著於篇，爲成學治古文者要刪焉"之類，或多竄附者也。其託之古文者，以西漢末金石之學大盛，張敞之後，若揚雄等皆好之。揚雄多識奇字，侯芭、劉棻等多從問之。《後漢書·桓譚傳》言："譚尤好古學，數從劉歆、揚雄辨析疑異。"《杜林傳》言："得漆書《古文尚書》一卷，雖遭艱困，握持不離身。"班固亦繼揚雄續《蒼頡》。其時，雅才尚古可見矣。蓋承平既久，鼎彝漸出，始而搜羅，繼而作僞，好古之風氣皆然。古董之餘，必生贋鼎。京師市賈能作僞碑、僞跡，林下才士亦作僞字、僞文，是故《岣嶁》《禹碑》出自用修之手，《答蘇武書》只爲齊、梁之文。他若《孝經孔傳》，劉炫所爲，《子貢詩傳》，豐坊所僞，大舫斷字，日本考文，日出不窮，更僕難數。以近世之風，推漢時之俗，僞篇《百兩》，張霸爲先驅；改定蘭臺，行貨爲後起。歆既好奇字，又任校書，深窺此旨，藉作奸邪，乃造作文字，僞造鐘鼎，託之三代，傳之後世，徵應既多，傳授自廣。以奇字而欺人，借古文爲影射，《左氏春秋》，乃其竄僞之始；共王壞壁，肆其烏有之辭。見傳記有引未修之書篇，託爲《逸書》以藏身；窺士禮之不達於天子，僞造《逸禮》以創制。遭逢莽篡，適典文章，內獎閹千以成其富貴之謀；外藉威柄以行其矯僞之學。上承名父之業，加以絕人之才，故能遍僞諸經，旁及天文、圖讖、鐘律、月令、兵法，莫不僞竄。作爲《爾雅》《八體六技》之書，以及鐘鼎，以輔其古文之體。於是，學者咸惑，豐蔀千年，皆古文之爲也。其云"古文讀應《爾雅》，故解古今語而可知"，此歆由僞字而造僞訓詁之由，其詳見下文，此不詳。若王肅之僞古文，則劉歆之重，張霸之螟蛉，近人多能言之，今但明其出於王肅，他不詳。

《詩經》二十八卷，魯、齊、韓三家。（應劭曰："申公作《魯詩》，后倉作《齊詩》、韓嬰作《韓詩》。"）

《魯故》二十五卷。（師古曰："'故'者，通其指義也，他皆類此。今流俗《毛詩》改'故訓傳'爲'詁'字，失眞耳。"）

《魯說》二十八卷。

《齊后氏故》二十卷。

《齊孫氏故》二十七卷。

《齊后氏傳》三十九卷。

《齊孫氏傳》二十八卷。

齊《雜記》十八卷。

《韓故》三十六卷。

《韓內傳》四卷。

《韓外傳》六卷。

《韓說》四十一卷。

《毛詩》二十九卷。

《毛詩故訓傳》三十卷。

凡《詩》六家，四百一十六卷。

《書》曰："詩言志，歌咏言。"故哀樂之心感，而歌咏之聲發。誦其言，謂之"詩"；咏其聲，爲之"歌"。故古有采詩之官，王者所以觀風俗，知得失，自考正也。孔子純取周詩，上采殷，下取魯，凡三百五篇。遭秦而全者，以其諷誦，不獨在竹帛故也。漢興，魯申公爲《詩訓故》，而齊轅固、燕韓生皆爲之傳，或取《春秋》，採雜説，咸非其本義。與不得已，魯最爲近之。三家皆列於學官。又有毛公之學，自謂子夏所傳，而河間獻王好之，未得立。

**按：**三家之傳，源流深遠。申公爲孫卿再傳弟子。轅固生當景帝時罷歸，已九十餘，則漢興時，年已三十餘矣。韓嬰，孝文時已爲博士，則亦先秦之遺老，去七十子淵源不遠。且《儒林傳》稱《韓詩》"其語頗與齊、魯間殊，然其歸一也"，則三家之義無殊。且匪徒三家《詩》，凡今文博士之説皆同。《詩》終"三頌"，以《周頌》《魯頌》《商頌》終之，正與孔子作《春秋》據魯、親周、故宋之義合。然則取《春秋》，乃三家《詩》傳孔學之正派。子夏以"禮後"悟《詩》，子貢以"切磋"悟《詩》，《孟子》言："憂心悄悄，愠於群小，孔子也。"《坊記》《中庸》《表記》《緇衣》《大學》，孔門之言《詩》，皆"採雜説"，以爲"非本義"，誰得而正之？三家譜系至詳，説義歸一，未有言《毛詩》者。至平帝、王莽時乃突出。

《志》云："又有毛公之學，自謂子夏所傳。"託之"自謂"，不詳其本師。其僞一。

《經典釋文·序錄》引徐整三國吳人。云："子夏授高行子，高行子授薛倉子，薛倉子授帛妙子，帛妙子授河間人大毛公，毛公爲《詩故訓》，傳於家，以授趙人小毛公，小毛公爲河間獻王博士。"一云：此見陸璣《毛詩草木鳥獸蟲魚疏》，亦三國吳人。"子夏傳曾申，申傳魏人李克，克傳魯人孟仲子，孟仲子傳根牟子，根牟子傳趙人孫卿子，孫卿子傳魯人大毛公。"自東漢後，《毛詩》蓋盛行，而徐整、陸璣述傳授源流支派，姓名無一同者。一以爲出於孫卿，一以爲不出於孫卿，當三國時尚無定論，則支派不清。其僞二。

同一大毛公，一以爲河間人，一以爲魯人，則本師籍貫無稽。其僞三。

《漢書》但稱毛公，不著大毛公、小毛公之別，不以爲二人。鄭玄、（《毛詩周南正義》引《鄭譜》："魯人大毛公爲《訓詁》，傳於其家，河間獻王得而獻之。以小毛公爲博士。"）徐整、陸璣以大毛公、小毛公別爲二人。劉、班不知，鄭、徐、陸生後二百年，何從知之？則本師歧亂。其僞四。

《儒林傳》云："毛公，趙人也。治《詩》，爲河間獻王博士，授同國貫長卿，長卿授解延年，延年爲阿武令，授徐敖，敖授九江陳俠，爲王莽講學大夫。"《傳》又言："敖以《古文尚書》授王璜、涂惲。莽時，歆爲國師，皆貴顯。"考子夏少孔子四十四歲，見《史記·仲尼弟子傳》。孔子卒年至魏文侯元年，五十七年，子夏已八十六歲。自魏文侯元年下至漢景帝二年、河間獻王元年，凡二百六十九年；自河間獻王元年下至王莽居攝元年，凡一百六十年；則自子夏退居西河至莽時，凡四百二十九年。如徐整說，子夏五傳至小毛公，又三傳至徐敖，凡八傳當莽世矣。以《儒林傳》考之，《魯詩》，申公一傳免中徐公、許生，再傳王式，三傳張生，四傳張游卿，以《詩》授元帝，仍當宣帝時也。游卿門人許晏，尚有二三傳乃至莽世，則已七八傳矣。《齊詩》，轅固生一傳夏侯始昌，再傳后倉，三傳匡衡，四傳滿昌，五傳張邯、皮容。《韓詩》，亦五傳至張就、髮福。而伏生《尚書》，六傳爲林尊，七傳爲歐陽地餘，論石渠，猶當宣帝世。林尊再傳爲龔勝、鮑宣，上距伏生凡八傳矣。商瞿傳《易》，至丁寬已七傳，至施、孟、梁丘已九傳矣。《詩》《書》自漢初至西漢末已八傳，而《毛詩》自子夏至西漢末僅八傳。《易》自商瞿至漢初已七傳，而《毛詩》自子夏至西漢末亦僅八傳，豈足信也？若如陸璣說，自孫卿至徐敖凡五傳，閱三百年，亦不足信也。且《魯詩》出於孫卿，若源流合一，則今荀子諸詩說何以與毛不同？傳授與年代不符。其僞五。

《史記》無《毛詩》。《漢書》有毛公，而無名。鄭玄、徐整以毛公有大、小二人，而亦無名。陸璣《疏》《後漢書·儒林傳》以爲毛亨、毛萇矣。夫劉、班、鄭、徐之不知，吳、宋人如何知之？襲僞成真，歧中又歧。如公羊、穀梁本無名字，（公羊、穀梁音相近，蓋卜商之音僞。二書有口說，無竹帛，故傳誤）而公羊忽名高，穀梁忽名赤、名俶，幾若踵事增華。習久成真，遂以"烏有先生"竊千年兩廡之祼。韓退之曰："偶然喚作'木居士'，便有無窮求福人。"此與"伍子胥"爲"伍髭須""杜拾遺"爲"杜十姨"何以異？夫從禩大典，以親傳《詩》《禮》之大儒荀卿猶不得預，而妄人僞託杜撰之名字，乃得謬廁其間，非徒可笑，亦可駭矣！名字妄增，其僞六。

河間獻王無得《毛詩》立博士事，以《史記·獻王世家》爲據，則竄亂依托。其僞七。（詳見《河間獻王傳辨僞》）

其他以《風》《小雅》《大雅》《頌》爲"四始"，與《韓詩外傳》及《史記》"《關雎》爲《風》始，《鹿鳴》爲《小雅》始，《文王》爲《大雅》始，《清廟》爲《頌》始"不同。其僞八。

編詩移《檜》於《陳》後，移《王》於《衛》後，與《韓詩》，《王》在《豳》後，《檜》在《鄭》前不同，（據《正義》述《鄭譜》，鄭用《韓詩》説也）其僞九。

以《商頌》爲商之遺詩，與三家《詩》以爲正考父美宋襄之説不同。《樂記》："肆直而慈愛者，宜歌《商》。"鄭注："《商》，宋詩也。"《左傳》哀九年："不利子商。"杜注："子商，宋也。"二十四年："孝惠取於商。"杜注："商，宋也。"《國語》："吳王夫差闕爲深溝於商、魯之間。"韋注："商，宋也。"《逸周書·王會解》："堂下之左，商公、夏公立焉。"《莊子》《韓非子》均有商太宰，與孔子、莊子同時。此皆以宋爲商之證。魯定公諱宋，故孔子定《詩》，改宋爲商。《史記·宋世家》："襄公之時，其大夫正考父美之，作《商頌》。"《法言·學行篇》："正考甫嘗睎尹吉甫矣，公子奚斯嘗睎正考甫矣。"凡西漢以前，從無異説，《毛詩》妄爲異論。其僞十。

蓋"三頌"者，孔子寓王魯、新周、故宋之義，《毛詩》以爲商先世之詩，則微言亡。其僞十一。

《史記·孔子世家》稱"三百五篇"，王式稱"臣以三百五篇諫"，見《儒林傳》。《志》亦云"孔子純取周詩，上采殷，下取魯，凡三百五篇"，三家説皆同。而《毛詩》多《笙詩》六篇，則篇目增多。其僞十二。

他如《漢廣》"德廣所及"，《白華》"孝子之潔白"，《崧丘》"萬物得極其高大"，《雨無正》"衆多如雨，而非所以爲正"之等，率皆望文生義，絕無事實，則空辭敷衍。其僞十三。

若《小雅》自《節南山》以下四十四篇皆爲刺幽王之詩，刺幽王何其多，而諸王何絕無一篇也？已與三家大異。《楚茨》等篇爲祭禩樂歌，而亦以爲刺幽王，朱子已先疑之。其僞十四。

《詩》本樂章。孔子曰："吾自衛反魯，而後樂正，《雅》《頌》各得其所。"正樂，即正《詩》也。故有燕享、祭禩之禮，於是作《雅》《頌》，以爲燕享、祭禩之樂章。有夫婦之禮，即有房中之樂，於是作《關雎》《鵲巢》諸詩，以爲樂章。此外變《風》、變《雅》，採於民者，則非樂章。即二《南》之《汝墳》《甘棠》《行露》《殷其雷》，《豳》之《破斧》《伐柯》，《頌》之《閔予小子》《訪落》

《敬之》《小毖》，皆因事而作，不爲樂章，然亦皆入樂者也。《儀禮》燕、鄉、賓、射皆於升歌笙、間合樂之後，工告"正歌備"，乃繼之以無算爵，亂之以無算樂。夫"無算"云者，或間或合，盡歡而止。《鄉飲》《鄉射》皆於明日息司正，曰"鄉樂唯欲"。則二《南》自首三篇外，可隨意歌之。此無算樂之散歌、散樂一也。自賓祭用樂之外，古者以樂侑食，故魯樂工有亞飯、三飯、四飯也。至於工以納言，時而颺之，師箴，瞍賦，矇誦，大夫彈弦諷諫，國史採衆詩授矇瞍，使歌之以風其上。（《詩大序疏》）《大戴禮·保傅篇》云："《宴樂》《雅》《頌》逆序。"此工歌之散歌、散樂也。《史記·孔子世家》："三百五篇，孔子皆弦歌之。"《荀子》言："《詩》三百篇，中聲所止。"《墨子》言："儒者誦詩三百，弦詩三百，歌詩三百，舞詩三百。"又《莊子》稱："曾子歌《商頌》。"此國子弦歌之散歌、散樂也。故季札觀樂，爲之遍歌《風》《雅》《頌》，尤爲全詩入樂之證。毛於《小雅·楚茨》諸篇及《大雅》諸詩，皆以空衍，不能言其爲樂章。即如《斯干》爲考室樂章，《鄭箋》謂："築宮廟群寢既成而畔，歌《斯干》以落之。"《雲漢》爲雩祭樂章，賈公彥謂"邦有大，則歌哭而請《雲漢》之詩"是也。晉、魏時，大雩、祈旱皆歌《雲漢》之章。漢時，雅樂可歌者八篇，變《風》之《伐檀》，變《雅》之《白駒》在焉，尤可見詩皆入樂之證。自毛不能詳其義，於是詩有入樂、不入之訟。程大昌、陳謂："二《南》《雅》《頌》爲樂詩，諸國爲徒詩。"陳啟源爲迴護《毛序》之故，至謂"古人詩、樂分爲二教"，斥後儒舍詩徵樂爲異古人詩教之指，是以護毛，故顯悖孔子正樂而《雅》《頌》得所之義，又與季札觀樂而遍歌《風》《雅》相違。其僞十五。

其他說義徵禮，與今文顯悖者凡百千條，詳《毛詩僞證》，今不著。其云"河間獻王好之"者，以爲旁證，皆歆竄附之僞說也。然移文博士不敢稱之，而僅著於《七略》，其僞《易·雜卦》及費氏《章句》，並不敢著於《七略》，而僅以傳之其徒，心勞日拙之情，亦可見矣。

《禮古經》五十六卷。《經》七十篇。（后氏、戴氏）《記》百三十一篇。（七十子後學者所記也）《明堂陰陽》三十三篇。（古明堂之遺事）《王史氏》二十一篇。（七十子後學者，師古曰："劉向《別錄》云：'六國時人也。'")《曲臺》后倉九篇。

《中庸説》二篇。（師古曰："今《禮記》有《中庸》一篇，亦非本《禮經》，蓋此之流。"）

《明堂陰陽説》五篇。

《周官經》六篇。（王莽時，劉歆置博士。師古曰："即今之《周官禮》也。"）

《周官傳》四篇。

《軍禮司馬法》百五十五篇。

《古封禪群祀》二十二篇。

《封禪議對》十九篇。（武帝時也）

《漢封禪群祀》三十六篇。

《議奏》三十八篇。（石渠）

凡《禮》十三家，五百五十五篇。（入《司馬法》一家，百五十五篇）

《易》曰："有夫婦、父子、君臣、上下，禮義有所錯。"而帝王質文，世有損益。至周，曲爲之防，事爲之制，故曰："《禮經》三百，威儀三千。"及周之衰，諸侯將踰法度，惡其害己，皆滅去其籍，自孔子時而不具。至秦，大壞。漢興，魯高堂生傳《士禮》十七篇。訖孝宣世，后倉最明，戴德、戴聖、慶普皆其弟子，三家立於學官。《禮古經》者，出於淹中及孔氏，與十七篇文相似，多三十九篇。及《明堂陰陽》《王史氏記》所見，多天子、諸侯、卿大夫之制，雖不能備，猶瘉倉等推《士禮》而致於天子之説。

按：《禮經》十七篇，自西漢諸儒無以爲不全者，余設四證以明之：

鄭玄曰："傳《禮》者十三家，唯高堂生及五傳弟子戴德、戴聖名世。"熊氏曰："五傳弟子者，高堂生、蕭奮、孟卿、后倉，及戴德、戴聖爲五。"（十三家，當並數閭丘卿、聞人通、慶普、夏侯敬、徐梁、橋仁、楊榮七人爲十三也）五傳弟子不言有闕。《史記正義》引阮孝緒《七錄》，謂："博士侍其生得十七篇。"即與高堂生不同傳授，而同爲十七篇無異説。證一。

《小戴》諸記，本以釋經。《昏義》曰："夫《禮》，始於冠，本於昏，重於喪、祭，尊於朝、聘，和於鄉射。"《禮運》曰："達於喪、祭、射、御、冠、昏、朝、聘。"又曰："其行之以貨力、辭讓、飲食、冠、昏、喪、祭、射、御、朝、聘。"（二"御"字，皆爲

"鄉"字之誤。《家語》:"達之喪、祭、鄉、射、冠、昏、朝、聘。"正作"鄉"字。《樂記》曰:"射、鄉、食饗,所以正交接也。"《仲尼燕居》曰:"射、鄉之禮,所以仁鄉黨也。"《昏義》曰:"和於鄉、射。"《鄉飲酒義》曰:"孔子曰:'吾觀於鄉。'"王制以鄉爲六禮之一。合觀之,其爲訛誤作"御"無疑。《疏》誤解爲五射、五馭之義,殊爲錯謬。仁和邵懿辰發揮此說最詳)《經解》則以昏統冠,以鄉統射,以昏姻之禮屬夫婦,以喪祭之禮屬父子,以鄉飲酒之禮屬君臣。故曰:"朝覲之禮,所以明君臣之義也;聘問之禮,所以使諸侯相尊敬也;喪祭之禮,所以明臣子之恩也;鄉飲酒之禮,所以明長幼之序也;昏姻之禮,所以明男女之別也。故昏姻之禮廢,則夫婦之道苦,而淫辟之罪多矣;鄉飲酒之禮廢,則長幼之序失,而爭鬪獄繁矣;喪祭之禮廢,則臣子之恩薄,而倍死忘生者衆矣;聘覲之禮廢,則君臣之位失,諸侯之行惡,而倍畔侵陵之敗起矣。"《大戴禮·禮察》篇略同。《盛德》篇云:"凡不孝,生於不仁愛也;不仁愛,生於喪祭之禮不明。喪祭之禮,所以教仁愛也,致仁愛,故能致喪祭,死且思慕饋養,況於生而存乎!故曰:喪祭之禮明,則民孝矣。故有不孝之獄,則飭喪祭之禮也。凡弑上,生於義不明。義者,所以等貴賤,明尊卑。貴賤有序,民尊上敬長矣。民尊上敬長而弑者,寡有之也。朝、聘之禮,所以明義也。故有弑獄,則飭朝、聘之禮也。凡鬪辨,生於相侵陵也。相侵陵,生於長幼無序,而教以敬讓也。故有鬪辨之獄,則飭鄉飲酒之禮。凡淫亂,生於男女無別,夫婦無義。昏禮、享聘者,所以別男女,明夫婦之義也。故有淫亂之獄,則飭昏禮、享聘也。"(按:《坊記》曰:"君子之道,辟則坊與,坊民之所不足者,大爲之坊,民猶踰之,故君子禮以坊德。禮者,因人之情而爲之節文,以爲民坊者也。使民貧而好樂,富而好禮,觴酒豆肉,讓而受惡,而鬪辨之獄息矣,則鄉飲酒之禮明也。夫禮者,所以章疑別微,以爲民坊者也。故貴賤有等,朝廷有位,示民有君臣之別,而弑獄不作矣,則聘覲之禮明也。教民追孝,示民不爭、不貳、不疑,以有上下,而不孝之獄罕矣,則喪祭之禮明也。夫禮,坊民所淫,章民之別,使民無嫌,以爲民紀者也。教民無以色厚於德,而淫亂之獄絶矣,則昏姻之禮明也。"與《經解》《盛德》說相應。沈約以《坊記》《表記》《緇衣》《中庸》皆子思所作,其說尤是據也)《本命》又以冠、昏、朝、聘、喪、祭、賓主、鄉飲酒、軍旅爲九禮。賓主即燕禮、食禮、相見禮，軍旅則寓諸射禮。《王制》專主教民，故去朝、聘爲冠、昏、喪、祭、鄉、相見六禮。凡《戴記》中八禮，十七篇皆已完具。證二。

《大戴·士冠禮》一，《昏禮》二，《士相見禮》三，《士喪禮》四，《既夕》五，《士虞禮》六，《特牲饋食禮》七，《少牢饋食禮》八，《有司徹》九，《鄉飲酒禮》十，《鄉射禮》十一，《燕禮》十二，《大射儀》十三，《聘禮》十四，《公食大夫禮》十五，《覲禮》十六，《喪服》十七。一、二、三篇，冠、昏也；四、五、六、七、八、九篇，喪、祭也；十、十一、十二、十三篇，射、鄉也；十四、十五、十六篇，朝、聘也。《喪服》通乎上下，且爲子夏之傳，宜附於末。其序與《禮運》全合，與《王制》亦相合。劉向《別錄》以喪、祭六篇居後，而《喪服》移在《士喪禮》之前，則以《子夏傳》亂孔子之經矣。《小戴》次序益雜矣。疑子游傳《禮運》於夫子，十七篇之序已如是，而高堂生傳之《大戴》，此尤明確可據。證三。

《戴記》有《冠義》以釋《士冠》，有《昏義》以釋《昏禮》，有《問喪》以釋《士喪》，有《祭義》《祭統》以釋《特牲》《少牢》《有司徹》，有《鄉飲酒義》以釋《鄉飲酒》，有《射義》以釋《鄉射》《大射》，有《燕義》以釋《燕食》，有《聘義》以釋《聘禮》，有《朝事》以釋《覲禮》，有《四制》以釋《喪服》，無一篇出於十七篇之外。證四。

以此證《禮》之爲十七篇完具無闕，斷斷明鑿矣。孟子曰："三代之學，皆所以明人倫。"有冠、昏，而夫婦別；有喪、祭，而父子親；有鄉、射，而長幼序；有朝、聘，而君臣嚴。夫婦別，而後父子親；父子親，而後長幼序；長幼序，而後君臣嚴。由閨門而鄉黨，由鄉黨而邦國、朝廷，不可一日廢也。綱之五倫，根之五性，本末畢舉矣。至於朋友之交，則士相見爲在下之朋友，食燕爲在上之朋友。且禮皆具賓主，則朋友之交橫貫乎達道之中，天下之人在是矣。《大傳》曰："親親也，尊尊也，長長也，男女有別，不得與民變革。"《禮經》之義，乃所謂"不得與民變革"者也。《喪服》一篇，兼親親、尊尊、長長、男女有別，賅上治、下治、旁治，而人治之大，無乎不舉。總之，以經人倫也。自修身、齊家、治國、平天下，義理浹，人道備，孔子所以制《禮》僅十七篇以教萬世者，以爲內外精粗已足也。故自西漢以前，未有言十七篇之闕略者也。朱子修禮，分家禮、鄉禮、學禮、王朝禮。文中子以冠、昏、喪、祭爲四禮，即家禮也；射、鄉，鄉禮也；朝、聘，邦國、王朝之禮也。而士相見禮，則學禮寓焉，其小大高卑無所不周如此。

或謂郊、社、禘、嘗、山川五祀、兩君相見、大饗王事、公冠、釁廟，及天子、諸侯昏禮、祭禮，孔子屢與及門言之，或雜見經、記中。《中庸》稱："《經禮》三百，《威儀》三千。"疑若不止十七篇。然天子、諸侯之禮，非可下達，官司所掌，典至繁重，士民有老死不可得見者，非可舉以教人。且王禮雖重，而所行者狹，大夫、士、庶之禮雖殺，而所行者廣。且哀公使孺子悲學士喪禮於孔子，則魯初無士喪禮；執羔、執雁且不知，則魯無士相見禮。魯爲秉禮之邦猶如此，故孟子言："諸侯惡其害己，而皆去其籍。""周室班爵禄"，則如今《紳錄》之類耳，其詳已不得聞。史遷謂自孔子時已不具，信哉！唯鄉、射二禮當世通行，《論語》載"鄉人飲酒"，《射義》載"孔子射於矍相之圃"，而《史記》言"孔子卒後諸儒習鄉飲、大射禮於孔子冢上"。其餘冠、昏、喪、祭、朝、聘，由孔子周游問禮，搜拾叢殘，重加整定，旁皇周浹，曲得其序，存十七篇，已爲備矣。孔子窮不得位，於王禮自不能全具，然已有諸記埤附其間，彌縫其隙，俾后王以推行之，固已舉隅使反矣。故十七篇斷自聖心，傳爲世法。而或疑三百之不完，則不達於事勢情實者也。《禮經》雖十七篇，而《喪服》爲子夏作，故大戴附之於末，則孔子所手定者實十六篇。云"十七"者，合《喪服傳》言之。則高堂生之目，猶《易》上、下二篇外之有《繫辭》也。

《逸禮》之説，西漢無言之者。劉歆爲《七略》，修《漢書》，於是，雜竄古文諸經於《藝文志》《河間獻王》《魯共王傳》中。然《史記·河間獻王》《魯共王傳》俱無此事，其爲竄僞易明。即以後人所引《禘於太廟禮》《王居明堂禮》《烝嘗禮》《中霤禮》《天子巡狩禮》《朝貢禮》，及吳氏所輯《奔喪》《投壺》《遷廟》《釁廟》《公冠》之類，厠於十七篇之間，不能相比附。以常與變不相入，偏與正不相襲也。況如《太平御覽》引《巡狩禮》，文辭不古，及"三皇禪云云，五帝禪亭亭"，誕而不經，而《月令注》及《皇覽》引《王居明堂禮》數條，皆在《尚書大傳》第三卷《洪範五行傳》之中，其爲劉歆剟取無疑。亦猶《逸書》僞《武成》之剟《世俘解》，其爲他篇之作僞可知。或以爲多三十九篇，即河間獻王所輯禮樂古事五百餘篇之文。然史遷《獻王傳》無之，則獻王所輯之五百餘篇亦歆之僞文，所謂得自淹中者，舉不足據。歆佐莽篡位，制禮作樂，故多天子、諸侯禮，因遍僞諸經爲證，故極抑十七篇，以爲諸經記"雖不備，猶瘉倉等推士禮，而致於天子之説"，其徵可見。凡《藝文志》文義，無不抑今文而崇僞古，平心按之，皆可見也。自爾之後，爲歆僞説所惑，咸以《禮》十七篇爲不備，而咸惜《逸禮》之不存。朱子曰："《古禮》五十六篇，班固時其書尚在，鄭康成亦及見之，注疏中多援引，不知何時失之，甚可惜也。"王伯厚曰："《逸禮》三十九，其篇名頗見於他書，若《天子巡狩禮》見《周官·内宰》注，《朝貢禮》見《聘禮》注，《嘗禮》見《射人》疏，《中霤禮》見《月令》注及《詩·泉水》注，《王居明堂禮》見《月令》《禮器》注，《古明堂禮》見蔡邕《論》，又《奔喪》疏引《逸禮》，《王制》疏引《逸禮》云'皆升合食於太祖"，《文選》注引《逸禮》云'三皇禪云云，五帝禪亭亭'。《論衡》'宣帝時河内女子壞老屋，又得《逸禮》一篇，合五十七'。斷珪碎璧，皆可寶也。"吴草盧曰："三十九篇，唐初猶存，諸儒曾不以爲意，遂至於亡，惜哉！"凡此諸儒猶爲歆所大惑，於是人人視十七篇爲殘闕不完之書。唐定《正義》，孔冲遠自疏《禮記》，使門人賈公彦疏《儀禮》，已自輕之。自宋、明後，遂廢《禮經》，不以試士，天下士人於是無復誦習者。顛倒悖謬，率天下而侮聖黜經，遂千年矣。劉歆之罪可勝誅哉！以其所託甚古，故淆亂二千年學者之耳目，莠言之亂，可畏矣乎！

按："六經"皆孔子所作。《詩》三百五篇，《書》二十八篇，《禮》十六篇，《易》上、下二篇，《春秋》十一篇，樂在於聲，其制存於《禮》，其章存於《詩》，無文辭，是爲"六經"。禀於聖制，尊無與上者。《易》之《繫辭》，《禮》之《喪服》，附經最早。然《史記》稱《繫辭》爲"傳"，《喪服》亦名"傳"，亦弟子所推補也。自"六經"而外，皆七十子後學所記，各述所聞，或獨撰一書，或合述一書，與經別行，統名曰"傳"，凡儒家言皆是，猶内典佛説者爲"經"，菩薩説者爲"律、論"也。雖以《論語》紀孔子言，以非孔子所撰，亦名爲"傳"。但諸所説雖宗師仲尼，亦各明一經之義。如《五帝德》《帝系姓》《文王世子》《武王踐阼》，爲《書》作記者也；《繫辭》《易本命》，爲《易》作記者也；《王制》《坊記》，爲《春秋》作記者也；《曲禮》《玉藻》《少儀》《郊特牲》《禮運》《禮器》《投壺》《釁廟》，爲《禮》作記者也。自餘若《經解》《大學》《中庸》之類，通論爲多。蓋七十子後學記，即儒家之書，即《論語》《孝經》亦在其中。孔門相傳，無別爲一書謂之《禮記》者。但禮家先師，刺取七十子後學記之言禮者爲一册，俾便於考據，如後世之爲類書然。今按"儒家"有《子思》二十三篇，《曾子》十八篇，《公孫尼子》二十八篇，《孫卿子》三十三篇，《賈誼》五十八篇。《禮記》中，如《中庸》採之《子思》，《曾子問》及《立事》十篇採之《曾子》，《坊記》《表記》《緇衣》採之《公孫尼子》，《三年問》採之《荀子》，《保傅》《禮察》採之《賈誼》，則《禮記》純採之七十子後學可知。五家先師，日加附益，故既採《賈誼》之《保傅》《禮察》《公冠》，並採及漢孝昭帝《祝辭》，則宣、元後先師之所採者矣。又非徒採記禮者，並其通論義理之《大學》《中庸》《學記》等篇亦刺採之，漸次彙成，以便學者觀覽，猶《易》家先師之採《繫辭》，《韓詩》之採《外傳》。史遷引"宰予問《五帝德》"，尚未以爲《禮記》，則出之甚後。故大小戴、慶氏各有去取，各有附益，既非孔子制作，亦無關朝廷功令，其篇數蓋不可考，但爲禮家附記之類書，於中秘亦不涉焉。劉歆知其然，故採《樂記》於《公孫尼子》，採方士《明堂陰陽說》而作《月令》《明堂位》，（《隋志》謂"《小戴》四十六篇，馬融增入《月令》《明堂位》《樂記》三篇，乃爲四十九篇。"按：《別錄》已有三篇目，則劉歆已竄附也）採諸子雜說而作《祭法》，並推附於戴氏所傳類書中。因七十子後學記而目爲《禮記》，自此始也。此云："《記》百三十一篇。"《釋文》引《周禮論序》云："《古禮記》二百四篇。"今並《明堂陰陽》三十三篇，《王史氏》二十一篇，《曲臺》后倉九篇，《中庸說》二篇，《明堂陰陽說》五篇，《周官傳》四篇，恰當二百六篇。考"儒家"上除《內業》《周史六》《周政》《周法》《河間周制》《讕言》《功議》七部不可知之書，（諸云《周政》《周法》，疑歆所僞以證《周官》者，辨見下）下除《徐子》《魯仲連》以下，自《晏子》八篇，《子思》二十三篇，《曾子》十八篇，《漆雕子》十三篇，《宓子》十六篇，《景子》三篇，《世子》二十一篇，《魏文侯》六篇，《李克》七篇，《公孫尼子》二十八篇，《孟子》十一篇，《孫卿子》三十三篇，《芊子》十八篇，《寧越》一篇，《王孫子》一篇，《公孫固》一篇，《李氏春秋》二篇，《羊子》四篇，《董子》一篇，《俟子》一篇，恰二百六篇。若以《中庸》本在《記》內，此爲說耳，不可數，則《記》百九十篇。"儒家"除《李氏春秋》二篇似竄入外，實二百四篇。是則二百四篇者，七十子後學記原篇，人所共知。歆欲攻后倉士禮之闕，又窺見《禮經》十七篇，天子、諸侯、卿大夫之制無多，乃僞造典禮，以爲《明堂陰陽》《王史氏記》，謂多天子、諸侯、卿大夫之制，於是去取七十子後學及后倉《記》，而竄《明堂陰陽》《王史氏》數十篇於其中，以實二百四篇之目，而痛抑今學爲"推士禮而致於天子"，其作僞之術，情見乎辭。考孔子定《禮》止十六篇，其他則與弟子言之，未及成書，賴弟子推補爲多。即以《喪服》一篇，已爲子夏之傳，蓋子夏所推補者。其他《禮記》諸篇可知。故倉等推禮是七十子家法，孔子發其大義，則高弟人人可依例推致，《論語》所謂"舉一隅不以三隅，反則不復"，明貴能推致也。若使孔子事事爲之，雖以聖人之力有所不能盡者矣。歆之乘機竄僞，因間竊發，此如卓、操之伺隙盜纂，唯正名討除之而已。至若《釋文》所云："戴德删《古禮》二百四篇爲八十五篇，謂之《大戴禮》；戴聖删《大戴禮》爲四十九篇，是爲《小戴禮》。後漢馬融、盧植考諸家同異，附戴聖篇章，去其繁重及所叙略而行於世，即今之《禮記》是也。"此皆古學家虛造之說，不可信。要之三家博士刺取《禮記》，多寡去取，各有不同。今本《禮記》，據《別錄》有四十九篇。《別錄》爲歆僞撰，則亦歆所定，以便其竄附者，盧、馬考而述之者也。若《後漢書》曹褒之傳《禮記》四十九篇，橋仁之傳《禮記》四十九篇。考曹褒爲慶氏學，橋仁爲戴德學，安得有四十九篇之說？此爲僞古學僞竄無疑。其七十子後學記，辨詳下。

至《周官經》六篇，則自西漢前未之見，《史記·儒林傳》《河間獻王傳》無之。其說與《公》《穀》《孟子》《王制》今文博士皆相反。《莽傳》所謂："發得《周禮》，以明因監。"故與莽所更法立制略同，蓋劉歆所僞撰也。歆欲附成莽業而爲此書，其僞群經，乃以證《周官》者。故歆之僞學，此書爲首。自臨孝存難之，何休以爲"戰國陰謀之書"，蓋漢今文家猶知之。自馬、鄭尊之，康成以爲"三禮"之首，自是盛行。蘇綽、王安石施之爲治，以毒天下，至乃大儒朱子亦稱爲"盛水不漏，非周公不能作"，爲歆所謾甚矣。歆僞諸經，唯《周禮》早爲人窺破，胡五峰、季本、萬斯同辨之已詳，姚際恒亦置之《古今僞書考》中矣。又按：賈公彥《序周禮廢興》引《馬融傳》

云："至孝成皇帝，達才通人劉向、子歆校理秘書，始得列序，著於《錄》《略》。時衆儒以爲非是，唯歆獨識，其年尚幼，末年乃知其周公致太平之跡。弟子死喪，徒有河南緱氏杜子春尚在。永平之初，年且九十，能通其讀，頗識其説，鄭衆、賈逵往受業焉。"云"唯歆獨識""衆儒以爲非是"，事理可明。此爲歆作《周官》最易見，其云向著録者妄耳。或信以爲真出劉向，且謂詭屬《周禮》爲"誤周公致太平之跡"，謂鄭君取之爲"不以人廢言"，則受歆欺紿矣。或又據《史記·封禪書》云"上與公卿諸生議封禪，群儒採封禪《尚書》《周官》《王制》之望禩射（原文爲士，改）牛事"，信其出西漢前。不知《史記》經劉歆竄亂者甚多，史遷時蓋未有《周官》，有則《儒林傳》必存之。孝存以爲"武帝知《周官》末世瀆亂不驗之書"，亦猶有誤。武帝世本無《周官》，何得有所議邪？則孝存尚未知其根源也。今以《史記·河間獻王傳》及《儒林傳》正定之，其真僞決矣。

蓋歆爲僞經，無事不力與今學相反，總集其成，則存《周官》。今學全出於孔子，古學皆托於周公，蓋陽以周公居攝佐莽之篡，而陰以周公抑孔子之學，此歆之罪不容誅者也。其本原出於《管子》及《戴記》。《管子·五行》篇曰："昔者黄帝得蚩尤，而明於天道；得大常而察於地利；得奢龍而辨於東方；得祝融而辨於南方；得大封而辨於西方；得后土而辨於北方。黄帝得六相，而天地治，神明至。蚩尤爲當時，大常爲廩者，奢龍爲土師，祝融爲司徒，大封爲司馬，后土爲李。春者，土師也；夏者，司徒也；秋者，司馬也；冬者，李也。"爲六官所自出。《曲禮》六太、五官、六府、六工，亦其題也。《盛德》篇："冢宰之官以成道，司徒之官以成德，宗伯之官以成仁，司馬之官以成聖，司寇之官以成義，司空之官以成禮。是故天子，御者；太史、内史，左右手也；六官亦六轡也。天子三公合，以執六官，均五政，齊五法，以御四者，故亦唯其所引而之。以之道，則國治；以之德，則國安；以之仁，則國和；以之聖，則國平；以之義，則國成；以之禮，則國定；此御政之體也。是故官屬不理，分職不明，法政不一，百事失紀，曰亂也，亂則飭冢宰。地宜不殖，財物不蕃，萬民饑寒，教訓失道，風俗淫僻，百姓流亡，人民散敗，曰危也，危則飭司徒。父子不親，長幼無序，君臣上下相乖，曰不和也，不和則飭宗伯。賢能失官爵，功勞失賞禄，爵禄失則士卒疾怨，兵弱不用，曰不平也，不平則飭司馬。刑罰不中，暴亂奸邪不勝，曰不成也，不成則飭司寇。百度不審，立事失理，財物失量，曰貪也，貪則飭司空。"《千乘》篇云："司徒典春，司馬司夏，司寇司秋，司空司冬。"《文王官人》篇："國則任貴，鄉則任貞，官則任長，學則任師，族則任宗，家則任主，先則任賢。"《朝事》篇則幾於全襲之。歆之所爲，大率類是。歆既多見故書雅記，以故規模彌密，證據深通。後儒生長其下，安得不爲所惑溺也？

《司馬法》言車乘與今學不同，與《周官》合，蓋亦歆之僞書。其云軍禮，與《周官》吉、凶、軍、賓、嘉合。以《禮經》按之，《禮運》《昏義》只有冠、昏、喪、祭、射、鄉、朝、聘八禮，《王制》有冠、昏、喪、祭、鄉、相見六禮，唯《本命》以冠、昏、朝、聘、喪、祭、賓主、鄉飲酒、軍旅爲九禮，若非歆所自出，則歆所竄入者也。《大戴禮》多與《周禮》同，二者必居一焉。

《樂記》二十三篇。
《王禹記》二十四篇。
《雅歌詩》四篇。
《雅琴趙氏》七篇。（名定，勃海人，宣帝時丞相魏相所奏）
《雅琴師氏》八篇。（名中，東海人，傳言師曠後）
《雅琴龍氏》九十九篇。（名德，梁人。師古曰："劉向《別錄》云：'亦魏相所奏也，與趙定懼召見待詔，後拜爲侍郎。'"）
凡《樂》六家，百六十五篇。（出淮南劉向等《琴頌》七篇）

《易》曰："先王作樂崇德，殷薦之上帝，以享祖考。"故自黃帝下至三代，樂各有名。孔子曰："安上治民，莫善於禮；移風易俗，莫善於樂。"二者相與並行。周衰，俱壞；樂尤微眇，以音律爲節，又爲《鄭》《衛》所亂，故無遺法。漢興，制氏以雅樂聲律世在樂官，頗能紀其鏗鏘鼓舞，而不能言其義。六國之君，魏文侯最爲好古。孝文時，得其樂人竇公，獻其書，乃《周官·大宗伯》之《大司樂》章也。武帝時，河間獻王好儒，與毛生等共採《周官》及諸子言樂事者，以作《樂記》，獻《八佾》之舞，與制氏不相遠。其內史丞王定傳之，以授常山王禹。禹，成帝時爲謁者，數言其議，獻二十四卷《記》。劉向校書，得《樂記》二十三篇，與禹不同。其道浸以益微。

按：《樂》本無經，其儀法篇章，散見於《詩》《禮》，所謂"以音律爲節"是也。制氏"世在樂官""能紀其鏗鏘鼓舞"。下《詩賦略》有"《河南周歌聲曲折》七篇,《周謠歌詩聲曲折》七十五篇",《大戴·投壺》,雅詩可歌有《鹿鳴》《貍首》《鵲巢》《采蘩》《采蘋》《伐檀》《白駒》《騶虞》八篇,上云"《雅歌詩》四篇",則音律未亡,安得謂"無遺法"也?魏文侯樂人竇公,不見他書,唯師古注引桓譚《新論》有之。桓譚嘗從歆問業,專述歆僞古文經學,不足爲據。按:《史記》,魏文侯薨年至文帝元年已二百有十四歲,計竇公能爲樂人,年當在壯,而爲樂人未必在文侯薨年,獻書未必在文帝元年,則應二百五、六十許歲,安得爲百八十歲也?天下安得此老壽?與晉時得范明友之奴正復妄言耳。且使竇公誠有獻書事,則"天下遺文古事靡不畢集太史公",太史公好述奇怪,有此遺經、異人,其有不詳叙之邪!蓋歆贋作《周官》,故僞造故事以證明之也。其所云獻王"與毛生等共採《周官》及諸子言樂事者,以作《樂記》,獻《八佾》之舞,與制氏不相遠。其内史丞王定傳之,以授常山王禹。禹獻二十四卷《紀》",考《史記·禮樂志》《河間王世家》《儒林傳》皆無此事,則亦歆所僞託而已。

歆之精神全在《周官》,其僞作《古文書》《毛詩》《逸禮》《爾雅》,咸以輔翼之,故於《七略》處處設證,使人深入其蔀,目迷五色而不之覺,其術至巧密。豈知心勞日拙,千載後終有發覆之日邪!此所云獻王、毛生採《周官》,皆點綴其人以爲旁證,又云"與制氏不相遠",以重之也。歆謂"王禹獻二十四卷《記》,劉向得《樂記》二十三篇,與禹不同,其道蜎以益微",而所列即二十三卷《記》居首。歆所造諸古文,列皆居首,是歆以二十三卷《記》爲主矣。《禮記·樂記正義》謂:"劉向所校二十三篇著於《別録》,二十四卷《記》無所録。"《正義》又載二十三卷之目,有《竇公》一篇。《別録》出歆所改竄,竇公其人,又即歆所附會者。此尤歆僞二十三卷《記》之明證。然則王禹二十四卷之《記》,特歆點綴之以爲烘托之法,猶高氏之《易》,鄒、夾之《春秋》耳。其以二十四卷爲益微,抑揚尤爲可見,(二十三卷《記》載於《別録》,不可謂"微"。其所謂"微"者,定指二十四卷之書)是《樂記》出於歆無疑矣。

《禮樂志》亦有引河間樂之説,附辨於下:

## 漢書·禮樂志（附）

是時河間獻王有雅材，亦以爲治道非禮樂不成，因獻所集《雅樂》。天子下大樂官，常存肄之。

至成帝時，謁者常山王禹，世受河間樂，能說其義。其弟子朱曄等上書言之，下大夫博士平當等考試。當以爲："漢承秦滅道之後，賴先帝聖德，博受兼聽，修廢官，立太學；河間獻王聘求幽隱，修興雅樂以助化。時大儒公孫弘、董仲舒等皆以爲音中正雅，立之大樂。春秋鄉射，作於學官，希闊不講，故自公卿大夫觀聽者，但聞鏗鎗，不曉其意，而欲以風諭衆庶，其道無由。是以行之百有餘年，德化至今未成。今曄等守習孤學，大指歸於興助教化。衰微之學，興廢在人，宜領屬雅樂，以繼絕表微。孔子曰：'人能弘道，非道弘人。'河間區區小國藩臣，以好學修古，能有所存，民到於今稱之。況於聖主廣被之資，修起舊文，放《鄭》近《雅》，述而不作，信而好古，於以風示海內，揚名後世，誠非小功小美也。"事下公卿，以爲"久遠難分明"，當議復寢。

劉歆僞撰《樂記》，託之河間獻王，又別託爲王禹所傳，以烘託之。朱曄等之上言，平當之議，蓋即授意於歆者。公卿以爲"久遠難分明"，則亦"孔光不助、龔勝解綬、師丹大怒"之倫也。

《春秋古經》十二篇，《經》十一卷。（公羊、穀梁二家）
《左氏傳》三十卷。（左丘明，魯太史）
《公羊傳》十一卷。（公羊子，齊人。師古曰："名高。"）
《穀梁傳》十一卷。（穀梁子，魯人。師古曰："名喜。"）
《鄒氏傳》十一卷。
《夾氏傳》十一卷。（有錄無書。師古曰："夾，音頰。"）
《左氏微》二篇。（師古曰："微，謂釋其微指。"）
《鐸氏微》三篇。（楚太傅鐸椒也）
《張氏微》十篇。
《虞氏微傳》二篇。（趙相，虞卿）
《公羊外傳》五十篇。

《穀梁外傳》二十篇。

《公羊章句》三十八篇。

《穀梁章句》三十三篇。

《公羊雜記》八十三篇。

《公羊顏氏記》十一篇。

《公羊董仲舒治獄》十六篇。

《議奏》三十九篇。（石渠論）

《國語》二十一篇。（左丘明著）

《新國語》五十四篇。劉向分《國語》。

《世本》十五篇。（古史官記黄帝以來訖春秋時諸侯、大夫）

《戰國策》三十三篇。（記春秋後）

《奏事》二十篇。（秦時大臣奏事及刻石名山文也）

《楚漢春秋》九篇。（陸賈所記）

《太史公》百三十篇。（十篇有錄無書）

馮商所續《太史公》七篇。（韋昭曰："馮商受詔續《太史公》十餘篇，在班彪《別錄》。商，字子高。"師古曰："《七略》云：'商，陽陵人，治《易》，事五鹿充宗，後事劉向，能屬文。後與孟柳俱待詔，頗序列傳，未卒，病死。'"）

《太古以來年紀》二篇。

《漢著記》百九十卷。（師古曰："若今之起居注。"）

《漢大年紀》五篇。

凡《春秋》二十三家，九百四十八篇。（省《太史公》四篇）

古之王者，世有史官，君舉必書，所以慎言行，昭法式也。左史記言，右史記事，事爲《春秋》，言爲《尚書》，帝王靡不同之。周室既微，載籍殘缺。仲尼思存前聖之業，乃稱曰："夏禮，吾能言之，杞不足徵也；殷禮，吾能言之，宋不足徵也；文獻不足故也。足，則吾能徵之矣。"以魯周公之國，禮文備物，史官有法，故與左丘明觀其史記，據行事，仍人道，因興以立功，敗以成罰，假日月以定曆數，藉朝聘以正禮樂。有所褒諱貶損，不可書見，口授弟子，弟子退而異言。丘明恐弟子各安其意，以失其真，故論本事而作傳，明夫子不以空言說經也。《春秋》所貶損大人、當世君臣，有威權勢力，其事實皆形於傳，是以隱其書而不宣，所以免時難也。及末世口說流行，故有公羊、穀梁、鄒、夾之傳。四家之中，公羊、穀梁立於學官，鄒氏無師，夾氏未有書。

按：《史記·儒林傳》，《春秋》只有公羊、穀梁二家，無左氏，《河間獻王世家》無得《左氏春秋》、立博士事。馬遷作史多採《左氏》，若左丘明誠傳《春秋》，史遷安得不知？《儒林傳》述"六藝"之學，彰明較著，可爲鐵案。又《太史公自序》稱"講業齊、魯之都""天下遺文古事靡不畢集太史公"，若河間獻王有是事，何得不知？雖有蘇、張之舌，不能解之者也。《漢書·司馬遷傳》稱"司馬遷據左氏《國語》，採《世本》《戰國策》，述《楚漢春秋》"。《史記·太史公自序》及《報任安書》俱言："左丘失明，厥有《國語》。"《報任安書》下又云："乃如左丘明無目，孫子斷足，終不可用，退論書策，以抒其憤。"凡三言左丘明，俱稱《國語》。然則左丘明所作，史遷所據，《國語》而已，無所謂《春秋傳》也。歆以其非博之學，欲奪孔子之經，而自立新説，以惑天下，知孔子制作之學首在《春秋》，《春秋》之傳在《公》《穀》，《公》《穀》之法與"六經"通。於是，思所以奪《公》《穀》者。以《公》《穀》多虛言，可以實事奪之，人必聽實事，而不聽虛言也。求之古書，得《國語》與《春秋》同時，可以改易竄附。於是毅然削去平王以前事，依《春秋》以編年，比附經文，分《國語》以釋經，而爲《左氏傳》。歆本傳稱"歆始引《傳》解《經》"，得其實矣。作《左氏傳微》以爲書法，依《公》《穀》日月例而作日月例。託之古文以黜今學，託之河間、張蒼、賈誼、張敞名臣通學以張其名，亂之《史記》以實其書，改爲十二篇以新其目，變改"紀子帛""君氏卒"諸文以易其説，續爲經文，尊"孔子卒"以重其事，遍僞群經以證其説。事理繁博，文辭豐美，凡《公》《穀》釋經之義，彼則有之，至其叙事繁博，則《公》《穀》所無。遭逢莽篡，更潤色其文以媚莽，因藉莽力，貴顯天下通其學者，以尊其書。證據符合，黨衆繁盛，雖有龔勝、師丹、公孫禄、范升之徒，無能摇撼；雖博士屢立屢廢，而賈逵選嚴、顔高才二十人，教以《左氏》。見《後漢書·賈逵傳》。至於漢末亂起，相斫之書以實事而益盛，武夫若關羽、吕蒙之屬，莫不熟習。孔子改制之學既爲非常異義，《公》《穀》事辭不豐，於是式微。下迄六朝，《左傳》一統，《隋志》《釋文》嘆《公》《穀》之垂絶矣。唐世，經學更變，並束三《傳》，而世尚辭章，《左氏傳》實大行也。陸淳《春秋集傳纂例》謂："《左傳》其功最高，能令百代之下頗見本末，因以求意，經文可知。"《史通·申左》篇云：孔子修

《春秋》時，年已老矣，故其傳付之丘明。傳之與經一體，相須而成也。凡所以尊《左》者，皆尊其事，遂至於今，學者咸讀《左氏》，而通《公》《穀》幾無人焉。此固劉歆所逆料而收拾者也。蓋《國語》藏於秘府，自馬遷、劉向外，罕得見者。《太史公書》關本朝掌故，東平王宇求之，漢廷猶不與（見《漢書·東平思王傳》）。況《國語》實是"相斫書"乎？時人罕見，歆故得肆其改竄，"舊綉移曲折，顛倒在短褐"，幾於無跡可尋，此今學所以攻之不得其源，而陳元、賈逵所以能騰其口說也。今以《史記》、劉向《新序》《說苑》《列女傳》所述春秋時事較之，如少昊嗣黃帝之妄，后羿、寒浞篡統、少康中興之誣，宣公之夫人爲夷姜而非，宣姜之未嘗通公子頑，宋桓夫人、許穆夫人、戴公、文公非宣姜通昭伯所生，陳佗非五父，隱母聲子爲賤妾而非繼室，仲子非桓母，是皆歆誣古、悖父、竄易《國語》而證成其說者。劉逢祿《左氏春秋考證》甚詳。且《國語》行文舊體，如惠之二十四年則在《春秋》前，悼之四年則在獲麟後，皆與《春秋》不相比附，雖經歆改竄爲傳，遺跡可考。《史記·五帝本紀》《十二諸侯年表》，皆云"《春秋》《國語》"，蓋史公僅採此二書，無《左氏傳》也。幸遷、向書尚在，猶可考見一、二耳。而張衡、譙周、司馬貞反據《左傳》以攻《史記》，誤甚矣。其詳別見《左氏傳偽證》。

歆遍造僞經，而其本原莫重於僞《周官》及僞《左氏春秋》。而僞《周官》顯背古義，難於自鳴，故先爲僞《左氏春秋》，大放厥辭。於《河間獻王傳》則謂"《左氏春秋》已立博士"，《移太常博士書》亦誦言之。此《志》敘仲尼之作《春秋》，橫插與左丘明觀其史記以實之。劉逢祿《左氏春秋考證》曰："《左氏》記事在獲麟後五十年，丘明果與夫子同時，共觀魯史，史公何不列於弟子？論本事而作傳，何史公不名爲'傳'，而曰'春秋'？且如鄫季姬、魯單伯、子叔姬等事，何失實也？經所不及者獨詳志之，又何說也？經本不待事而著，夫子曰：'其義則丘竊取之矣。'何左氏所述君子之論多乖異也？"如劉說，歆亦不能自辨矣。蓋歆託於丘明，而申其僞傳，於是尊丘明爲"魯君子"，竄之《史記·十二諸侯年表》中，又稱與孔子同觀史記，僞《古論語》又稱孔子與丘明同恥，蓋歆彌縫周密者也。續經之傳云"悼之四年"，據《史記·魯世家》，悼公在位三十七年，其薨在獲麟後五十餘年，在孔子時且未即位，何得遽稱其諡？歆亦自忘其疏矣。(《春秋正義》一引《嚴氏春秋》，亦有與左丘明觀書事，蓋嚴、顏高才受學之後所竄亂者矣)且孔父，夫子六世祖，而書名以貶。倘左氏如此，必非親見聖人者，此歆無可置辭者也。《公羊》《穀梁》大行漢世，自君臣政事奏議咸依焉。鄒、夾二氏，劉向《別錄》無之，而不惜憑虛。至其所首欲奪之者，雖以七十子親受之說，猶痛貶之爲"末世口說""安意失真"，置之與"無是""烏有"之偶鄒、夾同科。鼓舌搖唇，播弄白黑，隨手抑揚，無所不至。昔魏收作《魏書》，每言"何物小子，敢共魏收作色！舉之則使上天，按之當使入地"，時人號爲"穢史"。歆之作偽亂道，其罪又浮於收百倍矣。其云"《春秋古經》十二篇"，蓋歆之所妄分也。云"《經》十一卷"，注曰："公羊、穀梁二家。"則《公》《穀》相傳皆十一篇，故《公羊傳》《穀梁傳》《公羊顏氏記》皆十一卷也，即"子虛"之鄒氏、夾氏《傳》亦十一卷。然則天下相傳《經》皆十一篇，蓋孔子所手定。何邵公猶傳之，云："繫《閔公》篇於《莊公》下者，子未三年，無改於父之道。"《公羊·閔二年解詁》。蓋西漢胡母生以來舊本也。歆《古經》十二篇，或析《閔公》爲一篇，或附續經爲一篇，俱不可知，要皆歆之偽本也。

凡歆所偽之經，俱錄加於今文之上，"六藝"皆然，此亦歆自尊其偽經之私心可見者也。歆既爲《左氏微》以作書法，又錄《鐸氏微》《張氏微》在《虞氏微傳》之上，皆以爲《春秋》說。而西漢人未嘗稱之，蓋亦鄒、夾之類，皆歆所偽作，以旁證《左氏微》者。其意謂中秘之《春秋》說尚多，不止《左氏春秋》爲人間所未見，謂見寡聞未窺中秘者，慎勿妄攻也，其術自謂巧密矣。然考"儒家"別有《虞氏春秋》，與《虞氏微傳》豈有兩書邪？則《左氏傳》之與《國語》分爲二書，亦其狡偽之同例，尤無可疑。況《左氏傳》不見於《史記》，而力爭於歆者乎？或據《史記·十二諸侯年表》云"魯君子左丘明，懼弟子人人異端，各安其意，失其真，故因孔子史記具論其語，成《左氏春秋》"以相難，則亦歆所竄入者，辨見前。

《國語》僅一書，而《志》以爲二種，可異一也。其一，"二十一篇"，即今傳本也；其一，劉向所分之《新國語》"五十四篇"。同一《國語》，何篇數相去數倍？可異二也。劉向之書皆傳於後漢，而五十四篇之《新國語》，後漢人無及之者，可異三也。蓋五十四篇者，左丘明之原本也，歆既分其大半凡三十篇以爲《春秋傳》，於是留其殘，掇拾雜書，加以附益，而爲今本之《國語》，故僅得二十一篇也。考今本《國語》，《周語》《晉語》《鄭語》多春秋前事；《魯語》則大半敬姜一婦人語；《齊語》則全取《管子·小匡》篇；《吳語》《越語》筆墨不同，不知掇自何書；然則其爲《左傳》之殘餘，而歆補綴爲之至明。歆以《國語》原本五十四篇，天下人或有知之者，故復分一書以當之，又託之劉向所分非原本，以滅其跡，其作僞之情可見。史遷於《五帝本紀》《十二諸侯年表》，皆云"《春秋》《國語》"，若如今《國語》之寥寥，又言少與《本紀》不同，史遷不應妄引矣。劉申受《左氏春秋考證》，知《左氏》之僞，攻辨甚明，而謂："《左氏春秋》，猶《晏子春秋》《呂氏春秋》也。直稱《春秋》，太史公所據舊名也；冒曰《春秋左氏傳》，則東漢以後之以訛傳訛者矣。"蓋尚爲歆竄亂之《十二諸侯年表》所惑，不知其即《國語》所改。故近儒以爲："左氏作《國語》，自周穆王以後分國而述其事。其作此書，則依《春秋》編年，以魯爲主，以隱公爲始，明是《春秋》之傳。"番禺陳氏澧說。亦猶申受不得其根原也。然申受《左氏春秋考證》，謂"《楚屈瑕篇》年月無考"，固知《左氏》體例與《國語》相似，不必比附《春秋》年月也，是明指《左傳》與《國語》相似矣。《左氏春秋考證·隱公》篇，"紀子帛、莒子盟於密"證曰："如此年，《左氏》本文盡闕。""六月戊申"證曰："十年《左氏》文闕。"《桓公》篇，"元年"證曰："是年《左氏》文闕。"冬曲沃伯誘晉小子侯殺之"證曰："即有此事，亦不必在此年，是年《左氏》文闕。""冬曹太子來朝"證曰："是年《左氏》文闕，《巴子》篇年月無考。""冬齊、衛、鄭來戰於郎，我有辭也"，證曰："是年《左氏》文亦闕，《虞叔》篇年月無考。""十二年"證曰："是年《左氏》文闕，《楚伐絞》篇當與《屈瑕》篇相接，年月亦無考。""十三年"證曰："是年亦闕，《伐羅篇》亦與上相接，不必蒙此年也。""十六年"證曰："是年亦闕。"《莊公篇》，"元年"證曰："此以下七年文闕，《楚荊尸》篇、《伐申》篇年月亦無考。""十三年""十五年""十七年"，皆證曰："文闕。""二十七年"證曰："比年《左氏》文闕。""二十九年"證曰："文闕。""三十年"證曰："是年蓋闕"。"三十一年"證曰："文闕。"《僖公》篇"君子以齊人之殺哀姜也爲已甚矣"證曰："是年文闕。"《昭公》篇"冬十一月，晉魏舒、韓不信如京師"證曰："此篇重定元年，僞者比附

《經》文而失檢耳。"又觀各條，劉申受雖未悟《左傳》之摭於《國語》，亦知由他書所採附，亦幾幾知爲《國語》矣。

蓋經、傳不相附合，疑其説者自來不絶。自博士謂"左氏不傳《春秋》"，班固爲《歆傳》云："及歆治《左氏》，引傳文以解經，轉相發明，由是章句義理備焉。"班爲古學者，亦知引傳解經由於歆矣。不特班固也，范升云："《左氏》不祖孔子，而出於丘明，師徒相傳，又無其人。"（《後漢書·范升傳》）李育頗涉獵古學，嘗讀《左氏傳》，雖樂文采，然謂不得聖人深意。何休作《公羊墨守》《左氏膏肓》《穀梁廢疾》，（《後漢書·儒林傳》）。惜不得歆作僞之由，未達一間，卒無以塞陳元、賈逵之口耳。又不徒范升、李育、何休也，王接謂："《左氏》自是一家書，不主爲經發。"（《晋書·王接傳》。）《朱子語類》云："林黃中謂：'《左傳》"君子曰"是劉歆之辭。'《左傳》'君子曰'最無意思。因舉'芟夷藴崇之'一段，是關上文甚事！"（八十三）又不止王接、林黃中、朱子也，即尊信《左氏傳》者亦疑其有爲後人附益矣。陸淳《春秋集傳纂例》，謂："左氏功最高，能令百代之下頗見本末，因之求意，經文可知。而後人妄有附益，左氏本末釋首抑爲之説。"番禺陳氏澧《東塾讀書記》曰："孔冲遠云：'《春秋》諸事皆不以日月爲例，（其以日月爲義例者，）唯'卿卒''日食'二事而已。"此説可疑，豈有一書内唯二條有例者乎？蓋《左傳》無日月例，後人附益者。"又："《傳》之《凡例》與所記之事有違反者，如莊十一年《傳》云"凡師，敵未陳曰'敗某師'，皆陳曰'戰'。"《釋例》曰："令狐之役，晉人潛師夜起，而書'戰'者。晉諱背其前意而夜薄秦師，以戰告也。"成十八年《傳》云："凡去其國，國逆而立之曰'入'，復其位曰'復歸'，諸侯納之曰'歸'，以惡曰'復入'。"《釋例》曰："莊六年，五國諸侯犯逆王命以納衛朔，（朔）懼有違衆之犯，而以國逆告。"此明知《凡例》不合而歸之於'告'，是遁辭矣。"且《左傳》多傷教書義之説，不可條舉，言其大者，無人能爲之迴護。如文七年："宋人殺其大夫。"《傳》云："不稱名，非其罪也。"既立此例，於是宣九年："陳殺其大夫洩冶。"杜注云："洩冶直諫於淫亂之朝以取死，故不爲《春秋》所貴而書名。"昭二十七年："楚殺其大夫郤宛。"杜注云："無極，楚之譖人，宛所明知，而信近之以取敗亡，故書名罪宛。"種種邪説出矣。宣四年："鄭公子歸生弑其君夷。"《左傳》云："凡弒君：稱君，君無道也；稱臣，臣之罪也。"杜預《釋例》暢衍其説。襄二十七年："秋七月，豹及諸侯之大夫盟於宋。"《傳》云："季武子使謂叔孫以公命曰：'視邾、滕。'既而齊人請邾，宋人請滕，皆不與盟。叔孫曰：'邾、滕，人之私也，我，列國也，何故視之！宋、衛，吾匹也。'乃盟。故不書其族，言違命也。"是孔子貴媚權臣，而抑公室也。凡此皆歆借經説以佐新莽之篡，而抑孺子嬰、翟義之倫者，與隱元年"不書即位，攝也"同一獎奸翼篡之説。若是之類，近儒番禺陳氏澧皆以爲後人附益。是雖尊《左氏》者，亦不能不以爲後人附益矣。又不止後儒也，且爲歆僞傳作注、疏者亦不能無疑矣。莊二十六年："秋，虢人侵晉。冬，虢人又侵晉。"杜預注："此年《經》《傳》各自言其事者，或《經》是直文，或《策書》雖存，而簡牘散落，不究其本末，故傳不復申解，但言傳事而已。"《正義》："曹殺大夫，宋、齊伐徐，或須説其所以。此去丘明已遠，或是簡牘散落，不復能知故耳。上二十年亦傳不解經。"蓋杜預、孔穎達亦以爲傳不釋經，各明一事矣。文十三年《左傳》："其處者爲劉氏。"《正義》云："漢室初興，《左氏》不顯於世，先儒無以自申，插注此辭，將以媚於世。"則孔冲遠之有異説多矣。又僖公十五年："曰上天降災。"《釋文》曰："此凡四十二字，檢古本皆無，尋杜《注》亦不得有，有是後人加也。"此文見《列女傳》，小有異同。夫服、杜以後，尚有改竄，而世人習爲故常，則歆以前之竄亂，尚可辨邪！以此證之，然則天下尚有惑《左氏》之文采，溺劉歆之僞説，其亦有未審矣。或者惑於《史記·十二諸侯年表》"《左氏春秋》"之説及《左氏微》，信左氏之傳經，且以史遷引《左傳》書法、《左傳》多與今學之禮相合爲證。《史記》之文多歆竄入，辨見前。左丘明著書在獲麟後五十餘年，習聞孔門之説，不稱今學之禮，則何稱焉？但中多異説，爲歆所竄入，故今古禮錯雜其中。要之《左氏》即《國語》，本分國之書，上起穆王，本不釋經，與《春秋》不相涉，不必因其有劉歆僞《古禮》，而盡斥爲僞書，亦不能因其偶合於《儀禮》《禮記》，而信其傳經也。

# 漢魏博士考

(《觀堂集林》卷四) 海寧王忠慤公遺集

王國維

**西堂案**：兩漢五經博士，於經學之傳授，今古文之興替，其關係亦至巨。治經者所不可忽也。考辨五經博士者，有胡秉虔之《西京博士考》，張金吾之《兩漢五經博士考》，王國維之《漢魏博士考》。王著於博士之初建，員數之加損，置弟子、教授、課試、奉使、議政、官秩、任用，並詳言之。其謂學術變遷之在上者，莫劇於三國之際。尤能窺其大要，讀之慎勿忘也。

**博士一官，蓋置於六國之末，而秦因之。**
《漢書·百官公卿表·序》："博士，秦官。"
《宋書·百官志》："博士，班固云'秦官'。史臣案：六國時往往有博士。"
案：班、沈二說不同。考《史記·循吏傳》："公儀休，魯博士也。"褚先生補《龜策傳》："宋有博士衛平。"《漢書·賈山傳》："祖祛，故魏王時博士弟子也。"沈約所謂"六國時往往有博士"者，指此。公儀休即《孟子》之公儀子，繆公時爲魯相，時在戰國之初。衛平在宋元王時，亦與孟子同時，疑當時未必置博士一官。《史記》所云博士者，猶言"儒生"云爾。惟賈祛爲魏王博士弟子，則六國末確有此官，且教授弟子，與秦漢博士同矣。至秦之博士，則有定員。《史記·秦始皇本紀》："始皇置酒咸陽宮，博士七十人前爲壽。"又"侯生、盧生相與謀曰：博士雖七十人，特備員不用"。是秦博士員多至七十人。其姓名可考者，博士僕射有周青臣。（《漢書·百官公卿表》："僕射，秦官。自侍中、尚書、博士郎皆有。"《始皇本紀》上言"博士七十人前爲壽"，下言"僕射周青臣進頌"，是青臣實博士僕射也）博士有淳于越（齊人，《史記·秦始皇本紀》），有伏生，（濟南人，《史記·儒林傳》），有叔孫通

(薛人，《史記》本傳），有羊子（《漢書·藝文志》："儒家"《羊子》四篇，自注："百章。故秦博士。"），有黄疵（同上，"法家"《黄公》四篇，自注：名疵，爲秦博士），有正先（《漢書·京房傳》："昔秦時，趙高用事，有正先者，非刺高而死。"孟康曰；"姓正，名先，秦博士也。"），有鮑白令之（《説苑·至公》篇）僅七人。其中蓋不盡經術之士，如黄公之書，《七略》列於法家，而《秦始皇本紀》云："使博士爲仙真人詩"，又有"占夢博士"，殆諸子、詩賦、術數、方伎，皆立博士，非徒六藝而已。又《始皇本紀》有"諸生"，《叔孫通傳》則連言"博士諸生"。是秦博士亦置弟子。又，始皇二十六年議帝號，丞相綰等奏："臣等謹與博士議"云云，是秦博士亦議典禮政事，與漢制同矣。

**漢興，因秦制，員至數十人。**

《漢書·百官公卿表·序》："博士，秦官，掌通古今，員多至數十人。"

《漢官儀》：（《大唐六典》卷二十二《國子博士》注引）"文帝博士七十餘人。"

案，此漢初之制，未置五經博士前事也。員數與秦略同，亦不盡用通經之士。如高帝二年，即以叔孫通爲博士，通非專經之士也。又文帝時，齊人公孫臣上書，陳《終始五德傳》，文帝召以爲博士，臣亦非專經之士也。蓋猶襲秦時諸子百家各立博士之制。

**文帝始置一經博士。**

《後漢書·翟酺傳》："孝文皇帝始置一經博士。"（案，北宋景祐、南宋嘉定本作"一經"，何焯校宋本作"五經"）

案，《漢書·武帝紀》及《百官公卿表》皆云：武帝始置五經博士。翟酺乃言"孝文皇帝始置一經博士"者，蓋爲經置博士，始於文帝，而限以五經，則自武帝建元五年始也。考文、景時博士如張生、如晁錯，乃《書》博士；如申公，如轅固，如韓嬰，皆《詩》博士。如胡毋生、如董仲舒，乃《春秋》博士。是專經博士文、景時已有之，但未備五經，而復有傳、記博士。故班固言"置五經博士"，自武帝始也。

**並立傳、記。**

《漢書·劉歆傳》："至孝文皇帝，始使掌故晁錯，從伏生受《尚書》。""《詩》始萌芽，天下衆書往往頗出，皆諸子傳、記（説），猶廣立於學官，爲置博士。"

趙岐《孟子題辭》："孝文皇帝欲廣游學之路，《論語》《孝經》《孟子》《爾雅》，皆置博士。"

**武帝始罷黜百家，專立五經，而博士之員大減。**

《漢書·武帝紀》："建元五年春，置五經博士。"（《百官公卿表·序》同）

趙岐《孟子題辭》："後罷傳、記博士，獨立五經而已。"

案：文、景時已有《詩》《書》《春秋》博士，則武帝所新置者，《易》與《禮》而已。《易》之有博士，始於田王孫，在武帝時。《禮》之有博士，可考者，始於后蒼，在昭、宣二帝之世。而蒼又兼傳《齊詩》，不知爲《齊詩》博士與？《禮》博士與？疑武帝時，《禮》博士或闕而未補，或以他經博士兼之，未能詳也。

又案：傳、記博士之罷，錢氏大昕以爲即在置五經博士時。其說蓋信然。《論語》《孝經》《孟子》《爾雅》雖同時並罷，其罷之之意則不同。《孟子》，以其爲諸子而罷之也。至《論語》《孝經》，則以受經與不受經者皆誦習之，不宜限於博士而罷之者也。劉向父子作《七略》，六藝一百三家，於《易》《書》《詩》《禮》《樂》《春秋》之後，附以《論語》《孝經》（《爾雅》附）。小學三目，六藝與此三者，皆漢時學校誦習之書。以後世之制明之，小學諸書者，漢小學之科目；《論語》《孝經》者，漢中學之科目；而六藝則大學之科目也。武帝罷傳、記博士，專立五經，乃除中學科目於大學之中，非遂廢中、小學也。漢時教初學之所名曰"書館"，其師名曰"書師"，其書用《倉頡》《凡將》《急就》《元尚》諸篇，其旨在使學童識字、習字。《論衡·自紀》篇："充八歲出於書館，書館小僮百人以上，皆以過失袒謫，或以書醜得鞭。充書日進，又無過失。"《後漢書·皇后紀》："鄧皇后六歲能史書，十二通《詩》《論語》。"梁皇后"少善女工，好史書，九歲能誦《論語》。"是漢人就學，首學書法，其業成者，得試爲吏，此一級也。其進則授《爾雅》《孝經》《論語》，有以一師專授者，亦有由經師兼授者。《漢書·平帝紀》：元始三年，立學官。"郡國曰'學'，縣、道、邑、侯國曰'校'，校、學置經師一人。鄉曰'庠'，聚曰'序'，序、庠置《孝經》師一人。"《魏志·邴原傳》注引原《別傳》：鄉有書舍，原"遂就書，一冬之間，誦《孝經》《論語》"。此由一師專授者也。《平帝紀》：元始四（五）年，徵天下"以一（五）經、《論語》《孝經》《爾雅》教授者"。此由經師兼授者也。且漢時有授《論語》《孝經》、小學，而不授一經者；無授一經而不先授《論語》《孝經》者。《漢書·昭帝紀》：詔曰："朕通《保傅傳》《孝經》《論語》《尚書》，未云有明。"《宣帝紀》：霍光議奏曰："孝武皇帝曾孫病已，有詔掖庭養視，師受《論語》《孝經》。"《景十三王傳》：廣川王去"師受《易》《論語》《孝經》，皆通"。《疏廣傳》："皇太子年十二歲，通《論語》《孝經》。"《後漢書·范升傳》："九歲通《論語》《孝經》，及長，受梁丘《易》，皆通。"是通經之前，皆先通《論語》《孝經》。亦有但云《論語》者。《漢書·王尊傳》："受《尚書》《論語》。"《後漢書·鄧皇后紀》："十二通《詩》《論語》。"《梁皇后紀》："九歲能誦《論語》，治《韓詩》。"《馬嚴傳》：子續"七歲能通《論語》，十三明《尚書》"。《荀爽傳》："年十二通《春秋》《論語》。"《論衡·自紀》篇："充手書既成，辭師受《論語》《尚書》。"此數事，或舉《論語》以該《孝經》，或但受《論語》而不及《孝經》，均不可考。要之，無不受《論語》者。（漢人受書次第，首小學，次《孝經》《論語》，次一經，此事甚明。諸書或倒言之，乃以書之尊卑爲次，不以受書之先後爲次，受書時由卑及尊，乃其所也）《漢官儀》所載博士舉狀，於五經外必兼《孝經》《論語》，故漢人傳《論語》《孝經》者，皆他經大師，無以此二書專門名家者。如傳《齊論》者，有王吉父子、宋畸、貢禹、五鹿充宗、膠東庸生。中惟宋畸無考，王吉則傳《韓詩》，王駿及五鹿充宗傳梁丘《易》，貢禹傳《公羊春秋》，庸生傳古文《尚書》。傳《魯論》者，有龔奮、夏侯勝、韋賢、魯扶卿、蕭望之、張禹、朱雲。奮與扶卿無考，夏侯勝則傳《尚書》，韋賢傳《魯詩》，蕭望之傳《齊詩》，張禹傳《施氏易》，朱雲傳《孟氏易》。傳《孝經》者，有長孫氏、江翁、后蒼、冀奉、張禹。長孫氏無考，江翁則傳《魯詩》與《穀梁春秋》，后蒼、冀奉傳《齊詩》，蒼又傳《禮》。蓋經師授經，亦兼授《孝經》《論語》，猶今日大學之或有預備科矣。然則漢時《論語》《孝經》之傳，實廣於五經，不以博士之廢置爲盛衰也。

**宣帝之末，增員至十二人。**

《漢書·宣帝紀》：甘露三年，"立梁丘《易》，大、小夏侯《尚書》，《穀梁春秋》"博士。

又《百官公卿表·序》：博士，"宣帝黃龍元年增員至十二人。"

又《藝文志》：《易》，"訖於宣、元，有施、孟、梁丘、京氏立於學官。"《書》，"訖孝宣，有歐陽、大、小夏侯氏立於學官。"《詩》，魯、齊、韓"三家皆立於學官。"《禮》，"訖孝宣世，后蒼最明，戴德、戴聖、慶普皆其弟子，三家皆立於學官。"《春秋》，"四家之中，《公羊》《穀梁》立於學官。"

又《劉歆傳》："往者博士：《書》有歐陽，《春秋》公羊，《易》則施、孟，然孝宣皇帝猶復廣立《穀梁春秋》、梁丘《易》、大、小夏侯《尚書》。"

又《儒林傳·贊》："初，《書》惟有歐陽，《禮》后，《易》楊，《春秋》公羊而已。至孝宣世，復立大、小夏侯《尚書》，大、小戴《禮》，施、孟、梁丘《易》，穀梁《春秋》。"

《後漢書·章帝紀》：建初四年十一月壬戌，詔曰："漢承秦後，襃顯儒術，建立五經，爲置博士。""孝宣皇帝，以去聖久遠，學不厭博，故遂立大、小夏侯《尚書》。"

案：宣帝增置博士事，《紀》《表》《志》《傳》所紀互異。《紀》繫於甘露三年，《表》繫於黃龍元年，一不同也。《紀》與《劉歆傳》均言立梁丘《易》，大、小夏侯《尚書》，《穀梁春秋》，而《儒林傳·贊》復數大、小戴《禮》，《藝文志》復數慶氏《禮》，二不同也。又博士員數，《表》與《傳》亦不同。據《劉歆傳》則合新舊，僅得八人；如《儒林傳·贊》，則合新舊得十二人。似與《表》合矣，然二傳皆不數《詩》博士。案：申公、韓嬰，均於孝文時爲博士，轅固於孝景時爲博士，則文、景之世，魯、齊、韓三家《詩》已立博士。特孝宣時，於《詩》無所增置，故劉歆略之。《儒林傳·贊》，綜計宣帝以前立博士之經，而獨遺《詩》魯、齊、韓三家，則疏漏甚矣。又宣帝於《禮》博士亦無所增置，《儒林傳·贊》乃謂宣帝立大、小戴《禮》，不知戴聖雖於宣帝時爲博士，實爲后氏《禮》博士，尚未自名其家，與大戴分立也。《藝文志》謂慶氏亦立學官者，誤與此同。今參伍考之，則宣帝末所有博士，《易》則施、孟、梁丘，《書》則歐陽、大、小夏侯，《詩》則齊、魯、韓，《禮》則后氏，《春秋》公羊、穀梁，適得十二人。《儒林傳·贊》遺《詩》三家，因劉歆之言而誤。《贊》又數大、小戴《禮》，《藝文志》並數慶氏《禮》，則又因後漢所立而誤也。又，宣帝增置博士之年，《紀》《表》雖不同，然皆以爲在論石渠之後。然《儒林傳》言歐陽高孫地餘"爲博士，論石渠"；又"林尊事歐陽高，爲博士，論石渠"；張山拊"事小夏侯建，爲博士，論石渠"；則論石渠時，似歐陽有二博士，小夏侯亦已有博士，與《紀》《傳》均不合。蓋所紀曆官時代有錯誤也。又《易》施、孟二博士，亦宣帝所立。（但在甘露、黃龍前），則《儒林傳·贊》所言是也。

**元帝復立京氏《易》博士，未幾而廢。**

《漢書·儒林傳·贊》："至元帝世，復立京氏《易》。"

《後漢書·范升傳》："先帝前世有疑於此，故京氏雖立，輒復見廢。"

**平帝復立《古文尚書》《毛詩》、逸《禮》《樂經》《左氏春秋》，增員至三十人。**

《漢書·儒林傳·贊》："平帝時，又立《左氏春秋》《毛詩》、逸《禮》、古文《尚書》。"

又《王莽傳》：元始四年"立《樂經》，益博士員，經各五人。"

又《藝文志》:"《周官經》,六篇,王莽時劉歆置博士。"

《三輔黃圖》:"六經,三十博士。"

案:平帝時增五經爲六經博士,經各五人,則六經三十人。然綜計當時所立之學,不及三十家。蓋一家博士不止一員也。

**後漢初,博士共十四人。**

《續漢書·百官志》:"博士十四人。"本注曰:"《易》四:施、孟、梁丘、京氏。《尚書》三:歐陽、大、小夏侯氏。《詩》三:魯、齊、韓氏。《禮》二:大、小戴氏。《春秋》二:《公羊》嚴、顏氏。"

《後漢書·儒林傳·序》:"光武中興,愛好儒術,立五經博士,各以家法教授。《易》有施、孟、梁丘、京氏,《尚書》歐陽、大、小夏侯,《詩》齊、魯、韓、毛(此字衍),《禮》大、小戴,《春秋》嚴、顏,凡十四博士。"

案:後漢初,曾置慶氏《禮》,當時爲《禮》博士者,如曹充,如曹褒,如董鈞,皆傳慶氏《禮》者也。傳二戴《禮》而爲博士者,史反無聞。疑當時《禮》有慶、大、小戴三氏,故班氏《藝文志》謂"《禮》三家皆立於學官",蓋誤以後漢之制本於前漢也。後慶氏學微,博士亦中廢,至後漢末,《禮》博士只有大、小戴二家。故司馬彪、范曄均遺之耳。

**後立《春秋左氏》《穀梁》博士,未幾而罷。**

《後漢書·陳元傳》:"時議欲立《左氏傳》博士,范升與元相辨難,凡十餘上。帝卒立《左氏》學,太常選博士四人,元爲第一,帝以元新忿爭,乃用其次司隸從事李封。於是諸儒以《左氏》之立,議論讙嘩,自公卿以下,數廷爭之。會封病卒,左氏復廢。"

又《賈逵傳》:"至光武皇帝,奮獨見之明,興立《左氏》《穀梁》,會二家先師不曉圖讖,故令中道而廢。"

**自是訖後漢之末,無所增損。至魏,立《穀梁春秋》《禮記》,而古文家經,如費《易》、古文《尚書》《毛詩》《周禮》《左氏春秋》,遂並立於學官,博士亦增於漢矣。**

《魏志·文帝紀》:黃初五年,"立太學,制五經課試之法,置《春秋穀梁》博士。"

又《高貴鄉公紀》:甘露元年,"夏四月丙辰,帝幸太學"云云。

又《王肅傳》:"肅爲《尚書》《詩》《論語》《三禮》《左氏解》,及撰定父朗所作《易傳》,皆列於學官。"

《魏略·儒宗傳》:(《後漢書·儒林傳》注、《魏志·杜畿傳》注引)樂詳,"黃初中徵拜博士,於時太學初立,有博士十餘人"。

《宋書·百官志》:"博士。魏及晉西朝置十九人,江左初減爲九人,皆不知掌何經。"

案:漢世所立十四博士,皆今文學也。古文諸經,終漢之世,未得立於學官。惟後漢中葉後,博士之選不如先漢之嚴。故周防以治《古文尚書》爲博士,盧植本事馬融,兼通今、古學,亦爲博士。又中平五年所徵博士十四人,若荀爽,若鄭玄,若陳紀,亦古文學家。爽等三人,雖徵而不至。若周防、盧植,固嘗任職矣。而當時實未立古文學,此三〔二〕人者,蓋以古文學家,爲今文學博士。猶孔安國雖傳古文《尚書》,而實爲今文《尚書》博士(觀安國之學傳爲兒寬,寬之傳爲歐陽高,可知)。胡常、翟方進,雖兼博《左氏》,而實爲《穀梁》博士也。古文學之立於學官,蓋在黃初之際。自董卓之亂,京洛爲墟,獻帝託命曹氏,未遑庠序之事,博士失其官守,垂三十年。今文學日微,而民間古文之學乃日興月盛。逮魏初復立太學博士,已無復昔人。其所以傳授課試者,亦絕非曩時之學。蓋不必有廢置明文,而漢家四百年官學今文之統,已爲古文家取而代之矣。試取魏時諸博士考之,邯鄲淳,傳古文《尚書》者也;樂詳、周生烈,傳《左氏春秋》者也;宋均、田瓊,皆親受業於鄭玄;張融、馬照,亦私淑鄭氏者也;蘇林、張揖,通古今字指,則亦古文學家也。餘如高堂隆上書述古文《尚書》《周官》《左氏春秋》,趙怡、淳于峻、庾峻等亦稱述鄭學;其可考者如此,則無考者可知。又以高貴鄉公幸太學問答考之,所問之《易》則鄭注也,所講之書則賈逵、馬融、鄭玄、王肅注也,所問之《禮》則小戴《記》,蓋亦鄭玄、王肅注也。《王肅傳》明言其所注諸經皆列於學官,則鄭注五經,亦列於學官可知。然則魏時所立諸經,已非漢代之今學,而爲賈、馬、鄭、王之古學矣。《晉書·荀崧傳》;崧上疏言"晉初太學,有石經古文,先儒典訓,賈、馬、鄭、杜、服、孔、王、何、顏、尹之徒,章句傳注,衆家之學,置博士十九人"。(《宋書·禮志》文同)《宋書·百官志》以爲魏博士員數亦與之同。其説雖未可盡信,然大略不甚相遠。今以荀崧所舉家數,與沈約所紀魏博士員數差次之。魏時,除《左傳》杜注未成,《尚書》孔傳未出外(荀崧言晉初"章句傳注"有孔氏,蓋謂孔安國《書》傳。晉初已立孔傳與否,雖不可考,然魏時確未立孔傳。何以證之?孔《傳》釋《堯典》"曰若稽古"爲"順考古道",與賈、馬、王肅同,而庾峻對高貴鄉公問,僅言賈、馬及肅皆以爲"順考古道",不及孔安國,是魏時未立《尚書》孔傳之證也)。《易》有鄭氏、王氏,《書》有賈、馬、鄭、王氏,《詩》及三《禮》鄭氏、王氏,《春秋左傳》服氏、王氏,《公羊》顏氏、何氏,《穀梁》尹氏,適得十九家。與博士十九人之數相當。沈約之説,雖他無所徵,蓋略近之矣，此十九博士中，惟《禮記》《公》《穀》三家爲今學，餘皆古學，於是西京施、孟、梁丘、京氏之《易》，歐陽、大小夏侯之《書》，齊、魯、韓之《詩》，慶氏、大戴之《禮》，嚴氏之《春秋》，皆廢於此數十年之間。不待永嘉之亂而其亡可決矣。學術變遷之在上者，莫劇於三國之際，而自來無能質言之者，此可異也。

**蜀漢與吳，亦置博士，雖員數無考，而風尚略同。**

《蜀志·許慈傳》：慈"事劉熙，善鄭氏學，治《易》《尚書》、三《禮》《毛詩》《論語》。（中略）先主定蜀，承喪亂歷紀，學業衰廢，乃鳩合典籍，沙汰衆學，慈爲博士。"

又《尹默傳》："益部多貴今文而不崇章句，默知其不博，乃遠游荊州，就司馬德操、宋仲子等受古學，皆通諸經史，又專精於《左氏春秋》，自劉歆條例，鄭衆、賈逵父子、陳元方、服虔注說，咸略誦述，不復案本。子宗傳其業，爲博士。"

《晉書·儒林傳》：文立"蜀時游太學，專《毛詩》、三《禮》。"（《華陽國志》同）

《虞翻別傳》（《吳志·虞翻傳》注引）：翻"奏鄭玄解《尚書》違失事，曰：'宜命學官定此三事。'又曰："又玄所注五經，違義尤甚者百六十七事，不可不正。行乎學校，傳乎將來，臣竊恥之。"

案：蜀、吳學校，均行古學。蜀之博士，皆古學家，既有徵矣。吳虞翻所上奏在孫權世，時尚未立五經博士（孫休永安元年始立五經博士）而翻言鄭注"行乎學校"，蓋指民間教授言之，後立博士。韋昭實爲祭酒，韋亦古學家也。然則蜀、吳所立博士，當與魏略同，蓋可識矣。

**博士自六國、秦時，已有弟子，漢興仍之。**

《漢書·賈山傳》："祖袪，故魏王時博士弟子也。"

《史記·叔孫通傳》："陳勝起，二世召博士諸儒生問曰：'於公何如？'博士諸生三十餘人對曰"云云。

《漢書·循吏傳》：文翁"景帝末爲蜀郡守，選郡縣小吏開敏有材者，張叔等十餘人，遣詣京師，受業博士"。

**武帝特爲博士置弟子五十人。**

《漢書·武帝紀》：元朔四（五）年"夏六月，詔曰：'蓋聞導民以禮，風之以樂，今禮壞樂崩，朕甚閔焉。故詳延天下方聞之士，咸薦諸朝，其令禮官勸學，講議洽聞，舉遺興禮，以爲天下先。太常其議予博士弟子，崇鄉黨之化，以屬賢材焉。'丞相弘請爲博士置弟子員，學者益廣。"

又《儒林傳》：丞相、御史言，請"爲博士官置弟子五十人，復其身。太常擇民年十八以上，儀狀端正者，補博士弟子，郡國縣官有好文學，敬長上，肅政教，順鄉里，出入不悖所聞，令相長丞上所屬二千石，二千石謹察可者，常與計偕，詣太常，得受業如弟子"。

**其後大增員數。**

《漢書·儒林傳》：昭帝時"增弟子員滿百人。宣帝時增倍之。元帝好儒，能通一經者，皆復數年，以用度不足更爲設員千人。成帝末，或言孔子布衣，養徒三千人，今天子太學弟子少，於是增弟子員三千人。歲餘，復如故。平帝時王莽秉政，增元士之子，得受業如弟子，勿以爲員。"

《後漢書·黨錮傳》："大學諸生三萬餘人。"

又《儒林傳》："本初元年，梁太后詔曰：'大將軍下及六百石，悉遣子就學。'自是游學增盛，至三萬餘生。"

《魏略·儒宗傳·序》：(《魏志·王肅傳》注引)"黃初元年之後，新主乃復始掃除太學之灰炭，補舊石經之缺壞，備博士之員錄，依漢甲乙以考課，申告州郡，有欲學者，皆遣詣太學。太學始開，有弟子數百人。至太和、青龍中，中外多事，人懷避就。雖性非解學，多求請（詣）太學，太學諸生有千數。"

**博士之於弟子，職在教授及課試。**

《漢書·儒林傳》：博士弟子，"一歲皆輒課，能通一藝以上，補文學掌故缺，高可以爲郎中。太常籍奏，即有秀才異等，輒以名聞。若下材不能通一藝，輒罷之，而請諸能稱者"。

又，"歲課甲科四十人爲郎中，乙科二十人爲太子舍人，丙科四十人補文學掌故云"。

《後漢書·徐防傳》：永元十四年，防"上疏曰：'伏見太學試博士弟子，皆以意說，不修家法，私相容隱，開生姦路。每有策試，輒興諍訟，議論紛錯，互相是非，臣以爲博士及甲乙策試，宜從其家章句，開五十難以試之。解釋多者爲上第，引文明者爲高說。若不依先師，義有所伐，皆正以爲非。五經各取上第六人，《論語》不宜射策，雖所失或久，差可矯革。'詔書下公卿，皆從防言"。

又，《順帝紀》：陽嘉元年，秋七月"丙辰，以太學新成，試明經，下第者補弟子，增甲乙科員各十人"。

又《質帝紀》：本初元年，夏四月，"令郡國舉明經，年五十以上，七十以下，詣太學。自大將軍至六百石，皆遣子受業，歲滿課試，以高第五人補郎中。次五人太子舍人"。

《通典》（十三）："桓帝建和初，詔'諸學生年十六，比郡國明經試，次第上名。高第五十人、上第十六人爲郎中，中第十七人爲太子舍人，下第十七人爲王家郎'。"

同上："永壽二年，詔'復課試諸生，補郎、舍人'。"

《後漢書·宦者傳》："諸博士試甲乙科，爭第高下，更相告訟，亦有私行金貨，定蘭臺漆書經字，以合其私文"。

《魏志·文帝紀》：黃初五年夏四月，"立太學，制五經課試之法"。

《通典》（五十三）："魏文帝黃初五年，立太學於洛陽。時慕者始請（詣）太學爲門人。滿二歲，試通一經者稱弟子，不通一經者罷遣。弟子滿二歲，試通二經者補文學掌故；不通二經者，聽須後輩試，試通二經，亦得補掌故。掌故滿二歲，試通三經者擢高第，爲太子舍人；不第者隨後輩試，試通亦爲太子舍人。舍人滿二歲，試通四經者，擢其高第，爲郎中；不通者隨後輩復試，試通亦爲郎中。郎中滿二歲，能通五經者，擢高第，隨才敘用；不通者隨後輩復試，試通亦敘用。"

案：此即《魏志·文帝紀》所謂"五經課試之法"也。《通典》卷十三《選舉門》繫此事於桓帝永壽二年之後；而《吉禮門》則以爲魏黃初五年事。又《北堂書鈔》六十七並《太平御覽》五百三十四雜引此中文句，謂出摯虞《決疑要注》，亦以爲魏時事，且與漢制不類，疑《吉禮門》所紀是也。

《魏略·儒宗傳·序》（《魏志·王肅傳》注引）："黃初中"備博士之員錄，依漢甲乙以考課，告州郡有欲學者，皆遣詣太學。太學始開，有弟子數百人。至太和、青龍中，中外多事，人懷避就，雖性不解學，皆求請〔詣〕太學，太學諸生有千數。本亦避役，竟無能竟學。冬來春去，歲歲如是。又雖有精者，而臺閣舉格太高，加不念統其大義，而問字指、墨法、點注之間，百人同試，度者未十。"

《魏志·明帝紀》："太和四年，春二月壬午，詔曰：'其郎吏明經，才任牧民，博士課試擢其高第者亟用，其浮華不務道本者，皆罷去之。'"

**後漢中葉以後，課試之法密，而教授之事輕。**

《後漢書·儒林傳》："自安帝攬政，薄於藝文，博士倚席不講，朋徒相視怠散。"

《通典》（五十三）："建安中，侍中鮑衡奏：'今學，博士並設，表章而無所教授。'"

《魏略·儒宗傳》（《魏志·杜畿傳》注引）：樂詳"黃初中徵拜博士，於時太學初立，有博士十餘人。學多偏狹，又不熟悉，略不親教，備員而已。"

又《儒宗傳·序》(《魏志·王肅傳》注引):太和、青龍中,"諸博士率皆粗疎,無以教弟子。弟子本亦避役,竟無能習學"。

**又,漢博士皆專經教授,魏則兼授五經。**

《魏略·儒宗傳》:樂詳"五業並授"。

《魏志·高堂隆傳》:景初中,帝以蘇林、秦靜等並老,恐無能傳業者,乃詔"科郎吏高才解經義者三十人,從光禄〔勳〕〔大夫〕隆,散騎常侍林,博士靜,分授四經、三禮,主者具爲設課試之法"。

案:三人分授四經、三禮,是一人所授非一經也。此雖非博士教弟子之法,然博士授業亦當準之。又秦靜身爲博士,弟子甚多,而慮其年老,無能傳業,是當時博士但備員數,未嘗親授弟子也。

**漢博士弟子專受一經,後漢以後,則兼受五經。**

後漢建初殘墓磚:"十五入大學受《禮》,十六受《詩》,十七受□,十八受《易》,十九受《春秋》。"

**漢博士課試弟子惟以一藝,後漢以後,則兼試五經。**

《通典》(五十三)二則,見上。

**此其異也。漢博士秩卑而職尊,除教授弟子外,或奉使。**

《漢書·武帝紀》:元狩六年,夏,"遣博士大等六人,分循行天下"。

同上,元鼎二年,夏,大水。秋,"遣博士中等分循行"。

同上,《終軍傳》:元鼎中,"博士徐偃使行風俗"。

同上,《元帝紀》:建昭四年,"臨遣諫大夫博士賞等二十一人循行天下"。

同上,《王尊傳》:"博士鄭寬中使行風俗。"

同上,《成帝紀》:河平四年,"遣光禄大夫博士嘉等,行舉瀕河之郡,水所毀傷,貧乏不能自存者"。

同上,陽朔二年秋,"關東大水,流民欲入函谷、天井、壺口、五阮關者,勿苛留,遣諫大夫博士分行視"。

同上,《孔光傳》:光爲博士,"成帝初即位,數使録冤獄,行風俗,賑贍流民,奉使稱旨"。

同上,《平當傳》:當爲博士,"使行流民幽州"。

**或議政。**

《漢書·賈誼傳》:"文帝召誼爲博士,每詔令議下,諸老先生未能言,誼盡爲之對。"

同上,《文帝紀》:"後元年,詔曰:'間者數年歲比不登,又有水旱疾疫之灾,朕甚憂之,其與丞相、列侯、吏二千石、博士議之,有可以佐百姓者,率意遠思，無有所隱。'"

同上，《武帝紀》："元朔元年冬十一月，詔曰：'朕深詔執事，興廉舉孝，今或闔郡而不舉一人，其與中二千石禮官博士議，不舉者罪。'"

同上，《儒林傳》：元朔五年，"詔太常，其議與博士弟子、丞相、御史言""謹與太常臧、博士平等議"云云。

《史記·三王世家》：大司馬去病請定皇子位，"丞相臣青翟、御史大夫臣湯昧死言：'臣謹與列侯臣嬰齊、中二千石二千石臣賀、諫大夫博士臣安等議'"云云。又"臣青翟等與列侯、吏二千石、諫大夫、博士臣慶等議"云云。

《漢書·張湯傳》："武帝時，匈奴求和親，群臣議上前，博士狄山曰：'和親便。'"

同上，《律曆志》："元封七年，太中大夫壺遂、太史令司馬遷等言：'曆紀廢壞，宜改正朔。'是時御史大夫兒寬明經術，上乃詔寬曰：'與博士共議'。"

同上，《杜延年傳》：始元四年，"丞相車千秋即召中二千石、博士會公車門，議問侯史吳法"。

同上，《霍光傳》：昌邑王"即位，行淫亂，光遂召丞相、御史、將軍、列侯、中二千石、大夫、博士會議未央宮"。

同上，《夏侯勝傳》："宣帝初即位，詔曰：'孝武皇帝功德茂盛，而廟樂未稱，朕甚悼焉，其與列侯、二千石、博士議'。"

同上，《韓延壽傳》：蕭望之劾延壽上僭不道，"願下丞相、中二千石、博士議其罪"。

同上，《韋玄成傳》："永光四年，乃下詔，先議罷郡國廟，曰：'其與將軍、列侯、中二千石、諸大夫、博士議。'"

同上，"後月餘，復下詔曰：'蓋聞明王制禮，立親廟四，祖宗之廟，萬世不毀，所以明尊祖敬宗，著親親也。朕獲承祖宗之重，惟大禮未備，戰栗恐懼，不敢自顓，其與將軍、列侯、中二千石、二千石、諸大夫、博士議。'"

同上，《郊祀志》："成帝初即位，丞相衡、御史大夫譚奏言：'甘泉泰畤、河東后土之祠，宜可徙置長安，願與群臣議定。'奏可。右將軍王商、博士師丹、議郎翟方進等五十人，以爲甘泉、河東之祠非神靈所饗，宜徙就正陽大陰之處。"

同上，《薛宣傳》："哀帝初即位，宣子況、賕客楊明，遮斫申咸宮門外。事下有司，御史中丞衆等奏：況、明皆棄市。廷尉直以爲'明當以賊傷人不直,況與謀者皆爵減,完爲城旦'。上以問公卿。'丞相孔光、大司空師丹以中丞議是,自將軍以下至博士、議郎,皆是廷尉。'"

同上,《朱博傳》:左將軍彭宣等奏博及趙玄、傅晏,請詔謁者召詣廷尉詔獄。"制曰:'將軍、中二千石、二千石、諸大夫、博士、議郎議。'"

同上,《王嘉傳》:"孔光等請謁者召嘉詣廷尉詔獄。制曰:'票騎將軍、御史大夫、中二千石、二千石、諸大夫、博士、議郎議。'"

同上,《韋玄成傳》:"哀帝即位,丞相光、大司空武奏言:'迭毀之制,宜以時定,臣請與群臣雜議。'於是光祿勳彭宣、詹事滿昌、博士左咸等五十三人,皆以爲繼祖宗以下,五廟而迭毀,孝武皇帝親盡,宜毀。"

同上:"元始五年,大司馬王莽奏:臣謹與太師孔光、長樂少府平晏、大司農左咸、中壘校尉劉歆、大中大夫朱陽、博士薛順、議郎國由等六十七人議,皆曰:'宜如建始時丞相衡等議,復南北郊如故。'"

**中興以後,此制漸廢,專議典禮而已。**

《後漢書·光武紀》:"建武二年,博士丁恭議曰:'古帝王封諸侯不過百里,故利以建侯,取法於雷,彊榦弱枝,所以爲治也。今封諸侯四縣,不合法則。'"

《續漢書·祭祀志》:"建武七年五月,詔三公曰:'漢當郊堯。其與卿、大夫、博士議。'"

同上,"建武十九年,張純、朱浮奏:'禮:爲人子,事大宗,降其私親。願下有司議先帝四廟、當代親廟者及皇考廟事。'下公卿、博士、議郎議。"

《晉書·律曆志》:黃初中,"董巴議改曆"云云。

案:董巴,魏博士。見後。

《魏書》(《魏志·明帝紀》注引):景初三年,史官復著言宜改正朔,"乃詔三公、特進、九卿、中郎將、大夫、博士、議郎、千石、六百石博議。"

《宋書·禮志》:明帝即位,議改正朔,博士秦靜、趙怡等以爲宜改。

同上:"博士樂祥議:正月旦受朝賀,群臣奉贊。"

《通典》(八十一):太和六年四月,博士樂詳議明帝爲外祖母服。

同上,(七十五):青龍二年,博士高堂隆議執贊。

同上,(五十五):青龍五年,博士秦靜議正朔、服色。

同上,(九十一):"魏明帝景初中,尚書祠部問曰:'同母異父昆弟,服應幾月?'太常曹毗述博士趙怡據子游鄭注:'大功九月'。"

同上,(一百四十七):博士趙怡議禘天地用宮縣。

同上,(四十四):博士秦靜議蠟祭。

同上，(《通典》)五十五：博士秦静議涼州刺史上靈命瑞圖，醮告太祖廟。

同上，(六十九)：博士田瓊議異姓不相爲後。

同上，(八十三)："蔣濟奏：'弔喪去冠，非《禮》意'。博士杜希議"云云。

**博士秩，漢初四百石，宣帝後爲比六百石。**

《漢書·百官公卿表》：博士"秩比六百石"。

《續漢書·百官志》："博士十四人，比六百石。"本注："本四百石，宣帝增秩。"

**魏時爲第五品。**

《通典》(三十六)：魏官九品，第五品太學博士。

**其長，自秦以後謂之"僕射"，中興後爲祭酒。**

《漢書·百官公卿表·序》："僕射，秦官，自侍中、尚書、博士、郎皆有。""取其領事之號。"

《續漢書·百官志》："博士祭酒一人，秩六百石。本僕射，中興轉爲祭酒。"

**博士任用：或徵召。**

《漢書·賈誼傳》："文帝召以爲博士。"

同上，《張蒼傳》："文帝召公孫臣以爲博士。"

同上，《公孫弘》《疏廣》《貢禹》《龔舍》《夏侯勝傳》，《後漢書·盧植》《樊英傳》皆云："徵爲博士。"

《後漢書·曹襃》《郭憲傳》皆云："徵拜博士。"

**或薦舉。**

《漢書·成帝紀》："陽朔二年，詔曰：'丞相、御史、其與中二千石、二千石雜舉可充博士位者，使卓然可觀。'"

同上，《彭宣》《孔光傳》："舉爲博士。"

同上，《儒林·施讎傳》："梁丘賀薦讎：'束髮事師數十年，賀不能及。'詔拜爲博士。"

同上，《孟喜傳》："博士缺，衆人薦喜。上聞喜改師法，遂不用喜。"

同上，《王式傳》："諸博士皆素聞其賢，共薦式，詔除下爲博士。"

《漢官儀》(《後漢書·朱浮傳》注及《通典》引)："博士舉狀曰：'生事愛敬，喪没如禮。通《易》《尚書》《詩》《禮》《春秋》《孝經》《論語》，兼綜載籍，窮微闡奥。師事某官，見授門徒五十人以上。隱居樂道，不求聞達，身无金痍、瘤疾三十六属，不与妖恶交通、王侯赏赐。行应四科，经任博士。'下署某官、某甲保举。"

《后汉书·杨震传》："先是，博士选举多不以实，震举（荐）明经名士陈留杨伦等。"

同上，《儒林·周防传》："太尉张禹荐补博士。"

《魏志·张郃传》："郃虽武将，而爱乐儒士，尝荐同乡卑湛经明行修，诏擢为博士。"

《晋书·郑袤传》："袤为太常。高贵乡公议立明堂、辟雍，精选博士，袤举刘毅、刘寔、程咸、庾峻，后并至公辅大位。"

同上，《张华传》："郡守鲜于嗣荐华为太常博士。"

**或选试。**

《汉书·张禹传》："试为博士。"

《续汉书·百官志》："太常"，本注："每选试博士，奏其能否。"

《后汉书·朱浮传》："旧事，策试博士，必广求详选，爰自畿夏，延及四方。是以博举明经，惟贤是登，学者精励，远近同慕，伏闻诏书更试五人，惟取见在洛阳城者。臣恐自今以往，将有所失。求之密迩，容或未尽，而四方之学，无所劝乐。"

同上，《伏恭传》："太常试经第一，拜博士。"

同上，《陈元传》："太常选博士四人，元为第一。帝以元新忿争，乃用其次司隶从事李封"为博士。

又，《儒林·张元传》："会颜氏博士缺，元策试第一，拜为博士。"

**或以贤良、文学、明经诸科进。**

《汉书·公孙弘传》："武帝初即位，以贤良征为博士。元光五年，复举贤良文学，拜为博士。"

同上，《平当传》："以明经为博士。"

同上，《师丹传》："建昭〔始〕中，州举茂才，复补博士。"

《后汉书·赵咨传》："延熹元年，大司农陈豨〔奇〕举咨至孝有道，仍〔乃〕迁博士。"

同上《李法传》："永光〔元〕九年，应贤良方正对策，除为博士。"

同上《方术·郭宪传》："光武即位，求天下有道之人，乃征宪，拜博士。"

**或由他官迁。**

《汉书·晁错传》：错"为太子舍人门大夫，迁博士"。

同上，《翼奉傳》："奉以中郎爲博士。"

同上，《翟方進傳》："舉明經，遷議郎"，河平中轉爲博士。

同上，《儒林·歐陽生傳》：歐陽地餘 "以太子中庶子授太子，後爲博士。"

《後漢書·范升傳》："建武二年，光武徵詣懷宮，拜議郎，遷博士。"

**博士或兼給事中。**

《漢書·百官公卿表·序》："給事中亦加官，所加或大夫、博士、議郎，掌顧問應對，位次中常侍。"

同上，《平當傳》：爲博士，給事中。

同上，《韋賢傳》："徵爲博士，給事中。"

同上，《匡衡傳》："遷博士，給事中。"

同上，《薛宣傳》："哀帝初即位，博士申咸給事中。"

同上，《師丹傳》："給事中申咸、炔欽上書" 云云。

《獻帝傳》（《魏志·文帝紀》注引）："給事中博士蘇林、董巴上表"云云。

《魏略》（《魏志·王粲傳》注引）："黃初初，以邯鄲淳爲博士，給事中。"

同上，（《魏志·劉劭傳》注引）："蘇林，黃初中爲博士，給事中。"

《魏志·高堂隆傳》：明帝 "以隆爲給事中，博士。"

**其遷擢也，於内則遷中二千石、二千石。**

《漢書·叔孫通傳》：漢二年，"漢王拜通爲博士，號稷嗣君"。七年拜爲奉常。（中二千石）

同上，《百官公卿表》：博士后蒼爲少府。（中二千石）

同上，《平當傳》：爲博士，給事中。"奉使十一人爲最，遷丞相司直。"（比二千石）

同上，《韋賢傳》："徵爲博士，給事中。進授昭帝《詩》，稍遷光祿大夫。"（比二千石）

同上，《夏侯勝傳》：徵爲博士，光祿大夫。

同上，《匡衡傳》："遷博士，給事中""遷爲光祿大夫。"

同上，《張禹傳》："試爲博士，授皇太子《論語》，由是遷爲光祿大夫。"

同上，《儒林傳》：鄭寬中以博士授太子，遷光祿大夫，領尚書事。

《後漢書·桓榮傳》：榮爲博士，"拜博士張佚爲太子太傅（中二千石），而以榮爲少傅。"（比二千石）

同上，《儒林·甄宇傳》："徵拜博士。稍遷太子少傅。"
同上，《魯恭傳》："拜爲《魯詩》博士，遷侍中。"（比二千石）
同上，《曹褒傳》：徵拜博士，又拜侍中。
同上，《李法傳》："除博士，遷侍中。"
同上，《儒林·張興傳》：爲博士，遷侍中。
同上，《承宮傳》："拜博士，遷左中郎將。"（比二千石）
同上，《方術·李郃傳》：父頡，官至博士，遷左中郎將。

**或遷千石及八百石。**

《漢書·賈誼傳》：誼爲博士，超遷，"歲中至太中大夫。"（比千石）
同上，《疏廣傳》："徵爲博士，太中大夫。"
同上，《晁錯傳》："遷博士，拜爲太子家令。"（八百石）
同上，《冀奉傳》："以中郎爲博士，諫大夫。"（比八百石）
同上，《孔光傳》："是時，博士選三科，高爲尚書，次爲刺史。其不通政事，以久次爲諸侯王太傅。光以高第爲尚書。"（六百石）

**於外則爲郡國守相。**

《漢書·董仲舒傳》："爲博士"。以賢良對策"爲江都相。"
同上，《蕭望之傳》："是歲選博士、諫大夫通政事者，補郡國守相。"
《後漢書·盧植傳》："徵爲博士，出爲九江太守。"
同上，《儒林·牟長傳》："拜博士，稍遷河內太守。"
同上，《儒林·周防傳》："補博士，稍遷陳留太守。"
同上，《儒林·伏恭傳》："拜博士，遷常山太守。"

**或爲諸侯王太傅。**

《漢書·儒林傳》：轅固以博士爲清河王太傅。
同上，《彭宣傳》："舉爲博士，遷東平〔王〕太傅。"
同上，《師丹傳》："復爲博士，出爲東平王太傅。"
《後漢書·楊倫傳》："特徵博士，爲清河王傅。"

**或爲部刺史、州牧。**

《漢書·貢禹傳》："徵爲博士，涼州刺史。"
同上，《翟方進傳》："轉爲博士。數年，遷朔方刺史。"
同上，《儒林傳》："胡常以明《穀梁春秋》爲博士，部刺史。"
同上，《儒林傳》："琅邪徐良斿卿爲博士，州牧、郡守。"

**或爲縣令。**

《漢書·朱雲傳》："由是爲博士，遷杜陵令。"

**蓋清要之官，非同秩之文吏比矣。**

# 今古文論

## (《觀堂集林》卷七)

王國維

**西堂案：**王國維氏《觀堂集林》中有從籀古文字辯論經今古文學者，凡文九篇。以爲古文在史遷時尚非難識，考定漢時古文諸經，説明科斗文字之義，其言多覈，不可不知。然專以文字論經今古文學，不明其發生之原由，則昧於兩派學説大異之故。又過信《史記》，以爲未經劉歆等之增修，亦不能得真相矣。今姑録其全文，讀者試詳玩之。

## 一　戰國時秦用籀文六國用古文説

余前作《史籀篇疏證·序》，疑戰國時秦用籀文，六國用古文，並以秦時古器遺文證之。後反復漢人書，益知此説之不可易也。班孟堅言《倉頡》《爰歷》《博學》三篇，文字多取諸《史籀》篇，而字體復頗異，所謂秦篆者也。許叔重言：秦始皇帝初兼天下，丞相李斯乃奏同文字，"罷其不與秦文合者，斯作《倉頡》篇，中車府令趙高作《爰歷》篇，太史令胡毋敬作《博學》篇，皆取《史籀》大篆，或頗省改，所謂小篆者也"。是秦之小篆，本出大篆，而《倉頡》三篇未出、大篆未省改以前，所謂秦文即籀文也。司馬子長曰："秦撥去古文"。揚子雲曰："秦剗滅古文。"許叔重曰："古文由秦絶。"

案，秦滅古文，史無明文。有之，惟一文字與焚《詩》《書》二事。六藝之書，行於齊、魯，爰及趙、魏，而罕流布於秦，（猶《史籀》篇之不行於東方諸國）其書皆以東方文字書之。漢人以其用以書六藝，謂之古文。而秦人所罷之文與所焚之書，皆此種文字。是六國文字，即古文也。觀秦書八體中，有大篆，無古文；而孔子壁中書，與《春秋左氏傳》，凡東土之書，用古文不用大篆，是可識矣。故古文、籀文者，乃戰國時東西二土文字之異名，其源皆出於殷周古文，而秦居宗周故地，其文字猶有豐鎬之遺，故籀文與自籀文出之篆文，其去殷周古文，反較東方文字（即漢世所謂古文）爲近。自秦滅六國，席百戰之威，行嚴峻之法，以同一文字，凡六國文字之存於古籍者，已焚燒劃滅，而民間日用文字，又非秦文不得行用。觀傳世秦權量等，始皇廿六年詔後，多刻二世元年詔，雖亡國一二年中，而秦法之行如此，則當日同文字之效可知矣。故自秦滅六國，以至楚漢之際，十餘年間，六國文字，遂遏而不行。漢人以六藝之書皆用此種文字，又其文字爲當日所已廢，故謂之古文。此語承用既久，遂若六國之古文，即殷周古文，而籀、篆皆在其後，如許叔重《說文序》所云者，蓋循名而失其實矣。

## 二 《史記》所謂古文說

自秦並天下，同一文字，於是篆、隸行而古文、籀文廢。然漢初古文、籀文之書未嘗絕也。《史記·張丞相列傳》：張丞相蒼，"好書律曆，秦時爲御史，典〔主〕柱下方書"。而許氏《說文序》，言"北平侯張蒼獻《春秋左氏傳》"，蓋即"柱下方書"之一。是秦柱下之書，至漢初未亡也。《太史公自序》言："秦撥去古文，焚滅《詩》《書》，故明堂石室，金匱玉版，圖籍散亂。"而武帝元封三年，司馬遷爲太史令，紬史記石室金匱之書，是秦石室金匱之書，至武帝時未亡也。故太史公修《史記》時，所據古書，若《五帝德》，若《帝系姓》，若《諜記》，若《春秋曆譜諜》，若《國語》，若《春秋左氏傳》，若《孔氏弟子籍》，凡先秦六國遺書，非當時寫本書者，皆謂之古文。《五帝本紀》云："孔子所傳宰予《五帝德》及《帝系姓》，儒者或不傳。余嘗西至崆峒，北過涿鹿，東漸於海，南浮江淮矣。至長老皆各往往稱黃帝、堯、舜之處，風教固殊焉，總之不離古文者近是。"《索隱》云："古文謂《帝德》《帝系》二書也。"是《五帝德》及《帝系姓》二篇，本古文也。《三代世表》云："余讀《諜記》，黃帝以來皆有年數，稽其《曆譜諜》《終始五德之傳》，古文悉不同乖異。"是《諜記》與《終始五德傳》（褚先生補《三代世表》引《黃帝終始傳》，是《終始五德傳》亦書名）亦古文也。《十二諸侯年表》云："太史公讀《春秋曆譜諜》"，又云"《譜諜》獨記世謚，其辭略，欲一觀諸要難，於是譜十二諸侯，自共和始，訖孔子，表見《春秋》《國語》，學者所譏盛衰，大指著於篇，爲成學治古文者要刪焉"。由是言之：太史公作《十二諸侯年表》，實爲《春秋》《國語》作目錄，故云"爲成學治古文者要刪"，是《春秋》《國語》皆古文也。《吴太伯世家》云："余讀《春秋》古文，乃知中國之虞與荆蠻句吴。兄弟也。"此即據《左氏傳》宫之奇所云："太伯、虞仲，太王之昭者"以爲說；而謂之"《春秋》古文"，是太史公所見

《春秋左氏傳》，亦古文也。《七十二弟子列傳》云："《弟子籍》出孔氏古文，近是。"此孔氏古文，非謂壁中書，乃謂孔氏所傳舊籍，而謂之古文。是孔子《弟子籍》亦古文也。然則太史公所謂古文，皆先秦寫本舊書，其文字雖已廢不用，然在當時，尚非難識。故《太史公自序》云："年十歲則誦古文。"太史公自父談時，已掌天官，其家宜有此種舊籍也。惟六藝之書爲秦所焚，故古寫本較少。然漢中秘有《易》古文經，河間獻王有古文先秦舊書《周官》《尚書》《禮》《禮記》，固不獨孔壁書爲然。至孔壁書出，於是《尚書》《禮》《春秋》《論語》《孝經》皆有古文。孔壁書之可貴，以其爲古文經故，非徒以其文字爲古文故也。蓋漢景、武間，距用古文之戰國時代不及百年。其識古文，當較今日之識篆、隸爲易。乃《論衡·正說》篇謂"魯恭王得百篇《尚書》於屋壁中，使使者取視，莫能讀者"。作僞孔安國《尚書序》者仍之，謂"科斗書廢已久，時人莫能知"。衛恒《四體書勢》，亦云："漢武時，魯恭王壞孔子宅，得《尚書》《春秋》《論語》《孝經》，時人已不復知有古文，謂之'科斗書'，是亦疏矣。"求之《史記》，但云"孔氏有古文《尚書》，而安國以今文讀之，因以起其家，逸《書》得十餘篇。"此數語自來讀者，多失其解，王氏念孫《讀書雜志》，用其子伯申氏之說曰："當讀'因以起其家'爲句，'逸書'二字連下讀，起，興起也，家，家法也。"漢世《尚書》，多用今文，自孔氏治古文經，讀之，說之，傳以教人，其後遂有古文家，是古文家法，自孔氏興起也，故曰'因以起其家'。"（又云，《漢書·藝文志》曰："凡《書》九家"，謂孔氏《古文》，伏生《大傳》，歐陽，大、小夏侯說，及劉向《五行傳記》，許商《五行傳記》《逸周書》《石渠議奏》也。《劉歆傳》曰："數家之事，皆先帝所親論，今上所考視"，謂《逸禮》、古文《尚書》、《春秋左氏》也。是古文《尚書》，自爲一家之證。《書序正義》引劉向《別錄》曰："武帝末，民間有得《泰誓》，獻之。與博士，使讀，說之，數月皆起。"《後漢書·桓郁傳》注引華嶠書："明帝問郁曰：'子幾人能傳學？'郁曰：'臣子皆未能傳學，孤兄子一人，學方起。'帝曰：'努力教之，有起者即白之'。"是起謂其學興起也）蓋古文《尚書》初出，其本與伏生所傳頗有異同，而尚無章句訓詁，安國因以今文定其章句，通其假借，讀而傳之，是謂"以今文讀之"。其所謂"讀"，與班孟堅所謂"齊人能正《倉頡》讀"，馬季長所謂"杜子春始通《周官》讀"之"讀"，無以異也。然則安國之於古文《尚書》，其事業在讀之，起之。至於文字，蓋非當世所不復知，如王仲任輩所云也。自武、昭以後，先秦古書，傳世益少，其存者往往歸於秘府，於是古文之名，漸爲壁中書所專有。然秘府古文之書，學者亦類能讀之。如劉向以中古文《易經》校施、孟、梁丘經及費氏經，以中古文《尚書》校歐陽、大、小夏侯三家經文，又謂《禮》古經與十七篇文多相似，多三十九篇。謂《孝經》諸家說不安處，古文字讀皆異。劉歆校秘書，見古文《春秋左氏傳》大好之。子政父子，皆未聞受古文字學，而均能讀其書，是古文訖於西京之末，尚非難識，如王仲任輩所云也。嗣是訖後漢，如杜伯山、衛敬仲、徐巡、班孟堅、賈景伯、馬季長、鄭康成之徒，皆親見壁中書或其傳寫之本，然未有苦其難讀者。是古文難讀之說，起於王仲任輩未見壁中書者。其說至魏晉間而大盛，不知漢人初未嘗有是事也。

## 三 《漢書》所謂古文說

後漢之初，所謂古文者，專指孔子壁中書，蓋自前漢末亦然。《說文·叙》記亡新六書，"一曰古文，孔子壁中書也。二曰奇字，即古文而異者也。"《漢書·藝文志》所錄經籍，冠以"古文"二字，若"古"字者，惟《尚書古文經》四十六卷（爲五十七篇），《禮古經》五十六卷，《春秋古經》十二篇，《論語》古二十一篇，《孝經》古孔氏一篇，皆孔子壁中書也。（惟《禮古經》，有淹中及孔壁二本）然中秘古文之書，固不止此。司馬子長作《史記》時，所據石室金匱之書，當時未必盡存，固亦不能盡亡，如《六藝略》所錄《孔子徒人圖法》二卷，未必非太史公所謂《弟子籍》，《數術略》所錄《帝王諸侯世譜》二十卷，《古來帝王年譜》五卷，未必非太史公所謂《諜記》及《春秋曆譜諜》。而《志》於諸經外書，皆不著"古""今"字，蓋諸經之冠以"古"字者，所以別其家數，非徒以其文字也。六藝於書籍中爲最尊，而古文於六藝中又自爲一派，於是"古文"二字，遂由書體之名，而變爲學派之名。故《地理志》於《古文尚書》家說，亦單謂之古文。如【右扶風汧縣】下云："吳山在西，古文以爲汧山。"又【武功】下云："太壹山，古文以爲終南。垂山，古文以爲敦物，皆在縣東。"【潁川郡崇高】下云："古文以崇高爲外方山。"【江夏郡竟陵】下云："章山在東，古文以爲內方山。"又【安陸】下云："橫尾山在北，古文以爲陪尾山。"【東海郡下邳】下云："葛繹山，古文以爲嶧陽。"【會稽郡吳縣】下云："具區澤在西揚州藪，古文以爲震澤。"【豫章郡歷陵】下云："傅易山、傅易川在南，古文以爲敷淺原。"【武威郡武威】下云："休屠澤在東北，古文以爲豬野澤。"【張掖郡居延】下云："居延澤在東北，古文以爲流沙。"凡汧山、終南、敦物、外方、內方、陪尾諸名，歐陽、大小夏侯三家經文，用字或異，而名稱皆同。而《地理志》獨云"古文以爲"者，蓋《古文尚書》家，如王璜（《儒林傳》作王璜，《溝洫志》作王橫）、桑欽、杜林等説《禹貢》，以右扶風汧縣之吳山爲《禹貢》之汧山，以武功之太壹、垂山爲《禹貢》之終南、敦物，是《地理志》所謂古文，非以文字言，而以學派言也。其以文字言者，則亦謂之古文，或謂之古文字。《郊禩志》言："張敞好古文字。"又載敞美陽得鼎，議曰："臣愚不足以跡古文"。是孔壁書外之彝器文字，亦謂之古文。與許叔重謂鼎彝之銘，皆前代之古文同。然後漢以降，凡言古文者，大抵指壁中書，故許叔重言"古文者，孔子壁中書"，又云"孔氏古文"也。

## 四　《説文》所謂古文説

許叔重《説文解字叙》，言"古文"者凡十，皆指漢時所存先秦文字言之。其一曰："周宣王太史籀著《大篆》十五篇，與古文或異。"此古文似指倉頡以來，迄五帝三王之世，改易殊體之文字，即余前所謂"殷周古文"，以別於戰國古文者，實則不然。叔重但見戰國古文，未嘗多見殷周古文。《叙》云："郡國亦往往於山川得鼎彝，其銘即前代之古文，皆自相似。"潘文勤公《攀古樓彝器款識序》遂謂："《説文》中古文本於經文者，必言其所出；其不引經者，皆憑古器銘識也"。吳清卿中丞則謂"《説文》中古文，皆不似今之古鐘鼎，亦不言某爲某鐘，某爲某鼎字，必響拓以前，古器無氈墨傳布，許君未能足徵。"

余案：吳説是也。拓墨之法，始於南北朝之拓石經；浸假而用以拓秦刻石，至拓彝器文字，趙宋以前未之聞，則郡國所出鼎彝，許君固不能一一目驗，又無拓本可致，自難據以入書。全書中所有重文、古文五百許字，皆出壁中書，及張蒼所獻《春秋左氏傳》。其在正字中者亦然。故其所謂"籀文與古文或異"者，非謂史籀大篆與史籀以前之古文或異，而實謂許君所見《史籀》九篇，與其所見壁中書時或不同。以其所見《史籀》篇，爲周宣王時書，所見壁中古文，爲殷周古文，乃許君一時之疎失也。其二曰："至孔子書六經，左丘明述《春秋》，皆以古文。"此亦似謂殷、周古文。然無論壁中所出與張蒼所獻，未必爲孔子及丘明手書，即其文字，亦當爲戰國文字，而非孔子及丘明時之文字。何則？許君此語，實根據所見壁中諸經及《春秋左氏傳》言之。彼見其與《史籀》篇文字不類，遂以爲即殷、周古文，不知壁中書與《史籀》文字之殊，乃戰國時東西二土文字之殊。許君既以壁中書爲孔子所書，又以爲即用殷周古文，蓋兩失之。故此二條所云古文，雖似謂殷、周古文，實皆據壁中古文以爲説。惟《叙》末云："其稱《易》孟氏、《書》孔氏、《詩》毛氏、《禮》周官、《春秋》左氏、《論語》《孝經》皆古文也。"此"古文"二字，乃以學派言之，而不以文字言之。與《漢書·地理志》所用"古文"二字同意。謂說解中所稱，多用孟、孔、毛、左諸家說，皆古文學家，而非今文學家也。（《易》孟氏非古文學家，特牽率書之）其餘所云古文者六，皆指先秦古文，其尤顯明者，曰"古文者，孔子壁中書也"，曰"皆不合孔氏古文"，又申之曰"壁中書者，魯恭王壞孔子宅而得《禮記》《尚書》《春秋》《論語》《孝經》"，又"北平侯張蒼獻《春秋左氏傳》"，其示《說文》中所收古文之淵源最爲明白矣。至其述山川鼎彝，又分別言之曰："其銘即前代之古文，皆自相似。"云"前代之古文"者，以別於孔壁之古文；云"皆自相似"者，以明與孔壁古文不甚相似也。漢代鼎彝所出無多，《說文》古文又自成一系，與殷、周古文截然有別，其全書中正字及重文中之古文，當無出壁中書及《春秋左氏傳》以外者。即有數字不見於今經文，亦當在逸經中，或因古今經字有異同之故。學者苟持此說以讀《說文》，則無所凝滯矣。

## 五　《說文》今敘篆文合以古籀說

許君《說文敘》云："今敘篆文，合以古籀。"段君玉裁注之曰："小篆因古籀而不變者多，其有小篆已改古籀，古籀異於小篆者，則以古籀附小篆之後，曰'古文作某''籀文作某'。此全書之通例也。其變例則先古籀後小篆。"又於"皆取史籀《大篆》，或頗省改。"下注曰："許所列小篆，固皆古文大篆，其不云'古文作某''籀文作某'者，古籀同於小篆也。其既出小篆，又云'古文作某''籀文作某'者，則所謂或頗省改者也。"此數語可謂千古卓識，二千年來治《說文》者，未有能言之明白曉暢如是者也。雖然，段君所舉二例，猶未足以盡《說文》。何則？如段君之說，必古籀所有之字，篆文皆有而後可。然篆文者，秦並天下後所制定之文字。秦之政治文化，皆自用而不徇人，主今而不師古。其易籀爲篆，不獨有所省改，抑且有所存廢。凡三代之制度、名物，其字僅見於六藝，而秦時已廢者，李斯輩作字書時，必所不取也。今《倉頡》三篇雖亡，然足以窺其文字及體例者，猶有《急就》篇在。《急就》一篇，其文字皆《倉頡》中正字，其體例先名姓字、次諸物、次五官，皆日用必需之字；而六藝中字，十不得四五，故古籀中字，篆文固不能盡有。且《倉頡》三篇，五十五章，章六十字，凡三千三百字。且尚有復字，加以揚雄訓纂，亦只五千三百四十字，而《說文》正字，多至九千三百五十三，此四千餘字者，許君何自得之乎？曰此必有出於古文、籀文者矣。故《說文》通例，如段君說，凡古籀與篆異者，則出古文籀文；至古籀與篆同，或篆文有而古籀無者，則不復識別。若夫古籀所有而篆文所無，則既不能附之於篆文後，又不能置而不錄，且《説文》又無於每字下各注'此古文''此籀文''此篆文'之例，則此種文字，必爲本書中之正字審矣。故《叙》所云"今叙篆文，合以古籀者"，當以正字言，而非以重文言。重文中之古籀，乃古籀之異於篆文，及其自相異者。正字中之古籀，則有古籀、篆文俱有此字者，亦有篆文所無，而古籀獨有者。全書中引經以説之字，大半當屬此第二類矣。然則《説文解字》，實合古文、籀文、篆文爲一書。凡正字中其引《詩》《書》《禮》《春秋》以説解者，可知其爲古文。其引史篇者，可知其爲籀文。引杜林、司馬相如、揚雄説者，當出《倉頡》《凡將》《訓纂》諸篇，可知其爲篆文。雖《説文》諸字中有此標示者，十不逮一，然可得其大略。昔人或以《説文》正字皆篆文，而古文、籀文，惟見於重文中者，殆不然矣。

## 六　漢時古文本諸經傳考

### （一）《易》

#### 1. 中古文本

《漢書·藝文志》："劉向以中古文《易經》校施、孟、梁丘經，或脱去'无咎''悔亡'，惟費氏經與古文同。"案：《七略》但云"《易經》十二篇，施、孟、梁丘三家"，而古文經與費、高二家經均未著録。然劉子政用以校四家經，則漢中秘有古文《易》審矣。《易》爲卜筮之書，秦時未焚，其有古文本亦固其所。

#### 2. 費氏本

《後漢書·儒林傳》："東萊費直傳《易》，授琅邪王橫，爲費氏學。本以古字，號古文《易》。"然《漢書》無此語，或後人因劉向校費氏經與古文經同，遂傅會爲是説與？

### （二）《尚書》

#### 1. 伏氏本

《史記·儒林傳》："秦時焚書，伏生壁藏之，其後兵大起，流亡。漢定，伏生求其書，亡數十篇。"獨得今文壁藏之本。當時已視爲筌蹄，不復珍惜。當歐陽、大小夏侯之世，蓋已不復有原本矣。

#### 2. 孔氏本

《漢書·藝文志》："《尚書》古文經四十六卷，爲五十七篇。"又云"古文《尚書》，出孔子壁中；孔安國者，孔子後也，悉得其書，以考二十九篇，得多十六篇。安國獻之。遭巫蠱事,未列於學官。劉向以中古文校歐陽、大小夏侯三家經文,《酒誥》脱簡一,《召誥》脱簡二;率簡二十五字者,脱亦二十五字;簡二十二字者,脱亦二十二字。文字異者七百有餘,脱字數十。"建武之際,亡《武成》一篇。其餘篇,迄後漢末尚在秘府。

### 3. 河間本

《漢書·景十三王傳》:河間獻王所得書,皆古文先秦舊書,《周官》《尚書》《禮》《禮記》《孟子》《老子》之屬。

## (三)《毛詩》

《漢書·藝文志》:《毛詩》二十九卷,不言其爲古文。《河間獻王傳》列舉其所得古文舊書,亦無《毛詩》。至後漢始以《毛詩》與古文《尚書》《春秋左氏傳》並稱。其所以並稱者,當以三者同爲未列學官之學,非以其同爲古文也。惟盧子幹言"古文科斗,近於爲實"。而下列舉《毛詩》《左傳》《周禮》三目,蓋因《周禮》《左傳》而牽連及之。其實《毛詩》當小毛公、貫長卿之時,已不復有古文本矣。

## (四)《禮經》

### 1. 淹中本

《漢書·藝文志》:"《禮》古經五十六卷。"又云:"《禮》古經者,出於魯淹中及孔氏,學七十篇文相似,多三十九篇。"劉氏敞曰:"學七十篇,當作'與十七篇文相似'。五十六卷除十七,正多三十九也。"

### 2. 孔壁本

《漢書·藝文志》:"魯恭王壞孔子宅,欲以廣其宮,而得古文《尚書》及《禮記》《論語》《孝經》凡數十篇,皆古字也。"又云:"《禮》古經者,出於魯淹中及孔氏。"《説文叙》:"魯恭王壞孔子宅,而得《禮記》《尚書》《春秋》《論語》《孝經》。"是孔壁中,亦有《禮經》,或謂之《禮記》者。("禮"謂本經,"記"謂附經之記也)今十七篇之記,鄭注亦多云"古文某爲某"。或云"今文某爲某"。是古文本兼有經記,與今本同。而記之附經,自先秦已然矣。又《藝文志》所紀孔壁諸經,都篇數與其分篇數不合。既云"孔壁古文凡數十篇",然其分篇數則《尚書》五十七篇,《春秋》十二篇,《論語》二十一篇,《孝經》一篇,已九十一篇。若加《禮經》五十六篇,當得百四十餘篇。蓋"數十篇"上奪一"百"字,或孔壁所得《禮》古經,不過數篇,不及淹中之多與?

### 3. 河間本

《漢書·景十三王傳》：河間獻王所得書，皆古文先秦舊書，《周官》《尚書》《禮》《禮記》《孟子》《老子》之屬。

### （五）《禮記》

《漢書·景十三王傳》："河間獻王所得書，皆古文先秦舊書，《周官》《尚書》《禮》《禮記》《孟子》《老子》之屬。"案：《漢志》及《説文叙》皆云：孔壁中有《禮記》，乃謂《禮》古經五十六卷。此既言《禮》，復言《禮記》。"禮"蓋謂《禮經》，"禮記"蓋謂《漢志》"禮家《記》百三十篇"之屬。《隋書·經籍志》云，劉向考校經籍，得《記》百三十篇，《明堂陰陽記》三十三篇，《孔子三朝記》七篇，《王史氏（記）》二十一篇，《樂記》二十三篇，凡五種，合二百十四篇。《經典釋文·叙錄》引劉向《别錄》云："古文余記二百十四篇"，數正相合。則獻王所得《禮記》，蓋即《别錄》之古文《記》。是大、小戴《記》，本出古文。《史記》以《五帝德》《帝系姓》《孔氏弟子籍》爲古文，亦其一證也。但其本不出孔氏，而出於河間，后經大、小戴二氏而爲今文家之學，後世遂鮮有知其本爲古文者矣。

### （六）《周官》

《景十三王傳》舉河間獻王所得古文舊書有《周官》，而《漢志》著録《周官經》六篇，不冠以古文者，凡《漢志》言古文，皆以與今學相别言。《尚書》古文經者，以别於歐陽、大小夏侯三家之二十九卷，若三十二卷。言《禮》古經者，以别於后氏之十七篇。言《春秋》古經者，以别於《公》《穀》二家之十一卷。言《論語》古者，以别於齊、魯二家。言《孝經》古孔氏者，似别於長孫氏、江氏、后氏、翼氏四家。《周官經》無今學，自毋庸冠以"古文"二字。然其原本之爲古文審矣。後漢以降，諸儒所見，大抵傳寫隸定之本。鄭注《禮經》云："古文某爲某"，其注《周官》，則但云"故書某爲某"。此一因《禮經》有今、古文二本，而《周官》無今文，故不得稱古文；一則因所見《周官》舊本已非古文，故變而稱"故書"也。

### （七）《春秋經》

《漢書·藝文志》：《春秋》古經十二篇，不言其所從得之處。《説文叙》則繫之孔子壁中書，《周禮·小宗伯·注》鄭司農云："立讀爲位，古者立、位同字，古文《春秋經》，'公即位'爲'公即立'。"是其本至後漢尚存矣。

(八)《春秋左氏傳》

《論衡·案書》篇:"《春秋左氏傳》者,蓋出孔子壁中,孝武皇帝時,魯共王壞孔子教授堂,以爲宮,得佚《春秋》三十篇,《左氏傳》也。"然《説文叙》則云"北平侯張蒼獻《春秋左氏傳》,而叙孔壁中書,但有《春秋經》無《左氏傳》。《漢志》亦然。疑王仲任所云出孔壁中者,涉《春秋經》而誤也。《漢志》所著録者,即古文本。《劉歆傳》:"歆校秘書,見古文《春秋左氏傳》,大好之。"是也。服虔注襄二十五年《傳》云:"古文篆書一簡八字",蓋子慎之時,其原本或傳寫古文之本,猶有存焉者矣。

(九)《論語》

《漢書·藝文志》:"《論語》古二十一篇,出孔氏壁中,兩《子張》。"其本亦至後漢尚存,故《説文解字》中頗引其字。

(十)《孝經》

《漢書·藝文志》:"《孝經古孔氏》一篇,二十二章。"又云:"《孝經》諸家説不安處。古文字讀皆異。"許冲上《〈説文解字〉表》云:"古文《孝經》者,昭帝時魯國三老所獻,建武時給事中議郎衛宏所校。"是其本亦至後漢尚存。

以上十種,十有五本,其存於後漢者,惟孔子壁中書及《左氏傳》。故後漢以後古文之名,遂爲壁中書所專有矣。

## 七 漢時古文諸經有轉寫本説

上既述漢時諸經傳古文本矣。夫今文學家諸經,當秦、漢之際,其著於竹帛者,固無非古文。然至文、景之世,已全易爲今文。於是魯國與河間所得者,遂專有古文之名矣。古文家經如《尚書》《毛詩》、逸《禮》《周官》《春秋左氏傳》《論語》《孝經》,本皆古文。而《毛詩》《周官》,後漢已無原書。惟孔壁之《尚書》《禮經》《春秋》《論語》《孝經》,及張蒼所獻之《春秋左氏傳》尚存,於是孔壁之書,遂專有古文之名矣。然漢時古文經傳,蓋已有傳寫本,雖無確證,然可得而懸度也。《河間獻王傳》言:"獻王從民得善書,必爲好寫與之,留其真。"此就真本可得者言之。若真本不可得,則必降而求寫本矣。《傳》記獻王所得古文舊書,有《尚書》《禮》,此二書者,皆出孔壁,或出淹中,未必同時更有別本出。而獻王與魯恭王本係昆弟,獻王之薨,僅前於恭王二年，則恭王得書之時，獻王尚存，不難求其副本。故河間之《尚書》及《禮》，頗疑即孔壁之傳寫本。此可懸擬者一也。又魯恭王得孔壁書，當在景、武之際，而孔安國家獻古文《尚書》，乃在天漢之後（《漢書·劉歆傳》及荀悦《漢紀》），魯國三老獻古文《孝經》，更在昭帝時（許沖上《〈説文解字〉表》）。安國雖讀古文以今文，未必不別爲好寫藏之，而後獻諸朝。其遲之又久而始獻者，亦未必不因寫書之故，此可懸擬者二者。杜林於西州得漆書古文《尚書》一卷，此卷由來，迄無可考。雖後漢之初，秘府古文《尚書》已亡《武成》一篇，然杜林所得，未必即秘府所亡。又西州荒裔，非齊、魯比，則此卷又不能視爲西州所出，疑亦孔壁之傳寫本。此可懸擬者三也。兩漢《古文尚書》，及《春秋左氏傳》，人間均有傳業。《後漢書·賈逵傳》："帝令逵自選《公羊》嚴、顏諸生高才者二十人，教以《左氏》，與簡紙經傳各一通。"是當時授業，皆有經本，且其經本，猶當爲古文。觀漢代古學家，如張敞、杜林、衛宏、徐巡、賈逵、許慎等，皆以小學名家，蓋以傳古學者，均須研究古文字，故此可懸擬者四也。後漢古文學家，如衛宏、賈逵、許慎、馬融，或給事中，或領秘書，或校書東觀，故得見中秘古文。然如鄭玄平生未嘗窺中秘，而其注《尚書》《周官》，頗引逸書；又其注《禮經》，也不獨以古文校今文，且其所據之古文亦非一本。如《聘禮》"繅三采"注云："古文繅或作藻，今文作璪。"《公食大夫禮》"設洗如饗"，又"皆如饗拜"注，皆云"古文饗或作鄉"。《士喪禮》"設決，麗於掔"注云："古文麗亦爲連。"《既夕禮》"夷床輁軸"注云："古文輁或作拱。"《士虞禮》"祝入尸謖"注云："古文謖或爲休。"又"明日以其班袝"注云："古文班或爲辨。"又"中月而禫"注云："古文禫或爲導。"凡言"某古文或爲某"者八，是其所據古文，必非一本，且皆非中秘之本。夫兩漢人，未聞有傳古文《禮》者，而傳世之古文《禮》，尚有數本，則古文《尚書》《左氏傳》等，民間本有是學者，其有別本可知。此可懸擬者五也。衛恒《四體書勢》，言"魏初傳古文者，出於邯鄲淳""恒祖敬侯嘗寫淳《尚書》，（後）以示淳，而淳不別"。是淳有《古文尚書》寫本。《隋書·經籍志》亦言"晉秘府有《古文尚書》經文"。此種既不能視爲壁中原本，當係由壁中本傳寫，此可懸擬者六也。立此六義，則漢時古文經皆有別本甚明。由是觀之，不獨魏三體石經之古文具有淵源，即梅賾之僞《書》，其古字亦非全出杜撰也。

## 八　兩漢古文學家多小學家説

《後漢書·盧植傳》：植上書言："古文科斗，近於爲實，而厭抑流俗，降在小學。中興以來，通儒達士班固、賈逵、鄭興父子並敦悦之。今《毛詩》《左氏》《周禮》各有傳記，其與《春秋》共相表裏，宜置博士，爲立學官。"循子榦《疏》意，古文科斗，實目下《毛詩》《左氏》《周禮》三家。三家皆經，而當時仰之於小學，是後漢之末，視古文學家與小學家爲一。然此事自先漢已然，觀兩漢小學家，皆出古學家中，蓋可識矣。原古學家之所以兼小學家者，當緣所傳經本多用古文，其解經須得小學之助，其異字亦足供小學之資，故小學家多出其中。比而録之，亦學術溝通之林也。

## 張 敞

《漢書·儒林傳》："漢興，北平侯張蒼及梁太傅賈誼、京兆尹張敞、（太中大夫劉公子）皆修《春秋左氏傳》。"《經典釋文·叙録》：《左氏傳》"貫長卿傳京兆尹張敞"，是敞傳《左氏》學者。而《藝文志》言《倉頡》多古字，俗師失其讀，宣帝時徵齊人能正讀者，張敞從受之。傳至外孫之子杜林，爲作訓故。（《説文叙》略同）又《郊祀志》言：宣帝時"美陽得鼎，獻之。……張敞好古文字，按鼎銘勒而上議曰：……今鼎出於岐東，中有刻書曰：'王命尸臣，官此栒邑，賜爾旂鸞、黼黻琱戈。'尸臣拜手稽首曰：'敢對揚天子丕顯休命'。臣愚不足以跡古文，（竊）以傳記言之，此鼎殆周之所以襃賜大臣，大臣子孫刻銘其先功，臧之於宮廟也。"云云，是敞不獨通《倉頡》篇，且能讀宗周古文矣。

## 桑 欽

《漢書·儒林傳》："古文《尚書》，孔安國授都尉朝，朝授膠東庸生，庸生授清河胡常少子，常授徐敖，敖授王璜、平陵涂惲子真，子真授河南桑欽君長。"是欽傳古文《尚書》者也。《漢書·地理志》六引桑欽説，《説文·水部》三引桑欽説，皆其説《禹貢》之語。而《説文·金部》"銛"下云："（銛），鍤屬。從金舌聲，讀若棪。桑欽讀若鎌。"案《尚書》無"銛"字，則此條非欽《尚書》説，當又有説小學之書，而許君引之，然則欽亦小學家矣。

## 杜 林

《漢書·杜鄴傳》，鄴母，張敞女，鄴壯從敞子吉學問，"吉子竦又幼孤，從鄴學問，亦著於世，尤長小學。鄴子林清靜好古，亦有雅材……其正文字，過於鄴、竦。故世言小學者，由杜公。"《藝文志·小學類》，有"杜林《倉頡》

訓纂》一篇，杜林《倉頡故》一篇"。《後漢書》本傳："林少好學沈深，家既多書"，又"外氏張竦父子，喜文采，林從竦受學，博洽多聞，時稱通儒。河南鄭興、東海衛宏，皆長於古學。興嘗師事劉歆，林既遇之，欣然言曰：'林得興等固諧矣，使宏得林，且有以益之。'及宏見林，闇然而服。濟南徐巡始師事宏，後皆更從林受學。林前於西州得漆書古文《尚書》一卷，常寶愛之，雖遭艱困，握持不離身。出以示宏等曰：林流離兵亂，常恐斯經將絕，何意東海衛子、濟南徐生，復能傳之，是道竟不墜於地也。古文雖不合時務，然願諸生無悔所學。宏、巡益重之，於是古文遂行。"是林本小學家，又《古文尚書》家也。鄭康成《書贊》述古文《尚書》授受，僅言衛、賈、馬三君子之業，似林於此事無與者。《説文》引杜林説十六條，皆《倉頡訓纂》《倉頡故》二書中語。然《水部》"渭"下引杜林説"《夏書》，以爲出鳥鼠山"，是林固傳古文《尚書》，不獨漆書一卷矣。

## 衛 宏

《後漢書·儒林傳》："衛宏字敬仲，東海人也。少與河南鄭興俱好古學。初，九江謝曼卿善《毛詩》，乃爲其訓。宏從曼卿受學，因作《毛詩序》，善得《風》《雅》之旨，於今傳於世。後從大司空杜林，更受《古文尚書》……時濟南徐巡師事宏，後從林受學，亦以儒顯，由是古學大興。光武以爲議郎。"許沖上《〈説文解字〉表》："古文《孝經》者，昭帝時魯國三老所獻，建武時給事中議郎衛宏所校。"是宏既傳古學，又通知古文。《説文·用部》："用，可施行也，從卜、中，衛宏説。"又《黹部》"黺"下説："黺，袞衣，山龍華蟲，黺，畫粉也。從黹，粉聲。衛宏説。"前條無考，後條乃其説《尚書》語。然宏自是小學名家，《隋書·經籍志·小學類》："古文《官書》一卷，後漢議郎衛敬仲撰。"《唐書·藝文志》有"衛宏詔定《古文字書》一卷。"《尚書正義》《藝文類聚》引之，謂之"衛宏古文奇字"。《史記正義》《漢書注》引之，謂之"衛宏詔定古文《尚書》"。《史記正義·序例》云："衛宏官書數體"，是其書體例，蓋羅列異字，與《汗〔漢〕簡》諸書略同。元應《一切經音義》引"䏁、得同體，枹、桴同體，圖、啚同體"是也。其字皆作古文。《汗〔漢〕簡》引衛宏《字説》"臧𢦤"字是也。其書至唐、宋間尚存，近儒疑爲六朝人依托，蓋無確證，然則宏亦小學家矣。

## 徐 巡

《説文解字》引徐巡説二條，《卤部》"卤"下云"櫐，古文桌。從西從二卤。徐巡説。木至西方戰栗也。"又《𨸏部》"陒"下曰:"徐巡以爲陒,凶也。"此二條一説《堯典》"寬而栗",一説《秦誓》"邦之阢陒",皆其説古文《尚書》語。然如槀臧字由字形以説其義,與漢人詁經家法不同。蓋巡本受學於杜林、衛宏,故以小學説經,然則巡亦小學家也。

### 賈 逵

賈逵治《古文尚書》《毛詩》《周官》《春秋左氏傳》《國語》,亦兼治小學。許冲上《〈説文解字〉表》:"臣父故太尉南閣祭酒慎,本從逵受古學,又博問通人,考之於逵,作《説文解字》。"今全書載賈侍中説十有七條,皆專論文字,與經文無涉,然則逵之學,亦與杜、衛諸氏爲近。

### 許 慎

《説文叙》:"其稱《易》孟氏、《書》孔氏、《詩》毛氏、《禮》周官、《春秋》左氏、《論語》《孝經》,皆古文也。"許冲上《説文表》云:"慎本從逵受古學",又云:"慎又學《孝經》孔氏古文説"。是慎本治古文學,而著《説文解字》十五篇,爲後世言小學者之祖。

由此觀之,兩漢古文學家與小學家,實有不可分之勢。此足證其所傳經本多爲古文。至改用隸定之本,當在賈、馬、鄭以後,而非兩漢間之事實矣。

## 九 科斗文字説

"科斗文字"之名,先漢無有也。惟漢末盧植上書,有"古文科斗,近於爲實"之語。而其下所言,乃《毛詩》《左傳》《周官》,不及壁中書。鄭康成《書贊》云:"《書》初出屋壁,皆周時象形文字。今所謂科斗書。"始以《古文尚書》爲科斗書。然盧、鄭以前,未嘗有此名也。衛恒《四體書勢》始云:"魯恭王壞孔子宅,得《尚書》《春秋》《論語》《孝經》,時人已不復知有古文,謂之科斗書。漢世秘藏,希得見之。"偽孔安國《尚書序》亦云:"魯共王壞孔子舊宅,於其壁中得先人所藏古文虞、夏、商、周之書,皆科斗文字。"始以科斗之名,爲先漢所已有。然實則此語盛行於魏晉以後。杜預《春秋經傳集解·後序》云:"汲郡汲縣有發其界內舊冢者,大得古書,皆簡編科斗文字。"王隱《晉書·束皙傳》亦云:"太康元年,汲郡民盜發魏安釐王冢,得竹書漆字科斗之文。科斗文者,周時古文也。其頭粗尾細,似科斗之蟲,故俗名之焉。"(《春秋正義》引)今《晉書·束皙傳》亦云:"汲冢書皆科斗書。"是科斗書之名,起於後漢,而大行於魏晉以後。且不獨古文謂之科斗書,凡篆書亦蒙此名。《束晳傳》又云："有人於嵩高山下得竹簡一枚，上兩行科斗書，司空張華以問晳，晳曰：'此漢明帝顯節陵中策文也。'檢驗果然。"夫漢代册文皆用篆，不用古文（見《獨斷》及《通典》），而謂之科斗書，則魏晉間凡異於通行隸書者，皆謂之科斗書，其意義又一變矣。又漢末所以始名古文爲科斗文字者，果目驗古文體勢而名之乎？抑當時傳古文者所書或如是乎？是不可知。然《魏三體石經》中古文，衛恒所謂"因科斗之名，遂效其形者"，今殘石存字，皆豐中銳末，與科斗之頭粗尾細者略近。而恒謂"轉失淳法"，則邯鄲淳所傳之古文體勢，不如是矣。邯鄲淳所傳古文不如是，則淳所祖之孔壁古文體勢，亦必不如是矣。衛恒謂"汲縣人盜發魏襄王冢，得策書十餘萬言"。案，敬侯所書，猶有仿佛。敬侯者，恒之祖衛覬，其書法出於邯鄲淳，則汲冢書體，亦當與邯鄲淳所傳古文書法同，必不作科斗形矣。然則魏晉之間所謂科斗文，猶漢人所謂"古文"，若泥其名以求之，斯失之矣。

# 經典釋文叙録

陸德明

宓犧氏之王天下，仰則觀於天文，俯則察於地理。觀鳥獸之文與地之宜，近取諸身，遠取諸物，始畫八卦（或云因河圖而畫八卦）。因而重之爲六十四。文王拘於羑里作《卦辭》，周公作《爻辭》，孔子作《彖辭》《象辭》《文言》《繫辭》《說卦》《序卦》《雜卦》，是爲《十翼》。班固曰：孔子"晚而好《易》，讀之韋編三絶，而爲之傳。"《傳》即《十翼》也。（先儒說《重卦》及《爻辭》爲十翼之不同解，見余所撰說内）自魯商瞿子木受《易》於孔子，以授魯橋庇子庸，子庸授江東馯（户旦反，徐廣音寒）臂子弓，子弓授燕周醜子家，子家授東武孫虞子乘，子乘授齊田何子莊。（《高士傳》云：字莊。《漢書·儒林傳》云：臨淄人。）及秦燔書，《易》爲卜筮之書，獨不禁，故傳授者不絶。漢興，田何以齊田徙杜陵，號杜田生，授東武王同子中及洛陽周王孫、梁人丁寬（字子襄，事田何。復從田王孫受古義，作《易說》三萬言。訓故舉大誼而已。《藝文志》云《易說》八篇爲梁孝王將軍）、齊服生（劉向《别録》云："齊人，號服先"），皆著《易傳》。漢初言《易》者本之田生，同授淄川楊何（字叔一，本作字叔元，太中大夫）。寬授同郡碭田王孫，王孫授施讎及孟喜、梁丘賀。由是《易》有施、孟、梁丘之學焉。施讎（字長卿，沛人，爲博士）傳《易》授張禹（字子文，河内軹人，徙家蓮勺，以《論語》授成帝，官至丞相、安昌侯）及琅邪魯伯（會稽太守）。禹授淮陽彭宣（字子佩，大司空、長平侯。作《易傳》）及沛戴崇（字子平，少府，作《易傳》）。伯授太山毛莫如（字少路，常山太守）及琅邪邴丹（字曼容）。後漢劉昆（字桓公，陳留東昏人，侍中，弘農太守，光禄勳）受《施氏易》於沛人戴賓其子軼（字君文，官至宗正）。孟喜（字長卿，東海蘭陵人，曲臺署長，丞相掾），父孟卿善爲《禮》《春秋》，孟卿以《禮經》多、《春秋》煩雜，乃使喜從田王孫受《易》。喜爲《易章句》授同郡白光（字少子）及沛翟牧（字子況），後漢洼丹（字子玉，南陽育陽人。世傳《孟氏易》，作《易通論》七篇，官至大鴻臚）、觟陽鴻（字孟孫，中山人。少府）、任安（字定祖，廣漢緜竹人），皆傳《孟氏易》。梁丘賀（字長翁，琅邪諸人，少府）本從太中大夫京房受《易》（房淄川楊何弟子），后更事田王孫，傳子臨（黃門郎，少府），臨傳五鹿充宗（字君孟，代郡人。少府，玄菟太守）及琅邪王駿（王吉子，御史大夫），充宗授平陵士孫張（字仲方，博士，揚州牧，光禄大夫，給事中，家世傳業）及沛鄧彭祖（字長夏，真定太守）、齊衡咸（字長賓，王莽講學大夫）。後漢范升（代郡人，博士）傳《梁丘易》（一本作傳《孟氏易》），以授京兆楊政（字子行，左中郎將），又潁川張興（字君上，太子少傅）傳《梁丘易》，弟子著録且萬人。子魴傳其業（魴官至張掖屬國都尉）。京房（字君明，東郡頓丘人。本姓李，推律自定爲京氏。官至魏郡太守）受《易》梁人焦延壽（字延壽，名贛）。延壽云，嘗從孟喜問《易》，會喜死房，以延壽《易》即孟氏學。翟牧白，生不肯，曰：非也。延壽嘗曰："得我術以亡身者京生也。"房爲《易章句》說，長於災異，以授東海段嘉（《漢書·儒林傳》作殷嘉）及河東姚平、河南乘弘（一本作桑弘），皆爲郎、博士。由是前漢多京氏學。後漢戴馮（字次仲，汝南平輿人，侍中兼領虎賁中郎將）、孫期（字仲奇，濟陰成武人兼治古文《尚書》，不仕）、魏滿（字叔牙，南陽人，弘農太守）並傳之。費直（字長翁，東萊人，單父令）傳《易》，授琅邪王璜（字平仲，又傳古文《尚書》）。爲費氏學，本以古字，號《古文易》，無章句，徒以《彖》《象》《繫辭》《文言》解說上下經。（《七録》云："直《易章句》四卷，殘缺。"）漢成帝時，劉向典校書，考《易》說，以爲諸《易》家說皆祖田何、楊叔元、丁將軍，大義略同，惟京氏爲異；向又以古文《易經》校施、孟、梁丘三家之《易經》，或脫去"无咎""悔亡"，唯費氏經與古文同。范曄《後漢書》云："京兆陳元（字長孫，司空南閤祭酒，兼傳《左氏春秋》）、扶風馬融（字季長，茂陵人，南郡太守、議郎，爲《易傳》，又注《尚書》《毛詩》《禮記》《論語》）、河南鄭衆（字仲師，大司農，兼傳《毛詩》《周禮》《左氏春秋》）、北海鄭玄（字康成，高密人，師事馬融。大司農徵不至，還家。凡所注《易》《尚書》《三禮》《論語》《尚書大傳》《五經中候箋》毛氏，作《毛詩譜》，駁許慎《五經異議》，鍼何休《左氏膏肓》，去《公羊墨守》，起《穀梁廢疾》。休見大慚）、潁川荀爽（字慈明，官至司空，爲《易》言）並傳《費氏易》。沛人高相治《易》，與費直同時。其《易》亦無章句，專說陰陽災異。自言出丁將軍，傳至相，相授子康（康以明《易》爲郎）及蘭陵毋將永（豫章都尉），爲高氏學。漢初立《易》楊氏博士，宣帝復立施、孟、梁丘之《易》，元帝又立《京氏易》。費、高二家不得立，民間傳之。後漢費氏興，而高氏遂微。永嘉之亂施氏、梁丘之《易》亡，孟、京、費之《易》人無傳者，唯鄭康成、王輔嗣所注行於世（江左中興，《易》唯置王氏博士。太常荀崧奏請置《鄭易》博士，詔許。值王敦亂，不果立），而王氏爲世所重。今以王爲主，其《繫辭》已下王不注，相承以韓康伯注續之，今亦用韓本。

子夏《易傳》三卷。（卜商字子夏，衛人，孔子弟子，魏文侯師。《七略》云："漢興，韓嬰傳中經。"《簿錄》云："丁寬所作。"張璠云："或馯臂子弓所作。"薛虞《記虞》："不詳何許人。"）孟喜《章句》十卷。（無上經。《七錄》云："又下經無旅至節，無上繫。"）京房《章句》十二卷（《七錄》云："十卷錄，一卷目。"）費直《章句》四卷（殘缺）。馬融《傳》十卷。（《七錄》云："九卷。"）荀爽《注》十卷。（《七錄》云："十一卷"。）鄭玄《注》十卷。（錄一卷。《七錄》云："十二卷"。）劉表《章句》五卷。（字景升，山陽高平人，後漢鎮南將軍，荊州牧，南城侯。中經《簿錄》云："注《易》十卷。"《七錄》云："九卷，錄一卷。"）宋衷《注》九卷。（字仲子，南陽章陵人，後漢荊州五等從事。《七志》《七錄》云："十卷"。）虞翻《注》十卷。（字仲翔，會稽餘姚人，後漢侍御史）陸績《述》十三卷。（字公紀，吳郡吳人，後漢偏將軍，鬱林太守。《七志》云："錄一卷。"）董遇《章句》十二卷。（字季直，弘農華陰人，魏侍中，大司農。《七志》《七錄》並云"十卷"）王肅《注》十卷。（字子邕，東海蘭陵人，魏衛將軍，太常，蘭陵景侯。又注《尚書》《禮容服》《論語》《孔子家語》，述《毛詩注》，作《聖證論》，難鄭玄）王弼《注》七卷。（字輔嗣，山陽高平人，魏尚書郎，年二十四卒。注《易上下經》六卷，作《易略例》一卷，又注《老子》。《七志》云："注《易》十卷。"）姚信《注》十卷。（字德佑。《七錄》云："字元直，吳興人，吳太常卿。"《七錄》云："十二卷。"）王廙《注》十二卷。（字世將，琅邪臨沂人，東晉荊州刺史，贈驃騎將軍，武陳康侯。《七志》《七錄》云"十卷"）張璠《集解》十二卷。（安定人，東晉秘書郎，參著作集《二十二家解·序》云："依向秀，本鍾會字。士季，潁川人，魏鎮西將軍，爲《易無互體論》。向秀，字子期，河內人。晉散騎常侍，爲《易義》。庾運，字玄度，新野人，官至尚書。爲《易義》，一云《易注》。應貞，字吉甫，汝南人，晉散騎常侍，爲《明易論》。荀煇，字景文，潁川潁陰人，晉太子中庶子，爲《易義》。《七志》云："注《易》十卷"。張輝，字義元，梁國人，晉侍中，平陵亭侯，爲《易義》。王宏，字正宗，弼之兄，晉大司農，贈太常。爲《易義》。阮咸，字仲容，陳留人，籍之兄子，晉散騎常侍，始平太守。爲《易義》。阮渾，字長成，籍之子，晉太子中庶子，馮翊太守。爲《易義》。楊乂，字玄舒，汝南人，晉司徒，左長史，爲《易卦序論》。王濟，字武子，太原人，晉河南尹。爲《易義》。衛瓘，字伯玉，河東人，晉太保，蘭陵成侯。爲《易義》。欒肇，字永初，太山人，晉太保，掾尚書郎。爲《易論》。鄒湛，字潤甫，南陽新野人，晉國子祭酒。爲《易統略》。杜育，字方叔，襄城人，國子祭酒。爲《易義》。楊瓚，不知何許人，晉司徒，右長史。爲《易義》。張軌，字士彥，安定人，涼州刺史，謚武公。爲《易義》。宣舒，字幼驥，陳郡人，晉宜城令。爲《通知來藏往論》。邢融、裴藻、許適、楊藻四人不詳何人，並爲《易義》。《七錄》云："集二十八家"。《七志》云："十卷。"）干寶，《注》十卷。（字令升，新蔡人，東晉散騎常侍，領著作）黃穎，《注》十卷。（南海人，晉廣州儒林從事）蜀才，《注》十卷。（《七錄》云："不詳何人。"《七志》云："是王弼後人。"案，蜀李書云：姓范，名長生，一名賢隱，居青城山，自號"蜀才"。李雄以爲丞相）尹濤，《注》六卷。（不詳何人）費元珪，《注》九卷。（蜀人，齊安西參軍）荀爽，《九家集注》十卷。（不知何人所集，稱荀爽者，以爲主故也。其《序》有荀爽、京房、馬融、鄭玄、宋衷、虞翻、陸績、姚信、翟子玄。子玄不詳何人，爲《易義》，《注》內又有張氏、朱氏，並不詳何人）謝萬（字萬石，陳郡人，東晉豫州刺史），韓伯（字康伯，潁川人，東晉太常卿），袁悅之（字元禮，陳郡人，東晉驃騎咨議參軍），桓玄（字敬道，譙國龍亢人，僞楚皇帝），卞伯玉（濟陰人，宋東陽太守，黃門郎），荀柔之（潁川潁陰人，宋奉朝請），徐爰（字季玉，琅邪人，宋太中大夫），顧懽（字景怡，或云字玄平，吳郡人，齊太學博士。徵不起），明僧紹（字承烈，平原人，國子博士。徵不起），劉瓛（字子珪，沛國人，齊步兵校尉，不拜，謚貞簡先生。《七錄》云："作《繫辭義疏》"）。

自謝萬以下十人，並注《繫辭》、爲《易音》者三人。（王肅已見前；李軌，字弘範，江夏人，東晉祠部郎，中都亭侯；徐邈，字仙民，東莞人，東晉中書侍郎，太子前衛率）

右《易》。近代梁、褚、仲都、陳、周、弘正（弘正作《老莊義疏》，官至尚書僕射，謚簡子）並作《易義》，此其知名者。

《書》者，本王之號令，右史所記。孔子删錄斷自唐虞，下訖秦穆，典、謨、訓、誥、誓、命之文凡百篇，而爲之序。及秦禁學，孔子之末孫惠壁藏之。（《家語》云："孔騰，字子襄，畏秦法峻急，藏《尚書》《孝經》《論語》於夫子舊堂壁中。"《漢紀·尹敏傳》以爲孔鮒藏之）漢興，欲立《尚書》，無能通者，聞濟南伏生（名勝，故秦博士），傳之。文帝欲徵，時年已九十餘，不能行，於是詔太常使掌故晁錯受焉。（古文官書云，伏生年老，不能正言，言不可曉，使其女傳言校錯）伏生失其本經，口誦二十九篇傳授。（《漢書》云：伏生爲秦禁書，壁藏之。漢定，伏生求其書，亡數十篇，獨得二十九篇，以教齊魯之間）以其上古之書謂之《尚書》。（鄭玄以爲孔子撰書，尊而命之曰《尚書》。"尚"者"上"也，蓋言若天書。然王肅云：上所言下，爲史所書，故曰《尚書》）伏生授濟南張生、千乘歐陽生，（字和伯，千乘人）生授同郡兒寬（御史大夫），寬又從孔安國受業，以授歐陽生之子。（歐陽、大、小夏侯《尚書》皆出於寬）歐陽氏世傳業，至曾孫高，作《尚書章句》，爲歐陽氏學。高孫地餘（字長賓，侍中少府）以《書》授元帝。傳至歐陽歙（字正思，後漢大司徒），歙以上八世皆爲博士。濟南林尊（字長賓，爲博士論石渠，官至少府，太子太傅）受《尚書》於歐陽高，以授平當（字子思，下邑人，徙平陵，官至丞相，封侯，子晏亦明經，至大司徒）及陳翁生（梁人，信都太傅，家世傳業），翁生授殷崇（琅邪人，爲博士）及龔勝（字君賓，楚人，守右扶風），沛國桓榮（字春卿，太子太傅，太常，五更關內侯）受《尚書》於朱普（《東觀漢紀》云：榮事九江朱文。文即普字），以授漢明帝。遂世相傳，東京最盛。（《漢紀》云：門生爲公卿者甚衆，學者慕之以爲法。榮子鬱以《書》授章帝，而官至侍中、太常；鬱子焉復以《書》授安帝，官至太子太傅、太尉）張生（濟南人，爲博士）授夏侯都尉（魯人），都尉傳族子始昌（始昌通五經，以《齊詩》《尚書》教授爲昌邑太傅），始昌傳族子勝（字長公，後屬東平長信少府，太子太傅），勝從始昌受《尚書》及《洪範五行傳》說災異，又事同郡簡卿。卿者，兒寬門人，又從歐陽氏問爲學，精熟所問，非一師。善說《禮服》，受詔撰《尚書》《論語》說，（《藝文志》："夏侯勝《尚書章句》二十九卷。"）號爲"大夏侯氏"學，傳齊人周堪（堪字少卿，太子太傅，光祿勳）及魯國孔霸（字次孺，孔子十三世孫。爲博士，以《書》授元帝，官至太中大夫、關內侯，號"褒成君"）。霸傳子光（字子夏，丞相、博山侯。光又事牟卿），堪授魯國牟卿（爲博士）及長安許商（字伯長，四至九卿，善算，著《五行論》）。商授沛唐林（字子高。王莽時爲九卿）及平陵吳章（字偉君，王莽時博士）。重泉王吉（字少音，王莽時爲九卿、齊炔欽（字幼卿，王莽時博士）、後漢北海牟融亦傳《大夏侯尚書》。夏侯建（字長卿，勝從父兄子，爲博士議郎，太子少傅）師事夏侯勝及歐陽高，左右採獲，又從五經諸儒問與《尚書》相出入者，牽引以次，章句爲小夏侯氏學。傳平陵張山拊（字長賓，爲博士，論石渠，至少傅）。山拊授同縣李尋（字子長，騎都尉）及鄭寬中（字少君，爲博士，授成帝。官至光祿大夫，領尚書事，關內侯）、山陽張無故（字子孺，廣陵太傅）、信都秦恭（字延君，城陽内史，增師法至百萬言）、陳留假倉（字子驕，以謁者論石渠，至膠東相）。寬中授東郡趙玄（御史大夫），無故授沛唐尊（王莽太傅），恭授魯馮賓（爲博士）。後漢東海王良亦傳小夏侯《尚書》。漢宣帝本始中，河内女子得《泰誓》一篇，獻之，與伏生所誦合三十篇，漢世行之。然《泰誓》年月不與《序》相應，又不與《左傳》《國語》《孟子》衆書所引《泰誓》同，馬、鄭、王肅諸儒皆疑之。《漢書·儒林傳》云："百兩篇者出東萊張霸，分析合二十九篇，以爲數十，又採《左傳》《書序》爲作首尾，凡百二篇。篇或數簡，文意淺陋，成帝時劉向校之，非是，後遂黜其書。《古文尚書》者，孔惠之所藏也。魯恭王壞孔子舊宅，（漢景帝程姬之子，名餘封，於魯謚恭王）於壁中得之，並《禮》《論語》《孝經》，皆科斗文字。博士孔安國（字子國，魯人，孔子十二世孫。受《詩》於魯申公，官至諫大夫，臨淮太守）以校伏生所誦爲隸古寫之，增多伏生二十五篇（《藝文志》云："多十六篇"）。又伏生誤合五篇，凡五十九篇，爲四十六卷。（《藝文志》云："《尚書》古文經四十六卷，五十七篇"）安國又受詔爲《古文尚書傳》，值武帝末，巫蠱事起，經籍道息不獲奏，上藏之私家。（安國並作《古文論語》、古文《孝經》傳，《藝文志》云："安國獻《尚書傳》，遭巫蠱事，未列於學官。"）以授都尉朝，司馬遷亦從安國問故。遷書多古文說。劉向以中古文校歐陽、大、小夏侯三家經文，脫誤甚衆。

（《藝文志》云："《酒誥》脫簡一，《召誥》脫簡二，文異者七百有餘，脫字數十。）都尉朝授膠東庸生（名譚，亦傳《論語》），庸生授清河胡常（字少子，以明《穀梁春秋》爲博士，至部刺史；又傳《左氏春秋》），常授虢徐敖（右扶風掾，又傳《毛詩》），敖授琅邪王璜及平陵涂惲（字子真），惲授河南乘欽（字君長，一本作桑欽）。王莽時，諸學皆立惲、璜等貴顯。范曄《後漢書》云："中興，扶風杜林傳古文《尚書》，賈逵（字景伯，扶風人，左中郎將，侍中）爲之作《訓》，馬融作《傳》，鄭玄《注解》，由是古文《尚書》遂顯於世。"案：今馬、鄭所注並伏生所誦非古文也。孔氏之本絶，是以馬、鄭、杜預之徒皆謂之逸書，王肅亦注今文，而解大與古文相類。或肅私見孔傳而秘之乎？江左中興，元帝時豫章内史枚〔梅〕賾（字仲真，汝南人）奏上孔傳古文《尚書》，亡《舜典》一篇，購不能得，乃取王肅注《堯典》從"慎徽五典"以下分爲《舜典》篇以續之（孔《序》謂伏生以《舜典》合於《堯典》，孔傳《堯典》止於"帝曰往欽哉"，而馬、鄭、王之本同爲《堯典》，故取爲《舜典》），學徒遂盛，後范甯（字武子，順陽人，東晉豫章太守，兼注《穀梁》）變爲今義集注，俗間或取《舜典》篇以續孔氏。

齊明帝建武中，吳興姚方興採馬、王之注造《孔傳舜典》一篇，云於大舫頭買得，上之梁武。時爲博士議曰：孔《序》稱伏生誤合五篇，皆文相承接，所以致誤，《舜典》首有"曰若稽古"，伏生雖昏耄，何容合之？遂不行。用漢始立歐陽《尚書》。宣帝復立大、小夏侯博士，平帝立古文。永嘉傷亂，衆家之書並滅亡，而古文孔傳始興，置博士，鄭氏亦置博士一人。近唯崇古文馬、鄭、王《注》，遂廢今以孔氏爲正，《舜典》一篇仍用王肅本。

孔安國《古文尚書傳》十三卷，馬融《注》十一卷（字季長），鄭玄《注》九卷，王肅《注》十卷，謝沈《注》十五卷（字行思，會稽人，東晉《尚書》祠部郎，領著作，《錄》一卷），李顒《注》十卷（字長林，江夏人，東晉本郡太守），范甯《集解》十卷，姜道盛《集解》十卷（天水人，宋給事中，字道盛）、《尚書大傳》三卷（伏生作）。爲《尚書》音者四人（孔安國、鄭玄、李軌、徐邈。案，漢人不作音，後人所託）。

右《尚書》，梁國子助教江夏費甝作《義疏》行於世。

《詩》者所以言志，吟咏性情，以諷其上者也。古有採詩之官，王者巡守，則陳詩以觀民風，知得失，自考正也。動天地，感鬼神，厚人倫，美教化，移風俗，莫近乎詩。是以孔子最先刪錄，既取周詩，上兼《商頌》，凡三百一十一篇。（毛公爲故訓詩，已亡六篇，故《藝文志》云："三百五篇。"）以授子夏，子夏遂作《序》焉（或曰毛公作《序》解見）。口以相傳，未有章句。戰國之世，專任武力，《雅》《頌》之聲，爲鄭、衛所亂，其廢絶亦可知矣。遭秦焚書，而得全者，以其人所諷誦，不專在竹帛故也。漢興，傳者有四家：魯人申公（亦謂申培公，楚王太傅。武帝以安車蒲輪徵之時，申公年八十餘，以爲太中大夫），受詩於浮丘伯，以《詩經》爲訓故以教，無傳，疑者則闕不傳，號曰《魯詩》。弟子爲博士者十餘人：郎中令王臧（蘭陵人）、御史大夫趙綰（代人）、臨淮太守孔安國、膠西内史周霸、城陽内史夏寬、東海太守魯賜（碭人）、長沙内史繆生（蘭陵人）、膠西中尉徐偃、膠東内史闕門慶忌（鄒人），皆申公弟子也。申公本以《詩》《春秋》授瑕丘江公，盡能傳之，徒衆最盛。魯許生、免中徐公（"免中"，縣名）皆守學教授；丞相韋賢，受詩於江公及許生，傳子玄成。（賢字長孺，玄成字少翁，父子並爲丞相，封扶陽侯。又治《禮》《論語》。玄成（及）兄子賞以《詩》授哀帝，至大司馬、車騎將軍）又王式（字翁思，東平新桃人，昌邑王師）受《詩》於免中徐公及許生，以授張生長安（名長安，字幼君，山陽人，爲博士論石渠，至淮陽中尉）。及唐長賓（東平人，爲博士，楚王太傅）、褚少孫（沛人，爲博士，《褚氏家傳》云："即續《史記》褚先生")、張生兄子游卿（諫大夫），以《詩》授元帝。傳王扶（琅邪人，泗水中尉），扶授許晏（陳留人，爲博士）。又薛廣德（字長卿，沛國相人，御史大夫）受《詩》於王式，授龔舍（字君倩，楚國人，太山太守）。齊人轅固生（漢景帝時爲博士，清河太傅；作《詩傳》，號《齊詩》）傳夏侯始昌，始昌授后蒼（字近君，東海郯人，通《詩》《禮》，爲博士，至少府），蒼授翼奉（字少君，東海下邳人，爲博士，諫大夫）及蕭望之（字長倩，東海蘭陵人，御史大夫，前將軍，兼傳《論語》）、匡衡（字稚圭，東海承人，丞相，樂安侯。子咸亦明經，歷九卿，家世多爲博士）。衡授師丹（字公仲，琅邪人，大司空）及伏理（字游君，高密太傅，家世傳業）、滿昌（字君都，潁川人，詹事）。昌授張邯（九江人）及皮容（琅邪人），皆至大官，徒衆尤盛。後漢陳元方，亦傳《齊詩》。燕人韓嬰（漢文帝時爲博士，至常山太傅）推詩之意，作内、外《傳》數萬言，號曰《韓詩》，淮南賁生受之。武帝時，嬰與董仲舒論與上前，仲舒不能難。（嬰又爲《易傳》，燕趙間好《詩》，故其《易》微，唯韓氏自傳之）其孫商爲博士，孝宣時涿韓生其後也。河内趙子事燕韓生，授同郡蔡誼（誼以《詩》授昭帝，至丞相封侯），誼授同郡食子公（爲博士）及琅邪王吉（字子陽，王駿父，昌邑中尉、諫大夫。吉兼五經，能爲《鄒氏春秋》，以《詩論》教授）。子公授太山栗豐（部刺史），吉授淄川長孫順（爲博士），豐授山陽張就，順授東海髮福（一本作段福），並至大官。《藝文志》云：齊、韓《詩》或取《春秋》，採雜説，咸非其本義，魯最爲近之。《毛詩》者，出自毛公，河間獻王好之。徐整（字文操，豫章人，吳太常卿）云：子夏授高行子，高行子授薛倉子，薛倉子授帛妙子，帛妙子授河間人大毛公。毛公爲《詩》故訓，傳於家，以授趙人小毛公（一云名萇）。小毛公爲河間獻王博士，以不在漢朝，故不列於學。一云子夏傳曾申（字子西，魯人曾參之子），申傳魏人李克，克傳魯人孟仲子（鄭玄《詩譜》云：子思之弟子），孟仲子傳根牟子，根牟子傳趙人孫卿子，孫卿子傳魯人大毛公。《漢書·儒林傳》云：毛公，趙人，治《詩》爲河間獻王博士，授同國貫長卿（徐整作長公）。長卿授解延年（爲阿武令，《詩譜》云：齊人），延年授虢徐敖，敖授九江陳俠（王莽講學大夫）。或云陳俠傳謝曼卿。元始五年，公車徵説《詩》。後漢鄭衆、賈逵傳《毛詩》，馬融作《毛詩注》，鄭玄作《毛詩箋》，申明毛義，難三家，於是三家遂廢矣。魏太常王肅更述毛非鄭，荆州刺史王基（字伯輿，東萊人）駁王肅申鄭義。晉豫州刺史孫毓（字休朗，北海平昌人，長沙太守）爲《詩評》，評毛、鄭、王肅三家同異，朋於王。徐州從事陳統（字符方）難孫申鄭；宋徵士雁門周續之

（字道祖，及雷次宗俱事廬山惠遠法師）、豫章雷次宗（字仲倫，宋通直郎，徵，不起）、齊沛國劉瓛，並爲《詩序義》。前漢魯、齊、韓三家《詩》列於學官，平帝世，《毛詩》始立，《齊詩》久亡，《魯詩》不過江東，《韓詩》雖在。人無傳者，唯《毛詩鄭箋》，獨立國學，今所遵用。

《毛詩故訓傳》二十卷（鄭氏箋），馬融《注》十卷（無下帙），王肅《注》二十卷，謝沈《注》二十卷，江熙《注》二十卷（字太和，濟陽人，東晉兗州別駕）。鄭玄《詩譜》二卷（徐整暢大叔裘隱），孫毓《詩同異評》十卷。陸璣《毛詩草木鳥獸蟲魚疏》二卷（字元恪，吳郡人，吳太子中庶子，烏程令）。爲《詩音》者九人，鄭玄、徐邈、蔡氏、孔氏、阮侃、王肅、江惇、干寶、李軌（阮侃字德恕，陳留人，河内太守；江惇字思俊，河内人，東晉徵士、蔡氏、孔氏不詳何人）。

右《詩》，梁有桂州刺史、清河崔靈恩集衆解爲《毛詩集注》二十四卷，俗間又有徐爰《詩音》，近吳興沈重亦撰《詩音義》。

安上治民，莫善於《禮》。鄭子太叔云：夫禮，天之經，地之義，民之行也。《左傳》云：禮所以經國家，定社稷，序民人，利後嗣者也。禮教之設，其源遠哉！帝王質文，世有損益，至於周公，代時轉浮。周公居攝，曲爲之制，故曰：經"禮（儀）三百，威儀三千"。及周之衰，諸侯始僭，將踰法度，惡其害己，皆滅去其籍，自孔子時而不具矣。孔子反魯，乃始删定。值戰國交争，秦氏坑焚，惟故《禮經》崩壞爲甚。漢興，有魯高堂生傳《士禮》十七篇，即今之《儀禮》也，而魯徐生善爲容，孝文時爲禮官大夫。景帝時，河間獻王好古，得古《禮》獻之〔鄭玄〕。《六藝論》云：後得孔氏壁中。河間獻王古文《禮》五十六篇，《記》百三十一篇，《周禮》六篇，其十七篇，與高堂生所傳同，而字多異。劉向《別錄》云：古文《記》二百四篇。《藝文志》曰：《禮》古經五十六篇，出於魯淹中。蘇林云：淹中，里名）或曰河間獻王開獻書之路，時有李氏上《周官》五篇，失《事官》一篇，乃購千金不得，取《考工記》以補之。瑕丘蕭奮以《禮》至淮陽太守，授東海孟卿（孟喜父），卿授同郡后蒼及魯閒丘卿。其古《禮經》五十六篇，蒼傳十七篇，所餘三十九篇以付書館，名爲《逸禮》。蒼説《禮》數萬言，號曰《后蒼曲臺記》（在曲臺校書，著記因以爲名）。孝宣之世，蒼爲最明。蒼授沛聞人通漢（字子方，以太子舍人論石渠，至中山中尉）及梁戴德（字延君，號"大戴"，信都太傅）、戴聖（字次君，號"小戴"，以博士論石渠，至九江太守）、沛慶普（字孝公，東平太傅），由是《禮》有大小戴、慶氏之學。普授魯夏侯敬，又傳族子咸（豫章太守）；大戴授琅邪徐良（字游卿，爲博士，州牧，郡守，家世傳業）；小戴授梁人橋仁（字季卿，大鴻臚，家世傳業）及楊榮（字子孫，琅邪太守）。王莽時劉歆爲國師，始建立《周官經》以爲《周禮》，河南緱氏杜子春受業於歆，還家以教門徒、好學之士，鄭興父子（興字少贛，河南人，後漢太中大夫；子衆已見前，並作《周禮解詁》）等多往師之。賈景伯亦作《周禮解詁》。

　　《禮記》者，本孔子門徒共撰所聞，以爲此記後人通儒各有損益，故《中庸》是子思伋所作，《緇衣》是公孫尼子所制，鄭玄云：《月令》是呂不韋所撰。盧植（字子榦，涿郡人，後漢北中郎將，九江太守）云：《王制》是漢時博士所爲。陳邵（字節良，下邳人，晉司空長史）《周禮論·序》云：戴德刪古《禮》二百四篇爲八十五篇，謂之《大戴禮》，戴聖刪《大戴禮》爲四十九篇是爲《小戴禮》。（漢劉向《別錄》有四十九篇，其篇次與今《禮記》同名，爲他家書拾撰所取，不可謂之《小戴禮》）後漢馬融、盧植考諸家同異，附戴聖篇章，去其繁重及所叙略而行於世，即今之《禮記》是也。鄭玄亦依盧、馬之本而注焉。范曄《後漢書》云：中興，鄭衆傳《周官經》，後馬融作《周官傳》，授鄭玄；玄作《周官注》。（鄭注引杜子春、鄭大夫、鄭司農之義。鄭玄《三禮目錄》云：二鄭信同宗之大儒，今贊而辯之）玄本治《小戴禮》，後以古經校之，取其於義長者、順者，故爲鄭氏學。玄又注小戴所傳《禮記》四十九篇，通爲《三禮》焉。漢初立高堂生《禮》博士，後又立大、小戴、慶氏三家，王莽又立《周禮》；後漢三《禮》皆立博士。今慶氏、曲臺久亡，大戴無傳學者，唯鄭注《周禮》《儀禮》《禮記》並列學官，而《喪服》一篇又別行於世，今三《禮》俱以鄭爲主。

　　馬融注《周官》十二卷，鄭玄《注》十二卷，王肅《注》十二卷，
　　干寶注十三卷。
　　右《周禮》。

　　鄭玄注《儀禮》十七卷，馬融、王肅、孔倫（字敬序，會稽人，東晉廬陵太守，集衆家注）、陳銓（不詳何人）、裴松之（字士期，河東人，宋太中大夫，西鄉侯）、雷次宗、蔡超（字希遠，濟陽人，宋丞相，諮議參軍）、田僧之（字僧紹，馮翊人，齊東平太守）、劉道拔（彭城人，宋海豐令）、周續之（自馬融以下並注《喪服》）。
　　右《儀禮》。
　　盧植注《禮記》二十卷，鄭玄《注》二十卷，王肅《注》三十卷。

孫炎《注》二十九卷（字叔然，樂安人，魏秘書監，徵，不就），業遵《注》十二卷（字長儒，燕人，宋奉朝請），庾蔚之《略解》十卷（字季隨，潁川人，宋員外常侍）。

右《禮記》。

鄭玄（《三禮音》各一卷），王肅（《三禮音》各一卷，《七錄》唯云撰《禮記音》），李軌（《周禮》《儀禮音》各一卷，《禮記音》三卷），劉昌宗（《周禮音》《儀禮音》各一卷，《禮記音》五卷），徐邈（《周禮音》一卷，《七錄》無，《禮記音》三卷），射慈（字孝宗，彭城人，吳中書侍郎，齊王傅。《禮記音》一卷），謝楨（不詳何人。《禮記音》一卷），孫毓（《禮記音》一卷），繆炳（《禮記音》一卷），曹耽（字愛道，譙國人，東晉安北咨議參軍，《禮記音》二卷），尹毅（天水人，東晉國子助教，《禮記音》二卷），蔡謨（字道明，濟陽考城人，晉司徒，文穆公，《禮記音》二卷），范宣（字宣子，濟陽人，東晉員外郎，不就。《禮記音》二卷），徐爰（《禮記音》三卷），王曉（作《周禮音》一卷，云定鄭氏音。北土江南無此書，不詳何人）。

右作音人。近有戚衮作《周禮音》，沈重撰《周禮音》《禮記音》，梁國子助教皇侃撰《禮記義疏》五十卷，又傳《喪服義疏》，並行於世。

古之王者，必有史官，君舉則書，所以慎言行，昭法式也。諸侯亦有國史，《春秋》即魯之史記也。孔子應聘不遇，自衛而歸，西狩獲麟，傷其虛應，乃與魯君子左丘明，觀書於太史氏，因魯史記而作《春秋》。上遵周公遺制，下明將來之法，褒善黜惡，勒成十二公之經，以授弟子。弟子退而異言，丘明恐弟子各安其意，以失其真，故論本事而爲之傳，明夫子不以空言説經也。《春秋》所貶損人當世君臣，其事實皆形於傳，故隱其書而不宣，所以免時難也。及末世口説流行，故有公羊（名高，齊人，子夏弟子，受經於子夏）、穀梁（名赤，魯人，糜信云：「與秦孝公同時」；《七錄》云：「名淑，字元始」。《風俗通》云：「子夏門人」）、鄒氏（王吉善《鄒氏春秋》）、夾氏之傳，鄒氏無師，夾氏有錄無書，故不顯於世。（桓譚《新論》云：「《左氏傳》遭戰國寢藏，後百餘年，魯人穀梁赤，作《春秋殘略》，多有遺失；又有齊人公羊高，緣經文作《傳》，彌失本事。」）漢興，齊人胡毋生（字子都，景帝時爲博士，年老歸教於齊，齊之言《春秋》者宗事之，公孫弘亦頗受焉）、趙人董仲舒（官至江都膠西相）並治《公羊春秋》。蘭陵褚大（梁相）、東平嬴公（諫大夫）、廣川段仲溫、呂步舒（步舒，丞相長史）皆仲舒弟子。

嬴公守學，不失師法，授東海孟卿及魯眭弘（字孟，符節令）。弘授嚴彭祖（字公子，東海下邳人。爲博士，至左馮翊，太子太傅）及顏安樂（字翁孫，魯國薛人也。孟姊子也，爲齊郡太守丞）。由是《公羊》有顏、嚴之學。弘弟子百餘人，常曰《春秋》之意，在二子矣。彭祖授琅邪王中（少府，家世傳業），中授同郡公孫文（東平太傅，徒衆甚盛）及東門雲（荆州刺史）。安樂授淮陽泠豐（字次君，淄川太守）及淄川任翁（少府）。豐授大司徒馬宮（字游卿，東海戚人，封扶德侯）及琅邪左咸（郡守，九卿，徒衆甚盛）。始貢禹（字少翁，琅邪人，御史大夫）事嬴公，而成於眭孟。以授潁川堂谿惠，惠授泰山冥都（丞相史）。又，疏廣（字仲翁，東海蘭陵人，太子太傅）事孟卿，以授琅邪筦路。筦路及冥都，又事顏安樂。路授大司農孫寶（字子嚴，潁川鄢陵人）。

瑕丘江公受《穀梁春秋》及《詩》於魯申公，武帝時爲博士（傳子至孫，皆爲博士）。使與董仲舒論，江公吶於口，而丞相公孫弘本爲《公羊》學，比輯其義，卒用董生。於是上因尊《公羊》家，詔太子受。衛太子復私問《穀梁》而善之，其後浸微，唯魯榮廣（字王孫）、浩星公二人受焉。廣盡能傳其《詩》《春秋》。蔡千秋（字少君，諫大夫，郎中戶將）、梁周慶（字幼君）、丁姓（字子孫，至中山太傅）皆從廣受。千秋又事浩星公，爲學最篤。宣帝即位，聞衛太子好《穀梁》，乃詔千秋與《公羊》家並説。上善《穀梁》説。後又選郎十人，從千秋受。會千秋病死，徵江公孫爲博士，詔劉向受《穀梁》，欲令助之。江博士復死，乃徵周慶、丁姓待詔，使卒授十人，十餘歲皆明習。乃召五經名儒、太子太傅蕭望之等，大議殿中，評《公羊》《穀梁》同異（時《公羊》博士嚴彭祖，侍郎申挽、伊推、宋顯，《穀梁》議郎尹更始，待詔劉向、周慶、丁姓並論）。望之等多從《穀梁》，由是大盛，慶姓皆爲博士。姓授楚申、章邑曼君（爲博士，至長沙太傅）。初，尹更始（字翁君，汝南邵陵人，議郎諫大夫，長樂戶將）事蔡千秋，又受《左氏傳》。取其變理合者以爲章句。傳子咸（大司農）及翟方進（字子威，汝南上蔡人，丞相封侯）、房鳳（字子元，琅邪不其人，光禄大夫，五官中郎將，青州牧）。始，江博士授胡常，常授梁蕭秉（字君房，王莽時爲講學大夫）。

左丘明作傳以授曾申，申傳衛人吳起（魏文侯相），起傳其子期，期傳楚人鐸椒（楚太傅），椒傳趙人虞卿（趙相），卿傳同郡荀卿（名況），況傳武威張蒼（漢丞相，北平侯），蒼傳洛陽賈誼（長沙梁王太傅），誼傳至其孫嘉，嘉傳趙人貫公（《漢書》云：賈誼授貫公，爲河間獻王博士），貫公傳其少子長卿（蕩陰令），長卿傳京兆尹張敞（字子高，河東平陽人，徙杜陵）及侍御史張禹（字長子，清河人）。禹數爲御史大夫蕭望之言《左氏》，望之善之，薦禹徵待詔，未及問，會病死。禹傳尹更始，更始傳其子咸及翟方進、胡常，常授黎陽賈護（字季君，哀帝時待詔爲郎），護授蒼梧陳欽（字子佚，以《左氏》授王莽，至將軍）。《漢書·儒林傳》云："漢興，北平侯張蒼及梁太傅賈誼、京兆尹張敞、大中大夫劉公子，皆修《春秋左氏傳》。"始，劉歆（字子駿，向之子，王莽國師）從尹咸及翟方進受《左氏》（哀帝時歆與房鳳、王龔欲立《左氏》，爲師丹所奏，不果。平帝世始得立）。由是言《左氏》者，本之賈護、劉歆。歆授扶風賈徽（字元伯，後漢潁陰令，作《春秋條例》二十一卷），徽傳子逵，逵受詔列《公羊》《穀梁》不如《左氏》四十事奏之，名曰《左氏長義》，章帝善之。逵又作《左氏訓詁》，司空南閣祭酒陳元作《左氏同異》，大司農鄭衆作《左氏條例章句》，南郡太守馬融爲三家同異之説。京兆尹延篤（字叔堅，南陽人）受《左氏》於賈逵之孫伯升，因而《注》之。汝南彭汪（字仲博）記先師奇説及舊注；太中大夫許淑（字惠卿，魏郡人）、九江太守服虔（字子慎，河南人）、侍中孔嘉（字山甫，扶風人）、魏司徒王朗（字景興，肅之父）、荆州刺史王基、大司農董遇、徵士敦煌周生烈，並注解《左氏傳》。梓潼李仲欽著《左氏指歸》，陳郡潁容（字子嚴，後漢公車徵，不就）作《春秋條例》。又何休（字邵公，任城人，後漢諫大夫）作《左氏膏肓》《公羊墨守》《穀梁廢疾》，鄭康成《針膏肓》《發墨守》《起廢疾》，自是《左氏》大興。漢初立《公羊》博士，宣帝又立《穀梁》，平帝始立《左氏》。後漢建武中，以魏郡李封爲《左氏》博士，群儒蔽固者數廷爭之。及封卒，因不復補。和帝元興十一年，鄭興父子奏上《左氏》，乃立於學官，仍行於世。迄今遂盛行，二傳漸微（江左中興，立《左氏傳》杜氏、服氏博士。太常荀崧奏請立二傳博士，詔許立《公羊》，云《穀梁》膚淺，不足立博士。王敦亂，竟不果立）。《左氏》今用杜預注，《公羊》用何休注，《穀梁》用范甯注。（二《傳》近代無講者，恐其學遂絶，故爲音以示將來）

士燮注《春秋經》十一卷（字彥威，蒼梧人，吳衛將軍，龍編侯），賈逵《左氏解詁》三十卷，服虔《解誼》三十卷，王肅《注》三十卷，董遇《章句》三十卷，杜預《經傳集解》三十卷（字元凱，京兆杜陵人，晉鎮南大將軍，開府儀同三司，當陽穆侯），孫毓《注》二十八卷，杜預《春秋釋例》十五卷，四十篇，服虔《音》一卷，魏高貴鄉公《音》三卷（曹髦，字士彥，魏廢帝），嵇康《音》三卷（字叔夜，譙國人，晉中散大夫），杜預《音》三卷，李軌《音》三卷，荀訥《音》四卷（字世言，新蔡人，東晉尚書左民郎）。

徐邈《音》三卷。

右《左氏》。

梁東宮學士沈文何撰《春秋義疏》（闕下袟），陳東宮學士王元規續成之，元規又撰《春秋音》，何休注《公羊》十二卷，王愆期《注》十二卷（字門子，河東人，東晉散騎常侍，辰陽伯）、《公羊難答論》二卷，高龍《注》十二卷（字文，范陽人，東晉河南太守），孔衍《集解》十四卷（字舒元，魯人，東晉廣陵相）。

李軌《音》一卷，江惇《音》一卷。

右《公羊》。

尹更始《穀梁章句》十五卷，唐固《注》十二卷（字子正，丹陽人，吳尚書僕射），糜信《注》十二卷（字南山，東海人，魏樂平太守），孔衍《集解》十四卷，徐邈《注》十二卷，徐乾《注》十三卷（字文祚，東莞人。東晉給事中），范甯《集注》十二卷，段肅《注》十二卷（不詳何人），胡訥《集解》十卷。

右《穀梁》。

《孝經》者，孔子爲弟子曾參説孝道，因明天子、庶人五等之孝，事親之法，亦遭焚燼。河間人顏芝爲秦禁藏之。漢氏尊學，芝子貞出之，是爲今文。長孫氏、博士江翁、少府后蒼、諫大夫翼奉、安昌侯張禹傳之，各自名家，凡十八章。又有古文，出於孔氏壁中，別有《閨門》一章，自餘分析十八章，總爲二十二章，孔安國作《傳》。劉向校書，定爲十八。後漢馬融亦作《古文孝經傳》，而世不傳，世所行鄭注，相承以爲鄭玄。案，鄭志及中經簿無，唯中朝穆帝集講《孝經》，云以鄭玄爲主。檢《孝經注》與康成注五經不同，未詳是非（江左中興，《孝經》《論語》共立鄭氏博士一人）。《古文孝經》世既不行，今隨俗用，鄭注十八章，本孔安國、馬融、鄭衆、鄭玄、王肅、蘇林（字孝友，陳留人，魏散騎常侍）、何晏（字平叔，南陽人，魏吏部尚書，駙馬都尉，關内侯）、劉邵（字孔才，廣平人，魏光禄勛。一云劉熙）、韋昭（字弘嗣，吳郡人，吳侍中，領左國史，高陵亭侯，爲晉諱改爲曜）、徐整、謝萬孫氏（不詳何人）、楊泓（天水人，東晉給事中）、袁宏（字彦伯，陳郡人，東晉東陽太守）、虞槃佑（字弘猷，高平人，東晉處士）、庾氏（不詳何人）、殷仲文（陳郡人，東晉東陽太守）、車胤（字武子，南平人，東晉丹陽尹）、荀昶（字茂祖，潁川人，宋中書郎）、孔光（字文泰，東莞人）、何承天（東海人，宋廷尉卿）、釋慧琳（秦郡人，宋世沙門）、王玄戴（字彦運，下邳人，齊光禄大夫）、明僧紹。

右並注《孝經》，皇侃撰義《疏》，先儒無爲音者。

《論語》者，孔子應答弟子及時人所言，或弟子相與言而接聞於夫子之語也。當時弟子各有所記，夫子既終，微言已絶，弟子恐離居已後，各生異見，而聖言永滅，故相與論撰。因輯時賢及古明王之語，合成一法，謂之《論語》。鄭康成云：仲弓、子夏等所撰定。漢興，傳者則有三家：《魯論語》者，魯人所傳，即今所行篇次是也。常山都尉龔奮、長信少府夏侯勝、丞相韋賢及子玄成、魯扶卿（鄭云扶先或説先先生）、太子少傅夏侯建、前將軍蕭望之並傳之，各自名家。《齊論語》者，齊人所傳，別有《問王》《知道》二篇，凡二十二篇。其二十篇中章句頗多於《魯論》。昌邑中尉王吉、少府宋畸、琅邪王卿、御史大夫貢禹、尚書令五鹿充宗、膠東庸生並傳之。唯王陽名家《古論語》者，出自孔氏壁中。凡二十一篇，有兩《子張》（如淳云：分《堯曰》篇後"子張問何如可以從政"以下爲篇名，曰《從政》），篇次不與齊、魯《論》同（《新論》云：文異者四百餘字）。孔安國爲傳，後漢馬融亦注之，安昌侯禹受《魯論》於夏侯建，又從庸生、王吉受《齊論》，擇善而從，號曰《張侯論》，最後，而行於漢世。禹以《論》授成帝，後漢包咸（字子長，吳人，大鴻臚）、周氏（不詳何人）並爲章句，列於學官。鄭玄就《魯論》張、包、周之篇章，考之《齊》《古》爲之注焉。魏吏部尚書何晏，集孔安國、包威、周氏、馬融、鄭玄、陳群（字長文，潁川人，魏司空）、王肅、周生烈（敦煌人。《七録》云：字文逢，本姓唐，魏博士侍中）之説並下己意爲集解。正始中上之，盛行於世，今以爲主。

鄭玄《注》十卷，王肅《注》十卷，虞翻《注》十卷，何晏《集解》十卷，譙周《注》十卷（字允南，巴西人，晉散騎常侍，不拜，陽城亭侯）。

衛瓘《注》八卷（少二卷，宋明帝補闕），崔豹《注》十卷（字正熊，燕國人，晉尚書左中兵郎），李充《集注》十卷（東晉人），孫綽《集注》十卷（字興公，太原人，東晉廷尉卿，長樂亭侯），盈氏《注》十卷（不詳何人）

孟整《注》十卷（一云孟陋，陋字少孤，江夏人，東晉撫軍參軍，不就），梁凱注十卷（天水人，東晉國子博士），袁喬《注》十卷（字彥叔，陳國人，東晉益州刺史，湘西簡侯），尹毅《注》十卷江熙《集解》十二卷，張馮《注》十卷（字長宗，吳人，東晉司徒，左長史），孔澄之《注》十卷（字仲淵，會稽人，宋新安太守），虞遐《注》十卷（會稽人，齊員外郎），王弼《釋疑》三卷，樂肇《釋疑》十卷徐邈《音》一卷。

右《論語》，皇侃撰《義疏》行於世。

# 傳經表序

洪亮吉

六經權輿於孔子，六經之師亦權輿於孔子。《易》，孔子十五傳至劉軼；《尚書》家學，二十一傳至孔昱；《詩》：《魯》，十五傳至許晏；《毛》，十六傳至賈逵；《春秋經》：《左氏》，十九傳至馬嚴；《公羊》，十三傳至孫寶；《穀梁》，十一傳至侯霸。佗若今文《尚書》，伏勝十七傳至王肅；《齊詩》，轅固七傳至伏恭；《韓詩》，韓嬰六傳至張就；《禮》，高堂生六傳至慶咸。上自春秋，迄於三國，六百年中，父以傳子，師以授弟，其耆門高義開門授徒者編牒不下萬人，多者至著錄萬六千人，少者亦數百人，盛矣！降自典午，則無聞焉。豈非孔子之學專門授受，逮孫炎、王肅以後始散絕乎？暇日採綴群書，第其本末，校正訛漏，作《傳經表》一卷；其師承無可考者復以《通經表》一卷輟之。而通二經以上至十數經者，咸附錄焉，較明朱睦㮮《授經圖》、國朝朱彝尊《經義考·師承》所錄詳實倍之。蓋周、秦、漢、魏經學授受之原，至此乃備也。乾隆四十六年歲在辛丑八月望日陽湖洪亮吉序。

## 傳經表

| 易 | 書 | 詩 | 春秋 | 禮 |
|---|---|---|---|---|
| | 古文<br>漆書古文<br>今文<br>中文<br>僞尚書 | 魯<br>齊<br>韓<br>毛 | 左氏<br>公羊<br>穀梁 | 禮<br>周禮<br>論語（附）<br>孝經（附） |
| 一<br>孔子 | 一古文<br>孔子<br>按《連叢子》載：孔大夫與僖子季彥問答，季彥曰：先聖遺訓，壁出古文。又曰：吾家世世獨修之。又《尚書》古文，《隋志》：孔惠所藏。《家語》：孔騰所藏。《東觀漢記·尹敏傳》：孔鮒所藏。雖不能逆定爲何人，要皆爲孔氏世傳之書。如公羊氏之於《公羊春秋》是矣。又按《儒林傳》，孔氏有《古文尚書》，孔安國以今文讀之，因以起其家逸《書》得十餘篇。則《古文尚書》原非盡出之壁中者也，信爲孔氏所世傳無疑。 | 一魯<br>孔子 | 一左氏<br>孔子 | 一<br>孔子 |

續表

| 易 | 書 | 詩 | 春秋 | 禮 |
|---|---|---|---|---|
| 二<br>商瞿 | 二<br>漆雕開<br>（無傳）<br>孔鯉 | 二<br>子夏 | 二<br>左丘明 | 二<br>曾子<br>孺悲 |
| 三<br>公孫段<br><br>橋庇<br>（《史記》作矯子庸疵。又《史記》子弓授子庸，漢授子弓） | 三<br>孔伋 | 三<br>曾申<br>（陸德明云：曾參之子受《詩》於子夏。） | 三<br>曾申 | 三<br>檀弓<br><br>公孫尼子<br>青史氏<br>王氏（按《隋書》，《王氏史氏記》二十一篇。）<br>史氏 |
| 四<br>馯臂子弓（按應劭言：子弓，子夏門人） | 四<br>孔帛 | 四<br>李克 | 四<br>吳起 | 四 |
| 五<br>周醜（《史記》作燕人子家豎） | 五<br>孔求 | 五<br>孟仲子 | 五<br>吳期 | |
| 六<br>孫虞（《史記》作淳于人，光子乘羽） | 六<br>孔箕 | 六<br>根牟子 | 六<br>鐸椒 | |
| 七<br>田何 | 七<br>孔穿 | 七<br>孫卿（況，楚人） | 七<br>虞卿 | |

續表

| 易 | 書 | 詩 | 春秋 | 禮 |
|---|---|---|---|---|
| 八<br>王同（子中，東武人）<br>周王孫（洛陽人）<br>丁寬（子襄，又從周王孫受古義，梁人）<br>服光（齊人）<br>項生（梁人） | 八<br>孔順 | 八<br>浮丘伯（齊人） | 八<br>荀卿 | |
| 九<br>楊何（叔元，王同授，淄川人）<br>孟但（同上，廣川人）<br>主父偃（同上，臨淄人）<br>即墨成（同上，齊人）<br>周霸（同上，魯人）<br>衡胡（同上，莒人）<br>田王孫（丁寬授，碭人；《漢紀》作槐里） | 九<br>孔鮒 | 九<br>申培（魯人）<br>穆生（魯人）<br>白生（魯人）<br>楚元王交（字游）<br>夷王郢客 | 九<br>張蒼 | |
| 十<br>司馬談（楊何授）<br>京房（同上，官大中大夫）<br>施讎（長卿，田王孫授，沛 | 十<br>孔襄 | 十<br>瑕丘江公（申培公授，瑕丘人）<br>徐公（同上，免中人）<br>王臧（同上， | 十<br>賈誼（按《梁書》武帝答劉之遴詔云：張蒼之傳《左氏》。賈誼之襲荀卿， | |

續表

| 易 | 書 | 詩 | 春秋 | 禮 |
|---|---|---|---|---|
| 人）<br>孟喜（長卿，同上，蘭陵人） | | 蘭陵人）<br>趙綰（同上，代人）<br>孔安國（同上，魯人）<br>許生（同上，魯人）<br>周霸（同上）<br>魯賜（同上，碭人）<br>夏寬（同上）<br>繆生（同上，蘭陵人）<br>闕門慶忌（同上，鄒人）<br>徐偃（同上） | 則誼《左傳》亦淵源於荀卿。疑即張蒼所授洛陽人） | |
| 十一<br>梁丘賀（長翁，京房授。按賀更事田王孫。琅邪人）<br>張禹（子文，施讎授，河內人）<br>魯伯（同上，琅邪人）<br>蓋寬饒（孟喜授。字次公，魏郡人）<br>翟牧（子兄，同上，沛人）<br>白光（少子，同上，蘭陵人） | 十一<br>孔忠 | 十一<br>韋賢（長孺，瑕丘江公授。又從許生，鄒人）<br>義倩（同上）<br>博士江公（同上）<br>王式（翁思，徐公授，又事許生。東平人） | 十一<br>賈嘉<br><br>貫公（趙人） | |

續表

| 易 | 書 | 詩 | 春秋 | 禮 |
|---|---|---|---|---|
| 十二<br>梁臨（梁丘賀授，按更從施讎受）<br>彭宣（子佩，張禹授，淮陽人）<br>戴崇（子平，同上，沛人）<br>毛莫如（少路，按毛當作屯魯伯授，太山人）<br>邴冉（曼容，同上，琅邪人） | 十二<br>孔武<br><br>孔安國 | 十二<br>韋元成（韋賢授）<br>韋賞（博士江公授）<br>卓茂（子康同上，南陽人）<br>張長安（幼君，王式授，山陽人）<br>薛廣德（同上，字長卿，沛人）<br>褚少孫（同上，即補《史記》褚先生，沛人）<br>唐長賓（同上，東平人） | 十二<br>貫長卿 | |
| 十三<br>王駿（梁臨授，琅邪人）<br>五鹿充宗（同上，字君孟，代郡人）<br>戴賓（戴崇授） | 十三<br>孔延年<br>都尉朝（安國授）<br>兒寬（同上）<br>司馬遷（子長，同上，河內人） | 十三<br>張游卿（張長安授）<br>龔勝（君賓，薛廣德授，楚人）<br>龔舍（君倩，同上，楚人） | 十三<br>張禹（長子，清河人）<br>張敞（子高，河東人） | |
| 十四<br>鄧彭祖（子夏，五鹿充宗授，沛人）<br>士孫張（仲方，同上，平陵人）<br>衡咸（長賓，同上， | 十四<br>孔霸<br><br>唐譚（都尉朝授，膠東人） | 十四<br>王扶（張游卿授，琅邪人）<br>高暉（龔勝授） | 十四<br>尹更始 | |

續表

| 易 | 書 | 詩 | 春秋 | 禮 |
|---|---|---|---|---|
| 齊人)<br>馮商（同上，又事劉向）<br>劉昆（桓公，戴賓授，東昏人） | | | | |
| 十五<br>劉軼（君文，劉昆授） | 十五<br>孔福<br>孔光<br>胡常（少子，唐譚授，清河人） | 十五<br>許晏（偉君，王扶授，陳留人） | 十五<br>尹咸<br>翟方進（字子威，上蔡人）<br>胡常 | |
| | 十六<br>孔房<br>徐敖（胡常授，虢人） | | 十六<br>劉歆（尹咸授，又事翟方進）<br>田終術（翟方進授）<br>翟宣（太伯，同上）<br>賈護（季君，黎陽人） | |
| | 十七<br>孔均<br>王璜（徐敖授）<br>塗惲（子真，同上，平陵人） | | 十七<br>鄭興（劉歆授）<br>賈徽（同上）<br>孔奮（君魚同上，魯人）<br>桓譚（同上）<br>李守<br>丁隆（同上）<br>陳欽（子佚，賈護授，蒼梧人） | |

續表

| 易 | 書 | 詩 | 春秋 | 禮 |
|---|---|---|---|---|
| | 十八<br>孔志<br>桑欽（君長，塗惲授，河南人）<br>賈徽（同上） | | 十八<br>賈逵（賈徽授，按《釋文》，延篤受《左氏》於逵，孫伯升因而注之）<br>孔嘉（山甫，孔奮授）<br>陳元（長孫，陳欽授）<br>王莽（同上） | |
| | 十九<br>孔損<br>賈逵（賈徽授） | | 十九<br>鄭安世（鄭衆授）<br>崔瑗（賈逵授）馬嚴（威欽，陳元授，扶風人） | |
| | 二十<br>孔曜 | | | |
| | 二十一<br>孔完<br>孔昱<br>孔子建（無世數）<br>孔僖（按《僖傳》，自安國以下，世傳《古文尚書》《毛詩》）<br>孔長彥<br>孔季彥 | | | |

續表

| 易 | 書 | 詩 | 春秋 | 禮 |
|---|---|---|---|---|
| 一<br>范升（辯卿，傳《梁丘易》兼傳《孟氏易》，失世數，代郡人） | 一<br>蓋豫（傳《古文尚書》，失世數） | 一<br>高嘉（按嘉與張游卿同時人，俱授元帝經，同經同時，第未詳所受何人） | 一<br>揚雄（傳《左氏》，未詳所受） | 一<br>高堂生（未詳所受。按侍其生得十七卷） |
| 二<br>楊政（子行，范升授，京兆人） | 二<br>周防（偉公，汝陽人，《汝南先賢傳》作昉） | 二<br>高容 | 二<br>桓譚 | 二<br>蕭奮（瑕丘人） |
|  |  | 三<br>高詡（季迴，般人） |  | 三<br>孟卿（東海人，《前漢書·儒林傳》：孟卿東海人也，事蕭奮，以授后蒼。語本甚明。今按，范史《儒林傳》云：《前書》瑕丘蕭奮以授同郡后蒼，橫絕去上七字，遂若蕭奮授后蒼矣。范史率略，多此類） |
|  |  |  |  | 四<br>后蒼（近君，東海人）<br>閭丘卿（魯人） |

續表

| 易 | 書 | 詩 | 春秋 | 禮 |
|---|---|---|---|---|
| | | | | 五<br>聞人通漢（字子方，沛人）<br>戴德（延君，梁人）<br>戴聖（次君，梁人）<br>慶普（孝公，沛人） |
| | | | | 六<br>徐良（游卿，戴德授，琅邪人）<br>橋仁（季卿，戴聖授，梁人）楊榮（子孫，同上，梁人）<br>夏侯敬（慶普授，魯人）<br>慶咸（同上，沛人） |
| 一<br>張興（君上，傳《梁丘易》，失世數，鄢陵人） | 一 今文<br>伏勝（濟南人，未詳所受。按郭子橫《洞冥記》，謂勝受書於秦博士李克） | 一<br>右師細君（傳《魯詩》，未詳所受。長安人） | 一<br>金子嚴（傳《左氏》，未詳所受。《東觀記》） | 一<br>曹充（傳慶氏學，未詳所受。薛人） |
| 二<br>張魴（張興授） | 二<br>伏生家學<br>張生（濟南人）<br>歐陽生（伯和，千乘人） | 二<br>包咸（子良，會稽人） | 二<br>鄭興（少贛，開封人） | 二<br>曹褒（叔通，又傳《禮記》四十九篇 |

續表

| 易 | 書 | 詩 | 春秋 | 禮 |
|---|---|---|---|---|
| | 晁錯（潁川人）<br>孔安國（子國，受伏生《尚書》，見《家語》後序。魯人） | | | |
| | 三<br>伏勝孫<br>夏侯都尉（張生授，魯人）<br>賈嘉（同上，洛陽人）<br>周霸（同上，魯人）<br>兒寬（歐陽生授，千乘人）<br>何比干（少卿，晁錯授，汝陰人） | 三<br>黃譨子 | | |
| | 四<br>伏氏家學<br>夏侯始昌（夏侯都尉授，魯人）<br>簡卿（兒寬授，魯人）<br>歐陽世（同上） | | | |
| | 五<br>伏氏家學<br>夏侯勝（長公，夏侯始昌授，又從歐陽生受。東平人）<br>歐陽氏比家學 | | | |

續表

| 易 | 書 | 詩 | 春秋 | 禮 |
|---|---|---|---|---|
| | 六<br>伏孺（遷爲東武人）<br>夏侯建（長卿，夏侯勝授，又事歐陽高）<br>周堪（少卿，同上，齊人）<br>孔霸（次公，同上，魯人）<br>黃霸（次公，同上，陽夏人）<br><br>歐陽氏家學 | | | |
| | 七<br>伏氏家學<br>張山拊（長賓，夏侯建授，平陵人）<br>牟卿（周堪授，魯國人）<br>許商（長伯，同上，長安人）<br>張猛（同上，城固人）<br>孔光（子夏，孔霸授，亦事牟卿）<br>歐陽高（子陽） | | | |

續表

| 易 | 書 | 詩 | 春秋 | 禮 |
|---|---|---|---|---|
| | 八<br>伏理（字君游）<br>李尋（子長，張山拊授，平陵人）<br>鄭寬中（少君，同上，平陵人）<br>張無故（子孺，同上。按《儒林傳》作張無故子儒，《李尋傳》作張孺，宜以《儒林傳》爲是。山陽人）秦恭（延君，同上，信都人）<br>假倉（子驕，同上，陳留人）<br>唐林（子高，許商授，沛人）<br>斑伯（同上。又事鄭寬中，扶風人）<br>吳章（偉君，同上，平陵人）<br>王吉（少音，同上。此王吉重泉人）<br>炔欽（幼卿，同上，齊人）<br><br>歐陽氏家學<br>林尊（長賓，歐陽高授，濟南人） | | | |

續表

| 易 | 書 | 詩 | 春秋 | 禮 |
| --- | --- | --- | --- | --- |
|  | 九<br>伏湛（字惠公，東武人）<br>趙玄（鄭寬中授，東郡人）<br>唐尊（伯高，張無故授，沛人）<br>馮賓（秦恭授，魯人）<br>王宇（吳章授）<br>雲敞（幼孺，平陵人。按《西京雜記》，有吳章弟子曹敞，疑即雲字之誤）<br>歐陽地餘<br>平當（子思，林尊授，平陵人）<br>陳翁生（同上，梁人） |  |  |  |
|  | 十<br>伏黯<br>歐陽政<br>平晏（平當授）<br>朱普（公文同上，九江人）<br>鮑宣（子都，同上，渤海人）<br>殷崇（陳翁生授，琅邪人）<br>龔勝（君賓同上，楚人） |  |  |  |

續表

| 易 | 書 | 詩 | 春秋 | 禮 |
|---|---|---|---|---|
| | 楊寶（同上，宏農人） | | | |
| | 十一<br>伏光<br>歐陽歙（正思）<br>桓榮（春卿朱普授，沛郡龍亢人）<br>彭閎（作明，同上）<br>皋宏（奉卿，同上，吳郡人）<br>鮑永（君永，鮑宣授） | | | |
| | 十二<br>伏晨<br>禮震（仲威，歐陽歙授，平原人）<br>高獲（敬公，同上，新息人）<br>曹曾（伯山，同上）<br>桓鬱（仲恩，桓榮授）<br>胡憲（同上，九江人）<br>何湯（仲弓，同上，南昌人）<br>張酺（孟侯，汝南人。酺先從祖父充受，充與光武同師）<br>丁鴻（孝公，同上，兼通古文， | | | |

續表

| 易 | 書 | 詩 | 春秋 | 禮 |
|---|---|---|---|---|
|  | 潁川人)<br>鮑駿，(同上，九江人)<br>張禹（同上）<br>鮑昱（鮑永授） |  |  |  |
|  | 十三<br>伏無忌<br>曹祉（曹曾授）<br>桓汎（桓郁授）<br>桓焉（叔元，同上）<br>桓鄨（同上）<br>桓良（同上）<br>張蕃（張酺授）<br>劉愷（丁鴻授，彭城人）<br>巴茂（同上，北海人）<br>楊倫（仲理，同上，東昏人兼）<br>朱㐲（同上，九江人）<br>陳弇（同上，陳留人）<br>楊震（伯起，桓鬱授，宏農人）<br>朱寵（同上） |  |  |  |
|  | 十四<br>伏質<br>桓順<br>桓鸞（字始春） |  |  |  |

續表

| 易 | 書 | 詩 | 春秋 | 禮 |
|---|---|---|---|---|
| | 桓麟<br>黃瓊（世英，桓焉授，江夏人）<br>楊秉（叔節，楊震授）<br>楊奉（同上）<br>虞放（同上）<br>陳翼（同上）<br><br>張氏家學<br>張奐（然明，朱寵授，酒泉人） | | | |
| | 十五<br>伏完<br>桓典（公雅）<br>桓曄（字文林）桓彬（彥林，焉兄孫。按應是桓延孫麟子）<br>張濟（蕃孫）<br>楊賜（伯獻）<br>楊勳 | | | |
| | 十六<br>楊彪（文先）<br>楊衆<br>王朗（楊賜授，蘭陵人） | | | |
| | 十七<br>王肅（子邕） | | | |

續表

| 易 | 書 | 詩 | 春秋 | 禮 |
|---|---|---|---|---|
| 一<br>虞光（傳孟氏《易》，失世數，會稽人） | 一<br>鄧宏（傳歐陽《尚書》，未詳所授） | 一<br>魏應（君川，傳《魯詩》，未詳所受，任城人） | 一<br>堂溪典（傳《左氏》，未詳所受，字季度，潁川人） | 一<br>王臨（傳慶氏學，未詳所受） |
| 二<br>虞成 | 二<br>鄧甫德 | 二<br>千乘王伉 | 二<br>延篤（叔堅，南陽人） | 二<br>董鈞（文伯，犍爲資中人） |
| 三<br>虞鳳 | | | | |
| 四<br>虞歆 | | | | |
| 五<br>虞翻（仲翔） | | | | |
| 一<br>袁良（傳《孟氏易》，失世數，汝陽人） | 一<br>牟長（君高，世傳《歐陽尚書》，未詳所受，臨濟人） | 一<br>許晃（傳《魯詩》，未詳所受） | 一<br>楊賜（傳《左氏》，未詳所受） | 一<br>徐生（宋詳所受，魯人） |
| 二<br>袁安（邵公） | 二<br>牟舒（舒一作紓） | 二<br>李業（巨游，梓潼人） | 二<br>潁容（子嚴，長平人） | 二<br>徐生子 |
| 三<br>袁京（仲譽）<br>袁敞（叔平） | | | | 三<br>徐延<br>徐襄<br>公户滿意<br>柏生<br>單次 |
| 四<br>袁彭（伯楚）<br>袁湯（仲河） | | | | |

續表

| 易 | 書 | 詩 | 春秋 | 禮 |
|---|---|---|---|---|
| 五<br>袁閎（夏甫） | | | | |
| 一<br>焦贛（延壽，自言從孟氏受，梁人右） | 一<br>楊仲續（按，《益都耆舊傳》：世傳《夏侯尚書》，未詳所受） | 一 齊<br>轅固（未詳所受） | 一<br>謝該（文儀，傳《左氏》，未詳所受，章陵人） | 一 周禮<br>劉歆（子駿） |
| 二<br>京房（頓丘人） | 二 | 二<br>夏侯始昌 | 二<br>樂詳（文載，河東人） | 二<br>杜子春（緱氏人，按鄭樵《通志》，以緱氏另作一人，謂劉歆傳緱氏及子春，誤） |
| 三<br>殷嘉（東海人，《儒林傳》：京房授東海殷嘉；《藝文志》：京氏段嘉十二篇注。蘇林曰：東海人。按，當是一人，傳寫誤耳。又按，段肅在班固集中作段，《漢書·固傳》作殷，與此正類）姚平（河東人） | 三<br>楊春卿（新都人） | 三<br>后蒼（近君，郯人） | 三 | 三<br>鄭衆 |

續表

| 易 | 書 | 詩 | 春秋 | 禮 |
|---|---|---|---|---|
| 乘宏（乘或作桑，河南人）<br>任良<br>周敞（吳郡人）<br>張博 | | | | 賈逵<br><br>馬融<br>鄭玄 |
| | 四<br>楊統（字仲通） | 四<br>翼奉（少君，下邳人）<br>白奇<br>蕭望之（按望之又事白奇；望之又從夏侯勝受《論語》《禮服》，字長倩，東海蘭陵人）<br>匡衡（東海人） | | |
| | 五<br>楊厚（字仲桓） | 五<br>匡咸（匡衡授）<br>師丹（公仲，同上，琅琊人）<br>伏理（斿君，同上，琅琊人）<br>班伯（扶風人）<br>滿昌（君都，按《儒林傳》作"滿"，《東觀記》作"蒲"，俱云潁川，當是一人，姓有誤耳。潁川人） | | |

續表

| 易 | 書 | 詩 | 春秋 | 禮 |
|---|---|---|---|---|
| | 六<br>任安<br>董扶<br>周舒（叔固，閬中人） | 六<br>伏湛（惠公，伏理授）<br>伏黯（稚文，同上）<br>張邯（滿昌授，九江人）<br>皮容（同上，琅琊人）<br>馬援（同上，扶風人） | | |
| | 七<br>杜微（國輔，任安授，沛人）<br>杜瓊（伯瑜，同上，成都人）<br>何宗（同上，字彥英，郫人）<br>周群（周舒授） | 七<br>伏恭（叔齊，按，湛四世孫，無忌亦傳《齊詩》） | | |
| | 八<br>周巨 | | | |
| 一<br>郎宗（仲綏，傳《京氏易》，未詳所受，安丘人） | 一<br>宋京（傳《夏侯尚書》，未詳所受，南陽人） | 一<br>樂恢（傳《齊詩》，未詳所受） | 一<br>劉子奇（傳《左氏》，未詳所受，潁川人） | 一<br>鄭興（少贛，未詳所受，河南開封人） |
| 二<br>郎顗（稚光） | 二<br>宋意（伯志） | 二<br>趙牧 | 二<br>士燮 | 二<br>鄭眾（仲師） |
| 一<br>高相（自云丁寬別支，沛人） | 一<br>《漆書古文》杜林（伯山，扶風茂陵人） | 一<br>崔發（傳《齊詩》，未詳所受） | 一<br>白侯子安（傳《左氏》，未詳所受） | 一<br>賈徽（元伯，未詳所受，扶風人） |

續表

| 易 | 書 | 詩 | 春秋 | 禮 |
|---|---|---|---|---|
| 二<br>高康<br>毋將永（蘭陵人） | 二<br>衛宏（敬仲，東海人） | 二<br>申屠建 | 二<br>張昭 | 二<br>賈逵（景伯） |
|  | 三<br>徐巡（濟南人） |  |  |  |
| 一<br>費直（長翁，未詳所受，東萊人） | 一 中文<br>劉陶（子奇，潁陰人，推三家《尚書》及古文是正字文三百餘字，無傳） | 一 韓<br>韓嬰（未詳所受，燕人） | 一<br>李仁（德賢，傳《左氏》，涪人） | 一<br>陳參（未詳所受） |
| 二<br>王璜（平中，琅邪人） |  | 二<br>貢生（淮南人）<br>趙子（河內人） | 二<br>李譔（欽仲） | 二<br>王莽 |
|  |  | 三<br>蔡誼（趙子授，河內人） |  |  |
|  |  | 四<br>食子公（河內人）<br>王吉 |  |  |
|  |  | 五<br>栗豐（食子公授，太山人）<br>長孫順（王吉授，淄川人） |  |  |

續表

| 易 | 書 | 詩 | 春秋 | 禮 |
|---|---|---|---|---|
| | | 六<br>張就（栗豐授，山陽人）<br>髮福（長孫順授，東海人） | | |
| 一<br>韓嬰（嬰推《易》意，爲之傳，惟韓氏自傳之） | 一 僞《尚書》<br>張霸父 | 一<br>薛漢父（傳《韓詩》，未詳所受，淮陽人） | 一<br>王朗（傳《左氏》） | 一 論語<br>王吉 |
| 二<br>韓商 | 二<br>張霸<br>樊並 | 二<br>薛漢（公子，淮陽人） | 二<br>王肅 | 二<br>張禹 |
| 三<br>涿韓生 | | 三<br>杜撫（叔和，犍爲人）<br>澹臺敬伯（會稽人）<br>韓伯高（巨鹿人）<br>廉範（字叔度，杜陵人） | | 三<br>班伯 |
| 四<br>蓋寬饒 | | 四<br>趙曄（長君，杜撫授，山陰人） | | |
| 一<br>白子友（未詳所出） | 一 附<br>許子威（按，光武從子威受《尚書》。廬江合肥人） | 一 毛<br>孔子 | 一 公羊<br>孔子 | 一<br>庸譚 |
| 二<br>朱雲（游，平陵人） | 二<br>韓子 | 二<br>子夏 | 二<br>子夏 | 二<br>張禹 |

續表

| 易 | 書 | 詩 | 春秋 | 禮 |
|---|---|---|---|---|
| 三<br>嚴望（九江人）嚴元（仲能）惠莊（長安人） | 三 | 三<br>曾申 | 三<br>公羊高（按《公羊傳》所引，有子、沈子、子司馬子、子女子子、北宮子，凡子冠氏上者著其爲師也。則公羊子亦不第從子夏問乎） | |
| | | 四<br>李克 | 四<br>公羊平 | |
| | | 五<br>孟仲子 | 五<br>公羊地 | |
| | | 六<br>根牟子 | 六<br>公羊敢 | |
| | | 七<br>孫卿 | 七<br>公羊壽 | |
| | | 八<br>毛亨 | 八<br>胡毋生 | |
| | | 九<br>毛萇 | 九<br>嬴公（東平人）<br>公孫（淄川人）<br>褚大（蘭陵人。此下三人歸董仲舒下）<br>段仲（廣川人）<br>吕步舒 | |

續表

| 易 | 書 | 詩 | 春秋 | 禮 |
|---|---|---|---|---|
| | | 十<br>貫長卿（越國人） | 十<br>眭宏（孟，嬴公授，魯人）<br>孟卿（同上，東海人）<br>貢禹（少翁，同上，兼事眭宏，琅琊人） | |
| | | 十一<br>解延年 | 十一<br>嚴彭祖（眭宏授，下邳人，字公子）<br>顏安樂（同上，薛人，字翁孫）<br>疏廣（仲翁孟卿授，蘭陵人）<br>堂溪惠（貢禹授，潁川人） | |
| | | 十二<br>徐敖 | 十二<br>王中（嚴彭祖授，琅琊人）<br>任公（顏安樂授，淄川人）<br>泠豐（次君按《儒林傳》作泠豐次君，《六藝論》"泠"作"陰"，諸書皆本之未知誰誤。淮陽人）<br>劉向（同上）<br>莞路（同上， | |

續表

| 易 | 書 | 詩 | 春秋 | 禮 |
|---|---|---|---|---|
| | | | 又事疏廣，琅琊人）<br>王彥（同上）<br>冥都（堂溪惠授，又事顏安樂，太山人） | |
| | | 十三<br>陳俠（九江人） | 十三<br>公孫文（王中授，琅琊人）<br>東門雲（同上，琅琊人）<br>馬宮（游卿按本傳言，宮治《春秋》嚴氏，《儒林傳》言顏安樂授泠豐，豐授宮，恐當以《儒林傳》爲正。東海人）<br>左咸（同上，琅邪人）<br>孫寶（子嚴，莞路授，鄢陵人） | |
| | | 十四<br>謝曼卿（九江人） | | |
| | | 十五<br>衛宏<br>賈徽 | | |
| | | 十六<br>徐巡（衛宏授）<br>賈逵（賈徽授） | | |

續表

| 易 | 書 | 詩 | 春秋 | 禮 |
|---|---|---|---|---|
| 一<br>李生（未詳所出） | 一<br>李生（傳《尚書》，舞陰人） | 一<br>孔子（按此自孔子五傳即至大毛公，較前差徑故另列） | 一<br>甄宇（長文，傳《嚴氏春秋》，未詳所授，安丘人） | 一<br>蕭望之 |
| 二<br>賈復 | 二<br>賈復（字君文，冠軍人） | 二<br>子夏 | 二<br>甄普 | 二<br>朱雲（字游，魯人） |
| | | 三<br>高行子 | 三<br>甄承 | |
| | | 四<br>薛倉子 | | |
| | | 五<br>帛妙子 | | |
| | | 六<br>毛亨 | | |
| | | 七<br>毛萇（以下詳前） | | |
| 一<br>徐宣（铚人） | | 一<br>張恭祖（傳《齊詩》） | 一<br>程曾（秀升，傳《嚴氏春秋》，未詳所受，南昌人） | 一<br>包咸 |
| 二<br>徐憲<br>王莽 | | 二<br>鄭玄 | 二<br>顧奉 | 二<br>包福 |
| 三<br>徐防 | | | | |

續表

| 易 | 書 | 詩 | 春秋 | 禮 |
|---|---|---|---|---|
| 一<br>鄧宏（未詳所出） | | | 一<br>丁恭（傳《嚴氏春秋》，未詳所受，東緡人） | 一 孝經<br>顏芝（河間人，秦焚書時芝藏《孝經》，至漢初，芝子貞出之） |
| 二<br>鄧甫德 | | | 二<br>樓望（次子，雍丘人）<br>承宮（少子，琅邪人）<br>樊鯈（長魚，南陽人）<br>鍾興（次文，汝陽人） | 二<br>貞顏 |
| | | | 三<br>李修（樊鯈授，潁川人）<br>夏勤（伯宗，同上，九江人）<br>張霸（伯饒，同上，成都人） | |
| | | | 四<br>劉固（張霸授）<br>段著（同上）<br>孫林（同上）<br>張楷（恭超，同上） | |
| 一<br>譙元（未詳所受，閬中人） | | | 一<br>徐子盛（傳《嚴氏春秋》，未詳所受，姑幕人） | |

續表

| 易 | 書 | 詩 | 春秋 | 禮 |
|---|---|---|---|---|
| 二<br>譙瑛 | | | 二<br>承宮（字少子，姑幕人） | |
| 一<br>任安（定祖，傳《孟氏易》，未詳所受，綿竹人） | | | 一<br>董仲舒（未詳所受，按《公羊》，復有宣氏見《張元傳》） | |
| 二<br>杜徵（國輔，沛人） | | | 二<br>吾丘壽王（字子贛，趙人）<br>呂步舒<br>眭宏<br>鮑敞 | |
| 一<br>第五元（傳《京氏易》，京兆人） | | | 一<br>羊弼（傳《公羊》，未詳所受） | |
| 二<br>鄭玄（康成，北海人） | | | 二<br>何休 | |
| 一<br>鍾繇（字元常，長社人，鍾會為其母傳。自言年十四誦《成侯易記》，蓋即繇所著也） | | | 一<br>綦毋君（東莞人，傳《公羊》，未詳所受。謝承《漢書》） | |
| 二<br>鍾會（字士季）<br>郭恩（字義博，利漕人。輅《別傳》）<br>管輅（字公明，平原人） | | | 二<br>趙昱（琅邪人） | |

續表

| 易 | 書 | 詩 | 春秋 | 禮 |
|---|---|---|---|---|
| | | | 一　穀梁<br>孔子 | |
| | | | 二<br>子夏 | |
| | | | 三<br>穀梁赤（按《尸子》一云名俶，字元始。鄭樵以爲有兩人，非是） | |
| | | | 四<br>孫卿 | |
| | | | 五<br>申公 | |
| | | | 六<br>江翁 | |
| | | | 七<br>江翁子<br>榮廣（王孫，魯人）<br>皓星公 | |
| | | | 八<br>江博士（江翁子授）<br>蔡千秋（少卿，榮廣授又事皓星公，沛人）<br>周慶（幼君，同上，梁人）<br>丁姓（子孫，同上） | |
| | | | 九<br>胡常（江博士授）<br>尹更始（蔡千秋授，邵陵人）<br>申章昌（字曼君，楚人） | |

續表

| 易 | 書 | 詩 | 春秋 | 禮 |
|---|---|---|---|---|
| | | | 十<br>蕭秉（君房，胡常授，梁人）<br>尹咸（尹更始授）<br>翟方進（同上）<br>房鳳（同上，《儒林傳》鳳字子元，官九江太守。《後漢書·侯霸傳》直言九江太守房元，是范史疏處） | |
| | | | 十一<br>侯霸（君房，密人） | |
| | | | 一 附<br>焦永（傳《春秋》，未詳所受） | |
| | | | 二<br>樂恢（奇伯，長陵人） | |
| | | | 三<br>趙牧（仲師，長安人）<br>何融 | |
| | | | 一<br>張寧（傳《春秋》未詳所受，《益都耆舊傳》：蜀人） | |
| | | | 二<br>朱倉（卿雲） | |
| | | | 一<br>鄒氏（傳《春秋》，未詳所受） | |

續表

| 易 | 書 | 詩 | 春秋 | 禮 |
|---|---|---|---|---|
| | | | 二<br>王吉（按吉兼通鄒氏） | |
| | | | 一<br>夾氏（未詳所受，亦無傳） | |
| | | | 一<br>宣氏（見《張元傳》，未詳所受，亦無傳） | |
| | | | 一　公羊補<br>孔宙（季將，傳《公羊》、嚴氏、《隸釋》，魯人。<br>王粲《漢末英雄記》<br>張璠《漢記》，宙字公緒） | |
| | | | 二<br>陸遑（孟輔，以下俱宙弟子）<br>樂禹（宣舉，陳留人）<br>朱班（下邳人）<br>周順（寧陽人）<br>周升（仲甫，沛人）<br>陳襃（聖博，汶陽人）<br>謝洋（子讓平興人）<br>丁培（實堅，山陽人）<br>戴璋（元圭，魯人）<br>王政（漢方，卞人） | |
| | | | 三<br>張雲（子平，巨鹿人）以下俱宙門人<br>趙政（元政，廮陶人） | |

續表

| 易 | 書 | 詩 | 春秋 | 禮 |
|---|---|---|---|---|
| | | | 捕巡（升臺，廣宗人）<br>韋勛（幼昌，寧陽人）<br>張上（仲舉，館陶人）<br>王時（子表，館陶人）<br>張典（少高，陰安人）<br>孟忠（待政，魏郡人）<br>李鎮（世君，魏郡人）<br>吳讓（子敬，館陶人）<br>文儉（元節，館陶人）<br>鄉瑱（仲睢，館陶人）<br>暴香（伯子，鄴人）<br>梁淑（元祖，東武陽人）<br>趙恭（和平，東郡人）<br>張表（公方，東武陽人）<br>滕穆（奉德，東武陽人）<br>桑演（仲厚，樂平人）<br>靳京（君賢，樂平人）<br>梁布（叔光，同上） | |

續表

| 易 | 書 | 詩 | 春秋 | 禮 |
|---|---|---|---|---|
| | | | 桑顯（伯異，同上） | |
| | | | 司馬規（伯昌，平丘人） | |
| | | | 張祺（叔松，下博人） | |
| | | | 張朝（公房，安平人） | |
| | | | 蘇觀（伯臺，安平人） | |
| | | | 張琦（子異，堂陽人） | |
| | | | 齊納（榮謀，安丘人） | |
| | | | 呂升（山甫，北海人） | |
| | | | 秦麟（伯麟，劇人） | |
| | | | 如廬浮（遺伯，北海人） | |
| | | | 薛顗（勝輔，劇人） | |
| | | | 高冰（季超，北海人） | |
| | | | 趙震（叔政，梁鄒人） | |
| | | | 徐璜（幼文，梁鄒人） | |
| | | | 吳進（升臺，東平陵人） | |
| | | | 李都（元章，廣川人） | |
| | | | 賀曜（升進，貝丘人） | |
| | | | 許祺（升明，魏郡人） | |

續表

| 易 | 書 | 詩 | 春秋 | 禮 |
|---|---|---|---|---|
| | | | 史崇（少賢，館陶人）<br>孫忠（府文，館陶人）<br>盧精（子節，東郡人）<br>任景漢（任城人）<br>張忠（公直，下博人） | |
| 傳經表卷一終 ||||||

## 傳經表卷二

| 一<br>孔鮒 | 一<br>賈祛潁川人 |
|---|---|
| 二<br>叔孫通（《孔叢子·獨治》篇）<br>荀卿<br>李斯<br>包丘子（《鹽鐵論》） | 二<br>賈山 |
| 一<br>胡安（臨邛人） | 一<br>張敞（字子高，茂陵人） |
| 二<br>司馬相如 | 二<br>張吉 |
| | 三<br>杜鄴（字子夏，茂陵人） |
| | 四<br>張竦（字伯松） |
| | 五<br>杜林（字伯山） |

續表

| | |
|---|---|
| 一<br>彌成子（《西京雜記》） | 一<br>杜閭 |
| 二<br>五鹿充宗 | 二<br>揚雄（字子雲，成都人）<br>侯芭（巨鹿人） |
| | 一<br>耿況（字俠游，茂陵人） |
| | 二<br>耿弇（字伯昭） |
| 一<br>楊太伯（平原人） | 一<br>班彪（字叔皮，平陵人） |
| 二<br>馬嚴（字威卿，茂陵人） | 二<br>王充（字仲任，上虞人） |
| 一<br>劉丕（牟平人） | 一<br>崔駰（字亭伯，安平人） |
| 二<br>劉寵（字榮祖） | 二<br>崔瑗（字子玉） |
| | 三<br>崔寔（字子真）<br>蘇祗 |
| 一<br>呂叔公（扶風人） | 一<br>朱明叔（南陽人） |
| 二<br>楊克（字盛國，梓潼人） | 二<br>楊克 |
| 一<br>白仲職（潁川人） | 一<br>李頡（南鄭人） |
| 二<br>楊克 | 二<br>李郃（字孟節） |

續表

|  |  |
|---|---|
|  | 三<br>李固（字孟堅）<br>李曆（字季子）<br>馮胄（字世威，上黨人） |
|  | 四<br>王調（渤海人）<br>以下俱李固授<br>郭亮（字恒直，郎陵人）<br>杜訪（潁川人）<br>趙承（河內人）<br>鄭遂（汝南人）<br>王成 |
|  | 五<br>李燮（王成授，字德公） |
| 一<br>姜肱（字伯淮，廣戚人） | 一<br>荀淑（字季如，潁陰人） |
| 二<br>劉操（陳留人） | 二<br>李固<br>李膺（字元禮，襄城人） |
|  | 三<br>景顧（李膺授，蜀郡人）<br>符融（同上，字偉明，浚儀人） |
| 一<br>陳蕃，字仲舉，平輿人 | 一<br>來艷字季德，新野人 |
| 二<br>周昕字稽人 | 二<br>來敏字敬達 |
|  | 三<br>來忠 |
| 一<br>樊英字季齊，魯陽人 | 一<br>申君（東海人） |

續表

| | |
|---|---|
| 二<br>陳寔字仲弓，許人<br>范冉字史云，外黃人<br>郤巡，陳郡人 | 二<br>戴封（字平仲，濟北剛人） |
| 三<br>王烈，陳寔授，字彥方，太原人<br>荀爽（陳寔授，下同。見《先賢行狀》）<br>賈彪<br>李膺字元長 | |
| 一<br>廖扶字文起，平輿人 | 一<br>樂隱 |
| 二<br>謁煥 | 二<br>牽招<br>史路 |
| 一<br>法真（字高卿，眉人） | 一<br>度博平（湖陸人） |
| 二<br>范冉 | 二<br>邯鄲淳（字子禮） |
| 一<br>單甫 | 一<br>皇象 |
| | 二<br>張融（《吳志》張溫亦從象學） |
| 一<br>許慎（字叔重，召陵人） | 一<br>郤仲信 |
| 二<br>尹珍（又從應奉受經） | 二<br>魏郎（字少英，上虞人） |
| 一<br>屈伯彥（成皋人） | 一<br>竇武（字游平，平陵人） |
| 二<br>郭泰（字林宗，介休人） | 二<br>胡騰（桂陽人） |

續表

| | |
|---|---|
| 一<br>劉寬 | 一<br>何荔（序志） |
| 二<br>傅燮（字南容，靈州人） | 二<br>楊班<br>羅衡 |
| 一<br>楊序（同上） | 一<br>楊宣（同上） |
| 二<br>侯祚<br>寇歡 | 二<br>嚴象<br>昭約<br>趙翹 |
| 一<br>焦貺（同上，會稽人） | 一<br>韓子方 |
| 二<br>鄭宏（字巨君，山陰人） | 二<br>張貞 |
| 一<br>樊志張 | 一<br>劉瑜 |
| 二<br>衛衡（字伯梁，南鄭人。《漢中士女志》又言衡事同郡樊季齋） | 二<br>劉琬 |
| 一<br>王暢（字叔茂，高平人） | 一<br>邊讓（字文禮，浚儀人） |
| 二<br>劉表（字景升，高平人） | 二<br>楊俊（字季才，獲嘉人） |
| 一<br>祝恬 | 一<br>劉熙 |
| 二<br>劉焉（字君郎，竟陵人） | 二<br>許慈（字仁篤，南陽人）<br>薛綜（字敬文，竹邑人） |

續表

| | |
|---|---|
| | 三<br>許勛（許慈授） |
| 一<br>宋忠 | 一<br>司馬徽（字德操） |
| 二<br>尹默（字思潛，涪人）<br>李仁（字德賢，涪人）<br>潘濬（字承明，漢壽人） | 二<br>向郎（字巨達，宜城人）<br>尹默<br>李仁 |
| | 三<br>尹宗（尹默授）<br>李譔（李仁授，字欽仲） |
| 一<br>濮陽闓 | 一<br>張恭祖 |
| 二<br>韓宗<br>趙達（河南人）<br>張紘（字子綱，廣陵人） | 二<br>鄭玄 |
| 一<br>譙岍（字榮始，西充國人） | 一<br>摯恂（字季直，京兆人） |
| 二<br>譙周（字允南） | 二<br>馬融 |
| 三<br>譙同 | 三<br>盧植（字子榦，涿人）<br>延篤（字叔堅，犨人）<br>馬日磾（字翁叔）<br>范冉<br>楊克<br>鄭玄 |
| | 四<br>劉德然（盧植授）<br>高誘（同上，涿郡人）<br>公孫瓚（同上）<br>郗慮（以下俱鄭玄授。字鴻豫，山陽人） |

續表

| | |
|---|---|
| | 國淵（字子尼，樂安人）<br>崔琰（字季珪，清河人）<br>公孫方<br>孫炎（字叔然）<br>孫皓<br>程秉<br>馬昭<br>張逸<br>趙商<br>王基（字伯興，東萊人）<br>任嘏（字昭光，樂安人）<br>冷剛<br>田瓊<br>炅模<br>焦喬<br>王權<br>鮑遺<br>陳鑒<br>崇精 |
| | 五<br>劉宣（孫炎授） |
| 一<br>楊慮（字威方，襄陽人。《襄陽耆舊傳》） | 一<br>韓子助（陳留人，《三國志》注《邴原別傳》） |
| 二<br>許洗 | 二<br>邴原 |
| 一<br>張遌（余汗人） | 一<br>欒文傳（長安人。《魏略》） |
| 二<br>諸葛瑾<br>陸遜 | 二<br>石德林（安定人） |
| 一<br>柏侯子安 | |
| 二<br>管寧 | |
| 傳經表卷二終 ||

# 兩漢經師今古文家法考叙

魏 源

魏源曰：余讀《後漢書·儒林傳》衛、杜、馬、賈諸君子承劉歆之緒論，創立費、孔、毛、左古文之宗，土苴西京十四博士，今文之學謂之俗儒廢書，而喟夫西漢經師承七十子微言大義。《易》則施、孟、梁丘，皆能以占變知來；《書》則大小夏侯、歐陽、兒寬皆能以《洪範》匡世主；《詩》則申公、轅固生、韓嬰、王吉、韋孟、匡衡皆以三百篇當諫書；《春秋》則董仲舒、雋不疑之決獄；《禮》則魯諸生、賈誼、韋玄成之議制度，而蕭望之等皆以《孝經》《論語》《保傅》輔道求之東京，未或有聞焉。其文章述作。則陸賈《新語》以《詩》《書》說高祖，賈誼《新書》爲漢定制作，《春秋繁露》《尚書大傳》《韓詩外傳》，劉向《五行》，楊雄《太元》，皆以其自得之學範陰陽，矩聖學，規皇極，斐然與三代同風，而東京亦未有聞焉。今世言學則必曰東漢之學勝西漢，東漢鄒、許之學綜六經。嗚呼！二君惟六書三禮，並視諸經爲閎深，故多用今文家法及鄭氏旁釋，《易》《詩》《書》《春秋》皆創異門户，左今右古，其後鄭學大行駸淫，遂至《易》亡施、孟、梁丘，《書》亡夏侯、歐陽，《詩》亡齊、魯、韓，《春秋》亡鄒、夾，《公羊》《穀梁》半亡半存，亦成絕學；讖緯盛，經術卑，儒用絀，晏、肅、預、謐、瞶之徒始得以清言名理，並起持其後，東晉梅賾僞古文書遂乘機竄入，並馬、鄭亦歸於淪佚，西京微言大義之學墜於東京，東京典章制度之學絕於隋唐，兩漢故訓聲音之學熄於魏晉，其道果孰隆替哉。且夫文質再世而必復天道三微而成一著，今日復古之要，由詁訓古聲音以進於東京典章制度，此齊一變至魯也。由典章制度以進於西漢微言大義，貫經術、政事、文章於一，此魯一變至道也，道光商橫攝提格之歲，源既叙錄武進禮曹劉申甫先生遺書，略陳群經家法，兹乃推廣編集兩漢《儒林傳》《藝文志》之文。凡得《周易》今文家：施氏第一，梁丘學第二，孟喜氏學第三，孟氏學旁出京氏、焦氏第四；《周易》古文家：費氏學第五，其流爲荀氏卦氣之學、鄭玄爻辰之學，此外又有虞翻消息卦變之學，斯爲《易》學古今文傳授大概也。《尚書》今文列於博士者有伏生、歐陽、大小夏侯二十八篇之學，有孔安國古文四十六篇之學，東漢初劉歆、杜林、衛宏、賈逵、馬融、鄭康成又別創古文之學，其篇次與今文同；而孔安國佚十六篇仍無師説，此皆不列於博士者。及東晉僞古文及僞孔傳出，唐代列於學校，而伏、歐之今文，馬、鄭之古文同時並亡。予據《大傳》殘編加以《史記》《漢書》諸子所徵引，其成《書古微》，斯《尚書》今古文傳授大概也。《詩》則漢初皆習齊轅固生、魯申公、韓嬰三家，惟《毛詩》別爲古文。鄭康成初年習《韓詩》及箋詩，改從毛，於是齊、魯、韓次第佚亡，今惟存《毛傳》及宋朱子，王應麟始略採三家詩殘文而未得條緒，明何楷、本朝范家相、桐城徐璈次第搜輯，始獲三家詩十之七八，而余發揮之成《詩古微》。此《詩》今古文大概也。小學以《説文》爲大宗，歷代罕究，國朝顧炎武始明音學，而段、王二氏發明《説文》《廣雅》惟轉注之説，尚有疏舛，予特爲發明之。此小學家之大概也。《禮經》則禘祫之義王肅與鄭玄抗衡，鄭主緯書感生五帝之説，肅主人帝爲始祖所自出之，帝輪攻墨固失之楚亦未得，而鄭玄《周禮注》計口出泉，至宋遂啓王安石新法之禍，惟宋朱子纂《儀禮》經傳，通解分家禮、邦國禮、王朝禮、喪祭禮，合三《禮》爲一書，集三代古禮之大成；又欲採後世制度因革損益，以釋其可行。國朝《讀禮通考》《五禮通考》實成其志，此則古今三《禮》之大概也。今採史志所載各家，立案於前，而後隨人疏證，略施斷制於後，俾承學之士、法古今者一披覽而群經群儒燦然如處一堂，識大識小，學無常師，以爲後世之君子亦將有樂於斯乎。

# 今古學宗旨不同表

廖 平

## 《今古學考》上

| | |
|---|---|
| 今祖孔子 | 古祖周公 |
| 今《王制》爲主 | 古《周禮》爲主 |
| 今主因革（參用四代禮） | 古主從周（專用周禮） |
| 今用質家 | 古用文家 |
| 今多本伊尹 | 古原本周公 |
| 今孔子晚年之説 | 古孔子壯年主之 |
| 今經皆孔子所作 | 古經多學古者潤色史册 |
| 今始於魯人，齊附之 | 古成於燕趙人 |
| 今皆受業弟子 | 古不皆受業 |
| 今爲經學派 | 古爲史學派 |
| 今意同莊、墨 | 古意同史佚 |
| 今學意主救文弊 | 古學意主守時制 |
| 今學近於王 | 古學師乎伯 |
| 今異姓興王之事 | 古一姓中興之事 |
| 今西漢皆立博士 | 古西漢多行之民間 |
| 今經傳立學皆在古前 | 古經傳立學皆在今後 |
| 今由鄉土分異派 | 古因經分異派 |
| 今禮少所無皆同古禮 | 古禮多所多皆同今學 |

| 今所改皆周制流弊 | 古所傳皆禮家節目 |
|---|---|
| 今漢初皆有經，本非口授 | 古漢初皆有師，後有廢絕 |
| 今以《春秋》爲正宗（餘皆推衍《春秋》之法以說之者） | 古惟《周禮》爲正宗（即《左傳》亦推衍以說之者，餘經無論矣） |
| 今多主緯候 | 古多主史冊 |
| 今學出於春秋時 | 古學成於戰國時 |
| 先秦子書多今學 | 先秦史冊皆古學 |
| 今秦以前無雜派 | 古秦以前已有異說 |
| 今無緣經立說之傳 | 古有緣經立說之傳 |
| 今無儀注，皆用周舊儀 | 古有專說不通別經 |
| 今經惟《王制》無古學（餘經皆有推衍古派） | 古經惟《周禮》無今學（餘經皆有推衍今派） |
| 《孝經》本無今說 | 《春秋》本無古學 |
| 今經惟存《公》《穀》、范氏，以古疑今 | 古經皆存，鄭君以今雜古 |
| 注今經李、何以前不雜古 | 注古經馬、許以前不雜今 |
| 《戴禮》古多於今，漢儒誤以爲今學 | 讖緯皆今學，漢儒誤以爲古學 |
| 古《儀禮》經漢初誤以爲今 | 今《王制》先師誤以爲周 |

# 今學改變古學禮制表

廖 平

《今古學考》上

| 古封公方五百里、侯方四百里、伯方三百里、子方二百里、男方一百里，地五等 | 今封公、侯方百里，伯方七十里，子、男方五十里，地三等 |
|---|---|
| 古一甸出一車 | 今十井出一車 |
| 古六卿大夫士員無定數 | 今公卿大夫士皆三輔一 |
| 古畿內不封國 | 今畿內封國 |
| 古有世卿無選舉 | 今無世卿有選舉 |
| 古周禮十二年一巡守 | 今王制五年一巡守 |
| 古天子下聘不親迎 | 今天子不下聘有親迎 |
| 古禘天子郊無祫祭 | 今禘爲時祭有祫祭 |
| 古天子無太廟有明堂 | 今天子有太廟無明堂 |
| 古刑餘爲閹人 | 今刑餘不爲閹人 |
| 古社稷皆人鬼 | 今社稷皆天神 |
| 古田稅以遠分上下 | 今皆什一分遠近 |
| 古山澤皆入官家 | 今山澤無禁 |
| 古厚葬 | 今薄葬 |
| 古七廟祭有日月時之分 | 今七廟皆時祭 |

# 今古文家法述·答奉天黃翩問

象　山　陳漢章　撰

**今古文肇稱於馬、班，中古文獨發於中壘。**

《漢書·藝文志》：劉向以中古文《易經》校施、孟、梁丘經，或脫去"无咎""悔亡"，唯費氏經典古文同；又以中古文校歐陽、大、小夏侯三家經文，《酒誥》脫簡一，《召誥》脫簡二，文字異者七百有餘，脫字數十。師古說中古文曰：中者，天子之書也，言中以別於外耳。龔氏自珍，不信中古文，立十二證，一曰秦燒天下儒書，漢因秦宮室，不應宮中獨藏《尚書》；二曰蕭何收秦圖籍，乃地圖之屬，不聞收《易》與《書》；三曰假使中秘有《尚書》，何必遣晁錯往伏生所受二十九篇；四曰假使中秘有《尚書》，不應安國獻孔壁書，始知曾多十六篇；五曰假使中秘有《尚書》，以宣、武之爲君，諸大儒之爲臣，百有餘年間，無言之者，不應劉向始知校《召誥》《酒誥》，始知與博士本異文七百；六曰此中秘書，既是古文，外廷所獻古文，遭巫蠱不立，古文亦不亡，假使有之，則是燒書者，更始之火，赤眉之火，而非秦火矣；七曰中秘既是古文，外廷自博士以迄民間，應奉爲定本，斠若畫一，不應其古文家今文家紛紛異家法；八曰中秘有書，應是孔門百篇全經，不但《舜典》《九共》之文，終西漢世具存，而且孔安國之所無者，亦在其中，孔壁之文，又何足貴，今試考其情事，然耶否耶；九曰秦人後千古儒者，獨劉向、歆父子見全經，而生平不曾於二十九篇外引用一句，表章一事；十曰亦不傳授一人，斯爲空前，斯謂絶後，此古文者跡過如埽矣，異哉；十一曰假使中秘書並無百篇，則向作《七略》，當載明是何等篇，其不存者亡於何時，其存者又何所受，而皆無原委，千古但聞有中古文之名；十二曰中秘既有五經，獨《易》《書》著，其三經何以蔑聞，予謂此中古文，或即劉歆所自序之言，託於其父，並無此事也（詳《定盦文集補》）。漢章爲一一釋之。秦始皇帝三十四年，丞相李斯曰，臣請史官非秦紀皆燒之，非博士官所藏，天下敢有藏《詩》《書》百家語者，悉詣守尉雜燒之。然則秦博士所藏者不燒，猶之秦紀（太史公本之）。迨沛公入咸陽，蕭何獨先收秦律令圖書藏之，沛公具知天下阨塞户口多少、强弱處民所疾苦者，以何得秦圖書也。此時所收圖書，非止地圖，即張蒼所修律令，叔孫通所輯禮儀，張良、韓信所序次兵法，並在其內，《蕭何傳》獨舉陀塞戶口言之者，以沛公當時得力在地圖耳。而《藝文志》又明言及秦燔書，《易》為筮卜之事，傳者不絶，安知古文《易》不在何所收圖書之內？龔氏所疑之二可釋也。《志》又明言武帝末，魯共王得《古文尚書》及《禮記》《論語》《孝經》，凡數十篇，孔子後孔安國悉得其書，以考伏生二十九篇，得多十六篇，安國獻之，遭巫蠱事，未列於學官。《劉歆傳》亦云，魯共王得古文於壞壁之中，《書》十六篇，天漢之後，孔安國獻之，是中古文《尚書》，即非蕭何所收秦圖書之一，亦為孔子後人所獻，龔氏所疑之一可釋矣。龔謂語出劉歆，未足為據，《太史公書·儒林傳》曰，孔氏有《古文尚書》，安國以今文讀之，因以起其家，逸《書》得十餘篇。十餘篇者，即《舜典》《汨作》《九共》《大禹謨》《棄稷》《五子之歌》《胤征》《湯誥》《咸有一德》《典寶》《伊訓》《肆命》《原命》《武成》《旅獒》《畢命》（作《冏命》誤）十六篇，其餘篇則安國亦不能讀。故王充《論衡》曰：孝景帝時，魯共王壞孔子教授堂以為殿，得百篇《尚書》於牆壁中，武帝使使者取視，莫能讀者，遂秘於中，外不得見；至孝成皇帝，徵為《古文尚書》學，東海張霸，案百篇之序，空起百兩之篇，獻之成帝。帝出秘百篇以校之，皆不相應（見《正說》篇）。又曰，成帝讀百篇《尚書》，博士郎吏，莫能曉知，徵天下能為《尚書》者，東海張霸造作百二篇奏上，成帝出秘《尚書》以校考之，無一字相應者（見《佚文》篇）。然則漢中秘所收壁中之文，自有百篇《尚書》，不獨孔氏所獻逸十六篇，有《舜典》《九共》等名，而成帝出中秘書校張霸百篇，正與劉向以中古文校歐陽、夏侯書無異，龔氏所疑之四、之七、之八皆釋矣。龔氏又疑中秘有《尚書》，何以至劉向始知（其三、其五），則《志》《傳》明書孝惠除挾書之律，開獻書之路，孝文始使掌故晁錯從伏生受《尚書》，其時中秘書未備也，孝武建藏書之策，置寫書之官，凡魯河間王所得孔安國及諸人所獻，皆充秘府。至成帝時，使陳發秘藏，校理舊文，而劉向奉詔校中古文，何足為疑？龔氏又疑向、歆既見中古文，何以不傳（其九、其十、其十一），則《後漢書·劉陶傳》，稱陶明《尚書》《春秋》，為之訓詁，推三家《尚書》及古文，是正文字三百餘事，名曰《中文尚書》，後世亦不聞中文之學，或引用一句，表章一事，傳授一人。況中古文自向、歆之前，外人不得見；向、歆之後，博士不肯對，寖致失傳，與中文等，百篇名見《書序》，何必復於《七略》載明，豈得謂絶後空前、跡過如埽？龔氏又疑中秘既有古文《易》《書》，何以三經蔑聞（其十二）？何龔氏之不詳考也，劉歆謂校理舊文，得此三事，舊文即古文。三事者，謂《尚書》《逸禮》及《左氏春秋》（本王氏《補注》

說），此非歆一人私言，《論衡》亦稱魯共王得佚《尚書》百篇、《禮》三十、《春秋》三十篇（今本誤三百篇）、《論語》二十一篇，上言武帝，遣史發取，古經《論語》，此時皆出（見《佚文》篇），又言《春秋左氏傳》者，出孔子壁中，孝武皇帝時，魯共王得佚《春秋》三十篇，《左氏傳》也（見《案書》篇），然則魯共王所得孔壁中書，皆取入中秘，《左氏春秋》三十篇，與北平侯張蒼所獻同（見《說文序》），逸《禮》三十九篇，即禮古經，出魯淹中，合高堂生所傳《士禮》十七篇、爲五十六卷，與河間獻王所獻同（見鄭君《六藝論》）。中古文又有《論語》《孝經》，正不獨有《易》《書》，且又有一顯證，《河間獻王傳》言王所得書，皆古文先秦舊書《周官》《尚書》《禮》《禮記》《孟子》《老子》之屬。似《周官》一經，惟出河間，而《史記·封禪書》稱上與公卿諸生議封禪，群儒採《尚書》《周官》《王制》之望祀射牛事，與明帝永平二年詔有司採《周官》議冕服同，可見漢中秘書亦有《周官》（獻王以元光五年薨，元鼎四年後乃以得寶鼎，議封禪），烏得云三經蔑聞。《志》又稱孝文時，魏文侯樂人竇公獻其書，乃《周官·大宗伯》之《大司樂》章，假令秘府無《周官》，何以知《大宗伯》有《大司樂》章？以《周官》古文校竇公書，正如劉向以古文《易》《書》校三家經，龔氏顧皆蔑聞，而獨疑《書》《易》，又疑中古秘書既不亡，則燒書者非秦火而更始、赤眉之火（其六），龔氏豈未見《日知錄》已云，此中古文，不知即安國所獻否，及王莽末，遭赤眉之亂，焚燒無餘，顧氏此言，本於牛弘。《隋書·牛弘傳》云，至孝成之世，詔劉向父子讎校篇籍，漢之典文，於斯爲盛，及王莽之末，長安兵起，宮室圖書，並從焚燼。然則燒中古文者，實非秦火，《後漢書·杜林傳》云，林前於西州得漆書《古文尚書》一卷，常寶愛之，雖遭困難，握持不離身，出以示衛宏、徐巡曰，林流離兵亂，常恐斯經將絕，何意東海衛子，濟南徐生，復能傳之，是道竟不墜於地也，古文雖不合時務，然願諸生無悔無所學，宏、巡益重之，於是遂行。是即馬、鄭傳注之古文也，漆書一卷，實即中秘古文流遺於兵燹之餘者。龔氏所疑皆疑所不當疑，不先辨之，古文之源流不顯，然則莊氏今文家派，又謂漆書爲杜林所僞造矣（莊氏派見後）。

**厥初文字區分**

費直傳《易》，其本皆古字，號《古文易》（《釋文》），孔安國《古文尚書》，讀應《爾雅》（《漢志》及《後漢書·賈逵傳》），河間獻王得古文，立毛氏《詩》《左傳春秋》博士，《左氏傳》多古字古言（《景十三王傳·楚元王交傳》），魯共王得《古文尚書》及《禮記》《論語》《孝經》，凡數十篇，皆古字（《傳》《志》），是當時所謂古文者，皆以有古字，而未明言爲古何字，與漢隸之今字異稱。賈公彥《儀禮疏》曰，高堂生傳十七篇，是今文也，孔子宅得《古儀禮》五十六篇，其字皆篆書，是古文也，賈意以古文即篆書，案《説文叙》曰，孔子書六經，左丘明述《春秋傳》，皆以古文，古文孔子壁中書也，奇字，即古文而異者也，篆書即小篆，秦始皇帝所作也。然則孔子安知有秦篆而書之？《説文叙》又云：周宣王太史籀著《大篆》十五篇，與古文或異。孔穎達《書疏》曰：或以古文即大篆，非也，秦有大篆，若大篆是古文，不得云古文遂絕，是孔子所書之古文，非小篆，亦非大篆，必別爲一種書《僞孔傳》則云，魯共王壞孔子舊宅，於壁中得先人所藏古文，皆科斗文字，科斗書廢已久，時人無能知者，定其可知者，爲隸古定，更以竹簡寫之。（案《儒林傳》，孔安國以今文字讀古文，《論衡·正説》篇，武帝發取壁中古文，得《論語》，後更隸寫以傳誦）宋自吳才老、朱子後，疑東晉所出《孔傳》爲僞，王柏書疑，遂並疑科斗文字曰。予嘗求科斗之書體，茫昧恍惚，不知其法，後世所傳夏商鬲鼎盤匜之類，舉無所謂科斗之形，或謂科斗者，顓頊之時書也，序者之言，不過欲耀孔壁所藏之古，以世代之遠而傅會之，且曰科斗書廢已久，時人無能知者，又不知何以參伍點畫，考驗偏旁，而更爲隸古哉。段玉裁《説文解字注》，因引王隱《晉書》：太康元年，汲郡民盜發魏安釐王冢，得竹書漆字科斗之文。科斗文者，周時古文，其字頭粗尾細，似科斗之蟲，故俗名之焉。謂據此則科斗文乃晉人俚語，而孔安國叙《尚書》，乃有科斗文字之喻，其作僞顯然矣。漢章案：《孔傳序》僞，而古文爲科斗形，説非始於晉人，《西京雜記》：公駕至東都門得石椁，有銘焉，文字古異，左右莫能知，以問叔孫通，通曰，科斗文也（孔衍《孔衍家語後序》）。魯共王得《尚書》《春秋》《論語》《孝經》，時人已不復知有古文，謂之科斗文（《水經·泗水注》同）。此二事皆在晉前（杜預《春秋傳後序》亦云：汲郡發舊冢者，大得古書，皆簡篇科斗文字，不能盡通），即曰《雜記》爲葛洪僞撰，《家語後序》爲王肅僞撰，而《後漢書·盧植傳》：植上書曰，古文科斗，近於爲實，而厭抑流俗，降至小學，中興以來，通儒達士班固、賈逵、鄭興父子，並敦悦之，今《毛詩》《左氏》《周禮》，各有傳記，其與《春秋》共相表裏，宜置博士，爲立學官。鄭君《書贊》曰：《書》初出屋壁，皆周時象形文字，今所謂科斗書，以形言之爲科斗，指體即周之古文，古文爲科斗書。得此二證，已如鐵案不可動搖。皮氏錫瑞《五經通論》，顧謂鄭君《書贊》不可信，豈盧子榦奏御之書，亦不可信乎？（皮竟不引《盧植傳》，非諱，即健忘）盧子榦言班、賈、鄭莫不敦悦，鄭興父子注古文《周官》經，爲杜子春所傳，賈注左氏古文《春秋》經，爲陳元所傳，又注《古文尚書》，爲杜林所傳，推知林所藏漆書古文，亦如汲冢所藏竹簡漆書科斗文，當是以能讀科斗文者稱爲古文，後世如晉衛恒序古文曰，自黄帝至三代，其文不改（案此語有病），及秦用篆書，焚燒先典，而古文絶。魯共王壞孔子宅，得科斗書，漢世秘藏，希得見之魏初傳古文者，出於邯鄲淳，恒祖敬侯（案即衛覬），寫淳《尚書》，後以示淳，而淳不別（見《晉書·衛瓘傳》），是魏初邯鄲淳、衛覬並能讀古文。束晳讀嵩山下科斗書曰：此漢明帝顯節陵中策文也（《晉書》晳傳，時有人於嵩山下得竹簡一枚，上兩行科斗書，莫有識者，張華問晳）。王僧虔讀襄陽古冢科斗書曰：此《考工記》，《周官》所闕文也（《南齊書·文惠太子傳》：時襄陽有盗發古冢者，相傳云楚王冢，獲竹簡書，青絲編簡，廣數分，長二尺，皮節如新。盗以把火自照，後人有得十餘簡以示撫軍王僧虔，僧虔曰云云）。下至唐代，李陽冰、韓昌黎猶能識科斗書（《昌黎先生文集·科斗書後記》：大曆時，李監陽冰獨能篆書，貞元中，愈於汴州，識開封令服之者，陽冰子，授余以其家科斗《孝經》、漢衛宏官書兩部合一卷，愈寶蓄之，曰：古書得其據依，蓋可講。又唐張讀《宣室志》：泉州南山石壁下，有鑿成文字一十九書，字勢甚古，郡中無得識者，傳至東洛，時故吏部郎韓愈自尚書郎爲河南令，見而識之，詳究其義，其字則科斗篆書）。而謂兩漢古文家，不能參伍點畫，考驗偏旁，定其可知者爲隸古定，非其理也。皮氏又謂《說文》所列古文，不似科斗，科斗之說，乃東漢古文家自相矜衒，不知衛恒已詳言古文體勢曰，因聲會意，類物有方，日處君而盈其度（案此即說文古字），月執臣而虧其旁（古文日），雲委蛇而上布，星離離以舒光，禾栉苯蓲以垂穎（《說文》木卉無古文，偏旁作𣎵，又云：古文或以屮爲艸），山岳峨嵯而連岡（古文嶽作𡶶），蟲蚑蚑其若動（古文蟲偏旁作𧈢），鳥飛飛而未揚（鳥無古文，烏古文於），或守正循檢，矩折規旋，或方圓靡則，因事制權，其曲如弓，其直如弦，矯然特出，若龍騰於川（案此即王隱所謂頭粗），森爾下穨，若雨墜於天（案此尾細），或引筆奮力，若鴻鵠高飛，逸逸翩翩，或縱肆阿娜，若流蘇懸羽，靡靡縣縣……信黄唐之遺跡，爲六藝之範先，籀篆蓋其子孫，隸草乃其曾玄，覩物象以致思，非言辭之所宣。（亦見《衛瓘傳》）觀恒所舉數字，與《說文》所列古文皆合（《三國·魏志注》引《魏略》，本云邯鄲淳善蒼雅蟲篆，許氏字指），與鄭君《書贊》所云科斗書皆周時象形文字亦合，鄭云指體即古文，言形爲科斗，今本《說文》之古文，或無科斗形者，後人以籀篆體改之，且古字或亦多（語本《周禮·外府注》），黄元同先生曰，許書所謂古文者，有蒼頡初造之古文，有史籀後出之古文，鄭注《禮》所謂古文者，魯淹中之科斗書也，淹中之書，間用後出之古文（《士昏禮注》，古文"止"作"趾"；《士相見禮注》，古文"妥"作"綏"），漢章又案，《魏書·江式傳》，式已言邯鄲淳石經，校之《説文》，古字小異，知此可無疑矣。

**厥乃家法角立**

古文既皆古字，非通知字學及今文學者，必不能讀。鄭君《書贊》曰，衛、賈、馬二三君子之業，則雅才好博，既宣之矣。《周禮序》曰，世祖以來，通人達士，大中大夫鄭少贛名興，及子大司農仲師名衆，故議郎衛次仲，侍中賈君景伯，南郡太守馬季長，皆作解詁，玄竊觀二三君子之文章，顧省竹帛之浮辭，其所變易，灼然如晦之見明，其所彌縫，奄然如合符復析，斯可謂雅達廣攬者也。……就其原文字之聲類，考訓詁，攟秘逸，謂二鄭者，同宗之大儒，明理於典籍，犕識皇祖大經《周官》之義，存古字，發疑正讀，亦信多善，徒寡且約，用不顯傳於世，今贊而辨之，庶成此家世所訓也（以上佚文，並引見孔、賈《疏》）。由鄭此言推之，古文各經，必皆以發疑正讀爲家法；今文家謂孔安國以今文讀古文，但略綴以文字，絕無章句訓義，古《尚書》説，由劉歆創立耳。今案古文家，惟費直《易》以彖繫辭文言解説上下經，無章句，明見《儒林傳》。傳又云，孔安國以今文字讀《古文尚書》，因以起其家（何氏焯曰，謂別起家法）。安國爲諫大夫，授都尉朝，朝授膠東庸生，司馬遷從安國問故，遷書載《堯典》《禹貢》《洪範》《微子》《金縢》諸篇，多古文説，向使安國無古文説，遷書安得載其説，豈遷書之古文書説，亦劉歆爲之乎？況《毛詩》有故訓傳三十卷，《周官》有傳四篇，《左氏傳》有《左氏微》二篇，《鐸氏（椒）微》三篇。《虞氏（卿）微》傳二篇，《張氏（蒼）微》十篇，可見古文家非無訓義。《劉歆傳》曰，初《左氏傳》多古字古言，學者傳訓故而已，及歆治《左氏》，引傳文以解經，轉相發明，由是章句義理備焉。然則歆之前《左氏》非無訓故也，《儒林傳》明言賈誼爲《左氏傳》訓故，授趙人貫公，爲河間獻王博士，無訓故安能授人以自立家法？《藝文志》又言《孝經》古孔氏一篇，諸家説不安處，古文字讀皆異，又可見古文家法，自發疑正讀始，西漢然，東漢亦然。馬融《周禮傳》云，《周官》既出於山巖屋壁，復入於秘府，五家之儒（孫氏詒讓曰，五家謂高堂生、蕭奮、孟卿、后蒼、戴德、戴聖），《禮記正義序》引《六藝論》所謂高堂生及五傳弟子是也，莫得見焉。至孝成皇帝，達才通人，劉向子歆，校理秘書，始得列序，著於錄略，奈遭天下倉卒，兵革並起，又疾疫喪荒，弟子死喪，徒有里人河南緱氏杜子春尚在，永平之初，年且九十，家於南山，能通其書，頗識其説，鄭衆、賈逵，往受業焉（引見賈《疏》）。然則古文家法，通其讀乃識其説。當時杜林所以寶愛漆書《古文尚書》一卷者，亦以能通其讀，林有《蒼頡訓纂》一篇，又有《蒼頡故》一篇，《藝文志》謂蒼頡多古字，案即科斗書，俗師失其讀，宣帝時徵齊人能正讀者，張敞從受之，傳至外孫之杜林，爲作訓故；《杜鄴傳》謂鄴母張敞女，鄴壯從張敞子吉學問，吉子竦又幼孤，從鄴學問，尤長小學，鄴子林清靜好古，亦有雅材，其正文字過於鄴、竦，故世言小學者由杜公，可見林通古文。由於通小學，古文之家法如是，異於信口説而背傳記者，故桓譚、馬融，並自今文爲俗儒。

**漢武承秦火之餘，今文遂立於國學。**

《漢書·儒林傳·贊》曰："自武帝立五經博士……一經説至百餘萬言，大師衆至千餘人"，初《書》唯有歐陽（時爲博士者，當是歐陽和伯曾孫高），《禮》后（蒼，張氏金吾曰，蒼事宣帝爲博士，則《后氏禮》非武帝所立可知，《經典釋文》：漢初立高堂生《禮》博士。漢章案，《史記·儒林傳》言《禮》自魯高堂生；《索隱》引謝承曰：秦氏季代，有魯人高堂伯，伯是其字，自漢以來，儒者皆號生，據此則高堂生在秦季世，與叔孫通同時，未必老壽逮漢武初年，當仍作后蒼爲是，蒼爲武帝博士，無妨逮事宣帝也），《易》楊（何，沈氏欽韓曰：其後施、孟、梁丘之《易》，皆本田、何三家，不出於楊；楊本不立博士，故不言所終，"《易》楊"爲"《易》田"之訛。漢章案，田何之《易》授王同，同授楊何，何弟子京房授《易》梁丘賀，不得云梁丘之《易》不出於楊，且《史記》云言《易》者本於楊何之家，楊字不訛），《春秋》公羊（當是蘭陵褚大而已）。至孝宣世，復立大、小夏侯《尚書》（夏侯勝與從兄子建，並出於倪寬），大、小戴《禮》（戴德、戴聖並出於后蒼），施讎、孟喜、梁丘賀《易》（三家皆出於田王孫，王孫師丁寬，寬師田何，而梁丘又出楊何）；《穀梁春秋》（瑕丘江公孫）；至元帝世復立京氏《易》（京房受《易》焦延壽），而《藝文志》立學官者，又有魯（申公）、齊（轅固生）、燕（韓生）三家《詩》，慶普（亦后蒼弟子）《禮傳》，不詳立何世，《史記》稱韓生爲博士，孝文時；轅固爲博士，孝景時；《漢書·楚元王傳》又稱文帝時申公博士，是三家《詩》立學官，在文、景世（惟慶普《禮》之立無考）。文、景時博士不專重今文，《左氏春秋》先師賈誼，文帝召以爲博士；誼弟子貫公，與毛公並爲河間獻王博士；《毛詩》《左傳》，皆古文也，即武帝世，自孔安國外，亦有讀説古文爲今文者。《尚書疏》引劉向《別錄》曰：武帝末，民有得《大誓》書於壁內者，獻之，與博士使讀，説之。數月皆起傳以教人（《文選注》引《七略》同）；王充《論衡·正説》篇又曰：孝宣皇帝時，河內女子發老屋，得逸《易》《禮》《尚書》各一篇，奏之，宣帝下示博士，然後《易》《禮》《尚書》各益一篇。則是漢家自有故事，何以哀帝欲建立《左氏春秋》及《毛詩》《逸禮》《古文尚書》，今劉歆與五經博士講論其義，諸博士不肯置對，蓋恐如宣帝建立《穀梁春秋》，五經名儒，大議殿中，評其同異，而《穀梁》遂大行於世也（荀悅《漢紀》，宣帝甘露三年立《左氏傳》博士與翟酺謂文帝始置五經博士同誤），挾執孔見，守缺抱殘，至使《左氏》諸經及《周官》六篇平帝王莽世，始置博士立學官，不久即罷，惜哉。

**光武反新莽之政，古學惟行於民間。**

《後漢書·徐防傳·注》引《漢官儀》曰：光武中興，恢宏稽古，《易》有施、孟、梁丘、賀、京房，《書》有歐陽、和伯、夏侯勝、建，《詩》有申公、轅固、韓嬰，《春秋》有嚴彭祖、顏安樂，《禮》有戴德、戴聖，凡十四博士（《後漢書》同誤，衍毛字）。時尚書令韓歆上疏，欲爲《左氏》立博士，范升與歆爭之，未決；陳元上書訟《左氏》，下其議，范升復與元相辯難（升議有云，《春秋》之家有鄒、夾，如令《左氏》得置博士，鄒、夾並復求立，是知當時鄒氏、夾氏《春秋》猶有傳者），凡十餘上，帝卒立魏郡李封爲《左氏》博士，後群儒蔽固者，數廷争之，及封卒，光武重違衆議，而因不復補（見范升、陳元《儒林傳》）。

# 群經源流

## （《經解入門》卷一）

江　藩

　　凡習經而不知經之源流，是溯典而忘其祖，烏乎可也！兹故依經之次而分叙之，俾學者知所宗焉。

　　《易》之源起於伏犧，文王、周公、孔子因之。卦，伏犧之所畫也；《卦辭》，文王之所作也；《爻辭》，周公之所作也；《十翼》，孔子之所作也。何謂十翼？《上彖》《下彖》《上象》《下象》《上繫》《下繫》《文言》《説卦》《序卦》《雜卦》是也。文王、周公所作，古謂之《繫辭》，即爲經；孔子所作皆爲傳。傳者，釋經之辭。班固云："孔子晚而好《易》……而爲之傳。""傳"即《十翼》也。陸氏《釋文·序録》云："自魯商瞿子木，受《易》於孔子，以授魯橋庇子庸，子庸授江東馯臂子弓，子弓授周醜子家，子家授東武孫虞子乘，子乘授齊田何子莊。及秦焚書，《易》爲卜筮之書，獨不禁。故傳授不絶。"其立學，漢初立《易》楊氏博士，宣帝時重立施、孟、梁丘之《易》，元帝又立京氏《易》；費、高二家不得立，民間傳之。後漢費氏興，高氏遂微。永嘉之亂，施氏、梁邱之《易》亡，孟、京、費之《易》人無傳者，惟鄭康成、王輔嗣所注行於世，而王氏爲世所重。唐以王注爲主，其《繫辭》已下，王不注，相承以韓康伯注續之。本朝因之，《上下經》王注，《繫辭》以下韓注，《疏》用孔穎達等正義。

　　《書》之源與文字俱起，孔子刪之爲百篇。陸氏《釋文》云："《書》者，本王之號令，右史所記。孔子刪録，斷自唐虞，下訖秦穆；典、謨、訓、誥、誓、命之文，凡百篇，而爲之序。及秦禁學，孔子之末孫惠壁藏之。"然秦火之後，惟《書》篡亂尤甚。其立學，漢始立歐陽、夏侯《尚書》，宣帝復立大、小夏侯博士，平帝欲立古文。永嘉之亂，諸家之書並滅亡，而《古文孔傳》始興，置博士，鄭氏亦置博士一人。唐惟崇尚古《書》，馬、鄭、王注遂廢。本朝注疏，本孔安國《傳》，孔穎達等《正義》，而僞亂之跡，詳《古今文》及《辨僞》諸篇。

《詩》之源起於中古，虞之《虞歌》，夏《五子之歌》，即三百篇之權輿。古《詩》本三千餘篇，孔子最先刪錄，既取周詩，上兼商《頌》，凡三百一十一篇。以授子夏，子夏遂作《序》焉。皆口以相傳，未有章句。戰國時幾為鄭、衛所亂。遭秦焚書，而得全者，亦以其人所諷誦，而不專在竹帛之故。漢時傳者四家：曰魯，曰齊，曰韓，曰毛。詳見《傳經篇》。其立學：前漢惟魯、齊、韓三家，平帝時，《毛詩》始立，（永嘉之亂）《齊詩》久亡，《魯詩》不過江東，《韓詩》亦無傳者。唐惟《毛詩·鄭箋》，今注疏本遵用《毛傳鄭箋》，孔穎達等《正義》。

《禮》之源肇於伏犧。孔《疏》云："自伏犧以後，至黃帝，五禮始具。帝王質文，世有損益。周公時轉浮而居攝，乃曲為之制，故曰'禮經三百，威儀三千'。周衰，諸侯始僭，皆去其籍，至孔子而已不具矣。返魯後乃始刪定。後值戰國交爭，秦氏坑焚，《禮經》崩壞特甚。漢世所傳，僅存《周禮》《儀禮》《禮記》三書而已，然皆無全書。《周禮》本名《周官》，《冬官》獨闕，《考工》乃其後補。《儀禮》一名《士禮》，《喪服》一篇，子夏實先傳之，《禮記》戴德從子聖刪《大戴記》為四十六篇，舊又名《小戴記》。其《月令》《明堂位》《樂記》三篇，馬融所加也。《周禮》《儀禮》皆周公作，而相為表裏。《禮記》則即以記為經。"其立學：漢初立高堂生《禮》博士，後又立大、小戴，慶氏三家。新莽又立《周禮》，後漢三《禮》皆立博士。至唐則《曲臺記》亡，《大戴》無傳，學者惟鄭康成注《周禮》《儀禮》《禮記》並列，而《喪服》一篇別行。今《注疏》本合於《儀禮》。《注》皆用鄭，《疏》則《周禮》《儀禮》皆唐賈公彥，《禮記》則孔穎達也。

《春秋》本魯史記之名，錯舉四時而記之。昭二年韓起聘魯，見《魯春秋》是也。古王者左史記言，右史記事；言為《尚書》，事為《春秋》，而諸侯之國亦有之，惟《魯春秋》，則孔子手定之。《公羊》家說，則謂孔子得百二十國之寶書，乃修《春秋》。左丘明作傳。陸氏《釋文·序錄》云："孔子……作《春秋》……授弟子。弟子退有異言，丘明恐弟子各安其意，以失其真，故論本事，而為傳。"而公羊高則受經子夏，穀梁赤則子夏門人，皆傳《春秋》。（高，齊人；赤，魯人。糜信云赤與秦孝公同時）又有鄒氏、夾氏之傳，不行於世。《公羊》《穀梁》皆傳經，《左氏》則為記事之書而已，秦火之後，《左氏傳》最先出，其立學《公羊》最先，《穀梁》次之，《左氏》最後。（陸氏《序錄》云：漢初立《公羊》，宣帝又立《穀梁》，平帝始立《左氏》）唐則《左氏》行而二傳漸微。至宋胡氏《傳》出，而三傳皆束高閣矣。今《注疏》本：《左氏傳》晉杜預注，孔氏正義；《公羊》漢何休注，唐徐彥疏；

《穀梁》晉范甯注，唐楊士勛疏。

《孝經》者，陸氏《序錄》云："孔子爲弟子曾參說孝道，因明天子庶人五等之孝。"何休稱"孔子曰：吾志在《春秋》，行在《孝經》"是也。遭秦焚燼，而漢乃有古今二家之學。唐初猶行孔安國、鄭康成之注，明皇於先儒注中採其允當者爲注解，至天寶二年注成，頒行天下。今《注疏》本即用明皇注，宋邢昺疏。

《論語》者，孔子應答弟子及時人所言，或弟子相與言，而接聞於夫子之語也。當時弟子各有所說，夫子既終，微言已絶，弟子恐後各生異見，而聖言永滅，故相與論撰，因輯時賢及古明王之語，合成一書，謂之《論語》。鄭康成謂仲弓、子夏等所撰定。漢世有《齊論語》《魯論語》《古論語》三家，而《魯論語》並有章句，列於學官。至魏，何晏乃爲集解，正始中上之，後盛行於世。今注疏本，注用何氏，疏用宋邢昺。

《孟子》七篇，古本列於諸子，自陳氏《書錄解題》，始以《語》《孟》入經類，而爲之說曰："韓文公稱孔子傳之孟軻，軻死不得其傳，天下學者盛曰孔孟。"今國家設科，《語》《孟》並重，而又列十三經之中。《注疏》本用漢趙歧注，宋孫奭疏。

《爾雅》興於中古，隆於漢代，其初不詳撰述名氏。陸氏《序錄》云："《爾雅》者，所以訓釋五經，辨章同異，實九流之通路，百氏之指南。……《釋詁》一篇，蓋周公所作；《釋言》以下，或言仲尼所增，子夏所足，叔孫通所益，梁文所補。"古之注者十餘家，今《注疏》本用晉郭璞注，宋邢昺疏。

# 群經辨異

## （《經解入門》卷一）

江 藩

古者傳經，多以口相授，故異者滋多。在漢白虎觀講五經同異，後許慎著《五經異義》，鄭康成有《駁異義》，此即辨異之所自始也。習經者當知其同，尤不可不辨其異，約舉異例，厥有數端：曰文異，曰義異，曰篇異。何謂文異？如《易》"體仁足以長人"，京氏作"體信""聖人作而萬物覩"，馬氏作"聖人起""君子以經綸天下"，鄭氏作"經論""射鮒"，荀氏作"取鮒""其唯聖人乎"，王氏作"愚人""明辨晳也"，陸績作"明辨逝也""利用侵伐"，王廙作"寖伐""官有渝"，蜀本作"官有館""嫌於無陽"，李鼎祚作"兼於無陽"之類。推之《尚書》之今古文，《詩》之齊、魯、韓與毛四家，《周禮》《儀禮》之古書今本，《春秋》之《左氏》《公》《穀》三傳，《孝經》《論語》《孟子》《爾雅》諸書之各本不同，而此外諸子、《史》《漢》所引各經之異，又不可以枚舉，此文之異也。（又如施、孟、梁丘三家之《易》，無"无咎""悔亡"句，亦屬異文之例）何謂義異？即如"周易"二字，《易緯》云："因代以名周"，則以"周"爲周家之周，鄭康成云："周易者，易道周普，無所不備"，則以"周"爲"周遍"；緯書云："日月爲易"，鄭康成云："易一名而含三義，易簡一，變易二，不易三。"虞翻云："字從日下月。"所說不同，即其例。而經中一篇一章一句一字之異者，尤不可以縷述。此義之異也。何謂篇異？如《尚書》伏生所傳今文二十九篇，孔安國所傳古文多二十五篇；《孝經》十八篇，古文別有《閨門》一篇，總爲二十二篇；《論語》《齊論》別有《問王》《知道》二篇，爲二十二篇，《古論語》凡二十一篇；《爾雅》一云十九篇，一云二十篇之類。此篇異也，知其所異，而考其所通，是在學者之善會其微也。

# 群經辨僞（附：辨諸子之僞）

## （《經解入門》卷一）

江　藩

秦火而後，群經散亡，而僞者始出，其尤甚者，莫若《尚書》之古文。古《書》凡百篇，秦燔後，伏生僅口誦二十九篇，曰今文《尚書》。魯恭王壞孔子宅，於壁中得科斗文《書》，孔安國較伏生所誦增多二十五篇，曰《古文尚書》。其所增多，蓋即於篇目中，一合計之，一分計之，非別有多篇也。安國《書》本自爲《傳》，值武帝末，巫蠱事起，不得奏藏，乃遂散佚。東晉豫章内史梅賾所上《古文尚書》，有《大禹謨》《五子之歌》《允征》《仲虺之誥》《湯誥》《伊訓》《太甲上》《太甲中》《太甲下》《咸有一德》《説命上》《説命中》《説命下》《泰誓上》《泰誓中》《泰誓下》《武成》《旅獒》《微子之命》《蔡仲之命》《周官》《君陳》《畢命》《君牙》《冏命》二十五篇，皆僞書也。其《舜典》本亡，則分《堯典》之半爲一篇；《益稷》本無，則分《皋陶謨》之後爲一篇。而作僞之人，或謂王肅，實即梅賾。疑之者始於宋吳才老、朱子諸儒，近今諸大儒，且群起而攻之，抉其僞跡，使無遁形。而其僞者，説經家直置不道，此例之最嚴。而河中（内）之僞《泰誓》，張霸之百兩篇，漢已不行，固無容議。若乃《金縢》諸篇，則信無可疑者也。《尚書》而外，《易》於秦火獨全，得不僞，而《小序》亦有疑者。然經學家則猶尊信。《春秋》三傳無僞，而三《禮》則惟《儀禮》獨完，《周禮》五官，云出周末，《考工》一記，明是補亡。《禮記》之作，或謂俗儒，其中謬者不可不察，馬融所益不過三篇，其非古書，早有議者。淆亂難信臭矣。明堂古樂久亡，安有《樂記》？《月令》之託周公，實出《吕覽》；《王制》雖言殷制，半是漢儀；《祭法》取《國語》，錯亂無稽；《中庸》本秦人言，猶近理；《儒行》非孔子之言，《緇衣》爲公孫尼子之筆，此《禮》之大略也。若乃《孝經》《論語》，本無可疑；《爾雅》一經，大都參雜；惟在學者，善爲擇焉。經既難信，外此何言！緯書云僞，識者不趨；《家語》之言，實出王肅；旁及諸子，猶有是非；《管子》述身後之事，附益何疑？《陰符》非黃帝之遺，庭堅始發；《老子》《關尹》，半屬虛造；《列子》《文中》，間得其真；《鬼谷》僞書，猶有辨者；《叢子》所陳，子雍謬託。今舉其隅，惟貴三反。辨僞之事，近人最詳，即《四庫提要》，已具大略。姚際恒《古今僞書考》，亦簡便可讀。

# 群經今文古文

## (《經解入門》卷一)

江 藩

古文今文者何？在漢以科斗篆文爲古，隸書爲今。在唐以漢之隸書爲古，以其時之楷書爲今。蓋自唐一變，古文之存僅矣。鄭樵云："《易》《詩》《書》《春秋》皆古文"。陸氏《序錄》云："魯恭王壞孔子宅，得《古文尚書》《禮記》《論語》《孝經》。"《漢書·景十三王傳》稱"獻王所得，皆古文先秦舊書，《周官》《尚書》《禮記》《孟子》《老子》之屬"。夫漢得古文在後，而諸儒所傳今文在前。《易》惟費氏習古文（費直字長翁，東萊人，爲單父令），施、孟、梁丘諸家皆今文。成帝時，劉向以中古文《易經》校諸家，或脱去"无咎""悔亡"，惟費氏經與古文同，是費氏治古文，而諸家皆今文也。《尚書》以伏生所習爲今文，孔安國所習爲古文。文帝時，伏生以二十九篇授掌故晁錯，今文也。安國於孔壁得之，寫以隸古，增多二十五篇，古文也。《詩》有壁中科斗，即古文，而壁中未出之前，漢所誦習皆爲今文。武進臧氏琳云："《毛詩》爲古文，《魯》《齊》《韓》爲今文。古文多假借，故毛公作《訓故傳》以正字釋之；若今文，則經直作正字。如《毛詩·芄蘭》'能不我甲'，傳云'甲狎'；《韓詩》即作'狎'字。（見《釋文》）《毛詩鴛鴦》'摧之抹之'，傳云'摧，莝也'；《韓詩》即作'莝'之類，是今文皆以訓詁代經也。"《禮》則《周禮》古文多奇字，鄭康成所云故書者是今文，即康成所據本也。王氏《困學紀聞》則云："《周禮》劉向未校之前爲古文，校後爲今文。"《儀禮》古文，即淹中古經，今文即高堂生所傳。賈公彦云："《漢書》：魯人高堂生爲漢博士，傳《儀禮》十七篇，是今文也。至武帝末，魯恭王壞孔子宅，得亡《儀禮》五十六篇，其字皆以篆書，是爲古文。"蓋即所云淹中古經也。《禮記》古文，即康成《六藝論》云："《記》百三十一篇，河間獻王所得者。"今文即小戴所傳也。陸氏《序錄》云："鄭元本治《小戴禮》，後以古經校之，取其於義長者順者爲鄭氏學"，是也。《春秋》則以《左氏》所傳爲古文，《公》《穀》所傳爲今文。許君《五經異義》，於《左氏》稱"古

《春秋左氏説》",於《公》《穀》則稱"今《春秋公羊説》","今《春秋穀梁説》"也。《孝經》古文,即別有《閨門》一章,馬融、鄭康成爲之注者,唐已不傳。今文即今本《五經異義》所稱"今《孝經説》者"也。《論語》以孔安國、馬融所傳,分兩《子張》者爲古文。齊、魯兩家爲今文。《孟子》亦以獻王所得爲古文,以趙岐所注者爲今文;或云趙氏注《孟子》未見古文所傳本,且中多俗字,則爲今文無疑。《爾雅》後人羼亂,《釋詁》篇當有古文,《漢書·十三王傳》稱孔壁所得《孟子》《老子》之屬,則《爾雅》安必不在其内,特增益者多,則其文有不足辨者耳。

# 注家有得有失

## (《經解入門》卷一)

江 藩

經非注不明,故治經必須研求古注。云注家者,舉凡釋經之書,若傳、若箋、若解、若疏而賅言之也。然注家之得失不知,則胸中之去取無據,平日無所致力,臨時無所折衷,茲就古注之見存者,稍分優劣,以定趨向。《周易注疏》本,王、韓二注,空言說理,失漢家法。《孔疏》依注敷衍,毫無足據。外如馬、鄭逸注,及唐李氏鼎祚《集解》中之所採者,皆有師傳,王肅說經,好與鄭難,皆不免於支離,惟言《易》則本諸父朗,多同鄭説;其不同者,亦與馬融相合,則非難鄭可知。康成言《易》,皆有本,言爻辰則究嫌穿鑿。虞翻五世傳《孟氏易》,長於通變,其納甲則大爲無理;且好議鄭學,是其短也。自唐而下,多近王輔嗣一派,言漢學者,不取居多。《尚書》孔安國傳,真僞雜亂,《辨僞篇》所舉二十五篇之傳,則枚氏作也。治《尚書》者,固所不取。孔氏《正義》不知其僞,從而附之,其失孰甚。就其所引,則較《易》疏爲富,此外伏生《大傳》,馬、鄭、王之佚注,皆如散珠可寶。司馬遷從安國問故,而《史記》多古文家說。賈逵、范甯、杜預諸人,亦得《書傳》,其他注之涉於《書》者,皆足援據。所行蔡《傳》,則取宋人之説爲多。《詩》惟毛公獨得古義,三家異同,足資考訂。鄭元箋《詩》,實以宗毛爲主,即下已意,亦有識別。人以鄭好易毛議之,則孔《疏》莫辭其咎,何也?鄭君申毛之處,《疏》有未達,即以鄭爲異,則《疏》之咎也。王肅述毛,意在難鄭,往往大背毛意。《毛傳》所引仲梁子、孟仲子、高子之類,則引師説解經,並非別出異義。荀子説《詩》,本得《詩》傳,其義較精。三家孫毓、陸璣得失相參,元朗釋文,音義盡善;其最古者,《爾雅》所釋,《左氏》所引,《論語》《孟子》之所述。至唐以後,惟王應麟《詩地理考》爲可。朱子之廢《詩序》,則其誤有不待言。《三禮》惟康成爲折衷,故《禮》學先儒,即稱鄭學,譏其改字,議其引緯,皆不知者之談。公彦二《疏》,不及《禮記正義》之詳核。《儀禮疏》則亦不在孔下。杜子春、鄭司農、鄭大夫、盧植、射慈、馬融諸儒之散見於注疏者，雖存異義，亦多有合於鄭。王肅之説，則本以難鄭，郊禋、朝廟諸議，皆爲後世之制。自唐而下，惟衛湜《禮記集説》爲長。祥道《禮書》，陳澔《集説》，其原本漢儒者，則得；其依據宋人者，則失。蓋禮不能以宋儒之臆度而得也。《春秋公羊》何邵公深得大義，確守師説，以爲謬誕者非是。徐疏則微嫌宂沓。《穀梁》范注，亦慎且密，楊《疏》則與徐不相高下。《左氏》杜注名爲《集解》，實則多棄古説；賈逵、服虔之注，間存正義，則孔氏之功多也。至其迴護杜注，疏例當然，不可以此爲責。杜預《釋例》，則頗有功《左氏》。而自唐而下。其掊擊三傳，妄立己意者，皆可以得罪《春秋》論。《春秋》之義，固具於《公》《穀》；春秋之事，固具於《左氏》，而束三傳於高閣，可乎哉！《孝經》元宗注，遵用今文，而古文後乃漸微，是其罪也。邢疏無足長短，所遺鄭小同注，古義存焉。司馬光之指解，朱子之刊誤，竊不取也。《論語》何注本集安國、包咸、馬、鄭、王諸家之成，間參己意，而古義猶備。邢氏之疏，則尚不如皇侃之善。退之筆解，僞託無疑。祥道全解，駁雜奚似。《孟子》趙注，可稱完善；孫奭之疏，則陋甚也。《爾雅》郭注，去古未遠，其所不知，善在能闕，疏亦就范，間採樊、李諸家，尤爲有得。鄭樵之注，無足算也。外此總釋群經，班氏之《白虎通義》，揚子之《方言》，許氏之《説文解字》《五經異義》，鄭志，陸氏之《釋文》，古義咸在，精核靡遺。若乃智者百密，不無一疏；愚者千慮，必有一得。諸家之善，未必無疵，其不純者，容有得當，則在善學者之詳審焉。

# 古書疑例

## (《經解入門》卷一)

江 藩

讀書求信也，而求信必自求疑始。古書之疑不可不明，即古書之例不可不審。今爲約舉可疑之例，有參互見義例，有上下文異字同義例，有上下文同字異義例，有兩事連類並稱例，有兩事傳疑並存例，有兩語似異實同例，有以重言釋一言例，有以一字作兩讀例，有語急例，有語緩例，有倒文就韵例，有變文協韵例，有蒙上文而省例，有探下文而省例，有因彼見此例，有因此見彼例，有一人之辭自加曰字例，有兩人之辭反省曰字例，有文具於前而略於後例，有文没於前而見於後例。古人行文，不嫌疏略，不可以疏略而疑。古人行文，不避重複，不可以重複而疑古書。傳述每有異同，不可以其異同疑古人。引書每有增損，不可以其增損疑古人。稱謂與今人不同，不可據今以疑古。古書稱名，常有寄寓，不可以假而疑真。古有以雙聲叠韵代本字，不可以其代而妄改。古有以讀若字代本字，不可以其代而疑歧。古有以大名冠小名，又有以大名代小名，復有以小名代大名，不可以執一論也。古有以美惡而同詞，又有以高下而相形，復有以反言而見意，不可以偏見拘也。若乃有以叙論並行者，皆以爲叙，則失矣。有以實字活用者，皆以爲實，則失矣。有以語詞叠用者，誤易焉，則失矣。有以語詞復用者，設改焉，則失矣。有於句中用虛字者，倒易之，則失矣。有於上下文變換虛字者，妄疑爲誤，則失矣。有反言而省"乎"，增之則失。有助語而用"不"字，删之則失。古書"邪""也"通用，"雖""唯"通用，分之則失。古書發端之詞不同，連及之詞不同，泥之則失。又有衍之一例：有因兩字義同而衍，有因兩字形同而衍，有涉上下文而衍，有涉注文而衍。有衍即有誤，有因誤衍而誤删者，有因誤衍而誤倒者，有因誤衍而誤改者，有因誤衍而誤讀者，此因衍而誤者也。又有一字而誤爲兩字者，有兩字而誤爲一字者，有重文作二畫而致誤者，有重文不省而致誤者，有因注文而誤者，有因闕文作空圍而誤者，有本無闕文而誤加空圍者，有上下兩句而倒誤者，有上下兩字而互誤者，有兩字平列而誤易者，而兩句相因而誤倒者，有字以兩句相連而誤疊者，有文以兩句相連而誤脱者，有因誤奪而誤補者，有因誤字而誤改者，有因誤補而誤删者，有因誤删而誤增者，有不識古字而誤改者，有不達古義而誤解者，有兩字一義而兩解者，有兩字對文而誤解者，有兩字平列而誤倒者，有兩文疑複而誤删者，有據他書誤改者，有據他書誤解者，有分章錯誤者，有分篇錯誤者。以上各條，王伯申嘗爲我略言之，其《經義述聞通説》中，間亦説及，余因推廣其説，以示有志於經者。

# 群經辨逸

## (《經解入門》卷一)

江 藩

　　凡累代典制，積久必多散佚，經何獨不然？況祖龍一炬，爲古今經籍之一大厄，賴漢儒出而講明之，經乃不墜。其所已佚，散存各書，或爲前人所引，或爲後人所述，一句一字，皆可借訂本經，辨別同異，誠習經者所宜博考而旁搜也。兹爲約舉其端：《易》有逸《象》，後漢荀爽所得，共三十有二。如"坎爲狐"之類。又前人或以《監鐵論》"初登於天，後入於地"，陸賈《新書》："天出善道，聖人得之"之類，爲《易》逸文，疑當出於《易緯》也。《易緯》九篇，康成作注，後乃散逸。在漢皆行，故各書所引，或出其中。又有《尚書》《詩》《春秋》《孝經》《論語》諸緯書皆逸。或謂緯書乃哀、平時人僞託，非也。《尚書》則有逸篇逸句，其逸篇之見於序者，可不論。他書所引，如《左傳》有《伯禽之命》，《唐誥大傳》有《揜誥》之篇，又有《逸周書》七十一篇，今尚可考；其逸句如"民可近也，而不可上也"，見《國語》；"恃德者昌，恃力者亡"，見《史記》之類，皆是。《詩》亦有逸篇逸句，其逸篇如《貍首》，見於《三禮》；《驪駒》見於《周官》之類。逸句如《論語》"素以爲絢""唐棣之華"，及《孟子》"畜君何尤"之類皆是。《周禮》本佚《冬官》，《儀禮》逸三十九篇，陸氏《序錄》云："古經五十六篇，后蒼傳十七篇，所餘三十九篇，遂爲《逸禮》。"《禮記》亦有逸篇。《困學紀聞》云："《春秋正義》引《辨名記》，《白虎通》引《禮別名記》，'辨''別'音義俱同，蓋即《禮記》逸篇。"《孝經》古文之《閨門》篇，《論語》之《問王》《知道》二篇，其逸固久。而《説文》王部"璠""璵"二字下所引逸《論語》，殆其逸句，漢時已僅存矣。《孟子》有"孟子曰諸侯有王"之語，見《大行人》"諸侯之王事"注，今本無之。姜仁英以爲逸篇。《爾雅》本後人增續，其逸亦無可考。總之，各經之逸而散見者，固當採輯，然亦不可舉其逸而附會之，如以《易緯》爲《易》文之誤也。

# 重論經今古文學問題

## （廿一、六，國立北平大學《國學季刊》第三卷第二號）

錢玄同

一

康長素（有爲）先生的《新學僞經考》，是一部極重要極精審的"辨僞"專著。他這部書於西曆一八九一（清光緒十七，辛卯）刻成木板，一出版，就有翻刻和石印的本子，但原本不久即遭禁燬，一八九四（清光緒二十，甲午），一八九八（清光緒廿四，戊戌），一九〇〇（清光緒廿六，庚子），三次被清廷降旨燬版，所以當時這書極難見到。一九一七（民國六，丁巳），康氏重刻木板，改名爲"僞經考"，但這重刻本出世不過十來年，現在已經不容易買到了。

這書剛出版就有翻刻和石印的本子，似乎是曾經風行過兩三年的，但我敢說，那時讀這書的人雖多，然懂得它的真價值的一定是極少極少。最下的，大概是因爲自翁（同龢）、潘（祖蔭）當國以來，《公羊》之學成爲一種時髦的東西，這書中的材料和議論可以作他們干禄幸進的取資罷了。稍高的，大概是看了這書力翻二千年來的成案，覺得新奇可喜罷了。最上的，大概是因爲當時國勢危殆，對於這位俊偉卓犖的康氏欲行變法維新之鉅業，敬其人，並敬其書罷了。至於這書在考證上的價值，他們是不理會的；豈獨不理會，恐怕雖在政治主張上極佩服康氏的人，對於這書也許還要說它是憑臆武斷呢。我且拿皮錫瑞做個例。皮氏是當時一位經學家，而且是一位經今文學家，而且在一八九七（丁酉）到一八九八（戊戌）的時候，人皆目之爲"康黨"而大遭湖南的頑固黨葉德輝等所排斥反對的。他的經學著作如《經學歷史》《經學通論》《王制箋》等，雖有些地方也略採康氏之說，但他對於康氏"壁中古文經是劉歆僞造的"這個斷案，始終是拿住將信將疑、不敢質言的態度。皮氏且然，何況他人！甚矣，解人之難得也！

在三十年前，對於《新學僞經考》因仔細研究的結果而極端尊信，且更進一步而發揮光大其說者，以我所知，唯有先師崔觶甫（適）先生一人。崔君受業於俞曲園（樾）先生之門，治經本宗鄭學，不分今古；後於俞氏處得讀康氏這書，大爲佩服，說它"字字精確"，"古今無比"，於是力排僞古，專宗今文。他於一九一一年（辛亥）二月廿五日第一次給我的信中說：

《新學僞經考》字字精確，自漢以來未有能及之者。

三月中又來信說：

康君《僞經考》作於二十年前，專論經學之眞僞。弟向服膺紀（昀）、阮（元）、段（玉裁）、俞（樾）諸公書，根據確鑿，過於國初（指清初）諸儒，然管見所及，亦有可駁者，康書則無之，故以爲古今無比。若無此書，則弟亦兼宗今古文，至今尚在夢中也。

崔君著《史記探源》《春秋復始》《論語足徵記》《五經釋要》諸書，皆引伸康氏之說，益加邃密。一九一一年二月廿五日的信中還有這樣一段話：

知漢古文亦僞，自康君始。下走之於康，略如攻東晉《古文尚書》者惠定宇於閻百詩之比。雖若"五德"之說與《穀梁傳》皆古文學，"文王稱王""周公攝政"之義並今文說，皆康所未言，譬若自秦之燕，非乘康君之舟車至趙，亦不能徒步至燕也。

玄同於一九一一年二月謁崔君請業，始得借讀《新學僞經考》，細細籀繹，覺得崔君對於康氏之推崇實不爲過。玄同自此也篤信"古文經爲劉歆所僞造"之說，認爲康、崔兩君推翻僞古的著作在考證學上的價値，較閻若璩的《尚書古文疏證》猶遠過之。自一九一一（辛亥）至一九一三（民國二），此三年中，玄同時向崔君質疑請益；一九一四年（民國三）二月，以札問安，遂自稱"弟子"。

我因爲確信《新學僞經考》是一部極重要極精審的辨僞專著，故二十年來對於青年學子們常常道及這書，認爲這是治國故的人們必讀的一部要籍，無論是治文學的，治歷史的，治政治的，乃至治其他種種國故的，都有讀它的必要。

但這書無論原刻本，翻刻本，石印本，重刻本，現在都是無法買到。空口讚美，畫餅充饑，這實在是一件大憾事。兩年前，吾友顧頡剛先生曾經把它標點一過，打算由樸社印作《辨僞叢刊》之一，因經費窘絀之故，一時尚未能付印。現在吾友方國瑜先生把它標點印行，這真使我歡喜讚歎，不能自已。我因爲二十年來曾將這書粗讀數過，又得先師崔君的指導，不自揣量，妄謂對於這書的好處和壞處都能夠有些瞭解，所以便不辭"人之患在好爲人序"之譏，自告奮勇，來寫這一篇序。

## 二

凡治歷史科學，第一步必要的工作是"審查史料的真僞"，簡稱可曰"辨僞"。要是不經過這步工作，"任何材料都供搗撦"，則結果盡可鬧到"下筆千言，離題萬里"，說得"像煞有介事"，其實"滿不是那麼一回事"。中國（別國如何，我不知道，所以只好撇開，不敢妄有牽涉）的僞書和僞史實在太多，所以辨僞的書籍和議論也不少，自宋以來辨僞之學尤爲發達。如明胡應麟的《四部正訛》，清姚際恒的《古今僞書考》等，都是辨僞的專書；又清代官書《四庫提要》中辨僞書的議論也很多。這些固然都是治國故者的重要參考資料。但辨明一首僞詩，一篇僞文，一部僞筆記，一部僞雜史，雖然警告治學的人們對於那些僞材料不可信任，很有益處，究竟關係還小。若辨明幾部僞先秦子書，如《管子》《商君書》《尹文子》《鶡冠子》《列子》之類，自然較爲重要了，但關係也還不算很大。這話怎講呢？因爲那些僞詩或僞筆記之流，大家本沒有怎樣看重它。有時候他們隨便採用了，你若警告他們："那是僞的，採用不得！"他們也滿不在乎："你既說採用不得，那就不採用好了。"講到僞先秦子書，就稍微有點問題了。你說《管子》或《列子》等書，是僞造的，採用不得，他們就要遲疑了，因爲若不採用《管子》或《列子》等書，豈非要拋棄一部分政治史料或思想史料嗎？他們自然覺得太可惜了。但這還不打緊，因爲先秦子書，他們看起來究竟不過是可愛的古書罷了。子書是自來被認爲"異端"的（祇有《孟子》除外，連《荀子》也要以"異端"論的），所以你說這是假的，那是假的，他們還不至於怎樣生氣；稍微明白一點的人，也還有肯說"某部子書是僞造的"這類話的。胡、姚之書和《四庫提要》中辨僞書的議論，都是屬於辨僞史、僞子、僞集的（惟姚書略涉於僞經，然不多，也太簡略，但因此已經使妄庸人顧實大大的生氣了），所以我覺得雖然也很有用，但還不是最重要的辨僞著作。

過去的學術界，是被"宗經"的思想支配的。而自宋以來多數學者所宗之經，則更是雜湊之書，就是流俗所謂《十三經》也者。所以無論治文學的，治歷史的，治政治的，乃至治其他種種國故的，無不宗經——宗《十三經》。他們儘管不信任"史"和"集"，甚至不信任"子"，但一定信任"經"。因爲信任"經"的緣故，於是認爲"經"中所有的一定是最真實的史料，一定可以採用的。譬如治文學的，對於《尚書》的《益稷》（應該說《皋陶謨》，但《十三經》中的《尚書》是用僞孔本，將《皋陶謨》下半分爲《益稷》）中的帝舜及皋陶之歌，認爲真是虞代文學了；對於《五子之歌》，認爲真是夏代文學了。又如治歷史的，什麼伏羲畫八卦呀，什麼堯、舜禪讓啊，什麼禹治洪水呀，認爲是古代的真歷史了。又如治政治的，對於《周禮》，認爲真是周代的官制；對於井田，認爲古代真有那樣的田制。其他如風俗、禮儀、神話、聖跡，凡"經"中所有的，或解經的先生們所說過的，一一皆看做最可靠的真史料，任意捃摭，盡力採用。——這種情形，不但過去的學術界是這樣；你看，現代新出的書，關於國故方面的材料，除了一二種特別的，能根據甲骨刻辭、尊彝銘文，及新發掘得的古器物來講古史外，一般的《中國文學史》不是依然大談其《五子之歌》嗎？一般的《中國歷史》不是依然談三皇五帝，談周公作《周禮》嗎？

所以我以爲我們現在對於治國故的人們，應該供給他們許多辨僞的材料；而辨僞"經"的材料，比辨僞"史"、僞"子"、僞"集"的材料，尤其應該特別注重。我認爲點印《新學僞經考》這類書，比點印《四部正譌》這類書尤爲切要。

但我說這句話，有些人一定要反對。他們以爲像《新學僞經考》這類書，辨"今文""古文"的真僞那是"經學家"的事，不治"經學"的人，不必去管這些問題。我以爲這是極大的錯誤！"經"是什麼？它是古代史料的一部分，有的是思想史料，有的是文學史料，有的是政治史料，有的是其他國故的史料。既是史料，就有審查它的真僞之必要。古文經和今文經的篇章不同，字句不同，多少不同。孰爲可信的真史料，孰爲不可信的僞史料，豈可漫不考辨而隨意的採用或隨意的不採用！

或謂："子言誠是。但康有爲不是很尊信今文經嗎？他不是經今文學家嗎？他站在今文家的立場上來辨古文經爲僞書，他的話可信嗎？公允嗎？今文經真是真書嗎？古文經真是僞書嗎？有人說他是偷了廖平的成說，據爲己有，有什麼價值可言！"抱這樣見解的人，我總疑心他沒有看過《新學僞經考》；或者是雖然看了，但因爲有懷疑今文經說或厭惡康氏的成見在胸，所以覺得他說的話總是不對的。我以爲康氏政見之好壞，今文經說之然否，那是別一問題。就《新學僞經考》這書而論，斷不能與廖平的《今古學考》等書相提並論。廖氏之書，東拉西撦，憑臆妄斷，拉雜失倫，有如夢囈，正是十足的昏亂思想的代表，和"考證""辨僞"這兩個詞兒斷斷聯接不上。康氏這書，全用清儒的考證方法。——這考證方法是科學的方法，吾友胡適之（適）先生曾用很精煉的兩句話來說明這方法："尊重事實，尊重證據"；"大膽的假設，小心的求證"。——他這書證據之充足，診斷之精覈，與顧炎武、閻若璩、戴震、錢大昕、段玉裁、王念孫、王引之、俞樾、黃以周、孫詒讓、章太炎（炳麟）師、王國維諸人的著作相比，決無遜色，而其眼光之敏銳尚猶過之；求諸前代，惟宋之鄭樵、朱熹，清之姚際恒、崔述，堪與抗衡耳。古文經給他那樣層層駁辨，凡來歷之離奇，傳授之臆測，年代之差舛，處處都顯露出僞造的痕跡來了。於是一千九百多年以來學術史上一個大騙局，至此乃完全破案："鐵案如山搖不動，萬牛回首丘山重"，《新學僞經考》實在當得起這兩句話。我們只能說，還有些地方被康氏忽略了，沒有舉發出來的；也還有極好的證據爲康氏所未注意或未及知的；也有康氏一時的粗心或武斷，致語有滲漏，論有偏駁，我們應該匡正他的。總之自《新學僞經考》出世以後，漢古文經之爲僞造已成不易之定論，正與閻若璩的《尚書古文疏證》出世以後，晉《古文尚書》之爲僞造已成不易之定論相同。我們現在對於康氏這書，應該做程廷祚、惠棟、江聲、王鳴盛、段玉裁、丁晏（均辨駁僞《古文尚書》而對於閻說有所修正者），不應該做毛奇齡、洪良品、王照（均替僞《古文尚書》辯護者），這是我敢堅決主張的。至於問今文經是否真書，這要分別說明。若對於古文經而言，當然可以說今文經是真書，因爲今文經在前，古文經在後，而古文經是故意對於今文經來立異的。古文家對於今文家的態度是這樣："我的篇章比你的多；我的字句比你的準；我的解釋比你的古；我有你所沒有的書，而你所有的我卻一概都有。"因爲古文家是這樣的態度，所以他就上了今文家一點小當：今文經中漢朝人僞造的篇章，古文經中居然也有了，如《易》之《說卦》以下三篇和《書》之《泰誓》皆是。古文經，據說非得自孔壁，即發自中秘，或獻自民間，總之皆所謂"先秦舊書"也。先秦人用"古文"寫的書中居然有漢朝人僞造的篇章，這不是作僞的顯證嗎？古文經對於今文經而立異，就是對於今文經而作僞。所以今文經對於古文經，當然可以傲然的說自己是真書；而站在今文家的立場上來斥古文經爲僞書，是可信的，是公允的。至於把古文經打倒以後，再來審查今文經，則其篇章之來源殊甚複雜，它的真僞又是極應考辨的。但這是要站在超今文的"歷史家"的立場上才配說；若站在古文家的立場上，則絕對沒有來議論今文經的真僞之資格！舉個例來說：我們若疑今文家所言周代的典禮制度不足信，則應該根據尊彝銘文來推翻它，絕對不應該根據《周禮》來推翻它。據我看來，今文經中有一部分是儒家"託古改制"的文章，這一部分只能作爲儒家思想史的材料，而不能作爲古代歷史的材料。所以今文經即使全是真書，但決不能說全是史實。關於"託古改制"這一點，也是康氏所發明的，他有極精詳的考證，在《孔子改制考》中。(《孔子改制考》一書，在考辨史料上，比《新學僞經考》更進一步，也是一部極重要極精審的書，我希望方君暇時也把它標點印行。)——綜上所言，我認爲康氏說古文經爲僞造，證據是極確鑿的；他說今文經是真書，對於古文經而言，也很對的；至於今文經中有許多不能認作真史料的，康氏也已經見到，別有考證。所以我說康氏這部《新學僞經考》是極重要極精審的辨僞專著，是治國故的人們必讀的要籍。至於康氏尊信今文家言和他自己的"託古改制"的經說(如他的《春秋筆削大義微言考》《論語注》《孟子微》等)，還有他那種"尊孔"的態度，其爲是爲非，應與《新學僞經考》分別評價；《新學僞經考》在考證學上的價值，決不因此而有增損。善夫，顧頡剛先生之言曰：

> 康有爲爲適應時代需要而提倡"孔教"，以爲自己的"變法說"的護符，是一件事；他站在學術史的立場上打破新代出現的僞經傳又是一件事。(《五德終始說下的政治和歷史》)

## 三

《新學僞經考》中，我認爲精當的和錯誤的部分，現在擇要論之如次：——書中最重大的發明有二點：

(1) 秦焚《六經》未嘗亡缺；

(2) 河間獻王及魯共王無得古文經之事。

(1)《秦焚六經未嘗亡缺考》一篇，所舉的證據沒有一條不是極確鑿的，所下的斷語沒有一條不是極精審的。"書缺簡脫"或"秦焚《詩》《書》，六藝從此缺焉"這類話，經康氏這一番考證，根本打倒，決不能再翻案了。我現在又想到兩點，亦頗足爲破"書缺簡脫"之說之證：

(ㄅ)《詩經》的篇數，若照古文經的《毛詩》說，全經該有三百十一篇。因《小雅》中之《南陔》《白華》《華黍》《由庚》《崇丘》《由儀》六篇都是"有其義而亡其辭"，故殘本之今文經只剩了三百零五篇。《鄭箋》："遭戰國及秦之世而亡之。"《孔疏》："六國之滅，皆秦並之，始皇三十四年而燔《詩》《書》，故以爲遭此而亡之。"據此所說，這六篇詩是因秦焚而亡缺了。但漢初傳《詩》，即分魯、齊、韓三家。這三家各自傳授，並非同出一源，何以申培、轅固、韓嬰三位老先生都把這六篇詩忘了，又都把其他的三百零五篇記住了！天下竟有這樣巧事，豈非大奇！更奇的是，古文之《毛詩》，這六篇的篇名雖然幸被保存了，偏偏它們的詞句也亡缺了！今文《詩》據說是靠諷誦而傳下來的，三位老先生既同樣的背不出這六篇，而古文《詩》據說是從子夏一代一代傳到大毛公，作《故訓傳》，被河間獻王所賞識，立博士，則早已著於竹帛了，偏偏也是缺了六篇，偏偏和今文三家同樣的也是缺了這六篇。這種奇跡，居然能使自來的經學家深信不疑，劉歆的魔力真是不小哇！

（夕）《史記·秦始皇本紀》："非博士官所職，天下敢有藏詩書百家語者，悉詣守尉雜燒之。"這是博士之書不焚之鐵證，康氏已詳言之矣。在這一點上，我又找出奇跡來了《史記·儒林傳》云：

伏生者，濟南人也，故爲秦博士。

下文忽云：

秦時焚書，伏生壁藏之，其後兵大起，流亡；漢定，伏生求其書，亡數十篇，獨得二十九篇。

《始皇本紀》中明明說博士以外的書才要焚，而《儒林傳》中偏說伏老博士因爲政府焚書而把《尚書》藏到牆壁裏去，以致亡缺。如此矛盾，如何可信！康氏及崔君都說《史記·儒林傳》曾被劉歆增竄，我看是很對的。即此一事，足以證明伏生在漢文帝時所傳的《尚書》，就是他在周末所受的，也就是他做秦博士時所掌的，並無亡缺。劉歆非說今文《尚書》爲殘本不可，於是不得不增竄《史記·儒林傳》以爲證據，初不料竟與《始皇本紀》抵牾也。

或曰："然則漢初申培、轅固、韓嬰、伏勝、高堂伯、田何、胡母子都、董仲舒這八位經師所傳的《五經》，果與孔子之時完全相同歟？"答曰：這個問題當然有待於仔細的討論，決不能隨便武斷。據我看來，今文《五經》中，恐怕有一部分是戰國時人的著作。但八位經師之中，惟董生年輩較晚；其他七人，高堂與田不可考，似乎是生於周末；至於申、轅、韓、伏、胡母五人，皆周末之儒生也。他們在周末受經，經過國祚衹有十餘年之秦，至漢初而傳經，我敢說他們在漢初所傳之本就是在周末所受之本，沒有什麼兩樣。（董生的年輩雖稍晚，但他所傳的《春秋》，與胡母生的並無不同。）我們可以說經中有戰國時增加的部分，然決無秦、漢間亡缺的部分；漢初的今文經固然未必與原始的經相同，但是一定與周末的經相同。

（2）《漢書河間獻王魯共王傳辨偽》一篇，康氏於一九一七（民國六，丁巳）重刻這書時所作的《後序》中有一段自述的話，很簡賅，可作此篇的解題讀：

> 吾……拾取《史記》，偶得《河間獻王傳》《魯共王傳》讀之，乃無"得古文經"一事，大驚疑，乃取《漢書·河間獻王、魯共王傳》對較《史記》讀之，又取《史記》《漢書》兩《儒林傳》對讀之，則《漢書》詳言古文事，與《史記》大反，乃益大驚大疑。又取《太史公自序》讀之，子長自稱天下郡國群書皆寫副集於太史公，太史公仍世父子纂其業，乃繙金匱石室之藏，厥協《六經》異傳，整齊百家雜語，則子長於中秘之書，郡國人間之藏，蓋無所不見，其生又當河間獻王、魯共王之後，有獻書開壁事，更無所不知；子長對此孔經大事，更無所不紀。

然而《史記》無之，則為劉歆之偽竄無疑也。

這真是巨眼卓識！他從這一點上起了疑問，先"大膽的假設"，說古文經是偽造的，於是"小心的求證"，——

> 以《史記》為主，遍考《漢書》而辨之；以今文為主，遍考古文而辨之。遍考周、秦、西漢群書，無不合者。雖間有竄亂，或儒家以外雜史有之，則劉歆採擷之所自出也。於是渙然冰釋，怡然理順，萬理千條，縱橫皆合矣。（亦《後序》語）

照此看來，這一篇是他做《新學偽經考》的起點。這篇末了有一段極精要的話：

> 據《藝文志》《劉歆傳》《河間獻王傳》：古文《書》《禮》《禮記》，共王與獻王同得，而皆不言二家所得之異同。豈殘缺之餘，諸本雜出，而篇章文字不謀而合，豈有此理？其為虛誕，即此已可斷。然《藝文志》又言，"《禮》古經者，出於魯淹中及孔氏，與十七篇文相似，多三十九篇"，是古文《禮》淹中又得，淹中及孔氏所得，

與十七篇同一"相似",同一"多三十九篇",不謀而同,絕無殊異。焚餘之書,數本雜出,而整齊畫一如是,雖欺童蒙,其誰信之!而欺紿數千年,無一人發其覆者,亦可異也!

這種奇巧的情形,一經點破,真要令人絕倒!不知何以後來的古文家總是那樣深信不疑;而自命爲無門戶之見的學者,也都不敢懷疑,不敢考辨,一任劉歆欺矇,真可異也!

此外還有兩點,也是康氏的特識:

(3) 他說《史記》中有被劉歆增竄的部分。這一點,康氏雖已見到,但未暇深究,僅引其端,附《史記經說足證僞經考》之末。先師崔君繼康氏而專考此事,發見甚多,撰成《史記探源》一書。關於此點,幾無餘蘊矣。

(4) 他說劉向與劉歆父子異撰,向爲今學,歆爲古學,成《劉向經說足證僞經考》一篇。蓋自來治校讎之學者,總認向、歆父子爲同術。康氏於此篇之首大聲疾呼曰:"蓋人以爲《七略》出於劉向而信之,不知其盡出於歆也;又以爲《別錄》出於劉向而信之,不知其亦僞於歆也。"可謂一語破的!(關於這一點,崔君的《史記探源》和《春秋復始》中又補充了許多材料)

## 四

打倒古文經的中心文章,自然是《漢書藝文志辨僞》。(《書序辨僞》《漢書儒林傳辨僞》《經典釋文糾謬》《隋書經籍志糾謬》四篇,與《藝文志辨僞》或互相發明,或補所未備,均當參看)這篇文章,證據詳備,駁辨明快,從大體上說,是很精覈的;但疏略武斷之處亦頗不免。茲就管見所及,按經分述如下:

(ㄅ)《詩經》

康氏之辨《毛詩》,議論最爲透徹,吾無間然。他不相信徐整和陸璣說的兩種傳授源流;他不相信有《南陔》《白華》《華黍》《由庚》《崇丘》《由儀》這六篇"笙詩";他不相信《商頌》是商代的詩;他不相信有毛亨和毛萇兩個"毛公";他並且根本懷疑"毛公"之有無其人;他不相信河間獻王有得《毛詩》立博士這回事;他確認《毛詩序》爲衛宏所作。這都是極精當的見解。我覺得他辨諸經的僞古文,以辨《毛詩》爲最好。前乎他的魏源,雖也不信任《毛詩》,但見解遠不及他。惟宋之鄭樵、朱熹,清之牟庭、崔述,其攻擊《毛詩》,堪與康氏相伯仲。

(ㄆ)《尚書》

康氏之辨《古文尚書》，有極精覈的議論，也有不徹底的見解，還有很錯誤的敍述，兹分述之：

《漢書·藝文志》云："武帝末，魯共王壞孔子宅，而得《古文尚書》。……孔安國……悉得其書，……獻之，遭巫蠱事，未列於學官。"康氏說共王薨於武帝初年，孔安國爲武帝博士，也早卒，均不及至武帝末年，遭巫蠱事，年代差舛，故知爲僞。又，《漢書·儒林傳》云："遷書載《堯典》《禹貢》《洪範》《微子》《金縢》諸篇多古文說。"他說今考史遷載《堯典》諸篇說實皆今文，以爲古文者，妄。（按：崔君遍考《史記》所載關於此五篇之說，可證其爲今文與今文說者凡二十二條，無一從古文說者，足爲康說之鐵證，詳《史記探源》。）他的《書序辨僞》篇中辨《今文尚書》止有二十八篇，《泰誓》確爲後得。又說《書序》亦劉歆所僞作，《今文尚書》無序，力駁陳壽祺"今文有序"之說。這都是他極精覈的議論。

《史記》載入之《書序》，決非司馬遷原文所有，實爲妄人所竄入（未必就是劉歆）。有《史記》敍事與《書序》不合而不錄《書序》者，如《文侯之命》及《秦誓》等篇是也。有《史記》無其事而僅錄《書序》者，如《帝誥》《女鳩》《女房》《典寶》《夏社》等篇是也。（《書序》中之僞篇以《商書》爲量多，故竄入《史記》者亦以《殷本紀》爲最多。我們看商代最真實的史料甲骨刻辭中的文句和社會狀況，可以斷定那時絕對不會有《書序》所說的那一篇一篇的文章。商代歷史本極缺乏，故劉歆得以任意增竄也）有《史記》敍事與《書序》不合而又錄《書序》，以致前後文自相矛盾者，如《盤庚》及《高宗肜日》諸篇是也。看第一例，可證《史記》與《書序》無關。看第二例，則增竄之跡顯然可見。看第三例，更可明其爲不顧文義之妄人所竄入。關於此點，崔君的《史記探源》中考辨最爲精詳。康氏雖知百篇《書序》爲劉歆所僞造，然對於《史記》中的《書序》，尚謂"《史記》與《書序》同者，乃《書序》勦《史記》，非《史記》採《書序》"，其《書序條辨》中屢有"《史記》云，因某事作某篇，即劉歆所本"這樣的話，他還是被騙了！這是他不徹底的見解。

劉歆僞造的《逸書》，凡十六篇；又把《九共》九篇分開，稱爲二十四篇。其篇名、篇次及分合各點，列之如下（用"一、二……"記十六篇，用"1、2……"記二十四篇）：

| 《舜典》 | 一 | 1 |
| 《汩作》 | 二 | 2 |

| | | |
|---|---|---|
| 《九共》（九篇） | 三 | 3、4、5、6、7、8、9、10、11 |
| 《大禹謨》 | 四 | 12 |
| 《棄稷》 | 五 | 13 |
| 《五子之歌》 | 六 | 14 |
| 《胤征》 | 七 | 15 |
| 《湯誥》 | 八 | 16 |
| 《咸有一德》 | 九 | 17 |
| 《典寶》 | 十 | 18 |
| 《伊訓》 | 十一 | 19 |
| 《肆命》 | 十二 | 20 |
| 《原命》 | 十三 | 21 |
| 《武成》 | 十四 | 22 |
| 《旅獒》 | 十五 | 23 |
| 《冏命》 | 十六 | 24 |

康氏的《尚書篇目異同真僞表》第五欄"十六篇僞古文篇目"所列爲——

《舜典》《汨作》《九共》（九篇）《大禹謨》《胤征》《湯誥》《伊訓》《武成》《冏命》之十七篇，而——

《棄稷》《五子之歌》《典寶》《咸有一德》《肆命》《原命》《旅獒》之七篇均未列入，這是絕無根據的。他的《漢書藝文志辨僞》中引劉逢祿《尚書今古文集解》語敍此十六篇與二十四篇，亦全同舊說並無駁辨之語，可知此表所敍，乃是一時的錯誤。他偶然誤把二十四篇的計算法來算十六篇（就是誤把《九共》分作九篇作爲十六篇的計算法），於是覺得多出幾篇來了，就胡亂的把《棄稷》等七篇删去，這實在太不應該了！而且就照他那麼辦，他所列的還不是十六篇，乃是十七篇。這是他很錯誤的敍述。

《漢書·藝文志》敍《今文尚書》的卷數是這樣：

《經》二十九卷，大小夏侯二家。

歐陽《經》三十二卷。

歐陽《章句》三十一卷。

大小夏侯《章句》各二十九卷。

大小夏侯《解故》二十九篇。

案：伏生所傳《尚書》，本來祇有二十八篇："《泰誓》後得，博士集而讀之"，故大小夏侯《經》皆增爲二十九篇，其《章句》與《解故》亦皆二十九篇。獨歐陽《經》爲三十二卷，而其《章句》則三十一卷，又與《經》異，頗難索解。康氏對此問題，擱起不談，但云"歐陽《經》及《章句》卷數難明"，又云"並難引據"（《書序辨僞》）而已。王引之《經義述聞》以爲，《經》與《章句》皆有誤字，皆當作三十三卷，蓋取二十九卷中之《盤庚》與《泰誓》各分爲三，故爲三十三卷。王氏此說，因爲兩處都要改字，才能成立，所以別人都不以爲然。陳壽祺《左海經辨》說：

> 伏生經文二十八篇，增《泰誓》三篇，止三十一卷，其一卷必百篇之《序》也。西漢經師不爲序作訓，故歐陽《章句》仍止三十一卷矣。

陳氏此說，顯然錯誤。《今文尚書》無《序》，《書序》爲劉歆所僞作，康、崔二君之所考明，已成定論。但陳氏之計算卷數，略有可採之處，故先把他這段話引在這兒。

我以爲要說明歐陽《經》及《章句》的卷數，應該根據《漢石經》。但是說到《漢石經》，卻有一篇很別致的文章，不能不先說明它。原來《漢石經》中竟有《書序》。《漢石經》中有《書序》，不是適足爲陳氏"今文有序"之說之顯證嗎？不然！不然！陳氏說今文有序，是與古文同樣的百篇《書序》，故臚舉今文家提到今文經所無而只見於百篇《書序》之篇目，以爲今文有序之證。但《漢石經》中的《書序》，卻很別致，僅有今文經所有的二十九篇之序，此外七十一篇序一概沒有，這是計算它的行數字數而可以斷定的。這樣別致的《書序》，不但陳氏所未知，且西漢人及劉歆等亦從未道及。西漢今文家絕無言及《書序》者，也絕無稱引《書序》文句者。劉歆、楊雄、王充諸人皆據百篇《書序》以證《今文尚書》爲不全，絕不據百篇《書序》以證二十九篇《書序》爲不全。由此可知一定是東漢的今文家就古文的百篇《書序》，刪去今文所無的七十一篇，以成此二十九篇《書序》；決非西漢時本有今文的二十九篇《書序》，而被古文家加上七十一篇，以成百篇《書序》。漢代的今文經師，識見甚陋，他們反對古文家，絕夠不上說辨僞，只是怕人家來分他的地盤而已。只要地盤穩固了，那經的真僞問題，他們本不想研究，亦非他們的識見所能判斷；變更原來的面目以趨時尚，也毫不要緊，《易》增《說卦》以下三篇即其一例。所以古文既有《書序》，他們也不妨把它抄來，加在今文經中。但因當時有"《尚書》二十九篇，法北斗七宿"及"孔子更選二十九篇，二十九篇獨有法也"這些穿鑿不根的謬論（均見《論衡·正說篇》），若把百篇《書序》完全抄來，總覺得有些不合式，於是就單抄"有法"的二十九篇的序了。先師崔君《史記探源》卷一《序證》"《書序》"節中謂《洪範》與《君奭》兩序皆與《史記》不合，證明爲劉歆之說。今《漢石經》的《書序》中《洪範序》存"以箕子"三字，《君奭序》存"周公作君"四字計其字數，知其上下文必與古文《書序》相同，這也是東漢今文家抄古文序的一個證據。所以得此二十九篇的《書序》，更可十分堅決的說西漢的《今文尚書》絕對無《序》！

現在要說"歐陽《尚書》的卷數與《漢石經》"這個問題了。

漢石經所用的本子：《詩》魯，《禮》大戴，《易》京，《春秋》及《公羊傳》嚴，《論語》張侯，均由吾友馬叔平（衡）先生次第證明；惟《書》用何家之本，尚未考定。我從卷數上研究，竊謂是歐陽《經》也。其證有二：

（ㄅ）《隸釋》所錄《石經尚書殘碑》中，有"建乃家般□既"數字。"建乃家"是《盤庚》中篇的末句，"般庚既遷"是它下篇的首句，兩句之間空一個字，是《漢石經》的《盤庚》分上中下三篇也。

（ㄆ）最近所出《漢石經》的《書序》殘石，凡九行，茲依原石行款，錄之如下：（注：漢石經圖謹按橫排錄其文）

漢石經　書序文

民
廣度
遂與
堪饑●

以箕子

使召公

周公作君

甫刑

同異

首行存一"民"字，係《秦誓》篇末"以不能保我子孫黎民"之"民"字。末行存"同異"二字，當是校記。把這首末兩行除外，其中七行是今文二十九篇《書序》。

此二十九篇《書序》中，有《泰誓序》（應在書序第三行），無《康王之誥序》（《顧命序》在第六行，其下應接《鮮誓序》，方與字數相合，故知無《康王之誥序》），則《今文尚書》二十九篇之一，陳壽祺等以《書序》當之，龔自珍等分《康王之誥》以當之，而均不數《泰誓》者，皆非也。舊說以爲伏生本二十八篇，加後得之《泰誓》一篇，故爲二十九篇，實在沒有錯。《漢志》敘大小夏侯《經》《章句》及《解故》皆二十九卷，必是如此。《漢石經》分《盤庚》爲三，則三十一；又加《書序》，則三十二。歐陽《經》的卷數適與《漢石經》相同，故疑《漢石經》所用的是歐陽經。至於歐陽《章句》三十一卷，則因不爲《書序》作訓之故，陳壽祺之說是也。（其實是西漢經師作訓時尚未有《書序》耳。）

茲將歐陽大小夏侯及《漢石經》的分卷異同表列如下：

| 篇名 | 大小夏侯《經章句》及《解故》各二十九卷 | 歐陽《經》三十二卷（漢石經）與此同 | 歐陽《章句》三十一卷 |
| --- | --- | --- | --- |
| 堯典 | 一 | 一 | 一 |
| 皋陶謨 | 二 | 二 | 二 |
| 禹貢 | 三 | 三 | 三 |
| 甘誓 | 四 | 四 | 四 |
| 湯誓 | 五 | 五 | 五 |
| 盤庚 | 六 | （上）六（中）七（下）八 | （上）六（中）七（下）八 |
| 高宗肜日 | 七 | 九 | 九 |
| 西伯戡黎 | 八 | 十 | 十 |

續表

| 篇名 | 大小夏侯《經章句》及《解故》各二十九卷 | 歐陽《經》三十二卷（漢石經）與此同 | 歐陽《章句》三十一卷 |
|---|---|---|---|
| 微子 | 九 | 十一 | 十一 |
| 大誓 | 十 | 十二 | 十二 |
| 牧誓 | 十一 | 十三 | 十三 |
| 鴻範 | 十二 | 十四 | 十四 |
| 金縢 | 十三 | 十五 | 十五 |
| 大誥 | 十四 | 十六 | 十六 |
| 康誥 | 十五 | 十七 | 十七 |
| 酒誥 | 十六 | 十八 | 十八 |
| 梓材 | 十七 | 十九 | 十九 |
| 召誥 | 十八 | 二十 | 二十 |
| 雒誥 | 十九 | 二十一 | 二十一 |
| 多士 | 二十 | 二十二 | 二十二 |
| 毋逸 | 二十一 | 二十三 | 二十三 |
| 君奭 | 二十二 | 二十四 | 二十四 |
| 多方 | 二十三 | 二十五 | 二十五 |
| 立政 | 二十四 | 二十六 | 二十六 |
| 顧命 | 二十五 | 二十七 | 二十七 |
| 鮮誓 | 二十六 | 二十八 | 二十八 |
| 甫刑 | 二十七 | 二十九 | 二十九 |
| 文侯之命 | 二十八 | 三十 | 三十 |
| 秦誓 | 二十九 | 三十一 | 三十一 |
| 書序 |  | 三十二 |  |

陳壽祺的"今文有序"十七證，康氏一一駁之，皆是也。但是他的第十三證，對於"歐陽《尚書》的卷數與《漢石經》"這個問題卻有用處。他說：

《後漢書·楊震傳》：曾孫彪議遷都曰："盤庚五遷，殷民胥怨。"此引《商書·盤庚》之序也。彪世傳歐陽《尚書》，所據乃其本經。今文有序，其證十三矣。

東漢習歐陽《尚書》者引《書序》，而《漢石經》有《書序》，這也可以作爲漢《石經》用歐陽《經》的一個證據。

(П)《儀禮》

康氏主張《經》皆孔子所作之說（《孔子改制考》中有《六經皆孔子改制所作考》一篇），故認制禮者是孔子而非周公，謂《儀禮》十七篇悉爲孔子所作，本書中已發其端，《孔子改制考》中乃大暢其旨。康氏此說，人多視爲無徵之臆談；贊成而採用之者，惟皮錫瑞之《經學歷史》與《經學通論》耳。我以爲孔子制禮之說雖未盡當，然亦非無徵之臆談，比周公制禮之說高明多矣。禮之中確有一部分爲孔子所制，如"三年之喪"，看《論語·陽貨篇》，《孟子·滕文公篇》，《墨子》非儒、公孟、節葬諸篇，則此禮制自孔子，實有明徵。惟《儀禮》中如《聘禮》所言，與孔子之主張相背（崔述與姚際恒皆有此說），而升降揖讓之繁文縟節，自非孔子所定，且與孔子重禮之意亦未必吻合；其書蓋晚周爲荀子之學者所作。《儀禮》爲晚周之書，毛奇齡、顧棟高、袁枚、崔述、牟庭皆有此說。近見姚際恒之《儀禮通論》，亦謂《儀禮》爲春秋後人所作。姚書尚未刊行，世所罕見（最近始由吾友顧頡剛先生向杭州舊家抄得），今錄其一二要語於此。其言曰：

《儀禮》是春秋以後儒者所作，如《聘禮》皆述《春秋》時事；又多用《左傳》事，尤可見。（卷前，《論旨》）

又曰：

《祝辭》多用《詩》語，便知《儀禮》爲春秋後人所作。（卷一，《士冠禮》）

對於《聘禮》一篇，謂其——

前後多規摹《鄉黨》之文，而有意別爲簡練刻畫以異之。（卷八，《聘禮》）

看姚氏所論，可知《儀禮》的確作於晚周；《五經》之中，當以《儀禮》爲最晚出之書。不信康氏之說者，多從舊說，以爲周公所作。實則康氏以爲作於孔子尚嫌太早；若作於周公之舊說，則離事實更遠，真是無徵之臆談矣。

康氏之辨《逸禮》，其說採自邵懿辰的《禮經通論》。邵氏根據《禮運》中"冠、昏、喪、祭、射、鄉、朝、聘"（今本"鄉"誤作"禦"，邵氏始訂正之）之次，證今文《儀禮》十七篇爲完書，當以大戴之次序爲最合；又謂若取王應麟、吳澄二氏所舉《王居明堂禮》《天子巡狩禮》《奔喪》《投壺》諸篇廁於十七篇之間，則不相比附：故知《逸禮》三十九篇爲劉歆剽取雜書而僞造者。其說極爲精當。（姚際恒亦以《逸禮》三十九篇爲僞書，說見《儀禮通論》的《論旨》）

（ㄈ）《周禮》

康氏辨《周禮》之說曰："《王莽傳》所謂'發得《周禮》以明因監'，故與莽所更法立制略同，蓋劉歆所僞撰也。歆欲附成莽業而爲此書。其僞群經，乃以證周官者。"這幾句話，真所謂"一針見血"之論，《周禮》的原形給他識破了。他又取《漢書·王莽傳》中莽所措施與《周禮》相證，成《漢書王莽傳辨僞》一篇。凡所舉證，皆極精覈。讀了他這篇文章，可無疑於劉歆爲王莽更法立制而造爲《周禮》，僞託於周公之說矣。現在除墨守古文家言者，對於鄭玄要"頭面禮足"者，以及認"一切古籍皆是真書"之淺人外，凡好學深思之士，對於《周禮》，皆不信其爲周公之書。但又有以爲係晚周人所作者，如錢穆與郭沫若二氏皆有此說。錢氏撰《周官著作時代考》（載《燕京學報》第十一期），謂以何休所云"《周官》乃六國陰謀之書"之說爲近情。郭氏撰《周官質疑》（見其所作《金文叢考》中），謂"《周官》一書，蓋趙人荀卿子之弟子所爲，襲其師'爵名從周'之意，纂集遺聞佚志，參以己見而成一家言。"我以爲從制度上看，云出於晚周，並無實據；云劉歆所作，則《王莽傳》恰是極有力之憑證：故仍認康氏之論爲最確。即使讓一步說，承認《周禮》出於晚周，然劉歆利用此書以佐王莽，總是無可否認的事實。既利用矣，則大加竄改以適合王莽更法立制之用，當時實有此必要。故今之《周禮》，無論是本有此書而遭劉歆之竄改，或本無此書而爲劉歆所創作，總之只能認爲劉歆的理想政制而不能認爲晚周某一學者的理想政制。而若考周代之政制而引用《周禮》爲史料，則尤爲荒謬矣。

（ㄌ）《禮記》

康氏之辨《禮記》，有極精之語；但他還是被劉歆騙了，所以支離穿鑿之論也很多。他說：

> 孔門相傳，無別爲一書謂之《禮記》者。

這話極是。他又說：

> 既非孔子制作，亦無關朝廷功令。其篇數蓋不可考，但爲禮家附記之類書。

這話也對。但康氏終不免被劉歆所騙。《漢書·藝文志·禮家》：

> 《記》百三十一篇（七十子後學者所記也）。
> 《明堂陰陽》三十三篇（古明堂之遺事）。
> 《王史氏》二十一篇（七十子後學者）。

又《樂家》：

> 《樂記》二十三篇。

又《論語家》：

> 《孔子三朝》七篇。

這五種都是《古文禮記》。《隋書·經籍志》：

> 漢初，河間獻王又得仲尼弟子及後學者所記一百三十一篇，獻之，時亦無傳之者。至劉向考校經籍，檢得一百三十篇，向因第而敘之；而又得《明堂陰陽記》三十三篇，《孔子三朝記》七篇，《王氏史氏記》二十一篇，《樂記》二十三篇：凡五種，合二百十四篇。

《經典釋文序錄》：

> 劉向《別錄》云：《古文記》二百四篇。

按：依《漢志》所列五種，其總數當爲二百十五篇，而《隋志》謂爲二百十四篇者，《記》一百三十一篇少了一篇故也。《隋志》謂劉向檢校時已少一篇，但《漢志》本於劉向（實應說劉歆）的《七略》與《別錄》，仍說是一百三十一篇，這事究竟如何，現在無從知道了。《釋文》引《別錄》比《隋志》又少了十篇，爲二百〇四篇。我疑心或是傳寫誤脫"十"字，然它下文有"戴德刪《古禮》二百四篇"之語，似不應兩處都脫"十"字，疑莫能明。但這二百十五篇，二百十四篇，二百〇四篇的參差問題，與本節所說沒有什麽關係，可以不論。我的意思，是要說明《漢志》所謂"一百三十一篇"，《隋志》所謂"二百十四篇"及《釋文》所謂"二百四篇"，都是指《古文禮記》而言，與今文無關，與今存之《大戴禮記》及《小戴禮記》亦非一物，決不可把它們牽合爲一事，但康氏卻認"二百四篇"爲《今文禮記》的篇數而被劉歆竄改爲——

《記》百三十一篇，
《明堂陰陽》三十三篇，
《王史氏》二十一篇，
《曲臺後倉》九篇，
《中庸說》二篇，
《明堂陰陽說》五篇，
《周官傳》四篇。

共二百〇五篇（康云二百〇六篇，今案七種合計祇有二百〇五篇）。說二百〇四篇之《禮記》爲這樣七種書的合計，是毫無根據而爲康氏一人所臆造，決不可信。

他於是又異想天開，造出一段"《今文禮記》二百〇四篇"的賬來，他把《漢書·藝文志·儒家》中選出十九種書以當"《今文禮記》二百〇四篇"。我現在爲使看的人一目了然計，特將《漢志·儒家》在《高祖傳》以前之三十一種書名全抄於下，其康氏選作"《今文禮記》二百〇四篇"之十九種，外加括弧〔〕以示別：

〔《晏子》八篇〕　　〔《子思》二十三篇〕
〔《曾子》十八篇〕　〔《漆雕子》十三篇〕
〔《宓子》十六篇〕　〔《景子》三篇〕
〔《世子》二十一篇〕〔《魏文侯》六篇〕
〔《李克》七篇〕　　〔《公孫尼子》二十八篇〕
〔《孟子》十一篇〕　〔《孫卿子》三十三篇〕
〔《芉子》十八篇〕　《內業》十五篇
《周史六弢》六篇　　《周政》六篇
《周法》九篇　　　　《河間周制》十八篇
《讕言》十篇　　　　《功議》四篇

〔《寗越》一篇〕　　〔《王孫子》一篇〕
〔《公孫固》一篇〕　《李氏春秋》二篇
〔《羊子》四篇〕　　〔《董子》一篇〕
〔《侯子》一篇〕　　《徐子》四十二篇
《魯仲連子》十四篇　《平原君》七篇
《虞氏春秋》十五篇

康氏所選的十九種書，合計二百十四篇，但他自己卻說"實二百四篇"。他接著又說：

> 是則二百四篇者，七十子後學記，原篇人所共知。歆欲攻后倉士禮之闕，又窺見《禮經》十七篇天子諸侯卿大夫之制無多，乃僞造典禮以爲《明堂陰陽》《王史氏記》，謂多天子諸侯卿大夫之制。於是去取七十子後學及后倉記，而竄《明堂陰陽》《王史氏記》數十篇於其中，以實二百四篇之目，而痛抑今學爲"推士禮而至於天子"。其作僞之術，情見乎辭。

其實劉歆並沒有"去取七十子後學及后倉記……以實二百四篇之目"，倒是康氏忽然去取《儒家》各書以實二百四篇之目了。康氏致誤之由實緣誤認《古文禮記》爲《今文禮記》也。《今文禮記》本無此書，康氏已自言之矣（見上引）。今文禮家或有抄撮儒家諸子中關於論禮的文章；或有他們自己對於禮的講論，如《曲臺》《后倉》之類；又如《白虎通》中所引之"某某記"等，大多數當亦爲今文家論禮之作；即今存之《二戴記》中，也許採了些今文家論禮之作。但這些都是零星散文，在西漢時並沒有像古文家那樣編成一部叢書式的《禮記》。所以主張今文的人決不該說"七十子後學記原有二百四篇"這樣一句話。

至於今存之《小戴禮記》四十九篇及《大戴禮記》三十九篇（本有八十五篇，今殘存此數），關於這兩部禮記的記載，最早的是鄭玄的《六藝論》，他說：

> 戴德傳記八十五篇，則《大戴禮》是也；戴聖傳記四十九篇，則此《禮記》是也。

《經典釋文序錄》引晉陳邵的《周禮論序》說：

戴德刪《古禮》二百四篇爲八十五篇，謂之《大戴禮》；戴聖刪《大戴禮》爲四十九篇，是爲《小戴禮》。

《隋書·經籍志》說：

……戴德刪其（指劉向所敘之《記》二百十四篇）煩重，合而記之，爲八十五篇，謂之《大戴記》；而戴聖又刪大戴之書爲四十六篇，謂之《小戴記》。漢末，馬融遂傳小戴之學；融又足《月令》一篇，《明堂位》一篇，《樂記》一篇，合四十九篇。

這三種記載，彼此有兩點不同：

（ㄅ）《六藝論》說《二戴記》各有所受，彼此不相干，又沒有提到《二戴記》的來源。《周禮論序》與《隋志》則均謂《大戴記》是刪《古文記》而成的，而《小戴記》又是刪《大戴記》而成的。

（ㄆ）《六藝論》與《周禮論序》均謂《小戴記》原來就有四十九篇。《隋志》則謂《小戴記》原來祇有四十六篇，馬融加入三篇，才成爲四十九篇。

案：戴聖刪《大戴記》之說，陳壽祺和皮錫瑞都以爲是不對的。戴德刪《古文記》之說，自來學者皆無異議。我以爲單就這樣一句話論，是根本不能成立的。因爲戴德是西漢的今文經師，當他的時候並無所謂《古文記》也。但這是駁這樣一句話。若論今之《大戴禮記》與《小戴禮記》這兩部書，據我的研究，決非戴德和戴聖這兩個人編成的；看它們的內容，雖不見得是刪《古文記》而成，但的確採了好些《古文記》，如《大戴記》中之《千乘》《四代》《虞戴德》《誥志》《小辨》《用兵》《少間》，採自《孔子三朝記》；《小戴記》中之《樂記》採自《樂記》（《古文記》中之《樂記》凡二十三篇，《小戴記》中之《樂記》採了它十一篇），《月令》與《明堂位》採自《明堂》《陰陽》，皆有明證。又如《大戴記》中之《盛德》記明堂之事，《朝事》與《周禮》相合，當亦採自《古文記》中。這兩部書一定是東漢人編成的，所以其中今古雜糅，不易辨析。今《大戴禮記》已多殘缺脫誤，所存之三十九篇中，有與《小戴記》相同者，是否與鄭玄、陳邵諸人所見者相合，無從審知；又其來源，除鄭玄、陳邵及《隋志》所記，亦無其他異說，只可闕而不論。

單說《小戴記》。《隋志》謂《小戴記》原來祇有四十六篇，馬融加入三篇，才成爲四十九篇。前人信此說者，據我現在記憶所及，似乎祇有姚際恒的《禮記通論》。康氏亦深信此說。我則以爲這三篇的古文色彩特別濃厚，說是馬融加入，固甚可信；但此外四十六篇又何嘗是戴聖所編？《隋志》之說雖略勝於鄭玄與陳邵，但尚遠不及陸德明之說尤與情事相合。陸氏《經典釋文序錄》於引陳邵之說之下，接著就有他自己一段極精覈之論，他說：

> 後漢馬融、盧植考諸家同異，附戴聖篇章，去其繁重及所敘略，而行於世，即今之《禮記》是也。鄭玄亦依盧、馬之本而注焉。

這明明說今之《禮記》爲盧植、馬融所編定，鄭玄所注者即是盧、馬編定之本。然則無論戴聖曾否編有《禮記》，即使有之，而今鄭注之《禮記》四十九篇，則決非戴聖之本也。故《月令》《明堂位》《樂記》三篇固爲馬融所編入，即其他四十六篇中，盧、馬二人編入之篇亦必不少。可惜這樣幾句極重要的話，自來都把它忽略過了；康氏也不加深察，反謂"此古學家虛造之說，不可信"，豈非誤歟！

總之，《二戴記》都是東漢人編成的，那時古文雖未立於學官，但民間的學者尊信它的很多，它的勢力很不小，即立於學官的今文也不免要被它竄亂，《白虎通》中有古文說，《漢石經》中有《書序》，都是極好的例。《二戴記》產生於這樣的環境中，即使是今文經師所編，恐怕也不免要鬧到今古雜糅，何況《小戴記》的編者是盧、馬這兩位古文經師呢？《大戴記》的來源，雖以前的記述沒有像《釋文》和《隋志》那樣詳明，但就內容看來，其雜亂無紀之狀態，實與《小戴記》無異。還有一層，時代愈晚，僞書愈多，僞史也愈多，僞說也愈多。漢代的學者，除了一位極特別的王充外，都是最缺乏懷疑的精神的。（古文家和今文家是一丘之貉，今文家攻擊古文經是吃醋，如師丹、范升是，古文家攻擊今文經是陰謀，如劉歆是，都夠不上說懷疑。）他們對於一切真僞的古書，是持"買榮求益"的態度，認爲多多益善的。所以《二戴記》這兩部叢書所採各篇的來源，除上文所舉《古文記》以外，尚有採自《荀子》（《三年問》《禮三本》《勸學》《哀公問五義》），《呂氏春秋》（《月令》），《賈誼新書》（《保傅》），《逸禮》（《奔喪》、《投壺》、《諸侯遷廟》、《諸侯釁廟》）及其他秦、漢以來僞造的古書（《五帝德》《帝系姓》《誥志》《公冠》《祭法》《仲尼燕居》《孔子閒居》《表記》《中庸》《大學》等）。姚際恒之評《小戴記》（見其所作之《禮記通論》，此書載入杭世駿的《續禮記集說》中，無單行本），龔自珍之評《大戴記》（見張祖廉的《定庵先生年譜外紀》），皆有極精之論。龔氏說：

> 二戴之記，皆七十子以後逮乎炎漢之儒所爲，源遠而流分，故多支離猥陋之詞，或庸淺無味，敷衍成篇。蓋雜家喜依託黃帝，而儒家喜依託孔子，周末漢初人習尚類然。合兩戴所記淘之澄之，孔子之言亦必居什之四，究賢於雜家之託三皇也。

又說：

> 衰周及漢代多至庸極陋之書，而善依託，《周書》中之《太子晉解》，《大小戴記》之《五帝德》《坊記》《表記》《緇衣》等篇，其尤者也。揚雄《法言》，王通《中說》，是其嫡傳。

這兩段話，很精覈，很公允。

（ㄉ）《樂記》

"樂本無經"之說，亦發於邵氏《禮經通論》。那位十三歲就瞎了眼（《漢志》顏注引桓譚《新論》）而能活到二百五六十歲的竇老頭子來獻什麼"《周官》大宗伯之大司樂章"這件奇事，當然是造謊，不值得一駁。但古文家不但不以此事爲可疑，且有更進一步，認"《周官》大宗伯之大司樂章"爲即"《樂經》"者。吾友黃季剛（侃）先生說：

> 樂本有經，蓋即《周官》大司樂"二十職"。或謂《樂經》至秦燔失，或謂樂本無經，殆皆不然也。（《六藝略說》）

黃氏極端崇信古文，崇信劉歆，但此奇論，實劉歆所未言，《七略》所不載。其然，豈其然乎！《漢志》又說：

> 武帝時，河間獻王好儒，與毛生等共採《周官》及諸子言樂事者，以作《樂記》。……其內史丞王定傳之，以授常山王禹。禹，成帝時爲謁者，數言其義，獻二十四卷。

又要搬出河間獻王和《周官》來了，而且又來了一位毛老先生！是毛亨？

是毛萇？還是另有一位姓毛的？何毛氏之多才也！

(七)《周易》

康氏書中，以辨《易》的部分爲最壞，十之八九都是錯誤的。因爲他主張《經》皆孔子所作，故非說孔子作《卦辭》《爻辭》不可。其實《五經》之中，惟《春秋》爲孔子所作；其他四經，有成於孔子以前的，有成於孔子以後的；內中如《尚書》，大部分的《周書》及《商書》之《盤庚》當成於孔子以前，而《虞夏書》及《周書》之《洪範》等當出於孔子以後：皆非孔子所作也。《易經》明明是一部卜筮之書。朱熹說：

> 竊疑卦爻之辭，本爲卜筮者斷吉凶而因以訓戒。……其可通處，極有本甚平易淺近，而今傳注誤爲高深微妙之說者：如"利用祭祀""利用享祀"，只是卜祭則吉；"田獲三狐""田獲三品"，只是卜田則吉；"公用享於天子"，只是卜朝覲則吉；"利建侯"，只是卜立君則吉；"利用爲依遷國"，只是卜遷國則吉；"利用侵伐"，只是卜侵伐則吉之類。(《答呂伯恭書》)

這話極精。《易經》所寫的生活是漁獵和牧畜時代的生活 (看郭沫若的《中國古代社會研究》中《周易時代的社會生活》)；所引的史事是商及周初之際的史事 (看顧頡剛的《周易卦爻辭中的故事》，載《古史辨》第三冊)：可以證明它是作於西周的卜筮之官。但未必是西周的卜筮之官預先創作了這樣一部完完全全整整齊齊的《易經》，而到卜筮之時檢用的；似乎是卜筮之時撰成的繇辭，所以有好些句子都好象指一件事實而言，雖然我們現在無法知道它是怎麼一回事。後來有一個人搜集了這許多彼此不相干的繇辭編纂爲此書，又自己特撰了一部分。所以有些卦的六爻之意是一貫的，有些卦是各爻之意彼此沒有關係的。大概前者是編此書的人所特撰的，後者是他將舊繇卦雜湊而成的。李鏡池氏的《周易筮辭考》(亦載《古史辨》第三冊) 發揮此意最爲精詳，今引其第四節的三個結論：

(1)《卦爻辭》中有兩種體制不同的文字——散體的筮辭與韻文的詩歌——可以看出《周易》是編纂而成的。

(2)《卦爻辭》之編纂，有大部分是編錄舊有的筮辭，有小部分是編者的著作。

(3)《卦爻辭》的編纂年代，當在西周初葉。

其第五節起首說：

《周易》中有故事，《周易》中有詩歌，《周易》中還有格言。

其篇末的結論凡八條，今引其三條：

（一）從《卦爻辭》中筮占貞問等字，可以證明《易》是卦筮之書，由卜筮而成，爲卜筮而作。

（二）從《卦爻辭》的著作體例及其中的格言及詩歌式的句子，可以看出《易經》是編纂而成的。

（三）從《易》辭中所表現的時代性及所敘的歷史故事，可以看出《周易》的編纂年代是在西周初葉。

郭沫若氏的《周易時代的社會生活》中說：

《易經》是古代卜筮的底本，就跟我們現代的各種神祠佛寺的靈簽一樣。它的作者不必是一個人，作的時期也不必是一個時代。

他的《金文所無考》（見《金文叢考》中）中說：

基本八卦之"乾""坤"二字亦爲金文所絕無。金文無與"天"對立之"地"字；天地對立之觀念，事當後起，則乾坤對立之觀念亦當後起矣。且《易》之爲書雖詭譎悖謬，然其本身亦有其固有之系統，乃於上述意識之下所構成之作品，與古代自然發生之書史不類。其經部之成或在春秋以後，即孔子亦未必及見。

《卦爻辭》爲卜筮之用，《易經》爲編纂而成之書，李、郭二氏之說彼此相同，惟對於編纂之時代，李氏謂在西周初葉，郭氏謂當在孔子以後，我以爲郭說近是。

至康氏謂《易經》爲孔子所作，則大謬不然。孔子時代的生活斷不是那樣簡單，孔子自己的思想決不會那樣野蠻。說孔子作《卦爻辭》，未免太看低他老人家了。以此尊孔，翻其反矣！（"作"與"編"不同，"作"是發表自己的思想，"編"是集合過去的材料。若云孔子編《易》，還可以說得通；但康氏係堅主"《六經》皆孔子改制所作"之論者，照他所說，則《易經》裏那種野蠻思想一定是孔子的"大義微言"了。）康氏既以《卦爻辭》爲孔子所作，又不肯把《彖傳》《象傳》送給七十子後學者，於是皮錫瑞就造出"孔子作《卦辭》、《爻辭》又作《彖》《象》《文言》，是自作而自解"的妙論，還要說與楊雄作《太玄》同例了。(皮說見《經學通論》。康氏《僞經考》中辨僞的精覈之論，皮氏皆不能——實在是不敢——乾脆採用，獨此萬不可通之"孔子作《易》"說，皮氏反深信不疑，且從而爲之推波助瀾，殊可異也。)

康氏不但認《卦辭》《爻辭》及《彖傳》《象傳》爲孔子一人所作，且反認鄭玄、王弼以來合《彖》《象》《文言傳》於《經》之改編本爲今文《易》之本來面目，於是力斥《漢志》"《易經》十二篇——施、孟、梁丘三家"之語爲劉歆所僞託，可謂憑臆武斷。惟其云《說卦傳》爲焦京之徒所附入，卻是特見。我於一九二九年（民國十八年）撰《讀漢石經周易殘字而論及今文易的篇數問題》一文（亦載《古史辨》第三冊），有討論康氏辨《易》一段，現將彼文節錄於後：

《漢書·藝文志》："《易經》十二篇——施、孟、梁丘三家。"這句話，清中葉諸經師，除戴震以外，是沒有人對它懷疑的。但《論衡·正說篇》云：

孝宣皇帝之時，河內女子發老屋，得逸《易》《禮》《尚書》各一篇，奏之；宣帝下示博士，然後《易》《禮》《尚書》各益一篇。

又《隋書·經籍志》云：

及秦焚書，《周易》獨以卜筮得存，唯失《說卦》三篇，後河內女子得之。

案：《論衡》所云河內女子所得之逸經，惟《逸禮》爲何篇，至今尚未考明；《逸書》，則東漢末之房宏（《尚書正義》卷一引）、《隋書·經籍志》《經典釋文序錄》皆云是《泰誓》。《泰誓》之確爲後得，非伏勝傳《書》時所有，今已成爲定案。那麼，《逸易》是《說卦》以下三篇（說詳下），亦經《隋志》證明，亦當確定爲後得，非田何傳《易》時所有了。"河內女子發老屋"，與"魯共王壞孔子宅"雖同樣是不根之談，然亦同樣可作爲漢人造作僞經之證，故所謂"逸《易》《禮》《尚書》各一篇"者，實均爲西漢人所僞作，無疑也。

首疑《說卦》以下三篇者爲戴震。（宋人雖有疑之者，但其立場與此下所說者不同，故不舉及。）其《周易補注目錄後語》云：

武帝時博士之業，《易》雖已十二篇，然昔儒相傳，《說卦》三篇與今文《泰誓》同後出,《說卦》分之爲《序卦》《雜卦》,故三篇詞指不類孔子之言。或經師所記孔門餘論,或別有所傳述,博士集而讀之,遂一歸孔子,謂之"十翼"矣。

這明明說《說卦》三篇是後出之文,不與《彖》《象》《繫辭》《文言》同時了。

及康有爲撰《新學僞經考》,則云:

> 至《說卦》《序卦》《雜卦》三篇,《隋志》以爲後得,蓋本《論衡·正說篇》河內後得《逸易》之事。《法言·問神篇》,"《易》損其一也,雖蠢知闕焉",則西漢前《易》無《說卦》可知。楊雄、王充嘗見西漢博士舊本,故知之。《說卦》與孟京《卦氣圖》合,其出漢時僞託無疑。《序卦》膚淺,《雜卦》則言訓詁,此則歆所僞竄,並非河內所出。(卷三上)

康氏又辨《史記·孔子世家》"《序》《彖》《繫》《象》《說卦》《文言》"一句中"說卦"二字爲劉歆所竄入,云:

> 《隋志》之說出於《論衡》,此必王充曾見武宣前本也。《說卦》,"帝出乎《震》,齊乎《巽》,相見乎《離》,致役乎《坤》,說言乎《兌》,戰乎《乾》,勞乎《坎》,成言乎《艮》";又曰:"《震》,東方也;《離》也者,南方之卦也;《兌》,正秋也;《坎》者,正北方之卦也。"與焦京《卦氣圖》合。蓋宣帝時說《易》者附之入經,田何、丁寬之傳無之也。史遷不知焦京,必無之,此二字不知何時竄入。至《序卦》《雜卦》,所出尤後,《史記》不著,蓋出劉歆之所僞,故其辭閃爍隱約,於《藝文志》著《序卦》,於《儒林傳》不著而以"十篇"二字總括其間。要之三篇非孔子經文。(卷二,又卷五,卷十,卷十一,及《孔子改制考》卷十,亦有關於此問題之駁辨,與此二條大意相同)

案:康氏直斷《說卦》爲焦京之徒所僞作,宣帝時說《易》者附之入經,可謂巨眼卓識。至以《序卦》和《雜卦》爲劉歆所僞作,則未必然。我以爲《論衡》所云"《逸易》一篇"和《隋志》所云"《說卦》三篇",其內容實相同，蓋《說卦》與《序卦》、《雜卦》本合爲一篇，故《隋志》雖云三篇，亦但舉《說卦》以賅《序卦》和《雜卦》也。戴震云，"《說卦》分之爲《序卦》《雜卦》"；嚴可均云，"漢宣帝時，河内女子得《說卦》一篇，不數《序卦》《雜卦》者，統於《說卦》"（《唐石經校文》卷一）；其說甚是。故韓康伯注本，《序卦》和《雜卦》均附《說卦》卷內，直至《唐石經》還是這樣。康氏謂"《序卦》膚淺"，誠哉其膚淺也；然意義膚淺，不能作爲劉歆僞造之證。劉歆造了許多僞經，固是事實，然其學實不膚淺；膚淺之評，惟彼焦京之徒適足以當之耳。

《雜卦》仍是說明卦義，與《說卦》《序卦》性質相同，與訓詁之方法根本有異；說它"言訓詁"，實在不對。即使言訓詁，亦不能即斷爲劉歆所作。劉歆以前言訓詁者多矣：《詩》之《魯故》《齊後氏故》《韓故》，《書》之《大小夏侯解故》等等，都是言訓詁的；《春秋公羊傳》中言訓詁處亦甚多。

據上面所說，則《漢志》謂施、孟、梁丘三家之《易》爲十二篇之說就發生了問題。蓋《說卦》三篇既是西漢人所僞作，則三家之《易》似不應有十二篇，因爲三家同出於田何，田何所沒有的，似乎三家也不應該有。於是康氏以爲田何所傳之《易》但有《經》上下二篇，而《彖》和《象》都在《經》內，其言云：

> 此志（《漢書·藝文志》）敘周王孫、服光、楊何、蔡公、韓嬰、王同諸《易》先師《傳》，皆二篇；《章句》，施、孟、梁丘氏各二篇。然則《易》之《卦辭》《爻辭》《彖辭》《象辭》皆合。以其簡帙繁重，分爲上下二篇。（《新學僞經考》卷三上）

又云：

> 《彖》《象》與《卦辭》《爻辭》相屬，分爲上下二篇，乃孔子所作原本。（同上，卷十；又見《孔子改制考》卷十。）

至於《繫辭》，康氏則云：

> 蓋《繫辭》有"子曰"，則非出孔子手筆，但爲孔門弟子所作，商瞿之徒所傳授，故太史談不以爲經而以爲傳也。（《新學僞經考》卷三上；又卷十與《孔子改制考》卷十略同。）

《文言》，則《康氏》沒有提到它。我想，今本《周易》把《彖傳》《象傳》《文言傳》都合在上下《經》之內，康氏既以《彖傳》和《象傳》合在上下《經》之內爲原本《周易》之面目，想來他把《文言傳》也算在裏面了。那麼，康氏意中之三家《易》大概是這樣的：經，上下二篇（其內容與今本相同）；傳，《繫辭》（或是一篇，或如今本那樣，分爲上下二篇）。或如《崔君》所說，他沒有把《繫辭傳》算在內（見下）。

康氏所說的三家《易》，其內容的排列和篇數的多少，均與《漢志》絕不相同。如果三家《易》的面目誠如康氏所言，則《漢志》決不能這樣的瞎造謠言。《漢志》本於劉歆《七略》，不可信的地方固然很多，但他造了好幾部僞古文經，說"這是你們沒有見過的古本"，那樣說法，是可以蒙得過人的；他又利用一部晚出的《春秋穀梁傳》，來與《春秋公羊傳》對抗，那也不會出什麼岔子，因爲那時立於學官的《春秋公羊傳》，與他利用的《穀梁傳》都沒有"今文"之稱，他只說，"你們讀的《公羊傳》之外，還有你們沒有見過的《穀梁傳》，與《公羊傳》或同或異。"但是他只能在立於學官的書以外去造假書，決不能把立於學官，大家都看得見的書來瞎造謠言，改變內容，增加篇數。假使他竟那樣辦，他的作僞不是立刻就敗露了嗎？劉歆不至於那麼的蠢吧。即使他真那麼蠢，竟想以一手掩盡天下人之目，瞎造那樣與事實全不相符的謠言，難道東漢的四家《易》博士（施、孟、梁丘、京），人人都是頭等傻子，會齊心協力的遵守劉歆"《易經》十二篇"那樣一句謠言，反將遠有師承的"《易經》上下二篇"這樣一件實事拋棄了嗎？這不是情理上萬不會有的事嗎？還有，《卦辭》《爻辭》是術數，《彖傳》《象傳》是玄理，兩者的思想和文章全不相同，而認爲一個人所作，這也是極講不通的。所以，先師崔觶甫（適）先生起而駁之云：

> 《彖傳》解說《卦辭》，謂與《卦辭》共篇，猶似可通。《大象》與《卦辭》自明一義，已當分篇。《小象》全體用韻，原本必不與《爻辭》共篇。……是則大、小《象》皆當各自爲篇，則《彖辭》可知，而《易經》無從合爲二篇矣。康氏又以《繫辭》……爲孔門弟子所作，……此說誠是也。但《繫辭》縱非孔子手筆，猶是弟子述孔子之言。……若《卦辭》《爻辭》《彖辭》《象辭》爲孔子作，而《繫辭傳》二篇既不得入"《易經》二篇"之內，又不得與周王孫以下六家皆有《易傳》二篇，丁寬《易傳》八篇，同列《班志》之內，此亦事理所必不然者也。惟《文言》亦有"子曰"，則亦孔門弟子所

作，亦當爲傳，康氏不言，此由遺漏，姑不待辨。然則《繫辭》《文言》必當在十篇之內，《易經》不止二篇又明矣。(《五經釋要》卷四)

看了崔君這一段話，則康說之謬自顯然了。

我以爲劉歆僞造古文各經，他是有偏重的。特撰《周禮》，特改《國語》爲《春秋左氏傳》，這是他認爲最重要的。《尚書》和《儀禮》，都僞造逸篇，又僞造百篇《書序》和《古文禮記》二百十五篇（這二百十五篇，自然不能說全是劉歆僞造的，如《月令》採自《呂氏春秋》，即其一例，但劉歆僞造了以作《周禮》之證者亦必不少），這也是他很注意的。此外則《詩》之毛氏，《易》之費氏，《春秋》之穀梁氏，竊疑或在劉歆以前本有此一家，（《書》之張霸，《易》之京房，皆西漢晚出之家派，有心立異，冀分博士之地盤，蓋祿利之路然也。《毛詩》《費易》、《穀梁春秋》，殆亦此類）劉歆但利用之而加以竄改，以抗當時立於學官之今文家而已。至於《論語》和《孝經》，本爲《六藝》之附庸，故僅言壁中有古文本，與今文相較，只是篇章有分合，文字有異同罷了，這是他本不看重的。故今文施、孟、梁丘三家之《易》凡十二篇，古文費氏之《易》亦十二篇，所謂不同者，就只在什麼今文"或脫去'無咎''悔亡'"這一點。《周易》篇數的變遷，我看是如此的：

漢元帝世京氏立學官以前：《上下經》及《彖》《象》《繫辭》《文言傳》。

漢元帝世京氏立學官以後：《上下經》及《彖》《象》《繫辭》《文言》《說卦》《序卦》《雜卦傳》。這七篇傳分成十篇，後來稱爲"《十翼》"；經傳合計，凡十二篇。《劉略》《班志》之今文孟、施、梁丘與古文費氏皆據此本；《漢石經》亦即據此本，最近發現的《漢石經》《周易》殘字，《下繫》《文言》《說卦》三篇相聯接，是其證。但"《十翼》"之中，《繫辭》以上如何分法，卻還待考。《孔疏》：

……但數《十翼》，亦有多家。既文王《易經》本分爲上下二篇，則區域各別；《彖》《象》釋卦，亦當隨經而分。故一家數《十翼》云；《上彖》一，《下彖》二，《上象》三，《下象》四，《上繫》五，《下繫》六，《文言》七，《說卦》八，《序卦》九，《雜卦》十。鄭學之徒並同此說。

可見"十翼"的分法自來並不一致。今文施、孟、梁丘、京四家是否與《孔疏》所引者相同，今不可知。將來若再發現《漢石經》、《周易》殘字，或有解決此問題之希望。

鄭玄、王弼以後合《彖》《象》《文言傳》於《經》中,遂成今之通行本。惟朱熹之《周易本義》復《孔疏》所引十二篇之舊。

又,《易傳》亦非孔子所作。《說卦》以下不用再說了。《繫辭》與《文言》非孔子所作,爲歐陽修與葉適所考明。《象傳》非孔子所作,爲崔述所考明。姚際恆《古今僞書考》首列《易傳》,說:

> 陳直齋振孫《書錄解題》曰:"趙汝談《南塘易說》三卷,專辨《十翼》非夫子作。"今此書無傳。予別有《易傳通論》六卷,茲亦不詳。

據此,可知趙、姚二氏皆謂《十翼》全非孔子所作,較歐陽氏、葉氏、崔氏更徹底。趙書固不傳,姚書今亦未見;但近十年來,我們已經得到姚氏的《儀禮通論》與《春秋通論》,則此《易傳通論》將來或亦有發見之可能也。今人如錢穆、馮友蘭、顧頡剛諸氏,對於《易傳》都有非孔子所作之說,而以李鏡池氏的《易傳探源》最爲詳審精密(李文載《古史辨》第三冊中)。至《論語》之"加我數年,五十以學易,可以無大過矣"一語,其中"易"字明明是古文家所改,《經典釋文》云,"魯讀'易'爲'亦',今從古",是其鐵證。康氏亦認《論語》改"亦"爲"易"是古文家所爲。但他以爲《易》是孔子所作,故《論語》中不應有"學《易》"之文;我則以爲《易》與孔子無關,故《論語》中不會有"學《易》"的話。因爲我與康氏的觀點不同,所以結論恰恰相反。

(3)《左傳》

"左氏不傳《春秋》"之說,劉逢祿發揮得最爲精覈。他的《左氏春秋考證》,考明《左傳》的凡例書法及比年依經緣飾之語爲劉歆所增竄,非原書固有,其原書體例當與《國語》相似,繫取晉《乘》、楚《檮杌》等書編成,與《春秋》沒有關係。他這部《左氏春秋考證》之辨僞的價值,實與閻若璩的《尚書古文疏證》相埒。閻書出而僞《古文尚書》之案大白,劉書出而僞《春秋左氏傳》之案亦大白。康氏之辨僞《左》,亦本於劉氏。惟劉氏尚未達一間,他雖已確知"左氏不傳《春秋》",而尚被《史記·十二諸侯年表》中"魯君子左丘明……成《左氏春秋》"這句增竄的僞文所騙,說左氏之書原名"《左氏春秋》",不名"《春秋左氏傳》"。其實"《左氏春秋》"這個名稱,與"《毛詩》""《歐陽尚書》""《費氏易》""《魯論》"一樣,不得謂其意義不同於"《春秋左氏傳》"這個名稱也。康氏於此更進一步，謂《史記》中"《左氏春秋》"之名亦劉歆所增竄，《左傳》原書實爲《國語》之一部分。（見《史記經說足徵僞經考》。此意康氏僅發其端，崔君《史記探源》詳加考辨，證明《史記》此語確係爲劉歆之學者所竄入。）《漢志》所謂"《新國語》五十四篇"（原注：劉向分《國語》）者，乃左丘明《國語》之原本；而《漢志》所謂"《左氏傳》三十卷"（原注：左丘明，魯太史），《國語》二十一篇（原注：左丘明著）。這兩部書乃劉歆取《國語》原本瓜分之而成者也。他說：

> 《國語》僅一書，而《志》以爲二種，可異一也。其一，"二十一篇"，即今傳本也；其一，劉向所分之"《新國語》五十四篇"。同一《國語》，何篇數相去數倍？可異二也。劉向之書皆傳於後漢，而五十四篇之《新國語》，後漢人無及之者，可異三也。蓋五十四篇者，左丘明之原本也。歆既分其大半，凡三十篇，以爲《春秋傳》；於是留其殘剩，掇拾雜書，加以附益，而爲今本之《國語》，故僅得二十一篇也。

這真是他的巨眼卓識！這個秘密，自來學者都沒有注意，現在經康氏一語道破了。我覺得他下的斷語，實在是至確不易之論。

《左傳》與今本《國語》既證明爲原本《國語》所瓜分，則瓜分之跡必有可考見者。此事當然須有專書考證，我現在姑且舉出一點漏洞來：

（ㄅ）《左傳》記周事頗略，故《周語》所存春秋時代的周事尚詳（但同於《左傳》的已有好幾條）。

（ㄆ）《左傳》記魯事最詳，而殘餘之《魯語》所記多半是瑣事；薄薄的兩卷中，關於公父文伯的記載竟有八條之多。

（ㄇ）《左傳》記齊桓公霸業最略，所謂"管仲相桓公霸諸侯，一匡天下"的政跡竟全無記載，而《齊語》則專記此事。

（ㄈ）《晉語》中同於《左傳》者最多，而關於霸業之犖犖大端，記載甚略，《左傳》則甚詳。

（ㄉ）《鄭語》皆《春秋》以前事。

（ㄊ）《楚語》同於《左傳》者亦多，關於大端的記載亦甚略。

（ㄋ）《吳語》專記夫差伐越而卒致亡國事《左傳》對於此事的記載又是異常簡略，與齊桓霸業相同。

（3）《越語》專記越滅吳的經過，《左傳》全無。

你看，《左傳》與今本《國語》二書，此詳則彼略，彼詳則此略，這不是將一書瓜分爲二的顯證嗎？至於彼此同記一事者，往往大體相同，而文辭則《國語》中有許多瑣屑的記載和支蔓的議論，《左傳》大都沒有，這更露出刪改的痕跡來了。

近來瑞典人高本漢氏（Bernhrd Karlgren）著《左傳真僞考》一書，由吾友陸侃如先生譯爲漢文。高氏從文法上研究，證明《左傳》的文法不是"魯語"（高氏假定《論語》《孟子》的語言爲"魯語"），所以《史記》中"魯君子左丘明"這個稱謂是不對的。他的總結論是：

> 在周秦和漢初書內，沒有一種有和《左傳》完全相同的文法組織的。最接近的是《國語》。此外便沒有第二部書在文法上和《左傳》這麼相近的了。

這也是《左傳》和《國語》本是一部書的一個很強有力的證據，左丘明決不是魯人，決不與孔子同時；他是戰國時代的魏人，這是在《左傳》中有許多材料可以證明的（參用鄭樵與姚鼐二人之說）。

（ㄌ）《穀梁》

《漢書·藝文志》論《春秋》，有"及末世口說流行，故有公羊、穀梁、鄒、夾之傳"之語，又其記錄《春秋》今文經，云"《經》十一卷——公羊、穀梁二家"，故自來言《春秋》今文者，必兼舉《公》《穀》二家。雖以康氏之精思卓識，而其對此述義不同之《公》《穀》二傳，亦毫不懷疑，且從而彌縫之曰："《公》《穀》以義附經文，有同經同義，同經異義，異經同義；而舍經文，傳大義，則其口說皆同。"（見所著《春秋筆削大義微言考》的發凡）這話實在是講不通的。要是《公》《穀》"同經異義"的還可以說二家大義相同，則雖謂《公》《穀》《左》三家大義相同，亦何不可？因《公》《穀》《左》之彼此各異，也不過是"同經異義"罷了。劉逢祿雖作《穀梁廢疾申何》，但意在爲何休作干城，並非辨《穀梁》之真僞，所以這書的價值遠不及他的《左氏春秋考證》。首疑《穀梁》者爲先師崔君。他著《春秋復始》，其首卷《序證》中有"穀梁氏亦古文學"一節，辨《漢書·儒林傳》敍述《穀梁》傳授及廢興一段爲非事實，疏證極精。崔君後又編《五經釋要》，較《春秋復始》所言又稍加詳。今將《五經釋要》中辨《穀梁》之語全錄如下：

《漢書·梅福傳》：推跡古文，以《左氏》《穀梁》《世本》《禮記》相明。

《後漢書·章帝紀》：令群儒受學《左氏》《穀梁》《古文尚書》《毛詩》。

此於《穀梁》，一則明言古文，一則與三古文並列，其爲古文明矣。

《漢書·儒林傳》述《古文尚書》曰：孔安國授都尉朝；朝授膠東庸生；庸生授胡常，以明《穀梁春秋》，爲部刺史。

案：西漢儒者無一人兼授今古文者。胡常所傳《尚書》《左氏》皆古文，則《穀梁》亦古文明矣。
《傳》又述《穀梁》學曰：

始江博士授胡常；常授梁蕭秉，王莽時爲講學大夫。

正與胡常以《古文尚書》授徐敖，敖授王璜、塗惲，王莽時諸學皆立，劉歆爲國師，璜、惲等皆貴顯（亦見《儒林傳》），其事相類。案：王莽時所立，皆古文學也。璜、惲以《古文尚書》貴顯，則蕭秉以《穀梁》貴顯，《穀梁》爲古文又明矣。

古文爲劉歆所造，則武、宣之世安得有《穀梁》？劉歆、班固皆有《漢書》，後人雜之，遂成今之《漢書》（說詳《史記探源》卷一《序證》"要略"節注），故其言多矛盾。以全書互證之，洞見癥結矣。
《儒林傳》曰：

瑕丘江公授《穀梁春秋》及《詩》於魯申公，（案上文，"申公卒以《詩》《春秋》授，而瑕丘江公盡能傳之"，則此"授"字當作"受"。然西漢人單稱《春秋》，專謂《公羊》；且八家經師無一人兼傳二經者，申公既授《魯詩》，未必復授《春秋》。若江公盡傳《春秋》及《詩》，何以《穀梁春秋》傳子孫，《詩》不傳子孫耶？誤矣。）傳子至孫，爲博士。武帝時，江公與董仲舒並，仲舒通《五經》，能持論，善屬文；江公吶於口，上使與仲舒議，不如仲舒：而丞相公孫弘本爲《公羊》學，比輯其議，卒用董生。於是上因尊《公羊》家，詔太子受《公羊春秋》。太子復弘問《穀梁》而善之。其後浸微，唯魯榮廣、皓星公二人受焉。廣與《公羊》大師眭孟等論，數困之，故好學者頗復受《穀梁》。沛蔡千秋，梁周慶，丁姓皆從廣受；千秋又事皓星公。宣帝聞衛太子好《穀梁》，以問丞相韋賢，長信少府夏侯勝，侍中史高，皆魯人也，言穀梁子本魯學，公羊氏乃齊學也，宜興《穀梁》。汝南尹更始本自事千秋，會千秋病死，徵江公孫爲博士；劉向以故諫大夫待詔受穀梁，欲令助之，江博士復死，乃徵周慶、丁姓待詔保宮。甘露元年，召《五經》名儒太子太傅蕭望之等大議殿中，平公羊穀梁同異，各以經處是非；時《公羊》博士嚴彭祖，侍郎申輓、伊推、宋顯，《穀梁》議郎尹更始，待詔劉向、周慶、丁姓並論，望之等十一人（案，以上止有九人）各以經誼對，多從《穀梁》，由是《穀梁》大盛。

案：此傳宗旨與《六藝略》同，亦劉歆所作也。歆造《左氏傳》以篡《春秋》之統，又造《穀梁傳》爲《左氏》驅除；故兼論《三傳》則申《左》，並論《公》《穀》則右《穀》。謂江之屈於董也以吶，而董又藉公孫丞相之助，以見《穀》之非不如《公》；其後榮廣論困眭孟，以見《公》之不如《穀》；謂《穀梁》魯學，則其新炙七十子之徒，自廣於《公羊》齊學矣。

但如此大議，豈不視傅太后稱尊事重要相若？彼時媚說太后者爲董宏，而彈劾董宏者師丹、傅喜、孔光、王莽也，四人傳中皆言之。《後漢書》，光武帝建武二年，韓歆欲立《左氏》博士，范升、陳元互相爭辯，二人傳中皆言之，《儒林李育傳》又引之，何以廷議《穀梁》，屈江公，申董生，仲舒、公孫傳中並不言；對宣帝問，韋賢、夏侯勝、蕭望之、劉向傳中亦不言也？

江公之《穀梁》學既爲公孫丞相所不用，武帝因尊《公羊》而詔衛太子受《公羊》，則衛太子復安所問《穀梁》？且公孫丞相薨於元狩二年，嘗逐仲舒膠西，則用董生又在其前。董生用則江公罷，太子果問《穀梁》，當在江公未罷以前，即使同在一年，是時太子甫八歲，未聞天縱如周晉，安能辨《公》《穀》之孰善？宣帝尊武帝爲世宗，諡衛太子曰戾，抑揚之意可知；獨於經學則違世宗而從戾園，亦情理所不合者也。

謂賢、勝、望之皆右《穀梁》，更始、向且爲《穀梁》學家。乃考其言，賢子玄成，少脩父業者也，玄成爲丞相，與諫大夫尹更始《陳罷郡國廟議》曰：

> 毀廟之主，臧乎太祖，五年而再殷祭。

蕭望之《雨雹對》曰：

> 季氏專權，卒逐昭公。

《伐匈奴對》曰：

> 大士勾不伐喪。

劉向《上封事》曰：

> 周大夫祭伯出奔於魯，而《春秋》爲諱，不言"來奔"。（《公羊傳》曰："何以不稱使？奔也。"《穀梁氏》亦曰，"奔也。"《公》《穀》文同，未見其出於《穀梁》也。張晏注引《穀梁》而不及《公羊》，偏矣）是後尹氏世卿而專恣。（惟下引"衛侯朔召不往"，文出《穀梁》而意同《公羊》。凡《公》《穀》意同，多由《穀梁》拾襲《公羊》，則向之言仍未見其不出於《公羊》也）
>
> （玄同案：隱公元年，"冬，十有二月，祭伯來。"《公羊》曰"奔也。"《穀梁》曰："來朝也。"劉向用《公羊》義，與《穀梁》大異。張晏注誤，劉敞已駁之矣。崔君以爲《公》《穀》文同，仍沿張晏之誤）

所引皆《公羊傳》文，而無引《穀梁》者。惟勝言於《公》《穀》皆無所引。若韋、尹、蕭、劉明引《公羊》尚不足爲《公羊》學證，豈不引《穀梁》轉足爲《穀梁》學之證乎？

然則《儒林傳》謂《公》《穀》二家爭論於武、宣之世者，直如捕風繫影而已矣。

至成帝綏和元年，立二王后，採梅福所上書，引——

> 《春秋》經曰："宋殺其大夫。"《穀梁傳》曰："其不稱名姓，以其在祖位，尊之也。"

是爲引《穀梁氏》之始，去河平三年劉歆校書時十八年矣，歆所造僞書已出故也。

《史記·儒林傳》末有"瑕丘江生爲《穀梁春秋》"一節，崔君《史記探源》中謂亦劉歆所竄入，其說極是。傳首敘漢初傳經之八師中，傳《春秋》者止有胡毋生和董仲舒二人，都是《公羊》家，何以篇末忽然添出一個《穀梁》家的江生來？又，此節自"仲舒弟子遂者"以下都是敘公羊家董仲舒的傳授，把這些話記在江生節下，亦覺不倫。

最近吾友張西堂先生著《穀梁真僞考》，大闡崔君之說，謂《穀梁》之義例自相乖戾，文詞前後重累，暗襲《公羊》《左氏》，雜取《周禮》《毛詩》，詳於瑣節，略於大義，證明它出於《公羊》之後。張氏援引該博，辨析精詳。《穀梁》爲漢人所作之僞傳，得崔、張兩君之考證，殆可成爲定讞了。

我一向覺得《穀梁》釋經，不通可笑的話觸處皆是，現在隨手舉它幾條：

隱公元年，夏，五月，鄭伯克段於鄢。
(《公》) 克之者何？殺之也。
(《穀》) 克者何？能也。何能也？能殺也。

案：《公羊》解爲"鄭伯殺段於鄢"，這是通的。《穀梁》欲與《公羊》立異，知"克"又有"能"義，加了一種訓詁，於是變爲"鄭伯能段於鄢"，文理實在太不通了！若訓"能"爲"能殺"，則又成了"增字解經"的辦法。

隱公二年，冬，十月，紀子伯、莒子盟於密。
(《公》) 紀子伯者何？無聞焉爾。
(《穀》) 或曰：紀子伯、莒子而與之盟。或曰：年同，爵同，故紀子以伯先也。

案："紀子伯"三字，或與"伯於陽"同例，文有脫誤，《公羊》未知其審，故云"無聞焉爾"。這是闕疑的謹慎態度。《穀梁》異想天開，竟將"伯"字解作動詞，穿鑿可笑！試問《春秋》他條有這樣的文例嗎？

桓公元年，春，王正月，公即位。
(《穀》) 桓無王，其曰王，何也？謹始也。其曰無王（案，此四字不通！），何也？桓弟弒兄，臣弒君，天子不能定，諸侯不能救，百姓不能去，以爲無王之道遂可以至焉爾。元年有王，所以治桓也。

桓公二年，春，王正月，戊申，宋督弑其君與夷及其大夫孔父。

（《穀》）桓無王，其曰王，何也？正與夷之卒也。

桓公十年，春，王正月，庚申，曹伯終生卒。

（《穀》）桓無王，其曰王，何也？正終生之卒也。

案：桓公十八年中今本《三傳》之《經》於元、二、十、十八年皆書"王"，其餘之十四年皆不書"王"。這本來有些古怪。《公羊》無說。《穀梁》遂望文生訓，憑臆鑿說，甚可哂笑！且依其於二年與十年所說之義推之，則"五年，春，正月，甲戌，己丑，陳侯鮑卒"，也該書"王"才對。何以不書"王"？難道鮑之卒就不必正嗎？十八年無傳，大概這位穀梁子想不出理由來了，所以只好不說了。何休作《公羊解詁》時，卻想出一個理由來，他說："十八年有'王'者，桓公之終也。"這種見解，與穀梁子真是"半斤八兩"，不幸何休之生也晚，其說不及爲穀梁子所見。惜哉！（何休對於元、二、十年之書"王"，也說出理由來，而與穀梁子不同，其穿鑿可笑則一也）這桓公十八年中有十四年不書"王"，據我的猜想，大概早一點的《春秋》本子並不如此，所以《公羊》無說。質言之，即《公羊春秋》此十四年本有"王"字，傳寫脫去耳。若本無"王"字，《公羊》烏得無說？假使不解，也應該來一句"無聞焉爾"，如"紀子伯""夏五""宋子哀"之例。若知其爲脫誤，也應該如"伯於陽"之例，加以說明。今乃無說，是《公羊傳》著作之時，此十四年皆有"王"字也。至董仲舒時，已脫"王"字，故《春秋繁露·玉英篇》有"桓之志無王，故不書王"之說。我相信《公羊傳》的話，最能得《春秋》筆削之旨（但亦只能說大部分如此，不能說絕無後人羼入之語）；而董仲舒、何休的話，則可信者甚少，不能與《公羊傳》同等看待。今之《公羊春秋》，凡文句有些古怪而無傳者，恐多數都是後來的脫誤。如桓四年與七年之無"秋""冬"，昭十年與定十四年之無"冬"，桓十二年之兩書"丙戌"，莊廿二年之"夏五月"，《公羊傳》皆無說，我以爲這都是後來的脫誤。或疑：如係脫誤，何以三家皆同？這是極容易說明的。《春秋經》本來祇有《公羊》一個本子，《穀》《左》均係漢代的僞經；僞經本依真經而造，真經有脫誤，僞經自然也跟著脫誤了。劉歆僞造《古文尚書》，把漢人僞造了而加入《今文尚書》之《泰誓》，也依樣畫葫蘆的造了一篇壁中本的，這是很好的旁證。

我疑心《穀梁傳》乃是武、宣以後陋儒所作，取《公羊》而顛倒之，如取《公羊》隱公三年"癸未，葬宋繆公"下"大居正"之義，改繫於隱公元年"春王正月"之下；取隱公六年"秋七月"下"《春秋》編年，四時具，然後爲年"之文，改繫於桓公元年"冬十月"之下。諸如此類，不一而足。此外或刪削《公羊》大義，或故意與《公羊》相反，或明駁《公羊》之說，或陰襲《公羊》之義而變其文。作僞者殆見當時《公羊》勢力大盛，未免眼饞，因取《公羊》而加以點竄塗改，希冀得立博士，與焦京之《易》相類。劉歆要建立《左氏》，打倒《公羊》，於是就利用它來與《公羊》爲難耳。

還有，"《公羊傳》"這個書名和"穀梁"這個姓，都是極可疑的。董仲舒以前稱《公羊傳》即謂之《春秋》，董仲舒始稱爲《春秋傳》，從劉歆《七略》起乃改稱爲《公羊傳》（詳崔君《春秋復始》的序證）。其實只是傳中兩引"子公羊子曰"而已，如何可以就說是一位公羊子做的呢？至於公羊氏之名曰高，及公羊高、公羊平、公羊地、公羊敢、公羊壽，這五代傳經的世系，那更是東漢人所臆造，劉歆《七略》尚無之，與徐整、陸璣二人所言《毛詩》傳授源流同樣是無稽之談，決不足信。"穀梁"這個姓更古怪，"穀"與"公"是群紐雙聲而韻部又是屋鐘對轉，"梁"與"羊"是陽部疊韻而聲紐又是來定同阻，照我假定的古音讀法，"公羊"是〔guŋdʌŋ〕，"穀梁"是〔ŋuklʌŋ〕。我頗疑心"穀梁"這個姓就是從"公羊"兩字之音幻化出來的。

（ㄍ）《論語》

劉歆僞造的《古論語》，沒有多出什麼逸篇來，祇是分《魯論》之二十篇爲二十一篇而已。但又分得不甚高明，祇把末了的一篇《堯曰》分成《堯曰》和《子張》兩篇；魯論的《堯曰》篇篇幅最少，本就祇有《堯曰》和《子張》兩章，《古論》把《堯曰》一章就算一篇，又在《子張》章後加《不知命》一章（康氏《論語注》以《不知命》章爲出於《齊論》，無確證），把這兩章算成《子張》篇，沒有想到篇名又與第十九篇之《子張》篇重複，蓋草率爲之，聊以立異罷了。至於內容的增竄，自必有之。康氏舉"左丘明恥之，丘亦恥之"之語謂爲劉歆僞造，我看是極對的，左丘明決不能與孔子同時，況照《論語》所記，竟似此公還是孔子的老前輩，那更說不通了。"五十以學《易》"，《魯論》本是"亦"字，《古論》改爲"易"，《經典釋文》有明證。此外如"鳳鳥不至"一語，顧頡剛先生疑心也是劉歆所竄入的，因其與《左氏》昭公十七年"郯子來朝"傳中"我高祖少皞摯之立也，鳳鳥適至"之語相契合，《左傳》中此類傳文必是劉歆所增竄，故《論語》此語亦大可疑。諸如此類，大概還有。康氏《論語注》中所懷疑之各章，其辨證之語亦可供參考。

《論語》之出，後於《五經》，至漢宣帝世始有魯、齊二家之傳授。《魯論》祇有二十篇，《齊論》則有二十二篇；而《齊論》之二十篇中，章句頗多於《魯論》（見何晏《論語序》）。蓋此書最初是曾子門人弟子所述孔子之言行，歷戰國以至秦漢，諸儒各記所聞，時有增益。其來源不一，故醇駁雜陳；本無一定之篇章，故寫定時齊多於魯。康氏謂"曾子垂教於魯，其傳當以魯爲宗"（《論語注序》）。這是很對的。但《魯論》中亦有不可靠的部分。崔述《論語餘說》云：

  《論語》後五篇，惟《子張》篇專記門弟子之言，無可疑者。至於《季氏》《陽貨》《微子》《堯曰》四篇中，可疑者甚多；而前十五篇之末，亦間有一二章不類者。

又，他的《洙泗考信錄》中，說《論語》之文有自相復者，有復而有詳略者，有復而有異同者，又有語相似而人地異者，未必果爲兩事，或所傳聞小異。案，崔氏所論，皆甚精覈。

（丂）《孝經》

《孝經》是漢代教學童之書，用現在的話來說，是一部"小學脩身教科書"。姚際恒《古今僞書考》及楊椿《讀孝經》（見《孟鄰堂文鈔》卷六）皆謂是漢人所作，諒矣。俞曲園先生的《九九銷夏錄》卷五有"古書有篇名無章名"一則，他說：

  古書但有篇名，如《書》之《堯典》《舜典》，《詩》之《關雎》《葛覃》，皆篇名也；《禮記·樂記》一篇分十一篇，亦是篇名。惟《孝經》有《開宗明義章》《天子章》《諸侯章》等名，則是每章各有章名，他經所無。故學者疑《孝經》爲僞書，不爲無見。

按，俞氏所疑固有道理，然尚未盡也。《開宗明義》等章名，始見於鄭玄注本，邢昺、嚴可均、皮錫瑞皆如此說，故章名非西漢時所固有。但西漢時雖無章名，而實分爲十八章，《漢書·藝文志》可證。不滿二千字的《孝經》而分爲十八章，正與不滿二千字的《急就》篇而分爲三十一章相同。《孝經》是一整篇文章而切斷爲十八章，亦與《急就》篇是一整篇文章而切斷爲三十一章相同；此不但與《樂記》分篇之性質不同，亦與《論語》分章之性質不同也。這樣短短的一章一章，各章字數的多少大致差不多，正是適合於教科之用的體裁。

今人呂思勉氏不信姚際恒之說，其《經子解題》中說：

> 《孝經》一書，無甚精義。姚際恒以爲僞書。然其書在漢時實有傳授，且《呂覽》即已引之，則姚說未當。此書雖無其精義，而漢儒顧頗重之者，漢時社會，宗法尚嚴，視孝甚重，此書文簡義淺，人人可通，故用以教不能深造之人，如後漢令期門羽林之士通《孝經》章句是也。

黃雲眉氏《古今僞書考補證》駁之，說：

> 後漢荀慈明對策，有"漢制，使天下誦《孝經》"之語（《後漢書》本傳），而漢代諸帝又始以"孝"爲諡，可知《孝經》之產生必與漢代最有關。思勉既知漢代之重視《孝經》，而猶以《呂覽》有《孝經》語（《孝行覽》言孝，與《孝經》有相同處。又《先識覽》《察微》篇引《孝經》曰："高而不危，所以長守貴也；滿而不溢，所以長守富也；富貴不離其身，然後能保其社稷而和其民人。"），信爲先秦之書，未免不充其類。（黃震亦以《呂覽》有引，信《孝經》爲古書。汪中《經義知新記》同）《呂覽》亦不可全靠；且高誘注《孝行覽》，亦引《孝經》語，則《察微》篇所引《孝經》，安知非高誘之注而誤入正文耶？

案：黃氏此論甚精。至呂氏所云"其書在漢時實有傳授"，則更不足據信。《漢書·藝文志》及《儒林傳》等所記傳授，十有八九皆不可靠也。

這樣一部漢人所作而僞託於曾子問與孔子答之書，居然也有什麼孔壁古文之本，則孔壁古文經之爲僞造，又添了一個好證據了。

《孝經》全書不滿二千字，今文分爲十八章，每章的字數已經很少了。古文還要把它再多分四章，成爲二十二章，也不過聊以立異而已。這書自身既是僞書，而僞中又有僞，僞本最多，過於他經。第一次僞古文本出於漢之劉歆，第二次僞古文本出於隋之劉炫（唐劉知幾所議行及宋司馬光作《指解》的，皆即此僞本），第三次僞古文本出於日本之太宰純（刻入《知不足齋叢書》第一集中）。鄭玄注《孝經》，用的是今文本，因唐玄宗新注出而漸微，至宋初已亡，於是又有僞鄭注，出於日本之岡田挺之（刻入《知不足齋叢書》第二十一集中）。又宋真宗時，日本僧奝然（奝音ㄉㄧㄠ）以鄭注《孝經》來獻，此本不傳，是真是僞，今不可知。

（Ⅱ）《爾雅》

康氏因漢平帝時徵通知《逸禮》《古書》《毛詩》《周官》等等者詣京師（詳下），其中有"《爾雅》"一項，又《爾雅》有與《毛詩》《周禮》相合者，謂《爾雅》亦劉歆所僞作。我以爲據此兩點，可證《爾雅》之中必有劉歆們增益的部分；但康氏謂其書全爲劉歆所作，則未必然。竊疑此書當是秦漢時人編的一部"名物雜記"。清《四庫提要》說：

> 今觀其文，大抵採諸書訓詁名物之同異以廣見聞，實自爲一書，不附經義。

此論最確。據我看來，《釋親》至《釋畜》十六篇，或是原書所固有（也許有劉歆們竄入的字句）；而《釋詁》《釋言》《釋訓》三篇，就大體上看，可稱爲"《毛詩》訓詁雜抄"，這是劉歆們所增益的。

（厂）《小學》

康氏之辨《小學》，甚多特見。他說：

> 蓋秦篆文字出於《史籀》篇。《史籀》爲周之文而爲漢今文之祖。

案：王國維氏以大篆爲秦文，說：

> 《史籀》一書殆出……春秋戰國之間，秦人作之以教學童。（《史籀篇敘錄》）

其說甚確。他又說：

> 班固謂《倉頡》《爰曆》《博學》三篇文字多取諸《史籀》篇。許慎亦謂其"皆取《史籀》大篆或頗省改"；"或"之者，疑之；"頗"之者，少之也。《史籀》十五篇，文成數千，而《說文》僅出二百二十餘字；其不出者，必與篆文同者也。考戰國時秦之文字，如傳世《秦大良造鞅銅量》乃孝公十六年作，其文字全同篆文；《詛楚文》摹刻本，文字亦多同篆文，而"殹、𠈌、鼎、意"四字則同籀

文。篆文固取諸籀文，則李斯以前秦之文字，謂之用篆文可也，謂之用籀文亦可也。（同上）

看王氏這一段話，足證小篆即是大篆，但有一小部分字筆劃稍有省變，自戰國時已然。及秦並六國，以小篆統一文字，頒行天下；因文字之用日廣，於是不知不覺自然而然的再把小篆的筆劃漸漸省變，以趨約易，即所謂西漢之"隸書"是也。故秦、漢文字有大篆、小篆、隸書之異體，實與現行文字有楷書、行書、草書之異體相同。康氏謂"《史籀》篇爲漢今文之祖"，這是很對的。

康氏又說：

《史籀》十五篇，建武已亡其六。《倉頡》五十五章，每章六十字，然則西漢《倉頡》篇三千三百字。相如《凡將》，史遊《急就》，李長《元尚》，皆《倉頡》正字；唯《凡將》頗有出，當不多，兼有復字：蓋漢時《倉頡》篇，本合《倉頡》《爰曆》《博學》之書爲之，故有復字；李斯、趙、胡各自著書，本不相謀，則復字當必多，是並無三千三百字之數矣。西漢《六藝》群書當備集矣。此爲周、秦相傳之正字也。而楊雄、班固所增凡一百三章（案，當云一百二章），以六十字一章計之，共六千一百八十字（案，當云六千一百二十字），驟增兩倍之數。《倉頡》本皆今字，歆復使杜林作《訓故》，竄以古字古訓，於是《倉頡》亦有亂於古學者矣；故云"《倉頡》多古字，俗師失其讀"，蓋以歆授意杜林竄入古學之本爲正也。許慎紹貫逵之傳，主張古學。《說文敘》云，"九千三百五十三文"，殆兼《倉頡》篇五十五章，三千三百字，楊雄、班固所續一百章六千一百八十字：共九千餘字而成之。（案，此語有誤，辨三章，見下）於是真偽之字，淄澠混合，不可復辨。……今唯據《急就》篇，擇籀文及西漢今文經之逸文匯存之，而以西漢前金石文字輔證之，或可存周漢經藝正字之大概焉。

康氏這段話分別今文經的真字與古文經的偽字，大體不錯。但尚嫌疏略，今再申言之。大篆、小篆、隸書是一種文字，故《史籀》《倉頡》《凡將》《急就》《元尚》這五部書一線相承，這裏面的文字，是秦漢時通行的文字，也就是今文經中所用的字，但今文經中之字未必全備於其中。及劉歆造古文經，雜取六國訛別簡率之異形文字（詳下）寫之，僞稱"古文"，以與當時通行的文字立異。《漢書·平帝紀》：

（元始五年），徵天下通知逸經、古記、天文、曆算、鐘律、小學史篇、方術、本草，及以《五經》《論語》《孝經》《爾雅》教授者，在所爲駕一封軺傳，遣詣京師。至者數千人。

又《王莽傳》：

（元始四年），徵天下通一藝教授十一人以上，及有《逸禮》《古書》《毛詩》《周官》《爾雅》、天文、圖讖、鐘律、月令、兵法、史篇文字，通知其意者，皆詣公車。網羅天下異能之士。至者前後千數，皆令記說廷中，將令正乖謬，壹異說云。

這兩段記載是一件事（紀與傳相差一年，當有一誤）。這是劉歆僞造"古文經"及"古文字"的重要史料。但對於"古文字"之造成和發表的經過沒有說明，當以《漢書·藝文志》及《說文解字序》補之。《漢書·藝文志》：

元始中，徵天下通小學者以百數，各令記字於庭中。楊雄取有用者以作《訓纂篇》，順續《倉頡》，又易《倉頡》中重複之字，凡八十九章；臣（班固自稱）復續楊雄，作十三章：凡一百二章，無復字。《六藝》群書所載略備矣。《倉頡》多古字，俗師失其讀，宣帝時，徵齊人能正讀者，張敞從受之，傳至外孫之子杜林，爲作訓故。

《說文解字序》：

孝宣皇帝時，召通《倉頡》讀者，張敞從受之；涼州刺史杜業，沛人爰禮，講學大夫秦近亦能言之。孝平皇帝時，徵禮等百餘人，令說文字未央廷中，以禮爲小學元士。黃門侍郎楊雄採以作《訓纂篇》，凡《倉頡》已下十四篇，凡五千三百四十字。群書所載，略存之矣。

看班、許所記，知劉歆之僞"古文字"是在平帝時由爰禮發表的，後由楊雄記録的，而班固又增補楊雄之書。班書凡六千一百二十字，較《倉頡》篇增加了二千八百二十字。此增加字中，當以劉歆之僞古文字爲主，其今文經中所有而爲《倉頡》篇等書所未收者，及《六藝》以外之"群書"所載，又漢代通行之文字，亦必收了許多。及許慎作《說文解字》，凡九千三百五十三字，較班書又增三千餘字。康氏謂許之九千餘字係合《倉頡》篇之三千餘字及班固書之六千餘字而成，誤也；因班書之六千餘字中，已將《倉頡》篇之三千餘字合計在內，故許書實較班書又增三千餘字。此許書所增之三千餘字，固亦必有採自今文經、群書、鼎彝、漢律，又漢代通行之文字，但採自僞古文經者亦必不少；因楊、班所錄，必未完備，許氏以"《五經》無雙"之古文大師，所搜集之僞古文字必遠過於楊、班二氏也。（今看《魏三體石經》殘字，知許氏所錄仍不完備，但必多於楊、班無疑）

至於《說文序》所云"孝宣皇帝時，召通《倉頡》讀者"，及《漢志》所云"《倉頡》多古字，俗師失其讀，宣帝時，徵齊人能正讀者"，這一件事，必是劉歆所偽託，其不可信之點有四：

（ㄅ）我們知道《倉頡》篇是西漢時閭里書師所編以教學童之書，用現在的話來說，是一部"小學國文教科書"。其中所錄，都是漢代通行的文字。這種學童必識之字，何以竟至無人能懂，而必特別徵求這位"無名氏"的齊人來解決？

（ㄆ）《倉頡》篇一書，武帝時的司馬相如既據之以作《凡將》篇，元帝時的史遊又據之以作《急就》篇，成帝時的李長又據之以作《元尚》篇。可見終西漢之世，大家都把它看做一部極平凡的書，人人可以利用它的字來改編新本。何以單單在武帝後與元帝前之宣帝時，它忽然變成艱深古奧之書，祇有這位"無名氏"的齊人能夠瞭解？

（ㄇ）《倉頡》篇是西漢的書，其時祇有今文經，其訓詁必與今文經相合而與古文經無關。這位"無名氏"的齊人既是宣帝時人，亦必僅知今文經而不知有所謂古文經。但是經他傳於張敞，敞又傳於其外孫杜業，業又傳於其子杜林，林爲傳"漆書《古文尚書》"之人，是一個純粹的古文經師，他所作《倉頡訓纂》和《倉頡故》，必是古文說而非今文說。試問古文說與這位齊人有何淵源？

（ㄈ）《倉頡》篇祇有三千三百字，乃經這位"無名氏"的齊人數傳而至爰禮，忽然增加許多古文字，被楊雄收入《訓纂》篇。試問這些古文字從何而來？如說是這位齊人所傳，則宣帝之世祇有今文經，何以會有古文字？如就是爰禮所增加的，則與這位齊人何涉？

所以這位"無名氏"的齊人，也與"毛公"一樣，無是公而已，烏有先生而已。劉歆要說《倉頡》篇中有古文字，有古文訓詁，宣帝時就有這位齊人能通之，正與說"司馬遷書載《堯典》《禹貢》《洪範》《微子》《金縢》諸篇多古文說"一樣，其實並無那麼一回事。

康氏對於"程邈作隸書，施之於徒隸"之說也不信，他說：

> 蓋皆劉歆僞撰古文，欲黜今學，故以徒隸之書比之，以重辱之。其實古無"籀""篆""隸"之名，但謂之"文"耳。

他又說：

> 文字之流變，皆因自然，非有人造之也。南北地隔則音殊，古今時隔則音亦殊，蓋無時不變，無地不變，此天理也。然當其時地相接，則轉變之漸可考焉。文字亦然。

這兩段話，真是顛撲不破之名論。王國維氏疑"史籀"非人名，說：

> 昔人作字書者，其首句蓋云"太史籀書"，以目下文；後人因取句中"史籀"二字以名其篇。"太史籀書"猶言"太史讀書"。漢人不審，乃以"史籀"爲著此書者之人，其官爲太史，其生當宣王之世。（《史籀篇敍錄》）

王氏此說，極爲有見，可以作康氏"古無'籀'名"的說明。"篆"字《說文》訓爲"引書"，《段注》，"引書者，引筆而著於竹帛也"，那麼，"篆"字之義就是"寫字"；竊謂"大篆""小篆"，猶今言"大寫""小寫"耳。康氏文中又列舉從"石鼓"到"魏碑"，就是從大篆到楷書，都是自然漸變，證明它們決非一人改造，實足以摧破二千年來"某人作某書"種種不根之談。

但康氏對於文字，又有極錯誤之論。他認古文經中的"古文"是劉歆所僞造，這話固然極對；可是他又認尊彝也是劉歆所僞造，那就完全錯了。劉歆僞造的古文，今尚可窺見一斑，《魏三體石經》中之"古文"一體是也。《說文》中明說爲"古文"者，必有大多數的字出於古文經，即《說文》之"正篆"中亦必有許多古文經中之字。此外如《汗簡》《古文四聲韻》《隸古定尚書》（存《禹貢》《甘誓》《五子之歌》《胤征》《盤庚》上中下、《說合》上中下、《高宗肜日》《西伯戡黎》《微子》《泰誓》上中下、《牧誓》《武成》《洪範》《旅獒》《金縢》《大誥》《微子之命》《顧命》諸篇，羅振玉均有影印本），《書古文訓》，這些書中也保存劉歆的古文字不少。拿它們來和尊彞銘文相較，大不相同：實因尊彞銘文是周代的真古字，而古文經中所用的字則是劉歆的僞古字。我以爲要打倒劉歆的僞古字，尊彞銘文實在是最有效的武器。豈可反認尊彞銘文爲僞字，而拿它來與劉歆的僞古字混爲一談！至於康氏所舉的楊愼僞撰的《岣嶁》之碑，夢英僞作的《垂露》諸體，"吉日癸巳"之刻，《比干銅盤》之銘，這些固然都是僞器，但那上面的文字哪裏有絲毫像眞的尊彞銘文呢？

劉歆寫古文經所用的"古文"，王氏曾考明其來源，極爲精確。他說：

……近世所出，如六國兵器，數幾踰百；其餘若貨幣，若璽印，若陶器，其數乃以千計；而《魏石經》及《說文解字》所出之壁中古文，亦爲當時齊、魯間書：此數種文字皆自相似，然並訛別簡率，上不合殷、周古文，下不合小篆，不能以六書求之。而同時秦之文字則頗與之異。傳世秦器作於此時者，若"大良造鞅銅量"（秦孝公十八作），若"大良造鞅戟"，若"新郪虎符"（秦昭王五十四年以後所作），若"相邦呂不韋戈"（秦始皇五年作），石刻若《詛楚文》（宋王厚之考爲秦惠王后十二年作），皆秦未並天下時所作。其文字之什九與篆文同，其什一與籀文同；其去殷、周古文，較之六國文字爲近。（《桐鄉徐氏印譜序》）

又說：

其上不合殷、周古文，下不合秦篆者，時不同也；中不合秦文者，地不同也。其訛別草率，亦如北朝文字上與魏晉，下與隋唐，中與江左不同。其中璽印，陶器，可比北朝碑碣；兵器，貨幣，則幾於魏齊小銅造像之鑿款矣。（同上）

又說：

余謂欲治壁中古文，不當繩以殷、周古文，而當於同時之兵器、陶器、璽印、貨幣求之。惜此數種文字，世尚未有專攻之者。以余之

不敏，又所見實物譜録至爲狹陋，然就所見者言之，已足知此四種文字自爲一系，又與昔人所傳之壁中書爲一系。（同上）

王氏這幾段話，明明白白告訴我們三件重要的事實：

（ㄅ）壁中古文經的文字，與殷、周、秦的文字都不相合。

（ㄆ）這種文字，與六國的兵器、陶器、璽印、貨幣四種文字爲一系。

（ㄇ）這種文字的字體訛別簡率，不能以六書求之。

根據這三件事實，更可證實"孔子用古文寫《六經》"之說之確爲僞造，足爲康氏考辨僞經加一重要證據。蓋劉歆僞造古經，當然要用古字來寫。但他那時甲骨固未發見，尊彝也極少極少；而六國的兵器、陶器、璽印、貨幣，時代既近，當時必尚有存者。

這些東西上面的文字，則自秦始皇"書同文字"以來悉被廢除，常人必多不識，雖本是六國異體，大可冒充爲"倉頡古文"；更妙在字體訛別簡率，奇詭難識，拿它來寫僞古文經，是很合式的。所以壁中古文經就拿這種"古文"來寫了。康氏對於僞經，舉凡來歷之離奇，傳授之臆測，年代之差舛諸端，無不知之明而辨之精。但美猶有憾，即康氏對於文字之學太不講求，並無心得，故雖明知"古文"爲劉歆所僞造，而不能知其來源，竟誤認爲與尊彝文字爲一系，因此而反疑尊彝亦是劉歆所僞造，實爲千慮之一失。王氏最精於古代文字，以其研究所得證明壁中古文經爲用六國時訛別簡率之字體所寫，適足以補康氏之闕；且得此重要證據，更足以見康氏考辨僞經之精確。但王氏識雖甚高，膽實太小，他是決不敢"疑古""惑經"的，所以有那麼明確的好證據，他還要說"世人……疑《魏石經》《說文》所出之壁中古文爲漢人僞作，此則惑之甚者也"這樣一句話，這實在太可惜了！這實在太可惜了！

或曰：壁中古文經既是用六國文字寫的，則經雖可目爲劉歆之僞經，然字卻不可目爲劉歆之僞字。曰：不然。劉歆的"古文"雖源出於六國的兵器、陶器、璽印、貨幣上的文字，但那些東西上的文字，爲數一定很少，拿來寫經，是決不夠用的。用近代同樣的一件事作比例，便可以明白了。清吳大澂用尊彝文字寫《論語》與《孝經》二書，並且也兼採兵器、陶器、璽印、貨幣上的文字。吳氏所見古字材料之多，過於劉歆當不止十倍；而吳氏僅寫《論語》《孝經》二書，劉歆則要寫《尚書》《儀禮》《禮記》《春秋》《論語》《孝經》這許多書，還要寫《左傳》（《說文序》謂左丘明用古文寫《左傳》，又謂張蒼所獻《左傳》中的字與壁中古文相似），是劉歆需用的字，應該多於吳氏者當在百倍以上。可是吳氏用那樣豐富的材料寫那麼簡少的書，還是要多多的拼合偏旁，造許多假古字，又加上許多《說文》中的篆字，才勉強寫成；則劉歆用那樣貧乏的材料寫那麼繁多的書，豈能不拼合偏旁，造極多量的假古字呢？後來晉之《隸古定尚書》，宋之《書古文訓》，其中十有八九都是拼合偏旁的假古字，這些假古字源出於《魏三體石經》之古文，而《魏三體石經》之古文則源出於劉歆之壁中古文。我們看《魏三體石經》《隸古定尚書》《書古文訓》，以及《汗簡古文四聲韻》這些書中的"古文"，便可測知壁中古文之大概。據此看來，說劉歆的古文源出於六國文字，不過考明它有來歷罷了。實際上壁中經的字用真六國文字寫的，不知有沒有百分之一，而拼合偏旁的假古字一定占了最大多數，這是無疑的。所以說劉歆的古文源出於六國文字是對的；若說它就是六國文字，那可大錯了。然則目壁中古文爲劉歆之僞字，不但可以，而且是應該的。

康氏辨《漢志》的《小學家》，還有一點也是錯的，他說：

> 《六藝》之末而附以《小學》，……此劉歆提倡訓詁，抑亂聖道，僞作古文之深意也。

這卻冤枉劉歆了。《六藝》與《論語》《孝經》《小學》是漢代學校誦習的科目，故《七略》中把它們專列爲一略，與今古文問題並無關係；即使今文家來編書目，也要這樣排列的。這一點也是王國維氏所發見的，他說：

> 劉向父子作《七略》，《六藝》一百三家，於《易》《書》《詩》《禮》《樂》《春秋》之後，附以《論語》《孝經》（《爾雅》附）、《小學》三目。《六藝》與此三者，皆漢時學校誦習之書。以後世之制明之，《小學》諸書者，漢小學之科目；《論語》《孝經》者，漢中學之科目，而《六藝》，則大學之科目也。……漢時教初學之所名曰"書館"，其師名曰"書師"，其書用《倉頡》《凡將》《急就》《元尚》諸篇，其旨在使學童識字習字。《論衡·自紀》篇："充八歲，出於書館。書館小僮百人以上，皆以過失袒謫，或以書醜得鞭。充書日進，又無過失。"《後漢書·皇后紀》："鄭皇后六歲，能史書；十二，通《詩》《論語》。梁皇后少善女工，好史書；九歲，能誦《論語》。"是漢人就學，首學書法，其業成者，得試爲吏，此一級也。其進則授《爾雅》《孝經》《論語》，有以一師專授者，亦有由經師兼授者。（《漢魏傳士考》）

案：王氏此論，發前人所未發，前人研究《漢書·藝文志》最有心得者爲宋之鄭樵及清之章學誠，皆未見到此點。我以爲王氏所見，極爲精覈，惟文中提及《爾雅》，則我不以爲然。我雖不主張康氏的"《爾雅》爲劉歆所僞作"之說，但認爲其書廁於《六藝》之林，則實始於劉歆，且其中亦實有劉歆增竄之部分（說見前），在劉歆以前，並非學校誦習之書也。吾友余季豫（嘉錫）先生亦極以王氏所論爲是，但又有匡正之處，他於一九三一年（民國二十年）九月十八日有信給我，說：

  王靜安先生論《六藝略》語，援據精博。惟其以今世學制相譬況，以爲《小學》者漢小學之科目，《論語》《孝經》者中學科目，《六藝》則大學科目。鄙意於此尚有所疑。蓋大學，小學，爲漢世所固有，不必以今制相況；而中學，則遍考羣書，當時並無名目。大抵漢人讀書，《小學》與《孝經》同治，爲普通之平民教育；至《論語》則在小學似隨意科，在大學似預科，無意升學者，此書可不讀，故有從閭里書師即已讀《論語》者，有從當代經師先讀《論語》後習專經者。此爲弟所考與靜安先生不同之處，證據亦甚多。最強有力者，莫如崔寔《四民月令》（見《齊民要術》及《玉燭寶典》），明以《孝經》《論語》《篇章》（原注：六甲，九九，《急就》，《三蒼》）同爲幼童入小學所讀之書。故竊以王先生說爲未安。

案：余氏此論更精。觀此，可知《小學》在漢代學校中實爲人人必脩之科目，就教育上說，其重要尚遠過於專經也。

我所見到的《新學僞經考》中精當的和錯誤的部分，現在都說完了。

## 五

古文經自康氏此書出世，先師崔君繼之而作《史記探源》與《春秋復始》等書，張西堂氏又繼之而作《穀梁真僞考》，僞證昭昭，無可抵賴，其爲僞經，已成定讞矣。今文經對於古文經而言，固然是真經。但今文實爲周秦間儒生集合而成之書，西漢時尚有加入之篇（如《泰誓》與《說卦》等）。今文經：《詩》三百零五篇，《書》二十九篇，《禮》十七篇，《易》十二篇，《春秋》十一篇，《論語》（魯《論》）二十篇，《孝經》一篇分爲十八章。這其中，有真爲古代的史實，有儒家託古的僞史，有真爲孔子的思想，有後儒託於孔子的思想，有全真之書，有全僞之書，有真書之中羼入僞篇的，有書雖真而不免有闕文、誤字、錯簡的。凡此種種，皆應一一分析，疏證明白，方能作古代種種史料之用。這類工作是"超今文"的，自唐中葉以來，常有人做，如王柏之於《詩》，劉知幾之於《書》，姚際恒、毛奇齡、崔述諸人之於《禮》，歐陽修、葉適、崔述諸人之於《易傳》，啖助、趙匡、陸淳、劉敞、孫覺諸人之於《春秋》，崔述之於《論語》，姚際恒、楊椿之於《孝經》，皆能獨具隻眼，從事疑辨；但成績還不甚好，比閻若璩之辨晉《古文尚書》與康有爲之辨漢古文經，尚猶不逮。今人如劉節之辨《洪範》，顧頡剛之辨《堯典》《禹貢》，李鏡池之辨《易經》與《易傳》等等，其方法、材料、眼光，都突過前人。照這樣努力下去，將來必有極豐穰之收穫，這是我敢斷言的。

我這篇序，意在專論康氏所辨之是非，故仍以辨古文經爲主；雖偶有辨今文經的話，不過是涉及而已。

## 六

近儒之主張應該分析經今古文的，或認今文爲真而古文爲僞，或認古文爲優而今文爲劣，雖立論相反，然皆以爲今文古文之不同在於經說，而文字之差異與篇卷之多少尚在其次。竊謂不然。我以爲今文古文之不同，最重要的是篇卷之多少，次則文字之差異；至於經說，雖有種種異義，其實是不值得注意的。略述鄙見如次：

古文經中必須摒棄的是《笙詩》六篇，《逸書》十六篇，百篇《書序》，《逸禮》三十九篇，《周禮》，因爲這是全屬僞造的。還有，《春秋左氏傳》，雖係取左丘《國語》改竄而成，並非全屬僞造，但既改原書之分國爲編年，又加上什麼凡例書法及比年依經緣飾之語，則在"《國語》探源"之工作未完成以前，我們對於《左傳》亦只能視同僞書。其凡例等等固必須摒棄；即其敘事之部分，雖非全屬僞造，而僞造者亦必有之，故引用時必須審慎，與其過而存之也，寧過而廢之，如此，庶不至爲劉歆所紿。

其文字之差異，固當以今文爲正，但古文倒不是全無可取，也竟有應該用古文改今文的。因爲今文雖真，卻不能說沒有傳寫之誤；古文後起，遇到今文不可通的地方，往往加以脩改。改錯的固然不少，改對的也不能說沒有。試舉《春秋》爲例：隱公二年之"紀子伯"，《左氏經》改爲"紀子帛"，三年之"尹氏卒"，《左氏經》改爲"君氏卒"，這是故意與《公羊經》立異，自不足信。但下舉兩事，實以改本爲長：

（夕）成公"六年，冬，晉欒書率師侵鄭"。《穀梁經》及《左氏經》皆改"侵"爲"救"，是也。上文"五年，冬，十有二月，己丑，公會晉侯、齊侯、宋公、衞侯、鄭伯、曹伯、邾婁子、杞伯同盟於早牢。""六年，秋，楚公子嬰齊率師伐鄭。"下文"七年，秋，楚公子嬰齊率師伐鄭。公會晉侯、齊侯、宋公、衞侯、曹伯、莒子、邾婁子、杞伯救鄭。"比事而觀，知此數年中鄭從晉，故楚伐之而晉救之。然則《穀》《左》所改者是也。

（文）昭公"二十有一年，冬，蔡侯朱出奔楚。""二十有三年，夏，六月，蔡侯東國卒於楚。"《左氏經》與《公羊經》同。《穀梁經》改"朱"爲"東"，謂即"東國"，是也。不但比事而觀，奔楚與卒於楚者可斷其必是一人。且《史記·十二諸侯年表》明言魯昭公二十一年奔楚者爲蔡悼侯東國，悼侯立三年，卒，適爲魯昭公之二十三年。《管蔡世家》略同。是知"朱"實"東"之誤字，下又脫"國"字也。《穀梁經》改"朱"爲"東"，固是。但他不知增"國"字，而強爲之說曰："東者，東國也。何爲謂之'東'也？王父誘而殺焉，父執而用焉，奔而又奔之曰'東'，惡之而貶之也。"這又與解"紀子伯"同樣爲可笑之論了。又，"奔而又奔之曰東"一語，文理不通！（又疑太史公所見之《公羊經》，"朱"字蓋作"東國"二字，爲未誤之本，故《年表》與《世家》皆祇有東國而無朱。其後僞造《穀梁傳》者所見之《公羊經》，脫"國"存"東"，故僞《穀梁經》作"東"，而造僞傳者即望文生訓，發此可笑之論。又其後僞造《左氏傳》者所見之《公羊經》，"東"又誤爲"朱"，故僞《左氏經》作"朱"，而造僞傳者遂臆撰"楚費無極取貨於東國，而使蔡人出朱而立東國，朱訴於楚"之僞事。太史公所見原本左丘《國語》必無此記載，故《史記》與《左傳》不同）

古文家改今文經的文字，除因有作用而故意竄改者外，大可與鄭玄、朱熹、王念孫、俞樾諸人之校改古書文字同樣看待。古書傳寫，闕誤必多，後人讀之而覺其不可通，循其前後文義而增刪移易其字句，此爲校讀古書者所應有之事。古文家造作僞經，固當排斥，然其改正今文文字之闕誤，則不當一例排斥也。

至於經說，則古文家與今文家正是一丘之貉耳。兩家言作《詩》本義，言古代史實，言典禮制度，同爲無據之臆測，無甚優劣可言。因爲兩家都是要利用孔子以獻媚漢帝，希冀得到高官厚祿者，故都喜歡說孔子爲漢制法，都喜歡談圖讖緯候。古文家之異於今文家者，僅在孔子以前又加了一個周公。這是因爲古文家的始祖劉歆欲獻媚新帝王莽，因周公攝位之傳說最適宜於作王莽篡漢時利用的工具，故古文經說到處要抬出周公來，且特造《周禮》一書，凡莽所更法立制，悉在其中；如此，則周公爲新制法比孔子爲漢制法更爲親切有用，治古文經者當然可以得到新室之高官厚祿矣。經說愈多，則立學之機會亦愈多。西漢之世，今文《五經》博士已逐漸增至十四家。及劉歆僞造古文經，於是《左氏春秋》《毛詩》《逸禮》《古文尚書》又得立於學官矣。新室雖不久即亡，而古文經與古文經說則並不隨之而皆亡。那時治古文經者方自欣其得此與今文諸家相異之經說，可以獲得立學之機會，故東漢之初希望立學者甚多。范升對光武之言曰：

> 近有司請置京氏《易》博士，群下執事莫能據正。京氏既立，費氏怨望；左氏《春秋》復以比類，亦希置立。京、費已行，次復高氏。《春秋》之家，又有騶、夾。如今左氏、費氏得置博士，高氏、騶、夾，五經奇異，並復求立，各有所執，乖戾分爭。（《後漢書·范升傳》）

這幾句話，把當時那些治古文經者（騶、夾之《春秋》亦係劉歆所僞造者）希望立學的情狀說得很明白。爲什麼希望立學？因爲立了學則可以得到高官厚祿也。故古文經說之異於今文經說，劉歆之目的爲媚莽，東漢古文家之目的爲立學。劉歆既有媚莽之目的，特造《周禮》，又僞群經以證《周禮》，其經說尚可謂有一貫之主張。至於以立學爲目的之東漢古文家，則其經說只在求異於今文家：或與今文說相反，或與今文說微異，或與今文說貌異而實同，或今文本有歧說而取其一以爲古文說，如是而已。其與今文經說，並非截然兩派，各有系統，絕不可合，如廖平之《今古學考》所云云也。（西漢的今文家，本就是用了這種手段來爭到立學的，如《書》之大夏侯與歐陽立異，小夏侯又與大夏侯立異，《易》之孟京與施、梁丘立異，所以《五經》博士可以分到十四家之多）

近人或謂今文家言"微言大義"，古文家言"訓故名物"這是兩家最不同之點。此實大謬不然。今文家何嘗不言訓故名物？《漢書·藝文志》於《詩》有《魯故》《齊後氏故》《齊孫氏故》《韓故》諸書，於《書》有《大小夏侯》《解故》諸書，都是言訓故名物的。（漢師說經，"解故"以外，尚有"章句"。

《書》之歐陽、大小夏侯，《易》之施、孟、梁丘，《春秋公羊傳》、《藝文志》皆著錄有章句之書。章句雖非專言訓故名物，然亦非絕不言訓故名物也）至於"微言""大義"，本是兩詞，近人合爲一詞，謂凡今文經說，專務發揮微言大義，而近代今文家亦多以發揮微言大義之責自承。其實此兩詞絕不見於西漢今文家的書中。最早用此兩詞的是古文家的始祖劉歆。他的《讓太常博士書》中有云："夫子沒而微言絕，七十子終而大義乖。"又，《漢書·藝文志》爲劉歆《七略》之要刪，其篇首即云："昔仲尼沒而微言絕，七十子喪而大義乖。"是當以此兩詞歸之古文家，方爲適當耳。若云微言大義即指《公羊傳》所言"《春秋》之義"，則《孟子》《公羊傳》《史記》《春秋繁露》中言及《春秋》之義，皆無微言大義之稱。且古文家之劉歆亦曾造有僞《左》的"《春秋》之義"，即所謂"五十凡"等等是也。古文家何嘗不言微言大義乎？微言大義兩詞既爲古文家所創，則稱"五十凡"等等爲微言大義，更爲切合，大概劉歆亦正指此耳。

或又謂古文家言"《六經》皆史"，今文家言"《六經》皆孔子所作"。此則尤與事實不合。按此兩說，漢之今文家與古文家皆無之。對於經的來源及其與孔子的關係，《史記·孔子世家》及《儒林傳》所言爲今文說，《漢書·藝文志》及《儒林傳》所言爲古文說。兩說固不甚相同，然亦不甚相遠，而皆與"《六經》皆史"及"《六經》皆孔子所作"之說不同。考"《六經》皆史"之說，始於宋之陳傅良（徐得之《左氏國紀序》），其後明之王守仁（《傳習錄》），清之袁枚（《史學例議序》），章學誠（《文史通義》），龔自珍（《古史鉤沉論二》），及章太炎師（《國故論衡》的《原經》）皆主此說。陳、王、袁、章四氏，不但非古文家，且非經學家；龔氏則爲今文家；惟章君爲古文家耳。然則云"《六經》皆史"之說爲古文家言者，非也。至於"《六經》皆孔子所作"之說，始於廖平（《知聖篇》），而康有爲（《孔子改制考》的《六經皆孔子改制所作考》）、皮錫瑞（《經學歷史》與《經學通論》）皆從之，三氏固爲近代之今文家（廖氏議論數變，實不能稱爲今文家，惟作《古學考》及《知聖篇》之時代尚可歸入今文家耳），但前於三氏之今文家龔自珍即主"《六經》皆史"之說，後於三氏之崔觶甫師又反對康氏之說（《五經釋要》的《孔子述作五經之大綱》）。然則云"六經皆孔子所作"之說爲今文家言者，又非也。

漢之今文家言與古文家言，或墨守師說，或苟立異說，既無系統，又無見解，現在看來，可取者殊少。近代之今文家如莊述祖、劉逢祿、龔自珍、魏源、康有爲諸人，古文家之章太炎師（從鄭玄以後至章君以前，沒有一個古文家，或目鄭學者與惠、戴、段、王諸氏爲古文家，則大誤），雖或宗今文，或宗古文，實則他們並非僅述舊說，很多自創的新解，其精神與唐之啖助、趙匡至清之姚際恒、崔述諸氏相類；所異者，啖、趙至姚、崔諸氏不宗一家，實事求是，其見解較之莊、劉諸氏及章君更進步耳。

我以爲我們今後對於過去的一切箋、注、解、疏，不管它是今文說或古文說，漢儒說或宋儒說或清儒說，正注或雜說，都可以資我們的參考及採取。例如《詩》說，不但漢劉歆之僞毛公《詩傳》可以採取，即明豐坊之僞子貢《詩傳》與僞申培《詩說》也可以採取。又如《書》說，伏生之《大傳》，王肅之僞孔安國《傳》，蔡沈之《書集傳》，孫星衍之《尚書今古文注疏》，魏源之《書古微》等等都可採取，不必存歧視之見。近代經學大師俞曲園先生，說經依高郵王氏（念孫及其子引之）律令。王爲戴震弟子。章君謂"凡戴學數家，分析條理，皆縝密嚴瑮，上溯古義而斷以己之律令"，故能"研精故訓而不支，博考事實而不亂；文理密察，發前脩所未見；每下一義，泰山不移。"（章君評俞氏及黃以周、孫詒讓語）然俞氏以前諸師，引據舊說，範圍甚嚴，以唐爲斷；自宋以後，則認爲不通古訓，不合古義，概從摒棄。故創獲最多者，僅在"依古音之通轉而發明文字之假借"一端。此外則既不敢創漢唐所無之新說，尤不敢大膽疑經。而俞氏獨不然，他是能夠決破這個網羅的。章君所作《俞先生傳》云："爲學無常師，左右採獲，深嫉守家法違實錄者。"此語最能道出俞氏治學的精神。今舉其解經五事爲例：

（ㄅ）他對於"《周易》的《上經》三十卦與《下經》三十四卦"的說明，採清吳隆元的《易宮》之說（《經課續編》與《九九銷夏錄》）。因其立論允當而採之，不以其說原於宋戴師愈僞造的《麻衣正易心法》而摒棄之。

（ㄆ）他對於《尚書》的"曰若稽古"一語，謂鄭玄訓"稽古"爲"同天"，僞孔訓"若稽古"爲"順考古道"，兩說都不對；惟蔡沈訓"稽古帝堯"爲"考古之帝堯"，最是。（《達齋書說》）

（ㄇ）他說《論語·泰伯篇》"有婦人焉"之婦人，非太姒，亦非邑姜，當爲戎胥軒之妻酈山女，事見《史記·秦本紀》。（《經課續編》）

（ㄈ）他解《禮記·曲禮》"醫不三世，不服其藥"一語，引宋孟元老《東京夢華錄》所載之李生菜小兒藥鋪、醜婆婆藥鋪，吳自牧《夢粱錄》所載之脩義坊三不欺藥鋪，陳元靚《歲時廣記》所載之蘇州賣藥朱家，謂"如此等類，皆累世相傳，人所共信，其藥可服無疑"，以證明《記》義。（《茶香室經說》）

（ㄉ）他說："《中庸》蓋秦書也。……吾意秦並六國之後，或孔氏之徒傳述緒言而爲此書。"又說:"《周禮》一書乃周衰有志之士所爲,……非周公之書,亦非周制也。"又說:"《左傳》所載當時君大夫言語,皆左氏所撰,非其本文,故歷年二百,國非一國,人非一人,而辭氣之間如出一口。"(均見《湖樓筆談》)又說:"《王制》者,孔氏之遺書,七十子後學者所記也。王者孰謂?謂素王也。孔子生衰周,不得位,乃託魯史成《春秋》,立素王之法,垂示後世。"(《達齋叢說》)又說:"古書但有篇名。……惟《孝經》有《開宗明義章》《天子章》《諸侯章》等名,則是每章各有章名,他經所無。故學者疑《孝經》爲僞書,不爲無見。"(《九九銷夏錄》)

——看這幾條,可以知道他很能大膽疑經,與姚際恒、崔述諸氏相同。俞氏這種解經的態度,實在是我們的好榜樣。總而言之,我們今後解經,應該以"實事求是"爲鵠的,而絕對破除"師說""家法"這些分門別戶,是丹非素,出主入奴的陋見!

西曆一九三一年(民國二十年)十一月十六日

# 經學中之重要問題

## 一 詩

一，何謂三百十一篇？何謂三百五篇？何謂三百篇？二，何謂四始？漢儒有異義否？三，何謂"純取周詩，上采殷，下取魯"？四，"古詩三千餘篇"其説何如？五，何謂《大序》《小序》？六，《大序》《小序》何人所作？七，何人始以《序》分冠篇首？八，有其義而亡其辭者幾篇？其篇名爲何？九，何謂"推改什首"？十，"漢興，傳者有四家"。今文幾家？古文幾家？四家何名？十一，齊、魯、韓三家，皆二十八卷，其分卷之法如何？十二，漢人説經有故有傳，有内傳有外傳，是何意義？十三，何謂五際六情？十四，詩篇直歲用《風》乎？《雅》乎？《頌》乎？十五，三家之義今尚行世者爲何書？十六，三家何家先亡？何家後亡？亡於何時？十七，大、小毛公何名？十八，言《毛詩》授受有二家，以何家爲諦？十九，何謂《鄭箋》？二字何意？與《毛傳》關係如何？二十，鄭作《詩譜》何意？譜之式如何？二十一，四家立學廢興何如？二十二，今欲考三家遺説，其方術若何？

## 二 書

一，左右史所記，《玉藻》與班書異説，宜何從？二，孔子删書，何始何終？三，書百篇，每篇皆有一序乎？四，以序分冠篇首序於何時？五，伏生所傳果皆口授耶？六，今文三家是何名？立學誰先？其篇數與伏生同乎？七，《尚書書》名義有三説不同，當何從？八，尚書連言，始於何時？九，《太誓》有三，其異同何如？十，後得《太誓》，出於何時？十一，馬氏疑後得《太誓》，其所持爲何説？十二，馬、鄭所注爲何種《太誓》？十三，"百兩篇"何人所造？其取材何術？其佚文今有存者否？十四，孔壁所得古文幾篇？與今文篇數同異如何？十五，班書説古文出處始末有誤否？十六，何謂逸十六篇？又謂之二十四篇何意？十七，《武成》篇亡於何時？十八，言逸何意？十九，孔安國曾否作《傳》？二十，梅氏獻書其篇數與孔壁古文同異如何？二十一，僞古文作者果爲何人？舊説爲王肅，果可信歟？二十二，何謂科斗文？何謂隸古定？其言有據否？二十三，隸古定改成今隸，始於何時？隸古定本今尚得見之否？二十四，僞《書》有《舜典》，有《益稷》，與今古文同異如何？二十五，《書》二十八篇，僞《書》何以分爲三十三？二十六，今本《舜典傳》，何人所作？《釋文》用何人本？二十七，今本《舜典》首二十八字，其沿革如何？二十八，漢立學者爲何家？三家亡於何時？二十九，南北朝崇尚不同，南北各用何師說？三十，始疑孔書之僞者爲何人？盡發其覆爲何人？今尚有信僞書者否？三十一，吾人於《孔傳》將一切撥棄之乎？

## 三 禮

一，說《禮》之起原者，有荀子及《禮運篇》，當何從？二，何謂"禮經三百，威儀三千"？鄭以三百當《周官》，其說諦否？三，周公制禮在何年？何時始頒行天下？四，何謂"著之版法姬氏之功，下之庶人後聖之績"？五，何謂《士禮》？六，《禮》之本數幾何，漢興所傳者幾何？漢興所傳者幾篇？七，《禮古經》視今文經篇數同異如何？八，《禮古經》出處有幾？九，何謂逸《禮》？十，《考工記》所補者何官？十一，《周官》何時失一篇？十二，或謂孝文帝使博士作《考工記》，其說諦否？十三，鄭注《周官》引二鄭、杜、賈說，其名字爲何？十四，何謂大、小戴？十五，昔人謂大戴刪古記，小戴刪大戴，其說足徵否？十六，《考工記》中有逸《禮》，指何篇而言？十七，孔子《三朝記》，今在何記中？十八，子思、公孫尼子、吕不韋、漢文博士，所作者，爲何篇？十九，《三禮》之名始於何時？二十，《三禮》性質之分別如何。二十一，《大戴記》舊注爲何人作？二十二，《大戴記》原有幾篇？今存者幾篇？二十三，《小戴》四十六篇，何以通稱四十九篇？二十四，漢今文《禮》幾家？二十五，鄭注《禮》、箋《詩》，孰後孰先？二十六，何謂記中有經，經中有記？二十七，就經作注，始於何人？二十八，孔氏《禮記疏》，本於何人？二十九，《三禮目錄》是何書？三十，《隋志》言馬氏增《禮記》三篇，其說信否。

## 四 易

一，"人更三聖，世歷三古"，何謂？二，重卦之人，凡有四說，當何說之從？三，舊說因河圖而畫八卦，其言可信否？四，何謂"父統子業"？五，謂文王制爻辭，將有何不通之處？六，《連山》《歸藏》作僞者有幾家？七，何謂《十翼》？八，上經、下經始於何卦？終於何卦？其終始有何取義？九，《易經》秦火何以獨全？十，漢初言《易》者本之何人？十一，漢諸《易》家說，皆出於何人？十二，今文三家《易》皆十二篇，三家何名？十二篇何意？

十三，以陰陽災變說《易》者，始於何人？其授受果足恃耶？十四，何謂卦氣？何謂六日七分？十五，京《易》出於何師？十六，京《易》舊書，今尚有傳世者否？十七，費氏《易》與今文四家不同者何出？十八，王輔嗣《易注》，本於漢何師？十九，漢立學者皆何師？二十，王《易》大異於漢《易》者何在？二十一，四家《易》亡於何時？二十二，子夏《易傳》，僞本有幾？二十三，王氏何以不注《繫辭》以下？後以何人之注補之？

## 五　春秋

一，史書何以名春秋？春秋是通名否？二，孔子修《春秋》，始於何公何年，絕筆於何時？三，《春秋》五傳何名？四，三傳著竹帛，誰後誰先？《公羊》著竹帛在何時？五，何謂五十凡？六，孔子將修《春秋》，與丘明乘如周，何故？七，《公羊》大師爲董、胡，其大義見於何書？八，何謂五始？九，何謂存三統，能三世，異內外？十，何謂爲赤制？十一，述《穀梁》授者爲何人？其所説足信否？十二，今文二傳，何家爲齊學？何家爲魯學？十三，《左傳》先師吳起說，今見於何書？十四，漢初獻《左氏》者爲何人？十五，太史公言《春秋》古文何指？十六，西漢《左氏》已行，其師説可徵否？十七，鍼膏肓，起廢疾，發墨守，何意？十八，劉、賈、許、穎爲何人？十九，杜預《集解》，勝於漢師者何在？二十，三傳廢興之跡如何？二十一，現行三傳，爲何人所注？何人所疏？二十二，杜預、何晏注書皆名《集解》，其取義同否？二十三，《春秋釋例》爲何書？二十四，王愆期有何説？

## 六　孝經

一，漢人自稱以孝治天下，忠孝皆原於五行，是何意義？二，漢人以《孝經》爲小學必讀之書，見於史傳者有何事證？三，《孝經》今文出於何人？古文出於何時何地？四，今文十八章，古文二十二章，同異如何？五，孔安國果爲古文作傳乎？六，所謂孔傳者，僞本有三，其始末如何？七，《閨門》章字數幾何？是何人所僞作？八，鄭君曾注《孝經》否？九，劉子玄、司馬貞所論不同，其持之論證如何？十，現行《孝經注》爲何人作？十一，鄭注亡於何時？今尚得窺見大略否？十二，劉、班以《論語》居《孝經》之前，王儉以《孝經》爲六藝之首，其意云何？

## 七　論語

一，《論語》內容如班志所説，果包括無遺否？二，先儒説撰《論語》之人，有數義不同，以何説爲諦？三，何謂齊、魯、古《論》？三家篇數同異如何。四，《問王》篇是何意義？五，王充言《論語》有數十百篇，何意？以《論語》爲專名，始於何人？六，何謂張侯論？張侯論是否兼用三家？七，孔安國爲《古論》作傳否？八，《論語》《孝經》，漢人是否置博士？九，鄭玄注論，是用何本？十，何晏作《集解》，上於何時？何故名爲《集解》？十一，何晏所集幾家？其姓字云何？十二，《齊論》亡於何時？十三，南北朝間，立學者何家，其盛衰如何？十四，爲何解作疏者有二，其姓名云何？十五，魏晉以來説《論語》者多家，與漢師家法同異如何？十六，江熙所集十三家，皇疏所引二十八家，其説義今皆得見否？十七，《論語》八寸册，與經論册度比例如何？

·國立武漢大學講義·

# 詩經學講義

（甲乙種）

## 【甲種之一】

## 《詩》之名義

**西堂案**：《詩經》一書，自昔視爲孔子刪削之聖經，實亦吾國古代詩歌之總彙。今於是書，欲探索之，則於《詩》之名義，亦不可不有相當之認識。正名實者，固清代樸學家相傳之舊法，不可不察也。兹雜録諸書之説於後，學者可循名以責其實，以詩歌文學視之，抑毋以聖經視之也。

《説文》："詩，志也。從言，寺聲。䛨，古文詩，省。"
《詩含神霧》："詩三百五篇。詩者，持也。在於敦厚之教，自持其心；諷刺之道，可以扶持邦家者也。"
《禮記·學記》："詩言其志也。"
《荀子·勸學》："詩者，中聲之所止也。"
《荀子·儒效》："詩言是其志也。"
《左傳·僖廿七年》："《詩》《書》，義之府也。"
《國語·魯語下》："詩所以合意，歌所以咏詩也。"
《管子·山權數》："詩者，所以記物也。"
《賈子·道德説》："詩者，此之志者也。"
《賈子·道德説》："詩者，志德之理，而明其指，令人緣之以自成者也。"
《説苑·修文》："詩言其志。"
《春秋説題辭》："詩之爲言志也。"
《春秋説題辭》："在事爲詩。"
鄭康成《六藝論》："詩，弦歌諷諭之聲也。"
《禮記·内則》"詩負之"。鄭注："詩之言承也。"
《詩·大序》："詩者，志之所之也。在心爲志，發言爲詩。"
《吕氏春秋·慎大覽》高注："詩，志也。"
《廣雅·釋言》："詩，志也。"
《文選·三都賦·序》："孔子採萬國之風，正雅頌之名，集而謂之詩。"
《毛詩指説》引簡文帝："詩，思也。"

《毛詩指説》引簡文帝："詩，詞也。"
《禮記·孔子閒居》疏："詩者，歌咏歡樂也。"
《詩·關雎》疏："誦言爲詩。"
《詩譜序》疏："詩有三訓，承也，志也，持也。"
《穀梁·序》疏："詩者，樂章也。"

案：據上所録諸家論詩，凡文二十餘條，大抵皆主詩以言志之説。則知詩者，本爲言志而作，當以文詞論之，當以樂章歌之。斯固可以感人，不必視爲經也。古文之詩，從言，之聲。之者，志也。《墨子·天志》："本爲天之"，是其明證。此自往古之世，即謂詩以言志。以今言之，所謂詩者，固抒情之文學也。非必孔子之經也。學者可以知所去取。

## 【甲種之二】

## 孔子刪詩

（《説緯》——《學海堂經解》卷一百八十二）

王 崧

**西堂案：** 研究《詩經》，首當明瞭《詩經》之性質。《詩三百篇》，果孔子之聖經乎？抑當時之樂歌集乎？此問題之解決，又可以孔子之是否刪詩而略定之。使孔子刪詩之説爲信，則《詩三百篇》，或爲孔子之聖經；如孔子刪詩之説果不足信，則《詩三百篇》固當時之樂歌集也。歷來學者，於斯問題，頗多聚訟，兹録王崧《説緯·論孔子刪詩》之説，以見一斑。此篇叙述漢唐以來至清代學者——如司馬遷、孔穎達、歐陽修、周子醇、朱彝尊、趙翼、崔述之説，顛委詳傳，卽爲重要。其篇末謂孔子刪詩即正樂，尚非允當之結論，姑並録之。

《史記·孔子世家》：“古者詩三千餘篇，及至孔子，去其重。取其可施於禮義，上採契、后稷，中述殷、周之盛，至幽、厲之缺，始於衽席，故曰：《關雎》之亂，以爲‘風’始；《鹿鳴》爲‘小雅’始；《文王》爲‘大雅’始；《清廟》爲‘頌’始，三百五篇，孔子皆弦歌之，以求合《韶》《武》《雅》《頌》之音。”

《漢書·藝文志》：“古有採詩之官，王者所以觀風俗。知得失，自考正也。孔子純取周詩，上採殷，下取魯，凡三百五篇。遭秦而全者，以其諷誦，不獨在竹帛故也。”

《經典釋文·序録》：“毛公爲故訓時，已亡六篇，故《藝文志》云：‘三百五篇’。群書所言詩篇之數，其由來如此。今詩三百五篇外，《南陵》《白華》《華黍》《由庚》《崇丘》《由儀》六篇無辭，合之爲三百十一篇，自司馬遷有三千餘篇之説，儒者遂謂三百十一篇外，皆孔子所刪，有非之者，有信之者。”

《毛詩正義》：“按，《書傳》所引之詩，見在者多、亡逸者少。則夫子所錄者,不容十分去九,馬遷之言未可信,此非之者也。"

《呂氏讀詩記》:"歐陽公曰:'以鄭康成譜圖推之,有更十君而取其一篇者,又有二十餘君而取其一篇者,由此觀之,何啻三千?刪詩云者,非止全篇刪去,或篇刪其章,或章刪其句,或句刪其字。如"唐棣之華,偏其反而,豈不爾思,室是遠而",此《小雅·棠棣》之詩也。夫子謂其以室為遠,害於兄弟之義,故篇刪其章也。"衣錦尚絅,文之著也"。此《鄘風·君子偕老》之詩也。夫子恐其盡飾之過,恐其流而不反,故章刪其句也。"誰能秉國成,不自為政,卒勞百姓",此《小雅·節南山》之詩也。夫子以能為意之害,故句刪其字也。此信司馬氏之說而推闡之也。'"(《呂氏家塾讀詩記》三十二卷,宋呂祖謙著)

王應麟《困學紀聞·卷三》:"逸詩篇名,若《貍首》(原注:《射義》),《驪駒》(原注:《大戴禮》,《漢書注》),《祈招》(原注:《左傳·昭十二年》),《轡之柔矣》(《左傳·襄公二十六年》,《逸周書·太子晉解》),皆有其辭。惟《采薺》《河水》《新宮》《茅鴟》(《河水》,僖二十三年、《新宮》,昭二十五年、《茅鴟》,襄二十八年),《鳩飛》(原注:《晉語》)無辭;或謂《河水》,沔水也(原注:韋昭);《新宮》,《斯干》也(原注:朱子);《鳩飛》,《小宛》也(原注:韋昭)。"

周子醇《樂府拾遺》曰:"孔子刪詩,有全篇刪者,《驪駒》是也;有刪兩句者,'月離於畢,俾滂沱矣,月離於箕,風揚沙矣'是也;有刪一句者,'素以為絢兮'是也。愚考之《周禮疏》引《春秋緯》云:"(集證《周禮·大宗伯》'飄師雨師'疏,又引見《洪範正義》)'月離於畢風揚沙',非詩也;'素以為絢兮',朱文公謂《碩人》詩四章,章皆七句,不應此章獨多一句。蓋不可知其何詩,然則非刪一句也。若全篇之刪,亦不止《驪駒》(原注:《論語》'唐棣之華'之類)。王氏所言,亦以刪詩為然也。而近人朱彝尊、趙翼、崔述則力辯刪詩之非。

朱氏曰:"詩者,掌之王朝,頒之侯服,小學、大學之所諷誦,冬夏之所教,故監會聘問燕享,列國之大夫,賦詩見志,不盡操其土風,使孔子以一人之見,取而刪之,王朝列國之臣,其孰信而從之者。詩至於三千篇,則輶軒之所採,定下止於十三國矣,而季札觀樂於魯,所歌風詩無出十三國之外者;又子所雅言,一則'詩三百',再則'誦詩三百',未必定屬刪後之言。況多至三千,樂師矇瞍,安能遍為諷誦。竊疑當日掌之王朝,頒之侯服者,亦止於三百篇而已。至歐陽子謂刪詩云者,非止全篇刪去,或篇刪其章,或章刪其句,或句刪其字。此又不然。詩云:'唐棣之華,偏其反而,豈不爾思,室是遠而。'惟其詩孔子未嘗刪，故爲弟子雅言之也。詩曰：'衣錦尚絅，惡其文之著也。'惟其詩孔子亦未嘗刪，故子思子舉而述之也。詩云：'誰能秉國成'，今本無能字，猶夫'殷鑒不遠，在於夏后之世'，今本無於字，非孔子去之也。流傳既久，偶脱去耳。昔子夏親受詩於孔子矣！其稱詩曰：'巧笑倩兮，美目盼兮，素以爲絢兮。'惟其句孔子亦未嘗刪，故子夏所受之詩，存其辭以相質，而孔子極許其可與言詩，初未以素絢之語，有害於義而正之也。由是觀之，詩之逸也，非孔子刪之，可信已。然則詩何以逸也？曰：一則秦火之後，竹帛無存，而口誦者偶遺忘也。一則作者章句長短不齊，而後之爲章句之學者，必比而齊之，於句之從出者去之故也。一則樂師矇瞍，止記其音節而亡其辭，竇公之於樂，惟記《周官·大師樂》一篇，而其餘不知；制氏則僅記其鏗鏘鼓舞，而不能言其義，此樂詩之所闕獨多也。"（《曝書亭集詩論》）

趙氏曰："孔穎達、朱彛尊皆疑古詩三千本無三千，今以《國語》《左傳》二書所引之詩校之，《國語》引詩凡三十一條，惟衛彪傒引武王飫歌，（原注：其詩曰：'天之所支，不可壞也。'謂武王克殷而作，名之曰支，使後人監戒。崧案：《周語·敬王十年章》）及公子重耳賦《河水》（崧案：《晉語》四篇，〈文公在翟〉章）二條是逸詩。而《河水》一詩，韋昭注以爲'河'當作'沔'，即'沔彼流水'，取朝宗於海之義，然則《國語》所引逸詩僅一條，而三十條皆刪存之詩，是逸詩僅刪存詩三十之一也。《左傳》引詩，共二百十七條，其間有邱明自引，以證其議論者，猶曰邱明在孔子後，或據刪定之詩爲本也。然邱明所引，仍有逸詩，則非專守刪後之本也。至如列國公卿所引，及宴享所賦，則皆在孔子未刪以前也。今乃考邱明自引，及述孔子之言所引者，共四十八條，而逸詩不過三條。（原注：成九年引詩曰：'雖由絲麻，無棄管蒯；雖有姬姜，無棄蕉萃；凡百君子，無不代匱。'襄五年引詩曰：'周道挺挺，我心扃扃，講事不令，集人來定。'襄三十年引詩曰：'淑慎爾止，毋載爾僞。'）其餘列國公卿，自引詩共一百一條，而逸詩不過五條（原注：莊二十二年引詩曰：'翹翹車乘，招我以弓，豈不欲往，畏我友朋。'襄八年引詩曰：'俟河之清，人壽幾何！兆云詢多，職競作羅。'昭四年引詩曰：'禮義不愆，何恤乎人言。'昭十二年引《祈招》之詩曰：'祈招之愔愔，式昭德音，思我王度，式如玉，式如金。形民之力，而無醉飽之心。'昭廿六年引詩曰：'我無所監，夏后及商，用亂之故，民卒流亡。'又列國宴享歌詩贈答七十條，而逸詩不過五條）（原注：僖二十三年晉公子賦《河水》；襄二十六年齊國子賦《蓼之柔矣》；二十八年工誦《茅鴟》；昭十年宋以《桑林》享晉侯；二十五年宋公賦《新宫》）是逸詩僅刪存詩二十之一也。若使古詩有三千餘，則所引逸詩，宜多於刪存之詩十倍，豈有古詩則十倍於刪存詩，而所引逸詩，反不及刪存詩二三十分之一，以此而推知古詩三千之説，不足憑也。況史遷謂古詩自后稷以及殷周之盛，幽、厲之衰，則其爲家弦戶誦久矣。豈有反刪之而轉取株林之近事以充數耶。又如他書所引逸詩，惟《論語》'素以爲絢兮'句；《管子》'浩浩者水，育育者魚'四句；《莊子》'青青之麥，生於陵陂'四句；《禮記·射義》曾孫侯氏，四正具舉八句。《緇衣》'昔吾有先正，其言明早清'八句，《韓嬰詩》有'雨其無極，傷我稼穡'二句。《大戴禮》'驪駒在門，僕夫具存'四句。《汲冢周書》'馬之剛矣，轡之柔矣'二句。其他所引，皆現存之詩，無所謂逸詩也。《戰國策·秦武王篇》甘茂引詩曰：'行百里者，半於九十。'《秦昭襄王篇》，客卿造引詩曰：'樹德莫如滋，除惡莫如盡。'黃歇引詩曰：'大武遠宅而不涉。'范睢引詩曰：'木實繁者披其枝，披其枝者傷其心。'《呂覽·愛士篇》引詩曰：'君君子則正以行其德，君賤人則寬以盡其力。'《古樂篇》有'象爲虐於東夷，周公逐之，乃爲《三象》之詩。'《權勛篇》引詩曰：'惟則定國'；《音初篇》引詩曰：'燕燕往飛'；《行論篇》引詩曰：'將欲毀之，必重累之；將欲踣之，必高舉之。'《原辭篇》引詩曰：'無日過亂門。'《漢書·武帝紀》元朔元年詔引詩曰：'九變復貫，知言之選'。凡此皆不見於三百篇中，則皆逸詩也。按'行百里句'本古語，見賈誼《策》，'樹德'二句，姚本作引書，則《泰誓》也。'木實'二句，吳師道謂是古語，則非詩也。《呂覽》'君君子'二句，全不似詩。'將欲毀之'四句，無《國策》所引《周書》'將欲敗之'數語相同，則亦非詩也。惟'大武遠宅不涉，反燕燕往飛'數語，或是逸詩耳。又《韓非子·先聖》有言曰：'規有摩而木有波，我欲更之，無可奈何。'其句法似詩，然曰先聖之言，則亦非逸詩也。推此益可見刪外之詩甚少，而古詩三千餘篇之説，愈不可信矣。按《詩》本有《小序》五百一十一篇，或即古詩原本；孔子即於此五百一十一篇內，刪之爲三百五篇耳。《尚書緯》云：'孔子得黃帝元孫帝魁之書，迄於秦穆公，凡三千二百四十篇，孔子刪之爲《尚書》百二十篇，以百二篇爲《尚書》，十八篇爲《中候》。'（崧案：此見《尚書正義》。史遷所謂古詩三千者，蓋亦緯書所云'尚書三千二百四十篇'之類耳）惟夷齊《採薇》，及介之推'五蛇爲輔'之歌，孔子訂詩，曾不收録，此不可解。"或以《採薇》歌於本朝有忌諱，而五蛇之事近於誕，故概從刪削耶？"（陔餘叢考）

崔氏曰："國風自二《南》《豳》以外，多衰世之音，《小雅》大半作於宣、幽之詩，夷王以前，寥寥無幾。如果每君皆有詩，孔子不應盡刪其盛，而獨存其衰，且武丁以前之《頌》，豈遽不如周，而六百年之《風》《雅》，豈無一二可取，孔子何爲盡删之乎？子曰：'詩三百。'又曰：'誦詩三百。'玩其詞意，乃當孔子時，已止此數，非自孔子删之，而後爲三百也。吳公子札來聘，所歌之《風》，無在今十五國外者，是十五國外，本無風可採，不則有之，而魯逸之，非孔子删之也。且孔子所删者，何詩也哉？鄭、衛之風，淫靡之作，未嘗删也。絲麻菅蒯之句，不遜於縞衣茹藘之章；即棣華室遠之言，亦何異於東門不即之意。此何爲而存之，彼何爲而删之也哉。況以《論》《孟》《左傳》《戴記》諸書考之，所引之詩，逸者不及十一，則是穎達之言，左券甚明，而宋儒顧非之甚可怪也。由此觀之，孔子原無删詩之事。古者風尚簡質，作者本不多，而又以竹爲之，其傳不廣，是以傳者少而逸者多。《國語》云：'正考父校商之名《頌》十二篇於周太師，以《那》爲首。'鄭司農云：'自考父至孔子，又亡其七篇。'是正考父以前，《頌》之逸者已多，至孔子二百餘年，而又逸其七，是故世愈近，則詩愈多，世愈遠則詩愈少，孔子所得，止有此數。或此外雖有，而闕略不全，則遂取是而釐正次第之，以教門人，非删之也。（《洙泗考信錄·卷三》）

宋葉適《習學記》言："近人王士禎《池北偶談》，所論大略相同，然於事理，皆有所未安。朱氏推原詩逸之故，但可解章句闕略之故耳。三百五篇外，逸詩甚多，何以不盡遺忘。"

趙氏傳列羣書所引逸詩，謂不及删存詩二三十分之一，此但就現存之書計之也。古詩之著錄於《漢書·藝文志》，而不傳於今者，其中豈遂無之，則二三十分之一，未足盡逸詩之數。況所列逸詩，正多罣漏，除前文所有外，今特錄之。《左傳宣公二年》："我之懷矣，自詒伊戚。"《孔記·檀弓下篇》："狸首之斑然，執女手之卷然。"《坊記篇》："相彼盍旦，尚猶患之。"《緇衣篇》："昔吾有先正，其言明且清，國家以寧，都邑以成，庶民以生，誰能秉國成，不自爲政，卒勞百姓。"《射義篇》："曾孫侯氏，四正具舉，大夫君子，凡以庶士，小大莫處，御於君所，以燕以射，則燕則譽。"（又見《大戴禮·投壺篇》："《周禮》諸侯以《狸首》爲節。《儀禮注》："狸首：逸詩《曾孫》也。"）《大戴禮記》："驪駒在門，僕夫具存；驪駒在路，僕夫整駕。"（今本《大戴禮記》無此文，引見《漢書·王式傳·注》。又見《文選》馬融《舞賦》，曹植《責躬詩》，應休璉《與蒲公書注》）《用兵篇》："魚在在藻，厥志在餌。"《孟子·梁惠王下》篇："畜君何尤。"《國語·周敬王》章："天之所支，不可壞也。其所壞，亦不可支也。"《逸周書·太子晉解》："國誠寧矣，遠人來觀；修義經矣，好樂無荒。"（此師曠歌《無射》）"何至南極。至於北極，絕境越國，弗愁道遠。"（此太子晉歌《嶠》）"馬之剛矣，轡之柔矣，馬亦不剛,罿亦不柔。志氣麃麃,取與不疑。"(《左傳·襄公二十六年》國子賦《罿之柔矣》,注:見《周書》)《家語·六本篇》:"皇皇上帝,其命不忒,天之以善,必報其德。"《管子·小問篇》:"浩浩者水,育育者魚,未有室家,而安召我居。"《墨子·所染篇》:"必擇所堪,必謹所堪。"《非攻》中篇:"魚水不務,陸將何及。"《列子·湯問篇》:"良弓之子,必先爲箕;良冶之子,必先爲裘。"《莊子·外物篇》:"青青之麥,生於陵陂,生不布施,死何含珠爲?"《荀子·王霸篇》:"如霜雪之將將,如日月之光明,爲之則存,不爲之則亡。"《臣道篇》:"國有大命,不可以告人,妨其躬身。"《天論篇》:"何恤人之言兮。"《解蔽篇》:"鳳凰秋秋,其翼若干,其聲若蕭,有凰有皇,樂帝之心。"又云:"墨以爲昭,狐狸而蒼。"《正名篇》:"長夜漫兮,永思騫兮。太古之不漫兮,禮義之不愆兮,何恤人之言兮!"《法行篇》:"涓涓源水,不雝不塞,轂已破碎,乃大其輻。事已敗矣,乃重太息。"《戰國策·秦昭襄王篇》:"木實繁者披其枝,披其枝者傷其心,大其都者危其國,尊其臣者卑其主。"《趙武靈王篇》:"服亂以勇,治亂以知,事之計也。立傳以行,教少以學,義之經也。"《説苑·尊賢篇》:"緜緜之葛,在於曠野,良工得之,以爲絺紵,良工不得,枯死於野。"《權謀篇》:"皇皇上帝,其命不忒,天之與人,必報有德。"《史記·商君列傳》:"得人者興,失人者崩。"《漢書·武帝紀》元鼎元年詔:"四牡翼翼,以征不服;親省邊陲,用事所極。九變復貫,知言之選。"《後漢書·楊終傳》:"皎皎練絲,在所染之。"《晉書·束皙傳》:"羽觴隨波。"《列女傳·辯通類》:"浩浩白水,鯈鯈之魚,君來召我,我將安君。國家未定,從我焉如。"《集韻》:"佞人之蠌。"(以上逸詩,凡前文所引未全者皆備録之)凡此所録諸詩,皆在三百五篇之外者。至於《採薇》《五蛇》二歌,其辭與三百篇不類。疑是戰國人之作,既不採於太史,孔子豈能録之。一詩有一序,其數相若,三千餘篇不可信,五百一十篇,又何所徵。《尚書緯》出於《史記》之後,語多荒誕,三千二百四十篇之書,不可以之例詩也。崔氏謂孔子無删詩之事,所得止有此數。然則三百五篇外何以復有逸詩?惟此外闕略不全之説,於事理宜然。大抵世儒所論,皆以孔子於詩,一似昭明太子之《文選》,但因其辭意爲去取,而不知古人之詩,皆樂之詞,君卿大夫之所作無論矣,即里巷之歌謠,矢口而出,苟和之以樂,無非樂也。雖不和之以器,亦可云無器之樂也。《史記》之書,謬噪固多,皆有因而然,從無鑿空妄説者。考《漢書·食貨志》"孟春之月,行人振木鐸徇於路,以採詩獻之太師,比其音律,以聞於天子"云云。《史記》所謂三千餘篇者,蓋太師所採之數,詒比其音律,聞於天子,不過三百餘篇。何以知之,採詩非徒存其辭,乃用以爲樂章也。音律之不協者棄之，即協者尚多，而此三百篇，於用已足，其餘但存之太史，以備所用之或缺。詩三百，頌詩三百，皆孔子之言，前此未有綜計其數者。蓋古詩不止三百五篇，東遷已後，禮壞樂崩，詩或有句而不成章，有章而不成篇者，無與於弦歌之用。孔子自衛反魯而正樂，釐訂汰黜，定爲此數。以教門人，於是授受不絕，設無孔子，則此三百五篇，亦胥歸泯滅矣。故世所傳之逸詩，有太師比音律所棄者，有孔子正樂時所削者，所採既多，其原作流傳誦習，後人得以引之是古詩三千餘篇，去其重，取其可施於禮義，乃太師所爲，司馬遷傳聞孔子正樂時，嘗有所刪除而遂以歸之孔子，此其屬辭之未密，或文字有脫誤耳。（下略）

## 【甲種之三】

# 詩 論

### （《曝書亭集》五十九）

朱彝尊

**西堂案：** 孔子删詩之説，自《史記》倡之，《毛詩疏》朱晦庵、鄭漁仲、葉水心諸人雖不深韙其説，然無顯著之證驗，足以移易舊説，折服人心。至清代朱竹垞氏著爲《詩論》二篇，集孔子不删詩説之大成。發揮新意，芟蕩陳趣，略可以定讞矣。前舉王崧《説緯》所引之文，尚未完備，兹另錄之，以俾參考。

### 《詩論一》

孔子删詩之説，倡自司馬子長，歷代儒生，莫敢異議。惟朱子謂經孔子重新整理，未見得删與不删。又謂孔子不曾删去，只是刊定而已。水心葉氏，亦謂"詩不因孔子而删"，誠千古卓見也。

竊以詩者掌之王朝，班之侯服，小學大學之所諷誦。冬夏之所教，莫之有異，故盟會、聘問、燕享，列國之大夫，賦詩見志，不盡操其土風。使孔子以一人之見，取而删之，王朝列國之臣，其孰信而從之者。且如行以《肆夏》，趨以《采薺》，樂師所教之樂儀也，何不可施於禮義，而孔子必删之，俾堂上有儀，而門外無儀，何也？凡射王以《騶虞》爲節，諸侯以《狸首》爲節，大夫以《采蘋》爲節，士以《采蘩》爲節。今大小《戴記》載有《狸首》之辭，未嘗與禮義悖，而孔子於《騶虞》《采蘋》《采蘩》則存之，於《狸首》獨去之，俾王與大夫士有節，而諸侯無節，又何也？《燕禮》："升歌《鹿鳴》，下管《新宮》"；《大射儀》："乃歌《鹿鳴》三終，乃管《新宮》三終"；而孔子於《鹿鳴》則存之，於《新宮》則去之，俾歌有詩而管無詩，又何也？《肆夏》繁遏渠，天子所以享元侯者，故九夏掌於鐘師，而大司樂王出入奏《王夏》，尸出入奏《肆夏》，牲出入奏《昭夏》。《鄉飲酒之禮》："賓出奏《陔》"，鄉射之禮：賓興奏《陔》，大射之儀，公升即席奏《陔》，賓醉奏《陔》，公入驁，此又何不可施於禮義，而孔子必删之，俾禮廢而樂缺，又何也？正考父校商之名《頌》十二篇於周太師，歸以祼其先王，孔子殷人，乃反以先世之所校，歸祼其祖者，刪其七篇，而止存其五，又何也？穆王欲肆其心，周行天下，祭公謀父作《祈招》之詩，以止其心；詩之合乎禮義者，莫此若矣。孔子既善其義，而又刪之，又何也？

且詩至於三千篇，則輶軒之所採，定不止於十三家矣！而季札觀樂於魯，所歌《風》詩，無出十三國之外者，又子所雅言，一則曰詩三百，再則曰頌詩三百，未必定屬刪後之言。況多至三千，樂師矇瞍，安能遍爲諷誦，竊疑當日掌之王朝，班之侯服者，亦止於三百餘篇而已。至歐陽子謂刪詩云者，非止全篇刪去，或篇刪其章，或章刪其句，或句刪其字，此又不然。詩云："唐棣之華，偏其反而，豈不爾思，室是遠而。"惟其詩孔子未嘗刪，故爲弟子雅言之也。詩曰："衣錦尚絅，文之著也。"惟其詩孔子亦未嘗刪，故子思子舉而述之也。詩云："誰能秉國成"，今本無能字；猶夫"殷鑒不遠，在於夏后之世"，今本無於字，非孔子去之也。流傳既久，偶脫去爾。昔者子夏親受詩於孔子矣，其稱詩曰："巧笑倩兮，美目盼兮，素以爲絢兮。"惟其句孔子亦未嘗刪，故子夏所受之詩，存其辭以相質，而孔子亟許其可與言詩，初未以素絢之語，有害於義，而斥之也。由是觀之，詩之逸也，非孔子刪之，可信已。

然則詩何以逸也？曰：一則秦火之後，竹帛無存，而日誦者偶遺忘也。一則作者章句長短不齊，而爲章句之學者，必比而齊之，於句之從出者去之故也。一則樂師矇瞍，止記其音節，而亡其辭。竇公之於樂，惟記《周官·大司樂》一篇，而其餘不知。制氏則僅記其"鏗鏘鼓舞"，而不能言其義，此樂章之所闕獨多也。且夫六詩之序自《周官》，魯之次周，商之次魯，不自孔子始也。而後之論者，若似乎私其宗國，存其先祖而然，尤刺謬之甚矣。《王制》變禮、易樂者爲不從，不從者君流，今以太師之所陳，大司樂之所教，瞽矇之所諷誦，輒取篇章字句而刪去之，是變禮易樂也。若移《秦》於《魏》《唐》之後，《檜》後於《陳》，《豳》後於《檜》，其亦何所取義。而孔子必更之。

噫衰周之際，禮不期於壞而壞，樂不期於崩而崩，孔子方憂其放失，考求之不暇，而豈其刪之，以自取不從之罪哉！

## 《詩論二》

詩之有序，不特《毛傳》爲然，說《韓詩》《魯詩》者，亦莫不有序。如《關雎》，刺時也；《芣苢》，傷夫有惡疾也；《漢廣》，悅人也；《汝墳》，辭家也；《蝃蝀》，刺奔女也；《黍離》，伯封作也；《雞鳴》，讒（一作悅）人也；《雨無極（正）》，大夫刺幽王也；《賓之初筵》，衛武公飲酒悔過也；此《韓詩》之序也。

楚元王受詩於浮丘伯，劉向元王之孫，實爲《魯詩》，其所撰《新序》，以《二子乘舟》爲汲之傅母作，《黍離》爲壽閔其兄作，《列女傳》以《芣苢》爲蔡人妻作，《汝墳》爲周南大夫妻作，《行露》爲中人女作，《邶·柏舟》爲衛宣夫人作，《燕燕》爲定姜送婦作，《式微》爲黎莊公夫人及其傅母作，《大車》爲息夫人作，此皆本於《魯詩》之《序》也。

《齊詩》雖亡，度當日經師，亦必有序。

惟《毛詩》之序，本乎子夏，子夏習詩而明其義，又能推原國史，明乎得失之故。試稽之《尚書》《儀禮》《左氏内外傳》《孟子》，其説無不合。《毛詩》出，學者舍齊、魯、韓三家而從之，以其有子夏之序，不同乎三家也。惟其序作於子夏，子夏授詩於高行子，此《絲衣序》有高子之言；又子夏授曾申，申授李克，克授孟仲子，此《維天之命·注》有孟仲子之言；皆以補師説之未及，毛公因而存之不廢。

若夫《南陔》六詩，有其義而亡其辭，則出自毛公足成之。所謂有其義者，據子夏之《序》也。而論者多謂《序》作於衛宏，夫《毛詩》雖後出，亦在漢武時。《詩》必有《序》，而後可授受；韓、魯皆有《序》，《毛詩》豈獨無《序》，直至東漢之世，俟宏之《序》以爲《序》乎。

## 《夫子正樂論·中》

《詩古微·卷一》）南菁書院《經解續編》

魏　源

**西堂案：**主張孔子不刪詩者，至魏默深而其説益顛撲不可破。其謂三家之本有同異，三百篇之外不盡爲逸詩，尤發前人所未發。兹録其《詩古微·夫子正樂論·中》，以見孔子正樂之功，無刪述之事。

魏源曰：夫子有正樂之功，無刪詩之事。夫删詩之説，何昉乎？自周秦諸子，齊、魯、韓、毛四家以及董仲舒、劉向、揚雄、班固之著述，皆未嘗及。惟史遷因夫子刪《書》，而並爲刪《詩》之説。謂古詩三千，孔子去其重，取可施於禮義者。凡三百五篇。是説也，孔穎達即疑之，謂《書傳》所引，多存少佚，不應夫子十去其九。今考《國語》引詩三十一條，惟衛彪傒引武王《飫歌》及重耳賦《河水》爲逸詩。而韋注又以河水即沔水，則是逸者僅三十之一也。《左氏》引詩二百十七條，其間丘明自引及述孔子之言者四十有八，而逸詩不過二條（成九年雖有"絲麻"六句，襄五年"周道挺挺"四句是也。襄三十年"淑慎爾止"二句疑抑詩異文）。列國公卿引詩百有一條，而逸詩不過五條。（莊二年"翹翹車乘"四句，襄八年"俟河之清"四句，昭四年"禮義不愆"二句，昭十二年《祈招》之詩，昭二十六年"我無所監"四句是也）列國宴享歌詩贈答七十條，而逸詩不過三條（《茅鴟》《桑林》《轡之柔矣》是也；其《河水》《新宮》有謂今詩異名者）是逸詩不及今詩二十之一也。使古詩果三千有餘，則自后稷以及殷、周之盛，幽、厲之衰，家弦户誦，所稱引宜十倍於今。以是推之，其不可通一也。古詩之不可刪者，莫如官禮樂章之宜備，莫如國風正變之宜賅，使所見果有三千之全，而昭代樂章，尚大半不與焉；列國正變之風，又大半不與焉；則竹簡充棟，果皆何詩？豈元公制作，尚煩甄别，且季札觀樂，何已無出十五國耶？其不可通二也。至宋歐陽氏刪章、刪句、刪字之云者，姑無論"《素絢》尚絅"，未爲聖論所非，"《唐棣》懷人"，本自斷章取義。彼"室邇人遠"，曷嘗不存於詩，《雲漢》《小弁》，何嘗不煩逆志。矧夫助語單文，三引三異，盡謂害詞害志，毋乃高叟復生，其不可通三也。然則《史記》謂古詩三千者，殆猶《書緯》稱"孔子得黃帝之孫帝魁之書，迄於秦穆公凡三千三百四十編。孔子刪之爲《尚書》百二十篇。以十八篇爲中候。"又《春秋緯》稱"孔子將修《春秋》，使子夏等求得百二十國之寶書"，今《春秋》所載諸國，不及二十。古詩三千，殆亦是類。皆秦漢學者，侈言匪實，史遷雜採輕信，而據謂出《魯詩》，過矣。且夫刪詩之説，不過據逸詩爲詞，而吾之謂不刪詩者，則直以夫子之後無逸詩爲斷。何則，所謂逸者，必逸於夫子之前。如國子賦《轡柔》，穆子賦《茅鴟》，而後可。亦必《國策》諸子所引，或出聖門傳授之外，而後可。若夫子而後，七十子所稱述，如子思引"衣錦尚絅"之云，曾子引"涓涓原水不離不塞"六語（《荀子·法行篇》）。其必刪授之經明矣。而今詩無有焉，且《荀子》爲《詩》《禮》大宗，漢四家詩所出，其所稱宜三百篇文矣，而《王霸篇》《解蔽篇》兩引詩無有焉。《法行篇》《臣道篇》兩引詩亦無有焉。《正名篇》引"禮義不愆何恤人言"云云，則與子產所稱同，而今詩亦無有焉。豈七十子所稱，反皆刪削之遺耶。《左氏》《祈招》之詩，夫子既聞而善之。《說苑》夫子稱詩云："皇皇上天，其命不忒，天之以善，必報其德。"而《坊記》載，子曰："詩云'相彼盍旦，尚猶患之。'"（注曰："盍旦，夜鳴求旦之鳥也。求不可得人，猶惡其欲反晝夜而亂晦明，況乎臣之僭君，亂上下惑衆乎。"不言逸詩）《緇衣》載，子曰："詩云昔吾有先正，其言明且清，國家以寧，都邑以成，庶民以生，誰能秉國成，不自爲政，卒勞百姓。"（注：不言逸詩，《釋文》曰：前五句今詩皆無之，餘在《節南山》篇或逸詩也。案，鄭氏《禮注》之例，凡詩見存者皆不注其篇名，其不存者則注逸詩。故知以上二條不言逸者，必三家詩矣。《釋文》亦但或之，或者疑之也）夫子概引之以垂訓矣，而編詩時復逸之，又何以稱焉。（《宋書·樂志》謂："《坊記》'《緇衣》乃子思子書'"，則所稱亦必夫子經文）若謂逸於夫子之後，如毛所謂六笙詩亡於秦火云者，則必啓王柏董疑經之漸坐漢儒以掇拾湊成三百之數矣。吾則以齊、魯、韓三家異文證其說曰：今所奉爲正經章句者，《毛詩》耳，而《孔疏》謂《毛詩》經文，與三家異者，動以百數，故崔靈恩載《般》頌末，三家有"於釋思"一語，而毛無之。後漢陳忠《疏》引詩云："以雅以南，靺任朱離。"注謂："出齊魯詩"，而毛無之。《韓詩》北宋尚存，見於《御覽》。乃劉安世述《雨無正》篇，首有"雨無其極，傷我稼穡"二語。而《毛》無之。至《選注》引《韓詩》經文，有"萬人顒顒，仰天告愬"二語。鄭司農《周禮注》述三家詩云："敕爾瞽率爾衆工，奏爾悲誦，則今並不得其何篇。"（王氏詩考以"萬人顒顒"二句，繫之《節南山》下）使不知爲三家經文，必謂夫子筆削之遺無疑矣。至若《緇衣》，《左傳》引《都人士》首章，而鄭君、服虔之注，並以爲逸詩。《孔疏》謂"《韓詩》見存"，實無首章。然賈誼《新書·等齊篇》引詩曰："狐裘黃裳，萬氏之望"，是《魯詩》有《都人士》首章。而《韓》逸之也。《左傳》引詩"何以恤我，我其收之"，明是《周頌》之異文，而杜注以爲逸詩，是皆但據《毛詩》之蔽也。夫《毛》以三家所有爲逸，猶《韓》以《毛》所有爲逸，果就爲夫子所刪之本耶。是逸詩之不盡爲逸，有如斯者。推之《韓詩》"常棣"作"夫栘"；《齊詩》還作"營"，韋昭謂《鳩飛》即《小宛》，《河水》即《沔水》，是逸篇不盡逸有如斯者。其他篇次參差，未遑殫述，是以班固謂詩遭秦而存者，以其諷誦，不獨在竹帛，口授既久，差池自生。然則曾子、子思、荀子所引者，果盡爲夫子所不錄，三家所咸無耶？《左氏》《説苑》《禮記》載夫子自稱"《詩》云"者，其果亦害詞害志，而復自刪之耶？再推之則《左傳》澶淵之會引詩云："淑慎爾止，無載爾僞"，乃《抑》篇之歧句。（《毛詩》作"不愆於儀"，《禮記》引作"不愆於儀"，儀從我聲，《漢書》引"平秩南"訛作"南"，僞《説文》引詩"民之訛言"作"譌言"，則"訛""譌"僞，同字同韵）《荀子·臣道篇》引詩云："國有大命，不可以告人，妨其躬身。"《禮·坊記》引詩云："相彼盍旦，尚猶患之"；《緇衣》引詩云："誰能秉國成，不自爲政，卒勞百姓"；《漢書》引詩云："四牡翼翼，以征不服"，烏知匪《揚之水》《小弁》《節南山》《六月》之文，而謂皆刪章、刪句、刪字之餘耶？世之説詩者，吾惑焉。於《韓詩》多"雨無極"二語，則以章句不齊而疑之。（《毛詩》首二句與篇名無涉，當從《韓詩》至首二章，章八句，則《韓詩》仍無所增也）於三家詩之《抑》篇，《鼓鐘》《出車》《黍離》等篇，則以篇什顛倒而嗤之。（孔疏謂《鄭風·清人》脱爛失次。張衡謂《豳風》諸詩顛倒不次。則《毛詩》篇第，昔人議之矣）夫以《毛詩》之章句例《韓詩》，以《毛詩》之篇第繩《魯詩》，而斷其不然，何怪刪詩之誣，千載耳食矣。曰必求三家外之逸詩有之乎。曰：《國策》甘茂引詩曰："行百里者，半於九十"；又見賈誼《疏》，不以爲詩也。范睢引詩曰："木實繁者披其支，披其支者傷其心"。又見《周祝解》，則亦非詩也。黃歇引詩曰："樹德莫如滋，除惡莫如盡"，姚氏本作引《書》，則亦非詩也。《吕覽》引詩曰："將欲毀之，必重累之；將欲踣之，必高舉之。"《國策》引作《周書》，則亦非詩也。《吕覽·愛士篇》引詩曰："君君子則正以行其德，君賤人則寬以盡其力"，亦不似詩也。蓋古語多用韵，後人或引爲詩，而實非詩者多矣。善乎《魯詩》班固之言曰："孔子純取周詩，上取殷，下取魯，凡三百五篇。"曰純取者,明無所去取其間也。因是以通《史記》之言曰:"孔子去其重,取可施於禮義者,凡三百五篇。"曰"去其重"者,謂重複倒亂之篇,而非謂樂章可刪,列國可黜也。吾故曰:夫子有正樂之功,無刪詩之事,三家之本有同異,則三百之外不盡逸詩也。

## 【甲種之五】

# 《經義考》中所述關於古詩之記載與評論

朱彝尊

**西堂案：**孔子刪詩之説，讀王崧《説緯》，朱氏《詩論》，魏氏《夫子正樂論》，已可覩其要略；茲更録《經義考》所述古詩之評論，以補前録四篇中所説之完備者。此篇所包括者甚廣，片言隻句，有足珍者，讀者幸勿忽之。

## 詩 一

### 古 詩

**今存三百五篇**

《周禮》：太師教六詩，曰風，曰賦，曰比，曰興，曰雅，曰頌。

卜子曰：詩者志之所之也，在心爲志，發言爲詩。情動於中，而形於言；言之不足，故嗟嘆之；嗟嘆之不足，故永歌之；永歌之不足，不知手之舞之，足之蹈之也。先王以是經夫婦，成孝敬，厚人倫，美教化，移風俗。故詩有六義焉，一曰風，二曰賦，三曰比，四曰興，五曰雅，六曰頌。以一國之事，繫一人之本，謂之風。言天下之事，形四方之風，謂之雅。雅者正也，言王政之所由廢興也。政有小大，故有《小雅》焉，有《大雅》焉。頌者，美盛德之形容，以其成功告於神明者也。是謂四始，詩之至也。

墨翟曰：誦詩三百，歌詩三百，舞詩三百。

荀卿曰：詩者，中聲之所止也。

司馬遷曰：古者詩三千餘篇，及至孔子，去其重，取可施於禮義，上採契、后稷，中述殷、周之盛，至幽、厲之缺，始於衽席。故曰：《關雎》之亂，以爲《風》始；《鹿鳴》爲《小雅》始，《文王》爲《大雅》始，《清廟》爲《頌》始。三百五篇，孔子皆弦歌之，以求合《韶》《武》《雅》《頌》之音，禮樂自此可得而述，以備王道，成六藝。又曰：詩三百篇，大抵賢聖發憤之所爲作也。

劉歆曰：詩以言情；情者，性之符也。

《詩·含神霧》曰：詩者天地之心，君德之祖，百福之宗，萬物之戶也。刻之玉版，藏之金府，集微揆著，上統元皇，下序四始，羅列五際。又曰：詩者持也，在於敦厚之教，自持其心，諷刺之道，可以扶持邦家者也。

《詩·推度災》曰：建四始五際，而八節通。卯酉之際爲革政，午亥之際爲革命。

《詩·汜曆樞》曰：卯《天保》也，酉《祈父》也，午《采芑》也，亥《大明》也。然則亥爲革命，一際也；亥又爲天門，出入候聽，二際也；卯爲陰陽交際，三際也；午爲陽謝陰興，四際也；酉爲陰盛陽微，五際也。又曰：大明在亥，水始也；四牡在寅，木始也；嘉魚在巳，火始也；鴻雁在申，金始也。

《春秋演孔圖》曰：詩含五際六情（即六義也）。

《春秋說題辭》曰：詩者天文之精，星辰之度，人心之操也。在事爲詩，未發爲謀，恬憺爲心，思慮爲志，故詩之爲言志也。

班固曰：古有采詩之官，王者所以觀風俗，知得失，自考正也。孔子純取周詩，上采殷，下取魯，凡三百五篇。遭秦而全者，以其諷誦，不獨在竹帛故也。

翼奉曰：詩有五際，君臣、父子、兄弟、夫婦、朋友。

孟康曰：五際，卯、酉、午、戌、亥也；陰陽終始際會之歲，於此則有變改之政。

鄭康成曰：詩者承也，政善則下民承而贊咏之，政惡則諷刺之。

劉熙曰：詩之也，志之所之也。興物而作謂之興，敷布其義謂之賦，事類相似謂之比，言王政事謂之雅，稱頌成功謂之頌；隨作者之志而別名之者也。

張輯曰：詩小雅之材七十四人，大雅之材三十一人。（按輯之言，以一篇爲一人）

周續之曰：風雅體同。而由我化物則謂之風，物由我正則謂之雅。考之禮教，其歸不殊也。

梁簡文帝曰：詩者思也，辭也。發慮在心謂之思，言見其懷抱者也。在辭爲詩，在樂爲歌，其本一也。

《隋書·經籍志》曰：夏殷以上，詩多不存。周氏始自后稷；而公劉克篤前烈，太王肇基王跡。文王光昭前緒，武王克平殷亂。成王、周公，化致太平。誦美盛德，踵武相繼。幽、厲板蕩，怨刺並興。其後王澤竭而詩亡，魯太師摯次而錄之，孔子刪詩，上采商，下取魯，凡三百篇。

（按，如《隋志》所云，則二《南》之始《關雎》，《雅》始《鹿鳴》《文王》，《頌》始《清廟》，皆魯太師次而録之者。故《論語》曰：師摯之始，關雎之亂，是也）

孔穎達曰：經傳所引諸詩，見存者多，亡失者少，不容孔子十去其九。

李行修曰：夫詩者，其辭主文譎諫而不訐，其教溫柔敦厚而不愚。仲尼采之，合三百五篇，善者全而用，不善者全而去。

成伯璵曰：詩者四國所陳，臣下所獻，出自百家，辭生鄙俚，豈能盡善。若不刊正，無裨國風。文遭暴秦，並爲煨燼，而詩全樂章，布於人口，三百之外，惟亡六篇。比諸典籍，未爲殘滅。又曰：詩有四始，始者正詩也。謂之正始，周召二《南》，國風之正始，《鹿鳴》至《菁菁者莪》，爲《小雅》之正始。《文王受命》至《卷阿》，爲《大雅》之正始。《清廟》至《般》，爲《頌》之正始。

李清臣曰：國風、雅、頌，美刺之義，不甚相絶，而分別若此。或曰太師分之，或曰孔子分之，是皆未爲知詩。夫詩者，古人樂曲。故可以歌，可以被於金石鐘鼓之節，其聲之曲折，其氣之高下，詩人作之之始，固已爲《風》、爲《小雅》、爲《大雅》、爲《頌》。《風》之聲不可以入《雅》，《雅》之聲不可以入《頌》，不待太師與孔子而後分也。太師知其聲，孔子知其義爾，亦猶今之樂曲，有小有大，聲之不同，而辭之不相入，亦作者爲之，後來者所不能易也。

歐陽修曰刪詩云者：非止全篇刪去也。或篇刪其章，或章刪其句，或句刪其字。如"唐棣之華，偏其反而，豈不爾思，室是遠而"，此《小雅·唐棣》之詩也。夫子謂其以室爲遠，害於兄弟之義，故篇刪其章也。"衣錦尚絅，文之著也"，《邶》《鄘風》《君子偕老》之詩也。君子謂其盡飾之過，恐其流而不返，故章刪其句也。"誰能秉國成，不自爲政，卒勞百姓"，此《小雅·節南山》之詩也。夫子以能之一字，爲意之害，故句刪其字也。

周子諄曰：孔子刪詩，有全篇刪者，《驪駒》是也。有刪兩句者，"月離於畢，俾滂沱矣；月離於箕，風揚沙矣"是也。有刪一句者，"素以爲絢兮"是也。

劉安世曰：孔子時詩，今不可得而見之。且以《論語》考之，今《碩人》之詩，無"素以爲絢兮"一句，則知孔子時詩亡矣。

鄭樵曰：上下千餘年，詩才三百五篇。有更十君而取一篇者，皆商、周人所作，夫子並得之於魯太師，編而録之。非有意於刪也，刪詩之説，漢儒倡之。

陳鵬飛曰：春秋之亡，以禮廢；秦之亡，以《詩》廢。

唐仲友曰：周之興也，由《召南》而《周南》，由《周南》而《雅》，由《雅》而《頌》。其衰也《頌》息於南征之後，《雅》變於監謗之際，《風》降於東遷之餘。道之污隆，可具見矣。群叔之流言，風猶將變，而況於雅乎。洛邑之遷，《頌》未可遽復，故《風》猶可正而進於《雅》也。《雅》在則春秋可以無作，奈何變而遂至於亡也。又曰："其風肆好，穆如清風"，《大雅》亦有風。"雖則如燬，父母孔邇"，《周南》已有《雅》。"有匪君子，終不可諼兮"，變風猶有《頌》。《采蘩》賦之屬也，《螽斯》比之屬也，《關雎》興之屬也，有賦、比、興以爲風，亦有以爲雅、頌一篇而一義者有之。《鶴鳴》專於興也，其意達於風矣。有一句而二意者，"王室如燬"，比而雅也。

朱子曰：人言夫子刪詩，看來只是采得許多詩，夫子不曾刪去，只是刊定而已。又曰：常時史官收詩時，已各有編次，但經孔子時已經散失，故孔子重新整理一番，未見得刪與不刪。

戴埴曰：詩篇名之例不一，《關雎》《葛覃》之類，取其首章。《權輿》《騶虞》之類，取其末章。《召旻》《韓奕》之類，取一章之義，合而成文。《氓》《丰》《蕩》《緜》之類，取章中一事。《維天之命》《昊天有成命》，則取章中一句。惟《雨無正》，《酌》，《賚》，於詩亦無取，亦有例同而名異者。"緜緜瓜瓞"與"緜緜葛藟"，同一取緜緜之義，一以葛藟爲名。"緜蠻黃鳥"與"交交黃鳥"，同一取"緜蠻"之義，一以《黃鳥》爲名。又曰：《風》《雅》之正變以治言，自《邶》至《曹》治固多變。太王治豳，風化所基，亦何言變風？《節南山》至《魚藻》，治固變矣，《六月》《車攻》《斯干》諸詩，何以言變？《小雅》《民勞》至《桑柔》，治固變矣；《崧高》《韓奕》《烝民》《江漢》諸詩，何以言變？《大雅》周禮籥章，歌豳詩，豳雅，豳頌，謂言天下之事，形四方之風，則《豳》何以有《雅》。謂"美盛德告成功"，則《豳》何以有《頌》？然則求詩於詩，不若求詩於樂。夫子自衛反魯，然後樂正，《雅》《頌》各得其所。及言《關雎》之亂，洋洋盈耳，以樂正詩。則《風》《雅》與《頌》，以聲而別。樂有正聲必有變聲，故國風十五國之歌，歌之正爲正風。歌之變爲變風。采風者以聲別之。其於《雅》亦然，瞽誦工歌既別其聲之正變，復析爲《小雅》《大雅》，以雅音之大者爲大樂章，大燕享用之。雖音之小者，爲小樂章，小燕享用之。以言乎《頌》，周之《頌》簡，商、魯之《頌》繁；周《頌》敬懼而謙恭，商、魯《頌》侈麗而夸大。然其音苟合，何往非《頌》？人不以詩求詩，而以樂求詩，始知《風》《雅》之正變，小大，與三《頌》之殊塗而同歸矣。今之樂章，至不足道，猶有正調、轉調、大曲、小曲之異。《風》《雅》《頌》既被之弦歌，播之聲詩，安得不別其聲之小大正變哉。

葉適曰：《史記》古詩三千餘篇，孔子取三百五篇。孔安國亦言刪詩爲三百篇，按周詩及諸侯用爲樂章，今載於《左氏傳》者，皆史官先所采定，就有逸詩，殊少矣。疑不待孔子而後刪十取一也。又《論語》稱詩三百，本謂古人已具之詩，不應指其自刪者言之，然則詩不因孔氏而後刪矣。又曰周以詩爲教，置學立師，諸侯之風，陳於太師。其所去取，皆當時朝廷之意。故《匪風》之思周道，《下泉》之思治，《簡兮》之思西方美人，皆自周言之也。孔子生數百年後，無位於王朝，而以一代所教之詩，刪落高下，十不存一，爲皆出其手，豈非學者之隨聲承誤，失於考訂而然乎。又曰：季孫行父請命於周，而史克作頌，則是以天子之命列於頌也。非孔子之所能裁定也。又曰：詩三百篇，孔子舉其在者也。後人謂孔子自刪爲三百篇，大妄也。又曰：言詩者自《邶》《鄘》而下，皆目爲變風，其正者二《南》而已。然季札觀樂，論詩未嘗及變。孔子教小子以可興、可觀、可群、可怨，亦未嘗及變。夫言者之旨，其發也殊，要以歸於正爾。美而非諂，刺而非訐，怨而非憤，哀樂而非私。何不正之有？後之學詩者，不極其志之所至，而以正變強分之，則有蔽而無獲矣。

章如愚曰：王之風非貶王也，體本風也。魯之《頌》非襃魯也，體本《頌》也。詩體有《風》《雅》《頌》之殊，非《雅》重於《風》，《頌》高於《雅》也。

羅璧曰：詩名之說，或讚國史，或謂子夏、毛萇，而《書・金縢》云：公乃爲詩以遺王，名之曰《鴟鴞》。則詩名乃作者自定。至分爲《風》《雅》《頌》，說者謂始於孔子自衛反魯，"樂正，《雅》《頌》各得其所"。然吳季札聘魯，魯太師已爲札歌《風》歌《雅》歌《頌》矣。《魯頌・駉詩序》曰：季孫行父請命於周，而史克作是頌。《史記》："微子過啓墟而作雅。"觀此則《雅》《頌》亦作者自別也。

王應麟曰：逸詩篇名若《貍首》《驪駒》《祈招》《嚳之柔矣》，皆有其辭。惟《采薺》《河水》《新宮》《茅鴟》《鳩飛》無辭。或謂《河水》，《沔水》也；《新宮》，《斯干》也；《鳩飛》，《小宛》也。《韓詩外傳》引逸詩尤多，其孔筆所刪與。

劉汲曰：三百篇什無定章，章無定句，句無定字，字無定音。大小長短，險易輕重，惟意所適。雖役夫室妾，悲憤感激之語，與聖賢相雜而無愧，亦各言其志也已矣。

苏天爵曰："太史公云：古诗三千馀篇，孔子删之，存者三百一十一篇。"是则秦火之馀，《诗》亦为完书矣。而凡经传所引逸诗，是皆孔子所删二千七百馀篇之文乎？今考孔子之言曰："吾自卫反鲁，然後乐正，《雅》《颂》各得其所。"又曰："诗三百，一言以蔽之，曰，思无邪。"未尝言删诗也。至赵氏《孟子题辞》，始有删诗之说。而晋世所传孔子《书序》，亦言删诗为三百篇，皆出太史公之後。夫以周之列国，若滕、薛、许、蔡、邾、莒，其与陈、魏、曹、桧，地醜德齐，而独无一诗之存，何也？将有其诗而夫子删之与？当季札之聘鲁，请观周乐，於时夫子未删诗也。自《雅》《颂》之外，其十五国风尽歌之，今三百篇及鲁人所存，无加损也。其谓夫子删诗，其可信乎。

朱右曰：古诗三百篇，以《风》《雅》《颂》为三经。赋、比、兴为三纬。

皮格曰：《史记》古诗三千馀篇，孔子取三百五篇，孔颖达以为未可信。按《王制》天子五年一巡狩，命太师陈诗以观民风，西周盛时，环海内而封者，千八百国。使各陈一诗，亦千八百篇矣。今载於经者，惟邶、鄘、卫、郑、齐、魏、唐、秦、陈、桧、曹十一国，皆春秋时诗。其他亦无所录。孟子诗亡之论，其有慨於此乎。

黄淳耀曰：孔子有正乐之功，而无删诗之事。盖删诗者，汉儒之说。

汪琬曰：删诗之说，昉於史迁，其言不可据依。

按：孔子删诗之说，倡自司马子长，历代儒生，莫敢异议。惟朱子谓经孔子重新整理，未见得删与不删。又谓孔子不曾删去，只是刊定而已。水心叶氏亦谓诗不因孔子而删，诚千古卓见也。郑渔仲、苏伯修亦尝疑之，近时嘉定陶庵黄氏，亦谓孔子有正乐之功，而无删诗之事。愚心韪之。窃以诗者掌之王朝，班之侯服，小学大学之所讽诵，冬夏之所教，莫之有异。故盟会、聘问、燕享列国之大夫，赋诗见志，不尽操其土风。使孔子以一人之见，取而删之。王朝列国之臣，共孰信而从之者？且如行以《肆夏》，趋以《采齐》，乐师所教之乐仪也。何不可施於礼义，而孔子必删之，俾堂上有仪，而门外无仪，何也？凡射王以《驺虞》为节，诸侯以《狸首》为节，大夫以《采蘋》为节，士以《采蘩》为节。今大小《戴记》载有《狸首》之辞，未尝与礼义悖，而孔子於《驺虞》《采蘋》《采蘩》则存之，於《狸首》独去之，俾王与大夫士有节，而诸侯无节，又何也？燕礼升歌《鹿鸣》，下管《新宫》；《大射仪》乃歌《鹿鸣》三终，乃管《新宫》三终。而孔子於《鹿鸣》则存之，於《新宫》则去之，俾歌有诗而管无诗，又何也？《肆夏》繁遏渠，天子所以享元侯者，故九夏掌於钟师，而大司乐王出入奏《王夏》，尸出入奏《肆夏》，牲出入奏《昭夏》。《乡饮酒之礼》：宾出奏《陔》；《乡射之礼》：宾兴公《陔》；

《大射》之儀，公升即席奏《陔》，賓醉奏《陔》，公入鶩，此又何不可施於禮義，而孔子必刪之，俾禮廢而樂缺又何也？正考父校商之名《頌》十二篇於周太師，歸以紀其先王。孔子殷人，乃反以先世之所校歸禩其祖者，刪其七篇，而止存其五又何也？穆王欲肆其心，周行天下，祭公謀父作《祈招》之詩，以止王心。詩之合乎禮義者，莫此若矣。孔子既善其義，而又刪之，又何也？且詩至於三千篇，則輶軒之所采，定不止於十三國矣！而季札觀樂於魯，所歌風詩，無出十三國之外者。又子所雅言，一則曰詩三百，再則曰誦詩三百，未必定屬刪後之言。況多至三千，樂師蒙瞍，安能遍爲諷頌。竊疑當日掌之王朝，班之侯服者，亦止於三百餘篇而已。至歐陽子謂刪詩云者，非止全篇刪去，或篇刪其章，或章刪其句，或句刪其字。此又不然，《詩》云："唐棣之華，偏其反而，豈不爾思，室是遠而。"惟其詩孔子未嘗刪，故爲弟子雅言之也。時曰"衣錦尚絅，文之著也"。惟其詩孔子亦未嘗刪，故子思子舉而述之也。《詩》云："誰能秉國成"，今本無"能"字。猶夫"殷鑒不遠，在於夏后之世"，今本無"於"字，非孔子去之也。流傳既久，偶脫去爾。昔者子夏親受詩於孔子矣。其稱詩曰："巧笑倩兮，美目盼兮，素以爲絢兮。"惟其句孔子亦未嘗刪，故子夏所受之詩，存其辭以相質。而孔子亟許其可與言詩，初未以素絢之語有害於義而斥之也。由是觀之，詩之逸也，非孔子刪之，可信已。然則詩何以逸也？曰：一則秦火之後，竹帛無存，而日誦者偶遺忘也。一則作者章句長短不齊，而後之爲章句之學者，必比而齊之，於句之從出者去之，故也。一則樂師蒙瞍，止記其音節，而亡其辭，竇公之於樂，惟記《周官·大司樂》一篇，而其餘不知。制氏則僅記其鏗鏘鼓舞，而不能言其義。此樂章之所缺獨多也。噫！衰周之際，禮不期於壞而壞，樂不期於崩而崩，孔子方憂其放失，而考求之不暇，又豈忍刪去之乎？且夫《采薺》《新宮》《狸首》《采蘩》《遏渠》《九夏》，暨笙詩六篇，《商頌》七篇，皆先王著於禮而被於樂者。信如子長之言，則刪自孔子。禮壞樂崩，是誰之過與。愚有以斷其必不然矣！

# 【甲種之六】

## 論孔子刪詩

### 《詩經通論》

皮錫瑞

**西堂案：**孔子刪詩之說，學者各主一詞，謂孔子刪詩者，固不必是；謂孔子不刪詩，亦未免過武斷。皮錫瑞《詩經通論》，主張刪詩之說，學者宜姑實之。從仁和趙氏《孔子刪詩辨》之說，以爲是去其重。則折衷之論也。趙氏原文，見《寶甓齋文集》。今先錄皮氏《詩經通論》，再錄趙文。

論孔子刪詩，是去其重，三百五篇已難盡通，不必更求三百五篇之外。《史記·孔子世家》曰：古者詩三千餘篇，及至孔子，去其重，取可施於禮義。上采契、后稷，中述殷、周之盛，至幽、厲之缺，始於袵席。故曰《關雎》之亂，以爲《風》始；《鹿鳴》爲《小雅》始；《文王》爲《大雅》始；《清廟》爲《頌》始。三百五篇，孔子皆弦歌之，以求合《韶》《武》《雅》《頌》之音。案史公說本《魯詩》，爲西漢最初之義，云始於袵席正與《讀春秋曆譜諜》曰"周道缺，詩人本之袵席，《關雎》作"相合。可知《關雎》實是刺詩，而無妨於列正《風》冠篇首矣。云《關雎》之亂，以爲《風》始，可知四始實孔子所定，而非周公所定，且並非周初所有矣。云三百五篇，可知孔子所定之詩止有此數，不得如毛、鄭增入笙詩六篇，而陸、孔遂以爲三百十一篇矣。云皆弦歌之，以求合《韶》《武》《雅》《頌》之音，可知三百五篇無淫邪之詩在內，不得如朱子以爲淫人自作，而王柏妄刪鄭、衛矣。孔子刪詩之說，孔穎達已疑之，謂案《書傳》所引之詩，見在者多，亡逸者少。則夫子所錄者，不容十分去九。馬遷之言未可信，惟歐陽修以遷說爲然。以圖推之，有更十君而取其一篇者，又有二十餘君而取其一篇者，由是言之，何啻乎三千。近人朱彝尊、趙翼、崔述、李惇皆力辯刪詩之非，惟趙坦用史公之說，曰刪詩之旨可述乎？曰去其重複焉爾。今試舉羣經諸子，所引詩不見於三百篇者一證之：如《大戴禮·用兵篇》，引詩云："魚在在藻，厥志在餌。鮮民之生矣，不如死之久矣。校德不塞，嗣武丁孫子。"今《小雅》之《魚藻》《蓼莪》，《商頌》之《元鳥》等篇，辭句有相似者。《左傳·襄八年》引詩云："兆云詢多，職競作羅。"今《小雅》之《小旻》篇句有相似者。《荀子·臣道篇》引詩云："國有大命，不可以告人，妨其躬身。"與今《唐風·揚之水》篇亦相似。凡若此類，復見叠出，疑皆爲孔子所删也。若夫《河水》即《沔水》，《新宫》即《斯干》，昔人論説，有足取者。然則史遷所云："去其重，取可施於禮義者"，直千古不易之論。王崧亦爲之説曰："《史記》之書，謬誤固多，皆有因而然，從無鑿空妄説者。"

　　《漢書·食貨志》：孟春之月，行人振木鐸徇於路，以采詩獻之太師，比其音律，以聞於天子云云。《史記》所謂古詩三千餘篇者，蓋太師所采之數。迨比其音律，聞於天子，不過三百餘篇，何以知之？采詩非徒存其辭，乃用以爲樂章也。音律之不協者棄之，即協者尚多，而此三百餘篇，於用已足，其餘但存之太史，以備所用之或闕。詩三百，誦詩三百，皆孔子之言，前此未有綜計其數者，蓋古詩不止三百五篇。東遷以後，禮壞樂崩，詩或有句而不成章，有章而不成篇者，無與於弦歌之用。孔子自衛反魯，而正樂，釐訂汰黜，定爲此數，以教門人，於是授受不絶。設無孔子，則此三百五篇，亦胥歸泯滅矣。故世所傳之逸詩，有太師比音律時所棄者，有孔子正樂時所削者，所采既多，其原作流傳誦習，後人得以引之。是則古詩三千餘篇，去其重，取其可施於禮義，乃太師所爲。司馬遷傳聞孔子正樂時，於詩嘗有所删除，而遂以歸之孔子，此其屬辭之未密，或文字有脱誤耳。然謂孔子皆弦歌之，以求合《韶》《武》《雅》《頌》之音，可知非獨取其辭意已。魏源又引三家異文證之曰："今所奉爲正經章句者，《毛詩》耳。而《孔疏》謂《毛詩》經文，與三家異者，動以百數。故崔靈恩載《般》《頌》末，三家有'於繹思'一語，而《毛》無之。"後漢陳忠疏引詩云："以雅以南，籥佾朱離。"《注》謂出《齊》《魯詩》，而《毛》無之。《韓詩》北宋尚存，見於《御覽》，乃劉安世述《雨無正》篇：首有"雨無其極，傷我稼穡"二語，而《毛》無之。至《選注》引《韓詩》經文：有"萬人顒顒，仰天告愬"二語。鄭司農《周禮注》述三家詩云："敕爾瞽，率爾衆工，奏爾悲誦。"則今並不得其何篇，使不知爲三家經文，必謂夫子筆削之遺無疑矣。至若《緇衣》，《左傳》引《都人士》首章，而鄭君、服虔之注，並以爲逸詩。《孔疏》謂"《韓詩》見存"，實無首章。然賈誼《新書·等齊篇》引詩曰："狐裘黄裳，萬民之望。"是《魯詩》有《都人士》首章，而《韓》逸之也。《左傳》引詩："何以恤我，我其收之。"明是《周頌》之異文，而杜注以爲逸詩，是皆但據《毛詩》之蔽也。夫

《毛》以三家所有爲逸，猶《韓》以《毛》所有爲逸，果孰爲夫子所删之本耶？是逸詩之不盡爲逸，有如斯者。推之《韓詩》"常棣"作"夫栘"，《齊詩》還作"營"，韋昭謂《鳲飛》即《小宛》，《河水》即《沔水》，是逸篇不盡逸，有如斯者。再推之，則《左傳》澶淵之會引詩云："淑慎爾止，無載爾僞。"乃《抑》篇之歧句。《荀子·臣道篇》引詩云："國有大命，不可以告人，妨其躬身。"《坊記》引詩云："相彼盍旦，尚猶患之。"《緇衣》引詩云："誰能秉國成，不自爲政，卒勞百姓。"《漢書》引詩云："四牡翼翼，以征不服。"烏知匪《揚之水》《小弁》《節南山》《六月》之文，而謂皆删章、删句、删字之餘耶？魏説主不删詩，而可證《史記》去其重之義，故節取之。案詩三百五篇，已不能盡通其義，更何暇求三百五篇之外；删詩之説，逸詩之名，學者宜姑置之，但求通其所能通者可也。

## 【甲種之七】

# 孔子刪詩辨

《寶甓齋文集》——《清經解》卷一六九

趙 坦

**西堂案：**趙坦《孔子刪詩辨》，以史遷所云去其重，是去其重複，可毋致疑。舉群經諸子所引詩，以證明孔子之所刪者，本復見叠出。是刪詩説之調和論也，故爲皮錫瑞所取，其是非讀者自能見之。篇首駁朱彝尊《詩論》兩段，允爲不刊之論，實較其後幅爲尤勝。

《史記·孔子世家》云："古者詩三千餘篇，及至孔子，去其重，取可施於禮義。"又云："三百五篇，孔子皆弦歌之。以求合《韶》《武》《雅》《頌》之音。"鄭康成《六藝論》云："孔子録周衰之歌，及衆國聖賢之遺風，自文王創基，至於魯僖，四百年間，凡取三百五篇，合爲《國風》《雅》《頌》。"（《詩譜序·正義》引）就二説觀之，孔子刪詩明矣。至宋朱子謂孔子重新整理，未嘗刪取。國朝朱檢討錫鬯作評論因之，大抵謂詩亡於秦火，或作者章句不齊，後之學者，從而齊之。或樂師蒙瞍，止記其音節，而亡其辭，是以有逸詩。竊謂朱氏之説非也。按《漢書·藝文志》云："《詩》遭秦而全者，以其諷誦不獨在竹帛故也。且《詩》有子夏叙，將謂《詩序》定於秦火後乎？將謂作於秦火前乎？如謂定於秦火後，《詩》已亡佚，就見存者而編失之，則《南陔》等六篇，時已佚去，何以《詩序》獨存乎？如謂作於秦火前，則《詩序》如故，《詩》亦如故，縱《南陔》等六篇亡佚，亦可數耳。且《詩》之有《序》，猶夫《書》之有《叙》也。《書》本百篇，亡佚强半，而百篇之《序》存。《詩》果亡佚，其《序》當幸存，何獨盡除其亡佚之詩之《序》，而僅存三百十一篇之《叙》乎？是亡於秦火之説非也。古者詩之章句，悉標著於《序》之目下。觀孔氏《正義》可見，蓋其慎也。若人人從而齊之，則《詩》之同異，義不特齊、魯、韓三家矣。吾恐漢儒不若是之儢也。《左氏宣十二年傳》："武王克商，作頌曰：'載戢干戈，載櫜弓矢；我求懿德，肆於時夏。允王保之。'"又作《武》，其卒章曰："耆定爾功。"其三曰："鋪時繹思，我徂惟求定。"其六曰："綏萬邦，屢豐年。"其章句篇次，不與今同。若可從而齊之，曷不盡移今之《周頌》，一依楚子所引乎；曷不盡取《頌》之長短不齊者，一一齊之乎。良以孔子刪定，不敢紊也。以是知學者從而齊之之說，亦非也。《宋書·樂志》云："漢太樂食舉十三曲：一曰《鹿鳴》。"《晉書·樂志》云："曹孟德平劉表，得漢雅樂郎杜夔，存《鹿鳴》《騶虞》《伐檀》《文王》四篇，皆古聲辭。"是音節存者，其詩亦存也。則謂樂師止記其音節，而亡其辭者，亦未盡然。然則刪詩之旨可述乎？曰：去其重複焉爾！今試舉群經諸子所引詩不見於三百篇者一證之。如《大戴禮·用兵篇》引詩云："魚在在藻，厥志在餌，鮮民之生矣，不如死之久矣。""校德不塞，嗣武孫武子。"今《小雅》之《魚藻》《蓼莪》，《商頌》之《元鳥》等篇辭句有相似者。《左傳·襄八年》引詩云："兆云詢多，職競作羅。"今《小雅·小旻》篇有相似者；昭十二年所引之《祈招》詩，今《小雅》之《圻父》篇已足賅其義矣。若《逸周書·太子晉解》引"馬之剛矣"等句，鄙野已甚，直僞託爾。《荀子·臣道篇》引詩云："國有大命，不可以告人，妨其躬身。"與今《唐風·揚之水》篇亦相似。凡若此類，復見叠出，疑皆爲孔子所刪也。至若字句小異，則引詩者之誤。惟《大戴禮·投壺篇》大射詩，不見於經爲可疑。或音節已亡，篇章散佚，故未錄入。若夫《河水》即《沔水》，《新宫》即《斯干》，昔人論說，有足取者。然則史遷所云："去其重，取可施於禮義者"，直千古不易之論，奚足致疑也哉？《孟子》曰："王者之跡熄而詩亡"，孔子刪詩，正詩亡之日也。假令當日未經刪定，未傳子夏，則三百五篇，且將散佚無考；所謂正得失，動天地，感鬼神者，後之人將孰從而求之也耶？故謂刪《詩》《書》，定禮樂，作《春秋》，皆爲聖人不得已而爲之也。可作孔子刪詩辨。

## 【甲種之八】

## 《詩本誼·序》

### （半廠叢書）

龔橙

**西堂案：**研究《詩經》，既明其名義性質，與孔子刪詩之說，知不必以經視之，直可以古詩視之，則將進而論其作義矣。魯、齊、韓、毛四家《詩序》，雖叙詩義，不必盡是。龔橙《詩本誼·序》論之最詳，學者讀之，可了然一切，得其要領，以治《詩》之章句訓詁，傳流授受，斯爲循序而進矣。本篇所網羅者亦多，且當熟記之。

有作詩之誼，有讀詩之誼，有太師采詩瞽矇諷誦之誼，有周公用爲樂章之誼，有孔子定詩建始之誼，有賦詩引詩節取章句之誼，有賦詩寄託之誼，有引詩以就己説之誼。作者之誼，古説存者，如《左傳》：“衛莊公取於齊東宮得臣之妹，曰莊姜，美而無子，衛人所爲賦《碩人》。”“許穆夫人賦《載馳》，齊侯使公子無虧……以戍曹。”“鄭人惡高克，使帥師次於河上，久而弗召，師潰而歸，高克奔陳，鄭人爲之賦《清人》。”“秦伯任好卒，以子車氏之三子奄息、仲行、鍼虎爲殉；國人哀之，爲之賦《黃鳥》。”《國語》：“衛武公作《懿戒》，目自儆”之類。《論語》：“詩三百，一言以蔽之曰，思無邪。《關雎》樂而不淫，哀而不傷。”“子曰：好賢如《緇衣》。”“妻子好合”一章，子曰：“父母其順矣乎。”“緜蠻黃鳥，止於丘隅”，子曰：“於止，知其所止，可以人而不如鳥乎。”切磋琢磨，子貢悟於貧富。倩盼素絢，子夏起於禮後。《孟子》曰：“《凱風》，親之過小。《小弁》，親之過大。”此讀詩之誼也。古者太師陳詩，以觀民風美惡，歸之其上。瞽矇諷誦，以刺君過，則勸懲用之他人。大師之誼，如《論語》“放鄭聲”之類。瞽矇之誼，如康王晏起；畢公諷《關雎》，周道凌遲，《鹿鳴》刺焉之類。於是春秋列國大夫祖之，賦詩篇取其章，章取其句，與《左傳》《國語》以下所引，皆節取其誼，苟可比傅以相證明，所謂賦詩斷章，予取所求，不必問全詩本誼。其有並不取章句本誼者，則如《左傳》：范宣子賦《摽梅》，而季武子曰：“譬如草木，君之臭味，歡以承命，何時之有。”子展賦《草蟲》，趙孟曰：“民之主也，武不足以當之。”子大叔賦《野有蔓草》，趙孟曰："吾子之惠。"印段賦《蟋蟀》，趙孟曰："保家之主，吾有望矣。"穆叔斌《鵲巢》，趙孟曰："武不堪。又賦《采蘩》，曰：小國爲蘩，大國省穡而用之，其何實非命？"子皮賦《野有死麕》之卒章，趙孟曰："尨也可使無吠。"子齹賦"《野有蔓草》，韓宣子曰：孺子善哉，吾有望矣"。子大叔賦《褰裳》，宣子曰："起在此，敢勤子至於他人。"子旗賦《有女同車》，宣子曰："鄭其庶乎！"皆可寄託己意，爲屈原、宋玉辭賦之祖。而實六義中比興之，推《鶴鳴》《大東》諸詩之遺也。《左傳》："天下有道，則公侯能爲民干城，而制其腹心；亂則反之。""'嗟我懷人，寘彼周行'，能官人也。王及公、侯、伯、子、男、甸、采、衛大夫，各居其列，所謂周行也。"《祭義》："'明發不寐，有懷二人'，文王之詩也。"《孔子閒居》："《嵩高》'維岳'一章，此文王之惪也。'明明天子，令聞不已'，三代之惪也。'馳其又德，協此四國'，大王之惪也。"《表記》："'高山仰止，景行行止'，子曰：《詩》之好仁如此！"又皆引詩而以己意説之也。《左傳》："《文王》，兩君相見之樂也；《鹿鳴》，君所以嘉寡君；《四牡》，君所以勞使臣。"《射義》："《騶虞》樂官備，《采蘋》樂循法，《采蘩》樂不失職。"皆説樂章誼也。孔子書定六經，承大師采詩之法，瞽矇諷頌之誼，以樂之者，垂教萬世，而爲千古制禮作樂之準；又以夫婦、君臣、兄弟、朋友、父子之篇，列爲四詩之首；而又以周公之亡，爲《雅》《頌》之首，《保傅篇》稱春秋之元，《詩》之《關雎》，禮之《冠》《昏》，《易》之《乾》《巛》，皆慎始敬終云爾。此建四始誼也。讀《詩》自當先求作詩之心，以通其詞，而後知古太師與周公、孔子之用，與賦詩引詩之用，豈可漫無分別。自漢初魯人申培從秦時齊人浮丘伯受《詩》，以詩爲訓故以教，文帝以爲博士，始爲詩傳，號《魯詩》。弟子博士十餘人，受業者千餘人。齊人轅固以治詩，孝景時爲博士，至清河太傅，作《齊詩傳》。諸以《齊詩》顯貴，皆固弟子。燕人韓嬰，推詩人之意，作《内外傳》數萬言，其言頗與齊、魯間殊，而歸一。孝文時爲博士，至常山太傅。燕、趙間言《詩》者有韓生。於是後漢中葉以前，朝野所稱，皆不外三家之説。而魯人毛公，於其家作《詁訓》，自謂子夏所傳，河間獻王好之，未得章。東漢之末，古學漸興，衛宏、賈逵、馬融、鄭康成皆爲《毛序》。肅宗令逵撰齊、魯、韓與《毛序》異同，鄭箋《毛詩》，猶時用《韓》誼。其後鄭學寖昌，《毛》遂專行，而《齊詩》魏代已亡，《魯詩》亡於西晉，《韓詩》唐、宋尚存，《新書》《藝文志》《崇文總目》猶載其書。至北宋而又亡，獨《毛詩》至今沿用。三家遺説，則輯自南宋王應麟《詩考》，及明何楷《詩經世本古誼》，本朝范家相《三家詩拾遺》，至今日徐璈《詩廣詁》而始盡。今以三家之序，與毛所傳授之序義比觀之，始知三家多説本誼，毛義多説采詩、諷詩、用詩之誼。古者勞人思婦，怨女曠夫，貞淫邪正，好惡是非，自達其情而已，不問他人也。惟周公、召公、諸公·父兄，召穆凡伯、芮伯、尹吉甫家父、蘇公、孟子、譚大夫、衛武公，《小、大雅》之才，或論歌文武之德，或稱祖以戒嗣王，或告執政，或諫同寮，匪子作爾。贈申慰甫，以究王，極反側冀凡百之敬聽，因自戒而誨爾。文、武、成、康，皆有明稱，因人之作，並著章末。而序義遂於國風，概云美刺，於是二《南》之美文王后妃，麟止爲《關雎》之應，《騶虞》爲《鵲巢》之應，《羔羊》爲《鵲巢》之功致，衛皆刺宣刺時，鄭皆刺莊刺忽刺亂，齊皆刺荒，魏皆刺褊，唐皆刺僖、刺昭、刺時、刺獻，陳皆刺時，豳皆美公。明明男女爾，女之德，皆加之刺。《小雅》大半美宣刺幽。至於《毛傳》，則又不盡用序美刺之誼，何哉？序義於《關雎》則曰"后妃之德"，用之鄉人，用之邦國。《葛覃》曰："后妃之本。"《卷耳》曰："后妃之志。"《四牡》曰："勞使臣。"《皇皇者華》曰："君遣使臣。"《伐木》曰："燕朋友故舊。"皆用樂章之誼。《關雎》曰"風之始也"，又用孔子之誼。又何哉？乃知《關雎》義下，既自言之矣。曰"情發於聲，聲成文謂之音。治世之音安以樂，其政和；亂世之音怨以怒，其政乖；亡國之音哀以思，其民困。故正得失，動大地，感鬼神，莫近於《詩》。先王以是經夫婦，成孝敬，厚人倫，美教化，移風俗，故詩有六義焉，一曰風，二曰賦，三曰比，四曰興，五曰雅，六曰頌，上以風化下，下以風刺上，主文而譎諫，言之者無罪，聞之者足以戒，故曰風至於王道衰，禮義廢，政教失，國異政，家殊俗，而變風變雅作矣。國史明乎得失之跡，傷人倫之變，哀刑政之苛，吟咏性情，以風其上，達於事變，而懷其舊俗者也。故變風發乎情，止乎禮義；發乎情，民之性也；止乎禮義，先王之澤也。見以一國之事，繫一人之本，謂之風。言天下之事，形四方之風，謂之雅。雅者，正也。言王政之所由廢興也。政有大小，故有《小雅》焉，有《大雅》焉。頌者美盛德之形容，以其成功，告於神明者也。是謂四始，詩之至也。止蓋古者五載王巡狩，則與大史大師同車，大師既陳列國之風，比其音律，觀其好惡，推其致此之由，以加之慶讓之典，美惡皆歸之上。《雅》之美刺，則王政之隆替也，所謂一國之事，繫一人之本也。於是大史掌其書，取其正風正雅，以用之樂章；其餘亦備蒙瞍諷誦，其用益推而廣之，所謂國史明乎得失之跡，哀刑政之苛，吟哀性情，以風其上也。列國賦詩之志，周公、孔子之誼，皆古大師大史誼也。"此序義之異於三家，而實不異者也。然如《草蟲》，大夫妻能以禮自防；《小星》惑及下；《江汜》美媵，何禮美王姬；《碩人》閔莊姜；《君子偕老》刺爲夫人；

《鹑奔》刺宣姜；《黍離》閔宗周；《干旄》美好善説；《柏舟》仁而不遇；《燕燕》莊姜送歸妾；《式微》黎庚寓衛，其臣勸歸；《雄雉》《匏有苦葉》，皆刺宣公；《大車》刺周大夫；《女曰雞鳴》刺不説德；《有女同車》目以下四詩刺忽；《敝笱》刺文姜；《載驅》刺襄公；《葛屨》刺褊；《汾沮洳》刺儉；《椒聊》刺昭；《杕杜》《羔裘》並刺時；《無衣》美武；《駟驖》《小戎》並美襄；《無衣》刺用兵；《晨風》刺康；《匪風》思周道；《蜉蝣》刺奢；《侯人》刺近小人，《天保》下報上；《魚麗》美萬物盛多能備禮；《鼓鍾》《頍弁》《角弓》《菀柳》《魚藻》《裳華》《桑扈》《瞻洛》《鴛鴦》《黍苗》《小宛》《小弁》《楚茨》《信南山》《甫田》《大田》《隰桑》《瓠葉》皆刺幽；《出車》勞還帥；《杕杜》勞還役；《鴻雁》美宣；《雨無正》《青蠅》皆大夫刺幽王；《都人士》刺衣服無常；《苕之華》大夫閔時；《何草不黄》下國刺幽；《棫樸》文王能官人；《旱麓》受祖；《思齊》文王所以聖；《皇矣》美周；《文王有聲》繼伐，既醉太平，《鳧鷖》守成，《假樂》嘉成王；《抑》衛武刺厲；《維天之命》太平吉文王，《烈文》成王即政，諸侯助祭；《桓》講武類禡；《天作》禋先王先公；《昊天有成命》郊禋天地；《臣工》諸侯助祭遣於廟；《振鷺》二王之后來助祭；《雝》禘大祖；《載芟》春藉田而祈社稷；《良耜》秋報社稷；《殷武》禋高宗；皆失其實。樂章之用，自《關雎》《鹿鳴》《文王》之外，餘皆不詳。如《鵲巢》《采蘩》《采蘋》見於《儀禮》，而倒次《采蘋》於《草蟲》之下；《楚茨》《信南山》《甫田》《大田》明爲《幽》《雅》；《瓠葉》庶人饗射，箋説蓋古，皆誤爲刺幽。《行葦》《泂酌》，《左傳》與《采蘩》並論，今誤分，次序亦不明。《大武》六成，三見《左傳》，皆離其次。至於篇次之誤，則如《甘棠》思召伯，則不當次《行露》前，邶、鄘、衛分三，世次尤亂。一莊姜詩，分列邶、衛；一宣公、宣姜、伋壽詩，分次邶、鄘；一衛女詩，分別邶、鄘、衛。衛《黍離》誤説而誤入王。秦《無衣》從王征伐，則是襄文，不當次康公之後。《鼓鍾》昭王詩，誤説而誤下次。《頍弁》《角弓》《菀柳》刺厲王詩，皆誤説而誤下次。《魚藻》《裳華》《桑扈》《采菽》，皆宣王詩，當次吉日，誤説而下次。《瞻洛》《鴛鴦》亦宣王詩，當次《車攻》，皆誤説而下次。《采薇》以下三詩，亦宣王詩，當次《六月》，而誤上次。《斯干》《無羊》《庭燎》《黍苗》皆宣王詩，亦當類次，《白華》《車舝》《青蠅》皆當上，與《節南山》諸詩相次。《黄鳥》《我行其野》《谷風》《蓼莪》皆西周民風，當下與《都人士》次。《泂酌》《公劉》當與《行葦》類次，《假樂》宣王詩，當下次。《抑》衛武公作，則非刺厲，當次末。《我將》《思文》《有瞽》皆周公詩，當上與《烈文》次。《維清》爲《大武》

之一，與下五成皆當比次。《天作》《昊天有成命》《時邁》成王詩，當下次《大武》六成之後。《執競》昭王詩，誤説次上；《豐年》當與《載芟》《良耜》相次。凡此於三家不知何如。然《采蘋》，《齊詩》不誤，見《孔疏》。其於三家説世次不誤者，可知其詩次不誤也。班固評三家之得失，曰：魯申公爲《詩訓》，故而齊轅固、燕韓生皆爲之傳，或取《春秋》，采雜説，咸非其本義，不得已魯最近之。又有毛公之説，河間獻王好之，自言子夏所傳。而《釋文》引三國吳人徐整所數自子夏授高行子，以至河間人大毛公，與一云子夏授曾申以至孫卿子，傳魯人大毛公，姓名無一同者。所以班氏不信《毛詩》傳自子夏，而曰"自言子夏所傳也"。今考三家所傳，有非本誼失實者，如韓序《關雎》刺時，《魯詩》爲康王後作，韓序《汝墳》辭家，劉向説《柏舟》衛宣夫人作而引不同庖之貞女，韓説《燕燕》衛定姜歸其娣，劉向説定姜歸其婦，韓《外傳》説《北風》賢者急時辭，《韓詩》：《雞鳴》讒人，《史記》：仁義凌遲，《鹿鳴》刺焉。蔡邕《琴操》：王道衰，大臣知賢者幽隱，故彈琴以諷諫。劉向説《斯干》儉宫室，小寝廟；張衡賦改奢即儉，但十之一二。（《説苑》《列女傳》《韓詩外傳》多斷章誼，不可誤謂三家本誼）且所存於今者，三家必同，其古可知。班氏之言猶偏也。而《毛序》之無師傳，但爲大師之誼，一言通脱。且於史有世家者，皆美刺某公，至魏、檜無世家，則《序》亦不明言其公，又不著樂章之誼。真可以比於三家乎哉。朱子謂《詩序》無考，《後漢書·儒林傳》爲衛宏作《毛詩序》，然鄭氏又以爲諸序本自合爲一編，毛公始分，以置諸篇之首。則是毛公之前，其傳已久。宏特增廣而潤色之。故近儒多以序之首句爲毛公所分，其下推説爲後人所益。但今考其首句，已有不得詩人之本意，而肆爲妄説者，況沿襲之誤者？其初猶必自謂出於臆度，故自爲一編附後。又以尚有齊、魯、韓氏之説，並傳於世，讀者自知。及毛公引以入經冠篇端，遂爲決辭。三家又絶，毛説孤行，抵牾之跡，無復可見。於是讀者轉相尊信，無敢擬議，有所不通，必委曲遷就，穿鑿附合，而今不以《小序》爲出於漢儒。（以上朱子《詩序辨》）蓋毛、衛、鄭皆不知《序》義大半爲大師之誼，故煩牽合作詩之誼，然又有非大師誼亦非序義，而爲衛、鄭曲説。如《關雎》序傳，皆言后妃之德。而宏曾益傅會《論語》"《關雎》樂不淫哀不傷"之説。康成又謂后妃欲得賢女，能和衆妾之怨者，助己共祭禩。如斯之類，豈《毛傳》序義之失乎？又有非序義，毛自誤説，如《葛覃》《卷耳》，皆真爲文王后妃。又誤用《左傳》周行之説，豈《序》義之云乎？故傳之得者，在不泥於《序》義，而説詩誼；其失者在誤以大師之誼爲作詩之誼。與沿《序》義失實之誤，《續序》則純用大師之誼，以强傅詩詞，與《鄭箋》又往往自生謬説。鄭、孔又曲申《續序》之强傅與謬説也。今日三家既亡，本誼益晦，故用諸家所輯三家遺説，正其世次，爲詩本誼。涵泳詩詞，以補其闕而附以樂章之用。其所徵引，並注於下，謬者辟之，備説章句，兼治訓故，尚未暇也。道光二十年序於京師。

## 【甲種之九】

# 三家詩異文異說錄

陳喬樅

**西堂案**：考三家者，自王應麟後，有范家相、阮元、徐璈諸家。兼釋其異文者，有馮登府之《三家詩異文疏證》二卷（《清經解》本），陳喬樅之《三家詩異文考》五卷（《續清經解》本），江瀚之《詩經四家異文考補》一卷（《晨風閣叢書》本），李富孫之《詩經異文釋》十六卷（《續經解》本），張慎儀之《詩經異文補釋》十六卷（《管園叢書》本），周邵蓮之《詩考異字箋》餘十四卷（《木犀軒叢書》本）。前修未密，後出轉精，其詳備自當屬晚近王先謙《詩三家義集疏》。其書條理雖甚明晰，然而不便讀者，今爲檢閱之便，錄出其三家異文（略及三家之說），以俾參稽。與陳喬樅之《三家遺說考序》，合而讀之，可以知其略矣。

《周南・關雎第一》：《史記・太史公自序》裴駰注引摯虞："古之周南，即今之洛陽。"《漢書・司馬遷傳》顏注引張晏："洛陽而謂周南者：自陝以東，皆周南之地也。"《詩・國風》：《詩譜序正義》引《詩含神霧》："詩三百五篇。詩者，持也。"成伯璵《毛詩指說》引《含神霧》："在於敦厚之教，自持其心，諷刺之道，可以扶持邦家者也。"

《關雎》 史遷《十二諸侯年表》："周道缺，詩人本之衽席，《關雎》作。"《漢書・杜欽傳》："后妃之制，夭壽治亂，存亡之端也。是以佩玉晏鳴，《關雎》嘆之。知好色之伐性短年，離制度之生無厭，人下將蒙化，陵夷而成俗也。故咏淑女，幾以配上，忠孝之篤，仁厚之作也。"劉向《列女・魏曲沃負傳》："周之康王夫人晏出，《關雎》豫見，思得淑女，以配君子。"王充《論衡・謝短》篇："周衰而詩作，蓋康王時也。康王德缺於房，大臣刺晏，故詩作。"袁宏《後漢紀》："楊賜曰：昔周康王，承文王之盛，一朝晏起，夫人不鳴璜，宮門不擊柝，《關雎》之人，見幾而作。"《古文苑》張超誚青衣："賦周漸將衰，康王晏起，畢公喟然，深思古道。感彼關雎，德不雙侶，願得周公，配以窈窕，防微消漸。諷諭君父，孔氏大之，列冠篇首。"《漢書·匡衡傳》："孔子論詩，以《關雎》爲始，言太上者，民之父母，后夫人之行，不侔乎天地，則無以奉神靈之統，而理萬物之宜。故詩曰：'窈窕淑女，君子好俅。'言能致其貞淑，不貳其操，情欲之感，無介乎容儀；宴私之意，不形乎動静；夫然後可以配志尊，而爲宗廟主，此綱紀之首，王教之端也。"王應麟《詩考·六》引《韓詩序》："《關雎》刺時也。"《後漢·明帝紀》李注引《韓詩》薛君章句："詩人言雎鳩貞潔，慎匹，以聲相求，隱蔽於無人之處，故人君退朝，入於私宮，后妃御見有度，應門擊柝，鼓人上堂，退反宴處，體安志明。今時大人内傾於色，賢人見其萌，故咏《關雎》説淑女，正容儀以刺時。"《釋訓》："關關，音聲和也。"《釋鳥》："雎鳩，王雎。"陸德明《毛詩釋文》："雎，且邊佳旁，或作鳥，《説文》'雎，王雎也。'"《列女傳·魏曲沃負篇》："夫雎鳩之鳥，猶未嘗見乘居而匹處也。"《易林·晉之同人》："貞鳥雎鳩，執一無尤。"《説文》："水中可居曰洲，詩曰：'在河之洲。'"（《三家》）王逸《楚辭·九歌注》："窈窕，好貌。"《文選》：顏延年《秋胡詩》李注引《薛君章句》："窈窕，貞專貌。"《釋詁》："仇，匹也。郭注：君子好仇。"《匡衡傳》："《禮·緇衣》引作仇。"《列女·湯妃有莘傳》："吉賢女能爲君子和好家妾也"。《御覽皇親部》引《詩推度災》："《關雎》有原冀得覽妃正八嬪。"《文選·顏延年宋元皇后哀策》李注引《韓詩》："淑女，奉順坤德，成其紀綱。"《説文》："槮，木長貌。詩曰：'槮差荇菜'。"（《三家》）《釋詁》："左右，勴也。"釋詁："流，擇也。郭注、邢疏引同。"慧琳《音義·十四》引《韓詩》："寐，息也。"《釋詁》："服，事也。郭注見詩。"《釋文》："輾，本外作展。"（《三家》）《廣雅·釋詁》："展轉，反側也。《楚辭·九嘆》王注：'展轉，小寐貌。'"《廣雅·釋詁》："友，親也。"《釋言》："芼，搴也。"《廣雅·釋詁》：取也。《説文》：'芼，草覆蔓'（本昏義）。五篇見部引詩"左右現之"。"外傳五》引詩"鼓鐘樂之"。《隋書·樂志》引漢侯包《韓詩翼要》："后妃房中，樂有鐘磬。"

**《葛覃》** 《古文苑》蔡邕《協和婚賦》："葛覃，恐其失時。"《文選·楊雄羽獵賦》，阮籍《咏懷詩》李注引薛君《韓詩章句》："惟辭也。"《文選·潘岳藉田賦》李注引《章句》："萋萋，盛也。"《廣雅·釋訓》："萋萋，茂也。"《吕覽·仲春紀》高注："倉庚，幽冀謂之黄鳥。"《爾雅·齊文》："檟木又作灌。"《廣雅·釋訓》："莫莫，茂也。"《釋文》："《韓詩》曰：'刘，取也。'濩，瀹也。《釋訓》：'是刈是鑊，鑊，煮之也。'"《玉篇·系部》引《韓詩》："結曰絺，辟曰綌。"《釋詁》："射，厭也。"《緇衣》鄭注："射，厭也。言己願采葛以爲君子之衣，令君子服之無厭，言不虛也。"班固《白虎通·嫁娶篇》："婦人所以有師者何，學事人之道也。"《釋詁》："寧，安也。《公羊·莊二十七年傳》何休解詁：'自大夫妻，雖無事，歲一歸寧。'"《說文》："晏，安也。詩曰：'以晏父母。'"（齊韓）

《卷耳》　《淮南·俶真訓》高注："思古君子，官賢人置之列位也。"《左襄十五年傳》："嗟我懷人，寘彼周行，能官人也。"《釋草》："卷耳，苓耳。"《詩釋文》引《韓詩》："頃筐，欹筐也。"《廣雅·釋詁》："周，遍也。"《釋文》引《說文》："虺作瘣，隤作頽。"（《三家》）蔡邕《述行賦》："我馬虺頽。"《易林·賁之小過》："玄黃：瘣隤。"《說文》："'秦人市賈，多得爲及。'《詩》曰：'我及酌彼金罍。'《玉篇》：'及下亦有此文'。"（《三家》）許慎《五經異義·六言罍制》引《韓詩》："金罍，大器也。天子以玉，諸侯大夫皆以金，士以梓。"《玉篇·山部》引《韓詩》："崔嵬曰岡，崔嵬者即《爾雅》所説山脊也。"《釋詁》："玄黃，病也。"《孔疏》引許慎《異義》引《韓詩》："一升曰爵，爵盡也，足也。二升曰觚，觚寡也，飲當寡少。三升曰觶，觶適也，飲當自適也。四升曰角，角觸也，不能自適觸罪過也。五升曰散，散訕也，飲不自節，爲人謗訕。總名曰爵，其實曰觴，觴者餉也。觥亦五升，所以罰不敬。觥，廓也，所以著明之貌。君子有過，廓然著明，非所以餉，不得名觴。"《釋詁》："'傷，思也。'《爾雅》作'砠'。《說文》：'岨，石戴土也。'詩曰：'陟彼岨矣。'"（齊韓）《文選·傅咸詩注》引《薛君章句》："云，辭也。"《釋詁》："盱，憂也。《郭注》：'詩曰，云何盱矣。'《釋文》：'盱，本或作雎盱也。'"

《樛木》　《釋文》："木下曲曰樛。"馬融："《韓詩》本並樛作朻。"劉向《楚辭·九嘆》王注："藟，巨荒也。虆，緣也。"《釋詁》："履，福也。"《釋言》："荒，奄也。郭注：見詩。履：禄也。"《說文》："'蘽，草旋貌也。'《詩》曰：'葛藟蘽之'"（魯、韓）《士喪禮》鄭注："幎，讀若詩葛藟縈之之縈。"

《螽斯》　《衆經音義·十》引詩："斯作蜇。"（三家）《釋文》："詵詵，衆多也。說文作駪"（《三家》）。《白虎通·姓名》篇引《詩傳》："文王十子，伯邑考，武王發，周公旦，管叔鮮，蔡叔度，曹叔振鐸，成叔處，霍叔武，康叔封，南季載。《列女傳·母儀篇》同。"《釋訓·釋文》引《舍人》："本薨薨，作雄雄，雄當爲翃。《廣雅·釋訓》：'翊翊薨薨，死也。'"《玉篇·系部》引《韓詩》："'繩繩，敬貌。'《釋訓》：'繩繩，戒也。'"《廣雅·釋訓》："集，集衆也。"《釋詁》："蟄，靜也。郭注見《詩傳》。"

《桃夭》 《説文》："枖，木少盛貌。《詩》曰：'桃之枖枖。'荴，巧也，一曰女子笑貌，《詩》曰：'桃之荴荴。'"《廣雅·釋訓》："焯，茂也。灼灼，明也。"《釋訓》："之子者，是子也。《大學》鄭注同。"《大學》鄭注："夭夭，蓁蓁，美盛貌。《廣雅·釋訓》蓁蓁，茂也。""菁菁者莪"《釋文》引薛君説："蓁蓁，盛貌。"

《兔罝》 《文選·桓温薦譙元彥表》劉良注："罝，兔網也。殷紂之賢人，退處由林，網禽獸而食之。"《墨子·尚賢篇》："文王舉閎夭、泰顛於罝網之中（唐惟《韓詩》存，劉注本韓説也）。節引《墨子》。"《吕覽·季春紀》高注："兔罝，網也。"《列女傳·楚接輿妻》："肅肅兔罝，椓之丁丁，言不怠於道也。《易林·坤之困》：兔罝之容，不失其恭。"《釋訓》："赳赳，武也。"《釋言》："干，扞也。"《廣雅·釋詁》："赳，材也。《後漢·桓榮傳》李注引謝承《後漢書》：糾糾武夫（韓）"。《吕覽·報更篇》高注："言其賢可爲公侯，扞難其城藩也。"《初學記·二十四》引《白虎通》逸文："諸侯曰干城，言不敢自專禦於天子也。"《文選·鮑照蕪城賦》李注引《韓詩》："中逵，逵中九交之道也。"徐偉長《中論·法象篇》："肅肅兔罝，施於中林。處獨之謂也。"

《芣苢》 劉向《列女傳·貞順篇》："蔡人之妻者，宋人之女也。既嫁於蔡，而夫有惡疾。其母將改嫁之，女曰：夫不幸，乃妾之不幸也。奈何去之。適人之道，壹與之醮，終身不改。不幸遇惡疾，不改其意。且夫采采芣苢之草，雖其臭惡，猶拾始於捋采之，終於懷擷之，浸以益親，況於夫婦之道乎？彼無大故，又不遣妾，何以得去？終不聽其母，乃作《芣苢》之詩。君子曰：宋女之意，甚貞而壹也。"《文選·劉孝標辨命論》李注引《韓詩》薛君章句："《芣苢》，傷夫有惡疾也。芣苢，澤瀉也。芣苢臭惡之菜，詩人傷其君子有惡疾，人道不通，求己不得，發憤而作。以事興，芣苢，雖臭惡乎，我猶采采而不已者。以興君子雖有惡疾，我猶守而不離去也。"《釋文》："苢本亦作苡。芣苡，馬舄也。又名車前。《韓詩》曰：'直曰車前，瞿曰芣苡。'"《廣雅·釋詁》："有，取也。"《廣雅·釋器》："秸，謂之襭。《爾雅·釋器》：扱衽謂之襭。"

《漢廣》 《文選·曹植七啓》李注引《韓詩叙》："《漢廣》，説人也。"《淮南·原道訓》高注："喬木上竦少陰之木。《外傳》一引作'不可休思'。"劉向《列女傳》："江妃二女者，不知何所人也，出游於江漢之湄。逢鄭交甫，見而悦之，不知其神人也。謂其僕曰：'我欲下請其佩。'僕曰：'此間之人，皆習於辭，不得恐罹侮焉。'交甫不聽，遂下與之言曰：'二女勞矣。'二女曰：'客子有勞，妾何勞之有！'交甫曰：'橘是柚也。我盛之以笥，令附漢水。將流而下；我遵其傍，采其芝而茹之，以知吾爲不遜也。願請子之佩。'二女曰：'橘是柚也，我盛之以笥，令附漢水，順流而下；我遵其旁，采其芝而茹之，'遂手解佩與交甫。交甫悦，受而懷之，中當心。趨去數十步，視佩，空懷無佩，顧二女，忽然不見。《詩》曰：'漢有游女，不可求恩'，此之謂也。"《易林》："萃之，漸。喬木無息，漢女難得，橘袖請佩，反手離汝。"《文選・嵇康琴賦》注引薛君説："游女，漢神也，言漢神時見，不可得而求之。"《説文》："羕，水長也，《詩》曰：'江之羕矣。'《釋詁》：'羕，長也。'《文選・王粲登樓賦》李注引《韓詩》曰：江之漾矣，不可方思。薛君曰：'漾，長也。'"《釋言》："舫，泭也。邢疏：孫炎曰：'舫，水中爲泭筏也。'《周南・漢廣》云：'不可方思。'"《廣雅・釋訓》："翹翹，衆也。《楚辭・大招》王注：'引詩作采。'"

　　《汝墳》　　劉向《列女傳・賢明篇》："周南之妻者，周南大夫之妻也。大夫受命，平治水土，過時不來；妻恐其懈於王事，蓋與其鄰人陳素所與大夫言：'國家多難，惟勉强之，無有譴怨，遺父母憂。昔舜耕於歷山，漁於雷澤，陶於河濱；非舜之事，而舜爲之者，爲養父母也。家貧親老，不擇官而仕；親操井臼，不擇妻而娶；故父母在，當與時小同，無虧大義，不罹患害而已。夫鳳鳥不離於蔚羅，麒麟不入於陷穽，蛟龍不及於枯澤；鳥獸之智，猶知避害，而況於人乎？生於亂世，不得道理，而迫於暴虐，不得行義；然而仕者，爲父母在也。乃作詩曰："魴魚赬尾，王室如毁，雖則如毁，父母孔邇。"蓋不得已也。'君子是以知周南之妻，而能匡夫也。"《後漢・周盤傳》李注引《韓詩》："《汝墳》，辭家也。"《廣雅・釋詁》："遵，行也。"《廣雅・釋言》："條，枝也。"《釋文》："惄，《韓詩》作愵。《釋詁》：'惄，思也。'《釋言》：'饑也。'《説文》：翰，旦也。蔡邕《青衣賦》：'思爾念爾，惄焉日饑。'《易林》作'周饑。'"《廣雅・釋詁・釋木》："肄，栘也。"《説文》："經，赤色。《詩》曰：'魴魚經尾，其尾火也'。《詩》曰：'王室如煅。'《周盤傳》注引《薛君章句》：'經，赤也；煅，烈火也；孔，甚也；邇，近也；言魴魚勞則尾赤，君子勞苦則顔色變，以王室政教如烈火矣，猶觸冒而仕者，以父母甚迫近，饑寒之憂，爲此禄仕。'"

　　《麟之趾》　　《文選・王融曲水詩序》張銑注："麟趾，美公族之盛也。"《文選・謝朓八公山詩》李注引薛君章句："吁嗟，嘆辭也。"《釋言》："魯頌，題也。郭注引此詩。"《公羊哀十五年傳》何休解詁："麟似麕，一角而戴肉，設武備而不害，所以爲仁也。"《路史・後紀注》引《詩含神霧》："麟，木之精。"

《召南·鵲巢第二》 《易林·大過之頤》:"周南、召南,聖人所在。"《水經注·江水篇》引韓嬰叙詩:"其地在南郡南陽之間。"

《鵲巢》 《孔疏》引《詩推度災》:"鵲以復至之月,始作室家。鳲鳩因成事,天性如此也。"《藝文類聚七十一》引應劭《風俗通義》:"車一兩,謂兩兩相與爲體也。"《書·牧誓·序疏》引《風俗通》:"車有兩輪,故稱爲兩。猶履有兩隻,亦稱爲兩。鄭康成《箴膏肓》引《士昏禮》:'此國君之禮,夫人自乘其家之車也。'"《廣雅·釋言》:"御侍也。《易林·節之賁》:以成嘉福。"

《采蘩》 《釋文》:"蘩,本亦作繁。《射義》作繁。"蔡邕《獨斷》:"廟寢總謂之宮。《射義》鄭注引作'童童'。《廣雅·釋訓》:'童童,盛也。'"《易林·大過之小過》:"夙夜在公,不離房中。"

《草蟲》 劉向《説苑·君道篇》:"孔子對魯哀公曰:'惡惡道不能甚,則其好善道亦不能甚;好善道不能甚,則百姓親之也亦不能甚'。《詩》云:'未見君子,憂心惙惙,亦既見止,亦既覯止,我心則說。'詩人之好善道也如此。"《廣雅·釋訓》:"嚶嚶,鳴也。趯趯,跳也。《釋蟲》:'草螽,負蠜。蜇螽,蠜。'"《楚辭·云中君》王注:"忡忡,憂小貌。《廣雅·釋訓》:"忡忡,憂也。《鹽鐵論·論誹》篇引詩:'未見君子,憂心忡忡'。"《釋詁》:"遇,進也。"《釋言》:"夷,悦也。《楚辭·九懷》王注:'詩曰:我心則夷,夷喜也。'"

《采蘋》 《釋文》引《韓詩》:"沈者曰蘋,浮者曰藻。"《淮南·時則訓》高注:"方底曰筐,圓底曰筥。"《漢書·郊祀志》:"禴亨上帝鬼神。師古注:'禴、亨一也。'《韓詩》曰:'於以禴之,維錡及釜。'《廣雅·釋詁》:'禴,餁也。'"《玉篇·女部》:"齋下引詩齊作齋。《廣雅·釋詁》:'齋,好也。'"

《甘棠》 《史記·燕召公世家》:"召公之治西方,甚得兆民和;召公巡行鄉邑,有棠樹,決獄政事其下。自侯伯庶人,各得其所,無失職者。召公卒,而民人思召公之政,懷甘棠不敢伐,歌咏之,作《甘棠》之詩。"劉向《説苑·貴德》篇:"詩曰:'蔽芾甘棠,勿翦勿伐,召伯所茇。'《傳》曰:'自陝以東者,周公主之;自陝以西者,召公主之。召公述職,當桑蠶之時,不欲變民事,故不入邑中,舍於甘棠之下,而聽斷焉。陝間之人,皆得其所,是故後世思而歌咏之,善之故言之,言之不足,故嗟嘆之,嗟嘆之不足,故歌咏之。夫詩思然後積,積然後滿,滿然後發,發由其道,而致其位焉。百姓嘆其美而致其敬，甘棠之不伐，政教惡乎不行？孔子曰：吾於甘棠，見宗廟之敬也。甚尊其人，必敬其位，順安萬物，古聖之道幾哉！"揚雄《法言·巡狩》篇："詩曰：'蔽芾甘棠，勿翦勿伐，召伯所茇。'言召公述職，親稅舍於野樹之下也。"應劭《風俗通義·一》："燕召公奭與周同姓，武王滅紂，封召公於燕。成王時入爲三公，出爲二伯，自陝以西召公主之。當農桑之時，重爲所煩勞，不舍鄉亭，止於棠樹之下，聽訟決獄，各得其所，壽百九十餘乃卒。後人思其德美，愛其樹而不敢伐，詩《甘棠》之所爲作也。"《初學記·人事》部引《樂動聲儀》："召公賢者也；明不能與聖人分職，常戰栗恐懼，故舍於樹下，而聽斷焉。勞身苦體，然後乃與聖人齊；是故周南無美，而召南有之。"桓寬《鹽鐵論·授時》篇："古者春省耕以補不足，秋省斂以助不給，民勤於財則貫賦省，民勤於力則功業牢。（陳喬樅云：'業牢'是'築牢'之訛。《穀梁廿九年傳》：民勤於力則功築牢。可證）爲民愛力，不奪須臾，故召伯聽斷於甘棠之下，爲妨農業之務也。"《韓詩外傳·一》："昔者周道之盛，召伯在朝，有司請營召以居。召伯曰：'嗟！以吾一身而勞百姓，此非吾先君文王之志也。'於是出而就烝庶於阡陌隴畝之間，而聽斷焉。召伯暴處遠野，廬於樹下，百姓大悅。耕桑者倍力以勸，於是歲大稔，家給人足。其後在位者，驕奢，不恤元元，稅賦繁數，百姓困乏，耕桑失時，於是詩人見召伯之所休息樹下，美而歌之。詩曰；'蔽芾甘棠，勿翦勿伐，召伯所茇。'此之謂也。"《漢書·王吉傳》："昔召公述職，當民事時，舍於棠下，而聽斷焉。是時人皆得其所，後世思其仁，思，至乎不伐甘棠，《甘棠》之詩是也。"《韓詩外傳》引作蔽茀，《釋文》："韓'翦'作'剗'。"蔡邕《劉鎮南碑頌》："周人勿剗。"《漢書·韋元成傳》："勿翦勿伐。《韋元成傳》引作邵。"《白虎通·封公侯篇》："王者所以有二伯者，分職而授政，欲其亟成也。"《說文》："廢，舍也。《詩》曰：'召伯所廢齊。'"《廣韻·十六怪》："扒，拔也。詩曰：'勿翦勿扒'。《廣雅·釋詁》：'扒，擘也。'"《釋詁》："説，舍也。郭注：《詩》曰：'召伯所説。'"

**《行露》** 劉向《列女傳·貞順》篇："召南申女者，申人之女也。既許嫁於酆，夫家禮不備而欲迎之，女與其人言：'以爲夫婦者，人倫之始也，不可不正。'《傳》曰：'正其本則萬物理，失之毫釐，差之千里。足以本立而道生，源始而流清。'故嫁娶者，所以傳重承業，繼續先祖，至宗廟主也。夫家輕禮違制，不可以行，遂不肯往。夫家訟之，於理，致之於獄，女終以一物不具，一禮不備，守節持義，必死不往。而作詩曰：'雖速我訟，室家不足。'言夫家之禮不備足也。君子以爲得婦道之宜，故舉而揚之，傳而法之，以絕無禮之求,防淫泆之行。又曰:'雖速我訟,亦不女從',此之謂也。《易林·大壯之姤》:'婚禮不明,男女失常。行露反言,出争我訟。无妄之剥:《行露》之訟,貞女不行。'《韓詩外傳》:'傳曰,夫行露之人,許嫁矣,然而未往也。一物不具,一禮不備,守志貞理,守死不往,君子以爲得婦道之宜,故舉而傳之,揚而歌之,以絶無禮之求,防污道之行。詩曰:雖速我訟,亦不爾從。'"《廣雅·釋詁》:"涪浥,濕也。"(《小戎》:'厭厭良人'。《列女傳·二》作'愔愔良人'。湛露:厭厭夜飲。《釋文》:'《韓詩》厭厭作愔愔。'足證魯、韓二家'厭'與'從'音之字相通假)《外傳》作亦不爾從。"

**《羔羊》** 《易林·離之復、謙之離》:"羔羊皮革,君子朝服,輔政扶德,以合萬國。"《後漢〔書〕·王渙傳》李注引《薛君章句》:"詩人賢仕,爲大夫者,言其德能稱有絜白之性,屈柔之行,進退有度數也(齊説美召公,韓説美大夫)。"《王渙傳》注引《薛君章句》:"羔羊之皮,素絲五紽。小者曰羔,大者曰羊,素喻絜白,絲喻屈柔,紽數名也。《廣雅·釋詁》:紽,數也。"《漢書·儒林傳》谷永疏:"退食自公,私門不開。德配周召,忠合羔羊。"《釋文》:"委蛇,《韓論》作逶迤。云公正貌。曹大家《針縷賦》:'逶迤補過。'漢《衡方碑》云:'褘隋在公。'《詩考》:'出《韓詩内傳》。'"《釋訓》:"緎,羔羊之縫也。《説文》:'緎,羔羊之縫。'《玉篇·系部》引《韓詩》:'緎,數也。'"

**《殷其靁》** 《玉篇》:"遣,隱也,雷也。"《衆經音義·六》引詩:"遑作皇。"

**《摽有梅》** 趙岐《孟子章句》引詩:"摽有梅。孫奭《音義丁》云:'韓詩也。'《食貨志》引《孟子注》引鄭德云:'芰音萰。萰有梅之萰。'"《釋文》:"梅,木名也。韓'梅'作'楳'。"《釋文》引《韓詩》:"迨,願也。"《玉篇·手部摡下》云:"傾筐,摡之。《廣雅·釋詁》:'摡,取也。'"

**《小星》** 《韓詩外傳·一》:"懷其寶而迷其國者,不可以語仁;窘其身而約其親者,不可以語孝;任重道遠者,不擇地而息;家貧親老者,不擇官而仕;故君子橋褐趨時,當務爲急。《傳》曰:'不逢時而仕,任事而敦其慮,爲之使而不入其謀,貧焉故也。'詩曰:'夙夜在公,實命不同。'"《文選·魏文帝·雜詩》吕向注:"嘒彼小星,喻小人在朝也。"《易林·大過》之"夬,旁多小星,三五在東,早夜晨行,勞苦無功。"《玉篇·日部》,嘒下云:"衆星貌。"《楚辭·九嘆》王注:"宵夜也。"《釋文》引《韓詩》:"寔作實,云有也。"《鄭志》:"雖古無名被爲裯。"《釋訓》:"幬,謂之帳。"慧琳《音義六十三》引《韓詩外傳》:"幬,單帳也。"

《江有汜》 《易林·明夷》之噬嗑，遯之巽："江水沱汜，思附君子，伯仲爰歸。（'伯仲'陳喬樅本作'仲氏'，非也。遯之巽爰誤，受明夷之噬嗑不誤）不我肯顧，俚娣恨悔。"《說文》："汜，水也。曰江有汜。"（魯、韓）《釋文》引《韓詩》："水一溢一否爲渚。"《文選·張衡西京賦》李注引《韓詩章句》："水一溢而爲渚。"班固《漢書·地理志》："江沱出枝江縣西，東入江。"《說文·欠部下》："歌吟也，詩云其歗也。"（魯、齊）慧琳《音義十五》引《韓詩》："歌無章曲曰嘯（歗）。"

《野有死麕》 劉昫《舊唐書·禮儀志》："平王東遷，周室浸微，諸侯侮法，男女失冠昏之節，野麕之刺興焉。"《淮南·繆稱訓》："春女感陽則思。《鄭箋》'純'讀如'屯'。"（三家）《集韻·十四泰》："娧娧，舒遲貌。"（三家）《御覽·九百四》引作"撼"。（三家）

《何彼襛矣》 《士昏禮》賈疏引鄭《箴膏肓》，言"齊侯嫁女，以其母王姬始嫁之車遠送之。"《釋文》引《韓詩》"襛"作"茂"。

《騶虞》 蔡邕《琴操》："《騶虞》者，邵國之女所作也。古者聖王在上，君子在位，役不踰時，不失嘉會，内無怨女，外無曠夫。及周道衰微，禮義廢弛；强凌弱，衆暴寡，萬民騷動，百姓愁苦；男怨於外，女傷於内；内外無主，内迫情性，外逼禮儀，嘆傷所説，而不逢時。於是援琴而歌。"《鍾師》疏引《韓詩》説："騶虞，天子掌鳥獸官。"《易林·坤之小畜》："五範四軌，復得饒有，陳力就列，騶虞悦喜。"《禮·射義》："《騶虞》，樂官備也。歷《爾雅》《説文》，《詩汜曆樞》《新書》，'壹'皆作'一'。《説郛·十》引《詩汜曆樞》：'彼茁者葭，一發五犯'，孟春獸肥草短之候也。"《文選·魏都賦》"邁梁騶之所著"張載注："《魯詩傳》曰：'左有梁騶'。梁騶者，天子獵之田也。"賈誼《新書·禮篇》："禮者，臣下所以承其上也。故詩云：'一發五犯，吁嗟乎騶虞。'騶者天子之囿也；虞者囿之司獸者也。天子佐輿十乘，以明貴也。貳牲而食，以優飽也。虞人翼五，以待一發，所以復中也。作此詩者，以其事深見，良臣順上之志也。良臣順上之志者，可謂義矣。"故其嘆之長曰："吁嗟乎！雖古之善爲人臣者，亦若此而已。"

## 《邶、鄘、衛·柏舟》第三

《柏舟》 《列女傳·貞順》篇："衛宣夫人者，齊侯之女也。（陳喬樅云：'宣《御覽·四百四十一》引作寡。'郝懿行妻王氏《列女傳補注》云：'此與魯寡陶嬰、梁寡高行、陳寡孝婦同。作宣者形之誤耳。'《説卦》：'寡髮'作'宣髮'亦其例）嫁於衛，至城門而衛君死。保母曰：'可以還矣！'

女不聽，遂入。持三年之喪畢。弟立，請曰：'衛小國也，不容二庖。願請同庖。'終不聽。衛君使人愬於齊兄弟，齊兄弟皆欲與君，使人告女；女終不聽。乃作詩曰：'我心匪石，不可轉也；我心匪席，不可卷也。'厄窮而不憫，勞辱而不苟，然後能自致也。言不失也，然後可以濟難矣。詩曰：'威儀棣棣，不可選也。'言其左右無賢臣，皆順其君之意也。君子美其貞壹，故舉而列之於詩也。"王符《潛夫論·斷訟獄》篇："貞女不二心以數變，故有匪石之詩。"《易林·屯之乾》："汎汎柏舟，流行不休。耿耿寤寐，心懷大憂。仁不逢時，復隱窮居。"《楚辭·遠游》："嚴忌《哀時命》王注引詩，'耿'作'炯'，'隱'作'殷'。"《易林·大憂》："知齊作殷。"《文選·陸機嘆逝賦》《阮藉詠懷詩》李注並引作"殷"。《呂覽·貴生》篇高注："隱，幽也。"《易林》："心懷大憂殷，大也。"《嘆逝賦》李注引詩下云："殷，深也。"《韓詩外傳》："莫能以己之皭皭，容人之混污。詩曰：'我心匪鑒，不可以茹。'《廣雅》：'茹，食也。'"《漢書·劉向傳》："上封事引《詩》云：'我心匪石，不可轉也'，言守善篤也。"賈子《新書·容經》篇："'有威而可畏謂之威，有儀而可象謂之儀'，富不可爲量，多不可爲數，故詩曰：'威儀棣棣，不可選也。'棣棣，富也；不可選，衆也。言接君臣上下、父子兄弟、內外大小品事之各有容志也。"《列女傳》："言其左右無賢臣，皆順其君之意也。"《詩考》引《後漢·朱穆傳》注："選作算。"《楚辭·哀時命》王注："遘，遇也。詩曰：'遘愍既多'。"班固《幽通賦》："考遘閔以行謠。"《說文》："晤，明也。詩曰：'晤辟有摽'。"《釋訓》："辟，拊心也。"《玉篇·手部》："擗，拊心也。詩曰'寤擗有摽。'"《釋文》："迭，《韓詩》作'載'，云：載，常也。"

《綠衣》 《易林·觀之革》："黃裏綠衣，君服不宜。淫洹毀常，失其寵光。"

《燕燕》 《列女傳·母儀》篇："衛姑定姜者，衛定公之夫人，公子之母也。公子既娶而死，其婦無子，畢三年之喪，定姜歸其婦，自送之至於野。恩愛哀思，悲以感慟，立而望之，揮泣垂涕。乃賦詩曰：'燕燕於飛，差池其羽。之子於歸，遠送於野。瞻望弗及，泣涕如雨。'送去歸泣而望之，又作詩曰：'先君之思，以畜寡人。'君子謂定姜爲慈姑，過而之厚。"《易林·萃之賁》："泣涕長訣，我心不快。遠送衛野，歸寧無子。恒之坤：燕雀衰老，悲鳴入海。憂在不飾，差池其羽。頡頏上下，在位獨處。"《坊記》鄭注："此衛夫人定姜之詩也。定姜無子，立庶子衎，是爲獻公。"《釋言》："媵、將，送也。"《楚辭·離騷》王注："佇，立貌。"《衆經音義·九》引《韓詩》："仲，中也；言位在中也。"《廣雅釋詁》：淵，深也。"《列女傳》："《坊記》'勖'作

'畜'。"

《日月》　《列女傳·孽嬖》篇："宣姜者，齊侯之女，衛宣公之夫人也。初宣公夫人夷姜，生伋子，以爲太子。又娶於齊，曰宣姜。生壽及朔。夷姜既死，宣姜欲立壽，乃與壽及朔謀構伋子。公使伋子之齊，宣姜乃陰使力士待之界上而殺之。曰：四馬白旄至者，必要殺之。壽聞之，以告太子曰：'太子其避之！'伋子曰：'不可。夫棄父之命，則惡用子也。'壽度太子必行，乃與太子飲，奪之旄而行。盜殺之，伋子醒，求旄不得，遽往追之，壽已死矣。伋子痛壽爲己死，乃謂盜曰：所欲殺者，乃我也。此何罪，請殺我。盜又殺之。二子既死，朔遂立爲太子。宣公薨，朔立，是爲惠公。竟終無後，亂及五世。至戴公而後寧。（王氏注：五當作三，字之誤也，三世宣、惠、懿）詩曰：'乃如之人兮，德音無良。'此之謂也。"《釋訓》："不遹，不跡也。"《文選·劉峻廣絕交論》注引韓曰："報我不術。"慧琳《音義·九》引《韓詩》："術，藝也。《絕交論》注引薛君説：'術，法也。'"

《終風》　《釋文》引《韓詩》："終風，西風也。"《文選·陸機代顧彥先贈婦詩》："'隆思亂心曲'，李注引薛君《章句》：'時風又且暴'。《釋天》：'日出而風爲暴。'《説文·瀑》下云：'疾雨也。'《詩》曰：'終風且瀑。'"《釋詁》："謔，浪笑；敖，戲謔也。郭注：'謂調戲也。'見詩。《孔疏》引《舍人》曰：'謔戲謔也，浪意萌也，笑心樂也，敖意舒也，謔笑之貌也。'（'萌'舊誤'明'；從阮校正。《邢疏》誤'朗'）《釋文》引《韓詩》：'浪，起也。'《釋天》：'風而雨土爲霾。'"《釋言》："惠順也胥可也。《釋天》：'陰而風爲曀。'"《玉篇·口部》："嚏，噴鼻也。《衆經音義·十》引《蒼頡》篇曰：'嚏，噴鼻也。'詩曰：'願言即嚏。'"《説文》："曀，天陰塵也。詩曰：'曀曀其陰。'"呂祖謙《讀詩記》引《韓詩章句》曰：'壇壇其陰'，天陰塵也。"

《擊鼓》　《易林·家人之同人》："'擊鼓合戰，士怯叛亡。威令不行，敗我成功。'《風俗通義·六》引詩曰：'擊鼓北鏜。'《説文》：'鼞，鼓聲也。詩曰：擊鼓其鼞。'（齊韓）《孔疏》引《韓詩》："二十從役，三十受兵，六十還兵。"《釋文》："契本亦挈，《韓詩》云：'約束也。'"《廣雅·釋詁》："敻，遠也。《釋文》：'《韓詩》作敻，敻亦遠也。'"

《凱風》　《易林·咸之家人》："'凱風無母，何恃何怙。幼孤弱子，爲人所苦。'《釋天》：'南風謂之凱風。'《御覽九百二十三·羽族部》引《韓詩》：'簡簡黃鳥。'"

《雄雉》　《文選·潘岳射雉賦》注引《韓詩》薛君《章句》："雉，耿介之鳥也。"《玉篇·阜部》引《韓詩》："阻,憂也。"《説苑·辨物》篇引詩曰:"'遥遥我思,道之云遠,曷云能來。'急時之辭也,甚焉,故稱日月也。《韓詩外傳》一引詩:'急時辭也,是故稱之日月也。'"

《匏有苦葉》 《易林·震卦》:"'枯瓠不朽,利以濟舟。渡踰江海,無有溺憂。'慧琳《音義·二》引《韓詩》:'涉,渡也。'"《釋訓》:"'揭者揭衣也。以衣涉水爲厲,繇膝以下爲揭,繇膝以上爲涉,繇帶以上爲厲,潛行爲泳。'《釋文》:'《韓詩》云:至心曰厲。'"《説文》:"砅,履石渡水也。又作濿。"《釋詁》:"雝雝,音聲和也。《鹽鐵論·結和》篇引詩'雝雝鳴鴈'。"《文選·陸機演連珠》李注引薛君《韓詩章句》:"煦,暖也。"《白虎通·嫁娶篇》:"嫁娶必以春何?春者,天地交通,萬物始生,陰陽交際之時也。"《易林·豫卦》:"冰泮將散,鳴雁雝雝,丁男長女,可以會同,生育賢人。"《摽有梅》引《韓》説:"迨,願也。《周禮·媒氏》疏載王肅《聖證論》引《韓詩傳》:'古者霜降迎女,冰泮殺止。'"《釋文》引王逸説:"以手曰招,以言曰召。《釋文》引《韓詩》:'招招,聲也。'"《釋詁》:"頭,待也。"

《谷風》 《釋天》:"東風謂之谷風;《孔疏》引孫炎注:'谷之言穀,谷生也,谷風者生長之風。'"《文選·傅季友爲宋公求加贈劉將軍表》李注引《韓詩》曰:"'黽勉同心,不宜有怒'。黽勉,俛俛也。《漢書·劉向傳》引作'黽勉從事'。《詩考》引《外傳》:'體'作'禮'。《楚辭·九嘆·惜賢篇》王注:'遲遲,行貌。'《釋文》引《韓詩》:'違,很也。'"魯邇《白虎通·嫁娶》篇:"'出婦之義,必送之,接以賓客之禮。君子絶愈於小人之交。'《吕覽·孟春紀》高注:'麋機,門内之位也。'《詩》云:'不遠伊邇,薄送我畿。'此不過麋之謂。"《説文》:"湜,水清見。底詩曰:'涇以渭濁,湜湜其沚'(三家)。"趙岐《孟子章句·十三》:"引詩'以'作'已'。《釋文》引《韓詩》:'發亂也'。"《禮·表記》引詩:"我躬不閲(三家躬作今),遑恤我後(三家遑作皇)。"徐幹《中論·法象》篇:"詩曰:就其深矣,方之舟之,就其淺矣,泳之游之。言必濟也。"《漢書·谷永傳》永疏引詩:"凡民有喪,扶服捄之。《禮·檀弓》引詩作'扶服'。《孔子閒居》又作'匍匐'。"《説文》:"惂,起也。詩曰:'能不我惂'。(三家)《玉篇》:'惂,興也。'"《易林·小畜之蠱》:"賈庸不售,雔困爲害。《御覽·八百三十五》引《韓詩》:'一錢之物,舉賣百,何時當售乎。'《吕覽·仲秋紀》:'務蓄菜'。高注:'蓄菜,乾苴之屬也。'"《釋文》引《韓詩》:"潰潰,不善之貌。"

《式微》 《列女傳·貞順》篇:"黎莊夫人者,衛侯之女,黎莊公之夫人也。既往而不同欲,所務者異,未嘗得見,甚不得意。其傅母閔夫人賢,公反不納，憐其失意，又恐其已見遣而不以時去。謂夫人曰：'夫婦之道，有義則合，無義則去。今不得意，胡不去乎？'乃作詩曰：'式微式微，胡不歸？'夫人曰：夫婦之道，一而已矣，彼雖不吾以，吾何可以離於婦道乎？乃作詩曰：'微君之故，胡爲乎中路。'終執貞壹，不違婦道，以俟君命。君子故序之以編詩。"《易林·小畜之謙》："式微式微，憂禍相絆，隔以巇山，室家分散。《釋訓》：'式微式微者，微乎微者也。'"

《旄丘》　《易林·歸妹之蠱》："陰陽隔塞，許嫁不答。《字林》云：'丘也。'（三家）《特牲饋食禮》鄭注：'以作似。'"《釋鳥》"鳥少美，長醜爲鶹鷅，郭注：'詩所謂留離之子。'"

《簡兮》　《釋詁》："簡，擇也。"《初學記·十五》引《韓詩》："萬，大舞也。"《釋文》："《韓詩》：倭倭作傂傂：云美貌。"趙岐《孟子章句二》："左手執籥，以節衆也。《玉篇·籥部》：'籥，樂之所，管三孔，以和衆聲也。'"《溱洧》《韓詩傳》："秉，執也。"《釋鳥·翟山雉》："《春秋》疏引樊光曰：'其羽可持而舞。'《孔疏》引《異義》：'《公羊》說：樂萬舞以鴻羽，取其勁輕一舉千里。'　《孔疏》引《韓詩》説：'以夷狄大鳥羽。'《隸釋·修堯廟碑》：'赫如尾赭。'"（三家）

《泉水》　《釋文》："瑟，流貌，韓詩作秘。"《廣雅·釋詁》："宿，舍也。"《列女傳·一》引詩"泲"作"濟"。《玉篇·食部》引韓詩："送行飲酒曰餞。"《釋文》："袮，地名；《韓詩》作'坭'。"慧琳《音義·三》引《韓詩》："女兄曰姊。"《白虎通·綱紀篇》："父之昆弟不俱謂之世父，父之女昆弟，俱謂之姑，何也？以爲諸父內親也，故別稱之也。姑當外適人疏，故總言之也。至姊妹亦當外適人，所以別諸姊妹？何以爲事諸姑禮等，可以外出又同，故稱略也。至姊妹雖欲有略之（陳立云：'可以'二字疑誤，'欲有'亦有誤字），姊尊妹卑，其禮異也。《詩曰》：'問我諸姑，遂及伯姊。'謂之姊妹何，姊者咨也，妹者未也。"

《北門》　《外傳》："'已'上多'亦'字。"趙岐《孟子章句·七》："適，過也。《玉篇·言部》引《韓詩》：'謫，數也。'"《釋文》引《韓詩》："敦，迫。"《釋文》："摧或作催，《韓詩》作讙。"

《北風》　《易林·晉之否》："北風寒涼，雨雪益冰。憂思不樂，哀悲傷心。否之損：北風牽手，相從笑語。伯歌季舞，燕樂以喜。《釋天》：'北風謂之涼風。'"《玉篇·水部》引《韓詩》："涼，寒貌也。"《釋訓》："其虛具徐，威儀容止也。"班固《幽通賦》曹大家注："虛徐，狐疑也。"慧琳《音義·八十》引《韓詩》："亟，猶急也。"《列女傳·楚處莊侄》篇引詩，北風四句:"'其霏'作'霏霏'。"

《静女》 《易林·师之同人》:"季姬踟蹰,结衿待时。终日至暮,百两不来。同人之随:季姬踟蹰,望我城隅。终日至暮,不见齐侯,君上无忧。"《易林·大有之随》:"踯躅踟蹰,抚心搔首。五昼四夜,睹我齐侯。《文选·张衡思元赋》。宋玉《神女赋》、曹植《洛神赋》注:'引《韩诗》静贞也。'"慧琳《音义·三十一》引《韩诗》:"姝姝然,美也。"《说文·娪》下云:"好也。引诗'姝'作娪。'袾'下云:'好佳也',引诗作袾。"(鲁齐)《说苑·辨物》篇引诗"'於'作'乎'。"《释言》:"薆,隐也。《说文》'僾,仿佛也。'慧琳《音义·七十三》引《韩诗》'爱如不见,搔首躊躇。'躊躇,犹踯躅也。"《说文·繫传》"躇"下云:"躊躇,不前也。"《御览·皇亲部》引刘向《五经要义》:"古者后夫人必有女史彤管之法,后妃群妾,以礼御於君所,女史书其日,授其环,以示进退之法,生子月娠,则以金环退之。当御者以银环进之,著於左手;既御著於右手。左手阳也,以当就男,故著左手。右手阴也,既御而复故。"张衡《天象赋》:"女史掌彤管之训。崔豹《古今注》:'彤者,赤漆耳。史官载事,故以彤管赤心记事也。'"《说文·说》下云:"说,怿也。"(三家)《文选·神女赋》李注引《韩诗》:"怿,悦也。"

《新台》 《说文》引诗"泚"作"玼"。(三家)《汉书·地理志》:"《邶》诗曰:'河水洋洋'。"《文选·西京赋》李注引《韩诗》曰:"嫌婉,好貌。《说文》'瞁'下引诗作'瞁'。"《释训》:"籧篨,口柔也。"《释文》:"'灑'韩作'漼',云'鲜'貌。'浼浼'韩作'浘浘',云'盛'貌。《说文·繫传》引诗,《新台》有'漼'字,本作'泽'。"《仪礼注》:"'腆',古文作'殄'。"(三家)《释训》:"戚施,面柔也。"《御览·九百四十九》:"薛君曰:'戚施',蟾蜍。'蜥蜴',喻丑恶。《说文》引诗作'䵹鼀'。"

《二子乘舟》 《新序·节士》篇:"卫宣公之子:伋也,寿也,朔也。伋前母子也,寿与朔后母子也。寿之母与朔谋,欲杀太子伋而立寿也。使人与伋乘舟於河中,将沉而杀之。寿知不能止也,固与之同舟,舟人不得杀伋。方乘舟时,伋傅母恐其死也,闵而作诗。《二子乘舟》之诗是也。其诗曰:'二子乘舟,汎汎其景,愿言思子,中心养养。'"《释训》:"悠悠,洋洋,思也。《邢疏》:'《二子乘舟》云:中心养养。'"

## 【甲種之十】

## 《邶鄘衛·柏舟第四》

《柏舟》　《說文》："髧，髮至眉也。引詩：'髧彼兩髦'。髦下云：'或省作髳'。（齊韓）《列女傳》作'髧髦'，'它'作'他'。"《釋文》："《韓》'特'作'直'，云，相當'值'也。"

《牆有茨》　《易林·小過之小畜》："牆茨之言，三世不安。"《說文》："蒺，蒺䕨也。引詩'牆有薺'。《釋草》：'茨，蒺藜'。"《釋文》引《韓詩》："中冓，中夜，謂淫僻之言也。"《廣雅·釋詁》："道，說也。"《釋文》引《韓詩》："'詳'作'揚'，云：'揚猶道也。'"《廣雅·釋詁》："讀，說也。"

《君子偕老》　《釋文》："委委，佗佗。《韓詩》云：'德之美皃。'《衆經音義·三十九》引《韓詩》曰：'逶佗，德之美貌也。'《釋訓》：'襢襢它它'，'說曰，美也。''追師'《鄭注》引詩，'髢'作'鬄'。"《說文》引詩："玉之瑱兮。'瑱'下云：'瑱或從耳。'"（三家）《說文》："褻，私服。引詩：'是褻袢也'。（三家）"《釋訓》："美女為媛。《釋文》：《韓》'媛'作'援'，云：'取也'。《說文》引詩：'邦之媛兮。'"（齊）

《桑中》

《鶉之奔奔》　《表記》鄭注："姜姜：貫貫，爭鬥，惡貌也。《呂覽·壹行篇》高注：'貫，色不純也。'《廣雅·釋詁》：'姜，強也。'"《釋文》引《韓詩》："奔奔，彊彊，乘匹之貌。《詩考》引《外傳》作'入而無良'。"

《定之方中》　《釋天》："營室謂之定，娵訾之口，營室東壁也。《文選·魏都賦》《魯靈光殿賦》《謝朓和伏武昌登孫權故城詩》、江淹《雜體詩》、王簡棲《頭陀寺碑文注》：引此及下兩'於'字皆作'爲'。蔡邕：'《月令》作於。''焉'是'然'之誤，《唐石經》作'然'。蔡邕《崔夫人誄》：'終然允臧。'"《廣雅·釋詁》："靈，善也。《釋文》引《韓詩》：'星精也。'"

《蝃蝀》　《後漢·楊賜傳》李注引《韓序》曰："蝃蝀，刺奔女也。《釋天》：'螮蝀，虹也。'"李氏《易傳·二》引《需卦》荀爽注云："雲上升極則降而爲雨，故詩云：'朝隮於西，崇朝其雨。'"《列女傳·陳女夏姬篇》："詩云：'乃如之人兮。'《韓詩外傳·一》：'詩曰：乃如之人兮。'"

**《相鼠》** 《白虎通·諫諍》篇："此妻諫夫之詩也。《漢書·五行志》劉向引詩：'人而亡儀，不死何爲。'《御覽》引《白虎通》，'何爲'作'胡爲'。"《釋文》引《韓詩》："止節，無禮節也。《列女傳·趙悼倡後》篇引詩曰：'人而無禮，不死胡俟。'《史記·商君傳》引此章四句，'胡'作'何'。"

**《干旄》** 《易林·師之隨》："干旄，旌旗，'執幟在郊，雖有寶珠，無路致之。'《釋天》注：'旄首曰旌'。郭注：'載旄於竿首。'《左傳·定九年》引詩作'竿旄'。"（三家）《玉篇·系部》引《韓詩》："紕，織組器也。"《論衡·率牲》篇詩曰："'彼姝者子，何以與之'。傳言：'譬猶練絲，染之藍則青，染之丹則赤。'"

**《載馳》** 《列女傳·仁智》篇："許穆夫人者，衛懿公之女，許穆公之夫人也。初許求之，齊亦求之，懿公將與許，女因其傅母而言曰：'古者諸侯之有女子也，所以苞苴玩弄，繫援於大國也。今者許小而遠，齊大而近，若今之世，強者爲雄，如使邊境有寇戎之事，惟是四方之故，赴告大國，妾在不猶愈乎？今舍近而就遠，離大而附小，一旦有車馳之難，孰可與慮社稷？'衛侯不聽，而嫁之於許。其後翟人攻衛，大破之，而許不能救，衛侯遂奔走，涉河而南至楚丘。齊桓往而行之，遂城楚丘，以居衛侯。於是悔不用其言。當敗之時，許夫人馳驅而弔唁衛侯，因疾之而作詩云：'載馳載驅，歸唁衛侯。驅馬悠悠，言至於漕。大夫跋涉，我心則憂。既不我嘉，不能旋反。視爾不臧，我思不遠。'君子善其慈惠而遠識也。"《韓詩外傳·二》："高子問於孟子曰：'夫嫁娶者，非己所自親也，衛女何以得編於詩也。'孟子曰：'有衛女之志則可，無衛女之志則怠。（疑'殆'誤）若伊尹於太甲，有伊尹之志則可，無伊尹之志則篡。夫道二，常謂之經，變謂之權，懷其常道，而挾其變權，乃得爲賢。夫衛女行中孝，慮中聖，權如之何？詩曰：既不我嘉，不能旋反。視我不臧，我思不遠。'"《易林·比之家人》："懿公淺愚，不受深諫。無援失國，爲狄所滅。"《眾經音義十三》引《韓詩》："弔生曰唁。弔失國亦曰唁也。"《釋文》引《韓詩》："不由蹊遂而涉曰跋涉。"《聘禮》鄭注："《詩傳》曰：軷，道祭也。"《外傳》引"'視爾不臧'，'爾'作'我'。"《淮南·氾論訓》高注："'蝱'讀如詩云言，'采其莔'之'莔'也。"《文選·盧諶贈劉琨詩》注引薛君《韓詩章句》："尤非也。"《眾經音義·九》引《韓詩》："控於大邦，控，赴也。"

**《淇奧》** 《禮·大學》引此章"奧"作"澳"。《釋文》："澳又作隩。（齊）《釋丘》：'隩，隈也。'"《釋草》："蕫，王芻。"《釋文》："《韓詩》'竹'作'簿'，云'簿，萹茿也。'"《釋文》"'匪'本又作'斐'。《列女傳·八》《大學》引並作'斐'。《釋文》引《韓詩》作'邲'，云美貌也。"《釋訓》："'如切如磋'，道學也；'如琢如磨'，自修也。"《爾雅·釋文》"'切'本或作'齧'。《說苑·建本》篇一引作'瑳'。《御覽·七百六十四》引《韓詩》'如磨如錯'。《說文》引詩：'如切如瑳，如琢如摩。'"《釋文》引《韓詩》："'僩，美兒。'《釋訓》作'烜'，《大學》作喧。《釋文》：'烜，《韓詩》作宣。宣，顯也。'《說文》引詩：'赫兮烜兮'。《大學》'諼'作'誼'。"《說文》："璓，石之次玉者。引詩：'充耳璓瑩'。"《說文》："髻骨，擿之可會髮者。引詩：'會弁如星'。"《呂覽·上農》篇高注："引詩冠弁如星。"《文選·張衡西京賦》李注引《韓詩》曰："綠蕁如簀。簀，積也。薛君曰：'簀，綠蕁盛如積也。'"《玉篇·系部》、慧琳《音義·七十九》引《韓詩》："作婥，並云柔貌也。"《荀子·非相》篇楊注、《文選·西京賦》李注、《曲禮孔疏》《論語·鄉黨》皇疏、《說文·車部》《繫傳》，並引作"倚"。《說文》："較，車輢上曲鉤也。"（三家）徐鍇《繫傳》："按《古今注》：'車較，車耳也。在車輿上，重起如牛角也。'"

**《考槃》**　《釋詁》："般，樂也。《文選·東都賦》《鷦鷯賦》李注引《爾雅》並作'盤'。"《釋文》引《韓詩》："澗作干，云：磽埆之處也。《文選·吳都賦》劉注引《韓詩》：'一云考盤在干，地下而黃曰干。'"《一切經音義·一》引《韓詩》："曲京曰阿。"《釋文》引《韓詩》："薖作偘，云美貌。"《玉篇·阜部》引《韓詩》："陸高平無水。《釋詁》：'逐，病也。'"

**《碩人》**　《列女傳·齊女傅母》篇："傅母者，齊女之傅母也。女為衛莊公夫人，號曰莊姜。姜交好（交、姣同字），始往，操行衰惰，有冶容之行，淫泆之心。傅母見其婦道不正，諭之曰：'子之家，世世尊榮，當為民法則；子之質，聰達於事，當為人表式。儀貌壯麗，不可不自修整。衣錦絅裳，飾在輿馬，是不貴德也。'乃作詩曰：'碩人其頎，衣錦絅衣，齊侯之子，衛侯之妻，東宮之妹，邢侯之姨，譚公維私。'砥厲女之心以高節，以為人君之子弟，為國君之夫人，尤不可有邪僻之行焉。女遂感而自修。君子善傅母之防未然也。"《列女傳》："裻作絅禮"。《中庸》詩曰："衣錦尚絅，惡其文之著也。"《說文》："褧，枲屬。引詩'衣錦褧衣'。"（韓）《呂覽·應審》篇高注："東宮，世子也。"慧琳《音義·三》引《韓詩》："女弟曰妹。《釋親》：'妻之姊妹同出為姨。女子謂姊妹之夫為私。'《詩》曰：'覃公維私'。《說文》引詩：'譚公維厶'。"（齊韓）《御覽·九百九十六》引《風俗通》引詩："'手如柔荑'者，茅始熟中穰也，既白且滑。"蔡邕《青衣賦》："'領如蝤蠐'。《釋草》：'瓠，棲瓣'。郭注《詩》云：'齒如瓠棲'。"《說文》："頎，好貌。詩所謂'頎首'。"（三家）《藝文類聚·十八》引詩曰："螓首蛾眉"。（三家）《釋文》引《韓詩》："盼，黑色也。《論語·子夏》引此下有'素以為絢兮'句。"《文選·上林賦》張揖注："《詩》曰：'稅於農郊'。"《玉篇·人部》："《詩》云：'朱憤儦儦'，盛貌也。"《巾車》鄭注："《詩》曰：'翟蔽以朝'，謂諸侯夫人始來，乘翟蔽之車，以朝見於君，盛之也。"（三家）《釋文》引《韓詩》："退，罷也。《列女傳·楚莊樊姬篇》：'君謂女君也'。"趙岐《孟子章句·十二》："《衛詩·竹竿》之篇，衛地濱於淇水在北流河之西。劉向《九嘆》王注引詩：'河水油油'。（魯）《說文》引詩："'施罛濊濊'：小徐本作'溅溅'。（魯）《釋文》引《韓詩》：'濊濊，流貌'；《說文》引詩：'施罛濊濊'。"（齊）《呂覽·季春紀》高注："《詩》曰：'鱣鮪潑潑'。《釋文》引《韓詩》作'鱍鱍'。《說文》'鮁'下云：'鱣鮪鮁鮁'。"《釋文》引《韓詩》："䎖。長貌。"《釋文》引《韓詩》："朅作桀，云健也。"

《氓》 《易林·蒙之困》："'泯伯以婚，抱布自媒。棄禮急情，卒罹悔憂。'《釋文》引《韓詩》：'泯，美貌。'"慧琳《音義·十五》引《韓詩》作"蚩"，《音義·七》引作"嗤"，並云："志意和悅貌也。"《易林·夬之兌》："以緇易絲。"《文選·甘泉賦》李注引《薛君·韓詩章句》："將，辭也。"《九嘆》王注："漣漣，流貌也。《詩》曰：'泣涕漣漣'。宋本《詩考》引'泣'作'波'。《玉篇·水部》：'《詩》曰：泣涕漣漣，淚下貌。'"《坊記》："詩云：'爾卜爾筮，雁無咎言。'"《釋文》引《韓詩》："履，幸也。《外傳·二》引詩曰：'吁嗟女兮，無與士耽。'《易林·履》：'《履》之噬嗑：桑之將落，隕其黃葉。失勢傾側，而無所立。'"《易·中孚·釋文》引《韓詩》："《列子·說符》篇注引《外傳》：'靡，共也。'《釋訓》：'晏晏旦旦，悔爽忒也。'《釋文》：'旦本或作悬。'《說文》引詩：'信誓悬悬。'"

《竹竿》 王逸《楚辭·九嘆·惜賢篇》注："油油，流貌。《詩》曰：'河水油油'。"（"河"是"淇"之誤）

《芄蘭》 《說苑·修文篇》："《詩》云，'芄蘭之支，童子佩觿'，說行能者也。"《釋文》引《韓詩》："'悸作萃，云垂貌。'《釋言》：'甲，狎也。'《釋文》引《韓詩》'甲作狎。'"

《河廣》 王逸《楚辭·九章》注："杭，渡也。《詩》曰：'一葦杭之。'"王逸《楚辭·九嘆》注："企，立貌。引《詩》曰：'企予望之。'《易林·觀之陰夷》：'企立望宋。'"

《伯兮》 《文選·宋玉高唐賦》注引《韓詩》："'朅'作'偈'。《玉篇·人部》：'偈，武貌。'引《詩》曰：'伯兮偈兮。'"《釋文》引《韓詩》"作

'桀',云'俇'也。疾驅貌。《玉篇·人部》:'桀,英傑。'《詩》曰:'邦之傑兮','傑',特立也。"《釋訓》:"'蔆薆,忘也。'《文選·謝惠連西陵遇風詩》李注引《韓詩》:'焉得諠草',注又引《薛君章句》:'諠草,忘憂也。'"

《有狐》　王應麟《詩考》引齊綏作文、《玉篇·厂部》引《韓詩》:"'在彼淇厲',水絕石,曰厲。"

《木瓜》　賈子《新書·禮篇》引由余云:"苞苴時有,筐篚時至,則群臣附。《詩》曰:'投我以木瓜,報之以瓊琚。匪報也,永以爲好也。'上少投之則下以軀償矣。弗敢謂報,願長以爲好,古之蓄其下者,其報施如此。"

《王·黍離·第四》

《黍離》　《御覽·九百九十三·羽族部》引陳思王植《令禽惡鳥論》:"昔尹吉甫信後妻之讒,而殺孝子伯奇,其弟伯封求而不得,作《黍離》之詩。"《御覽·四百六十九·人事部》《八百四十二·百穀部》引《韓詩》:"《黍離》,伯封作也,曰:'彼黍離離,彼稷之苗'。薛君注:'離離,黍貌也;詩人求亡兄不得,憂懣不識於物,視彼黍離離然,憂甚之時,反以爲稷之苗,乃自知憂之甚也。'"《玉篇》:"慅,憂也。《詩》曰:'憂心慅慅'。"(三家)《外傳·八》引詩:"悠悠倉天。"

《君子于役》　《釋宮》:"鑿垣而棲爲塒。"《釋文》引《韓詩》:"佸,至也。"《釋宮》:"雞棲於弋爲桀。"

《君子陽陽》　《玉篇·阜部》引《韓詩》:"陽陽,君子之貌也。"《玉篇·旨部》引《韓詩》:"旨亦樂也。"《文選·枚乘七發》李注:"《後漢書·杜篤傳》李注引《薛君韓詩章句》:"陶,暢也。《玉篇·阜部》引《韓詩》:'君子陶陶',君子之貌。"

《揚之水》　《釋文》:"揚之水或作楊木之字。"《釋文》引《韓詩》:"戍,舍也。"

《中谷有蓷》　陸璣《詩疏》引《韓詩》:"蓷,益母也。《釋文》引《韓詩》:'蓷茺蔚也'。《說文》:'暵,水濡而乾也。'引《詩》:'暵其乾矣'。"(三家)《韓詩外傳·二》引此詩:"慨其泣矣。《眾經音義·四》引《聲類》:'慨,短氣貌。'又《十九》引《字林》:'慨,憂也。'"

《兔爰》　《釋訓》:"'爰爰,緩也。'《釋器》:'鳥罟謂之羅。'《華嚴經·音義》《眾經音義·二十三》引《韓詩傳》:'爰爰,發踪之貌也。'"罿,《釋器》:"'罬謂之罦,罦覆車也。'《釋器》:'繴,謂之罿;罿,罬也。'《御覽·八百三十二》引《薛君章句》：'張羅車上曰罝也。'《釋文》引同。

《葛藟》　《易林·泰之蒙》："葛藟蒙棘，華不得實。讒佞亂政，使恩壅塞。"

《采葛》

《大車》　劉向《列女傳·貞順篇》："夫人者，息君之夫人也。楚伐息破之，虜其君，使守門。將妻其夫人，而納之於宮。楚王出游，夫人遂出見息君，謂之曰：'人生要一死而已，何至自苦？妾無須臾而忘君也，終不以身更貳醮。生離於地上，何如死歸於地下乎？'乃作詩曰：'穀則異室，死則同穴。謂予不信，有如皦日。'息君止之，夫人不聽，遂自殺。息君亦自殺，同日俱死。楚王賢其夫人守節有義，乃以諸侯之禮合而葬之。君子謂夫人說於行善，故序之於詩。夫義動君子，利動小人，息君夫人不為利動矣。《詩》云：'德音莫違，及爾同死'，此之謂也。頌曰：楚虜息君，納其適妃。夫人持固，彌久不衰。作詩同穴，思故忘親。遂死不顧，列於賢貞。"《玉篇·車部》引《韓詩》："'大車幭幭。'幭幭，盛貌也。"《列子·譯文》下引《韓詩內傳》："'毳衣如菼'，異色之衣也。《說文》：'菼：以毳為繝，色如虇。故謂之菼。虇，禾之赤苗也。'《詩》曰：'毳衣如菼。'"

《丘中有麻》

《鄭·緇衣·第五》

《緇衣》　《釋詁》："'席，大也。'《釋文》引《韓詩》：'席，儲也'。"

《將仲子》

《叔於田》

《大叔於田》　《釋文》引《韓詩》："禽獸居之曰藪。張衡《東京賦》引詩作'列'。"（魯）《釋訓》："襢裼，肉袒也；暴虎，徒搏也。"《說文》："膻肉膻也。……《詩》曰：膻裼暴虎。"（齊、韓）《漢書·匡衡傳》上疏："鄭伯好勇而國人暴虎。"《釋言》："狃，復也。"《文選·曹植應詔詩》注引《薛君章句》："兩驂，左右騑驂。"

《清人》　《易林·師之睽》："清人高子，久屯外野。逍遙不歸，思我慈母。""《易林·豐之頤》：慈母望子，遙思不已。久客外野，我心悲苦。"《說文》："駍，馬盛也。"引《詩》："四牡駍駍"。（三家）《釋文》引《韓詩》："喬作鷮。"《文選·南都賦》注引《韓詩內傳》："消搖，逍遙也。《易林·无妄之旅》：'清人逍遙，未歸空閒。逍遙不歸，思我慈母。'"《說文》："掐，拔兵刃以習擊刺也。引詩'左旋右抧'（三家）。"

《羔裘》："《外傳·二》引詩：'恂直且侯'。《釋文》引《韓詩》：'侯，美也。'。"《新序·義勇》篇、《節士》篇、《列女·梁節姑姊傳》《楚成鄭瞀傳》引詩："'彼己之子'。《外傳·二》：引詩：'彼己之子'。"《外傳·二》："舍命不偷"。《釋訓》："美士爲彦。"

《遵大路》

《女曰雞鳴》　《公羊隱五年傳·解詁》："大夫士曰琴瑟。"《續漢志》注引蔡邕《月令章句》："佩玉上有蔥衡，下有雙璜、衝牙、蠙珠，以納其間，琚瑀以雜之。"

《有女同車》　《吕覽》高注引詩曰："顔如蕣（葬）華。"王逸《楚辭·九歌注》："鏘，佩聲也，《詩》曰：'佩玉鏘鏘'。"

《山有扶蘇》，《易林·蠱之比》："視暗不明，雲蔽日光。不見子都，鄙人心傷。"《中論·審大臣》篇："詩曰：'不見子都，乃見狂且。'言所謂好者非好，醜者非醜。"《淮南·墜形訓》高注："游龍，鴻也。"《易林·隨之大過》："思我狡童，不見子充。"

《蘀兮》

《狡童》

《褰裳》

《丰》　《禮·玉藻》鄭注："《詩》云：'衣錦絅裳'，與劉向引《碩人》詩作'絅衣'合。"

《東門之墠》　《易林·賁之鼎》："東門之墠，茹藘在阪。禮義不行，與我心反。"《華嚴經·音義上》引《韓詩》："《傳》：'墠猶坦也。'"《御覽·九百八十四》《藝文類聚·八十七》《白帖·九十九》《事類賦·二十七》引《韓詩》"踐"作"靖"，云："栗，木名。靖，善也。言東門之外，栗樹之下，有善人可與成爲家室也。"

《風雨》　《說文》："湝，寒也。引《詩》：'風雨湝湝'。"（三家）王逸《楚辭·九懷注》："夷，喜也。"《廣韻》引《詩》："雞鳴嘐嘐"。（三家）《玉篇》："嘐，鷄鳴也。"

《子衿》　《釋文》引《韓詩》："嗣作詒。"王逸《楚辭·九章·惜誦篇注》："詒，遺也，詒我德音也。"

《揚之水》

《出其東門》　《漢書·地理志》："鄭男女亟聚會，聲色生焉，故其俗淫。《鄭詩》曰：'出其東門，有女如雲。'又曰：'溱與洧，方渙渙兮。士與女，方秉蕑兮。恂盱且樂，惟士與女，伊其相謔。'此其風也。"《釋文》《文選·曹大家東征賦注》、鮑照《東武吟注》、鮑照《舞鶴賦注》引《韓詩》："'縞衣綦巾，聊樂我魂（員）'，'魂'，神也。"《玉篇·門部》："閨，城內重門也。"

《野有蔓草》 《詩考》引《韓詩外傳·二》："青陽宛兮。《文選·射雉賦注》引《薛君韓詩章句》：'青，靜也。'"

《溱洧》 《御覽·八百八十六》引《韓詩內傳》："溱與洧，說人也。鄭國之俗，三月上巳之日，之溱洧（此）兩水之上，招魂續魄，秉（執）蕑草，拂（袚）除不祥。故詩人願與所說者，俱往觀也。"（《御覽·三十》："'日'作'辰'，'兩'上有'此'字，水下有'之'字，拂一作袚，也作之。《宋書·十五》《初學記·三十六》：'魄'下有'秉執蕑草'四字。《爾雅·冀四》：'不祥'作'氛穢'。"）《呂覽·本生篇》高注："鄭國淫辟，男女私會於溱洧之上，有詢訏之樂，勺藥之和（《齊》說，見《出其東門·序》,）《釋文》："《袁紹傳》注、《鄭世家》正義、《御覽·九百八十三》引《韓詩》：'渙'作'洹'，云盛貌也。謂三月桃花水下之時，至盛也。"《漢書·地理志》："'渙'作'灌'，《說文》：溍水出鄭國，《詩》曰：'溱與洧，方汍汍兮。'"（魯）《御覽·三十》引《韓詩》："秉，執也；蕑，蘭也。當此盛流之時，衆士與衆女，執蘭而袚除邪惡。"《漢書·地理志》："蕑作管。《韓傳》：'願與所說者俱往觀也。'"《呂覽》高注："洧作詢，云有詢洹之樂。"《釋文》引《韓詩》："訏作盱，曰：'恂盱，樂貌也。'"《釋文》引《韓詩》："勺藥，離草也。言將離別贈此草也。《呂覽》高注：'勺藥之和'。"《文選·南都賦·注》引《韓詩內傳》："瀏作漻，曰清貌也。"

### 《齊·雞鳴第六》

《雞鳴》 《御覽·九百四十四》引《韓詩》："雞鳴，讒人也。《易林·夬之》：'雞鳴失時，君騷相憂。'《御覽·九百四十四》引《韓詩薛君章句》：'匪雞則鳴，蒼蠅之聲。'雞遠鳴蠅聲相似也。"

《還》 《漢書·地理志》："臨淄名營邱。故《齊詩》曰：'子之營兮，遭我虖嶩之問兮。'《韓》'還'作'嫙'，云：'嫙，好貌，'"《華嚴經音義·二》引《韓詩傳》："遭，遇也。"《後漢·馬融傳·注》引《韓詩》："'並驅從兩肩兮'。獸三歲曰肩。《呂覽·知化篇》高注：'獸三歲曰豜。'"《釋文》引《韓詩》："儇作嬛，云：'嬛，好貌。'"

《著》　《玉篇·廣部》引《韓詩》："'俟我於庭乎而''參分堂塗'，一曰庭。"

《東方之日》　《文選·顏延年秋胡詩注》、宋玉《神女賦注》、曹植《美女篇注》、陸機《日出東南隅行注》引《韓詩薛君章句》："'東方之日兮，彼姝者子，在我室兮。'詩人言所說者顏色盛美，如東方之日。"《釋文》引《韓詩》："門屏之間曰闈。"

《東方未明》

《南山》　《玉篇》："夂，行遲貌，思佳切。引《詩·雄狐》文。《易林·咸之賁》；'雄狐綏綏，登山崔嵬。'"《禮·坊記》引詩："'橫從其畝'，《釋文》引《韓詩》：'衡從作橫由，曰東西耕曰橫，南北耕曰由。'"《眾經音義·二十四》引《詩》："'娶妻如之何'。《傳》曰：'娶，取婦也。'《禮·坊記》引《詩》：'伐柯如之何'。"

《甫田》　揚雄《法言·修身》篇："'田甫田者莠喬喬，思遠人者心忉忉。'《說文》引詩：'婉兮孌兮'。"

《盧令》　《說文》："獜，健也。"引詩："盧獜獜"。《玉篇》："鏻，健也。"《呂氏讀詩記》引董逌曰："《韓詩》作盧泠泠。"（三家）

《敝笱》　《御覽·九百四十》引作"魴鯤"。（三家）《易林·遯之大過》："敝笱在梁，魴逸不禁。"《釋文》引《韓詩》："遺遺，言不能制也。（《玉篇》：'瀢瀢，魚行相隨。'《廣韻》：'遺，魚盛貌。'）"

《載驅》　《易林·屯之大過》："襄嫁季女，至於蕩道；齊之旦夕，留連久處。"《釋文》引《韓詩》："發，旦也。"

《猗嗟》　《玉篇·阜部》引《韓詩》："'卬若陽兮'。眉上曰陽。"《釋訓》："猗嗟名兮，目上為名。《玉篇》引《詩》：'猗嗟，顙兮。'"《文選·日出東南隅行》注："傅毅《舞賦》注引《韓詩》：'舞則簒兮'，《薛君章句》：'言其舞則應雅樂也。'"

### 《魏·葛屨·第七》

《葛屨》　《文選·古詩注》引《韓詩》："'纖纖女手，可以縫裳。'纖纖，女手之貌。《說文》：'攕，好手貌。'引《詩》'攕攕女手。'"《釋訓》引《詩》："好人媞媞。"《說文》："僻，辟也。引《詩》：'宛如左僻。'"《石經·魯詩》殘碑："《列女·魯秋潔婦傳》引《詩》："'維並'作'惟'"。

《汾沮洳》

《園有桃》　《初學記·十五》引《韓詩章句》："有章、曲曰歌，無章、曲曰謠。"

**《陟岵》** 《釋山》："山多草木岵，山無草木峐。《玉篇·山部》引《韓詩》：'有木無草曰岵，有草無木曰屺。'"宋洪適《隸釋》載《石經·魯詩》殘碑於第二父字下注云："闕一字與毛異；（陳喬樅云：'石經父下所闕，亦必兮字，上文父兮而言也。'）無已作毋已，上作尚。"《釋言》："猷，可也。郭注：'猷來無棄。'"

**《十畝之間》** 《說文》："洩，多言也；引《詩》：'又洩下同'。"（三家）

**《伐檀》** 《御覽·五百七十八》引蔡邕《琴操》："《伐檀》者，魏國之女所作者。傷賢者隱避，素餐在位，閔傷怨曠，失其嘉會。夫聖王之制，能治人者食於人，治於人者食於田。今賢者隱退，伐木小人，在位食禄，懸珍奇，積百穀，並包有土，德不加百姓，傷痛上之不知，王道之不施，仰天長嘆，援琴而鼓之。"《史記·索隱》《文選》李注引張揖注："其詩刺賢者不遇明主也。"《鹽鐵論·國疾》篇："功德不施於天下，而勤勞於百姓，百姓貧陋困窮，而家私累萬金，此君子所恥，而《伐檀》所刺也。"《石經·魯詩》殘碑："坎作欿。《說文》引'坎坎鼓我'作'鼖鼖鼓我'。（齊）《玉篇·土部》：《詩》'坎坎伐檀'，斫木聲也。"《禮·中庸》鄭注："示讀如寘諸河干之寘。"《釋水》："'河水清且瀾猗'。《隸釋》載《石經·魯詩》殘碑'猗'作'兮'。《石經》殘碑作'嗇'，"《玉篇·广部》引《韓詩》："廛，箪也。"《文選·潘岳關中詩注》《傅咸贈何劭王濟詩注》、曹植《七啓注》《求自試表注》引《薛君韓詩章句》："素者，質也。人但有質樸，而無治民之材，名曰素餐。《論衡·量知》篇：'素者空也，空虛無德，餐人之禄，故曰素餐。'"《漢書·地理志》引《詩》："寘諸河之側。"《石經·魯詩》殘碑作"欿欿"，《廣雅·釋訓》："欿欿，聾也。"《釋文》引《韓詩》："順流而風曰淪。淪，文貌。"《玉篇·食部》引《韓詩》："'不素飧兮'。無功而食禄，謂之素飧。人但有質樸，無治民之材，居位食禄，多得君之加賜，名曰素飧。素者，質也。飧者君之加賜。小人蒙君加賜溫飽，故言飧之也。《列女·齊田稷母傳》引《詩》：'彼君子兮，不素飧兮。'無功而食禄不爲也。此《鹽鐵論·散不足》篇：'古者君子夙夜孳孳思其德，小人晨昏孜孜思其力，故君子不素飧，小人不空食。'"

**《碩鼠》** 《潛夫論·班禄》篇："履畝稅而碩鼠作。"《鹽鐵論·取下》篇："周之末塗，德惠塞而耆欲衆，君奢侈而上求多，民困於下，怠於公事，是以有履畝之稅，《碩鼠》之詩是也。"《易林·萃之第四十五》："碩鼠四足，飛不上屋。"《石經》殘碑："無"作"毋"，"貫"作"宦"。

## 《唐·蟋蟀第八》

**《蟋蟀》** 《鹽鐵論·通有》篇："君子節奢刺儉，儉則固。孔子曰：'大儉極下，此《蟋蟀》所爲作也。'"張衡《西京賦》："獨儉嗇以齷齪，忘《蟋蟀》之謂何。"《説郛》引《詩氾曆樞》："蟋蟀在堂，流火西也。"《文選·張景陽咏史詩注》引《韓詩》："蟋蟀在堂，歲聿其莫。《文選·江賦注》引《薛君章句》：'聿，辭也。'"張景陽《咏史詩注》、沈休文《鍾山詩注》《學省愁卧詩注》、陸士衡《長歌行注》、江文通《雜體詩注》、任昉《王文憲集序注》、袁宏《三國名臣序贊注》引《薛君章句》："莫，晚也。言君之年歲已晚也。"《釋訓》："瞿瞿、休休，儉也。"《釋訓》："蹶蹶，敏也。"《玉篇·阜部》引《韓詩》："今我不樂，日月其陶。陶，除也。"

**《山有樞》** 《石經》殘碑作"蘆"。《釋詁》："樓，衆也。《玉篇》引《詩》：'弗曳弗樓'，樓亦曳也。張衡《西京賦》鑒戒唐詩，他人是媮。"《漢·地理志》："《山樞》之篇，宛其死矣，他人是媮。"《石經》殘碑："何"作"胡"。

**《揚之水》** 《易林·否之師》："揚水潛鑒，使石絜白。衣素表朱，戲游皋沃。得君所願，心志娱樂。"《隸釋》載《石經·魯詩》殘碑作"楊"。《士昏禮注》："《爾雅》云：'黼領謂之襮'。"《士昏禮·宵衣注》："宵讀爲'素衣朱綃'之綃。《魯詩》以綃爲綺屬也。《特牲饋食禮》鄭注：'詩有素衣朱宵'。"（齊）《石經》殘碑"何"皆作"胡"。《荀子·臣道篇》引《詩》："國有大命，不可以告人，妨其躬身。"

**《椒聊》**

**《綢繆》** 《釋文》引《韓詩》："逅作觏。邂觏，不固之貌。"

**《杕杜》** 《廣雅·釋詁》："踽踽，行也。王逸《楚辭·九思注》：《詩》云：'獨行煢煢'。劉向《楚辭·九歎》：'獨熒熒而南行'。"

**《羔裘》** 《釋訓》："居居、究究，惡也。《孔疏》引李巡注：'居居，不狎習之惡。'《孔疏》引孫炎注：'究究，窮極人之惡。'"

**《鴇羽》** 《易林·訟之復》："王事靡鹽，秋無所收。"

**《無衣》**

**《有秋之杜》** 《釋言》："噬作遾，遾，逮也。《釋文》引《韓詩》作'逝，逝及也。'《詩考》引《釋文》載《韓詩》：'周，右也。'"

**《葛生》**

**《采苓》** 《衆經音義·二》引《韓詩》："苟，且也。"

## 《秦·車鄰第九》

《車鄰》 王逸《楚辭·九歌·大司命注》："轔轔，車聲也。《漢書·地理志》作'轔'。《釋文》引《韓詩》：'令作伶，云使伶。'"《釋吉》："並，併也。"

《駟驖》 《漢志》引《詩》作"《四載》"。《說文》："驖，馬赤黑色。引《詩》'四驖孔阜'。"（魯、韓）《玉篇·阜部》引《韓詩》："阜，肥也。《釋畜》：'狗屬長喙，獫短喙，猲獢。'郭注：'《詩》曰：載獫猲獢。'《漢志集注》引《詩》：'輶車鸞鑣，載獫猲獢。'"

《小戎》 《玉篇·帥部·茵》下引《韓詩》："文茵暢轂。文茵，虎蓆。"《漢書·地理志》："民以板爲室屋。"《釋文》引《韓詩》："駟馬不著甲曰俴駟。"《玉篇》："㪍，盾也。引《詩》：'蒙㪍有苑。'"《士喪禮·鄭注》"弓檠"曰："柲，縢，緣也。引《詩》：'竹柲緄縢'。"鄭注《周禮》引《詩》作"柲"。（魯）曹植《應詔詩》："騑驂倦路，再寢再興。"《列女·於陵子妻傳》引《詩》："愔愔良人，秩秩德音。"

《蒹葭》 《玉篇·阜部》引《韓詩》："阻，憂也。又曰：'道阻，阻且險也。'"《釋水》："逆流而上曰溯洄。順流而下曰溯游。"《文選·潘岳河陽縣詩》李注引《韓詩》："宛在水中沚。《薛君》曰：'大渚曰沚。'"

《終南》 《釋文》引《韓詩》："丹作沰。沰，赭也。"《韓詩外傳·二》引《詩》："顏如渥赭，其君也哉。"《白帖·五》引《詩》："有杞有棠。"（三家）《中論·藝紀篇》："黻衣繡裳，君子之所服也。愛其德，故美其服也。《玉篇·絲部》引《韓詩》：'君子至止，紼衣繡裳。異色繼袖曰紼。'"《中論·藝紀篇》引《詩》："佩玉鏘鏘，壽考不忘。《漢書·禮樂志》：安世《房中歌》作'壽考不忘'。"

《黃鳥》 趙岐《孟子·公孫丑章句》引《詩》："惴惴其栗。"蔡邕《陳留太守胡公碑》："如可贖也。"

《晨風》 《外傳·八》引《詩》："鴥彼晨風。"《易林·小畜之革》："晨風之翰，大舉就温。（陳喬樅云：'温與蘊通，當爲鬱之假借。'）"《釋鳥》："'《晨風》鸇說文鴥，鸇，飛貌。'引《詩》'鴥彼晨風'。"《周官·函人》鄭注引《詩》："宛彼北林。"《釋木》："樸，枹。郭注：'樸屬叢生者爲枹。'"

《無衣》 《吳越春秋·二》引《詩》："王於興師，與子同讎。"（韓）《說文》："襗，袴也。"（齊）《漢書·趙充國辛慶忌傳·贊》引《詩》："王於興師，修我甲兵，與子皆行。"

《渭陽》　《列女·秦穆姬傳》引《詩》："曰至作，至於。"

《權輿》　王逸《楚辭·招魂章句》："夏，大屋也。"《廣雅·釋詁》："渠渠，盛也。李注引崔駰《七依》曰：'夏屋蘧蘧'。《通典·五十五》引《韓詩》：'殷商屋而夏門也。'《傳》曰：'周夏屋而商門。'"《釋詁》："權輿，始也。郭注：'《詩》曰：胡不承權輿。'"

## 《陳·宛丘第十》

《宛丘》　《楚辭·離騷》王注："蕩猶蕩蕩。無思慮貌也。《詩》曰：'子之蕩兮'。"《釋丘》："宛中，宛丘；丘上有丘爲宛丘。陳有宛丘。"應劭《風俗通義》："缶者，瓦器，所以盛漿，鼓之以節歌。"

《東門之枌》　《釋訓》："婆娑，舞也。"《釋文》引《韓詩》："差作嗟。"《玉篇·彳部》："䌛，數也。引詩：'越以䌛邁'。"《釋草》："荍，芘芣。"

《衡門》　《列女傳》引《韓詩外傳》："可以療飢。"

《東門之池》

《東門之楊》　《易林·革之大有》："南山之楊，其葉將將。"

《墓門》　《釋訓》："誰昔，昔也。"《楚辭·緊鳥萃棘》王注："引'墓門有棘，有鴞萃止。'"《廣韻》引《詩》："歌以誶止"。（魯、韓）

《防有鵲巢》　《釋文》引《韓詩》："美作娓，音尾，云美也。"《玉篇·艸部》引《詩》："䖍，小草有雜色。似綬。'邛有旨䖍'。《說文》：'䖍，綬草也。'引詩'邛有旨䖍'。"（魯、齊）《釋訓》："惕惕，愛也。"郭注引《韓詩》："以爲説人也。"

《月出》

《株林》

《澤陂》　《孔疏》引《爾雅》樊光注："荷作茄。"《釋詁》："陽，予也。郭注：《魯詩》云：'陽如之何'。《玉篇·阜部》引《韓詩》：'有美一人，陽若之何。'"《邢疏》："《詩·陳風》云：'有蒲與蓮'。"（魯）《御覽·三百六十八》引《韓詩薛君章句》："儼作嬞，嬞，重頤也。《文選·卷二十九·張茂先雜詩》李注引《韓詩》：'《淮南》説'。"

## 《檜·羔裘第十一》

《羔裘》

《素冠》　《淮南·任地篇》高注："樂作欒；棘贏，瘠也。《詩》曰：

'兢人欒欒兮。'"

**《隰有萇楚》** 《釋草》："萇楚，銚弋。《釋詁》：'知匹也。'"《楚辭·九辯》王注引《詩》："旖旎其華。"

**《匪風》** 《易林·渙之乾》："猋風忽起，車馳偈偈，棄古追思，失其和節。"《漢書·王吉傳》："《詩》云：'匪風發兮，匪水偈兮。顧瞻周道，中心怛兮。'"《說苑·善說篇》："引《詩》'誰'作'孰'。"

## 《曹·蜉蝣第十二》

**《蜉蝣》** 《釋蟲》："蜉蝣，渠略。"《說文》："黼，會五采鮮色也。引詩：'衣裳黼黼'。"（三家）《文選·鸚鵡賦》李注引《韓詩》薛君注："采采衣服。采采，盛貌也。"《說文》："堀，突也。引《詩》：'蜉蝣堀閱'。（三家）

**《候人》** 《禮·樂記》注："綴，表也。所以表行列。引《詩》：'荷戈與綴'。"《後漢·東平憲王傳》李注："《詩·曹風》曰：'彼己之子，三百赤紱。'"《釋鳥》："鵜，鴮鸅。"《玉篇·口部》："噣，喙也。引詩：'不濡其噣'。"《玉篇·艹部》："薈，草盛貌。《說文》：'婠，女黑色也。'引《詩》：'婠兮蔚兮'。《易林·履之恒》：'潼溺薈蔚'。"

**《鳲鳩》** 《易林·夬之家人》："鳲鳩七子，均而不殆。《魏志·曹植傳》上疏：'七子均養者，鳲鳩之仁也。'"

**《下泉》** 《易林·蠱之歸妹》："下泉苞稂，十年無王。荀伯遇時，憂念周京。王逸《楚辭·九嘆注》：'慨慨，嘆貌也。'《詩》曰：'慨我寤嘆'。《玉篇·口部》引《詩》：'嘅我寤嘆'。《廣雅》：'嘅，滿也。'"

## 《豳·七月第十三》

**《七月》** 《禮·月令》鄭注："'七月流火，九月授衣'，為寒益至也。"《玉燭寶典·仲冬季冬》引《韓詩章句》："'一之日畢發'，夏之十一月也。'二之日栗烈'，夏之十二月也。《說文·波》下云：'一之曰滭波'。"（齊、魯）《御覽·八百二十二八、百二十三》引《韓詩》："'三之日於耜，四之日舉趾。'三月之時可豫取耒耜修繕之，至於四月，始可以舉足而耕也。《漢書·食貨志》引《詩》：'四之日舉止'。"《釋訓》："遲遲，徐也。《玉篇·手部》引《詩》：'蠶月挑桑'。《釋木》：'女桑，桋桑。'"《說文》："萋，草也。引劉向說：'此味苦，苦萋也。'《玉燭寶典·孟夏》引《韓詩章句》：'萋草如出穗'。"《釋文》引《韓詩》："宇，屋霤也。"《釋文》引《韓詩》："向，北向窗也。"《食貨志》引《詩》："嗟我婦子，聿爲改歲，入此室處。"《釋草》："萑，山薍。"《邢疏》引《韓詩》："'六月食鬱及萑'，《說文》：'萑，草也。'引《詩》：'食鬱及萑'。"（魯）《禮·月令》鄭注："穫稻而漬米麵，至春而爲酒。《說文》：'稑，疾熟也'。引《詩》'黍稷種稑'。"（三家）趙岐《孟子·引詩晝爾於茅四句章句》："言教民晝取茅草，夜索以爲綯；綯，絞也。及爾閒暇，亟而乘蓋爾野外之屋，春事起，爾將始播百穀矣。"《文選·東都賦》李注引《韓詩章句》："穀類非一，故言百也。"《初學記》引《韓詩說》："冰者窮谷陰氣所聚，不洩則結而爲伏陰。"《呂覽·仲春紀》高注："《禮·王制》鄭注引《詩》："四之日其早，獻羔祭韭。"《呂覽》高注："開冰室取冰，以治鑒，以祭廟，春薦韭卵。"《月令·孟冬·大飲烝》鄭注引《詩》："受福無疆"。

《鴟鴞》　《史記·魯世家》："武王既崩，成王少……周公乃踐阼代成王攝行政當國。……管、蔡、武庚等果率淮夷而反。周公乃奉成王命，興師東伐……遂誅管叔，殺武庚，放蔡叔。寧淮夷東土，二年而畢定。諸侯咸服宗周。……東土以集，周公歸報成王，乃爲詩貽王，命之曰《鴟鴞》。"《易林·坤之遯》："鴟鴞破斧，冲人危殆，賴旦忠德，轉禍爲福，傾危復立。"《大畜之蹇》："鸒鳩鴟鴞，治成遇灾。綏德安家，周公勤勞。"《釋鳥》："鴟鴞，鸋鳩。"《文選·洞簫賦》李注："夫爲人父者，必懷慈仁之養，以畜養其子也。"《文選·陳琳檄吳將校部曲》李注引《韓詩》："'鴟鴞鴟鴞，既取我子，無毀我室。'鴟鴞，鸋鳩，鳥名也。鴟鴞所以愛養其子者，適以病之。愛養其子者，謂堅固其窠巢。病之者，謂不知託於大樹茂枝，反敷之葦苕，風至苕折巢覆，有子則死，有卵則破，是其病也。"蔡邕《胡公夫人哀讚》云："殷斯勤斯。"《釋文》引《韓詩》："土作杜。"趙岐《孟子章句》："迨，及也；徹，取也；桑土，桑根也。言此鴟鴞小鳥，尚知及天之未陰雨，而取桑根之皮，以纏綿牖户。人君能治國家，誰敢侮之，刺邠君曾不如此鳥。"《釋文》引《韓詩》："口足爲事曰拮據，又租積也。"《尚書大傳》鄭注引《詩》："風雨所漂颻。"《玉篇·口部》《廣韻·三蕭》引《詩》：'予維音之嘵嘵'。《釋訓》：'嘵嘵，懼也。'"

《東山》　《易林·屯之升》："《東山》拯亂，處婦思夫，勞我君子，役無休止。"《家人之頤》："《東山》辭家，處婦思夫。伊威盈室，長股贏户。嘆我君子，役日未已。"《御覽·三十二》引《詩》："'滔滔不歸'。魏武帝詩：'悲彼《東山》詩，悠悠使我哀。'"《說文》引《詩》："'蠨雨其蒙'。王逸注引詩'零雨其蒙'。"《釋詁》："蘦，落也，郭注：'見詩'。"《說文》："蜀，桑中蠶也。引詩：'蜎蜎者蜀'。"（三家）陳思王《螢火論》引《韓詩章句》："宵行熠耀，以為鬼火，或謂之磷。"《文選·張茂先情詩》李注引《韓詩薛君章句》："'鸛鳴於垤，婦嘆於室。'鸛，水鳥。巢居知風；穴居知雨，天將雨而蟻出雍土，鸛鳥見之，長鳴而喜。"《釋文》引《韓詩》："'粟作㵦'云：'粜薪也。'"《孔疏》引《詩》："騏駁其馬。"《文選·思元賦》注引《韓詩薛君章句》："縭，帶也。"

《破斧》　《釋言》："皇，正也。"《白虎通·巡狩篇》："言'東征黜陟'，周公黜陟而天下皆正也。《易林·井之小畜》：'東行述職，征討不服。'"王逸《楚辭·九章注》："孔，甚也。"《釋文》引《韓詩》："錡，木屬。"《釋言》："訛，化也。郭注引《詩》：'四國是訛'。"《釋文》引《韓詩》："銶，鑿屬也。"

《伐柯》

《九罭》　《釋器》："緵罟謂之九罭。九罭，魚網也。《御覽·八百三十四》引《韓詩》：'九罭之魚鱒魴，九罭，取鰕芘也。'"《玉篇·系部》引《韓詩》："袞作綩，云：婉衣，纁衣也。"《玉篇·阜部》引《韓詩》："高平無水曰陸。"

《狼跋》　《釋言》："疐，跲也。《鹽鐵論·鍼石》篇：'狼跋其胡，載疐其尾'。《說文》：'躓，跲也。'引《詩》：'載躓其尾'。"《說文》："睪，固也。引《詩》：'赤舄睪睪'。《己部》引《詩》又云：'赤舄己己'。"（三家）

## 《詩·小雅·鹿鳴之什第十四》

《鹿鳴》　《史記·十二諸侯年表》："仁義陵遲，《鹿鳴》刺焉。"《御覽·五百七十八》引蔡邕《琴操》："《鹿鳴》者，周大臣之所作也。王道衰，君志傾，留心聲色，內顧妃后，設酒食嘉肴，不能厚養賢者，盡禮極歡，形見於色。大臣昭然獨見，必知賢士幽隱，小人在位，周道陵遲，自以是始，故彈琴以風諫。"（《文選·長笛賦》李注引蔡邕《琴操》云："《鹿鳴》者周大臣之所作也，王道衰，大臣知賢者幽隱，故彈琴風諫，乃節引之也）歌以感之，庶幾可復。歌曰：'呦呦鹿鳴，食野之蘋。我有嘉賓，鼓瑟吹笙。吹笙鼓簧，承筐是將。人之好我，示我周行。'此言禽獸得美甘之食，尚知相呼，傷時在位之人不能，乃援琴以刺之，故曰鹿鳴也。"《釋草》："蘋，藾蕭。"應劭《風俗通義六·聲音》篇："笙長四寸，十三簧，像鳳之身也。正月之音物生，故謂之笙。《詩》云：'我有嘉賓，鼓琴吹笙。'簧，笙中簧也。《詩》曰：'吹笙鼓簧，承筐是將。'"《文選·盧諶贈劉琨詩》注引《薛君章句》："承，受也。"《儀禮·鄉飲酒》：'德音孔昭，示民不恌。'"（三家）張衡《東京賦》作"示民不偷"。（魯）《說文·玉篇》引《詩》："示民不佻。"（韓）蔡邕《郭有道碑銘》引"是則是效"。《鄉飲酒》經文及鄭注皆作"傚"。《儀禮注》引作"詨"，《漢書·叙傳》："是則是效。"《玉篇·草部》："芩，黃芩也。《詩》曰：'食野之芩'。"

《四牡》　《漢書·地理志》："右扶風郁夷"，班固引《詩》："周道郁夷。"（齊）《文選·西征賦注》《金谷集詩注》《秋胡詩注》《陸倕石闕銘注》引《韓詩薛君章句》："周道威夷。威夷，險也。"《說文》引《詩》："疼疼駱馬"。（三家）《釋言》："'偟，暇。'郭注：'《詩》：不惶啓處也。'"

《皇皇者華》　《釋言》："皇，華也。陳喬樅云：'皇字當作煌。'"（魯）《楚辭注》引《詩》："侁侁征夫。"《列女傳》引《詩》："莘莘征夫。"《淮南·修務訓》："《詩》云：'我馬唯騏，六轡如絲，載馳載驅，周爰咨謀。'"（魯）

《常棣》　吕祖謙《讀詩記·十七》引《韓詩序》："夫移，燕兄弟也，閔管、蔡之失道也。"蔡邕《姜伯淮碑》："棠棣之華。《說文》引《詩》：'萼不韡韡'。（魯）《讀詩記》《藝文類聚》引《韓詩》：'常棣作夫移之華，萼不煒煒。'"蔡邕《童幼胡根碑》："昆弟孔懷。"《釋詁》："桴，聚也。郭注：'《詩》：原隰桴矣'。"《釋訓》："每有，雖也。"《文選·魏都賦》張載注引《韓詩》："賓爾籩豆，飲酒之醻。"《初學記·十二》引《韓詩內傳》："夫飲之禮：不脫履而即席者謂之禮；跣而陞堂者謂之宴；能者飲，不能者已，謂之醲。"《禮·中庸》鄭注："琴琴，聲相應和也；翕，和也；耽，亦樂也。"《釋文》引《韓詩》："耽，樂之甚也。《楚辭注》引《詩》：'和樂且沈'。"《禮·中庸》鄭注："古者謂子孫曰帑。此詩言和室家之道，自近者始。趙岐《孟子章句》引《詩》：'樂爾妻帑'。"

《伐木》　《文選·謝琨游西池詩》注引《韓詩序》："伐木廢，朋友之道缺，勞者歌其事，詩人伐木自苦其事，故以為文。蔡邕《正交論》：'周德始衰，伐木有鳥鳴之刺。'"《釋訓》："丁丁，嚶嚶，相切直也。"《文選》李注引《詩》："作鷺其鳴矣。"（魯）《文選·顏延年曲水詩》李注、《鸚鵡賦注》引《薛君韓詩章句》："鳥，微物也。"《說文》引《詩》："伐木所所。《玉篇》同。《後漢·朱穆傳》《顏氏家訓·書證》篇、《初學記·器物部》引《詩》作'滸滸'。"《玉篇·草部》引《詩》："'釃酒有蕷'。亦作'與'。"（三家）《釋文》："'蹲'本或作'墫'。《釋訓》：'坎坎墫墫，喜也。'"《說文》引

《詩》:"墫墫舞我"。(齊、韓)

**《天保》** 《韓詩外傳·六》:"言天之所以仁義禮智,保定人之甚固也。《潛夫論·慎微》篇:'言天保佐王者,定其性命甚堅固也。'"《潛夫論》引《詩》:"俾爾亶厚,胡福不除。"《蠟氏注》引《詩》:"吉圭惟饎"。(魯)《釋訓》:"饎酒食也。《儀禮·士虞》注引《詩》:'吉圭爲饎'。"(齊)《釋天》:"春祭曰祠,夏祭曰礿,秋祭曰嘗,冬祭曰烝。"《韓詩》:"卜,報也。"《文選·盧諶詩注》引《韓詩章句》:"承,受也。"

**《采薇》** 《史記·周本紀》:"懿王之時,王室遂衰,詩人作刺。"《白虎通·征伐篇》:"古者師出不踰時者,爲怨思也。天道一時生,一時養,人者天之貴物也。踰時則内有怨女,外有曠夫。《詩》曰:'昔我往矣,楊柳依依。今我來思,雨雪霏霏。'"蔡邕《和熹鄧后謚議》:"家有采薇之思。"《漢書·匈奴傳》:"周懿王時,王室遂衰,戎狄交侵,暴虐中國,中國被其苦,詩人始作,疾而歌之曰:'靡室靡家,玁狁之故……豈不日戒,玁狁孔棘。'"《易林·睽之小過》:"《采薇》《出車》,《魚鹿》思初,上下促急,君子懷憂。"《釋訓》:"不瘵,不來也。"《說文》引《詩》:"彼薾維何。"(三家)《釋言》:"芘,陰也。《文選注》引曹大家訓'腓'亦作'苉'。"《漢書·匈奴傳》"曰"作"日"。《釋文》引《韓詩》:"昔,始也。"《文選·潘安仁金谷集作詩注》、謝元暉《休沐重還丹陽道中詩注》引《韓詩》:"依依,盛貌。"《鹽鐵論》引《詩》:"行道遲遲,載渴載饑。我心傷悲,莫之我哀。"

**《出車》** 蔡邕《諫伐鮮卑議》:"周宣王命南仲吉甫攘玁狁,威蠻荊。"蔡邕《釋誨》:"玁狁攘而吉甫宴。"《漢書·匈奴傳》:"懿王曾孫宣王,興師命將,以征伐之。詩人美大其功曰:'薄伐玁允,至於太原''出車彭彭,城彼朔方。'是時四夷賓服,稱爲中興。"《荀子·大略》篇引《詩》:"'我出我輿,於彼牧矣。'(魯)人表作南中。"《史記·匈奴傳》引《詩》:"'戎狄是膺''薄伐玁狁,至於太原''出輿彭彭,城彼朔方。'"(魯)《漢書·叙傳》《潛夫論》引作"攘"。(齊、魯)

**《杕杜》** 《釋文》引《韓詩》"憚"作"緣"《吕覽·初學篇》高注引《詩》:"'胡逝不至,而多爲恤。'《易林·益之鼎》:'期誓不至,室人銜恤。'"

**《魚麗》** 《易林·睽之小過》:"《采薇》《出車》,《魚麗》思初,上下促急,君子懷憂。"《荀子·大略》篇:"物其指矣,唯其偕矣。"

### 《詩·小雅·南有嘉魚之什第十五》

**《南有嘉魚》** 《廣雅》:"淖淖,衆也。"《列女·魯季敬姜傳》引

《詩》："我有旨酒，嘉賓式燕以樂。"《釋器》："'欒'謂之'汕'。"《廣雅》："汋汋，衆也。"《玉篇》引《詩》："嘉賓式宴以衎。"

《南山有台》　《白虎通·號》篇："凱悌君子，民之父母。"

《蓼蕭》　《續漢·輿服志》劉昭注引《白虎通·車旂篇》："和，設軾者也；鸞，設衡者也。《禮經解注》引《韓詩内傳》：'鸞在衡。和在軾前，升車則馬動，馬動則鸞鳴，鸞鳴則和應。'"

《湛露》　《説文》引《詩》："憸憸夜飲。"（魯）《文選·魏都賦》李注引《韓詩》："愔愔夜飲。"《初學記·二十八》引《韓詩章句》："其桐其椅，其實離離。離離，長貌。"

《彤弓》　《玉篇·言部》引《韓詩》："鐘鼓既設。設，陳也。"

《菁菁者莪》　《文選·東都賦》李注引《韓詩薛君章句》："蓁蓁者莪。蓁蓁，盛貌也。"

《六月》　《漢書·匈奴傳》："宣王興師命將征伐玁狁，詩人美大其功。"《漢書·韋元成傳》引劉歆議：周室既衰，四夷並侵，玁狁最强，至宣王而伐之。詩人美而頌之曰："'薄伐玁狁，至於大原。'又曰：'嘽嘽推推，如霆如雷，顯允方叔，征伐玁狁，荆蠻來威。'故稱中興。"蔡邕《諫伐鮮卑議》："周宣王命南仲吉甫，攘玁狁，威蠻荆。"《鹽鐵論·繇役》篇："詩云：'玁狁孔熾，我是用戒'。"《釋地》："周有焦護。"《公羊注》引《詩》："帛旆英英。"（魯）《史記·三王世家·集解》引《詩》曰："元戎十乘，以先啓行。"韓嬰《章句》："元戎，大戎，謂兵車也。車有大戎十乘，謂車縵輪，馬被甲，衡軛之上，盡有劍戟，名曰陷陣之車。所以冒突先啓敵家之行伍也。"《釋訓》："張仲孝友，善父母爲孝，善兄弟爲友。"

《采芑》　《釋地》："田一歲曰菑，二歲曰新田。"《白虎通》引《詩》："朱紱斯皇，室家君王。"《玉府注》引《詩傳》曰："佩玉上有葱衡，下有雙璜，衡牙蠙珠，以納其間。"（三家）《釋天》："振旅闐闐，出爲治兵，尚威武也。人爲振旅，反尊卑也。《説文》引《詩》：'振旅嗔嗔'。"（韓）左思《魏都賦》："振旅鞠鞠。"（齊）《釋訓》："蠢，不遜也。"《玉篇·一部》引《韓詩》："元，長也。"《玉篇》引《詩》："克壯其猶。"蔡邕《胡公碑》："方叔克壯其猶。"《漢書·韋元成傳》載劉歆議引詩："嘽嘽推推。"

《車攻》　《楚辭注》引《詩》："東有圃草。"班固《東都賦》："豐圃草以毓獸。"《後漢·馬融傳注》引《韓詩》："東有圃草，駕言行狩。"張衡《東京賦》："薄獸狩於敖。"《文選·謝惠連秋懷詩注》引《薛君章句》："奕奕，盛貌。"《説文》引《詩》："四牡龒龒。"（齊）《白虎通·紼冕》篇引

《詩》:"赤芾金舄,會同有繹。"張衡《東京賦》:"决拾既次。"張衡《西京賦》:"收禽舉胔。"《説文》引《詩》:"助我舉柴。(齊)《玉篇》同。"《釋訓》:"徒御不驚,輦者也。"

《吉日》 《釋天》:"既伯既禱,馬祭也。"《後漢·馬融傳》李注引《韓詩》:"駓駓俟俟,或群或友。"《文選·西京賦》李注引《薛君韓詩章句》:"趨曰駓,行曰駼。"《文選·南都賦注》引《薛君韓詩章句》:"醴,甜而不涕也。"

### 《詩·小雅·鴻雁之什第十六》

《鴻雁》 王逸《楚辭·九嘆注》:"劬,亦勞也。"《釋文》引《韓詩》:"'劬,數也。'《釋言》:'矜,苦也。'"《漢書·蕭望之傳》:"'爰及矜人,哀此鰥寡。'上惠下也。"《左隱元年傳》孔疏引許慎《五經異義》:"《韓詩》説:'八尺爲板,五板爲堵,五堵爲雉,板廣二尺,積高五板爲一丈。五堵爲雉,雉長四丈。'"

《庭燎》 張衡《東京賦》:"'庭燎晳晳'。又云:'鑾聲噦噦'。"《説文》引《詩》:"鑾聲鉞鉞。"(齊詩)

《沔水》 《玉篇·言部》引《韓詩》:"訛言,誼言也。《文選·范蔚宗宦者傳論》李注引《韓詩》:'讒言緣間而起。'"

《鶴鳴》 《釋文》引《韓詩》:"九皋,九折之澤。王逸《楚辭·離騷注》:'澤曲曰皋'。"《淮南·説林訓》高注引《詩》:"他山之石,可以爲厝。"

《祈父》 王符《潛夫論·班禄》篇:"'班禄頗而顉甫刺'。《玉篇·牙部》引《詩》:'祈父,維王之爪牙。'"《外傳·七》引《詩》:"有母之尸饔。"

《白駒》 蔡邕《琴操》:"白駒者,失朋友之所作也。其友賢居仕也。衰亂之世,君無道,不可匡輔,依違成風,諫不見受,國士咏而思之,援琴而長歌。"《藝文類聚·二十一》引曹植《釋思賦》:"彼朋友之離别,猶求思乎白駒。"《文選·班固西都賦》李注、陸機《苦寒行詩注》引《韓詩薛君章句》:"'空'作'穹',穹谷,深谷也。"(齊、韓)

《黃鳥》 《易林·乾之坎》:"黃鳥來集,既嫁不答。念我父母,思復邦國。"

《我行其野》 《易林·巽之豫》:"黃鳥采蓄,既嫁不答。念吾父兄,思復邦國。"《釋文》:"'遂'本亦作'蓄'。"曹植《七啓》云:"霜蓄露葵。"

《白虎通·嫁娶篇》引《詩》："不惟舊因。"

**《斯干》** 《漢書·劉向傳·向疏》："周德既衰，而奢侈，宣王賢而中興，更爲儉宮室，小寢廟，詩人美之，《斯干》之詩，是也。上章道宮室之如制，下章言子孫之衆多也。"蔡邕《宗廟祝嘏詞》："昔周王德衰，而《斯干》作，應運變通，自古有之。"《釋訓》："秩秩，清也。"《考工記·匠人注》引《詩》："約之格格。廣雅：'櫄櫄，聲也。'"揚雄《將作大匠箴》："墻以禦風，宇以蔽日。寒暑攸除，鳥鼠攸去。"（魯）《玉篇·人部》引《詩》："如企斯翼。"《玉篇·木部》引《韓詩》："如矢斯朸。朸，木理也。《釋文》：'朸，隅也。'又：'翱，翅也。'"《潛夫論·夢別》篇引《詩》："惟熊惟羆，男子之祥。惟虺惟蛇，女子之祥。"《文選·二十九·棗據雜詩注》引《韓詩内傳》："男子生，以桑弧蓬矢六，射天地四方，明富有事天地四方也。"《白虎通·紼冕》篇引《詩》："朱紼斯皇。室家君王。"《釋文》："'裼'作'禘'，《孔疏》引侯包《韓詩翼要》：'禘，示之方也。'"

**《無羊》** 《釋文》引《韓詩》："'訛'作'譌'，云：'訛，覺也。'"《潛夫論·夢別》篇引《詩》："衆惟魚矣，實惟豐年。旐惟旟矣，室家蓁蓁。"

## 《詩·小雅·節之什第十七》

**《節南山》** 《漢書·董仲舒對策》："周室之衰，其卿大夫緩於誼而急於利，亡推讓之風，而有爭田之訟，故詩人疾而刺之，曰：'節彼南山，惟石巖巖。赫赫師尹，民具爾瞻。'爾好誼則民鄉仁而俗喜，爾好利則民好邪而俗敗。"《釋文》引《韓詩》："節，視也。"《禮·大學》引《詩》云："節彼南山，惟石巖巖。"《釋文》引《韓詩》："惔作炎。"《釋文》引《韓詩》："監，領也。"《説文》引《詩》："天方薦嗟。"（三家）《潛夫論·志氏姓篇》引《詩》："尹氏大師，維周之底。"《漢書·律曆志》引《詩》："尹氏大師，秉國之鈞。"《荀子·宥坐篇》引《詩》："尹氏大師，維周之氐，秉國之鈞，天子是痺，卑民不迷。"《釋訓》："瑣瑣，小也。"《釋文》引《韓詩》："傭作庸，云：庸，易也。"《禮·緇衣》引《詩》："誰能秉國成，不自爲正，卒勞百姓。"（齊）《釋訓》："蹙蹙，述鞠也。"《文選·登樓賦注》引《薛君韓詩章句》："騁，馳也。"《文選·任昉百辟勸進箋注》暨沈約《齊安陸昭王碑文注》引《薛君韓詩章句》："萬人顒顒，仰天告訴。"蔡邕《朱公叔謚議》："周有仲山甫，伯陽父，嘉父，優老之稱也。"《士冠禮》"曰伯某甫"鄭注："周大夫有嘉甫。甫或作父。"

**《正月》** 《釋訓》："痡痡，病也。"《釋訓》："夢夢，亂也。《釋文》引

《韓詩》：'惡貌也。'《文選·陸機嘆逝賦》：'咨余今之方殆，何視天之芒芒。'"（齊）曹植《卞太后誄》："'跼天蹐地'。《說苑·敬慎》篇引《詩》：'謂天蓋高，不敢不跼；謂地蓋厚，不敢不蹐。'《列女·楚野辨女傳》引《詩》：'惟號斯言，有倫有跡。'《說文》引《詩》：'謂地蓋厚，不敢不趚。'《繁露·深察名號篇》引《詩》："'惟號斯言，有倫有跡。'"《說文》引《詩》："胡爲虺蜥。"（齊）《漢書·谷永傳》引《詩》："燎之方陽，能或滅之。"《列女·周褒姒傳》引詩："赫赫宗周，褒姒滅之。"（魯）《禮·中庸》引《詩》："潛雖伏矣，亦孔之昭。"《釋訓》："佌佌，小也。《說文》'佌佌作伽伽'引《詩》：'伽彼有屋。'"（齊、韓）《後漢·蔡邕傳》釋誨云："速速方轂。天天是加。"《孟子》引《詩》："哿矣富人，哀此煢獨。"（魯）

《十月之交》 劉向《封事》引《詩》："日月鞠凶，不用其行。"（魯）《史記·天官書》："月蝕常也，日蝕爲不臧也。《漢書·天文志》引《詩》：'彼月而食，則惟其常。'《傳》曰：'月食非常也，比之日食猶常也。日食則不臧矣。'"《玉篇·於部》引《韓詩》："'於何'猶'奈何'也。"《玉篇·水部》引《詩》："'百川沸騰'，水上湧也。"《漢書·古今人表》："司徒皮……膳夫中術。"《韓》"蕃"作"繁"。陳喬樅云："'術'與'述'同，古又通。《漢書·人表》：'內史掫子，趣馬橛。'《漢書·五行志·注》引《詩》：'掫子內史，蹶維趣馬。'《漢書·人表》：'師氏萬。'《潛夫論·本政篇》作'蹯'。"《漢書·谷永傳·注》《魯詩·小雅·十月之交》篇："閻妻扇方處。《齊》作'剡'。"《說文》引《詩》："豔妻煽方處。"（韓）《釋文》引《韓詩》："抑，意也。"《玉篇·水部》引《韓詩》："汙，穢也。"《釋文》引《韓詩》："愁，閴也。蔡邕《陳太邱碑》：'天不愁遺一老，俾屏我王。'"《漢書·劉向傳》引《詩》："'密勿從事，不敢告勞。無罪無辜，讒口嗷嗷。'《釋訓》：'敖敖，傲也。'《釋文》引《舍人》本作'警警，毀也。'《釋文》引《韓詩》作'嗷嗷'。"《說文》引《詩》："噂沓背憎"（三家）《釋訓》："'攸攸，嗜嗜。罹禍毒也。'樊光引《詩》：'攸攸我里。'（魯）《玉篇·疒部》引《詩》：'悠悠我瘨。'"《釋訓》："不徹，不道也。"

《雨無正》 揚雄《豫州牧箴》："不慮不圖。"《蔡邕傳》："下獲熏胥之辜。'李注引《詩·小雅》：'若此無罪，勳胥以痡。'《漢書·敘傳》顏注：'《齊魯韓詩》作熏。'"《列女傳》《楚辭章句》引《詩》："'訊'作'誶'。《漢書·賈山傳》引《詩》：'聽言則對，譖言則退。'"

《小旻》 《文選·幽通賦》："畔回穴其若茲兮。"《釋文》引《韓詩》："'逼'作'熄'，云僻也。"《文選·西征賦》李注引《韓詩》："'謀猷回沉．'《薛君章句》：'回沉，邪僻也．'"《史記·劉敬傳·索隱》引《韓詩傳》："沮，止也；壞也．"《玉篇·言部》："《韓詩》：'翕翕訾訾，不善之貌也．'《釋訓》：'翕翕訿訿，莫供職也．'《漢書·劉向上封事》引《詩》：'歙歙訿訿'，《荀子·修身》篇引《詩》：'噏噏呰呰'．"《韓詩外傳·六》引《詩》："'謀夫孔多，是用不就．'《釋文》引《韓詩》'膴'作'腜'；'靡腜，猶無幾何．'"《漢書·叙傳》："或恥或謀．"《釋訓》："暴虎，徒搏也．馮河，徒涉也．"

《小宛》　《文選·西都賦·李注》引《韓詩》："'翰飛厲天'．《薛君章句》：'厲，附也．'"《繁露·楚莊王篇》："《詩》云：'我心憂傷，念昔先人．'"《列女傳·八》："《詩》云：'彼昏不知，壹醉日富．'"《說文》引《詩》："螟蛉有子，蜾蠃負之．"（三家）《中論·貴驗》篇引《詩》："'相彼脊令'．《潛夫論·贊學》篇引《詩》：'題彼鶺鴒'．"《大戴禮·立孝》篇引《詩》："夙興夜寐，無忝爾所生．"（三家）《釋文》引《韓詩》："'瑱'作'疹'；疹，苦也．'岸'作'犴'；鄉亭之繫曰犴，朝廷曰獄．'"

《小弁》　趙岐《孟子章句》："《小弁》，《小雅》之篇，伯奇之詩也．伯奇仁人，而父虐之，故作《小弁》之詩．蔡邕《琴操》：'履霜操者，尹吉甫之子，伯奇所作也．'吉甫娶後妻，生子曰伯邦，乃讒伯奇於吉甫，放之於野．伯奇清朝履霜，自傷無罪見逐，乃援琴而鼓之．宣王出游，吉甫從之，伯奇乃作歌，以言感之於宣王．王聞之曰：'此孝子之辭也．'吉甫乃求伯奇於野，而感悟，遂射殺後妻．"《漢書·馮奉世傳·贊》："……讒邪交亂，貞良被害，自古而然．故伯奇放流，孟子宮刑，申生雉經，屈原赴湘，《小弁》之詩作，《離騷》之詞興．《易林》訟之大有：尹氏伯奇，父子生離．無罪被辜，長舌所爲．"《釋鳥》："鸒，卑居．"《釋文》引《韓詩》："搗作疛，疛，心疾也．"《後漢·質帝紀》李注引《詩》："'痻瘵永嘆，唯憂用老．'《論衡·書虛》篇引《詩》：'惟憂用老'．"《玉篇·口部》引《詩》："嘒嘒，小聲也．"《說苑·雜言》篇引《詩》："'有漼者淵，萑葦淠淠．'《韓詩外傳·七》引《詩》：'有漼者淵，萑葦渼渼．'《廣雅·釋訓》：'渼渼，茂也．'"《釋文》引孫炎曰："'艘'古'届'字．"（魯）《釋木》："瘣木苻婁'．《釋文》引樊光曰：'《詩》云：譬彼瘣木，疾用無枝．'"（魯）《說文》引《詩》："尚或墐之．"（齊、韓）

《巧言》　《衆經音義·五》引《詩》："作'僭始既涵'．《釋文》引《韓詩》：'涵'作'減'，云：少也．"（三家）《玉篇·次部》引《韓詩》："盜，讒也．《說文》引《詩》：'秩秩大猷'．"（三家）《釋文》："'莫'義作

'漢'。"（魯）《漢書》顔注："《詩·小雅·巧言》之篇曰：'秩秩大猷，聖人謨之。'"（齊）《易林·謙之益》："'狡兔趯趯，良犬逐咋。'《史記·春申君傳·集解》引《韓詩章句》：'趯趯，往來貌。'"《吕覽·重己》篇高注："'酗'讀如《詩》'虺虺碩言'之'虺'。"（魯）《釋水》引郭注："《詩》曰：'居河之湄。'"《釋訓》："'既微且尰'，骭瘍爲微，腫足爲尰。《説文》引《詩》'既微且瘇'。"（齊、韓）

《何人斯》　《玉篇·阜部》引《韓詩》："堂涂左右日陳。"《列女·衛靈夫人傳》引《詩》："我聞其聲，不見其人。"《釋文》引《韓詩》："'易'作'施'，云善也。"《御覽·九百五十》引《韓詩內傳》："短狐，水神也。"《釋言》："脜，姁也。"

《巷伯》　《説文》引《詩》："縷兮斐兮，成是且錦。"（韓）《釋言》："誃，離也。郭注：見詩。"《玉篇·繫部》引《韓詩》："'緝緝縮縮，謀欲贊言；緝緝縮縮，往來兒也'。《説文》引《詩》作'幂幂幡幡'。"（齊、魯）《韓詩外傳·三》引《詩》："懼爾言矣，謂爾不信。"《漢書·揚雄傳》蘇林注："'唪'音《詩》'唪唪幡幡'之唪。《衆經音義·十六》引《詩》作'倢倢幡幡'。"（三家）《釋訓》："'旭旭憍也'，即'好好'之異文。'懆懆勞也'，即'草草'之異文。"（魯）《禮·緇衣》鄭注："《巷伯》六章，及《後漢·馬援傳·朱勃上疏》，並引《詩》'取彼讒人，投畀豺虎'。"（齊、韓）

## 《詩·小雅·谷風之什第十八》

《谷風》　《文選·任昉策秀才文·注》引《韓詩薛君章句》："'將恐將懼，將辭也。'《新序·雜事五》引《詩》'將安將樂，棄我如遺。'"（魯）《玉篇·山部》引《韓詩》："岑原，山巔也。《中論·修木篇》'習習谷風，惟山崔巍，何木不死，何草不萎。'"

《蓼莪》　《説文》引《詩》："瓶之罄矣。"（三家）《大戴禮·用兵》篇引《詩》："鮮民之生矣，不如死之久矣。"《釋文》引《韓詩》："怙，賴也，恃負也。《後漢·梁竦傳》：'撫我畜我'。"（三家）《漢書·鄭崇傳·哀帝詔云》："欲報之德，俾天罔極。"

《大東》　王逸引《詩》作"芧芧公子"。《釋文》引《韓詩》作"孅孅，往來貌。"《釋訓》："'皋皋琄琄'，刺素食也。《御覽·六百九十一》引《詩》：'絹絹佩璲'。"（齊、韓）《文選·顔延之夏夜呈從兄詩》李注引《薛君》："襄，反也。"《文選·思元賦》李注引《詩》："睆彼牽牛，不以服箱。"（三家）《釋天》："明星謂之啓明。"（三家）《史記·天官書·索隱》引《韓詩》:"太白晨出東方爲啟明,昏見西方爲長庚。"《玉篇·口部》引《詩》:"惟南有箕,載吸其舌。"

《四月》　《文選·謝靈運九日送孔令詩》李注引《韓詩》:"秋日淒淒,百卉俱腓。"潘安仁《關中詩》李注引《韓詩》:"'亂離斯莫,爰其適歸。'《說苑·政理》篇:'詩不云乎?亂離斯瘼,爰其適歸。'"蔡邕《九惟》:"冬日栗栗。"《白帖九十九》引《詩》:"山有嘉卉,維栗維梅。"(三家)《釋詁》:"廢,大也。"《玉篇·云部》引《韓詩》:"'曷云能穀',云辭也。"蔡邕《袁滿來墓碑》:"唯以告哀。"

《北山》　《韓詩外傳·一》引《詩》:"普天之下,莫非王土。"(三家)《漢書·五行志》劉歆説《詩》:"或宴宴居息,或盡瘁事國。無將大車。"

《小明》　《鹽鐵論·執務》篇引《詩》:"念彼恭人,涕零如雨。"(齊)王逸《楚辭·九嘆注》引《詩》:"'睠睠懷顧'。《文選·登樓賦注》《思元賦注》《陸雲答張士然詩注》、謝惠連《西陵遇風詩注》、王粲《從軍詩注》引《韓詩》:'睠睠懷顧'。"《漢書·淮陰王欽傳·元帝璽書》曰:"《詩》不云乎?靖恭爾位,正直是與。"(魯)《禮·表記》:"《小雅》曰:'靖恭爾位,正直是與。'《韓詩外傳·四》引《詩》:'靜恭爾位,正直是與。'《禮·緇衣》引《詩》云:'靖恭爾位,好是正直。'"《繁露·祭義》篇:"《詩》曰:'嗟爾君子,毋常安息。靜共爾位,好是正直。'(齊)《韓詩外傳·四》引《詩》:'靜恭爾位,好是正直。'《外傳七》引《詩》:'靖恭爾位,好是正直。'"

《鼓鐘》　《衆經音義·十二》《後漢書·卷八十一》注,《文選注》三十四引《韓詩》:"作'憂心且陶,陶暢也。'"《文選·魏都賦》李注引《韓詩內傳》:"'王者舞六代之樂,舞四夷之樂,大德廣之所及。'《後漢·陳禪傳》李注引《薛君章句》:'南夷之樂曰南。四夷之樂,惟南可以和於雅者,以其人聲音及篇不僭差也。'"

《楚茨》　《禮·禮器·正義》引《釋宮》:"廟門謂之閎。"(魯)《説文》引《詩》:"祝祭於祊。"(齊、韓)王應麟《詩考》引《韓詩外傳》"'儀'作'義'。"《文選·蘇武古詩·注》引《韓詩》,及《薛君章句》:"'馥芬孝祀',馥,香貌也。"

《信南山》　《周官·稍人邱乘》注:"'乘'讀與'維禹甸'之'甸'。"(韓)《藝文類聚·二》《御覽·十二》引《韓詩外傳》:"云雲曰同雲。"《白帖·二》兩引《詩》"雨雪紛紛。"(三家)《韓詩外傳·四》引《詩》:"中田有廬,疆場有瓜。"蔡邕《司空臨晉侯楊公碑》:"馥馥芬芬。"

## 《詩·小雅·甫田之什第十九》

**《甫田》**　《玉篇·草部》引《韓詩》："莳彼圃田。"《漢書·食貨志》引《詩》："或芸或芋，黍稷儗儗。"

**《大田》**　《釋詁》："剡，利也；郭注：《詩》'以我剡耜。'"（魯）《釋文》引《韓詩》："秉作卜，卜，報也。"《漢書·食貨志》引《詩》："有黤淒淒，興雨祁祁。"《呂覽·務本》篇引《詩》云："有晻淒淒，興雲祁祁。"《詩考》引《外傳》："有黤淒淒，興雲祁祁。"

**《瞻彼洛矣》**　《淮南·墜形訓》："洛出獵山東，南流入渭。"《白虎通》引《詩》："韎韐有奭。"

**《裳裳者華》**　《廣雅·釋訓》："常常，盛也。"（魯、韓）《新序》引《詩》："唯其有之，是以似之。"

**《桑扈》**　《新書·禮》篇："胥者，相也。"《漢書·五行志》："《詩》曰：'兕觥其觩，旨酒思柔。彼交匪敖，萬福來求。'"

**《鴛鴦》**　《釋文》引《韓詩》："戢，捷也。捷其噣於左也。"

**《頍弁》**　《釋天》："雨霓爲霄雪。"郭注引《詩》："如彼雨雪，先集維霓。水雪雜下謂之消雪。"（魯）《御覽·十二》《宋書·符瑞志》《文選·謝惠連雪賦》李注引《韓詩薛君章句》："先集維霰，霰，霓也。"王逸《楚辭·大招·注》引《詩》："樂酒今昔。"

**《車舝》**　《文選·劉琨答盧諶詩·注》、陸機《辨亡論·注》引《薛君韓詩章句》："括，約束也。"《列女·漢楊夫人傳》引《詩》："展彼碩女，令德來教。"《釋文》引《韓詩》："慰作愪，愪，恚也。"

**《青蠅》**　《説文》引《詩》："營，作營，云：小聲也。"（三家）《漢書·武五子傳》："壺關三老茂引《詩》：'止於藩。'"《論衡·商蟲》篇引《詩》云："'營營青蠅，止於藩。'《史記·滑稽列傳》引《詩》云：'營營青蠅，止於蕃。'《説文》引《詩》作'止於棘。'"（韓）《新語·輔政》篇、《史記·滑稽列傳》《論衡·言毒篇》引"讒人"並作"讒言"。《釋文》引《韓詩》："構，亂也。"

**《賓之初筵》**　《後漢·孔融傳》李注引《韓詩》："言賓客初就筵之時，賓主秩秩然俱謹敬也。"《文選·班固典引》："'肴覈仁義之林藪'，蔡邕注引《詩》：'肴覈惟旅'。《漢書·吾邱壽王傳》：'大射之禮也。'"《釋文》引《韓詩》："反作䬳，云：善貌。"《釋文》引《説文》："佖作佖。"（三家）《玉篇·人部》："傲，醉舞貌。"《説文·斐字》引《詩》："婁舞斐斐。"（三家）

## 《詩·小雅·魚藻之什第二十》

**《魚藻》** 《釋文》引《韓詩》："頒，衆貌。"《釋詁》："賁，大也。《尚書疏》引樊光注引《詩》：'有賁其首'。"張衡《南都賦》："接歡宴於日夜，終愷樂之令儀。"

**《采菽》** 《白虎通·考黜》篇引《詩》："'君子來朝，何錫與之。雖無與之，路車乘馬。又何與之，玄袞及黼。'是《魯詩》作'與'。"《後漢·東平憲王傳·明帝手詔》："誦及《采菽》。李注《采菽》詩曰：'采菽采菽，筐之筥之。君子來朝，何錫與之。'"（韓）《說文》引《詩》："'觱沸濫泉'。（魯）《玉篇·角部》：'觱沸濫泉'。又云：'觱'或作'潷'。"《白虎通》引《詩》："赤紼在股。"《荀子·勸學篇》引《詩》："匪交匪紓。"《釋文》引《韓詩》："'平'作'便'，云：'閒雅之貌。'"《釋水》："'汎汎楊舟，紼纚維之。'紼，縴也。纚，緌也。"（魯）《釋文》引《韓詩》："纚，笮也。"《文選·顏延之來元皇后哀策文·注》引《韓詩》："纚，繫也。"《釋文》引《韓詩》："'膍'作'肶'，云厚也。"《韓詩外傳·四》引《詩》："優哉柔哉，亦是戾矣。"

**《角弓》** 《潛夫論·班祿》篇引《詩》云："爾之教矣，民斯效矣。"《後漢書·章帝紀》李注引《韓詩》："良，善也。言王者所爲，無有善者，各相與於一方而怨之。"《釋文》引《韓詩》："'宜'作'儀'，我也。"《荀子·非相》篇、《漢書·劉向傳》《韓詩外傳·四》引詩，並作"麀鹿"。《荀子》作"宴然聿消"。《釋文》引《韓詩》："嚥晛聿消"。《劉向傳》："嚥晛聿消"。段玉裁云："宴然，即嚥晛。"《荀子》作"下隊"。《文選·陸機·歎逝賦·注》引《薛君韓詩章句》作"隤"，曰："隤猶遠也。"

**《菀柳》** 《玉篇·阜部》《衆經音義·五》引《韓詩》："蹈作陶，陶，變也。"《楚策》載《孫子爲書謝春申君》引《詩》："上天甚神，無自瘵也。"

**《都人士》** 《禮·內則》鄭注引《詩》："垂帶如厲。"（齊）《淮南·氾論訓》高注引《詩》："垂帶若厲"。（魯）

**《采綠》** 王逸《楚辭·離騷注》引《詩》："終朝采菉。"《釋文》引《韓詩》："觀作覯。"

**《黍苗》** 《國語》韋注："《黍苗》道召伯述職，勞來諸侯也。"

**《隰桑》**

**《白華》** 《釋文》引《韓詩》："'英'作'泱'。"《正義》引侯苞《韓詩翼要》："天行艱難於我身，不我可也。"《說文》引《詩》："滮沱北流。"

（三家）《釋文》引《韓詩》："邁作怖，云：意不説好也。"

《緜蠻》　《文選·何晏景福殿賦》李注、《王融曲水詩序》李注引《韓詩薛君章句》："'緜蠻黃鳥'，緜蠻，文貌。"

《瓠葉》

《漸漸之石》　《論衡·説日》篇引《詩》："月麗於畢，俾滂沱矣。"又《明雩篇》引《詩》："月離於畢，比滂沱矣。"

《苕之華》　《易林·小孚之訟》："牂羊羵首，君子不飽。年饑孔荒，士民危殆。"

## 《詩·大雅·文王之什第二十一》

《文王》　《史記·周本紀》："《大雅》曰：'陳錫載周'。《玉篇·阜部》引《韓詩》：'陳錫載周，陳見也。'"《漢書·東平王宇傳》："元帝敕諭云：'《詩》不云乎：毋念爾祖，述修厥德。永言配命，自求多福。'"《禮·大學》引《詩》："殷之未喪師，克配上帝。儀鑒於殷，峻命不易。"《釋文》引《韓詩》："遏，病也。"《漢書·揚雄傳·甘泉賦》："上天之縡"。《潛夫論·德化》篇："上天之載，無聲無臭。儀形文王，萬邦作孚。"《禮·緇衣》："儀刑文王，萬國作孚。"

《大明》　《潛夫論·卜列篇》引《詩》："'天難諶斯'。《繁露·天地陰陽》篇同。"《詩考》引《韓詩外傳·十》作"訦"。《釋親》："嬪，婦也。郭注引《詩》：'聿嬪於京'。"《衆經音義》兩引《詩》並作"大任有娠。"（三家）《禮·表記》引《詩》："惟此文王，小心翼翼。"《繁露·郊祭》篇引《詩》："唯此文王，小心翼翼。昭事上帝，允懷多福。"《釋文》引《韓詩》俱作"磬。磬，譬也。"《説文》引《詩》："其旝如林。"（齊、韓）揚雄《太僕箴》："檀車孔夏，四騵孔昕。"《釋文》引《韓詩》："'涼'作'亮'，曰亮相也。"《風俗通義·一》引《詩》："亮彼武王，襲伐大商。"《玉篇·水部》引《韓詩》："會朝瀞明。瀞，清也。"

《緜》　《文選·潘岳懷縣詩》李注引《薛君章句》："'緜緜瓜瓞'，曰瓞，小瓜也。《釋草》：'瓞㼐，其紹瓞'"《漢書·地理志·自注》："《詩》曰：'自杜。'"《説文·復霎》引《詩》："陶復陶穴。"（三家）《玉篇·走部》引《詩》："來朝趣馬。"《文選·魏都賦》引《詩》："周原膴膴，堇荼如飴。"班固《幽通賦》引《詩》："爰挈我龜。"《禮·檀弓》鄭注引《詩》："縮板以載。"（齊）《衆經音義·十四》引《韓詩》："鬼神所居曰廟。"《釋文》引《韓詩》："度，填也。"《玉篇·門部》引《詩》："高門有閌。"《釋文》引《韓詩》："閟，盛貌。"張衡《七辯》："應門鏘鏘。"《文選·魯靈光殿賦》張載注引《詩》："昆夷突矣。"《說文》引《詩》："犬夷呬矣。"（三家）《漢書·古今人表》中："虞侯芮侯。"顏注："二國訟田質於文王者。"王逸《楚辭章句》引詩："予聿有奔走，予聿有先後。"《大傳》云："周文王胥附奔輳，先後禦侮，謂之四鄰，以免於羑里之害。"

《棫樸》　《春秋繁露·郊祭》篇："天子每將興師，必先郊祭以告天，乃敢征伐，行子之道也。文王受天命而王天下，先郊乃敢行事而興師伐崇，其詩曰：'芃芃棫樸，薪之槱之。濟濟辟王，左右趨之。濟濟辟王，左右奉璋。奉璋峨峨，髦士攸宜。'此郊辭也。其下曰：'淠彼涇舟，烝徒楫之，周王于邁，六師及之。'此伐辭也。其下曰：'文王受命，有此武功。既伐於崇，作邑於豐。'以此辭者，見文王受命則郊，郊乃伐崇。"《荀子·富國》篇引《詩》曰："雕琢其章，金玉其相。亹亹我王，綱紀四方。"《韓詩外傳·五》引《詩》："亹亹文王，綱紀四方。"

《旱麓》　《典瑞·注》引《詩》："恤彼玉瓚。"（三家）中篇引《詩》曰："鳶飛戾天，魚躍於淵。"《文選·王襃四子講德論》李注引《薛君章句》："魚喜樂，則踴躍於淵中。"《潛夫論·德化》篇引《詩》："鳶飛戾天，魚躍於淵。愷悌君子，胡不作人。"《文選·西征賦》李注引《薛君韓詩章句》："載，設也。"《韓詩外傳》二引《詩》："莫莫葛藟，延於條枚。豈弟君子，求福不回。"《禮·表記》引《詩》："莫莫葛藟，施於條枚。凱弟君子，求福不回。"

《思齊》　《釋文》引《韓詩》："刑，正也。"

《皇矣》　《潛夫論·班祿》篇："求民之瘼。"蔡邕《和熹鄧后諡議》："求人之瘼。"（魯）後漢班彪《王命論》引《詩》："皇矣上帝，臨下有赫。監觀四方，求民之莫。"（按：班家學《齊詩》，"莫"當爲"瘼"）《班祿》篇作"惟此二國"。《釋文》："《韓詩》曰：'耆，惡也。'"《班祿》篇："乃睠西顧。"《論衡·初稟》篇："此惟予度。"《釋木》："立死，椔。蔽者，翳。"《釋文》引《韓詩》："菑，反草也。殪，因也。因高填下也。"《釋詁》："妃，媲也。"《詩》疏引某氏注："《詩》云：天立厥妃。"徐幹《中論·務本篇》引《詩》："惟此文王。"《禮·樂記》引《詩》"莫其德音"十句。《鄭注》言："文王之德，皆能如此。"（齊）《孔疏》云："今《韓詩》亦作文王。"《釋文》引《韓詩》："貊作莫，云莫定也。"《樂記》作"克順克俾"。《史記·樂書》引《詩》作"克順克俾。"《漢書·叙傳》："項氏畔換。"（用《齊詩》）《釋文》引《韓詩》："畔，援武強也。"《玉篇·人部》引《詩》："無然伴換。"《文選·孫綽登天台山賦》李注引《薛君韓詩章句》："羨，願也。"《呂覽·用民》篇高注引《詩》："密人不共，敢距大邦。"《文選·長楊賦》注引《薛君韓詩章句》："無矢我陵，曰：四平曰陵。"《衆經音義·一》《文選·西都賦·注》引《韓詩傳》："曲京曰阿。"《賈子·君道》篇、《淮南·詮言訓》引《詩》："弗識弗知。"（魯）《後漢·伏湛傳》引《詩》："同爾弟兄。"（齊）《釋文》引《韓詩》："'臨衝'作'隆衝。'"《釋文》引《韓詩》："忔忔，搖也。"

《靈臺》 《廣雅·釋訓》："濯濯，肥也。"《新書·君道》篇引《詩》："王在靈囿，麀鹿攸伏。麀鹿濯濯，白鳥皜皜。王在靈沼，於牣魚躍。"趙岐《章句》："麀鹿濯濯，白鳥鶴鶴。"《文選·曲水詩》李注引《薛君韓詩章句》："文王聖德，上及飛鳥，下及魚鱉。"《呂覽·季夏紀》高注引《詩》："鼉鼓韸韸。"《楚辭·九章》王逸《章句》引《詩》："矇瞍奏工。"《呂覽·達鬱篇》高注引《詩》："蒙瞍奏功。"

《下武》 趙岐《孟子章句·九》引《詩》："永言孝思，孝思惟則。"《荀子·仲尼》篇引《詩》："媚兹一人，應侯順德。永言孝思，昭哉嗣服。"《續漢書·祭禩志》引謝沈書："作昭哉來御，慎其祖武。"（三家）

《文王有聲》 《說文》引《詩》："欥求厥寧。"（三家）《釋文》引《韓詩》："烝，美也。"張衡《西京賦》"經城洫"，薛綜注："洫，城池也。《釋文》引《韓詩》：'淢作洫，云深池。'"《禮·禮器》引《詩》："匪革其猶，聿追來孝。"（齊）《釋文》引《韓詩》："遹，美也。"《韓詩外傳·四》引《詩》："自東自西，自南自北，無思不服。"《禮·坊記》引《詩》："考卜惟王，度是鎬京。惟龜正之，武王成之。"（齊）《列女·陳嬰母傳》引《詩》："貽厥孫謀，以燕翼子。"《晏子春秋·內篇·諫下》引《詩》："武王豈不事，詒厥孫謀，以燕翼子。"

### 《詩·大雅·生民之什第二十二》

《生民》 王逸《楚辭章句序》："《詩》：'厥初生民，時惟姜嫄。'"《史記·周本紀·注》引《韓詩章句》："嫄作原，曰姜姓原字。"《御覽·五百二十九》載《鄭紀·王權》引《生民》詩："克禋克祀，以祓無子。"（三家）《釋訓》："履帝武敏。武，跡也，敏，拇也。"《文選·陸雲〈大將軍宴會被命作詩〉》李注引《韓詩》："誕，信也。"《說文》引《詩》："克岐克嶷"。（魯）《太宰》賈疏："《生民》詩'蓺之戎菽。'"（韓）《說文》引《詩》："禾穎穟穟。"（三家）《說文》："'㖒'讀若詩'瓜㔻萶萶'"（三家）《釋文》引《韓詩》："茀作拂，拂弗也。"《白虎通·京師》篇引《詩》："即有邰家室。"（魯、韓）《漢書·地理志》："右扶風斄，周后稷所封。"顏注："'斄'讀與'邰'同。"是《齊》作斄。《說文》引《詩》："誕降嘉谷，惟櫃惟秠。"《釋草》："虋赤苗，芑白苗，秬黑黍，秠一稃二米。"《說文》引《詩》："或簸或舀。"（三家）《釋訓》："溞溞，釋也。烰烰，烝也。"《孔疏》引樊光注："《詩》云：'淅之溞溞，烝之烰烰。'"（魯）《禮·表記》引《詩》："后稷兆祀，庶無罪悔，以迄於今。"

《行葦》　《石經·魯詩》："惟葉柅柅。"（魯）《詩釋》文云："張揖作苨苨，云草盛也。"（韓）《玉篇·肉部》："臄，口上阿也。"《二京賦》曰："雕弓既縠。"張衡《南都賦》："鮐背之叟。《釋詁》：'鮐背，耇老壽也。'"

《既醉》　《列女·涂山氏傳》引《詩》："釐爾士女，從以孫子。"

《鳧鷖》　《說文》引《詩》："公尸來燕醺醺。"（魯）張衡《東京賦》："具醉薰薰。"

《假樂》　《禮·中庸》引《詩》："嘉樂君子，顯顯令德。宜民宜人，受祿于天。保佑命之，自天申之。"（齊）班固《明堂詩》："穆穆煌煌。"《繁露·郊語》篇引《詩》："不愆不忘，率由舊章。"《繁露·楚莊王》篇引《詩》："威儀抑抑，德音秩秩。無怨無惡，率山仇匹。"《唐會要·七》引《韓詩內傳》："師臣者帝，友臣者王，臣臣者霸，魯臣者亡。"《孔疏》："《釋詁》：'呬，息也'。某氏注：《詩》云：'民之攸呬。'"

《公劉》　《衆經音義·九》引《詩》："乃告其曹。"（三家）《白虎通·京師篇》引《詩》："篤公劉，於邠斯觀。"《釋丘》："厓內為隩，外為隈。"《邢疏》："隈當作鞫，又作圫。"《地理志》注："《詩》：'芮阢'。顏注：'脈與鞫同。'《韓詩》作'芮阢'。《玉篇》："水外曰阢。"

《泂酌》　《荀子·禮論》："《賈子·君道》篇、《白虎通義·號》篇、《說苑·政理篇》引'豈弟君子'二句，並作"愷悌"。《韓詩外傳·六》引'豈弟'作'愷悌'，《禮·孔子閒居》引'凱弟君子'二句作'凱弟'。"

《卷阿》　《釋詁》："酋，終也。郭注：'《詩》曰：嗣先公酋矣。'"（魯）《釋訓》："顒顒卬卬，君之德也。"《釋訓》："藹藹，止也。"《釋訓》："藹藹萋萋，臣盡力也。噰噰喈喈，民協服也。"

《民勞》　《漢書·元帝紀》引《詩》："民亦勞止，迄可小康。"《說文》引《詩》："曆不畏明。"（齊、韓）《釋言》："憯，曾也。""大司馬卒長執鐃"，《鄭注》：鐃，讀如'護曉'之'曉'。《賈疏》從《毛詩》云：'以謹罐曉'。"（三家）

《板》　《釋訓》："版版，僻也。《禮·緇衣》詩云：'上帝板板，下民卒瘨。'《韓詩外傳·五》引《詩》：'上帝板板，下民瘁癉。'"《廣雅·釋訓》："管管，欲也。"（三家）《玉篇》引《孟子》作："呭呭，猶沓沓也。"《爾雅·釋文》：'泄泄或作呭呭，是。'《說文》：'呭，多言也。詍，多言也。'並引此詩。（呭爲魯文，則詍爲齊、韓文）《潛夫論·明忠篇》引《詩》："我雖異事，及爾同僚。我即爾謀，聽我敖敖。"《釋訓》："歡歡，憂無告也。"《列女·趙將括母傳》引《詩》："老夫灌灌，小子矯矯。"《釋訓》："謔謔謞謞，崇讒慝也。"《說文》引《詩》："民之方唸㕧。"（魯）《史記·樂書》《風俗通義·六》《禮·樂記》《韓詩外傳·五》引《詩》皆作"誘民"。《釋詁》郭注："《詩》：介人惟藩。"

### 《詩·大雅·蕩之什第二十三》

**《蕩》** 《釋訓》："蕩蕩，僻也。"（魯）《外傳·五》引《詩》："天生烝民，其命匪諶；靡不有初，鮮克有終。"《楚辭·離騷》："澆身被服強圉兮。"王逸《章句》："強圉，多力也。"《漢書·敘傳》："曾是強圉，掊克爲雄。"《漢書·五行志》引《傳》云："《詩》云：'爾德不明，以亡陪亡卿。不明爾德，以亡背亡仄。'"《詩考》引《詩》作"以背作陪"。《漢書·敘傳》："班伯曰：'式號式謼。'"《列女·齊東郭姜傳》引詩："枝葉未有害，本實先敗。"《潛夫論·思賢》篇："殷鑒不遠，在夏后之世。"

**《抑》** 《孔疏》引轉《詩翼要》："衛武公刺王室，亦以自戒，計年九十有五，猶使人日誦是詩，而不離於其側。"《淮南·人間訓》引《詩》："人亦有言，靡哲不愚。"（魯）《呂覽·求人》篇高注："《詩》：'無競維人，四方其訓之。'"《蔡邕集·陳留太守胡公碑》："可謂無競伊人，溫恭淑慎者也。"《禮·緇衣》引《詩》："有梏德行：四國順之。"《韓詩外傳·六》《列女·秦穆公姬傳》《漢書·匡衡傳》引《詩》並作"惟民之則。"（三家）《漢書·五行志》谷永對引《詩》："顛覆厥德，荒沈於酒。"《韓詩外傳·十》引《詩》："荒愖於灑。"《釋詁》："拱，執也。"《玉篇·手部》引《詩》："克拱明刑，亦云執也。"《外傳·六》引《詩》："夙興夜寐，灑埽庭内。"《潛夫論·勤將》篇引《詩》："修爾興馬，弓矢戈兵。用戒作則，用逖蠻方。"《鹽鐵論·世務》篇引《詩》："誥爾人民，謹爾侯度，用戒不虞。"《說苑·修文》篇《韓詩外傳·六》引《詩》："同作'告爾民人'。"《說文》引《詩》："白圭之占。"（韓）《列女·周主忠妾傳》引《詩》："無言不醻，無德不報。"《蔡邕集·太尉橋公廟碑》："無言不酬。"《外傳·十》引《詩》二句，"讎"作"酬"。《文選·潘岳寡婦賦》李注引《韓詩外傳》曰："嗚，嘆聲也。王逸

《楚辭章句·序》引《詩》：'嗚呼小子，未知臧否。'《漢書·霍光傳》引《詩》："籍曰未知，亦既抱子。"《釋訓》："懆懆，愠也。"《禮·中庸》鄭注作"誨爾忳忳"。《鴻範·五行傳》鄭注作"誨爾純純，聽我眈眈"。《釋訓》："遹遹，悶也。"（魯）《廣雅·釋訓》："遹遹，遠也。"（韓）《釋文》孔疏引《韓詩》"聿"作"曰"。《列女·周郊婦人傳》引《詩》："取辟不遠，昊天不忒。"

《桑柔》　《潛夫論·遏利》篇："昔周厲王好專利，芮良夫諫而不入，退賦《桑柔》之詩以諷，言'是大風也，必將有遂；是貪人也，必將敗其類。'王又不悟，故遂流於彘。"《釋言》："洵，均也。"《釋詁》："劉，暴樂也。"《說文》引《詩》："國步斯瀕。"（三家）王逸《楚辭·遠游章句》引《詩》："憂心殷殷，舊校云'一作隱隱'。"《呂覽·知度》篇高注引《詩》："惟此不順，自獨卑臧。自有肺腸，俾民卒狂。"《漢書·賈山傳》引《詩》："匪言不能，胡此畏忌。"《釋天》："西風謂之泰風。"郭注："《詩》：'泰風有隧'。"《韓詩外傳·五》引《詩》："大風有隧，貪人敗類。"《潛夫論·遏利》篇："言是大風也，必將有遂；是貪人也，必將敗其類。"

《雲漢》　鈔本《北堂書鈔·天部》引《韓詩》及注："倬彼雲漢，宣王遭旱仰天也。"《春秋繁露·郊祀》篇引《詩》："王曰嗚呼！何辜今之人，天降喪亂，饑饉薦臻。"《禮·郊特牲·疏》引《韓詩內傳》："天子奉玉升柴加於牲上。"《釋文》引《韓詩》："鬱隆炯炯。"《衆經音義·四》引《埤蒼》："炯炯，熱貌也。"《釋訓》："爞爞，熏也。"《釋文》引《韓詩》："耗，惡也。"《說文》引《詩》："蔽蔽山川。"（三家）《後漢·章帝紀·建初五年詔》："今時復旱，如炎如焚。"李注引《韓詩》："旱魃爲虐，如炎如焚。"（三家）《釋文》引《韓詩》："憚，苦也。"《後漢·蔡邕傳》："邕上封事曰：'宣王遭旱，密勿祗畏。'"《釋文》引《韓詩》："胡寧疢我，以旱疢重也。"《說文》引《詩》："有譀其聲。"（三家）

《崧高》　《禮·孔子閒居》："其在詩曰：'嵩高維岳，峻極於天。'"應劭《風俗通義·十》引《詩》："嵩高惟岳，峻極於天。"王應麟《詩考》據《韓詩外傳·五》引《詩》："嵩高維岳，峻極於天；維岳降神，生甫及申；維申及甫，維周之翰，四國於藩，四方於宣。"《釋文》引《韓詩》"纘"作"踐"，云任也。"《潛夫論·志氏姓篇》引《詩》："亹亹申伯，王薦之事。於邑於序，南國爲式。"《釋器》郭注："《詩》：錫爾玠珪。"《釋言》："粻糧也。"《楚辭·七諫》王注引《詩》："申伯番番，既入於徐。"

《烝民》　《韓詩外傳·六》："《大雅》：'天生烝民，有物有則。'"《潛夫論·德化》篇引《詩》："民之秉夷，好是懿德。"《列女·宋鮑宗女傳》引《詩》："令儀令色，小心翼翼。故訓是式，威儀是力。"《後漢·郎顗傳》引《詩》："赫赫王命，仲山甫將之。"（齊）《說苑·立節》篇、《韓詩外傳·八》引《詩》："夙夜匪懈，以事一人。"《玉篇·人部》引《詩》："'征夫倢倢'，倢倢，樂也。"

《韓奕》　《釋文》引《韓詩》："倬作晫，云明也。"《文選·西京賦》李注引《薛君韓詩章句》："榦，正也。"《屨人》鄭注引《詩》："王賜韓侯。"（魯、齊）《白虎通·嫁娶》篇引《詩》："侄娣從之，祁祁如雲。韓侯顧之，爛其盈門。"《易林·離之中孚》："魴鱮詡詡。"（齊）

《江漢》　《風俗通義·十》引《詩》："江漢陶陶。"《孔疏》引侯苞《韓詩翼要》："武夫滔滔，眾至大也。"《釋訓》："洸洸，赳赳，武也。"《釋文》"樊光本'洸洸'作'僙僙'。"《鹽鐵論·繇役》篇引《詩》："武夫潢潢。"《玉篇·走部》："趪趪，武貌。"《眾經音義·十三》引《韓詩》："'式辟四方'，辟，除也。"《禮·孔子閒居》《繁露·竹林》，皆引詩："弛其文德，協此四國。"

《常武》　《釋文》引《韓詩》："'鋪'作'敷'，云，大也。""敦云迫"：《說文》引《詩》："敦彼淮濆。"（齊）《漢書·叙傳》："王師驛驛。"《釋文》"緜如字，《韓詩》作民，民同"。《漢書·景武昭宣元成功臣表》："《詩》云：'徐方既俫。'"

《瞻卬》　《列女·夏桀末喜傳》引《詩》："懿厥哲婦，爲梟爲鴟。"《晉獻驪姬傳》引《詩》："婦有長舌，惟厲之階。"《說文》引《詩》："籥人伎忒。"《文選·宋玉神女賦》："澹清靜其愔嫕。"李注引《韓詩》"嫕，悦也。"《說文》引《詩》："舍爾介逖。"（三家）《列女·嚴延年母傳》引《詩》："心之憂矣，寧自全矣。"《列女·晉范氏母傳》引《詩》："無忝爾祖，式救爾訛。"

《召旻》　《外傳·八》引《詩》："我居御卒荒。"《爾雅·釋文》："'皋樊'本作'浩'，皋、浩古通。"（魯）班固《幽通賦》："柯葉彙而零茂。"（齊）《眾經音義·二十五》引《詩》："如彼栖苴。"（三家）《列女·漢趙姊娣續傳》引《詩》："池之竭矣，不云自濱；泉之竭矣，不云自中。"

## 《詩·周頌·清廟第二十四》

《清廟》　《漢書·王襃傳·四子講德論》："周公咏文王之德，而作《清廟》，建爲《頌》首。"蔡邕《獨斷》："《清廟》一章八句，洛邑既成，諸侯朝見，宗祼文王之所歌也。"《漢書·韋元成傳·疏》："《清廟》之詩，言交神之禮，無不清靜。"《續漢·祭祀志》劉注引《東觀書·東平王蒼議》："《詩傳》曰：'《頌》言成也。一章成篇，宜列德，故登歌《清廟》一章也。'"《禮·大傳》鄭注："逡，疾也。《周頌》曰：'逡奔走在廟。'《大傳》引傳：'不顯不承，無斁於人斯。'"

**《維天之命》** 蔡邕《獨斷》："《維天之命》，一章八句，告太平於文王之所歌也。"《文選·歐陽堅石詩》李注引《薛君韓詩章句》："'維'作'惟'，惟，念也。"《說文》引《詩》："誐以謐我。"（齊）

**《維清》** 蔡邕《獨斷》："《維清》一章五句，奏象武之所歌也。"《繁露·質文篇》："武王受命作象樂，繼文以奉天。"《爾雅·釋文》："'祺'音'其'，某氏引《詩》'維周之祺'。"（三家）

**《烈文》** 蔡邕《獨斷》："《烈文》一章十三句，成王即政，諸侯助祭之所歌也。"《孔疏》引服虔《左傳注》："《烈文》，成王初即洛邑，諸侯助祭之樂歌也。"

**《天作》** 蔡邕《獨斷》："《天作》祼先王先公之所歌也。"《後漢·西南夷傳》朱輔《疏》引《詩》："彼徂者岐，有夷之行。"《西南夷傳》李注引《薛君注》："徂，往也。夷，易也。行，道也。言百姓歸文王者，皆曰岐有易道可歸往矣。易道謂仁義之道而易行。故岐險阻，而人不難。"《說苑·君道篇》引《詩》："岐有夷之行，子孫其保之。"

**《昊天有成命》** 蔡邕《獨斷》："《昊天有成命》，一章七句，郊祀天地之所歌也。"《禮·孔子閒居》："夙夜其命宥密。"（齊）《新書·禮容》篇引《詩》："《昊天有成命》：'二后受之，成王不敢康；夙夜基命宥謐。'"（魯）

**《我將》** 蔡邕《獨斷》："《我將》一章十句，祼文王於明堂之所歌也。"《漢書·刑法志》引《詩》："儀式刑文王之德，日靖四方。"（齊）《左昭六年傳》引《詩》："儀式刑文王之德，日靖四方。"服虔注："言善用文王之德。"（韓）

**《時邁》** 蔡邕《獨斷》："《時邁》一章十五句。巡狩告祭柴望之所歌也。"《儀禮·大射儀》鄭注："《時邁》者，太平巡狩祭山川之樂歌。"《後漢·李固傳·注》引《薛君傳》："美成王能奮舒文武之道而行之。"《後漢·李固傳》："固上疏引《周頌》曰：'薄言振之，莫不震疊。'此動之於內，而應於外者也。"李注引《薛君傳》曰："薄辭也，振奮也，莫無也，震動也，疊應也，美成王能奮舒文武之道而行之，則天下無不動而應其政教。"《淮南·泰族訓》引《詩》："懷柔百神，及河嶠嶽。"

**《執競》** 蔡邕《獨斷》："《執競》一章十四句，祼武王之所歌也。"《釋文》引《韓詩》："執，服也。"《漢書·禮樂志》引《詩》："鐘鼓鍠鍠，磬管鏘鏘，降福穰穰。"《荀子·富國》篇引《詩》："鐘鼓喤喤，管磬瑲瑲，降福穰穰。"應劭《風俗通義·六》引《詩》："鐘鼓鍠鍠，盤管鎗鎗，降福穰穰。""將將"《說文》作"竧竧"，蓋亦《韓》異文。《潛夫論·正列》篇引《詩》："降福攘攘，降福簡簡，威儀板極，既醉既飽，福祿來反。"

**《思文》** 蔡邕《獨斷》："《思文》一章八句，祼后稷配天之所歌也。"《漢書·郊祼志》："周公相成王，王道大治，制禮作樂，郊祼后稷以配天。"《史記·周本紀》："《頌》曰：'思文后稷，克配彼天。立我烝民，莫匪爾極。'"《文選·班固典引》李注引《韓詩》及《薛君》："貽我嘉麰。麰，大麥也。"《漢書·劉向傳·向上封事》引《周頌》："飴我釐麰。"《說文》引《詩》："詒我來麰。"（齊）《文選·魏都賦》李注引《薛君韓詩章句》："界作介，曰：介，界也。"

## 《詩·周頌·臣工第二十五》

**《臣工》** 蔡邕《獨斷》："《臣工》一章十句，諸侯助祭遣之於廟之所歌也。"

**《噫嘻》** 蔡邕《獨斷》："《噫嘻》一章八句，春夏祈穀於上帝之所歌也。"《文選·東都賦》李注引《韓詩》及《薛君》："'帥時農夫，播厥百穀'，穀類非一，故言百也。"《鹽鐵論·取下》篇："君篤愛臣盡力，上下交讓，而天下平。'浚發爾私'，上讓下也。'遂及我私'，先公職也。"

**《振鷺》** 蔡邕《獨斷》："《振鷺》，二王之後來助祭之所歌也。"《後漢·邊讓傳·注》引《薛君章句》："鷺，絜白之鳥。西雝，文王之雝也。言文王之時，辟雝學士，皆絜白之人也。"《後漢·曹昭傳》李注引《韓詩》："'斁'作'射'，射，厭也。"《後漢·崔駰傳》："豈可不庶幾夙夜，以永衆譽。"（《韓詩》）

**《豐年》** 蔡邕《獨斷》："《豐年》一章七句，烝嘗秋冬之所歌也。"《釋文》引《韓詩》："陳穀曰秭也。"《說苑·且德篇》引《詩》："爲酒爲醴，烝畀祖妣，以洽百禮，降臨孔偕。"

**《有瞽》** 蔡邕《獨斷》："《有瞽》一章十三句，始作樂合諸樂而奏之所歌也。"

**《潛》** 蔡邕《獨斷》："《潛》一章六句，季冬薦魚，春獻鮪之所歌也。"《文選·長笛賦》李注引《薛君韓詩章句》："'潛'作'涔'；涔，魚池也。"

《釋文》："'潛',《爾雅》作'涔'。"

《雝》　蔡邕《獨斷》："《雝》一章十六句,禘太祖之所歌也。"《三禮義宗》引《韓詩內傳》："禘取毀廟之主,皆升合食於太祖。"

《載見》　蔡邕《獨斷》："《載見》一章十四句,諸侯始見於武王廟之所歌也。"張衡《東京賦》："和鈴鉠鉠。"《大戴禮》盧辯《注十三》引《韓詩內傳》曰："鶊鶋胎生,孔子渡江見而異之。《釋鳥》：'鶊,麋鴰。'"《說文》引《詩》："鞗革有瑲。"(齊)

《有客》　蔡邕《獨斷》："《有客》一章十三句,微子來見祖廟之所歌也。"《釋訓》："'有客宿宿',言再宿也。'有客信信',言四宿也。"

《武》　蔡邕《獨斷》："《武》一章七句,奏《大武》,周武所定一代之樂之所歌也。"《風俗通·一》引《詩》："勝殷遏劉,耆定武功。"

## 《詩·周頌·閔予小子第二十六》

《閔予小子》　蔡邕《獨斷》："《閔予小子》一章十一句,成王除武王之喪,將始即政,朝於廟之所歌也。"《漢書·匡衡傳·衡疏》引《詩》："煢煢在疚。"《文選·寡婦賦》注引《韓詩》："惸惸余在疚。"《說文》引《詩》："煢煢余在疚。"(魯)《漢書·匡衡傳·衡疏》引《詩》："念我皇祖,陟降廷止。"

《訪落》　蔡邕《獨斷》："《訪落》一章十二句,成王謀政於廟之所歌也。"

《敬之》　蔡邕《獨斷》："《敬之》一章十二句,羣臣進戒嗣王之所歌也。"《新書·禮容》篇引《詩》："惟予小子,不聰敬止。日就月將,學有緝熙於光明。佛時仔肩,視我顯德行。"《外傳·三》引"弗時仔肩,示我顯德行。"

《小毖》　蔡邕《獨斷》："《小毖》一章八句,嗣王求忠臣助己之所歌也。"《列子·釋文》下引《韓詩內傳》："懲,苦也。"《釋訓》："粵夆,掣曳也。"《潛夫論·慎微》篇引《詩》："作莫與併螫。"《釋文》："赦,事也。"《文選·謝瞻咏張子房詩》李注引《薛君韓詩章句》："'拚'作'翻',翻,飛貌。"

《載芟》　蔡邕《獨斷》："《載芟》一章三十一句。春藉田祈社稷之所歌也。"《釋訓》："'澤'作'郝',耕也。"《釋詁》："'略'作'銐',銐,利也。"《釋訓》："'驛'作'繹',生也。"《釋文》引《韓詩》："民民,眾貌。"《釋訓》："緜緜,麃也。"《隸釋·八》："《冀州從事張表碑》引《詩》'有馛

其馨'。"（三家）

《良耜》　蔡邕《獨斷》："《良耜》一章二十三句，秋報社稷之所歌也。"《釋訓》："畟畟，耜也。"《禮·郊特牲》鄭注："《詩》：'其饟伊黍，其笠伊糾。'"《考工記》鄭注引《詩》："其鎛斯黍。"（三家）《釋草》郭注："《詩》：'以茠荼蓼'。"《釋訓》："挃挃，穫也；栗栗，衆也。"《說文》引《詩》："積之秩秩。"（《齊詩》）

《絲衣》　蔡邕《獨斷》："《絲衣》一章九句，繹賓尸之所歌也。"《釋言》郭注："《詩》：'戴弁俅俅。'"《玉篇·頁部》引《詩》："'戴弁俅俅'，或作頯。"《外傳·三》引《詩》："自堂徂基，白羊來牛。"《史記·孝武紀》引《詩》："不虞不鶩。"

《酌》　蔡邕《獨斷》："《酌》一章九句，告成大武，言能酌先祖之道，以養天下之所敬也。"《漢書·禮樂志》："周公作《勺》，勺言能勺先祖之道也。"

《桓》　蔡邕《獨斷》："《桓》一章九句，師祭講武類禡之所歌也。"

《賚》　蔡邕《獨斷》："《賚》一章六句，大封於廟，賜有德之所歌也。"

《般》　蔡邕《獨斷》："《般》一章七句，巡狩祀四嶽河海之所歌也。"《白虎通》："作於皇明周。"《釋山》郭注引《詩》："墮山喬嶽。"《釋文》云："'於繹思'，《毛詩》無此句。《齊》《魯》《韓》有之。"

## 《詩·魯頌·駉第二十七》

《駉》　《說文》引《詩》："駫駫牡馬，在駉之野。"（三家）《說文》引《詩》："有騧有騜。"（魯）《釋文》引《韓詩》："驔：白馬黑髦也。"《文選·殷仲文南州桓公九井詩》李注引《薛君韓詩章句》："祛，去也。"

《有駜》　《隸釋》載《西嶽華山廟碑》云："歲其有年。"（三家）《列女·魯季姜篇》引《詩》："君子有穀，貽厥孫子。"

《泮水》　張衡《東京賦》："鑾聲噦噦。"（三家）《說文》引《詩》："鑾聲鉞鉞。"《東京賦》或本作"鑾聲鐬鐬"。《釋文》引《韓詩》："屈，收也。收斂得此衆聚。"《釋文》引《韓詩》："'狄'作'鬄'，云除也。"《漢衛尉衡方碑》作"不虞不陽"。揚雄《揚州牧箴》："獷彼淮夷。"（魯）《文選·齊安陸昭王碑文》李注引《韓詩薛君》作："'獷彼淮夷'。獷，覺寤之貌。"

《閟宮》　《玉篇·人部》引《詩》："'閟宮有侐'，侐，清净也。或作'闃'。"《釋文》引《韓詩》："枚枚，閒暇無人之貌也。"《釋文》引《韓詩》："長，稼也；穉，幼禾也。"《白虎通·王者臣有不名》篇："王者諸父兄不名。"《玉篇·一》引《韓詩》:"元,長也。"《禮·明堂位》鄭注引《魯頌》:"王謂叔父,建爾元子。"《文選·甘泉賦》及顏延年《侍游蒜山詩》李注引《薛君韓詩章句》:"騰,乘也。"《史記·建元以來侯者年表》引《詩》:"戎狄是應,荆荼是懲。"《釋詁》:"'台'作'鮐'。"《新序·雜事五》引《詩》:"壽胥與試,美用老人之言以安國也。"《說苑·雜言》篇:"《詩》:'泰山巖巖,魯侯是瞻。'"《釋言》郭注引《詩》:"'奄有龜蒙','奄'當爲'弇'。"《釋詁》郭注:"《詩》:'遂幠大東'。"《釋文》引《韓詩》:"荒至也。"《釋山》:"屬者嶧。"《釋詁》:"黃髮鮨齒,壽也。"《甘泉賦》云:"'望通天之繹繹'。太常箴云:'寢廟奕奕'。"《隸僕》鄭注:"《詩》:'寢廟繹繹',相連貌也。"《文選·四子講德論》李注引《薛君章句》:"曼,長也。"

## 《詩·商頌·那第二十八》

《史記·宋世家》:"宋襄公之時,修仁行義,欲爲盟主,其大夫正考父美之,故追道湯契高宗所以興,作《商頌》。"《禮·樂記》鄭注:"《商》,宋詩也。"《後漢·曹襃傳》李注引《韓詩薛君章句》:"正考父,孔子之先也,作《商頌》十二篇。"

**《那》** 《御覽·八十三》引《韓詩内傳》:"湯爲天子十三年,年百歲而崩,葬於徵,今扶風徵陌是也。"《釋詁》郭注:"《詩》:'湯孫奏嘏。'"《說文》引《詩》:"鼖鼓薵薵。"(三家)張衡《東京賦》:"鏞鼓設。"

**《烈祖》** 《禮·中庸》引詩:"奏假無言,時靡有争。"(齊)

**《玄鳥》** 《史記·三代世表》:"《詩傳》作'殷社芒芒'。"(魯)《文選·潘勖册魏公九錫文·注》引《韓詩薛君》:"方命厥后,奄有九域。九域,九州也。"《玉篇·食部》引《韓詩》:"大糦,大祭也。"

**《長發》** 《釋文》引《韓詩》:"'撥'作'發',曰發明也。"《韓詩外傳·三》:"蔡邕《集胡公碑》《漢書·宣帝紀》引率'禮不越',四句,'履'皆作'禮'。"(三家)《禮·孔子閒居》鄭注:"'帝命不違,至於湯齊。湯降不遲,聖敬日躋。昭假遲遲,上帝是祇,帝命式於九圍。'帝,天帝也。《詩》讀'湯齊'爲'湯躋'。躋,升也;降下也。齊,莊也;昭,明也。假,至也。祇,敬也。式,用也。九圍,九州之界也。此詩云:殷之先君,其爲政不違天之命,至於湯升爲君。又下天之政教甚疾,其聖敬日莊嚴,其明道至於民,遲遲然安和,天是用敬之,命之用事於九州,謂使王也。"《文選·閒居賦》注引《韓詩》:"'聖敬日躋',言湯聖敬之道上聞於天。"《繁露·循天之道篇》引《詩》:"不剛不柔,布政優優。"《説文》引《詩》:"布政憂憂,百禄是遒。"(魯)《淮南·本經訓》高注:"'蛮'讀《詩》'小珙'之'珙'。"《荀子·榮辱篇》引《詩》:"受小共大共,爲下國駿蒙。"《大戴禮·衛將軍文子篇》引《詩》:"受小共大共,爲下國恂蒙,何天之寵,傅奏其勇。"《荀子·議兵篇》《韓詩外傳·三》引《詩》:"武王載發,有虔秉鉞。如火烈烈,則莫我敢遏。"《釋文》引《韓詩》:"蘖,絶也。"《漢書·叙傳》劉德注:"《詩》:'包有三桮'。"《晉書·樂志四》:"厢樂歌九域有截。"(以《玄鳥》'九'有作'九域'例之,知爲《魯、韓詩》也)

《殷武》　《釋文》:"《韓詩》曰:'撻,達也。'"《釋文》引《韓詩》:"適,數也。"《後漢·樊準傳》:"準上疏引《詩》:'京師翼翼,四方是則。'"荀悦《漢紀》載衡《疏》引《詩》:"京邑翼翼,四方是則。"(三家)《文選·長笛賦》注引《韓詩薛君》:"'松柏丸丸',曰取松與柏。"《釋宫》:"梌謂之槉。"《文選·魏都賦》:"旅楹閑列",李注引《薛君韓詩章句》:"閑,大也。謂閑然大也。"《史記》司馬貞《索隱》《文選·張衡東京賦》李注引《韓詩》:"宋襄公去奢即儉。"

## 【甲種之十一】

# 《談談〈詩經〉》

胡 適

《詩經》在中國文壇上的位置，誰也知道它是最古的有價值的文學，但在前人的眼光，《詩經》地域的關係，似乎與湖北不發生什麼問題。其實《詩經》裏面最重要的一部分，大半是產生在湖北。

《詩經》有十三國的國風，祇沒有楚風。在裏面上看來，湖北這個地方，在《詩經》的地點上，似乎不能占一個位置，但近來一般學者的主張，《詩經》里面有楚風的，不過沒有把它叫做楚風，叫它做《周南》《召南》罷了。所以我們可以説："《周南》《召南》，就是《詩經》里面的楚風。"

我們説《周南》《召南》就是楚風，這有什麼證據呢？這是有證據的。我們試看看《周南》《召南》，就可以找着許多描寫江水、漢水、汝水的地方。像"漢之廣矣""江之永矣""遵彼汝墳"這類的句子，想大家都是記得的，漢水、江水、汝水流域的地點，是在湖北的中部和北部，所以我們可以説《周南》《召南》，大半是《詩經》裏面的楚風了。

周的初年，出了兩個軍閥：一個叫周公，一個叫召公，周公東征，召公南征，他們在東南收集了許多民間的歌謠，就是現在的《周南》《召南》，周公有幾，現在無從知道。召公有二：一召公，二召伯。那時因爲周公好在外面長征遠伐，所以當代的人民，就有不良的嘲罵的輿論。像《豳風》里面的《破斧》，就是罵周公遠征的詩，在現在把它寫在下面罷。

既破我斧，又缺我斨。周公東征，四國是皇！哀我人斯！亦孔之將！

既破我斧，又缺我錡。周公東征，四國是吪！哀我人斯！亦孔之嘉！

既破我斧，又缺我銶。周公東征，四國是遒！哀我人斯！亦孔之休！

召公在當時，比周公得人民的歡心一點，所以他死了，人民仍是戀戀不忘，因爲敬愛召公的緣故，連召伯的樹也敬愛起來了。讀下面這幾首詩，就可以知道當代的人民對於召伯的情感的濃厚。

> 蔽芾甘棠，勿剪勿伐，召伯所茇。
> 蔽芾甘棠，勿剪勿敗，召伯所憩。
> 蔽芾甘棠，勿剪勿拜，召伯所說。

照上面看起來，周公、召公在東南遠征的時候，確實是到了楚國，並還收集了許多民間的歌謠，叫它做《周南》《召南》，我看没有叫它做楚風的緣故，大概那時的楚國，是當代的一個大民族，没有照齊國、魯國、鄭國那樣一國一國的分起出來，所以只好稱它做《周南》《召南》了。因此我們可以説，三楚是産生中國最古的文學的位置。换一句説，湖北的文學，在中國文壇上，占有最古的和最重要的位置。我們在這裡談談《詩經》，也就是欣賞"本地風光"。

近來有人説：我愛研究古書，説我是復古派，其實我的研究，是我興之所至，我覺得用新的科學的方法，來研究古代的東西，確能得着很完善的效果，對我一字的古音，一字的古義，都應該拿正當的方法去研究的。所以在今日研究古書，就是方法要緊，同樣的方法，可以收同樣的效果的話，我們是相信的，我今天講《詩經》，也是貢獻一點我個人研究古書的方法。在我未講研究《詩經》的方法以前，先講講對於《詩經》的幾個基本的概念。

（1）《詩經》不是一部經典。從前的人，把這部《詩經》，都看得非常神聖，説它是一部經典，我們現在要打破這個觀念；假如這個觀念不能打破，《詩經》簡直可以不研究了。因爲《詩經》並不是一部聖經，確實是一部古代歌謠的總集，可以做社會史的材料，可以做政治史的材料，可以做文化史的材料，因爲它是一部文學書，我們研究它的時候，應該拿社會的眼光和文學的眼光來批評它，所以我們對於《詩經》應該承認它是一部中國古代歌謠的總集，萬不可説它是一部神聖經典。

（2）孔子並没有删詩，"詩三百篇"成了一個名詞。從前的人，都説孔子删詩書，司馬遷也説孔子把《詩經》删去十分之九，只留下十分之一，照這樣看起來，原有的詩。應該是三千首，這個話是不對的。唐朝的孔穎達也説孔子的删詩，是一件不可靠的事體。假如原有三千首詩，真的删去了二千七百首，那在《左傳》及其他的古書里面所引的詩，應該有許多是三百篇以外的，但是古書里面所引的詩，要説不是三百篇以内的，雖説有幾首，卻少得非常，因此我們可以相信前人説孔子删了十分之九的《詩經》，是不可相信的了。上面既説明了孔子删詩，是不可靠的事情，因此一般人對於《詩經》是一部經典的迷信，又可以減少一點，並且同時我們又可以説，《詩經》是中國古代一部完全的文學書了。

（3）《詩經》不是一個時代輯成的。《詩經》裏面的詩，是慢慢地收集起來，成現在這麼樣的一本集子。最古的是《周頌》，次古的是《大雅》，再遲一點是《小雅》，最遲的就是《商頌》《魯頌》《國風》了。《大雅》《小雅》，大半是後來的文人做的，有幾首並有作者的真名，《大雅》收集在前，《小雅》收集在後。《國風》是各地散傳的歌謠，由古人收集起來的。這些歌謠，雖說產生的時候很古，但收集的時候，却很晚了。我們研究《詩經》裏面的文法和內容，可以說《詩經》里面包含的時期，約在一千年的上下，所以吾們應該知道，《詩經》完全是由時代輯成的，不是哪一個人輯的，也不是哪一個人做的。

（4）《詩經》的解釋。《詩經》到了漢朝，真變成了一部經典，《詩經》裏面描寫的那些男女戀愛的事體，在那般道學先生看起來，似乎不大雅觀，於是對於這些自然的有生命的文學，不得不另加種種附會的解釋，所以漢朝的齊、魯、韓對於三家《詩經》，都加上許多的附會，講得非常的神秘。明是一首男女的戀歌，他故意要說是歌頌文王后妃之德。《詩經》到了這個時代，簡直變成了一部神聖的經典了。這種事情，中外大概都是相同的，像那本《舊約全書》的裏面，也含有許多的詩歌和男女戀愛的故事，但變成了一部《聖經》，就神秘了，就不是純粹的文學書了。因為這樣，所以漢朝對於《詩經》的解釋，把從前的都推翻了。他自己找了一些歷史上的——《左傳》裏面的事情——證據，來做一種比較完備的解釋，他研究《詩經》的見解，比齊、魯、韓三家，確實是要高明一點，所以他的結果，比他們也要完滿一點，我們現在讀的《毛詩》就是他的。照這樣看起來，《詩經》的解釋，在歷史上有許多的變遷，並且都是進步的了；到了東漢，鄭康成讀詩的見解，比毛公又要高明，但《毛詩》和《鄭箋》，都是很有價值的，所以到了唐朝，大凡研究《詩經》的人，都是拿《毛詩》《鄭箋》做底子。到了宋朝，出了鄭樵和朱子，他們研究《詩經》，又打破毛公的附會，由他們自己的解釋；他們這種態度，比唐朝又不同一點，另外成了一種宋代的體裁。清朝講學的人，都是崇拜漢學，反對宋學的，他們對於考據訓詁，是有特別的研究，但是沒有什麼特殊的見解；他們以為宋學是不及漢學的，因為漢在兩千年以前，宋只在八百年以前，殊不知漢人的思想比宋人的確要迂腐一點呢！但在那個時候研究《詩經》的人，確實出了幾個比漢宋都要高明的，像著《詩本誼》的龔橙，著《詩經通論》的姚際恒，著《讀風偶識》的崔述，著《詩經原始》的方玉潤，他們都大膽地推翻漢宋的腐舊的見解，研究《詩經》裏面的字句和內容。照這樣看起來，二千年來《詩經》的研究，確實是一代比一代進步的了！

《詩經》的研究，雖說是進步的，但是都不徹底，大半是推翻這部，附會那部；推翻那部，附會這部。我看對於《詩經》的研究，想要徹底的改革，恐怕還在我們呢！我們應該拿起我們的大的眼光，好的方法，多的材料，去大膽地細心地研究；我相信我們研究的效果，比前人又可圓滿一點了，這是我們應取的態度，也是我們應盡的責任。

上面把我對於《詩經》的概念，說了一個大概，現在要談到《詩經》具體的研究了。研究《詩經》，大約不外下面這兩條路：

（第一）方法：用小心的精密的科學的方法，來做一種新的訓詁的工夫，對於《詩經》的內容和文法上，都從新有所發明。

（第二）見解：大膽地推翻二千年來積下來的附會的見解，完全用社會的歷史的文學眼光從新下個解釋。

所以我們研究《詩經》，關於一句一字，都要用小心的科學的方法去研究；關於一首詩的用意，要大膽地推翻前人的附會，自己有一種新的見解。

現在讓我先講了方法，再來講到訓詁罷。

清朝的學者，最注意訓詁，如昆山顧炎武，德清胡渭，宜城梅文鼎，太原閻若璩，元和惠棟，休寧戴震等，凡他們關於《詩經》的訓詁著作，我們都應該要看的，並且非看不可。戴有兩個高足弟子，一是金壇段玉裁，一是高郵王念孫及其子引之，都有很重要的著作，可為我們參考的。如《段注說文解字》，念孫所著《讀書雜誌》《廣雅疏證》等；尤其是引之所著的《經義述聞》《經傳釋詞》，對於《詩經》更有很深的見解，方法亦比較要算周密得多。

前人研究《詩經》，都不講文法，說來說去，終得不着一個切實而明瞭的解釋，並且越講越把本義攪昏昧了。清代的學者，對於文法，就曉得用比較式來研究。

如"終風且暴"，前人注是——終，終日風也。但清代的學者，別有所見。他便把這一個"終"字，拿來同時《詩經》裏面別一類的"終"字比較一下，可知這樣解是不通的。有了這一個方法，自然，我們無論碰到何種困難地方，只然把它歸納比較起來，就一目了然了。

《詩經》中的"言"字，是很難解的，說它是虛字呢，還是實字呢？這都很難講了。我們亦只有應用這個比較歸納的方法，可把《詩經》中含有'言'字的句子抄集起來，便知'言'字究竟是如何的用法了。

如《周南·葛覃》章的"言告師氏，言告言歸"，《小雅·秋杜》章的"言采其杞"，《周南·漢廣》章的"言刈其楚，……言刈其蔞"，《召南·草蟲》章的"言采其蕨……，言采其薇"，《鄘風·載馳》章的"言至於漕"，我們一比較，就可以曉得"言"字是有時可以用在動詞以前的了。更有——如《小雅·彤弓》章的"受言藏之，受言載之"，《邶風·泉水》章的"駕言出游"，《鄘風·二子乘舟》章的"願言思子"，《衛風·氓》章的"靜言思之"，《伯兮》章的"願言思伯"，我們一比較，又可以曉得"言"字，是有時可用在兩動詞之間的了。

漢人把"言"字當做"我"字解——如"言，我也"。到了清代王念孫才知道，已是一個虛字，不應該當做實字解，但他還沒有把字的定義比較出來。宋朝蘇東坡曾鬧了一場不通的活劇，當時已有人笑過了他。

上面是把虛字當實字的，已經舉了幾個例證。再有把實字當虛字的，如"胥"本來是一個實字，似乎是一個地名。宋人解爲"胥，相也"，誤認做虛字看，這也是錯了。我且舉幾個例來證明：

《大雅·公劉》章的"於胥斯原"，《緜》章的"聿來胥宇"。

這明明是一個地方的名稱，假使有今日的標點符號，只要打一個"——"兒，就明白了。

還有那個"于"字在《詩經》裏面，更是一個很發生問題的東西。漢人也把它解錯了，他們解爲"于，往也"。例如：《周南·桃夭》章的"之子于歸"，他們誤解爲"之子往歸"，這樣解，已經牽強多了，但還可以解得過去；若把它和別的句子比較起來解釋，如《周南·葛覃》章的——"黃鳥于飛"，解爲"黃鳥往飛"；《大雅·卷阿》章的"鳳凰于飛"，解爲"鳳凰往飛"；《邶風·燕燕》章的"燕燕于飛"，解爲"燕燕往飛"。這不是不通到極點嗎？那末，究竟要怎樣解釋才對呢？我可以說——"于，是焉也已"。何以知之？因爲在文法上內動詞的後面大半是帶有一個副詞的。若在從前，副詞是多放在內動詞的前頭的。如今我把它當做"焉"字解，那末，如——

"黃鳥于飛"，解爲"黃鳥飛焉"。"鳳凰于飛"，解爲"鳳凰飛焉"。"燕燕于飛"，解爲"燕燕飛焉"。這樣一解就大通而特通了。"于"一字又可作爲"在"字解，例如：《召南·采蘩》章的——

于以采蘩？于沼于沚；于以用之？公侯之事。

于以采蘩？于澗之中；于以用之？公侯之宮。

我們先把"于"字當做"在"字解，後把"以"字當作"那兒？"解（這個"以"字解爲"那兒？"我的朋友楊遇夫却有旁證）。

"在那兒采蘩呢？是在沼在沚；又在那兒用呢？原爲公侯之事。"

"在那兒采蘩呢？是在澗之中；又在那兒用呢？得在公侯之宮。"像這樣解釋的時候，誰也説是通順的了。又如《邶風·擊鼓》章的"于以求之？於林之下"，解爲在"那兒求之呢？在林之下"。所以"于以求之"的下面，只要像今日一樣地標它一個問號"？"就一目了然了。

《詩經》中的"維"字，也很費解。這個"維"字，在《詩經》裏面，約有兩百多個。從前的人，都把它解錯了，我覺得這個"維"字，應作"呵，呀"的感嘆詞解。《老子道德經·異學二十章》裏面那兩句"維之與阿，相去幾何"的"維"字，也是同樣地表示感嘆，《詩經》裏面"維"字的句子也不少，如《召南·鵲巢》章的

"維鵲有巢，維鳩居之。維鵲有巢，維鳩方之……"

若拿"呵"字來解釋這一個"維"字，那就是"呵！鵲有巢！呵！被鳩居了"！由此我們可以知道我們對於古代的平民文學，不必看得太深。應該用淺的眼光，領略它的真意。因爲凡是民間產生的文學，絕對沒有很深的意義的。我希望大家對於《詩經》的文法，宜細心地做一番精密的研究，要一字一句地把它歸納和比較起來，才能領略《詩經》裏面真正的意義。清朝的學者，費了不少的時間，終究得不着圓滿的結果，也就是因爲他們缺少文法上的材料和虛字的研究。

上面已把研究《詩經》的方法約略談過，現在要談到《詩經》每首詩的用意如何，應怎樣解釋才對，便到第二條路所謂見解了。

這一部《詩經》，已經被前人鬧得烏煙瘴氣，莫名其妙了，詩是人的性情的自然表現，心有所感，要怎樣寫，就怎樣寫，所謂"詩言志"是。《詩經·國風》，多是婦女問題的描寫，一般經學家，多把這種普通真摯的作品，勉強拿來向什麼文王、武王的歷史安上去；一部活潑潑的文學，因他們這種牽強的解釋，便把它的真意完全失掉，這是很可痛惜的！譬如《鄭風》二十一篇，有四分之三是愛情詩，《毛詩》却認《鄭風》與男女問題有關的詩只有五六篇，如《雞鳴》《野有蔓草》等。說來倒是我的同鄉朱子高明多了，他已認《鄭風》多是男女相悦，淫奔的詩，但他亦多荒謬；《關雎》明明是男性思戀女性不得的詩，他却胡說八道在《詩集傳》裏說什麼"文王生有聖德，又得聖女姒氏，以爲之配"，把這首思想純潔，情感真摯的詩，解得簡直不成樣了。

好多人說《關雎》是新婚詩，亦不對。《關雎》完全是一首求婚詩，他求之不得，便寤寐思服，輾轉反側，這是描寫他的相思苦情；最後他便想出一種勾引女子的手段，便繼之友以琴瑟，樂以鐘鼓，這完全是原民時代的社會風俗，並沒有什麼希奇。看意大利、西班牙幾個地方，男子好彈琴唱歌，取歡於女子，就可知道了。

《野有死麕》的詩，也同樣是男子勾引女子的詩，初民社會的女子，多歡

喜男子，有力能打獸，故第一章"野有死麕，白茅包之"寫出男子打死野麕包以獻女子的情形。"有女懷春，吉士誘之"，便又寫出他誘引女子用意了。第二章：

"林有樸樕，野有死鹿，白茅純束，有女如玉"，是描寫女子的美；而因家庭社會環境不良，所以那個懷春的女子，對吉士附耳輕輕細語，戒其慢慢地，不要扯我的帨巾呵！不要驚動了狗亂吠起來呵！我們看後三章原文是：

"舒而脱脱兮！無感我帨兮！無使尨也吠！"就了然了。《毛序》說什麼"惡無禮也"，這完全是狐話，不可信也。

《嘒彼小星》一詩，是妓女星夜求歡的描寫，風俗使然，無足深怪；我們看過《老殘游記》，就可知道山東有窰子送鋪蓋上店，是實在的事了。

看原文：

嘒彼小星，三五在東；肅肅宵征，夙夜在公，實命不同。

嘒彼小星，維參與昂；肅肅宵征，抱衾與裯，實命不猶。

看她抱衾裯以宵征，就可知道她所為何事了。

《芣苢》詩，沒有多深的意思，是一民歌，乃描寫一個溫閒的女子，當着光天麗日之下，在曠野中采芣苢，一邊采，一邊唱，看原文：

采采芣苢，薄言采之；采采芣苢，薄言有之。

采采芣苢，薄言掇之；采采芣苢，薄言捋之。

采采芣苢，薄言袺之；采采芣苢，薄言襭之。

這是一篇最好的寫實作品。

《葛覃》詩，是描寫女工人放假急忙要歸的情景，你看第三章：

言告師氏，言告言歸；薄污我私，薄澣我衣；言澣言否？歸寧父母！

《毛詩》說什麼"后妃之本……"的等等話，這可不必管他。

《麟趾》詩，是譏誚當時一班少爺公子，看原文：

麟之趾，振振公子，吁嗟麟兮！

以麟之趾，來比擬那班振振公子們，很可為麟痛惜，所以說"吁嗟麟兮"！譏誚之意，見於言外，不問可知了。

"充耳"詩（《著》），是一個新婚女子出來拜堂的時候，叫男子暫候於著，於庭，於堂，看看她自己裝飾好沒有？顯出一種闌姍來遲的情景。原文：

俟我於著乎而，充耳以素乎而；

俟我於庭乎而，充耳以青乎而；

俟我於堂乎而，充耳以黃乎而，尚之以瓊英乎而。

詩中充耳以素，以青，以黃，尚以瓊英，這都是古來女子的裝飾品。我記得唐代朱慶餘上張水部有一首詩，妙有這種情致，詩云：

洞房昨夜停紅燭，

待曉堂前拜舅姑；

妝罷低聲問夫婿：

畫眉深淺入時無？

你們想想，這兩篇詩的情景是不是很相像？

他如《草蟲》《汝墳》《殷其雷》《江有汜》《綠衣》《柏舟》《谷風》《桑中》《伯兮》《木瓜》《將仲子》《遵大路》《褰裳》《丰》《東門之枌》等詩，不是描寫男女戀愛的問題，便是描寫女性的美，或其生活，所以《國風》我們可以說多數是男女愛情中流出來的結晶。前人費了無量數的訓詁考據的解釋，把他穿鑿附會，強扯個不清楚；我們應該推翻二千年來的謬見，要用社會、歷史、文學的眼光去看它，另出一種新的解見；這樣，才能把《詩經》的本來面目，不致于湮沒在烏烟瘴氣中呢。

## 【甲種之十二】

## 《論〈詩經〉所錄全爲樂歌》

### (《古史辨》第三冊)

顧頡剛

**西堂案：**近今研究《詩經》而富有創見者，以吾友顧頡剛先生最爲傑出。顧先生以研究近代歌謠而證明《詩經》所錄全爲樂歌，證明詩之起興不過爲聲而發，皆發前人所未發，不刊之論也。其所爲文，散見於各刊物者，今多收入《古史辨》第三冊行世，學者宜取讀之，以見其全。茲錄其《論〈詩經〉全爲樂歌》一篇，以見《詩經》之性質。

《詩經》所錄是否全爲樂歌，這在宋代以前似乎是不成問題的。司馬遷在《史記·孔子世家》中，也曾說過："三百五篇，孔子皆弦歌之，以求合《韶》《武》《雅》《頌》之音。"他的話是否確實（三百五篇是否皆孔子所弦歌，三百五篇是否皆可合《韶》《武》《雅》《頌》之音）是另一問題，但他以爲《詩經》所錄的詩全是樂歌，這一個意思是很顯明的。自宋以來，始有人懷疑内有一部分詩是徒歌。前年我在《歌謠週刊》（第三十九號）中曾說《詩經》所收的民間徒歌，已經全由樂工改爲樂章；魏建功先生反對這個意思，著論駁了（見《歌謠週刊》四十一號）。現在我把這個問題根本討論一下，試作一個解答。請魏先生和讀者諸君指正。

我前數年搜集蘇州歌謠，從歌謠中得到一個原則，即是徒歌中章段回環復沓的極少，和樂歌是不同的。徒歌中的回環復沓，只限於練習說話的"兒歌"（如《吳歌甲集》所錄的《天上星》《碰碰門》等篇），依問作答的"對山歌"（如《甲集》所錄的《人數得清天上星》《山歌好唱口難開》等篇）。此外，惟有兩類也是回環復沓的，一是把樂歌清唱的徒歌（如《蘇州景四季相思》《孟姜女十二月花名》等篇），一是模仿樂歌而作的徒歌（攤子上的唱；本很多這一類，例如依了樂歌的《蘇州景》，而作的《留園景》《遂園景》等；買唱本的人照着它唱了，就變成了徒歌了）但這兩類實在算不得徒歌。除了這四類，所有的成人的抒情之歌，大都是直抒胸臆，話說完時歌就唱完，不用回環復沓的形式來編制（如《甲集》所錄的《姐妮有病在香房》《忽然想起皺眉頭》《俏佳人臨鏡把頭梳》等篇）。《吳歌甲集》中有兩篇東西，是從樂歌變成徒歌的，我們可以借此看出樂歌與徒歌的形式的不同。今鈔錄於下，作一比較：

### 甲之一《跳槽》（樂歌）

自從一別到呀到今朝，
今日相逢改變了！
郎呀，另有了貴相好！
嗡呀，嗡嗡唷，郎呀，另有了貴相好！

此山不比那呀山高，
脫下藍衫換紅袍。
郎呀，容顏比奴俏；
嗡呀，嗡嗡唷，郎呀，金蓮比奴小。

打發外人來呀來請你，
請你的冤家請呀請弗到。
郎呀，撥勒別人笑！
嗡呀，嗡嗡唷，郎呀，撥勒別人笑！

你有呀銀錢有呀有處嫖，
小妹妹終身有人要！
郎呀，不必費心了！
嗡呀，嗡嗡唷，郎呀，不必費心了！

你走呀你的陽呀陽關路；
奴走奴的獨木橋！
郎呀，處處去買香燒！
嗡呀，嗡嗡唷，郎呀，處處去買香燒。

### 甲之二《跳槽》（徒歌）

自從一別到今朝，

今日相逢改變了！
女兒的貴相好，
此山不比那山高；
脫脫藍衫換紅袍。
人也比奴好；
容也比奴俏。
打發外人來請你，
請你的冤家請亦請弗到，
撥勒別人笑！
你走你的陽關路；
奴走奴的獨木橋！
偕儂各處去買香燒！

## 乙之一《玉美針》（樂歌）

楊柳兒青青，楊柳兒青青，
青青的早上同郎去游春，同郎去游春。
游春之後失落了玉美針，失落了玉美針。
有情的人兒哎，人兒哎，失落了玉美針，失落了玉美針。
那一個公子拾去奴的針，拾去奴的針？
有情的人兒哎，人兒哎，拾去奴的針，拾去奴的針，
輕輕巧巧送上我家門。
有情的人兒哎，人兒哎，送上我的門，送上我的門，
青紗帳裏報報你的恩！
有情的人兒哎，人兒哎，公婆知道棍子打上身，棍子打上身，
有情的人兒哎，人兒哎，打來打去打不掉奴的心，打不掉奴的心！
有情的人兒哎，人兒哎，必要寫退婚；
一乘小轎擡到娘家門，擡到娘家門。
有情的人兒哎，人兒哎，這是爲何因？
有情的人兒哎，人兒哎，這是爲何因？這是爲何因？
十二十四偷情到如今，偷情到如今。
有情的人兒哎，人兒哎，不認這門親，不認這門親。
一乘小轎擡到庵堂門，擡到庵堂門。
手搯佛珠念上幾卷經，念上幾卷經，

有情的南無觀世音，南無觀世音，不修今生修來生，修一修來生；
修上一個有情郎君，有情郎君。
有情的南無觀世音，南無觀世音，過上幾十春，過上幾十春！

### 乙之二《玉美針》（徒歌）

楊柳那得青青，
青青那得早起，失落了一個玉美針。
誰家的公子拾了奴的針？還了奴的針？
十三歲，要偷情；
偷到如今，終弗能稱心。
剛剛稱心，夫家知道一定要退婚。
叫肩小轎，擡進庵門；
先拜彌陀，慢拜尼僧，
削落兩根頭髮，做個尼僧。
"月亮裏點燈挂啥明（名）！"
從今以後，終弗偷情。"

在以上四首裏，可見樂歌是重在回環復沓的，徒歌則只要作直捷的陳述。樂歌的《跳槽》，每章第一句第五字必重沓，第三句必以"郎呀"起，第四句必把第三句重沓了一下而加上"噲呀，噲噲唷"；到了徒歌里，這些規則都沒有了。本來的五章，到了徒歌里也並作一首了。樂歌的《玉美針》，每句必重沓，或一次，或二三次；問了一句，必以"有情的人兒哎，人兒哎"引起（此歌也必可以分成若干章的，但因石印唱本有脫誤，故現在分不清；加能得到它的全文或樂譜，必可把章數整理出來），到了徒歌裏也完全沒有了。一篇近四百字的長歌，變到徒歌時只縮成一百字了。這是什麼緣故？因為樂歌是受樂譜的支配的：

（1）歌詞雖很齊整（如《跳槽》，前二句為七言，後二句為五言），但樂譜並不也是這樣整齊的，所以歌詞以外的羨聲只得插進襯字（如郎呀），迭字（如到呀到），擬聲（如噲呀，噲噲唷這是摹擬樂聲的，不知道應該叫什麼，姑立此名）等許多東西。有了這些東西，歌詞既與歌譜密合，而歌聲也愈覺得婉轉可聽了。

（2）樂譜是很短的，但歌却不能同它一樣的短，所以樂譜要復奏，歌詞便依了它的復奏而分章（例如《跳槽》，樂譜復奏五次，歌詞便編五章）。至於徒歌，它是毫不受這種束縛的，所以它不必有襯字一類東西，也用不着分章；它所重的只是在發抒情感。就是從樂歌裏變來的，也只要取了樂歌裏面的主要意思，而把回環復沓的章句都刪去了。樂歌變徒歌既如此，徒歌變樂歌當然如彼：本來沒有章段的，都分出章段來了，本來沒有襯字的也加進襯字去了。迭章，迭句，迭字，大都由此而來。

用了這個眼光去看《詩經》，便覺得裏面樂歌氣味的濃重，例如《鄭風》的《溱洧》：

> 溱與洧，方渙渙兮。
> 士與女，方秉蘭兮。
> 女曰"觀乎"？士曰"既且"。
> "且往觀乎？洧之外洵訏且樂"。
> 維士與女，伊其相謔，贈之以芍藥。
>
> 溱與洧，瀏其清矣。
> 士與女，殷其盈矣。
> 女曰"觀乎"？士曰"既且"。
> "且往觀乎！洧之外洵訏且樂"。
> 維士與女，伊其相謔，贈之以芍藥。

這兩章中，除了"方渙渙兮""方秉蘭兮"和"瀏其清矣""殷其盈矣"之外是完全相同的；而這不同的地方，只是兩句無關緊要的話，並沒有必須分成兩章的需要。倘在徒歌中，只要一首也就夠了。《鄭風》中復爲二章，可見這是樂歌，所以樂譜復奏了一回時，歌詞就復唱了一遍。至於歌詞不復沓的，如《邶風》的《谷風》，《衛風》的《氓》，也無礙其爲樂歌，因爲樂歌中凡是敘事的，或是意境較複雜的，樂譜雖復奏，而歌詞不必復沓，如攤簧，彈詞，大鼓書等都是這般。

前年冬間，我應《歌謠週刊》的要求草草寫成的《從〈詩經〉中整理出歌謠的意見》一文中說：我以爲《詩經》裏的歌謠，都是已經成爲樂章的歌謠，不是歌謠的本相。凡是歌謠，祇要唱完就算，無取乎往復重沓。惟樂章則因奏樂的關係，太短了覺得無味，一定要往復重沓的好幾遍。《詩經》中的詩，往往一篇中有好幾章都是意義一樣的，章數的不同，只是換去了幾個字。我們在這裏，可以假定其中的一章是原來的歌謠，其它數章是樂師申述的樂章。

下面引了《月出》一篇作例而說道：

這裏的"皎、皓、照"，"僚、懰、燎"，"窕、糾、懮受、夭紹"，"悄、慅、慘"，完全是聲音上的不同，借來多做出幾章，並沒有意義上的關係（文義上即有不同，也非譜曲者所重）。在這篇詩中，任何一章，都可獨立成爲一篇歌謠，但聯合了三章則便是樂章的面目，而不是歌謠的面目了。

我們在這裏，要從樂章中指實某一章是原始的歌謠，固是不能；但要知道那一篇樂章是把歌謠作底子的，這便不妨從意義上着眼而加以推測。雖則有了歌謠的成分的，未必即爲歌謠，也許是樂師模仿歌謠而做出來的，但我們的研究之力所可到的境界是止於此了，我們只可以盡這一點的職責了。

這文的大體的意思，我至今還沒有變。

魏建功先生見了此文，表示反對，他和我討論"詩中歌謠是否爲已成樂章的歌謠問題"，他的結論是："歌謠是很注重重奏復沓的；重奏復沓是人工所不能強爲的。……所以重奏復沓是歌謠的表現的最要緊的方法之一。"他的文中的理由是以下諸點：

（1）歌謠的作用與詩的作用是同樣的，爲的是要發泄內心的情緒；因爲內心的情緒沒有一定，所以發表的東西也沒有一定的格調。

（2）詩的往復重沓，無論意思是否相同，都有他的不得已，並不因於奏樂的不得已。

（3）奏樂的有味無味，在於譜調的製作的好壞，並不能因往復重沓好幾遍而定。

（4）我們雖不能分別《詩經》中何者是歌謠與何者不是，卻要相信由歌謠而成的詩的本相不能"定"是只有一個原來歌謠，其他是樂師申述的樂章。

（5）數章中改換的字句的意義或同或異；我們不能因爲它意義相同，便說它有申述的揉合。

（6）改換一二字而復奏的，多少總有程度的深淺或次序的進退；就是沒有分別，而作者以聲音改換的復奏，不能不說他內心情緒非如此不可。

（7）就歌謠的實例看，大都用同樣的語調，隨口改換字句唱出來；兒歌尤其是的。

現在把我的問答的話，依了這個次序寫在下面：

（1）歌謠與詩的作用確是同樣的，都爲了發洩內心的情緒而作。內心的情緒是沒有一定的，所以除了聲調的諧和以外，都不應當有一定的格調。但到了樂章里，有樂譜的束縛，便不能如此了。例如作七言絕句詩的，無論內心的情緒怎樣涌溢，但每首只能有二十八字，每句只能有七字，句小也只能有平平仄仄的聲律。作詞曲受樂譜的束縛更甚了；作者既選定了一個詞牌，總必得那樣仿作。李煜的《浪淘沙》，岳飛的《滿江紅》，情緒是奔放極了，但格律却不能不與一般平庸人所作的有詞無情的東西一樣。要純粹的自由發抒情感而不受固定的格調束縛，只有現在的白話詩是可以的，但又不可入樂了（現在的白話詩也有回環復沓的，這是模仿樂歌而作，是另一事）。徒歌是什麽？是里巷間婦人女子販夫走卒發抒情感的東西，他們在形式上所要求的只在聲調的自然諧和，不像士大夫與樂工們的有固定的樂律可以遵守。他們要直捷叙述時就直捷叙述，要回環復沓時也無妨回環復沓。但因徒歌中需要回環復沓的甚少，大致偏重在直捷叙述方面。所以他們的發洩内心情緒雖與樂歌同，而格調的没有一定却與樂歌異。我在上次文中曾説："樂章因奏樂的關係，太短了覺得無味，一定要往復重沓的好幾遍。"魏先生質問道："爲什麽在這篇裏復沓一遍爲二章就有了意味？爲什麽在那篇裏復沓要到三遍爲四章才有意味呢"？我以爲這個問題，只要看現在的樂歌就可明白。現在的樂歌中，五更調必爲五章，十送情哥，十杯酒，十把扇子等必爲十章，唱春調大都爲十二章，學校裏的唱歌，大都爲二章至四章。這或者因調子上的關係，或者因習慣上的關係，都説不定。樂歌的章數雖有多少，但它的意味的一部分在復沓，它和不分章段的徒歌的形式不同，乃是很明顯的。

（2）徒歌的回環復沓，是只在作者的内心情緒的不得已。樂歌的回環重沓，則樂調的不得已重於其内心情緒的不得已，例如作五更調的，不能因情緒已竭而縮之成三，也不能因情緒有餘而衍之成七。又如作唱春調的，他的内心情緒也許比五更調的短淺得多，但他既以十二個月編排了，則無論如何也必把歌中事實凑到第十二個月而止。

（3）樂聲的有味、無味確在於譜調的制作的好壞，而不關於回環復沓了若干度。但這是專爲品評樂譜者説的，不是爲普通的聽歌者説的。若目的重在聽歌，要從聽唱的歌調中得到盡興的愉快，便不能不把樂譜回環復沓的奏上好幾遍，把歌詞也隨着唱上好幾遍了。四季相思的調，五更調的調，唱春調的調，十八摸的調，當製譜的時候，原只有要求音調的諧和有味，何嘗定出非四，非五，非十二，非十八首歌詞不可的規則出來。但是樂工爲了職業的關係，希求聽歌者的盡興，便不由得不把歌詞回環復沓四度，五度，十二度，十八度了。這種的希求與限制是唱徒歌的所没有的。

（4）我們確應相信由徒歌變成的樂歌不能在一篇中；惟有一章是原來的歌詞。例如《唐風》的《葛生》：

葛生蒙楚，蘞蔓於野。予美亡此，誰與獨處？
葛生蒙棘，蘞蔓於域。予美亡此，誰與獨息？
角枕粲兮，錦衾爛兮。予美亡此，誰與獨旦？
夏之日，冬之夜。百歲之後，歸於其居。
冬之夜，夏之日。百歲之後，歸於其室。

這首詩前二重的句式一律，第三章的起興的式子與前二章不同，後二章的句式又另是一種樣子。其中是否有二章是原來的徒歌詞，或是否是經過樂工的改竄，現在已無法知道，我們決不能斷定裏面的某章是當時徒歌的本相了。我們只能說，這首詩是富有民歌意味的樂歌。我上次所舉的《月出》，這次所舉的《溱洧》，都是最整齊的幾章，這一章與那一章的意義是沒有分別的，在徒歌中是可以不復沓的，所以我懷疑裏面有一章是徒歌的本真，其餘是樂工申述的樂章。但天下的事決不會整齊畫一到極端，所以適用於《月出》和《溱洧》的，未必便適用於《關雎》和《葛生》。

（5）這一條，魏先生引《碩鼠》的重言"適彼樂土"爲證，證明這是作者要表明棄此遠去的決絕的態度，詞句的復沓由於情緒的不得已，不能說裏面有一句是樂工申述的。這個意思我極以爲然，但這樣的例在徒歌中也盡有可舉。例如《吳歌甲集》第六十二首重言"勤哭哉"，第七十九首重言"小登科"皆是。但是請魏先生不要誤會我前一文的意思，以爲樂歌是必須復沓的，徒歌是必不復沓的。我也知道徒歌中是可以有復沓的，但這限於作者內心情緒的不得已的宣洩，故復沓處較少，就是復沓也沒有極整齊的格調。至於樂歌，則因樂譜復奏的關係，即使內心情緒的宣洩已盡於一章，但也必敷衍成爲若干章，所以它的復沓是極整齊的復沓；這些復沓，有的在意境上尚可分出些深淺，有的竟是全同《詩經》上各篇的復沓之章，都顯出的它樂歌的樣子，所以我有這樣的話。魏先生若單舉了《碩鼠》的重言"適彼樂土"來證明不能僅以復沓的句子作樂歌的證據，我當然贊同。若說《碩鼠》的全篇三章，雖是意義一致，但我們還只能說他的徒歌的本相，我就禁不住要樹異議了。

（6）復沓諸章在意義上雖有程度的深淺或次序的進退，但不能說這是徒歌的本相而不是樂工所申述，因爲申述的人也盡有使先後各章分出深淺及進退的道理。何況實際上也並不如是。例如魏先生舉的《鄘風》的《牆有茨》篇，它的原文是：

牆有茨，不可掃也。中冓之言，不可道也。所可道也，言之醜也。

墙有茨，不可襄也。中冓之言，不可詳也。所可詳也，言之長也。
墙有茨，不可束也。中冓之言，不可讀也。所可讀也，言之辱也。

魏先生説：
"掃"和"襄"和"束"是一層的動作。
"不可道"簡直是"不能説"；"不可詳"就是"可説而不可細説"；
"不可讀"却便是"可説而不可多説。"
照這樣講，這首詩的程度的深淺便成了下列的方式：
第一章——墙有茨，最淺；中冓之言，最深。
第二章——墙有茨，漸深；中冓之言，漸淺。
第三章——墙有茨，最深；中冓之言，最淺。

我真不明白，爲什麼"墙有茨"和"中冓之言"的程度的深淺要反其道而行呢？明明只取押韵罷了，有什麼深意在内（起興與意義無關，見《吳歌甲集·寫歌日記》）。我們還是不要這樣的深文周納，繼漢代經師的步武吧。至於魏先生説："就是没有分别，而作者以聲音改換的復奏，不能不説他内心非再三咏嘆不足以寫懷的緣故。"那是無理由的要把《詩經》歸到徒歌之下，我更不敢贊同了。

（7）魏先生所舉的歌謡上的實例；大都是"兒歌"（如《紅雲嫁黑雲》，《姑娘吊孝》等）和"對山歌"（如《酉陽山歌》，《江陰船歌》等），至於"成人的抒情之歌"則絶少（《天叫天》一首確是這一類，但樂歌的氣味甚重，恐是把樂歌清唱成徒歌的，與《孟姜女》《十二月花》名同）。"對山歌"因問作答，非復沓不可。例如《江陰船歌》既用"舍個彎彎天上天？"發問，作答的當然説："亮彎彎天上天。"兒歌注重於説話的練習，事物的記憶，與滑稽的趣味，所以也有復沓的需要。例如《姑娘吊孝》一歌，一個女孩子的未婚夫死了，想去吊孝，問娘應穿什麼，娘答以"紅紗衫兒，紅紗裙兒"；問爺，爺變説："緑紗衫兒，緑紗裙兒"；問哥，哥又説："黄紗衫兒，黄紗裙兒"；問嫂，嫂才説："白紗衫兒，白紗裙兒"。這樣的回環復沓，是重在小兒意中的滑稽趣味和紅緑等顔色的記憶，毫不帶着情感的色彩。至於重在發抒情感的成人之歌，有這樣的回環復沓的格調的却絶不多見，看我搜集的吳歌可知。去年適之先生也曾告我："外國歌謡大都是回環復沓的，中國歌謡中頗少此例，也是一個特異的現象。"這個問題當然不是我的學力所可討論。我現在所要説明的，是我們今日的成人的抒情之歌極少復沓的，這是事實；我們古代的成人的抒情之歌極少復沓的這也是事實（詳見下）。《詩經》中帶有徒歌性質的諸篇，都是成人的抒情之歌，這些歌什九復沓，與現在梳行及古代流行的徒歌不同。所以這很有把徒歌改爲樂歌的傾向。

總以上所説，可以把我的意思做一個簡單的結論。

> 徒歌是民衆爲了發洩内心的情緒而作的；他並不爲聽衆計，所以没有一定的形式。他如因情緒的不得已而再三咏嘆以至有復沓的章句時，也没有極整齊的格調。樂歌是樂工爲了職業而編制的，他看樂譜的規律比内心的情緒更重要；他爲聽者計，所以需要整齊的歌詞而奏復沓的樂調。他的復沓並不是他的内心情緒必要他再三咏嘆，乃是出於奏樂時的不得已。

《詩經》中一大部分是爲奏樂而創作的樂歌，一小部分是由徒歌變成的樂歌。當改變時，樂工爲他編制若干復沓之章。這些復沓之章有的似有一點深淺遠近的分别，有的竟没有，但這是無關重要的。至於《詩經》裏面的徒歌和樂歌的分别，我們現在雖可用了許多旁證而看出一個大概，但已不能作清楚明白的分析了。

以上答復魏先生的話，都是偏在理論方面的，現在再從事實方面證明《詩經》所録全爲樂歌。

第一，我們看春秋時的徒歌可以證明《詩經》是樂歌。今就《左傳》《國語》《論語》《莊子》《孟子》等書所記録的鈔出若干條於下：

(1) 晉輿人誦（《左傳》僖公二十八年）：

原田每每，舍其舊而新是謀。

(2) "宋城者謳"及"華元答謳"（《左傳》宣公二年）：

(甲) 睅其目，皤其腹，棄甲而復。

(乙) 牛則有皮，犀兕尚多。棄甲則那！

(丙) 從其有皮，丹漆若何！

(3) 聲伯《夢歌》（《左傳》成公十七年）：

濟洹之水，贈我以瓊瑰。歸乎，歸乎，瓊瑰盈吾懷乎。

(4) 魯國人誦（《左傳》襄公四年）：

臧之狐裘，敗我於狐駘。我君小子，朱儒是使。朱儒，朱儒，使我敗於邾！

(5) 來築者謳（《左傳》襄公十七年）：

澤門之晳，實興我役。邑中之黔，實慰我心。

(6) 鄭輿人誦（《左傳》襄公三十年）：

（甲）取我衣冠而褚之。取我田疇而伍之。孰殺子產，吾其與之！

（乙）我有子弟，子產誨之。我有田疇，子產殖之。子產而死，誰其嗣之！

(7) 南蒯鄉人歌（《左傳》昭公十二年）：

我有圃，生之杞乎。從我者子乎。去我者鄙乎。倍其鄰者恥乎。已乎，已乎，非吾黨之士乎！

(8) 宋野人歌（《左傳》定公十四年）：

既定爾婁豬，盍歸吾艾豭？

(9) 萊人歌（《左傳》哀公五年）民：

景公死乎不與埋。三軍之士乎不與謀。師乎，師乎，何黨之乎！

(10) 申叔儀歌（《左傳》哀公十三年）：

佩玉橤兮，余無所繫之。旨酒一盛兮，余與褐之父睨之。

(11) 齊人歌（《左傳》哀公二十一年）：

魯人之皋，數年不覺，使我高蹈。唯其儒書，以爲二國憂！

(12) 輿人誦惠公（《國語·晉語三》）：

佞之見佞，果喪其田。詐之見詐，果喪其賂。得國而狃，終逢其咎。田喪不懲，禍亂其興。

(13) 國人誦共世子（國語·晉語三）：

貞之無報也，孰是人斯而有斯臭也！貞爲不聽；信爲不誠。國斯無刑，偷居幸生，不更厥貞，大命其傾！威兮懷兮，各聚爾有以待所歸兮。猗兮違兮，心之哀兮。歲之二七，其靡有徵兮。若狄公子，吾是之依兮。鎮撫國家，爲王妃兮。

(14) 楚狂接輿歌（《論語·微子》篇）：

鳳兮，鳳兮，何德之衰？往者不可諫，來者猶可追。已而，已而，今之從政者殆而！

(15) 楚狂接輿歌（《莊子·人間世》篇）：

鳳兮，鳳兮，何如德之衰也！來世不可待，往世不可追也！天下有道，聖人成焉。天下無道，聖人生焉。方今之時，僅免刑焉。福輕乎羽，莫之知載。福重乎地，莫之知避。已乎，已乎，臨人以德。殆乎，殆乎，畫地而趨。迷陽，迷陽，無傷我行！吾行却曲，無傷我足！

(16) 孔子聽孺子歌（《孟子·離婁》篇）：

滄浪之水清兮，可以濯我纓。滄浪之水濁兮，可以濯我足。

這些歌雖未必一定可靠（例如《莊子》上的接輿歌詞與《論語》上的大

不同，又如國人誦共世子的說了許多應驗的預言）但總可以藉此窺見一點當時徒歌的面目。這些徒歌的形式，我們可以綜括爲下列諸點：

（1）篇幅長短不等，但都沒有整齊的章段。長的如《國語》誦共世子，《莊子》接輿歌，但並不像《詩經》所錄的一段分成若干章。短的如《左傳》晉輿人誦，萊野人歌，僅有兩句，也是《詩經》里所沒有的。

（2）篇末多用復沓語作結。如聲伯《夢歌》的"歸乎歸乎，瓊瑰盈吾懷乎"；魯國人誦的"朱儒，朱儒，使我敗於邾"；南蒯鄉人歌的"已乎，已乎，非吾黨之士乎！"萊人歌的"師乎，師乎，何黨之乎！"《論語》接輿的"已而，已而，今之從政者殆而！"皆是。這或者取其搖曳有致，或者取其慨嘆有力，皆未可知。

（3）篇末如不用復沓語作結，亦多變調。如鄭輿人誦的甲篇首二句皆云"取我"，末一句變爲"孰殺"，乙篇二句皆以"我有"起，末一句，變爲"子產而死"，皆是。

（4）篇中用對偶的很多。如"宋築者謳"的以"澤門之晳"與"邑中之黔"對，"輿人誦"惠公的以"佞之見佞"與"詐之見詐"對，又以"得國而狃"與"喪田不懲"對，孔子聽孺子歌的以"水清濯纓"與"水濁濯足"對皆是。若莊子接輿歌，則幾乎全篇是對偶了。但無論如何用對偶，却沒很整齊的章段，改去數字而另成一章或數章的。我很疑心徒歌里的對偶，到了樂歌里就用來分章了。

（5）孟子所載《孺子歌》是反覆記正反兩個意思的。魏先生曾舉《江陰船歌》"結識私情勿要結識大小娘"和"結識私情總要結識大小娘"作例，證徒歌是可以復沓的。但這正是與《孺子歌》一樣，是兩個意思的轉說，不是一個意思的復說。

從以上論條看起來，古代徒歌中的復沓是可以有的，但往往用在對偶、反復、尾聲，而不是把一個意思復沓成爲若干章。

《左傳》中也有類似《詩經》格式的歌詞，如隱公元年的鄭莊公母子的"賦"和昭公十二年的晉侯齊侯的"投壺詞"：

（甲）

大隧之中，其樂也融融。（鄭莊公）

大隧之外，其樂也洩洩。（武姜）

（乙）

有酒如淮，有肉如坻。寡君中此，爲諸侯師！（中行穆子爲晉昭公）

有酒如澠，有肉如陵。寡人中此，與君代興！（齊景公）

如果他們確是徒歌，他們的性質也等於"對山歌"。凡是對山歌，起的人先唱了什麼，接的人就用了原來的格式接上什麼。例如魏先生舉的《酉陽山歌》和《江陰船歌》都是，如不是對上什麼，即是反言什麼。例如魏先生舉的《江陰船歌》中的"結識私情弗要結識大小娘"和"結識私情總要結識大小娘"兩首。總之，凡是二人對唱的歌，總容易取同樣的格式。若是一個人獨唱的徒歌，把一個意思用同樣的話改去數字而復沓爲數章的，實很不經見。

當時的樂工采得了徒歌如何把它變爲樂歌，我們現在固然無從知道；但不妨做上一點臆測。假使我做了樂工，收得了南蒯的鄉人一歌，要動筆替他加上兩章，便爲下式：

（一）我有圃，生之杞乎。從我者子乎，去我者鄙乎，倍其鄰者恥乎。已乎，已乎，非吾黨之士乎！

（二）我有圃，生之榛乎。從我者賢乎。去我者底乎，倍其鄰者真乎，已乎，已乎，非吾黨之人乎！

（三）我有圃，生之桑乎。從我者臧乎。去我者狂乎，倍其鄰者亡乎。已乎，已乎，非吾黨之良乎！

這是最老實的疊章法，文字的形式全沒有改變。倘使不老實一點，也可改成下列的方式。

我有圃，生之杞。子之從我，寧而歸子。

我有圃，生之鞠。子之去我，自貽顛覆。

我有圃，生之李。子之倍鄰，實維爾恥。

予口諄諄，乃不我信。已乎已乎，非吾黨之人！

這樣一來，便把這首徒歌的意思融化在四章樂歌之內，樂歌的形式也與《綠衣》《燕燕》《新臺》《大車》等詩相似了。後人雖是知道它是從徒歌變來的，但如何在這篇樂歌之中，再理出一首原來的徒歌來呢？所以我們固然知道《詩經》中有若干篇是富有歌謠的成分的詩，但原始的歌謠的本相如何，我們已見不到了，我們已無從把它理析出來了。

第二，我們從《詩經》的本身上，可以證明《詩經》是樂歌。徒歌因爲不分章段，所以只要作一方面的敘述。樂歌則不然，它因爲遷就章段之故，往往把一方面鋪張到多方面。例如魏先生舉的《鄘風·桑中》篇的三章，即可以見出徒歌的一方面變爲樂歌的多方面的痕跡：

（1）爰采唐矣，沫之鄉矣。云誰之思？美孟姜矣！

期我乎桑中，要我乎上宮，送我乎淇之上矣。

(2) 爰采麥矣，沬之北矣。云誰之思？美孟弋矣。
　　期我乎桑中，要我乎上宮，送我乎淇之上矣。

(3) 爰采葑矣，沬之東矣。云誰之思？美孟庸矣。
　　期我乎桑中，要我乎上宮，送我乎淇之上矣。

這是一首情歌，但三章分屬在三個女子——孟姜、孟弋、孟庸，——而所期，所要，所送的地點乃是完全一致的。我很不解是否這三個女子是一個男子同時所戀，而這四角戀愛是同時得到她們的諒解，並且組成一個迎送的團體的？這似乎很不近情理。況姜、弋、庸都是貴族女子的姓（姜爲齊國貴族的姓；弋即姒，爲莒國貴族的姓；庸爲衛國貴族的姓。錢大昕說），是否這三國的貴族女子會得同戀一個男子，同到衛國的桑中和上宮去約會，同到淇水之上去送情郎？這似乎也是不會有的事實。這種境界在徒歌裏是沒有的。拿搜集到的歌謠看，誰見有既愛了趙姑娘，又愛錢姑娘，又愛了孫姑娘的。惟在樂歌中則此例甚多。前曾見一唱本，題爲十個大姐，頗與此詩相類；惜不在手頭，未能徵引。在手頭的，有《時調三翻・十二郎》（紹興思義堂刻本），可以取來作證。今節鈔於下：

(1) 一位姑娘本姓王呀，私情相好十二郎呀。
　　小呀加加，小呀尖尖，小小三來十二郎，喂喂。

(2) 大郎哥哥縣里爲皂隸呀，二郎哥哥家中當糧房呀。
　　小呀加加，小呀尖尖，小小三來十二郎，喂喂。

(3) 三郎哥哥家里裁衣做呀，四郎哥哥，府上做皮匠呀。
　　小呀加加，小呀尖尖，小小三來十二郎，喂喂。

(4) 五郎哥哥府上糖燒餅賣呀，六郎哥哥家內開茶坊呀。
　　小呀加加，小呀尖尖，小小三來十二郎，喂喂。……

這歌雖沒有寫明那一種"時調"，但有"小呀加加，小呀尖尖"，等等有調無義之詞，可見這是一篇樂歌。樂歌要把一個調子三反四覆的重疊，所以他的歌詞容易把一方面鋪張到多方面。在徒歌裏只要說一只茶盞，到樂歌裏往往要說七只茶盞了；在徒歌裏只要說一把扇子，到樂歌裏往往要說十把扇子了。因此，我們可以把《桑中》篇下一個假設：這詩在徒歌中原只有一章，詩中人的戀人原只有一個（以地望看來，或許是"美孟庸"；又"孟庸"與"桑中""上宮"均同韻）；惟自徒歌變成樂歌時，才給樂工加上了兩章。

《鄭風》的《山有扶蘇》與《桑中》意味略同。《桑中》是一男候三女，《山有扶蘇》是一女候二男。其實"子都"爲美男子的稱謂是確的，"子充"則不過取來湊"狡童"的韻脚而已。我們對此，可以假設上一章（言子都的）

是原有的徒歌，下一章（言子充的）是樂工加上的樂章。

又如《王風》的《揚之水》：

(1) 揚之水，不流束薪。彼其之子，不與我戍申。
懷哉，懷哉，曷月予還歸哉？
(2) 揚之水，不流束楚。彼其之子，不與我戍甫。
懷哉，懷哉，曷月予還歸哉？
(3) 揚之水，不流束蒲。彼其之子，不與我戍許。
懷哉，懷哉，曷月予還歸哉？

假使這詩確是征夫懷家人的徒歌，則作歌的征夫，決不會分成三身而同時戍申，戍甫，又戍許。這也是樂歌的從一方面鋪張到多方面的表徵。

又如《秦風》的《權輿》：

(1) 於我乎夏屋渠渠，今也每食無餘。於嗟乎，不承權輿。
(2) 於我乎每食四簋，今也每食不飽。於嗟乎，不承權輿！

下章先言"每食四簋"，下接言"每食不飽"，着眼點都在飯食，是首尾相貫的。上章先言"夏屋渠渠"，着眼在居住上了，下却接言"每食無餘"，改說到飯盒上，前後很不相稱。所以我對於此篇，覺得可以下一個假設：這詩原來在徒歌中只有下一章，上章是樂工爲了要重沓一章而硬湊上去的。

以上所說的話，在詩家看來，怕要說我把句義看得太死了，因爲詩歌的創作是純任主觀的，不當有清楚的分析。但我所以敢於這樣說，因爲尚有別的方面給我以《詩經》是樂歌的證據，所以我敢在它的本身上尋出它從徒歌變爲樂歌的痕跡。

也許有人說："《詩經》所錄的既爲樂歌，安知不全是樂工做出來的，何以見得必是從徒歌變到樂歌的呢？"我對於此說，也表同情。我所以說《詩經》裏有一部分詩是徒歌變爲樂歌之故，因爲《王制》說："命太師陳詩以觀民風"，《漢書·食貨志》說："孟春之月，群居者將散，行人振木鐸徇於路以采詩，獻之太師，比其音律，以聞於天子"。在這些話裏是說《詩經》小一部分詩是從徒歌變爲樂歌的。但這些話都是漢代人說的，未必一定可靠。我所以還敢信他們之故，因爲漢以後的《樂府》，也有變民間徒歌爲樂歌的。假使這些話真是無據之談，我所說的徒歌變爲樂歌之說，當然可以推翻。但推翻的只是從徒歌變爲樂歌之說而不是《詩經》所錄全爲樂歌之說。

第三，我們從漢代以來的《樂府》看，可以證明《詩經》是樂歌。《漢書·藝文志·諸賦略》中所著錄的有以下詩書：

吳楚汝南歌詩十五篇。　　燕、代謳，雁門、雲中、隴西歌詩九篇。

邯鄲、河間歌詩四篇。　　齊、鄭歌詩四篇。
淮南歌詩四篇。　　　　　左馮翊秦歌詩三篇。
京兆尹秦歌詩五篇。　　　河東蒲反歌詩一篇。
雒陽歌詩四篇。　　　　　河南周歌詩七篇。
河南周歌詩聲曲折七篇。　周謠歌詩七十五篇。
周謠歌詩聲曲折七十五篇。周歌詩二篇。
南郡歌詩五篇。

這些各地方的歌詩，即是直接《詩經》中國風一部分的。但這些歌詩，決不是徒歌，一因其中有"曲折"（即樂譜），二因它們都在《樂府》。《詩賦略·序》中説：

> 自孝武立樂府而采歌謠，於是有代趙之謳，秦楚之風，皆感於哀樂，緣事而發。

《漢書·禮樂志》又説：

> 武帝定郊禋之禮，……乃立樂府，樂詩夜誦，有趙代秦楚之謳。以李延年爲協律都尉。

又叙述各地方音樂的樂員道：

> ……邯鄲鼓員二人，……江南鼓員二人，淮南鼓員四人，巴俞鼓員三十六人，……臨淮鼓員三十五人，……沛吹鼓員十二人，陳吹鼓員十三人，……楚鼓員六人，……秦倡員二十九人，蔡謳員三人，齊謳員六人。……

那時奏樂的樣子，從《楚辭》中可以看得更明白。《招魂》説：

> 肴羞未通，女樂羅些。敶鐘按鼓進新歌些。涉江采菱，發揚阿些。……二八齊容，起鄭舞些，……竽瑟狂會，鳴鼓些。宮廷震驚，發激楚些。吳歈蔡謳，奏大呂些。

又《大招》説：

> 代秦鄭衛，鳴竽張只。伏羲《駕辯》，楚勞《商只》。謳和《陽阿》，趙蕭倡只。

在這些材料中，可見當時樂調最盛的地方，在北是代、秦、趙、齊，在南是鄭、蔡、吳、楚（《藝文志》中所載詩，邯鄲是趙，淮南是吳），因爲那些地方的樂調最盛，所以著錄的歌詩也最多。

《隋書·經籍志·總集類》中也有類似《漢志》所錄的歌詩：

吳聲歌辭曲一卷。　　　樂府歌詩二十卷。
樂府歌辭九卷。　　　　晉歌詩十八卷。

三調相和歌辭五卷。　　　樂府新歌五卷。

這些書的名目上大都寫明是樂府。"無聲歌"及"相和歌"，《晉書·樂志》上有幾句記載的話：

> 凡樂章古辭，今之存者並漢世街陌謠謳，《江南可采蓮》《烏生十五子》《白頭吟》之屬也。吳聲雜曲並出江南，東晉以來稍有增廣。《子夜歌》……《鳳將雛歌》《阿子及歡聞歌》……《團扇歌》……《懊憹歌》……《長史變》……始皆徒歌，既而被之管弦。又有絲竹金石，造歌以被之，魏世三調歌辭之類是也。

> 相和歌，漢舊歌也。絲竹更相和，執節者歌。本一部，魏明帝分爲二。

吳聲歌"始皆徒歌，既而被之管弦"，是由徒歌變成樂歌的。相和歌"絲竹更相和，執節者歌"，是猶今攤簧及大鼓書之類，可見《隋志》所錄的風詩也沒有不是樂歌的。鄭樵《通志·樂略》中《白紵歌》條下說：

> 白紵歌，有白紵舞，有白鳧歌，有白鳧舞，並吳人之歌舞也。吳地出紵，又江鄉水國，自多鳧鷖，故興其所見以寓意焉。始則田野之作，後乃大樂氏用焉。其音出入清商調，故清商七曲，有子夜者，即白紵也。在吳歌爲白紵，在雅歌爲子夜，梁武令沈約更制其詞焉。

> ……右白紵與子夜，一曲也。在吳爲白紵，在晉爲子夜。故梁武本白紵而有子夜四時歌。後之爲此歌者，曰白紵，則一曲；曰子夜，則四曲。今取白紵於白紵，取四時歌，於子夜，其實一也。

在這兩段裏，可見《白紵歌》始爲田野間徒歌，後來成爲樂歌，又加上了舞。過了幾時，又取了它的樂調，改制《子夜歌》；本爲一曲的，到這時便變成了四曲。即此可知徒歌的變爲樂歌，是由簡變繁，由少變多的。

總括以上所說，可以寫出一個從徒歌變爲樂歌的程序：

（1）原爲民間徒歌（如《吳聲歌》），或民間樂歌（如《相和歌》）。

（2）爲貴族蓄養的樂工所采，被之弦管，成爲正則的樂歌。

（3）貴族更制其樂（如魏明帝之於《相和歌》），或更制其辭（如梁武帝之於《白紵歌》）。

後遂守之不變。

《詩經》中一部分詩，帶着徒歌的色彩的，它的變爲樂歌也許照了這個程序。它的能夠列入《詩經》，與西漢六朝的樂歌列入《漢志》《隋志》所錄的歌詩集中也是一樣的。

第四，我們從古代流傳下來的無名氏詩篇看，可以證明《詩經》是樂歌。

前面所舉的春秋時代的徒歌，以及其他時代的徒歌，只爲與政治人物發生關係，故得流傳下來，這原是重在政治人物的物事故，並不重在歌謠的本身。其餘和政治人物沒有關係的徒歌早已完全失傳，再不能尋見了。

我讀《文選》中《古詩十九首》時，嘗疑這些詩既無撰人名氏，如何會得流傳下來。後讀《玉臺新詠》（卷一）所載古詩，第六首開端云：

　　　　四座且莫諠，願聽歌一言。請說銅爐器，崔嵬象南山。

乃知流傳下來的無名氏古詩亦皆樂府之辭。所謂"四座且莫諠，願聽歌一言"，正與趙德麐《商調蝶戀花序》中所說"奉勞歌伴，先聽調格，後聽蕪詞"，北觀別墅主人《夸陽歷大鼓書·引白》所說"把絲弦兒彈起來，就唱這回"相同，都是歌者對於聽客的開頭語。納蘭性德《渌水亭雜識》（卷四）說：

　　　　《焦仲卿妻》，又是樂府中之別體。意者如後之《數落山坡羊》，
　　　一人彈唱者乎？

這句話很可信。我們看《焦仲卿妻》一詩中，如"物物各自異，種種在其中"；如"纖纖作細步，精妙世無雙"和"云有第三郎，窈窕世無雙"，辭氣均與現在的大鼓書和彈詞相同；而縣君先來，太守繼至，視曆開書，吉日就在三天之內，以及聘物車馬的盛況，亦均富於唱詞中的故事性。末云："多謝後世人，戒之慎勿忘。"這種唱罷時對於聽衆的叮嚀的口氣，與今大鼓書中"單刀赴會"的結尾說"這就是五月十三聖賢爺單刀會，留下了仁義二字萬古傳。"呂蒙正《教書》的結尾說"明公聽了這個段，凡事要忍心莫要高"是很相像的。

漢、隋兩《志》著錄的歌詩集不久都失傳了。我們看《玉臺新詠》中的古樂府，看《樂府詩集》中的"橫吹曲辭""相和歌辭""清商曲辭""雜曲歌辭"……凡是帶着民歌的氣息的，哪一首不是樂歌。更看元代的《陽春白雪》《太平樂府》，清代的《霓裳續譜》《白雪遺音》，凡是著錄當代的歌曲的，裏邊又哪一首不是樂歌。再看現在市攤上賣的唱本，有戲本，有曲詞，有模仿樂曲而做成的歌詞，可是沒有徒歌。我近來爲孔德學校整理新購的蒙古車王府的曲本千餘册，其中除了戲本之外，有大鼓書，有快書，有牌子曲，有岔曲，有馬頭調，有彈詞，但也沒有一首徒歌。這不必奇怪，因爲徒歌本來不爲人所注意的，本來不使人感到有搜集和保存的價值的（除了與政治人物發生關係）。

徒歌的搜集和保存，在紀錄歷史方面，始於明楊慎的《古今風謠》（函海及藝海珠塵本），在紀錄地方方面，始於清李調元的《粵風》（函海本），他們倆都是"才子"，都是才子故事的箭垛人物（楊慎的故事見於北新書局出版的

《徐文長故事》，李調元的故事見於京報附送的《民衆周刊》）。惟其是才子，所以才能超出於當代的學術潮流之外而賞鑒這類真正的民衆文藝。但明清兩代似乎只有他們二人而已（至多也惟有加上一個受了楊慎影響而編《古謠諺》的杜文瀾，一個受了杭世駿等《續方言》的影響而編《越諺》的范寅）。直到現在，才有用了學術的眼光真正搜集民間徒歌的北京大學歌謠研究會。這種事情，在以前是絕對沒有的。我們現在北京大學裏，耳聞目見的多了，不免以爲搜集民間歌謠是很便當的事，《詩經》中的一部分既帶着很濃重的民歌色彩，想來也是搜集來的徒歌。但我們一從歷史上觀察，便可知道搜集徒歌是現代學術界上的事情，以前是絕對不成問題的。以前的人，盡可以會唱許多徒歌，盡可以聽得許多徒歌，但除了與政治人物發生關係的幾首看爲值得注意之外是隨它漸滅的。樂工爲了搜取樂歌的材料起見，所以對於徒歌有相當的注意，但他們注意的目的不過取來備自己的應用而已，絕對不是客觀的搜集和保存。西洋人的搜集徒歌的工作固然做得比我們早，但也不過早上數十年而已。總之自人類始有文化以來，直到十九世紀的初葉，徒歌是沒有一天間斷過的，但是全世界人對於它却是一例的不注意。《詩經》是二千年前的東西，二千年以前的人是決不會想到可以做搜集和保存徒歌的工作的，所以我敢說這是樂歌。

以上四條，是我所以說《詩經》所錄全爲樂歌的理由。現在就把上面的意思括成一個簡單的結論：

春秋時的徒歌是不分章段的，詞句的復沓也是不整齊的，《詩經》不然，所以《詩經》是樂歌。凡是樂歌，因爲樂調的復奏，容易把歌詞鋪張到多方面，《詩經》亦然，所以《詩經》是樂歌。西漢六朝的樂歌很多從徒歌變來的，那時的樂歌集又是分地著錄，承接着國風，所以《詩經》是樂歌。徒歌是向來不受人注意的，流傳下來的無名氏詩歌亦皆爲樂歌，春秋時的徒歌不會特使人注意而結集入《詩經》，所以《詩經》是樂歌。

主張《詩經》中有一部分是徒歌的，在魏先生以前，有南宋的程大昌和清初的顧炎武。我現在乘討論之便，把他們的議論也考慮一番。

程大昌《詩論》（藝海珠塵本；荊川稗編本題《詩議》）中，"南雅頌爲樂詩，諸國爲徒詩"篇云：

春秋戰國以來，諸侯卿大夫士賦詩道志者，凡詩雜取無擇。至考其入樂，則自邶至豳無一詩在數，享之用《鹿鳴》，鄉飲酒之笙《由庚》《鵲巢》，射之奏《騶虞》《采蘋》，諸如此類，未有出南、雅之外者。然後知南、雅、頌之爲樂詩而諸國之爲徒詩也。

《鼓鍾》之詩曰，"以雅以南，以籥不僭"。季札觀樂，"有舞象簡南籥者"。詳而推之,"南籥",二南之籥也;"箭",雅也;"象舞",頌之《維清》也。其在當時親見古樂者,凡舉雅、頌率參以南。其後《文王世子》又有所謂"胥鼓南"者,則南之爲樂古矣。

詩更秦火,簡編殘缺。學者不能自求之古,但從世傳訓故第第相授,於是創命古來所無者以爲"國風",參正雅、頌,而文王南樂遂包統於國風部彙之内。雖有卓見,亦莫敢出衆擬議也……

顧炎武《日知錄》(卷三):"四詩"條云:

《周南》《召南》,南也,非風也。籥謂之"籥詩",亦謂之"雅",亦謂之"頌"(據《周禮·籥章》),而非風也,南、籥、雅、頌爲四詩,而列國之風附焉。此詩之本序也。(宋程大昌《詩論》謂無"國風"之目。然《禮記·王制》言"太師陳詩以觀民風",即謂自邶至曹十二國爲風無害)

又"詩有入樂不入樂之分"條云:

《鼓鐘》之詩曰,"以雅以南"。子曰,"雅、頌各得其所"。夫二南,籥之《七月》也,《小雅》正十六篇,《大雅》正十八篇,(《詩譜》:"《小雅》十六篇,《大雅》十八篇爲正經。")頌也,詩之入樂者也。邶以下十二國之附於二南之後而謂之風,《鴟鴞》以下六篇之附於籥而亦謂之《籥》,《六月》以下五十八篇之附於《小雅》,《民勞》以下十三篇之附於《大雅》而謂之變雅,詩之不入樂者也。《釋文》云:"從《六月》至《無羊》十四篇,是宣王之變《小雅》,從《節南山》至《何草不黄》四十四篇,前儒申公、毛公皆以爲幽王之變《小雅》。從《民勞》至《桑柔》五篇,是厲王之變《大雅》;從《雲漢》至《常武》六篇,是宣王之變《大雅》,《瞻卬》及《召旻》二篇,是幽王之變《大雅》。"《正義》曰:"變者雖亦播於樂,或無算之節,所用或隨事類而歌;又在制禮之後,樂不常用。"今按以變雅而播之於樂,如衛獻公使大師歌巧言之卒章是也。

從以上許多話看來,我們可以歸納出他們的幾項主張:

(1)"南"爲樂君,"國風"之名爲秦以後人所創。

(2)南、雅、頌爲樂詩,邶以下諸國爲徒詩。

以上程大昌説。

(3)南、籥、雅、頌爲"四詩"。

(4)"國風"之名可存,但列國詩只附於四詩。

(5)二南,籥之《七月》,正《小雅》,正《大雅》,《頌》,爲入樂之詩;

邶以下十二國，《豳·鴟鴞》以下，變《小雅》，變《大雅》，爲不入樂之詩。

以上顧炎武説。

我對於他們的主張，有十分贊成的（南爲樂名），有以爲可以備考的（南、豳、雅、頌爲四詩），有以爲可商的（國風之名），有以爲必不然的（邶以下諸國及變雅爲徒詩）。今依次叙述於下：

第一，《南》爲樂名，我十分贊成。因爲《周南》《召南》的"南"，正如《周頌》《商頌》的"頌"：《頌》既爲樂名，《南》亦當然是樂名。"以雅以南"，確是一個極好的證據。"胥鼓南"一證也是重要的。從前人因爲要維持一個"國風"的總名，不惜把"南"字解爲"南夷之樂"（《毛詩》），又把《周南》《召南》的"南"解爲"王化自北而南"（《毛詩》序），實在是極謬妄的。

第二，《豳》爲四詩之一，我不敢直捷了當的斷說。因爲豳是以地名（《大雅·公劉》"於豳斯館"名樂聲的，與邶、鄘諸名一律。獨把豳詩示異於諸國，未見其必然。《周官》雖有"豳詩，豳雅、頌"諸名，但《周官》這書的可信的價值原不很高，我們終不能據此一言便視爲定論。就使可信，也許它說的豳雅是指《小雅》中的《大田》《甫田》諸篇，豳頌是指《周頌》中的《載芟》《良耜》諸篇，因爲《籥》章說的"祈年於田祖，吹豳雅，擊土鼓，以樂田畯"，分明是從《甫田》篇的"琴瑟擊鼓，以御田祖，……田畯至喜"等話而來的；它既以《小雅》爲豳雅，則以《周頌》爲豳頌亦屬可能，《豐年》和《載芟》都說"爲酒爲醴，以洽百禮"和"吹豳頌"而爲"合聚萬物而索饗之"的蠟祭意義亦差同。

第三，"國風"確是後起之名，但似不是秦以後人題的。《荀子·儒效》篇中有"風之所以爲不逐者，取是以節之也"的話，是和《小雅》的"取是而通之"，《大雅》的"取是而光之"，《頌》的"取是而通之"並列的。《樂記》記師乙的話，有"正直而靜，廉而謙者宜歌風"，是和"寬而靜，柔而正者宜歌《頌》；廣大而靜，疏達而信者宜歌《大雅》，恭儉而好禮者宜歌《小雅》"連着說的。如果《儒效》篇與《樂記》不出於漢人的手筆，則"風"的一名想來是在戰國時就成立的。"風"字上加"國"字，當更稍後，得《大雅·崧高》篇"說吉甫作誦，其詩孔碩，其風肆好"，又看《左傳·成九年》說鍾儀"操南音"，范文子說他"樂操土風"，創"風"字的意義似乎就是"聲調"。聲調不僅諸國之風所具，雅、頌也是有的。所以"風"的一名，大概是把通名用成專名的。所謂"國風"，猶之乎說"土樂"。

較前於《荀子》和《樂記》的有《左傳》，裏面沒有把"風"字概稱諸國詩的（隱公三年傳的"風有《采蘩》《采蘋》"的"君子"的話，是漢人加上去的）又較前的有《論語》，裏面說及"《周南》《召南》"，又說及"《雅》《頌》"，但也沒有說及諸國詩。但他雖沒有說"國風"，雖沒有說"諸國詩"，也曾說了兩次"鄭聲"。《衛靈公》篇云："顏淵問爲邦，子曰：'樂則韶舞，放鄭聲，……鄭聲淫。'"《陽貨》篇云，"惡鄭聲之亂雅樂也"。孔子是正《雅》《頌》的人，他說"鄭聲亂雅樂"，"正"和"亂"正是對立之詞，雅樂既即是指《雅》《頌》，則別鄭聲於雅樂之外，似乎他是把"鄭聲"一名泛指着一般土樂（國風）。國風亂雅是可能的事，我們只看《小雅》中《黃鳥》《谷風》《采綠》《都人士》《我行其野》等篇，它們的風格婉變輕逸，與國風極近而與雅體頗遠，就不免引起了這個懷疑。如果它們確是從國風亂到《小雅》裏的，則它們的所以亂的緣故不出二端：一是由於音調的相近（如徽調與漢調，漢調與京調），一是由於用爲奏雅樂時的穿插（如皮簧班中有《小放牛》和《探親家》等小調戲），這是我暫時下的一個假設。

我所以有此假設之故，因爲《漢書·禮樂志》中的紀事也是把燕、代、秦、楚各地的音樂都喚做"鄭聲"的。《禮樂志》云：

> 河間獻王有雅材，……因獻所集雅樂。天子下大樂官常存肄之，歲時以備數；然不常御。常御及郊廟皆非雅聲。……至成帝時，……鄭聲尤甚，黃門名倡丙強，景、武之屬富顯於世。貴戚五侯，定陵，富平外戚之家淫侈過度，至與人主爭女樂。哀帝……即位，下詔曰："惟世俗奢泰文巧而鄭、衛之音興……鄭、衛之音興則淫僻之化流。……孔子不云乎，'放鄭聲，鄭聲淫'。其罷樂府及郊祭樂，及古兵法武樂。在經非鄭、衛之樂者，條奏，別屬他官。"丞相孔光，大司空何武奏："……楚鼓員六人，……秦倡員二十九人，楚四會員十七人，巴四會員十二人，……齊四會員十九人，蔡謳員六人，……皆鄭聲，可罷。……"奏可。然百姓漸漬日久，……豪富吏民湛沔自若。……

讀此篇，可見當時把楚、秦、巴、齊、蔡等地方的樂曲都喚作"鄭聲"，而真正的鄭地的樂工在西漢樂府中倒反沒有。又可見此類樂調單言則爲"鄭聲"，疊舉則爲"鄭、衛之音"。"鄭聲"一名如此用法，成了一個很普泛的樂調的名字，正如現在所說的"小調"。《禮樂志》中又說"貴戚與人主爭女樂"，可見那時的鄭聲中有一部分是女樂。說起了女樂，使我聯想到《論語》上的"齊人饋女樂，孔子行"的故事，又想起《招魂》所寫的女樂"起鄭舞，發激楚吳歈蔡謳"的詞句。恐怕孔子所說的鄭聲，即是這類女樂，它們是混合了各地的樂歌而成立的班子。因爲其中的音樂以鄭國爲最著名，所以總稱爲

"鄭聲"。正如現在無論哪地的戲班子總歡喜寫"京都名班",有一個新出道的小戲子上臺總歡喜寫"北京新到",其實裏面或盡多土調,與北京全不相干。他們所以如此,原爲北京是樂曲最著名的地方呵。

凡是土樂,一定是最少紳士氣的。它敢把下級社會的幼稚的思想,粗獷的態度,淫蕩的聲音,盡量地表現出來。例如北方的嘣嘣戲、跑旱船,南方的打花鼓、蕩湖船,以及上海游藝場里的四明文戲、揚州小戲、男女化裝蘇攤、化裝申曲(東鄉調),都是。這些東西因爲毫没有紳士氣,所以最爲紳士派所厭惡。他們總想把它們完全禁絕,以正風化,所以四明文戲已不見於寧波,而嘣嘣戲也絕跡於北京城。豈但這班衛道的官紳呢,就是我們一輩人也何嘗不如是。我以前在上海,很想多逛游藝場,現在在北京,很想多逛天橋,但是同志是永遠難找到的。因此,使我想起了春秋時各國的土樂包羅在鄭聲一名之下,而爲孔子所痛絕也,是很可能的。

這一條衍説得太長了,今就我對於國風一名的由來的解釋立一假設如下:各國的土樂原是很散亂的,最先只用國名爲其樂調之名,没有總名;後來同冒於"鄭聲"一名之下;更後乃取"風"(聲調)的一個普通名詞算做它們的共名,最前乃加"國"字於"風"字之上而成今名。

第四,南、雅、頌固然是樂詩,但《抑》以下諸國及變雅却非徒詩。這個問題很複雜,現在分爲下列三事而作解答:

(1)春秋時爲賦詩與樂歌。
(2)宗廟燕享所用的樂歌與樂歌的全部。
(3)正變之説的由來。

對於第一問題,我以爲春秋時人所賦的詩都是樂歌。在《左傳》上,有下列諸種證據:衛寧武子來聘,公與之宴,爲賦《湛露》及《彤弓》。不辭,又不答賦。使行人私焉。對曰,"臣以爲肄業及之也。昔諸侯朝正于王,王宴樂之,于是乎賦《湛露》。……今陪臣來繼舊好,君辱貺之,其敢于大禮以自取戾"!(文四年)

孫文子如戚,孫蒯入使。公飲之酒,使太師歌《巧言》之卒章。太師辭。師曹請爲之。初,公有嬖妾,使師曹誨之琴,師曹鞭之。公怒,鞭師曹三百;故師曹欲歌之以怒孫子,以報公。公使歌之,遂誦之。(襄十四年)

叔孫穆子食慶封。慶封汜祭。穆子不説,使工爲之誦《茅鴟》。(襄二十八年)

從以上諸故事中,可見春秋時的"賦詩"等於現在的"點戲"。那時的貴族(王、侯、卿、大夫)家裏都有一班樂工,正如後世的"內廷供奉"和

"家伶"。貴族宴客的時候，他們在旁邊侍候着。貴族點賦什麼詩，他們就唱起什麼詩來。客人要答賦什麼詩，也就點了叫他們唱。寧武子所說的"肄業"，業即版，所以紀樂譜的。《周頌·有瞽》篇云："有瞽，有瞽，在周之庭，設業設虡，崇牙樹羽。"師曹䪨"誦"《巧言》，穆子的工的"誦"《茅鴟》，也許有人據了班固所說的"不歌而誦謂之賦"（《藝文志序》）和韋昭所說的"不歌曰誦"（《魯語·注》）來證明賦詩是徒歌而不是樂歌。但歌與誦原是互文。光就動詞方面看，《襄十四年傳》說"公使歌之，遂誦之"。《襄二十八年傳》說"使工爲之誦"，《襄二十九年傳》說"使工爲之歌"，可見是同義的。再就名詞方面看，《小雅·節南山》說："家父作誦"，《四月》說"君子作歌"，《大雅·崧高》和《烝民》說"吉甫作誦"，《桑柔》說"既作爾歌"，可見也是同義的。"誦"與"頌"通，"頌"即《周頌》《魯頌》之"頌"，也即"歌頌"之"頌"（嘗疑"頌"名即"頌"義，也是由通名變成專名的，與"風"同）。班固和韋昭說的話，實是漢人妄生分別的曲解。

我們既知道賦詩爲樂歌，試再看以下許多賦詩的故事：

季武子如宋，……受享，賦《常棣》之七章以卒，……歸，復命，公享之，賦《魚麗》之卒章。公賦《南山有台》。……（襄二十年）

齊侯、鄭伯爲侯，故如晉，晉人兼享。晉侯賦《嘉樂》。國景子相齊侯賦《蓼蕭》。子展相鄭伯，賦《緇衣》。（襄二十六年）

鄭伯享趙孟於垂隴。……子展賦《草蟲》，……伯有賦《鶉之賁賁》。……子西賦《黍苗》之四章。子產賦《隰桑》，……子太叔賦《野有蔓草》。……印段賦《蟋蟀》。……公孫段賦《桑扈》。……（襄二十七年）

在第一段裏，《常棣》《魚麗》《南山有台》都是在他們所謂正《小雅》之內。在第二段裏，《嘉樂》在所謂正《大雅》，《蓼蕭》在所謂正《小雅》，《緇衣》在鄭。在第三段裏，《草蟲》在《召南》，《鶉之賁賁》在鄘，《黍苗》《隰桑》《桑扈》，在所謂變《小雅》，《野有蔓草》在鄭，《蟋蟀》在唐。程大昌說："春秋戰國以來，諸侯卿大夫士賦詩道志者，凡詩雜取無擇。"這句話是對的。但他接說："至考其入樂，則自邶至豳，無一詩在數。"又說"然後知南、雅、頌之爲樂詩而諸國之爲徒詩。"那就錯了！照他所說，不知道何以能於賦詩的"使太師歌"和"使工爲之誦"？要是諸國詩爲徒詩，不知道是否賦《魚麗》《草蟲》時則奏樂，賦《緇衣》《蟋蟀》時則止樂？要是賦詩時不用樂，又不知道是否他們認爲樂歌的南、雅在賦詩時悉改爲徒歌？顧炎武以正變分別入樂與否，不知是否同一《小雅》，在賦《蓼蕭》時則奏樂，在賦《桑扈》時便輟樂？反復推證，覺得他們的話實在太牴牾了。

對於第二問題，我以爲宗廟燕享所用的樂歌決不足以包括樂歌的全部。這一件事是程、顧二先生的誤解的根源。本來賓、祭二事是重大的典禮，所以魯要用禘樂，宋要用《桑林》（見《左傳·襄公十年》）他們生於春秋後千六百年至二千年，在斷簡殘編中找到了幾篇《鄉飲》《鄉射》的禮節單，看到他們行禮時所奏的樂歌總是風和雅的頭幾篇，遂以爲二南與正雅是樂歌，其他是徒歌。他們的理由實在太不充分了。《鄉飲》《鄉射》諸篇之外，難道就沒有別的典禮嗎？典禮中不用的詩，難道就不能入樂嗎？徒歌與樂歌的界限，難道就分在典禮與非典禮上嗎？孔穎達說：「隆者雖亦播於樂，或無算之節，所用或隨事類而歌，又在制禮之後，樂不常用。」他用了正變之說及周公制禮之說來分別詩篇，雖是誤謬，但他把變風，變雅，看爲典禮以外的樂歌則固有一部分的合理。

現在我就用了《儀禮》所記的在典禮中的樂詩的樣子，來看那時詩、樂的關係。《鄉飲酒篇》云：（《鄉射》《燕禮》等略同，不備舉）

眾賓序升，即席……

設席於堂廉，東上。工四人，二瑟瑟先。相者二人，皆左何瑟，後首，挎越，內弦，右手相。樂正先陞，立於西階東。工入，陞自西階，北面坐。相者東面坐，遂授瑟，乃降。工歌《鹿鳴》《四牡》《皇皇者華》……

笙入，堂下磬南，北面立，樂《南陔》《白華》《華黍》……

乃向歌《魚麗》；笙，《由庚》；歌《南有嘉魚》，笙《崇丘》。歌《南山有臺》，笙《由儀》。乃合樂《周南》：《關雎》《葛覃》《卷耳》；《召南》：《鵲巢》《采蘩》《采蘋》。

上告於樂正曰，「正歌備」。樂正告於賓，乃降……

主人請徹俎……眾賓皆降。脫屨，揖讓如初，陞，坐，乃羞。無算爵，無爵樂。賓出，奏《陔》……

明日，賓服鄉服以拜賜，主人如賓服以拜辱。主人釋服，乃息司正。無介，不殺，薦脯醢，羞唯所有，……鄉樂唯欲。

讀了這一段，可以知道典禮中所用的樂歌有三種：（1）正歌，（2）無算樂，（3）鄉樂。正歌是在行禮時用的；無算樂是在禮畢坐燕時用的；鄉樂是在慰勞司正時用的。正歌義取嚴重；無算樂則量的演奏，期於盡歡，猶之乎「無算爵」的期於「無不醉」；鄉樂則更隨便，猶之乎「羞唯所有」，有什麼是什麼了。鄉樂，鄭玄《注》道：「《周南》《召南》六篇之中唯所欲作，不從次也。」他爲什麼這般說呢？賈公彥《疏》道：「上注以二；《南》爲鄉大夫之樂，《小雅》爲諸侯之樂，故知二南也。"他這話如果是確實的，那麼，鄉飲酒原是鄉大夫之禮，他們爲什麼要在正歌中奏諸侯用的《鹿鳴》諸篇呢？爲什麼賓出時要奏天子用的《陔》呢？所以這"鄉樂"一名，我以爲應該作鄉土之樂解才對。因爲慰勞司正是一件不嚴重的禮節，所以吃的東西只要有什麼是什麼，聽的東西也只要有什麼是什麼，鄉土之樂是最不嚴重的，故便在那時奏了。(《周禮·旄人》的"散樂"，也是這類東西；鄭玄《注》道，"野人爲樂之善者，若今黃門倡矣"，是不錯的)

我們在這裏，可以舉些比較的例來。以出蘇州的攤簧，有前攤和後攤的分別。前攤是叙正經事，説正經話的；在宴會之際，歌者看有幾桌客人便歌唱幾曲。(如桌數過多時，當然也有限制) 唱完了前攤，便請客人點唱後攤。後攤是偏重在言情及滑稽方面的，主旨在於博得聽者的笑樂。(近來"人心不古"大家厭聽正經話，所以前攤幾乎是絕跡了) 用這件事來比較《儀禮》所載，前攤的性質就是正歌，後攤就是無算樂和鄉樂。

我們更看清宮升平署的曲目，固然也有《孟姜女哭城》《蝴蝶夢》等等社會上通行的不很吉祥的戲，但分量占得最重的是《壽山福海》《景星協慶》《鴻禧日永》《萬福攸同》等等典禮劇。這因爲帝王家是最重典禮的，所以如此。現在喜慶事的堂會戲，必用《大賜福》《百壽圖》等等祝頌戲開場，繼之以《連陞三級》《滿床笏》《金榜樂》等等喜劇。排戲的人也明知座上諸公的趣味並不在此，他們所要求的乃是《梅龍鎮》《打櫻桃》等等風情劇，或是《託兆碰碑》《洪羊洞》等等哀劇，但既在典禮的場面之中，便不得不請他們暫時把聽戲的興致往下一捺；等到典禮方面的應有諸劇演了之後，再由着他們點唱來。

所以我們由此可以知道：我們若因《儀禮》所記的樂歌的篇名只有二南和正雅，便以爲邶以下諸國和變雅不是樂歌，這無異於因今禮（可惜没有成書，不能徵引）把前攤爲正歌，《壽山福海》《大賜福》爲正劇，便説後攤不是樂歌，《姜女哭城》《打櫻桃》等不是戲劇。程、顧二先生的誤解點正在此處。

對於第三問題，我以爲正變之説是絕對不能成立的分類。漢儒愚笨到了極點，以爲"政治盛衰""道德優劣""時代早晚""詩篇先後"，這四件事情是完全一致的，他們翻開《詩經》，看見《周南》《召南》的"周""召"二字，以爲這是了不得的兩個聖相，這風一定是"正風"。邶、鄘、衛以下没有什麼名人，就斷定爲"變風"了（豳的所以見於篇章，恐怕即因有了周公之故）。他們翻開《小雅》，看見《鹿鳴》等篇喬皇典麗，必想這一定是文王時作的，是"正《小雅》",一直翻到《六月》,忽然看見"文武吉甫"一語,想起尹吉甫是宣王時人,那麼,從這一篇起一定是宣王以後的詩了。宣王居西周之末,時代已晚,政治必衰,道德必劣,當然是"變《小雅》"了。再從《四月》翻下去,直到《節南山》,裏面有"喪亂弘多"之句,心想宣王是不十分壞的,這詩既說得如此,當然是"雖有孝子順孫,百世不能改"的幽王時詩了。從此直到《何草不黃》四十四篇,就都成了刺幽王的詩。但是《四月》以下很有些頌揚稱美的詩,和《鹿鳴》等篇的意味是相同的,這怎麼辦呢?於是"復古""傷今思古""思見君子""美宣王,因以箴之"等話都加上去了。他們翻開《大雅》,看見《文王》《大明》等篇言周初立業的事,當然都是好不可攀的周初人作的,是"正《大雅》"。翻到《民勞》看見裏面有"無良""惽怓""寇虐"等許多壞字眼,心想從此以後一定是"變《大雅》"了。但"申伯""吉甫"等人名還在後面,足見《民勞》等篇是宣王以前的詩,而宣王以前的最著名的暴君是厲王,那麼,《民勞》以下一定是厲王時詩了。由時着眼,把《民勞》以下十三篇分配到厲、宣、幽三王,規定爲"變《大雅》"。他們所謂正變的大道理,老實說起來,不過這一點妄意的揣測。《小雅》中何以刺幽王詩特多而厲王則沒有(鄭玄嫌他寂寞,要從刺幽王詩中分出一點給他),《大雅》中何以刺厲王詩多而幽王則特少,可以說都由於"吉甫"二字的作梗!這全是閉着眼睛的胡說,不近人情的妄爲,而竟支配了二千餘年的經學家的心,中國的學者的不動天君由此可見了!

顧炎武雖是主張從正變的篇第去分樂詩與非樂詩的一個人,但他却並不是根本相信正變之說的,因爲正變之說的基礎,原建築在世次上,他已把世次之說打倒了。《日知錄》(卷三)"詩序"條云:

> 詩之世次必不可信,今詩未必皆孔子所正。且如"襃姒滅之",幽王之詩也,而次於前;"召伯營之",宣王之詩也,而次於後。序者不得其說,遂並《楚茨》《信南山》《甫田》……十詩皆爲刺幽王之作,恐不然也。又如《碩人》,莊姜初歸事也,而次於後;《綠衣》《日月》《終風》,莊姜失位而作;《燕燕》,送歸妾作;《擊鼓》,國人怨州吁而作也,而次於前。渭陽秦康公爲太子時作也,而次於後;《黃鳥》,穆公薨後事也,而次於前。此皆經有明文可據。故鄭氏謂《十月之交》《雨無正》《小旻》《小宛》,皆刺厲王之詩,漢興之初,師移其篇第耳。而《左氏傳》楚莊王之言曰,"武王作武",其卒章曰'耆定爾功',其三曰'敷時繹思,我徂維求定。'其六曰:'綏萬邦,屢豐年。'"今詩但以"耆定爾功"一章爲《武》,而其二爲

《賚》，其六爲《桓》；章次復相隔越。《儀禮》歌《召南》三篇，越《草蟲》而歌《采蘋》。《正義》以爲《采蘋》舊在《草蟲》之前。

知今日之詩已失古人歌次，非夫子所謂"雅、頌各得其所"者矣。

他這一段話雖未必完全正確（因爲相傳的詩本事不確實的太多，例如武言"於皇武王"，桓言"桓桓武王"，而《左傳》紀楚莊王言竟爲武王自作），但詩篇次第的不可信，他説得已很明白。他不信詩篇的次第，又以爲《楚茨》以下十詩不是刺詩，那麽，正雅、變雅的次第是如何分別出來的呢？他的"正雅爲樂詩，變雅爲徒詩"之説又如何建設起來的呢？這實在是矛盾得可詫了！

顧炎武在"詩有入樂不入樂之分"條説，"以變雅而播之於樂，如衛獻公使大師歌《巧言》之卒章是也"，是他明知變雅也是入樂的。他又引朱熹的話：

> 二南正風，房中之樂也，鄉樂也。二雅之正雅，朝廷之樂也。商周之頌，宗廟之樂也。至變雅則衰周卿士之作，以言時政之得失，而邶、鄘以下則太師所陳以觀民風者耳，非宗廟燕享之所用也。

這幾句話雖猶爲正變之説所牽纏，但朱熹的意思，以爲有典禮所用之樂，有非典禮所用之樂，義甚明顯。現在我更進一步説，我們不能分詩爲"典禮所用的"與"非典禮所用的"，我們只能分詩爲"典禮中規定應用的"與"典禮中不規定應用的"。例如《儀禮》中舉的《鹿鳴》《南陔》諸篇，以及《左傳》中所説王宴樂諸書用《湛露》《彤弓》，是典禮中規定應用的；至於"無算樂"與"鄉樂"，以及《左傳》中所記的雜取無擇的賦詩，是典禮中不規定應用的。規定應用的，大都是喬皇典麗的篇章；不規定應用的，不妨有愁思和諷刺的作品。這正如今日的堂會戲，除了正式的幾個喜劇之外，也不妨有悲劇和滑稽劇。愁思、諷刺的詩因爲出於臨時的點唱，沒有正式的規定，所以用不着寫在禮書上。邶、鄘以下和《雅》中的一部分詩所以特少見於禮書即因此故。前人不知，就把不見於禮書的算做不入樂的，而又把正變之説硬分出他們的界限來，所以鬧得處處牴牾。這全由於他們的眼光太窄，思想太拘泥所致。從實際上看來，他們所謂入樂的何嘗盡是典禮所規定應用的，他們所謂不入樂的又何嘗盡是典禮所不規定應用的。例如二南，是他們確認爲入樂的，但其中《汝墳》説"王室如燬"，《行露》説"雖速我獄"，以及《小星》的嘆命，《野有死麕》的誘女，這決不會成爲典禮所規定應用的。而他們所謂不入樂的變雅，如《信南山》和《甫田》説"是烝是享""以介我稷黍"，倒確是應用於祭禩的，《采菽》和《白駒》説"君子來朝""於焉嘉客"，也確是應用於宴享的。至於《崧高》《烝民》《韓奕》諸篇，是爲了燕享而特制的樂詩，更是明白。所以用了典禮應用之説來分别樂詩，雖多謬誤，尚有一部分的理由；若用了正變之説來分别樂詩，簡直是全盤錯亂了。

總合以上的説話作一結論是：

程、顧二先生之説，可以贊同的是《南》爲樂調，與《雅》《頌》並立《國風》的一個名詞，是後起的（我疑在未有《國風》之名時，諸國樂歌同冒於"鄭聲"一名之下），至《豳》與《南》《雅》《頌》並立爲四詩之説，只可存疑而不可爲確證。

他們的"邶以下諸國及變雅爲徒詩"之説是極謬誤的。他們的癥結在於誤認樂歌盡於正歌，而不知道正歌以外的樂歌盡多。賦詩的雜取正歌以外的詩即是一個很好的證明。他們又用了正變之説來分别樂詩與徒詩，但正變之説因是漢人依傍了詩篇的次第而妄造的，全没有可信的理由。

## 【乙種之一】

## 《三家詩遺説考序》
### （南菁書院《經解續編》）

（清）陳壽祺 撰　（清）陳喬樅 述

**西堂案：**《釋文·序録》云："前漢魯、齊、韓三家詩列於學官。平帝世《毛詩》始立，《齊詩》久亡，《魯詩》不過江東，《韓詩》雖在，人無傳者，唯《毛詩鄭箋》獨立國學。"《毛詩》而外，今唯遺説可考耳。今爲講授之便，先録清儒陳喬樅《三家詩遺説考序》，以見其略。再録載籍之述三家流傳授受者，於其孰存孰亡，亦可以了然矣。

《漢書·楚元王傳》：元王少時，"嘗與魯穆生、白生、申公俱受詩於浮丘伯"。"文帝時，聞申公爲《詩》最精，以爲博士。……申公始爲《詩》傳，號《魯詩》。"《史記·儒林傳》言申公以《詩》教授弟子，自遠方至受業者千餘人。是三家之學，魯最先出，其傳亦最廣，終漢之世，三家並立學官，而魯學爲極盛焉。魏晉改代，屢經兵災，學官失業；《齊詩》既亡，而《魯詩》不過江東，其學遂以寖微。然而馬、班、范三史所載，漢百家著述所稱，亦未嘗無緒論之存，足以資考證佚文，而採擴異義，失在學者不能實事求是耳。宋王厚甫《詩考》，據鄭君《儀禮·士昏禮注》引《魯詩》説，何休《公羊傳注》引《魯詩》説，及《漢書·文三王傳》《杜欽谷永傳注》《續漢書·輿服志注》《後漢書·班固傳注》所引魯訓、魯傳，採爲《魯詩》，疏漏尚多。其餘《石經·魯詩》殘碑，惟取與毛氏異者，餘皆棄而不録。顧《魯詩》今不傳，祇此殘碑所有，其文當備載之，不宜取此棄彼也。按《魯詩》授受源流，《漢書》章章可考。申公受詩於浮邱伯，伯者荀卿門人也，凡《荀子》書中説《詩》者，大都爲魯訓所本，孔安國從申公受《詩》爲博士，太史公嘗從孔安國問業，所習當爲《魯詩》。劉向父子，世習《魯詩》，著《説苑》《新序》《列女傳》諸書，其所稱述，必出於《魯詩》無疑矣。《白虎通》引《詩》皆爲魯説，以當時會議諸儒，如魯恭、魏應，皆習《魯詩》。而承制專掌問難，又出於魏應也。《爾雅》亦《魯詩》之學，漢儒謂《爾雅》爲叔孫通所傳，叔孫通魯人也。臧鏞堂《拜經日記》，以《爾雅》所釋詩字訓義，皆爲《魯詩》，允而有徵。熹平石經等，以《魯詩》爲主，間有齊、韓字，蓋叙二家異同之説。此蔡邕、楊賜所奉詔同定者也。互證而參觀之，夫固可以考見家法矣。

右《魯詩遺説考序》

漢置五經博士，《詩》魯、齊、韓三家，並立學官。《隋書·經籍志》云，《齊詩》魏已亡，是三家之失傳，齊爲最早。魏晉以來，學者尠有肆業習之者矣。宋王厚甫所撰《詩考》，其於《齊詩》，僅據《漢書·地理志》及《匡衡、蕭望之傳》，與《後漢書·伏湛傳》中語録入數事。寥寥寡證，間摭晁説之董彥遠説，往往持論不根，難以徵信。近世余蕭客、范家相、盧文弨、王謩、馮登府諸君，皆續有採輯，然擇焉不精，語焉不詳，於《齊詩》專家之學，究未能尋其端緒也。竊考漢時經師之學，以齊、魯爲兩大宗，文、景之際言《詩》者，魯有申培公，齊有轅固生。漢儒治經，最重家法，學官所立，經生遞傳，專門命氏，咸自名家。《詩》分爲四，文字或異，訓義固殊。要皆各守師法，持之弗失。夫轅生以治《詩》爲博士，諸齊以《詩》貴顯者，皆固之弟子。而昌邑太傅夏侯始昌最明。始昌通五經，后蒼事始昌亦《詩》《禮》爲博士。訖孝宣世，《禮》學後最明，戴德、戴聖、慶普，皆其弟子。三家立於學官。《詩》《禮》既同出自后氏，則《儀禮》及二《戴禮》中所引佚詩，皆當爲《齊詩》之文矣。鄭君本治《小戴禮》，注《禮》在箋《詩》之前，未得《毛詩》《禮》家師説，均用《齊詩》，知其所述多《齊詩》之本義。《齊詩》有翼、匡、師、伏之學，班固之從祖伯，少受《詩》於師丹，故叔皮父子，世傳家學；《漢書·地理志》，並據《齊詩》之文。荀悦叔父爽，師事陳寔，寔子紀傳《齊詩》。《後漢書》言荀爽嘗著《詩傳》，爽之《詩》學，太邱所授，其爲齊學明矣。公羊氏本齊學，治《公羊春秋》者，其於《詩》皆稱齊；猶之穀梁氏爲魯學，治《穀梁春秋》者，其於《詩》亦稱魯也。董仲舒通五經，治《公羊春秋》，與齊人胡毋生同業，則習《齊詩》可知。《易》有京、孟卦氣之候，《詩》有翼奉五際之要，《尚書》有夏侯洪範之説，《春秋》有公羊災異之條，皆明於象數，善推禍福，以著天人之應。淵源所自，同一師承，確然無疑。孟喜從田王孫受《易》，得《易》家《候陰陽災變書》，喜即東海孟卿子，焦延壽所以問《易》者，是亦齊學也。故《焦氏易林》，皆主《齊詩》説。若夫桓寬《鹽鐵論》，以《周南》之《兔罝》爲刺義，與魯、韓、毛迥異，以《邶風》之《鳴雁》爲雅，文與魯、韓、毛並殊，又其顯然易見者耳。

右《齊詩遺説考序》

《詩》之有魯、齊、韓、毛，猶《春秋》之有《公》《穀》、鄒、夾也。鄒氏無師，夾氏未有書，故其傳不顯於世。《詩》則魯、齊、韓三家並立學官，家誦戶習，終兩漢之世，經師稱盛極矣。自魏晉改代，毛、鄭《詩》行，而三家之學始微。《韓詩》雖最後亡，持其業者蓋寡，惟杜瓊著《韓詩章句》十餘萬言，見於《蜀志》。張纮從濮陽闓受《韓詩》，見於《吳書》。崔季珪少讀《韓詩》，就鄭氏學，見於《魏志》。晉太康中，何隨治《韓詩》，研精文緯，見於《華陽國志》。此外恒不數覯焉。《漢書·藝文志》："《韓詩》經二十八卷，《韓故》三十六卷，《內傳》四卷，《外傳》六卷，《韓詩説》四十一卷。"而《隋書·經籍志》祇載《韓詩》二十二卷。薛氏《章句》，《唐書·藝文志》則載《韓詩·卜商序》，韓嬰注，二十二卷，又《外傳》十卷。然觀唐人經義，及類書説引《韓詩》，要皆薛氏《章句》爲多。據《後漢書·儒林傳》，言薛漢世習《韓詩》，父子以《章句》著名。又言杜撫少受業於薛漢，定《韓詩章句》。疑《唐書·藝文志》所載，即此。故卷數與《漢志》不同。蓋《韓故》《韓説》二書，其亡佚固已久矣。他如趙長君《詩細》，世雖不傳，然《韓詩譜》二卷，《詩歷神淵》一卷，侯包《韓詩翼要》十卷，具列《隋志》。是其書猶未盡佚。宋元以後，毛、鄭《詩》亦復罕有專門，而《韓詩》之傳遂絕。其僅有存者，《外傳》十篇而已。今觀《外傳》之文，記夫子之《緒論》與《春秋雜説》，或引詩以證事，或引事以明詩，使爲法者彰顯，爲戒者著名，雖非專於解經之作，要其觸類引申，斷章取義，皆有合於聖門商、賜言《詩》之志也。況夫微言大義，往往而有上推天人性理，明皆有仁義禮智順善之心；下究萬物情狀，多識於鳥獸草木之名。考《風》《雅》之正變，知王道之興衰，夫固天命性道之蘊，而古今得失之林耶。

右《韓詩遺説考序》

### 附錄《所謂卜子夏作之毛詩序》

《關雎》，后妃之德也，《風》之始也。所以風天下而正夫婦也。故用之鄉人焉，用之邦國焉。《風》，風也，教也，風以動之，教以化之。《詩》者志之所之也，在心爲志，發言爲詩。情動於中而形於言，言之不足故嗟嘆之，嗟嘆之不足故永歌之，永歌之不足，不知手之舞之足之蹈之也。情發於聲，聲成文謂之音。治世之音安以樂，其政和；亂世之音怨以怒，其政乖；亡國之音哀以思，其民困。故正得失，動天地，感鬼神，莫近於《詩》先王以是經夫婦，成孝敬，厚人倫，美教化，移風俗。故詩有六義焉：一曰風，二曰賦，三曰比，四曰興，五曰雅，六曰頌。上以風化下，下以風刺上，主文而譎諫，言之者無罪，聞之者足以戒，故曰風。至於王道衰，禮義廢，政教失，國異政，家殊俗，而"變《風》""變《雅》"作矣。……是謂四始，《詩》之至也。然則《關雎》《麟趾》之化，王者之風，故繫之周公。南，言化自北而南也。《鵲巢》《騶虞》之德，諸侯之風也，先王之所以教，故繫之召公。《周南》《召南》，正始之道，王化之基。是以《關雎》樂得淑女，以配君子。憂在進賢，不淫其色；哀窈窕，思賢才，而無傷善之心焉。是《關雎》之義也。

## 【乙種之二】

# 《論詩序》 五篇

## （《詩瀋》）

范家相

**西堂案：**《詩》之有《序》，四家《詩》俱有之，今所存者，以《毛詩》爲最完全，亦以《毛詩》之《序》爲最不可依信。其作爲誰何，今以無定論。約而言之，共有十説。（一）詩人自作，主是説者，王安石。（二）國史所作，主是説者，二程子。（三）孔子所作，主是説者，鄭康成（《小序》），二程子（《大序》）也。（四）子夏所作，主是説者，毛公、鄭玄、蕭統。（五）子夏、毛公合作，主是説者，沈重、陸德明。（六）秦漢經師所作，范家相。（七）毛公所作，成伯璵。（八）衛宏所作，范曄。（九）毛公、衛宏合作，蘇轍。（十）經師漢儒，《四庫總目》。今録范家相《論詩序》五篇，以見其略。范氏則以爲非衛宏作，不爲無見。其謂爲秦漢之間經師所作，則亦未爲得也。《毛序》之妄，容另録他篇以見之。

### 《詩序》一

《詩》之有齊、魯、韓、毛，猶《易》之有施、孟、梁邱，《書》之有伏生、大小夏侯也。其各篇首一句名爲《小序》者，傳之自古，經師據以説經，非由己作也。但謂序皆子夏所作，是殆不然。三家《詩》各有《序》，而不明爲何人所作，獨毛公自謂作於子夏。設三家之徒，出而正之曰，此吾師某氏之傳，非子夏作也。爲毛氏者，將何以應之？予蓋伏讀《漢志》而得之矣，《漢志》但云《毛序》自謂出於子夏所傳，未嘗謂是子夏所作也。即毛公亦不言子夏作《序》，其曰傳者，以授學者哉！如毛公謂是子夏所作，何不於《序》首明標子夏之名，如標孟仲子、高子之文乎！是非特《小序》非子夏所作，即《大序》亦非出自西河之手無疑。蓋子夏序《詩》之言，原出於鄭氏《詩譜》，其他無有，而沈重實之，《隋·經籍志》因有之，實鄭氏之私言，不足爲據。此可以息千古之紛紜者也。

## 《詩序》二

謂子夏不序《詩》，而疑問之者，始自昌黎韓子。而歐陽永叔、蘇子由繼之，於是夾漈之辨妄出，紫陽之駁說興焉。昌黎曰：子夏不序《詩》有三：知不及一也。暴揚中冓，《春秋》所不道，二也。諸侯猶世，不敢以云，三也。歐陽永叔曰：子夏親受業於夫子，其言《風》《雅》有正變，而論《關雎》《鵲巢》，則繫之以周、召，使子夏而序《詩》，不為是言也。蘇子由曰：子夏當言《詩》於孔子，孔子稱之，故後世之為《詩》者附之。要之，豈必出於子夏，其亦出於孔子，或弟子之知《詩》者為之。夫蘇氏既謂《序》非出子夏，又謂出於孔子，及弟子知《詩》者為之。知《詩》者究屬何人，子夏可與言詩，何遽不如同門弟子乎？歐公之疑《序》，尤在二《南》之繫周、召。然以文王之風，繫之二公分陝之地，仍為王國之詩，即如所言，亦無害於義也。至昌黎之說，更有未盡然者。子夏篤信聖人之文學最著，何云知有未及。中冓之言，《春秋》不道，而《左氏》道之，左氏非孔子弟子乎？《詩序》之作，國史即著其得失，諸侯之所惡在國史，而不在《詩序》，蓋傳經之說，非必著之方冊，以班列國者。況聖賢著書立言，豈必有大禍，人刑之懼，是三者烏足以為定論。必知夾漈、紫陽條舉《序》文而詳論之，庶可知子夏之序《詩》，必不至龐雜如此！然此實鄭氏之貽誤，非毛公之罔人也（說見前篇）。蓋賢人述而不作，信而好古，諸弟子莫不恪守師承，故七十子之中，未聞有自作一書，自注一經，以垂後世者。《論語》《孝經》《禮記》皆記述之言，又其門弟子之所錄也。子夏在孔門年為最少，晚而設教西河，其尊所聞，以傳經於來學，則有之矣。作《序》則未之聞也。

## 《詩序》三

《詩序》既非子夏所作矣，然則毛之《序》其出於私見，而妄傳之耶。抑別有所據，而非苟耶？曰亨與萇之授受彰彰然也。河間獻王造次必於儒者，山東儒者多從之游，使毛公授受不明，獻王豈肯信之，諸儒寧不群起而攻之。但秦政挾書之律，至孝惠方除，簡策之流傳易紊，萇之所守，或失其真，而不能歸於一。是故自首句以下，有隨文生義，而絕無意味者矣，即其首一句，亦有《詩》《自序》相離，以彼冠此，且有依次補湊，失其本意者矣。毛公豈得辭其過歟！雖然，經義之淆雜，自春秋以後，言人人殊。邱明受業聖門，其說《詩》亦難盡信。文王陟降，信之謂也。湯降不遲，降有禮之謂也，固難解矣。《大武》之詩，明曰"於皇武王"，乃曰武王克商所自作。"赳赳武夫"二章，本無異義，乃以前章為美後章為刺。其述名卿大夫之言，亦多可疑。即《禮記》引《詩》，亦有如《左氏》者，"我躬不閱"，何以為終身之仁。明發有懷，何以爲文王之詩。如曰斷章，則三百篇何句不可斷章，此朱子《孝經》刊誤，所以盡去其章末之引《詩》也。蓋聖人沒而微言絕，七十子終而大義乖。即善守師承者，安能悉還原本？荀卿帛妙，固應先任其咎矣。四詩之出，毛爲最長，取其長而舍其短。窮經之士，何苛求於毛公。

### 《詩序》四

王氏安石曰，《詩序》者詩人所自製。此妄談也。古人之詩，豈必如今人先命題而後作乎。程子曰：《大序》文似《繫辭》，分明是聖人作。范氏處義曰：觀《贄·序》合於《論語》，《都人》合於《緇衣》，《柏舟》《淇奥》諸篇，合於《孔叢》者二十。以是知爲孔子之言。不知此皆經師之守而不失其傳者耳。子夏尚不序《詩》，何得舉而屬之孔子。當考古今尊《序》者，在漢莫如鄭，在唐莫如孔，而宋之呂東萊，元之嚴華谷，尤能曲暢其旨。疑《序》者始於韓昌黎，發於成伯璵，宋儒從而力排之，舍《序》言《詩》者，始於蘇潁濱，甚於鄭夾漈、王雪山。而朱子因句詆而字駁之。嗣是以後，或信或否，又分道揚鑣，不可勝紀矣。平心而論，信之過者，固未爲盡得；攻之甚者，亦未見無失也。君子之學，務折衷之以求其當而已。漢學上接周秦，古《序》豈盡無據。讀書要在得間，創義非以求新，《序》之可通者，毋苟求其疵，其不可通者，經文具在，四經三傳，可旁證也。以斯讀《序》，必有泮然神解者矣。

### 《詩序》五

毛公《詩序》，因流傳而失者，其證之。劉歆曰：孝文時《詩》始萌芽，至孝武皇帝，然後鄒、魯、梁、趙，各有《詩》《禮》《春秋》先師。當此之時，一人不能獨盡其經，或爲《雅》或爲《頌》，相合而成。是《詩》之初出，本由於諸儒之聯綴而全。何論傳義之不齊。一也。鄭氏篤信《小序》，而於《曹》之《下泉》四篇，《雅》之《雨無正》四篇，皆改從己說，謂是經師移易古《序》者。其證二也。先儒謂《序》出於毛氏，而《毛傳》乃不盡與《序》合，如《羔羊》之《序》，以爲在位皆節儉正直。而傳無是義。《鳲鳩》之《序》，以爲德如鳲鳩，而傳亦無是訓，即以《序》論，如《魚麗》之《序》，既云文武以《天保》以上治內，《采薇》以下治外，是皆文武時詩矣。而《常棣》又云，閔管、蔡之失道，凡若此類。明非出於一人之手，即公原《序》，後人亦或有移易失次，牽合補湊，而非真者。其證三也。人疑古《序》不盡出於毛公，予獨疑毛公之傳訛而罔辨。蓋是非錯出，而守其範圍者難矣。

## 【乙種之三】

## 《詩辨妄》

顧頡剛　輯本

**西堂案：**《詩序》之是非，作《序》之時世，范氏《詩瀋》，已略言之。鄭漁仲者，攻《序》最力者也。朱子辨說，乃因之而論者。則鄭說為吾人所不可先孥討者也。其所著《詩辨妄》，久已亡佚，茲經顧頡剛君，從《圖書集成》《非詩辨妄》諸書中輯成之。茲亟錄之，以饗讀之。

### 《自序》

《毛詩》自鄭氏既箋之後，而學者篤信康成，故此《詩》專行，三家遂廢。《齊詩》亡於魏；《魯詩》亡於西晉。隋唐之世，猶有《韓詩》可據。迨五代之後，《韓詩》亦亡，致令學者只憑毛氏；且以《序》為子夏所作，更不敢擬議。蓋事無兩造之辭，則獄有偏聽之惑。今作《詩辨妄》六卷，可以見其得失。（《文獻通考·卷一百七十九》引）

### 《通論》

《詩》盡可信，然不必字字可信。（周孚《非詩辨妄》引。以下出同書者不再注）

孔子教人學《詩》者，欲多識鳥獸草木之名也。

夫學《詩》者正欲識鳥獸草木之名耳。

鳥獸草木之名，惟陶隱居識其真。如《爾雅》，錯失尤多。

釋《詩》者於一篇之義不得無總敘，故樵《詩傳》亦皆有敘焉。

《易》有《彖》《象》，皆出仲尼之後，往往戰國時人作，《彖》自一家，《象》自一家耳。故《左氏》書無《彖》《象》之文。

### 《詩序辨》

設如有子夏所傳之《序》，因何齊魯間先出，學者却不傳，返出於趙也？《序》既晚出於趙，於何處而傳此學？

據六亡詩，明言有其義而亡其辭，何得是秦火前人語！裳裳者華，"古之仕者世禄",則知非三代之語。

作《序》者有可經據則指言其人;無可經據則言其意。

諸《風》皆有指言當代之某君者,惟魏、檜二《風》無一篇指言某君者,以此二國,《史記》世家,年表,書傳不見有所說,故二《風》無指言也。若《序》是春秋前人作,豈得無所一言。"《詩序》……皆是村野妄人所作。"(此條見《朱子全書·詩綱領》引。恐非原文,故加以引號)

以上總說

凡制文字,必依形依象而立。《風》《雅》《頌》皆聲,無形與象,故無其文,皆取他文而借用,如《風》本風雨之風,《雅》本烏鴉之鴉,《頌》本頌容之頌。奈何序詩者於借字之中求義也!

《關雎》言"后妃",便無義。三代之後,天子之偶曰皇后,太子之偶曰妃,奈何合後世二人之號而以爲古一人也!

以《芣苢》爲婦人樂有子者。據《芣苢》詩中,全無樂有子意。彼之言此者何哉?蓋書生之說例是求義以爲所,此語不徒然也,故以爲樂有子爾。且《芣苢》之作,興採之也,如後人之採菱則爲採菱之詩,採藕則爲採藕之詩,以述一時所採之興爾,何他義哉!

以上《周南》

《何彼襛矣》言"雖則王姬,亦下嫁於諸侯",不知王姬不嫁諸侯嫁何人?

以上《召南》

幸哉《凱風》詩也!其詩若不言"有子七人,莫慰母心",定爲莊姜之詩無疑也。

衛本紂都,周得天下以爲衛國;而黎乃商之侯國,今潞州黎城是。周時且無黎也,何得於此有寓衛之黎侯!

《簡兮》實美君子能射御歌舞,何得爲刺詩!

以上《邶風》

《墻有茨》言淫亂,故以爲公子頑也。

以上《墉風》

《河廣》,《衛風》,而言"誰謂宋遠,跂予望之",故以爲宋襄公之出母作也。

以上《衛風》

此（指《將仲子》）淫奔者之詞。（朱熹《詩集傳·卷四》引）

此（同上）實淫奔之詩，無與於莊公、叔段之事，《序》蓋失之。而說者又從而巧爲之說，以實其事，誤亦甚矣！（朱熹《詩序辨說》引）

以上《鄭風》

《宛丘》《東門之枌》，刺幽公。《衡門》，謂刺僖公。幽、僖之跡無所據見，作《序》者但本謚法而言之。

靈公淫夏姬，此其顯顯者，故以爲言。此據跡而言。

以上《陳風》

彼以《候人》爲刺共公，共公之前則昭公也，故以《浮游》爲刺昭公。昭公之實無其跡，但不幸代次迫於共公，故爲衛宏所實。

以上《曹風》

詩人之言，燕、鄉無別；其言燕，猶飲也。說者當有分別。而作《序》者不識燕、鄉異儀，但徇詩爾。

作《序》者以《陟岵》之人仿《南陔》，故曰，"《南陔》，孝子相戒以養也"。

《節南山》言家父作，家父乃桓王時人。當隱、桓之時，家父使魯，自幽及桓，蓋七十年，何得家父復仕幽朝！

《正月》亦刺桓王詩，故引古引喻曰："赫赫宗周，褒姒之滅。"且平王東遷於王城，故以鎬京爲"宗周"。

繼桓王者，莊王也。按長曆，"莊王二年，十月，辛卯，日食"。又《春秋·魯桓公十七年》，書："冬，十月，朔，日有食之。"莊王二年，歲在丙戌，即桓之十七年也。此甚明白。亦足以見平王之後其詩皆列《雅》；亦足以見序者之謬。

《十月之交》言"皇父孔聖，作都於向"。向，東都畿內地也。凡卿士采邑，必於天子畿內。則知此詩不爲西周詩矣。

凡詩皆取篇中之字以命題。《雨無正》取篇之中義。故作《序》者曰，"雨無正，雨自上下者也，衆多如雨，而非所以爲政也"。此何等語哉！

《何人斯》言"維暴之云"者，謂暴虐之人也。且二周畿內皆無暴邑，周何嘗有暴公！

以上《小雅》

劉歆《三統曆》妄謂文王受命九年而崩，致誤衛宏言"文王受命作周"也。

《召旻》詩首章言"旻天疾威"，卒章言"有如召公"，是取始卒章之一字合爲題，更無他義。《序》者曰："是（剛案，"是"疑是"旻"誤）閔也"，閔天下無如召公之臣也。《蕩》是"蕩蕩上帝"者，謂天之蕩蕩然無涯也，故取《蕩》名篇。彼亦不知所出，則曰："天下蕩蕩無綱紀文章。"其乖脫有如此者！

或曰，《桑柔》，芮伯所作，而予不信，何也？曰，如《蕩》《召旻》見於《詩》，明明如此，尚不可信，況此詩誰以爲然！

以上《大雅》

《周頌》之序，多非依仿篇中之義爲言，乃知所傳爲真。

按《獨斷》下篇，宗廟所歌詩名，於《維清》曰："秦氏樂象者之所歌。"則如今《序》中所言"奏象武"者，"奏"實"秦"字，衛宏錯認之爾。（剛案，今何刻漢魏叢書本《獨斷》實云："《維清》一章五句，奏象武之所歌也。"）

以上《周頌》

商家顯君惟湯、中宗、高宗爾，故《商頌》以爲禋此三君焉。

以上《商頌》

《傳箋辨》

漢之言詩者三家耳。毛公，趙人，最後出，不爲當時所取信，乃詭誕其說，稱其書傳之子夏，蓋本《論語》所謂"起予者商也，始可與言詩已矣"。

漢人尚三家而不取毛氏者，往往非不取其義也，但以妄誕之故，故爲時人所鄙。

惜乎三家之詩不並傳於世矣！齊、魯二家斷亡矣，不知韓氏世有傳者乎？

鄭康成生東漢之末。又爲《詩箋》，本毛氏；以毛公先爲北海相，康成北海人，故傳所書。

鄭所以不如毛者，以其書生家，太泥於三禮刑名度數。

毛、鄭輩亦識理。

村里陋儒。（剛案，指毛、鄭輩）

亂先王之典籍，而紛惑其説，使後學不知大道之本，自漢儒始！

以上總説

"關關雎鳩，在河之洲。"每思淑女之時，或興見關雎在河之洲，或與感雎鳩在河之洲。雎在河中洲上不可得也，以喻淑女不可致之義。何必以雎鳩而説淑女也！

毛謂以喻后妃悦樂，君子之德無不和諧，何理？

設若興見爲鶴，則言鶖鶴；興見鴛鴦，則言鴛鴦。

"葛之覃矣，施於中谷"，此婦人急於成婦功之詩也。鄭以謂（剛案，"謂"當作"爲"）喻女在母家形體浸浸日長大也。此何等語！

《螽斯》者，取二字以名篇爾，實無義也。言"螽斯斯"（剛案，"斯"當作"羽"）者，謂螽之此語耳。何得謂螽斯爲一物名！

以上《周南》

言《王·黍離》者，亦猶言《衛·淇澳》，《豳·七月》也。王城，即東周也。豳國七篇，關中人風土之歌也。王國十篇，洛人風土之歌也。豈其諸國皆有風土而洛獨無之乎！爲《黍離》爲"降國風"，何理哉？

以上《王風》

"隰有荷華"，荷華，木芙蓉也。（《山有扶蘇》）

以上《鄭風》

《大東》言"東有啓明，西有長庚"，毛、鄭以爲一星爾。夫太白不見西方，何得爲一星！以此見其不識天文。

"有鶴在林"，鶴非食魚鳥。（《魚藻》之什，《白華》）

以上《小雅》

"敦彼行葦，牛羊勿踐履"，言道中之葦無踐之而後能成以興，兄弟不遠棄而後能親。

以上《大雅》

泮宫，即廟也。若是學，則獻囚獻馘於此何爲哉！

以上《魯頌》


雜説

周有四伯：周公治洛，實伯江漢之東國；召伯治岐，實伯江漢之西國；韓爲北伯，主北以西國；齊爲東伯，主東以北國。

六亡詩不曰"六亡詩"而曰"六笙詩"，蓋歌，主人必有辭，笙主竹，故不必辭也，但有其譜耳。

## 【乙種之四】

# 《漢書藝文志辨僞》（詩）

## （《新學僞經考》卷三上）

康有爲

**西堂案：**《詩》之傳授，見於《史》《漢》《儒林傳》及《藝文志》，學者固已知之矣。《毛序》之僞，亦見《辨妄》。兹更錄康南海之《藝文志辨僞》，以見《毛傳》之僞。篇中載《釋文·序錄》之説，及"論詩三百篇皆入樂"，亦可見《詩》之流傳與其性質。

《詩經》二十八卷，魯、齊、韓三家。（應劭曰："申公作《魯詩》，后倉作《齊詩》，韓嬰作《韓詩》。"）

《魯故》二十五卷。（師古曰："'故'者，通其指義也，他皆類此。今流俗《毛詩》改'故訓傳'爲'詁'字，失真耳。"）

《魯説》二十八卷。

《齊后氏故》二十卷。

《齊孫氏故》二十七卷。

《齊后氏傳》三十九卷。

《齊孫氏傳》二十八卷。

齊《雜記》十八卷。

《韓故》三十六卷。

《韓内傳》四卷。

《韓外傳》六卷。

《韓説》四十一卷。

《毛詩》二十九卷。

《毛詩故訓傳》三十卷。

凡《詩》六家，四百一十六卷。

《書》曰："詩言志，歌咏言。"故哀樂之心感，而歌咏之聲發。誦其言謂之"詩"，咏其聲謂之"歌"。故古有采詩之官，王者所以觀風俗，知得失，自考正也。孔子純取周詩，上采殷，下取魯，凡三百五篇。遭秦而全者，以其諷誦，不獨在竹帛故也。漢興，魯申公爲《詩訓故》，而齊轅固、燕韓生皆爲之傳，或取《春秋》、采雜説，咸非其本義。與不得已，魯最爲近之。三家皆列於學官。又有毛公之學，自謂子夏所傳，而河間獻王好之，未得立。

按：三家之《傳》，源流深遠。申公爲孫卿再傳弟子。轅固生當景帝時罷歸已九十餘，則漢興時年已三十餘矣。韓嬰，孝文時已爲博士，則亦先秦之遺老，去七十子淵源不遠。且《儒林傳》稱《韓詩》"其語頗與齊、魯間殊，然其歸一也"，則三家之義無殊。且匪徒三家《詩》，凡今文博士之説皆同。《詩》終"三《頌》"，以《周頌》《魯頌》《商頌》終之，正與孔子作《春秋》據魯、親周、故宋之義合。然則取《春秋》，乃三家《詩》傳孔學之正派。子夏以"禮後"悟《詩》，子貢以"切磋"悟《詩》，《孟子》言"憂心悄悄，愠於群小，孔子也"。《坊記》《中庸》《表記》《緇衣》《大學》，孔門之言《詩》，皆"采雜説"。以爲"非本義"，誰得而正之？三家譜系至詳，説義歸一。未有言《毛詩》者，至平帝、王莽時乃突出。《志》云"又有毛公之學，自謂子夏所傳"。託之"自謂"，不詳其本師。其僞一。《經典釋文序錄》引徐整（三國吳人）云："子夏授高行子，高行子授薛倉子，薛倉子授帛妙子，帛妙子授河間人大毛公。毛公爲《詩故訓》，傳於家，以授趙人小毛公，小毛公爲河間獻王博士。"一云：此見陸璣《毛詩草木鳥獸蟲魚疏》，亦三國吳人。"子夏傳曾申，申傳魏人李克，克傳魯人孟仲子，孟仲子傳根牟子，根牟子傳趙人孫卿子，孫卿子傳魯人大毛公。"自東漢後，《毛詩》蓋盛行，而徐整、陸璣述傳授源流支派，姓名無一同者。一以爲出於孫卿，一以爲不出於孫卿，當三國時尚無定論，則支派不清。其僞二。同一大毛公，一以爲河間人，一以爲魯人，則本師籍貫無稽。其僞三。《漢書》但稱毛公，不著大毛公、小毛公之别，不以爲二人。鄭玄、（《毛詩·周南正義》引《鄭譜》："魯人大毛公爲《訓詁》，傳於其家，河間獻王得而獻之。以小毛公爲博士。"）徐整、陸璣以大毛公、小毛公别爲二人。劉、班不知，鄭、徐、陸生後二百年，何從知之？則本師歧亂。其僞四。《儒林傳》云："毛公，趙人也。治《詩》，爲河間獻王博士，授同國貫長卿，長卿授解延年，延年爲阿武令，授徐敖，敖授九江陳俠，爲王莽講學大夫。"《傳》又言敖以《古文尚書》授王璜、涂惲。莽時，歆爲國師，皆貴顯。考子夏少孔子四十四歲，（見《史記·仲尼弟子傳》）孔子卒年至魏文侯元年凡五十七年，子夏已八十六歲；自魏文侯元年下至漢景帝二年、河間獻王元年，凡二百六十九年；自河間獻王元年下至王莽居攝元年凡一百六十年；則自子夏退居西河至莽時凡四百二十九年。如徐整説，子夏五傳至小毛公，又三傳至徐敖，凡八傳當莽世矣。以《儒林傳》考之，《魯詩》，申公一傳免中徐公、許生，再傳王式，三傳張生，四傳張游卿，以《詩》授元帝，仍當宣帝時也。游卿門人許晏，尚有二三傳乃至莽世，則已七八傳矣。《齊詩》，轅固生一傳夏侯始昌，再傳后倉，三傳匡衡，四傳滿昌，五傳張邯、皮容。《韓詩》亦五傳至張就、髮福。而伏生《尚書》六傳爲林尊，七傳爲歐陽地餘，論石渠，猶當宣帝世。林尊再傳爲龔勝、鮑宣，上距伏生凡八傳矣。商瞿傳《易》，至丁寬已七傳，至施、孟、梁丘已九傳矣。《詩》《書》自漢初至西漢末已八傳，而《毛詩》自子夏至西漢末僅八傳。《易》自商瞿至漢初已七傳，而《毛詩》自子夏至西漢末亦僅八傳，豈足信也？若如陸璣説，自孫卿至徐敖凡五傳，閲三百年，亦不足信也。且《魯詩》出於孫卿，若源流合一，則今荀子諸詩説何以與毛不同？傳授與年代不符。其僞五。《史記》無《毛詩》，《漢書》有毛公而無名。鄭玄、徐整以毛公有大、小二人，而亦無名。陸璣《疏》《後漢書·儒林傳》以爲毛亨、毛萇矣。夫劉、班、鄭、徐之不知，吴、宋人如何知之？襲僞成真，歧中又歧。如公羊、穀梁本無名字，（公羊、穀梁音相近，蓋卜商之音僞。二書有口説，無竹帛，故傳誤）而公羊忽名高，穀梁忽名赤、名俶，幾若踵事增華。習久成真，遂以"烏有先生"竊千年兩廡之禋。韓退之曰"偶然喚作木居士，便有無窮求福人"。此與伍子胥爲"伍髭須"、杜拾遺爲"杜十姨"何以異？夫從禋大典，以親傳《詩》《禮》之大儒荀卿猶不得預，而妄人僞託杜撰之名字，乃得謬厠其間，非徒可笑，亦可駭矣！名字妄增，其僞六。按：後漢緯書流風，是人皆可析竹爲册，搓繩成編。以名字論，高行子、帛妙子豈是儒者之名？河間獻王無得《毛詩》立博士事，以《史記獻王世家》爲據，則竄亂依託。其僞七。（詳見《河間獻王傳辨僞》）其他以《風》《小雅》《大樂》，即正《詩》也。故有燕享、祭禋之禮，於是作《雅》《頌》以爲燕享、祭禋之樂章；有夫婦之禮，即有房中之樂，於是作《關雎》《鵲巢》諸詩以爲樂章。此外《變風》《變雅》

採於民者，則非樂章，即二《南》之《汝墳》《甘棠》《行露》《殷其雷》，《豳》之《破斧》《伐柯》，《頌》之《閔予小子》《訪落》《敬之》《小毖》，皆因事而作，不爲樂章，然亦皆入樂者也。《儀禮》燕、鄉、賓、射，皆於升歌笙、間合樂之後，工告"正歌備"，乃繼之以無算爵，亂之以無算樂。夫"無算"云者，或間或合，盡歡而止。《鄉飲》《鄉射》皆於明日息司正，曰"鄉樂唯欲"。則二《南》自首三篇外，可隨意歌之。此無算樂之散歌、散樂一也。自賓祭用樂之外，古者以樂侑食，故魯樂工有亞飯、三飯、四飯也。至於工以納言，時而揚之，師箴，瞍賦，矇誦。大夫彈弦諷諫，國史採衆詩授矇瞍，使歌之以風其上。（《詩大序疏》）《大戴禮·保傅篇》云"宴樂雅頌逸樂序"，此工歌之散歌、散樂也。《史記孔子世家》"三百五篇，孔子皆弦歌之"，《荀子》言"《詩》三百篇，中聲所止"，《墨子》言"儒者誦詩三百，弦詩三百，歌詩三百，舞詩三百"，又《莊子》稱"曾子歌《商頌》"，此國子弦歌之散歌、散樂也。故季札觀樂，爲之遍歌《風》《雅》《頌》，尤爲全詩入樂之證。毛於《小雅·楚茨》諸篇及《大雅》諸詩，皆以空衍，不能言其爲樂章。即如《斯干》爲考室樂章，《鄭箋》謂"築宮廟群寢既成而釁，歌《斯干》以落之"。《雲漢》爲雩祭樂章，賈公彥謂"邦有大災，則歌哭而請《雲漢》之詩"是也。晉、魏時大雩，祈旱皆歌《雲漢》之章。漢時雅樂可歌者八篇，《變風》之《伐檀》、《變雅》之《白駒》在焉，尤可見詩皆入樂之證。自毛不能詳其義，於是詩有入樂、不入之訟。程大昌、陳暘謂"二南、雅頌爲樂詩，諸國爲徒詩"。陳啓源爲回護《毛序》之故，至謂《雅》《頌》爲"四始"，與《韓詩外傳》及《史記》"《關雎》爲《風》始，《鹿鳴》爲《小雅》始，《文王》爲《大雅》始，《清廟》爲《頌》始"不同。其僞八。編詩移《檜》於《陳》後，移《王》於《衛》後，與《韓詩》《王》在《豳》後、《檜》在《鄭》前不同，據《正義》述《鄭譜》，鄭用《韓詩》說也其僞九。以《商頌》爲商之遺詩，與三家《詩》以爲正考父美宋襄之說不同。《樂記》"肆直而慈愛者宜歌《商》"，鄭注："《商》，宋詩也。"《左傳》哀九年"不利子商"，杜注："子商，宋也。"二十四年"考惠取於商"，杜注"商，宋也。"《國語》："吳王夫差闕爲深溝於商、魯之間"，韋注"商，宋也。"《逸周書·王會解》："堂下之左，商公、夏公立焉。"《莊子》《韓非子》均有商太宰，與孔子、莊子同時。此皆以宋爲商之證。魯定公諱宋，故孔子定《詩》，改宋爲商。《史記·宋世家》："襄公之時，其大夫正考父美之，作《商頌》。"《法言·學行篇》："正考甫嘗睎尹吉甫矣，公子奚斯嘗睎正考甫矣。"凡西漢以前，從無異説，《毛詩》妄爲異論。其僞十。蓋"三頌"者，孔子寓王魯、新周、故宋之義，《毛詩》以爲商先世之詩，則微言亡。其僞十一。《史記·孔子世家》稱"三百五篇"，王式稱"臣以三百五篇諫"，（見《儒林傳》）《志》亦云"孔子純取周詩，上採殷，下取魯，凡三百五篇"，三家説皆同。而《毛詩》多"笙詩"六篇，則篇目增多。其僞十二。他如《漢廣》"德廣所及"，《白華》"孝子之潔白"，《崇丘》"萬物得極其高大"，《雨無正》"衆多如雨而非所以爲正"之等，率皆望文生義，絶無事實，則空辭敷衍。其僞十三。若《小雅》自《節南山》以下四十四篇，皆爲刺幽王之詩，刺幽王何其多，而諸王何絶無一篇也？已與三家大異。《楚茨》等篇爲祭祂樂歌，而亦以爲刺幽王。朱子已先疑之。其僞十四。《詩》本樂章，孔子曰"吾自衛反魯，而後樂正，《雅》《頌》各得其所"。正"古人詩、樂分爲二教"，斥後儒舍詩徵樂，爲異古人詩教之指。是以護毛故，顯悖孔子正樂而《雅》《頌》得所之義，又與季札觀樂而遍歌《風》《雅》相違。其僞十五。

其他説義徵禮，與今文顯悖者凡百千條，詳《毛詩僞證》，今不著。其云"河間獻王好之"者，以爲旁證，皆歆竄附之僞説也。然移文博士不敢稱之，而僅著於《七略》。其僞《易雜卦》及費氏《章句》，並不敢著於《七略》，而僅以傳之其徒。心勞日拙之情，亦可見矣。

## 【乙種之五】

# 論詩序

### (《詩經通論》)

皮錫瑞

**西堂案：**《毛詩序》之剌謬，讀《詩辨妄》及《漢書藝文志辨僞》，可以知其大略。皮錫瑞論《毛序》，既證成《詩辨妄》之説，述來由，詳加徵引，復謂不信亦非，悉信亦非，甚平衡之論也。其謂三家今文《詩序》，見於諸書引所者可信，猶過於尊信今文，則所不敢苟同。要之，斯篇爲治《詩》者所不可不詳玩索而有得焉者也。讀者試一平論之。

論《詩序》與《書序》，同有可信，有不可信，今文可信，古文不可盡信。

《毛序》有可信不可信，爲説《詩》者一大疑案。《關雎序》自"《關雎》后妃之德也，至關雎之義也"。《經典釋文·卷第五》舊説云："起至用之邦國焉，名《關雎序》，謂之《小序》。自風，風也訖末，名爲《大序》。"沈重云："案，鄭《詩譜》意，《大序》是子夏作，《小序》是子夏、毛公合作。卜商意有不盡，毛更足成之。"朱子作《詩序辨》説："以'詩者志之所之'，至'詩之至也'，爲《大序》。其餘首尾《關雎》之《小序》。"《詩正義》自《關雎》以後，每詩一篇，即有一序，皆謂之《小序》。此《大序》《小序》之分也。作《序》之人，自《詩譜》外，王肅以爲子夏所序《詩》，即今《毛詩序》。范蔚宗以爲衛宏受學謝曼卿，作《詩序》。魏徵等以爲子夏所創，毛公及衛宏又加潤益。韓愈議"子夏不許《詩》"有三焉：知不及一也；暴揚中冓之私，《春秋》所不道，二也；諸侯猶世，不敢以云，三也。學者欲顯其傳，因籍之子夏。成伯璵以爲子夏惟裁初句，其下皆是大毛，自以詩中之意，而繫其辭。王安石以爲《序》乃詩人所自制。程子以爲《小序》國史之舊文，《大序》孔子所作。蘇轍以爲衛宏所作，非孔氏之舊。止存其首一言，餘皆删去。王得臣以爲首句孔子所題，曹粹中以爲《毛傳》初行，尚未有《序》，門人互相傳授，各記師說。鄭樵、王質，以爲村野妄人所作。作《序》之人，說者不一。自唐定《正義》以後，惟宋歐陽修撰《毛詩本義》，爲論以辨毛、鄭之失，猶未甚立異同。迨鄭樵專指毛、鄭之妄，謂《小序》非子夏所作，盡削去之，而以己意爲說。其《詩序辨》曰：《序》有《鄭注》，而無《鄭箋》，其不作於子夏明矣。毛公於《詩》，第爲之傳，其不作《序》，又明矣。《小序》出於衛宏，有專取諸書之文，至數句者；有雜取諸家之說，而辭不堅決者；有委曲婉轉，附經以成其義者；情動於中，而形於言，言之不足，故嗟嘆之，其文全出於《樂記》。成王未知周公之志，公乃爲詩以遺王，其未能全出於《金縢》；自微子至於戴公，其間禮樂廢壞，其文全出於《國語》。古者長民衣服不貳，從容有常，以齊其民，其文全出於《公孫尼子》。則《詩序》之作，實在於數書既傳之後明矣。此所謂取諸書之文，有至數句者此也。（案，人多以爲《毛序》與古書合，此則以爲衛《序》取古書）《關雎》之序，既曰風之始也，所以風天下而正夫婦也，意亦足矣。又曰"風，風也，風以動之，上以風化下，下以風刺上。""又曰：一國之事，繫一人之本謂之風。《載馳》之詩，既於許穆夫人，閔其宗國，顛覆而作"；又曰："衛懿公爲狄所滅。《絲衣》之詩，既曰繹賓尸矣，又曰靈星之尸也。"此蓋聚說並傳，衛氏得有美辭美意，並錄而不忍棄之。此所謂雜諸家之說，而辭不堅決者也。《騶虞》之詩，先言人倫既正，朝廷既治，天下純被文王之化，而後繼之搜田以時，仁如騶虞，則王道成。《行葦》之詩，先言國家忠厚，仁及草木，然後繼之以內睦九族，外尊事黃耇養老之言，此所謂委曲婉轉附經以成其義者此也。惟宏《序》作於東漢，故漢世文字，未有引《詩序》者。（案，近人引《漢廣序》"德廣所及"等語，漢時古書多未見，必是引序）惟黃初四年，有曹共公遠君子近小人之語。蓋魏後於漢，而宏之《序》，至是而始行也。使其果知《詩序》出於衛宏，則"《風》《雅》正變"之說，"二《南》分繫"之說，《羔羊》《蟋蟀》之說，或鬱而不暢，或巧而不合，如《蕩》以"蕩蕩上帝"發語，而曰"天下蕩蕩"，無綱紀文章。《召旻》以"旻天疾威"發語，而曰"閔天下無如召公之爲臣"。《雨無正》乃大夫刺幽王也，而曰"聚多如雨"，非所以爲正，牽合爲文，而取譏於世，此不可不辨也。（《文獻通考》載石林葉氏說略同）程大昌《考古編》曰：范傳衛宏作《毛詩序》，今傳於世，所序者《毛傳》耳。《詩》之《古序》之與宏《序》，今混並無別，然有可考者。凡詩發序兩語，如"《關雎》，后妃之德也"，世人之謂《小序》者，古序也。兩語以外，續而申之，世謂《大序》者，宏語也。錫瑞案：程氏之分《大序》《小序》，與《釋文》舊說，朱子辨說，並異。以發序兩語爲《小序》，兩語以外續而中之者爲

《大序》。《小序》出於國史爲《古序》。《大序》綴於衛宏，非子夏所作，其説本於蘇轍，實淵源於成伯璵。近人魏源，謂續《序》不得《毛序》之意，正本程説。魏晉以後，《毛傳》孤行，人多遵信《序》説，以爲真出子夏。至宋則疑信參半，朱子作《詩集傳》，始亦從《序》，後與吕祖謙争辨，乃改用鄭樵説。有辨説攻《小序》，而《集傳》未及追改，如《緇衣》《豐年》等篇者。元延祐復科舉法，《詩》用朱子《集傳》，而《毛傳》幾廢，國朝人治漢學，始尊毛而攻朱，近人治西漢今文學，又尊三家而攻毛。平心論之，《詩》之《序》猶《書》之《序》也，《詩序》有今古文之分，猶《書序》有今古文之分也。伏生今文《書序》，見於《史記》所引者可信，馬、鄭《古文書序》，不可盡信。三家今文《詩序》，見於諸書所引者可信。古《毛詩序》，不可盡信，鄭君《論緯》説云："不信亦非，悉信亦非。"竊謂古文《詩》《書》之《序》，當如鄭君之説，若鄭樵攻《毛序》，而以己意爲《序》，則近於妄。魏源《詩古微》，主三家，而三家所無者，皆以己意補之爲《序》。是鄭樵之類也。

## 【乙種之六】

## 《非詩辨妄》

周 孚

**西堂案：**《毛詩》謬妄，既知之矣。清季東漢古文學興，祖《毛詩》而攻宋儒，如鄭樵、朱子之倫者，猶不乏其人。二陳、馬、胡，其著者也。宋儒之中，有祖毛者，如周孚之攻鄭樵，亦最著也。今治《詩經》，無所偏倚，《毛詩》有不盡失，鄭樵不盡得，亦當知之。茲錄周孚《非詩辨妄》，以備參稽。吾友顧頡剛先生曾爲之《跋》，謂孚書有：（一）只舉了出處而不加可否，如34、39、46諸條；（二）空言搪塞，如1、2、20諸條；（三）所答非所問，如17、21諸條；（四）不通，如17、36諸條。（五）鬧意氣：如31、44諸條；（六）遁辭：如23、28、35諸條；（七）成見：如5、11、17、24、25、45、72諸條；（八）沒有歷史觀念：如73條；（九）不懂得鄭樵的學問精神：如8、11諸條。謂書中除3、5、12、16、19、38諸條外，其餘實無價值。誠平衡之論，讀者可以知所違從矣。

### 《自序》

周子曰：古之教人者，未嘗有訓詁也。故曰："不憤不啓，不悱不發，不以三隅反則不復也。"自聖人没而異端起，先儒急於警天下之方悟者，故即六經之書而訓詁之。雖其教與古異，而意則一也。自漢以來，六經之綱維具矣，學者世相傳之，雖聖人起，未易廢也，而鄭子乃欲盡廢之，此予所以不得已而有言也！故撮其害理之甚者，見於予書；而其爲《詩》之義，則有先儒之傳在。嗚呼！聚訟之學，古人惡之，安知不有以是規予者哉；然予之所不暇恤也。於是總而次之，凡四十二事，爲一卷。

**(1)**

鄭子曰：漢之言《詩》者三家耳。毛公，趙人，最後出，不爲當時所取信，乃詭誕其説，稱其書傳之子夏，蓋本《論語》所謂"起予者商也，始可與言《詩》已矣。"

非曰：斯言也，仲尼亦嘗以稱子貢矣；然先儒不以《詩》爲子貢叙者，蓋賜不傳《詩》也。

彼商其自傳《詩》耳，不繫仲尼之稱也。

(2)

鄭子曰：設若有子夏所傳之《序》，因何齊、魯間先出，學者却不傳，返出於趙也？《序》既晚出於趙，於何處而傳此學？

非曰：仲尼没，子夏設教於西河之上。魏境也。趙，魏鄰也。餘波能及，自魏而趙，理或有之。若以毛公非魯人而疑之，則韓嬰，韓人也，豈躬受教於洙泗者乎！若之何右韓而左毛也！

(3)

鄭子曰：鄭康成生東漢之末，又爲《詩箋》，本毛氏，以毛公先爲北海相，康成，北海人，故傳所書。

非曰：康成自箋《詩》耳，何預北海相事耶！

(4)

鄭子曰：據六亡詩，明言有其義而亡其辭，何得是秦火前人語！裳裳者華，"古之仕者世禄"，則非三代之語。

非曰：鄭子之所疑者似矣，而説非也。吾以爲不若蘇子之言曰，"是詩也，言是事也，昔孔氏之遺説也。其反復煩重，類非一人之辭者。毛氏之學，而衛宏之所集録也"。夫學經而不辨乎真僞，是徒學也。鄭子疑毛氏之所《序》，衛宏之所集録，而並發子夏之《序》，是猶怒於室而色於市也，其可乎！

(5)

鄭子曰：釋詩者於一篇之義不得無總叙，故樵《詩傳》亦皆有叙焉。

非曰：仲尼之作《春秋》也，始於其祖之所逮聞。蓋以千歲之後言千歲之前，雖仲尼猶以爲難。而鄭子仍能之，則是其智過於仲尼也！亦不過隨文附會之學，吾不欲觀之矣。

(6)

鄭子曰：《易》有《彖》《象》，皆出仲尼之後，往往戰國時人作，《彖》自一家，《象》自一家耳。故《左氏》書無《彖》《象》之文。

非曰：孔子之述《彖》《象》也，蓋自爲一篇，題其首曰"彖"，曰"象"也。其初無"彖曰""象曰"之文。而後之學者散之《卦爻》之下，故以"彖曰""象曰"别之。然孔子所謂"彖"者，蓋《卦辭》，如"乾，元亨利貞"之類是也。其所謂"象"者有小大：其"大象"指八卦，"震爲雷，巽爲風"之類是也；其"小象"指一爻，如"潜龍勿用"之類是也。初不謂己所述者爲《彖》《象》也。而近世學者失之，乃指孔子之言爲《彖》《象》，不可不辨也。蘇子之説云爾。然則謂孔子贊《易》之言爲《彖》《象》者，漢魏以來學者之過也。鄭子不歸其失於學者，而致疑於聖人，是敬路人而悖父兄也，知理者固如是乎！

**（7）**

鄭子曰：詩書可信，然不必字字可信。

非曰：斯言也，非六經之福也。鄭子之爲此言，忍乎？

**（8）**

鄭子曰：惜乎三家之《詩》不並傳於世矣！齊、魯二家斷亡矣，不知韓氏世有傳者乎？

非曰：蘇子於《十月之交》，以爲《韓詩》之次與《毛詩》合；於《緜》"自土沮漆"以爲《齊詩》，"土"作"杜"則齊、韓之《詩》，蘇子間見之矣。然卒不敢廢《詩序》者，慎之至也。鄭子未見齊、韓而遽棄毛氏，不幾於邯鄲之學步者乎！宜其誕以惑人也。

**（9）**

鄭子曰：漢人《尚書》三家而不取毛氏者，往往非不取其義也，但以妄誕之故，故爲時人所鄙。

非曰：取其義而棄其書，先儒之於人恐不如是之澆薄也。

**（10）**

鄭子曰：《關雎》言后妃便無義。三代之後，天子之偶曰皇后，太子之偶曰妃子，奈何合後世二人之號而以爲古一人也！

非曰："后妃"云者，猶古語所謂"君王"云爾，不必以"君"爲諸侯，"王"爲天子也。

**（11）**

鄭子曰：以《芣苢》爲婦人樂有子者。據《芣苢》詩中，全無樂有子意。彼之言此者何哉？

蓋書生之説例，是求義以爲所，此語不徒然也，故以爲樂有子爾。且《芣苢》之作，興採之也，如後人之採菱則爲採菱之詩，採藕則爲採藕之詩，以述一時所採之興爾，何他義哉！

非曰：《芣苢》，車前也，釋《二雅》者，言其子主婦人之難産者。婦人以樂有子故，欲預蓄此以禦疾爾。且芣苢非常用之物，人何事而採之？奈何以爲述一時興哉！

大抵鄭子之學，其於物理所異於毛、鄭者，以其信《本草》而非《爾雅》

也。吾之於書則求其是而已矣，豈以異於先儒爲功乎！

（12）

鄭子曰：衛本紂都，周得天下以爲衛國，今潞州黎城是。周時且無黎也，何得於此有寓衛之黎侯。

非曰：按《左氏傳》，晉數赤狄潞氏之罪，曰"棄仲章而奪黎氏地"。安得周無黎侯！

（13）

鄭子曰：《大東》言"東有啓明，西有長庚"。毛、鄭以爲一星爾。夫太白不見西方，何得爲一星！以此見其不識天文。

非曰：蘇子以爲譚人之廋辭也。其意若曰，東則太白，西則太白，以喻王百役之皆取於譚也。而鄭子乃於中求正義，宜乎其惑也。

（14）

鄭子曰：夫學《詩》者正欲識鳥獸草木之名耳！

非曰：吾當聞仲尼之言《詩》矣，其義恐不止於是也。

（15）

鄭子曰："有鶴在林"，鶴非食魚鳥。"隰有荷華"，荷華，木芙蓉也。

非曰：吾當詢於野人：鶴食魚荷華，今之旱蓮也，江南所在有之，《爾雅》，下隰曰隰。

（16）

鄭子曰：按《獨斷》下篇，宗廟所歌詩名，於維清，曰"秦氏樂象者之所歌"。則如今《序》中所言"奏象武"者，"奏"實"秦"字，衛宏錯認之爾。

非曰：是說也，吾所不喻，設曰，"維清，秦象武也"，何義乎！

（17）

鄭子曰：凡制文字，必依形依象而立。《風》《雅》《頌》皆聲，無形與象，故無其文，皆取他文而借用：如風本風雨之風，雅本烏鴉之鴉，頌本頌容之容。奈何序詩者於借字之中求義也！

非曰：《風》《雅》《頌》之名，其來久矣，非仲尼之所自立也。故曰："吾自衛反魯，然後樂正，《雅》《頌》各得其所。"使止借字而無義，則胡不以《風》爲《雅》，《雅》爲《頌》乎？惟其不可不分，則《風》《雅》《頌》之名必有義焉。其義謂何？曰，言一國之事，謂之風；形四方之風，謂之雅；以成功告於神明，謂之頌。

（18）

鄭子曰：亂先王之典籍而紛惑其說，使後學至今不知大道之本，自漢儒始。

非曰：此古人目睫之喻也。

**(19)**

鄭子曰：周有四伯：周公治洛，實伯江漢之東國；召伯治岐，實伯江漢之四國；韓爲北伯，主北以西國；齊爲東伯，主東以北國。

非曰：《康王之誥》曰："太保率西方諸侯，入應門左；畢公率東方諸侯，入應門右。"周之所以統諸侯者，止聞有二公爾，不聞其有四伯也。

**(20)**

鄭子曰：《螽斯》者，取二字以命篇爾，實無義也。言"螽斯羽"者，謂螽之此羽耳，何得謂螽斯爲一物名。

非曰：詩有以"斯"爲辭者，如"菀彼柳斯"，"弁彼鸒斯"是也。而以訓螽斯則不可。蓋螽斯或謂之"斯螽"，豳詩曰："五月斯螽動股。"

**(21)**

鄭子曰：《何彼襛矣》言："雖則王姬，亦下嫁於諸侯"。不知王姬不嫁諸侯嫁何人？

非曰：鄭忽之辭婚也，曰"齊大，非我耦也"。古者婚姻之禮，必國偶而後敢娶。天子非諸侯之所可偶也，故曰下嫁。

**(22)**

鄭子曰：幸哉《凱風》詩也！其詩若不言"有子七人，莫慰母心"，定爲莊姜之詩無疑也。

非曰：使不言"有子七人，莫慰母心"，亦不可以爲莊姜詩。蓋"母氏聖善，我無令人"，非州吁之所爲詩也。

**(23)**

鄭子曰：《簡兮》實美君子能射御歌舞，何得爲刺詩！

非曰：信如鄭子之説，則吾將奪之曰："簡兮，思賢也。"蓋不用傳注，以私意而度詩，則何所不可。

**(24)**

鄭子曰：《墻有茨》言淫亂，故以爲公子頑也。

非曰：衛詩之言淫亂者多矣，何獨以此爲公子頑！

**(25)**

鄭子曰：《河廣》，《衛風》，而言"誰謂宋遠，跂予望之"，故以爲宋襄公之出母作也。

非曰：不謂宋人寓於衛而思宋之詩，而獨以爲襄公之母，蓋古之傳《詩》

者此説爾，而毛公承之耳。讀書而不考其義，雖多亦奚以爲！

(26)

鄭子曰："言王《黍離》"者，亦猶言"衛《淇澳》"，"幽七月"也。王城，即東周也。幽國七篇，關中人風土之歌也。王國十篇，洛人風土之歌。豈其諸國皆有風土而洛獨無之乎！以《黍離》爲"降國風"，何理哉？

非曰：衛、陳、齊、鄭，國名也，故可以冠詩，"王"豈國名哉！周謂東都爲洛邑，果如鄭子之説，則曰"洛《黍離》"，不宜曰"王《黍離》"。夫王至尊之稱也，以至尊之稱而下雜於諸國之間，非降而何！若曰，"豈其諸國皆有風土而洛獨無之"，則宋也，魯也，蔡也，皆諸侯之豪傑也，而詩不著其風，鄭子於此亦將強通之耶！

(27)

鄭子曰：諸風皆有指言當代之某君者，唯魏、檜二風無一篇指言某君者：以此二國，《史記》世家、年表、書、傳，不見有所説，故二風無指言也。若《序》是春秋前人作，豈得無所一言！

非曰：檜爲鄭桓公所滅，事在春秋前。自季子聽樂，而檜已無譏矣。況於子夏之時，相去數百年之久，其理雖可推而其世不可知。其理可推，則序其所以作詩之故；其世不可知，則不指名其人：慎之至也！揚雄氏有言曰："書之不備過半矣，雖孔子亦未如之何矣。"此《檜·詩序》之説也。何必漢儒然後不知其世哉！魏即晉也，當從蘇子説。

(28)

鄭子曰：《宛丘》《東門之枌》刺幽王，《衡門》謂刺僖公。幽、僖之跡無所據見，作《序》者但本謚法言之。

非曰：安知立謚之耶？且十二公之間獨以是二君，則其説必有所授之矣。

(29)

鄭子曰：靈公淫夏姬，此其顯顯者，故以爲言。此據跡而言。

非曰：謚法"亂而不損曰靈"，靈公之行應謚矣，使其跡不著，則鄭子又將以幽、僖之説難之矣；靈公之應謚，則幽、僖之謚安知其不本跡也！幽、僖之謚與行合，則《詩序》不爲妄言也。

(30)

鄭子曰：彼以《候人》爲刺共公；共公之前則昭公也，故以《蜉蝣》刺昭公。昭公之實無其跡，但不幸代次迫於共公，故爲衛宏所實。

非曰：向曰"作《序》者有可經據，則指言其人；無可經據，則言其意"。從鄭子之説，則説，則凡指言其人者，必其有跡可據也。今無經據而又指言其人矣；鄭子患其不通也，故又爲是世次之說。是其意必欲盡廢《詩序》，而不顧其自相抵牾也。夫兩學之相攻，猶訟也：理直者一言而是，理曲者委曲蓋庇而跡愈彰。鄭子之說，訟而理曲者也。

(31)

鄭子曰：詩人之言，燕、饗無別；其言燕，猶飲也。說者當有分別；而作《序》者不識燕、饗異儀，但徇《詩》爾。

非曰：此以《禮》訓《詩》也。向曰："鄭所以不如毛者，以其書生家，太泥於三禮刑名度數。"今鄭子復以《禮》訓《詩》，則康成得無辭乎！既《詩》言燕、饗無別，而鄭子則分之，是於詩之外求義也。訓《詩》而不本《詩》，吾未見其能《詩》也。

(32)

鄭子曰：六亡詩不曰"六亡詩"而曰"六笙詩"，蓋歌，主人必有辭，笙主竹，故不必辭也，但有其譜耳。

非曰：太史公曰："古者詩三千篇；至孔子，去其重，取可施於禮義，三百五篇，皆弦歌之，以求合《韶》《武》《雅》《頌》之音。"則今之詩皆可弦可歌也。絲竹之音不宜有異，豈笙皆無辭，而弦詩皆有辭乎！然則如之何？當曰"六亡詩"，不當曰"六笙詩"。

(33)

鄭子曰：作《序》者以《陟岵》之人仿《南陔》，故曰"《南陔》，孝子相戒以養也"。

非曰：使鄭子之言然，則《華黍》胡不儗《楚茨》，《崇丘》胡不儗《節南山》，《白華》與《小雅》之《白華》同，而獨以《南陔》仿《陟岵》也？是說也，吾欲問之。

(34)

鄭子曰：《召旻》詩首章言"旻天疾威"，卒章言"有如召公"，是取始卒章之一字合爲題，更無他義。序者曰："旻，閔也，閔天下無如召公之臣也。"《蕩》是"蕩蕩上帝"者，謂天之蕩蕩然無涯也，故取《蕩》名篇。彼亦不知所出，則曰"天下蕩蕩無綱紀文章"。其乖脫有此者！

非曰：此蘇子之說也，申言之何益！

(35)

鄭子曰：《節南山》言"家父作誦"。家父乃桓王時人。當隱、桓之時，家父使魯。自幽及桓，蓋七十年，何得家父復仕幽朝！

非曰：此歐陽之棄說也，何足以曉學者！且魯有兩單伯，安知周無兩家父乎！

(36)

鄭子曰：正月亦刺桓王詩，故引古以爲喻曰："赫赫宗周，褒姒滅之。"且平王東遷於王城，故以鎬京爲"宗周"。

非曰：滅則滅爾，非實滅也。且其首章曰："周之正，夏之四月也。"桓王之事跡見於《春秋》。四月而霜，異之大者，而《春秋》不紀之，何耶？以鎬京爲宗周，蓋當時諸侯朝覲之辭爾，非自平王而始也。

(37)

鄭子曰：繼桓王者，莊王也。按長曆，"莊王二年十月辛卯，日食"。又《春秋·魯桓公十七年》，書"冬，十月，朔，日有食之"。莊王二年歲在丙戌，即桓公十七年也。此甚明白。亦足以見平王之後其詩皆列《雅》；亦足以見作《序》之謬。

非曰：《春秋》所書，止曰"冬，十月，朔，日有食之"耳。其不書日，《左氏》以爲官失之也。則十月之食，自仲尼、丘明已不知其日矣。鄭子以長曆之故而信爲辛卯，則是以杜預爲過於仲尼也，其可乎！且此詩所載"燁燁震電，不寧不令，百川沸騰，山冢崒崩"其異象矣，《春秋》略不一紀，而獨書此日食，何哉？

(38)

鄭子曰：《十月之交》言："皇父孔聖，作都於向。"向，東都畿內地也。凡卿士采邑必於天子畿內，則知此詩不爲西周詩矣。

非曰：今之《輿地書》謂向屬同州。同州，漢之左馮翊，亦西周之畿內地。鄭子之不從彼者，欲以成其爲莊王詩也。且桓之八年以東都之向賜鄭；後十六年而莊王即位。鄭子謂莊王二年有皇父城向之事，則向屬於鄭十有七年矣，非皇父之所得都也。其所傳如此，殆難以發先儒之說也！

(39)

鄭子曰：凡詩，皆取篇中之字以命題。《雨無正》取篇之中義，故作《序》者曰："雨無正，雨自上下者也，衆多如雨，而非所以爲政也。"此何等語哉！

非曰：此蘇子之說也，申言之何益！

(40)

鄭子曰：《何人斯》言"維暴之云"者，謂暴虐之人也。且二周畿內皆無暴邑，周何當有暴公！

非曰：蘇公、暴公，蓋外諸侯，入而爲王卿士者，如虢、鄭武公之流，非畿內諸侯也。何以知之？曰，蘇，今之懷州；暴，自春秋以來屬鄭矣。

(41)

鄭子曰：或曰，《桑柔》，芮伯所作，而子不信，何也？曰如《蕩》《召旻》見於《詩》，明明如此，尚不可信，況此詩誰以爲然！

非曰：《左氏傳》載秦繆公之言曰："周芮良夫之詩曰，'大風有隧，貪人敗類'。"

(42)

鄭子曰：劉歆《三統曆》妄謂文王受命九年而崩，致誤衞宏言文王受命作周也。

非曰：文王受命作周云者，猶曰"天命文王以興周"云爾，非以受命爲稱王也。舜之受天命，孟軻氏言之詳矣，亦猶是也。謂其受命九年者，劉歆誤讀《詩序》故爾，非衞宏之過也。

(43)

鄭子曰："敦彼行葦，牛羊勿踐履"，言道中之葦無踐之而後能成以興，兄弟不遠棄而後能親。

非曰：葦之爲物微矣，以況兄弟，何義乎！且以爲比耶，興耶？以爲比，則不類；以爲興，則鄭子又以爲比也。爲詩而不知比興，適足以自惑也。

(44)

鄭子曰：毛、鄭輩亦識理。

非曰：向曰"村里陋儒"，今曰"識理"，理非村里陋儒所能識也！

(45)

鄭子曰："關關雎鳩，在河之洲。"每思淑女之時，或興見關雎在河之洲，或興感雎鳩在河之洲；雎在河中洲上，不可得也，比喻淑女不可致之義。何必以雎鳩而説淑女也！毛謂"以喻后妃悦樂，君子之德無不和諧"，何理？

非曰：使止以雎鳩爲興，則曰"翩彼雎鳩"足矣，何必曰"關關雎鳩"？有取於和而摯也。且其言曰，"設若興見鷙鶴，則言鷙鶴；興見鴛鳧，則言鴛鳧"；蓋其所學止於此爾。若如是，則吾何誅焉！

(46)

鄭子曰："葛之覃兮，施於中谷"，此婦人急於成婦功之詩也。鄭以謂"喻女在母家形體浸浸日長大也"，此何等語！

非曰：此歐陽子之説也，申言之何益！

(47)

鄭子曰：孔子教人學詩者，欲多識鳥獸草木之名也。

非曰：向者吾既言之矣。

(48)

鄭子曰：鳥獸草木之名，惟陶隱居識其眞。如《爾雅》，錯失尤多。

非曰：鄭子以蘋蔞蔆蒿，即《爾雅》所謂"蘋蓛蕭"也。鄭子以荷華爲芙蓉，可；以爲木芙蓉，不可。取其義而棄其書，鄭子誠忍人哉！

(49)

鄭子曰：《周頌》之《序》多非依仿篇中之義爲言，乃知所傳爲眞。

非曰：《周頌》之《序》以其不依仿篇中之義，故鄭子以爲所傳者眞。且六亡詩已失，秦漢儒何以依仿而能《序》是也？無所依仿而有《序》，則諸《序》不出於漢儒明矣。此吾就鄭子所言而言者也。

(50)

鄭子曰：泮宮即廟也。若是學，則獻囚獻馘於此何爲哉！

非曰：鄭子以泮宮爲廟者，不過本詩所謂"昭假烈祖，靡有不孝"之詞也。此魯人頌僖公之語爾，猶《書》曰"用會紹乃辟，追孝於前文人"也。且其詩曰："在泮飲酒"，然則廟中飲酒可乎？

(51)

鄭子曰：商家顯君，惟湯、中宗、高宗爾；故《商頌》以爲禘此三君焉。

非曰：孟軻氏言："商之聖賢之君六七作"，不可言唯此三君。

## 【乙種之七】

## 《經典釋文·序錄》（詩）

陸德明

**西堂案：**《毛詩》序傳，與三家詩，其流傳授受，廢興始末，見《史》《漢》《儒林傳》，《漢書·藝文志》者，學者固夙知之。《經典釋文·序錄》，述四家之傳流，迄於六朝，所不可不讀也。唯元朗生當隋、唐，今學盡亡，耳濡目染，師友講授，皆偏古學。所謂毛氏傳授，固亦無徵不信也。

詩者所以言志，吟咏性情，以諷其上者也。古有采詩之官，王者巡狩，則陳詩以觀民風，知得失自考正也。動天地，感鬼神，厚人倫，美教化，移風俗，莫近乎《詩》。是以孔子最先刪錄，既取周詩，上兼《商頌》，凡三百一十一篇。（毛公爲故訓時，已亡六篇，故《藝文志》云：三百五篇）以授子夏，子夏遂作《序》焉。（或曰毛公作《序》解見）口以相傳，未有章句，戰國之世，專任武力，《雅》《頌》之聲，爲鄭、衛所亂，其廢絕亦可知矣。遭秦焚書，而得全者，以其人所諷誦，不專在竹帛故也。漢興，傳者有四家，魯人申公（亦謂申培公楚王大傅，武帝以安車蒲輪徵之時，申公年八十餘，以爲大中大夫），受詩於浮丘伯，以《詩經》爲訓故，以教無傳，疑者則闕不傳。號曰《魯詩》。弟子爲博士者十餘人。郎中令王臧（蘭陵人），御史大夫趙綰（代人），臨淮太守孔安國，膠西內史周霸，城陽內史夏寬，東海太守魯賜（碭人），長沙內史繆生（蘭陵人），膠西中尉徐偃，膠東內史闕門慶忌（鄒人），皆申公弟子也。申公本以《詩》《春秋》授瑕丘江公，盡能傳之，徒衆最盛。魯許生免中徐公（免中，縣名），皆守學教授；丞相韋賢，受詩於江公及許生，傳子玄成（賢字長玄，成字少翁。父子並爲丞相，封扶陽侯。又治《禮》《論語》。玄成兄子嘗以《詩》授哀帝大司馬車騎將軍）。又王式（字翁思，東平新桃人。昌邑王師），受《詩》於免中徐公；及許生，以授張生長安（名長安，字幼君，山陽人。爲博士，論石渠。至淮陽中尉）及唐長賓（東平人，爲博士，楚王太傅），褚少孫（沛人，爲博士，《褚氏家傳》云即續《史記》褚先生），張生兄子游卿（諫大夫），以《詩》授元帝，傳王扶（琅琊人，泗水中尉），扶授許晏（陳留人，爲博士）。又薛廣德（字長卿，沛國相人，御史大夫）受《詩》於王式，授龔舍（字君倩，楚國人，太山太守）、齊人轅固生（漢景帝時爲博士，至清河太傅）傳《詩傳》，號《齊詩》。傳夏侯始昌，始昌授后蒼（字近君，東海郯人。通《詩》《禮》，爲博士，至少府）；蒼授翼奉（字少君，東海下邳人，爲博士，諫大夫）及蕭望之（字長倩，東海蘭陵人。御史大夫，前將軍，兼傳《論語》），匡衡（字稚圭，東海承人。丞相，樂安侯，子咸亦明經，歷九卿，家世多爲博士）。衡授師丹（字公仲，琅琊人，大司空）及伏理（字游君，高密太傅，家世傳業），滿昌（字君都，潁川人。詹事）。昌授張邯（九江人）及皮容（琅琊人），皆至大官，徒衆尤盛。後漢陳元方，亦傳《齊詩》。燕人韓嬰（漢文帝時爲博士，至常山太傅），推詩之意，作《内外傳》數萬言，號曰《韓詩》。淮南賁生受之，武帝時嬰與董仲舒論於上前，仲舒不能難（嬰又爲《易傳》，燕趙間好《詩》，故其《易微》唯韓氏自傳之），其孫商爲博士，孝宣時涿郡韓生，其後也。河内趙子事燕韓生，授同郡蔡誼（誼以《詩》授昭帝，至丞相封侯），誼授同郡食子公（爲博士），及琅琊王吉（字子陽，王駿父，昌邑中尉，諫大夫。吉經兼五經，能爲《鄒氏春秋》，以《詩論》教授），子公授太山栗豐（部刺史），吉授淄川長孫順（爲博士）。豐授山陽張就，順授東海髮福（一本作段福），並至大官。《藝文志》云：《齊》《韓詩》咸取《春秋》，採雜說，咸非其本義，魯最爲近之。《毛詩》者出自毛公，河間獻王好之。徐整（字文操，豫章人，吳太常卿）云：子夏授高行子，高行子授薛倉子，薛倉子授帛妙子，帛妙子授河間人大毛公，毛公爲《詩》故訓，傳於家，以授趙人小毛公（一云名萇），小毛公爲河間獻王博士，以不在漢朝，故不列於學。一云子夏傳曾申（字子西，魯人，曾參之子），申傳魏人李克，克傳魯人孟仲子（鄭玄《詩譜》云：子思之弟子），孟仲子傳根牟子，根牟子傳趙人孫卿子，孫卿子傳魯人大毛公。《漢書·儒林傳》云：毛公趙人，治《詩》，爲河間獻王博士，授同國貫長卿（徐整作長公），長卿授解延年（爲阿武令，《詩譜》云齊人），延年授虢徐敖，敖授九江陳俠（王莽講學大夫）。或云陳俠傳謝曼卿，元始五年，公車徵說《詩》。後漢鄭衆、賈逵，傳《毛詩》，馬融作《毛詩注》，鄭玄作《毛詩箋》，申明毛義，難三家，於是三家遂廢矣。魏太常王肅，更述毛非鄭。荊州刺史王基（字伯輿，東萊人）、王肅申鄭義。晉豫州刺史孫毓（字休朗，北海平昌人，長沙太守），爲《詩評》，評毛、鄭、王肅三家同異，朋於王。徐州從事陳統（字元方）難孫申鄭；宋徵士雁門周續之（字道祖，及雷次宗俱事廬山惠遠法師)、豫章雷次宗(字仲倫,宋通直郎徵不起),齊沛國劉瓛並爲《毛詩序義疏》。前漢魯、齊、韓三家詩列於學官,平帝世《毛詩》始立,《齊詩》久亡,《魯詩》不過江東,《韓詩》雖在。人無傳者,唯《毛詩鄭箋》,獨立國學,今所遵用。

《毛詩故訓傳》二十卷(鄭氏箋),馬融注十卷(無下袟),王肅注二十卷。

謝沈注二十卷,江熙注二十卷(字太和,濟陽人,東晉兗州別駕),鄭玄詩譜二卷,徐整(暢大叔裘隱)、孫毓《詩同異評》十卷,陸璣《毛詩草木鳥獸蟲魚疏》二卷(字元恪,吳郡人。吳太子中庶子,烏程令)。爲詩音者九人:鄭玄、徐邈、蔡氏、孔氏、阮侃、王肅、江惇、干寶、李軌(阮侃字德恕,陳留人,河內太守;江惇字思俊,河內人,東晉徵士,蔡氏孔氏不詳何人)。

右《詩》,梁有桂州刺史、清河崔靈恩集衆解爲《毛詩集注》二十四卷,俗間又有徐爰《詩音近》,吳興沈重亦撰《詩首義》。

## 【乙種之八】

## 齊魯韓毛異同論

### （《詩古微》）

魏　源

**西堂案：**《詩》四家得失，前錄數篇，可以略見之。至魏源《齊魯韓毛異同論》，其持説之明白曉暢，足以令人無疑。則吾人於四家之中，擇其善而從之，拙見以爲今日治詩當如是也。

漢興，《詩》始萌芽，齊、魯、韓三家盛行，毛最後出，未立博士。蓋自東京中葉以前，博士弟子所誦習，朝野群儒所稱引，咸於是乎在，與施、孟、梁邱之《易》，歐陽、夏侯之《書》，《公羊》《穀梁》之春秋，並旁薄世宙者，幾四百年。末造而古文之學漸興，力鑱博士今文之學，然肅宗令賈逵撰《齊魯韓毛異同》，六朝崔靈恩作《毛詩集注》，皆兼採三家，使其書並傳，切劇六義，羽翼四始，詎不群燎之燭長夜，衆造之證疑獄也哉。鄭康成氏，少習《韓詩》，晚歲含韓箋毛，及鄭學大昌，毛遂傳行於世。人情黨盛，則抑衰孤，學易擯而難輔，於是《齊詩》魏代即亡。《魯詩》亡於西晉，《韓詩》唐宋尚存，《新唐書·藝文志》《崇文總目》猶載其書。《御覽》《集韵》，多引其文，而久亦亡於北宋。物極必反，情鬱思申，於是攻毛議序者，亦起於北宋。不揣其本，不揣其末，兩敗俱傷，天之將喪斯文也，夫何怪歟！生於末學，言止於甌諛，要其矯誣三家者，不過三端。曰齊、魯、韓皆未見《古序》也；《毛詩》與經傳諸子合，而三家無證也；《毛序》出子夏、孟、荀，而三家無考也。請一一破其疑，起其墜，以質百世。程大昌曰："三家不見《古序》，故無以總測篇章，毛惟有《古序》，以該括章旨，故訓詁所及，會全詩以歸一貫。然考《新唐書·藝文志》，《韓詩》二卷，卜商序，韓嬰注。而《水經注》引《韓·周南叙》曰：其地在南郡南陽之間，至諸家所引《韓詩》，如《關雎》刺時也，《漢廣》説人也；《汝墳》辭家也；《芣苢》傷夫有惡疾也；《黍離》伯封作也；《蟋蟀》刺奔女也；《溱與洧》説人也；《鷄鳴》讒人也；《棠棣》燕兄弟也；《伐木》文王敬故也；《鼓鐘》刺昭王也；《賓之初筵》衛武公飲酒悔過也;《抑》衛武公刺王室以自戒也;《假樂》美宣王之德也;《雲漢》宣王遭亂仰天也;《雨無極》正大夫刺幽王也;《四月》嘆征役也;《閟宮》有侐,公子奚斯作也;《那》美襄公也;皆與《毛詩》首語一例。則《韓詩》有《序》明矣。《齊詩》最殘缺,而張揖魏人習《齊詩》,其《上林賦注》曰:《伐檀》刺賢者不遇明王也,其爲《齊詩》之《序》明矣;劉向楚元王孫,世傳《魯詩》,其《列女傳》,以《芣苢》爲蔡人妻作,《汝墳》爲周南大夫妻作,《行露》爲召南申女作,《抑柏舟》爲衛大夫作,《碩人》爲莊姜傅母作,《燕燕》爲定姜送婦作,《式微》爲黎莊夫人及傅母作,《載馳》爲許穆夫人作,視《毛序》之空衍者,尤鑿鑿不誣。且其《息夫人傳》曰:"君子故序之於《詩》。《黎莊夫人傳》曰,君子故序之以編《詩》。而向所自著,亦曰《新序》。是《魯詩》有《序》明矣。且三家遺説,凡《魯詩》如此者,韓必同之。《齊詩》存什一於千百,而魯、韓必同之。苟非同出一原,安能重規疊矩,三人占則從二人言。謂毛不見三家《古序》則有之,三家烏用見《毛序》爲哉!程氏其何説之詞。(王氏引之曰:《藝文志》:《詩經》二十八卷,魯、齊、韓三家蓋以十五國風爲十五卷,《小雅》七十四篇七卷,《大雅》三十一篇爲三卷,三《頌》爲三卷,與毛卷同。而《志》言《毛詩經故》二十九卷者,毛以《詩序》別爲一卷歟?三家之《序》不可考,《韓詩序》則《楊震傳》引《蜥蜴》篇,《御覽》引《黍離》篇,皆以《序》與經文連引,則知不別爲卷矣。而毛又分《周頌》三十一篇爲三卷,故今詁訓傳爲卷三十也。案王氏説與《漢志》似符,而《新唐書》又不合,且《韓詩》邶、鄘、衛分不可知,則以《序》二卷與十三國數之,亦適符《漢志》之數也)鄭樵曰:毛公時《左傳》《孟子》《國語》《儀禮》未盛行,而先與之合,世人未知《毛詩》之密,故俱從三家。及諸書出而證之,諸儒得以攻其異同得失,長者出而短者自廢。故皆舍三家而宗毛,應之曰:《齊詩》先《采蘋》而後《草蟲》,與《儀禮》合;《小雅》四始五際次第與《樂章》合,《魯》《韓詩》説《碩人》《二子乘舟》《載馳》《黃鳥》與《左氏》合。説《抑》及《昊天有成命》與《國語》合;説《騶虞》《樂官備》與《射義》合,説《凱風》《小弁》與《孟子》合,説《出車》《采薇》非文王伐獫狁與《尚書大傳》合,《大武》六章次第與《樂章》合,其不合諸書安在?而《毛詩》則動與抵牾,其合諸書者又安在?顧謂西漢諸儒,未見諸書,故舍毛而從三家,則太史公本《左氏》《國語》以作《史記》,何以宗魯而不宗毛?賈誼、劉向博極群書,何以《新書》《説苑》《列女傳》宗魯而不宗毛?謂東漢諸儒得諸書證合,乃知宗毛而舍三家,則班固評論四家詩,何以獨許魯近?《左傳》由賈逵得立,服虔作解，而逯撰《魯韓毛詩異同》，服虔注《左氏》，鄭君注《禮》，皆顯用《韓詩》。即鄭箋毛，亦多陰用韓義。許君《說文叙》，自言《詩》稱毛氏，皆古文家言。而《說文》引詩，什九皆三家。《五經異義》論疊制、論《鄭風》、論《生民》亦並從三家說。豈非鄭、許之用毛者？特欲專立古文門戶，而意實以魯韓爲勝乎？若云長者出而短者自廢，則鄭、荀、王、韓之《易》，賢於施、孟、梁邱；梅賾之書，賢於伏生、夏侯、歐陽，《韓詩》以《外傳》賢於《韓詩內傳》，《左氏》之杜預注賢於賈、服，而遺《書》十六篇、《逸禮》七十篇皆亡所當亡焉。至錢氏大昕據《孟子》"勞於王事不得養父母"爲《孟子》之用《小序》，《緇衣》篇"長民者衣服不貳從容有常"，爲公孫尼子之用《小序》，則不如據《論語》"《關雎》樂而不淫，哀而不傷"爲夫子用《小序》之爲愈也。梅賾之《僞古文書》，其示三代經傳襲用梅氏耶？鄭氏其何說之詞！（葉氏夢得謂漢文章無引《毛序》者，惟魏黃初四年詔曰："《曹詩》刺恭公遠君子，近小人"，《毛序》至是始行於世。陳氏啓源駁之，謂司馬相如《難蜀父老文》"王事未有不始於憂勤終於逸樂"，爲用《魚麗序》；班孟堅"東都大德廣之"所評及爲用《漢廣序》，不知衛宏續《序》，多劀取經傳陳言，即如首篇《關雎》，"憂在進賢不淫其色，哀窈窕思賢才而無傷善之心"，即穿鑿《論語》，齟齬詩義，何論其他）馬氏端臨曰：譬之聽訟，《毛詩》其左證，到案之人也。齊、魯、韓、齊逋亡，無證不到案之人也。今所存魯、韓說，如以《關雎》爲畢公作，以《柏舟》爲衛宣夫人作，後儒皆不從之。夫同一《魯》、韓《詩》也，他叙可從，而《關雎》《柏舟》之《序》，獨不可從乎？應之曰：詩三百五篇，篇自爲案，各不相謀。三家詩有亡逸者，有到案者。馬氏但就其所到之案，虛公讞之可矣。且宜未到之案，或可連類旁證，比例互知者，亦有之矣。今以其他案未到，乃並其見存左證之百十案，一切置之，而惟《毛詩》一面之詞，遂不煩他證，不問是非虛實，一切置之，可乎？《關雎》畢公，《柏舟》衛宣，皆後儒耳食道聽之譚，非三家本旨。各詳別篇。（《四始義例·邶墉衛答問》）特馬氏聽訟之未審耳。馬氏又曰：詩之見錄者，必其序說明白，而旨意可考，其刪佚不錄，必其序說無傳，旨意難考。如其言是聖人折衷六藝，衡鑒貿然，惟以《序》說爲取。然《貍首》《新宫》之屬，當以《序》不明而置之矣。其所存《二雅序》，當必與禮樂相表裏，乃《大雅》正篇，莫一詳其樂章之所用何耶？十三國之無正風，與燕、蔡、莒、許、杞、薛之並無變風，既皆以《序》不明而置之矣，則所存諸國之《序》，當必可爲詩史，乃國風《小序》，於史有世家者皆傅之，惡諡，至魏、檜之史無家者，則但一位刺其君其大夫，而無一諡號世次之可傅會，又何耶？其明白者安在！其出國史者安在！馬氏其何説之詞。姜氏炳璋曰：漢四家詩惟毛公出自子夏，淵源最古，且《魯頌·傳》引孟仲子之言，《絲衣序》別高子之言，《北山序》同《孟子》之語，則又出於《孟子》。而大毛公親爲荀卿弟子，故毛傳多用《荀子》之言，非三家所及。應之曰：《漢書·楚元王傳》，言浮邱伯傳《詩》於荀卿，則亦出《荀子》矣。《唐詩》載《衞詩·卜商序》，則亦出子夏矣。《韓詩外傳》高子問《載馳》之詩於孟子，孟子曰：有衞女之志則可，無衞女之志則怠。又載《荀卿·非十二子篇》，獨去子思、孟子，且《外傳》屢行七篇之文，則亦出《孟子》矣。故《漢書》曰：又有毛公之學，自言子夏所傳，自言云者：人不取信之詞也。自《釋文》引徐整（三國吳人）云：子夏授高行子，高行子授薛蒼子，薛蒼子授帛妙子，帛妙子授河間人大毛公，爲《詩故訓》傳於家，以授趙人小毛公，小毛公爲河間獻王博士。一云子夏授曾申，申傳魏人李克，克傳魯人孟仲子，孟仲子傳根牟子，根牟子傳趙人孫卿子，孫卿子傳魯人大毛公。同一《毛詩》傳授源流，而姓名無一同。且一以爲出荀卿，一以爲不出荀卿，一以爲河間人，一以爲魯人。輾轉傅會，安所據依。豈非《漢書》自言子夏所傳一語，已發其覆乎。以視三家源流，孰傳信？孰傳疑？姜氏其何説之詞！劉子駿《讓太常博士書》曰：漢興，《詩》始萌芽，至孝武皇帝，然後齊、魯、梁、趙，頗有《詩》《禮》《春秋》先師，一人不能獨盡其經，或爲《風》，或爲《雅》，或爲《頌》，相合而成，往者綴學之士，不思廢絶之闕，苟因陋就寡，分文析字，煩言碎辭，學者罷老，且不能究其一藝，信口説而背傳記，是末師而非往古，徒抱殘守缺，挾恐見破之私意，而無從善服義之公心，或懷嫉妒，不考情實，須同相從，隨聲是非，深閉固拒，欲以杜塞餘説，絶滅微學，豈不悲哉！禮失求諸野，古文不猶愈於野乎。若必專己守殘，黨同門，妒道真，違明詔，失聖意，以陷於文吏之議，甚爲二三君子所不取也焉。《白虎通義》曰：異説並行，則弟子疑焉。天喪斯文，木墜於地，擇善而從，多見而志，聖人之道，猶有文質。所以擬其説，述所聞者，亦各傳所受而已。不識墨守諸君子其何説之詞。

## 【乙種之九】

# 《詩論》十七篇

## （藝海珠塵本　荊川稗編本《詩論》）

程大昌

**西堂案：**《詩》有《南》《風》《雅》《頌》四體之別，及其與篇章之關係；歷來學者，每多聚訟；於今治《詩》，亦所當知。宋程大昌《詩論》十七篇，說《南》《風》名義，《雅》《頌》篇章，頗有卓見。其謂《詩序》失當，倒易時世，舛誤本文，亦今之所不能廢。其以國風爲徒詩，攻《續序》而信《古序》，所見猶未透澈，然亦傑出一世矣。今論《詩》者，多採其說。茲先錄其文，再及後之說者。

### 《詩論序》

三代以下，儒者孰不談經，而獨尊信漢說者，意其近古，或有所本也。若夫古語之可以證經者，遠在六經未作之前。而經文之在古簡者，親預聖人援證之數，則其審的可據，豈不愈於或有師承者哉。而世人苟循習傳之，舊無能以其所當據，而格其所不當據，是敢於違古背聖人，而不敢於是正漢儒也。嗚呼！此《詩論》之所爲作也。

### 詩論一

《詩》有《南》《雅》《頌》，無《國風》。其曰《國風》者，非古也。夫子嘗曰：“《雅》《頌》各得其所。”又曰：“人而不爲《周南》《召南》。未嘗有言《國風》者。”予於是疑此時無《國風》一名。然猶恐夫子偶不及之，未敢遽自主執也。《左氏》記季札觀樂，歷叙《周南》《召南》《小雅》《大雅》《頌》，凡其名稱，與今無異。至列叙諸國，自邶至豳，其類凡十有三。率皆單紀國土，無今國風品目也。當季札觀樂時，未有夫子，而詩名有無，與今《論語》所舉孰同。吾是以知古固如此，非夫子偶於《國風》有遺也。蓋《南》《雅》《頌》樂名，若今樂曲之在某宮者也。《南》有周、召，《頌》有周、魯、商，本其所從得，而還以繫其國土也。二《雅》獨無所繫，以其純當周世，無用標別也。均之爲《雅》，音既同，又自別爲大小，則聲度必有豐殺廉肉，亦如十二律然，既有大吕又有小吕也。若夫邶、鄘、衛、王、鄭、齊、魏、唐、秦、陳、檜、曹、豳此十三國者，詩皆可采，而聲不入樂，則直以徒詩著之本土。故季札所見，與夫周工所歌，單舉國名，更無附語，知本無《國風》也。

**詩論二**

春秋戰國以來，諸侯卿大夫士賦詩道志者，凡詩雜取無擇，至考其入樂，則自邶至豳無一詩在數也。享之用《鹿鳴》，《鄉飲酒》之笙《繇庚》《鵲巢》，射之奏《騶虞》《采蘋》，諸如此類，未有或出《南》《雅》之外者。然後知《南》《雅》《頌》之爲樂詩，而諸國之爲徒詩也。《鼓鐘》之詩曰："以雅以南，以籥不僭。"季札觀樂有舞象箾南籥者，詳而推之，"南籥"二《南》之"籥"也；"箾雅"也，象無頌之《維清》也，其在當時親見古樂者，凡舉《雅》《頌》，率參以《南》。其後《文王世子》又有所謂"胥鼓南者"，則《南》之爲樂古矣。《詩》更秦火，簡編殘闕，學者不能自求之古，但從世傳訓故第第相受，於是創命古來所無者，以爲《國風》，參匹《雅》《頌》。而文王南樂，遂包統於《國風》部彙之內，雖有卓見，亦莫敢出象疑議也。杜預之釋《左氏》，亦知"南籥"當爲文樂矣，不勝習傳之久，無敢正指以爲二《南》也。劉炫之釋《鼓鐘》，雖疑《雅》《南》之《南》，當爲二《南》，亦不敢自信，惟能微出疑見，而曰："《南》如《周南》之意"而已。夫諸儒既不敢主二《南》以爲《南》，而《詩》及《左氏》，雖皆明載南樂，絶不知其節奏爲何音、何類。其贊頌何世何主。惟《鉤命決》之書，叙載四夷，凡樂適有名《南》者，鄭氏因遂采取以傳足其數。孔穎達輩率皆因襲其說。凡六經之文，有及於南者，皆指南夷南樂，以應塞古制，甚無理也。且夫周備古樂，如《韶》《夏》《濩》《武》，各取一代極盛者用之，何有文王象舞，而獨采夷樂以配，此其謬誤，不待辨而白也。假設其時，欲以廣取爲備，乃四夷之樂，獨取其一，何名爲備，反覆討究，凡諸儒之所謂南者，揆之人情則無理，質之古典則無據。至於箾之舞《象》，籥之奏《南》，凡季札之所親見者，明言其爲文王之詩，苟是《南》也而非二《南》之《南》，則六經夫子，凡其謂《南》者，果何所指邪？此予所以敢違諸儒之說，而斷以爲樂也。

**詩論三**

周之燕祭，自云《韶》等類，兼采異代以外，其當代之樂，惟《南》《雅》《頌》三者，隨事配用。諸《序》所爲作，具言其以，大抵皆入律可奏也。《清廟》之詩，凡三十一，其不指言祭禘者八，而皆作之於廟也。至於商十二詩，其存者五，皆配聲以禋，知非徒詩也。魯之《頌》，雖不皆於禋乎用之，而其始作也，固已得請爲《頌》矣。其節奏必皆依《頌》成聲，故得齒於商周而無嫌也。語曰："夫子自衛反魯，然後樂正，《雅》《頌》各得其所。"夫《雅》《頌》各得所於樂正之後，非樂而何？子謂伯魚曰："汝爲《周南》《召南》矣乎。"爲之爲言，有作之義。既曰作，則翕純皦繹，有器有聲，非但歌咏而已。夫在樂爲作樂，在南爲鼓南，質之《論語》，則如三年不爲樂之爲。吾以是合而言之，知二《南》二《雅》三《頌》之爲樂無疑也。

### 詩論四

《南》《雅》《頌》，以所配之樂名。邶至豳，以所從得之地名。史官本其實，聖人因其故，未嘗少少加損也。夫子自衛反魯，然後樂正，《雅》《頌》各得其所。其曰得所者，復其故列云爾。既曰復其故列，則非夫子創爲此名也。季札觀魯，在襄之二十九年。夫子反魯，在哀之十一年。却而數之，六經之作，上距季札，無慮六十餘年。詩之布於《南》於《雅》於《頌》於諸國，前乎夫子，其有定目也久矣。則不待夫子既出，而創以名之也。學者求聖人太深，曰六經以軌萬世，其各命之名，必也有美有惡，或抑或揚，不徒然也。重以先儒贅添《國風》一名，參錯其間，四詩之目，萬世不敢輕議。又從而例其義，曰一國之事，繫一人本謂之《風》；言天下之事，形四方之風，謂之《雅》；雅者正也，言王政之所繇廢興也；政有小大，故有《小雅》焉，有《大雅》焉；頌者美盛德之形容，以其成功告於神明也。四者立，而大小高下之辨起。從其辨而推之，有不勝其駁者矣。《頌》愈於《雅》，康宣其減魯僖乎？雅加於風，則二《南》其不若幽、厲矣。先儒亦自覺其非，又從而支離其說，曰《風》有變風，《雅》有變雅，不皆美。夫同名《風》《雅》，中分正變，是明以瑛璠命之。而曰其中實雜砆砅，不知何以名爲也。且其釋雅，曰雅者正也。則雅宜無不正矣。已而覺其《詩》有文、武焉，有幽、厲焉，則又自正而變爲政，自政而變爲大小廢興，其自相矛盾類如此。又有大小不然者，東周之王，位號以世，雖齊威、晉文其力足以無上，而頫首歸尊，稱之曰王，不敢少變。信如先儒所傳，實有《國風》，而風又非王者總統列國之稱，則夫子問《黍離》於衛、鄭，其遂以天王之尊，下伍列國矣。類百世儒者，至此不敢極辨。蓋皆心知其不然，而無說以爲歸宿，故寧置之不談而已。此皆始於信四詩，而分美惡，故雖甚善傅會者，愈鑿而愈不通也。且《詩》《書》同經夫子删定，《詩》有《南》《雅》《頌》，猶《書》之有典、謨、訓、誥、誓、命也。誥之與命，謨之與訓，體同名異，世未有以優劣言者。其意若曰："是特其名云爾。"若其善惡得失，自有本實，不待辭費故也。是故秦穆之《誓》，上同湯武，文侯之命，參配傅說，世無議者，正惟不眩於名耳。而至於《詩》之品目，獨譊譊焉，是非謂之不知類也乎？

**詩論五**

《國風》之名，漢人盛言之，而挈著篇首，則自毛氏始。戴《記》遷《史》凡援說《國風》，或引爲自己所見，或託以夫子所言，蓋皆泝並前傳，不足多辨。載嘗究求其元，則《左氏》、荀況氏既云爾矣。曰《風》有《采蘩》《采蘋》，曰《風》之所以爲風者，取是以文之也。是詩去孔子不遠，已有若言矣。左氏之非邱明，前輩多疑之，其最不掩者，有曰"虞不臘"矣。世未更秦，未有臘名，是不獨不與夫子同時，亦恐世數相去差遠矣。又況其託說於"君子曰"者，乃明出左氏臆見，故如指《采蘩》《采蘋》爲風，援引《頌》文，而冠商、魯其上，皆春秋以後語。非如季札所列，是其魯府古藏本真也。豈可檠狗世傳，疑其授諸夫子也哉？荀況之出，雖附近夫子，其源流乃出子弓。子弓者，古云仲弓也。雍之所得，既非參、賜之比，而況之言，又不純師也。中庸率性，子思親受之其家，而成性存存，克己復禮，皆《易》《論語》中夫子筆舌所出也。況乃檠曰："人性本惡，其善者僞也。"若以善爲非性，則禮也道義也，皆非天賦而自外來。設使己欲已克，本性已成，元無此禮，本無放失，循何而復，不蘊道義，則本自無有，亦何存之得存哉。此其學術，已明戾夫子，不可信據矣。猶有可諉曰："傳授或偏，見解不至。"至如唐虞象刑，典謨既嘗兩出，又皆虞史所書，亦帝舜本語。而況直曰："治古無象刑，而有肉刑也。"夫六經明有其文者，況猶忽忘以爲無有，則詑《詩》爲《風》，其可堅信以爲有所傳授乎？

**詩論六**

漢人贅目《國風》，以參《雅》《頌》，其源流正自況出也。何以知其然也？漢之《詩》師，莫有出申公之先，而其《詩》派，亦無能與《魯詩》爲匹者。申公之師則浮丘伯，而浮丘伯者，親況門人也。高后時，浮丘伯嘗游京師。文帝時，申生又以精《詩》爲博士。即劉歆所謂"《詩》始萌芽"者也。漢《詩》自毛公以外，得立學宮者，凡三家。齊轅固，事景帝，始爲博士。獨韓嬰在燕，申生在魯，最爲蚤出。然終西都之世，魯派之盛，如王臧、孔安國、王式、韋賢、賢子元成，當皆以《詩》顯名，爲世所宗。轅、韓之學，絕不能抗，則漢世詩派，大抵皆自況出也，譬之水然，源濁則流濁，所受則然，何怪乎況說之蔓衍於漢哉。《左氏》之生，在況先後則未易亟斷，然而創標《風》名，以比《雅》《頌》，則二子同於一誤也。抑當深求其故，則亦有自。蓋札之言《詩》，當曰："其《衛風》乎。"又曰："泱泱乎大國也哉。"是語也，謂康叔大公之餘風，形見於詩者，若此其盛云耳。左、荀之在當時，其必尊信札言，而不究其所以言。意札之謂《風》者，與《雅》《頌》配對，又會十三國者徒詩而無他名，徒國而無附語，遂並齊、衛二詩，槩取風名，加配諸國。於是乎《風》與《雅》《頌》，遂有名稱與之相敵，後儒因又加國其上，而目曰《國風》。毛氏正（正當作止）采《國風》之目，風實十三國卷首，而作《大序》者，又取司馬遷四始而擴大之，遂明列其品曰《風》《雅》《頌》。分爲四詩，是謂四始，《詩》之至也。四始立，而《國風》之體，上則掩没二《南》，使其體不得自存。又上則包並后稷、平王，使王業王位，下齒侯國，其失如此。究求所始，皆左、荀二子誤認季札本意而已。此其誤之所起，而可考者如此。然是說也，予雖有見，而去聖人絶遠，乃欲以百世末學，四數千載積久尊信之語，於儒家俱無疑議之後，多見其不知量也矣。然其敢於自信者，季札、夫子，格言遺訓，交相證定，非予而出臆説焉耳矣。

**詩論七**

《周官》之書，先夫子有之，其《籥章》所歙逸詩，有《豳雅》《豳頌》而無《豳風》，則又可以見成周之前，無《風》而有《詩》《雅》《頌》，正與季札所見名稱相應也。太師比次詩之六義，曰風也、賦也、比也、興也、雅也、頌也，列以爲六。蓋類而暢之，猶曰《詩》之各有其理者，如此而已耳。鄭司農如此，遂取季札《衛風》一語。而曰《國風》者，古固已有，如大師所掌也。是鄭氏亦覺六經，夫子無言《詩》之有《風》者，而特並六經，以證夫《風》之有本耳。故予得以斷謂《左》《荀》之失，起於誤認札語也。且鄭不知此之六目，特釋其義，而未嘗以命其名也。試言其類，吉甫之贈申伯也。自叙所著曰："其詩孔碩，其風肆好。"是正六義中，取風以爲之義者也。然而夫子釐《雅》《頌》，以正其所。而《崧高》部彙，自屬《大雅》。足以見《雅》之體，可以包《風》，《風》之義，不得抗《雅》，其證甚明也。若參六義言之，謂《雅》《頌》與《風》，俱居六義之一，而《風》當匹敵《雅》《頌》。則夫賦、比、興三體者，今無一詩以行於世。豈夫子而言不論當否，盡删剗無遺矣乎？此皆可以理推，而知其不然者。若不信《周官》、季札、夫子，而堅據荀況、左氏、漢儒以爲定則，正恐舍形狗影，失本太遠也。

**詩論八**

《周禮·籥章》歙《豳詩》《豳雅》《豳頌》，則豳疑於八樂矣。然予嘗取《周官》，凡當及樂者，反復推考，以類證類，然後知《籥章》之謂《豳詩》《豳頌》者，非今《七月》等詩也。蓋自《大司樂》以下，詩之入樂者，皆枚數其篇若名：如《九夏》之《王夏》《肆夏》，《大射》之《騶虞》《狸首》，是其證也。而末嘗有如《籥章》所歕槩舉詩、雅、頌三體，無分其爲何篇何名者也。夫既於篇章無所主指，固不可臆其爲詩矣。設如所云，即詩、雅、頌自是三類，使一類但有一詩，豈其不爲三詩乎。今考諸豳，爲詩凡七，獨《七月》一篇與迎氣祈祭相入。至《鴟鴞》已下六篇，皆明指周公居東時事。既與迎氣祈祭絕不相類，又無緣可混《雅》《頌》以爲名，鄭氏必欲附會，乃取《七月》而三分之，曰："此風也，此雅也，此頌也。"一詩而雜三體，吾不敢臆斷其然乎不也。然獨質諸《論語》，夫子以《雅》《頌》得所始爲樂正。則《雅》《頌》混爲一詩，其得爲正乎？其既不正，豈不爲夫子之所刊削也乎？且又有不通者，用以入樂，其全奏乎？抑斷章而歕乎？使其全奏，則一樂所舉，凡三奪其倫，《籥章》其失職矣。使斷章而取，自應別《七月》而三奏之，不應雜三體以爲一詩也。鄭氏既欲曲取《七月》以實《籥章》，而《籥章》所歕，《詩》也，《雅》也，《頌》也，是已鼎立爲三。細而推之，三者之中，《詩》之名既可以概括《雅》《頌》，而《七月》一詩，又域於諸儒所謂《國風》中。若從《籥章》之舊，而謂之詩，則是於四始獨遺《國風》。於是又拾《籥章》本文，而自出己語，獨改豳詩以爲《豳風》，而曰此詩即籥章氏所歕者也，此可以見其遷就無據之甚矣，歐陽文忠公疑別有豳詩，於今不存，所謂理至之言不得不服者，吾取以爲斷也。蓋古今事有偶相類者，夫子聞《韶》於齊，而齊亦有《角招》《徵招》，釋者讀招如韶，後世因其語而和之，曰《角招》《徵招》，是誠《韶》之遺音在齊者。今去古日遠，安知前人此說，不有傳授，亦未敢必謂其非也。《孟子》載此詩本語曰："畜君何尤。"又從而辨之曰："畜君者好君也。"然後今世得以知其爲景公君臣相説之樂，而非舜《韶》也。今鄭氏以《籥章》所歕之豳詩，《雅》《頌》適與豳同，而遂取是三體於《七月》一詩。則夫招同於韶，且又在齊，其亦可指以爲虞舜九成者矣。天下事正不可如此牽合也。

### 詩論九

《詩序》，世傳子夏爲之，皆漢以後語，本無古據。學者疑其受諸聖人，噤不敢議。積世既久，諸儒之知折衷夫子者，亦嘗覺其違異，而致其辯矣。予因參己意而極言之。夫子嘗曰："《關雎》樂而不淫，哀而不傷。"是說也，夫子非以言詩也。或者魯大師摯之徒，樂及《關雎》，而夫子嘉其音節中度，故曰雖樂矣，而不及於淫。雖哀矣，而不至於傷。皆從樂奏中言之，非以叙列其詩之文義。亦猶賓牟賈語武，而曰聲淫及商者，謂有司失傳，而聲音奪倫耳。非謂武王之武，實荒放無檢也。今《序》誤認夫子論樂之指，而謂《關雎》詩意，實具夫樂淫哀傷也。遂取其語而折之，曰憂在進賢，不淫其色，哀窈窕思賢才，而無傷善之心焉，是《關雎》之義也。其與夫子之語，既全不相似，又考之《關雎》，樂則有之，殊無一語可以附着於淫哀傷也。夫其本聖言而推之者，尚破碎如此，其他何可泥名失實而不敢加辨也歟？至他《序》失當，與詩語不應，則有昭然不可掩者矣。《蕩》之詩，以"蕩蕩上帝"發語；《召旻》之詩，以"旻天疾威"發語。蓋采詩者，摘其首章要語，以識篇第，本無深義。今《序》因其名篇以《蕩》，乃曰"天下蕩蕩"，無綱紀文章，則與"蕩蕩上帝"，了無附着。於《召旻》，又曰："旻，閔也，閔天下無如召公之臣也。不知'旻天疾威'，有閔無臣之意乎？"凡此皆必不可通者。而其他倒易時世，舛誤本文者，觸類有之。又如《絲衣》之《序》，引商子曰："以綴其下。"自是援引他師解詁，以釋詩意，決非古語。世儒於其不通者，則姑斂默而闕疑。大抵疑其傳授，或出聖門焉耳。然則不能明辨著《序》者之主名，則雖博引曲諭，深見古詩底蘊，學者亦無敢主信也矣。

**詩論十**

謂《序詩》爲子夏者，毛公、鄭元、蕭統輩也。謂子夏不序《詩》之道三，疑其爲漢儒附託者，韓愈氏也。《詩》之作，託興而不言其所從興，美刺雖有指著，而不斥其爲何人。子夏之生，去《詩》亡甚遠，安能臆度而補著之歟？韓氏所謂知不及者，至理也。范曄之傳衛宏曰："九江謝曼卿善《毛詩》，宏從受學，作《毛詩序》，善得《風》《雅》之旨。於今傳於世，而鄭元作《毛詩箋》也。"其敘著傳授，明審如此，則今傳之《序》，爲宏所作何疑哉？然以子夏而較衛宏，其上距古《詩》年歲遠近，又大不侔。既子夏不得追述，而宏何以能之。曰曄固明言所序者《毛傳》耳，則《詩》之《古序》非宏也。《古序》之與宏《序》，今混並無別，然有可考者。凡詩發序兩語，如"《關雎》，后妃之德也"。世人之謂《小序》者，《古序》也。兩語以外，續而申之，世謂《大序》者，宏語也。鄭元之釋《南陔》曰："子夏《序》詩，篇義各編，遭戰國至秦而《南陔》六詩亡。毛公作《傳》，各引其《序》冠之篇首，故詩雖亡，而義猶在也。"元謂《序》出子夏，失其傳矣。至謂"六詩""發序"兩語，古嘗各編，至毛公分冠者，元之在漢，蓋親見也。今"六序"兩語之下，明言有義亡辭，知其爲秦火以後，見《序》而不見詩者所爲也。毛公於《詩》，第爲之傳，不爲之《序》，則其申釋先《序》辭義，非宏而孰爲之也。以鄭元親見，而證先秦，故有之《序》，以六《序》綴語，而例三百五篇《序》語，則《古序》宏《序》，昭昭然白黑分矣。

**詩論十一**

宏之學出於謝曼卿，曼卿之學，出於毛公。故凡宏《序》文，大抵祖述

《毛傳》，以發意指。今其書俱在，可復視也。若使宏《序》先毛而有，則《序》文之下，毛公亦應時有訓釋，今惟鄭氏有之，而毛無一語，故知宏《序》必出毛後也。鄭氏之於《毛傳》，率別立《箋》語，以與之別，而釋《序》則否，知純爲鄭語，不竣表別也。又況周自文、武以後，魯自定、哀以前，無貴賤朝野，率皆有詩。"詩"之或指時事，或主時人，則不可槩定。其決可揆度者，必因事乃作，不虛發也。今其續《序》之指事喻意也，凡《左傳》《國語》所嘗登載，則深切著明，歷歷如見。苟二書之所不言，而古書又無明證，則第能和附詩辭，順暢其意，未有一《序》而能指言其人其事也。此又有以見《序》之所起，非親生作詩之世，目擊賦詩之事，自可以審定不疑也。然則睢謂續《序》之爲宏作，真實録矣。且夫《詩》之《古序》，亦非一世一人之所能爲也。采《詩》之官，本其得於何地，審其出於何人，究其主於何事，具有實狀，致之太師，上之國史。國史於是采案所以，綴辭其端，而藏諸有司，是以有發端兩語，而後世得以目爲《古序》也。《詩》之時世，上自周，下迄春秋，歷年且千百數，若使非國史隨事記實，則雖夫子之聖，亦不得鑿空追爲之説也。夫子之刪詩也，擇其合道者存之，其不合者去之，刪采既定，取國史所記二語者，合爲一篇，而別著之。如今《書序》之未經散裂者，《史記》《法言》續篇傳之，同在一帙者，其體制正相因也。經秦而《南陔》六詩逸，詩雖逸而《序》篇在。毛公訓傳既成，欲其便於討求，遂釐剟諸《序》，各寘篇首。而後衛宏得綴語以紀其實，曰此六篇者有其義而亡其辭也。此又其事情次比，可得而言者然也。

**詩論十二**

予論二《南》《國風》，既與《左》《荀》漢儒大戾，而世之信四子，蓋略與夫子等。若非即四子之説，而有以屈服之，則予猶不能自信，而能取信於人乎？《左》《荀》漢儒，其理若事，既詳辨之矣。而予意所向，欲求典刑，來白夫子，或如季札觀魯之類。辨之而極其明，措之而不可易，乃有以立今信而釋前疑也。世遠無古書可考，則不免試於《毛傳》乎求之。求之既久，忽於析類標卷之間，見其名稱，略與札同。而時有贅出者，因從贅出者而刪削之，其類例所列，乃遂上與札語配合無間，因得以確然自信。曰季札所見品式，其尚未磨，而毛公之誤，其尚可證也哉。蓋自《周南》以及《召南》、邶、鄘十三國《小雅》《大雅》《頌》，此古詩之名品次第，略見札語，而亦《毛傳》散在篇卷者然也。毛氏之標篇記卷也，於二《雅》三《頌》，每一更卷，特曰某詩之什，卷第若干。而其或《雅》或《頌》，則別出一簡，列寘左方，未嘗舉而加諸記卷之首也。獨至於《周南》《召南》十三國者，則皆枚數

國者，則皆枚數國名，升而繫諸各卷詩名之上。如曰《周南·關雎傳》第一，《邶·柏舟傳》第三，而後別出國風一目，布之左簡。二體既異，而其書類例，繇此不能自相參合，且多與札語抵牾矣。以毛氏之所自標者，而參較言之，則二《南》、十三國者之比《雅》《頌》，既皆長添國土於每卷之上矣。以札語而較《毛傳》，則二《南》、十三國之左，遂又贅添《國風》一名。以己例則自爲差戾，視札語則有所增溢，蓋嘗詳而求之，則知其所從差，而正其所以誤。削去"國風"二字，而下《周南》《召南》，與夫自邶至豳，凡十三國名者，補實今毛氏"國風"部位。則二《南》十三國二《雅》三《頌》，皆列實《毛詩》二字之下，而標卷悉用詩名，截然一貫，無有殊異。而三百十有一篇者，與季札所見名稱位置，色色相合矣。其樂名之附國土者，則《周南》《召南》《周頌》《魯頌》《商頌》，同爲一類。其徒詩之繫國土者，則十三國而無樂名，又自一類。其小大二《雅》，不繫國土，獨志音調，又自一類。彼此參會，悉無舛誤。此予所以得循《毛傳》，以正毛失，而喜古則未泯者此也。《毛傳》篇卷，散裂難考，今取其本目著之於前，而用予所意定者，隨著之後。苟信予說，而即此觀之，不待求之《毛傳》，固已昭昭可曉也。

**毛氏**

周南　關雎訓傳第一

毛詩　國風

**今定**

關雎詁訓傳第一

毛詩　周南

召南視此正定

**毛氏**

邶　柏舟訓詁傳第三

毛詩　國風

**今定**

柏舟　詁訓傳第三

毛詩　邶

自鄘以下至豳視此正定

**毛氏**

南有嘉魚之什　詁訓傳第十七

毛詩　小雅

雅、頌獨云某詩之什者，其同類詩多，一卷不能盡受，則析十詩，以爲一卷，是之謂什。非別有義類，與前二南諸國不同也。

**毛氏**

文王之什　詁訓傳第十六

毛詩　大雅

清廟之什　詁訓傳第二十六

毛詩　周頌

駉　詁訓傳第二十九

毛詩　魯頌

那　詁訓傳第三十

毛詩　商頌

已上自《南有嘉魚》篇卷，已後並毛氏本來標題，無所更定。蓋《雅》《頌》自爲一體，不受汩雜。故比之古，則亦無增損也。夫惟不經混雜，故得本其矩度，以格二《南》《國風》標卷之誤，而後與季札觀魯者，同歸一律。

**詩論十三**

《孔子世家》："古詩三千餘篇。及至孔子，去其重，取可施於禮義者，三百五篇。"然而今詩之著序者，顧三百一十一篇，何也？龔遂謂昌邑王曰："大王誦詩三百五篇。"王式曰："臣以三百五篇諫。"讖緯之書，如《樂緯》《詩緯》《尚書璇璣鈐》，其作於漢世者，皆以三百五篇爲夫子刪采定數。故長孫無忌輩，推本其說，知漢世毛學不行，諸家不見《詩序》，不知六詩亡失也。然則先漢諸儒，不獨不得古傳正說而宗之，雖《古序》亦未之見也。夫既無《古序》，以爲總測篇意，則往往雜采他事，比類以求歸宿。如戰國之人，相與賦詩，然斷章取義，無通槩成說。故班固總齊、魯、韓三家而折衷之，曰申公之訓，燕韓之傳，或取《春秋》雜說，咸非其本義也。然則《古序》也者，其《詩》之喉襟也歟。毛氏之傳，固未能悉勝三家，要之有《古序》以該括章指。故訓詁所及，會一詩以歸一貫，且不至於漫然無統。河間獻王多識古書，於三家之外，特好其學。至是即其國立博士以教，與《左氏傳》偕行，亦爲其源流本古故耳。然終以不得立於天子學官。故竟西都之世，不能大顯，積世既久，如《左氏春秋》《周禮》六官，儒之好古者，悉知本其所自，特加尊尚，而《毛傳》始得自振。東都大儒，如謝曼卿、衛宏、鄭衆、賈逵、鄭元，皆篤卿傳習，至爲推廣其教，而萬世亦皆師承。昔之三家，乃遂不能與抗。則《古序》之於毛公，其助不小矣。班固之傳毛也，曰毛公之學，自謂出於子夏，則亦以《古序》之來，不在秦後，故以子夏名之云耳。毛亦未必能得的傳，而真知其出於何人也。若夫鄭元直指《古序》以爲子夏，則實因仍毛語，無可疑也。子夏之在聖門，固當因言《詩》而得襃予矣。曰起予者商也，則漢世共信《古序》之所緜出者，必以此。然子貢亦嘗切磋琢磨，而有會於夫子之意，其曰："賜也始可與言詩已矣。"是亦夫子語也。而獨以《序》歸之子夏，其亦何所本哉？

**詩論十四**

古者陳《詩》以觀民風，審《樂》以知時政。《詩》若《樂》語言聲音耳，而可用以察休戚得失者，事情之本真在焉故也。如使采《詩》典《樂》之官，稍有增損，則雖季札、師曠，亦未以用其聰與智矣。是故《詩》之作也，其悲歡譏譽，諷勸贈答，既一一著其本語矣。至其所得之地，舉夫命地之名，凡詩人之言，既已出此，史家寧舍國號以從之，無肯少易，夫其不失真如此，所以足爲稽據也。及其裒輯既成，部居已定，聖人因焉定之以《南》者，既不雜《雅》，其名《雅》者，亦不參《頌》。其不爲《南》《雅》《頌》而爲徒詩者，亦各以國若地繫之，率仍其舊，聖人豈容一毫加損哉。知此說者，其於《詩》無遺例矣。故《南》一也，而有周、召，以風陝命之也。《頌》一也，而有周、商、魯，以時代別之也。《詩》陳於夏，而類著於豳，周人因后稷先公賦詩之地也。自《七月》以後，多爲周公而作，察其言，往往刺朝廷之不知，豳大夫其實爲之也。在盤庚時商已爲殷，且《頌》又有殷武，今其《頌》乃皆爲商，唐叔封唐在爕父時已爲晉矣。至春秋時，實始有詩，今其目乃皆爲唐，又其甚者。三監之地，自康叔得國時，已統於衛。今其詩之在頃襄、文、武者，乃復分而爲三，曰邶、鄘、衛。凡此數者，猝而視之，若有深意，徐而考實證類，正從民言之便熟者紀之耳，本無他意也。後世事有類此者，中國有事於北狄，惟漢人爲力，故中國已不爲漢，而北虜猶指中國爲漢。唐人用事於西，故羌人至今尚以中國爲唐。從其稱謂者言之，古今人情不甚相遠也。《王·黍離》諸篇，既徒詩而非樂，不可以參之《南》《雅》《頌》。故以詩合詩，雜實列國，如冀州之在《禹貢》，下同他州，不必更加別異，知於帝都之體無損也。不獨此也，《木瓜》美齊，而列於衛；《猗嗟》刺魯，而繫諸齊。石穆之《民勞》，衛武《賓之初筵》，不附其國，而在二《雅》。推此類具言之，若事爲之說，則不勝其說，而卒不能歸一也。今一言以蔽曰："本其所得之地，而參貫彼此，俱無疑礙，故知其爲通而可據也。"且夫子嘗自言"述而不作"，六經惟《春秋》疑於作，而夏五郭公，亦因故不改，乃至於《詩》，特因其舊而去取焉，其肯自己立程邪？故因其所傳之樂而命之名，本其所作之地而奠其列，是所謂信以傳信也，亦所謂"述而不作"也。

**詩論十五**

或曰："衛宏之言南也，曰化自北而南也。今二《南》之詩，有江、沱、漢、汝，而無齊、衛、鄘、晉，則其以風地南北爲言，不無據也。"曰十五國單出國名，而周、召獨綴"南"其下，以漢人義類，自相參較，則既不一律矣。而謂其時化獨南被未能北及者，意其當聞王與紂之世也。然而紂猶在上，文王僅得以身受命，而居西爲伯，召公安得伯爵而稱之？況又大統未集，周雖有陝，陝外未盡爲周。周雖欲限陝而分治之，召公亦於何地而施其督莅邪？又如《甘棠》所詩，正是追詠遺德，疑其尚在召公國燕之後。於是時也，周之德化，既已純被天下，無復此疆爾界矣。《騶虞》《麟趾》，蓋其推而放諸四海無不準者。豈復限隔何地，而曰某方某國，甫有某詩。則宏之即周、召分地而奠南北者，非篤論也。周公居中，王畿在焉，故所得多后妃之詩。召公在外，地皆侯服，則諸侯、大夫、士、庶人，皆有詩可采，亦各遂其分地而紀繫其實。宏乃曰："其及后妃也，而指爲王者之化。因其在侯服也，而命爲諸侯之風。"然則王化所被，一何狹而不暢邪？此皆不知《南》之爲樂，故支離無宿耳。

**詩論十六**

或曰："古語曰周道闕而《關雎》作。又曰康后晏朝，《關雎》作戒。使《南》而果樂也，安得純爲文王之樂也。"曰：從作詩者言之，固可命以爲作。從奏樂言之，其豈不得謂之作乎？《關雎》，文王固已有之。爲夫晏朝者之不能憲祖也，遂取故樂奏之，以申儆諷。其曰作，猶"始作翕如"之作。則雖人更百世，《南》更萬奏，猶不失爲文案也。宏之《序》《魚麗》也，固嘗枚數《常棣》，列著文、武內外之治，是爲文、武之詩矣。至其正《序》《常棣》，乃曰閔管、蔡之失道，故作《常棣》焉。夫文、武之時，安知管、蔡失道，而預作一詩以待之邪？《左氏》所說，蓋曰厲王恐鄭欲引狄以討除之。其於閱牆外禦之義，全與文、武不類。於是召穆公糾合周族，歌文王所從燕樂兄弟者，以感動王。其於《常棣》言作，蓋振作之作，而非著作之作。且又弔二叔而封同姓者，明言周公爲之。而宏之於二義，皆迷失其本。遂謂閔管、蔡而著此詩，此其爲誤，豈不重複可笑哉！苟疑夫《關雎》作於康后，而非文王之《南》，其以《常棣》之作於召穆公者，例而言之，斯釋然矣。

**詩論十七**

或曰："子以徒詩不爲樂，則《籥章》之於豳詩，嘗並《豳雅》《豳頌》而比竹以籥矣。則安得執爲徒詩也？"曰：此不可臆度也，古來音韻節奏，必皆自有律度，如從今而讀《雅》《頌》等之具爲詩章焉。孰適而當爲《雅》，孰適而當爲《頌》也。乃其在古，必有的然不可汨亂者，所謂"《雅》《頌》各得其所者"是也。然則列國之詩，其必自有徒詩，而不堪入樂者，不可強以意測也。或曰："《頌》則有美無刺，可以被之管弦矣；《雅》之辭且具譏怨，親出其時，而可明播無忌歟？"曰：此不可以一概言也，若其隱辭寓意，雖陳古刺今者，詩之樂之，皆無害也。至其斥言政乖民困，不可於朝燕頌言，則或時人私自調奏，而朝廷不知，亦不能絶也。朝廷不知，而國史得之，錄以示後，以見下情壅於上聞，而因爲世戒，是或自爲一理也歟！其可悉用常情而度古事哉？或曰："季札所觀之詩，其名若次，皆與今同，而獨無商、魯一（一當作二）頌。是魯雖有詩而不得其全，豈得盡據札語而證定他詩邪？"曰"此其所以古而可信也，"僖雖有頌，未必敢與《周頌》並藏。《商頌》雖賴周太師以存，魯未必遂亟得之。後經夫子鳩集刪次，乃爲今《詩》。則札之觀魯，其不見宜也。或曰："《詩序》今與經文並置學官，如是説行，獨奈何？"曰：不相悖也，周餘黎民靡有孑遺，"崧高維嶽，峻極於天"。周民其果無餘乎？崧嶽其果極天乎？而聖人存之不廢，蓋不以其辭妨實理也。詩而一語不附事實，聖人且所不刪，則《序》之發明於《詩》，爲不少矣，而又可廢乎？記禮之書，萬世通知漢儒所爲，今其有理者，亦偕古經別寘學官，則於《詩序》乎何議？

## 【乙種之十】

# 《詩本誼》

## （半厰叢書本）

龔　橙

**西堂案：** 詩三百篇，號稱難治。歐陽修《詩本義》曰："五經之書，世人號爲難通者，《易》與《春秋》，夫豈然乎？經皆聖人之言，固無難義，繫人之所得有深淺，今考於《詩》，其難亦不讓二經。"（《詩解統序》）皮錫瑞《詩經通論》因有"《詩》比他經尤難明，其難明者有八詩"之説，蓋有作詩之意，有賦詩之義，有正義，有旁義，有斷章取義，並出於古，難盡遵從也（詳見原書）。學者習書，既明其名義所在，尤當一考其本誼，然後足以知刪詩之説，有無徵驗，諸家之得失，《序》意之醝非，四始六義之分辨，詩篇時世之後先，以及章句訓詁，詞例音韵，諸説矣！龔孝拱《詩本誼》所論甚詳，可玩索而有得也。

## 序

有作詩之誼，有讀詩之誼，有太師采詩瞽矇諷誦之誼，有周公用爲樂章之誼，有孔子定詩建始之誼，有賦詩引詩節取章句之誼，有賦詩寄託之誼，有引詩以就己説之誼。作者之誼，古説存者，如《左傳》衛莊公取於齊東宫得臣之妹，曰莊姜，美而無子，衛人所爲賦《碩人》。許穆夫人賦《載馳》。齊侯使公子無虧戍曹。鄭人惡高克，使帥師次於河上，久而弗召，師潰而歸，高克奔陳，鄭人爲之賦《清人》。秦伯任好卒，以子車氏之三子奄息、仲行、鍼虎爲殉，國人哀之，爲之賦《黄鳥》。《國語》衛武公作《懿戒》以自儆之類。《論語》："詩三百，一言以蔽之曰，思無邪。《關雎》樂而不淫，哀而不傷。""子曰，好賢如《緇衣》妻子好合一章"。子曰："父母其順矣乎"。"緜蠻黄鳥，止於丘隅"，子曰："於止，知其所止，可以人而不如鳥乎。"切磋琢磨，子貢悟於貧富。倩盼素絢，子夏起於禮後。《孟子》曰：《凱風》，親之過小；

《小弁》，親之過大。此讀詩之誼也。古者太師陳詩，以觀民風美惡，歸之其上。瞽矇諷誦，以刺君過，則勸懲用之他人。大師之誼，如《論語》放鄭聲之類。瞽矇之誼，如康王晏起，畢公諷《關雎》，周道凌遲，《鹿鳴》刺焉之類。於是春秋列國大夫祖之。賦詩篇取其章，章取其句，與《左傳》《國語》以下所引，皆節取其誼，苟可比傅以相證明。所謂賦詩斷章，予取所求，不必問全詩本誼。其有並不取章句本誼者，則如《左傳》范宣子賦《摽梅》，而季武子曰：辟如草木，君之臭味，歡以承命，何時之有。子展賦《草蟲》，趙孟曰：民之主也，武不足以當之。子大叔賦《野有蔓草》，趙孟曰：吾子之惠。印段賦《蟋蟀》，趙孟曰：保家之主，吾有望矣。穆叔賦《鵲巢》，趙孟曰：武不堪。又賦《采蘩》，曰：小國為蘩，大國省穡而用之，其何實非命。子皮賦《野有死麕》之卒章，趙孟曰：尨也可使無吠。子齹賦《野有蔓草》，韓宣子曰：孺子善哉，吾有望矣。子大叔賦《褰裳》，宣子曰：起在此，敢勤子，至於他人。子旗賦《有女同車》，宣子曰：鄭其庶乎！皆可寄託己意，為屈原、宋玉辭賦之祖，而實六義中比、興之推，《鶴鳴》《大東》諸詩之遺也。《左傳》：天下有道，則公侯能為民干城，而制其腹心，亂則反之。嗟我懷人，寘彼周行，能官人也。王及公、侯、伯、子、男、甸采衛大夫，各居其列，所謂周行也。《祭義》：明發不寐，有懷二人，文王之詩也。《孔子閑居》："嵩高維嶽"一章，此文王之德也。明明天子，令聞不已，三代之德也。馳其文德，協此四國，大王之德也。《表記》：高山仰止，景行行止。子曰：詩之好仁如此！又皆引詩而以己意說之也。《左傳》：《文王》，兩君相見之樂也；《鹿鳴》，君所以嘉寡君；《四牡》，君所以勞使臣。《射義》：《騶虞》樂官備，《采蘋》樂循法，《采蘩》樂不失職，皆說樂章誼也。孔子書定六經，承大師采詩之法，瞽矇諷誦之誼，以樂之者率教萬世，而為千古制禮作樂之準；又以夫婦、君臣、兄弟、朋友、父子之篇，列為四詩之首；而又以周公之作，為《雅》《頌》之首；《保傅篇》稱春秋之元，《詩》之《關雎》，《禮》之《冠》《昏》，《易》之乾爻，皆慎始敬終云爾。此建四始誼也。讀詩者自當先求作詩之心，以通其詞，而後知古太師與周公、孔子之用，與賦詩引詩之用，豈可漫無分別。自漢初魯人申培從秦時齊人浮丘伯受《詩》，以《詩》為訓故以教，文帝以為博士，始為《詩傳》，號《魯詩》。弟子博士十餘人，受業者千餘人。齊人轅固以治《詩》，孝景時為博士，至清河太傅，作《齊詩傳》。諸以《齊詩》顯貴，皆固弟子。燕人韓嬰，推詩人之意，作《內外傳》數萬言，其言頗與齊、魯間殊，而歸一。孝文時為博士，至常山太傅。燕、趙間言《詩》者有韓生。於是後漢中葉以前，朝野所稱，皆不外三家之說。而魯人毛公，於其家作詁訓，自謂子夏所傳，河間獻王好之，未得立。東漢之末，古學漸興，衛宏、賈逵、馬融、鄭康成皆爲《毛序》。肅宗令逵撰《齊》《魯》《韓》與《毛序》異同。鄭箋《毛詩》，猶時用《韓》誼。其後鄭學寖昌，毛遂專行，而《齊詩》魏代已亡，《魯詩》亡於西晉，《韓詩》唐宋尚存。《新（唐）書·藝文志》《崇文總目》，猶載其書。至北宋而又亡，獨《毛詩》至今沿用。三家遺説，則輯自南宋王應麟《詩考》，及明何楷《詩經世本古誼》，本朝范家相《三家詩拾遺》，至近今日余璛《詩廣詁》而始盡。今以三家之《序》，與毛所傳授之《序》義比觀之，始知三家多說本誼，《毛》義多說采詩、諷詩、用詩之誼。古者勞人思婦，怨女曠夫，貞淫邪正，好惡是非，自達其情而已，不問他人也。惟周公、召公諸公父兄，召穆凡伯、芮伯、尹吉甫、家父、蘇公、孟子、譚大夫、衛武公，小、大雅之才，或論歌文武之德，或稱祖以戒嗣王，或告執政，或諫同僚，匪子作爾。贈申慰甫，以究王諷，極反側冀凡百之敬聽，因自戒而誨爾。文、武、成、康，皆有明稱，因人之作，並著章末。而《序》義遂於《國風》，概云美刺，於是二《南》皆美文王后妃，《麟止》爲《關雎》之應，《騶虞》爲《鵲巢》之應，《羔羊》爲《鵲巢》之功致，衛皆刺宣、刺時，鄭皆刺莊、刺忽、刺亂，齊皆刺荒，魏皆刺褊，唐皆刺僖、刺昭、刺獻，陳皆刺時，豳皆美公。明明男女爾女之詞，皆加之刺。《小雅》大半美宣刺幽。至於《毛傳》，則又不盡用《序》美刺之誼，何哉？《序》義於《關雎》則曰后妃之德，用之鄉人，用之邦國。《葛覃》曰后妃之本；《卷耳》曰后妃之志；《四牡》曰勞使臣；《皇皇者華》曰君遣使臣；《伐木》曰燕朋友故舊。皆用樂章之誼。《關雎》曰風之始也，又用孔子之誼，又何哉？乃知《關雎》義下，既自言之矣。曰情發於聲，聲成文，謂之音，治世之音安以樂，其政和；亂世之音怨以怒，其政乖；亡國之音哀以思，其民困，故正得失，動天地，感鬼神，莫近於詩。先王以是經夫婦，成孝敬，厚人倫，美教化，移風俗，故詩有六義焉，一曰風，二曰賦，三曰比，四曰興，五曰雅，六曰頌，上以風化下，下以風刺上，主文而譎諫，言之者無罪，聞之者足以戒。故曰風至於王道衰，禮義廢，政教失，國異政，家殊俗，而變風、變雅作矣。國史明乎得失之跡，傷人倫之變，哀刑政之苛，吟咏性情，以風其上，達於事變，而懷其舊俗者也。故變風發乎情，止乎禮義。發乎情，民之性也；止乎禮義，先王之澤也。是以一國之事，繫一人之本，謂之風。言天下之事，形四方之風，謂之雅。雅者，正也。言王政之所由廢興也。政有小大，故有小雅焉，有大雅焉。頌者，美盛德之形容，以其成功，告於神明者也。是謂四始，詩之至也。

蓋古者五載王巡狩，則與大史、大師同車，大師既陳列國之風，比其音律，觀其好惡，推其致此之由，以加之慶讓之典，美惡皆歸之上。雅之美刺，則王政之隆替也，所謂一國之事，繫一人之本也。於是大史掌其書，取其正風、正雅，以用之樂章；其餘亦備矇瞍諷誦，其用益推而廣之，所謂國史明乎得失之跡，哀刑政之苛，吟咏性情，以風其上也。列國賦詩之志，周公、孔子之誼，皆古大師、大史誼也。此《序》義之異於三家，而實不異者也。然如《草蟲》，大夫妻能以禮自防；《小星》，惠及下；《江汜》美媵；《何彼》美王姬；《碩人》閔莊姜；《君子偕老》刺衛夫人；《鶉奔》刺宣姜；《黍離》閔宗周；《干旄》美好善；《柏舟》仁而不遇；《燕燕》莊姜送歸妾；《式微》黎侯寓衛，其臣勸歸；《雄雉》《匏有苦葉》，皆刺宣公；《大車》刺周大夫；《女曰雞鳴》刺不說德；《有女同車》以下四詩刺忽；《敝笱》刺文姜；《載驅》刺襄公；《葛屨》刺褊，《汾沮洳》刺儉，《椒聊》刺昭；《杕杜》《羔裘》並刺時；《無衣》美武；《駟驖》《小戎》並美襄；《無衣》刺用兵；《晨風》刺康；《匪風》思周道；《蜉蝣》刺奢；《候人》刺近小人；《天保》下報上；《魚麗》美萬物盛多，能備禮；《鼓鐘》《頍弁》《角弓》《菀柳》《魚藻》《裳華》《桑扈》《瞻卬》《鴛鴦》《黍苗》《小宛》《小弁》《楚茨》《信南山》《甫田》《大田》《隰桑》《瓠葉》皆刺幽；《出車》勞遠帥；《杕杜》勞遠役；《鴻雁》美宣；《雨無正》《青蠅》皆大夫刺幽王；《都人士》刺衣服無常；《苕之華》大夫閔時；《何草不黃》下國刺幽；《棫樸》文王能官人；《旱麓》受祖思齊，文王所以聖；《皇矣》美周；《文王有聲》繼伐；《既醉》太平；《鳧鷖》守成；《假樂》嘉成王；《抑》衛武刺厲；《維天之命》太平告文王；《烈文》成王即政，諸侯助祭；《桓》講武類禡，《天作》禋先王之公；《昊天有成命》郊禋天地，臣工諸侯助祭遣於廟；《振鷺》二王之後來助祭；《雝》禘太祖；《載芟》春藉田而祈社稷；《良耜》秋報社稷；《殷武》禋高宗；皆失其實。樂章之用，自《關雎》《鹿鳴》《文王》之外，餘皆不詳。如《鵲巢》《采蘩》《采蘋》見於《儀禮》，而倒次《采蘋》於《草蟲》之下；《楚茨》《信南山》《甫田》《大田》明爲豳雅，《瓠葉》庶人鄉射，《箋》說蓋古，皆誤爲刺幽。《行葦》《泂酌》，《左傳》與《采蘩》《采蘋》並論，今誤分，次序亦不明；《大武》六成，三見《左傳》，皆離其次。至於篇次之誤，則如《甘棠》思召伯，則不當次《行露》前，邶、鄘、衛分三，世次尤亂。一莊姜詩，分列邶、衛；一宣公、宣姜、伋壽詩，分次邶、鄘；一衛女詩，分別邶、鄘、衛。衛《黍離》誤說而誤入《王》。秦《無衣》從王征伐，則是襄文，不當次康公之後。《鼓鐘》昭王詩，誤說而誤下次。《頍弁》《角弓》《菀柳》刺厲王詩，皆誤說而誤下次。《魚藻》《裳華》《桑扈》《采菽》，皆宣王詩，當次《吉日》，誤説而下次。《瞻卬》《鴛鴦》亦宣王詩，當次《車攻》，皆誤説而下次。《采薇》以下三詩，亦宣王詩，當次《六月》，而誤上次。《斯干》《無羊》《庭燎》《黍苗》皆宣王詩，亦當類次；《白華》《車舝》《青蠅》皆當上，與《節南山》諸詩相次。《黃鳥》《我行其野》《谷風》《蓼莪》皆西周民風，當下與《都人士》次。《泂酌》《公劉》當與《行葦》類次；《假樂》宣王詩，當下次。《抑》，衛武公作，則非刺厲，當次末。《我將》《思文》《有瞽》皆周公詩，當上與《烈文》次。《維清》爲《大武》之一，與下五成皆當比次《天作》。《昊天有成命》《時邁》成王詩，當下次《大武》六成之後；《執競》昭王詩，誤説次上；《豐年》當與《載芟》《良耜》相次。凡此於三家不知何如。然《采蘋》，《齊詩》不誤，見孔《疏》。其於三家説世次不誤者。可知其詩次不誤也。班固評三家之得失，曰魯申公爲《詩》訓故而齊轅固、燕韓生皆爲之傳，或取《春秋》采雜説，咸非其本義，不得已，魯最近之。又有毛公之説，河間獻王好之，自言子夏所傳。而《釋文》引三國吳人徐整所數自子夏授高行子，以至河間人大毛公，與一云子夏授曾申以至孫卿子，傳魯人大毛公，姓名無一同者。所以班氏不信《毛詩》傳自子夏，而曰"自言子夏所傳"也。今考三家所傳，有非本誼失實者，所止班氏不信毛詩傳自子夏，而曰自言子夏所傳也。今考三家所傳，有非本誼失實者，如韓序《關雎》刺時；《魯詩》爲康王后作，《韓序》女墳辭家，劉向説《柏舟》衛宣夫人作而引不同庖之貞女；韓説《燕燕》衛定姜歸其娣，劉向説定姜歸其婦；韓《外傳》説《北風》賢者急時辭；韓詩《雞鳴》讒人；《史記》仁義凌遲，《鹿鳴》刺焉。蔡邕《琴操》：王道衰，大臣知賢者幽隱，故彈弦風諫。劉向説《斯干》儉宮室、小寢廟，張衡賦改奢即儉，但十之一二（《説苑》《列女傳》《韓詩外傳》多斷章誼，不可誤謂三家本誼）。且所存於今者，三家必同，其古可知。班氏之言猶偏也。而《毛序》之無師傳，但爲大師之誼，一言通脱，且於史有世家者，皆美刺某公，至魏、檜無世家，則序亦不明言其公，又不著樂章之誼，真可以比於三家乎哉！朱子謂《詩序》無考，《後漢書·儒林傳》以爲衛宏作《毛詩序》；然鄭氏又以爲諸序本自合爲一編，毛公始分，以寘諸篇之首。則是毛公之前，其傳已久。宏特增廣而潤色之。故近儒多以《序》之首句爲毛公所分，其下推説爲後人所益。但今考其首句，已有不得詩人之本意，而肆爲妄説者。況沿襲之誤者？其初猶必自謂出於臆度；故自爲一編附後。又以尚有齊、魯、韓氏之説，並傳於世，讀者自知。及毛公引以入經，冠篇端，遂爲決辭。三家又絶，毛説孤行，抵牾之跡，無復可見。於是讀者轉相尊信，無敢擬議；有所不通，必委曲遷就，穿鑿附合，而今不以《小序》爲出於漢儒（以上朱子《詩序辨》）。蓋毛、衛、鄭皆不知《序》義大半爲大師之誼，故煩牽合作詩之誼，然又有非大師誼，亦非《序》義，而爲衛、鄭曲説。如《關雎·序傳》，皆言后妃之德。而宏曾益傅會《論語》"《關雎》樂不淫哀不傷"之説。康成又謂后妃欲得賢女，能和衆妾之怨者，助己共祭禩。如斯之類，豈《毛傳·序》義之失乎？又有非《序》義，毛自誤説，如《葛覃》《卷耳》，皆眞爲文王后妃。又誤用《左傳》"周行"之説，豈《序》義之云乎？故《傳》之得者，在不泥於《序》義而説詩誼。其失者在誤以大師之誼爲作詩之誼。與沿《序》義失實之誤。《續序》則純用大師之誼，以強傅詩詞，與鄭《箋》又往往自生謬説。鄭、孔又曲申《續序》之強傅與謬説也。今日三家既亡，本誼益晦，故用諸家所輯三家遺説，正其世次，爲《詩本誼》。涵泳詩詞，以補其闕而附樂章之用。其所徵引，並注於下，謬者辟之，備説章句，兼治訓故，尚未暇也。道光二十年序於京師。

## 【周南】

《關雎》思得淑女配君子也。天地之道，造耑夫婦正始之道，王化之基，莫先乎此。故周公用之樂章，孔子定爲風始。（《毛序》：后妃之德也，風之始也，所以風天下而正夫婦也。故用之鄉人焉，用之邦國焉。此用詩建始之誼，然則《關雎》麟止之化以下。衛宏所續《序》也，樂得淑女以配君子與，哀窈窕，思賢才，而無傷善之心尤不詞。王應麟《詩考》：衛《序》曰刺時也，宏誤以樂而不淫，哀而不傷，讀詩之誼爲上者之誼。《後漢書·章帝紀注》："《薛君章句》曰古者人君退朝入於私宮，后妃御見，去留有度，應門擊柝，鼓人上堂，退反晏處，體安志明。今時大人內傾於色，賢人見其萌，故咏《關雎》之説淑女正容儀以刺時，美在此則刺在彼也。"《漢書·杜欽傳》李奇注："《魯詩》曰，后夫人雞鳴佩玉去君所，周康王后不然，故詩人嘆而傷之。"《列女傳》略同。《藝文類聚·張超賦》："康王晏起，畢公喟嘆，深思古道，感彼《關雎》，德不雙侶。"此詩誼舊説之，遂誤謂三家以《關雎》之三、《鵲巢》之三、《鹿鳴》之三皆刺康王，則誤以誦詩爲作詩誼。鄭箋誤説后妃不妒忌，欲得賢女和衆妾之怨者助己共祭禩，則不知所説何詩。《朱傳》誤以《毛序》后妃之德爲文王太姒，因謂宮人美太姒初至。毛以二《南》爲文王之化，孔子又以《關雎》建首，故遂推言后妃之德，固不曰太姒之德，不曰美后妃之德也。《保傅篇》：《春秋》之元，《詩》之《關雎》，《禮》之《冠》《昏》，《易》之乾坤，皆慎始敬終云爾。《史記》：《關雎》之亂以爲《風》始，《鹿鳴》爲《小雅》始，《文王》爲《大雅》始，《清廟》爲《頌》始。《外戚世家》：《易》基乾坤，《詩》始《關雎》，《書》美釐降，《春秋》譏不親迎。夫婦之際，人道之大倫也。《漢書·匡衡傳》："妃匹之際，生民之始，萬福之原。"婚姻之禮正，然後品物遂而天命全。孔子論《詩》以《關雎》爲始，言太上者民之父母，后夫人之行不侔乎天地，則無以奉神靈之統而理萬物之宜。故《詩》曰："窈窕淑女，君子好仇。"言能致其貞淑，不貳其操，情欲之感無介乎容儀，宴私之意不形乎動靜，夫然後可以配至尊而爲宗廟主。此綱紀之首，王教之端也。自上世已來，三代興廢，未有不由此者也。張超賦孔氏：大之列冠篇首，《韓詩外傳》子夏問夫子《關雎》何以爲風始？子曰：《關雎》至矣乎！仰則天，俛則地，幽冥冥得之所藏，紛紛沸沸道之所行，大哉！《關雎》之道，萬物之所繫，群神之所託，命也。子其勉之！思服之，生民之屬，王道之原，不外是矣。此皆即毛風始之説，孔子建首之誼也）

《葛覃》：婦事也。又取婦教與《關雎》同歌，補《關雎》之不及。（《毛序》：后妃之本也。傳與宏《續》似真爲后妃親葛歸寧，誤以大師之誼，爲作詩本誼遂啓，後儒紛紛擬議）

《卷耳》：婦人思行役之夫，忘其婦事，不思獨酌也。夾以婦事婦志與《關雎》同歌，補《關雎》之不及。（《毛序》：后妃之志也。婦志者所謂貞淑不二也。《續序》又當輔左君子求賢審官，知臣下之勤勞。《鄉飲酒》《鄉射》燕皆合樂，《關雎》《葛覃》《卷耳》，《召南·鵲巢》《采蘩》《采蘋》與傳皆誤用《左傳》之説）

《樛木》：婦人樂得配君子也。（《文選》："《寡婦賦·注》：二草之託樛木，喻婦人之託夫家。"《毛序》："'后妃逮下'《續序》'逮下'，而無疾妒，皆非詩誼。"）

《螽斯》：婦人宜子也。（《毛序》：后妃子孫聚多若螽斯。《續序》歸本不妒忌，詩無其誼。《韓詩外傳》言賢母能使子賢，亦無其誼）

《桃夭》：男女及時也。（《毛序》：后妃之所致，謂文王后妃之化行也。《續序》不妒忌淺之乎，言后妃已）

《兔罝》：婦人美夫也。（此詩即《左傳》子南夫也之意。《文選·薦譙元彥表》注：兔罝，網也。殷紂之賢人退處山林，網禽獸而食之。劉向《列女傳》：安貧賤而不怠於道者，惟至德者能之。《詩》云云。《鹽鐵論》：《兔罝》之所刺小人非干城腹心。美在此則刺在彼也。《毛序》：后妃之化，若非婦人美夫則不倫已）

《芣苢》：宋女嫁於蔡，傷夫有惡疾也。（《列女傳》蔡人之妻者，宋人之女也。既嫁於蔡，其夫有惡疾，其母將改嫁之，女曰：夫不幸，妻之不幸也，適人之道，壹與醮終身不改，不聽其母，乃止。《芣苢》之詩。夫《芣苢》雖甚臭惡，猶始於將采之，終於懷擷之，浸以益親，況於夫婦之道乎。《文選·辨命論》注：《韓詩序》曰：《芣苢》傷夫有惡疾也。《薛君章句》曰：芣苢，澤洩也。《文選·劉峻論》：冉耕歌其《芣苢》。《論語集注》：伯牛有疾，先儒以爲癩也，李時遂誤爲芣苢治癩，誤以興爲賦。《毛序》：后妃之美，《序》云：和平婦人樂有子。宏誤爲王會宜子之芣苢也）

《漢廣》：說人也，發乎情止乎禮義。（《文選·七啓》注：《韓序》說人也。《毛序》：德廣所及，文王之化被乎南國，無思犯禮豐而不得同）

《汝墳》：婦人思行役也。（《列女傳》：《周南》大夫受命平治，大夫過時不來，大夫之妻恐其懈於王事，蓋與其鄰人陳素所與大夫言國家多難，唯勉之無有繾綣。遺父母憂生於亂世，迫於暴虐，然而仕者爲父母在故也。《後漢書·周盤傳·注》：《韓序》：辭家也。魯、韓說相表《毛序》道化行也。《續》云：閔婦人閔其君子，猶勉之以正，近是。蓋衛宏亦時取魯、韓）

《麟之趾》：美公族也。（《文選·王融序·注》：美公族之盛也。《毛序》：《關雎》之應，猶言后妃之化）

## 【召南】

《鵲巢》：夫人之德也。（《毛序續》云：國君稱行類功以致爵位，夫人起家而居有之德，如《鳲鳩》乃可以配不誤）

《采蘩》：夫人蠶事也。（《毛序》：夫人不失職也）

《采蘋》：大夫女學祭事也。（《儀禮》：合樂皆言《采蘩》《采蘋》。《左傳》亦言風有《采蘩》《采蘋》。《孔疏》云：《齊詩》先《采蘋》後《草蟲》，毛次《草蟲》下，今移）

《草蟲》：婦人思行役也。（《毛序》：大夫妻能以禮自防何所見。《箋》更以爲未嫁之女則尤無恥）

《行露》：召南申女許嫁於豐，夫家迎不備禮，女不肯往，以至於訟，女終守禮之作。（《列女傳》：召南申人之女既許嫁於酆，夫家禮不備而欲迎之，女不肯往夫家。訟之於理，致之於獄，女終以一物不具，一禮不備，守節持義必死不往而作。《毛序》：召伯聽訟也，強暴之男不能侵陵貞女）

《羔羊》：美大夫，稱進退有度也。（《後漢書·王渙傳·注》："《韓詩章句》：詩人賢仕爲大夫者，言其德能稱潔白之性，柔屈之行進退有度數也。《釋文》：《韓詩》：逶迤公正爾。焦贛《易林》：羔羊皮革，君子朝服。《毛序》：《鵲巢》之功，猶言《召南》之化。《續序》：節儉正直，德如羔羊。詩非美儉，又誤以賦爲比。《箋》又謂"減退膳食，率從公道"，尤不詞。

《殷其雷》：婦人思行役也。（《毛序》：勸以義也。《續序》：召南之大夫遠行從政，其室家能閔其勤勞勸以義。

《摽有梅》：急婿也。（《釋文》：《韓詩》：迨願也。《毛序》南女及時）

《小星》：奉使言勞也。（《白帖》引"肅肅宵征"二句入奉使類《韓詩外傳》，任重道遠者不擇地而息，家貧親老者不擇官而仕，故君子橋褐趨時，當務爲急，引夙夜在公二句。《易林》旁多小星三五在東，早夜晨行，勞苦無功。《文選·魏文帝雜詩·注》：呂向曰："嘒彼小星"喻小人在朝也，則非妾媵之詩明。《毛序》惠及下也。《續》云：夫人無妒忌之行，惠及賤妾進御於君，知其命有貴賤，能盡其心蓋非事實）

《江有汜》娣侄閔嫡也。南國美士求人之長女不與，而與市人其娣侄歸之而作。（《易林》：江水沱汜，畏坿君子，伯仲處市，不我冒顧，侄娣悵悔。又曰：南國子才略美好，求我長女，賤薄不與，反見醜惡，後乃大悔。明用此詩事少，合觀益明。《毛序》：美媵也。勤而無怨，嫡能悔過，蓋未得實）

《甘棠》：思召伯也。（《史記·燕世家》召公之治西方，甚得兆民和。召公巡行鄉邑，有棠樹，決獄政事其下……召公卒，而民人思召公之政已。《甘棠》之詩，《說苑》《詩傳》曰：自陝以東者周公主之，自陝以西者召公主之。召公述職，當蠶桑之時，不欲變民事故，不入邑舍，於甘棠之下而聽斷焉。後世思而歌之。《韓詩外傳》略同。考《論衡》，召公，周公兄。康王時尚爲大保，稱年百八，傳十則不當次行露前。《毛序》：美召伯。今移以下，非作於文王世而采於西畿，故不可入《王風》而坿《召南》）

《野有死麕》：哀世之風也。平王之世，南女失時，禮簡詞荏也。（《舊唐書·禮儀志》：平王東遷，諸侯侮法，男女失冠昏之節，野麕之刺興焉。昫說，昫，唐末人，蓋用韓說。《毛序》惡無禮也。《續》云：被文王之化，雖當亂世，猶惡無禮，欲以傳於詩詞，不知《毛序》大師誼也。"）

《何彼穠矣》：美王姬之女也，齊侯之女子，平王之外孫女，嫁於諸侯。以其母始嫁之車送之。（《儀禮·疏》引鄭《膏肓》：齊侯嫁之，以其母始嫁之車遠送之。蓋三家說。《毛序》：美王姬。誤。鄭說平王，齊侯爲平正之王，齊一之侯以強就二南，皆《儀禮·樂章》。二《南》不皆《儀禮·樂章》，又不皆作於文王之世也。若王姬嫁齊，則平王之孫，齊侯之子與齊侯之子、衛侯之妻皆一人。之例異已華如桃李亦不可以與男子也）

《騶虞》：婦人思行役也。（《御覽·五百七十八》：大周正樂曰，《騶虞操》

者，邵國女之所作也。古者聖王在上，君子在位，役不踰時，不在嘉會，內無怨女，外無曠夫。及周道衰微，禮義廢弛，强凌弱，衆暴寡，萬民騷動，百姓愁苦；男怨於外，女傷其內，內外無主：內迫性情，外逼禮義。欲傷所讒，而不逢時，於是援琴而歌。知此爲平王以後詩。《後漢書·班固傳·注》：《魯詩傳》曰：古有梁騶者，天子之田也，《周官·疏》《韓詩傳》曰：騶虞，天子掌鳥獸官，言君一發其矢，虞人驅五犯而來。《毛序》：《鵲巢》之應也。《續序》：仁如騶虞，誤爲獸名。王會騶虞食虎豹，此欲以配《麟趾》而誤也）

## 【邶、鄘、衛】

邶、鄘、衛者，文公以前詩，居大半以別於楚丘之衛也。且以故殷次二《南》起王意也。《地理志》：邶，以封紂子武庚；鄘，管叔尹之；衛，蔡叔尹之；監殷謂之三監。周公既誅三監，盡以其地封鄘叔，遷邶、鄘之民於洛邑。故邶、鄘、衛三國之詩相與同風。《藝文志》齊、魯、韓詩皆二十八卷，獨《毛詩故訓傳》三十卷，是三家邶、鄘、衛不分卷。《左傳》季札觀樂爲之歌邶、鄘、衛，曰是其衛風乎？北宮文子稱衛詩曰：威儀棣棣，不可選也，今《邶風》之首也。是知大師之舊本不分三，毛既分三，而同一莊姜詩《綠衣》《日月》《終風》在邶，《碩人》在衛；同一宣公宣姜伋壽之詩，《新臺》《二子乘舟》在邶，《鶉奔》在鄘；同一衛女詩，《泉水》在邶，《載馳》在鄘，《竹竿》《河廣》在衛；《泉水》《新臺》倒次，《載馳》《定之方中》倒次，即以序論亦不相類。不可不正也。

《柏舟》共姜自誓也。衛世子共伯早死，其妻守義，父母欲奪而嫁之，自誓而亡。（用《毛序》《史記》衛釐侯卒，世子共伯餘立爲君。共伯弟和襲攻共伯墓上，共伯入，釐侯羨自殺。原鄘第一）

《淇奧》：美武公也。（用《毛序》原衛第一）

《碩人》：姆教莊姜也。（《列女傳》：莊姜姣好，始往操行衰惰，淫洗冶容，傅母諭之云：子之家世尊榮，當爲法則；子之質聰達於事，當爲人表儀。貌壯麗不可不自修正，衣錦褧裳飾在輿馬，是不貴德也。乃作《碩人》之詩，砥礪女以高節以爲人君之子弟，國君之夫人，尤不可有邪辟之行。女遂感而自修。君子善傅母之防未然也。《毛序》閔莊姜也。《續序》賢而不答，終以無子。誤用《左傳》。《左傳》衛人所爲賦《碩人》，不蒙上文，但言衛人有此詩爲莊姜作耳。不必作於不答無子後。原衛三）

《綠衣》：莊姜傷己也。（用《毛序續》云：妾上僭，夫人失位。《左傳》衛莊公取於齊，曰莊姜，美而無子。又取於陳，曰厲嬀，生孝伯，早死。其娣

戴嬀生桓公。莊姜以爲己子。原邶第二）

《日月》：莊姜怨公不見答也。（《毛序》莊姜傷己也。遭州吁之難，傷己不見答，於先君以至困窮。原邶四）

《終風》：莊姜傷己也。遭州吁之暴，見侮慢而不能正也。（原《毛序》。原邶五）

《君子偕老》：傷莊姜子州吁也。（《衆經音義》：《韓詩》佗佗，德之美貌。《毛序》刺衛夫人以次而誤。《續》云夫人淫亂，失事君子之道。故陳人君之德服飾之盛，宜與君子偕老。凡《毛序》與詩相反，《衛序》輒爲回護，曰陳古。原鄘三）子之不淑，子州吁也。

《擊鼓》：怨州吁用兵也。（用《毛序》。原邶六）

《新臺》：刺宣公也。（用《毛序》。原邶十八）

《相鼠》：夷姜諫宣公內嬖妻以死諫也。（《白虎通義》：此妻諫夫之詩，《毛傳》：無禮儀者雖居尊位猶爲闇昧之行。與三家說同。《序》刺無禮也，《續》云文公能正其群臣，而刺在位無禮儀，豈是君刺臣詞，誤於次《定之方中》後也。原鄘八）

《鶉之奔奔》：左公子洩、右公子職刺宣公也。（《左傳》：衛宣公烝於夷姜，生急子，屬諸右公子。爲之娶於齊，而美。公取之，生壽及朔，屬壽於左公子。夷姜縊。宣姜與公子朔構急子。公使諸齊，使盜待諸莘，將殺之。壽子告之……又殺之。二公子故怨惠公。《毛序》：以鶉鵲刺姜與我以爲兄不合。原鄘五）

《黍離》：壽憂兄伋將見害也。（劉向《新序》：衛宣公之子壽閔其兄之且見害，以憂思之詩《黍離》之詩是也。《御覽·八百四十二》：《韓詩·黍離》伯封也。薛君曰：詩人求己兄不得憂不識物，視黍以爲稷。伯封蓋壽字，與尹吉甫子伯奇弟同字。故曹植以此詩爲尹氏作。《毛序》閔宗周也。周大夫行役至於宗周，過故宗廟宮室盡爲禾黍，閔周室之顛覆，彷徨不忍去。原誤入王風首）

《二子乘舟》：危伋、壽也。宣公、夷姜生太子伋，宣姜與朔謀殺太子，使之汎舟而殺之。壽知之與之同舟而免。國人爲二子危也。（《新序》：壽之母與朔欲殺太子伋而立壽也，使伋汎舟於河中流，將沈殺之。壽知不能止也，因與之同舟，舟人不得殺伋。方乘舟時，伋傅母恐其死也，閔而作詩，《二子乘舟》之詩是也。《毛序》：思伋、壽，誤作死後。原邶末十九）

《干旄》：閔伋、壽見殺也。（《史記》：姜予太子白旄，而告界盜見持白旄者殺之。《列女傳》：宣姜陰使力士待界上，俟有四馬白旄至者要殺之。壽載其旄先行，遇害。伋遂載其尸還，至境而自殺也。與《左傳》小異。《左傳》言使盜待諸莘，詩言在浚之郊。《毛序》：美好善也。《續序》謂文公臣子多好善，亦誤。於次《定之方中》後也。原鄘九)

《柏舟》：宣姜悔過也。(李黄《集解》：《詩》曰：《柏舟》衛宣姜自誓所作。《列女傳》：衛宣夫人者，齊侯之女，嫁於衛，於衛至城門而衛君死。傅母曰：可以反矣。女不聽，入持三年之喪。畢，弟立，請曰：衛小國也，不容二庖，願請同庖。夫人曰：唯夫婦同庖。終不聽。衛君使人愬於齊，齊兄弟使人告女，女上詩曰："我心匪石"云云，又"威儀棣棣"云云，言左右賢臣皆順君之意。此事誤屬宣姜，分列《貞順》《孽嬖》二傳。衛無二宣姜。《御覽》引此作寡夫人，似别有此貞婦在春秋前然汎彼柏舟，汎其流明，用共姜之詩"日居月諸"又用莊姜之詩，非宣姜而何。蓋疑宣姜而何宣姜不能作是詩，而誤舉他事實之耳。《毛序》言仁而不遇也。《續》云：頃公之時，仁人不遇小人在側。以其列邶首也) 亦有兄弟不可目據，薄言往愬，逢彼之怒，蓋《新臺》之要齊亦因而予之，"我心匪石，不可轉也，我心匪席，不可卷也"。言自悔淫佚，非甘怙終，如石之可轉，席之可卷；威儀棣棣不可算也，亦自責也。群小蓋通齊、衛，送迎之臣覯閔既多傷伋、壽之死受侮，不少本爲伋婦，見要宣公又通公子頑也，有慕共姜、莊姜之真淑，故用其詞。

《竹竿》：衛女思歸也。適異國而不見答。(用《毛序》然則亦宋桓夫人作。原衛五)

《河廣》：宋襄公母歸於衛，思宋作。(用《毛序》。原衛七)

《泉水》：許穆夫人言志也。思歸唁兄，又思至齊，因齊子以謀救衛也。(《毛序》：衛女思歸。《續序》：嫁于諸侯，父母終，思歸寧而不得。非許穆夫人之思。原邶十四) 諸姬謂齊桓諸夫人，《左傳》：齊桓公内嬖如夫人者，六人長，衛姬少，衛姬諸姑謂長，衛姬伯姊少，衛姬即齊子也。出宿、飲餞皆設思也。沛禰自許，至曹干言，自曹至齊。

《載馳》：許穆夫人爲衛亡不辟歸唁，遂至於齊謀救衛也。(《列女傳》：許穆夫人者，衛懿公【與《左傳》異】之女，初許求之齊，亦求之許。懿公將與許，女因其傅母而言曰：古者諸侯之有女子也，所以苞苴玩弄繫援於大國也。許小而遠，齊大而近，今舍近而求遠，離大而附小之，一旦有車馳之難，孰可與慮社稷？衛侯不聽。其後翟攻衛，大破之，而許不能救。當敗之時，許夫人馳驅而弔唁衛侯，因疾之作詩。《疏》引服虔《左傳注》言：我遂往，無我尤也。《韓外傳》：高子問於孟子，夫嫁取非己所自親，衛女何以得編於詩也？孟子曰：有衛女之志則可，無衛女之志則怠。夫道二，常謂之經變，謂之權。夫衛女行中孝，慮中聖詩云"既不我嘉"四句皆謂己歸唁衛。《毛序》：許穆夫人作也。《續》云：自傷不能救，又義不得歸唁，明與詩反。原鄘十）夫人禮不得歸唁，故曰"既不我嘉"，又曰"視我【從《韓詩外傳》】不臧，無我有尤"。《左傳》：狄入衛。初，惠公之即位也少，齊人使昭伯烝於宣姜，生齊子戴公、文公、宋桓夫人、許穆夫人。文公爲衛之多患也，先適齊。及敗，宋桓公逆諸河，宵濟。立戴公以廬於曹。許穆夫人賦《載馳》，齊侯使公子無歸戍曹，明夫人力也。夫人至齊，因齊子也。

《定之方中》：美文公也。（用《毛序》。原鄘六）

《燕燕》：定姜送歸娣也。《李黃解詩》：衛定姜歸其娣，送之而作。《列女傳》：衛姑定姜者，衛公之夫人，公子之母也。公子既娶而死，其婦無子，畢三年之喪，定姜歸其婦，自送之，至於野。恩愛哀思，乃賦《燕燕》之詩。與韓異。鄭注：《坊記》載嬀大歸於陳，莊姜送之作此詩。定姜無子，立庶子衎，是爲獻公畜孝也。言獻公當思先君定公以孝於寡人。用韓說。惟《史記》：完母死，莊公令夫人齊女子之是爲桓公，是戴嬀卒於桓公未立已前，此蓋送厲嬀也。若送子婦，不言先君之思己。《毛序》：莊姜送妾，誤次《綠衣》《日月》之間，故誤。原邶三）"先君之思以畜寡人"，言在此而意在彼也。《左傳》：獻公出奔齊，及竟，使祝宗告亡且告無罪。定姜曰：余以巾櫛事先君，而暴妾使余二罪也。

《式微》：黎莊夫人守志也。（《列女傳》：黎莊夫人，衛女也。既往而不同欲，……甚不得意。其傅母閔夫人賢，公反不納，憐其失意，又恐其已見遣，而不以時去，謂夫人曰："夫婦之道，有義則合，無義則去。"乃作詩曰："式微式微胡不歸"。夫人曰：婦人之道壹而已矣，乃作詩曰："微君之故，胡爲乎"中路終執貞一，以俟君命。《毛序》：黎，侯，寓衛其臣勸歸黎滅於狄。勸於何歸，微君之詞，亦非出臣之口。原邶十一）

《旄丘》：責衛伯也。狄人迫逐黎侯，黎侯寓衛，衛不能修。方伯連率之職，黎臣以責衛也。（用《毛序》《易林·陰陽否隔》許嫁不答。《旄丘》《新臺》，悔往太息，當別有說。原邶十二）

以上併【邶、鄘、衛】三卷重次有世次詩。

《凱風》：子自責也。（《曾子·立孝》曰：有子七人，母氏勞苦，子之辭也。盧注：七子自責，任過之詞。《孟子》曰：《凱風》親之過小者也，親之過小而怨，是不可磯也。《後漢書》：姜肱性篤孝，事繼母恪勤，感《凱風》之義，兄弟同被而寢不入房室以慰母心。蓋事後母詩。《毛序》：美孝子也。《續序》：衛之淫風流行，雖有七子之母，猶不能安其室。故美七子能盡其孝道，慰其母心，而成其志。如宏言，七子已成，母貞自責，以善母説詩者何必復坐以淫風行，傷孝子之心乎。由誤讀《孟子》説詩之誼爲作詩之誼。原邶第七）

《雄雉》：鑒朋友耿介忮求見害也。（《文選·射雉賦·注》：《薛君章句》曰：雉，耿介之鳥也。《論語》皇侃《義疏》：馬融曰，疾貪惡忮害之詩。《毛序》：刺衛宣公。《續序》：蓋刺宣公之時，不能容臣之耿介者，淫亂不恤國事，軍旅數起，大夫久役，男女怨曠，《箋》尤傅會不詞，全非詩誼。原邶第八）

《匏有苦葉》：君子急時之心，又不敢苟合也。（《論語》：荷蕢過孔子曰：深則厲，淺則揭，諷夫子用世也。《後漢書·張衡傳》：深厲淺揭，隨時爲義。又曰：捷至徑邪，我不忍以投步；干進苟容，我不忍以歙肩。雖有犀舟勁楫，猶人涉卬否有須者也。説此甚明。《毛序》：刺宣公。蓋謂宣公不能求賢。《續序》：公與夫人並爲淫亂，非詩誼。原邶第九）首章自審出而用世乎二章，雖遇時難而不能不望遇合三章，且思失時也。內度諸身，外度諸世，又謀諸朋友，末章即豈不欲往，畏我友朋之意。

《谷風》：棄婦之詞。（《毛序》：刺夫婦失道也。凡自作詩而云刺者，毛推大師陳詩之誼也。原邶第十）

《簡兮》：賢人怨辱於冷官也。（《毛序》：刺不用賢也。衛之賢者仕於冷官，皆可以承事王者。原邶第十三）

《北門》：士失志也。（《毛序》：刺士不得志也。原邶十五）

《北風》：友朋男女之詩。（《毛序》：刺虐也。《續序》：衛國並爲威虐，百姓不親，莫不相攜手而去。原邶十六）

《靜女》：悦人也。（《毛序》：刺時也。謂淫亂之風。《續序》：衛君無道，夫人無德，非詩誼。《易林》：季姬躊躇，待孟城隅，終日至暮，不見齊侯。未知其説。《韓詩外傳》曰：賢者精氣闐溢而後傷時，不可過也。乃陳情欲以歌道義。詩曰：愛而不見，搔首躊躇。急時辭也。此斷章誼。原邶十七）

《牆有茨》：會事也。（《毛序》：刺上。蓋刺大夫不能聽男女之訟者。《續序》：疾頑通君母，不類。原鄘第二）

《桑中》：淫奔之詩。（《毛序》：刺奔也。原鄘第四）

《蝃蝀》：刺奔也。（《後漢書·楊賜傳·注》：《韓詩序》：刺奔女也。詩言"蝃蝀在東"者，邪色乘陽人君淫泆之徵，臣子爲君父隱晦故言莫之敢指。《韓序》既曰刺奔女，注又誤屬人君。《列女傳》引不知命也，言嬖色殞命也。《韓外傳》亦曰：不肖者精化始臭而生氣感動，觸情縱欲，反亂施化，是以年歲亟夭而性不長。詩乃如之人兮，云則以命爲壽命。《毛序》：止奔也。同

《續》云。文公能以道化其民，蓋以次《定之方中》也。原鄘七）

《考槃》：士失志也。（《毛序》：刺莊公也。《續序》：使賢窮處。則當次《雄雉》《匏有苦葉》之前。原衛第二）

《氓》：傷奔女見棄也。（《毛序》：刺時也。《續》云：宣公之時淫風大行，不知何以，知是宣時。又云：美反正刺，淫泆不知。《序》言大師之誼，強傅作者之誼。原衛第四）

《芄蘭》：刺在位非人也。（《毛序》：刺惠公。蓋謂惠公所用非人。原衛第六）

《伯兮》：婦人思夫從軍也。（《毛序》：刺時。《續》言：君子行役，過時不反。原衛第八）

《有狐》：閔窮也。（《毛序》：刺時也。《續》云：衛男女失時喪其妃耦。原衛第九）

《木瓜》：思報齊桓公也。（用《毛序》。原衛末第十）

以上不知作者世次，姑依原次而並之。

## 【王】

首《黍離》依魯、韓家説移《衛》

《君子於役》：思行役也。（《毛序》：刺平王也。《續》：君子行役無期度，大夫思其危難以風。風詩無大夫作）

《君子陽陽》：冷官作也。（《毛序》：閔周也。《續》：君子遭亂相招，爲禄仕全身遠害而已）

《揚之水》：怨役也。（《毛序》：刺平王。《續》：不撫其民而遠屯戍，於母家周人怨思焉）

《中谷有蓷》：傷棄婦也。（《毛序》：閔周也。《續》：夫婦衰薄，凶年相棄）

《兔爰》：傷亂世。小人漏網，君子羅罟也。（《毛序》：閔周也。蓋閔周之失刑。《續》：桓王失信諸侯，背叛構怨，連禍王師，喪敗君子，不樂其生。非詩誼。前後皆平王，此何以爲桓王詩）

《葛藟》：親族之怨。（《毛序》：王族刺平王也。《續》：周室道衰，棄其九族）

《采葛》：思人也。（《毛序》：懼讒也。而《續》無説）

《大車》：息夫人作。（《列女傳》：楚虜息君，將妻其夫人。夫人見息君曰：人生要一死而已，何至自苦妾，無須臾而忘君也，終不以身更二醮。生離於地上，豈如死歸於地下哉。乃作詩曰："穀則異室，死則同穴，有如不信，矢如皎日。"遂自殺。與《左傳》生堵敖及成王而不言大異。然則"大車檻檻"謂囚息君也。子男之服，自毳冕而下，"毳衣如菼"，言無色如璊，似赭衣也。"豈不爾思"，爾息，君也。畏子指楚王也，前二章蓋以貽楚王也。何楷説：息，姬姓，故録其詩於王。《毛序》：刺周大夫也。《續》：禮義陵遲，男女淫奔，故陳古以刺今大夫不能聽男女之訟焉。未得事實）

《丘中有麻》：周人美鄭桓公也。古者鄭國處於留，桓公通乎檜，夫人以取其國而遷鄭焉（《公羊傳》）。桓公爲周司徒，甚得周衆與東土之人也。（見《國語》。何楷：《世本古義》引《公羊傳》説略同。《毛序》：思賢也。《續》：莊王不明，賢人放遂，國人思之。未得事實。《王風》終於平王，亦不得有莊王詩。傳子國子嗟父蓋即桓武父子）

## 【鄭】

《緇衣》：武公爲周司徒，甚得周衆也。（《毛序》：美武公也。《續》：父子並爲周司徒，善於其職，國人宜之，故美其德）

《將仲子》：感祭仲謀殺段也。（韋昭《國語注》：仲，祭仲也。言雖欲從心，思仲猶能畏人自止。《毛序》：刺莊公，謂一國之事繫一人之本。《續》云：不勝其母，以害其弟，非其誼）

《叔於田》：國人説共叔也。（《毛序》：刺莊公也。《續》云：叔處於京，繕甲治兵以出於田，國人説而歸之）

《大叔於田》：從亂也。（《毛序》：刺莊公。《續》：叔多才而好勇，不義而得衆）

《清人》：國人美高克也。（《左傳》：鄭人惡高克，使師次於河上，久而弗召，師潰而歸，高克奔陳，鄭人爲之賦《清人》。此言詩有爲高克賦，與衛人所爲賦《碩人》同上，鄭人謂文公下，鄭人謂國人，非謂詩人惡高克也。《毛序》：刺文公，所謂一國之事繫一人之本。《續》：高克好利而不顧其君，文公欲遠不能。以道欲以申序以誼而非詩誼，不知序用大師之誼故也）

《羔裘》：美洩氏。孔氏子人氏也。（何楷説：舍命司直疑美叔詹之事。三英蓋三良也。《毛序》：刺朝也。蓋謂刺文公不能從孔叔。以下齊而用申侯以從楚。蓋刺申侯世子華等。《續》云：言古之君子以風其朝，未得事實）

《遵大路》：淫女見棄之詩。（《毛序》：思君子也。《續》：莊公失道，君子去之國，人思望莊公詩。不當次文公後）

《女曰鷄鳴》：淫女思有家也。（《毛序》：刺不説德也。《續云》：陳古義以

刺今，不説德而好色，誤傳詩誼。《易林》：鷄鳴同興，思配無家。執佩持鳧，莫使致之爲淫女之思明甚）

《有女同車》：説人也。（《毛序》：刺忽也。則不當次文公後，此欲歸之上而誤其世次。《續》：云刺忽，不昏於齊，卒無助；見逐又誤傳忽誼）

《山有扶蘇》：淫女之詞。（《毛序》：刺忽也。《續》：所美非美然）

《萚兮》：感時相親也。（《毛序》：刺忽也。《續》：君弱臣強，倡而和）

《狡童》：淫女見棄也。（《毛序》：刺忽也。《續》：不能與賢人共事，權臣擅命）

《褰裳》：淫女之詞。（《毛序》：思見正也。《續》：狂童恣行，國人思大國之正已，無其誼）

《丰》：婦人思改適也。（《毛序》：刺亂也）

《東門之墠》：思奔也。（《毛序》：刺亂也。《續》：男女有不待禮而相奔者也）

《風雨》：思人也。（《毛序》：思君子也）

《子衿》：淫女思士也。（《毛序》：刺學校廢也，亦推大師之誼）

《揚之水》：閔無臣也。蓋文公殺世子華，盡逐羣公子，文公卒後子蘭得納。自晉子瑕亦挾楚求入，所謂"終鮮兄弟，惟予二人"也。蓋作於瑕敗之前。（用《毛序》。《續》：閔忽無忠臣良士，終以死亡。則何以又不類次）

《出其東門》：説人也。（班固説：鄭國山居，谷汲土狹而險，男女亟聚會，故其俗淫。詩《出其東門》《溱洧》，斯其風也。《毛序》：閔亂也。《續》：公子互争，兵革不息，男女相棄，人思保其室家）

《野有蔓草》：男女思遇也。（《毛序》：思遇詩也。《續》：民窮兵革，男女失時，思不期而會）

《溱洧》：淫風也。（《後漢書·注》：《韓詩》曰：溱與洧，説人也。鄭國之俗，三月上巳於溱洧兩水之上，執蘭招魂。《續》：魄，祓除不祥也。《毛序》：刺亂也。兵革不息，男女相棄，淫風大行，莫之能救）

## 【齊】

《鷄鳴》：夫人戒君早朝也。（《御覽·九百四十四》：《韓詩·鷄鳴》：讒人也。《薛君章句》：鷄遠鳴蠅聲相似，詩《韓詩章句》誤，作説人也。《文選注》：《鷄鳴》，齊詩，冀夫人及君早起而視朝，皆斷章誼。夫人戒君詩詞甚明，若以蠅聲爲比，斯與末章不貫。《毛序》：思賢妃也，思猶美也。《續》：哀公荒淫怠慢，故陳賢妃夙夜警戒之道。誤讀思字，不知《毛序》諷詩誼也）

《還》：從禽也。（《毛序》：刺荒也。《續》：哀公好田獵，國人化之，謂之

賢好)

《著》：大夫不親迎也。(用《毛序》：刺時也。《續》：時不親迎)

《東方之日》：說色也。(《文選·高唐賦·注》：《薛君章句》言：所悅者顏色美盛若東方之日。《毛序》：刺衰也。《續》：君臣失道，男女淫奔)

《東方未明》：刺無節也。(用《毛序》：刺朝廷興居無節，號令不時，挈壺氏不能掌其節)

《南山》：刺襄公通魯文姜也。(《毛序》同《續》云：大夫遇是惡作詩而去之，無其誼)

《甫田》：危襄公不忌魯莊而勤遠略也。(《毛序》：大夫刺襄公也。《續》：無禮義而求大功，不修德而求諸侯)"總角丱兮""突而弁兮"謂魯莊公也。莊公生於桓公六年，薨於桓十八年，莊公才十三歲。莊公四年及齊人狩於禚，突而弁兮，已齊人初為君危。豈知魯卒忘讎思遠，謂遷紀伐衛)

《盧令》：齊人美襄公也。(《毛序》：刺荒也。《續》：襄公好田獵，畢弋陳古以風，嫌美襄公也。與詩不合)

《敝笱》：刺魯哀姜歸魯之侈。知魯莊公不能制也。(《毛序》：刺文姜則初歸之刺，不當次《南山》既歸之後。《釋文》："《韓詩》：其魚遺遺"，言不能制也。《易林》：《敝笱》有梁鮪逸，不禁)

《載馳》：刺魯哀姜也。魯莊公待年以取襄公季女，越竟內幣，越竟親迎，與夫人約然後入魯；《敝笱》《載馳》之詩，人早知其後來有通兩叔與弒君之事，為齊魯羞也。(《易林》：襄嫁季女至於蕩道，齊子旦夕流連久處。則《毛序》刺襄公文姜非也。襄之季女，必魯哀姜。哀姜歸魯，魯莊公二十四年、齊桓公十六年，無關襄公事，而曰襄嫁，從其始許詞也。襄公許季女於魯莊，待年歸魯。故魯莊久而弗取。《春秋》："夏，如齊送女；秋，公至自齊；八月丁丑，夫人姜氏入。"《公羊傳》：其言入何？難也；其言曰何，難也。其難奈何？夫人不僂，不可使入，與公有所約，然後入。何休曰：約公遠媵妾也。焦氏所謂旦夕流連也。《釋文》《韓詩》：發旦也，《箋》謂豈弟為閒圉，皆三家古說也，毛刺襄公。《續》云：與文姜淫，則發夕亦不當在既歸之後)

《猗嗟》：刺魯莊公昏讎不報也。(《毛序》：刺魯莊公也。《續》云：有威儀伎藝然而不能以禮防閑其母入，以為為齊侯之子與詩展我甥兮不合，誚為齊侯之子不若呼以甥而責之。之誼大也)

## 【魏】

《葛屨》：美其稱服，惜其見殺也未知何人。(《毛序》：刺褊也。《續》：魏

地狹隘，其民機巧趨利，其君儉嗇褊急，無德以將，與詩不合）

《汾沮洳》：刺世族非賢，賢人不在位也。（《韓外傳》：君子盛德而卑虛，已而受人，雖在下位，民願戴之。詩云："彼其之子，美如英"云云。又曰：君子蕩蕩乎。其義不可亂嗛乎，其廉不可劌溫乎，其仁厚之寬大超乎其有以殊乎世也。故曰："美如玉"云云。《毛序》刺儉，《續》刺不得禮。與詩不合）

《園有桃》：士憂國也。（《毛序》：刺時也。《續》云：大夫憂其君，國小而迫而儉，以嗇不能用其民，而無得教日以侵削。《鄭箋》遂謂不取常稅，唯食園桃然。《毛傳》言園有桃，其實之殽；國有民，宜得其力。則固以為興也。又可知非《續序》誼）

《陟岵》：役思也。（《毛序》同）

《十畝之間》：在位思荒也。（《毛序》：刺時也。《續》云：言其國削小民，無所依不合）

《伐檀》：傷君子不遇，自食其力也。（《文選·上林賦·注》：張楫曰：《伐檀》，刺賢者不遇明王也。《御覽·五百七十八》：《大周正樂》曰：《伐檀操》者，魏國女之所作也。賢者隱蔽素飡，在位閔傷，怨曠失其嘉會，能治人者食於人，不能治者食於田；今賢者隱退伐木，小人在位食祿，懸珍奇，積百穀，並包有土，德澤不加百姓，王道之不施。《毛序》：刺貪也。《續》：在位貪鄙，無功受祿，君子不得進仕同）

《碩鼠》：刺重斂之臣。（《毛序》：刺重斂也。《續》云：國人刺其君重斂，蠶食於民，不修其政，貪而畏人若大鼠。《北史》辛雄曰：庸劣之人，莫不貪鄙；委斗筲以共治之重，託碩鼠以百里之命。可證。《續序》：斥君之非）

# 【唐】

《蟋蟀》：以偷易嗇也。（《毛序》：刺晉僖公也。《續》云：儉不中禮，欲其及時以禮自虞樂，此晉也，而謂之唐。本其風俗，憂深思遠，儉而用禮，有堯遺風。《地理志》：其民有先王遺教，君子深思，小人儉嗇，故唐詩《蟋蟀》《山樞》《葛生》之篇皆思奢儉之中，念死生之遽，皆因唐叔。以下五世無年可紀，強以堯之遺風說詩，其實詩人偷生道欲耳。儉不中禮，可謂憂深思遠乎；抑及時行樂可謂失遺教乎）

《山有樞》：以死道欲也。（《晉世家》曰：當共和之時，成侯曾孫僖侯甚嗇愛物儉，不中禮，國人閔之唐之變風，乃上。《毛序》：刺晉昭公也。《續》云：不能修道以正其國，有財不能用，有鐘鼓不能以自樂，有朝廷不能灑埽政荒，民散將以危亡，四鄰謀取其國而不知。詩非其誼）

《揚之水》：從桓叔者不自安也。（《毛序》：刺晉昭公。《續》云：公弱沃強，國人將叛而歸沃。詩非其誼）

《椒聊》：美忠臣不黨曲沃也。（《説苑》：士欲立義行道，毋論難易而後能行之；立身著名，無顧利害而後能成之。《詩》曰："彼其之子，碩大且篤。"非良篤修激之君子，其誰能行之哉？《韓外傳》：子路曰：士不能勤苦，不能輕死亡，而曰：我行仁義，吾不信也。昔比干且死而諫愈忠，夷齊餓於首陽而志愈章，《詩》云："彼其之子，碩大且篤。"非篤修身行之君子，其孰能與於斯？何楷據以謂指當時晉之忠臣不入沃黨者，然則翼九宗五正，頃父之子，嘉父欒賓之子，共叔其人正不乏。故曰椒實蕃衍。自昭侯、孝侯、鄂侯、哀侯、小子侯、緡侯，六世五滅而五立，故曰遠條也。《毛序》：刺昭公也。《續》云：君子見沃盛強能修其政，知其蕃衍盛大，子孫有晉國。不如《魯》《韓》古誼）

《綢繆》：不期之遇也。（《毛序》：刺亂）

《杕杜》：感亂而懷兄弟也。（《毛序》：刺時也。《續》：君不能親其宗族骨肉，雖散獨居而無兄弟，將爲沃所並，與昭鄂賴九宗之助正反。非也）

《羔裘》：美稱服也。（《毛序》：刺時也。《續》：刺在位不恤民非詩誼）

《鴇羽》：征役之怨也。（《毛序》：刺時也。《續》：昭公之後大亂五世，君子下從征役，不得養其父母而作。何以知是昭公世）

《無衣》：武公始並晉國，賂周而得服命爲列侯也。（《毛序》：美武公也。《續》：武公始並晉國，其大夫爲之請命乎天子之使而作是詩也。無可美，而已有不臣之意）

《有杕之杜》：武公既並宗國思得異姓之賢而用之也。（《毛序》：刺晉武公也。《續》：武公寡特，兼其宗族而求賢以自輔，與詩正反）

《葛生》：悼亡也。（《毛序》：刺晉獻公也。《續》：公好攻戰，國人多喪，則寡婦悼夫也。《世説》：袁羊嘗詣劉恢，恢在内眠未起。袁因作詩調之曰："角枕粲文茵，錦衾爛長筵。"劉甚衘之。可知《易林》：葛生蒙棘，華不得實，讒佞爲政，使恩雍塞。其説不可知已）

《采苓》：諷申生也。（《毛序》：刺獻公也。《續》：獻公好聽讒焉。此詩人勸之爲夷齊，猶士蒍勸之爲吳太伯也）

【秦】

《車鄰》：美秦仲也。（用《毛序》。《續》：秦仲始大，有車馬禮樂侍御之好）

《駟驖》：美秦仲也。（《毛序》：美襄公也。《詩譜正義》：《左傳》服虔注，秦仲始有車馬禮樂之好，侍御之臣。《戎車》四牡田狩之事，其孫襄公列爲秦伯，故有"蒹葭蒼蒼"之歌，"終南"之詩，追錄先人。《車鄰》《駟驖》《小戎》之歌與諸夏同風，則亦美秦仲詩）

《小戎》：婦人思從軍也。周宣王命秦仲誅西戎，西戎殺秦仲。宣王立其子莊公，與兵七千使伐西戎，破之。（《史記》）當作於此時。（《毛序》：美襄公也。《續》：婦人能閔其君子焉。服注：追錄先人，《車鄰》《駟驖》《小戎》之詩正之，則當是莊公世）溫其在邑。《秦本紀》：莊公子世父曰："戎殺我大父仲，我非殺戎王則不敢入邑。"則此作于莊公克復故都之後。

《蒹葭》：刺襄公既受岐西之地，尚沿戎俗未能求賢用周禮也。（用《毛序》：刺襄公也。未能用周禮將無以固其國）

《無衣》：文王從王伐戎之詩。（《毛序》：刺用兵，與詩不合。《地理志》：安定、北地、上郡、西河皆迫近戎狄，修習戰備，高尚氣力，以射獵爲先。故秦詩曰"王於興師"云云，及《車鄰》《駟驖》《小戎》之篇，皆言車馬、田狩之事，是三家説有美而無刺也。後來楚申包胥來乞師，哀公爲之賦《無衣》，而出五百乘以救楚。若是刺康公用兵，豈反賦之救楚。康王當周頃王匡王之世，又未有從王征伐之事，則知此詩必爲文公以前西戎弑幽王、襄公救周戰有功，或襄公十二年伐戎，與文公十六年敗戎收周地，數大用兵之時。誤次於康公之間。《續序》遂誤謂刺用兵也。原次《晨風》下，今移上）

《終南》：美文公也。破戎遂有岐西（《史記》）。南有終南也。（《毛序》：戒襄公也。《秦本紀》：襄公七年，平王封爲諸侯，賜之岐以西之地，曰：秦能逐戎，即有之。襄公十二年伐戎至岐，卒。子文公十六年以兵伐戎，戎敗走，遂收周餘民，有之地至岐。岐以東獻之周。是襄公尚未得至終南之下也）

《黃鳥》：哀三良殉穆公也。（見《左傳》《秦本紀》。《毛序》：刺穆公同）

《晨風》：思君子也。（《藝文類聚·三十一·桓範與管寧書》曰："思請見於蓬廬之側，承訓誨於道德之門，厥途無由，託思《晨風》。"明爲欲見賢者之作。《毛序》：刺康公。《續》：忘穆公之業，棄其賢臣。與誼相反）

《渭陽》：太子罃送晉文公思母之作也。康公之母，晉文公之女也。（《後漢書·馬援傳·注》：《韓詩》曰：秦康公送舅晉文公於渭之陽，念母之不見也，我見舅氏，如舅存焉。《列女傳》：太子罃思母穆姬之恩，而送其舅氏作詩。《毛序》：康公念母。《續》云：穆公納文公。康公時爲太子，及其即位，思而作。是詩誤於前二篇，《晨風》《無衣》爲康公詩也）

《權輿》：游士之詩。（《毛序》：刺康公。《續》：忘先君之舊臣，與賢者有始而無終也。然責人口腹，夏屋不去，何賢之有？穆公雖得由余、百里奚、蹇叔、丕豹、公孫枝之輩，而晚年悔過還多有之。我尚不欲一個之臣終託昧昧，何先君舊臣之有厭悔，哺啜康公正善承先志者。專用美刺一誼説詩，不顧本誼，其蔽有如斯已）

## 【陳】

《宛丘》：刺巫俗也。（《漢書·匡衡傳》：陳夫人好巫，而民淫祠。《地理志》：周武王封舜后嬀滿於陳，是爲胡公，妻以元女大姬。婦人尊貴，好祭祼，用史巫，故其俗巫鬼。擊鼓於宛丘之上，婆娑於枌樹之下，有太姬歌舞遺風。《毛序》：刺幽公。《續》：荒淫無度，未得其實）

《東門之枌》：男女因觀巫而結好也。（《毛序》：疾亂也）

《衡門》：賢者隱處也。（《毛序》：誘僖公也。謂僖公當求賢。《續》：願而無立志，故作是詩以誘掖其君也。誤傳僖誼。《傳》云：泉水洋洋，廣大可以樂道忘饑。《韓外傳》引子夏讀詩畢嘆曰：上有堯舜之道，三王之義，雖居蓬戶之中，彈琴以咏先王之風。有人亦樂之，無人亦樂之，亦可以發憤忘食已。詩云："衡門之下"云云，則《韓》《毛》説同，無刺僖願無立志誼。）

《東門之池》：説人也。（《毛序》：刺時。《續》：疾其君子淫昏，而思賢女以配君子也。不合）

《東門之楊》：説人不至也。（《毛序》：刺時。《續》：昏姻失時，男女多違，親迎女猶有不至者也。不合）

《墓門》：刺陳佗淫也。（《毛序》：刺陳佗也。《續》云：陳佗無良師傅，以至於不義，惡加於萬民。《箋》：遂欲佗誅退惡師，以免禍難，忘其篡國之罪，尤非毛誼。《列女傳》：晉大夫解居甫使於宋，道過陳，遇采桑之女，止而戲之曰："女爲我歌，我將舍女。"采桑之女乃爲之歌《墓門》有棘云云，其二歌《墓門》有楳云云。王逸《天問》注作"引詩刺之"云云，則刺佗淫也。佗後卒，以外淫於蔡被殺）知而不已，誰昔然矣。譏桓公也。

《防有鵲巢》：説人也。（《爾雅》：惕惕，愛也。郭注：《韓詩》以爲悦人故言愛也。《毛序》：憂讒賊也。謂所悦有間之者，誰佾予美之心也。《續序》：宣公信讒，君子懼。非誼）

《月出》：危靈公説夏姬見惡於徵舒也。徵舒，舒也。詩人早知有廄射之事也。（本何楷説。《毛序》：刺好色。《毛續》：在位不好惠而悦美色。詩無其誼）

《朱林》：刺靈公也。（《毛序》同）

《澤陂》：思君子也。（《毛序》：刺時。《續》言靈公君臣淫，於其國男女相悦，憂思感傷。孫嘉淦《詩義析》中以爲傷洩治也）

## 【檜】

《羔裘》：大夫以道去其君也。（用《毛序》。《續》云：國小而迫君，好衣服。非誼）

《素冠》：刺不能三年也。（用《毛序》）

《萇楚》：男女之思也。（《毛序》：疾恣也。《續》：國人疾其君淫恣而思無情欲者，不合）樂子之無知，樂子之無家。子萇楚也。

《匪風》：國人傷周之將亡而思鄭桓公也。（《漢書·王吉傳》：匪風發兮，匪車揭兮，顧瞻周道，中心怛兮。說者曰：是非古之風也。發發者，是非古之車也；揭揭，蓋傷之也。《韓詩外傳》：成周之時，陰陽調，寒暑平，群生遂，萬物寧。故曰其風遲，其樂達，其驅馬舒其行遲，遲其意好好。《詩》云："匪風發兮"云云，《毛序》：周道也。誤並爲一）誰將西歸，懷之好音。鄭桓公爲周司徒，甚得周衆，與東土之人乃用史伯之計，東徙於洛，卒通乎檜。仲夫人叔妘殺其亳〔豪〕傑良臣，以取其國，而遷鄭於鄭父之丘。國人說其小惠要結，時桓公蓋反西都。詩人慮及於難，思其自西都反鄭父之丘也。其後卒不歸，而及於王室之難檜終。匪風著亡於鄭也。

## 【曹】

《蜉蝣》：衰世相從也。（《毛序》：刺奢也。《續》：昭公國小而迫好奢，而任小人。皆無其誼。《表記》斷章，亦非本誼）

《候人》：傷曠女也。所升非色而婉孌者饑。（《史記·晉世家》：晉師入曹，數其不用，僖負羈，而美女乘軒者三百人。《毛傳》以誤乘軒者爲大夫，《序》因誤說刺近小人，誤以《左傳》數之以其不用，僖負羈而乘宣者三百人爲一事也，許慎《說文》：孌兮，黑色也。《詩》曰：孌兮蔚兮，蓋三家舊說）首章言赤芾之女，其夫爲卒；二章言不稱其服。《表記》斷章。二章爲女傷也，四章嘆詞。

《鳲鳩》：風不一也。（用《毛序》。《續》云：在位無君子，用心不一。非誼。《箋》：可爲四國之長，謂任爲侯伯是也，此蓋風晉文公執曹君，分曹衛之田。畀宋人事）

《下泉》：思其君從晉霸，以從周而庇國也。（《毛序》：思治也。《續》云：疾共公侵刻下民，不得其所，而思明王賢伯。非誼）

## 【豳】

《七月》：言民事也。（《孔叢子》：孔子曰：於《七月》見豳公之所以造周也。《地理志》：昔后稷封斄，公劉處邠，太王徙岐。其民有先王之風，好稼穡，務本業，故幽詩言農桑衣食之本甚備。《史記》：太王去豳遷岐之後，豳民舉國盡復歸古公，乃營築室屋而邑，別居之民多歌樂之，而頌其惠。《匡衡傳》："竊考《國風》之詩，…太王躬仁，邠國貴恕。"此三家說幽民舊風。《毛序》：陳王業也。此言陳詩之誼。《續》云：周公遭變故，陳后稷。公劉風化之所由，致王業之艱難。誤以陳爲作。詩若周公作，詩則當入《雅》）

《鴟鴞》：邠人爲古公作也。（趙岐《孟子注》：《鴟鴞》，幽風之篇，刺幽君曾不如此鳥。蓋太王辟狄，從之者自刺爲夷狄所侵。刺猶傷也。《初學記》：《岐山操》，周人爲太王所作也。太王去豳而邑於岐，自傷爲夷狄所侵，喟然太息援琴而鼓之。可證其後周公自東土以此詩貽成王，名曰《鴟鴞》，前未有名也。《毛序》：周公救亂也，猶《關雎》爲畢公作，《棠棣》爲召穆公作，皆言陳詩之誼）

《東山》：幽人從公東征歸也。（《毛序》：周公東征也。《續》：周公東征，三年而歸。勞歸士大夫美之。此從征自歌，誤爲大夫作）

《破斧》：幽人從周公東征歸也。（《白虎通》：天子五年一巡狩，三年二伯出述職。詩云：周公東征四國，是皇言東征叙職，周公黜陟而天下皆正也。《毛序》：美周公也。亦一國之事繫一人之本也。《續》云：周大夫以惡四國焉，非大夫作）

《伐柯》：有家也。（《毛序》：美周公也。《續》：周大夫刺朝廷之不知則是刺成王刺二公如陳賈之說已）

《九罭》：幽人從公東征將歸，謂東人之詞。（《毛序》：美周公。《續》：同上）

《狼跋》：幽人美周公之聖，不爲管、蔡失度。（《毛序》：美周公。《續》：周大夫美公。《傳》又以公孫爲成王）

## 【小雅】

《鹿鳴》：燕群臣嘉賓，以講道修政也。君臣之誼。周公以爲樂歌，孔子以爲《小雅》始。（《毛序》：宴群臣嘉賓。《禮》注：《鹿鳴》，君與臣下及四方之賓燕，講道修政之樂歌。《正義》引服虔注：自《鹿鳴》至《蓼莪》，道文武修小政，定大亂，治太平，是爲正《小雅》。《鄭譜·鹿鳴之三》文王詩，皆誤屬文王，猶《關雎之三》以爲文太姒也。《史記》：仁義凌遲，《鹿鳴》刺焉。王符論：忽養賢而《鹿鳴》。思蔡邕《琴操》：《鹿鳴》者，周大臣作。王道衰，大臣知賢者幽隱，故彈弦風諫。皆誤以誦詩之誼爲本誼。猶以《關雎》爲畢公作。晁説之以《鹿鳴之三》爲刺康王，亦誤於《魯詩》之説《關雎》也）

《四牡》：事君之誼也。次《鹿鳴》同歌，補《鹿鳴》之不及。(《毛序》：勞使臣之來。文王率諸侯撫叛國而朝乎紂，故周公作樂以歌文王之道，爲後世法。皆樂章誼。《續》云：有功而見，知則説非詩誼也)

《皇皇者華》：奉使之誼也。次《鹿鳴》與《鹿鳴》同歌，補《鹿鳴》之不及。(《毛序》：君遺使臣用樂章誼。《續》云：言遠而有光，非詩誼)

《常棣》：燕兄弟而作。閔管、蔡之失道也，以兄弟之誼次君臣。(用《毛序》。呂祖謙《讀詩記》：《韓詩序》作夫杕燕兄弟也，謂賦此詩。《左傳》：召穆公思周惠之不類，故糾合宗族於成周而作《常棣》之詩。《國語》：周文公之詩。《正義》：王肅曰：《常棣》之於武王既崩，周公誅蔡之後，而在文武治內之篇以"刑於寡妻，至於兄弟，以御於家邦"。此文武之行也。故內之於文武之正《雅》，以成燕群臣兄弟朋友之樂歌。此得詩之誼)

《伐木》：求友也，以朋友次兄弟。(《文選‧潘岳賦謝琨詩‧注》：《韓序》曰：《伐木》廢則朋友道缺，勞者歌其事。《韓詩內傳》曰：詩人伐木自苦，其事故以爲文。《毛序》：燕朋友故舊，此樂章誼。賈疏遂誤以爲文王敬故)

《天保》：作洛既成，宗禋文武，周公落之之辭。(《毛序》：下報上也。未窺詩誼)《天保》"定爾周公"謂成王，天保即天子，定爾謂作洛也。《周書‧度邑篇》：王告周公，辰是不室，我未定天保，何寢能欲？又曰：旦，予克致天之明命定天保，依天室。又曰：其有夏之居。我南望過於三塗，我北望過於有嶽，丕顧瞻過於河，宛瞻於伊洛，無遠天室。此天保定爾，爾之謂也。作洛者武王之意，故曰君曰卜爾也。君，武王也。"日莫不興"，《召誥》曰：厥既命殷庶，庶殷丕作。《尚書大傳》曰：周公將作禮樂，先營洛，以觀天下之心。諸侯進受命於周公而退見文武之尸者，千七百七十三諸侯，然後周公與升歌而弦文武，諸侯在廟中者，偯然淵其志，和其情，愀然若見文武之身焉。然後曰嗟，兹乎此。蓋吾先君文武之風也。山臯岡陵即以明堂，南繫洛水，北因郟山爲頌。

"吉圭爲禧"四句，《周書‧作洛篇》乃設丘兆於南郊，以禋上帝，配以后稷，日月星辰、先王皆與食也。"民之質矣，日用飲食"謂明堂布十二月之政，如《夏小正》七月令所紀是也。如月如日，明堂南向昏，見月東日西，南山即三塗，又以爲頌。

《魚麗》：樂得才大也。鱣鯊魴鱧四友，十亂之儔。(《毛序》：美萬物盛多能備禮，但爲君子有酒及下三章賦，誼未得《魚麗》興誼。《續》云：文、武以《天保》以上治內，《采薇》以下治外。始於憂勤，終於逸樂，故美萬物盛多，可以告於神明矣。牽混不明，又誤以《采薇》誤次爲文武(詳下)，《采薇》以下三詩，原次《魚麗》上，今移此間。毛厕《南陔》《白華》，《華黍序》：《南陔》孝子相戒以養也；《白華》孝子之潔白也；《華黍》時和歲豐，宜黍稷也。有其義而亡其詞。《儀禮》：工入，升歌；笙入，樂《南陔》《白華》，《華黍》，乃間歌《魚麗》，笙《由庚》，歌《南有嘉魚》；笙《崇丘》，歌《南山有台》；笙《由儀》，因又厕《由庚》《崇丘》《由儀》於《魚麗》《南有嘉魚》《南山有台》三篇之下。《序》：《由庚》，萬物得由其道；《崇丘》，萬物得極其高大；《由儀》，萬物之生各得其儀。有其義而亡其詞，皆與《天保》以下文武成周之詩不類。《楚茨》以下諸誤次例之，知漢儒言三五百篇無此六詩之目者是也）

《南有嘉魚》：樂得才衆也。《嘉魚》《樛木》，以比文武之翩翩者，佳蓋興微子、箕子。（《毛序》：樂與賢也）

《南山有台》：以得人頌周王也。（《毛序》：樂得賢也）

《蓼蕭》：四方朝至也。（《毛序》：澤及四海也，同《明堂位》篇。有九夷、八蠻、六戎、五狄王會篇，四夷各以貢至。詩蓋作於此時，萬福來同，正謂朝至之國）

《湛露》：天子燕諸侯於明堂也。（《毛序》：天子燕諸侯。《易林》：區脫、康居，羡仁入朝。《湛露》之歡，三厥畢恩，則當是燕四夷）

《彤弓》：天子錫宴有功諸侯也。（用《毛序》。《左傳》甯武子曰：諸侯敵王所愾，而獻其功，王於是乎賜之彤弓一，彤矢百，弓矢千，以覺報宴。又《莊三十一年傳》：諸侯有四夷。《三十一年傳》：諸侯有四夷之功，則獻中國。則否《逸周書·世俘篇》太公望、呂他侯來百弇，陳本弇，百韋新荒，皆以命伐方來，越戲方靡集，衛磨宣方蜀厲，至告以馘俘。詩蓋作於成周之後。）

《菁菁者莪》貢士也。（《毛序》：樂育材也。）

以上文、武、康數世之詩。

《鼓鐘》：昭王南巡也。（《正義》：《書·中候握河紀》鄭注：昭王時《鼓鐘》之詩作，蓋韓誼。《毛序》：刺幽王。原次《小明》下）

《頍弁》：諸公刺厲王也。暴戾無親不能宴樂，同姓親睦九族孤危，將亡也。（用《毛、衛序》改幽為厲，原次《鴛鴦》。暴戾無親侶，厲非幽，且《毛序》《小雅》大半刺幽，無一刺厲。魯家以《角弓》刺厲，此詩與《角弓》同，當亦刺厲無疑也。《毛》下次《鴛鴦》）

《角弓》：父兄刺厲王也。不親九族而好讒佞，骨肉相怨也。（用《毛、衛序》改幽為厲。劉向：封事幽、厲之際，朝廷不和，轉相非怨，引《角弓》

《小旻》《十月之交》《正月》四詩而總之曰厲王奔彘。幽王見殺，則知除《小旻》《十月之交》《正月》三詩刺幽，次刺厲無疑。已原次下《采菽》）

《菀柳》：刺厲王也。暴虐無親，而刑罰不中，諸侯皆不欲朝。言王者不可朝事也。（用《毛、衛序》，改幽爲厲，次《角弓序》與《頍弁》《角弓》皆言暴戾無親，詩言"上帝甚蹈"，"上帝板板"，蕩蕩也。厲王監謗，不敢斥言。《大、小雅》同詞。

以上厲王詩

《車攻》：宣王合諸侯於東都，因田獵簡車徒謀南征也。（《毛序》：宣王復古。《續》：合諸侯於東都，因田獵而選車徒，此謀南征之始）

《瞻彼洛矣》：諸侯世子初受王命將軍也。（《白虎通》："世子上受爵命，衣士服何？謙不敢自專也。故《詩》曰：'韎韐有奭'，世子始行也。"原誤下次《大田》下。《毛序》：刺幽王。《續》：强曰思古，此蓋命諸侯從征南北，當在合諸侯東都之時。故移次《車攻》）

《鴛鴦》：致積也。（《毛序》：刺幽。《續》云：思古，原次《桑扈》）

《采芑》：美方叔。受宣王命治兵南征荆蠻也。（《毛序》：宣王南征）

《吉日》：宣王田西都，因北伐也。（《毛序》：同《續》贅。不明此因田而謀北伐也。故原次《車攻》。《易林》：《吉日》《車攻》田獵獲禽，宣王飲酒，以告嘉功。明爲《魚藻》《六月》張本，《車攻》爲東都南伐，非此一事，連文及之以田獵相次，未睹情事。伐獫狁而蠻荆威，所以先《六月》，後《采芑》，則《吉日》亦當先，《車攻》明非思古）

《六月》：宣王北伐獫狁，美尹吉甫逐之太原而歸也。（《毛序》：宣王北伐也）

《魚藻》：宣王次鎬，方待吉甫凱至也。（《白帖》：周王有在鎬之燕，原誤下次《賓筵》。《毛序》刺幽。《續》云：思古。此鎬即《六月》"侵鎬""及方之鎬"，非鎬京也。《六月》之師出奇神速，始謀出田，繼遂親征，至於鎬方，乃命吉甫追至太原，而次鎬以待之。繼而吉甫凱旋至鎬，豈樂即《大司樂》王師大獻，則令奏愷樂，平日飲酒不聞奏愷樂也）

《裳裳者華》：宣王朝有功也。（"左之左之"六句《說苑》以爲君子無所不宜，韡冕戒厲而無不敬，斬衰苴絰而無不哀，被申縷胄而無不勇。此説即文武吉甫之謂也。左吉右凶，戎事尚右，惟其有之，美吉甫也。是以似之謂方叔、南仲諸人，故《左傳》以祁奚惟善，故能舉其類而引是詩。疑享吉甫）

《桑扈》：饗有功也。（《毛序》：刺幽。原次《裳裳》，"百辟爲憲"，即

"文武吉甫，萬邦爲憲"也）

《采菽》：宣王錫命有功也。（韋昭注：《國語》王賜諸侯，命服之樂。《毛序》：刺幽。《續》云：思原次《魚藻》，"彼交匪紓"同《桑扈》之"彼交匪敖"，故《荀子》曰：君子不傲不隱不瞽，謹順其身。詩曰："匪交匪紓"渾同其説。"平平左右"，韓作"便便左右"，亦左宜右有之誼。疑亦錫命吉甫之詩也。獫狁之役，吉甫首功，《采芑》美方叔，亦必曰征伐獫狁，荆蠻來威）

《采薇》：宣王遣戍獫狁爲城朔方，從軍之怨也。（《漢書·匈奴傳》：懿王【瑛獫之誤，此原夷禍之始】時王室遂衰，戎狄交侵，中國被其苦。詩人疾而歌之曰："靡室靡家，獫狁之故"，豈不曰戒獫狁孔棘，至宣王興師命將征之。詩人美大其功，曰：薄伐獫允，至於太原。出車彭彭，城彼朔方。是時四夷賓服，稱爲中興。《後漢書·馬融傳》：獫狁侵周，宣王立中興之功，是以赫赫南仲，載在周詩。《鹽鐵論》：戎狄猾夏，中國不寧，周宣王南仲吉甫式遏寇虐。詩云：出車彭彭，城彼朔方。王符論：蠻夷猾夏，古今所患，宣王中興，南仲征邊。蔡邕《陳伐鮮卑議》：周宣王命南仲吉甫攘獫狁，威荆蠻，皆以《采薇》《出車》爲宣王詩。南仲爲宣王臣，《毛序》：遣戍役也，誤《采薇》《出車》《杕杜》上次《魚麗》前，而《續序》乃曰：文王之時，西有昆夷之患，北有獫狁之難，以天子之命，將帥遣戍役以守衛中國，故歌《采薇》以遣之《出車》，以勞還《杕杜》以勤歸。《箋》乃以南仲爲文王臣，《尚書大傳》：文王受命一年，斷虞芮之訟，至六年伐崇，七年而崩。《周本紀》同。無伐獫狁事。若文王伐獫狁，詩當與伐密伐崇與《皇矣》諸詩同列於《大雅》。已且伐崇伐密從不聞轉命陪臣，而於伐獫允忽稱有赫赫之南仲，況詩明曰"王命南仲"乎，三詩之爲宣王，不但事同、人同，抑且辭同，與《六月》《采芑》《常武》如出一手。試以此三詩怨曠疾苦之辭而置之《魚麗》，以前其類不類尤易知也。今移次《六月》《采芑》詩下，終始一貫，並非遣勞之詞）

《出車》：宣王命南仲城朔方，伐獫狁，以竟《六月》《采薇》之功，叙從役之怨思也。（《毛序》：勞遠帥。此從軍自賦）五章"君子"即指南仲。詩人往城，南仲復伐逐獫狁，城畢而會南仲同歸。

《杕杜》：樂從軍歸也。（《毛序》：勞還役。此興《采薇》詞，表裏日月易卉木棲，與《出車》卒章合）

《斯干》：宣王考室也。（用《毛序》。《左傳·隱元年·疏》：《韓》説曰：八尺爲板，五板爲堵，五堵爲雉；板廣二尺，積高五板爲一丈。《釋文》：《韓詩》：如矢斯朸。朸，隅也。蓋四隅爲八分，以明堂爲路寢也。西南其户如鳥斯革，亦夏世室之制，故揚雄《箴詩》咏周宣由儉改奢。劉向《疏》：周德既衰而奢侈，宣王賢而中興，更爲儉宮室，小寢廟。詩人美之爲《斯干》之詩。張衡《賦》：改奢即儉，則合美乎。《斯干》皆與《韓》異。豈周衰宮室，宣王以前更奢大於明堂，八個世室兩下乎？原誤下次《我行其野》後，今移類次）

《無羊》：宣王考牧也。（用《毛序》。原次《斯干》）

《庭燎》：后諫王也。（原次《鴻雁》。《毛序》：美宣王也。因以箴之無美誼。《列女傳》：宣王早朝宴起，后夫人不出於房。姜后脫簪待罪永巷，使其傅母通言於王。宣王遂勤於政事，卒成中興之名。《易林》：《庭燎》明追古傷今，今陽弱不至陰，雄坐戾未央。未艾蓋追古向晨，蓋傷今也）

《黍苗》：召伯述職，勞來諸侯也。（用韋昭《晉語注》：肅肅謝功，即指定申伯之宅。原誤下次《采綠》。《毛序》：刺幽王也）

《鴻雁》：大夫作堵也。（此與《斯干》相表裏，原次《吉日》。《毛序》：美宣王也。不合。《序》因謂民離散其居而能勞，來安集之至於矜寡，無不得所，尤非詩誼。首章念趨役之苦，次章嘆慮始之難，三章蓋亦如王之改大其室而聊以解嘲之詞）

《祈父》：孤子責司馬也。（《毛序》：刺宣王也。王符《論班祿》：頗類頎父刺。《白帖》：刺司馬。非其人書傳，殷稱司馬，亦稱《圻父》）"胡轉予於恤"，即《杕杜》而多爲恤，謂其父死事。（《正義》引許慎《異義》：此蓋宣之末年，尹方南召之將略盡代司馬者，不得其人，王師屢敗於戎。《漢書·西羌傳》引《紀年》：宣王二十七年，王遣兵伐太原之戎，不克。三十二年，王伐條戎，奔戎，王師敗績。《國語》：三十九年，王師敗績於姜氏之戎。死事之孤呼司馬而責之。予王，我王也。《玉篇》：作維王）"有母之尸饗"，謂陳饗以祭，恐養不及親。

以上皆宣王詩

《沔水》：憂亂也。（《毛序》：規宣王以下，姑依序次，未必皆宣王詩）

《鶴鳴》：賢者處世之道也。（《易林》："鶴鳴九皋"，辟世隱居，抱道守貞，意不相隨。《後漢書·楊震傳》：野無鶴鳴之道，朝無小人之悔。《毛序》：誨宣王）"鶴鳴九皋，聲聞於野"，名不可隱也。"魚潛在淵，或在於渚"，與世推移，無人不得，隱顯皆無心也。檀之處擇玉之借石，可以知處世之道也。

《白駒》：風人去位也。（《御覽·五百七十八》：《大周正樂》曰：《白駒操》者，失朋友之所作也。其友賢居仕於衰亂之世，君無道不可匡輔，依違成風，諫不見受，國士咏而思之。《毛序》：大夫刺宣王。未是本誼）伊人乘白駒過其隱遠之友，其友留之，勸以勿忘隱遁，雖至公侯，無可逸豫，何如生芻一束，潔身如玉。慎毋不報而遐棄我也。

《節南山》：家父刺幽王。任用師尹，德政不平也。（《毛序》：家父刺幽王。韋昭《國語注》：《南山》平王時作。則南山豈東遷所有？《漢書》：董仲舒曰：周室之衰，其卿大夫援於誼而急於利，亡推讓之風而有爭田之訟。故詩人疾而刺之曰："節彼南山"云云，即《瞻卬》"人有土田"云云也）

《正月》：傷身世也。（《毛序》：大夫刺幽王。此不獨刺王，赫赫宗周，褒姒滅之，詩人早知其然。如史伯之言，周蔽不及三稔，伯陽父料周亡不過十年，非詩必作於其後也）

《十月之交》：刺幽王。卿士司徒以下皆非其才，惟后族是任，營私自聖，詩人雖欲去位而義不忍也。（《毛序》：大夫刺幽王。《漢書·梅福傳》孟康注：《十月之交》，刺后族太盛也。《後漢書·丁鴻傳》：周室衰季，皇甫之屬專權於外黨，強盛侵奢主勢。詩云"十月之交"云云，《崔琦傳·外戚箴》：匪賢是上，番爲司徒。《左雄傳》：褒姒用權，七子黨進。《魯詩》作閻；《齊詩》作剡，《毛》作豔。俗字通用。"川竭山崩"，明爲幽事，《韓》：刺幽。《鄭譜》：《十月》《雨無正》《小宛》皆當爲厲王時作。《故訓傳》：時移其篇策，因改之耳。顏師古《谷永傳注》：《十月之交》，刺厲王淫於色。皇父之屬因嬖寵而爲官，皆誤）

《雨無正》：幽王摯御刺大夫，皆去亂不出，己獨盡瘁自嘆出處也。（《集傳》劉安世引《韓詩序》：《雨無正》，大夫刺幽王也。篇首"多雨其極，傷我稼穡"八字，誤得極字，而以正字連上。《毛序·雨無正》：刺幽王。《續序》說遂空說雨誼。《讀詩記》引《韓序》："雨無正"，無衆也。勝正，大夫刺誼。此摯御作甚明。《左傳》：宗周既滅，靡所止戾。杜注：言周爲天下宗，今乃衰滅，亂無息定）謂爾遷於王都，招離居之大夫，蓋謂皇父。

《白華》：刺幽王黜申后也。（用《漢書·班婕妤傳》。《毛序》：刺幽后。原誤下次《隰桑》）

《車舝》：刺幽后也。思得賢女以配君子。（用《毛序》。原誤下次《頍弁》）

《青蠅》：衛武公刺幽王信讒也。（《毛序》：大夫刺幽王。原次《車舝》。《易林》：《青繩》，集藩君，信讒言，害賢傷忠，患生婦人。袁孝政劉子注：衛武公信讒，詩人刺之。蓋誤。然可知爲衛武作）

《賓之初筵》：衛武公刺時亦以悔過也。《後漢書·孔融傳·注》：《韓詩》：衛武公飲酒悔過也。《毛序》：衛武公刺時也。幽王荒廢，媟近小人，飲酒無度，天下化之。君臣上下，沈湎淫泆，武公既入而作。是詩原次《青蠅》）

《小旻》：刺時。無是非，謀不見用，不敢與小人爭也。（《毛序》：大夫刺幽王。《荀子》：人不肖而不敬，則是。《狎虎詩》云：不敢暴虎。《左傳》晉樂王鮒曰：《小旻》之卒章善矣。吾從之。《杜注》言不敬小人則危殆，故不敢譏議楚公子圍）

《小宛》：思先人以戒後之人也。（《毛序》：大夫刺幽王。非誼）

《小弁》：尹吉甫子伯奇爲後母譖放而作。（《漢書·中山靖王傳》：我心憂傷，怒焉如擣。伯奇所以流離，尹氏伯奇父子分離，無罪被辜，長舌爲災。《説苑》：王國子前母子伯奇、後母子伯封兄弟相重，後母欲令其子立爲太子，譖伯奇而王信之。乃放伯奇。此似同《毛》説。《文選·舞賦·注》：《琴操》：尹吉甫，周上卿也，有子伯奇。伯奇母死，更取後妻生伯邦，乃譖伯奇於吉甫，吉甫怒放伯奇於野。宣王出游，吉甫從，奇乃上歌感之於宣王。吉甫乃收伯奇，射殺後妻。趙岐《孟子注》：《小弁》，伯奇之詩。《毛序》：刺幽王。太子之傅作）

《巧言》：傷讒也。（《毛序》：刺幽王。《續》云：大夫傷於讒）

《何人斯》：蘇公與暴公訟田也。（《毛序》：蘇公刺暴公。《續》云：暴公爲卿士而譖蘇公，未得事實。《淮南》高誘注：訟間田者，虞、芮及暴桓公、蘇忿公）

《巷伯》：被讒見宮也。（《後漢書·宦者傳·論》：《小雅》有《巷伯》刺讒之篇。《漢書·馮奉世傳·注》：寺人孟子，賢者，被讒見宮刑作《巷伯》之詩。《毛序》刺幽王。《箋》以寺人與巷伯爲二人，非）

《大東》：譚大夫刺時也。（《毛序》：刺亂也。東國困於役而傷於財，譚大夫作詩以告病焉。譚大夫，蓋譚子，仕王朝者，故列《小雅》）佻佻燦燦酒漿佩，皇父七子之徒也，七襄不報，剡妻扇方處也。牽牛不服空在行；太白晝見，司徒、司馬皆非其人，戎患未已也，徒瞻翕舌之箕；旋北斗之柄，東國既困，西周亦隕也。

《四月》：嘆征役，思歸祭也。（《讀詩記》：《韓詩》曰：嘆征役也。《孔叢子》：於《四月》見孝子之思祭。《毛序》：刺幽王。《續》云：在位貪殘下國，構禍怨亂並與誼不合）

《北山》：勞於王事不得養父母也。（《孟子》説。《毛序》：刺幽王）

《無將大車》：大夫悔將小人也。（用《毛序》。《荀子》同《易林》：大車多塵，小人傷賢，其憂百端）

《小明》：悔仕亂世也。（用《毛序》）

《楚茨》：公卿秋祭之樂章。（《毛序》：刺幽王。《續》云：思古）

《信南山》：公卿冬祭之樂章。（《毛序》：刺幽王。《續》云：思古）

《甫田》：公卿省耕祈雨社方田祖之詩。（《毛序》：刺幽。《續》云：思古。《箋》引《周官·籥章》：凡國祈年於田祖，龡《豳雅》，擊土鼓，以樂田畯）

《大田》：公卿省斂報方之詩。（《毛序》：刺幽）

以上西周《小雅》

《黃鳥》：女思大歸也。（《易林》：黃鳥來集，既嫁不答，念我父兄，思復邦國。《毛序》：刺宣王。上次《白駒》）

《我行其野》：女父兄之怨也。（《易林》：黃鳥來集，既嫁不答。《毛序》：刺宣王，次《黃鳥》）

《谷風》：棄友之怨。（《毛序》：刺幽王。《續》云：天下俗薄，朋友道絕。原上次《巷伯》）

《蓼莪》：孝子不奪終養也。（《毛序》：刺幽王。《續》云：民人勞苦，孝子不奪終養爾。原次《谷風》）

《都人士》：思西都也。（《毛序》：刺衣服無常。誤用《緇衣》斷章誼。《續》云：思古）

《采綠》：怨曠也。（《毛序》：刺怨曠也。《後漢書·劉瑜傳》引《五日爲期》二句云：怨曠作歌，仲尼所錄）

《隰桑》：思君子也。（《毛序》：刺幽王。《續》：回護）

《緜蠻》：役思也。（王符《論行》：人病而《緜蠻》風。《毛序》：微臣刺亂也。大臣不用仁心，遺忘微賤不飲食，教載之）

《瓠葉》：庶人饗射也。（《後漢書·儒林傳》：劉昆……教受子弟……每春秋饗射，常備列典儀，以素木匏葉爲俎豆，桑弧蒿矢，以射兔首。章懷注：歌此以爲射節。《鄭箋》謂此君子乃庶人之賢者，其農功畢，乃爲酒漿，以合朋友，習禮講道藝也。酒既成，先與父兄室人亨瓠葉而飲之，所以急和親親也。飲食而曰嘗者，以其爲之主於賓，客賓客則加之以羞。每酌云言者，禮不下庶人，庶人依士禮立賓主爲酌名。蓋用《韓》說。《毛序》：刺幽。《續》云：思古）

《漸漸之石》：從征也。（《毛序》：下國刺幽王也。《續》：戎狄叛之，荊舒不至，乃命將帥東征。役久，病在外，此東征則非荊舒）

《苕之華》：怨饑也。（《毛序》：大夫閔時也。次末，蓋非大夫作）

《何草不黃》：怨役也。（《毛序》：下國刺幽王）

以上西周民風

## 【大雅】

《文王》：周公繩文王之德。戒成王也，天子之誼，周公自作樂歌。孔子以爲《大雅》始。(《呂氏春秋》：周公作詩以繩文王之德。引"文王在上"云云。《漢書·翼奉傳》：周公作詩書，深戒成王，以恐失天下。引"殷之未喪"云云。《毛序》：文王受命作周也)

《大明》：周公述文武之德也，與《文王》同歌。(韋昭《魯語注》：周公昭先王之德於天下也。《毛序》：文王有明德，故天復命武王)

《緜》：述文王之興，本太王也。與《文王》同歌。(用《毛序》)

《棫樸》：述文王專征，郊天而伐崇也。(《春秋繁露》：文王受命而王天下，先郊乃敢行事。而興事伐崇。詩曰："芃芃棫樸，薪之槱之。"此郊辭也。曰周王於邁六師及之，此伐辭也。《毛序》：文王能官人也。非)

《旱麓》：美文王祭禘受福也。(《白虎通義》：文王之牲周騂。周尚赤也。《文選·講德論·注》：《薛君章句》：文王盛德，上及飛鳥，下及魚鱉。《毛序》：受祖也。《續》云：周之先祖世修后稷、公劉之業，大王、王季申以百祿千福。不明，非誼)

《思齊》：美文王之德格，人神貫内外也。(《毛序》：文王所以聖似專美大任。非誼)

《皇矣》：天命文王伐崇伐密，始有天下也。(《毛序》：美周也。《續》：天監代殷莫若周，周世世修德莫若文王。不明，非誼)

《靈臺》：文王作明堂也。(《毛序》：民始附也。《續》：文王受命，民樂其有靈德，以及鳥獸昆蟲。皆非誼)

《下武》：頌武王以太王、王季、文王爲祖、父，以成王爲子。詩作於成王世。(《毛序》：繼文也。成王生前之號。見夏侯、歐陽說，成王攺成王若曰)

《文王有聲》：武王自豐遷鎬，以有天下，作辟廱朝諸侯也。(《毛序》：繼伐也。《續》：卒其伐功。非誼)

以上文、武詩

《生民》：陳后稷所以配天也。(《毛序》略同)

《公劉》：召康公述公劉，戒成王也。(用《毛序》，原下次《鳧鷖》)

《行葦》：祭公劉畢，行燕射也。(《魯》《韓》說皆以"牛羊踐行葦而痛之，恩及草木。爲公劉事，知此祭公劉。《毛序》：忠厚也。《續》：周家忠厚，仁及草木，故能内睦九族，外尊事黃耇，養老乞言以成福祿。似即爲公劉詠，

則當次《公劉》下，而與末章祝嘏曾孫不合。《箋》因誤爲先王將養老行射禮，成王奉爲法則）

《泂酌》：因祭公劉，召康公戒成王也。言皇天親有德，享有道也。（用《毛序》會祭公劉。《藝文類聚》：揚雄箴：公劉挹行潦而濁亂，斯清。則亦述公劉。《左傳》：筐、筥、錡、釜之器，潢污行潦之水，可薦於鬼神，可羞於王公。又云：《風》有《采蘩》《采蘋》，《雅》有《行葦》《泂酌》，昭忠信也。知爲祭公劉詩益明。當相次《公劉》）

《既醉》：祭畢燕同姓祝嘏之辭。（《毛序》：太平也。《續》：醉酒飽德，人有士君子之行焉。非誼。《鄭箋》：成王祭宗廟，故酬下遍群臣至於無算爵）孝子不匱，永錫爾類。以下祝既有賢子孫復世得賢內助。

《鳧鷖》：嘏辭也。（《毛序》：守成也。非誼。《易林》：鳧鷖游涇，君子以寧。復德不怨，福祿來成。何楷曰：釋祭。《爾雅》：夏曰復胙。此復德即復胙）

《卷阿》：召康公戒成王也。言求賢用吉士也。（用《毛序》）

以上成王詩

《民勞》：召穆公刺厲王，託之與執政之詞也。（用《毛序》。《墨子》：厲王染於虢公長父及榮夷公。《荀子》：任用讒夫不能制，虢公長父之難，厲王流於彘。《漢書·東夷傳》：厲王無道，淮夷入寇，王命虢仲征之，不克。虢執終一人）"民亦勞止，汔可小康，惠此中國，以綏西〔四〕方。"望其惠於民，戒貪暴任聚斂也。《國語》：榮夷公專利，聚斂於內，"無縱詭隨，以謹無良。式遏寇虐，憯不畏明。"其不惠於虢公，讒夫而望以淮夷爲念也。"柔遠能邇，以定我王。"王欲玉女，皆望之執政也。"枝葉未有害，本實先撥"。謂患不在戎夷而在民心，厲類紂，故以殷商爲鑒。

《板》：凡伯刺厲王，託之與同僚也。（用《毛序》）

《蕩》：召穆公傷周室大壞也。（用《毛序》）

《桑柔》：芮伯刺厲王也。（用《毛序》）"靡所止疑"，云徂何往，未知王之所定也。"告爾憂恤，誨爾序爵。"謂《周書》所謀告王及執政小子也。"天降喪亂，滅我立王。"蓋作於流彘之後，自獨俾臧，自有肺腸。《周書·芮良夫篇》：自謂有餘，予謂爾弗足也。以予也，以予小臣良夫觀天下有土之君，厥德不遠，罔有代德。"時爲王之患，其惟國人。"是流彘之禍，良夫早言之。覆俾悖予，豈不知而作也。

《雲漢》：宣王遭亂而印天也。（《文選注》：《薛君章句》。《毛序》：仍叔美宣王）

《崧高》：封申伯以謝以屏東都，備荆蠻。吉甫作詩送之也。（《毛序》：尹吉甫美宣王。未盡詩誼）

《烝民》：封仲山甫以齊以鎮東方。吉甫作詩送之也。（《毛序》：尹吉甫美宣王。未盡詩誼）

《韓奕》：封蹶父以韓以禦北國也。（《毛序》：尹吉甫美宣王。未盡詩誼）

《江漢》：命召虎出江漢以斷淮夷上游之援也。（《毛序》：尹吉甫美宣王。未盡詩誼）

《常武》：命南仲皇父伐徐戎，又命尹吉甫、程伯休父先驅淮浦，而後王親督進師，諸臣旋虜，徐醜而來庭也。（《毛序》：召穆公美宣王。《續序》：有常德以立武事因以爲戒焉。傳非誼）

《假樂》：祝嘏美宣王也。（王充《論衡》：美周宣之德。徐堅《初學記》亦以爲宣王詩。孟子曰："不愆不忘，率由舊章。遵先王之法而過者未之有也。"蓋亦祭禩祝嘏之作。《毛序》：嘉成王。次《鳧鷖》）

《瞻卬》：凡伯刺幽王也。（用《毛序》）

《召旻》：凡伯刺幽王也。（用《毛序》）

《抑》：衛武公作。以自戒亦以告執政也。行年九十又五，猶使人日誦是詩，而不離於其側。（《國語》：楚左史倚相曰：昔衛武公年數九十有五矣，猶箴儆於國曰……無謂我老耄而舍我。於是乎作。懿戒以自儆也。韓昭注：懿即《抑》篇。《正義》引侯苞《韓詩翼要》：衛武公刺王室亦以自戒，行年九十有五，使人日誦是詩而不離於其側。《毛序》：刺厲王。衛武公即位於宣王三十六年，在位五十五載，必非此厲衡之詩詞。當從古説，並無所刺。原次《蕩》）"修爾車馬，弓矢戎兵，用戒戎作，用遏蠻方。"《史記》：武公將兵佐周平戎，甚有功。平王命爲公詩，蓋作於其時。篇中爾皆自謂，小子以呼執政。（《周書·芮良夫篇》亦曰：惟爾執政小子）

## 【周頌】

《清廟》：周公既成洛邑，朝諸侯，率以禩文王也，配天之誼。孔子以爲《頌》始。（用《毛序》。《書大傳》：周公歌文王之功烈，德澤苟在廟中。嘗見文王者愀然，如復見文王焉。此周公主祭，故言顯相，不言天子。《鄭注》：《士禮》曰：顯相，助祭者也）

《維天之命》：以制作告文王也。（《毛序》：太平告文王非鄭。以周公將制作先祭告文王，故云：我其收之，曾孫篤之是也）

《烈文》：周公在洛率諸侯助祭文王也。（《毛序》：成王即政，諸侯助祭，次維清次，以周公在洛主祭詩。《白虎通》：武王定天下，諸侯來會，聚於京師，受法度，引《烈文》辟公二句。此推原武王未受命周公成文武之德也。《疏》引服虔《左傳注》：《烈文》，成王初即洛邑，諸侯助祭之樂歌）

《我將》：周公宗禋文王於明堂，以配上帝也。（《毛序》：祭文王於明堂。誤次《昊天有成命》。《孝經》：孝莫大於嚴父，嚴父莫大於配天。則周公其人也。昔者周公郊禋后稷以配天，宗禋文王於明堂，以配上帝。皆周公五年、營成周六年制禮樂之詩。不當下次成王間）

《思文》：周公在洛郊禋后稷以配天下。（《毛序》：后稷配天，誤次《執競》。此即《召誥》用"牲於郊牛二"作《雝》篇。乃設丘兆於南郊以郊禋上帝，配以后稷。日月星辰，先王皆與食）

《有瞽》：周公在洛亡樂，既成，合奏於明堂，率諸侯祭禋文武也。（《毛序》：始作樂而合乎祖）"有瞽有瞽，在周之庭"。《韓詩外傳》言殷紂之餘民也，則抱樂奔周之太師，庇少師彊與。周公頌武始而北出，《大武》樂章之一成也。（《樂記》：武始而北出，再成而滅商，三成而南，四成而南國是強，五成而分周公左，召公右，六成復綴以崇天子……六章之名，傳記通稱其一，以該其餘。《左傳》楚莊曰：武王克商又作武，其卒章曰："耆定爾功"；其三曰："鋪時繹思，我徂維求定"；其六曰："綏萬邦，屢豐年。"《疏》：謂卒章者，首章之末句。則此為《大武》之一成也。《毛序》奏《大武》，誤也。離次有客仲尼燕居曰：下管象武。《文王世子》《明堂位》並曰："下管象武"，《大武》。《墨子》曰：象祭統曰舞，莫重於武宿夜是也）

《酌》：頌武滅商，《大武》樂章之再成也。（《毛序》：告成《大武》。誤離次《絲衣》，誤。此知為再成者，以遵養時晦時純熙矣之詞）"遵養時晦"，《國語》冷州鳩曰：王以三月癸亥夜陳記曰：舞莫重於武宿夜。熊氏謂《大武》樂章名皇氏禮。《疏》謂武王伐紂於商郊，停止宿夜，士卒皆歡樂歌舞以待旦。因名焉時純熙矣。是用大介，甲子昧爽，會朝清明也。

《賚》：頌滅商。南還，大封於廟。《大武》樂章之三成也。（《毛序》：大封於廟，誤次《桓》）

《象》：頌成功告天。推本文王《大武》樂章之四成也。（《毛序》：維清奏象舞也。誤離次《維天之命》。《墨子》：武王因先王之樂，又自作樂，命曰《象》。《大傳》既事而遠，柴於上帝，武王竟文考之緒功，故曰《文王之典》。文王始祭天伐崇，故曰。肇禋然，則論之象者，象文王也）

《般》：頌望祭山川，《大武》樂章之五成也。（《毛序》：巡守而祭四岳河海，次《賚》。《白虎通》誤以此詩為封泰山。《世俘篇》：用小牲羊豕於百神

水土，社二千七百有一也，陟其高山，秩第而祭之）

《桓》：頌克殷年豐。諸侯臣敬，虎賁脫劍，周召分伯，武亂皆坐，《大武》樂章之六成也。（《左傳》：昔周饑，克殷而年豐。《樂記》：散軍郊射，左射《貍首》，右射《騶虞》，而貫革之射悉也。裨冕搢笏，而虎賁之士脫劍也。祼乎明堂而民知孝，朝覲諸侯知所以。臣耕藉諸侯知所以敬保有厥，士於以四方也。五成而分，周公左，召公右；六成復綴以崇天子，克定厥家也。《毛序》講武類禡誤，又誤次《酌》。

以上周公攝政制禮作樂之篇重次如此。

《天作》：祼太王於岐，以追王也。（《毛序》：祼先王先公詩。無先公，原次《烈文》）

《昊天有成命》：以定禮作樂臣諸侯，上號曰：成告文武也。（《國語》：是道成王之德也。《書序》：作成王政。《酒誥》：成王若曰。夏侯、歐陽說皆謂生稱。《鄭注》：《酒誥》引或說以成王少成二聖之功，生號爲成王沒，因以爲謚。成命二后卒俟王成之故告祭。《毛序》：郊祼天地。非次《天作》）

《時邁》：成王巡狩，東封泰山，祭百神朝諸侯於泰山之下也。（《毛序》：巡狩告柴，望也。《國語》：周文公之頌後。《漢書·李固傳·注》：《韓詩》：薄言振之，莫不震疊。《薛君章句》：美成王。《史記·封禪書·索隱》：《韓詩》曰：自古封太山禮梁父者，萬有餘家，仲尼觀之不能盡識。《白虎通義》：武王不巡狩，惟成王巡狩。詩曰：式序在位。明堂之位也）喬岳謂太山。成王封太山事見《保傅》《管子》《封禪書》）

《噫嘻》：孟春祈穀，先祼鬯饗，醴之樂歌。（何楷說：《國語》：豊祥晨正，下使司徒，戒公聊百吏庶民除壇於藉命，農夫咸戒農用，王即齊宮，及期，王祼鬯饗，醴乃行。百吏庶民畢從乃藉。王耕一墢班三之，庶人終畝。此當在《臣工》前。《毛序》：春夏祈穀於上帝。次《臣工》）

《臣工》：躬耕反，執爵於太寢祝嘏之樂章。（何楷說：《月令》：孟春之月，太子乃以元日祈穀於上帝。乃擇元辰，天子親載耒耜，措之於參保，介之御間，率三公九卿諸侯大夫躬耕。帝藉反，執爵於太寢。公卿諸侯大夫皆御命曰：勞酒。《毛序》：諸侯助祭，遣於廟。與全詩皆不合。原次《思文》）

《振鷺》：選士於辟雍也。（《後漢書·邊讓傳·注》：韓《薛君章句》：文王之時，辟雍學士皆潔白之人。《毛序》：二王之後來助祭，非原次《噫嘻》）

《潛》：季冬薦魚，春獻鮪也。（用《毛序》。原次《有瞽》。以下四詩依次）

《雝》：諸侯助祭文武也。（《毛序》：禘太祖。《韋元成傳》：立廟京師之居

躬親承，事四海之內，各以其執事來助祭。詩云云。《劉向傳》：武王祭其先祖。蓋誤)

《載》：見諸侯，始見乎武王廟也。(用毛序)

《有客》：微子朝見祖廟也。(《白虎通義》：微子朝周也。《毛序》：微子來見祖廟)

《閔予小子》：嗣成王，朝於禰廟也。(用《毛序》。原次《武》以下二詩，依次)

《訪落》：嗣王謀於禰廟也。(用《毛序》)

《小毖》：嗣王求助也。(用《毛序》。原次《敬之》)

《敬之》：群臣進戒嗣王也。(用《毛序》。原次《訪落》)

《豐年》：報祭八蜡也。(何楷說：《郊特牲》：順成之方其蜡，乃通知為報塞八蜡。《毛序》：秋冬報也。誤離次《振鷺》)

《載芟》：臘先祖五祀也。(何楷說：《月令》：臘先祖五祀，勞農以休息之。黨正以禮屬民飲酒，正其齒位。《毛序》：春藉田而祈社稷，與《蒸畀》祖妣不合。原次《小毖》)

《良耜》：報社也。(何楷說：《月令》：孟冬，天子乃祈來年於天宗大割祠，於公社及門閭。鄭說及《周禮·蜡祭》及《地官·牧人》：陰祀，用黝牲毛之事。《毛序》：秋報社稷。詩自"俶載"至"百室盈止"，謂秋。又無稷誼)

《絲衣》：釋農祥之尸也。(《毛序》：繹賓尸也。高子曰：靈星之尸也。《疏》引鄭志曰：高子之言非。《毛序》後人著之，然農星之祭見於《周書》，作雒。《國語》冷州鳩說：靈星。見《史記正義》引《漢官儀》：稷辰之神為靈星)

以上成王之頌

《執競》：嗣王祫武王而以成康配也。(《毛序》：祫武王)

此昭王詩。

# 【魯頌】

《駉》：奚斯頌僖公牧馬也。(班固《兩都賦·序》：奚斯，頌魯。揚雄《法言》：公子奚斯常睎正考父矣。《毛序》：頌僖公也。《續》云：僖公能遵伯禽之法，務農重穀，於是季孫行父請命於周而史克作是頌。蓋古者《頌》之誼起於美盛之形容，以其成功告於神明。其後乃以頌人。衛宏亦知《奚斯》之作，非古。《駉》，牧之事甚微，強為之說。詩實無一事及於牧外也。《檀弓》徵引《世本》：行父乃公子友之曾孫，季友身事僖公。《左氏》傳，文六年行父始見於經；十八年史克見於傳。距僖初八十餘年，豈有此事。故請命之說不必見於傳記。蓋亦衛宏臆造傳箋，乃爲追頌之說。不足與辨已）

《有駜》：頌僖公群臣燕樂也。（《毛序》：頌僖公君臣之有道，無其誼）

《泮水》：頌僖公從齊桓會盟。（僖十三年）會鹹（十六年），以謀淮夷之事。攘人之功而不慚者也。（《毛序》：頌僖公能修泮宮。詩無修誼）

《閟宮》：頌僖公郊禖。僭天子佮從齊伐楚也。（《毛序》：頌僖公能復周公之宇。《文選·兩都賦·注》《後漢書·曹褒傳·注》並引《韓詩》：《薛君》曰是公子奚斯作也。王延壽《魯靈光殿賦》：奚斯頌僖，歌其路寢。《毛傳》誤謂作廟。此即用"吉甫作頌，其詩孔碩"之詞，而加之以孔曼。《薛君》曰：曼，長也；詩誠未有長於此者。若謂作宮，何至頌僖而及於將作邪）

## 【商頌】

（《宋世家》：宋襄公之時，修行仁義，欲爲盟主。其大夫正考父美之，故追道契、湯、高宗，殷所以興，作《商頌》。《集解》：《韓詩》曰：《商頌》亦美襄公。《後漢書·曹褒傳》：奚斯頌魯，考父詠殷，揚雄《法言》：正考父當睎尹吉甫矣，公子奚斯當睎尹吉甫矣。考正考甫佐戴武宣世家，戴襄相距百十六年，宣、襄亦七十九年。或《史記》有誤，而《商頌》實爲宋詩。不作於考父以前。則於其詞知之也。其去《周頌》簡古尚遠，曾殷人有此長篇繁文縟字乎？益信與《魯頌》奚斯之作同科，而謂宋爲商者，猶《樂記》之宜歌商。《左傳》之取於商不利子商稱同耳。）

《那》：頌襄公禖成湯也。（見《宋世家》《後漢書·曹褒傳·注》：《薛君章句》曰：正考甫作《商頌》十二篇。《魯語》：閔馬父曰：昔正考父校商之名頌十二篇於周，以《那》爲首。《毛序》：禖成湯也。《續》云：微子至於戴公，其間禮樂廢壞。有正考父得《商頌》十二篇於周之大師，以《那》爲首。誤改《國語》"校"爲"得"。校明是以已作校正於周太師，蓋審比其音節也）

《烈祖》：頌襄公，禖中宗也。（《毛序》：禖中宗也）

《玄鳥》：頌襄公，禖高宗也。"龍旂十乘"與《閟宮》同僭。

《長發》：頌襄公禘禖也。（《毛序》：大禘也）

《殷武》：頌先君桓公。從齊桓公伐楚也，與《閟宮》同夸。（《毛序》：禖高宗。高宗時無楚名。《箋》：三章，楚不修諸侯之職；四章，時楚僭號王位。蓋用《韓》說）

此稿大旨已定，有須查書改誤之處。世亂景迫，恐不及自定。後之學者，幸勿視此破爛草稿而忽棄之，爲我齊整，惠後學焉。咸豐八年五月晦寓太平橋識。

## 書後

《詩本誼》一卷，亡友龔公襄著，凡其本恉微言，皆夙昔所論説。墓有宿草，眼中不復見此人，遺書楸落得之摧燒投溷之餘，流布人間，適滋謿耳，竊與分之。龔氏家學，往往求晚周之緒，西京之初。定盦先生之《泰誓答問》，春秋決事，比近時亦間出矣，同不同未可知也。公襄有《尚書》寫定本，首二十八篇次，《逸書》四十二篇（《度訓》至《王佩》），遺文二卷；《僞書》二十五篇，《書序》一篇，藁草已具，與此卷同時得之。君從子循省既竟先刻此卷，所言與邵陽魏氏《古微》二書相出入，要皆大師所傳，持之有故，非碎義逃難者比。獻年三十時，客侯官所讀定《董子春秋》稿在公襄所，君亡，爲吳費念慈屺懷收得，今年仍以見歸所託，不必盡同，要亦爲世詬病而已。光緒十有五年秋八月譚獻識。

## 【乙種之十一】

## 釋四詩名義

梁啟超

**西堂案：**《毛詩》序傳之誤，讀前舉數篇，可以略知之。三家詩說，於三家異文中，及魏源《異同論》，亦可以見之。今可進而論詩之四詩六義諸問題矣。梁任公之《釋四詩名義》，搜集前人之說，而參之以新意，極淺明易知，今先錄之，以供參考，再進而讀其他專篇。

相傳有一副對子："三才天地人"，以為再不會有人對的。後來有人對了個"四詩風雅頌"，公認為古今絕對。三件東西而占有四個數碼，恐怕誰也不能說是合理罷？四詩變成三詩起自何時呢？《史記·孔子世家》說："《關雎》之亂以為《風》始；《鹿鳴》為《小雅》始；《文王》為《大雅》始；《清廟》為《頌》始。"把大、小雅分而為二以湊四數。偽《毛序》因襲其說，又把風、雅、頌、賦、比、興列為六義，越發鬧得支離。其實《詩經》分明擺著四個名字：有周、召二《南》；有邶至豳十三國《風》；有大小二《雅》；有周、魯、商三《頌》。後人一定把《南》踢開硬編在《風》裏頭；因為和四數不合，又把《雅》劈而為二！這是何苦來呢？

我以為《南》《風》《雅》《頌》是四種詩體。四體的異同，是要從音樂的節奏上才分得出來。後世樂譜失傳，無從分別，於是望文生義，造出許多牽強的解釋，乃至連四詩的數目也毀掉了一個，真是怪事！今請把我所搜集的證據——雖然很貧薄——重新釋其名義如下：

（一）釋《南》

偽《毛序》說："南，言王化北而南也。"朱熹因此說了許多"南國被文王之化"，煞是可笑！二《南》是否文王時代的詩，已經是問題。（三家詩都說不是）就算是文王德化大行，亦只能說自西而東，那裏會自北而南？就令自北而南，也沒有把《南》字做詩名的道理。明是衛宏不得其解胡亂謅罷了。《詩·鼓鐘》篇"以雅以南"。《南》與《雅》對舉；《雅》既為詩之一體，

《南》自然也是詩之一體。《禮記·文王世子》説："胥鼓南",《左傳》説"象箾南籥"都是一種音樂的名，都是指這一種詩歌。

這種詩歌何以名爲《南》？頗難臆斷。據《鼓鐘》篇《毛傳》説："南方之樂曰南。"或因此得名亦未可知。但此説縱令不錯，也不能當南北的"南"字解。因爲這個"南"字本是釋音：《周禮·旄人·鄭注》《公羊·昭二十五年》何注皆作"南方之樂曰任"，與北方之"昧"，西方之"侏離"並舉。"南""任"同音，恐是一字兩譯。因此我又連帶想到兩個字：《漢魏樂府》有所謂"鹽"者——如昔昔鹽、皇帝鹽、烏鵲鹽、突厥鹽之類；《六朝唐樂府》及宋詞有所謂"艷者"——如三婦艷、羅敷艷、鞍予艷、蠻子艷之類；皆詩詞中一體之專名。"南""任""鹽""艷"同音，或者其間有多少連絡關係也未可定。但沒有得到充分證據以前，我還不敢武斷。總之"南"是一種音樂，音樂之何以得名，本來許多是無從考據的。

這種音樂和《雅》《頌》不同之點在那裏呢？樂譜既已失傳，我們自無從懸斷；但從古書中也可以想象一二：據《儀禮·鄉飲酒禮》所載的音樂程序單，都是於工歌、間歌、笙奏之後最末一套名曰"合樂"。合樂所歌是《周南》的《關雎》《葛覃》《卷耳》,《召南》的《鵲巢》《采蘩》《采蘋》。《論語》亦説："《關雎》之亂，洋洋乎盈耳哉。"凡曲終所歌名曰"亂"。把這些資料綜合起來："南"或者是一種合唱的音樂，到樂終時才唱，唱者並不限於樂工，滿場都齊聲助興。所以把孔老先生喜歡得手舞足蹈，説到"洋洋乎盈耳"了。

（二）釋《風》

僞《毛序》説："風，風也；教也。風以動之，教以化之。"又説："上以風化下，下以風刺上。主文而譎諫，言之者無罪，而聞之者足以戒，故曰風。"又説："以一國之事繫一人之本，謂之風。"據他的意思，則"風"有兩義：一是諷刺之義，一是風俗之義。兩義截然不相蒙，何以一首詩或一類詩中能兼備兩種資格？《毛序》專以"美刺"解《詩》，把《詩》的真性情完全喪掉，都因這種文字魔而來。依我看，"風"即"諷"字（古書"風"續"諷"者甚多，不可枚舉）但要訓"諷誦"之"諷"，不是訓"諷刺"之"諷"。《周禮·大司樂·注》："倍文曰諷"。《瞽矇疏》引作"背文曰風"，然則背誦文詞，實"風"之本義。

從《邶風》的《柏舟》到《豳風》的《狼跋》這幾十篇詩爲什麼叫做"風"呢？我想：《南》《雅》頌》都是用音樂合起來唱的，風是只能諷誦的，所以舉他特色，名這一體詩爲"風"。《漢書·藝文志》："不歌而誦謂之賦。""風""賦"一音之轉，或者原是一字也未可定。《儀禮》《周禮》《禮記》裏頭所舉入樂的詩，沒有一篇在十三風內的。《左傳》記當時士大夫宴享之斷章賦詩，卻十有九在十三風內。可見這一體詩是"不歌而誦"的。

或問曰：《左傳》季札觀樂，遍歌各國風；《樂記》說："愛者宜歌商，溫良而能斷者宜歌齊"；齊即十三風之一。何以見得"風"不能歌呢？答曰：季札觀樂一篇，本來可疑，前人多已說過。但姑且不論。歌本來也有兩種，一是合樂之歌，二是徒歌。說文："謠，徒歌也。"《左傳·僖五年傳·疏》："徒歌謂之謠，言無樂而空歌，其聲逍遙然也。""風"即謠類，宜於徒歌。《詩·北山》："成出入風議"。《鄭箋》云："風猶放也。"《論衡·明雩篇》引《論語》"風乎舞雩"，釋之曰："風，放歌也。"不受音樂節奏所束縛，自由放歌，則謂之謠，亦謂之"風"。《風》詩和《南》《雅》《頌》的分別，大概在此。

但這是孔子以前的話。《史記·孔子世家》說："詩三百篇，孔子皆弦而歌之以求合《韶》《武》《雅》《頌》之音。"然則孔子已經把這幾十篇風謠都制出譜來。自此以後，《風》詩已經不是"不歌而誦"的賦，也不是"徒歌"的謠了。

### (三) 釋《雅》

偽《毛序》說："雅者，正也。"這個解釋大致不錯。但下文又申說幾句道："言王政之所由發興也；政有大小，故有《小雅》焉，有《大雅》焉。"從正字搭到政字上去，把《小雅》《大雅》變成"小政""大政"，卻真不通了。依我看：小、大雅所合的音樂，當時謂之正聲，故名曰《雅》。《儀禮·鄉飲酒禮》："工歌《鹿鳴》《四牡》《皇皇者華》；笙《南陔》《白華》《華黍》；乃間歌《魚麗》，笙《由庚》；歌《南有嘉魚》，笙《崇邱》；歌《南山有臺》，笙《由儀》。……工告於樂正曰：'正樂備'。……"《左傳》說："歌《彤弓》之三，歌《鹿鳴》之三，歌《文王》之三。"凡此所歌，皆大、小《雅》之篇。說"正樂備"，可見公認這是正聲了。

然則正聲爲什麼叫做《雅》呢？《雅》與"夏"古字相通。《荀子·榮辱篇》："越人安越，楚人安楚，君子安雅。"《儒效篇》則云："居楚而楚，居越而越，居夏而夏。"可見"安雅"之"雅"即"夏"字。荀氏、《申鑒》《左氏》《三都賦》皆云"音有楚夏"，說的是音有楚音夏音之別。然則風雅之"雅"，其本字當作"夏，中國之人也。"雅音即夏音，猶言中原正聲云爾。

### (四) 釋《頌》

偽《毛序》說："頌者，美盛德之形容。"這話大致是對的，可惜沒有引申發明。《說文》："頌，皃也。從頁公聲，籀文作頟。"皃即面貌；頁人面也，故從之。這字本來讀作"容"。《漢書·儒林傳》："魯徐生善爲頌。"蘇林注：

"頌，貌威儀。"顏師古注："頌讀與容同。"可見"頌"即"容"之本字；指容貌威儀言。

然則《周頌》《商頌》等詩何故名爲"頌"呢？依我看：南、雅皆唯歌，頌則以歌而兼舞。《樂記》說："舞，動其容也。"舞之所重在"頌貌威儀"；這一類詩舉其所重者以爲專名，所以叫做"頌"。

何以見得這類詩是舞詩呢？舞分文武舞，所舞皆在頌中。《禮記·內則》："十三舞勺，成童舞象。"勺和象是什麼呢？鄭注云："謂先學'勺'，後學'象'，文武之次。勺即《周頌·酌》（於鑠王師章），象即《周頌·維清》（維清輯熙章），奏象舞也。"是《酌》與《維清》皆舞詩之證。《禮記·文王世子》："登歌清廟（於穆清廟章），下管象。"鄭注："象，周武王伐紂之樂也。以管播其聲，又爲之舞。"（《明堂位》《祭統》《仲尼燕居》皆有"升舞清廟下管象"語）玩其文義，似是在堂上歌《清廟》之章，同時在堂下舞《維清》之章而以管爲之節。兩詩節奏或相應亦未可知。《禮記·郊特牲》："朱干設錫冕而舞《大武》；《明堂位》："朱干玉戚冕而舞《大武》。"大武又是什麼呢？《周頌》有《武》一章（於皇武王章），《毛序》云："武，舞《大武》也。"鄭箋云："《大武》，周公作樂所爲舞也。"《左氏·宣十二年傳》云："武王克商作武。其首章因'耆定爾功'（今武篇文）；其三曰'鋪時繹思我徂維求定'（今《賚》篇文）；其六曰'綏萬邦屢豐年'（今《桓》篇文）……"然則"大武"不止一章，今本《賚》《桓》，兩篇皆《武》之一部分，且最少還應有三篇才合成全套的《大武》。那三篇不知是何篇，總之不出《周頌》各篇之外罷了。"大武"怎樣舞法呢？《樂記》說："《大武》，先鼓以警戒；三步以見方；再始以《著》往；亂以飭歸。"又說："總干而山立，武王之事也；發揚蹈厲，太公之志也；武亂皆坐，周召之治也。"又說："夫武，始而北出；再成而滅商；三成而南；四成而南國是強；五成而分，周公左，召公右；六成復綴以崇天子。"以上幾段把《大武》的舞頌——即舞容大概傳出了。可見三《頌》之詩，都是古代跳舞的音樂。與《雅》《南》之唯歌者有異，與《風》之不歌而誦者更異了。

總而論之，《風》是民謠，《南》《雅》是樂府歌辭，《頌》是跳舞樂或劇本。因爲各自成禮不能相混，所以全部《詩經》分爲這四類。這樣解"四詩"，像是很妥當。

我這種解釋，惟釋《頌》一項本阮元《揅經室集》而小有異同，其餘都是自己以意揣度的，或者古人曾說過亦未可知。說得對不對，還盼望好古之士下批評。

## 【乙種之十二】

# 詩經奧論（選録）

鄭樵

**西堂案**：鄭樵《六經奧論》有《二南辨》《風有正變辨》《雅非有正變辨》《風雅頌辨》《論四詩六義》者。其《二南辨》，説同程大昌《詩論》，不録。兹録《風有正變辨》此次八篇，以供學者參考，最好取原書一讀之，以窺其全。

### 一 《風有正變辨》

風有正變，仲尼未嘗言，而他經不載焉，獨出於《詩序》。若以美者爲正，刺者爲變，則《邶》《鄘》《衛》之詩，謂之變風可也。《緇衣》之美武公，《駟驖》《小戎》之美襄公，亦可謂之變乎？必不得已，從先儒正變之説，則當如《穀梁》之書，所謂變之正也。穀梁之《春秋》，書築王姬之館於外，書春秋盟於首戴，皆曰變之正也。蓋言事雖變常，而終合乎正也。《河廣》之詩曰："誰謂河廣，一葦杭之。"其欲往之心，如是其鋭也；然有舍之而不往者。《大車》之詩曰："榖則異室，死則同穴。"其男女之情，如是其至也；然有畏之而不敢者。《氓》之詩曰："以爾車來，以我賄遷。"其淫泆之行如是其醜也；然有反之而自悔者。此所謂變之正也。序謂變風出乎情性，止乎禮義，此言得之。然詩之必存變風何也？見夫王澤雖衰，人猶能以禮義自防也。見中人之性，能以禮義自閑，雖有時而不善，終蹈乎善也。見其用心之謬，行己之乘，倘返而爲善，則聖人亦録之而不棄也。先儒所謂風之正變如是而已！雅之正變如是而已！

### 二 《雅非有正變辨》（有小大，無正變）

二《雅》之作，皆紀朝廷之事，無有區别。而所謂大小者，序者曰：政有大小，故謂之《大雅》《小雅》，然則《小雅》以《蓼蕭》爲澤及四海，以《湛露》爲燕諸侯，以《六月》《采芑》爲北伐南征，皆謂政之小者如此。不知《常武》之征伐，何以大於《六月》？《卷阿》之求賢，何以大於《鹿鳴》乎？或者又曰：《小雅》猶言其詩典正，未至渾厚大醇者也。此言猶未是。蓋

《小雅》《大雅》者，特隨其音而寫之律耳。律有小吕、大吕，則歌《大雅》《小雅》，宜其有別也。《春秋》襄公二十九年，吳季札觀周樂，歌《大雅》《小雅》，是雅有小大，已見於夫子未刪之前，無可疑者。然無所謂正變者。正變之言，不出於夫子，而出於《序》，未可信也。《小雅·節南山》之刺，《大雅·民勞》之刺，謂之變雅可也。《鴻雁》《庭燎》之美宣王也，《崧高》《烝民》之美宣王，亦可謂之變乎？蓋《詩》之次第皆以後先爲序，文武或康，其詩最在前，故二《雅》首之。厲王繼成王之後，宣王繼厲王之後，幽王繼宣王之後，故二《雅》皆順其序。《國風》亦然，則無有正變之説，斷斷乎不可易也。《詩》之《風》《雅》《頌》亦然，《詩》之六義，未嘗有先後之別。

三　《豳風辨》（《邠風》詩論傳風、雅之體）

周、召、邶、墉、衛、王、鄭（洛邑）、齊、豳、秦、魏、唐、陳、檜、曹，（此夫子未刪之前季札觀樂之次第）周、召、邶、墉、衛、王、鄭、齊、魏、唐、秦、陳、檜、曹、豳（此今詩之次第）。自周、召至檜、曹，此夫子未刪之前，季札觀樂國風之次第也。自周、召至於豳，此今詩《國風》之次第，十五國風初無增損，或謂夫子離衛降王，進鄭退齊，入魏與秦，以一己之私，揣摩聖人之意，無是理也。然聖人必以豳之風置之檜、曹之下者，何也？蓋習亂者，必思治，傷今者必思古；檜終於《匪風》，思周道也；曹終於《下泉》，思治也。天下後世，苟有《下泉》之思治，《匪風》之思周道，則陳淫檜亂之治，一變而復見豳風之正。聖人序《詩》，所以寓其變於十五國風之末者此也。《豳風》《豳雅》駸駸，聖人以豳詩列於《風》《雅》之間，謂其不純《風》而可以《雅》，駸駸乎移《風》而即於《雅》也。所以繫《風》之末，居《雅》之前者，此也。或曰《七月》《鴟鴞》之詩，其言則《雅》，其體則《風》，雖非婦人女子之言，實婦人女子之體也。故列之《風》《雅》《頌》之間，聖人有深意也。（齊、魯、韓三家之詩，皆無《七月》篇。或謂《豳風》七篇，自《鴟鴞》以下六篇，皆非豳事。獨《七月》一篇，豈足以當一國之事。《周禮》有《豳·雅·頌》，豈不爲有豳詩而今亡之乎？故齊、魯、韓三家之詩，皆無《七月》篇，然則豳有亡者，不可得而知之也。周、召、王、豳之風，同出於周、召之《風》，同出於周，而分於東西）

四　《風雅頌辨》（風雅頌兼傳六義）

《風》《雅》《頌》，詩之體也。賦與比，詩之言也。六義之序，一曰風，五曰雅，六曰頌，其後先次第，聖人初無加損也。三者之體，正如今人作詩，有律有吕有歌行是也。風者出於土，風大既小。夫賤隸婦人女子之言，其意雖遠，其言淺近重複，故謂之《風》。《雅》出於朝廷士大夫，其言純厚典則，其體抑揚頓挫，非復小夫賤隸婦人女子能道者，故曰《雅》。《頌》者初無諷誦，惟以鋪張勛德而已。其聲有節，不敢瑣語褻言，以示有所尊，故曰《頌》。唐之《平淮夷頌》，漢之《聖主得賢臣頌》，效其體也。然所謂《風》《雅》《頌》者，不必自《關雎》以下，方謂之《風》；《鹿鳴》以下，方謂之小雅；不必自《文王》以下，方謂之《大雅》；不必自《清廟》以下，方謂之《頌》。程氏曰：詩之六體，隨篇求之，有兼備者，有偏得其三者。《風》之爲言有諷諭之意，三百篇之中，如"文王曰咨""咨女殷商"之類，皆可謂之《風》。雅者正言其事，三百篇之中，如"憂心悄悄，慍於群小""覯閔既多，受侮不少"之類，皆可謂之《雅》。頌者稱美之辭，如"於嗟麟兮！於嗟乎騶虞"之類，皆可謂之《頌》，故不必泥風、雅、頌之名，以求其義也。亦猶賦詩而備比、興之義焉。

### 五　頌辨（頌者，上下通用以美其君之功德）

陳休齊云：《頌》者序其事，美其形容，以告於神明，是其詩專用於郊廟，蓋鬼神之事，戰國以下失之矣。管仲有《國頌》，屈原有《橘頌》，秦人刻石頌功德，漢有《聖主得賢臣頌》，唐有《摩崖中興頌》，以鬼神之事，加之生人，其弊如此。余謂此説不然。蓋《頌》者美其君之功德而已！何以告神明乎？既以敬之爲戒成王，《小毖》爲求助，與夫《振鷺》《臣工》《閔予小子》，皆非告神明而作也。不惟天子用之，諸侯、臣子祝頌其君者，亦得用。故僖公亦有頌。後世揚雄之頌充國，陸機之頌漢功臣，韓愈之頌伯夷，鄭頌子產之不毀鄉校，蓋有是焉。《禮記》載"美哉輪焉，美哉奐焉，君子稱其喜頌善禱"，亦猶是也。憑詩之言，而疑後世作頌之道，非的論也。

### 六　商魯頌辨

《魯頌》是僖公已殁之後，《序》中明言季孫行父，請命於周，而史克作是頌。《頌》有四篇，皆史克作明矣。《閟宮》曰："新廟奕奕，奚斯所作。"蓋奚斯作新廟耳！非作頌也。而漢班固（《西都賦·序》，其誤自孟堅始）、王延壽等（《魯靈光殿賦》云："奚斯頌僖，歌其路寢"），反謂《魯頌》詩奚斯所作。《商頌》明言正考父得《商頌》十二篇於周之太師，而太史公曰：宋襄修仁義，其大夫正考父美之，而作《商頌》。此蓋出於《韓詩》以《商頌》出於春秋之世，故爲是說爾（《史記·宋世家》）。當漢之時，《詩》之《序》未出，宜乎言《詩》者之抵牾也。二《頌》之作，當以《序》爲正。

### 七　讀詩法

詩三百篇，皆可歌可頌，可舞可弦。大師世傳其業，以教國子，自成童至既冠，皆往習焉。誦之則習其文，歌之則識其聲，舞之則見其容，弦之則寓其意。春秋以下，列國君臣，朝聘燕享，賦詩見志，微寓規諷，鮮有不能答者，以詩之學素明也。後之弦歌與舞者皆廢，直誦其文而已，且不能言其義，故論者多失詩之意。夫文章之體有二，有史傳之文，有歌咏之文。史傳之文，以實錄爲主；秋豪之喜，不私假人。歌咏之文，揚其善而隱其惡，大其美而張其功，後世欲求歌咏之文大過，直以史視之，則非矣。《孝經》十八章，其及於詩者十；《中庸》《孟子》所以善言詩者，以其無漢儒之說亂之也。蓋嘗論之，善觀詩者，當推詩外之意。如孔子、子思；善論《詩》者，當達《詩》中之理，如子貢、子夏；善學《詩》者，當取一二言爲立身之本，如南容、子路；善引詩者，不必分別所作之人，所采之詩，如諸經所舉之詩可也。緜蠻黃鳥，止於丘隅，緜蠻不過喻小臣之擇，卿大夫有仁者依之，夫子推而至於爲人君止於仁，與國人交止於信。鳶飛戾天，魚躍於淵，旱麓不過喻惡人遠去，而民之喜得其所，子思推之，上察乎天，下察乎地。觀《詩》如此，尚何疑乎？"如切如磋，如琢如磨"（《淇澳》），而子貢能達之於貧富之間；"巧笑倩兮，美目盼兮"（《碩人》），而子夏能悟於禮後之說；論詩若此！尚何尤乎？南容三復，不過白圭，抑子路終身所誦，不過"不忮不求"（《雄雉》），學詩至此，奚以多爲？"維岳降神，生甫及申"（《崧高》）宣王詩也，夫子以爲文武之德。"夙夜匪懈，以事一人。"仲山甫詩也，《左氏》以爲孟明之功。《小宛》幽之詩也，祭父以爲文王；"戎狄是膺，荆舒是懲"，僖公詩而也，《孟子》以爲周公。"矢其文德，洽此四國"（《江漢》），記禮者以爲天王之事。"明明天子，令聞不已"（《江漢》），記禮者（同上，《孔子閒居》）以爲三代之君。引詩若此，奚必分別所作之人，所采之詩乎？達是詩然後可以言詩也。不然，周餘黎民，靡有孑遺，信其爲孑遺矣！"崧高維嶽，駿極於天"，信其爲極矣，必欲以實跡驗之，則不可以言詩。善乎孟子之言詩，可謂長於詩者。《詩》曰：民之秉彝，好是懿德，孟子從而釋之曰：民之秉彝也，故好是懿德而已，未嘗費辭，而理自明。故橫渠有詩曰："置心平易始知詩"。楊中立見之曰：知此詩者，可以讀三百篇矣！信哉言乎。

## 八　詩有美刺

詩有美刺，美詩作於文、武、成、康之世，歌咏太平而不顯作者之名。而況刺詩，當王室衰微，諸侯橫恣。譏訶醜亂之跡，暴揚帷幄之私，則隱晦姓名，宜愈甚矣。是以作詩者不明著其人，亦不直指其事。惟《節南山》，刺幽王也，則曰"家父作誦，以究王訩。"《巷伯》，寺人傷讒而作也。則曰"寺人孟子，作爲此詩"。《祈父》詩曰："祈父！予王之爪牙。"《烝民》詩曰："吉甫作誦,穆如清風。"如此則明著其所作之人。其他諸詩,有美刺者,不可以言語求,必將觀其意可矣。故其譏刺是人也,不言其所爲之惡,而言其爵位之尊,服飾之美,而民疾之以見其不堪也。"君子偕老,副笄六珈""赫赫師尹,民具爾瞻";是也。其頌美是人也,不言其所爲之善,而言其冠佩之華,容貌之盛,而民安之,以見其無媿也。"緇衣之宜兮,敝予又改爲兮""服其命服,朱芾斯皇"是也。後世惟《孟子》言齊王鼓樂田獵,深識此意。觀其言曰:百姓聞王鐘鼓管籥之音,車馬羽毛之美,其譏之則曰:舉疾首蹙額而相告曰:吾王之好鼓樂田獵,夫何使我至此極也!其美之則曰:舉欣欣然有喜色而相告;吾王庶幾疾病歟!何以能鼓樂田獵也? 正得此意。《孟子》長於詩,故其言自與詩合。

## 【乙種之十三】

# 詩終始論

## （《檢論》）

章炳麟

**西堂案：** 二《南》爲南方之樂，不繫二公。宋以來學者多主之。章炳麟《檢論》中，有《詩終始論》，明二《南》爲荊楚風樂，周秦漢相傳，皆知其本。楚者，《周南》《召南》之聲，已在正風中。舉終始以明之，二《南》爲南樂，可無疑矣。

上古帝王，自西極來。唯黃帝遷徙往來無常處，邑於涿鹿。所以填撫蚩尤餘櫱，非安之也。其他大人所聚，悉營南服，偏北亦以河水爲限。庖犧都陳，近阻淮水。少暤都曲阜，在泗濱，未嘗過河。而神農終於長沙。萬陽高辛，起江水若水間，皆荊梁之域矣。唐堯始都河北。朔方引弓之俗，淳化近文，未能至也。夏世復南都陽城。湯始居亳，或曰京兆杜陵亭，或曰河南偃師尸鄉也。仲丁遷囂，在滎陽。河亶甲居相，漢之沛郡。東西不常，皆負河而治。及祖乙遷耿，盤庚治殷，始宅朔土，南面阻河。朝歌淫亂之德，實與南方芳臭堲殊。文王治周，故偏西北。北視陰山高闕，則直黃河以南千有餘里也。其後遷豐邑。與雒陽南北相當，是故關中習俗，不與燕、趙、魏同流。歸周之國，二分皆在南部。周南、召南，辭稱江漢。《序》言自北而南，謂潼華雒師之際，非冀州也。《韓詩》以爲在南陽、南郡間者，得其地。《詩傳》曰：國君有房中之樂。而誹以爲周南、召南。《禮樂志》言房中詞樂，高祖唐山夫人所作也。周有房中樂，至秦名曰壽人。凡樂樂其所自生，禮不忘本。高祖樂楚聲，故房中樂，楚聲也。明二南荊楚風樂。周、秦、漢相傳，皆其本。《書》始唐典，道北方文化所由基。《詩》始周、召，以爲復犧、農、頊、嚳南方之化而桄之也。是故十五國風，不見荊楚。楚者周南、召南之聲也，已在正風中矣。史岑爲《出師頌》，上道周勝殷事，而云蒼生更始，朔風變楚。故周楚一原也。陵夷至於夷厲，戎狄交爭。中國不絕如綫，楚偏南服。而淫王號，始爲北方諸侯所惎，《春秋》見之，尊王官也。然《詩·國風》終於陳靈，以其淫洪致亂。齊、晉諸國，弗能董正，獨賴楚莊討而存之。詩之張楚，聖人之情，見乎辭矣。四始以《周南》《召南》前導，殿以殷武。殷之奮伐荊楚，則河朔與楚，自古相競也。肇始昆侖玄圃之麓，江河之原，距三四百里。河東北流，觸陰山，折南轉東，以界冀、幽、並三州。北與韃鞨相連。江東南流爲金沙，折北與汶江會，轉東入海。禹貢冀州距河，梁、荊、揚跨江，而不橫殊。本之河北，民性與河南異。大江不以南北華分焉。江河派別，而民異性，寒暖異俗。仲尼魯產也，裔介兩方。嘗至吳楚，而不肯北適燕、晉。以周班則燕、晉迭爲方伯，民俗節摋，其惟吳、楚爲隆。吳、晉爭盟，春秋終於黃池，亦猶殷人與荊楚已。曩者周、召之化，上游至於荊、梁，其後屈原、宋玉、相如、揚雄繼之。七雄相競，吳、越包在東楚之域。太史公稱買臣楚士是也。項羽、沛公自彭城下相間作。羽以吳人八千，北勝巨鹿，與沛公先後入秦。由是楚漢之音興，而鄭聲廢矣。自安世《房中》以外，雖不純雅，猶愈桑間濮上之聲。後有枚乘、嚴夫子、嚴安之屬，復以吳士被屈原風。賈誼自周遷於長沙，始弔屈原，則惜誓《鵩鳥》之文繼作。下得建安曹氏父子，產於譙。而王粲亦客荊州，五言最盛焉。自晉之東，中原靡亂，詩樂皆趄江左。如河北者，幾無一篇也。（拓跋孝文以還，始有篇什，比之南國，則猶擊缶之與黃鐘矣）是時雅樂雖失其序，清商爲楚漢遺聲，獨存江表。庳者至於《玉樹後庭華》《金釵兩臂垂》諸曲，辭近淫哇，猶春容有士君子風。隋文帝知爲華夏正聲，異於當時燕樂，外取胡戎，故知周召之風，其傳遠矣。《說苑》有云：子路鼓瑟，有北鄙之聲。孔子曰：夫先王之制音也。奏中聲爲中節，流入於南，不歸於北。南者生育之鄉，北者殺伐之域。昔舜造南風之聲，其興也勃焉；紂爲北鄙之聲，其廢也忽焉（《修文》篇）。故知歌律當以南紀爲宗，其道千世而不易也。章炳麟曰：六代之樂，孔子獨美《韶》《武》。豈以《雲門》《咸池》《夏》《濩》爲非哉。《武》有南音，《韶》亦流入於南故也。且漢世善賦者，莫若賈誼、相如。太史公獨錄其篇。誼之獻書，次及鼂錯、仲舒。文章經國，而一往愁遺焉。非其擯實事，蕙虛華也。人之情性，非隨時質文局小之事。荊、梁、吳、楚，一國磐石之宗，非漢室盛衰一姓之業也。小儒訶爲用寡，而不悟斷代之史，又妄取辭賦常言增之。隨俗雅化，誠不與知太史深趣。夫河朔與虞賓鄰，民化其俗，種姓更易。而荊、梁、吳、楚，仍世益盛，非獨文學云云也。自吳先主、諸葛孔明造建荊梁，終古不貸。左思爲《魏都賦》，獨欲朔遠南國，而極道北上富庶。所言筼筤懷風，水澍杭稌，勖勖桑柘，姜芊充茂，淇洹之笋，清流之稻，及夫錦綉襄邑，羅綺朝歌，縑裏清河，縣繢房子，今其物且安往邪。地壤既變，人力亦窳。土爲不毛，民爲驕宼。誠於今日陳《魏都賦》者，奚翅說盧橘於上林，陳玉樹於甘泉也。劉知幾曰：昔者中原乏主，海内橫流，遜彼東南，更爲正朔。雖南史素王復生者，不能別有異同。悟非其議也。烏乎！可悲夫。詩之張楚，聖人之情，見乎辭矣。

## 【乙種之十四】

## 小疋大疋說

### (《太炎文錄》)

章炳麟

**西堂案：**《雅》之爲說，多以政言，《齊詩》五際，亦其明驗。章炳麟以《頌》與《風》俱含數義，《雅》亦得函數義。聲近雅，故爲烏烏；聲近夏，故爲夏聲。然《雅》詩之中，詞旨正大，氣象雍容，不可以秦聲烏烏當之，且無以別於王、豳、秦、鄭之聲矣。其說固自新穎，學者不可妄從也。詩有"以《雅》以《南》"，則雅爲夏較合。

### 小疋大疋說上

《說文》：疋，足也。古文以爲詩大疋字，或曰胥字。一曰疋，記也。章炳麟案：黃帝之史倉頡，見鳥獸蹏迒之迹，知分理之可相別異也，初造書契。是故記錄稱疋，取義於足跡。今字作疏。疋寫古音同，故亦爲寫，號其物形謂之書。書者象疋之音，而孳乳之字也。《釋獸》曰：鹿其跡速，麇其跡解。速今字爲麤，本因疋變（疏或作疎可證）。《說文》曰：釆，辨別也，象獸指爪分別也。《詩傳》曰：兌，成蹊也。說從兌聲，凡言疏言解言辯言說者。無所取之，取之足跡也。畫繢亦曰疋。《樂記》：朱弦而疏越。鄭君曰：疏，畫之笙師。鄭司農說：雅有兩紐疏畫。是也。彫鏤亦曰疋。《有司徹》：疏，疏。鄭君以爲刻飾。《明堂位》疏屛疏勺。《月令》：其器疏以達。鄭君以爲刻鏤。是也。圖畫、刻畫，皆筆削之事，於古則一，故悉曰疋。以足跡命之，其後孳乳。帛則曰書，械器則曰疋，網戶朱綴刻方連者則曰疏。要之，其始皆葵諸足跡已。大小疋者，《詩序》曰：言天下之事，形四方之風，謂之雅。碩者美盛德之形容，以其成功，告於神明。頌本頌兒字，褒美則曰形頌；紀事則曰足跡。是故疋、頌相待爲名。《孟子》曰：王者之跡息而《詩》亡，《詩》亡然後《春秋》作。范甯述之曰：孔子就大師而正《雅》《頌》，因魯史而修《春秋》。列《黍離》於《國風》，齊王德於邦君，所以明其不能復《雅》。政化不足以被群後也。此則王者之跡，謂之小疋大疋，故訓敛如也。世人欲改王者之跡爲迒，復謂變風終於陳靈。雅雖絕，不爲詩亡。案其年世，《春秋》之作，後陳靈百二十年，不相比次。管子言爲《春秋》者，賜一金之衣。此復在陳靈前。論稱式負版者。孔安國曰：負版者，持邦國之圖籍。孔子時，圖籍猶上王朝，迒人之守未息，又況國史初有春秋之代邪。余念范甯以跡爲雅則是。然《雅》亡在孔子《春秋》前四十八年，復不相直。以爲《春秋》編年國史之錄，蓋始造於宣王之世。《詩序》所謂《小雅》盡廢時也。故太史錄年序，始於共和，明前此無編年書。跡息者，謂正雅之治不用；詩亡者，謂自是正風正雅不復用（説見《原經篇》）。故夫疋之爲跡明矣。善書者爲疋，故胥、史並稱。有才知者謂之諝，語亦自此始。樂官亦有大胥、小胥，胥即疋也。後漢有大予樂官。大予者大胥之異文。若《匈奴傳》比疏，亦爲比余矣。予亦疋也。然則六詩惟疋爲重。《齊詩》推五際六情。不取《風》《頌》，蓋明其指歸哉。故曰：王者之跡息而詩亡也。爲雅爲夏，皆與疋同聲。古者或借雅爲疋。《何武傳》曰：槃辟雅拜。有司以爲詭衆虛僞。杜子春曰：奇拜先屈一卻，今雅拜是也。此則雅拜亦爲疋拜，與手拜對名。夏之從文。《説文》亦曰兩足也。凡樂言疋者有二焉：一曰大小疋；再曰舂牘應雅。雅亦疋也。鄭司農説笙師曰：舂牘以竹，大五六寸，長七尺；短者一二尺。其端有兩空髹畫，以兩手築地。應長六尺五寸，其中有椎雅，狀如漆筩而弇口。大二圍，長五尺六寸。以羊韋鞔之，有兩紐疏畫。鄭司農曰：牘應雅教。其舂者，謂以築地。賓醉而出，奏《祴夏》。以此三器，築地爲之竹節。兩説雖少異。器長五尺以至七尺者，趣以築地，皆杵之倫。《樂記》治亂以相，訊疾以雅。劉煦《唐書·樂志》説相爲舂牘。《曲禮》：舂，不相。鄭司農以爲送，杵聲。雅之用亦在椎。《漢官》有執金吾。以駏牙鉏吾，同物。明吾借爲雅。金雅者金椎也。要之，相、雅同物，徒鞔革不鞔革，及長短異。雖二名，實以一語變轉。若籥、笛、簫三名，聲均皆相似。笛爲戳竹，筩爲洞簫，亦故同語矣。雅本作疋，以築地節行名。楚王戊使申公白生杵曰雅舂於市。雅猶相也。古字多以胥爲相，是故相之語柢亦曰疋。相以築地，則送杵之聲亦曰相。《荀子》以作《成相》。《藝文志》以錄成相雜辭。

**小疋大正説下**

甲曰：《詩誣》云："遹及商王，不風不雅。"然則稱雅者放自周。周、秦同地。李斯曰：擊甕叩缶，彈筝搏髀，而歌呼烏烏，快耳者，真秦聲也。楊惲曰：家本秦也，能爲秦聲；酒後耳熱，仰天拊缶，而呼烏烏。《説文》：雅，楚烏也。雅、烏古同聲。（徐鉉《切雅字》：一作烏加古在魚模，則正如烏）若雁與鴈，鳬與鶩矣。大小疋者，其初秦聲烏烏，雖文以節族，不變其名。作疋者非其本也。應之曰：斯各一義，閎通則無害爾，且頌本形容也。《禮樂志》言：高祖六年作昭容樂。《禮》：容樂，以昭容方昭夏。然則大樂必以形容爲號，漢初猶然。頌爲形容甚明。《詩譜》則曰：頌之言容。天子之德，光被四表；格於上下，無不覆燾，無不持載。此之謂容。即又以容爲色容也。其説《春官·大師》曰：頌之言誦也。誦今之德，廣以美之。復別取聲義。《序》曰：風，風也。風以動之，上以風化下，下以風刺上，主文而譎諫，言之者無罪，聞之者足以戒，故曰風。即以八風與諷諫並説也。頌與風得函數義，正之爲足跡。聲近雅，故爲烏烏；聲近夏，故爲夏聲。一言而函數義可也。若牽其名號者。周之《九夏》，以鐘鼓奏之；禹樂又稱《大夏》。悉非文王《鹿鳴》之儕，何其名之相濫也。

## 【乙種之十五】

## 六義與大小雅之別

### （《詩緝》）

嚴粲

**西堂案：**大、小《雅》之別，論者謂只有主政、主聲二者。姚際恒曰：大、小雅之分，或主政事，或主道德，或主聲音，唯嚴氏主辭體者近之，並引嚴氏説。並録嚴氏《詩緝》中《釋關雎序論六義》及《論大小雅之別者》二節，以便考覽。嚴氏固又善於言興者也。

故《詩》有六義焉：一曰風，二曰賦，三曰比，四曰興，五曰雅，六曰頌。

《詩》之名三，曰《風》《雅》《頌》，此以風、雅、頌偕賦、比、興言之。謂三百篇之中，有此六義，非指詩名之《風》《雅》《頌》也。孔氏謂，風、雅、頌皆以賦、比、興爲之，非也。《大序》之六義，即《周官》之六詩。如孔氏説，是風、雅、頌三詩之中，有賦、比、興之三義耳，何名六義、六詩哉？凡風動之者，皆風也。正言之者，皆雅也。稱美之者，皆頌也。故得與敷陳之賦，直比之比，感物之興，並而爲六也。《吕氏》言：得風之體多者爲《國風》，得雅之體多者爲二《雅》，得頌之體多者爲《頌》。風非無雅，雅非無頌，其説是也。若謂三詩之中，止有三義，則比、興之外，餘皆爲賦；然不忮不求，何用不臧？此於六義爲雅，不當謂之賦。"稱彼兕觥，萬壽無疆"，此於六義爲頌，亦不當謂之賦。

小注：程子曰：《國風》、二《雅》、三《頌》，詩之名也。六義，詩之義也。風者，謂風動之也。賦者，謂敷陳其事也。比者，直比之。興者，因物而起。雅者，正言之。頌者，稱美之。六義隨篇求之，有兼備者，有偏得其一二者。張子曰：一詩之中，有兼見風、雅、頌之義。賦、比、興亦然。《補傳》曰：國風、雅、頌，蓋於六義之中，取其體之大者而名之。

政有小大，故有《小雅》焉，有《大雅》焉。
以政之小大爲二《雅》之別，驗之經而不合。李氏以爲《大序》者，經師次輯其所傳授之辭，不能無附益之失，其說是也。然二《雅》之訓，先儒亦皆未有至當之說。竊謂《雅》之小大，特以其體之不同耳。蓋優柔委曲，意在言外者，《風》之體也。明白正大，直言其事者，《雅》之體也。純乎《雅》之體者，爲《雅》之大；雜乎《風》之體者，爲《雅》之小。今考《小雅》正經，存者十六篇，大抵寂寥短簡。其首篇多寄興之辭；次章以下，則申復詠之，以寓不盡之意，蓋兼有《風》之體。《大雅》正經十八篇，皆舂容大篇。其辭旨正大，氣象開闊，不唯與《國風》迥然不同，而比之《小雅》，亦自不侔矣。至於變雅亦然，其變《小雅》中，固有雅體多而風體少者，然終有風體，不得爲《大雅》也。《離騷》出於《國風》，其文約，其辭微，世以《風》《騷》並稱，謂其體之同也。太史亦稱《離騷》曰：《國風》好色而不淫，《小雅》怨誹而不亂，若《離騷》者，可謂兼之。言《離騷》兼《國風》《小雅》，而不言其兼《大雅》，見《小雅》與《風》《雅》相類，而《大雅》不可與《風》《騷》並言也。詠"呦呦鹿鳴，食野之蘋"，便會得《小雅》興趣；誦"文王在上，於昭於天"，便識《大雅》氣象。《小雅》《大雅》之別，則昭昭矣。

小注：臣考《蓼菁者莪》毓材，《棫樸》官人，所言之事同也。然《蓼菁者莪》之詩，惟反復吟詠於"菁菁者莪"，是有風體，而不純乎雅，故爲《小雅》。至《棫樸》之詩，言"左右奉璋……髦士攸宜……周王於邁，六師及之。……周王壽考，遐不作人？……勉勉我王，綱紀四方"。皆正言其國，其詞旨氣象，與《菁莪》大有間矣，故爲《大雅》。此大、小《雅》正經之別，其餘可類推也。以變雅言之，《六月》《采芑》《常武》《江漢》，皆述宣王征伐之事，而《六月》《采芑》，其體與《采薇》《出車》《杕杜》，不甚相遠，比之《江漢》，言"江漢浮浮，武夫滔滔，匪安匪游，淮夷來求"。《常武》言："赫赫明明，王命卿士，南仲大祖，大師皇父。"氣象小大，自是不同。季札觀樂，至歌《小雅》，曰：怨而不言。至歌《大雅》，曰：廣哉熙熙乎！此善言二《雅》之氣象者也。至以《大雅》爲曲而有直體，却正說著《小雅》。《小雅》兼有風體，故曲而有直體，若《大雅》之體，安有所謂曲？杜預知其說之不適，乃曰：此論其聲，蓋非謂論其體也。

**西堂案：**何玄子（楷）辨大、小《雅》之別曰：《棫樸》《旱麓》《靈臺》《鳧鷖》，非雜乎《風》者耶？何以載於《大》？《天保》《六月》《車攻》《吉日》，非純乎《雅》者耶？何以載於《小》？足與嚴氏此說相發明。

## 【乙種之十六】

## 大、小二雅當以音樂別之

### (《詩説》)

惠周惕

**西堂案：**《雅》之有大小，以音別之也。程大昌《詩論》已言之。從是説者甚多，惠周惕其一也。兹録其《詩説》第一段，以備稽覽。《學海堂文集》中，有梁國珍詩之《雅解》一篇，亦主以音別之，學者可取而觀之。此篇先列衆説，而後斷以己見，較重要也。

《風》《雅》《頌》以音別也，《雅》有小大，義不存乎小大也。《自序》之言曰：《雅》者，王政所由廢興。政有小大，故《詩》有《小雅》，有《大雅》，大小《雅》之名立，而難辨之端起矣。難之者曰：《常武》《六月》，同一征伐也；《卷阿》《鹿鳴》，同一求賢也。大、小何以分邪？解之者曰：《常武》，王自親征，《六月》不過命將，軍客不同故也；《卷阿》爲成王，《鹿鳴》爲文王，尊卑有等故也。難之者曰：然則《江漢》宜在《小雅》，成、宣宜在《大雅》，今何以反之？或錯陳之也？其後朱晦翁則謂：《小雅》燕享之樂，《大雅》朝會之樂，受釐陳戒之辭。嚴華谷則謂：明白正大，直言其事者，《雅》之體；真純乎《雅》之體者，爲《雅》之大；雜乎《風》之體者，爲《雅》之小。章俊卿則謂：《風》體語皆重複淺近，婦人女子能道之。《雅》則士君子爲之也。《小雅》非復《風》之體，然亦間有重複，未至渾厚大醇；《大雅》則渾厚大醇矣。三家之説，朱子於理爲長。然猶未離乎《序》之所謂政也。《序》既以政爲言，則大、小必有所指，此辨亂之所以紛紛也。按《樂記》師乙曰：廣大而靜，疏達而信者，宜歌《大雅》；恭儉而好禮者，宜歌《小雅》。季札觀樂，爲之歌《小雅》，曰：美哉！思而不貳，怨而不言。爲之歌《大雅》，曰：廣哉熙熙乎！曲而有直體。據此大、小《二雅》，當以音樂別之，不以政之大小論也。如律有大小吕，《詩》有大小明，義不存乎大小也。

## 【乙種之十七】

# 釋　頌

（《揅經室集》）

阮　元

　　**西堂案**：《風》《雅》之義，前舉數篇，略盡之矣。頌之爲美稱，非其本義也。惠周惕《詩說》，以爲孔氏《正義》："頌之言誦"也，誦今之德廣以美之，是誦即頌也。猶未盡是。至阮文達《釋頌》，以"頌"爲"容"，實得其義。學者所不可不知也。錄之以補參考。

　　《詩》分爲《風》《雅》《頌》，頌之訓爲美盛德者，餘義也，頌之訓爲形容者，本義也。且"頌"字，"容"字也。（頌正字，容假借字。《詩譜》：頌之言容。《釋名》：頌，容也。並以假借字釋正字。《說文》容訓盛，與"頌"字義別。後人專以"頌"爲歌功頌德字，而"頌"之本義失矣）故《說文》：頌，皃也，從頁公聲。籀文作"額"。是容即頌。《漢書·儒林傳》：魯徐生善爲頌，即善爲容也。（《說文》"皃"下云：頌，儀也。與此頌字爲轉注。籀文者，周宣王太史所作，頌即容貌字者。《史記·樂書》云：物之頌也。《漢書·儒林傳》云：頌禮甚嚴。又云：孝文時，徐生以頌爲禮官大夫。師古注並云：頌讀曰容）容、養、羕，一聲之轉。古籍每多通借，今世俗傳之"樣"字，始於《唐韻》，即"容"字轉聲所借之"羕"字。不知何時再加木旁以別之，而後人遂絕不知從頌、容、養轉變而來。豈知所謂《商頌》《周頌》《魯頌》者，若曰"商之樣子""周之樣子""魯之樣子"而已，無深義也。何以三《頌》有樣，而《風》《雅》無樣也。《風》《雅》但弦歌笙間，賓主及歌者，皆不必因此而爲舞容。（凡樂懸並在堂下，惟琴瑟隨工而得升，笙則倚於堂。《大射儀》云：蕩在建鼓之間。《禮記·禮器》云：歌者在上，匏竹在下，貴人聲也。弦歌間以笙者，如諸侯燕群臣及聘問之臣，升歌《鹿鳴》《四牡》《皇皇者華》，間歌《魚麗》，笙《由庚》，歌《南有嘉魚》，笙《崇》丘，歌《南山有台》，笙《由儀》。大夫士鄉飲酒禮亦如之，並無所爲舞容。他如《周禮》

《左傳》《國語》所載，亦但曰歌曰咏歌。《左傳》季札觀樂，惟使工爲之歌。《國語》叔孫穆子對晉侯云：伶簫咏歌。而亦絕不及舞容）惟三《頌》各章，皆是舞容，故稱爲頌。若元以後戲曲，歌者舞者，與樂器全動作也。《風》《雅》則但若南宋人之歌詞、彈詞而已，不必鼓舞以應鏗鏘之節也。（頌之舞容，《禮記·文王世子》："適東序，釋奠於先老……登歌清廟……下管象，舞《大武》。"注云："《象》，周武王伐紂之樂也，以管播其聲，又爲之舞。"《明堂位》：以禘禮禩周公於太廟，……升歌清廟，下管《象》。《祭統》：夫大嘗禘，升歌《清廟》，下而管《象》。《仲尼燕居》：升歌《清廟》，示德也；下而管《象》，示事也。《詩序》：《維清》，奏《象》舞也。《箋》云：《象》舞，像用兵時刺伐之舞，武王制焉。又云：武奏《大武》也。《箋》云：《大武》，周公作樂，所爲舞也。《樂記》：鐘鼓管磬，羽籥干戚，樂之器也。屈申俯仰，綴兆舒疾，樂之文也。又云：執其干戚，習其俯仰屈伸，容貌得莊焉。行其綴兆，要其節奏，行列得正焉，進退得齊焉。猶之戲曲執持文武而之器，手舞足蹈而口歌之，以應節奏也）《仲尼燕居》：子曰：大饗有四焉：下管《象》《武》，《夏籥》序興。《象》《武》，武舞，用干戚也。《夏籥》：文舞，用羽籥也。（文舞武舞，《禮記·內則》：十三舞《勺》，成童舞《象》，二十舞《大夏》。注：謂先學《勺》，後學《象》，文武之次《大夏》，樂之文物備者也。《勺》即《周頌·酌》。《象》即《周頌序》云"《維清》奏《象》舞也。《大夏》則夏禹之樂也。《文王世子》：春夏學干戈，秋冬學羽籥。注云：干戈，萬舞，《象》《武》也；羽籥：籥舞，象文也。《樂記》云：干戚羽旄謂之樂。注云：干，盾也；戚，斧也，武舞所執。羽翟，羽也；旄旄，牛尾也，文舞所執。《郊特牲》：諸侯之宮懸，而祭以白牡，擊玉磬朱干設錫冕，而舞《大武》。《明堂位》：禘禮禩周公於太廟，朱干玉戚，冕而舞《大武》，八佾以舞《大夏》。《公羊·宣八年傳》：夏六月壬午，猶繹。萬入去籥。繹者何？祭之明日也；萬者何？干舞也；籥者何？籥舞也。《左傳·襄二十九年傳》：季札請觀周樂，見舞《象箾》《南籥》。見舞《大武》，見舞《韶濩》，見舞《大夏》，見舞《韶箾》，周所存六代之樂。若《大司樂》所云：《雲門》《大卷》《大咸》《大磬》《大夏》《大濩》《大武》，皆頌也。魯得其四，韶箾夏武等舞，季札俱及見之）所謂夏者，即九夏之義。《說文》：夏從頁，從臼，從夊。臼，兩手；夊，兩足。與頌字義同。周曰頌，古曰夏而已。故九夏皆有鐘鼓等器以爲容節。（《詩·時邁》："肆於時夏。"《傳》云：夏，大也。《箋》云：陳其功夏而歌之。樂歌大者稱夏。《禮記·夏籥序》與《正義》云：夏籥，謂大夏文舞之樂，以象武次序，更遞而興。鄭氏康成《注》鐘師：以《九夏》

爲樂之大歌。《說文》：夏，訓中國之人也。從頁，即古文首字。頭爲容貌之首，古頌，兒字，故從頁。夏字於六書屬象形。禮曰夏，詩曰頌，二而一者也。《九夏》者，鐘師所謂《王夏》《肆夏》《昭夏》《納夏》《章夏》《齊夏》《族夏》《祴夏》《鷔夏》也。杜子春云：王出入奏《王夏》，尸出入奏《肆夏》，牲出入奏《昭夏》，四方賓客來奏《納夏》，臣有功奏《章夏》，夫人祭奏《齊夏》，族人侍奏《族夏》，客醉而出奏《祴夏》，公出入奏《鷔夏》。凡奏夏並以鐘鼓爲行步之節，金奏之例，皆在升歌前，如賓入門升堂後，金奏即闋）《九夏》即在頌中，明乎人身手、足、頭、兒之義，而古人名詩爲夏爲頌之義顯矣。（《清廟》之什凡十篇。古登歌用《清廟》，尚餘其九。呂叔玉云：《肆夏》繁遏《渠》，皆《周頌》也；《肆夏》，時邁也；繁遏，執競也；渠，思文也。其餘六夏，蓋即《維天之命》等篇，爲近之矣。鄭氏康成以九夏皆詩篇名，頌之族類也）《樂記》賓牟賈問答，全是舞頌，即頌即容之實據。（《樂記》言《大武》先鼓以警戒，三步以見方，再始以著往，復亂以飭歸，奮疾而不拔，極幽而不隱。又孔子答賓牟賈云：夫樂者象成者也，揔干而山立，武王之事也；發揚蹈厲，大公之志也；武亂皆坐，周召之治也；且夫武始而北出，再成而滅商，三成而南，四成而南國是强，五成而封周公左召公右，六成復綴以崇，皆舞頌之實證，按《左氏·宣十二年傳》：楚莊王曰，武王克商，又作《武》。其首章曰：耆定爾功；其三曰，鋪時繹思，我徂維求定；其六曰綏萬邦，屢豐年。然則《賚》《桓》二章，皆屬於《大武》，猶之《關雎》實兼《葛覃》《卷耳》，《鵲巢》兼《采蘩》《采蘋》也）《周禮·大司樂》：凡曰奏皆金也；曰歌皆人聲也；曰舞皆頌也、夏也。人身之動，容也。（《大司樂》：乃奏黃鐘，歌大呂，舞《雲門》，以祀天神；乃奏大蔟歌應鐘，舞《咸池》，以祭地示；乃奏姑洗，歌南呂，舞《大磬》，以祀四望；乃奏蕤賓，歌函鐘，舞《大夏》，以祭山川；乃奏夷則，歌小呂，舞《大濩》，以享先妣；乃奏無射，歌夾鐘，舞《大武》，以享先祖。夏舞者，謂鼓舞以應鏗鏘之節也）武舞曰萬舞者，萬厲也。蹈厲武舞也。（《公羊宣八年傳》云：萬者何？干舞也。《史記·樂書·正義》云：厲謂顏色勃然如戰色。《樂記》注云：蹈厲所以象威武時。而《公羊注》以爲武王以萬人服天下，故民以"厲"名其篇。此漢人望文生義，其實非也）《豳》詩有《頌》者，此必有舞容在後。《籥章》：國祭蜡則歙《豳》《頌》。按豳爲周之舊，商、周皆夏殷之舊邦，宋有《商頌》，周亦有《豳頌》，既謂之頌，宜有舞容在焉）禮：君子趨行，賓出入，尸出入，皆奏夏。夏即人容，以金奏爲之節也。（《周禮》：樂師教樂儀，行以《肆夏》，趨以《采薺》。《禮記·玉藻》：古之君子，趨以《采薺》，行以《肆夏》。《儀禮·燕禮》：賓及庭，奏《肆夏》；賓醉，奏《陔》。《大射儀》：公升即席，奏《肆夏》；賓醉，奏《陔》。公入驁。《鄉飲酒禮》：賓出奏《陔》。《禮記·禮器》：大饗之賓，其出也，《肆夏》而送之。《郊特牲》：賓入大門而奏《肆夏》。又云：大夫之奏《肆夏》也，由趙文子始也。《仲尼燕居》：兩君相見，揖讓而入門，入門而縣興，揖讓而升堂，升堂而樂闋。縣興即金奏也。又云：金作亦情也。《國語·魯語》：叔孫穆子不拜《肆夏》，曰：先樂金奏《肆夏》《繁遏渠》，天子所以饗元侯也，非使臣之所敢聞也。《大司樂》：王出入則令奏《王夏》，尸出入則令奏《肆夏》，牲出入則令奏《昭夏》，凡奏夏皆擊金以爲節。鐘師：掌金奏，以鐘鼓奏九夏。鏄師：凡祭禩，鼓其金奏之樂是也）《周禮·鐘師》：於二《南》之詩，亦稱奏者，彼以弓矢爲舞容。故有金奏，非舞不稱奏也。（鐘師凡射王奏《騶虞》，諸侯奏《狸首》，卿大夫奏《采蘋》，士奏《采蘩》。大司樂大射令奏《騶虞》，詔諸侯以弓矢舞。據此知《狸首》《采蘋》《采蘩》皆以弓矢舞）鐘磬：分笙鐘、笙磬，頌鐘、頌磬者，笙在東方，專應《風》《雅》之歌。頌在西方，專應《夏頌》之舞也。（樂縣之位，小胥正之。《大射儀》：樂人宿縣於阼階，東笙磬，西面；其南笙鐘，其南鏄，燕禮鏄；之南又有鼓，其南應鼙，皆南陳。笙爲東方，以應《風》《雅》。詩《鼓鐘》云：笙磬同音，以雅以南。謂諸侯大夫燕時，但歌《雅》與二《南》。《左氏·襄十一年傳》：鄭人賂晉侯以歌鐘二肆，其云歌鐘，必是應《風》《雅》之鐘，然則即笙鐘也。或者笙鐘、磬器，聲比頌鐘、頌磬爲小。以此爲分別歟。或以笙爲所吹之笙，不知所吹之笙，則在兩階建鼓之間，與此絕不相同。西階之西，頌磬東面，其南鐘，其南鏄，其南朔鼙，其南鼓，皆南陳。頌爲西方，以應頌舞。《儀禮·燕禮》《聘禮》以及《少牢饋食》《有司徹》所載賓尸、入門、升堂，莫不由西出入。凡賓尸出入，皆金奏，金奏必歌《頌》，以應屈申、俯仰、行步之節也。《尚書》：笙鏞以間，孔、鄭古文皆作笙鄘。鄘即《大射儀》之頌，古文"頌"或爲"鄘"。《大司樂·疏》引《書·鄭注》云：東方之樂謂之笙。笙，生也。東方生長之方，故名樂爲笙也。西方之樂魏之鄘，鄘，功也，西方物孰有成功，亦謂之頌，頌亦是頌其成也。僞孔解鄘爲大鏞，便昧於笙頌之義矣）此乃古人未發之義。因釋之如此。

## 【乙種之十八】

## 説周頌

（《觀堂集林》卷二）

王國維

**西堂案：** 阮文達釋頌爲容，持論甚是，其謂三頌各章，皆是舞容。王國維氏則謂爲無確證。王氏以爲頌之聲緩，由於不用韵，不分章疊句，文詞簡短之故，亦一説也。然未足以破阮氏説，蓋頌之本義既爲容，雖非舞曲，必有容儀，書缺有間，不可以盡確證責之。二説並存可也。

阮文達《釋頌》一篇，其釋頌之本義至確，然謂三《頌》各章，皆是舞容，則恐不然。《周頌》三十一篇，惟《維清》爲象舞之詩，《昊天有成命》《武》《酌》《桓》《賚》《般》，爲武舞之詩，其餘二十四篇爲舞詩與否，均無確證。至《清廟》爲升歌之詩，《時邁》爲金奏之詩。（據《周禮·鐘師·注》引吕叔玉説，則《執競》《思文》亦金奏之詩，尤可證其非舞曲。《毛詩序》云：頌者，美盛德之形容，以其成功告於神明者也。盛德之形容，以貌表之可也，以聲表之亦可也。竊謂《風》《雅》《頌》之别，當於聲求之。《頌》之所以異於《風》《雅》者，雖不可而知，今就其著者言之，則《頌》之聲較《風》《雅》爲緩也。何以證之？曰《風》《雅》有韵，而《頌》多無韵也。凡樂詩之所以用韵者，以同部之音，間時而作，足以娱人耳也。故其聲促者，韵之感人也深；其聲緩者，韵之感人也淺。韵之娱耳，其相去不能越十言，或十五言，若越十五言以上，則有韵與無韵同。即令二韵相距在十言以内，若以歌二十言之時，歌此十言，則有韵亦與無韵同。然則《風》《雅》所以有韵者，其聲促也。《頌》之所以多無韵者，其聲緩而失韵之用，故不用韵，此一證也。其所以不分章者亦然，《風》《雅》皆分章，且後章句法，多疊前章，其所以相疊者，亦以相同之音，間時而作，足以娱人耳也。若聲過緩，則雖前後相疊，聽之亦與不疊同。《頌》之所以不分章不疊句者當以此。此二證也。《頌》如《清廟》之篇，不過八句，不獨視《鹿鳴》《文王》長短迥殊，即比

《關雎》《鵲巢》亦復簡短，此亦當由緩之故，三證也。《燕禮》記：若以樂納賓，則賓及庭奏《肆夏》；賓拜酒，主人答拜而樂闋；公拜，受爵而奏《肆夏》；公卒爵，主人升，受爵，以下而樂闋。又《大射儀》自奏《肆夏》以至樂闋，中間容賓升，主人拜至，降洗；賓降，主人辭，賓對主人，盥洗觚，賓辭洗，主人對，主人升賓拜洗；主人答拜，降盥，賓降，主人辭降，賓對，卒盥，升，主人酌膳，獻賓，賓拜受爵，主人拜送爵，宰胥薦脯醢，庶子設折俎，賓祭脯醢，祭肺，嚌肺，祭酒，啐酒，拜告旨，主人答拜，凡三十四節，為公奏《肆夏》時亦然。《肆夏》一詩，不過八句，而自始奏以至樂闋，所容禮文之繁如此，則聲緩可知。此四證也。然則《頌》之所以異於《風》《雅》者，在聲而不在容，則其所以美盛之形容者，亦在聲而不在容可知。以名《頌》而皆視為舞詩，未免執一之見矣。

## 【乙種之十九】

## 商頌魯韓發微

### （《詩古微·六》）

魏　源

**西堂案：** 三百篇中，純爲周詩。《國語》：正考父校商名《頌》十二篇於周太師。三家詩以爲即正考父所作，《毛詩序》乃言正考父得《商頌》十二篇，於是世皆以《商頌》非周詩而附之周。不知商即春秋時之宋也。魏源《詩古微》始發其覆，立爲十三證以説明之。商即頌，校非得，《詩》之稱"自古古曰"先民。《箋》之稱時楚僭號王位，均爲宋詩之確證，治《雅》《頌》者所不可不知也。

嘗讀《尚書》，怪《伊訓》《説命》之古文，反易於殷盤周誥之今文。及讀朱、吳、梅、閻諸公之論説，始知先漢今文古，後晉古文今也。嘗怪《小雅·文王》之《出車》《采薇》，何壹似宣王《六月》《采芑》之詩，及考三家遺説，始知《南仲》諸篇，果宣王變雅也。抑嘗讀三《頌》之詩，竊怪《周頌》皆止一章，章六七句，其詞噩噩爾。而《商頌》則《長發》七章，《殷武》六章，且皆數十句，其詞灝灝爾。何其文家之質，質家之文？及考《後漢書·曹褒傳》（奚斯頌魯，考文咏殷）、揚雄《法言》（正考父嘗睎尹吉甫矣，公子奚斯嘗睎正考父矣）、《史記·宋世家》之遺説（襄公之時，修行仁義，欲爲盟主，其大夫正考父美之，故追道契、湯、高宗，殷所以興，作《商頌》。《注》云：《韓詩·薛君章句》云：美襄公），而後知《商頌》與《魯頌》一例，宋襄與魯僖同科，猶《書》之附《柴誓》《秦誓》也。曰外此有徵乎？曰有。《樂記》："肆直而慈愛者宜歌商；温良而能斷者宜歌齊。"《鄭注》云："商，宋詩也。"《疏》謂：據下文商人識之，故謂之商；齊人識之，故謂之齊。知此商爲宋人所歌之詩，宋是商後故也。（案：《樂記》此節，《鄭注》所正錯簡二條，尚有未盡，當云商者三代之遺聲也，商人識之。齊者五帝之遺聲也，齊人識之。蓋《商頌》在宋，韶樂在齊故也。《莊子》云：曾子曳履而歌《商頌》，聲滿天地，殆師乙所謂"宜歌商"者也）《左氏春秋·哀二十四年》：

"薴夏"。曰："周公、武公取於薛""自桓以下取於齊"。《杜注》："商，宋也。"《國語》：吴夫差闕爲深溝於商、魯之間。韋昭注：商，宋也。又《哀九年·左傳》曰："利以伐姜，不利於商。"《杜注》："子商，宋也。"（王引之曰：子當作予，通作與，敵也。言不利敵宋）《逸周書·王會》解：堂下三左，商公、夏公立焉。《莊子》《韓非子》均有商太宰，與孔子、莊子同時，皆謂宋爲商之證。蓋魯定公名宋，故魯人諱宋稱商，夫子録《詩》，據魯太師之本，猶衛之稱邶、鄘，晉之稱唐，皆仍其舊，證一。

《國語》：正考父校商名《頌》十二篇於周太師，以《那》爲首。蓋考父生宋中葉，禮樂散缺，《頌》雖補作，難協樂章。故必從周太師審校音節，使合頌聲，乃敢施用。至衛宏續《毛詩序》，乃言正考父得《商頌》十二篇於周太師。夫校者校其所本有，得者得其所本無。改校爲得，附會昭然。《後漢書·注》引《韓詩章句》：既云正考甫，孔子之先也，作《商頌》。而又以《那》篇爲美襄公者，正猶《秦風》之《車鄰》《駟驖》。服虔謂皆襄公追録其先世之詩。而《毛序》以爲美秦襄公，同一義例。證二。

或謂《左氏》稱正考父佐戴、武、宣，而《史記》稱其爲襄公大夫，《宋世家》戴、襄相距百有十六年，宣、襄相距亦七十九年。（戴公三十四年，武公十八年，宣公十九年，穆公九年，殤公十年，莊公十九年，愍公十一年，桓公三十年卒，子襄公立）且考父生孔父嘉，於殤公時，死華督之難，明爲嗣父執政，則考父必先卒於穆公之世，何由逮事八君。不知世家諸國年數淆訛，而穆公七年，當魯隱元年，始入春秋。其前此戴、武、宣三世之年，尤不可考。假如三公之年，共止十餘載，而孔父嘉嗣位，烏知非考甫中年，引疾致仕，傳政於子，而襄公世尚存乎。（孔父豔妻行路，死甫壯年；考甫佝僂循墻，中年勇退。安知懸車之後，不更存數十年耶？）商之老彭、伊陟，周之君奭、老聃、子夏，漢之張蒼、伏生、竇公，皆身歷數朝，年踰百載，恭則益壽，銘鼎可徵。而《那》頌之温恭朝夕，執事有恪，亦啐然三命滋益恭之情文。證三。

薛氏鐘鼎疑識，載正考父鼎銘云：惟四月初吉，正考父作。文王寶尊鼎，其萬年無疆，子孫永保用享。案《竹書紀年》：商武丁子曰文丁，此器當成於作頌之時。稱文丁爲文王，猶稱武湯爲武王也。考父大夫，止得禰其家廟，使非奉命作頌，何由作祭器以享先王乎。則知《商頌》十二篇中，必有禰文丁之頌，而亡之矣。證四。

《商頌》果作於商代，如《箋》説：《那》之禰成湯者爲太甲（《箋》云：湯孫，太甲也）。烈祖之禰中宗者謂仲丁（中宗大戊子仲丁）。《玄鳥》之禰高宗者謂祖庚（《箋》云：高宗崩三年，喪禘於其廟，而後合祭於契廟。歌是詩)。則皆以子祭父，如成王之於文武，何以遽稱之曰"自古"，古曰在昔，昔曰先民，而且一則曰"顧予烝嘗，湯孫之將"；再則曰"顧予烝嘗，湯孫之將"。豈非易世之後，人往風微，庶冀先祖之眷顧，而佑我孫子乎。證五。（《那》序禩成湯，而傳以烈祖爲湯有功烈之祖。湯孫謂湯爲人之孫子，則是湯禩其先祖，非禩湯之詩矣。豈不與序相戾，且與《殷武》篇"湯孫之緒"相戾乎。《箋》謂嘉客顧念我扶助之，亦非頌體，豈有清廟之中，舍先王而專祈嘉客者乎。宋時嘉客，謂附庸小國。《左傳·隱元年·疏》：引《世本》，宋之同姓有殷時來宋空同、黎比、髦目、夷蕭。又《殷本紀·贊》曰：其後有殷氏、來氏、宋氏、空桐氏、稚氏、北殷氏、目夷氏。又《地理志》：蕭故蕭叔國，宋別封附庸。皆當助祭於宋者也）

《玄鳥》詩：武丁孫子，武王靡不勝。龍旂十乘，大糦是承。此正猶《魯頌》周公之孫，莊公之子，龍旂承祀，明謂先代之後，尚備車服禮樂器，以禩其先王也。豈如《箋》所云孫子即武丁，龍旂謂助祭諸侯之迂說乎。證六。（上公交龍爲旂。《六月》詩："吉甫出征，元戎十乘"，明爲上公之制。《司馬法》：每乘三十人，十乘則虎賁三百人也。是龍旂十乘，明爲上公之制。君行師從，卿行旅從，《箋》乃謂助祭之諸侯。《孔疏》乃云諸侯當以服數來朝，而得十乘並至者，舉其有十耳，未必同時至也。如其說則諸侯來朝，每國止一乘乎）

《長發》疏云：商人禘嚳而郊冥，此詩若郊天，當以冥配，而不言冥者，馬昭謂宋爲殷後，郊祭天以契配，不郊冥者，異於先王。故其詩惟咏契德。宋無圜丘之禮，惟以郊爲大祭，且欲別之於夏禘，故云大禘也。馬昭學出鄭門，此實本《樂記》鄭注，以商爲宋詩之說，《孔疏》反斥其虛妄，謂是商世之頌，非宋人之詩。豈知鄭之詩學，不專用《毛》乎，證七。

《殷武》詩三章《箋》云：時楚不修諸侯之職；四章《箋》云：時楚僭號王位。此亦鄭君闇用《韓詩》，以三章、四章爲《春秋·僖四年》公會齊侯，宋公伐楚之事。故《箋》以歲時來辟，責包茅不貢之文，不僭不濫，責僭號稱王之義，與《魯頌》"荆舒是懲"，皆侈召陵攘楚之伐，同時、同事、同詞。故宋襄作頌，以美其父（宋桓公廿四年從戰召陵，踰六年卒。至襄公戰泓之敗，齊桓已没，在此詩後矣）。楚入《春秋》，歷隱、桓、莊、閔止稱荆，至僖二年始稱楚，安得高宗即有伐楚之名。《孔疏》亦窮於詞，故云周有天下，始封熊繹爲楚子，於武丁之世，未審楚君何人。證八。

《易》稱高。宗伐鬼方，三年克之。干寶《易注》云：鬼方，北方國。《漢書·五行志》：武丁外伐鬼方，以安諸夏。《後漢書·西羌傳》：武丁征西戎、鬼方，三年乃克。故其詩曰："自彼氐羌……莫敢不來王。"范謂：《易》既濟高宗所伐鬼方，即詩之氐、羌。《賈捐之傳》：武丁地西不過氐、羌。《後漢·西羌傳》曰：武丁征西羌、鬼方，三年乃克。章懷《注》引《紀年》：武乙三十五年，周季曆伐西落鬼戎。《文選》趙充國《贊》：鬼方賓服。《注》引《世本·注》：鬼方即漢之先零戎，在涼州。蓋鬼之爲言歸也，東方物所始生，西方物所成就，故以西方爲鬼方。是高宗所伐者西戎，非南蠻明矣，歷考傳記，從無殷高宗伐荆楚之文，亦從無以荆楚爲鬼方之説。或引《大戴禮》及《楚世家》："陸終取於鬼方氏，生子六人……六曰季連，芈姓。楚其後矣。"即鬼方之證。不知陸終以南侯而娶於西戎，猶周娶狄后，魯娶吳孟子，豈得謂周即北狄，魯即南夷哉。紂脯鬼侯，《史記》作九侯，而《文王世子》：西方有九國焉，君王其終撫諸正，謂文王懷昆夷之事）是鬼方者高宗所伐，荆楚者宋桓、襄父子所伐。蓋商初難服者莫如西戎，故詩以"昔有成湯，自彼氐羌"爲言。而匡衡《疏》亦以成湯之服氐、羌爲懷鬼方。以史證詩，虛實立見。證九。（《大雅》厲王詩："内奰於中國，覃及鬼方"，即《西羌傳》厲王時征犬戎之事，皆指西夷。至《唐書·高祖紀》：夏曰熏鬻，商曰鬼方，周曰獫狁，漢曰匈奴）

《文選·東京賦·注》引《韓詩》曰：宋襄公去奢即儉，正指《殷武》末章。乃《箋》謂高宗之前王，有廢政教，不修寢廟，故高宗復成湯之道，新其路寢。考武丁距盤庚，僅再世（小辛、小乙）。盤庚遷殷，必立寢廟，豈十餘年，遽至廢壞。蓋宋襄圖伯中興，新其父廟，並頌其父之武功，與魯僖閟宮同時創造。故陟景山之松柏，咏斫虔於旅楹，與《魯頌》徂徠路寢，若同一詞。視《周頌》邈若皇墳，曾殷人有此浮藻乎？證十。

《後漢書·祭禩志·注》載：東平王蒼引《詩傳》曰：大樂必易，故《周頌》以一章成篇。（此所引蓋魯、韓《詩傳》）而《駉·疏》亦云：魯雖僭《頌》，體實《國風》，非告神之歌，故有章句。又《關雎·疏》云：《風》《雅》之篇，無一章者。頌以告神，不必殷勤，故不重章。高宗一人，而《玄鳥》一章，《長發》《殷武》重章者，武丁之德，下踰於魯僖，上不及成湯，明成功有大小，斯篇咏有優劣乎？是漢唐諸儒，已疑《三頌》之高下，皆軒周而輕商。故《法言》云：正考父嘗睎尹吉甫，明其睎《雅》而不敢睎《頌》也。公子奚斯睎正考父，明其睎《商頌》而不敢睎《周頌》也。證十一。

《左氏》：季札觀周樂：爲之歌《頌》，曰：美哉！盛德之所同也。《杜注》：《頌》有殷、魯，故曰盛德之所同。若非皆周世所作，何以季札觀周樂，統之《周頌》中乎？證十二。

《路史·後紀·注》引鄭玄《六藝論》云：文王創基，至魯僖間，《商頌》不在數矣。孔子刪詩，録此五章，豈無意哉。"商邑翼翼，四方之極""我有嘉客，亦不夷懌。"豈能忘哉？"景山，商墳墓之所在也"云云。此又鄭君初年用《韓詩》，釋《殷武》爲宋詩之明文。證十三。

　　然此猶未及其删述之大義也。孔子自衛反魯，正禮樂，修《春秋》，據魯，親周，故殷，運之三代（見《孔子世家》）。是以列魯於《頌》，示東周可爲之志焉。次商於魯，示黜杞存宋之微權焉。合魯商於周，見三統循環之義焉。故曰：我觀周道，幽、厲傷之，吾舍魯何適矣。又曰：杞不足徵也，吾學殷禮，有宋存焉。聖人之情見乎辭，微董生、《太史公書》，其孰明之？

## 【乙種之二十】

## 《商頌美宋襄公考證》

（師伏堂叢書—經訓書院自課文卷一）

皮錫瑞

**西堂案：**魏源立十三證以見《商頌》之爲宋詩，説已甚確。皮錫瑞謂：僎湯不當稱湯孫；萬舞之名始於周；維汝荆楚，君國南鄉，是敵國相稱之詞；京師翼翼，四方是則，周以前天子所居無京師之稱。復立七證以説之，説益顛撲不可破矣。治《詩》者所當一讀者也。

《史記·宋世家》曰：襄公之時，修仁行義，欲爲盟主，其大夫正考父美之，故追道契、湯、高宗，殷所以興，作《商頌》。史公用《魯詩》說，裴駰《集解》曰：《韓詩·商頌章句》亦美襄公。蓋三家詩説同。漢時三家立學官，故自揚雄、曹褒及《張遷碑》，皆以頌殷屬考父；其後《毛傳》孤行，人多狃於所見，而蔽於所不見，乃執《毛傳》，詆三家爲謬。不知考父非他人，乃孔子之先也。孔子距考父止數傳，漢距孔子亦止數傳，年代相接，豈有舛誤？孔安國西漢大儒，史公嘗從之游，何至於孔子先人之事，懵然不識？《孔子世家》既載孟釐子、正考父佐戴、武、宣之文，《十二諸侯年表》戴、襄相距凡百有十六年，則史公非不知考父之年，必百三四十歲而後能相及也。而《宋世家》仍用考父頌殷之説，其説必有所受。百齡以外之壽，古所常有。如竇公、張蒼，不足致惑。若疑其子見殺，其父不應尚在，則春秋時明有其事，且即宋國之人。《左氏·文公十六年傳》云：初，公子蕩卒，公孫壽辭司城，請使意諸爲之。其後意諸死昭公之難，歷文十七、十八兩年，宣十八年，成八年，凡二十八年。宋公使公孫壽來納幣，明見於經傳。（《左氏》説原不足以證三家；以後人多引《左氏》駁三家，故亦引《左氏》以間執其口）蕩意諸見殺，其父公孫壽可來納幣，何獨孔父見殺，其父正考父不可作《頌》乎？古者致仕亦稱大夫，子云：以吾從大夫之後。可證考父作《頌》之時，非必猶在朝列，是皆不足以致疑也。兩漢今古文，各有師承，《左傳》《毛詩》，同出於河間博士,故其義説多相出入。三家詩則與《公羊》《穀梁》多合,與《左氏》不合。《公羊》盛稱宋襄,以爲文王不是過。史公《宋世家·贊》,明引《公羊》之説云:傷中國無禮義,褒之也。此三家二傳相合之證。《左氏》則極詆宋襄,河間博士之治《毛詩》者,蓋習於《左氏》之説,以爲襄公無足頌美,乃不用古説,而别創異義,此其踪跡之可求者也。後儒無識,乃據《左傳》殤公即位,君子引《商頌》,以駁三家。無論古文説不足以難今文,即如《左氏》之言,左氏作《傳》在春秋末,距春秋初已二百餘年,所引君子之言,或亦事後追論,安見君子必爲殤公同時之人哉?鄉先生魏默深據《商頌》文體與《魯頌》一例,博考諸説,爲十三證以明之,其言信而有徵。(《詩古微》發微甚確,答問有騎墻語)錫瑞更爲推闡,以釋後人之疑,復得數證,具列於後。

《那》:湯孫奏假,毛無傳。《箋》云:湯孫太甲也。於赫湯孫:《傳云》盛矣!湯爲人子孫也。《箋》云:湯孫呼太甲也。烈祖湯孫之將:《箋》云,中宗之享此祭,由湯之功,故本言之。殷武:湯孫之緒。《箋》云:是乃湯孫太甲之等功業。錫瑞案:毛、鄭解湯孫之義,似皆失之。襈湯而稱湯爲湯孫,殊屬不辭。以爲太甲,亦不應商人頌祖德,專歸美於太甲。同一湯孫,而前後異訓,義更不確。湯孫乃主祭之君,即當屬宋襄公。古者立二王後,以其祖有功德,成王賜魯以天子禮樂,亦以周公功德,比於二王之後。故《魯頌》稱僖公曰周公之孫;《商頌》稱襄公曰湯孫,意正相同,其證一。

萬舞有奕。《箋》云,其干舞又閒習。錫瑞案:《春秋·宣七年》萬人去籥。《公羊傳》曰:萬者何,干舞也。何氏《解詁》曰:干謂楯也,能爲人扞難,而不使害人。故聖王貴之,以爲武樂。萬者其篇名。武王以萬人服天下,民樂之,故名之云爾。《疏》云:《春秋》《説文》,鄭君以萬舞爲干舞,與《公羊》合。據何氏引《緯》説,則萬舞之名,始於周。若《商頌》作於商時,不得有萬舞之文。其證二。

約軝錯衡,八鸞鶬鶬。《箋》云:諸侯來助祭者,乘篆轂金飾錯衡之車,駕四馬,其鸞鶬鶬,然聲和,言車服之得其正也。錫瑞案:此詩上下文皆不及助祭之義,不與載見辟王義同。此二句即當屬宋公之車,《采芑》篇云:約軝錯衡,八鸞瑲瑲。《孔疏》以爲方叔元老:則方叔五官之長,是上公也。上公雖非同姓,或亦得乘金路矣。據《孔疏》之文,宋是上公,而非同姓,與方叔正同,故亦得乘金路。又案:《詩疏》引王肅云:古者一轅之車駕三馬則五轡。其大夫皆一轅車,夏后氏駕兩謂之麗,殷益以一騑謂之驂。周人又益一騑謂之駟。王基駁曰:《商頌》云:約軝錯衡,八鸞鶬鶬,是則殷駕四不駕三也。王基以《商頌》爲商詩，故駁王肅之說。若如肅說，正可爲《商頌》作於周時之證，作於殷時則不得有八鸞。其證三。

維女荆楚，居國南鄉。《箋》云：維女，楚國，近在荆州之域，居中國之南方，而背叛乎？錫瑞案：此似敵國相稱之詞，國即宋國，楚在宋南，故曰南鄉。若以天子臨諸侯，不當有居國南鄉之語，其證四。

自彼氐羌，莫敢不來享，莫敢不來王，曰商是常。錫瑞案：此文與《閟宮》"及彼南夷，莫不率從，莫敢不諾，魯侯是若"大同。曰商是常，又與魯邦是常，句法一律。《長發》篇則"莫我敢曷"，亦與《閟宮》"則莫我敢承"句同。皆同時人作之證，其證五。

命於下國，封建厥福。《傳》云：封，大也。《箋》云：命之於小國，以爲天子大立其福。謂命湯使由七十里王天下也。時楚僭號王位，此又所用告曉楚王之義。錫瑞案：訓封建爲大建，義頗迂回。此當指周初封建微子於宋，而言謂微子深知天命，不從武庚僭亂，故得命於下國，封建之而錫福也。《箋》云時楚僭號王位，亦兼用三家義，以此爲宋人詩。若商時不聞有僭王之事也，其證六。

京師翼翼，四方是則。《後漢書·樊準傳》曰：京師翼翼，四方是則。李賢《注》曰：《韓詩》之文也。荀悅《漢紀·匡衡疏》曰：京邑翼翼，四方是則。張衡《東京賦》曰：京邑翼翼，四方所視。錫瑞案：三家或作京師，或作京邑，皆從周人之稱。《白虎通·京師篇》曰：夏曰夏邑，商曰商邑，周曰京師。是周以前天子所居，無京師之稱。三家以此爲周人作，故據周人所稱曰京師。《毛詩》以此爲商人作，故據商人所稱曰商邑也。其證七。

## 【乙種之二十一】

## 《説商頌》（上下）

### （《觀堂集林》卷二）

王國維

**西堂案：** 魏默深、皮錫瑞之《論商頌》，立二十證，蓋爲確論。王國維《説商頌》，據景山之地名，及篇中之文詞，以明《商頌》爲宋詩，則更毫無疑義矣！王氏猶致疑於正考父之年代，則未熟睹魏氏之第三證，而以今疑古也。可勿置論。

### 説商頌（上）

《商頌》諸詩作於何時，毛、韓説異。《毛詩·序》謂微子至於戴公，其間禮樂廢壞，有正考父者，得《商頌》十二篇於周之大師，以《那》爲首。是毛以《商頌》爲商詩也。《史記·宋世家》：襄公之時，修行仁義，欲爲盟主，其大夫正考父美之，故追道契、湯、高宗，殷所以興，作《商頌》。《集解·駰案》，《韓詩章句》亦美襄公。案：《集解》雖但引《薛漢章句》，疑是韓嬰舊説，史遷從之。揚子《法言·學行篇》：正考父嘗晞尹吉甫矣，公子奚斯嘗晞正考父矣。亦以《商頌》爲考父作，皆在薛漢前後。漢曹褒及刻石之文，亦皆從韓説，是韓以《商頌》爲宋詩也。襄公、考父，時代不同，韓説固誤。然以爲考父所作，則固與《毛詩》同本魯語，未可以臆定其是非也。《魯語》：閔馬父謂正考父校商之名《頌》十二篇於周太師，以《那》爲首。考漢以前，初無校書之説，即令校字作校理解，亦必考父自有一本，然後取周太師之本以校之，不得言得，是《毛詩·序》改校爲得，已失《魯語》之意矣。余疑《魯語》校字當讀爲效。效者，獻也。謂正考父獻此十二篇於周太師，韓説本之。若如《毛詩·序》説，則所得之本自有次弟，不得復云以《那》爲首也。且以正考父時代考之，亦以獻詩之説爲長。《左氏·昭七年傳》：及正考父佐戴、武、宣。《世本》：正考父生孔父嘉。（《詩·商頌·正義》引）《潛夫論·氏姓志》亦云：考孔父之卒在宋殤公十年，自是上推之，則殤公十年，穆公九年，宣公十九年，武公十八年，戴公三十四年。自孔父之卒上距戴公之立，凡九十年。孔父佐穆、殤二公，則其父恐不必逮事戴公。即令早與政事，亦當在戴公暮年。而戴公之三十年，平王東遷，其時宗周既滅，文物隨之，宋在東土，未有亡國之禍。先代禮樂，自當無恙，故獻之周太師以備四代之樂。較之《毛詩·序》説，於事實爲近也。然則《商頌》爲考父所獻，即爲考父所作歟？曰：否。《魯語》引《那》之詩，而曰先聖王之傳，恭，猶不敢專，稱曰自古；古曰在昔，昔曰先民。可知閔馬父以《那》爲先聖王之詩，而非考父自作也。《韓詩》以爲考父所作，蓋無所據矣。

### 説商頌（下）

然則《商頌》果爲商人之詩與？曰：否。《殷武》之卒章曰："陟彼景山，松柏丸丸。"毛、鄭於景山均無説，《魯頌》擬此章，則云"徂徠之松，新甫之柏"。則古自以景山爲山名，不當如《鄘風·定之方中》傳大山之説也。案《左氏傳》：商湯有景、亳之命，《水經注·濟水篇》：黃溝枝流北徑己氏縣故城西，又北徑景山東。此山離湯所都之北亳不遠，商邱蒙亳以北，惟有此山。《商頌》所咏，當即是矣。而商自殷庚至於帝乙居殷虚，紂居朝歌，皆在河北，則造高宗寢廟，不得遠伐河南景山之木。惟宋居商邱，距景山僅百數十里，又周圍數百里內別無名山，則伐景山之木以造宗廟，於事爲宜。此《商頌》當爲宋詩，不爲商詩之一證也。又自其文辭觀之，則殷虚卜辭所紀祭禮與制度文物於《商頌》中無一可尋、其所見之人、地名，與殷時之稱不類，而反與周時之稱相類；所用之成語，並不與周初類，而與宗周中葉以後相類。此尤不可不察也。卜辭稱國都曰商不曰殷，而《頌》則殷商錯出；卜辭稱湯曰大乙不曰湯，而《頌》則曰湯、曰烈祖、曰武王，此稱名之異也。其語句中亦多與《周詩》相襲，如《那》之猗那，即《檜風·（隰有）萇楚》之阿儺，《小雅·隰桑》之阿難，《石鼓文》之亞箬也；《長發》之昭假遲遲，即《雲漢》之昭假無贏，《烝民》之昭假於下也；《殷武》之有截其所，即《常武》之截波淮浦，王師之所也。又如"烈祖之時靡有爭"，與《江漢》句同，"約軝錯衡，八鸞鶬鶬"與《采芑》句同。凡所同者，皆宗周中葉以後之詩，而《烝民》《江漢》《常武》序皆以爲尹吉甫所作，揚雄謂正考父睎尹吉甫，或非無據矣。顧此數者，具爲《商頌》襲《風》《雅》？抑《風》《雅》襲《商頌》？或二者均不相襲而同用當時之成語？皆不可知。然《魯頌》之襲《商頌》，則灼然事實。夫魯之於周，親則同姓，尊則王朝，乃其作《頌》，不摹《周頌》而摹《商頌》，蓋以與宋同爲列國，同用天子之禮樂。且《商頌》之作，時代較近，易於摹擬故也。由是言之，則《商頌》蓋宗周中葉宋人所作，以禩其先王。正考父獻之於周太師，而大師次之於《周頌》之後。逮《魯頌》既作，又次之於魯後。若果爲商人作，則當如《尚書》例，在《周頌》前，不當次《魯頌》後矣。然則《韓詩》以《商頌》爲宋人所作，雖與《魯語》閔馬父之説不盡合，然由《商頌》之詩證之，固長於毛説遠矣。

**附録：錢玄同答顧頡剛先生書一節**（《古史辨》第一册第六七頁）

王静安説《商頌》是西周中葉宋國人底作品，此説我不以然。王氏不信衛宏《序》以《商頌》爲商詩之説，固然不錯，以"景山"及人名、地名用語稱名等證明它是宋詩，尤爲卓識。但王氏所舉與《商頌》"語句相襲"的《萇楚》《隰柔》《石鼓》《雲漢》《烝民》《常武》《江漢》《采苢》諸周詩，雖舊説以爲宣、幽時代的作品，然我却不敢貿然相信；現王氏又説，"其爲《商頌》襲《風》《雅》，抑《風》《雅》襲《商頌》，或二者均不相襲而同用當時之成語，皆不可知"。則王氏本未嘗以此等詞句相像爲《商頌》是西周時詩之證。但王氏又説，"《魯頌》之襲《商頌》，則灼然事實。夫魯之於周，親則同姓，尊則王朝，乃其作頌不摹《周頌》而摹《商頌》，蓋以與宋同爲列國，同用天子之禮樂；且《商頌》之作，時代較近，易於摹擬故也"。因此斷定，"《商頌》蓋宗周之中葉宋人所作以禩其先王，正考父獻之於周太師，而太師次之於《周頌》之後，逮《魯頌》既作，又次之於魯後"。他這種證據是不能成立的。他説《魯頌》襲《商頌》之爲"灼然事實"，大概是根據《法言》"公子奚斯嘗晞正考父矣"一語，所以他斷定《魯頌》"徂徠之松，新甫之柏"，是擬商頌"陟彼景山，松柏丸丸"，但揚雄這種話實在没有做證據的價值。其他什麽"同爲列國"，什麽"同用天子之禮樂"，什麽"時代較近"，更是臆測無據之談。蓋王氏雖不信衛《序》，但極信《國語》"正考甫校（王氏讀爲'效'，解爲'獻'也）《商頌》於周太師"之説。我却以爲《國語》這句話也不可輕信；因爲用了"太師"和"校"這些字樣，很有漢朝人的色彩。據我看，還是《史記》説《商頌》是宋襄公時底話比較地近情。因爲《商頌》中夸大之語甚多，極與《魯頌》相像。魏源《詩古微》因《魯頌·閟宮》有"荊舒是懲"，及《商頌·殷武》中有"奮伐荊楚"之語，説"召陵之師爲中夏攘第一舉，故魯僖、宋襄歸侈厥績，各作頌詩，薦之宗廟"其説似乎有理。還有一層，《商頌》文筆非常之暢達，實在不像東周以前的作品。

## 【乙種之二十二】

# 詩問十二則

## （《堯峰文鈔》）

汪琬

**西堂案**：《詩》有正變之説，始見於《詩·大序》，鄭樵已痛駁之。爲之説者，則以善惡美刺爲正變，汪堯峰其一也。汪以孔子未嘗删《詩》，《詩》無天子諸侯之别，九夏非《周頌》，説並有見；惟執美刺爲正變之説，殊不合；然亦一説也，不可不知。兹盡録其文鈔中《詩問十二則》，以見其對於《詩》之識解。

### 《風》詩始終

問者曰：《風》詩何以始於二《南》？而迄於《豳》也？曰：南，二周王業所由成也；豳，其所肇基也。周德而既衰矣，次《風》詩者，以《文王》始之，以周公終之，思深哉！

### 《詩》無天子諸侯之别

問者曰：《詩》果無天子諸侯之辨乎？曰：然。天子之國，非無《風》也；諸侯之國，非無《雅》《頌》也。何以言之？十五國之中，有二《南》，有《王風》，又有《豳風》，是皆天子之詩也；《雅》《頌》之中，《小雅》有《賓之初筵》，《大雅》有《抑》，《頌》有魯，是皆諸侯之詩也。不得以《風》詩專屬於諸侯，《雅》《頌》專屬之天子也。問者曰：先儒謂平王政教微弱，故黜其詩爲《風》；魯季孫行父請命於周，然後有《頌》；豈其説皆非與？曰：然。王之出爲風也，孰黜之？天子不自黜也。作詩者與采詩者，必不敢黜。其所得之詩，以告於天子也。然則果孰黜之？平王之政教，雖不及文、武、成、宣之盛，然非幽、厲比也。幽、厲之詩，猶列於《雅》，而平王獨否，是反不逮幽、厲也。魯之郊久矣，郊則樂工必歌頌詩，使請之周而後敢作，然則僖公以前，將僭歌《周頌》乎？抑遂不歌乎？不歌則廢樂也；僭歌《周頌》則非其地，非其人，是誣先公以自誣也？魯君臣雖愚，其不爲此也明矣。且行父之使，義不見於《春秋》；春秋之時，天王之使於魯者十有八，魯大夫之如周者六，如而不至者一，孔子莫不具載，而顧獨遺此？此其爲臆説無疑也。

### 《風》《雅》正變

問者曰：《風》《雅》之分正變也，其孰昉乎？曰：此《大序》之言也。吾疑之，何疑乎爾？曰：一國之詩，有正有變焉；一時之詩，有正有變焉；吾疑其不可以國次世次拘也。何以言之？二《南》，正風也；然而《野有死麕》，可不謂之變乎？十三國變風也，然而《柏舟》之爲婦，《淇澳》之爲君，《七月》之陳王業之艱難，可不謂之正乎？《鹿鳴》已下二十二篇，《文王》以下十八篇，皆正《雅》；然而《常棣》之弔管、蔡，雖謂之變，可也。《六月》以下五十八篇，《民勞》以下十三篇，皆變《雅》；然而《六月》《車攻》《崧高》《烝民》《常武》諸詩，皆以美宣王中興；夫既從而美之矣，則異於《圻父》《白駒》之屬審矣，雖謂之正，亦可也。凡言正變者，必當考求其詩；考求其詩，然後能得其實。褒美之詩爲正，則刺譏之詩爲變也；和平德義之詩爲正，則哀傷淫佚之詩爲變也。故曰國次世次不可拘也，必自懿夷訖於陳靈謂之變《風》變《雅》，毋亦膠滯而弗合矣乎？問者曰：然則詩之孰正而孰變也，不幾於溷與？曰視夫善惡美刺而得之矣，奚其溷。

### 孔子未嘗刪詩

問者曰：孔子何詩之刪也？曰：孔子蓋嘗正樂矣，而未嘗刪詩。刪詩之説，昉於史遷，其言不可以據依也。孔穎達謂《經傳》所引諸詩，見存者多，亡失者少，不容孔子十去其九。此説是也。問者曰：刪詩與正樂不同乎？曰：刪之云者，削而棄之也；正之云者，校其節奏，整齊其次序，如所謂無相奪倫者也。是安得同？史遷蓋因《論語》而誤，衛宏又因《史》誤也，是以有刪詩之説。夫孔子之於《詩》也，與《春秋》無異；《春秋》郭公夏五，有文無義，皆書於册，而不之去也；其於《小雅》《南陔》《白華》六詩，有目無辭者亦然；降而至於《桑中》《溱洧》諸篇，猶班班具列；使孔子而果刪之耶，安得尚存此淫泆之辭，以啓學者之呶呶哉！問者曰：然則奚爲其有逸詩也？曰：世之所傳逸詩者，或句存而亡其章，或章存而亡其篇，不得爲完詩，故太師弗之采，魯人弗之錄也。太師弗采，魯人弗錄，則孔子亦聽之而已矣。

### 正《雅》

問者曰：或謂《雅》詩無正變者何也？曰：夫豈獨《雅》？太史公曰：周道闕而《關雎》作，《薛君章句》曰：《芣苢》傷夫有惡疾，則是二《南》不得爲正《風》也。太史公曰：仁義陵遲，《鹿鳴》刺焉。則是《鹿鳴》以下，不得爲正《雅》也。言正變者，蓋自毛氏之學始。問者曰：孰爲優？曰：其毛氏乎！予嘗考之於《禮》矣；《鹿鳴》《魚麗》諸詩，皆《鄉飲酒》《燕禮》

之所歌也。《關雎》《鵲巢》諸詩，皆所以合樂也。《騶虞》《采蘋》《采蘩》皆《大射》所用以爲節也。使諸詩出於衰周之作，則當成、康盛時，其施於鄉飲、燕射者，果何詩也？豈皆有司失其傳與？抑鄉飲、燕射之儀，至周衰而始備與？吾不信也。彼説詩而不協於《儀禮》射義者，臆説也。是故於毛氏有取焉爾。

### 變《風》變《雅》之終

問者曰：變《風》變《雅》之終也，其亦有義例乎？曰：有之。王道陵夷，周公、召公不可復作，《風》詩之終於《東山》《破斧》諸篇也，所以見天下之思周公也。《雅》詩之終於《召旻》也，所以見天下之思召公也。

### 詩教

問者曰：孔子曰：溫柔敦厚，詩教也。三百篇之教，其俱若是與？曰：然。然則《牆有茨》之黜中冓也，《相鼠》之刺無禮也，《何人斯》《巷伯》之惡讒譖也，得毋稍甚矣乎？奚其厚？曰：忠愛之至不得已，而爲是深怨痛疾之辭，是其意則美矣。是故聖人取其意而不責其辭。

### 二《南》非繫周公、召公

問者曰：二《南》皆文王之詩，而繫之二公何也？曰：周、召者地也，非人也。先儒蓋嘗辨之矣。夫二《南》既非二公所作，義非咏歌二公而作也，其美召公者，惟《甘棠》一詩耳，如之何其據此而概以他詩繫之二公也？文王在上，而繫其詩於二公，則是以子而攘父之美，以臣而攘君之美也，此必非聖人意也。當是之時，天下皆惡紂而親文王，然文王猶不能全有天下也，故其詩不稱王而繫之於地。文王雖不能全有天下，顧其化之所被，則已溢於江、沱、汝、漢間矣，不得以周、召之地限之也，故稱南焉。《小序》言其化自北而南者是也，言繫之二公者，則臆説也。

### 邶、鄘、衛

問者曰：邶、鄘、衛何以得先王風也？曰：先儒嘗言之矣，昔者武王滅商，分其畿内爲三國，故三國相與同風。然則邶、鄘、衛之次二《南》也，猶《商頌》之得次《周頌》也，其諸孔子所以存先代與。

### 聖人録淫詩

問者曰：聖人果録淫詩與？曰，然。王者之政，必自内始。《周南》之咏《關雎》《葛覃》《卷耳》也，《召南》之咏《鵲巢》《采蘩》也，皆女子之賢而幸者也，正也。《邶》之《緑衣》《日月》《終風》，《鄘》之《柏舟》，《衛》之《碩人》，皆女子之賢而不幸者也，正而變也。《終風》《柏舟》《碩人》之後，於是以淫詩繼之，如《凱風》《雄雉》《牆有茨》《君子偕老》《桑中》《鶉之奔奔》與《氓》之屬，皆是也。禮義消亡，淫風大作；聖人之於詩也，首錄女子之詩，一或以爲勸，一或以爲懲；斯其姦貞而惡淫也，不亦深切著明矣乎。

### 九夏非《周頌》

問者曰：九夏果《周頌》與？曰：《南陔》《白華》《華黍》《由庚》，此笙曲也，九夏此金奏之節也，蓋皆有聲而無辭。《大射禮》歌《鹿鳴》三終，奏《肆夏》《新宮》三終，《周禮·鐘師》：凡樂事以鐘鼓奏九夏。夫有聲有辭，工所播諸笙管琴瑟鐘鼓者，奏也。九夏烏乎頌？問者曰：然則《肆夏》非《時邁》與？曰：非也。先儒謂《肆夏》一名《樊時邁》也，《昭夏》一名《遏執競》也，《納夏》一名《渠思文》也；又謂《肆夏》爲一詩，《樊遏》爲一詩，《渠》爲一詩，皆臆說也。吾未聞一詩而三名者也。且《時邁》有"肆於時夏"一語，適與《肆夏》合，猶可借之以相附會。若昭納二夏，則於"執競思"文奚取焉？孔子、子夏不言也，《儀禮》《左氏傳》不言也，後人何從知之，吾亦何從信之哉？

**西堂案**：從《毛詩》正變之說，而與汪琬意見相同者，尚有劉瑾、惠周惕、郝敬。劉氏曰：詩人多隨當時政教善惡，人失得失，而美刺之，未嘗有意於爲正爲變。後人比而觀之，遂有正變之分……大抵就各詩論之，以美爲正，以刺爲變，猶之可也；若拘於時世，分其篇帙，則其可疑者多矣。惠氏曰：正變，猶美刺也。詩有美不能無刺，故有正不能無變。……若謂詩無正變，則作詩無美刺之分，不可也。謂周、召爲正，十三國風爲變，《鹿鳴》以下爲變，則《序》所謂美與刺者，俱無以處之。亦不可也。郝氏曰：詩有正變，以稽治亂也。正《風》《雅》未嘗無變，變《風》《雅》未嘗無正；寧獨《風》《雅》有正變，《頌》亦有之。《鄭》之《緇衣》，衛之《淇奧》，容非正乎？《周南》之於《豳》，其地同，其世未遠，君明臣良，而有《豳》，容非二《南》之變乎？《頌》之有魯也，非《頌》之變乎？故《詩》不可執一觀也。

## 【乙種之二十三】

# 四　始

（《毛詩稽古編總詁舉要》）

陳啓源

**西堂案**：四始之説，學者多誤以司馬遷所傳《魯詩》之四始即《毛詩》之四始，此甚誤也。《毛序》以《風》《雅》《頌》即爲四始。鄭志答張逸云：《風》也，《小雅》也，《大雅》也，《頌》也；此四者人君行之則爲興，廢之則爲衰。其《箋·序》云：始者，王道興衰之所由。孔穎達因之，《疏》曰：此四者，人君興廢之始，故謂之四始。成伯璵則云：始者，正詩也；謂之正始。《周南》《召南》，《國風》之正始；《鹿鳴》至《菁菁者莪》，爲《小雅》之正始；《文王受命》至《卷阿》，爲《大雅》之正始；《清廟》至《般》，爲《頌》之正始。（《毛詩指説·四始》）蓋因《毛序》以《風》《雅》《頌》即爲四始，説不可通，故或以興廢言之，或以正變言之；然《毛詩》之四始，因異於齊、魯也。王安石云：《風》也，二《雅》也，《頌》也，雖相因而成，而其義不相襲，故謂之四始。陳啓源云：《風》《雅》《頌》正是始，非更有《風》《雅》《頌》之始。則直以辭體言，不增字以解之。其説爲妥。是四始之説有三，《魯》《齊》《毛》異；而説《毛》四始者亦三：興廢、正變、辭體異。此不可不知也。前舉各篇，論《風》《雅》《頌》之名義及時代者，大體略盡。兹更舉陳啓源《毛詩稽古編舉要·小論四始》之文以見之。

四始之説，先儒言之各異，二《雅》《風》《頌》即四者，人君能行之則興，不行則衰，故此四詩爲王道興衰所由始，此鄭康成之説，而本於《大序》者也。《關雎》爲《風》之始，《鹿鳴》爲《小雅》之始，《文王》爲《大雅》之始，《清廟》爲《頌》之始。此司馬子長之説也。《大明》在亥爲水始，《四牡》在寅爲木始，《嘉魚》在巳爲火始，《鴻雁》在申爲金始。此《詩緯·汜曆樞》之説也。觀《大序》歷言《風》《雅》《頌》之義而總斷之曰：是謂四始，則《風》《雅》《頌》正是始，非更有《風》《雅》《頌》之始者，鄭説得之矣。子長未見《毛序》，其所言四始，不知宗何詩也？翼奉治《齊詩》，而知五際七情之要，五際七情，亦緯書《汜曆樞》之説也；然則亥、寅、巳、申之爲四始，其出於《齊詩》乎！

## 【乙種之二十四】

## 讀詩易法——六經奧論總文

鄭樵

**西堂案：**《詩》之六義，風、雅、頌與賦、比、興有別。王質《詩總聞》云：當是賦、比、興三詩皆亡，《風》《雅》《頌》三詩獨存。章炳麟《國故論衡·辨詩》亦云：孔子刪詩，求合《韶》《武》，賦、比、興不可歌，固以被簡。然《孔疏》云：《風》《雅》《頌》者，《詩》篇之異體；賦、比、興者，《詩》文之異詞。賦、比、興之是詩所用，風、雅、頌是詩之成形。程子曰：《國風》、大小《雅》、三《頌》，詩之名也；六義，詩之義也。鄭樵曰：《風》《雅》《頌》，詩之體也；賦、比、興，詩之言也。朱子曰：聲樂部分之名，賦、比、興則所以制作《風》《雅》《頌》之體。王章以賦、比、興非爲詩，非是也。賦、比、興三者，以興最難明。學者讀前錄數篇，固可知其略；更知舉鄭樵、蘇轍諸家之説，以見其義。若《文心雕龍·比興》及鍾嶸《詩品·論賦比興》者，亦當參稽之。茲不備錄。

淵予《詩》《易》之爲書也，有天下難明難象之理焉。不可以口舌求，訓詁盡也。且如乾之初九第一句曰"潛龍勿用"，是乾之初九一物事也。其在天地人雖（音匜）之内，天、地、人雖之外，其象如"潛龍勿用"，不可以千萬計也。皆乾之初九爻所統攝也。如必曰潛龍然後可以象乾之初九，他無預焉，未可以語《易》也。詩三百篇，第一句曰："關關雎鳩"。"后妃之德也"，是作詩者一時之興，所見在是，不謀而感於心也。凡興者，所見在此，所得在彼，不可以事類推，不可以理義求也。興在《鴛鴦》，則鴛鴦在梁，可以美后妃也。興在《鳲鳩》，則"鳲鳩在桑"，可以美后妃也。興在黄鳥在桑扈，則"緜蠻黄鳥，交交桑扈"，皆可以美后妃也。如必曰《關雎》然後可以美后妃，他無預焉，不可以語《詩》也。故舉《詩》《易》第一句以明之。

**西堂案：**鄭氏《通志·四十九·樂略》曰："嗚呼！詩在於聲，

不在於義，猶今都邑有新聲，巷陌競歌之，豈爲其辭義之美哉？直爲其聲新耳。禮失則求諸野，正爲此也。"孔子曰：吾自衛反魯，然後樂正，雅、頌各得其所，亦謂雅、頌之聲有別，然後可以正樂。又曰：《關雎》樂而不淫，哀而不傷，亦謂《關雎》之聲，和平聞之者，能令人感發而不失其度，若誦其文，習其理，能有哀樂之事乎？此所以謂：不可以事類推，不可以理義求也。

**又案：**《困學紀聞》引李育（仲蒙）曰：叙物以言情謂之賦，情盡物也，索物以託情謂之比，情賦物也；觸物以起情謂之興，情附物也。說亦精。

# 詩　論

（《欒城應詔集》）

蘇　轍

**西堂案：**賦、比、興三者，以興最難明。鄭樵謂不可以事推，不可以理義求。蘇子由亦主張之。亦謂故其類可以意推，而不可以言解也。此朱熹、姚際恒輩所從以定論。不可不察。

自仲尼之亡，六經之道遂散而不可解，蓋其患在於責其義之太深，而求其法之太切。夫六經之道，惟其近於人情，是以久傳而不廢。而世之迂學，乃皆曲爲之説，雖其義之不至於此者，必强牽合以爲如此，故其論之委曲而莫通也。夫聖人之爲經，惟其於《禮》《春秋》，然後無一言之虚，而莫不可考，然猶未嘗不近於人情。至於《書》出於一時言語之間，而《易》之文爲卜筮而作，故時亦有所不可前定之説，此其於法度，已不如《禮》《春秋》之嚴矣。而現乎《詩》者，天下之人，匹夫匹婦，羈臣賤隸，悲憂愉佚之所爲作也。夫天下之人，自傷其貧賤困苦之憂，而自述其豐美盛大之樂，其言上及於君臣、父子、天下興亡、治亂之跡，而下及於飲食、床笫、昆蟲、草木之類，蓋其中無所不具，而尚何以繩墨法度，區區而求其間哉！此亦足以見其志之不通矣。夫聖人之於《詩》，以爲其終要入於仁義，而不責其一言之無當，是以其意可觀，而其言可通也。今《詩》之《傳》曰："殷其雷，在南山之陽。""出自北門，憂心殷殷。""揚之水，白石鑿鑿。""終朝采綠，不盈一掬。""瞻彼洛矣，維水泱泱。"若此者，皆興也。而至於"關關雎鳩，在河之洲。""南有樛木，葛藟累之。""南有喬木，不可休思。""維鵲有巢，維鳩居之。""喓喓草蟲，趯趯阜螽。"若此者，又皆興也。其意以爲興者，有所取象乎天下之物，以自見其事。故凡詩之爲此事而作，而其言有及於是物者，則必强爲是物之説，以求合其事。蓋其爲學，亦以勞矣。且彼不知夫《詩》主體，固有比也。而皆合之以爲興。夫興之體，猶曰其意云爾。意有所觸乎當時，時已去而不可知，故其類可以意推，而不可以言解也。隱其雷，曰隱其雷在南山之陽，此非有取乎雷也。蓋必其當時之所見，而有動乎其意，故後之人不可以求得其説，此其所以爲興也。若夫"關關雎鳩，在河之洲"，是誠有取摯而別，是以謂之比而非興也。嗟夫！天下之人，欲觀於《詩》，其必先知夫興之不可與比同，而無强爲之説，以求合其作詩之事；則夫詩之義，庶幾乎可以意曉而弗勞矣。

## 【乙種之二十六】

## 風雅頌賦比興

### (《朱子語類》卷八十)

朱　熹

**西堂案：**朱子論賦比興，以爲假他物舉起，全不取其義，此説本是。其謂後人詩猶有此體，如"青青陵上陌"之類，尤可以令人省者。今論比、興之義，當深玩索此説，於興之意，庶可以明茲録《語類》論六義者，俾學者得合而觀之。

問："《王風》是他風如此，不是降爲國風。"曰："其辭語可見。《風》多出於在下之人，《雅》乃士夫所作。《雅》雖有刺，而其辭莊重，與風異。"（可學。以下論風、雅、頌）

《大序》言："'一國之事，繫一人之本，謂之風。'所以析衛爲邶、鄘、衛。"曰："詩，古之樂也，亦如今之歌曲，音各不同：衛有衛音，鄘有鄘音，邶有邶音。故詩有鄘音者繫之鄘，有邶音者繫之邶。若《大雅》《小雅》，則亦如今之商調、宮調，作歌曲者，亦按其腔調而作爾。《大雅》《小雅》亦古作樂之體格，按《大雅》體格作《大雅》，按《小雅》體格作《小雅》；非是做成詩後，旋相度其辭目爲《大雅》《小雅》也。大抵《國風》是民庶所作，《雅》是朝廷之詩，《頌》是宗廟之詩。"又云："《小序》漢儒所作，有可信處絶少。《大序》好處多，然亦有不滿人意處。"（去僞）

器之問《風》《雅》《頌》，與無天子之風之義。先生舉鄭漁仲之説言："出於朝廷者爲《雅》，出於民俗者爲《風》。文武之時，周、召之作者謂之周、召之《風》。東遷之後，王畿之民作者謂之《王風》。似乎大約是如此，亦不敢爲斷然之説。但古人作詩，體自不同，《雅》自是雅之體，《風》自是風之體。如今人做詩曲，亦自有體制不同者，自不可亂，不必説雅之降爲風。今且就詩上理會意義，其不可曉處，不必反倒。"因説："嘗見蔡行之舉陳君舉説《春秋》云：'須先看聖人所不書處，方見所書之義。'見成所書者更自理會不得，却又取不書者來理會，少間只是説得奇巧"。（木之）

"《詩》,有當時朝廷作者,《雅》《頌》是也。若國風乃采詩者采之民間,以見四方民情之美惡,二《南》亦是采民言而被樂章爾。程先生必要說是周公作以教人,不知是如何?某不敢從。若變風,又多是淫亂之詩,故班固言'男女相與歌咏以言其傷',是也。聖人存此,亦以見上失其教,則民欲動情,其弊至此,故曰'詩可以觀'也。且'詩有六義',先儒更不曾說得明。却因《周禮》說《豳詩》有《豳雅》《豳頌》,即於一詩之中要見六義,思之皆不然。蓋所謂'六義'者,《風》《雅》《頌》乃是樂章之腔調,如言仲呂調、大石調、越調之類;至比、興、賦又別:直指其名,直叙其事者,賦也;本要言其事,而虛用兩句釣起,因而接續去者,興也;引物爲况者,比也。立此六義,非特使人知其聲音之所當,又欲使歌者知作詩之法度也。"問:"《豳》之所以爲《雅》爲《頌》者,恐是可以用雅底腔調,又可用頌底腔調否?"曰:"恐是如此,某亦不敢如此斷,今只說恐是亡其二。"(《大雅》)

問二《雅》所以分。曰:"《小雅》是所繫者小,《大雅》是所繫者大。'呦呦鹿鳴',其義小;'文王在上,於昭于天',其義大。"問變雅。曰:"亦是變用他腔調爾。大抵今人說詩,多去辨他序文,要求着落;至其正文'關關雎鳩'之義,却不與理會。"王德修云:"《詩序》只是'國史'一句可信,如'關雎,后妃之德也'。此下即講師說,如《蕩》詩自是說'蕩蕩上帝',《序》却言是'天下蕩蕩';《賚》詩自是說'文王既勤止,我應受之',是說後世子孫賴其祖宗基業之意,他《序》却說'賚,予也',豈不是後人多被講師瞞耶?"曰:"此是蘇子由曾說來,然亦有不通處。如《漢廣》,'德廣所及也',有何義理?却是下面'無思犯禮,求而不可得'幾句却有理。若某,只上一句亦不敢信他。舊曾有一老儒鄭漁仲更不信《小序》,只依古本與疊在後面。某今亦只如此,令人虛心看正文,久之其義自見。蓋所謂序者,類多世儒之誤,不解詩人本意處甚多。且如'止乎禮義',果能止禮義否?《桑中》之詩,禮義在何處?"王曰:"他要存戒。"曰:"此正文中無戒意,只是直述他淫亂事爾。若《鶉之奔奔》《相鼠》等詩,却是譏罵可以爲戒,此則不然。某今看得《鄭詩》自《叔於田》等詩之外,如《狡童》《子衿》等篇,皆淫亂之詩,而說詩者誤以爲刺昭公,刺學校廢耳。《衛詩》尚可,猶是男子戲婦人。《鄭詩》則不然,多是婦人戲男子,所以聖人尤惡鄭聲也。《出其東門》却是個識道理底人做。"(《大雅》)

林子武問:"詩者,中聲之所止"。曰:"這只是正《風》《雅》《頌》是中聲,那變《風》不是。伯恭堅要牽合說是,然恐無此理。今但去讀看,便自有那輕薄底意思在了。如韓愈說數句,'其聲浮且淫'之類,這正是如此。"

（義剛）

問"比、興"。曰："說出那物事來是興，不說出那物事是比。如'南有喬木'，只是說個'漢有游女'；'奕奕寢廟，君子作之'，只說個'他人有心，予忖度之'；《關雎》亦然，皆是興體。比底只是從頭比下來，不說破。興、比相近，却不同。《周禮》說'以六詩教國子'，其實只是這賦、比、興三個物事。《風》《雅》《頌》，《詩》之標名。理會得那興、比、賦時，裏面全不大段費解。今人要細解，不道此說爲是。如'奕奕寢廟'，不認得意在那'他人有心'處，只管解那'奕奕寢廟'。"（植。以下賦、比、興）

問："詩中說興處，多近比。"曰："然。如《關雎》《麟趾》相似，皆是興而兼比。然雖近比，其體却只是興。且如'關關雎鳩'本是興起，到得下面說'窈窕淑女'，此方是入題說那實事。蓋興是以一個物事貼一個物事說，上文興而起，下文便接說實事。如'麟之趾'，下文便接'振振公子'，一個對一個說。蓋公本是個好底人，子也好，孫也好，族人也好。譬如《麟趾》也好，定也好，角也好。及比，則却不入題了。如比那一物說，便是說實事。如'螽斯羽，詵詵兮，宜爾子孫振振兮！''螽斯羽'一句，便是說那人了，下面'宜爾子孫'，依舊是就'螽斯羽'上說，更不用說實事，此所以謂之比。大率詩中比、興皆類此。"（偶）

比雖是較切，然興却意較深遠。也有興而不甚深遠者，比而深遠者，又係人之高下，有做得好底，有拙底。常看後世如魏文帝之徒作詩，皆只是說風景。獨曹操愛說周公，其詩中屢說。便是那曹操意思也是較別，也是乖。（義剛）

比是以一物比一物，而所指之事常在言外。興是借彼一物以引起此事，而其事常在下句。但比意雖切而却淺，興意雖闊而味長。（賀孫）

詩之興，全無巴鼻。（《振錄》云："多是假他物舉起，全不取其義。"）後人詩猶有此體。如"青青陵上柏，磊磊澗中石。人生天地間，忽如遠行客"！又如"高山有涯，林木有枝，憂來無端，人莫之知""青青河畔草，緜緜思遠道！"皆是此體。（方子、振錄同）

六義，自鄭氏以來失之；后妃，自程先生以來失之。后妃，安知當時之稱如何！（可學。以下六義）

或問詩六義，注"三經、三緯"之說。曰："'三經'是賦、比、興，是做詩底骨子，無詩不有，才無，則不成詩。蓋不是賦，便是比；不是比，便是興。如風雅頌却是裏面橫串底，都有賦、比、興，故謂之'三緯'。"（燾）

器之問："詩傳分別六義，有未備處。"曰："不必，又只管滯却許多，且看詩意義如何。古人一篇詩，必有一篇意思，且要理會得這個。如《柏舟》

之詩，只說到'靜言思之，不能奮飛'！《綠衣》之詩說'我思古人，實獲我心'！此可謂'止乎禮義'。所謂'可以怨'，便是'喜怒哀樂發而皆中節'處。推此以觀，則子之不得於父，臣之不得於君，朋友之不相信，皆當以此意處之。如屈原之懷沙赴水，賈誼言：'歷九州而相其君，何必懷此都也！'便都過常了。古人胸中發出意思自好，看着三百篇詩，則後世之詩多不足觀矣。"（木之）

問"《詩傳》說六義，以'託物興辭'爲興，與舊說不同"。曰："覺舊說費力，失本指。如興體不一，或借眼前物事說將起，或別自將一物說起，大抵只是將三四句引起，如唐時尚有此等詩體。如'青青河畔草''青青水中蒲'，皆是別借此物，興起其辭，非必有感而見於此物也。有將物之無，興起自家之所有；將物之有，興起自家之所無。前輩都理會這個不分明，如何說得詩本指！只伊川也自未見得。看所說有甚廣大處，子細看，本指却不如此。若上蔡怕曉得詩，如云'讀詩，須先要識得六義體面'，這是他識得要領處。"問："詩雖是吟咏，使人自有興起，固不專在文辭；然亦須是篇篇句句理會著實，見得古人所以作此詩之意，方始於吟咏上有得。"曰："固是。若不得其真實，吟咏個甚麼？然古人已多不曉其意，如《左傳》所載歌詩，多與本意元不相關。"問："《我將》'維天其右之''既右享之'，今所解都作左右之'右'，與舊不同。"曰："《周禮》有'享右祭祼'之文。如詩中此例亦多，如'既右烈考，亦右文母'之類。如《我將》所云，作保祐說，更難。方說'維羊維牛'，如何便說保祐！到'伊嘏文王，既右享之'，也說未得右助之'右'"問："《振鷺》詩不是正祭之樂歌，乃獻助祭之臣，未審如何？"曰："看此文意，都無告神之語，恐是獻助祭之臣。古者祭祼每一受胙，主與賓尸皆有獻酬之禮；既畢，然後亞獻；至獻畢，復受胙。如此，禮意甚好，有接續意思。到唐時尚然。今並受胙於諸獻既畢之後，主與賓尸意思皆隔了。古者一祭之中所以多事，如'季氏祭，逮闇而祭，日不足，繼之以燭。雖有強力之容，肅敬之心，皆倦怠矣。有司跛倚以臨祭，其爲不敬大矣！他日祭，子路與，室事交乎戶，堂事交乎階，質明而始行事，晏朝而退。'孔子聞之曰：'誰謂由也而不知禮乎！'"古人祭禮，是大段有節奏。"（賀孫）

## 【乙種之二十七】

# 詩經論旨

## （賦比興）

姚際恒

**西堂案：**《詩經通論》卷前《論旨》，先説賦、比、興之義，然後論列自漢至明諸詩解。意謂標之以使人知是非。所云興者，但借物以起興，不必與正意相關。分興爲二，一曰興，一曰興而比，尤屬妥慎之論，不可不知，兹録以俾參考。

詩有賦、比、興之説，由來舊矣，此不可去也。蓋有關於解《詩》之義，以便學者閲之即得其解也。賦義甚明，不必言。惟是興、比二者，恒有游移不一之病。然在學者亦實無以細爲區別，使其鑿然歸一也。第今世習讀者一本《集傳》，《集傳》之言曰："興者，先言他物，以引起所咏之辭也。比者，以彼物比此物也。"語鄰鶻突，未爲定論。故郝仲輿駁之，謂"先言他物"與"彼物比此物"有何差別，是也。愚意當云："興者，但借物以起興，不必與正意相關也。比者，以彼物比此物也。"如是，則興、比之義差足分明。然又有未全爲比，而借物起興與正意相關者，此類甚多，將何以處之？嚴坦叔得之矣。其言曰："凡曰'興也'，皆兼比；其不兼比者，則曰'興之不兼比者也'。"然辭義之間，未免有痕。今愚用其意，分興爲二：一曰"興而比也"，一曰"興也"。其興而比也者，如《關雎》是也。其云"關關雎鳩"，似比矣；其云"在河之洲"，則又似興矣。其興也者，如《殷其雷》是也；但借雷以興起下義，不必與雷相關也。如是，使比非全比，興非全興，興或類比，比或類興者，增其一途焉，則興、比可以無淆亂矣。其比亦有二：有一篇或一章純比者，有先言比物而下言所比之事者，亦比之。一曰"比也"，一曰"比而賦也"。如是，則興、比之義瞭然，而學者可即是以得其解矣。若郝氏直謂興、比、賦非判然三體，每詩皆有之，混三者而爲一，邪説也。

興、比、賦尤不可少者，以其可驗其人之説《詩》也。古今説《詩》者多不同，人各一義，則各爲其興、比、賦。就愚著以觀，如《卷耳》舊皆以爲賦，愚本《左傳》解之，則爲比。《野有死麕》，舊皆以爲興（無故以死麕爲興，必無此理，則詳求三體，正是釋《詩》之要），愚以贄禮解之，則爲賦。如是之類，《詩》旨失傳，既無一定之解，則興、比、賦亦爲活物，安可不標之，使人詳求説《詩》之是非乎！

【乙種之二十八】

# 六 詩 説

章太炎

**西堂案**：興者借物以起興，不必與正意相關，最爲確當不易之解。今之學者，以爲象徵之意，則興之兼比者。此猶可説也。章太炎謂不歌而誦爲賦，比者辨也，並以興與諫相似，亦近述贊，則詩之一術。假《周官》厭興之語，而意見橫生者也。此不過欲證成《周官》六詩之説，謂賦、比、興皆詩而今已亡也。只可備一説，而不可爲訓。姑録存之以備參覽。

《春官》：大師教六詩：曰風、曰賦、曰比、曰興、曰雅、曰頌（鄭志）。張逸問：何詩近於比、賦、興。答曰：比、賦、興，吳札觀詩，已不歌也。孔子録《詩》，已合《風》《雅》《頌》中，難復摘別。篇中義多興。此謂比、賦、興各有篇什。自孔子殽雜第次，而毛公獨旗表興。其比、賦俄空焉。聖者顛倒而亂形名，大師偏弊而失鄰類。何其惛忘遂至如斯邪。余以綴文言事，名有通訓。《左氏》説"賦《彤弓》《角弓》"，其實《小雅》也。"吉甫作誦，其風肆好。"其實《大雅》也。若序《彤弓》《角弓》曰賦，《崧高》曰風頌則不可。投壺記言，凡《雅》二十六篇，其八篇可歌。歌《鹿鳴》《貍首》《鵲巢》《采蘩》《采蘋》《伐檀》《白駒》《騶虞》，今獨《鹿鳴》《白駒》在《雅》，《貍首》無文，《鵲巢》以下五篇，皆在《風》矣。（董仲舒書言）"文王受命，有此武功。既伐於崇，作邑於豐。""樂之風也。"（《楚莊王篇》）今案其詩亦在《大雅》，非國風甚明。尋此類例，故訓傳雖言興，寧知非汎言通名，抑大司樂以樂語教國子。興道諷誦言語，興者以善物喻善事。（鄭君説）將故訓傳所指在是歟。《關雎》興于鳥，《鹿鳴》興于獸，其皆樂語所謂興者，而不與六詩之興同科。要之，比、賦、興宜各自有主名區處，不與四始相拏。鰌生季材不識也，以爲故無篇什。尚考古者聲均之文甚衆，瞽矇掌九德六詩之歌，以役大師。九功之德，皆可歌也，謂之九歌，大別爲十五流。而三百篇不見九歌。不疑九歌本無篇什，或孔子雜亂其第，獨疑比、賦、興三種。何哉？

(《樂記》）師乙説四始外，復有商齊。（《投壺記》）其凡最七篇，明不爲《商頌》。《齊風》：齊大師作《徵招》《角招》，其詩曰畜君何尤。則《齊詩》復有合大韶者。商者五帝之遺聲。亦不指謂十二名頌。而《投壺》復有《史辟》《史義》《史見》《史童》《史謗》《史賓》《拾聲》《叡挾》八篇，廢不可歌。外有武王鉄詩《新宮》《祈招》《河水》《轡柔》諸名，時時雜見於《春秋傳》。今悉散亡。則比、賦、興被删不疑也。（《藝文志》曰）不歌而誦謂之賦。《韓詩外傳》説孔子游景山上，曰君子登高必賦。子路、子貢、顔淵各爲諧語，其句讀參差不齊。次有屈原、荀卿諸賦，篇章閎肆。此則賦之爲名。文縣而不可被管弦也。其事比於檢閲甲兵，簿録車乘，貴其多陳臚，而聲歌依咏鮮用。故周樂與三百篇，皆無賦矣。比者辯也，凡襲事治具，《周官》言比庀，漢世言辯辨，其聲相轉。自伏戲有駕辯，夏后啓乃有九辯、九歌，晚周宋玉猶儀刑之。其文亦肆，不被管弦，與賦同。故周樂與三百篇，皆無比矣。興者《周官》字爲䡏。大師大喪帥瞽而䡏作匶謚。鄭君曰：䡏，興也。興言王之行，謂諷誦其治功之詩，故《書》䡏以爲淫。鄭司農云。淫，陳也。陳其生時行跡爲作謚。瞽蒙諷誦詩。鄭君曰：主謂䡏作柩謚時也，諷誦王治功之詩以爲謚。（王伯申謂：司裘、司服、巾車、車僕、司常、司兵、囿人、大司樂、瞍瞭、筮師、鎛師、傅籥師、典廊器、司干，言䡏者皆謂陳器物，大師亦同，不悟彼言䡏者，下皆明庀其物，今大師直言䡏，不指何器，明不得以文字偶同爲例，既言師瞽而䡏，又不得言命視瞭爲之也）此爲興與誄相似，亦近述贊。則詩之一術已。誄或時無韵。興無韵者，亦或取以稱説天官。張衡《靈憲》曰：聖人無心，因兹以生心。故《靈憲》作興曰：大素之前，幽清玄静，寂漠冥默，不可爲象。其下文辭甚廣（《續漢書·天文志·注》引）。古者讀誄觀象，皆大史之守。故其文通曰興。觀象者既不可歌，王侯衆多，仍世誄述，篇第填委，不可遍觀，又亦不益教化，故周樂與三百篇，皆無興矣。孔子曰：自衛反魯，雅、頌各得其所。若合以比、賦、興者。是令棼殽失統，何得所之有乎。世儒復疑風、雅、頌爲異體，比、賦、興爲異辭。苟以不見荒蕪章闋，泯絶經略，令六義亡其三，是不喻詩傳之過也。詩傳所謂興者，或通言，或與樂語稱興同科。本不謂四始雜有興體。

問曰：昔太史公言，古者詩三千餘篇，及至孔子，去其重，取可施於禮義，上采契、后稷，中述殷周之盛；至幽、厲之缺，始於衽席。故曰《關雎》之亂，以爲《風》始；《鹿鳴》爲《小雅》始；《文王》爲《大雅》始；《清廟》爲《頌》始。三百五篇，孔子皆弦歌之，以求合《韶》《武》《雅》《頌》之音。世多疑三千爲虛言，徵以吳札所觀周樂，安得三千篇邪。章炳麟曰：九德六詩之歌，較今風、雅、頌五倍。風、雅、頌已三百篇，尚復有見刪者五倍之，則千五百篇以上也。是十五流以外，六代之樂。《九夏》之舞，又當依其節奏，和其聲容，以爲歌曲。兼諸官箴容經弟子職醮祭之辭，凡有韵者，悉亦詩之陪貳。《周官》矇瞽言諷誦詩（世奠系）。杜子春曰：世奠系，謂帝系諸侯、卿大夫世本之屬是也。小史主次序先王之世，昭穆之系，述其德行。瞽矇主誦《詩》，並誦世系，以勸戒人君。世系可誦，宜如《急就章》，道姓名次爲韵語，亦《詩》之流也。從是推之，言左詩三千餘篇，尚省略矣。然諸列國所常教者，無過什一。吳札所觀，殆與今時亡大殊尤。何者？誦詩三百，弦詩三百，歌詩三百，舞詩三百，墨子猶患君子無以聽治，庶人無以從事也（墨子說見《公孟篇》）。彌多則益曠於事，是故立中制節，不踰其數，不略取九歌、比、賦、興也，以備凡目者。水、火、金、木、土、谷諸歌，猶《七略》所錄山陵、水泡、雲氣、雨旱、草木、器械、劍戲諸賦（世奠系），猶《急就章》。不道性情怨思之事，學者疲於諷誦，不嬾其藝久矣。比、賦、興雖依情志，而復廣博多華，不宜聲樂。由是十五流者，刪取三種，而不遍及。孔子所定，蓋整齊其篇第，不使凌亂，又求歸於禮義，合之正聲，以是爲節。而荀卿猶欲殺詩也。

**西堂案：** 廖平日本影北宋鈔本《毛詩》殘本《跋》云：十五國統名爲風，別有四小名：周、召爲南，邶、鄘爲賦，王、鄭、齊爲比，檜、秦、魏爲興。九風分配三《頌》，邶、鄘、衞，殷之故都，《樂記》所謂商人。孔子殷人，自叙祖宗舊德，故爲賦。《魯詩》以《王風》爲魯，《齊風》言魯道有蕩者，至於數見；《樂記》所謂齊人，荀子以周公、孔子爲大儒，……孔子德周公，故以魯統比。……檜、秦、衞應《周頌》爲興。……《樂記》，子貢問：歌言、歌風、歌誦、歌人雅、歌小雅、歌商、歌齊爲六，亦與詩六義之數巧合；是賦、比、興爲國風分統之要義，不得此說，不惟無解《樂記》之商齊，而《國風》分應三《頌》，亦無以起例。是賦、比、興三字，於詩最爲有功，爲不可廢之說；特不可以三經三緯解之耳（四益館雜著）。廖氏以賦、比、興爲詩名，說亦不必盡當。

## 【乙種之二十九】

# 詩有六情五際解

蔣湘南

**西堂案：**《齊詩》五際之説，注家多失其實，清孔廣森《經學卮言》雖略論之，亦未盡是。陳壽祺《左海經辨》小論齊詩五際一篇，亦不得其解。惟蔣之瀟《七經樓文鈔》中，有《詩有六情五際解》四篇，以爲詩者導性之物，聲生數，數生律，五際之起，存乎律曆，最爲探本溯源之論。其釋五際之例亦多中肯綮，誠罕覯之論也。《七經樓文鈔》今亦不易得，兹録全文，俾觀覽焉。

## 《詩有六情五際解・一》

六情五際之説，本於《齊詩》，始見於《漢書・翼奉傳》中，而注家多失其實。張晏注"觀性以秝"曰：謂秝日也，此蓋不知秝爲律秝之秝，而慢以十幹當之。《詩緯》中有名《汎秝樞》者，正以其爲秝法之樞柄也。三百五篇之中，孔子之秝存焉，非《齊詩》何由明之？孟康注"上方之情下方之情"曰：上謂東北，陽氣所萌，故爲上；下謂西南，陰氣所萌，故爲下，此蓋因辰戌丑未，在四維方，而望文生義以解之。不知上下者，天地也。據東西南北四方言之，即中央也。申非北方，而奉屬之北；亥非東方，而奉屬之東；寅非南方，而奉屬之南；巳非西方，而奉屬之西。豈必辰戌丑未，定在四維之地哉？宋均以六義注六情，應劭以五倫注五際，皆迂謬可哂。夫奉所言之六情五際，本傳已自解之，何待旁徵他傳乎。《毛詩正義》引《詩緯》曰：亥爲革命，一際也；亥又爲天門，二際也；卯爲陰陽交會，三際也；午爲陽謝陰興，四際也；酉爲陰盛陽微，五際也。夫明明言五際，自應分爲五辰，而亥之一辰；己當二際；是仍止有四際，於數不合，且陰陽盛衰，於《詩》何與？於理亦不合。《三易洞璣》曰：自文王戊寅，至成王丙午爲一際，至穆王壬戌爲二際，至懿王戊寅爲三際，至宣王甲午爲四際，至惠王丙寅爲五際。此黄先生以《易》《詩》《春秋》三者，合而爲秝，自成一家之學；於漢人五際之説，不必盡同，明於漢人五際之説者，惟孔氏《顨軒經學卮言》中得之，然亦未能知其爲孔氏之秝也。余故先辨各注之誤，而後申論其所以然。

## 《詩有六情五際解·二》

詩者，導性之物也。性生情，情生氣，氣生聲，聲生數，數生律，律生秝，明乎此而後可以言六情五際。六情者：喜、怒、哀、樂、奸、惡也。五際者，金、木、水、火、土也。金神曰義，木神曰仁，水神曰智，火神曰禮，土神曰信。五際即五性也。在人謂之五性，在天謂之五行，分於人曰心、肝、脾、肺、腎，分於天曰東、西、南、北、中，合天人而會之，則東方者甲方也，甲木克戊土。得己土配之，而甲木之惟，不過；甲木爲肝，肝行仁，故仁主甲己。南方者丙方也，丙火克庚金，得辛金配之，而後丙火之性不過；丙火爲心，心行禮，故禮主丙辛。西方者庚方也，庚金克甲木，得乙木配之，而後庚金之性不過；庚金爲肺，肺行義，故義主乙庚。北方者，壬方也，壬水克丙火，得丁火配之，而後壬水之性不過；壬水爲腎，腎行智，故智主丁壬。中央者戊方也，戊土克壬水，得癸水配之夕而後戊土之性不過；戊土爲脾，脾行信；故信主戊癸。由是而發爲喜、怒、哀、樂、奸、惡之六情。喜行寬大，屬西方金，金生於己，而盛於酉，故己酉主之。怒行陰賊，屬東方木，木生於亥，而盛於卯，故亥卯主之。好行貪狼，屬北方水，水生於申，而盛於子，故申子主之。惡行廉貞，屬南方火，火生於寅，而盛於午，故寅午主之。樂行姦邪，哀行公正，屬中央土。土陽丑戌，而陰辰未，故丑戌辰未主之。由是而通爲六氣。好爲陽氣，惡爲陰氣，怒爲風氣，喜爲雨氣，哀爲晦氣，樂爲明氣。由是而出爲六聲。喜心感者聲發散，怒心感者聲粗厲，哀心感者聲噍殺，樂心感者聲嘽緩，好心感者聲和悅，惡心感者聲直廉。由是而合之以六律，黃鐘子氣，夷則申氣，好之情也。大簇寅氣，蕤賓午氣，惡之情也。姑洗辰氣，林鐘未氣，樂之情也。亡射戌氣，大呂丑氣，哀之情也。夾鐘卯氣，應鐘亥氣，怒之情也。中呂己氣，南呂酉氣，喜之情也。由是而衍之以六數：甲己子午之數九，乙庚丑未之教八，丙辛寅申之數七，丁壬卯酉之數六，戊癸辰戌之數五，己亥之數四。六數本於六律，六律含於六氣，大氣原於六情，六情孕於五行，五行胎於五性，而納爲五音。土爲宮，火爲徵，水爲羽，金爲商，木爲角，甲子、甲午、壬寅、壬申、庚辰、庚戌爲陽商，乙丑、乙未、癸卯、癸酉、辛巳、辛亥爲陰商，丙寅、丙申、甲辰、甲戌、戊子、戊午爲陽徵，丁卯、丁酉、乙巳、乙亥、己丑、己未爲陰徵，戊辰、戊戌、庚寅、庚申、壬子、壬午爲陽角，己巳、己亥、辛卯、辛酉、癸丑、癸未爲陰角，庚午、庚子、丙辰、丙戌、戊寅、戊申爲陽宮，辛未、辛丑、丁巳、丁亥、己卯、己酉爲陰宮，甲寅、甲申、丙子、丙午、壬辰、壬戌爲陽羽，乙卯、乙酉、丁丑、丁未、癸巳、癸亥爲陰羽，此一法也。子爲陽宮，午爲陰宮，卯爲陽羽，酉爲陰羽，辰爲陽商，戌爲陰商，己爲陽角，亥爲陰角，丑與寅同爲陽徵，未與申同爲陰徵，此義一法也。音以綱之，律以緯之，日辰以配之，命以定之，風以傳之，數以紀之，歲以統之，閏以接之，而五際之名起焉。亥爲水際，酉爲金際，午爲火際，卯爲木際，天門爲土際；天門，戌亥之間也。以《詩》配之，則《大明》在亥，《祈父》在酉，《彤弓》在午，《天保》在卯，《苕華》在戌。卯酉之際爲革政，亥午之際爲革命，戌亥之際天神候聽，王者之所當慎也。詩曆之法，十年一節，三十年一宮，宮分孟仲季，十二宮周而復始，逢卯酉之際，必有革政之事；逢亥午之際，必有革命之事。周武王即位之九年辛巳，入午孟之第一年，越十一年辛卯，滅殷在午仲之第六年。此革命之證也。又二百八十年至平王元年辛未，爲卯季之第一年，東遷於洛，此革政之證也。其或逢五際而不盡驗者，則以閏分餘氣之不齊，天道人事，感召湊會，總不外前後十數年間，故分亥午卯酉，各自爲際，而戌亥二宮之間，合爲一際，即所以齊不齊也。春秋時師曠歌風，季札觀樂，梓慎神竈子韋，以及戰國之石申、甘公，漢之唐都、翼奉、夏侯始昌、郞凱諸人，不外此法，而其本原皆出於天地入自然之性。故曰：《詩》者，導性之物也，性生情，情生氣，氣生數，數生律，律生曆，此之謂也。

### 《詩有六情五際解·三》

孔門通六藝者七十餘人，當時必有傳《樂經》者。而《漢書·藝文志》所載，但有《樂記》，而無《樂經》，豈亡之哉？《詩經》即《樂經》也。三百五篇，孔子皆弦歌之，某詩入某律，合某音，聖人必有手定之譜。故曰：然後樂正，《雅》《頌》各得其所。得所，即各當其音律之謂也。魯、韓、毛三家，但傳訓詁，不傳音律。傳音律者，只有《齊詩》。《含神霧》曰：齊地處孟春之位，律中太簇，音中宮角；陳地處季春之位，律中姑洗，音中宮徵；曹地處季夏之位，音中徵；秦地處仲秋之位，律中南呂，音中商；唐地處孟冬之位，音中羽。此雖略舉示例，未能備者，然亦可知《齊詩》所傳，爲孔門《樂經》之譜明矣。《毛詩疏》引《氾曆樞》之言四始也，有"大明在亥，水始；四牡在寅，木始；嘉魚在巳，火始，鴻雁在申，金始"之語。後儒不得其解，遂以爲水、火、金、木何與於詩？其實大明在亥者，律中應鐘也；四牡在寅者，律中大簇也；嘉魚在巳者，律中仲呂也；鴻雁在申者，律中夷則也。此與毛公以《關雎》《鹿鳴》《文王》《清廟》爲四詩之始者，較有義意。孔門微言，正在於此。儒者以妄誕置之，何也？且古詩入樂，皆三篇連奏，以《左傳·襄公四年》"《文王》之三，《鹿鳴》之三"例之，則《大明》在亥，爲《文王》《大明》《緜》三篇；《四牡》在寅，爲《鹿鳴》《四牡》《皇華》三篇；《嘉魚》在巳，爲《魚麗》《嘉魚》《南山有台》三篇；《鴻雁》在申，爲《吉日》《鴻雁》《庭燎》三篇。但舉中篇，而上下二篇在内，以三篇備而後可合爲一宫，十二宫各有孟仲季也。五際之義，亦同四始。注《漢書》者，不深明《齊詩》之例，但以陰陽際會解之，不知亥爲革命者，《文王》《大明》《緜》總三篇，分孟仲季於亥宫也。其三十年中之歲月日辰，相生相克，皆調之以應鐘之氣，而吉凶可見。王者值此天神伺察之時，一有不慎，天命將去，故爲一際也。午爲革命者，《六月》《采芑》《車攻》三篇，分孟仲季於午宫也。其三十午中之歲月日辰，相生相克，皆調之以蕤賓之氣，而吉凶可見，王者值此陽消陰長之時，一有不慎，害氣將至，故爲一際也。卯酉爲革政者，《常棣》《伐木》《天保》三篇，分孟仲季於卯宫。《沔水》《鶴鳴》《祈父》三篇，分孟仲於西宫也。卯司日出，亦稱天門；酉司日入，亦稱地户；王者值此二際，則修舊舉廢，理其政以應之，故曰卯酉爲革政。其六十年中之事，皆調之以夾鐘南吕之氣，而吉凶可見，所以各爲一際也。戌亥之交，《小雅》之終，而《大雅》之始也，其間必有閏律，閏律爲前宫之餘氣，而戌亥正當紫宫之前，天門所在，太一巡行八宫，出入於此，王者尤宜慎之，故別爲一際也。凡樂譜有中聲、有變聲、有子聲，有全律、有半律、有閏律，分布於十二宫，宫各三十年，合得三百七十三年。自古未有三百七十三年，而不值革命革政之事者也。有其事則必在五際之限，一定不易之理。三代以上，陰陽、曆譜、天文、五行合爲一家。馮相、保章之所司，即孔子之所本，漢儒條别九流，分爲四家；六朝以後，羣術淆亂，唐李淳風、僧一行，略能明之，而未詳其要。宋後理學門開，一切棄之，以爲小道矣。夫豈知皆孔門之大道哉。夫推律定性之法，出於孔子。而知樂之人不世出，雖大師如劉子政，亦不敢指《齊詩》爲孔門之樂譜。遂使尼山六藝，缺而不全，豈不可憾。余故詳論六情五際之所以然，而更爲譜以明之。

## 《詩有六情五際解·四》

木、火、金三際皆在正方，則水際亦宜用子，乃舍子而取亥者，黃鐘乘陽，已在革命之後，不若應鐘散陰，正當革命之初也。亥之神曰徵明，正取明而未融之意，以當革命，其艱難甚於午際。徒以乾位解之，於革命之義，終未合。天門雖在戌亥之間，而戌爲尤重，以亥水已爲第一際，而此第五際，乃土際也。土際取戌不取丑、辰、未者，丑與子比，未與午比，皆當革命之後。國運方新，去卯酉革政之際，尚差五六十年。辰與卯比，才脱革政，未近革命。皆不足當土之一際。惟戌居酉、亥之間，革政之運未終，革命之運又始，其時事孔棘，有甚於亥、卯、午、酉者，故以此爲第五際也。凡詩歷皆從樂律而生，樂律又隨曆數而變。邵子原會運世之説，即從十二律推而衍之者也。《小雅》卷末，正當戌際，《漸漸之石》爲戌孟，《苕華》爲戌仲，《何草不黄》爲戌季。政至如是，國將亡矣。祈天永命之機，非師《文王》不可，故下接《大雅》之《文王》，而入於亥孟。然則戌亥之間，非革政革命之交會哉。

**西堂案**：蔣氏謂樂譜宫各三十年，合之得三百七十三年，此與詩篇值歲之數，不甚相應；此尚待吾人之探討者。不可不知。

## 【乙種之三十】

# 齊詩翼氏學

迮鶴壽

**西堂案：**説《齊詩》翼氏之學者，除蔣子瀟之四篇而外，尚有迮鶴壽之《齊詩翼氏學》一書，可稱佳構。自餘如陳喬樅之《齊詩翼氏學疏證》，弗逮也。迮氏據《齊詩》卯、酉、午、戌、亥五際，以糾正《詩緯》辰爲一際之説，並以亥又爲天門，亥又爲辰之誤。皆極是。其詩篇專用《二雅》解，《文王》《鹿鳴》不爲始解，尤能妙識真諦。兹録其説十二篇，以爲研究之資料。

## 一 四始五際名義

五際之説，出於《齊詩》；則四始之説，亦出於《齊詩》。五際必兼四始言之，蓋四始爲之綱，五際爲之紀也。《詩緯·含神霧》曰：《詩》者，天地之心，君德之祖，百福之宗，萬物之户也。集微揆著，上統元皇，下序四始，羅列五際。《詩緯·推災度》曰：建四始五際而八節通，卯酉之際爲革政，午亥之際爲革命。四始者，《詩緯·氾曆樞》曰：《大明》在亥，水始也；《四牡》在寅，木始也；《嘉魚》在巳，火始也；《鴻雁》在申，金始也。五際者，《齊詩内傳》曰：卯、酉、午、戌、亥也。陰陽始終際會之歲，於此則有改變之政也。《氾曆樞》曰：卯，《天保》也；酉，《祈父》也；午，《采芑》也；亥，《大明》也。翼氏曰：竊學《齊詩》，聞五際之要，《十月之交》篇，戌十月之交是也。四始皆陽木火金水，分佈於四方，故爲四始也。土獨無始者，土爲五行之君，周流於四者之間，循環無端也。五際始終皆陽，中間皆陰，自亥至寅，漸入陽剛。亥爲陽水，以一陽起群陰之中，君子所以經綸草昧，開國承家，故亥爲一際也。自寅至酉，正在光明，卯爲陰木，午爲陰火，酉爲陰金，其象暗昧；國家於此，當有變改之政，故卯、午、酉各爲一際也。自酉至戌，漸入陰柔，戌爲陽土，以一陽陷群陰之内，國家於此，必有災異之應，故戌爲一際也。四始起於亥，天一生水也，五際止於戌，天五生土也。

## 二　四始圖

四始者，木火金水之始也。亥爲水始。
子　丑
寅爲木始。
卯　辰
巳爲火始。
午　未
申爲金始。
酉　戌

亥，陽水也；故爲水始。寅，陽木也；故爲木始。巳，陽火也；故爲火始。申，陽金也；故爲金始。若子爲陰水，協爲陰木，午爲陰火，酉爲陰金，則皆居於次，故不爲始。

## 三　五際圖

五際者，卯酉午戌亥之際也。
亥爲一際。
子　丑　寅
卯爲二際。
辰　巳
午爲三際。
未　申
酉爲四際。
戌爲五際。

亥爲革命，一際也。卯爲陽陰交際，二際也。午爲陽謝陰興，三際也。酉爲陰盛陽微，四際也。戌爲極陰生陽，五際也。若子丑寅辰巳未申，不在陰陽際會之交，故不爲際。

## 四　詩篇專用二雅解

十五國《風》，諸侯之風也；上《頌》，宗廟之樂也。唯二《雅》皆述王者之命運政教。四始五際，專以陰陽之終始際會，推度國家之吉凶休咎，故止用二《雅》。亥，《大明》也；寅，《四牡》也；巳，《嘉魚》也；申，《鴻雁》也；四始四部，皆《雅》詩也。卯，《天保》也；酉，《祈父》也；午，《采芑》也；亥，《大明》也；戌，《十月之交》也；五際五部，亦《雅》詩也。然則詩篇專用二《雅》，不用《風》與《頌》，明矣。

## 五　《文王》《鹿鳴》不爲始解

《大雅》始於《文王》，《小雅》始於《鹿鳴》，猶《易》之有乾坤也。乾爲君道，而《文王》一篇，述周家受命之由，坤爲臣道，而《鹿鳴》一篇，敘嘉賓式燕之事；四始不以此爲始者，文王未嘗履帝位，至武王始有革命之事。《詩緯·氾曆樞》曰：午亥之際爲革命。詩稱："肆伐大商，會朝清明。"即其事也。故以《大明》爲始。此如《易》之有屯，所以經綸草昧也。《大雅》既不以《文王》爲始，則《小雅》不以《鹿鳴》爲始。《鹿鳴》言飲食宴樂，至《四牡》乃爲臣子勤勞王事。郎顗謂四始之缺，詩稱："王事靡盬，我心傷悲。""靡盬"則有缺限矣，故以《四牡》爲始。此如《易》之有蒙，所以擊蒙禦寇也。四始專論水火金木之始，故別有取義，非《關雎》《鹿鳴》《文王》《清廟》，各舉篇首之謂也。

## 六　戌土獨爲一際解

辰上丑戌，四者皆土，而戌土何以獨爲一際？或曰：五際以陽始，以陽終；亥爲陽水，故居始；戌爲陽土，故居終也。據翼氏謂辰未屬陰，戌丑屬陽，然則丑亦陽土，何以不得爲際？或曰：土生於午，壯於戌，死於寅。丑之爲土，其氣衰耗。不如戌之爲土，其氣壯盛也。今案：五際始於亥，亥爲陽水，其際爲革命，丑爲陽土，去革命之時甚近，子爲陰水，受制於陽土，不能起而問之。則丑土之於亥水，一氣相承，安得別爲一際？唯戌爲陽土，居向晦之時，陰氣蒙之，極陰生陽，故獨一際也。至於辰爲陰土，居陰木之後；末爲陰土，居陰火之後，以陰承陰，無所變革，其不爲際無疑矣。

## 七　戌際爲《十月之交》解

五際之目，《齊詩内傳》曰：卯酉午戌亥也。其四見於《詩緯》，卯爲《天保》，酉爲《祈父》，午爲《采芑》，亥爲《大明》，緯書出於哀平之世，卯酉午亥四際，襲用《齊詩》舊說，獨土行一際，則改戌爲辰，故不云戌際爲某篇也。然則戌際究繫何篇，嘗據四始五際之部分推之，酉爲《祈父》，自《祈父》至《沔水》，百有十篇，以大數除之，又加小數十篇，方滿酉際一部之數，然酉爲陰金，戌爲陽土，以陰乘陽，則退一數。自《鶴鳴》至《正月》，止九篇，而其下《十月之交》，即爲戌際也。元帝初元二年地震，翼氏奏封事曰：竊學《齊詩》，聞五際之要，《十月之交》篇。今案：初元二年，歲在甲戌，而翼氏引《十月之交》，則是篇爲戌際明矣。是年二月戊午，地大震於隴西郡，毀落太上廟，殿壁木飾壞敗，獂道縣城郭官寺及民室屋，厭殺人衆，山崩地裂，水泉涌出。七月己酉地復震。詩曰："百川沸騰，山冢崒崩"，此之謂也。

## 八　五性表

翼氏曰：《詩》之爲學，情性而已。五性不相害，六情更興廢，觀性以曆，觀情以律。

今案：曆謂十干也。

肝性静，静行仁，甲己主之。

肝屬木。甲，陽木也；己，陰土也。

心性躁，躁行禮，丙辛主之。

心屬火。丙，陽火也；辛，陰金也。

脾性力，力行信，戊癸主之。

脾屬土。戊，陽土也；癸，陰水也。

肺性堅，堅行義，乙庚主之。

肺屬金。乙，陰木也；庚，陽金也。

腎性智，智行敬，丁壬主之。

腎屬水。丁，陰火也；壬，陽水也。

若以五性配五際，則卯際仁也，午際禮也，戌際信也，酉際義也，亥際敬也。

## 九　六情表

翼氏曰：治道要務，在知下之邪正。知下之術，在於六情，十二律而已。今案：律謂十二支也。《春秋緯·演孔圖》曰：《詩》含五際六情。

北方之情，好也；好行貪狼，申子主之。

孟康曰：北方水，水生於申，盛於子。水性觸地而行，觸物而潤，故多好貪而無厭。

東方之情怒也；怒行陰賊，亥卯主之。

孟康曰：東方木，木生於亥，盛於卯。木性受水而生，貫地而出，故爲怒。以陰氣賊害物，故爲陰賊。

貪狼必待陰賊而後動，陰賊必待貪狼而後用，二陰並行，是以王者忌子卯也。

南方之情惡也；惡行廉貞，寅午主之。

孟康曰：南方火，火生於寅，盛於午。火性炎猛，無所容受。故爲惡。其氣精專嚴整，故爲廉貞。

西方之情喜也；喜行寬大，巳酉主之。

孟康曰：酉方金，金生於巳，盛於酉。金之爲物，喜以利刃加於萬物，故爲喜。利刃所加，無不寬大，故爲寬大。

二陽並行，是以王者吉午酉也。詩曰："吉日庚午"。今案：二陽謂廉貞寬大。

上方之情樂也；樂行姦邪，辰未主之。

孟康曰：上方謂北與東也。陽氣所萌生，故爲上。辰，窮水也；未，窮木也。翼氏《風角》曰：木落歸本，水流歸末，故木利在亥，水利在辰。盛衰各得其所，故樂也。水窮則無隙不入，木上出，窮則旁行，故爲姦邪。下方之情哀也，哀行公正。戌丑主之。

孟康曰：下方謂南與西也。陰氣所萌生，故爲下。戌，窮火也；丑，窮金也。翼氏《風角》曰：金剛火强，各歸其卿，故火刑於午，金刑於西。西午，金火之盛也；盛時而受刑，至窮無所歸，故哀也。火性無私，金性方剛，故爲公正。

辰未屬陰，戌丑屬陽，萬物各以其類應。

若以六情配五際，則亥際貪狼也，卯際陰賊也，午際廉貞也，酉際寬大也，戌際公正也。亥卯二際，又兼姦邪也。

## 十　詩緯有佚句辨

鄭康成《六藝論》引《詩緯·氾曆樞》曰：午亥之際爲革命；卯酉之際爲改政；辰在天門，出入候聽。卯，《天保》也；酉，《祈父》也；午，《采芑》也；亥，《大明》也。（此下佚一句）然則亥爲革命，一際也；亥又爲天門，出入候聽，二際也。（"亥又"二字，乃"辰"字之譌。辰第三，卯第二，文互易者，鄭氏順便言之）卯爲陰陽交際，三際也。午爲陽謝陰興，四際也。酉爲陰盛陽微，五際也。今案：《詩緯》上言午亥卯酉辰爲五際，下舉《天保》《祈父》《采芑》《大明》四篇，以釋卯酉午亥，必更有"辰某篇也"一句。故鄭氏解之曰：然則亥爲革命，一際也；辰爲天門，出入候聽，二際也。自傳寫者佚去"辰某篇也"一句，後人見卯酉午亥只有四詩，獨不及辰，因改云：亥又爲天門，出入候聽。曆家有歲星跳辰之法，服虔所謂龍度天門也。

歲星爲龍，辰爲天門。《詩緯》辰在天門之語，蓋取諸此。今改云亥爲天門，何所取義乎？亥木爲一際，安得分爲二際，且《六藝論》上文明引《氾曆樞》云：辰在天門。而下文忽云亥爲天門，亦不如應如是之矛盾也。

## 十一　改戌際爲辰際解

卯酉午戌亥爲五際，此《齊詩內傳》之説也。而《詩緯·氾曆樞》云：午亥之際爲革命，卯酉之際爲改政，辰在天門，出入候聽。則是改戌際爲辰際矣。其所以得改者，亥爲陽水，卯爲陰木，午爲陰火，酉爲陰金，衆論所同，不能改易。獨土行翼氏以丑爲陽，辰爲陰，《詩緯》以丑爲陰，辰爲陽。丑爲陰土，不得爲際；辰爲陽土，處於戌前，於是改戌際爲辰際，以自異於《齊詩》焉。哀帝時尚在戌際，夏賀良等謂漢歷中衰，當更受命，宜急改元易號。仍僞造諸緯，以濟其反道惑衆之私。其所以必改者，戌際《十月之交》諸詩，皆叙災變；不如辰際《南陔》諸詩，詠歌太平，可以援引爲符瑞，乃取辰爲天門一語附會之。而卯酉午亥辰爲五際，與《齊詩》名同而實異矣。

## 十二　戌丑屬陽解

日行一晝夜，分爲十二時，亥子在夜半，水也。寅卯在昧爽，木也。巳午在日中，火也。申酉在日昃，金也。皆一陰一陽相配。辰戌丑未，間於木火金水之間，土也。談五行者，皆以辰戌爲陽，丑未爲陰。推尋其義，蓋因小雪、大雪、冬至、小寒、大寒，日出在辰；小滿、芒種、夏至、小暑、大暑，日入在戌；辰戌二者，係日所出入之時，故以爲陽也。翼氏則云：辰未屬陰，戌丑屬陽，此以方位言之。北與東，上方也，陽氣所萌生；戌居西北，丑居東北，位在上北，故皆屬陽。南與西，下方也，陰氣所萌生；辰居東南，未居西南，位在下方，故皆屬陰。

## 【乙種之三十一】

## 魯詩無傳辨

### 《毛詩傳箋》

馬瑞辰

**西堂案：**《魯詩》亦有傳，學者多誤以《史記》"無傳疑"，疑字爲衍文；近今章太炎爲《左傳》續《叙錄》，猶主張之。其實非無傳也。爲訓故以教，非傳而何？馬瑞辰《毛詩傳箋》有《魯詩無傳辨》一篇，辨訂甚詳，今迻録之，以供學者參攷。

《漢書·儒林傳》曰：申公獨以《詩》經爲訓故以教，無傳，疑者則闕弗傳，顏師古以無傳爲"不爲解説之傳"，其説誤也。《漢書·楚元王傳》言：申公始爲《詩傳》，號《魯詩》。《太平御覽·二百三十二卷》引《魯國先賢傳》曰：漢文帝時，聞申公爲詩最精，以爲博士，申公爲《詩傳》，號爲《魯詩》。何休《公羊傳注》，班固《白虎通義》，《文選》李善注，皆引《魯詩傳》，是《魯詩》有傳之證。考《史記·儒林傳》曰："申公獨以《詩》經爲訓故以教，無傳，疑者則闕弗傳。"當續"無傳疑"爲句。下云疑者則闕弗傳，乃釋上"無傳疑"三字也。傳讀如傳授之傳，非傳注之傳。《漢書》説本《史記》，而誤脱一疑字。顏師古遂讀無傳爲句，而以"無解説之傳"釋之，誤矣。陸德明《經典釋文·序錄》言：魯人申公，受《詩》於浮邱伯，以《詩》經爲訓故以教，無傳，疑者則闕弗傳。"無傳"下亦少一疑字，蓋承《漢書·儒林傳》之誤。《史記·索隱》亦謂申公不作《詩傳》，則誤以《史記》無傳疑，疑字爲衍文耳。

## 【乙種之三十二】

# 毛詩説

## （《毛詩傳疏》）

陳奐

**西堂案：** 陳奐《毛詩傳疏》，專以闡明《毛傳》，別爲釋《毛詩》音、《毛詩》説，《毛詩》傳義類，鄭氏《箋》《考徵》諸書，用力甚勤也。其《毛詩説》，有《毛詩章句續例》，揭櫫傳例，尤屬重要。惟謂《三家詩》義不如《毛詩》義優，則多偏私之見，實則三家義優，近儒於三家義多發明，陳氏多未之見耳。今迻録《毛詩説》之大半，以供考覽。

### 《毛詩説》

大毛公詁訓傳，言簡理賅，漢儒不遵行，錮蔽久矣。奐殫精極慮，爲傳作疏，疏中稱引，廣博難明；更舉條例，立表示圖，凡制度文物，可以補《禮經》之殘闕，而與東漢諸儒異趣者，揭著數端，學者省覺焉。

#### 本字借字同訓説

義善本字，儀善，假儀爲義也。仇匹本字；逑匹，假逑爲仇也。宴安本字；燕安，假燕爲宴也。疧病本字；祇病，假祇爲疧也。痡病本字；鋪病，假鋪爲痡也。修長本字，脩長，設修爲脩也。壬大本字；任大，假任爲壬也。京大本字；景大，假景爲京也。嘏大本字；假大，假假爲嘏也。檗餘本字；肄餘，假肄爲檗也。遐遠本字；瑕遠，假瑕爲遐也。曷遠本字；狄遠，假狄爲曷也。愒息本字；堅息，假堅爲愒也。誘道本字；牖道，假牖爲誘也。總數本字；毅數，假毅爲總也。悼動本字；蹈動，假蹈爲悼也。訧過本字；尤過，假尤爲訧也。逝逮本字；噬逮，假噬爲逝也。皆俱本字；偕俱，假偕爲皆也。勤勞本字；肄勞，假肄爲勤也。試用本字；式用，假式爲試也。單厚本字；憚厚，假憚爲單也。亟急本字；棘急，假棘爲亟也。亶信本字；宣信，假宣爲亶也。賚予本字；釐予，假釐爲賚也。迪進本字；軸進，假軸爲迪也。士事本字；仕事，假仕爲士也。殄盡本字；填盡，假填爲殄也。應當本字；膺當，假膺爲應也。謨謀本字；莫謀，假莫爲謨也。賚賜本字；釐賜，假釐爲賚也。彝常本字；夷常，假夷爲彝也。勖勉本字；茂勉，假茂爲勖也。賁飾本字；幩飾，假幩爲賁也。佸會本字；括會，假括爲佸也。俴淺本字；踐淺，假踐爲俴也。燠暖本字；奧暖，假奧爲燠也。侑勸本字；右勸，假右爲侑也。義宜本字；儀宜，假儀爲義也。訌潰本字；虹潰，假虹爲訌也。

## 一義引申説

逑儀特仇，匹也；匹配也，配媲也。夷均成，平也；平正也。墍閼偈休，息也；息止也。息處足濟集弭懲沮遏按，承，止也；止至也。征將邁發步游行也；行往道也。懷悼怛吊揚傷也；傷思也。信屈騁極也；極至也。詒問遺也；遺加也。逝適旂之也；之至也。襄舍抽除也；除去也，開也。考要質構登，成也；成就也，平也。洵備員隕均也；均平也，平正也。夷好易懌，説也；説懌，服也。選同黎剪，齊也；齊正也。聿遂對，遂也；遂安也。逎敕膠假虔鞏肆固；也固堅也。翕洽逑，合也；合配也。煇頻顯烈光也，光大也。復覆襄反也；反復也。厭莫休疑定也；定止也。格懷戾，來也；來至也。壺照光幅廣也；廣大也。腹穀禄也；禄福也。曷害也，害何也。聊將願；願每也，每雖也。控永引也，引長也。肁速也，速召也。爽僭差也；差擇也。素曠空也；空大也，窮也盡也。戎胥相也；相助也。捷克勝也，勝任也。棄也肥通，辟也；辟聞也。第夷易也；易説也，治也。勝騰棄也；棄升也，升出也。淪遵率也，率循也，相質也，質成也。方威則也，則法也。攻俶作也；作生也，始也，起也。毖溢慎也；慎誠也。姑且也，且辭也此也。荒奄也，奄大也撫也同也。既已也；已甚也。猶若也；若順也。據依也；依倚也。迨及也；及與也。摧沮也；沮壞也，止也。都閑也；閑習也。樊藩也；藩屏也，屏蔽也。辰時也；時善也是也。縢約也；約束也。紀基也；基始也，本也。萃集也；集止也。窒塞也；塞瘞也。枚微也；微無也。烝寘也；寘置也。邀游也；游觀也。烝填也；填久也。矧況也；況兹也。享獻也；獻奏也，奏爲也。累蔓也；蔓延也。豐茂也；茂美也。公功也；功事也。攻錯也；錯石也雜也。祇適也；適之也。鞠盈也；盈滿也。莠醜也；醜惡也。煽熾也；熾盛也。云言也，言道也。來勤也，勤勞也。將壯也，將壯大也。胥皆也，皆俱也，遍也。葵揆也，揆度也。局卷也；局卷曲也。哉載也，載始也。皇天也，皇天君也。聿述也；述循也。回違也，違去也離也。貉靜也；靜要也。旅師也，師衆也。赫顯也；顯光也；光大也。祺吉也；吉善也。僕附也；附著也。遡鄉也；鄉所也。鞫究也；鞫究窮也。猶圖也，圖猶謀也。滔慢也；慢遲也。倉喪也；喪亡也。禎祥也；祥善也。密寧也；寧安也。庤具也；具俱也。銍獲也；獲艾也，艾治也。嘻敕也，敕固也。序緒也；緒業也。畛場也；場畔也。胡壽也；壽考也。振自也；

自用也。屈收也；收聚也。馭總也；總數也。畿疆也，疆竟也。

## 一字數義說

穀，善也，生也，祿也，時，善也，是也。義，善也，宜也。儀，善也，匹也，宜也。逑，匹也，合也。流，求也，下也。祈，求也，報也。干，求也，厈也，扞也，澗也。悠，思也，遠也。懷，思也，和也，傷也，來也，歸也。言，我也，道也。密，安也，寧也。康，安也，樂也。行，列也，往也，道也，翩也。烈，列也，光也，業也。里，病也，居也，邑也。永，長也，引也。猗，長也，加也。駿，長也，大也。亶，長也，厚也，信也。肆，長也，疾也，固也，陳也。將，大也，養也，行也，齊也，送也，願也，請也，壯也，側也。荒，大也，有也，奄也，虡也。阜，大也，盛也。膚，大也，美也。冘，大也，首也。空，大也，窮也，盡也。介，大也，甲也。皇，大也，美也，君也，匡也，天也。戎，大也，相也，兵也。假，大也，至也，固也，嘉也。路，大也，道也。奄，大也，撫也，同也。誕，妄也，大也，闊也。豐，大也，茂也。成，就也，平也。集，就也，止也。於，往也，於也。逝，往也，逮也，之也。止，辭也，至也。載，辭也，事也，始也，識也。且，辭也，此也。訊，辭也，問也。塈，取也，息也。艾，養也，久也，治也。鞠，養也，窮也，告也，盈也，究也。遵，循也，率也。率，循也，用也。隸，餘也，勞也。洵，遠也，信也，均也。瑕，遠也，過也。說，服也，數也，舍也，赦也。懌，服也，說也。夷，平也，說也，常也，易也。均，平也，正也，調也。頻，厈也，急也。尸，主也，陳也。適，主也，過也，之也。齊，敬也，正也，莊也。肅，敬也，縮也。禋，敬也，禩也。虔，敬也，固也。翦，去也，齊也。違，去也，離也。遷，去也，徙也。考，擊也，成也。休，息也，美也，定也。猶，道也，謀也，可也，若也，圖也。徹，道也，治也，剝也。訓，道也，教也。馭，數也，總也。僭，數也，差也。麗，數也，歷也。處，止也，居也。定，止也，題也。濟，止也，渡也。沮，止也，壞也。承，止也，繼也。蘀，落也，槁也。吪，動也，化也。悼，動也，傷也。靖，和也，謀也，治也。龍，和也，寵也。虞，度也，誤也。慍，怒也，恚也。相，視也，助也，質也。究，深也，窮也，謀也。惠，順也，愛也。曷，逮也，害也。遄，疾也，速也。弔，傷也，至也。皆，俱也，遍也。屆，極也，至也。亶，誠也，信也。茂，美也，勉也。式，用也，法也。靡，無也，累也。莫，無也，謀也，定也，晚也。極，至也，中也。括，至也，會也。周，至也，曲也，救也。來，至也，勤也。戾，至也，定也，來也，罪也。格，至也，來也。摧，至也，沮也，蓙也。襄，除也，反也。崇，終也，重也，立也。賚，予也，賜也。釐，予也，賜也。御，進也，禦也，迎也。烝，進也，君也，衆也，寔也，塡也。作，生也，始也，起也。達，生也，射也。員，均也，益也。隕，均也，墜也，隨也。侯，君也，維也。辟，君也，開也，法也。公，君也，事也，功也。貫，事也，中也。易，說也，治也。庶，衆也，幸也。旅，衆也，陳也，師也。醜，衆也，惡也。欣，利也，助也。覃，利也，延也。聿，遂也，述也。對，遂也，配也。右，助也，勤也。局，曲也，卷也。卒，盡也，竟也。塡，盡也，久也。殄，盡也，絕也。武，繼也，跡也。肇，始也，謀也。俶，始也，作也。基，始也，本也。苞，本也，積也。逎，固也，聚也。收，聚也，軫也。矢，陳也，誓也，弛也。典，法也，常也。共，法也，執也。顯，光也，見也。厲，惡也，危也。耆，惡也，老也，致也。憝，惡也，邪也。茀，治也，蔽也。矜，危也，憐也。幾也，危也，期也。覯，見也，遇也。恆，徧也，弦也。宣，徧也，散也。幅，廣也，偪也。勝，任也，棄也。何，任也，揭也。胡，何也，壽也。履，祿也，禮也，踐也。云，旋也，言也。贈，送也，增也。號，召也，呼也。素，白也，空也。斯，此也，析也。泮，岸也，坡也。回，邪也，違也，轉也。革，更也，翼也。舒，遲也，徐也。忒，變也，疑也。縢，繩也，約也。胥，相也，皆也。翰，高也，榦也。攻，堅也，作也，錯也。克，勝也，能也。錯，石也，雜也。威，則也，畏也。秉，操也，把也。赫，顯也，炙也。

**一義通訓說**

《卷耳》：陟，升也，凡陟訓同。《芣苢》：采，取也，凡采訓同。《采蘋》：尸，主也，凡尸訓同。《甘棠》：說，舍也，凡說訓同。《日月》：音，聲也；凡音訓同。《谷風》：旨，美也，凡旨訓同。《齊南山》：蓺，樹也，凡蓺訓同。《七月》：疆，竟也；凡疆訓同。《天保》：庶，衆也，凡庶訓同。《正月》：綠，多也，凡綠訓同。《雨無正》：戎，兵也，凡戎訓同。《小毖》：予，我也，凡予訓同。

若夫寧安已甚，實是姑且，既已克能，洵信庶幸，及與每雖矧況，只適胥皆云言，凡語詞之通訓，一見不復再見，則推類引申，皆可以得其條理矣。

**古字說**

《葛覃》：汙，煩也；煩，古類字。《兔爰》：造，爲也；爲，古僞字。《檜·羔裘》：悼，動也；動，古慟字。《鴻雁》：宣，示也；示，古視字。《斯干》：冥，幼也；幼，古窈字。《正月》：獨，單也；單，古禪字。《生民》：役，列也；列，古裂字。《常武》：繹，陳也，陳古陳字。《巧言》：蛇，蛇淺意也，淺古諓字。《棫樸》：峩峩，盛壯也，壯古莊字。《東山》：敎猶專專也，專，古團字。《君子偕老》：袢延之服，延，古涎字。《常武》：虎之自怒，自古詯字。

**古義説**

《北山》：賢勞也，古義也。今訓賢才。《簡兮》：簡，大也，古義也。今訓簡擇、簡略。《白駒》：巧言慎誠也，古義也，今訓慎謹。《小宛》：齊正也，古義也，今訓齊戢。《頍弁》：時善也，今訓時是。《天保》：昊天有成命，單，厚也；今訓單薄。《烝民》：愛，隱也；今訓惠愛。《酌》：養，取也。今訓教養。《賓之初筵》：手，取也，今訓手足。

**《毛傳》章句讀例**

統釋全章之例，有見於首章者，《甘棠》言召伯聽訟，國人被德之類是也。有見於末章者，《木瓜》引孔子説苞苴之禮之類是也。若夫《國風·關雎傳》：夫婦有別，直説到朝庭正，王化成，總論周、召二《南》二十五篇之義，《小雅·四牡傳》；周公作樂，歌文王之道，爲後世法。總論大、小《雅》及《頌》諸文王之詩之義，此又統全部而言之矣。有接下作訓之例，《十月之交傳》：之交，日月之交會，接下文朔月辛卯，日有會之句。《維天之命傳》：大哉天命之無極，接下譜文王之德之純句。又有冡上文作訓者：如《汝墳傳》：魴魚勞則尾赤；雖釋魴魚赬尾本句，其實從遵墳伐條生義，故著一勞字。則注上注下，文義貫通，讀者皆率意而忘覺也。

有上章語未盡，而下章足其義者：《鶴鳴》：可以爲錯，可以攻玉。《傳》云：攻，錯也。上章言錯，下章言錯玉。《祈父》：予王之爪牙，予王之爪士。《傳》云：士，事也；上章言爪牙，下章言爪牙之事，皆其例。

詩二章，下章不與上章同義者。《君子陽陽》之敖，《遵大路》之魗，《褰裳》之士，《終南》之紀堂。

詩三章末章不與一、二章同義者：《桃夭》之宜，《螽斯》之揖揖，《鵲巢》之成，《羔羊》之縫，《考槃》之軸，《緇衣》之蓆，《中谷有蓷》之濕，《兔爰》之廊。毛公作《傳》，尋辭之變，本意之殊，往往不作一律解釋。《箋》不然矣。

凡經文一字，《傳》文用疊字者：《邶·谷風》有洸傳：洸洸武也；有潰傳：潰潰怒也。一言不足，則重言之，以盡其形容矣。又有益其辭以申其義者："有女如玉"。《傳》：德如玉，益德字。"可以樂饑"。《傳》：可以樂道忘饑，益道字，忘字，以申補經義。"螮蝀在東"。《傳》云：螮蝀，虹也，夫婦過禮，則虹氣盛，莫之敢指，於螮蝀補出夫婦過禮一層，於莫敢指補出君子戒諱一層。經義之未明備者，傳必申成之，且令學者曉然詩人用意之微恉。凡此之類，不一而足也。一隅三反焉可也。

常語不傳，不限於首見也。

《文王傳》：有周，周也；丕顯，顯也；有字不字，皆發聲無實義。"蕩侯"作"侯祝",《傳》作"詛祝"也,上侯字爲發聲,下侯字爲助語,無實義。《文王》"思皇多士"《傳》:思,詞也,此思字爲句首之發聲。《漢廣》:"不可休思",《傳》:思,詞也。此思字爲句末之語助。《關雎》:"寤寐思服",《傳》:服,思之也;此思字又爲句中之助,無實義矣。

《燕燕》篇"頡之頏之",《傳》云:飛而上曰頡,飛而下曰頏。先釋頏之,後釋頡之。"下上其音",《傳》云:飛而上曰上音,飛而下曰下音。先釋上音,後釋下音。又《日月》篇"逝不相好",《傳》:不及我以相好,"逝不"作"不及"解,逆其文而順其義,文不害辭,辭不害志也。武進臧氏玉琳曰:三代人讀經能知其大義,漢以來儒者,始霶霈於字句間,有曲通古人立言之意,而不爲文辭所惑者,惟毛公一人而已。

《召南·江有汜》,決復入爲汜。江有渚,水枝成渚。江有沱,沱江之別者。《傳》釋渚,汜沱於譬喻中見正義,亦於訓詁中見大義,此一例也。《王風·采葛》,葛所以爲絺綌;采蕭,蕭所以共祭祼;采艾,艾所以療疾。《傳》但釋葛、蕭、艾,言字義不言經義,此又一例也。

《草蟲》,忡忡,猶冲冲也;《柏舟》,耿耿,猶儆儆也;《傳》以今語通古語也。版殷屎,呻吟也,《小旻》:芣莩,掣曳也。《傳》以今義通古義也。

### 轉注説

古無四聲讀者,以方俗語言,有輕重緩急,遂音殊而義別,故同是造爲也,爲爲作爲之爲,亦爲詐爲之爲。同是正長也,長爲長幼之長,亦爲長短之長。同是行道也,道爲道理之道,亦爲道路之道。同是將行也,行爲行路之行,亦爲行列之行。一字必兼數音,一訓可通數義,展轉互訓,同意相受,六書之轉注也。

### 假借説

凡字必有本義,古人字少,義通乎音,有讀若某某之例,此東漢人假借法也。毛公尚在六國時,而假借之法,即存乎轉注。故《汝墳》肄,則直云肄餘也,東漢人必云肄讀若襞矣。《采蘋》湘之,則直云湘亨也;東漢人必云湘讀若鬺矣。《葛覃》之害,《綠衣》之曷,皆訓何;曷本字,害假借字也。段先生曰:害本不訓何,而曰何也,則可以知害爲曷之假借也。此一例也。若假干爲扞,直云干扞也,假輖爲朝,直云輖朝也,此直指假借之例。《毛傳》言假借不外此二例。

### 《毛傳》淵源通論

言六藝者,折衷孔子,司馬遷論之篤矣。子夏善説《詩》,數傳至荀卿子,而大毛公生當六國,猶在暴秦燔書之先,又親受業荀氏之門,故説《詩》取義於《荀子》書者,不一而足。漢諸儒未興,要非漢諸儒之所能企及。陸德明《經典釋文・叙録》云：左丘明作傳以授曾申，申傳衛人吳起，起傳其子期，期傳楚人鐸椒，椒傳趙人虞卿，卿傳同郡荀卿，名况。左丘作《左氏春秋》，失明有《國語》。子夏《詩序》，《桑中》《鶉之奔奔》《載馳》《碩人》《清人》《黄鳥》《四牡》《常棣》《湛露》《彤弓》《行葦》《泂》《酌》，與《左氏春秋》悉吻合。故毛公説《詩》，其義取諸《左傳》者亦不一而足。《葛覃》服之，《天作》荒之，《旱麓》干禄，《皇皇者華》六德；《新臺》蘧篨戚施，以及《既醉》《昊天有成命》等篇，義皆取諸《國語》。其時左氏未立學官，而毛公作詁訓傳同者，用師説也。《漢書・儒林傳》：申公魯人也，少與楚元王交，俱事齊人浮丘伯，受《詩》。《鹽鐵論》云：苞丘子與李斯俱事荀卿，苞丘子即浮丘伯，爲荀卿門人，《魯詩》亦出荀子。《韓詩》引《荀卿子》以説《詩》者，四十有四。《齊詩》雖用讖緯，而翼奉、匡衡，其大指與《毛詩》同。然而三家往往與《内外傳》不合符節者，何也？蓋七十子殁，微言大義，各有指歸，唯《毛詩》之説，篤守子夏之《序》文，發揮焉而不凌雜。《風俗通義》云：穀梁爲子夏門人，又《儒林傳》云，瑕丘江公，受《穀梁春秋》及《詩》於魯申公。毛公説詩，與《穀梁春秋》合。《公羊春秋》，亦出於子夏，漢初董仲舒及嚴彭祖、顔安樂，説犧説舞，與《毛詩》合，而與何休解不合，其流派異，其本源同矣。毛公説詩，《葛覃》《草蟲》《簡兮》《淇奥》《子衿》《揚之水》《東山》《伐柯》《采芑》《正月》《采菽》《采緑》《行葦》《既醉》《瞻卬》《良耜》《泮水》《那》義，見諸《小戴》。《節南山》《小宛》《下武》義，見諸《大戴》。《周官》未興，而緇帛五兩（《行露》），邦國大閒，九族（《常棣》）四享（《天保》），圜土（《正月》），棄右（《白華》），挈壺氏（《東方未明》），凶荒殺禮（《摽有梅》《野有死麕》）義皆取諸《周官》。河間獻王時，李氏上《周官》五篇，取《考工記》以補事官，而戈（《伯兮》）黼（《采菽》《文王》），鍭矢王弓（《行葦》）之制度，見《考工記》。凡天子諸侯禮不詳於《儀禮》，叔父叔舅（《伐木》），僅見於覲，鼗鼓磬（《那》《鼓鐘》）僅見於《大射》，高堂生傳《士禮》十七篇，即今之《儀禮》也，十七篇記皆出於七十子。釋軷祭脯（《泉水》《生民》），施衿結帨（《東山》），房中之樂（《君子陽陽》），鐁茝（《采菽》）見於《聘》《昏》《燕特牲》《公食大夫》諸記文。《大戴・勸學》，《小戴・樂記》《三年問》，皆出於《荀子》。而《荀子・大略》，其門弟子所雜録之語，皆《逸禮》名言，蓋荀卿子長於禮，用師説也。《七月》説狐貉，《無衣》説征伐，《抑》説愚知，義皆取諸《論語》。孔子釋《關雎》樂而不淫，哀而不傷，子夏乃因之作《序》，毛公又依之作《傳》。《六藝論》云：《論語》子夏、仲弓合撰，荀爲卜子五傳弟子，而荀書《儒效》《非相》《非十二子》三篇，每以仲尼、子弓並稱，子弓即仲弓，荀之學出於子夏、仲弓，此亦用師説也。《史記》載孟子受業於子思之門人，鄭玄《詩譜》云孟仲子，子思之弟子。趙岐注：《孟子》云：孟仲子，孟子之從昆弟，學於孟子者也。而毛公《維天之命》《閟宫》之《傳》，兩引孟仲子説。徐整云：子夏授高行子。高行子即高子，《孟子·告子篇》，子夏《絲衣序》，毛公《小弁傳》，有高子説。其説舜之大孝（《小弁》），大王遷豳（《緜》），士者世禄，盛德不爲衆（《文王》），從事獨賢（《北山》），洩洩猶沓沓（板），義皆取諸《孟子》。《孟子》曰：又上論古之人，頌其詩，讀其書，不知其人可乎？是以論其世也。又曰：故善説《詩》者，不以文害辭，不以辭害志，以意逆志，是爲得之。孟、荀一家，先後同揆，故毛公説《詩》，與《孟子》説《詩》之意，同用師説也。

《尚書》以《大傳》最爲近古，伏生在秦漢之際，略後於毛。《七月》三正，《緇衣》二采，《雞鳴》出朝，《湛露》燕宗，《詩傳》與《書傳》有可互相發明者，同條其貫也。九族與歐陽生不合，三朝與鄭仲師不合，鄭氏《叙》云：生終後數子各論所同，不能無失。

賈逵治《毛詩》，許慎乃賈弟子，其説《詩》特宗毛氏之學。鄭衆亦治《毛詩》，《後漢書》云：中興，鄭衆傳《周官經》，故許《説文》，先鄭《周官注》，皆足以發明《毛詩》微恉，洵非他儒可與頡頏者。

### 毛傳《爾雅》字異義同説

摯聚，《長發傳》：遒聚；摯、遒同聲。苉小，《卷阿傳》：芾小；苉、芾同聲。憎懼，《時邁傳》：疊懼；憎、疊同聲。瘒勞，《大車傳》：憚勞；瘒、憚同聲。畧利；《載芟傳》：略利；畧、略一字。譽過，《氓傳》：愆過；譽、愆一字。枾餘，《長發傳》：檗餘；枾、檗一字。酬報，《彤弓傳》：醻報；酬、醻一字。凡或體者，必諧聲也。至若《毛傳》多古文，《爾雅》則經六朝後人改竄破俗之體，不勝枚舉。定作頒，里作瘅之類者無論矣。字之所異，義之所同也。

### 毛傳《爾雅》訓異義同説

毛公詁訓傳，傳者述經之大義，詁訓者所以通名物象數，假借轉注之用。其言詁訓也，具法乎《爾雅》。亦不泥乎《爾雅》。《爾雅》："翢，纛也"，《宛丘傳》：翿翳也。《説文》作翳；翢、翿皆俗字。《爾雅》以爲纛，《毛傳》以爲翳，其解釋不同，而指歸則一也。寫憂也，釋以寫我心句。羍羍，祭也，釋奉璋羍羍句。炅炅耜也，釋炅炅良耜句。《爾雅》但望文生義，《毛傳》必審聲定訓。流擇也，流求也，釋詩左右流之句。藭，勤也，藭齊也，釋詩寔始藭商句。《毛傳》用流求不用流擇，用藭齊不川藭勤，此皆有以考索精詳，而義優乎三家者也。張稚讓説：《爾雅》之爲書也，文約而義固，其賾道也，精研而無誤。真七經之檢度，學問之階路，儒林之楷素。《毛傳》之爲書也，亦若是焉已矣。

### 毛傳不用《爾雅》説

《式微》：式微式微，《釋訓》曰：式微式微者，微乎微者也。《伐木》：伐木丁丁，鳥鳴嚶嚶，《釋訓》曰：丁丁、嚶嚶相切直也。《墓門》：誰昔然矣，《釋訓》曰：誰昔昔也。《新臺》：籧篨不鮮，得此戚施。《釋訓》曰：籧篨，口柔也；戚施，面柔也。《生民》：腹帝武敏。《釋訓》曰：敏，拇也。《小星》：抱衾與裯，《釋訓》曰：裯謂之帳。若此之類，皆《毛詩》不用《爾雅》。而鄭氏《箋》用之。或謂《爾雅·釋訓篇》，多經後人改竄矣。

### 毛傳用《爾雅》説

《淇奥》：治骨曰切，象曰瑳，玉曰琢，石曰磨。此《釋器》文也。如切如瑳，（四字今補《論語疏》，引亦奪）道其學之成也，聽其規諫以自修，如玉石之見琢磨，此《釋訓》文也。《小雅·魚麗、苕之華·傳》：罶，曲梁也，此《釋訓》文也。寡婦之笱也，此《釋器》文也。

### 毛用借字三家用本字，亦有三家用借字毛用本字者説

《毛詩》用古文，《三家詩》用今文。革作䩵，喬作鷮，宛作畹，里作悝，皆毛用假借，而三家用其本義，此常例也。《毛詩》：考槃在澗，《三家》澗作干，澗本義，干假借。《毛詩》：百卉具腓，《三家詩》腓作痱，痱本義，腓假借。此又變例，百不居一矣。他如有靖家室，陽如之何，碩大且儼，獷彼準夷，《三家》字義俱異者。彼各有其師承也。

### 《三家詩》不如《毛詩》義優説

騶虞，五獸之一，《召南》之《騶虞》，猶《周南》之《麟之趾》，《三家》以虞爲田官。《載馳》爲許穆夫人作，《碩人》爲國人美莊姜作，而《三家》以《載馳》衛懿公詩，《碩人》傅母説莊姜詩。其時《左氏傳》未列學官，故多歧説。《黍離》王國變風之音，《三家》以爲伯封作；詩終於陳靈，而《燕燕》則以爲衛定姜詩。小、大《雅》始於文、武，終於幽、厲，而《鼓鐘》則以爲周昭王時。《商頌》紀商禖廟樂歌，而或以爲宋襄公詩，此皆《三家》之不如毛，《三家》廢而毛存，蓋源流有獨真也。

## 【乙種之三十三】

## 關雎通釋

### (《七經樓文鈔》卷二)

蔣湘南

**西堂案：**《關雎》樂而不淫，哀而不傷。學者多不明哀字之義，釋之者亦罕能確言之，蔣子瀟《關雎通釋》羅列衆說，獨標新解，頗足爲學參考之資，其說固未必盡善也。今迻録之，以見其梗概。

《關雎》，房中之樂也。

《燕禮·注》：弦歌周南、召南之詩，謂之房中者，后夫人之所諷誦，以事其君子。

鄭氏《詩譜》：或謂之房中之樂者，后夫人侍御於其君子，女史歌之，以節義序故耳。又謂之燕樂。

《周禮·磬師·注》：燕樂，房中之樂。

亦曰鄉樂。

《燕禮》：遂歌鄉樂，《周南》：《關雎》《葛覃》《卷耳》，《召南》：《鵲巢》《采蘩》《采蘋》。

周公制禮，以此爲上下通用。

《詩序》：《關雎》，后妃之德也，風人之始也，所以風天下而正夫婦也，故用之鄉人焉，用之邦國焉。

其在毛詩未行時，漢人所述，多以爲刺詩。

《史記·十二諸侯年表·序》：周道衰，詩人本之衽席，《關雎》作。

《漢書·杜欽傳》：佩玉晏鳴，《關雎》嘆之。

《後漢書·明帝詔》：應門失守，《關雎》刺世。

《皇后紀》：康王晏朝，《關雎》作諷。

王充《論衡》：《關雎》詩何時作也，康王德缺於房，大臣刺晏，作是詩也。

馮衍《賦》：美《關雎》之識微兮，愍王道之將崩。章懷太子《注》引薛夫子《詩章句》曰：人君内傾於色，大人見其崩，故咏《關雎》說淑女，正容儀也。

《楊賜傳》：康王一朝晏起，《關雎》見幾而作。

《初學記·張超〈誚青衣賦〉》：周漸將衰，康王晏起，畢公喟然，深思古道。感彼《關雎》，德不雙侣，願得周公，妃以窈窕。防微消漸，諷諭君父，孔氏大之，列冠篇首。

王應麟《困學記聞》：近世說《詩》者，以《關雎》爲畢公作，謂得之張超，或謂得之蔡邕，未詳所出。

晁景迂《詩序》：齊、魯、韓三家，以《關雎》《葛覃》《卷耳》《鵲巢》《采蘩》《采蘋》《騶虞》《鹿鳴》《四牡》《皇皇者華》之類，皆爲康王詩。惟《毛詩》與《禮經》合。

戴震《詩經補注》：南、豳、雅、頌，有專爲樂章，非咏時事者。周家歷世有賢妃之助，故《周南》首《關雎》，所以正内德，慎昏姻之際。又曰：齊、魯、韓皆以爲諷刺，惟《毛詩》與《禮經》合。特孔子所謂樂而不淫，哀而不傷者，爲《關雎》全詩之本旨，而《毛傳》無文，謹有不淫其色一語，未足申明《序》意。

《毛傳》：后妃說樂君子之德，無不和諧，又不淫其色。

《詩序》：愛在進賢，不淫其色，哀窈窕，思賢才，而無傷善之心焉。是《關雎》之義也。

孔安國《論語注》：既無發明《鄭注》之見，於《詩》正義者，辭尤不達。

孔注：樂不至淫，哀不至傷，言其和也。

《鄭注》：哀世夫婦不得此人，不爲減傷其愛。

朱子以詩辭分配哀樂，似乎近理，而輾轉反側，終未明其所以哀。

朱子《集傳》：樂止於琴瑟鐘鼓，是不淫也，若沈湎淫泆，則淫矣。憂止於輾轉反側，是不傷也，若憂愁哭泣則傷矣。其以樂章言者，謂哀、樂皆於音得之，尤無據。

程大昌《詩議》：樂而不淫，哀而不傷，皆就聲音說。

至劉氏臺拱，創爲三篇連奏之說，論者謂鑿破混沌矣。

劉氏《遺書》：古之樂章，皆三篇爲一。《傳》曰：《肆夏》之三，《文王》之三，《鹿鳴》之三。《記》曰：宵雅肄三，《鄉飲酒禮》：工入，升歌三終；笙入，三終，間歌三終，合歌三終。蓋樂章之通例如此。《國語》曰：《文王》《大明》《緜》，兩君相見之樂也。《左傳》但曰：《文王》兩君相見之樂，不言《大明》《緜》；《儀禮》：合樂《周南》：《關雎》《葛覃》《卷耳》，

《召南》：《鵲巢》《采蘩》《采蘋》。而孔子但曰：《關雎》之亂，亦不及《葛覃》以下，此其例也。樂亡而詩存，説者遂執《關雎》一詩以求之，豈可通哉。樂而不淫者，《關雎》《葛覃》也；哀而不傷者，《卷耳》也。《關雎》樂妃匹也，《卷耳》樂得婦職也，《卷耳》哀遠人。哀樂者性情之極致，王道之權輿也。

然而《卷耳》明言不永，則兕觥未酌之始，難云不傷。《關雎》固爲不淫，而輾轉反側之時，究難言樂。況《葛覃》之爲不淫，僅就季札論《幽》一語，勉強附合乎。

劉氏《遺書》：《葛覃》之賦女功，與《七月》之陳耕織，一也。季札聞歌幽曰：美哉！樂而不淫，即《葛覃》可知矣。

嗟乎：《關雎》爲三百篇首，而二千年來，未有能發哀樂之覆者，開卷先已茫如，更何論其他耶？夫實事求是之學，貴在以經解經耳。求之經而不得，然後求之傳注，未有舍經而先憑傳注者也。曰：《關雎》之義云何？曰此文王繼娶而求賢妃之詩也。文王先娶姜氏，有淑德；繼娶姒氏，亦有淑德。當姜氏初喪，姒氏未得之時，其心之哀，有不可言喻者。然而不傷，則發乎情，止乎禮也。《序》所謂哀窈窕，思賢才，而無傷善之心焉，是也。既得姒氏，其心之樂，有不可言喻者。然而不淫，亦發乎情，止乎禮也。《序》所謂愛在進賢，不淫其色，是也。曰於經有徵乎？曰：有。徵《大明》之詩曰：天監在下，有命既集，文王初載，天作之合。在洽之陽，在渭之涘，文王嘉止，大邦有子。大邦有子，倪天之妹，文定厥祥，親迎於渭，造舟爲梁，不顯其光。此文王初娶姜氏也。曰：有命自天，命此文王，於周於京，纘女維莘，長子維行，篤生武王。此文王繼娶姒氏也。纘者繼也，纘女者，繼娶莘國之女也，莘國爲今河南之陳留縣。

《國語》：湯伐桀，桀與韋、顧之君，拒湯於莘之墟，遂戰於鳴條之野。

《括地志》：古莘在汴州陳留縣東五里，故莘城是也。

《元和郡縣志》：故莘城在陳留縣東北三十五里，古莘國地也。洽陽爲今陝西之郃陽縣。

《漢書·地理志》：郃陽，注音合。即《大雅·大明》之詩，所謂"在洽之陽"。

兩地相去一千餘里，文王何得娶莘國之女於郃陽耶？前漢《地理志》，《後漢·郡國志》，皆不言郃陽爲莘國地。至《元和郡縣志》，始言之，《太平寰宇記》又承其誤。

《元和郡縣志》：夏陽縣古有莘國，漢郃陽縣之地，縣南有莘城，即古莘國。文王妃太姒，即此國之女也。又郃陽縣本漢舊縣，在郃水之陽，《詩·大雅》"在洽之陽"是也。

《太平寰宇記》：郃陽縣，漢舊縣，屬左馮翊。按《郡國志》云：今縣南二十里有城，即古莘國地也。散宜生爲文王求有莘氏美女以獻紂，即此地。又太姒廟，周文王娶有莘氏之女太姒，即邑人。今郡有文母祠，存典禩。

蓋皆因詩而附會，其實毛公並未言莘國即郃陽也。

《毛傳》：洽水也，渭水也，莘太姒國也。

康成以"大邦有子"爲太姒。

《鄭箋》：文王聞太姒之賢，則美之曰，大邦有子女，可以爲妃，乃求昏。而於纘女維莘，長子維行，究不可解。《鄭箋》：使繼太任之女事於莘國，莘國之長女太姒，則配文維德之行。

蒙則謂長子者，伯邑考也。文王先娶於郃陽之女，生長子伯邑考，續娶莘國之女，生武王。與長子伯邑考同行，故曰纘女維莘，長子維行，篤生武王也。文王年十三生伯邑考，十五生武王。

《大戴禮》：文王十三生伯邑考，十五生武王發。

然則先娶時蓋十二歲，續娶時蓋十四歲也，舍伯邑考而立武王，豈以其爲太姒之長子乎。上章特筆曰天監在下，有命既集，直敘至親迎已畢，昏娶之事矣。下章復特筆曰：有命自天命，此文王，遂實之以纘女。是明明分作兩娶，乃自來解詩者，皆混而一之，不惟與地理不合，於本詩章法亦不合也。或曰：文王初娶者爲姜氏，有徵乎。曰有。徵《思齊》，之詩：曰，思齊太任，文王之母，思媚周姜，京室之婦，太姒嗣徽音，則百斯男。周姜即文王初娶之姜氏也。非太王之姜妃也。思媚周姜，句法與思齊太任相同。言思齊之太任，不愧爲文王之母，思媚之周姜，不愧爲京室之婦。按《說文》"媚"說也，詩意謂常思媚說太任，以盡其婦禮，故敘周姜於太任之下。太任爲姑，周姜爲婦也。太姒嗣徽音，嗣者續也，周姜之後，得太姒，繼續其徽音。猶之《大明》之詩之言纘女也。《大明》之詩曰纘，《思齊》之詩曰嗣，是太姒之爲繼娶也又明矣。漢以來傳注皆以周姜爲太王之姜妃，於是以思媚屬諸大任，而不與首句之思齊相並，不知太任、太姒稱太，則太王之姜妃，尤宜稱太，而不得但稱周姜。稱周姜者，文王爲世子，未即諸侯之位，則姜氏爲世子婦，未受夫人之禮，幼而早卒，以婦禮終，故不稱太以別於太任、太姒也。美其德曰徽音，重其名曰天妹，周姜誠淑女矣。文王初喪周姜，悼好述之既遠，思徽音之難嗣，寤寐輾轉，哀何如乎？既得淑女，以嗣徽音。樂何如乎？不淫不傷，情之正也。周公制禮，以《關雎》爲上下通用之樂，所以正內德，慎昏姻，教天下之爲夫婦者也。

## 【乙種之三十四】

## 關雎故言

（《檢論》卷二）

章炳麟

**西堂案：**《關雎》所謂淑女，說者不一，方玉潤斷爲詠新昏之詩，立論最允，不必以人實之也。太炎《檢論》中有《關雎故言》一篇，以爲后妃淑女，非鬼侯女莫之任。說甚奇創，亦未必是。然讀是篇，益見強以事實說詩，實無意味。年遠事湮，《詩》說失傳者多，寧可謂我不知，不可使古人受誣。此誠治《詩》之法也。

《關雎》所謂淑女者。毛公以爲后妃；《序》言樂得淑女，以配君子；憂在進賢，不淫其色；哀窈窕，思賢才，而無傷善之心。藉以后妃爲文母者。文王初有知識而已，親迎寤寐，求索奚爲焉。鄭君不喻，別指淑女爲三夫人以下，言后妃樂得與共職事，苟有大似之德。則佳淑自致，無爲深憂，至於展轉反側也。近人或言空設其事，落漠無所依據，復違言志之本。章炳麟曰：聰明博聞哉。子夏、毛公之知微言，風始所陳，文王與紂之事也。后妃淑女，非鬼侯女莫之任。案魯連書，及大史《殷本紀》，皆說鬼侯一曰九侯，聲相似。鬼侯有女而好，獻之紂。鬼侯女不憙淫，紂以爲惡，醢鬼侯。鄂侯爭之強，辯之疾，故脯鄂侯。文王聞之而竊嘆，故拘之羑里之庫。《大雅》言"内奰於中國，覃及鬼方"者。是其徵。（案，古、鬼變歸同聲，鬼方殆即夔子地也，知鬼侯爲鬼方之侯者，《大雅》所言，與《殷本紀》、魯連書相應，《殷本紀·集解》引徐廣說，謂鄴縣有九侯城。案紂都在殷，殷虛即在鄴南，鬼侯之國，寧當迫近王都，或其湯沐之邑，未可知也。《括地志》又謂相州，滏陽縣西南五十里，有九侯城，亦名鬼侯城，書既後出，彌不足信）夫不憙淫者，《傳》所謂不淫其色，懼固幽深。若《關雎》摯而有別也。當是時，鬼侯與鄂侯、文王同爲三公。紂淫妲己，爲長夜之飲，政治日嫚。鬼侯知其好内，冀妃以淑女，修其閨門，輔之仁義，正家而天下定。詩人以爲樂得淑女，用配君子。此之謂也。設言"寤寐求之""展轉反側"而不能已者，豈徒在衽席之際哉。非是則紂惡終已不悛，淫酗戾虐，橫被於海宇矣。"琴瑟友之""鐘鼓樂之"，是時亦不有其事，而詩人歆心焉。故《傳》曰：宜爲君子之好匹，宜以琴瑟友樂之，德盛者宜有鐘鼓之樂。宜者量度以爲當然，企望而未至者也。（《小雅·車舝·序》言，褒姒嫉妒，周人思得賢女，以配君子，意與《關雎·序》同，其言式燕且譽。好爾無射，"四牡騑騑，六轡如琴"，皆未嘗有是事，與《關雎》所言亦正同）鬼侯女竟不見説，刑戮及身。是以《序》言哀窈窕，藉以恒情思慕，安所用哀。然則《關雎》辭在稱美，而義有風刺，與《碩人》之悲莊姜，文旨大同。三家或以爲刺詩者。嘗聞其趣，顧誤其事狀也。案南國無河，岐周去河亦三四百里。今詩人舉河州，是爲被及殷域，不越其望。且師摯殷之神瞽。殷無風，不采詩。而摯猶治《關雎》之亂，明其事涉殷，所以錄在《周南》者。其地南瀕江漢，鬼方之所憑依。北至雒陽。（《太史公自序》：太史公留滯周南。《集解》：摯虞曰，古之周南，今之雒陽）與紂都分河，聲聞相及。歌謠起於南國，作者主爲鬼侯女作。江斐適河，往而不返，南國所以感憤。本不據殷都爲主，又自鬼侯女不見容，三公由是脯醢幽囚，紂卒踣殷，而周王業遂隆。錄詩《國風》之端，見微知著，其是之謂也。下逮《楚辭·招魂》，猶以九侯淑女爲稱，知其風流著於南國遠矣。諸《詩序》言后妃者，不專指一人，猶其言夫人大夫妻者，各有所主，非專一國一人之儷也。然《關雎》《葛覃》《卷耳》三篇，言后妃通席鬼侯女。《卷耳·序》言輔佐君子，求賢審官，內有進賢之志，而無險詖私謁之心。朝夕思念，至於憂勤，則鬼侯女所以扶衰贊治者。其志深長矣。經舉周行，傳以爲周之列位，世人頗疑詩主大似。案文公時，周昭王在上，次有閎散辛尹之倫。大姒雖在十亂，不專中饋，薦賢易達，無爲憂勤也。詩人不指言殷朝，而遠引周行者，其詞深隱。文王與鬼侯，同心一德相成也。時周襟帶西戎，藩翰最盛，南仲薄伐，紂猶任之，其言易達。文王常登名民三百六十夫，爲商執事。三公附屬，盡撤官矣。實周行則得從正長而備王吏，夫不以宮寢造次陳薦，而必遠推宰臣，斯所謂無險詖私謁者也。卒以金罍兕觥，自免懷思，明其終不見聽，無可奈何。又非大姒所宜有也。是故鬼侯獻女，非欲託葭莩以爲寵；后妃求賢，非欲引親昵以市權。誠傷殷道陵夷，亂起衽席之間，魚爛及於朝列。欲漸摩救正之，亦猶嫠婦之憂王室已矣。《葛覃》多説女功煩辱，以訓節儉，最後乃言歸寧父母。《傳》云：父母在則有時歸寧耳。此則貞諒之輔，德音之妃，懷悃款而不達。拳拳之心，反以爲戮。父母不在可知也。詩人傷鬼侯，由是菹醢。顧微爲反言，以見事狀。君子以爲《關雎》之三，言似頌美。其意乃惜怛之至哉。

《序》言無傷善之心。此即《卷耳》所云"不永傷也"。傷善蓋當爲善傷。

善傷猶女子善懷。不永懷，不永傷，一也。樂而不淫，哀而不傷。文相順比，《序》本其説。尋義當如是。

## 【乙種之三十五】

# 毛詩韻例

## （《毛詩正韻·卷首》）

丁以此

**西堂案**：詩之韻不在句末；《召南》有"草蟲""阜螽"，《唐風》有"角枕""錦衾"，此韻於句中者也；在句末者，不專以二句相間，《小雅》有玞秬既伏，助我舉柴，此韻於趈止者也。自錢曉徵始見兆端，及孔撝約作《詩聲類》，例益繁，日照丁竹筠之《毛詩正韻》而尤密。章太炎以爲凡百小大，宜所紬讀。誠學者所不可究心者也。今録其韻例，以見《詩》之於韻，亦有成式，若詞曲字皆中律，不可假貸。學者慎勿忽之。

**上疊韻：**

《葛覃》三章薄污，《卷耳》一章嗟我，《甘棠》二三章蔽芾，《凱風》四章睍睆之類。

**下疊韻：**

《卷耳》三章永傷，《兔罝》二章好仇，《卷耳》二章崔嵬、虺隤之類。

**中疊韻：**

《卷耳》一章盈頃，《樛木》一章履綏，《采蘋》二三章以采、言還之類。

**上三疊韻：**

《關雎》四章輾轉反，《定之方中》一章作於楚，《氓》六章淇則有、不思其之類。兼同韻者：《殷其靁》振振君，《鴇羽》肅肅鴇之類。兼隔字同韻者：《無羊》二章何蓑何，《緜》一章陶復陶之類。

**下三疊韻：**

《關雎》三章之不得，四章右采之；《行露》二章女無家，三章鼠無牙之類。兼同韻者：《新臺》一章水溺溺；《氓》一章之蚩蚩，之類。

兼隔字同韻者：《緜蠻》之誨之，之載之之類。

間第二字三疊韻：

《終風》一章謔笑敖；《凱風》三章爰寒泉；《大叔於田》二章兩上襄；《檜·羔裘》二章羔逍遙之類。

兼同韻者：《葛覃》一章維萋萋，《桃夭》一、二、三章桃夭夭之類。

兼隔字同韻者：《有女同車》將將翔，《伐檀》不稼不穡之類。

間第三字三疊韻者：《簡兮》三章赫如赭；《北風》三章莫赤狐之類。

兼同韻者：《卷耳》一章采采耳；《思齊》三章雍雍宮之類。

間第二字第四字三疊韻：《騶虞》一、二章吁乎虞；《式微》一章胡乎露之類。

上下疊韻：

《葛覃》服之無斁，《蜉蝣》蜉蝣之翼，《四牡》周道委遲之類。

兼同韻者：《兔罝》肅肅兔罝，赳赳武夫之類。

四疊韻：

《鳲鳩》其子在梅，其子在棘之類。

兼同韻者：《芣苢》采采芣苢，《小弁》踧踧周道之類。

兼隔字同韻者：《女曰雞鳴》子之來之，《常武》不測不克之類。

上間字韻：

《關雎》一章在之，窈淑；《羔羊》一章、三章素五，《候人》四章薈、蔚；《巷伯》一章萋、菲之類。

下間字韻：

《關雎》二、四、五章右之，《漢廣》二、三章之矣，《邶·柏舟》三章可也，五章居諸之類。

中間字韻：

《載馳》四章如所，《鹿鳴》二章子則、式以爲之類。

上下間字韻：

《羔羊》素絲五緎；《鄭·羔裘》羔裘豹飾；《斯干》鳥鼠攸去之類。

兼同韻者：《甫田》無田甫田，婉兮孌兮之類。

間二字韻：

《行露》二、三章何我，《狡童》一、二章不食之類。

首尾韻：

《汝墳》一、二章遵墳墳，《北風》三章莫烏，《定之方中》二章望堂景京，三章命人之類。

上同韻：

《關雎》一章關關，《螽斯》一章詵詵、振振之類。

下同韻：

《葛覃》一、二章喈喈、莫莫，《鶉奔》一、二章奔奔、彊彊之類。

中同韻：

《溱洧》一章渙渙，《素冠》一章欒欒、慱慱，《北山》三章燕燕，四章慘慘之類。

上下同韻：

《采芑》嘽嘽焞焞，《君子偕老》委委佗佗之類。

上間字同韻：

《葛覃》二章是是、為為，三章言言、葛葛之類。

下間字同韻：

《殷其靁》一、二、三章斯斯，《綠衣》一、二、三、四章兮兮之類。

中間字同韻：

《谷風》五章育育，《還》一、二、三章我我之類。

上下間字同韻：

《關雎》悠哉悠哉，《殷其靁》歸哉歸哉，《碩鼠》碩鼠碩鼠、樂郊樂郊之類。

首尾同韻：

《碩人》一章衣衣，《丰》三、四章衣衣、裳裳，《東門之枌》一章子子之類。

右單句類

連句疊韻：

《卷耳》一章人寘，《草蟲》二、三章山言，《載馳》一章侯驅之類。

連句間字韻：

《谷風》一章風陰，《竹竿》二章行兄之類。

連句第一字韻：

《野有死麕》一章野白，《綠衣》四章絺淒，《凱風》一章棘母，《雄雉》三章悠道之類。

連句第二字韻：

《卷耳》二、三章馬姑，《桃夭》一、二、三章子其，《汝墳》三章則母，《羔羊》一章絲食之類。

**專句第三字韻：**

《桃夭》二章於衆，《草蟲》一章草阜，《擊鼓》五章闊活、洵信之類。

**連句第四字韻：**

《關雎》一章鳩洲；《葛覃》一章萋飛，三章否母；《草蟲》一章蟲螽之類。

**連數句第一字韻：**

《野有死麕》三章，舒無無；《凱風》三章在有母，《旄丘》四章流叔裘，《鄘·柏舟》一、二章之母不之類。

**連數句第二字韻：**

《日月》二章居土如，《叔於田》一二章於無、無如之類。

**連數句第三字韻：**

《卷耳》四章砠、瘏、痡、吁，《喬木》一章休、游、求、廣、泳、永、方，《鵲巢》一章居於御之類。

**連數句第四字韻：**

《關雎》三章得、服、哉、側，《葛覃》二章莫濩絺綌之類。

**連句同韻：**

《北門》二、三章我、我，《君子偕老》三章揚、揚，《氓》六章老、老之類。

**連句間字同韻：**

《凱風》一章心、心，《鹿鳴》三章我、我之類。

**連句第一字同韻：**

《匏有苦葉》二章有、有，四章人、人，《谷風》三章毋、毋，《君子偕老》二章胡、胡之類。

**連句第二字同韻：**

《葛覃》二章告、告，瀚、瀚；《相鼠》二、三章而、而；《葛藟》二、三章他、他之類。

**連句第三字同韻：**

《汝墳》三章如、如，《江有汜》二、三章我、我，《燕燕》一章三、四句於、於之類。

**連句第四字同韻：**

《草蟲》二、三章止、止，《鄘·柏舟》一、二章只、只之類。

**連句上同韻：**

《草蟲》一章喓喓、趯趯，《卷阿》九章離離、啍啍之類。

連句下同韻：

《碩人》四章，活活、濊濊、發發、揭揭、孽孽；《氓》六章，晏晏、旦旦之類。

右連句類

間句第一字韻：

《摽有梅》一章其、迨；《邶·柏舟》一章亦、如，二章亦、薄；《日月》四章父、胡之類。

間句第二字韻：

《小星》一章五、夜，二章參、衾；《凱風》一章風、心；《簡兮》四章誰、美之類。

間句第三字韻：

《汝墳》一章條、調；《邶·柏舟》二章兄、往；《摽有梅》一章七、吉，二章三、今之類。

間句第四字韻：

《關雎》一章洲、逑，《葛覃》一章飛、喈，《卷耳》一章筐、行，《桃夭》一章華、家之類。

間句第一字數韻：

《谷風》四章方、泳、罝，《東山》二章我、我、果之類。

間句第二字數韻：

《氓》一章之、來、子，《黃鳥》一、二、三章於、車、夫之類。

間句第三字數韻：

《谷風》四章舟、游、求、救，《君子偕老》三章展、袢、顏、媛之類。

間句第四字數韻：

《兔爰》一章羅、爲、罹，三章童、鄘、凶；《園有桃》一章肴、謠、驕；《蟋蟀》一章莫、除，居、瞿之類。

間數句第四字韻：

間二句：《葛覃》一章谷、木；間三句：《楚茨》五章位、尸；間四句：《賓筵》一章秩、設，間五句：《抑》三章政、刑，間六句：《雲漢》二章甚、臨之類。

間句第一字同韻：

《喬木》二、三章不、不，《采蘋》一、二章於、於，《行露》二、三章誰、誰之類。

間句第二字同韻：

《芣苢》一、二、三章言、言，《采蘋》一、二章以、以，《邶·柏舟》三章心心、可可之類。

間句第三字同韻：

《采蘋》一章采、采，二章及、及；《邶·柏舟》三章匪、匪之類。

間句第四字同韻：

《關雎》二、四、五章之、之；《螽斯》一、二、三章兮、兮；《喬木》一、二、三章矣、矣，思、思之類。

間句上同韻：

《螽斯》一章詵詵、振振，二章薨薨、繩繩，三章揖揖、蟄蟄之類。

間句下同韻：

《黍離》二、三章離離、靡靡，《甫田》一章驕驕、忉忉之類。

右間句類

連章連句韻：

《雄雉》三、四章來、子；《谷風》五、六章毒、蓄；《正月》九、十章予、輔；《緜》二、三章父、馬、滸、下、女、宇、膴，五、六章直、載、翼、陾；《召旻》四、五章止、富、時、疚、茲之類。

連章間句韻：

《凱風》二、三章善、泉，《靜女》一、二章見、孌，《信南山》四、五章考、酒，《緜》四、五章東、空之類。

連章間數句韻：

間二句：《抑》二、三章則、德；間三句：《皇矣》三、四章方、明；間五句：《邶·柏舟》一、二章寐、弟，間七句：《邶·柏舟》二、三章弟、棣之類。

連數章第一字正射同韻：

《關雎》四窈，《生民》六誕，《鳧鷖》五鳧，《蕩》七文之類。

連數章第二字正射同韻：

《葛藟》三藟，《七月》七月，《東山》四徂，《蕩》七王之類。

連數章第三字正射同韻：

《螽斯》三斯，《東山》四不，《文王有聲》八烝之類。

連數章第四字正射同韻：

《東山》四歸，《文王有聲》八哉，《鳧鷖》五飲之類。

右連章類

隔章正射韻：

《葛覃》一章鳴與三章寧韻；《正月》五章聖與八章正韻之類。

隔章遙韻：

《擊鼓》一章漕與四章手、老韻，《谷風》二章苦與六章者韻之類。

右隔章類

錯韻：

《螽斯》一章詵、孫、振，《何彼襛矣》一章襛、雍，《匪風》三章魚、釜，《葛覃》一章三於之類。

短句韻：

《兔爰》一章尚無爲，之無與兔韻，亦與于、百、無韻。《叔於田》一、二章於字與無、無如韻，亦與居、居、且韻之類。

長句韻：

《卷耳》維以不永懷，永與下章岡、黃韻；懷與本章嵬、隤叠韻。《蟋蟀》遠父母兄弟，兄與行韻，弟與指韻。《皇矣》四方以無侮，無與禡韻，侮與附韻之類。

起韻：

《關雎》四女韻，二寤韻，用"雎"引起；三差韻，三左韻，用"河"引起。《邶·柏舟》一章亦如韻，二章亦薄韻、茹、據、愬、怒韻，三章石、席韻，四章於、綫韻，寤與下章胡、如韻，五章居、諸韻，用"柏"引起之類。

收韻：

《關雎》四女韻，二寤韻，用鼓爲收；《日月》三章方、良、忘韻，四章用"方"爲收。《終風》三風一心韻，用"陰"爲收之類。

綫韻：

《七月》二章陽、庚、筐、行、桑，三章桑、斨、陽、桑、黄、陽、裳韻，中用"傷"作綫。三章斧、女韻，四章貉、蘀、貉韻，於、狐、武、於韻，用第二句"五"作綫之類。

右變韻類

## 【乙種之三十六】

# 詩經序傳箋略例

黄　侃

### 經例

詩名作者自為——

《書·金縢》於後，公乃為詩以貽王，名之曰《鴟鴞》。《國語·楚語》：韓武公年九十五，作《懿》以自儆。（今詩作《抑》）

據此，是三百十一篇皆作者自為名。

詩名相同——

《邶風·柏舟》，言仁而不遇也。《鄘風·柏舟》，共姜自誓也。

《王風·揚之水》，刺平王也。《唐風·揚之水》，刺晉昭公也。

詩名遺見文——

《小雅·雨無正》，大夫刺幽王也。（經無雨無正字）

《大雅·常武》，召、穆公美宣王也。（經無常武字）

詩句相襲——

《邶風·谷風》，習習谷風，以陰以雨；《小雅·谷風》，習習谷風，維風及雨。

《周南·樛木》，南有樛木，葛藟累之；《小雅·南有嘉魚》，南有樛木，甘瓠累之。

句同義異——

《周南·卷耳》，寘我周行；（《傳》：行列也，思君子官賢人，置周之列位）《小雅·鹿鳴》，示我周行。（《傳》：周，至，行道也）

《邶風·泉水》，不瑕有害。（《傳》：瑕，遠也。王肅曰：顧疾至於衛，不遠禮義之害）《二子乘舟》，不瑕有害。（《傳》言二子之不遠害）

同辭異義——

《邶風·柏舟》；（《傳》：柏木所以得為舟也，亦汎汎其流，不以濟度）《鄘風·柏舟》。（《箋》云：舟在河中。猶婦人之在夫家是其常處）

《小雅·杕杜》；（《傳》：杕杜，猶得其時繁滋，役夫勞苦，不得盡其天性)《唐風·有杕之杜》,生於道左;(《傳》:道左之陽:人所宜休息也)《唐風·杕杜》。(《傳》:杕,特皃,杜赤棠,脾枝葉不相比也)

倒文——

《文王》:不顯亦世?(《傳》言不亦世顯德乎)

《日月》:逝不相好。(《傳》言不及我以相好也)

變文——

《關雎》:左右流之。(《傳》:流,求也)此避下文而變;

《鄘風·柏舟》:母也天只。(《傳》:天爲父)此葉韻而變。

倒序——

《豳風·七月》:七月在野,八月在宇,九月在戶,十月蟋蟀,入我床下。此倒序蟋蟀;《漢廣》:翹翹錯薪,言刈其楚。(《箋》:楚,雜薪之中)此倒言楚。

省文——

《南山》:必告父母。(《傳》:必告父母之廟也)

《有駜》:歲其有。(《傳》:歲其有年也)

正文——

《關雎》:琴瑟友之。(《傳》:宜以琴瑟友樂之)鐘鼓樂之。(《傳》:德盛者宜有鐘鼓之樂)

反言——

《王風·揚之水》:不流束楚。(《傳》言激揚之水,可謂不能束楚乎)

連類而序——

《羔羊》(《傳》:小曰羔,大曰羊,大夫羔裘以居)據此是本言羔裘。今經文連羊而序。

上下文同義異——

《蕩》——蕩蕩上帝,下民之辟。(《傳》:上帝以託君王)又,——非上帝不時(《疏》:非爲上帝,生之便不得時)據此是上上帝,指厲王,下上帝則天之上帝。

一字數義——

《東門之枌》:穀旦於差;(《傳》:穀,害也)《大車》,穀則異室;(《傳》:穀,生也)天保俾爾晉穀。(《傳》:穀,祿也)

上下文異義同——

《商頌·玄鳥》——古帝命武湯,方命厥後,商之先後,武王靡不勝。據此是武湯後商先後武王四名同義皆指湯也。

復語——

《小雅·白駒》：於焉逍遥；（於，於是也，焉亦於是也，然則於焉復語也）

《小雅·小弁》：何辜於天，我罪伊何？（我罪伊何？即何辜也，復語）

語詞足句——

《緑衣》：緑兮絲兮。

《無羊》：衆維魚矣。（此與魚旐旟矣不同，旐、旟是兩物，衆魚是一事也，然衆與魚之間加一字，是明此維字爲足句之詞）

對句參差——

《皇矣》：不大聲以色，不長夏以革。（《傳》：不大聲見於色，革更也；不以長大有所更）《我將》：我將我享，維羊維牛。（《傳》：將，大也；享，獻也）

虚詞似異實同——

《日月》：日居月諸。（《傳》：日乎月乎）

據此是居，續如何居之居，諸讀如有諸之諸，皆訓乎也。

《何彼穠矣》：維絲伊緡。（《傳》：維，伊也）

案《爾雅》：伊維，候也。是伊維同訓，故伊亦可訓維，此文之維絲伊緡，釋爲絲緡可（用前語詞促句之例），釋爲伊絲伊緡可，釋爲維絲維緡亦可，但下一虛詞，皆用以足句耳。

句似同實異——

《鄘風·載馳》：載馳載驅（《傳》：載，辭也）。《小雅·菁菁者莪》：載沉載浮。（《傳》：載沈亦浮，載浮亦浮也）

《周南·桃夭》：宜其室家（《傳》：宜有以害家）；又宜其家人。（《傳》：一家之人，盡以爲宜）

用字或用本義或用引申，——

《行露》：厭浥行露。（《傳》：行，道也，此道爲道路之道）。《鹿鳴》：示我周行。（《傳》：行，道也，此爲道理之道）

《鳲鳩》：正是四國。（《傳》：正，長也，此爲長幼之長）

《玄鳥》：正域彼四方。（《傳》：正，長也，此爲長短之長）

經文用一字或止用本字或用假借——

《正月》：燎之方揚，寧或滅之？赫赫宗周，褒姒滅之。（《傳》：咸滅也）

《行葦》：四鍭既鈞，舍矢既鈞。（《傳》：鍭矢參亭，已均中藝上；鈞意亦均也）

《谷風》：反以我爲讎。（下買用不售，此後人所改）

《鹿鳴》：示我周行，觀民不佻。

舉此見彼——

《鄭風·大叔於田》：執轡如組，兩驂如舞。（《傳》：驂之與服。和諧中節）

數句連讀——

《鄘風·定之方中》：樹之榛栗，椅桐梓漆。

《大雅·韓奕》：王錫韓侯，淑旂綏章，簟茀錯衡，玄袞赤舃，鉤膺鏤鍚，鞹鞃淺幭，鞗革金厄。

文平義異——

《小雅·棠棣》：原隰裒矣，兄弟求矣。（《傳》：求矣，言求兄弟也）

《大雅·思齊》：不顯亦臨，無射亦來。（《傳》：以顯臨之，保安無厭也）

偶語錯文——

《小雅·大東》：或以其酒，不以其漿。（《傳》：或以其酒，或不得漿）

《大雅·桑柔》：四牡騤騤，旟旐有翩。（《傳》：騤騤，不息也；翩翩，在路不息也）

動詞形容實用——

《大雅·大明》：曰嬪於京。（《傳》：京，大者也；《疏》曰能盡婦道於大國）

《小雅·正月》：有菀其特。（《傳》言朝廷曾無傑臣）

語詞無義——

《大雅·文王》：有周不顯。（《傳》：有周，周也；不顯，顯也）

又，無念爾祖。（《傳》：無念，念也）

虛數——

《豳風·東山》：九十其儀。（《傳》言多儀也）

《小雅·甫田》：歲取十千。（《傳》：十千，言多也）

詞語疊用——

《大雅·板》：天之牖民，如壎如箎。如璋如圭，如取如攜。

《大雅·緜》：迺慰迺止，迺左迺右，迺疆迺理，迺宣迺畝。

狀物詞上單下復——

《小雅·棠棣》：鄂不韡韡。（《傳》：鄂猶鄂鄂然，言外發也。韡韡，光明也）

隰有萇楚，夭之沃沃。（《桃夭·傳》：夭夭，其少壯也，本《傳》：夭，少也）

上復下單——

《日月》：噎噎其陰。（《傳》：如常陰噎噎然）

名詞虛用，——

《商頌·那》：於赫湯孫。（《傳》：盛矣，湯爲人子孫也）

《玄鳥》：在武丁孫子。（王肅曰：高宗武丁，善爲人之子孫）

上章語未盡而下章足其義——

《鶴鳴》：可以爲錯。（《傳》：錯，攻也，又可以攻玉）

《祈父》："予王之爪牙""予王之爪士"。（《傳》：士，事也）

後章不與前章同義——

《君子陽陽》：右招我由房；（《傳》：周君有房中之樂）又招我由敖（《鹿鳴·傳》：敖，游也）

《羔羊》："羔羊之皮""羔羊之革""羔羊之縫"。（《傳》：縫言縫，殺之大小得其制）

重言異字同義——

《螽斯》：詵詵兮；《桑柔》：牲牲其鹿；《皇皇者華》：駪駪征夫。（《傳》：並云，衆多）。《有女同車》：佩玉將將。（《傳》：鳴玉而後行）。《烈祖》：八鸞鶬鶬。（《傳》言文德之有聲）

重言同字異義——

《七月》：二之日鑿冰冲冲。（鑿冰之意）《蓼蕭》：鞗革忡忡。（《傳》：垂飾兒）《十畝之間》：桑者閒閒兮。（《傳》：男女無別往來見）《皇矣》：臨冲閒閒。（《傳》：動搖也）

狀詞本字下加其字——

《綠衣》：淒其以風；《小戎》：温其如玉。

狀詞本字上加其字——

《碩人》：碩人其頎；《静女》：静女其孌。

狀詞本字下加彼字——

《節南山》：節彼南山；《小星》：嘒彼小星。

狀詞本字上加彼字，——

鬒虞彼茁者葭，采薇彼蕭維何。

狀詞本字上加上有字——

《雄雉》：有瀰濟盈，有鷕雉鳴。《隰桑》：隰桑有阿，其葉有那。

狀詞本字上加斯字——

《斯干》：朱芾斯皇；如跂斯翼。

狀詞本字上加思字——

《文王》：思皇多士；《車舝》：思孌季女逝兮。

狀詞本字下加如字——

《汝墳》：惄如調饑；《旄丘》：褎如充耳。

狀詞本字下加若字——

《氓》：其葉沃若；《猗嗟》：抑若揚兮。

狀詞本字下加而字——

《猗嗟》：頎而長兮；《靜女》：愛而不見。

狀詞本字下加矣字——

《何彼襛矣》：何彼襛矣；《皇矣》：皇矣上帝。

狀詞本字下加兮字——

《淇奧》：瑟兮僩兮，赫兮咺兮。

狀詞本字下加止字——

《杕杜》：卉木萋止。

狀詞加伊字——

《文王》：有聲王公，伊濯良耜，其笠伊糾。

狀詞加然字——

《葛屨》：宛然左辟；《南有嘉魚》：烝然來思。

狀詞加焉字——

《小弁》：怒焉如擣；《大東》：潸焉出涕。

本單字而重之——

《有客》：有客宿宿，有客信信。（《毛傳》：意兩字皆重，言與《爾雅》異）

## 序例

《序》有毛公所足

《小雅·南陔》：孝子相戒以養也。《白華》：孝子之絜白也。《華黍》：時和歲豐，宜黍稷也。有其義而亡其辭。

《由庚》：萬物得由其道也。《崇丘》：萬物得極其高大也。由儀萬物之生，各得其宜也。有其義而亡其辭。

按篇義子夏所作。有義亡辭一句，毛公所加。

序有子夏後毛公前所足。

《周頌·絲衣》：繹賓尸也。高子曰，靈星之尸也。（鄭志答張逸云：高子之言非毛公律人著之）

（據上二條，故鄭志云，《小序》是子夏、毛公合作。卜商意有不盡，毛更足成之）

序總繫全經綱領——

《關雎》

序中總舉大義——

《商頌·那》：《序》述《商頌》所由得。

《小雅·六月·序》：言不雅盡廢。總繫《鹿鳴》，至《菁菁者莪》之義。

《序》舉詩義與詩句相當——

《葛覃》：后妃之本也。后妃在父母家（疏首章是也），則志在於女功之事。（二章治葛以爲絺綌，是也）躬儉節用，服澣濯之矣（卒章污私澣衣，是也）。尊敬師傅，則可以歸（卒章上二句是也）。安父母，化天下（卒章下一句是也）。以歸道也（因事生義，於經無所當）。

《序》舉詩義不必句句相當——

《芣苢》，后妃之美也。和平則婦人樂有子矣。

**傳例**

《傳》與《序》相應——

《召南·羔羊·序》：《鵲巢》之功致也。召南之國化文王之政，在位皆節儉正直，德如羔羊也。《傳》小曰羔，大曰羊，古者素絲以英裘，不失其制。大夫羔裘以居（此說節儉也）。委蛇，行可踪踪也（此說正直也）。

《鄘風·君子偕老·序》：刺衛夫人也。夫人淫亂，失事君子之道，故陳人君之德（鄭曰人君小君也），服飾之盛，宜與君子偕老也（序倒序）。《傳》能與君子俱老，乃宜居尊位，服盛服也（《傳》順《序》）。

《曹風·鳲鳩·序》：刺不壹也，亦位無君子，用心小壹也。《傳》：執義一，則用心固。

《鄭風·出其東門·序》：閔亂也。公子五爭兵革不息，男女相棄，民人思保其室家也。《傳》：思不存乎相救急（此說男女權權），願室家得相樂也。（此說思保其室家）

《傳》申補經義——

《召南·野有死麕》：有女如玉。（《傳》：德如玉）

《陳風·衡門》：可樂饑。（《傳》：可以樂道忘饑）

《傳》曲達經義——

《商頌·長發》：帝命不違，至於湯齊。（《傳》：至湯與天心齊）

毛本經或用假借字或用本字——

《考槃》：考槃在澗。（《韓詩》作干假借；《傳》：山夾水曰澗）《斯干》：秩秩斯干。（《傳》：干，澗也，本字）

假借字同訓——

《無衣》：與子同仇。（《傳》：仇，匹也）《關雎》：君子好逑。（本亦作仇,《傳》:逑, 匹也)《文王》: 宣昭義問。(《傳》: 義, 善也)《我將》: 儀式形文王之典。(《傳》: 義, 善也)

由同訓以知通轉——

《商頌·玄鳥·傳》: 九有, 九州也。《長發·傳》: 九圍, 九州也。

《葛覃·傳》: 言, 我也。《匏有苦葉·傳》: 卬, 我也。

一義引申——

《關雎·傳》: 逑, 匹也。《文王有聲》: 作豐伊匹。(《傳》: 匹配)

《皇矣》: 天立厥配。(《傳》: 配, 媲也)《谷風》: 伊余來墍。(《傳》: 墍, 息也)

《殷其雷》: 莫敢遑息。(《傳》: 息, 止也)《相鼠》: 人而無止。(《傳》: 止, 至也)

通訓——

《卷耳》: 陟, 升也。(凡陟皆訓升)《谷風》: 旨, 美也。(凡旨皆訓美)

傳用古字——

《葛覃》:《傳》: 瀖, 煩也。(煩爲類之假借, 類大醜貌)

《檜·羔裘》: 悼, 動也。動者慟之古字。(慟,《說文》新附云: 大哭也)

傳用古義——

《酌》: 酌, 養取也。(今訓供養)《北山》: 賢, 勞也。(訓賢才)

傳探下作訓——

《十月之交·傳》: 之交, 日月之交會。(探下朔日辛卯, 日有食之)

傳蒙上訓——

《汝墳·傳》: 魚勞則尾赤。(勞字蒙上伐其條枚肆而生義)

經一字傳二字——

《谷風》: 有洸有潰。(《傳》: 洸洸, 武也; 潰潰, 怒也)

《小雅·棠棣》: 鄂不韡韡。(《傳》: 鄂猶鄂鄂也)

傳不限於首見——

《關雎》: 左右采之。(至《芣苢》發傳)

《柏舟》: 以敖以游。(至《鹿鳴》釋敖)

經在先在後——

《燕燕》: 頡之頏之(《傳》: 飛而上曰頡, 飛而下曰頏); 下上其音(傳飛而上曰上, 飛而下曰下音)。

傳於訓詁見經義——

《召南·江有汜》: (決復入曰汜) 江有渚, (水枝放渚) 江有沱。(沱江之別)

《采葛》：彼采葛兮。（葛所以爲絺綌）彼采蕭兮，（蕭所以供祭祼）彼采艾兮。（艾所以療疾）

以今義通古義——

《柏舟》：《傳》：耿耿，猶儆儆也。版殿屎，呻吟也。

傳不直言假借，但正其訓話，而不破字——

《葛覃·傳》：害何也（明爲曷之假借）。《采蘋》：湘，亨也（明爲鬺之假借）。

《傳》直言假借——

《兔罝·傳》：干，扞也。

《汝墳·傳》：輖，朝也。

傳用《爾雅》與今本異字——

《爾雅》：癉，勞也。《大東·傳》：憚，勞也。

《爾雅》：枿，餘也。《長發·傳》：蘖，餘也。

傳訓與爾異而實同——

《爾雅》：癉，勞也。《大東·傳》：憚，勞也。

《爾雅》：寫，憂也。《泉水·傳》：寫，除也。

《爾雅》二訓傳取其一——

《爾雅》：流，擇也。（不見）求也。（傳用之）

《爾雅》：剪，勤也。（不見）齊也。（傳用之）

《爾雅》今義不見於傳——

《式微》：式微，式微。（《傳》曰：式，用也）服注：《左傳》引詩釋之曰：君用中國之道微。《爾雅》曰式微，式微者，微乎其微也。

《生民》：履帝武敏歆。（《傳》曰：履，踐也；帝，高辛氏之帝也。武跡敏疾歆響也。《爾雅》：敏，拇也）

《爾雅》兩訓傳俱用之——

《淇奧》：《傳》治骨曰切，象曰磋，玉曰琢，石曰磨。（用《釋器》）如切如磋，道其學之成也。聽其規諫以自修，知玉石之見琢磨。（用《釋訓》）

《魚麗·傳》：罶，曲梁也。（用《釋訓》）寡婦之筍也（用《釋器》）。

## 箋例

《箋》改《序》——

《十月之交》以下四篇，《序》刺幽王，《箋》以爲刺厲王。

《箋》改章——

《關雎》五章，章四句，故言三章，一章四句，二章章八句。

《箋》改《傳》大義——

昏期；《傳》用霜降逆女，冰泮殺止。《箋》用仲春時。

感生說，《傳》所無，《箋》用齊、魯、韓。

《箋》改《傳》訓詁——

式微式微，箋用《爾雅》。

天作高山，大王荒。（《傳》：天生萬物於萬山）大王行道能大天之所作。《箋》云：高山謂岐山也，大王自豳遷焉。一本《新序》。

用異本改字——

《邶風》：其虛其邪。《箋》云：邪讀如徐。（用三家）

《雄雉》：自詒伊阻。《箋》云：伊當作繄。（用《左傳》）

下己意改字——

《綠衣》序箋：綠當爲祿字之誤也。（以《周禮》說經）

《載驅》：齊子豈弟。《箋》以爲闓圛。（以《古文尚書》及《爾雅》說經）

《關雎》：序箋：哀當爲衷。（直以己意）

《伐檀》：不素餐兮。《箋》讀如魚饗之饗。意謂當作飧。

解傳與傳同——

《關雎》。

·國立武漢大學講義·

# 詩三百篇考略

## 詩名義略釋

張西堂

**西堂案**：《詩三百篇》，自昔視爲孔子刪削之聖經，實亦吾國古代詩歌之總彙。今于是書，欲探索之，則于《詩》之名義，不可不詳察也。先秦典籍，昔賢説解，多有釋《詩》名義者，大抵散見於諸書，尟有專篇論之者。兹撮録各説，略加以申釋，學者可以循名責實，以詩歌文學視之，抑以聖經視之也。

《詩》之名義，説者實繁，然皆片言隻語，罕有專論之者。若吕氏之《讀詩記》，范家相氏之《詩瀋》，間以一章一節釋之，然言亦疏略，未足以觀也。愚之所知，惟俞理初《癸巳類稿》，有《論詩》一篇，裒集稍多，可資參稽。其言曰：《尚書》云："《詩》言志"，《史記》作"《詩》言意"，意，志也。《詩正義》引《春秋説題辭》云："《詩》之言志也。"《吕氏春秋·慎大覽》云："湯謂伊曰，'盡如詩'。"注云："《詩》，志也。"則古語可知。《詩序》云："《詩》者，志之所之也。在心爲志，發言爲詩。"《樂記釋文》："一本云：《詩》其志也"。《意林》載慎子云："《詩》往志也。"《説文》《釋名》均云：詩，志也。"按："詩言志，歌咏言，聲依永，律和聲。舜以命夔。"《禮》稱夔爲窮人聲音之外，蓋所不知。然則舜與夔言詩，亦重聲律而已。《書·益稷》言："予欲聞六律五聲八音，在治忽，以出納五言。"謂詩之協於五聲者，此"工以納言，時而颺之"者也。

又，《荀子·勸學》篇云："詩者，中聲之所止也。"《左傳·襄二十九年·注》云："工歌常用本國常用聲曲。"又云："依聲以參時政，知其興衰也。"孔穎達《疏》云："樂人采其詩辭，以爲樂章，述其詩之本音，以爲樂之定聲。其聲既定，其法可傳。"故季札所美，皆其音節。《漢志》云："行人以采詩上之太師，比其音律，以聞於天子。"知詩以言志，當以和氣感也。

又，《詩正義》引《詩緯》云："《詩》者，持也。"鄭《内則·注》云："《詩》之言承也"。皆古義。俞氏所謂"舜夔言詩，亦重音律""季札所美，皆其音節"，故謂"詩不可歌，則不采矣。"（存稿《詩入樂篇》），此論甚篤。其於《詩》之詁義，舉志、持、承三訓，所取則猶未備，如：

《荀子·儒效》曰："《詩》言是其志也。"

《禮記·學記》曰："《詩》言其志也。"

《國語·魯語下》曰："《詩》所以合意，歌所以咏詩也。"

《左傳·僖二十七年》曰："《詩》《書》，義之府也。"

《管子·山權數》曰："《詩》者，所以記物也。"

《賈子·新書·道德説》曰："《詩》者，此之志者也。"

《賈子·新書·道德説》曰："《詩》者，志德之理，而明其指，令人緣之以自成者也。"

《説苑·修文》篇曰："《詩》言其志。"

《春秋説題辭》曰："在事爲《詩》。"

鄭康成《六藝論》曰："《詩》，弦歌諷喻之聲也。"

《廣雅·釋言》曰："《詩》，志也。"

《文選·三都賦序》曰："孔子采萬國之風，正《雅》《頌》之名，集而謂之《詩》。"

《毛詩指説》引簡文帝曰："《詩》，思也；《詩》，詞也。"

《禮記·孔子閑居·疏》曰，"《詩》者，歌咏歡樂也。"

《詩·關雎序·疏》曰："誦言爲《詩》。"

《詩譜序·疏》曰："《詩》有三訓：承也，志也，持也。"

《穀梁傳·序·疏》曰："《詩》者，樂章也。"

俞氏皆未采録。合其所已舉者，共凡廿又餘説，而率謂《詩》以言志，其云"記物"，"在事"者不過數家之論，此可以見其略也。以詩之聲義考之，亦惟言志爲信，證諸往古，足以驗之：

其一，《説文》："詩，志也，從言，寺聲；訨，古文詩，省。"古義多存於聲，從"寺"聲，從"之"省，"寺"即"之"也，"之"即"志"也，其義相若。寺從㞢，從又，"寺""之"古同音，䕺侯簠云："䕺侯作叔姬寺男剩簠"（《夢郼草堂吉金圖續編》頁十三）寺男者，之男也。又考周鎛鐘云："永保用寺。"（《西清續鑒甲編》卷十七）永保用寺者，永保用之也。此"寺"爲"之"之明證也。《墨子·天志》篇中曰："是故子墨子之天之意也。"孫氏《閒詁》云："天之意本作天之，天之即天志，本篇之名也。古志字通作之。"又《號令》篇曰："爲人下者，常司上之。"《閒詁》云："之讀爲志，《墨子》書或以之爲志。"志從之從心之志，古亦同音，此"之"即"志"之明證也。循聲以求義，《詩》以言志者，其訓確不可易矣。

其二，《詩含神霧》曰："《詩三百篇》，詩者，持也。在於敦厚之教，自持其心；諷刺之道，可以扶持邦家者也。"此《齊詩》之説也。詩得以訓持者，周公《望鐘》云："至於萬年，分器是寺。"（《積古齋鐘鼎彝器款識》卷三），郘公牼鐘："分器是寺"（《集成》01.14）。阮元云："寺，持之省。"此"寺"得以訓"持"之也。漢儒以《詩三百篇》當諫書；治《齊詩》者，六情五際，專主二《雅》，不主《風》《頌》；雅者正也，故以扶持邦家，訓"詩"爲"持"，然此非具朔義。

　　《荀子》曰："《詩》言是其志也"。《説苑》曰："《詩》言其志"。此皆《魯》義。《廣雅·釋言》："《詩》，志也。"《廣雅》述《魯》《韓》義，《韓》無異説，當與《魯》同。三家《詩》義，從二家之言，亦當以《詩》爲言志。

　　《禮記·內則》："詩負之"鄭注："《詩》之言承也"。此非所以釋《詩三百篇》之詩。《詩譜序·疏》以爲"作者承君政之善惡，述己志而作詩"。殊非是。

　　其云記物在事者，蓋如後世咏史本事之流，其體雖或迥異，終不離乎言志。

## 經義考（詩）

朱彝尊

**西堂案：** 研習詩三百篇，既已明其名義，復略窺其本誼，可以進而探討詩之所以採集，所以刪定，齊、魯、韓、毛之傳授，反毛廢序之聚訟，四詩六義之釋解，以及詁義、凡例諸事矣。朱氏《經義考》於各家說詩之論輯錄頗詳，當先讀之，以見其略，再進而及其他事。斯篇片言隻語，有足珍者，不可忽也。

**原文參見《詩經學講義》甲種之五**

# 孔子删詩

(《説緯》——《學海堂經解》卷一八二)

王 崧

**西堂案：**詩三百篇，所以言志，實西周以訖春秋中葉之樂歌，不當以孔子刪定之經籍視之，此於詩名、詩恉已足以驗之者也。采詩刪詩，舉不足信，亦其一證。采詩之説，見於（一）《禮記》之《王制》，（二）《漢書·藝文志》，（三）《漢書·食貨志》、（四）及《公羊傳》何注，其説大略相同，亦罕有辨之者。（詳見余《采詩刪詩辨》）孔子刪詩之説，則歷代學者，頗聚訟紛紜，此必先探索者。《清經解》中王崧《説緯》有論"孔子刪詩"一篇，述漢唐訖清學者——如司馬遷、孔穎達、歐陽修、周子醇、朱彝尊、趙翼、崔述諸人之説，頗委詳備，至爲重要；皮錫瑞《詩經通論》、崔觶甫《史記探源》並推許之。誦詩三百者，先獲讀斯篇，於刪詩之説，可知其略矣（篇末謂刪詩即正樂，尚非篤論，故從略錄）。再進而讀趙坦、魏源、皮錫瑞諸人之説，則可以判其韙非矣。

**原文參見《詩經學講義》甲種之二**

# 詩　論

## 《曝書亭集》五十九

朱彝尊

**西堂案**：孔子刪詩之說，自《史記》倡之，《毛詩疏》朱晦庵、鄭漁仲、葉水心諸人雖不深韙其說，然無顯著之證驗，足以移易舊說，折服人心。至清朱竹垞氏著爲《詩論》二篇，集孔子不刪詩說之大成。發揮新意，芟蕩陳趣，略可以定讞矣。王崧《說緯》引據之文，尚非全豹，茲爲補錄，以備參稽。

**原文參見《詩經學講義》甲種之三**

# 孔子刪詩辨

《寶甓齋文集》學海堂《經解》卷一三六九

趙　坦

**西堂案**：朱氏詩論兩篇，明孔子不刪詩，驟易史公舊說，是必有起而非之者，則趙坦《孔子刪詩辨》是也。趙氏以爲史遷所云"去其重"，是去其重複，可勿致疑。舉群經諸子所引詩，以明孔子之所刪者，本復見而疊出，故刪詩惟去其重也。篇首駁朱氏說，亦有中肯綮者。此本折衷之論，於史遷爲調人，從其說者，實多有之；魏源《詩古微》、皮錫瑞《詩經通論》並取《史記》"去其重"之說也。其是其非，別詳余《采詩刪詩辨》。

**原文參見《詩經學講義》甲種之七**

# 夫子正樂論（中）

《詩古微》卷一

魏　源

**西堂案：** 主張孔子不刪詩者，蓋至魏默深而其説益顛撲不可破。其謂三家之本有同异，三百篇之外不盡爲逸詩，尤發前人所未發。兹録其《詩古微·夫子正樂論中》，以見孔子有正樂之功，無删述之事。

**原文參見《詩經學講義》甲種之四**

## 論孔子刪詩

《詩經通論》

皮錫瑞

**西堂案**：孔子刪詩之説，歷來聚訟紛紜，謂孔子刪詩者，固無徵不信；謂孔子不刪詩，亦未有定論。皮錫瑞著《詩經通論》，主張刪詩之説，學者宜姑置之。從仁和趙氏《孔子刪詩辨》，以爲是去其重，亦折衷之説也。

**原文參見《詩經學講義》甲種之六**

# 采詩刪詩辨

張西堂

**西堂案：**采詩之説，自來無疑之者，崔述《讀風偶識》雖略論之，其言未盡是也。刪詩之説，論議雖歧，近則皮錫瑞氏以爲"宜姑置之"，妄從《史記》"去重"之訛言，而無疑於孔子之刪詩，亦不可不申論也。作《采詩刪詩辨》：

典籍所載采詩之説，約凡六見；其所稱述，頗有不盡然相同者：

一、《禮記·王制》曰：天子五年一巡守。歲二月，東巡守……命太師陳風以觀民俗。

二、劉歆《與揚雄書》曰："三代周秦軒車使者、逌人使者，以歲八月巡路，求代語、童謡、歌戲。"（《方言》附）

三、《漢書·藝文志》曰：故古有采詩之官，王者所以觀風俗，知得失，自考正也。

四、《漢書·食貨志》曰：孟春之月，群居者將散，行人振木鐸，徇於路以采詩，獻之太師，比其音律，以聞於天子。故曰：王者不窺牖户而知天下。

五、宣十五年《公羊傳·注》曰：從十月盡正月止……男年六十，女年五十，無子者，官衣食之，使之民間采詩。鄉移於邑，邑移於國，國以聞於天子。故王者不出牖户，盡知天下所苦。

六、《説文·丌部》辺下云：古之遒人，以木鐸記詩言。

綜此六説，雖皆云有采詩之事，然而采詩之人不同，行人、辺人、遒人使者，軒車使者，男女老無子者，各異。采詩之時不同，二月、孟春、八月、從十月盡正月止，各異。采詩之術亦不同，或謂天子巡守，命太師陳風；或謂太師比其音律，以聞於天子；其方式亦各異。此雖傳聞不同，正足徵於古無定制，且無明據，故多歧詞，甚至一人之言，劉歆《與揚雄書》與《七略》異；同爲今文家言，《王制》與《公羊傳·注》異。是則太師采詩之説，固不足深信也。徵之十五國風，亦可見其如是。

《毛詩正義》曰：列國政衰，變風皆作，南國諸侯，其數多矣，不得全不作詩。……巡守陳詩者，觀其國之風俗，故采取詩，以爲黜陟之漸。亦既僭號稱王，不承天子咸令，則不可黜陟，故不錄其詩。……又且小國政教狹隘，故夷其詩，輕蔑之而不得列於國風也。邾、滕、紀、莒，春秋時小國，亦不錄之，非獨南方之小國也。其魏與曹、檜，當時猶大於邾、莒，故得錄之。春秋時燕、蔡之屬，國大而無詩者，薛綜《答韋昭》云：或時不作詩，或有而不足錄。

《正義》所云，半是遁辭。東遷之初，諸侯未滅亡者甚多，如譚、遂、宿、邢、虞、虢俱是也。今則檜、魏有詩，而虞、虢諸國獨無詩，謂之小國輕蔑之，不得列於國風，則非陳詩觀風之道；謂之大國不作詩或有而不足錄，則數百年間未必果無詩不足錄。進退無所依據，此徵之見存之國風，采詩之説，亦不足深信也。其無明據，而爲漢儒臆測之詞，蓋可無疑。

近世學者之言詩，乃有不以詩三百篇皆出於太師之所采者；乃有謂采風之使乃漢以降言詩者；揣度而爲之説。黃楚望曰：今之三百篇，有出於太師之所采者，如《周南》《召南》是也；有出於史官之所錄者，《豳風》及周大夫所作是也。其餘國風，多是東遷以後，諸國史官所自記錄者。（據范家相《詩渖》引）此不以太師采詩爲足徵，而謂爲史官所錄者，其説非是。至崔東壁《讀風偶識》乃言曰：

舊説，周太史掌采列國之風，今自《邶》《鄘》以下十二國風，皆周太史巡行之所采也。余按：克商以後，下逮陳靈，近五百年，何以前三百年所采殊少，後二百年所采甚多？周之諸侯千八百國，獨此九國有風可采，而其餘皆無之。曰：孔子之所刪也。曰：成、康之世，治化大行，刑措不用；諸侯賢者必多，其民豈無稱功頌德之詞？何爲盡刪其盛而獨存其衰？伯禽之治，郇伯之功亦卓卓者，豈尚不如《鄭》《衛》，而反刪此存彼？意何居乎？且十二國風中，東遷以後之詩居其大半；而《春秋》之策，王人至魯，雖微賤無不書者，何以絕不見有采風之使？乃至《左傳》之廣搜博采而亦無之，則此言出於後人臆度無疑也。蓋凡文章一道，美斯愛，愛斯傳，乃天下之常理，故有作者，即有傳者。但世近則人多誦習，世遠則漸就湮没；其國崇尚文學而鮮忌諱則傳者多，反是則傳者少；小邦弱國，偶遇文學之士，錄而傳之，亦有行於世者，否則遂失傳耳。不然，兩漢、六朝、唐、宋以來，並無采風太史，何以其詩亦傳於世也？大抵漢以降之言《詩》者，多揣度而爲之説，其初本無的據而遞相沿襲，遞相祖述，遂成牢不可破之解，無復有人肯考其首尾，而正其失者。

崔氏此説，謂克商之後，五百年中，前三百年所采甚少，而後二百年所采甚多，以時世論，猶未足以爲古無采風使者之明驗。詩之始作，未必即在克商以後；觀於近世所出宗周彝器，不下數千，而其稱文，並無詩字（參《金文編》）；且《大雅》《周頌》，俱爲西周詩，其文詞詰屈，亦不遠周誥，詩之不始克商以後甚明；而謂前三百年所采甚少，尚非至當不易之論。其謂《邶》《鄘》以下，皆周太師巡行之所采，獨此九國有風，而其餘皆無之，以見采風之説，本漢後言《詩》者揣度爲之，則就典籍所載采詩之事，足徵古無定制，崔氏所論，固不誣也。

竊謂采詩之官，徇於路以采詩，往古固無其事，然詩三百篇，亦決非偶遇久學之士録而傳之；其搜集之者，當必有人，或即當時之樂師，亦未可知；非若後世文選詩録，美斯愛，愛斯傳也。子所雅言，一則曰詩三百，再則曰誦詩三百，此非删詩以後之言（見朱彝尊《詩論》、方玉潤《詩經原始》），然則孔子之時，詩之搜集，已有成數，此必有其人者，一也。《論語》所載：太師摯適齊，亞飯干適楚，三飯繚適蔡，四飯缺適秦，鼓方叔入於河，播鼗武入於漢，少師陽、擊磬襄入於海。他若師乙、師曠之屬，足見古之樂師甚多，里巷出有新聲，蓋必從而采之，如後世之樂府，采詩夜誦者然，二也。史稱孔子"就太師以正《雅》《頌》，因魯史以修《春秋》"，孔子亦曰：吾自衛反魯，然後樂正，《雅》《頌》各得其所。然則詩之搜集，具有成數，職在太師，此亦可知者，三也。太師有采詩之事，未必徇於路以采，故《王制》唯云"命太師陳風"；其後傳聞異辭，乃有軒車使者，以歲八月巡路諸臆言矣。

《漢書·郊禩志》曰："乃立樂府，采詩夜誦，有趙、代、秦、楚之謳。以李延年爲協律都尉，多舉司馬相如等數十人造爲詩賦，略論律吕，以合八音之調，作十九章之歌。"樂府有采詩之事，不必徇於路以采；有趙、代、秦、楚之謳，不必各郡國俱有；則知太師采風，不必有徇於路之事，《詩》三百篇之中，不必各國俱有風也。西漢去古未遠，可以證其如此者。以今言之，則地域遼闊，直數倍於周季，而僅謠歌戲，非每地俱有也。里巷出有新聲，樂師亦必采之，焉用每歲定時，巡行天下以爲之者？此以今世證古，亦看見其如此者。故竊謂采詩之官，於古固無其事，而搜集者必有人，或即當時太師，其後以訛傳訛，乃有巡行采詩之説也。明乎此，乃可以言孔子之不删詩。

……

删诗之说，見於《史記·孔子世家》，曰："古者詩三千餘篇，及至孔子，去其重，取其可施於禮義，上采契、后稷，中述殷、周之盛，至幽、厲之缺，始於袵席。"自有此説，後世學者，遂謂《詩》三百五篇外，餘俱孔子所删。是之者，歐陽修、鄭樵、王應麟、周子醇、趙坦、王崧，其最著者；非之者，孔穎達、朱熹、葉適、朱彝尊、趙翼、崔述、李惇、魏源，其較著者（詳見王崧《説緯》、朱氏《經義考》、皮氏《詩經通論》）。近則皮錫瑞爲《詩經通論》，乃取趙坦、王崧之説，曲從《孔子世家》之言，以爲删詩之旨，去其重複焉爾。且以魏説主不删詩，可證《史記》去重之義，而謂删詩之説，學者宜姑置之。皮氏此言，名爲調人之論，實主删詩之説，貽誤後學，莫兹爲甚。竊嘗思之。反本以遡其源，孔子之不删詩，復有數證。

謂孔子不删詩者，自唐孔穎達而後，至清朱彝尊，始力辨其非，趙翼復就逸詩之數，以推古詩三千之説爲不足憑。而其言之較然明若，猶無踰於崔述之《讀風偶識》，方玉潤之《詩經原始》。

崔氏曰：

> 孔子删詩，孰言之？孔子未嘗自言之也，《史記》言之耳。孔子曰：鄭聲淫。是鄭多淫詩也。孔子曰：誦詩三百。是詩止有三百，孔子未嘗删也。學者不信孔子所自言，而信他人。

方氏曰：

> 夫子反魯，在周敬王三十六年，魯哀公十一年丁巳，時年已六十有九。若云删詩，當在此時，乃何以前此言詩，皆曰三百，不聞有三千説耶？此蓋史遷誤讀正樂爲删詩云耳。夫曰正樂，必雅、頌之樂各有其所在，不幸歲久年湮，殘缺失次，夫子從而正之，俾復舊觀，故曰各得其所，非有增删於其際也。奈何後人不察，相沿以至於今，莫不以正樂爲删詩，何不即《論語》諸文而一細讀之也！

崔氏謂孔子未嘗自言删詩，惟《史記》言之。方氏謂孔子正樂前已云《詩》三百，《史記》誤讀正樂爲删詩。合以朱、趙二君所論，雖足以破删詩之説，然而世儒卒不悟者，皆囿於《史記》之言也。今案：《史記》一書，頗多後人增竄（詳見趙翼《廿二史劄記·褚少孫補史記不止十篇》條，《史記有後人竄入》條），康有爲《新學僞經考》，斷其即爲劉歆所竄。《孔子世家》述《易》《序彖》《繫》《象》《説卦》《文言》八字，康氏謂爲劉歆之所竄入；崔適謂爲語無倫次（詳見《僞經考》二）。《世家》之"述《書》《禮》，序《書傳》"至"編次其事"十七字，崔氏謂爲語意間隔，誤在"曰夏禮"句上（崔說並見《史記探源·卷六》）。《世家》之有竄亂，即此已可略見；竊謂其述《詩》者，當亦不免竄亂。《史記·宋世家》曰：襄公之時，修行仁義，欲爲盟主，其大夫正考父美之，故追道契、湯、高宗，殷所以興，作《商頌》。史遷用《魯詩》說，以《商頌》爲宋詩，詞旨明顯，確然無疑（說更詳見魏源《詩古微·商頌魯韓發微》）。今《孔子世家》乃曰：及至孔子，去其重，上采契、后稷。直以《商頌》爲商詩，與《宋世家》不合矣。與三家義亦違矣。其去重一言，亦郅足疑（說更詳後）。然則古詩三千之說，蓋爲後人之所竄入，據逸詩以觀之，其說實不足憑。數語無一是者（說更詳後），與《宋世家》又違，必非真遷所言。是刪詩之說，孔子固未嘗自言之，史遷亦未必言之，必不可信者，此其一。

　　《史記》"去其重"之言，刪詩說所由起也。趙氏坦始申論之，亦以《孔子世家》之說爲真遷言，故從而爲之辭。趙氏曰：

　　　　刪詩之旨可述乎？曰去其重複焉爾！今試舉群經諸子所引詩不見於三百篇者一證之。如《大戴禮·用兵》篇引詩云："魚在在藻，厥志在餌，鮮民之生矣，不如死之久矣。校德不塞，嗣武孫武子。"今《小雅》之《魚藻》《蓼莪》，《商頌》之《元鳥》等篇，辭句有相似者。《左傳》襄八年引詩云："兆云詢多，職競作羅。"今《小雅·小閔》篇有相似者。昭十二年所引之《祈招》詩，今《小雅》之《圻父》篇已足眩其義矣。若《逸周書·太子晉解》引"馬之剛矣"等句，鄙野已甚，直僞託爾。《荀子·臣道》篇引詩云："國有大命，不可以告人，妨其躬身。"與今《唐風·揚之水》篇亦相似。凡若此類，復見疊出，疑皆爲孔子所刪也。至若字句小異，則引詩者之誤。惟《大戴禮·投壺》篇《大射》詩，不見於經爲可疑。

　　今案：去重一語，與下文不相合，其不足信，約有三端。夫謂去其重，取其可施於禮義者，其意必謂去其不可施於禮義者。然去其重，非去其不可施於禮義之謂，去其不可施於禮義，亦非止於去其重也。即斯二語，意已相反，而刪詩之旨，非去其重複。灼然甚明，此就其意義可知者一也。

　　且據群經諸子所引詩不見於三百篇（案：即逸詩）者觀之，趙氏所舉，與今辭句之相似者，不過《大戴·用兵》篇，《左傳·襄八年》，《荀子·臣道》篇，所引三條，與今《魚藻》《蓼莪》《玄鳥》《小旻》《唐·揚之水》五篇有相似者。魏氏所引，則皆字句小異，本三家異文，或引詩者之誤，非復見疊出。然別據今逸詩觀之，《左》《國》所引逸詩十八條，其他經子所引者三十三條，（詳見王崧《說緯》）共約四五十條；而與今三百篇似爲重複者，不過五條，僅爲十之一耳。《史記》以爲十重其九，宜今逸詩多是重複，而實則不過十之一，則去重之言非也。謂取可施於義禮者，則如《采薺》《貍首》《新宮》《陔》《驁》《祈招》之詩，此又何不可施於禮義而不取之者？（詳見朱彝尊《詩論一》）故趙氏坦亦以"大射詩不見於經爲可疑"。《史記》此言亦非是也。進退無所依據，蓋本後人竄入，此就逸詩言可知者二也。

更試思之，古詩三千餘篇，今《詩》三百五篇，十重其九。樂師矇瞍，必不遍爲諷誦，豈必及至孔子，乃去其重？凡彼樂師，皆可爲之。孔子反魯正樂以前，已云詩三百之成數，非孔子去其重，證見昭然若揭。王崧《說緯》亦云："《史記》所謂三千餘篇者，蓋太師所采之教，迨比其音律，聞於天子，不過三百餘篇。"《史記》之言，固不足信，此就情勢言可知者三也。

乃王氏既知"《史記》謬誤固多"，復謂"有孔子正樂時所削者"，既云乃太師所爲，復以歸之於孔子，謂《史記》"屬辭未密，或文字有脫誤"。魏氏不察，亦曰"去其重者，謂重複倒亂之篇"，致使皮氏緣隙奮筆，妄從趙坦之言，以啓後學之疑。不知《史記》文有竄入，數語無一是者，非止王氏所云，或文字有脫誤已也。且就意義、情勢、逸詩推之，縱使《史記》足憑，其言亦不足信，此其二。

孔子之不刪詩，又可以本無逸詩證見之。魏源《詩古微·夫子正樂論》中始創爲斯說。其言曰：

> 且夫刪詩之說，不過據逸詩爲詞，而吾之謂不刪詩者，則以夫子之後無逸詩爲斷。何則？所謂逸者，必逸於夫子之前，如國子賦《轡柔》，穆子賦《茅鴟》，而後可。亦必《國策》諸子所引，或出聖門傳授之外，而後可。《國策》甘茂引詩曰："行百里者，半於九十。"又見賈誼《疏》，不以爲詩也。范睢引詩曰："木實繁者披其枝，披其枝者傷其心。"又見《周祝解》，則亦非詩也。黃歇引詩曰："樹德莫如滋，除惡莫如盡。"姚氏本作"《書》"，則亦非詩也。《呂覽》引詩曰："將欲毀之，必重累之；將欲踣之，必高舉之。"《國策》引作《周書》，則亦非詩也。《呂覽·愛士》篇引詩曰："君君子則正以

行其德，君賤人則寬以盡其力。"亦不似詩也。蓋古語多用韵，後人或引爲詩，而實非詩者多矣！……吾故曰：夫子有正樂之功，無刪詩之事，三家之本有同異，則三百篇之外不盡逸詩也。

今案：魏氏之説，據三家之本有同異，以見諸書所引，非盡逸詩；更謂孔子之後無逸詩，《國策》諸書所引，非詩者多。其所引爲據者，雖不及趙氏翼所述之多（詳見王崧《説緯》），然其意則甚是，諸書所引實非盡逸詩也。詩三百篇，終於衛獻（據三家義），則自衛獻之後，至六國之亡，數百年間，未必無詩。《國策》諸子所引，如《國策·秦策》："木實繁者披其枝，披其枝者傷其心。"《荀子·正名》："長夜漫兮！永思騫兮！太古之不漫兮！禮義之不愆兮！何恤人之言兮！"其用辭多與三百篇不類；如《逸周書·太子晉解》："國誠寧矣，遠人來觀；修義經矣，好樂無荒。"《大戴記》："驪駒在門，僕夫具存；驪駒在路，僕夫整駕。"其用韵亦多與三百篇不類；且皆似晚於三百篇，而爲後人所作者，其不能視爲逸詩甚明。管、墨、莊、列諸子之書，頗多僞託之篇，《左氏傳》與《國語》二書，亦有增竄之跡，其所稱引，真贋莫辨；若漢儒所云，則更無論矣！推此，益可見逸詩之數甚少，而古詩三千餘篇之説，愈不可信，此其三。

就逸詩觀之，而古詩三千餘篇之説不足信；以情勢言之，則非及至孔子而後始去其重，且去其重，取可施於禮義，俱不合於情實，不足徵信；《史記》數語，無一是者；據《宋世家》，疑爲竄入。刪詩之説起於《史記》而《史記》固未必言之。如謂有采詩而後有刪詩，則采風之説亦漢儒臆測，太師所采固自具有成數，刪詩起於采詩亦非是也。反本溯源，舉不足徵，此其四。

自有朱彝尊氏《詩論》而後，《史記》"取可施於禮義之言"無復信者；而"去其重"一語，雖以魏源之辯，猶不致疑，則無惑乎皮氏之從趙坦以爲斷也。

孔子既不刪詩，無所謂"去其重"，亦可以見古無巡行采詩之使。

二二，三，二七

# 逸詩篇句表（附考）

張西堂

**西堂案：**詩三百篇，至孔子時，已有成數。三百篇外，或有在孔子前全篇已逸亡者，三百篇後，至六國之亡，亦未必全無詩。昧者不察，則以諸書引詩不見三百篇者，舉爲逸詩；其所據書之情僞不詳考，其所引詩之風骨不一辨；笙詩本無辭，而謂爲逸亡，下管者吹蕩，附會爲有辭；逸詩之説，至今爲梗。兹既明刪詩不足信，乃表列逸詩之篇句，附以考辨，如逸詩有不必爲三百篇之逸者，學者可以省覽焉。作《逸詩篇句表》。

## 一　篇名與逸句俱亡者

| 篇　名 | 原引書名篇名及其逸句 | 附　考 |
|---|---|---|
| 《商頌》七篇 | 《國語·魯語下》：閔馬父……曰：昔正考父校商之名頌十二篇於周太師，以《那》爲首。《毛詩·那序》：微子至於戴公，其間禮樂廢壞，有正考父者，得《商頌》十二篇於周之太師，以《那》爲首。（《箋》：自正考父至孔子之時，又無七篇矣）《後漢書·曹襃傳》李《注》引《薛君章句》：正考父，孔子之先也，作《商頌》十二篇。（《詩三家義集疏》：孔子編詩時，又佚其七篇也） | 案：《史記·宋世家》、揚雄《法言》、《後漢書·曹襃傳》並謂考父咏殷，作《商頌》；《國語》謂之校，實不合。（説詳魏源《詩古微》。）縱有逸篇，亦當在孔子之前。（説詳《毛詩疏》） |
| 《商齊》七篇 | 《大戴記·投壺》：凡《雅》二十六篇，其八篇可歌：歌《鹿鳴》《貍首》《鵲巢》《采蘩》《伐檀》《白駒》《騶虞》；（孔廣森《補注》：《小雅》之材七十四，《大雅》之材三十一，此唯二十六篇，又《鵲巢》諸詩，今皆在《風》，亦以爲《雅》，蓋出漢人之記）八篇廢不可歌，七篇商齊可歌也。（《補注》：《樂記》曰：商者五帝之道聲也。……齊者，三代之遺聲也。……七篇之名未聞）三篇間歌，（《補注》：鄉飲酒歌《魚麗》《南有嘉魚》《南山有台》是也）《史辟》《史義》《史見》《史童》《史謗》《史賓》《拾聲》《叡挾》。（《補注》：此八篇廢不可歌） | 案：《大戴記》所云，以《風》爲《雅》，所舉篇數，又不合於大小雅，非傳聞之誤，必後人所託。五帝三代之遺聲，而云商齊，就其稱名觀之，説亦難信。 |

以上篇名與逸句俱亡者共爲十四篇。《商頌》七篇，逸在孔子前，或本無逸篇；《商齊》七篇，據《大戴禮》，尤不可信；謂之無逸篇亦可也。

## 二　篇名存而句已亡者

| 篇　名 | 原引書名篇名及其逸句 | 附　考 |
|---|---|---|
| 《南陔》《白華》《華黍》《由庚》《崇丘》《由儀》。 | 《儀禮·燕禮》：笙人立於縣中，奏《南陔》《白華》《華黍》。……乃間歌《魚麗》，笙《由庚》；歌《南有嘉魚》，笙《崇丘》；歌《南山有臺》，笙《由儀》。《鄉飲酒禮》：笙人堂下，磬南，北面，立，樂《南陔》《白華》《華黍》。……乃間歌《魚麗》，笙《由庚》；歌《南有嘉魚》，笙《崇丘》；歌《南山有台》，笙《由儀》。（鄭《注》：以笙播此三篇之詩。……皆《小雅》篇也。今亡，其義未聞。……間，代也。謂一歌則一吹） | 案：六笙詩無辭，宋儒已言之；竊謂笙管奏皆無辭，觀《儀禮》言"間歌"，《周禮》言"教樂儀"，後漢管《新宮》而辭不傳，可知。別有考。皆非逸詩。 |
| 《陔》《驁》 | 《儀禮·鄉飲酒禮》：賓出奏《陔》。《鄉射禮》：賓與樂正命奏《陔》。《大射儀》：賓醉，北面坐，取其薦脯以降，奏《陔》。公入《驁》。（鄭《注》：《陔夏》，樂章也；《驁夏》，亦樂章也，以鐘鼓奏之） | 案：《儀禮》所云《陔》《驁》，未必即《陔夏》《驁夏》也；此亦當爲有聲無詞者。 |
| 《肆夏》《采薺》 | 《儀禮·燕禮》記：若以樂納賓，則賓及庭奏《肆夏》。……公拜受爵而奏《肆夏》。《大射儀》：公升即席，奏《肆夏》。《郊特牲》：賓入大門而奏《肆夏》。《周禮·樂師》：教樂儀，行以《肆夏》，趨以《采薺》。（鄭《注》：教樂儀，教王以樂出入於大寢朝廷之儀。鄭司農云：《肆夏》《采薺》皆樂名，或曰：皆逸詩。若今時行禮於大學，罷出以鼓陔爲節）《禮記·玉藻》：趨以《采薺》（《注》：路門外之樂節，齊當爲楚薺之薺），行以《肆夏》。（《注》：登堂之樂節）然後玉鏘鳴也。《大戴記·保傅》：步中《采茨》，趨中《肆夏》。 | 案：《肆夏》爲登堂之樂節，《采薺》爲門外之樂節，鄭司農云：皆樂名，是也。或以爲皆逸詩，非是。《周禮》以爲樂儀，《玉藻》言玉鏘鳴。非謂歌詩，是其顯證。此二者亦皆有聲無詞。 |

續表

| 篇　名 | 原引書名篇名及其逸句 | 附　考 |
|---|---|---|
|  | （《補注》：舊本云"茨"作"薺"）《保傅》又云：行以《采茨》，趨以《肆夏》。 |  |
| 《王夏》《肆夏》《昭夏》《納夏》《章夏》《齊夏》《族夏》《祴夏》《驁夏》。 | 《國語·魯語下》：金奏《肆夏》《繁》《遏》《渠》，天子所以饗元侯。《左傳·襄四年》：穆叔如晉，晉侯享之，金奏《肆夏》之三，不拜；工歌《文王》之三，又不拜；歌《鹿鳴》之三，……對曰：三夏，天子所以享元侯也。（杜《注》：《肆夏》，樂曲名。《肆夏》一名樊，《韶夏》一名遏，《納夏》一名渠）《周禮·大司樂》：王出入則令奏《王夏》，尸出入則令奏《肆夏》，牲出入則令奏《昭夏》。（注：三夏皆樂章名）《周禮·鐘師》：以鐘奏九夏：《王夏》《肆夏》《昭夏》《納夏》《章夏》《齊夏》《族夏》《祴夏》《驁夏》。（鄭《注》：杜子春云：祴讀陔鼓之陔。王出入奏《王夏》，尸出入奏《肆夏》，牲出入奏《昭夏》，四方賓來奏《納夏》，臣有功奏《章夏》，夫人祭奏《齊夏》，族人侍奏《族夏》，客醉而出奏《陔夏》，公出入奏《驁夏》。呂叔玉云：《肆夏》《繁遏》《渠》，皆《周頌》也。《肆夏》，《時邁》也；《繁遏》，執競也；《渠》，思文也） | 案：三夏、九夏，《左》《國》《周禮》異說；《肆夏》《繁》《遏》《渠》，呂叔玉說與杜注亦不同；要之，以爲樂曲樂章之名，有聲無詞，固無不可；附會《周頌》，則無明據。汪琬謂九夏非《周頌》（《堯峰文鈔·詩問》），已詳辨之，《周禮》僞書，《左》《國》並有點竄，故更列九夏。 |
| 《新宮》 | 《儀禮·燕禮記》：升歌《鹿鳴》，下管《新宮》，笙入二成。（鄭《注》：《新宮》，《小雅》逸篇也）《大射儀》：乃歌《鹿鳴》三終，乃管《新宮》三終。（《鄭注》：管謂吹蕩以播《新宮》之樂，其篇亡，其義未聞）《左傳·昭二十五年》：叔孫婼聘於宋，……宋公享昭子，賦《新宮》。《後漢書》：永平二年冬十月……初行養老禮。詔曰：……升歌《鹿鳴》，下管《新宮》，八佾具備，萬舞於庭。（惠棟曰：案此則後漢《新宮》之樂尚存） | 案，此亦有聲無詞者，《集傳》謂《新宮》即《斯干》，其說非是。後漢永平中猶知"下管《新宮》"，如爲《斯干》，或有詩句，必無不傳，此笙管無詞之鐵證。 |

續表

| 篇　名 | 原引書名篇名及其逸句 | 附　考 |
|---|---|---|
| 《象》 | 《禮記·文王世子》：反，登歌《清廟》，……下管《象》。（《鄭注》：《象》，周武伐紂之樂也。以管播其聲，又爲之舞，皆於堂下）《明堂位》：升歌《清廟》，下管《象》。（《鄭注》：《象》謂周頌武也）《祭統》：夫人嘗禘，升歌《清廟》，下而管《象》。（《鄭注》：管《象》，吹管而舞象之樂也）《仲尼燕居》：升歌《清廟》，示德也；下而管《象》，示事也。《毛詩序》：《維清》：奏象舞也。 | 案：以管播其聲，與《新宮》同。亦有聲無詞。《毛詩序》謂"《維清》奏象舞"也，孫希旦《禮記集解》已駁之。別有考。 |
| 《武宿夜》 | 《禮記·祭統》：聲莫重於升歌，舞莫重於《武宿夜》。（《鄭注》：武宿夜，武曲名也。近魏源《詩古微》以爲即《周頌》之《酌》，王國維《觀堂集林·大武樂章考》又以爲即《昊天有成命》） | 案：此曲名。其爲何篇，今難質言。非逸詩。 |
| 《史辟》《史義》《史見》《史童》《史謗》《史賓》《拾聲》《叡挾》。 | 《大戴記·投壺》：凡《雅》二十六篇：……八篇廢不可歌也，七篇《商齊》可歌也，三篇間歌。《史辟》《史義》《史見》《史童》《史謗》《史賓》《拾聲》《叡挾》。（孔廣森《補注》：此八篇廢不可歌。汪照《大戴禮注補》：《史辟》以下八篇之名當即此［廢不可歌也］。訛舛在下） | 案：《大戴》明云"廢不可歌"，則非逸詩，尤非刪後之逸。《大戴》説亦不可俱信，已詳前方。 |
| 《桑林》 | 《左傳·襄十年》：宋公享晉侯於楚丘，請以《桑林》。荀罃辭。荀偃、士匄曰："諸侯宋、魯，於是觀禮。魯有禘樂，賓祭用之。宋以《桑林》享君，不亦可乎？"（洪亮吉《左傳詁》：《莊子》：湯有桑林之舞。司馬彪《注》：桑林，湯樂也。《杜注》：殷天子之樂名，蓋亦取諸此。皇甫謐云：殷樂，一名《桑林》）《莊子·養生主》：合於桑林之舞。《墨子·明鬼》：宋有桑林，……此男女所屬而觀也。 | 案：《桑林》明爲樂舞之名，墨、莊二子所言足證。則此非逸詩也。《荀子·大略篇》及《尚書大傳》所載桑林禱辭，非詩之類，今不著錄。 |

續表

| 篇　　名 | 原引書名篇名及其逸句 | 附　　考 |
|---|---|---|
| 《三象》 | 《吕氏春秋·古樂篇》：商人服象，爲虐於東夷，周公以師逐之，至於江南；乃爲《三象》，以嘉其德。（《高注》：三象，周公所做樂名） | 案：吕子所云者爲古樂，《三象》當是樂名。其非逸詩甚明。 |
| 《鳩飛》，《河水》 | 《國語·晉語四》：秦伯賦《鳩飛》，公子賦《河水》。韋昭《注》：《鳩飛》，《小宛》之首章也。"河"當作"沔"，字相似誤也。《左傳·僖二十三年》：公子賦《河水》。（《杜注》：《河水》，逸詩，義取朝宗於海） | 案：韋昭謂《鳩飛》即《小宛》，"河"當作"沔"，則非逸詩。證以詩義，近是。或不足憑，至孔子時已逸。 |
| 《茅鴟》 | 《左傳·襄二十八年》：叔孫穆子食慶封，慶封氾祭，穆子不說，使工爲之誦《茅鴟》。（《杜注》：《茅鴟》，逸詩，刺不敬） | 案：《茅鴟》云誦，疑非三百篇之類，姑闕疑。 |
| 《明明》《崇禹》《生開》 | 《逸周書·世俘解》：籥人奏《武》，王入，進萬，獻《明明》三終。……奏《崇禹》《生開》三終。（朱右曾《逸周書集訓校釋》：《武》《明明》，皆詩篇名。……孔曰：《崇禹》《生開》，皆詩篇名。愚案：《國語》：武王克殷作飫歌曰：天之所支，不可壞也。……豈即禹乎？） | 案：《逸周書》不可信，此恐非三百篇之類。要之，周武王時不能有是，非逸詩亦非孔子所删。 |
| 《九德之歌》 | 《周禮·大司樂》：《九德之歌》，九磬之舞，於宗廟之中奏之。若樂九變，則人鬼可得而禮矣。（《鄭注》：鄭司農云：……《九德之歌》，《春秋傳》所謂水火金木土穀，謂之六府；正德，利用，厚生，謂之三事；……九功之德，皆可歌也） | 案：《周禮》一書本不可信；則是九德之歌，未必即爲已逸之詩。 |

　　以上共三十九篇，惟《鳩飛》以下七篇似爲逸篇之名，餘皆有聲無辭之樂，或廢不可歌者，非逸詩也。《明明》《崇禹》《生開》《九德之歌》，俱不可信；《鳩飛》或即《小宛》，《河水》或即《沔水》，疑爲逸篇名者，惟《茅鴟》耳。不過一篇之名而已。

## 三　篇名與逸句俱存者

| 篇　名 | 原引書名篇名及其逸句 | 附　考 |
|---|---|---|
| 《貍首》 | 《儀禮·大射儀》：樂正命太師曰：奏《貍首》，間若一。（《鄭注》：《貍首》，逸詩"曾孫"也。《射義》所載詩曰"曾孫侯氏"，是也）《禮記·射義》：其節：天子以《騶虞》爲節，諸侯以《貍首》爲節。故詩曰："曾孫侯氏，四正具舉，大夫君子，凡以庶士，小大莫處，御於君所，以燕以射，則燕則譽。"《大戴記·投壺》：曾孫侯氏，今曰泰射（《補注》：此以下《貍首》之詩也。泰射，大射也），於一張侯參之曰"曰泰射"（《鄭注》："今曰泰射"衍句，"於一曰"三字亦衍），四正具舉，大夫君子，孔以庶士，小大莫處，御於君所，以燕以射，則燕則譽。……弓既平張，四侯且良，決拾有常，既順乃讓；乃揖乃讓，乃隮其堂，乃節其行，既志乃張，射夫命射，射者之聲，御車之旌，既獲卒莫。（《補注》：亦《貍首》詩也。《小戴》篇末，記《貍首》鼓節云："取半以下爲投壺禮，盡用之爲射禮。"此不與前章相屬，所謂半以下與……志，志所中也。……莫言暮，與射爲韵）……嗟爾不寧侯，爲爾不朝於王所，故亢而射女，強食食爾，曾孫侯氏百福。（《補注》：《考工記》曰：唯若寧侯，無或若汝不寧侯，不屬於王所，故亢而射女強飲強食詒女。曾孫諸侯百福。視此文爲備。……諸侯不臣，謂之不寧。……此《貍首》之首章也，天子大射歌之以祭侯。曾孫其次章，諸侯以爲射節。鄭君《儀禮注》曰：貍之言不來也，其詩有射諸侯首不朝之言，即此章是已）《禮記·檀弓下》：貍首之斑然，執女手之卷然！ | 案：《貍首》之詩，本爲樂章，有聲有詞，一如《騶虞》以《儀禮》於《鄉射》云奏《騶虞》，間若一。可知。今傳《貍首》，以《大戴》所載爲詳，共百十五字，以較《騶虞》，約四倍之，此其可異者一也。（孫希旦《禮記集解》已疑之）且《騶虞》爲風，《貍首》逸詩，則似二雅，此其可異者二也。又《小戴》《大戴》及《考工記》，傳聞之詞不同，此其可疑者三也。劉敞小傳疑爲原壤所稱《貍首》之斑然。……《貍首》，《鵲巢》也；篆文貍首似鵲首似巢。非是。（《經義考》：鄒肇敏謂：《瓠葉》詩云有兔斯首，即貍首，非） |
| 《支》 | 《國語·周語下》：周詩有之曰：天之所支，不可壞也；其所壞，亦不可支也。皆武王克殷而作此詩也，以爲飫歌，名之曰《支》。 | 案：此與三百篇不甚相似；亦未必爲武王作，蓋《采薇》詩之類。 |

續表

| 篇　名 | 原引書名篇名及其逸句 | 附　考 |
|---|---|---|
| 《祈招》 | 《左傳·昭十二年》：昔穆王欲肆其心，周行天下，將皆必有車轍馬跡焉。祭公謀父作《祈招》之詩，以止王心，王是以獲沒於祇宮。其詩曰：祈招之愔愔，式昭德音。思我王度，式如玉，式如金。形民之力（《左傳詁》：王肅云：刑，形之誤），而無醉飽之心。 | 案：此詩詩意並無以止王心，王亦非欲醉飽。蓋《采薇》詩之類，否則至孔子時已不傳誦。 |
| 《轡之柔矣》 | 《左傳·襄二十六年》：國子賦《轡之柔矣》。（《杜注》：逸詩，見周書。義取寬政以安諸侯，若柔轡之御剛馬）《逸周書·太子晉解》：師曠蹶然起，曰：“瞑臣請歸。”王子賜之乘車四馬，曰：“太師亦善御之。”師曠對曰：“御吾未之學也。”王子曰：“汝不爲夫《詩》，《詩》云：‘馬之剛矣，轡之柔矣，馬亦不剛，轡亦不柔，志氣麃麃，取與不疑，以是御之。’”（《集訓校釋》：取予猶馨控也） | 案：《逸周書》雖見《漢志》，然前儒多詆爲偽；趙坦亦云：若《逸周書·太子晉之解》引“馬之剛矣”等句，鄙夫野已甚，直偽託爾。此《轡》亦《采薇》詩之類。 |
| 《無射》，《嶠》 | 《逸周書·太子晉》：師曠歌《無射》，曰：國誠寧矣。遠人來觀。脩義經矣。好樂無荒。……王子歌《嶠》曰：何自南極，至於北極，絕境越國，弗愁道遠。 | 案：《無射》與《嶠》，其詩之風骨格調亦與三百篇殊，非三百篇之逸。 |
| 《徵招》《角招》 | 《孟子·梁惠王》：景公悅，大戒於國，出舍於郊，召太師曰：爲我作君臣相見之樂，蓋《徵招》《角招》是也。其詩曰：畜君何尤？ | 案：此所云《徵招》《角招》，其所以不傳者，未詳其故，姑闕疑。 |
| 《驪駒》 | 《漢書·儒林傳》：博士江公世爲《魯詩》宗，……心嫉式（王式），謂歌吹諸生曰：歌《驪駒》。式曰：聞之於師：客歌《驪駒》，主人歌《客毋庸歸》。今日諸君爲主人，日尚早，未可也。注：驪駒在門，僕夫具存；驪駒在路，僕夫整駕。 | 案：此詩今不在《大戴禮》，《漢書·注》所引《驪駒》之詞，不必三百篇之逸。《大戴》亦不可信。 |

　　以上九篇，惟《貍首》與《徵招》《角招》三篇爲略可信，餘六篇皆不似爲三百篇之逸，而疑爲《采薇》詩之類。然《貍首》三篇，亦不能遽定爲三百篇之逸也。

## 四 篇名亡而逸句存者

| 篇 名 | 原引書名篇名及其逸句 | 附 考 |
| --- | --- | --- |
| （《左傳》丘明自引及述孔子之言所引） | 成九年："詩曰：'雖有絲、麻，無棄菅、蒯；雖有姬、姜，無棄蕉、萃。凡百君子，莫不代匱。'"《左傳詁》：《詩·東門之池·正義》引傳作"樵悴"。襄五年："詩曰：'周道挺挺，我心扃扃，講事不令，集人來定。'"（《左傳詁》：《爾雅》：頲，直也。《廣雅》：侹，直也。挺、頲、侹音義並同。……扃、烔字同）宣二年："我之懷矣，自詒伊慼"。（《左傳詁》；王肅云：此《邶風·雄雉》之詩也） | 案：趙翼謂："襄三十年引'淑慎爾止，毋載爾僞'，乃《抑》篇之歧句。"（辨見逸詩三條。《詩古微》：此所引爲逸詩《抑》） |
| （《左傳》列國公卿自引逸詩四條） | 莊二十二年："詩曰：'翹翹車乘，招我以弓，豈不欲往，畏我友朋。'"襄八年："周詩有之曰：'俟河之清，人壽幾何？兆云詢多，職競作羅。'"（《杜注》：兆卜，詢謀也，職，主也，言既卜且謀多，則競作羅網之難）昭四年："詩曰：禮儀不愆，何恤於人言。"昭廿六年："詩曰：我無所監，夏后及商，用亂之故，民卒流亡。" | 案：此所引爲逸詩《抑》，爲三家之歧句，疑莫能明。昭四年所引者，亦見《荀子》，與三百篇不類。然《左》《國》所引，俱難據爲實也。或其詩不足傳。 |
| （大、小《戴記》所引逸詩三條） | 《禮記·坊記》：相彼盍旦，尚猶患之。（注：盍旦，夜鳴求旦之鳥也）《緇衣》：昔吾有先正，其言明且清，國家以寧，都邑以成，庶民以生，誰能秉國成，不自爲政，卒勞百姓。《大戴禮·用兵》：魚在在藻，厥志在餌。鮮民之生矣，不如死之久矣。校德不塞，嗣武丁孫子。 | 案：《坊記》《緇衣》所引，俱非逸詩，《詩古微》已辨之。《大戴》所引，末四句與《蓼莪》《玄鳥》合，首二句或逸詩，然亦未可據信。 |
| （《荀子》所引逸詩七條） | 《王霸》篇：如霜雪之將將，如日月之光明，爲之則存，不爲之則亡。《臣道》篇：國有大命，不可以告人，妨其躬身。《解蔽》篇：鳳凰秋秋，其翼若干，其聲若簫，有鳳有皇，樂帝之心。《解蔽》篇：墨以爲昭，狐狸而蒼。《正名》篇：長夜漫兮！永思騫兮！太古之不漫兮！禮義之不愆兮！何恤人之言兮！《天論》篇：何恤人之言兮！《法行》篇：涓涓源水，不壅不塞；轂已破碎，乃大其幅；事已敗矣，乃重太息！ | 案：此所引詩七條，惟《臣道》篇所引乃《唐·揚之水》之異文；自餘六條，皆與三百篇之風骨不甚相合，未可遽定爲三百篇之逸；或三百篇以後之詩，亦未可知，說詳朱氏《經義考》。 |

續表

| 篇　名 | 原引書名篇名及其逸句 | 附　考 |
| --- | --- | --- |
| (《吕氏春秋》所引逸詩五條) | 《愛士》篇："詩曰：君君子則正以行其德，君賤人則寬以盡其力。"《權勛》篇："詩曰：惟則定國。"《音初》篇："詩曰：燕燕往飛。"《行論》篇："詩曰：將欲毁之，必重累之；將欲踣之，必高舉之。"《原亂》篇："故詩曰：'毋過亂門'，所以遠之也。" | 案："君君子"二句及《行論》所引，趙氏翼已辨其非詩；自餘孤句三條，則難質言。 |
| (《國策》所引逸詩五條) | 《戰國策·秦武王篇》："甘茂引詩曰：'行百里者，半於九十。'"《秦昭襄王篇》：客卿造引詩曰："樹德莫如滋，除惡莫如盡。"黄歇引詩曰："《詩》云：'大武遠宅不涉'。"范睢引詩曰："木實繁者披其枝，披其枝者傷其心；大其都者危其國，尊其臣者卑其主。"《趙武靈王篇》："服亂以勇，治亂以知，事之計也。立傅以行，教少以學，義之經也。" | 案：此所引五條，惟"大武遠宅不涉"或是逸詩；其餘四條，趙氏翼已辨其三不似詩，其實《趙武靈王篇》所引亦全不似詩也。 |
| (《管》《墨》《列》《莊》諸子所引逸詩五條) | 《管子·小問》篇："浩浩者水，育育者魚，未有室家，而安召我居。"《墨子·所染》篇："必擇所堪。"《非攻中》篇：魚水不務，陸將何及。《列子·湯問》篇："良弓之子，必先爲箕；良冶之子，必先爲裘。"《莊子·外物》篇："青青之麥，生於陵陂，生不布施，死何含珠爲？"（《家語·六本》篇，所引與《説苑·權謀》篇所引同，從略） | 案：《管子》僞秦漢間人作，《列子》之僞更晚，所引詩可勿論。《墨子》所引，不似詩句，《莊子》所引，或三百篇以後之詩，不必爲詩之遺句也。 |
| (其他諸書所引逸詩九條) | 《史記·商君列傳》："得人者興，失人者崩。"《漢書·武帝紀》元朔元年詔："九變復貫，知言之選。"元鼎元年詔："四牡翼翼，以征不服。親者邊垂，用事所極。"《説苑·尊賢》："緜緜之葛，在於曠野。良工得之，以爲絺紵。良工不得，枯死于野。"《權謀》篇："皇皇上帝，其命不忒。天之與人，必報有德。"《列女傳·辨通類》："浩浩白水，儵儵之魚，君來召我，我將安居。國家未定，從我焉如？"《後漢書·楊終傳》："皎皎練絲，在所染之。"《晉書·束皙傳》："羽觴隨波。"《集韻》：佞人之蟪。 | 案：此漢以後學者所引，或繫三百篇後之詩，不能認爲三百篇之逸也。不然，則詩終衛、獻，數百年間，豈盡無詩耶？此必無之事，俱視爲逸詩，甚不可也。《晉書》《集韻》所引，更當以此論之。 |

以上四十一條，左氏丘明自引者惟二條疑爲逸句，列國公卿自引惟三條疑爲逸句。大、小《戴記》所引一條，《荀子》所引六條，《呂覽》所引孤句三條，《國策》所引孤句一條，詞與三百篇殊，則更疑非逸句。《呂覽》《國策》每以《書》爲詩，或以古語爲詩，不當視爲逸句，不當視爲三百篇之逸句；周季諸子及漢以後學者所引，更勿論矣，説更詳下。

逸詩篇句，散見於載籍者，爲數甚多；朱氏《經義考》，及王崧《説緯》，始備録之，今析爲四類，列表以明之。其一，篇名與逸句俱亡者，共爲十四篇，無一可信爲三百篇之逸者。二，篇名存而句已亡者，共三十九篇，惟《茅鴟》一篇或是逸篇名，其在孔子前已逸，抑爲三百篇之逸，未可以定也。《左氏》謂工誦《茅鴟》，則非三百篇之類。其三，篇名與逸句俱存者，共惟有九篇，所可疑爲逸詩者，《貍首》與《徵招》《角招》，《貍首》之不可信，可弗置論。《徵招》《角招》，或不足以傳世，其爲三百篇之逸，亦不可以遽定也。（《六經奧論》曰：《騶虞》《貍首》《采蘩》《采蘋》，古之樂節也，日用之間，不可闕也。今《貍首》亡逸，詩自逸，非夫子逸之也。熊朋來曰：《貍首》之詩，古人以爲射節，想見孔子删詩之時，其詩已逸，不然，則此詩未必删於聖人也。竊謂文章之道，美則必傳，今既不傳，當是自逸，即謂孔子删詩，《茅鴟》《貍首》之類，亦必先自亡逸，否則雖删亦傳也）其四，篇名亡而句猶存者，共四十一條，其可疑爲逸句者，惟《左氏》所引五條，餘如《大戴》《荀子》諸書所引，皆不可信爲三百篇之類，雖片言隻語，亦可以質證（説詳後文）。綜計逸詩篇句，凡一百〇三條，其略可信者，乃不過五條，猶恐《左氏》所僞託，或三家詩之歧句（詳見《詩古微》）。逸詩之數雖多，直無所謂詩三百篇之逸，此不可不察也。

先儒不察，每以逸詩爲三百篇之逸，乃以三百篇爲孔子所删，此其病固由誤信《史記》之説，亦由誤認逸詩爲皆可信也。《左》《國》二書，本難深信，《支》非武王所作，《祈招》非祭公作，其辭不雅故，固灼然易見，持《支》與《周頌》相較，則知非武王之詩；持《祈招》與《大雅》比，亦見其非西周詩。時世先後，可以定論。然且謂詩之作，篇篇足以傳世，不謂逸在孔子前，而謂逸在删詩後，情理未昭，此其一也。《肆夏》《采薺》，本如鼓陔爲節，而謂爲逸篇之名；《新宫》及《象》，本以管播其聲，則指他篇以當之；六笙詩本有聲無詩，而曰有其義亡其辭。不知《肆夏》止如鼓陔，足見鐘鼓奏者無辭；後漢管《新宫》而辭亦不傳，足見下管之類無辭；管奏無辭非其辭亡，足知笙詩非其辭亡（皮錫瑞《詩經通論》引宋儒説謂"亡"當讀爲"有無"之"無"，立論猶未瑩，詳見余《笙詩無辭説》），而以樂爲詩，俱謂爲逸篇，詩樂不分，此其二也。荀、呂諸子，著述甚晚；《國策》《史記》，編定尤後，其所引詩，烏知非六國人所作，如荀書《正名》所引，文采已近《楚辭》矣，而盡以爲三百篇之逸；《管》《列》諸書，雜有僞篇。今知《采薇》之詩，爲後世所依託，不知《無射》與《驕》，亦猶《采薇》之類，真贋莫辨，體制不明，此其三也。坐斯數蔽，復不知有三家異文，乃凡以載籍所引詩，皆爲逸詩，此逸詩篇句之多，不知其非三百篇之逸也。

逸詩片言隻語，亦可質證其非。傳世宗周彝器，其所用之成語，頗多與三百篇相似，足以證其時世相當。詩曰："俾無訧兮"(《邶·綠衣》)，"無我有尤"(《鄘·載馳》)；大豐敦亦曰："天亡尤王"(詳薛、阮、吾、鄭諸家書，茲不具引)《詩》曰："服之無斁"(《周南·葛覃》)，毛公鼎亦曰："肆皇天亡（斁，無斁）"；《詩》曰："綢繆束薪"(《唐·綢繆》)，毛公鼎亦曰："緟恪（綢繆）大命"；《詩》曰："旻天疾威"(《小雅·小旻》)，"降喪饑饉"(《小雅·雨無正》)，師詢敦亦曰："天疾畏（威）降喪"；《詩》曰："寬兮綽兮"(《衛·淇奧》)，蔡姞敦亦曰："綽綰（寬）永命"；《詩》曰："有周不顯"(《大雅·文王》)，宗周鐘亦曰："以召各（昭格）不顯祖考文王"；《詩》曰："萬壽無疆……詒爾多福"，(《小雅·天保》)，井人鐘亦云："降余厚多福亡疆"；《詩》曰："有嚴有翼"(《小雅·六月》)，虢叔旅鐘亦曰："嚴在上，翼在下"；《詩》曰："以介眉壽"(《豳·七月》)，洹子孟姜壺亦曰："用蘄眉壽"。自餘如"三事""四方""舍命""配命"之類，《詩》三百篇用詞與金文相似者，不可枚舉。然而觀於逸詩篇句，其數甚多，而略與金文用詞相似者亦無。此其明驗一也。朱氏云："《荀子》之引詩多矣，如云：'墨以爲朗，狐狸而蒼'；又云：'如霜雪之將將，如日月之光明，爲之則存，不爲之則亡。'又云：'鳳凰秋秋，其翼若干，其聲若簫，有鳳有凰，樂帝之心'。又云：'長夜漫兮！永思騫兮！太古之不慢兮！'其辭俱不類三百篇中語。竊謂《墨子》所引必擇其所堪，必謹所堪。'魚水不務，陸將何及'。《荀子》所引'涓涓流水，不壅不塞，事以敗矣，乃重太息'。《莊子》所引'青青之麥，生於陵陂'。《列子》所引'良工之子，必先爲箕'。皆似諺語格言，不似詩歌之詞。"朱氏所謂"俱不類三百篇中語"，此其明驗二也。風格體制，亦足判之，此則好學深思，可以心知其意。

　　本篇所舉逸詩，略依朱氏《經義考》及王氏《說緯》；朱氏所已列而爲王氏所不錄者，今從王氏。王晚於朱，所列較是。如朱氏列蝦辭，蝦辭實非詩也。朱氏列《韓詩》《齊詩》遺句，及《論語》"素以爲絢兮"句，"唐棣之華，偏其反而，豈不爾思，室是遠而"四句,則三家歧句,非必逸詩也。朱氏復以《左氏·襄八年》引詩"兆云詢多,職競作羅"下云:"謀之多族,民之多違,事滋無成"三句爲逸詩,則引詩者語,非逸句甚明。又《左氏》引:"優哉游哉,聊以卒歲。"《家語》作歌,並非逸詩。自餘如樂元語,《周官注》,諸書所引逸句,與三百篇不類,則更可疑,故從王氏。

二二,四,五。

## 三家詩遺說考序

陳喬樅

**西堂案：** 研究詩三百篇，於采詩刪詩及逸詩篇句，既略明其本真，則當進而明《詩》之流傳矣！《史》《漢》《儒林傳》，述《魯》《齊》《韓》《毛》，學者所知，可勿贅述。三家異文異說，及其流傳授受，亦見《詩三家義述疏》。茲錄陳喬樅之《三家詩遺說考序》，以見搜求遺說之法術，近世之治三家之學者，及漢唐典籍所載爲何家遺說，茲數事者，今治《詩》所不可或忽者也。

**原文參見《詩經學講義》乙種之一**

# 齊魯韓毛異同論

## （《詩古微》）

魏　源

**西堂案**：《詩》分爲四，三家爲真傳，《毛詩》則僞託，此其得失，不可不辨也。兩漢之時，三家立於學官，及鄭康成箋毛，毛始盛行，漸至三家並亡，《毛詩》以僞奪真。宋歐陽修、鄭樵、王質、朱子，乃始起而攻毛議序，然而聚訟紛如，其論猶未定也。清季魏源著《齊魯毛韓異同論》，其持説始明盡曉暢，《毛詩》之僞，予以大白。此治《詩》者，所當先讀者也。

**原文參見《詩經學講義》乙種之八**

# 漢書藝文志辨僞

## (《新學僞經考》)

康有爲

**西堂案：**《毛詩》之僞，至魏源著《詩古微》，其案始大白於世；康有爲《新學僞經考》，更踵魏説而發揮之，略可以定讞矣。兹先録其《〈漢書·藝文志〉辨僞》(詩)以見其所列舉之十五證，再及其《經典釋文糾繆》。

**原文參見《詩經學講義》乙種之四**

# 經典釋文叙録（詩）

## （附：康有爲《經典釋文糾繆》）

陸德明

**西堂案：**《經典釋文·序録》，述四家《詩》源流，訖十六朝，所當讀也。唯元朗生當陳隋，今學盡亡，耳濡目染，師友講授，皆僞古學，所述《毛詩》傳授，固無徵不信也。兹録《序録》原文，以見兩漢後之《詩》學，附以康氏《糾繆》，以見《毛詩》《傳》《序》之失。

**原文參見《詩經學講義》乙種之七**

附：經典釋文糾繆

（《新學僞經考·卷十》）一段

康有爲

以授子夏，子夏遂作《序》焉。

按：劉歆僞撰《毛詩》，其《七略》但稱："又有毛公之學，自謂子夏所傳"而已，不以爲子夏作《序》也。《後漢書·儒林傳》以爲"衛宏受學謝曼卿，作《毛詩序》"，尚得其實。自鄭玄《詩譜》以爲：《大序》是子夏作，《小序》是子夏、毛公合作（《釋文》引）。王肅《家語注》以爲：子夏《序》即今《毛詩序》。按之兩《漢書》志、傳，皆烏有子虛事也，此蓋沿襲其謬者。考《毛詩·大序》以《風》《大雅》《小雅》《頌》爲"四始"，與三家《詩》不合；《唐書·藝文志》載："《韓詩》，卜商《序》"，如《毛詩》亦出子夏，何至歧絶？且《風》《雅》《頌》爲"六詩"之三，以爲"四始"，豈非大謬？"三頌"不知據魯、親周、故宋之義。至於《小序》，《大雅》正篇莫能詳其樂章之所用。《小雅》自《節南山》以下四十四篇，皆以爲刺幽王詩，而雜見傳記者，則爲昭、懿、厲、宣、平諸王之詩；《楚茨》諸詩，亦不以爲樂章也。十三國之無正風,與燕、蔡、莒、許、杞、薛之並無變風,既以《序》不明棄而之矣,則所存諸國之《序》,當必可爲詩史。乃《國風·小序》,於史有世家者,皆傳之惡謚,至魏、檜之史無世家者,則但以"刺其君""刺其大夫",而無一謚號世次之可傅會。又《漢廣》"德廣所及"、《白華》"孝子之潔白"、《崇丘》"萬物得極其高大"、《雨無正》"衆多如雨而非所以爲正"之類,皆望文生義,一味空衍。非如魯、韓逸説,以《芣苢》爲"蔡人妻作"、《行露》爲"召南申女作"、《柏舟》爲"衛宣夫人作"、《燕燕》爲"定姜送歸婦作"、《式微》爲"黎莊夫人及傅母作"、《碩人》爲"莊姜傅母作"之皆有實人實事也。使子夏爲之,去其時不遠,安得謬悠若是乎?則《大序》及《小序》初句爲劉歆所僞,其餘則衛宏所潤飾,不特非子夏作,並非劉歆作矣。漢、魏後,《毛詩》獨盛,而辨《序》之説紛如。韓愈以爲子夏不序《詩》;成伯璵以爲子夏唯裁初句,以下出於毛公;王安石以爲詩人所自制。甚至程明道以《大序》爲孔子所作,《小序》爲國史舊文。王得臣以首句爲孔子所題;曹粹中以爲《毛傳》初行,尚未有《序》,門人互相傳授,各記師説。舉不足辨。唯鄭樵、王質、朱子,掊擊其妄,識最高矣!恨未能得其故,令後人來反唇之稽,《詩》至今乃決其蔀耳。

# 毛詩序略說

張西堂

**西堂案**：《毛詩》有大、小《序》之別，先儒稱之，又復強爲之名，於其起訖，亦多自以意定，此當爲說者一也。大、小《序》之作者，昔賢論議尤歧，其立論之後先，及其是非之辨，樊然淆亂，殆不顯憭，此當爲說者二也。若《毛序》之僞，當別爲條辨，兹亦略述之。作《毛詩序略說》。

《毛詩》之《序》，其作者非一人，故有小、大之分；然有謂之《小序》《大序》者，有謂之《古序》《續序》者，有謂之《前序》《後序》者，有謂之《首序》《下序》者，復有以《下序》爲《大序》，《大序》爲《小序》者，綜其稱名，約有六說，共爲八名。

（一）《經典釋文·〈關雎序〉》下云："舊說云：起此（《關雎》，后妃之德也）至'用之邦國焉'，名《關雎序》，謂之《小序》；自'風，風也'訖末，名爲《大序》。"沈重云："案：鄭《詩譜》意，《大序》是子夏作，《小序》是子夏、毛公合作，卜商意有不盡，毛更足成之。或云：《小序》是東海衛敬仲所作。今謂此《序》止是《關雎》之《序》，總論詩之綱領，無大小之異。"

（二）成伯璵《毛詩指說》曰："學者以《詩》大、小《序》皆子夏所作，未能無惑。如《關雎》之《序》，首尾相結，冠束二《南》，故昭明太子亦云《大序》是子夏全制，編入文什。其餘衆篇之《小序》，子夏惟裁初句耳，至也字而止。'《葛覃》，后妃之本也'，'《鴻雁》，美宣王也'，如此之類是也。其下皆是大毛公自以詩中之意而繫其辭也。"案：此與《鄭譜》意實相同，鄭說已見前，故列此以備一說。

（三）程大昌《詩論》曰："《古序》之與宏《序》，今混並無別，然有可考者，凡詩發序兩語，如'《關雎》，后妃之德也'，世人謂之《小序》者，《古序》也；兩語而外，續而申之，世謂《大序》者，宏語也。"（案：龔橙《詩本誼》多用《續序》之名）

（四）《二程全書·程氏遺書》云："詩《前序》必是當時人所傳，國史明乎得失之跡者是也。不得此則何緣知得此篇是甚意思。《大序》則是仲尼所作，其餘則未必然；要之，皆得大意，凡是後之觀詩者亦添入（《遺書》卷二上。元豐己未，呂與叔見二先生語。范家相《詩瀋》多用《後序》之名。見卷三《關雎序》下）。

（五）郝敬《毛詩原解》曰："《詩序》相傳子夏與毛公合作，今按各《序》首一句爲各詩根柢，下文皆申首句之意，故先儒謂《首序》作於子夏，餘皆毛公增補。今觀《首序》簡當精約，蓋古人有詩即有題，或國史標注，或掌故記識，曾經聖人刪正，決非苟作。"

（六）鄭氏《六經奧論》曰："詩之《下序》，序所作爲之意，其辭顯者其《序》簡，其辭隱者其《序》備，其善惡之微者，序必明著其跡，而不可以言殫者，則亦闕其目而已。"

此六説者，於《序》共立小大、前後、古續、首下八名，姚際恒論之曰：

> 世以發端一二語謂之《小序》，以其少也；以下續申者謂之《大序》，以其多也。又有以《小序》爲《古序》，爲《前序》，《大序》爲《後序》，今皆從之。《鄭譜》所謂《大序》，今所謂《小序》也；所謂《小序》，今所謂《大序》也。今不用其説。（《古今僞書考》）

姚氏釋大、小《序》命名之由，猶未知有續、首、下《序》之稱，曰《古續》前、後、首、下者，皆以其先後而定也。若鄭《詩譜》之意，則謂《關雎》爲《大序》，《葛覃》以下爲《小序》，非止以《小序》爲《大序》，《大序》爲《小序》，其命名之由，亦以多寡定也。雖與衆説相反，唐宋諸儒，猶多從之（如本篇所舉成伯璵、程伊川、李樗、黃櫄、范處義諸家説皆從之者），惟今尟用之耳。姚氏所未明也。此五説者，皆謂《序》有小、大之別，雖二程、郝敬，其意亦如是，唯《釋文》曰："今謂此《序》……總論詩之綱領，無小、大之異，其言最爲卓傑。"

竊嘗思之，《序》之有小、大者，以其文字多寡而異；然《關雎》之《序》，凡百四十三字，以較《葛覃》諸《序》，其文字固多，謂之《大序》，似無不可；若《六月》之《序》，凡二百十九字，其文字之多，幾倍於《關雎序》，謂之《小序》，甚不可也，此其一。既謂《關雎》爲《大序》，《葛覃》以下爲《小序》，而《關雎》《葛覃》，復各有大、小《序》，樊然淆亂，令人莫辨，區以別之，斯以蕪矣，此其二。且一《序》之中，多只有《小序》而無《大序》者，如"《斯干》，宣王考室也""《無羊》，宣王考牧也"之類，亦多有大、小《序》之分不明者，如《關雎序》之類（詳見後）。強爲界畫，徒見其不可耳，此其三。此鄭《詩譜》之説，所以尟從之者，而《首序》《續序》之名所由賡起也。竊謂當泯小、大之分，以從《釋文》所論。

更以大、小《序》之起訖證之。今按往籍，以考先儒之意，則約各有五說；而《關雎》一《序》，《大序》《小序》之起止，則有四說。

甲　《小序》

（一）《釋文》引舊說云：起此（《關雎》后妃之德也）至"用之邦國焉"，……謂之《小序》。

（二）《葛覃》以下爲《小序》。（《毛詩李黃集解》李樗曰："詩皆有《序》，獨《關雎序》爲最詳，先儒以謂《關雎》爲《大序》，《葛覃》以下爲《小序》。"案：此《鄭譜》說）

（三）范處義《詩補傳·明序》篇："《小序》一言，國史記'作詩者之本義也。'"（《古序》《首序》《前序》略同此）

（四）朱子《詩序辨說》：《小序》自"'《關雎》后妃之德也'至'教以化之'，《大序》起'詩者志之所之也'，止'詩之至也'""又自'然則《關雎》《麟趾》之化'至'《關雎》之義也'"。案：朱子《詩序辨說》"惟《關雎》有《大序》《小序》，《關雎》以下各篇皆只《小序》"。

（五）游儆所記朱子之一說："《詩序》起'《關雎》后妃'至'教以化之'。"（見《朱子語類·卷八十》及朱鑒《詩傳遺說·二·序辨》）

乙　《大序》

（一）《釋文》引舊說云："自'風，風也'訖末，名爲《大序》。"

（二）《十一經問對》："《大序》者，《關雎》之《序》也；《小序》者，各篇之《序》也。"（參考李樗說）

（三）范處義《詩補傳》："《小序》一言……之下，皆《大序》也，亦國史之所述。"（《續序》《下序》《後序》略同此）

（四）朱子《詩序辨說》："《大序》，起'詩者志之所之也'，止'詩之至也'。"

（五）范家相《詩瀋·卷三》："'風，風也'至'王化之基'爲《大序》。"又云："篇末'《關雎》樂得淑女'……云云，乃《小序》中之《後序》。與朱子異。"

綜斯五說，劃分大、小《序》之起訖，既各不同，而朱子一人之意，前後復相歧；強立大、小《序》名之害，於茲亦可見矣。《關雎》一序，《釋文》舊說所劃分者，朱子二說俱不從之；而范處義《詩補傳》曰："'《關雎》后妃之德也'，謂之《小序》；自'風之始也'以後，謂之《大序》。"又立一例，是《關雎》大、小《序》之起訖，共有四說矣！何違何從，亦自難明。崔東壁曰："余按《詩序》自'《關雎》后妃之德也'以下，句相承，字相接，……章法井然，首尾完密，此固不容別分爲一篇也。……由是言之，《序》不但非孔子、子夏所作，而亦原無大、小之分，皆後人自以意推度之耳。"又曰："余按《序》之首句，與下所言，相爲首尾，斷無止作一句之理。至所云刺時、刺亂者，語意未畢，尤不可無下文，則其出於一人之手無疑也。由是言之，《序》本無大、小之分也。間嘗考之，《行葦序》首句云：'忠厚也。'《既醉序》首句云：'太平也。'語意俱未畢，蓋必有下文，非故爲一句以待人續者；且如果有續《序》之人，則若《斯干》《無羊》之類，又何以不爲之續耶？"朱子《漢廣・詩序辨説》曰："先儒嘗謂《序》非出於一人之手，此其一驗，但首句未必是，下文未必非耳。蘇氏乃例取首句而去其下文，則於此類兩失之矣。""首句不必是，下文不必非"，強爲大、小，古續，前後，首下之名，亦徒見其不可也。此所以謂：當泯小、大之分，以從《釋文》所論。

至於《毛序》之始作，爲之説者亦非一，迄於近今，猶無定論。尊之者以爲孔子、子夏所作，詆之者以爲村野妄人所爲，昔賢論辨，約十有六説焉：

（一）**孔子所作**。鄭玄《毛詩・南陔、白華、華黍序箋》："孔子論《風》《雅》《頌》，……其義則與衆篇之義合編，故存。至毛公爲《詁訓傳》，乃分衆篇之義，各置於篇端云。"（案：成伯璵《毛詩指説》曰："《序》者緒也，如繭絲之有緒，中其述作之意也。亦與義同。"姚氏《古今僞書考》云："鄭玄且以《小序》爲孔子作，本此。先儒主張此説最力者，厥爲范處義，説見《詩補傳・明序》篇）

（二）**子夏所作**。王肅《家語・七十二弟子解・注》云："子夏所序詩義，今之《毛詩序》是。（據貴池劉氏景宋獨本《孔子家語》）《釋文・序録》："孔子最先删詩，以授於子夏，子夏遂作《序》焉。"

（三）**衛宏所作**。《後漢書・儒林傳》："衛宏字敬仲，東海人也。……初，九江謝曼卿善《毛詩》，乃爲其訓，宏從曼卿受學，因作《毛詩序》，善得《風》《雅》之旨，於今傳於世。"

（四）**子夏、毛公合作**。《釋文》引沈重云："案《詩譜》意，《大序》是子夏作，《小序》是子夏、毛公合作。"（案：成伯璵云："子夏惟裁初句耳，……其下皆是大毛公自以詩中之意而繫其辭也。後人見《序》下有《注》，又曰東海衛宏所作，事雖兩存，未爲允當。當是鄭玄於毛公《傳》下，即得稱《箋》，於毛公《序》末略而爲《注》耳。毛公作《傳》之日，漢興，已亡其六篇，但據亡篇之《小序》，惟有一句，毛既不見詩體，無由得措其辭也。"又，"高子是戰國時人，在子夏之後，當子夏之世，祭皆有尸，靈星之尸，子夏無爲取引。一句之下，多是毛公，非子夏明矣。"）

（五）**子夏、毛公、衛宏合作**。《隋書・經籍志》："先儒相承，謂《毛詩》

序》子夏所創，毛公及衛敬仲又加潤益。"

（六）**漢之學者所作**。韓愈《詩之序議》曰："子夏不序詩有三焉：知不及，一也；暴揚中冓之私，《春秋》所不道，二也；諸侯猶世，不敢以云，三也。（案：此據楊慎《升庵經説》引）察夫《詩序》，其漢之學者欲顯立其傳，因藉之子夏，故其《序》大國詳，小國略，斯可見矣。"（案：此據《毛詩李黃集解》李樗所錄引。又案：《升庵經説》駁韓氏曰："韓公可謂失言矣！孔子親許子夏以可與言《詩》，子夏猶云不及，其誰宜爲哉！且子頑、宣姜中冓之私，生子五人，二爲諸侯，昭昭在人耳目，豈是《春秋》所不道？孔子既取之於《國風》，而子夏反爲諱之乎？至謂諸侯猶世，不敢以云，是爲史官懼人禍天刑之説也，豈齊南晉董之筆乎？"案：此於韓氏所云其《序》大國詳、小國略，並未駁詰。范處義、范家相並駁韓説，然皆不及楊氏，兹不具引）

（七）**詩人之所自作**。范家相《詩瀋》引王安石曰："《詩序》者，詩人所自制。"（案：《經義考》引無"者"字）《呂氏家塾讀詩記》引王氏曰："世傳以爲言其義者子夏也。詩上及於文王、高宗、成湯，如《江有汜》之美媵，《那》之爲禩成湯，《殷武》之爲禩高宗，方其作時，無義以示後世，則雖孔子亦不可得而知，況子夏乎哉！"（案：宋儒從王氏者亦多）

（八）**國史孔子所作**。《二程遺書·卷十八》："問《詩》如何學？曰：只在《大序》中求。《詩》之《大序》，分明是聖人作。……問《詩·小序》何人作？……曰：《序》中分明言國史明乎得失之跡，蓋國史得詩於采詩之官，故知其得失之跡；如非國史，則何以知其所美所刺之人？使當時無小序，雖聖人亦辨不得。"（《伊川先生語·四》）"詩小序便是當時國史作。如當時不作，雖孔子亦不能知，況子夏乎？如大序，則非聖人不能作。"（第十九，《伊川先生語·五》）又曰："《詩大序》孔子所爲，其文似《繫辭》，其義非子夏所能言也。《小序》國史所爲，非後世所能知也。"（第四，《伊川先生語·十》）《呂氏讀詩》引程氏曰："國史得詩必載其事，然後其義可知，今《小序》之首是也。其下則説詩者之詞也。"（案：《毛詩李黃集解》黃樐曰："程氏謂《大序》仲尼所作，則未敢信也。《大序》之言，深得《風》《雅》之旨，而其所以滋後世之異論者，以其言辭重復、前後失倫耳。若吾夫子爲之，必不若是也。……程氏之説無以加矣！予請推而廣之曰：《小序》國史之舊題，《大序》記夫子之言而非夫子之所作。其餘《小序》則漢儒之言或雜其間，如衛人以宣姜鶉鵲之不若，如貪而畏人若大鼠也之類，決非吾聖人之言。"實與程氏説略相同）

（九）**孔子弟子毛公、衛宏所作**。蘇轍《詩集傳》曰："今毛、許之《序》，何其詳之甚也。世傳以爲出於子夏，予竊疑之。……豈必子夏爲之，其亦出於孔子,或弟子之知詩者與?然使誠出於孔氏也,則不若是之詳也。……其言時有反復煩重,類非一人之辭者,凡此皆毛氏之學,而衛宏之所集錄也。……故予存其一言而已,……以爲此孔氏之舊也。"(案:《毛詩李黃集解》李樗曰:"《毛詩》所傳亦非成於一人之手。……詩之《序》多有重複者,惟《關雎》爲尤甚。"黃櫄曰:"李迂仲以蘇之説爲當。李氏亦以《隋志》説爲深得之。")

(十)孔子、毛公所作。王得臣《麈史》曰:"《詩序》……蓋出於孔子,非門弟子所能與也。若'《關雎》后妃之德也',《葛覃》'后妃之本也',此一句孔子所題,其下乃毛公發明之。"

(十一)村野妄人所作。鄭樵《詩辨妄》曰:"《詩序》……皆是村野妄人所作。"(《朱子全書·詩綱領》引)

(十二)山東學究所作。朱子曰:"《小序》漢儒所作,有可信處絕少;《大序》好處多,然亦有不滿人意處。"又曰:"看來《詩序》只是個山東學究等做,不是老師宿儒之言。"又曰:"《詩小序》或是後漢衛宏所作,《大序》亦不是子夏作。"(據朱鑒《詩傳遺説·二·序辨》引。《語類·卷八十》云:"某又看得亦不是衛宏一手作。")

(十三)毛公門人記師説者。曹粹中曰:"《毛傳》初行之時,猶未有《序》也。意毛公既託之子夏,其後門人互相傳授,各記其師説,至宏而遂著之,後人又復增加,殆非成於一人之手,則或以爲子夏,或以爲毛公,或以爲衛宏,其勢然也。"(《宋史·藝文志》:曹粹中《放齋詩説》三十卷)

(十四)秦漢經師所作。范家相《詩瀋》曰:"鄭氏謂《大序》子夏所作,今詳其文義,牽合聯綴,實雜出於秦漢經師之手,非一人所作也。"(卷三,《關雎序》下)

(十五)經師所傳,弟子所附者。《四庫總目提要》:"今參考諸説,定《序》首二語爲毛萇以前經師所傳,以下續申之詞爲毛萇以下弟子所附。"(案:范謂《序》作在毛公前,曹謂《序》作在毛公後,此合上兩説者)

(十六)劉歆、衛宏所作。康有爲《新學僞經考》曰:"考《毛詩大序》,以《風》《大雅》《小雅》《頌》爲'四始',與三家《詩》不合;……又三《頌》不知據魯、新周、故宋之義;至於《小序》,……於史有世家者,皆傳之惡諡;至魏、檜之無世家者,則但以爲刺其君、刺其大夫;而無一諡號世次之可傅會,又'《漢廣》德廣所及','《白華》孝子之潔白','《崇丘》萬物得極其高大','《雨無正》衆多如雨而非所以爲正'之類,皆望文生義,一味空衍;……則《大序》及《小序》初句,爲劉歆所僞,其餘則衛宏所潤飾,不特非子夏作,並非劉歆作矣!"(卷十,《經典釋文糾繆》)

此十有六説者，鄭氏謂爲孔子所爲，而其意不顯暢，故多以爲子夏所作；范書雖實録，惟存一説耳（此於《釋文》《隋志》可見）。至唐成伯璵、韓退之議子夏不序詩，其説一變；宋王安石倡爲雖孔子亦不得而知之説，乃有詩人自制，國史所傳，孔子所爲諸《論》。然《毛序》多重複叠見，雜取傳記，傅會書史，隨文生義，不合情理；妄作美刺，强立分別，自相矛盾，故多以爲經師弟子所傳（此如蘇轍、王得臣、曹粹中、范家相云毛公、衛宏作者俱是），且或以爲村野妄人所爲。至於清季，雖間有謂《序》作於子夏者（如朱彝尊、錢大昕等，説更詳後），然《毛序》之病，彰彰在人耳目，故崔述、魏源等詆之於前（説詳下），至康有爲乃謂爲劉歆之所僞託。此先儒論《詩序》始作之遷變也。其是其非，可更述焉。（述其校著者）

謂《序》爲詩人所自制者，論之者約有三：

（一）晁公武曰："《詩序》……至王介甫獨謂詩人所自制。按：《韓詩》序《芣苢》曰'傷夫也'，《漢廣》曰'悦人也'；《序》若詩人所自制，《毛詩》猶《韓詩》，不應不同若是。況文意繁雜，其不出於一人之手甚明，不知介甫何以言之？"（《讀書志》）

（二）范家相曰："王安石曰：《詩序》者詩人所自制。此妄談也。古人之詩，豈必如今人先命題而作乎？"（《詩瀋·詩序四》）

（三）姚際恒曰："王安石且以《小序》爲詩人自制，益可笑矣。"（《古今僞書考·詩序》）

今案：詩人無先作《序》之事，亦無篇篇作《序》之理，且《序》意既繁雜，其詞復不雅古，不類三代之文；四家傳授，迥不相同，必非詩人所自制者，王氏之言，固甚誣也。

謂爲國史所傳，孔子所作者。論之者約有四：

（一）朱子曰："'國史明乎得失之跡'，這一句也有病。《周禮》《禮記》中，史並不掌詩，《左傳》説自分曉，以此見得《大序》亦不是聖人作，《小序》更不須説。"（《語類·卷八十》）

（二）范家相曰："程子曰：《大序》文似《繫辭》，分明是聖人作。"范處義曰："觀《賚序》合於《論語》；《都人士》合於《緇衣》；《柏舟》《淇奥》諸篇，合於《孔叢》者二十，以是知爲孔子之言。不知此皆經師之守而不失其傳者耳。子夏尚不序詩，何得舉而屬之孔子！"（《詩瀋·詩序四》）

（三）黄以周曰："《詩》有四家：《毛詩》有序，《齊、魯詩》不聞有《序》，《韓詩》之《序》，又不與毛同；如《詩序》出自國史、孔聖，則齊、魯二家，當與正經並傳，不應删削《序》説，《韓序》亦當與《毛》合一，不應別生異議；何以《關雎》一篇，《毛詩序》以爲美，而三家皆以爲刺乎？

《芣苢》《汝墳》諸篇，韓、毛兩《序》說不歸於一乎？謂《詩序》出於國史、孔聖者，可以知其非矣！（《經說略》一）

（四）崔東壁曰："夫《論語》所載孔子論《詩》之言多矣！若《關雎》章，思無邪章，誦詩三百，以及興觀群怨，《周南》《召南》等章，莫不言簡意賅，義深詞潔，而《詩序》獨平衍淺弱，雖有精粹之言，亦多支蔓之語，絕與《論語》之言不類，豈得強屬之孔子！至於各篇之《序》，失詩意者甚多，其文亦殊不類三代之文。"（《讀風偶識·卷一》）

今案：國史不掌詩，朱子說是也。《小序》文不雅故，其詞義亦空衍，有可經據則指言其人，無可經據則言其意（參鄭樵《詩辨妄》說），並國史不作《詩序》之明證。《關雎大序》，重複最甚，又多襲《樂記》之言而用之不得其當。（熊氏《經說》：《詩大序》多引《樂記》，其小異處，亦《樂記》為得其當，作《詩序》之人，必出於《禮記》已傳之後）以《樂記》《論語》言之，並知非孔子所造；以傳授之異言之，尤足以灼見其非！

謂《詩序》為子夏所作者，非之者約有三：

（一）鄭樵曰："設如子夏所傳之《序》，因何齊、魯間先出，學者却不傳，反出於趙也？《序》既晚出於趙，於何處傳此學？（據顧輯本《詩辨妄》）

（二）范家相曰："《漢志》但云《毛序》自謂出於子夏所傳，未嘗謂是子夏所作也。即毛公亦不言子夏作《序》，其曰傳者，不過經師之遞相傳授云爾也。其間聞見異詞，記錄舛錯，故得失時見，豈子夏筆之於書以授學者哉！如毛公謂是子夏所作，何不明標子夏之名，如標孟仲子、高行子之文乎？是非時《小序》非子夏所作，即《大序》亦非出自西河之手無疑。"（《詩瀋·詩序一》）

（三）崔東壁曰："子夏之門人在魯者不乏矣！齊、魯既傳其《詩》，亦必並傳其《序》，何以齊、魯之《詩》，均不知有此《序》，而獨趙人乃得之乎？（《讀風偶識·一》）

今案：子夏之不序詩，成伯璵、韓愈已言之，其序大國詳而小國略，記錄舛錯而得失互見，襲用諸書之言，復多支蔓之詞（更詳見後），並其顯證。鄭、范、崔復以傳授言之，益可知其非矣。然亦有深信為子夏、毛公合作者：

（一）朱彝尊曰："惟《毛詩》之《序》，本乎子夏。子夏習《詩》而明其義，又能推原國史，明乎得失之故。試稽之《尚書》《儀禮》《左氏》《內外傳》《孟子》，其說無不合。……惟其《序》作於子夏，子夏授《詩》於高行子，此《絲衣序》有高子之言，又子夏授曾申，申授李克，克授孟仲子，此《唯天之命序》有孟仲子之言，皆以補師說之未及，毛公因而存之不廢。"（《詩論·二》）

（二）錢大昕曰："《孟子》說《北山》之云：'勞於王事而不得養父母'，

即《小序》説也。唯《小序》在孟子之前，故孟子得引之，漢儒謂子夏作，殆非誣矣。"（《養新録·詩序》）

此二説者，其較著者，治《毛詩》之學者，固莫不以爲子夏所作者也。魏源論之曰："據《孟子》'勞於王事不得養父母'爲《孟子》之用《小序》，《緇衣》篇'長民者衣服不貳，從容有常'爲《公孫尼子》之用《小序》，則不如據《論語》'《關雎》樂而不淫，哀而不傷'爲夫子用《小序》之爲愈也（《詩古微·齊魯韓毛異同論》）。錢氏説不足辨。康有爲《僞經考》據諸書以斷《毛詩》傳授之僞，立十五證。則高行子、孟仲子俱屬僞託，朱氏説亦不足辨。竊謂《鄭箋》之説，以《序》爲孔子作，而沈重案《詩譜》，又以爲子夏、毛公合作，是鄭君於《序》之始作，且依違莫能究其實；謂爲孔子作固不可信，謂爲子夏作亦無明據。傳《毛詩》者且如此，亦可辨其是非矣。

謂《詩序》爲毛公所作者，論之者約有二：

（一）邱光庭曰："先儒言《詩序》並《小序》子夏所作，或曰毛萇所作，明曰：非毛萇所作也。何以知之？按《鄭風·出其東門·序》云：'民人思保其室家。'經曰：'縞衣綦巾，聊樂我員。'《毛傳》曰：'願其室家得相樂也。'據此，《傳》意與《序》不同，自是又一取義也。……（兼明書。文長而無要義，故略録）

（二）曹粹中曰："'羔羊之皮，素絲五紽。'《毛傳》謂古者素絲以英裘，不失其制，大夫羔裘以居。其説如此而已。而《序》云'在位皆節儉正直，德如羔羊。'且以退食爲節儉，其説於康成，毛無此意也。'維鵲有巢，維鳩居之。'《毛傳》謂鳩不自巢，居鵲之成巢，其説如此而已。而《序》云：'德如鳲鳩，乃可以配焉。''君子偕老，副笄六珈。'《毛傳》云：'能與君子俱老，乃宜居尊位，服盛服。'而《序》云：'故陳人君之德，服飾之盛，宜與君子偕老。'則與《傳》意先後顛倒矣。《序》若出於毛，亦安得自相違戾如此。要知《毛傳》初行之時，猶未有《序》也。（據《經義考》引）

今案：毛爲《詩傳》，不釋《詩序》，此《序》不出毛公以前之明證。《毛傳》與《序》，自相違戾，此尤《序》非毛公所作之明驗。邱光庭、曹粹中所舉《出其東門》《羔羊》《鵲巢》《君子偕老》四詩，猶未盡之。嘗試察之，其《傳》《序》顯相刺繆者，不可勝數，姑復舉十證以明之：

甲、《關雎序》云，"憂在進賢，…思賢才。"《傳》云："后妃有關雎之德，乃能共荇菜，備庶物，以事宗廟也。"《傳》無進賢思賢之意，與《序》不合。此其一。

乙、《葛覃序》云："后妃在父母家，則志在於女功之事。"《傳》云："大夫命婦……庶士以下各衣其夫。……父母在則有時歸寧耳。"（陳奐謂爲《箋》

語竄入,非是)《傳》無在父母家之意。此其二。

丙、《芣苢序》云:"和平則婦人樂有子矣。"《傳》云:"芣苢……車前也,宜懷姙焉。"車前非宜懷姙者,此《傳》誤也。《傳》猶無樂有子之義,《序》並承《傳》之訛,而實不合。此共三。

丁、《采蘋序》云:"大夫妻能循法度也。"《傳》云:"古之將嫁女者,必先禮之於宗室。"《傳》之所言,大夫女學祭事也。參《詩本誼》,無大夫妻之義,與《序》不合。此其四。

戊、《小星序》云:"夫人無妬忌之行,惠及賤妾。"《傳》云:"命不得同於列位也。"夫人賤妾,不得言同列位,蓋《傳》猶知《小星》爲奉使言勞之詩,《序》所云乃爲大繆矣。此其五。

己、《靜女序》云:"刺時也。衛君無道,夫人無德。"《傳》云:"既有靜德,又有美色……可以配人君也。"《傳》無刺時之義,且與《序》意無道無德相反。顯自違戾。此其六。

庚、《竹竿序》云:"衛女思歸也。適異國而不見答。"《傳》云:"舟檝相配得水而行,男女相配得禮而備。"無不見答之義,與《序》不合,此其七。

辛、《東方之日序》云:"君臣失道,男女淫奔,不能以禮化也。"《傳》云:"日出東方,人君明盛。"則非失道之謂。《傳》云:"姝者,初昏之貌。"則非淫奔之謂。與《序》顯相違矣。此其八。

壬、《綢繆序》云:"國亂則昏姻不得其時焉。"《傳》云:"男女待禮而成,……三星在天,可以嫁娶。"《傳》意謂得其時,與《序》所云正違。此其九。

癸、《無衣序》云:"刺用兵也。秦人刺其君……不與民同欲。"《傳》云:"上與百姓同欲,則百姓樂致其死。"《傳》釋詩無刺義,與《序》不合。此其十。

他如《摽有梅序》:"言男女及時也",《傳》云:"今急辭也,不待備禮。"《葛屨序》言:"其君儉嗇褊急";《傳》言:"婦人三日廟見,至門夫揖而入。"皆《序》《傳》不相應。《序》若果出於毛,必不剌繆至此。昧者不察,每以陳古刺今爲辭(如《東方之日》等),豈《傳》皆陳古,《序》獨刺今乎,此必不可通也。要之,《序》非毛公所作,且非毛公以前秦漢經師所作,此則《傳》《序》之不相應,可爲鐵證。崔東壁曰:"如謂爲子夏、毛公所作,則《史》《漢》傳記從無一言及之。以《史》《漢》爲證,亦足見之也。

謂《詩序》爲衛宏所作者,論之者約有四:

（一）范處義曰："子夏尚未必爲《詩序》，則謂毛、衛潤色者，何足信也？"（《詩補傳·明序》篇）

（二）朱彝尊曰："論者多謂《序》作於衛宏，夫《毛詩》雖後出，亦在漢武帝時，《詩》必有《序》而後可授受，《韓》《魯》皆有《序》，《毛詩》獨無《序》，直至東漢之世，俟宏之《序》以爲序乎？"（《詩論》二）

（三）范家相曰："《毛序》行於新莽之世，去敬仲已百數十年，立之學官，流傳天下久矣！敬仲以一人之私見，起而更益之，其誰肯信？且漢時最重師傳，……宏烏能明目張膽以作僞哉？況毛公本《古序》以作《傳》，使宏僞《序》，寧不與《傳》相左？……康成與宏略相先後，豈有不知，而以宏之言爲子夏之言者！其理甚明，予謂宏與賈徽同受業於曼卿之門，使宏作僞，徽等豈肯聽之？"（《詩瀋·卷二·衛宏》）

（四）黃以周曰："《鄭箋·十月之交·序》云：'刺幽王'。當言'刺厲王'，作《詁訓傳》時，移其篇弟，因改之耳。……鄭君與衛宏時代不甚遠，豈衛宏作《序》，鄭君有不及知而妄爲斯説乎！且范書言宏作《序》，別爲之《序》耳，非今之《詩序》也。是猶鄭君序《易》，非《十翼》之《序卦》；馬融《書序》，古非百篇《序》也。則謂《詩序》作自衛宏者，尤不可信矣！"（《經説略·二》）

今案：范處義謂孔子作《序》，因謂衛宏作《序》爲不足信，此不足辨。若朱、范、黃三儒，謂《序》非衛宏作，其意略是，其所舉證則未盡然。《序》固非衛宏作，亦非子夏、毛公所作，專據鄭君之言，亦未見其舉足信也。竊謂《序》非衛宏所爲，其可疑者有三：

（一）王引之《經義述聞》曰："《詩》《書》之有序，或別爲一卷，或分冠篇首，《志》云：'《詩經》二十八卷，魯、齊、韓三家。'…此蓋以十五國《風》爲十五卷，《小雅》七十四篇爲七卷，《大雅》三十一篇爲三卷，三《頌》爲三卷，合爲二十八卷，而以《序》分冠篇首者也。"（案：三家詩實合邶、鄘、衛爲一卷，分《周頌》爲三卷）《志》又曰："'《毛詩》二十九卷。'此蓋以《序》別爲一卷，次於二十八卷之後者也。"（伏生尚書二十九篇説）陳奐《毛詩傳疏叙》亦曰："'《序》別爲一卷，故二十九卷。'（王先謙《漢書補注》説同此）竊謂《詩》《書》之序，既或別爲一卷，《毛詩》二十九卷，本連《序》而言者，則當劉歆《七略》，《毛詩》已有《序》矣。"（王氏之説，極有理據，且可於《南陔》《白華》《華黍》證明之）《毛序》之不出於衛宏，於此可以明證者也。此其一。

（二）《後漢書·儒林傳》曰："宏從曼卿受學，因作《毛詩序》……後從大司空杜林更受《古文尚書》，作《訓旨》。"《儒林傳》言宏治《詩》《書》，未聞其治《左氏》也。今《序》多同《左氏》，其謬誤之處，如《牆有茨》之以公子頑通乎君母，《新臺》之刺衛宣公納伋之妻，與《左氏》正同。（詳見《詩瀋》卷五、卷六，《讀風偶識》卷二）《關雎序》言國史明乎得失之跡，而每篇之《序》亦多以美刺爲説。是則衛宏不治《左氏》，而作《序》者明於《左氏》；衛宏不治《春秋》，而作《序》者乃喜言褒貶美刺也。《序》果出於衛宏，必不當至於是。此其二。

（三）《後漢書·儒林傳》言：宏"從大司空杜林更受《古文尚書》，作《訓旨》。"《毛序》如果宏之所爲，則其雜取傳記，宜多本於《尚書》。今《毛序》之雜取衆説，《左氏》而外，以《禮記》爲最多（詳下）。《關雎序》之襲《樂記》，《都人士序》襲《緇衣》；而《詩》有六義，出於《周官》（此三者葉夢得説，詳見下）。《蒹葭序》言："未能用周禮"；不過《鴟鴞》一《序》，略本於《金縢》耳（此亦葉氏説，詳見下。）其本諸《尚書》者甚少，而取《禮記》《周禮》者多，然則《詩序》作者，蓋非衛宏明矣。此其三。

宏之不作《詩序》，其可言者如此。鄭君去宏時代不遠，亦未必不及知而不爲説者；宏與賈徽等同受業，徽等亦未必不及知而不言；以是證之，《序》爲宏作，説益不足信矣。

其謂《序》爲毛公門人各記師説，或經師所傳而弟子之所附者，則《序》輒與《傳》違，亦未必盡是也。康有爲《〈後漢書儒林傳〉糾謬》曰："《毛詩》僞作於歆，付囑於徐敖、陳俠，傳授於謝曼卿、衛宏。《序》作於宏，此《傳》最爲實錄；然首句實爲歆作，以其與《左傳》相合也。"（《新學僞經考·卷九》）康氏以《序》爲宏所作，猶有未照。其云首句爲歆作，以其與《左傳》相合，略近於是。然而劉歆一人之力，未必能一手僞造群書，蓋必當時古學之徒，因僞《毛傳》而爲《序》耳。西漢之世，博士分立，一家增置，餘家怨望。孟喜明改師法，亦立於學；張霸僞造百兩，不治其罪。西漢末作僞者多矣，亦未必止歆一人也。康氏謂《序》首句爲歆所作，不如謂爲歆之黨徒所作。要之，韓愈曰："其漢之學者，欲顯立其傳，因藉之子夏。"此語最爲無病。

鄭樵曰："《詩序》皆是村野妄人所作。"此可舉例以明之，亦非肆爲訾諆也。今就先儒所論，以見《序》之謬妄，約有十端：

（一）**雜取傳記**。葉夢得曰："宏《序》有專取諸書之文而爲之者。……'詩有六義，一曰風，二曰賦，三曰比，四曰興，五曰雅，六曰頌。'其文全出於《周官》。'情動於中而形於言，言之不足，故嗟嘆之。'其文全出於《禮記》。'成王未知周公之志，公乃爲詩以遺王。'其文全出《金縢》。'高克好利而不顧其君，……高克奔陳。'其文全出於《左傳》。'微子至於戴公，其間禮樂廢壞。'其文全出於《國語》。'古者長民衣服不貳，從容有常，以齊其民。'其文全出於《公孫尼子》。則《詩序》之作，實在數書既傳之後明矣。"今案：《毛序》之用《左傳》者，如《卷耳序》言求賢審官，及莊姜、宣姜，許穆夫人，鄭莊、鄭忽，齊文姜諸詩，不可勝舉。其次則爲《禮記》。《采蘩》，"夫人不失職也"。《采蘋》，"大夫妻能循法度"。皆本《射義》爲言。《潛》詩則全襲《月令》，最爲顯露弊竇者。（姚際恒《詩經通論·論旨》："《詩序》庸謬者多，而其謬之大及顯露弊竇者，無過《大雅·抑》詩，《周頌·潛》詩，……《潛》詩則全襲《月令》，故知其爲漢人。"）自餘同於《論語》《孟子》者亦有：（范處義曰：《論語》曰："周有大賚，善人是富。"此夫子記周家之政也。而與《賚》之《序》同。《關雎序》亦有采自《論語》曰，《北山序》同《孟子》。説見前）。此皆《毛序》之雜取傳記者，若《卷耳》《采蘋》諸《序》（詳下），其妄可以立知也。

（二）**叠見重複**。葉夢得曰："《載馳》之詩，許穆夫人作也。閔其宗國顛覆矣。又曰衛懿公爲狄人所滅。《絲衣》之詩，既曰'繹賓尸矣'，又曰：'靈星之尸'。此蓋衆説並傳，衛氏得善辭美意，並錄而不忍棄之。此吾所謂雜取諸書之説而重複互見也。"今案：《關雎》之序，語多重複；《江有汜》序，語意三截，至疑非一人之詞（王先謙曰：推究《序》文，語意三截，且如毛説，末章嘯歌，義不可通，知《序》之不出於一人。），其妄亦可以想見。（參看《毛詩李黃集解》李樗説）

（三）**隨文生義**。朱子曰："《小序》大無義理，皆是後人杜撰。多就詩中詩采撼言語，更不能發明詩之大旨。纔見有'漢之廣矣'之句，便以爲德廣所及；才見有'命彼后車'之言，便以爲不能飲食教載；《行葦》之《序》，但見'牛羊勿踐'，便謂仁及草木；但見'戚戚兄弟'，便爲親睦九族；見'黃耇台背'，便謂養老；見'以祈黃耇'，便謂乞言；見'介爾景福'，便謂成其福祿。隨文生義，無復論理。"今案：《序》之隨文生義，《漢廣》而外，以《雨無正》爲最（此鄭樵説）。康有爲曰："《白華》孝子之潔白，《崇丘》萬物得極其高大，《雨無正》衆多如雨而非所以爲正之類，皆望文生義，一味空衍。"（朱子《白華詩序辨説》曰："此《序》尤無理。"）此類實繁，不可枚舉（如以將仲子爲祭仲，維暴之云爲刺暴公皆是）。

（四）**附經爲説**。葉夢得曰："《騶虞》之詩，先言人倫既正，朝廷既治，天下純被文王之化，而復繼之以搜田以時，仁如騶虞，則王道成。《行葦》之詩，先言周家忠厚，仁及草木，然後維之以内睦九族，外尊事黃耇，養老乞言，此又吾所謂委曲婉轉，附經而成其義也。"今案：《螽斯》之《序》，言若螽斯不妒忌，則子孫衆多也。《褰裳》之《序》，言狂童恣行，思大國之正己也。《蕩》之《序》，言天下蕩蕩，無綱紀文章。皆附經爲説者。此類亦繁，不可具舉。

（五）**曲解詩意**。《毛序》之不合詩意者，其例甚繁。《小星》之詩，本奉使言勞也。而《序》以爲夫人惠及賤妾。洪邁《容齋三筆》曰："《詩序》不知何人所作，或是或非，前人論之多矣。唯《小星》一篇，顯爲可議。……諸侯有一國，其宮人嬪妾，雖云至下，固非閭閻賤微之比，何至於抱衾而行，……其説可謂陋矣！《終風序》曰：莊姜傷己也，遭州吁之暴。朱子以爲：詳玩詩詞，有夫婦之情，未見母子之意。《雄雉序》曰：刺衛宣公也，淫亂不恤國事。姚際恒曰：篇中無刺譏淫亂之意。"此皆《序》與詩意不合，其他妄生美刺，傅會書史者，亦多如此。

（六）**不合情理**。朱子曰："《卷耳》之序，以求賢審官，知臣下之勤勞，爲后妃之志，事固不倫矣。況詩中所謂'嗟我懷人'，其言親昵太甚，寧后妃所得施與使臣者哉！《桃夭》之詩，謂婚姻以時，國無鰥民，爲后妃之所致，而不知其爲文王刑家及國，其化固如此，豈專后妃所能致耶？"此皆《序》之不合論理者。竊謂其措詞亦然。如謂若"《螽斯》之不妒忌。"（歐陽修《詩本義》：詩人安知其心不妒忌？）"德如鳲鳩乃可以配""節儉正直德如羔羊。"（方玉潤曰：羔羊亦何節儉正直之有？）皆極不近情理。謂爲村野妄人所作，非誣也。

（七）**妄生美刺**。朱子曰："變風諸詩，未必是刺者，皆以爲刺；未必是言此人，必傅會以爲此人。《桑中》之詩，放蕩留連，止是淫者相戲之詞，豈有刺人之惡，而反自陷於流蕩之中。《子衿》詞意輕儇，亦豈刺學校之辭？《有女同車》等，皆以刺忽而作。鄭忽不娶齊女，其初亦是好底意思，但見後來失國，便將許多詩盡爲刺忽而作。考之於忽，所謂淫昏暴虐之類，皆無其實。至遂目爲狡童，豈詩人愛君之意？況其所以失國，正坐柔懦闊疏，亦何狡之有？幽、厲之刺，亦有不然。《甫田》諸篇，凡詩中有訕譏之意者，皆以爲傷今思古而作，其他謬誤，不可勝説。"今案：《雄雉》《匏有苦葉》諸詩，非刺衛宣，《北門》《北風》兩詩，非刺仕不得志，非刺虐；《伯兮》《有狐》，並非刺時。朱子以爲："未必是刺者，亦皆以爲刺"，説甚是也。此亦足見其妄。

（八）**自相矛盾**。《毛詩李黃集解》李樗曰："《魚麗》之詩，既以爲文武以《天保》以上治内，《采薇》以下治外，始於憂勤，終於逸樂。《常棣》之詩又曰：'閔管、蔡之失道，故作《常棣》焉。'此又成王之詩也。"朱子《常棣詩序辨》說曰："《序》得之，但與《魚麗》之《序》相矛盾。"今案：《北門》之《序》曰："刺仕不得志也"。下云："言衛之忠臣，不得其志爾。"則非刺仕也。《靜女》之《序》曰："刺時也。"下云："衛君無道，夫人無德。"則非刺時也。他如《懿》詩《序》云："衛武公刺厲王亦以自儆也。"武公不與厲王同時，二義不可得而兼也。（說詳朱子辨說）《野有死麕序》曰："天下大亂，強暴相陵，遂成淫風。"又云："被文王之化，雖當亂世，猶惡無禮也。"成淫風則非惡無禮。二義亦不得而兼也。其自相矛盾，有如此者。（歐陽修《詩本義》曰："《詩序》失於二《南》者多矣！……於《苤苢序》則曰：'天下和平，夫人樂有子。'於《麟趾序》則曰：'《關雎》化行天下，無犯非禮者。'於《騶虞序》則曰：'天下純被文王之之化。'既曰如此矣，於《行露序》則反有'強暴之男侵陵正女而爭訟。'……據《野有死麕序》則又云：'天下大亂，強暴相陵，遂成淫風，惟被文王之化者，猶能惡其無禮也。'"其前後自相抵牾，無所適從）

（九）**傅會書史**。朱子《柏舟詩序辨說》曰："詩之文意事類，可以思而得，其時世名氏，則不可以強而推。……若為《小序》者，……不知其時，必強以為某王某公之時；不知其人者，必強以為某甲某乙之事，於是傅會書史，依托名諡，鑿空妄語，以誑後人。……且如《柏舟》，……今乃斷然以為衛頃公之時，……蓋其偶見此詩冠於三衛變風之首，是以求之《春秋》之前，而《史記》所書，……獨頃公有略王請命之事，其諡又為甄心動懼之名，如漢諸侯王，必其嘗以罪謫，然後加以此諡，以是意其必有棄賢用佞之失，而遂以此詩與之。……凡《小序》之失，以此推之，什得八九矣。"朱子於《雞鳴序》之附會哀公，《蟋蟀序》之刺僖公，《宛丘序》之刺幽公，《衡門序》之誘僖公，皆以為以惡諡得之。（略本鄭樵）此《毛序》附會書史之明驗。今案，復有可證者：《式微》之《序》曰："黎侯寓於衛，其臣勸以歸也。"《旄丘》之《序》曰："責衛伯也。狄入逐迫黎侯，黎侯寓於衛。"崔東壁曰："黎之失國，在魯文、宣之世，鄶舒為政之時，上距衛之渡河，已數十年，黎侯何由得寄於衛？衛亦安能復黎之國乎？其時不符一也。黎在山西，衛在山東，而詩乃云'狐裘蒙茸，匪車不東。'方欲西歸，而反以不東為解，豈非所謂北轅將適楚乎？其地不合，二也。且黎既失國，則其故土為狄所據，黎侯安能歸國，而其臣乃勸之。此亦《序》之附會書史而失實者。他如《擊鼓》一詩，《序》以為衛州吁用兵暴亂，從公孫文仲將而平陳與宋，附會魯隱四年伐鄭之事。《揚之水》一詩，《序》以為刺平王不撫其民而遠屯戍於母家。附會《史記》申侯

與弒幽王之説，皆不合於事實者。"（詳見姚際恒《詩經通論》、崔東壁《讀風偶識》）

（十）誤解傳記。崔東壁曰："《緑衣》以下四篇，《序》皆以爲莊姜之詩。《緑衣序》云：'衛莊姜傷己也。妾上僭，夫人失位而作是詩也。'《日月序》云：'莊姜遭州吁之難，傷己不見答於先君，以至困窮也。'余按《春秋》傳文，絶無莊姜失位而不見答之事。桓公，戴嬀子也，而莊姜以爲己子，立以爲太子；非夫婦一體，安能得之於莊公。……原《序》所以爲是説者，無他，皆由誤解《春秋》傳文，謂莊姜無子，由於莊公之不答。是以《碩人序》云：'莊姜賢而不答，終以無子。'然有子無子，豈盡在答與不答哉？"今案：《將仲子序》云："刺莊公也，…祭仲諫而公弗聽，小不忍以致大亂焉。鄭莊之於叔段，並無親愛之意，避嫌遠譏，任其自斃。"（此用馬其昶《毛詩學》語）並無小不忍之義。《載驅》之《序》曰："刺魯莊公也。……人以爲齊侯之子焉。"齊侯之子，乃文姜之讒言，非人以爲齊侯之子也。凡此皆誤解傳記者。雜取衆説，而又誤解，亦陋妄已甚矣。

《毛序》謬誤繁多，本不可以枚舉，其犖犖大者，約爲此十端。鄭氏一言以蔽之曰："《詩序》村野妄人所作。"非以驚世駭俗也，其謬妄固如是也。故朱子屢言《序》出於漢儒，斷然知《小序》之出於漢儒所作（見《語類·卷八十》），而終謂"當時只是個山東學究等人做，不是個老師宿儒之言"。故余謂《序》不必出於劉歆，只是當時古學之徒所爲。好學深思者，必心知其意。

《毛序》之妄，前舉十端，略可見矣。其傷教害義，壞詩之甚，有難盡言者。兹更引章如愚説以見之。章氏之言曰：

> 《詩序》之壞《詩》，無異三《傳》之壞《春秋》。然三《傳》之壞《春秋》而《春秋》存，《詩序》之壞《詩》而《詩》亡。……且如二《南》之詩，……彼序詩者，乃以《關雎》麟趾之化，王者之風，繫之周公；《鵲巢》《騶虞》之德，諸侯之風，故繫之召公。謬妄之甚也。即以二《南》繫之二公，則遂以其詩皆爲文王之詩，見《關雎》《葛覃》婦人之詩，則遂以他詩亦皆出之婦人。文王一人，在《周南》則以爲王者，在《召南》則以爲諸侯；太姒一人，在《周南》則以爲后妃，在《召南》則以爲夫人，豈夫子正名之意乎？……其間大可怪者，如《小星》之詩，……此無疑其爲使臣勤勞之詩也。今其《序》乃曰：'夫人無妬忌之行，惠及賤妾，進御於君。'……不知進御於君，何用'肅肅宵徵，夙夜在公'爲哉？又何

用抱衾與裯而往乎？……《汝墳》……《殷其雷》……皆其室家思見君子之辭，而勉之以義，勸之以義，吾未見其可也。既曰《召南》之國被文王之化，《兔罝》之武夫皆好德，又安得強暴之男侵陵正女而致《行露》之訟，又安得'有女懷春'而'吉士誘之'如《野有死麕》之辭？謂文王、太姒之化只及婦人不及男子，已非也。況婦人果皆正潔，則亦如漢上之女不可犯，安有'無感我帨''無使尨吠'之語？《序》於此……委曲諱護，亦以勞矣！予謂不然，二《南》之詩，雖大槩美詩，而亦有刺詩，……何以辨之？據《何彼襛矣》一詩可知矣。其曰……'曷不肅雍？王姬之車！'詩人若曰：言其容色固如棠棣矣，汝王姬之車何不肅雍乎？是譏之也。……觀此一篇之義，則二《南》之詩與夫三百篇壞於《詩序》，暗昧磨滅，禮義殆盡矣！……嗚呼！齊女文姜嫁於魯，鳥獸之行，終以弒夫滅國，《春秋》屢書，爲戒萬世；彼則刺鄭忽云：'齊女賢而不娶。'齊桓之霸，正譏其無救衛之功，惟書'城楚丘'以譏之。彼則云：'齊桓公攘夷狄而封之，國人思厚報之。'若此之類，背理亂教爲甚，世人乃酷信之，《詩》烏得而不亡乎？然此無他，學者不深於《春秋》，故詩義無自而見，《詩序》無由知謬也。

朱子曰："今欲觀《詩》，不若且置《小序》及舊說，只將原詩虛心熟讀，徐徐玩味，候彷彿見個詩人本意，却從此推尋將去，方有感發，如人拾得一個無題目詩，再三熟看，亦須辨得出來。若被舊說一局局定，便看不出。"又曰："看《詩》不當只管去《序》中討，只當於詩詞中吟咏看，教活絡貫通方得。"（據《詩傳遺說》）朱子廢《序》言《詩》，是誠讀《詩》之法。馬端臨曰："《詩》《書》之《序》，自史傳不能明其爲何人所作，而先儒多疑之，至朱子之解經，則依古今文析而二之，而備論其得失，而於《詩·國風》諸篇之《序》，詆斥尤多。以愚觀之，《書序》可廢，而《詩序》不可廢。就《詩》而論之，《雅》《頌》之《序》可廢，而十五國《風》之《序》不可廢。愚之所謂不可廢者，謂詩之所不言而賴《序》以明者耳。至詩之所已言，則《序》語雖工，不讀可也。況其鄙淺附會者乎？"（《文獻通考》）馬氏極言《詩序》不可廢，而亦謂有鄙淺附會者，然則《詩序》之不可從，雖尊《序》者亦已言之，學者可以知所違從矣！

二二，四，廿七。

# 詩辨妄

(顧頡剛輯本)

鄭 樵

**西堂案**：《毛序》之名義，其始作之人，及其繆妄之端，已見余《略說》矣。學者如欲深求其詳，則鄭樵《詩辨妄》，必當一紬讀之。鄭氏書久佚，茲吾友顧頡剛先生，從周孚《非詩辨妄》、朱子《詩序辨說》、馬氏《文獻通考》諸書，輯爲一帙，誠治《詩》者所不可不一覽者也。朱子《詩序辨說》，多本鄭氏爲言，讀鄭氏書，雖不讀朱子《辨說》亦可也。今輯本非全豹，得此而再讀朱子《辨說》，亦可窺見鄭氏之意。

**原文參見《詩經學講義》乙種之三**

# 詩序五篇

（《詩瀋》）

范家相

**西堂案：** 論《詩序》者，其説甚多，已見余《略説》中。范家相有論《詩序》者五篇，雜引衆説，加以駁辨，其立辭多精審，范處義《逸齋詩補傳·明序》篇以《序》爲孔子所作，所不逮也。錢大昕、黄以周論《詩序》之言，亦遠不及范氏此説。兹爲迻録，以供參稽。

**原文參見《詩經學講義》乙種之二**

# 論詩序

（《詩經通論》）

皮錫瑞

**西堂案**：《毛序》謬妄，讀前數篇可以知之。皮錫瑞《詩經通論》有《〈詩序〉與〈書序〉同有可信，有不可信；今文可信，古文不可盡信》一篇，尟所發明。竊謂三家今文之《序》，如"《關雎》刺時也""《芣苢》傷夫有惡疾也"，說亦不盡可信，惟不似《毛序》之偽，有可信者絕少耳。斯篇載莆陽鄭氏《六經奧論》之說，亦學者所當知。鄭氏說本襲葉石林，皮氏未置辨也。茲迻錄之，藉以見皮氏之所論。

**原文參見《詩經學講義》乙種之五**

# 釋四詩名義

梁啓超

**西堂案**：《毛詩》《序》《傳》之誤，讀前舉數篇，可以略知之。三家詩說，於三家異文中，及魏源異同論，亦可以見之。今可進而論詩之四詩六義諸問題矣。梁任公之釋四詩名義，搜集前人之說，而參之以新意，極淺明易知，今先錄之，以供參考，再進而讀其他專篇。

**原文參見《詩經學講義》乙種之十一**

# 小疋大疋説

(《太炎文録》)

章炳麟

**西堂案：**《雅》之爲説，多以政言，《齊詩》五際，亦其明驗。章炳麟以《頌》與《風》俱含數義，《雅》亦得函數義。聲近雅，故爲烏烏；聲近夏，故爲夏聲。然《雅》詩之中，詞旨正大，氣象雍容，不可以秦聲烏烏當之，且無以別於《王》《豳》《秦》《鄭》之聲矣。其説固自新穎，學者不可妄從也。《詩》有"以《雅》以《南》"，則《雅》爲"夏"較合。

**原文參見《詩經學講義》乙種之十四**

# 釋　頌

（《揅經室集》）

阮　元

**西堂案**：《風》《雅》之義，前舉數篇，略盡之矣。《頌》之爲美稱，非其本義也。惠周惕《詩説》以爲：孔氏《正義》：《頌》之誦言也，誦今之德廣以美之，是誦即頌也。猶未盡是。至阮文達《釋頌》，以頌爲容，實得其義。學者所不可不知也。録之以備參考。

**原文參見《詩經學講義》乙種之十七**

# 説周頌

(《觀堂集林》卷二)

王國維

**西堂案:** 阮文達釋"頌"爲"容",持論甚是,其謂三《頌》各章,皆是舞容。王國維氏則謂爲無確證。王氏以爲《頌》之聲緩,由於不用韵,不分章叠句,文詞簡短之故。亦一説也,然未足以破阮氏説。蓋"頌"之本義既爲容,雖非舞曲,必有容儀,書缺有間,不可盡以確證責之。二説並存可也。

**原文參見《詩經學講義》乙種之十八**

# 六義與大小雅之別

## (《詩緝》)

嚴　粲

**西堂案：** 大、小《雅》之別，論者謂只有主政、主聲二者。姚際恒曰：大、小《雅》之分，或主政事，或主道德，或主聲音，唯嚴氏主辭體者近之。並引嚴氏說。茲並錄嚴氏《詩緝》中《釋〈關雎序〉論六義》及《論大小雅之別》者二節，以便考覽。嚴氏固又善於言興者也。

**原文參見《詩經學講義》乙種之十五**

**西堂係：** 何玄子（楷）辨大、小《雅》之別曰：《棫樸》《旱麓》《靈臺》《鳧鷖》，非雜乎《風》者耶？何以載於大？《天保》《六月》《車攻》《吉日》，非純乎《雅》者耶？何以載於小？足與嚴氏此說相發明。

## 大小二雅當以音樂別之

(《詩說》)

惠周惕

**西堂案**：雅之有大小，以音別之也。程大昌《詩論》已言之。從是說者甚多，惠周惕其一也。今錄其《詩說》第一段，以備稽覽。《學海堂文集》中，有梁國珍《詩之雅解》一篇，亦主以音別之，學者可取而觀之。此篇先列衆說，而後斷以己見，較重要也。

**原文參見《詩經學講義》乙種之十六**

# 詩經奧論（選録）

鄭　樵

**西堂案：**鄭樵《六經奧論》有《二南辨》《風有正變辨》《雅非有正變辨》《風雅頌辨》《論四詩六義》者。其《二南辨》，説同程大昌《詩論》，不録。兹録《風有正變辨》以次八篇，以供學者参考，最好取原書一讀之，以窺其全。

**原文参見《詩經學講義》乙種之十二**

# 詩　論

（《欒城應詔集》）

蘇　轍

**西堂案：** 賦、比、興之義，爲說者甚繁。鍾嶸《詩品》曰："文已盡而意有餘，興也；因物喻志，比也；直書其事，寓言寫物，賦也。"《文心雕龍》曰："賦者鋪也。鋪采摛文，體物寫志也。""比者附也。……附理切類以指事。""興者起也。……起情者，依微以擬議。"成伯璵曰："賦者敷也；指事而陳布之也。""以惡類惡，名之曰比。""以美類美，謂之興。"《困學紀聞》引李育（仲蒙）曰："敘物以言情謂之賦，情盡物也。索物以託情謂之比，情附物也；觸物以起情謂之興，物動情也。"若注疏之說，則鄭玄《周禮注》曰："賦之言鋪，直鋪陳今之政教善惡，比，見今之失，不敢斥言，取比類以言之；興，見今之美，嫌於媚諛，取善事以勸喻之。"孔穎達《詩疏》曰："鄭以賦之言鋪也，鋪陳善惡，則詩文直陳其事，不譬喻者，皆賦辭也。"鄭司農云："比者，比方於物。諸言如者，皆比詞也。"司農又云："興者托事於物，則興者起也，取譬引類，起發己心，詩文諸舉草木鳥獸以見意者，皆興辭也。然賦、比之義易明，興之義則較難言。"蘇轍《詩論》曰："其類可以意推，而不可以言解，蓋必當時之所見，而有動乎其意，故後之人不可以求得其說，此所以爲興也。"其說甚善。今論《詩》所不可廢也。不可不察。

**原文參見《詩經學講義》乙種之二十五**

# 讀詩易法

## (《六經奧論·總文》)

鄭 樵

**西堂案：**詩之有興，本不可以意推，不可以言解也。小蘇別論，猶未盡之。至鄭漁仲《通志·四十九·樂略》曰：嗚呼！詩在於聲，不在於義，猶今都邑有新聲，巷陌盡歌之，豈爲其辭義之美哉！直爲其聲新耳。禮失則求諸野，正爲此也。孔子曰：吾自衛反魯，然後樂正，《雅》《頌》各得其所，亦謂《雅》《頌》之聲有別，然後可以正樂。又曰：《關雎》樂而不淫，哀而不傷，亦謂《關雎》之聲，和平聞之者，能令人感發而不失其度。若誦其文，習其理，能有哀樂之事乎？其《詩辨妄》則曰：關關雎鳩，在河之洲，……設若興見鶩鶴，則言鶩鶴；興言鴛鴦，則言鴛鴦。鄭氏之意，既以新在於聲，復以興本無定，則興在於聲，不在於義矣。《六經奧論·讀詩易法》謂：不可以事類推，不可以理義求，其說是也。蘇子之言，猶未若鄭氏說明切也。朱子、姚際恒之論興，大抵本鄭氏說，茲錄是篇，以見其意。

**原文參見《詩經學講義》乙種之二十四**

# 風雅頌賦比興

(《朱子語類》卷八十)

朱 熹

**西堂案：**朱子《詩集傳》曰："興者，先言他物以引起所詠之辭也。賦者，敷陳其事而直言之者也。比者，以彼物比此物也。"此於興之義，猶未暢言之。《語類》論起興，以爲假他物舉起，全不取其義，此説乃是。其謂後人詩猶有此體，如《青青陵上柏》之類，尤足以發人猛省。明乎此，則《集傳》興而比之言，可以捐棄弗道也。明乎此，於《詩》之起興之義，亦可以思過半矣。兹錄《語類》論六義者，俾學者得合而觀之。

**原文參見《詩經學講義》乙種之二十六**

# 詩經論旨

## （賦比興）

姚際恒

**西堂案：**《詩經通論》卷前《論旨》，先説賦、比、興之義，然後論列自漢至明諸詩解，意謂標之以使人知是非。所云興者，但借物以起興，不必與正意相關。分興爲二，一曰興，一曰興而比。固屬妥慎之論，然而未盡是也。兹録以資參考。

**原文參見《詩經學講義》乙種之二十七**

# 詩論十七篇

藝海珠塵本（荆川稗編本題《詩議》）

程大昌

**西堂案：**《詩》有《南》《風》《雅》《頌》四體之別，及其與《籥章》之關係；歷來學者，每多聚訟；宋程大昌《詩論》十七篇，説《南》《風》名義，《雅》《頌》《籥章》，頗有卓見。其謂《詩序》失當，倒易時世，舛誤本文。亦今之所不能廢。其以《國風》爲徒詩，攻《續序》而信《古序》，所見猶未透澈，然亦傑出一世矣。今論《詩》者，多采其説，兹全錄其文以資參考。

**原文參見《詩經學講義》乙種之九**

# 《詩問》十二則

(《堯峯文鈔》)

汪 琬

**西堂案：**《詩》有正變之說，始見於《詩大序》，鄭樵已痛駁之。爲之說者，則以善惡、美刺爲正變，汪堯峯其一也。汪以孔子未嘗刪《詩》，《詩》無天子、諸侯之別，九夏非《周頌》，說並有見；惟執美刺爲正變之說，殊不合；然亦一說也，不可不知。茲盡錄其《文鈔》中《詩問》十二則，以見其對於《詩》之識解。

## 原文參見《詩經學講義》乙種之二十二

**西堂案：**從"《毛詩》正變"之說，而與汪琬意見相同者，尚有劉瑾、惠周惕、郝敬。劉氏曰："詩人多隨當時政教善惡，人事得失，而美刺之，未嘗有意於爲正爲變。後人比而觀之，遂有正變之分。……大抵就各詩論之，以美爲正，以刺爲變，猶之可也；若拘於時世，分其篇帙，則其可疑者多矣。"惠氏曰："正變，猶美刺也。詩有美不能無刺，故有正不能無變。……若謂《詩》無正變，則作《詩》無美刺之分，不可也。謂《周》《召》爲正，十三《國風》爲變，《鹿鳴》以下爲變，則《序》所謂美與刺者，俱無以處之。亦不可也。"郝氏曰："《詩》有正變，以稽治亂也。正《風》《雅》未嘗無變，變《風》《雅》未嘗無正；寧獨《風》《雅》有正變，《頌》亦有之。鄭之《緇衣》，衛之《淇奧》，容非正乎？《周南》之於《豳》，其地同，其世未遠，君明臣良，而有《豳》，容非二《南》之變乎？《頌》之有魯也，非《頌》之變乎？故《詩》不可執一觀也。"

# 四 始

（《毛詩稽古編總詁舉要》）

陳啓源

**西堂案：**"四始"之說，學者多以司馬遷所傳《魯詩》之"四始"即《毛詩》之"四始"，此甚非也。《毛序》以《風》《雅》《頌》即爲"四始"。《鄭志·答張逸》云："《風》也，《小雅》也，《大雅》也，《頌》也：此四者人君行之則爲興，廢之則爲衰。"其《箋序》云："始者，王道興衰之所由。"孔穎達因之，《疏》曰："此四者人君興廢之始，故謂之四始。"成伯璵則云："始者，正詩也；謂之正始。《周南》《召南》，《國風》之正始；《鹿鳴》至《菁菁者莪》，爲《小雅》之正始；《文王受命》至《卷阿》，爲《大雅》之正始；《清廟》至《般》，爲《頌》之正始。"（《毛詩指說·四始》）蓋因《毛序》以《風》《雅》《頌》即爲"四始"，說不可通，故或以興廢言之，或以正變言之；然《毛詩》之"四始"，固異於齊、魯也。王安石云："《風》也，《二雅》也，《頌》也，雖相因而成，而其義不相襲，故謂之'四始'。"陳啓源云："《風》《雅》《頌》正是始，非更有《風》《雅》《頌》之始。"則直以辭體言，不增字以解之。其說爲妥。是"四始"之說有三，魯、齊、毛異；而說毛"四始"者亦三：興廢、正變、辭體異。此不可不知也。（《韓詩》"四始"，說與魯同，見《韓詩外傳》）前舉各篇，論《風》《雅》《頌》之名義及正變者，大體略盡。兹更舉陳啓源《毛詩稽古編舉要》中論"四始"之文以見之。

**原文參見《詩經學講義》乙種之二十三**

# 詩終始論

（《檢論》）

章炳麟

**西堂案**：二《南》爲南方之樂，不繫二公。宋以來學者多主之。章炳麟《檢論》中，有《詩終始論》，明二《南》爲荆楚風樂，周、秦、漢相傳，皆知其本。楚者，《周南》《召南》之聲，已在正風中。舉終始以明之，二《南》爲南樂，可無疑矣。

**原文參見《詩經學講義》乙種之十三**

# 六 詩 說

章炳麟

  **西堂案：**"興"者，借物以起興，不必與正意相關，最爲確當不易之解。今之學者，以爲象徵之意，則"興"之兼"比"者。此猶可說也。章太炎謂不歌而誦爲賦，比者辨也，並以"興"與"誄"相似，亦近述贊，則詩之一術。假《周官》廞興之語，而意見橫生者也。此不過欲證成《周官》六詩之說，謂賦、比、興皆詩而今已亡也。只可備一說，而不可爲訓。姑錄存之以備參覽。

## 原文參見《詩經學講義》乙種之二十八

  **西堂案：**廖平日本影北宋鈔本《毛詩》殘本《跋》云：十五國統名爲《風》，別有四小名：周、召爲《南》，邶、鄘、衛爲《賦》，王、鄭、齊爲《比》，檜、秦、魏爲《興》。九風分配三《頌》，邶、鄘、衛，殷之故都，《樂記》所謂商人。孔子殷人，自叙祖宗舊德，故爲賦。《魯詩》以《王風》爲魯，《齊風》言魯道有蕩者，至於數見；《樂記》所謂齊人，荀子以周公、孔子爲大儒，……孔子德周公，故以魯統比。……檜、秦、衛應《周頌》爲典。……《樂記》：子貢問：歌言：歌《風》，歌《誦》，歌《大雅》，歌《小雅》，歌商，歌齊爲六，亦與詩六義之數巧合；是賦、比、興爲《國風》分統之要義，不得此說，不惟無解《樂記》之商、齊，而《國風》分應三《頌》，亦無以起例。是賦、比、興三字，於《詩》最爲有功，爲不可廢之說，特不可以三經三緯解之耳（《四益館雜著》）。廖氏亦以賦、比、興爲詩名，說亦不必盡當。

# 魯詩無傳辨

馬瑞辰

**西堂案**：《魯詩》亦有《傳》，學者多誤以《史記》"無傳疑"，"疑"字爲衍文；近今章太炎爲《左傳讀叙錄》，猶主張之其實非無《傳》也，爲訓故以教，非《傳》而何？馬瑞辰《毛詩傳箋》有《魯詩無傳辨》一篇，辨訂甚詳，今迻錄之，以供學者參考。

**原文參見《詩經學講義》乙種之三十一**

# 商頌魯韓發微

（《詩古微》六）

魏 源

**西堂案：** 三百篇中，純爲周詩。《國語》正考父校商名頌十二篇於周太師。三家詩以爲即正考父所作，《毛詩序》乃言正考父得《商頌》十二篇，於是世皆以《商頌》非周詩而附之周。不知商即春秋時之宋也。魏源《詩古微》始發其覆，立爲十三證以說明之。商即頌，校非得，詩之稱自古古曰先民。《箋》之稱時楚僭號王位，均爲宋詩之確證，治《雅》《頌》者，所不可不知也。

**原文參見《詩經學講義》乙種之十九**

# 商頌美宋襄公考證

(《師伏堂叢書》——《經訓書院自課文》卷一)

皮錫瑞

**西堂案：** 魏源立十三證以見《商頌》之爲宋詩，説已甚確，皮錫瑞謂：譔湯不當稱湯孫；萬舞之名始於周；維汝荆楚，居國南鄉，是敵國相稱之詞；京師翼翼，四方是則，周以前天子所居無京師之稱。復立七證以説之，説益顛撲不可破矣。治《詩》者所當一讀者也。

**原文參見《詩經學講義》乙種之二十**

# 説《商頌》（上、下）

（《觀堂集林·卷二》）

王國維

**西堂案：** 魏默深、皮錫瑞之論《商頌》，立二十證，蓋爲確論。王國維說《商頌》，據景山之地名，及篇中之文詞，以明《商頌》爲宋詩，則更毫無疑義矣。王氏猶致疑於正考父之年代，則未熟睹魏氏之第三證，而以今疑古也，可勿置論。

**原文參見《詩經學講義》乙種之二十一**

# 詩有六情五際解

蔣之瀟

**西堂案：**《齊詩》"五際"之說，注家多失其實，清孔廣森《經學卮言》雖略論之，亦未盡是。陳壽祺《左海經辨》中《論齊詩五際》一篇，亦不得其解。惟蔣之瀟《七經樓文鈔》中，有《詩有六情五際解》四篇，以爲詩者導性之物，聲生數，數生律，五際之起，存乎律曆，最爲探本溯源之論。其釋五際之例亦多中肯綮，誠罕覯之論也。茲錄全文，俾觀覽焉。

## 原文參見《詩經學講義》乙種之二十九

**西堂案：** 蔣氏謂樂譜宮各三十年，合之得三百七十三年，此與詩篇值歲之數，不甚相應；此尚待吾人之探討者。不可不知。

## 齊詩翼氏學（選録）

迮鶴壽

**西堂案：**説《齊詩》翼氏之學者，除蔣子瀟之四篇而外，尚有迮鶴壽之《齊詩翼氏學》一書，可稱佳構，自餘如陳喬樅之《齊詩翼氏學疏證》弗逮也。迮氏據《齊詩》卯酉午戌亥五際，以糾在《詩緯》辰爲一際之説，並以亥又爲天門，亥又爲辰之誤。皆極是。其詩篇專用二《雅》解，《文王》《鹿鳴》不爲始解，尤能妙識真諦。兹録其説十二篇，以爲研究之資料。

**原文參見《詩經學講義》乙種之三十**

# 毛 詩 説

陳 奂

**西堂案：** 陳奂《毛詩傳疏》，專以闡明《毛傳》，別爲《釋毛詩音》《毛詩説》《毛詩傳義類》《鄭氏箋考徵》諸書，用力甚勤也。其《毛詩説》，有《毛詩章句讀例》，揭櫫傳例，尤屬重要。惟謂"三家詩義不如《毛詩》義優"，則多偏私之見。實則三家義優，近儒於三家義多發明，陳氏多未之見耳。今迻録《毛詩説》之大半，以供考覽。

原文參見《詩經學講義》乙種之三十二

# 詩三百篇考略附錄之一

## "詩經學"參考書舉要

張西堂

**西堂案：** 歷代關於《詩經》之述作，見於《四庫書目》，未收書目不下一百餘種；合之《四庫》成後清儒及近人所著述搜輯者，當超過二百種以上，今依各書目集爲斯篇，以俾參考，如有漏略，他日詳焉。（清御纂書及新出版者俱未收入）

### （一）義理之部

#### 1. 三家遺説派

《魯詩故》三卷，漢申培書　清馬國翰輯　玉函山房叢書本　石印古經解彙函新附本

《齊詩傳》二卷，漢后蒼書　清馬國翰輯　玉函山房叢書本　石印古經解彙函新附本

《韓詩故》二卷，漢韓嬰書　清馬國翰輯　玉函山房叢書本　石印古經解彙函新附本

《韓詩内傳》一卷，漢韓嬰書　清馬國翰輯　玉函山房叢書本　石印古經解彙函新附本

《韓詩外傳》十卷，漢韓嬰撰　津逮秘書本　明程榮"漢魏叢書本"　明何先中"漢魏叢書本"　光緒乙亥三益齊刻趙懷玉校周廷寀注吳棠合輯本，古經解彙函重刻周校本

《韓詩薛氏章句》二卷，漢薛漢書　清馬國翰輯　玉函山房叢書本　石印古經解彙函新附本

《韓詩翼要》一卷，漢侯苞書　清馬國翰輯　玉函山房叢書本　石印古經解彙函新附本

《詩考》一卷，宋王應麟撰　津逮秘書本　明南監修補元板玉海附刻本　康刻玉海附刻本

《詩經世本古誼》二十八卷，明何楷撰　清嘉慶己酉刻本

《申培詩說》一卷，明豐坊撰　津逮秘書本　漢魏叢書本

《魯詩世學》三十二卷，明豐坊撰（今不易見刊本）

《三家詩拾遺》十卷，清范家相撰　守山閣叢書本　范氏遺書本　嶺南遺書本　嘉慶葉鈞重刻本

《三家詩遺說考》十五卷，清陳喬樅撰　彙印遺書本　皇清經解續編本

《詩考補遺》一卷，清丁晏撰　楊以增詩禮七編本　花雨樓叢書本　皇清經解續編本　頤志齋本

《詩考補注》二卷，清丁晏撰　楊刻詩禮七編本　花雨樓叢書本　皇清經解續編本　頤志齋本

《三家詩補遺》三卷，清阮元撰　長沙氏觀古堂彙刻書本

《詩廣詁》三十卷，清徐璈撰　道光十年家刻本

《詩古微》二十卷，清魏源著　光緒丁亥梁溪浦氏刻本　光緒乙酉宜都楊氏黃岡學署刻本　皇清經解續編本

《詩本誼》一卷，龔橙著　光緒己丑譚獻刻半廠叢書本

《詩經通論》一卷，清皮錫瑞撰　光緒丙午思賢書局皮氏叢書本

《三家詩義集疏》二十八卷，清王先謙撰　乙卯長沙虛受堂刻本

《韓詩遺說訂訛》各一卷，清焦循撰　靈鶼閣叢書本

《韓詩內傳徵》四卷，《叙錄》二卷，清宋錦初撰　積學齋叢書本

《齊詩翼氏學》四卷，清迮鶴壽撰　皇清經解續編本

《齊詩翼氏學疏證》二卷，清陳喬樅撰　同治七年彙印遺書本　左海續集本　皇清經解續編本

《詩考異字箋餘》十四卷，清周邵蓮撰　光緒庚寅李氏刻本

《三家詩異文疏證》六卷，清馮登府撰　皇清經解本

《三家詩異文疏證補遺》三卷，馮登府撰　皇清經解本

《詩四家異文考》五卷，清陳喬樅撰　彙刻遺書本　皇清經解續編本

《詩說》一卷，清廖平撰　六譯館經學叢書本

**2. 毛、鄭詩派**

《毛詩》三十卷，漢毛亨傳　後漢鄭玄箋通行本

《毛鄭詩》三十卷，毛傳鄭箋　唐陸德明音釋通行本

《毛詩正義》四十卷，毛傳鄭箋唐孔穎達疏汲古閣刻本　武英殿刻本　阮刻十三經注疏本

《毛詩馬氏注》一卷，漢馬融著　清馬國翰輯　玉函山房輯佚書本

《毛詩義問》一卷，魏劉楨撰　清馬國翰輯　玉函山房輯佚書本

《毛詩王氏注》四卷，魏王肅撰　清馬國翰輯　玉函山房輯佚書本

《毛詩義駁》一卷，魏王肅撰　清馬國翰輯　玉函山房輯佚書本

《毛詩奏事》一卷，魏王肅撰　清馬國翰輯　玉函山房輯佚書本

《毛詩問難》一卷，魏王肅撰　清馬國翰輯　玉函山房輯佚書本

《毛詩駁》一卷，魏王基撰　清馬國翰輯　玉函山房輯佚書本

《毛詩答雜問》一卷，吳韋昭朱育等撰　清馬國翰輯　玉函山房輯佚書本

《毛詩異同評》三卷，晉孫毓撰　清馬國翰輯　玉函山房輯佚書本

《難孫氏毛詩評》晉陳統撰　清馬國翰輯　玉函山房輯佚書本

《集注毛詩》一卷，梁崔靈恩撰　清馬國翰輯　玉函山房輯佚書本

《毛詩沈氏義疏》二卷，後周沈重撰　清馬國翰輯　玉函山房輯佚書本

《毛詩指說》一卷，唐成伯璵撰　通志堂經解本

《毛詩集解》四十二卷，宋李樗黃櫄撰　通志堂經解本

《詩補傳》三十卷，宋范處義撰　通志堂經解本

《呂氏家塾讀詩記》三十二卷，宋呂祖謙撰　經苑本　墨海金壺本　嘉慶辛未聽彝堂刻本

《續呂氏家塾讀詩記》三卷，宋戴溪撰　武英殿聚珍版　叢書本　經苑本　墨海金壺本

《非詩辨妄》一卷，宋周孚撰　咸豐丙辰涉聞梓舊本

《絜齋毛詩經筵講義》四卷，宋袁燮撰　武英殿聚珍叢書本

《毛詩要義》四十卷，宋魏了翁撰

《毛詩集解》二十五卷，宋段昌武撰　未見刊本

《詩義指南》一卷，宋段昌武撰　知不足齋叢書本

《詩輯》三十六卷，宋嚴粲撰　明趙王府居敬堂刊本　味經堂刻本　嘉慶間聽彝堂刻本

《讀詩私記》二卷，明李先芳撰　明刊本

《毛詩原解》三十六卷，明郝敬撰　湖北叢書本

《毛詩序說》八卷，明郝敬撰　自刻山草堂集本

《詩廣傳》五卷，清王夫之撰　船山遺書本

《詩經通義》十二卷，清朱鶴齡撰　雍正間刊本

《毛詩稽古編》三十卷，清陳啓源撰　嘉慶十八年龐佑清刊本　皇清經解本

《白鷺洲主客說詩》一卷，清毛奇齡撰　西河全集本

《毛詩寫官記》四卷，清毛奇齡撰　西河全集本

《國風省編》一卷，清毛奇齡撰　西河全集本

《詩札》二卷，清毛奇齡撰　西河全集本

《詩傳詩說駁義》五卷，清毛奇齡撰　西河全集本

《田間詩學》十二卷，清錢澄之撰　原刊本

《毛詩傳注》八卷，清李珙撰　道光甲辰李桓李樞校刊本

《讀詩質疑》四十六卷，清嚴虞惇撰　繩武堂刊本

《治齋讀詩蒙說》清顧成志撰　昭代叢書本

《毛朱詩說》一卷，清閻若璩撰　昭代叢書本

《毛詩日箋》一卷，清秦松齡撰　昭代叢書本

《毛詩說》三卷，清諸錦撰　乾隆戊寅陳桂洲刊本

《毛詩說》三十卷，清孫燾撰　嘉慶間刊本

《毛詩傳疏》三十卷，清陳奐撰　道光丙午自刻本　皇清經解續編本

《毛詩說》一卷，清陳奐撰　道光間自刻本　皇清經解續編本

《毛詩義類》一卷，清陳奐撰　自刻本　皇清經解續編本

《毛詩後箋》三十卷，清胡承珙撰　道光丁酉求是齋原刻本　墨莊遺書本　皇清經解續編本

《毛詩傳箋通釋》三十二卷，清馬瑞辰撰　道光間刻本　皇清經解續編本

《毛詩故訓傳》三十卷，清段玉裁撰　經韵樓全書本　皇清經解本

《詩經小學》四卷，清段玉裁撰　經韵樓本　皇清經解本

《毛鄭詩釋》四卷，清丁晏撰　六藝堂本　頤志齋叢書本

《毛鄭詩考正》五卷，清戴震撰　乾隆丁酉孔刻戴氏書本　皇清經解本

《杲溪詩經補注》二卷，清戴震撰　戴氏遺書本　皇清經解本

《讀詩經》清趙良爵撰　續經川叢書本

《詩古訓》四卷，清阮元撰　學海堂刻本

《毛詩補疏》五卷，清焦循撰　雕菰樓叢書本　皇清經解本

《毛詩紬義》二十四卷，清李黼平撰　道光丁亥家刻本　皇清經解本

《毛詩通考》二十卷，清林伯桐撰　修本堂本

《毛詩考證》四卷，清莊述祖撰　皇清經解續編本

《周頌口義》三卷，清莊述祖撰　皇清經解續編本

《毛詩復古錄》十二卷，清吳懋清撰　原刊本

《毛詩學》三十卷，馬其昶撰　原刊本

**3. 反毛廢序派**

《詩本義》十六卷，宋歐陽修撰　通志堂經解本　道光十四年歐陽傑刻本

《詩集傳》二十卷，宋蘇轍撰　明焦氏刊兩蘇經解本

《詩論》一卷，宋程大昌撰　藝海珠塵本

《詩辨妄》二十六卷，宋鄭樵撰　已佚，今景山書社將有輯本出版

《詩經奧論》一卷，宋鄭樵撰　通志堂經解本　六經奧論中

《詩總聞》二十卷，宋王質璟撰　經苑本　武英殿聚珍叢書本　湖北先正遺書本

《詩集傳》八卷，宋朱熹撰　通行本

《詩經旁訓》宋朱熹撰　通行本

《詩序辨說》一卷，宋朱熹撰　朱子遺書本《詩集傳》附刻本《詩經》彙纂附刻本

《慈湖詩傳》二十卷，宋楊簡撰　涵芬樓鈔本　刊本不易見

《詩童子問》十卷，宋輔廣撰　汲古閣刊本

《詩疑》二卷，宋王柏撰　通志堂經解本　藝海珠塵本

《詩傳遺說》六卷，宋朱鑑撰　康熙丁巳年通志堂經解本

《詩傳注疏》三卷，宋謝枋得撰　知不足齋本

《詩傳通釋》二十卷，元劉瑾撰　元刊本

《詩傳旁通》十五卷，元梁益撰　光緒丁酉盛刻常州先哲遺書本

《詩經疏義》二十卷，元朱公遷撰　克勤堂余氏刻本

《詩纘緒》十八卷，元劉玉汝撰　涵芬樓鈔本

《詩演義》十五卷，元梁寅撰　涵芬樓鈔本

《詩解頤》四卷，明朱善撰　通志堂經解本

《詩說解頤》四十卷，明季本撰　明刊本

《詩集傳大全》二十卷，明胡廣等撰　明刊本

《詩所》八卷，清李光地撰　榕村全書本

《詩經通論》十八卷，清姚際恆撰　道光丁酉刻九經通論本

《讀風偶識》四卷，清崔述撰　崔東壁遺書本　畿輔叢書本

《詩傳補正》八卷，清方苞撰　南海馮氏刊本

《詩經原始》十八卷，清方玉潤撰　鴻蒙室叢書本　泰東圖書館刊本

**4. 折衷派**

《詩說》一卷，張耒撰　藝海珠塵本

《詩經疑問》十二卷，明姚舜牧撰　明刊本　今不易見

《待軒詩記》八卷，明張次仲撰　明刊本

《毛詩微言》二十卷，明張以誠撰　明刊本

《傳詩嫡冢》十六卷，明凌蒙初撰　明刊本

《詩觸》四卷，明賀貽孫撰　咸豐二年賀鳴盛刻本

《詩義折中》二十卷，清傅恒等撰　通行本

《詩說》一卷，清陶正靖撰　借月山房彙鈔本

《詩說》三卷，清惠周惕撰　皇清經解本　吳刻經學叢書本

《詩沈》二十卷，清范家相撰　乾隆戊子家刊范氏遺書本

《讀詩商》清陳葆真撰　原刊本

《詩經恒解》六卷，清劉沅撰　預誠堂刻本　北京道德學社刊本

《詩序補義》二十四卷，清姜炳章撰　嘉慶間刊本

《虞東學詩》十二卷，清顧鎮撰　原刊本

《詩經補箋》二十卷，清王闓運撰　湘綺樓全書本

《詩義會通》四卷，吳闓生撰　文學社刊本

《詩管見》七卷，清尹繼美撰　原刊本

## (二) 名物之部

### 1. 圖譜之類

《毛詩譜》一卷，漢鄭玄撰　見考正本

《鄭氏詩譜補亡》一卷，宋歐陽修補　通志堂經解詩本義附刻本

《作詩時世圖》一卷，清王鴻緒等撰　通行詩經傳説彙纂本

《鄭氏詩譜考正》一卷，清丁晏撰　邵武徐氏叢書初刊本　皇清經解續編本

《鄭氏詩譜考正》一卷，清林伯桐撰　道光甲辰自刻修本堂叢書本

《毛詩譜》一卷，清胡元儀撰　皇清經解續編本

《毛詩名物圖説》九卷，清徐鼎撰　乾隆間刊本

《毛詩品物圖考》七卷，（日）圖公翼撰　掃葉山房刊本

### 2. 名物研究之類

《毛詩草木鳥獸蟲魚疏》二卷，晉陸璣撰　津逮秘書本　漢魏叢書本　經解彙函本

《毛詩名物解》二十卷，宋蔡卞撰　通志堂經解本

《詩集傳名物鈔》八卷，元許謙撰　通志堂經解本

《毛詩陸疏廣要》二卷，明毛晉撰　學津討源本　津逮秘書本

《六家詩名物疏》五十四卷，明馮應京撰　明天啓間刊本萬曆間刊

《毛詩草木鳥獸考》二十卷，明吳雨撰　明刊本

《毛詩多識編》七卷，明林北珂撰　明刊本
《詩傳名物集覽》十二卷，清陳大章撰　湖北叢書本　康熙間刊本
《詩經稗疏》四卷，清王夫之撰　船山遺書本
《讀詩傳鳥名》三卷，清毛奇齡撰　西河全集本　皇清經解續編本
《詩識名解》十五卷，清姚炳撰　嘉慶丁卯刊本
《毛詩陸疏考正》一卷，清焦循撰　鵰菰樓叢書本　南菁書院叢書本
《毛詩類釋》二十四卷，清顧棟高撰　原刊本
《毛詩九谷考》一卷，清陳奐撰　古學彙刊本
《詩疑辨證》六卷，清黃中松撰　原刊本
《詩經正解》三十卷，清姜文燦撰　原刊本
《詩地名考略》二卷，清尹繼美撰　原刊本
《詩名物考略》二卷，清尹繼美撰　原刊本
《毛詩名物證古》一卷，清俞樾撰　皇清經解續編本
《詩地理考》六卷，宋王應麟撰　玉海附刻本
《毛詩地理釋》四卷，清焦循撰　鵰菰樓叢書本
《詩地理微》七卷，清朱右曾撰　皇清經解續編本
《毛詩天文考》一卷，清洪亮吉撰　廣雅書局本
《毛詩氏族考》六卷，清李超孫撰　道光丁酉別下齋叢書本
《毛詩禮微》十卷，清包世榮撰　木犀軒叢書本

### 3. 音韻研究之類

《毛詩音釋》三卷，唐陸德明撰　抱經堂刊經典釋文本
《毛詩補音》十卷，宋吳棫撰　此書已散佚
《毛詩古音考》六卷，明陳第撰　學津討源本
《詩本音》十卷，清顧炎武撰　音學五書本　皇清經解本
《詩經葉韻辨》一卷，清王夫之撰　船山遺書本
《毛詩釋音》四卷，清陳奐自刻本　皇清經解續編本
《毛詩訂韻》五卷，清謝起龍撰　原刊本
《風雅遺音》四卷，清史榮撰　原刊本
《詩聲類》十二卷，分例一卷，清孔廣森撰　嘉慶丁丑家刻巽軒所著書本　皇清經解續編本
《詩聲衍》一卷，清劉逢祿撰　長沙思賢書局刊本
《毛詩訂韻》十卷，清苗夔撰　咸豐辛酉家刊本
《毛詩雙聲叠韻說》一卷，清王筠撰　咸豐壬子家刊本　鄂宰四種本

《毛詩證讀》五卷，清戚學標撰　嘉慶間刊本

《詩音表》一卷，清錢坫撰　家刊錢氏四種本

《詩經二十部古音表》二卷，清夏炘撰　景紫堂全集本

《毛詩正韵》四卷，清丁以此撰　家刊本　有章炳麟、劉師培序，黄侃贊。

**4. 異文校勘之類**

《詩經考異》一卷，清王夫之撰　船山遺書本

《詩經鄭箋考徵》一卷，清陳奐撰　皇清經解續編本

《毛詩考證》四卷，清莊述祖撰　皇清經解續編本

《毛詩校勘記》一卷，清阮元撰　皇清經解續編本

《毛詩古義》一卷，清惠棟撰　昭代叢書本

《詩經異文釋》十五卷，清李富孫撰　皇清經解續編本

《詩故考異》三十二卷，清徐華岳撰　道光間自刊本

《詩經拾遺》一卷，清郝懿行撰　光緒刊本

《毛詩鄭箋改字説》四卷，清陳喬樅撰　皇清經解續編本

《四家詩異文考》五卷，清陳喬樅撰　皇清經解續編本

《三家詩異文疏證》二卷，清馮登府撰　皇清經解本

《毛詩重言》一卷，清王筠撰　鄂宰四種本

《詩毛鄭異同辨》二卷，清曾釗撰　面城樓本

《毛詩識小》三十卷，清林伯桐撰　道光甲辰家刊修本堂本　嶺南遺書本

《毛詩通考》二十卷，清林伯桐撰　道光家刊修本堂本

《詩小學》三十卷，清吳樹聲撰　同治間刊本

《朱子集傳校助記》一卷，清夏炘撰　自刻景紫堂全書本

《詩音十句考》一卷，清夏炘撰　自刻景紫堂本

《毛詩異文箋》十卷，清陳玉樹撰　南菁書院本

《詩經異文補釋》十六卷，張慎儀撰　薆園叢書本

《詩考異字箋餘》十四卷，清周劭蓮撰　光緒庚寅李盛鐸刻本

《毛鄭詩斠議》一卷，羅振玉撰　自刊本

《詩四家異文考補》一卷，江瀚撰　晨風閣叢書本

《群經引詩大旨》六卷，清黄云鵠撰

**補遺**

《毛詩補正》二十五卷，龍起濤　光緒己亥刻鵠軒刊

《詩義鈔》八卷，湘陰張學尹撰　同治庚午師古山房刊

《詩集傳附釋》未分卷，山陰丁晏　光緒廣雅書局刊
《詩古音參義》五卷，楚安潘相撰　嘉慶庚申撝謙堂刊
《毛詩天文考》未分卷，洪亮吉撰　光緒十七年廣雅局刊
《毛詩音韵考》不分卷，程以恬撰
《尚詩徵名》二卷，正定王蔭佑　光緒戊戌刊本
《毛詩說序》六卷，明呂柟撰　惜陰軒叢書本
《詩辨說》宋趙悳撰　槐廬叢書本
《詩音辨略》二卷，明楊貞一撰　函海本
《詩說》宋劉克　羣書校補本
《毛詩》九卷，清元和郏鼎元　學古堂日記
《詩說》二卷，郝懿行　原刊本
《詩經拾遺》一卷，同上　同上
《詩問》七卷，同上　同上
《詩傳捕義》清方宗誠　柏堂遺書志學堂刊本
《詩經思無邪序傳》四卷，清姜國伊撰　守中正齋叢書本

## 詩三百篇考略附錄之二

### 國學論文索引

**（一　詩）**

《關於詩經研究的重要書籍介紹》　鄭振鐸　《小說月報》十四卷三號
《研究詩經的參考書》　胡適　《讀書雜志》第三期
《六詩說》　章絳　《國粹學報》五卷二號　按，已收入《章氏叢書檢論》卷二
《詩六義說》　胡韞玉　《國學》一卷二期
《詩有六義起源考》　盧自然　《國文學會叢刊》一卷二號
《釋四詩名義》　梁啓超　《小說月報》十七卷號外
《毛詩評注》　李九華　《四存月刊》六，七，九，十一，十三，十五，十六，十七，十九期。按，已由四存學會印爲單行本
《守玄閣詩家叙例》　陳柱　《華國月刊》一卷十一號
《詩古義》　姜忠奎　《學衡》第四十三期

《詩經的傳出》　張壽林　《晨報》副刊十五年九月十八，二十，二十五日

《讀〈詩經的傳出〉》　辛素　《晨報》副刊十五年十一月八日

《詩經是不是孔子所刪定的》　張壽林　《國學月刊》一卷二號

《論刪詩——代壽林兄答辛素君》　李宜琛　《晨報》副刊十五年十一月十日

《答張李二君孔子不刪詩說》　田津生　《晨報》副刊十六年三月九日

《兩漢詩經學》　胡韞玉　《國學》一卷一期

《詩經的厄運與幸運》　顧頡剛　《小說月報》十四卷三至五號（按，此文未竟，已彙入《小說月報》叢刊內）

《論詩經所錄全為樂歌》　顧頡剛　北大《國學月刊》十，十一，十二期

《三百篇中的私情詩》　朱湘　《小說月報》十七卷號外

《論三百篇後的風詩問題》　鄭賓于　北大《國學月刊》一卷三號

《詩辨說——寫在三百篇後的風詩問題之後》　鄭賓于　北大《國學月刊》一卷三號

《二南研究》　陸侃如　《國學論叢》一卷一號

《邶鄘衛考》（附殷韋同字考）　劉師培　《國粹學報》五卷十一號

《鄭風研究》　羅慕華　《晨報》副刊十六年四月七，十一，十三日

《小疋大疋說》　章絳　《國粹學報》五卷二號

《大雅韓奕義》　章炳麟　《華國月刊》一卷十一號

《讀吳桂華說圛》　衛聚賢　北大《國學月刊》一卷五號

《詩不殄不瑕義》　孫詒讓　《國粹學報》五卷八號

《蕭霜滌場說》　王國維　《學衡》第四十一期

《讀詩札記》　俞平伯　《小說月報》十七卷十七卷號外

《葺芷繚衡室讀詩雜說》　俞平伯　《燕京學報》第一號

《騶虞考》　沈維鐘　《國粹學報》四卷二號

《野有死麕的討論》　顧頡剛　胡適　俞平伯　《語絲》三十一期

《關於野有死麕的卒章》　錢玄同　《語絲》三十三期

《瞎子斷扁的一例——靜女》　顧頡剛　《現代評論》六十三期

《邶風靜女篇的討論》　劉大白　顧頡剛　《語絲》七十四期

《讀〈邶風靜女的討論〉》　郭全和　《語絲》八十二期

《邶風靜女的討論》　魏建功　《語絲》八十三期

《邶風靜女篇葑的討論》　董作賓　《現代評論》八十五期

《詩經文字學》　胡樸安　《國學周刊》五十三期《國學》一卷四期
《毛詩假借字考》　方秋士　《國學》一卷四，五期
《詩經毛傳改字釋例》　陳鐘凡　《國學叢刊》一卷一號
《毛詩詞例舉要》　劉師培　《國故》第一二期
《毛詩鄭箋破字解》　章奎森　《國學》第二期
《詩經數字釋例》　林之棠　《國學月報》二卷五期
《詩經言字解》　胡樸安　《國學彙編》第三集
《毛詩動植物今釋》　薛蟄寵　《國粹學報》四卷至五卷
《毛詩魯頌駉傳諸侯馬種物義》　孫詒讓　《國粹學報》五卷八號
《毛詩韵例》　丁以此　《國學扈林》（按，此書有印本）
《詩經字句篇章之多寡異同》　伍劍禪　《文學旬刊》第三十六期
《詩經逸詩篇名及逸句表》　伍劍禪　《文學旬刊》第二十八期
《論詩序》　廖平　《中國學報》第四期
《讀毛詩序》　鄭振鐸　《小說月報》十四卷一號
《毛詩序考》　吳時英　《晨報》副刊十三年四月份
《韓詩內傳未亡説》　楊樹達　《學藝》二卷十號
《山海經爲詩舊傳考》　廖平　《地學雜誌》十一卷四號
《宋朱熹的〈詩集傳〉和〈詩序辨〉》
《鄭樵詩辨妄輯本》　顧頡剛　北大《國學周刊》五期
《姚際恒〈詩經通論〉述評》　陳柱　《東方雜誌》二十四卷七號
《評毛詩復古録》　王統照　《文學》六三至六七期

**續編**

（詩）

《詩經學史目録説明書》　白之藩　《國學月報匯刊》第一集
《詩經制作時代考》　陳鐘凡　《學藝》十卷一號
《三百篇究竟是什麼》　蔣善國　《晨報》副刊十六年六月份
《三百篇之文學觀》　張壽林　《晨報副刊》十六年九月份
《三百篇所表現的時代背景及思想》　張壽林　《晨報副刊》十七年四月份
《删詩疑》　林之棠　《國學月報彙刊》第一集
《三百篇修詞之研究》　唐圭璋　《國學叢刊》二卷四組

《毛詩讕語釋例》　姜亮夫　《詳歷八集》八十八期《民鐸》十卷五期

《詩經重言字釋例》　林之棠　《國學月報》二集十二號

《毛詩假借字考》　方秋士　《國學雜志》一卷五期

《毛詩本字考》　蕭和宣　《東北大學周刊》第四十七至六十五號

《詩經語詞表》　李孟楚　《語歷》十一集一二三，一二四期

《詩經對舉字釋例》　林之棠　《國學月報》二卷十二號

《三百篇用韵之研究》　徐家齊　《國學叢刊》二卷四期

《詩經音釋例言》　林之棠　《國學月報彙刊》一集

《詩經毛傳改字釋例》　陳鐘凡　《語歷》八集九十二，九十三合刊

《詩六義説略》　高明　《藝林》第一期

《什麽是賦比興》　王晴漪　《新晨副刊》十七年十月四，五，六，七日

《賦比興的研究》　楊次道　《學藝》九卷八號

《國風新評》　謝焜　《中央大學半月刊》九期

《葺芷繚蕟室讀詩雜説——邶風谷風》　俞平伯　《小説月報》十九卷一號

《凱風的我見》　衛聚賢　《語歷》三集三十三期

《采芑時代的質疑》　黎昔非　中國公學大學部《中國文學季刊》一卷一期

《大小雅的研究》　陸侃如　《小説月報》十九卷九號

《三頌研究》　陸侃如　《國學月報彙刊》一集

《周頌説》　傅斯年　《語歷集刊》第一本第一分（《附論魯南兩地與詩書之來源》）

《訂周頌説》　錢堃新　《史學雜志》一卷六期

《大東小東説》　傅斯年　《語歷集刊》第二本第二分

《常武瞻卬的時代》　丁强漢　中國公學大學部《中國文學季刊》一卷一期

《常武的時代考》　劉宇　中國公學大學部《中國文學季刊》一卷一期

《寄胡適書》　陸侃如　《國學月報彙刊》一集

《説詩序》　屠祥麟　《中央大學半月刊》一卷十五期

《詩序作者考證》　黃優仕　《國學月報彙刊》一集

《毛詩序之背景與旨趣》　顧頡剛　《語歷》十集一二〇期

《關於詩經通論及詩的起興》　何定生　《語歷》九集九十七期

·國立武漢大學講義·

# 春秋研究講義

（甲乙種）

## 【甲種之一】

## 《春秋》之名稱

**西堂案：**《春秋》本魯史之舊名，孔子筆削之以垂教後世，今欲鑽研是經，於其名稱緣始，不可不略知之。然自來論之者，其文皆極簡略，今取杜氏《左氏春秋序》《春秋公羊傳·徐疏》、李貽德《春秋左氏傳·賈服注輯述》、康南海《春秋筆削大義微言考》四書中所說者，擇其要而錄之，可以知其梗概矣。

一

杜　預

《春秋左氏序》曰：

《春秋》者，魯史記之名也。記事者，以事繫日，以日繫月，以月繫時，以時繫年，所以紀遠近，別同異也。故史之所記，必表年以首事，年有四時，故錯舉以爲所記之名也。

（附錄）《左傳正義》曰：

事繫日下，年是事端，故史之所記，必先顯其年，以爲事之初始也。年有四時，不可遍舉四字以爲書號，故交錯互舉，取"春秋"二字，以爲所記之名也。春先於夏，秋先於冬，舉先可以及後，言春足以兼夏，言秋足以見冬，故舉二字以包四時也。"春秋"二字是此書之總名，雖舉"春秋"二字，其實包冬夏四時之義。四時之內，一切萬物生植孕育盡在其中。《春秋》之書，無物不包，無事不記，與四時義同，故謂此書爲《春秋》。《孝經》云："《春秋》祭祀，以時思之。"《詩·魯頌》云："春秋匪解，享祀不忒。"鄭《箋》云："春秋猶言四時也。是舉春秋足包四時之義。"

二

徐　彥

《公羊》徐疏：問曰："案《三統曆》云：'春爲陽中，萬物以生；秋爲陰中，萬物以成，故名《春秋》。'賈、服依此以解《春秋》之義，不審何氏何名《春秋》乎？"答曰："《公羊》何氏與賈、服不異，亦以爲欲使人君動作不失中也。而《春秋説》云'始於春，終於秋，故曰《春秋》'者，道春爲生物之始，而秋爲成物之終，故云始於春，終於秋，故曰《春秋》也。而舊云《春秋説》云'哀十四年春，西狩獲麟，作《春秋》，九月書成。以其書作秋成，故云《春秋》也者'，非也，何者？案，莊七年經云'星實如雨'，傳云：'不修《春秋》曰：雨星，不及地尺而復。君子修之曰：星實如雨'。何氏云：'不修《春秋》，謂史記也。古者謂史記爲《春秋》。'以此言之，則孔子未修之時已名《春秋》，何言孔子修之，春作秋成，乃名《春秋》乎？"

## 三

李貽德

賈、服《注輯》述《春秋》。賈曰："取法陰陽之中。春爲陽中，萬物以生。秋爲陰中，萬物以成。欲使人君動作不失中也。周禮盡在魯矣，史法最備，故史記與周禮同名。"

（附録：貽德案語）案：《爾雅·釋詁》："法，常也。"《周禮·冢宰》，以八法治官府太宰之職，後鄭注："常所守以爲法式也。陰陽之中，即下所指春秋也。春爲陽中，萬物以生；秋爲陰中，萬物以成者。"《漢書·律曆志》文志云："向子歆究其微渺，作《三統曆》及譜，以説《春秋》，推法密要，故述焉。"夫歷春秋者，天時也。列人事而目以天時。《傳》曰："民受天地之中以生，所謂命也。是以有動作禮義威儀之則，以定命也。能者養之以福，不能者敗以取禍。"故列十二公，二百四十二年之事，以陰陽之中，制其禮。故春爲陽中，萬物以生；秋爲陰中，萬物以成。是以事舉其中，禮取其和，曆數以閏正，天地之中，以作事厚生，所以定命也。是賈義本之劉歆也。而《正義》駁《志》曰："據周以建子爲正言之，則春非陽中，秋非陰中矣。"然案《墨子·明鬼》篇云："著在周之春秋，著在燕之春秋，著在齊之春秋。"又云："古者聖王，必以鬼神爲其務，鬼神厚矣，又恐後世子孫不能知也。故書之竹帛，傳遺後世子孫。"言"書之竹帛"，即所云《春秋》也。稱"古者聖王"，明《春秋》之名，由來已遠，當不始於周也。故劉、賈釋《春秋》制名之始，不以周正爲文，而曰"春爲陽中，秋爲陰中"也。

## 四

康有爲

《春秋筆削大義微言考發凡》（摘録大要）：

一、《春秋》在義，不在事與文。

二、《春秋》之義，傳以口説，而不傳在文字。

三、《春秋》義之口説，傳在《公》《穀》。

四、《公》《穀》以義附經文，……而舍經文傳大義，則其口説皆同。

五、《春秋》口説，《公》《穀》只傳大義，其非常之微言，傳在《公羊》家董仲舒、何休。

六、董、何傳口説，與《穀梁》及劉向學説全合。

七、《春秋》有四：1. 不修《春秋》；2. 已修《春秋》；3. 口説之《春秋》義；4.《春秋》微言。

**西堂案：** 康南海之《春秋筆削大義微言考》，只就《公羊·莊七年傳》"不修春秋曰"數語，衍而爲書，其中不盡可信。然其《發凡》一卷，極屬重要。兹先録其綱領，容再寫出全文，以俾參考。

## 【甲種之二】

## 《〈公羊傳〉當正其名曰〈春秋傳〉》

(《春秋復始》卷一)

崔 適

**西堂案：**前舉四書論《春秋》之名稱者，皆專就孔子筆削之經而言，實則"春秋"二字，非專指經文也。蓋合經與傳而名焉者也。自來研講是經者，大抵忽焉不察，至吳興崔觶甫氏，始爲專篇論之，今本樸學家正名實之義，錄出斯篇，以備參考。

西漢之初，所謂《春秋》者，蓋合經與傳而名焉者也。傳者，後世所謂《公羊傳》也。其始不但無《公羊傳》之名，亦無"傳"之名，蓋統謂之《春秋》而已。《史記·十二諸侯年表》曰："荀卿、孟子、公孫固、韓非之徒，各往往攟摭《春秋》之文以著書。"今惟公孫固之書不傳，無考。《孟子·告子篇下》："無易樹子，無以妾爲妻。""無曲防，無遏糴。"（此四句《左氏》無之，可見《年表》所謂《春秋》，不指《左氏》）見《僖公三年傳》。《荀子·大略篇》："春秋賢繆公，以爲能變也。"見《文公十二年傳》。《韓非子難三》："死君復生，生臣不愧而後爲貞。"見《僖公十年傳》。太史公皆謂之《春秋》。《梁孝王世家》褚先生補："故《春秋》曰：'君子大居正，宋之禍，宣公爲之。'"《漢書·鄒陽傳》："季子緩追逸賊，《春秋》以爲親親之道也。"又曰："祭仲許宋人立公子突，以活其君，非義也。《春秋》記之。爲其以生易死，以存易亡也。"《嚴助傳》："上書謝稱：《春秋》天王出居於鄭，不能事母，故絶之。"《終軍傳》："大夫出疆，有可以安社稷，存萬民，專之可也。"此皆引傳文，亦但謂之《春秋》。惟董仲舒《春秋繁露·玉英篇》有"經曰""傳曰"，仍不繫於《公羊》，以《公羊》特先師之一，其引子公羊子（桓六年、宣五年）猶之子沈子（隱十一年、莊十年、宣元年），子司馬子（莊三十年），子女子（閔元年），子北宫子（哀四年），魯子（莊三年、二十三年、僖五年、二十年、二十四年、二十八年），高子（文四年）之比，故不專屬之《公羊》。古文家始以《公羊》名傳，抑之與穀梁、鄒、夾同等，而奪其《春秋傳》之名，以予左氏也。故《漢書·藝文志》引《七略》曰："《公羊傳》十一卷。"自注："公羊子，齊人。"徐彥《公羊傳疏》引戴宏《序》曰："子夏傳與公羊高，高傳與其子平，平傳與其子地，地傳與其子敢，敢傳與其子壽，至漢景帝時，壽乃與齊人胡毋子都，著於竹帛，是則劉歆所撰《七略》，始有《公羊傳》之名，與公羊氏之籍。"戴宏《序》，乃有公羊氏之世系，及人名，何以前人不知，而後人知之也？且合《仲尼列傳》《孔子世家》與《十二諸侯年表》《六國表》《秦本紀》，漢諸《帝紀》觀之，子夏少孔子四十四歲，孔子生於襄公二十一年，而子夏生於定公二年，下迄景帝之初，二百四十餘年，自子夏至公羊壽，甫及五傳，則公羊世系相去六十餘年，又必父享耄年，子皆夙慧，乃能及之，其可信乎？是故戴宏謂至漢景帝時，著於竹帛，亦非也。孟、荀、韓非，且摭《春秋》之文以著書。《叔孫通傳》，載秦二世時博士，已引"人臣無將"之言。見閔公元年《傳》，則著於竹帛早矣。《年表》所謂七十子之徒，口授其傳旨，爲有所刺譏褒諱貶損之文辭不可書見者，止當謂魯國尚存，三桓柄政時代耳。要之，《公羊傳》之名，自劉歆始。子夏傳《春秋》於公羊高之説，自戴宏始，《史記·十二諸侯年表》《仲尼弟子列傳》《儒林傳》皆無之，特其文多齊言，則著於竹帛者固齊人，而名、氏皆不可考，今正其名，止當曰《春秋傳》。（對《左》《穀》言，仍當從俗稱《公羊》，窮於詞也）若《左》《穀》繫僞託，當革其"傳"之名者也。

附錄：

## 《以春秋爲春秋》

（《春秋復始》卷一）

崔 適

《傳》曰："以《春秋》爲春秋"（閔元年文），《解詁》曰："以史記氏族爲春秋。言古謂史記爲春秋。"然則所以之春秋，即《墨子》所謂"周之春秋""鄭之春秋""燕之春秋""宋之春秋"，與傳之所謂"不修春秋"也。所爲之春秋，即《傳》所謂"君子修之《春秋》也"。君子之修之也，可信而可法者筆之，不可信、不可法者削之，此《春秋》之所以爲經也。《傳》曰："定、哀多微詞。"（定元年文）董生曰："義不訕上，智不危身。"（《繁露·楚莊王篇》）司馬遷曰："七十子之徒口受其傳指，爲有所刺譏褒諱挹損之文辭，不可以書見也。"此《春秋》之所以爲《傳》也。故《春秋》者，合經與傳而名焉者也。荀子、鄒陽、嚴助、徐偃（其言在《終軍傳》，見上文），司馬遷、褚少孫之言，皆可取證。《傳》曰："'不修春秋'曰：'雨星，不及地尺而復'。君子修之曰：'星霣如雨'。"又曰："以春秋爲春秋，則齊無仲孫。"由此觀之，傳者及見《不修春秋》，與經文所出同。董生云："宋督弑其君"。《傳》曰："莊公馮弑"之，不可及於經，何也？又曰：《傳》稱"臧孫許與晉郤克同時而聘乎晉"（"晉郤克與莊孫許同時而聘於齊，不書。"）案經無有。下文皆詳言其故。是經無而傳有者，其爲信史，與見於經文同。此又可證成孟、荀、鄒、嚴、徐、司馬、褚之説者也。《傳》於於紀子伯、宋子哀，皆曰無聞焉爾，以明不發經之義，是凡有傳者，皆確有所據，此真《春秋》之信史也。此可雪口説流行之誣矣。左丘明乃三家分晉後人，博採異聞，不擇信否而雜録之，此真口説流行者也。本不與《春秋》之事相比附，其相比附者，多與古史記相刺謬，如齊仲孫是廢父而非湫，秦伯罃是繆公，非康公；宣公是文公弟，非文公子。繆姜是成夫人非宣夫人。僖二十八年城濮之盟，定四年召陵之會，皆蔡先於衛，非衛先於蔡；季札讓國，非讓謁與夷昧，乃不受乎閭閻；晉靈公即位，自能用將，漏言殺陽處父，則非在母抱之時。令狐之役，秦自伐晉，非送公子雍；趙盾無欲立公子雍之事。祭仲死而鄭伯突入於櫟，鄭忽復出奔，非被弑。亦無立子亹、子儀之事。楚子卷齊侯陽生，皆卒而非弑。《左氏》《國語》反是。是固周末之異聞，非《春秋》之信史也。劉歆得之，以爲事實既不相同，義理更可立異，而復雜取傳記，附以孔説，僞造《公》《穀》二傳，藉以破壞《春秋》。爲莽飾非，爲己文過之詭計。凡與《公羊傳》義略同者，率其常義，傳之精義；《穀梁》削除之以孤其援，《左氏》反對之以篡其統。如王氏世卿，故《左》《穀》盡去譏世卿之文；新室篡漢，故《左》《穀》始終不見一"篡"字，此歆之爲莽飾非也。《春秋》崇正，則擅造醜語以誣之，如《穀梁》詆隱公探先君之邪志，《左氏》誣孔父以豔妻賈禍之類。《春秋》惡譎，則多陳陰謀以矯之，如《穀梁》誣公子友紿殺吕甥，《左氏》謂先軫請執宛春以怒楚，欒枝使與柴僞遁之類。此歆之爲己文過也。好聖人之所惡，惡聖人之所好，顧謂好惡與聖人同，幾以隻手掩天下之目者二千年，甚矣！孔廣森撰《公羊通義》，援《左氏》之事以亂之，是亦鑿冰求炭也。特以經傳辭旨繁博，顧此失彼，未會其通爾，今舉全經之凡例，謂之比例類，集一人之行狀，謂之始末類。二者，董生《繁露》實兼之，今師其意而證明之，援異説而糾正之，庶於古人之得失，經義之是非，若網在綱，有條不紊，用貢一得之愚於天下後世之君子。

## 【甲種之三】

## 《春秋三傳異同考》

（藝海珠塵本）

陳寶崖

**西堂案：**《春秋》之經，雖爲孔子之所筆削，然三傳所傳之經文，亦有相異之處，此三傳傳説之所由不同也。今欲研討《春秋》，於三傳之異同，自當略明其梗概，再進而論其立説之紛歧，此必由之途徑也。今録吳陳琰之《春秋三傳異同考》，以見一般篇中曰："其中亦有《左氏》非，《公》《穀》是者，且有一字殊而大義乖者，又烏得略而不論乎？"學者可以睹其重要矣。

《春秋》，魯史也，而實經也。左氏、公羊氏、穀梁氏，釋經者也，故名"傳"也。《傳》以釋經而三家互有異同，何也？蓋孔子作《春秋》，筆削一出自己斷，親炙如游、夏，不能贊一辭，何惑乎傳聞者之互有異同也。有異同，斯有得失矣。或謂孔子當定、哀間多微詞，復秘不以教人，故諸弟子言人人殊，或謂《公》《穀》自云得之子夏，《左氏》則得之親見，故紀事尤詳。余竊謂孔子未嘗秘《春秋》，特知者寡耳。三家親見與傳聞不可知，大抵三傳始皆口授，自學者著爲竹帛，遞相傳會，乃愈多異詞，總以合於經者爲得，其不合者均失焉。

昔朱子刻《春秋》於臨漳郡，止用《左氏》經文，而曰："《公》《穀》二傳所以異者，類多人名、地名，而非大義所繫，故不能悉。"然人名、地名之異，或由語音字畫之譌，壹從《左氏》，宜矣。其中亦有《左氏》非，《公》《穀》是者，且有一字殊而大義俱乖者，又烏得略而不論乎！愚請以人言之：

一"聲子"也，《公》曰："隱公之母"；《穀》曰："隱公之妻"；《左》曰"聲子"，尊卑異也。一"子氏"也，《公》曰："桓公之母，惠公之妾"；《穀》曰："惠公之母，孝公之妾"。先後異也。一"齊仲孫"也，《左》曰："齊大夫"；《公》《穀》曰："魯慶父"。孟孫、仲孫異也。一"杞侯"也，

《左》曰："杞侯"，《公》《穀》曰："紀侯"。姒姓、姜姓異也。一"尹氏"也，《左》曰："尹氏，惠公之夫人"；《公》《穀》曰："尹氏，天子之大夫"。男子、婦人異也。一"納捷菑"也，《左》曰："趙盾"；《公》曰："郤缺"；《穀》曰："郤克"。大夫與大夫異，父與子又異也。至若"君氏卒"，《公》《穀》曰："天子之大夫"；《左》曰："聲子"。疏與親又異也。"公子益師卒"不日，《左》以"公不與小斂"，故不日；《穀》以"不日卒，爲惡"。事與情又異也。

其以"紀履綸"爲"紀裂繻"，以"紀子伯"爲"紀子帛"，以"子叔姬"爲"叔姬"，以"曹伯廬""蔡侯廬"爲"廬"，《左氏》稱人之異也。

以"捷"爲"接"，以"郳黎來"爲"倪黎來"，以"鄭詹"爲"鄭瞻"，以"公孫兹"爲"公孫慈"，以"曹伯班"爲"曹伯般"，以"卓"爲"卓子"，以"召伯"爲"毛伯"，以"先蔑"爲"先昧"，以"郱伯"爲"盛伯"，以"聲羑"爲"聖羑"，以"定姒"爲"定弋"，以"夷皋"爲"夷獳"，以"郤犨"爲"郤州"，以"韓厥"爲"韓屈"，以"士魴"爲"士彭"，以"齊侯環"爲"齊侯瑗"，以"鍼宜咎"爲"咸宜咎"，以"卑我"爲"鼻我"，以"陳孔奐"爲"陳孔瑗"，以"遠茶罷"爲"遠茶頗"，以"佞夫"爲"年夫"，以"國弱"爲"國酌"，以"齊惡"爲"石惡"，以"宋公成"爲"宋公戌"，以"滕子原"爲"滕子泉"，以"季孫意如"爲"季孫隱如"，以"公子憖"爲"公子整"，以"夷朱"爲"夷昧"，以"朝吳"爲"昭吳"，以"戎蠻子"爲"戎曼子"，以"叔輒"爲"叔痤"，以"郁釐"爲"鬱釐"，以"章羽"爲"章禹"，以"黑肱"爲"黑弓"，以"公孫姓"爲"公孫歸姓"，以"杞伯成"爲"杞伯戌"，以"孔圉"爲"孔圍"，以"晉士鞅"爲"趙鞅"，以"公孫地"爲"公子池"，以"頓子牂"爲"頓子牆"，以"荼"爲"舍"，以"轅顏"爲"袁頗"，以"晉魏曼多"爲"晉魏多"，以"衛侯"爲"衛侯衎"，以"穆姜""許穆公"爲"繆"，以"公孫蠆""鄭伯蠆"爲"躉"，以"罕達""罕虎"爲"軒"，以"寧速""仲孫速""鄭游速"爲"遬"，以"寧儀""向寧""鄭伯寧""滕子寧"爲"甯"，以"陳侯杵臼""宋君杵臼""齊侯杵臼"爲"處"。《公羊》稱人之異也。

以"無駭"爲"無侅"，以"仍叔"爲"壬叔"，以"語"爲"御"，以"公子友"爲"公子季友"，以"狐射姑"爲"狐夜姑"，以"椒"爲"萩"，以"公子燮"爲"公子濕"，以"良霄"爲"良宵"，以"鱄"爲"專"，以"荀盈"爲"荀嬰"，以"楚子虔"爲"楚子乾"，以"世子有"爲"世子友"，以"蔡侯朱"爲"蔡侯東"，以"郯宛"爲"歜宛"。《穀梁》稱人之異也。

若其稱人之共異者，《左》《公》《穀》皆以"衛俘"爲"衛寶"是也，稱人之兩異者，《公》《穀》皆以"挾"爲"俠"，以"轅濤塗"爲"袁濤塗"，以"佹諸"爲"詭諸"，以"頯"爲"髡"，以"敬嬴"爲"頃熊"，以"洩冶"爲"泄冶"，以"曹公子首"爲"曹公子手"，以"髡頑"爲"髡原"，以"公子騑"爲"公子斐"，以"黃"爲"光"，以"吳子遏"爲"吳子謁"，以"楚子麇"爲"楚子卷"，以"蟄"爲"輒"，以"叔詣"爲"叔倪"，以"樂大心"爲"樂世心"，以"荀躒"爲"荀櫟"，以"叔仲彭"爲"叔彭生"，以"莒展輿"爲"莒展"，《左》《穀》皆以"叔孫舍"爲"叔孫婼"是也。

稱人之各異者，《公》以"廥咎如"爲"將咎如"，《穀》作"廥如"；《公》以"成熊"爲"成然"，一作"成能"，《穀》作"成虎"；《公》以"邾子牼"爲"邾子瞷"，《穀》作"邾婁子瞷"是也。

請以地言之：

戎一而已，《左》《公》皆作"伐戎"，而《穀》獨作"伐我"，彼與此有異焉。郜一而已，《左》《穀》皆作"取郜"，而《公》獨作"取詩"，國與邑有異焉。鄫一而已，《左》《公》皆作"鄫"，而《穀》獨作"繒"；鄆一而已，《左》《穀》皆作"鄆"，而《公》獨作"運"，字形之異也。邾一而已，《左》《穀》皆作"邾"，而《公》獨作"邾婁"；沙一而已，《左》《穀》皆作"沙"，而《公》獨作"沙澤"，詳略之異也。

至若以"時來"爲"祁黎"，以"郕"爲"盛"，以"虛"爲"郯"，以"裒"爲"侈"，以"倪"爲"兒"，以"夷儀"爲"陳儀"，以"偃"爲"纓"，以"夔"爲"隗"，以"須句"爲"須胊"，以"翟泉"爲"狄泉"，以"棐"爲"斐"，以"棐林"爲"斐林"，以"崇"爲"柳"，以"陸渾之戎"爲"賁渾戎"，以"繹"爲"蘱"，以"莒"爲"衛"，以"無婁"爲"牟婁"，以"瑣澤"爲"沙澤"，以"鄟"爲"合"，以"桃"爲"洮"，以"防"爲"邴"，以"祲祥"爲"侵羊"，以"厥憖"爲"屈銀"，以"昌間"爲"昌姦"，以"陽州"爲"揚州"，以"拔"爲"技"，以"臯鼬"爲"浩油"，以"柏舉"爲"柏莒"，以"邿"爲"費"，以"垂葭"爲"垂瑕"，以"檇李"爲"醉李"，以"啓陽"爲"開陽"，以"亳社"爲"蒲社"，以"闡"爲"僤"，以"鄆"爲"運"，以"安甫"爲"峯"，一作"案"；以"毗"爲"比"，一作"芘"；《公羊》之稱地又異焉。

以"曲池"爲"歐蛇"，以"甯母"爲"寧母"，以"縉"爲"閔"，以"舒蓼"爲"舒鄝"，以"袁婁"爲"爰婁"，以"偪陽"爲"傅陽"，以

"臺"爲"郜",以"鄝"爲"夢",以"雞父"爲"雞甫"。《穀梁》之稱地又異焉。

若夫以"承筐"爲"承匡",《左》《公》《穀》之稱地又異焉。以"郕"爲"成",《左》《公》之稱地又並異焉。以"蔑"爲"昧",以"祊"爲"邴",以"浮來"爲"包來",以"戴"爲"載",以"禚"爲"郜",以"滑"爲"郎",以"蒇"爲"暨",以"郿"爲"微",以"下陽"爲"夏陽",以"首止"爲"首戴",以"垂隴"爲"垂斂",以"笙"爲"檉",以"茅戎"爲"貿戎",以"善道"爲"善稻",以"鄟"爲"操",以"亳城北"爲"京城北",以"雍榆"爲"雍渝",以"大鹵"爲"大原",以"賴"爲"厲",以"夾谷"爲"頰谷";《公》《穀》之稱地又並異焉。《公》以"渠蒢"爲"蘧蒢",《左》亦作"蘧挐";《公》以"艾"爲"鄗",《穀》則作"蒿";《公》以"酈"爲"犁",《穀》則作"麗";《公》以"訾婁"爲"蔞",《穀》則作"訾樓";《公》以"鄆丘"爲"犀丘",《穀》則作"師丘";《公》以"貍脤"爲"貍軫",《穀》則作"貍蜃";《公》以"虢"爲"潯",《穀》則作"郭";《公》以"蚡泉"爲"濆泉",《穀》則作"賁泉";《左》《公》《穀》之稱地又自爲異焉。

其餘或"侯"齊、宋,或"人"齊、宋;或以"楚子"爲"楚人";或以"許男"爲"許伯";或以"公孫"爲"公子";或以"世叔"爲"太叔";或以"齊師"爲"齊侯";或加"曹伯",或加"邾人",或闕"叔孫",而且或有"鄭衛",或無"鄭衛",或以"晉侯"爲"齊侯",或以"齊欒施"爲"晉欒施",或以"衛公叔戍"爲"晉公叔戍",此類甚夥,皆人與地之較然不同者也。

至其以"會邾"爲"及",則內外不同矣;以"逆王姬"爲"送",則往來不同矣;以"大眚"爲"大省",則天人不同矣;以"官榭"爲"宣謝",則廟榭不同矣。他如以"殺"爲"弑",以"叛"爲"畔",以"災"爲"火",以"救"爲"侵",以"渝平"爲"輸平",以"鸜鵒"爲"鸛鵒",皆事物之不同。以"春王二月"爲"正月",以"春王三月"爲"正月",以"甲子"爲"甲戌",以"己亥"爲"乙亥",以"日下昃"爲"下稷",以"大雨雹"爲"雨雪",皆時日之不同。

其或音異而名同,有"括""結","嘉""喜"之類;或音同而文異,"澨""筮","帥""率","殲""瀸","克""剋","螽""蠡","隕""霣","谿""溪"之類。

其他記載之有無,字數之增損,殊難更歷數也。

雖然,此猶其小者也。論其旨趣之異同,則得失亦相因而見。

即如《春秋》亦有闕文矣，"夏五""郭公"，孔子亦承闕文之疑而姑闕之。若"齊人、衛人、鄭人盟於惡曹"而宋不書，亦闕也；而《左氏》補之。"趙盾帥師救陳、宋"，而經無"宋"，亦闕也；而《左氏》亦補之。可不必補者也。然猶未爲非也。彼"黑肱以濫來奔"，"黑肱"之上當有"邾"，亦闕也；而《公羊》解曰："文何以無邾婁？通濫也。"則謬甚矣。其失一也。

《春秋》蓋有教誡矣，書法以垂教也，書事以垂戒也。三家不明教誡之義，而但以褒貶爲說：有一事而或以爲褒，或以爲貶者；有事同而前以爲褒，後以爲貶者；有以書爵書字或稱氏稱族爲褒者，有以書名去氏去族爲貶者；有以日月、地名之書不書爲褒貶者。然其中亦或事一而名爵異書，罪大而氏族不削，則又何辭以解乎？而後儒猶曲爲之解，則愈非也。其失二也。

《春秋》亦有義例矣，如加"王"於"正"，削吳、楚僭號而從其本爵之類，是義也。而要非字字有義，如三《傳》所云也。如書其君歿曰"薨"，外諸侯曰"卒"，内大夫書"卒"，外大夫不書"卒"之類，是例也。而非字字有例，如三《傳》所云也。其失三也。

若三家之所得，亦非一端。如論刺公子買以說於晉，論日蝕不書"朔"者官失之，此類則《左氏》爲得。如論三國從王伐鄭爲正，論"如齊觀社"爲觀齊女，此類則《公羊》爲得。如論築館於外爲變之正，論陳牲不殺以明天子之禁，此類則《穀梁》爲得。

至三家離經作傳之失，亦非一端。如以葰宏爲違天，以兵諫爲愛君，以納幣爲用禮，以歸祊爲易許田，以歸賵爲豫凶事，此類非《左氏》之失乎？如以"王正月"爲"王魯"，以成周爲新周，以廢君爲行權，以"圍戚"爲"伯討"，以妾母稱夫人爲合正，此類非《公羊》之失乎？如以不諱敗績爲惡内，以不納子糾爲内惡，以獲麟爲成文所致，以拒父爲尊祖而得禮，以戎伐凡伯於楚丘爲衛，此類非《穀梁》之失乎？如齊仲孫來以爲魯慶父，魯滅項以爲齊實滅之，此類非《公》《穀》之均失乎？若夫以"公薨"爲"攝"，以弑君爲趙穿，以弑君爲不嘗藥，三家之失，自歐陽永叔、鄭夾漈屢辨之矣。

昔馬融著《三傳異同說》，《唐志》有李鉉有《春秋二傳異同》十一卷，李氏《三傳異同例》十三卷，馮伉《三傳異同》三卷，今皆不存。趙氏又嘗考其舛謬凡二百六十條，陸氏纂例三《傳》經文舛謬，凡二百四十一條。自言考校從其有義理者，然往往亦多言未知孰是，兼恐謬不止於此。故先儒惜其與奪未能悉當，欲更爲釐定焉。愚皆未見其書，今只以居嘗辨正者，略著於篇。大約三《傳》不可盡信，不可不並存。學者當思未有《傳》以前，《春秋》之旨安在，而後三《傳》皆可備折衷，其諸讀書能觀大意者與。

## 【甲種之四】

## 春秋三家異文疏

（《聚學軒叢書》）

朱駿聲

**西堂案：** 朱駿聲之《春秋三家異文疏》，亦所以論次三傳經文之異同者也。朱氏明於聲音訓詁之學，篇中所述，一聲之通轉，一字之假借，時有新異之詁釋，可以助學者之深思。然朱氏非《春秋》之專門學者，且於《春秋》義例，多不甚悉，亦不可貿然從之。去其短，取其長，於斯篇所云，亦不可忽也。

古書傳寫，各有師承。文字互淆，必求一是。以思無益，不如學也。作《異文疏》。外如隱元之"蔑"與"眛"，襄十三之"區"與"驅"，同聲字，例得通借。又隱元之"邾婁"即"邾"，定十四之"於越"即"越"助語字，長言短言一也。凡此之類，概不著錄。

隱二年，"紀裂繻來逆女"。《公羊》"裂"作"履"。《穀梁》"裂繻"作"履緰"。又，"紀子帛、莒子盟於密"，《公》《穀》"帛"皆作"伯"，而《公》曰"無聞"，《穀》以兩"或曰"發傳。按"裂"與"履"，"繻"與"緰"，"帛"與"伯"，皆聲之通轉。古人名字相應，當從《左氏》作"子帛"爲裂繻之字也。或以大夫不當先諸侯，不知此承上兩節順文爲記，無關義例也。

隱三年，君氏卒。《左氏》謂隱公母聲子。《公》《穀》"君"皆作"尹"，而以爲周大夫。按聲子當卒於惠公娶仲子之前；周大夫，如文三之王子虎，當赴以名，皆非確話，明季氏本云："《左隱十一年傳》：'隱公之爲公子也，與鄭人戰於狐壤，止焉，囚之尹氏；賂尹氏而遂與歸。'則此尹氏，鄭大夫而居魯者。有德於公，故臨其喪而書卒。"說有根據，實勝三《傳》。

隱五年，"公矢魚於棠"，《公》《穀》"矢"皆作"觀"，文異而誼同。

隱六年，"鄭人來渝平"。《公》《穀》"渝"皆作"輸"。按"渝""輸"

同聲通用，實皆借爲"續"，猶"圭竇"之"竇"借作"裔"也。續，庚也，聯也。《左氏》訓"更成"。服虔云："公爲鄭所獲。釋而不結平，於是更爲約束以結之。"愚按，四年翬帥師伐鄭，報怨也。杜預泥本字，訓"渝"爲"變"，謂"變更前惡而復爲和好"，非是。《公》《穀》雖作"輸"，亦讀爲"渝"，而解爲"墮敗其成"，則魯與鄭平，前此無明文，於義尤短。

隱十一年，"公會鄭伯於時來"。《公羊》"時來"作"祁黎"。按，"時"與"祁"，"來"與"黎"，皆雙聲通轉，即"郲"也。"時來"者，長言之也。鄭地，今在河南開封府滎陽縣東四十里，有故地城曰釐城。"釐""郲""來""黎"，皆聲近。

桓二年，"杞侯來朝"；三年，"公會杞侯於郕"。《公羊》"杞"皆作"紀"。按《左傳》，"七月，來朝，不敬；九月，入杞討之"。不敬則當時辱之可也，而遽與師，恐無是理。按春秋初年，魯、紀有婚姻，故朝會相繼。紀畏齊九世之讎，處心積慮謀之，故既託於魯爲婚姻，又託於周爲婚姻，思有以自固，而不知周、魯咸弱，不能保一小國，至莊公四年卒爲強齊所滅，而終去其國也。《公羊》是而《左氏》誤。

桓十二年，"公會定公於虛"，《公羊》"虛"作"郲"。按桓兩年中四會定公。虛，宋地，在今河南歸德府睢州。斷無遠至山東沂州府郯城縣之理。《公羊》誤也。

桓十五年，"公會齊侯於艾"。《公羊》"艾"作"鄗"，《穀梁》作"蒿"。按即隱六年之"艾"也，艾、蒿同類，故艾有蒿名；而蒿又轉寫通作"鄗"，因地加邑耳，其地在今山東沂州府蒙陰縣西北。

桓十七年，"及齊師戰於奚"。《穀梁》"奚"作"郎"。按奚在今山東兗州府滕縣南。魯有二郎：一在今魚臺縣東北，去魯約二百里；一在今滋陽縣，魯近郊之邑。據《左氏》云，"疆事"，則非滋陽之郎可知。魚臺之郎非齊、魯接壤，而滕縣則近齊之蒙陰，當從《左》作"奚"也。

莊元年，"單伯送王姬"。《公》《穀》"送"作"逆"。按此即《何彼穠矣》之詩所詠"平王之孫，齊侯之子"也。周大夫有單氏後，經皆稱"子"。魯自有單伯，是年至文公十五年，經凡四見。文公時計已百歲外，未知即此一人否。以周言，則爲送；以魯言，則爲逆，雖皆可通，疑《公》《穀》是而《左氏》非也。

莊三年，"次於滑"。《公》《穀》"滑"作"郎"。按滑，鄭地，在今河南省歸德府睢州。若郎則魯地，不應召鄭伯來會，《公》《穀》誤也。

莊六年，"齊人來歸衛俘"。《公》《穀》"俘"皆作"寶"，《左氏傳》亦作"寶"。按古文"保"作"係",保、寶同聲,通寫字係、俘形近,誤寫字。或曰,《逸周書》"俘厥寶玉",寶亦言俘,非必囚也。

莊七年,"辛卯夜"。《穀梁》"夜"作"昔",按"昔"者"夕"之假借字,夕,亦夜也。

莊二十年,"齊人伐戎"。《穀梁》"戎"作"我",三家皆無傳。按"十九年冬,齊、宋、陳伐我四鄙";三十年,齊圖霸,始伐山戎,似《穀梁》爲是。但書經"齊侵我""伐我"者十四,皆書所侵伐之地,或西鄙,或北鄙。惟哀十一年,"齊國書帥師伐我",《左傳》云,"及清"。而經不書清耳。

莊二十八年,"築郿"。《公》《穀》"郿"作"微",聲近通轉。魯郿邑在今山東泰安府東平州西。

莊三十二年,"冬十月己未"。《公》《穀》皆作"乙未"。按,據長歷推之,是年十月戊午朔,則己未爲二日,《公》《穀》誤也。

僖元年,"邢遷於夷儀"。《公羊》"夷"作"陳"。按夷儀故城在今直隸順德府邢臺縣西。《元和志》云,"俗僞爲隨宜城",《公羊》作"陳"者,古讀"夷"爲"尸",《周禮》"夷槃冰"鄭注:"夷之言尸也"。按尸之言陳也,申也。"夷""尸""陳""隨",皆一聲之轉,無異誼也。

僖元年,"公敗邾師於偃"。《公》《穀》"偃"作"纓"。按"偃""纓"雙聲假借字。《七經·孟子考文》云,"偃,邾地。"按當在今東兗州府費縣南也。

僖八年,"盟於洮"。《公羊》多"鄭世子華"四字。按此經下即書"鄭伯乞盟",則子華未會盟可見。《公羊》衍文也。

僖九年,"九月甲子,晉侯佹諸卒"。《公羊》作"甲戌"。按,是月甲寅朔,甲子爲十一日。經書"戊辰諸侯盟於葵邱",是十五日。據《左傳》,宰孔先歸,遇晉侯,晉侯乃還,則獻公實卒於盟後。甲戌爲二十一日,《公羊》得其實而《左》《穀》誤也。

僖九年,"殺其君子奚齊",《公羊》"殺"作"弒",是也。

僖十年,"冬大雨雪"。《公羊》"雪"作"雹",傳云,"記異";而《左》《穀》無傳。按今之八、九、十月,而大雨雪,亦可爲異,而公羊子則自解雹也。

僖十六年,"六鶂退飛"。《穀梁》"鶂"作"鷊",是也。"鷊"正字,鶂,俗字。

僖二十一年,"會於孟"。《穀梁》"孟"作"雩",通用字。《公羊》則作"霍"。按,孟在今河南歸德府睢州,宋地也;霍在今山西平陽府霍州;又有霍人，在今山西代州繁峙縣，皆晉地，必不會此。知霍爲"雺"字之譌無疑。

僖二十六年，"楚人滅夔"。《公羊》"夔"作"隗"。按《漢書·地理志》亦作"歸"，皆同聲通寫字。夔國在今湖北宜昌府歸州西南三里，有夔子城。

僖三十三年，"公伐邾，取訾婁"。《公羊》"訾婁"作"叢"。按，"叢"，古亦讀如"聚"，而聚爲"訾婁"之合音也。訾婁當在今山東兗州府清寧州界。

文二年，"盟於垂隴"。《公》《穀》"隴"作"斂"，雙聲字通寫。鄭地也，在今河南開封府滎澤縣東北。

文七年，"宋公王臣卒"。《穀梁》"王"作"壬"。按此宋成公也。宋君無以天干十日命名者，《穀梁》爲誤字。

文七年，"晉先蔑奔秦"。《公羊》作"晉先昧以師奔秦。"按，先昧無帥師事，"以師"二字衍文也。

文十一年，"楚子伐麇"。《公羊》"麇"作"圈"。按雙聲通寫字；猶昭元年"楚子麇卒"，《公》《穀》皆作"卷"也。麇國在今湖北鄖陽府鄖縣。

文十七年，"葬我小君聲姜。"《公羊》"聲"作"聖"。按聲、聖同音通寫。據隱公母謚聲，或宜變異宜，《公羊》是也。

宣元年，"晉趙穿帥師侵崇。"《公羊》"崇"作"柳"，傳云，"天子之邑也"。按周邑未聞有柳。周有劉邑，在今河南河南府偃師縣，劉康公封邑也。"劉""柳"同聲，例得假借。周又有楊邑，在今山西平陽府洪洞縣，此宣王子尚父封地也。"楊""柳"同誼，亦得通稱。杜預《左傳注》，"崇爲秦之與國"，則當即殷崇侯虎國，在今陝西西安府鄠縣東。據《公羊》何休注："晉與守邑大夫忿爭，故侵之。"楊邑與晉接壤，當即《公羊》之"柳"；而劉與崇皆甚遠。若論字詁，則《尚書大傳》"柳穀"，鄭注："柳，聚也，齊人語。"《廣雅》云："崇，聚也。"崇、柳皆有聚義，疑事弗敢質也。

宣三年，"楚子伐陸渾之戎"。《公羊》"陸"作"賁"，按賁者，"賁"者即"睦"字，陸、睦同聲通用也。

宣八年，"夫人嬴氏薨"。《公》《穀》"嬴"作"熊"。又"葬我小君敬嬴"，《公》《穀》作"頃熊"。"嬴""熊"雙聲通借；《左》爲正字，《公》《穀》皆借字也。

宣十年，"伐邾取繹"。《穀梁》"繹"作"澤"，同聲通借。《公羊》則作"蘱"。按繹以嶧山得名，在今山東兗州府鄒縣南；而蘱則草名，見《爾雅》，邑名未聞也。

宣十一年，"盟於辰陵"。《穀梁》"辰"作"夷"。此如"夷儀"之爲

"陳儀"。夷，"尸""申""辰"一聲之轉。辰陵，陳地，在今河南陳州府西華縣。

宣十三年，"齊師伐莒"。《公羊》"莒"作"衛"，按《公》《穀》皆無傳。十一年齊已伐莒，時齊、衛無事，當從《左傳》也。

宣十五年，"會齊高固於無婁"。《公羊》"無"作"牟"，此雙聲通寫字。猶《儀禮》之"母追"，母讀"牟"；《莊子》"伯昏無人"，亦作"瞀人"也。按隱四年，"莒人伐杞，取牟婁"。在今山東青州府諸城縣境。

成六年，"晉欒書帥師救鄭"。《公羊》"帥"作"率"，"救"作"侵"。按，"帥""率"皆假借字，其正字則"衛"。考成五年鄭已服於晉，故楚伐而晉救之。《公羊》作"侵"，誤字。

成十二年，"公會晉侯、衛侯於瑣澤"。《公羊》"瑣"作"沙"，此同聲通寫字，即定七年之"沙"，《左氏傳》亦作"瑣"，《公羊》作"沙澤"也。在今直隸大名府元成縣東北。

成十五年，"宋世子成"，《公羊》"成"作"戌"。昭公十年，"宋成公卒"，同。按此宋平公也。《左氏昭二十年傳》，"公子城"，杜預注，"平公子"。若父名成，子不應名城也。《左》《穀》皆誤字，當作"戌"。其先世有丁公申。

成十七年，"衛北宮括帥師侵鄭"。《公羊》"括"作"結"。定公七年，"齊人執衛行人北宮結"，截然兩人，懿子，成公曾孫，自名括。《公羊》誤也。

襄元年，"次於鄫"。《公羊》"鄫"作"合"。按鄫，鄭地，在今河南歸德府睢州南。公羊脫"邑"旁，而"曾"又誤爲"合"也。

襄五年，"會吳於善道"。《公》《穀》"道"皆作"稻"，同聲通寫字。據阮勝之《南兗州記》，當在今安徽泗州盱眙縣。

襄五年，"救陳"。《公》《穀》皆有莒、邾、滕、薛四國，在齊前。按此《左氏春秋經》誤脫也。

襄十年，"遂滅偪陽"。《穀梁》"偪"作"傅"。杜預《左傳注》："偪陽，妘姓國，彭城傅陽縣也。"按在今山東兗州府嶧縣南。《漢書·地理志》：楚國下"傅陽"，故"偪陽國，莽曰輔陽"。《後漢書·陶謙傳·注》："楚宣王滅宋，改曰傅陽也"。

襄十一年，"同盟於亳城北"。《公》《穀》"亳"皆作"京"，按，亳在今河南偃師縣，當時爲周地，去鄭甚遠，此京即叔段所居之京，在今河南榮陽縣。"亳""京"字形近而譌，《公》《穀》是而《左氏》非也。

襄十四年，"衛侯出奔齊"。《公羊》"侯"下有"衎"字，是也。《左傳》脫誤。杜注非是。

襄十七年，"邾子牼卒"。《公》《穀》"牼"皆作"瞷"。按"瞷""牼"雙聲字。瞷，戴目也。名有五，以命名爲象。牼無誼。疑《公》《穀》正而《左氏》錯。

襄十七年，"齊侯伐我北鄙，圍桃"。《公羊》"桃"作"洮"。按，"桃""洮"同聲字。然莊二十七年，"公會杞伯姬於洮"。當即昭七年《左傳》"季孫與謝息桃"，在今山東兗州府泗水縣，此北鄙之桃，當即《水經》桃鄉縣，在今山東兗州府汶上縣東北四十里。皆當作桃，非僖八年"盟於洮"之洮。爲曹地，在今山東曹州府濮州者，此不可不察。

襄十九年，"鄭公子嘉"。《公羊》"嘉"作"喜"。按古人名字相應，名"嘉"者多字"孔"。鄭子孔自當名嘉，《公羊》字誤也。

襄二十二年，"會於沙隨"。《公》《穀》"薛伯"上皆有"滕子"二字。按此《左氏》脫誤也。

襄二十三（五）年，"鄭公孫夏"。《公羊》"夏"作"噴"。按。駟氏也，《左傳》稱鄭子西。字"西"者，自當名"夏"。若游氏之公孫蠆，字子蟜，猶齊公孫蠆字子尾。古人名字相應也。況子蟜已卒十九年，《公羊》之誤無疑。

襄二十九年，"衛太叔儀"。《公羊》"太叔儀"作"世叔齊"。按，"世"與"太"通用字，而太叔文子自名儀。若哀十一年之"世叔齊"，即太叔疾，諡悼子，於時不逮，《公羊》誤也。

昭元年，"衛齊惡"，《公羊》"齊"作"石"。按，衛齊惡非世族，不見他始。然石悼子惡已於襄二十八年出奔晉，不得與於此會。自是《公羊》誤也。

昭元年，"敗狄於太鹵"。《公》《穀》"鹵"作"原"。穀梁子曰："中國曰太原，夷狄曰太鹵。"按，今在山西太原府太原縣，此方言之異。

昭四年，"正月大雨雹"。《公》《穀》"雹"皆作"雪"，按《左氏》詳載申豐論雹之言，豈得有誤。且今之十一月而大雨雪，亦不書也。《公》《穀》皆誤。

昭四年，"遂滅賴"。《公》《穀》"賴"皆作"厲"，按此同聲通寫字。然賴國在今河南光州商城縣南，若僖十五"伐厲"之"厲"，在今湖北德安府隨州北，非此也。

昭十年，"齊欒施來奔"。《公羊》"齊"作"晉"。按，晉無欒施，《公羊》誤字。

昭十年，"季孫意如"。《公羊》"意"作"隱"，此雙聲字，一音之轉。《禮記·少儀》"隱情以虞"鄭注："隱，意也。"

昭十二年，"楚大夫成熊"。《公羊》"熊"作"然"，《穀梁》作"虎"。按，《左氏傳》中亦作"虎"，子玉之孫也。虎者，熊之字。《公羊》作然，蓋涉鬭成然而誤，或形近相亂也。

昭十二年，"公子憖"。《公羊》"憖"作"整"。按《左》《穀》是也，"整"誤字。

昭二十一年，"叔輒卒"。《公羊》"輒"作"痤"。按，"輒"字伯張"縶"之假借。凡兩足不能相過，楚謂之"踂"，衛謂之"輒"。輒，借字；踂，俗字也。魯又有叔孫輒，字子張，《穀梁》昭二十年，"衛侯之兄輒"；《左氏》作"縶"，則正字也。若痤者，癰疽之類，別是一疾，與字子張不相應。

昭二十一年，"蔡侯朱出奔楚"。《穀梁》"朱"作"東"。《傳》云："東者，東國也。"按，據《左傳》，東國爲朱之叔父。是年即位，楚費無極取貨於東國，使蔡出朱而立之，朱奔楚愬焉。其後事不可考。而二十三年《經》書"蔡侯東國卒於楚"。故穀梁氏有此說；與《史記·年表》不同。愚謂去其名一字以爲貶，亦恐無此例也。

昭二十四年，"杞伯郁釐"。《公羊》"郁"作"鬱"。按雙聲通寫字。《史記》杞世家作"鬱"，無"釐"字。《索隱》："譙周云，'名鬱來'。"來，即釐也。

昭二十五年，"叔詣"。《公》《穀》"詣"皆作"倪"。按，詣，叔弓之孫而叔輒之子也。或謂即孟子之"子叔疑"。詣、倪、疑，三字古音同義俱不得通，豈一爲名，一爲字歟？

昭二十五年，"有鸜鵒來巢"。《公羊》"鸜"作"鸛"。按"鸜"本字作"鴝"，今俗謂之八哥。若鸛，身如鵲，短尾，一名"嫛羿"，則小鳥之捷而難射者，與鴝鵒不涉，《公羊》誤字也。

昭二十五年，"九月己亥公孫於齊"，《穀梁》作"乙亥"，按，是月戊子朔，九月無乙亥。《穀梁》誤也。

昭三十二年，"城成周"。《公》《穀》"莒人"下有"邾人"。《左氏》經脫誤也。

定三年，"盟於拔"。《左傳》杜注："地，闕。"《公羊》"拔"作"枝"。按，《左傳》作郯，云"修邾好也"。杜注，"郯即拔"。是"拔"在今山東沂州府郯城縣之地，而"拔"其異名。枝、拔形相近，如衛公孫拔之或誤爲

"枝"也。

定四年，"蔡公孫姓"。《公羊》作"公孫歸姓"。案，昭元年會，三家皆作"蔡公孫歸生。""生""姓"同聲通寫。《左》無"歸"字，脫也。

定四年，"杞伯成"。《公羊》"成"作"戊"。據《釋文》亦作"戊"。按此杞悼公也。杞君無以干支命名者，《公羊》誤字耳。

定四年，"吳入郢"。《公》《穀》"郢"皆作"楚"。按郢，楚都，較入楚詞更迫切。王伯厚《困學紀聞》第六卷乃云："書'吳入郢'，楚昭出奔，猶有君也。申包胥求救，猶有臣也，故不言'楚'。書'於越入吳'，國無人焉，如升虛邑，故言'吳'。"其論甚拙，且不知《公》《穀》二家固作"楚"也。

定五年，"三月辛亥朔"。《公羊》作"正月"。據《長曆》，則正月壬子朔，《公羊》誤也。

定八年，"晉士鞅帥師侵鄭"。《公羊》"士"作"趙"。按，"趙鞅"，趙氏，簡子；士鞅，范氏，獻子。《左定元年傳》，"晉之從政者新"，杜注："范獻子新爲政。"當從《左氏》作"士鞅"。

定十年，"秋圍郈"。《公羊》此"郈"作"費"。按，據《左傳》，侯犯以郈叛，兩圍之而不克；費無事焉。且費屬季氏，若有事於費，當季氏帥師，不當仍爲叔孫季孫也，《公羊》蓋涉十二年"墮費"而誤。

定十年，"會於安甫"。《公羊》作"會於鞌"。按，"鞌"之爲"安甫"，字分爲二，而"革"形又誤"甫"，如剌齒閒見之比。《公羊》是也。即成二年齊地之鞌，在今山東濟南府歷城縣。穀梁子曰："鞌去齊五百里"，故《通典》以爲在今泰安府平陰縣。然考之《左傳》，自始合以至齊敗止，爲一日之事，華不注山在濟南城北，去平陰二百三十里，何能一奔而遽至，近志似爲得之。

定十二年，"公會齊侯盟於黃"。《公羊》"齊"作"晉"。三家皆無傳。按，黃，齊地，桓十七年，"會齊侯、紀侯，盟於黃"；宣八年，"公子遂如齊，至黃乃復"，當在今山東青州府博興縣相近，即《水經注》所謂"黃山黃阜"，此魯東北至齊之道，絕遠於晉。且自十年"及齊平"之後，於晉無事。《公羊》誤也。

定十四年，"衛趙陽出奔宋"，《公》《穀》"衛"皆作"晉"。按，趙陽不見於他經；晉故有趙氏，有名鞅者，無名陽者。《左傳》謂"衛公叔戌之黨"，當不誤。《公》《穀》豈涉十三年"晉趙鞅入於晉陽以叛"之文而致誤也？

定十四年，"於越敗吳於檇李"。《公羊》"檇"作"醉"。按"雋""卒"，雙聲字之通也。越地，在今浙江嘉興府嘉興縣南四十五里。

定十五年,"日下昃"。《穀梁》"昃"作"稷"。按"昃"正字;"稷",假借字也。

定十四年,"二月辛巳"。《公羊》作"三月"。按二月己未朔,辛巳是二十三日;三月無辛巳。《公羊》非也。

定十四年,"陳公孫佗人"。《公羊》"孫"作"子"。按,佗人不見前經,則未知惠、懷、閔三公何族也。

哀二年,"戰於鐵"。《公羊》"鐵"作"栗"。按,鐵者,丘名,在今直隸大名府開州,有戚城,戚城南有王合里,即鐵丘也,衛無栗地。

哀三年,"城啓陽"。《公羊》"啓"作"開"。"啓"正字當爲"啓",開也。漢避景帝諱,"啓"皆作"開"。

哀四年,"二月庚戌"。《公》《穀》誤皆作"三月"。據《釋例》《長曆》,三月己丑朔。則庚戌爲二十二日;三月不得有庚戌。《公》《穀》誤也。

哀十年,"薛伯夷"。《公羊》"夷"作"寅"。按"夷""寅"雙聲通轉。此薛惠公也,考薛君無以干支命名者。

哀十三年,"許男成"。《公羊》"成"作"戌"。按此許元公也。許君亦無以干支命名者。

哀十三年,"晉魏曼多"。《公羊》作"魏多",《傳》云,"譏二名非禮也"。按《春秋》二名亦夥矣,曷爲獨此焉譏之?《公羊》詞費,率多類是。其實字脫也。

## 【甲種之五】

## 《公》《穀》記孔子生説

### （《經韻樓集》）

段玉裁

**西堂案：** 三傳之中，《左氏》有續經之文，《公》《穀》有記孔子生之文，續經之謬，容錄劉氏考證見之。段玉裁有《〈公〉〈穀〉記孔子生説》一篇，以明此條非《春秋經》原文。今錄原篇，附以鍾文烝《穀梁補注》一則。以補段説所未備者。陳立《公羊義疏》所説，亦並略錄之，以見其本真。

《公羊·襄公二十一年》："十月庚辰，朔，日有食之，曹伯來朝，公會晉侯、齊侯、寧公、衛侯、鄭伯、曹伯、莒子、邾婁子於商任，十有一月庚子，孔子生。"《穀梁·襄公二十一年》："十月庚辰"至"於商任"同，其下即云庚子孔子生。《穀》謂生於十月，《公》謂生於十一月，互異。據陸氏《釋文》，《公羊》與《穀梁》同上文十月庚辰，此亦十月也，一本作十一月庚子，是《公羊》有異本。今唐《石經》及板本，均從異本耳。又按徐彥解云："《左氏》無此言，則《公羊》師從後記之。"玉裁謂《公》《穀》識孔子之生，猶《左氏》記孔子之卒，然《左氏》書孔子名以記其卒，儼然庚經也。《公》《穀》曰孔子生不敢書名，則此當爲傳文無疑。陸氏云庚子孔子生，傳文也。又一本無此句，可證唐初《公羊》，尚有無此條者。自《公》《穀》經不别爲書，唐《開成石經》，每年經傳混合之，盡一年乃跳起，於是經、傳不可分；經、傳不可分，而庚子孔子生之文，儼然經矣。故馬端臨謂《公》《穀》二經，有孔子生，而不知爲傳也，非經也。今世板本冠之以傳字，校唐《石經》爲易明。蓋《左氏》記卒者，用魯史之成文。《公》《穀》記生者，見尊聖之微意。皆非敢曰真經也。

附錄：

## 《〈穀梁〉補注》一則

鍾文烝

《左氏》無此文。今本《公羊》多"十有一月"四字，唐《石經》以下皆然。據陸氏《音義》，知《公羊》亦無十有一月，其有者，乃別本之誤也。上有十月庚辰朔，則庚子者，十月二十一日。《疏》曰：《史記·（孔子）世家》云，襄公二十二年生者；馬遷之官，與經典不同者，非一也。《疏》以此文爲傳所錄，唐《石經》《公羊》經傳不可分。段玉裁曰：要爲作傳者所記，非經語。馬端臨以爲經，非是。文烝案：傳始本與經別行，豈得於"小大敵也"之下，突接此句。不爲傳體而爲經體乎？又豈得無月有日乎？《公羊》之傳，亦不得爾。此蓋弟子既受經於聖人，退而教授，附記於經，以標顯一家之制作。穀梁子作傳時，所據經已有此句，《公羊》之經，出於口授，即是此本。惟《左氏》別有傳授，故其經無此句，而獲麟後，則有續經三年事也。續經於孔某卒稱名，恒稱也。此附孔子生，稱子，貴稱也。

## 又，《〈公羊〉義疏》一則

陳　立

按陸氏所謂一本，既舊疏本，又云，本無此句，謂無"十有一月"句也。陸氏本明只有"庚子孔子生"五字，故推上十月庚辰以釋之。又本無"十有一月"句，與陸本同。段氏謂陸氏此句謂又本無庚子孔子生句，誤矣。

**西堂案：** 陳氏以段說誤，非是。"十有一月"四字，根本不成一句，陸氏所云，實指"庚子孔子生"全句也，否則當云無此四字，此可知者一也。徐《疏》所引舊本、古本、諸家經本、更有本、定本、一本，云云，不下五十事。其所見本，多出陸氏外者，（如文四年經："衛使寧俞來聘。"《疏》曰："正本作速字，故賈氏云，《公羊》曰寧速是也。"今三傳釋文，《正義》皆作"俞"，則陸、孔輩未得見此異本）不得云又本無"十有一月"句，與陸本同，謂古只有一異本，而無他本，此可知者二也。陳氏實以不誤爲誤。

## 【甲種之六】

## 續經之舊說

**西堂案：**《左氏》有續經，止哀十六年，其非才妄續，固甚易知者。然而爲之說辭者，猶不乏其人，信《左氏》之書者，亦不乏其人。人之好惡，又難言也。今録關於續經之舊說，舉賈、服、杜、孔所論，以見其略。再録劉逢禄《左氏春秋考證》中證續經之謬一節，以明其是非。

### 小邾射以句繹來奔

（《賈、服注輯述》）賈曰：此下弟子所記。（《本疏》）服曰：《春秋》終於獲麟，故小邾射不在三叛人中也。弟子欲明夫子作《春秋》，以顯其師，故書"小邾射"以下，至孔子卒。（《春秋序疏》）

（《左傳注疏》）注：射，小邾大夫。句繹，地名。《春秋》止於獲麟，故射不在三叛人之數。自此以下，至十六年，皆魯史記之文。弟子欲存孔子卒，故並録以續孔子所修之經。《正義》曰："此文與邾庶其，黑肱，莒牟夷文同。知射是小邾大夫，以句繹之地來奔魯也。"其事既同，其罪亦等，《傳》稱庶其等爲三叛人，不通數此爲四叛人者。以《春秋》之經，止於獲麟，獲麟以上襃貶，是仲尼之意，此雖文與彼同，而事非孔意，故不數也。若然，魯史書此，舊與彼同，則竊地顯名史先然矣。而《昭三十一年傳》，盛論書三叛人名，懲不義也。其善志也。杜言書曰故書，皆是仲尼新意。案此類彼，則彼是舊文，言新意者，仲尼所修，有因有革。因者雖是仲尼因舊，舊合仲尼之心，因而不改，即是新意。所以彼傳歸功修者，謂之善志，爲傳所以修之既定，乃成爲善也。故釋例終篇，杜自問而釋之云，丘明之爲傳，所以釋仲尼《春秋》，仲尼《春秋》，皆因舊史策書；義之所在，則時加增損，或仍舊史之無，或改舊史之有，雖因舊文，固是仲尼之書也。丘明所發，固是仲尼之意也。是其說也，《公羊》《穀梁》之經，皆至獲麟而盡，《左氏》之經，更有此下事者，自此以下至十六年，皆是魯史記事之正文也。仲尼所脩此記也。此上仲尼脩記，此下是其本文，弟子欲存孔子卒，故因經之末，並録魯之舊史，以續孔子所脩之經，記仲尼卒之月日，亦後人使知之耳。賈逵亦云：此下弟子所記，但不言是魯之舊史耳。

**有星孛。**（《左傳注疏》）注：無傳，不言所在，史失之。

夏四月己丑孔丘卒。（《左傳注疏》）注：仲尼既告老去位，猶書卒者，魯之君臣，宗其聖德，殊而異之。魯襄二十二年生至今七十三也，四月十八日乙丑，無己丑，己丑五月十二日，日月必有誤。《釋文》：孔子卒，孔子作《春秋》，終於獲麟之一句，《公羊》《穀梁》經是也。弟子欲記聖師之卒，故採魯史記以續夫子之經，而終於此，丘明因隨而作傳，終於哀公。從此已下，無復經矣。魯襄二十二年生，至今七十三也，本或作魯襄二十三年生，於今七十二；則與《史記·孔子世家》異，此本非也。《正義》曰：魯臣見爲卿，乃書其卒；致事而卒，猶尚不書；仲尼書卒者，魯之君臣，宗其聖德，殊而異之，故特命史官，使書其卒耳。《孔子世家》云：魯襄公二十二年而孔子生，孔子年七十三，以魯哀公十六年四月己丑卒。杜自以《長曆》校之，四月十八日有乙丑，無己丑，己丑乃是五月十二日也。日月必有誤者，劉炫云：《春秋》之例，卿乃書卒，縱令仲尼不告老，例不合書。而杜云，告老去位猶書卒，非也。今知不然者，案《周禮·典命》云：公侯伯之卿，三命，大夫再命。仲尼爲魯大夫，夾谷之會攝相事，十一年《傳》云，子爲國老，是大夫尊者，則二命以上，準例合書。故杜爲此注或可。杜爲抑揚之辭，以爲仲尼縱未去位，例不合書，告老去位，猶書卒者，欲明魯之君臣，宗其聖德之甚。劉不尋杜旨，以爲例不合書，而規杜過，非也。

## 【甲種之七】

## 證《續經》謬

### (《左氏春秋考證》)

劉逢禄

**西堂案**：《春秋》之經，文詞謹嚴，筆則筆，削則削，"蓋其襃貶予奪，因事制裁，非一端所可拘，唯化裁因心者能之"。（用劉紹攽《春秋筆削微旨》語）非後世所可以妄續者也。劉申受證續經之謬，援舉孔子經文，晉、鄭世家，以視其不合《春秋》書法，大違孔子筆削之旨，非可以曲解袒護之者也。是非所在，讀者自可知之。

"夏，四月，齊陳恒執其君寘於舒州。""六月，齊人弒其君壬於舒州。"

證曰：經書晉州蒲先幽後弒，移二月之"庚申"於正月下，謹嚴詳密如此。杜以彼處有閏十二月，庚申實在正月。知不然者，何邵公亦明術算，其所言可信也。且弒君之罪重矣，何暇詳其先幽後弒哉！"執"爲中國討罪之辭，豈可以臣下施之君上！既曰"陳恒"，又曰"齊人"；孔穎達引僞例曰："齊君無道"，以縱釋陳恒之罪：大違夫子請討之義。

"庚戌，叔還卒。"

證曰：《左氏》不載；作僞者見《左氏》固有不詳經事之體而著之。

"有星孛。"

證曰：經無此闕疑法。

"成叛。"

證曰：經無此書法。

"晉侯伐鄭。"

證曰：據《左氏》及《晉》《鄭世家》，是時晉臣專兵，君若贅旒，安得自將伐鄭！於事實不合。

"十有六年，春，王正月，己卯，衛世子蒯聵自戚復入於衛；衛侯輒來奔。"

"二月,衛子還成出奔宋。"

"夏,四月,己丑,孔丘卒。"

證曰:言納於戚則入衛不書;如鄭突入櫟,不復書入鄭也。即書之,亦不當言自戚入衛;衍歸衛,不言自陳儀也。書"輒來奔",則責以拒父,亦大失經意。子還成即瞞成,亦無此名字例。孔子生卒,謹書於傳記,宜也,而附於經,則經爲夫子家乘矣!夫子作《春秋》,游、夏不能贊一辭,不識後有劉歆之徒狂悖如此。而賈逵、杜預誣及弟子,是深惑於"左氏親見聖人"之説也。

附證:

"悼之四年。"

證曰:《魯世家》言悼公在位三十七年,獲麟後五十年矣。

## 【甲種之八】

# 春秋闕文表叙

## (《春秋大事表》四十三)

顧棟高

**西堂案：** 研究《春秋》，於三傳經文之異同，與《左氏》續經之妄繆，固當詳論之矣。其次當知者，則有闕文否也。唐宋學者，不信《公》《穀》所傳之微言大義，乃從《左氏》而謂《春秋》有闕文。有清之初，顧復初氏，亦不知治經當守家法，乃集唐宋儒者之説，成《春秋大事表》一書，其闕文表，謂《春秋》文有闕誤，不知其立論多違悟也。《春秋》本無闕文，前人有論之者（詳見《穀梁真偽考》所引劉紹攽説）。縱有闕誤，當亦甚尠。如顧氏《闕文表·叙》中所言，紀子伯莒子監於密。《公羊傳》曰：無聞焉爾。是非闕誤，尚難斷定。顧氏乃指摘《穀梁》《左氏》之説，以爲闕誤，不知《左》《穀》本非真傳也。夫人不書姜氏，貶必於其重者也。夫人雖爲處女，亦必知禮守義，豈不當責之者？去姜存氏，去氏存姜，蓋孔子所筆削，以昭茲來許，非盡誅已往，何拘固不通哉！貳過足責，省文見義，豈必先後一律，毫無筆削之義？顧氏所言，亦未免以史視經矣！其攻擊胡氏傳所云，尤責其所不當責者。兹姑録顧氏原文，以供研究之資料，與其過而廢之，毋寧過而存之。是非黑白，讀者自能見之。

儒者釋經，爲后王典制所自起，國家善敗，恒必由之，可不慎哉。《春秋》文多闕誤，三傳類多附會，而《公》《穀》尤甚；跡其流弊，種毒滋深。其大者如紀子伯莒子盟於密，本闕文也，而習《公》《穀》者，遂謂紀本子爵，后因天子將娶於紀，進爵爲侯，加封百里，以廣孝敬。漢世因之，凡立后先封其父爲侯，進大司馬大將軍，封爵之濫自此始。而漢祚以移，由不闕文故也。蓋嘗推而論之，日食闕書日朔者凡十，本史失之，而《穀梁》則曰：言日不言朔，食晦日也；言朔不言日，食既朔也。案自襄十五年以後，無不書日朔者，豈自此至獲麟，近百年總無食於前食於後，而獨參差不定，於襄以前乎？則《穀梁》之説非也。外諸侯卒闕書名者凡十，亦史失之；而《左氏》則曰：不書名，未同盟也。案隱元年及宋人盟於宿，而八年宿男卒不名；成十三年滕會諸侯同伐秦，而十六滕子卒不名。杞與魯結昏，而僖二十三年杞成公卒不名。則《左氏》之説非也。夫人不書姜氏及去姜存氏，去氏存姜者，凡四。而《左傳》則曰，不稱姜氏，絕不爲親禮也。賈逵又云：哀姜殺子罪輕，故但貶去姜，《公》《穀》又以出姜不宜成禮於齊，穆姜不宜從夫喪娶，故俱貶去氏，夫去姜存氏，存姜，不成文理。況文姜、哀姜之罪，豈待去其姓氏而明？至夫人方爲處女，事由父母，而必責其問合禮與否，無乃蹈附驂移曰之譏乎？亦拘固不通甚矣！王不稱天者凡六，其三史脱之，其三從省文，而胡氏於錫桓公命，歸成風之賵，及會葬，則云："聖人去天以示貶，夫歸仲子之賵，王已稱天矣！"豈於前獨罪宰咺，而於天王無貶。於此數事，又獨責天王，而於榮召無譏乎？桓五年三國從王伐鄭，此自省文爾！與公朝於王所同義。而胡氏以爲桓王失天討，豈朝於王所，不責諸侯，而反責王乎？必以桓十四年不書王爲責桓無王，則宣亦篡弑，何以書王？必以桓四年、七年不書秋冬爲責王失刑，則昭十年不書冬，定十四年不書冬，又何以説？秦伐晉，鄭伐許，晉伐鮮虞，皆是偶闕人字而《公》《穀》以爲狄之。夫秦且無論，晉之罪莫大於助亂臣立君，襄十四年會孫林父於戚以定衛，當日不聞狄晉！鄭伯射王中肩，未嘗有微詞示貶，而沾沾責其伐許，伐鮮虞，亦可謂舍其大而圖其細矣！凡此皆《公》《穀》倡之，而後來諸儒如孔氏穎達，啖氏助，趙氏匡，陸氏淳，孫氏復，劉氏敞，亦既辨之矣！而復大熾於宋之中葉者，蓋亦有故焉。自諸儒攻擊三傳，王介甫送目《春秋》爲"斷爛朝報"，不列學宮，文定反之，矯枉過正。遂舉聖經之斷闕不全者，皆以爲精義所存，復理《公》《穀》之故説，而呂氏東萊，葉氏少藴，張氏元德，諸儒俱從之，由是《春秋》稍明於唐以後者，復晦昧於宋之南渡，豈非勢之相激使然哉！夫蔑棄聖人之經，與過崇聖人之經，其用心不同，而其未得乎聖人垂世立教之旨則一也。愚故不揆檮昧，瀏覽諸家之説，於南渡以後，兼取黃氏仲炎、呂氏大圭、程氏端學、俞氏臯、齊氏履謙五家。列闕文凡百有餘條，俾學者於此，不復强求其可通，則於諸儒支離穿鑿之論，亦掃除過半矣。輯《〈春秋〉闕文表》第四十三。

## 《春秋》闕文表

| 隱三年春王二月己巳日有食之。 | 桓十七年冬十月朔日有食之。 | 莊十八年春王三月日有食之。 | 僖十二年春王三月庚午日有食之。 | 僖十五年夏五月日有食之。 |
|---|---|---|---|---|
| 杜氏預曰：不書朔，史失之。"先母舅曰"，或日或不日，或朔或不朔，並是史闕文。襄十五年以後無不書朔日者矣。 | 《左傳》不書日，官失之也。陳氏傅良曰：自文以上日食有不書日，考自文而下皆書日，故曰桓莊之世多闕文。 | 孔氏穎達曰：不書朔與日，脫也。孫氏復曰：日、朔俱失之。孫氏覺曰：《春秋》日、朔俱不書者惟二而已。程氏端學曰：或經成而後闕之。 | 杜氏預曰：不書朔，官失之也。 | 《左傳》不書朔與日，官失之也。 |
| 文元年二月癸亥日有食之。 | 宣八年秋七月甲子日有食之既。 | 宣十年夏四月丙辰日有食之。 | 宣十七年六月癸卯日有食之。 | 襄十五年秋八月丁巳日有食之。 |
| 杜氏預曰，癸亥是月一日。不書朔，官失之。 | 杜云：月三十日食。 | 杜氏預曰：不書朔，官失之。 | 杜氏預曰：不書朔，官失之。齊氏履謙曰：案是年六月無癸卯，其食限亦不在六月。推曆當為周正五月乙亥朔，八食限應是傳寫之誤也。 | 杜氏預曰：八月無丁巳，丁巳七月一日也。日月必有誤。鄭氏樵曰：日食不書朔者八。《左》曰：官失之也。《公羊》曰：二日也。《穀梁》曰：晦也。唐人以曆追之，俱得朔日，則《左氏》之說長矣。 |

續表

| | | | | |
|---|---|---|---|---|
| 莊二十五年六月辛未朔，日有食之。鼓，用牲於社。 | 襄二十一年九月庚戌朔，日有食之。冬十月庚辰朔，日有食之。 | 襄二十四年秋七月甲子朔，日有食之，既。八月癸巳朔，日有食之。 | | |
| 孔氏穎達曰：杜以長曆校之，此是七月朔日。經書六月。誤用鼓非常月故譏之。齊氏履謙曰：經文元非六月，後世傳寫之誤爾。 | | 齊氏履謙曰：經書頻日食，有二距，前月合朔，去交三十一度弱，定無再食之理。非常之變亦不至此，並是傳寫之誤也。 | | |

## 外諸侯卒闕書名凡十

| 隱七年滕侯卒。 | 隱八年辛亥宿男卒。 | 莊三十一年夏四月薛伯卒。 | 僖二十三年冬十月一月杞子卒。 | 宣九年八月滕子卒。 |
|---|---|---|---|---|
| 程子曰：不名，史闕文。劉氏敞曰：《左氏》云，不書名未同盟者也。非也，嘗同盟者卒，未必皆名，未嘗同盟者卒未必不名。 | 俞氏臬曰：同盟故來赴，不名闕文也。元年及宋人盟，而《穀梁》以為未能同盟，誤矣。季氏本曰：諸侯死則書名，乃策書常體。蓋諸侯之衆死而不名，則其世無所別。故凡不書名者皆闕文也。《彙纂》曰：凡不書名，諸儒以為史失之，是也。胡傳以為赴不以名，而經書其名，是聖人筆之，恐無可據。 | 俞氏臬曰：不日不名，闕文也。 | 高氏閌曰：不名，史失之。汪氏克寬曰：杞與魯結婚而成公卒不書名，皆闕文也。 | 《彙纂》曰：不日又不名，皆史闕也。 |
| 成十四年秦伯卒。 | 成十六年夏四月辛未滕子卒。 | 昭五年秦伯卒。 | 定九年秦伯卒。 | 哀三年冬十月癸卯秦伯卒。 |
| 高氏閌曰：秦桓公也，史失其名。 | 汪氏克寬曰：滕同伐秦，而滕子卒不書名，是史失之。 | 家氏鉉翁曰：史失其名非貶也。湛氏若水曰：不名者史書之略耳，無關於竊取之義。《公羊》以為匿嫡之名，非也。 | 史失其名。 | 史失其名。 |

## 時月日闕誤凡二十八

| 隱凡十年無正月。 | 元年三月公及邾儀公盟於蔑。 | 桓凡十四年不書王。 | 桓四年七月不書秋冬。 | 桓五年春正月甲戌己丑陳侯鮑卒。 |
|---|---|---|---|---|
| 隱自元年以後皆不書正月。《公羊》謂隱將讓乎桓，故不有其正；《穀梁》謂隱不自正，元年有正，所以正隱也。程氏端學曰：十年之間偶無繫正月之事，又偶有闕月日之文，故終隱公不得書正月也。《公》《穀》直捕風捉影之說耳。《彙纂》又謂隱在位十一年，王命凡五，至身既不朝又不報聘，是不奉正朔，自隱始故不書正以示義。愚論隱不朝王不報聘則統觀十一年之事而是， | 葉氏夢得曰：不曰闕文也，記史者以事繫日，以日繫月，其常也。有不可以盡得則有時而闕焉，此魯史之闕，而《春秋》不能益也。以為非義所在也間有待之以見義者。癸酉大雨震電，庚辰大雨雪，見時之失也；癸亥公之喪，至自乾侯戊辰公即位，見即位之節也。呂氏大圭曰：凡事成於日者曰成於月者，月成於時者，時不然則皆失之也。 | 先儒謂桓無王也。元年書王所以治，桓二年書王所以治督，十年書王謂天數之終，十八年書王謂正桓公之終，大抵皆祖《穀梁》之說。程氏端學曰：此為闕文，無疑聖人豈屑屑去一字以示褒貶，使後世揣摩臆度，必傳寫之誤。而後世不敢增益之耳必欲就闕文生義，則桓十四年書夏五而無月，昭十年、定十四年俱不書冬，又將何以為義乎？呂氏大圭曰：《春秋》書王本以律天下之小王，豈因桓之不王而遂自去其王乎？果以桓無王而不書王，則當始未盡然，又奚以元年、二年、十年、末年俱各書王，聖人 | 杜氏預曰：史闕文。朱子曰：或謂貶天子之失刑，不成議論。程氏端學曰：先儒皆謂逆亂天道歲功不成，故不具四時，穿鑿殊甚。使孔子果以四年冢宰聘桓而闕冬，而次年仍叔子復聘當復闕秋冬而不闕；果以七年穀、鄧來朝而闕秋冬，當先闕於滕子來朝與四國會稷以成宋亂之時，而又不闕孔子之取義，於是乎疏矣。又曰，杜氏謂闕文固善，然謂之史闕文則不可；蓋聖人闕疑 | 孫氏復曰：闕文也。李氏廉曰：《左傳》云，再赴；《公羊》則曰：君子疑焉；《穀梁》則曰：舉二日以包之，皆不究《春秋》之義。劉氏敞曰：或曰甲戌之下當有"陳侯之弟佗殺陳世子免"十字。程氏端學亦謂，經有書弒君而賊不討者，未有討賊而不書弒君者；使魯史但有蔡人殺陳佗之事而不見陳佗弒君事，夫子將並殺陳佗不錄，必不傳疑於後，此必筆削以後之闕文也。黃氏仲炎曰： |

續表

| | | | | |
|---|---|---|---|---|
| 非自見，不必每年削其正月以示義。隱自元年以後皆不書正月者，自是正月以後無事可書，或以年代久遠，但書春而史佚其月；《公羊》所謂傳聞異辭，是也。必從而爲之說則鑿矣。 | | 書法頓自改易，又安能使學者之必知其意？蓋桓之《春秋》闕文多矣，孔子作《春秋》授諸弟子，則其傳之也，豈能無脫誤哉？黃氏仲炎謂，天下之惡無大於篡逆者，洿宮壞室殺之無赦，當不俟終日，何待二年之後耶？其不書王，蓋亦如夏五闕月之類耳。 | 闕其事之不可知者爾，若秋冬書首月以備四時此非有實事，即魯果闕聖人亦宜正之，豈得亦仍其闕以世哉。 | 若魯史有二日並存之譌，不應述而不削，遺無故之疑。 |
| 桓九年春，紀季姜歸於京師。 | 桓十二年丙戌公會鄭武伯盟武於父；丙戌，衛侯晉卒。 | 桓十四年夏五。 | 莊十六年冬十有二月邾子克卒。 | 葬陳桓公。 |
| 呂氏大圭曰：月不書歸月，史失之。《春秋》不得而增益也。家氏鉉翁主此説。伊川謂，書王國之事不可用無王之月故，但書時似牽強不可從。 | 孫氏復曰：再言丙戌者，羨文也。此盟與卒同日耳，經未有一日而再書者。 | 孫氏復曰：孔子作《春秋》，專其筆削損之益之以成大中之法，豈其日月舊史之有闕者不隨而刊正之哉？此云夏五，無月者，後人傳之脫漏耳，或云此本連下鄭伯使其弟語來盟爲一句中脫一月字爾。 | 俞氏皋曰：不日，闕文也。 | 吳氏澂曰：不書月，史失之，蓋陳佗篡立而葬之也。俞氏皋曰：不書月，曰闕文也。 |

續表

| 僖七年秋七月曹伯班卒。 | 僖十四年冬蔡侯肸卒。 | 僖二十八年壬申，公朝於王所。 | 僖二十九年秋大雨雹。 | 莊二十有二年夏五月。 |
|---|---|---|---|---|
| 《彙纂》曰：季氏本以不日爲不赴，謂嗣子有爭，魯屢同盟會，無不赴之理。若不赴則亦不書矣，書卒不書日，闕文也。 | 劉氏敞曰：《穀梁》以爲諸侯時卒惡之也；非也。臣子小慢，則赴不其月日；大慢，則都不赴；《春秋》因而不改。若必以爲惡，此君故書時而不書日，則鄭厲、衛惠簒國叛王，《春秋》何爲不惡之哉？案劉氏謂臣子慢則赴不具日月，亦非也。豈有千里告喪而忘記月日之理？即使不具，魯之君臣亦當細加考究而後書於策，豈有仍其率略而漫書之乎？此蓋孔子修《春秋》以後之闕文也。 | 杜氏預曰：壬申十月十日有日而無月，史闕文。孫氏復曰：繫於月，此不月者脫之。 | 季氏本曰：不書月日，闕文也。案雨雹爲非常之災，豈有經一時皆雨雹之理乎？季氏以爲闕文無疑。 | 孔氏穎達曰：莊公獨稱夏五月，及經四時有不具者，皆闕謬也。孫氏復曰：《春秋》未有以五月首時者，此言夏五月，蓋五月之下有脫事爾。高氏閌曰：非五月之下脫簡，則是誤以四月爲五月。何休爲譏莊公娶讎女不可以奉先祖承祭禋，猶五月不宜以首時，此蓋因下秋七月，公及齊高傒盟於防，爲莊公謀昏之始，故生出如此穿鑿爾。 |

續表

| 文六年春，葬許僖公。 | 文九年冬葬曹其公。 | 宣三年冬十月丙戌，鄭伯蘭卒，葬鄭穆公。 | 宣五年叔孫得臣卒 | 成十七年十一月，公至自伐鄭。壬申，公孫嬰齊卒於貍脤。 |
|---|---|---|---|---|
| 俞氏皋曰：葬不書月，史闕文。 | 俞氏皋曰：不書月日，闕文也。 | 趙氏鵬飛曰：葬不月，闕文也。丙戌卒而丙戌葬，無是理矣。 | 黃氏震曰：卒不書日，諸家皆生義例，未必然。或云闕文者，恐近之也。《彙纂》曰得臣卒不書，闕文也。胡傳據何氏休說以爲得臣不能止仲遂邪謀，故削去其日。夫仲遂身爲逆者，其卒且書日；又季孫行父亦奔走齊助成逆謀，其左右仲遂尤力，而卒亦書日，何獨殊於得臣哉。 | 《穀梁》十一月無壬申，乃十月也。疏云，以下文十二月丁巳朔，逆推之則壬申爲十月十六日。案經文原本應於冬公會伐鄭之下，即書壬申公孫嬰齊卒於貍脤，蓋嬰齊從伐鄭遠至中途而卒。壬申爲冬十月十六日也，下方書十有一月公至自伐鄭，則有月日無誤矣。此蓋《春秋》之錯簡也。 |
| 襄九年冬十有二月己亥，同盟於戲。 | 襄十一年會於蕭魚 | 襄三十年夏四月，蔡世子般弒其君固。 | 昭十年不書冬 | 成十八年春王正月，晉殺其大夫胥童。庚申，晉弒其君州蒲。 |
| 杜注傳言十一月己亥，以長曆推之十二月無己亥，經誤。《正義》云，經書十二月而 | 杜氏預曰：經書秋史失之。《正義》曰：經雖無月，但蒙上秋上七月之文，又會下有冬， | 孫氏復曰：不日者脫之。 | 杜氏預曰：史闕文。孫氏復曰：此年無冬者，脫也。汪氏克寬曰：何休謂昭公娶吳孟之年，故貶 | 何休《公羊注》：日者二月庚申日，上繫於正月者，以正見幽；二月庚申日死也。疏云，知 |

續表

| | | | | |
|---|---|---|---|---|
| 傳言十一月，必有一誤。而傳於獻盟之下，更言十二月癸亥，門其三門。己亥在癸亥之前二十四日，以長曆推之，十一月庚寅朔，己亥爲十一月初十日；十二月己未朔，癸亥爲十二月初五日，十二月不得有己亥，經誤以十一月爲十二月也。 | 故以爲會在秋也。傳言，日月次第分明經謬史官失之耳。趙氏汸曰：傳於此年之事，自四月己亥以後所書日月甚詳，經書七月己未盟於亳城北，後有公至自伐鄭及楚子、鄭伯伐宋二事，則經書再伐鄭在九月明矣。鄭受伐，乃使良霄如楚，諸侯觀兵鄭東門，鄭人行成又晉鄭交湢盟已不得，復在九月。況湢盟後始退師爲蕭魚之會，豈復一月中事乎？蓋下文冬字當在會於蕭魚上，不知何由致誤也。案，杜、孔皆謂經書秋是經誤，但其説未分明。得東山而始暢。今案，此年傳云冬十月丁亥鄭子展出盟晉侯，十二月戊寅會於蕭魚，庚辰赦鄭囚下，秦人伐晉。傳壬午武濟自輔氏，己丑秦晉戰於櫟，從戊寅至壬午才五日，至己丑十二日則自會蕭魚至 | | 之，非也。傳受承誤而漏之耳。 | 庚申爲二月，日者以去年十二月丁巳朔，依長曆推之，今年正月小，則知今年二月爲丙辰朔，由丙辰數至庚申當爲二月五日，正月之中寧得有之乎？ |

續表

| | | | | |
|---|---|---|---|---|
| | 伐晉俱爲十二月事，而楚執鄭良霄約略在會之前後不多時。蓋鄭人一面告楚，一面行成，公在會尚未知有楚執良霄之事，逮公至自會而後鄭人來告良霄見執，晉人來告秦人來伐，方知楚焰已息，而心恨未已，魯史因其赴告之前後而書之，以志晉悼之功。其實二事在公未至魯之前也。蓋鄭之至楚、秦之至晉俱近，而公自鄭反魯極遠，反國之後而一國來告更遲，故書法次第如此耳。畢竟冬字當在會於蕭魚之上，古人文法疏略，自不拘此等。讀者當善會之。 | | | |
| 定十二年春薛伯定卒夏葬襄公。案，季氏本曰：卒不赴併月不知，故止書春。愚謂不赴魯史何從知又何用會葬，今世士大夫無不訃而往弔喪之理，此直是修成後闕文爾。 | 定十四年不書冬。杜氏預曰：史闕文。孫氏復曰：此年無冬，脱之。家氏鉉翁曰：何休云是年婦女樂，孔子行。不書冬者，貶也。此牽合之説，聖人豈以去位之故而削冬不紀乎？ | 哀十年薛伯夷卒；秋，葬薛惠公。案，卒、葬日月皆不具，是闕文。 | 哀十三年夏許男成卒；秋，葬許元公。闕文同上。 | 定元年春王。此本連下三月爲一句。因正、二月無事可書，故直書春王三月晉人執宋仲幾於京師也。西亭辨疑曰：《公》《穀》欲發定無正之義，乃分春王二字爲一節，胡氏因之，致使經義反晦。定公即位於六月之戊辰，此時位尚未定，《春秋》豈可預責其罪耶。 |

## 王不稱天凡六　　誤稱天子一

| 莊元年，王使榮叔來錫桓公命。 | 文五年春王正月，王使榮叔歸含，且賵。 | 文五年三月辛亥葬我小君成風，王使召伯來會葬。 | 桓五年，蔡人、衛人、陳人從王伐鄭。 | 僖二十八年公朝於王所。 |
|---|---|---|---|---|
| 孫氏復曰：不書天者，脫之。黃氏仲炎曰啖氏謂王寵篡弒以黷三綱，故去天以示貶。果爾，則孔子修《春秋》不惟行法於諸侯大夫，而褫奪其爵氏並加討於天王而褫奪其爵號也，僭亦甚矣；況桓之四年、五年、八年，王凡三次來聘，此非寵篡逆以黷三綱乎？何以皆書天王而獨於追錫桓公，命而去天以示貶也？《春秋》直書其事，即見其罪，不以去天為貶。朱子亦謂，若稱天王其罪，自見趙氏鵬飛曰 | 孫氏復曰：王不言天者，脫之。下會葬同此吳氏澄曰：不書天，脫簡也，非貶。呂氏大圭曰：《春秋》書錫命二王，使榮叔來錫桓公命，天王使毛伯來錫公命也。錫桓公命固不能行法錫文公命獨為得禮乎？使榮叔歸成風含則召伯來會葬，固為非禮，使宰咺歸惠公仲子之賵獨非妾母乎？王不去天何也？說者又曰，名冢宰所以示貶然。則榮叔獨不可貶乎？豈歸仲子之賵，罪在冢宰而不在天王；歸成風含 | 俞氏皋曰：葬而王歸含賵葬而使公卿會，則魯僖以妾母為夫人，實周成其惡矣。直書而義自見，何待不書天而後為貶乎。 | 程氏端學：王不稱天，省文耳。與公朝於王所同義。胡傳謂王奪鄭政而怒其不朝，以諸侯伐焉；非天討，故不書天。張氏洽謂，王以小忿伐鄭而大好大惡乃屢聘焉，故不稱天皆鑿說。又云，朱子以《春秋》之任付之。張洽嘗云，《春秋》直書其事而善惡自見，不必以一字為褒貶，如法家之深刻。其授受之際必以是告之，及其為傳則每事相反，豈頓忘其師說耶？案，鄭伯射王中肩，《春秋》不聞著辭以貶，而反以王 | 王不書天，亦省文，同上。程氏端學曰：《春秋》兩書公朝於王所，其義本責魯而不責天王也，亦不書天則省文，從可知矣。 |

續表

| | | | | |
|---|---|---|---|---|
| 不書天闕文或者附會天命天討之事以求不書天之旨，鑿矣。 | 貽罪在天王而不在榮叔乎。凡此皆傳寫之誤。 | | 非天討而不稱天，可謂助臣而抑君矣。又案，不書王師敗績，先儒皆謂聖人諱之而不忍言，非也。此係魯史不書也。何則魯史之文，從赴告鄭伯老奸，當日且使祭仲勞王問左右，安敢以敗王師告王？不聞赫然震怒，更征諸侯之師致討，自不當以敗告。然則魯史何從知之，但書某國某國從王伐鄭而已。 | |
| 僖二十八年壬申，公朝於王所。王不書天亦省文，義同上。 | 成八年天子使召伯來賜公命 杜氏預曰：天子天王者之通稱。俞氏皋曰：天子當作王，賜當作錫，俱文誤也。啖氏曰：二傳不知文誤，妄生穿鑿。 | | | |

## 夫人姓氏闕文凡四

| 莊元年三月夫人孫於齊。 | 僖元年夫人氏之喪至自齊。 | 文四年夏逆婦姜於齊。 | 宣元年遂以夫人婦姜至自齊。 | |
|---|---|---|---|---|
| 孫氏復曰：不言姜氏，貶之也。吳氏澄、程氏端學俱以爲闕文。愚謂此或是省文爾。若以爲貶哀姜之孫又何以書夫人姜氏孫於邾乎？或曰文姜殺夫，哀姜殺子，罪有輕重；夫殺夫殺子俱是弑君，恐不得分輕重。或又謂文姜鳥獸行，忘其族姓，故不稱氏。果爾，則哀姜之淫其叔可以爲異姓而末減乎？凡淫亂之人苟除曰文而外，其餘倫理皆可不顧，非聖人垂訓之道也。且後此會穀會防如齊師享祝邱，其忘廉喪恥已甚，又何爲不去姜 | 杜氏預曰：不稱姜，闕文也。而孫氏復曰：貶之；又云孫於邾不貶者，不以子討母也。此而貶者，正王法也。此蓋從《公》《穀》之謬說。賈逵又云：殺子輕故，但貶去姜。孔氏穎達曰：姜氏是夫人之姓，二字其爲一義，不得去姜存氏，去氏存姜，若必欲去，自可去其夫人之尊號，但去一姜字，復何所明於薨於葬？未嘗有貶，何故喪至獨去一姜，《公羊》云貶必於其重者，莫重乎其以喪至也。案，禮之成否，在於薨葬何以喪，至獨得爲重喪至，已加貶責於薨，於葬不應備文。何故？葬我小君復得成禮，故杜直斷以闕，文《公》 | 俞氏臬曰：不書氏，不書夫人，脫簡也。曰婦有姑之辭。《穀梁》謂成婦於齊，非也。遂以夫人婦姜至自齊，亦豈成婦乎？范甯又謂，夫人能以禮自防則夫婦之禮不成於齊，故譏公而夫人與有貶。案，婚姻之禮，夫來請之，父母許之，夫人此時不得自主，乃欲加此責備乎？即云非禮亦罪在齊侯，於夫人何與而乃以此貶？去氏尤不通之甚也。七年晉魏曼 | 杜注：不書氏，史闕文。《公》《穀》皆以不稱氏爲貶。夫人謂宣公喪，娶夫人從之亦非禮。孔氏穎達曰：去氏稱姜不成文義，若以爲貶，當去夫人之號，減一氏字復何所明？夫人稱姜氏，猶遂之稱公子也，遂豈可去子稱公乎？況從夫喪娶自可罪其父母，何可貶責夫人？宣公非淫掠，乃欲使齊女守貞乎？胡傳亦謂婦人無專行，蓋罪齊侯。爾案，若罪齊侯， | |

續表

| | | | | |
|---|---|---|---|---|
| 氏，以示貶乎。總之國君弑而夫人奔，直書於策而罪狀顯然已具不用，更去氏以示貶也。此因上桓十八年解。 | 《穀》殆妄爲之説耳。趙氏鵬飛曰：孔子曰辭達而不告，故不書，則當日公親在行復，不須告欲以爲無功，諱恥則克獲有功，亦無所諱。故云經文闕漏。 | 多帥師侵衛，書曰：魏多者同爲闕字，而《公羊》便謂《春秋》譏二名。何休謂二名難諱孔子作《春秋》，欲存臣子之敬古禮爲後世之法，甚矣其誣也，且即《公羊春秋》，其前後皆稱何忌，獨此一處少何字，便爲此説，又何以解於經文前後之爲二名者乎。 | 何爲獨責其女而去夫人之氏乎。 | |

## 補 遺

| 隱九年三月癸酉大雨震電。 | 僖二年城楚丘。 | 宣十五年王札子殺召伯、毛伯。 | 成元年冬十月。 | 成十四年秋叔孫僑如如齊逆女。 |
|---|---|---|---|---|
| 《左傳》：九年春，王三月癸酉，大雨霖以震。謹始也，凡雨自三日以往爲霖。杜氏預曰：此傳解書霖而經無霖字，經誤也。案此條《公》《穀》俱作"大雨震電"，而《左氏》獨作"霖"以震此。蓋《左氏》所傳授之本與《公》《穀》互異爾。后來劉炫之徒俱以爲經誤，可見聖經傳流，諸弟子當曰古文蝌蚪傳寫錯誤者多矣，究竟《左》與《公》《穀》未知孰誤。若據《記異》講則霖以震尤屬變怪，甫經三日之震霖，而庚辰隨即大雨雪，陰陽錯行莫大於此。 | 先師高紫超氏曰：城楚丘之上，當先有衛遷於楚丘一句，而今闕之耳。若上未嘗有衛遷之文而下忽書城楚丘，百世而下讀者但知爲楚丘而已，安知爲衛楚丘；但知爲城楚丘而已，安知爲諸侯城楚丘；衛與諸侯且不之知，而又欲令人茫然冥悟，以爲是聖人惡桓之不請命，惡桓之專封，不亦晦乎。故當有闕文無疑也。或謂楚丘之上脱一衛字，是未可知。 | 杜注：王札子，王子札也。蓋經文倒札字。 | 《穀梁傳》：季孫行父秃，晉郤克眇，衛孫良夫跛，曹公子手僂，同時而聘於齊。范氏甯曰：《穀梁》作傳皆釋經以立義，未有無其文而橫發傳者。疑"冬十月"下云季孫行父知齊脱此六字。 | 杜氏預曰：成公逆夫人最爲得禮，而經無納幣者，文闕絶也。孔氏穎達曰：闕絶者闕而文斷絶，蓋疑仲尼修定後其文始闕也。 |

續表

| 襄十五年春宋公使向戌來聘，二月己亥，及向戌盟於劉。 | 襄十四年衛侯出奔齊。 | 昭八年蒐於紅。 | 昭二十一年冬蔡侯朱出奔楚。二十三年夏六月蔡侯東國卒於楚。 | 哀四年盜殺蔡侯申。 |
|---|---|---|---|---|
| 孔氏穎達曰：劉釋例地闕，蓋魯城外之近地。高氏閌曰：凡因聘而盟者，必在國內。成三年及荀庚盟及孫良夫盟，十一年及郤犨盟，襄七年及孫林父盟是也。劉蓋王畿采地，豈有來聘魯而遠盟於劉者？蓋下文有劉夏，傳者因以為春夏之夏，與文四年夏逆婦姜於齊同遂，誤增於劉二字耳。案，魯地之劉。杜無注，孔氏謂城外近地者，蓋疑辭無實。據況魯之所畏事者，莫如晉十一年晉以公為貳於楚，留公九月，使郤犨來抗盟，公魯宜加 | 葉氏夢得曰：衎之不名，闕文也。或曰孫寧逐衎而立剽，剽得位非正，故不以兩君之辭與之。是不然，北燕伯款出奔齊燕有君矣，蔡侯朱出奔楚是東國謀篡矣，而款與朱何嘗不名。惟衛、鄭奔不以名見，蓋叔武不取於為君而攝之也。曹負芻歸，不以名見。蓋子臧不取於為君而逃之也，則內無君而不嫌耳。今剽有國十有三年，凡會盟征伐，《春秋》未嘗不書以衛侯及寧喜殺之，正其名曰弒君。 | 《左傳》：秋大蒐於紅，自根牟至於商衛，革車千乘。杜氏預曰：革車千乘，不言大者，經闕文也。 | 《穀梁》朱作東，曰，東者東國也。呂氏大圭曰：前書蔡侯朱出奔楚，而此書蔡侯東國卒於楚，《穀梁》以朱為東。《穀梁》所書，疑是而又脫一國字耳，何者？朱無歸入卒葬之文，而東國無出奔之事，疑只是一事。案，《左》《公羊》皆以朱與東國為兩人，汪氏克寬又引《史記·蔡世家》而辨《穀梁》之說為非是。然考《史記世家》無蔡侯朱年表，於昭二十一年云：蔡侯 | 《公》《穀》俱作弒。趙氏鵬飛曰：蔡侯申不宜與高祖同名閽弒，吳子書弒而此書殺，不應異同，蓋字誤也。 |

續表

| | | | | |
|---|---|---|---|---|
| 禮，恐後而荀庚郤犨俱只於國內盟之，何獨畏於向戌而盟於城外乎？疑高氏所謂誤文者，得之趙木訥亦云魯地無劉，劉乃王畿內之采邑，經文繼書劉夏逆王后於齊，其事相連屬，後世傳之誤耳。 | 孰有如是而非君者，吾故知其爲闕文而非義之所在也。案，《公羊》有衍字，宜從《公羊》。葉氏闕文之説是也。 | | 東國奔楚。與《穀梁》吻合，則朱即東國無疑矣。況出奔與卒不越兩年，若以爲兩人，則必朱訴於楚，楚拘東國，而東國復卒於楚，何以朱被逐之君而不書其卒？東國係篡國之賊，而不志其奔，聖人係所見之世立文，不宜如此之脱落無次序也。其爲闕誤無疑。 | |

## 附錄：《春秋》俱係孔子修成以後闕誤論

　　案，孔氏穎達曰：《春秋》闕文有二，有史本闕，聖人因而不改者。有係修成後始闕者。愚謂史闕而聖人因之無是理也。孔子修《春秋》，垂訓百世，必擇其善可爲法，惡可爲戒者書之。若前史有闕，宜並削而不錄，此何關於勸懲，而重書之，以惑誤來世？故知皆修成以後闕也。然《易》《詩》《書》三經，與《春秋》並傳於世，其闕文百不一二見，而《春秋》之闕文獨多，何也？曰是亦有故焉。古者用竹簡汗青爲書，易於剥蝕，須掌於官中，每歲修輯。《易》掌於太卜，《書》藏於柱下，《詩》隸於樂官；《易》自天子至士庶所習用，國家有大事，則詔卜筮；《書》則太史陳之，以詔王善敗；《詩》則燕饗祭禩，比諸樂歌，故偶有闕誤，隨即較正。而《春秋》自修成以後，則爲孔氏之私書，又定、哀以後，多有所刺譏隱諱，故當時游、夏不能贊一辭，而曾子、子思亦無一語及《春秋》，至孟子始標出知我罪我，及其義則丘竊取之言，而是時去孔子已百年矣！書藏於私家，其補綴修輯，必不能如官中之勤，闕誤是理之所有，無可疑者。左氏約生在孟子前後，故已有以紀子伯爲履緰之字，以甲戌己丑爲再赴，而公、穀則生於漢時，據所傳聞，謬誤尤甚。幸左氏爲史官，得見列國之史，與魯未筆削之春秋，此二書皆掌於官中，其義雖不存，而文之闕誤則無有，故左氏得據爲傳。其日月與經互異，往往傳是而經誤，此尤其顯然可見者。孔子嘗自言曰：辭達而已矣。若《春秋》之去姜存氏，去氏存姜，及曹宋之大夫不書名，不達已甚，顯係闕斷。宋儒不察，皆目爲意義所存，雖經杜、孔、啖、趙之駁正而不悟也，豈不謬哉！夫左氏親見國史，最有功於《春秋》，而當其時，孔聖之經已多闕，左氏不知，而反爲之說。如澶淵之會，傳據國史，本有"叔孫約會"四字。幽之盟，公羊氏經現有"公"字，而《左氏》所傳授之本偶無之，遂以爲諱不書公，諱不書大夫，不知春秋時會盟之非議者多矣，僖二十八年公會諸侯盟於宋，成二年公會楚公子嬰齊於蜀，絕不一諱，何獨於此焉諱？是則聖經之闕誤，因《左氏》而明，《左氏》且不知，而妄生穿鑿，何況後來餘子哉？曰：文定之爲傳，近世亦有知其非者，而列於學官，歷代不廢，何也？曰：在朝廷之公令，自不得不用胡傳，以其字字發揮，便於經筵之進講，敷陳大義；士子之命題，橫發議論耳。要非經義之本然也。夫明知其非是而不得不遵用之，此所以説經而經愈晦也。

**又，《春秋僖二十四年冬晉侯夷吾論》**

余嘗謂《春秋》闕誤多自經成以後，左氏不知而強爲之說。更有左氏作傳時未嘗誤，因漢晉以來傳寫之爲，爲杜氏之傅會曲成者，則如僖二十四年晉侯夷吾卒是也。《左傳》惠公之卒，以二十三年九月，而經在明年之冬，杜氏謂晉文定位而後告惠公之喪，經文從赴。程氏端學謂惠公之卒，此時非有內亂外伐，安得不告喪，必待文公之至而後告。借使文公入而告，必曰先君某以某年某月某日卒，魯史因而書之，必不書其赴到之日也。余則謂"四"字當是"三"字之誤。晉之九月，爲周之冬十一月，傳因赴告從晉夏正，而經自用周正耳。然則謂《左氏》之未嘗誤何也？曰文公告惠公之喪，此出於杜氏之說，《左傳》無之也。《左傳》於二十四年正月秦伯納重耳，曰：經不書，不告入也。二月殺懷公於高梁不書，亦不告也。此時魯一意事楚，目中無重耳，謂此亦當如夷吾之儔，不久爲秦俘縶耳。故自入國至剏伯，凡五年中，間無書一晉事者，晉殺呂郤不書，勤王及圍原皆不書，豈有獨書一夷吾卒之理？晉文豈有不告己之人，而反告惠公之喪之理？且懷公以踰年之君，晉文來告，豈容沒去？若欲諱其弒君之實，而以惠公死期，遲至經年，掩耳盜鈴，貽笑鄰國，晉文君臣必不爲也？竊意邱明作傳時，晉侯夷吾卒猶在冬十有一月杞子卒之下，自是懷公來赴。此後晉使絕不通往來，故懷公以踰年而見殺，重耳以公子而反國，經皆無從書。非爲文公諱而不書也。至邱明作傳以後，諸儒傳寫，誤置在二十四年冬；杜氏曲爲遷就，謂文公定位而後告惠公之喪，殊不思告者何人，豈有不預先書其入國之理乎？《左傳》謂不書不告入也，萬無可疑。《公羊》則以爲爲文公諱，家氏鉉翁、高氏閎則以爲桓公書入以其篡兄，文公於長幼次當立。果爾聖人宜別有書法，胡乃没而不書，謂之襃乎貶乎？高氏更謂魯未與晉通，而此書惠公卒者，以見文公之入。文公不書入者，以申生既死，文公以次當立。故竊意文公之入，若告自當書，無爲書惠公之卒，以見文公之入。文公於次果當立，則其入又胡爲不書。聖人用心，不宜委曲如此。故余謂左氏作傳時經文未誤。若此時已作二十四年晉侯夷吾卒，則文公告惠公之喪，當自《左傳》發之，無俟杜氏之補注也。

**西堂案：** 顧氏謂《春秋》係修成以後闕誤，舉《易》《書》《詩》三經以爲左驗，不知《詩》《書》亦多亡逸，《春秋》非絕無傳授者，其在官在私之説，甚不可通之論也。《春秋》信以傳信，疑以傳疑，顧氏生當千百年後，何由知"若前史有闕，宜並削而不錄"哉？其謂左氏得見列國之史，何以左氏不知幽之監有公？顧氏立説，實多臆斷。《春秋》去姜存氏，去氏存姜，曹、宋之大夫不書名，辭外非不達。豈必如後世之繁文哉。

又案：顧氏謂《春秋》闕誤多自經成以後，左氏作傳時未嘗誤，因漢晉以來傳寫之譌，爲杜氏之傅會曲成者，如僖二十四年晉侯夷吾卒，四字當是三字之誤。亦非是。晉文侵曹伐衛在僖二十八年，若如《左氏》説，文公以廿四年入，則其侵曹時當不如是之晚也。《左氏》説不可信，顧氏説尤臆斷。

## 【甲種之九】

## 《公羊傳》中之《春秋經》

梅思平

**西堂案：**《春秋經》之有無闕誤，讀顧復初之《闕文表》，可以知其略矣。近今研究《春秋》學者，亦主張有闕文。《民鐸》雜誌六卷三號，載梅思平君《論公羊傳及公羊學》一文，立論多本顧氏，亦頗不少創見。茲亦錄之，以俾參考。

《公羊傳》之書若以爲《春秋》之真傳，愚則期期不以爲然。據戴宏曰：子夏傳與公羊高，高傳與其子平，平傳與其子地，地傳與其子敢，敢傳與其子壽。至漢景帝時，壽乃與齊人胡毋子都著於竹帛。果爾，則《公羊》之學家世相承，傳授不爽。然今考《公羊》所據之經文，似有脫落竄亂之跡，此又何故耶？使《公羊》果世守《春秋》之學者，則於此簡短之經文必完整保存而無所失。若僅世守其傳而遺脫其經，則天下寧有是理。茲將經文可疑之條舉之於下。

### （一）經文脫亂，公羊氏明示不能解者

桓十四年，"夏五，鄭伯使其弟語來盟"。《傳》："夏五者何？無聞焉爾。"按"夏五"當爲"夏五月"。《公羊》見經文脫"月"字，遂闕疑焉。

莊二十四年，"赤歸於曹郭公"。《傳》："（赤）者何？曹無赤者，蓋郭公也。"按"赤歸於曹郭公"當爲"郭公赤歸於曹"。

### （二）經文顯有通文或衍文，而《公羊》强爲解釋，或因之誤解他條者

定元年，"春王"。《傳》："何以無正月？正月者，正即位也。定無正月者，即位後也。"

按，隱六年傳，"《春秋》雖無事，首時過則書。"是書正月與即位無關。定即位後，已於"戊辰，公即位"明示之矣，又何必去"正月"以暗示之？且"春王"不成詞，其爲"春王正月"之脫文無疑，《公羊》亦自知其說之不

可通，故以微辭了之。

莊元年，"夫人孫於齊"。《傳》："夫人何以不稱'姜氏'？貶。"

僖元年，"夫人氏之喪至自齊"。《傳》："夫人何以不稱'姜氏'，貶。……何爲不於弒焉貶？貶必於重者，莫重乎其以喪至也。"

按，莊元年"夫人"不俱脫"姜氏"二字；僖元年夫人不係脫"姜"一字，《公羊》不知爲脫文，而文姜、哀姜適皆爲罪人，遂各以貶辭釋之。然哀姜之罪實屬同類。文姜既於出奔貶之，則哀姜亦宜照例於出奔貶之。何以閔二年仍書"夫人姜氏孫於邾婁"？何氏以爲"文姜於出奔貶之者，爲内臣子明其義，不得以子絕母"。然莊元年《傳》又明言"不與念母"，何氏亦謂"絕文姜不爲不孝"，其詞適相矛盾。即如《傳》言"貶必於重者，以喪至貶之"，則亦必照例去"姜氏"二字，何以僅去一"姜"字？且"夫人氏"三字不成詞，全經亦無其例，其爲脫文尤屬無疑。

成十四年，"僑如以夫人婦姜氏至自齊"。

按，氏爲衍文。宣元年《傳》，"夫人何以稱'婦'？有姑之詞也。"案齊姜卒於襄二年，繆姜卒於襄九年。此夫人爲齊姜，抑爲繆姜，雖不可知，然成十四年尚有姑在，則已證實。故可斷定"婦"非衍文。"婦姜"又見於文二年、宣元年，足見凡姑在時（或爲姑婦同爲姜姓），夫人皆稱"姜婦"（如姓姜），所以別於其姑夫人姜氏也。"婦姜"之稱，猶之稱"某姜""某子"之類，其下皆不繫"氏"，故可斷定"婦姜氏"之"氏"確爲衍文。《公羊》不知此爲衍文，故誤以文二年爲略，以宣元年爲譏喪娶；又以"娶乎大夫""夫人與公一體"等辭委曲以完其説，亦云拙矣。

文十四年，"齊公子商人弒其君舍"。《傳》："此未踰年之君也，其言'弒其君舍'何？已立之，已殺之，成死者而賤生者也。"

按，僖九年"晉里克弒其君之子奚齊"。《傳》曰，"弒未踰年爲之號也"。據此，則"齊公子商人弒其君"不當有"之子"二字。後人因習見"弒其君某"之文，遂誤以"之子"爲衍而刪之。《公羊》不知其爲脫文，或被誤刪，故强爲解説如此。

文十八年，"冬十月，子卒"。《傳》："何以不日？隱之也，何隱爾？弒也。弒則何以不日？不忍言也。"

按，此條經文當作"冬十月，子赤卒"。《公羊》所見之經已脫日兩字，"赤"一字，其《傳》語則荒謬已極。按魯君隱、桓、閔被弒，皆日；未踰年君子般被弒，亦日，孔子何獨忍於子赤而不忍言其弒耶？莊三十二年子般卒名，此則不名。然彼全條上下無衍文痕跡，此則有脫文，故可斷定"赤"字亦脱。

僖二十五年，"衛侯燬滅邢。"《傳》："衛侯燬何以名？絶。曷爲絶之？滅同姓也。"

按此"衛侯燬"係涉下條"衛侯燬卒"而衍，如云燬同姓而絶，則"虞師晉師滅下陽"，何以無貶辭？

定六年，"季孫斯、仲孫忌帥師圍運"。《傳》："此仲孫何忌也，曷爲謂之'仲孫忌'？譏二名。二名非禮也。"

哀十三年，"晉魏多帥師侵衛"。《傳》："此晉魏曼多也，曷爲謂之'晉魏多'？譏二名，二名，非禮也。"

按，"仲孫忌""晉魏多"疑皆脱文，然"何""曼"似皆語詞，猶"越"之與"於越"，"邾"之與"邾婁"。"邾婁"《左傳》作"邾"；"越""於越"《春秋》並見。則"何忌"之與"忌"，"曼多"之與"多"，亦何怪耶？故譏二名之説亦無根據。

### （三）經文顯係脱落，《公羊》不加解釋，而後學曲爲之解者

桓三年，"春正月"。（終桓編十八年，僅元年，二年，十年，十八年有"王"，餘皆無）何氏曰："無'王'者，以見桓公無王而行也。二年有王者，始見也。十年有'王'者，數之終也。十八年有'王'者，桓公之終也。明始終有王，桓公無之爾。不就元年見始者，未無王也。二月非周之正月，所以復云之者，明《春秋》之道亦通於三王，非主假周以爲漢制而已。"

以上何休之言適足以見今之學者之巧於附會（下皆類此，不加駁正）。按桓無"王"確係脱文，且桓編脱文獨多，亦是一證。

桓四年，何曰："去二時者，桓公無王而行，天子不能誅，天下聘之，故爲貶，見其罪，明不宜。"桓七年，何曰："去'時者，桓公以火攻人君，故貶，明大惡。"

按此皆殘闕痕跡。（《春秋》雖無事，首時遇則書）所脱者不知若干條，其中不知有若何重要史料，甚爲可惜。

莊二十二年，"夏五月"。何曰："以'五月'首時者，譏莊公取仇國女，不可以事先祖，奉四時祭禖，猶五月不宜以首時。"

按，"夏五月"下當尚有經文，並非"首時過則書"之例。

桓十七年，"二月……五月丙午，及齊師戰於奚。"何曰："夏者陽也，月者陰也。去'夏'者，明夫人不繫於公也。"

按，脱"夏"字或上脱一條或數條。

成十年，"秋七月。公如晉"。何曰："如晉者冬也，去'冬'者，惡成公怨懟，無事天之意，當絶之。"

按，"公如晉"上脱"冬"字，或上下脱條。

昭十年，"九月……十有二月甲子，宋公戌卒"。何曰："去'冬'者，蓋昭公取吴孟子之年，故貶之。"

按，"十有二月"上脱"冬"字，或脱條。

定十四年，無冬。何曰："定公受齊女樂，三月不朝，當坐淫，故貶之。或説坐受女樂。今聖人去，冬陰，臣之象也。"

按，係脱條。

僖二十八年，"冬……壬申，公朝於王所"。何曰："不月而日者，自是諸侯不繫天子，若日不繫於月。"

按，"壬申"上脱'〇月'，或脱條。

桓十七年，"冬十月朔，日有食之"。何曰："去日者，著桓行惡，故深爲内懼，其將見殺無日。"

按，脱〇〇。

以上所舉何氏之解説，凡不挾成見者鮮有安其附會。且除文字脱落之外，亦别無他説可以解之。

### （四）經文而後人竄入之痕跡者

桓二年，"公會齊侯、陳侯、鄭伯於稷，以成宋亂"。《傳》："内大惡諱，此其目言之何？遠也……隱亦遠矣，曷爲爲隱諱？隱賢而桓賊也。"

按，《春秋》會三十餘，皆不目言。"以成宋亂"四字，係由《左氏》"會於稷以成宋亂"之文竄入。"成"與"平"通，"以成宋亂"即"以平宋亂"也。《公羊》誤以"成"爲"成功"之成，故言書桓公之大惡。

成八年，"晉侯使韓穿來言汝陽之田歸之於齊"。《傳》："'來言'者何？内辭也。"

按，《春秋》僅有"來聘""來盟""來朝""來會葬""來錫命""來逆女""來求""來納幣""來乞師"等辭，"來言"獨見於此，其詞又冗滯，絶非經文體例。且"來聘"等皆關禮儀，此則爲政治。而其他使臣來往，負有重大外交使命者，《春秋》皆僅書"來"或"如"，並不言其事。（惟"乞師""乞糴"係國之大事，故目言）疑此亦由《左氏》竄入。經原文或爲"晉侯使韓穿來聘"，其後全條脱落，或脱"聘"字，學者見《左氏》有"晉侯使韓穿來言汝陽之田歸之於齊"之文，遂以補入。

襄二十一年，"十有一月，庚子，孔子生"。

此條《公羊》無傳。但何氏已有注（無關經義）。《穀梁》亦有此文，惟係於十月。可見西漢以來所行經文確已如此。唯公羊氏著書時已見此條與否，無可意度。按《春秋》書"生"者僅有"子同生"一條。孔子非魯世子，例不當書"生"。不然，豈孔子出生時，史官即知其將爲聖人而特書之耶？即如今文家言，《春秋》爲孔子所自撰，因以自書其生，然孔子自稱皆曰"丘"，豈著書時反自號爲"孔子"耶！當時門弟子皆稱爲"夫子"；子思輩亦多稱爲"子"，至孟子時始稱"孔子"。且孔子謙諱忌，豈有於著述之中妄自尊大以取禍患耶？愚意此條或爲孔子卒後其門弟子或後之儒家所竄入。設公羊著傳時已有此文，則其所據之他部分經文皆能確保無後人竄入者乎？此實總之，《公羊》如爲《春秋》之嫡傳，則經文之奇特怪異者必一一有其解釋。何以"春"下無"王"，日上無月，月上無時等變例，多不能爲之說明？而間有偶爾解釋者（如定無正月，"子"卒不日等），何以皆固滯而不可通？而"夏至""郭公"諸文又何以自存其疑？觀此，則公羊氏所據以立說者已爲脫誤竄亂之經文，蓋已無疑……

## 【甲種之十】

## 春秋筆削大義微言考發凡

康有爲

**西堂案**：《春秋》一經，本孔子所筆削而成。其未經筆削之魯史，久已亡佚，無由知其義例矣。南海康有爲氏，據已修之《春秋》，以推未修《春秋》，成《春秋筆削大義微言考》一書，朱墨所刊，以見經意，其不能盡合孔子，固不待煩言者也。其卷首《發凡》，論《春秋》大義，則尚中肯綮，足以端正學者研究是經之趨向，知《春秋》不重在事文。若謂其非常之微言，傳在《公羊》家董仲舒、何休。直以董、何所云，即是孔子之意，未免武斷。今日研講《春秋》，必當分別孰爲魯史之例，孰爲孔子之義，孰爲董、何之說，使不至於淆亂。於周、秦、兩漢學術之遷變，亦可以察矣。此讀康氏之書，不能不辨者也。茲迻錄其《發凡》原文，以俾參稽，取其長而去其短，進而研究《春秋》經文則甚善矣。

吾舊有《春秋郵》十卷，《明學春秋凡例》，戊戌之禍，毀失於上海大同書局，後無暇再述，今提其要領，略發凡例，補明數條，以爲學《春秋》之航渡橋津焉，若其詳微，在學者據群書自考之，此雖簡甚，亦可通其端緒矣。

### 春秋在義不在事與文考

後世言《春秋》者，以一萬六千四百四十六字經文爲《春秋》，此六經之通例，無能駁者，故盧仝與孫明復之流，皆獨抱遺經究終始者，亦無可議也；然孟子者，去孔子不遠，得《春秋》之傳，應比後儒可信也。其言《春秋》學而述孔子之自言，則曰："其事則齊桓、晉文，其文則史，其義則丘竊取之"，蓋不取其文與事，而獨取其義。其義何在乎？《公羊》曰：制《春秋》之義以俟後聖。漢人所引，廷議折獄見於《漢書》，大書特書曰：《春秋》之義，大一統，大居正；《春秋》之義，王者無外；《春秋》之義，大夫無遂事；《春秋》之義，子以母貴，母以子貴；《春秋》之義，不以父命辭王命，不以家事辭王事……指不勝屈，其尊《春秋》至矣，然皆引《傳》而不引經文，其所謂《春秋》義，似別爲一書，而與今所尊之經文，渺不相屬者，此乃至奇，宜究心之事，否則其會盟朝聘，誠爲斷爛朝報，無義可稱，何足尊重，前有孟子、公羊，後有董子、劉向，兩漢諸儒，證據繁確，至爲可信，若不信諸儒，則不信孟子可也，若以孟子可信，學《春秋》者，第一當知孔子所作《春秋》爲"春秋之義"，別爲一書，而非今《春秋》會盟征伐一萬六千四百四十六字史文之書也，獨抱今會盟征伐一萬六千四百四十六字之書，則爲抱古魯史，而非抱孔子之遺經矣，買櫝還珠，得筌忘魚，史存則經亡矣，凡《史記》《漢書》引《春秋》義者，可條證焉。

### 春秋之義傳以口說而不傳在文字考

《漢書·藝文志》：《春秋》貶損大人，當世君臣，有威權勢力者，有所褒諱貶損，不可書見，口授弟子。劉歆《移太常博士》文，謂信口說而背傳記，是末師而非往古。蓋《春秋》爲孔子改制所託，升平、太平並陳，有非常異義可怪之論，故口授而不書見，七十子傳之後學。故許慎謂師師口口相傳，而劉歆改《國語》爲僞《左傳》，以攻口說，謂博士不信古傳記，而信末師之口說。可見漢時全國，講誦皆口說而已，故何休謂講誦師言，至於百萬，苟非七十子，後學確有口傳，安得舉漢世學者愚蔽至此，故不知《春秋》傳在口說者，孔子之微言大義，皆已滅絕，僅據《春秋》一萬六千四百四十六字之文，以爲據事直書，善惡自見，是魯之春秋，眞爲斷爛朝報，而與孔子作經制義，渺不相關矣，故學《春秋》者，第一當知《春秋》之大義，傳在口說，而不傳在文字，凡《史記》兩《漢書》《五經異義》，言口說者可條證之。

### "《春秋》義之口說傳在《公》《穀》"考

《漢書·藝文志》，及末世口說流傳，則有《公羊》《穀梁》、鄒、夾之《傳》，《公羊》《穀梁》立於學官，鄒氏無師，夾氏未有書，鄒、夾他不見，疑劉歆僞附會，然無論眞僞，《春秋》之義，在口說，口說傳《公》《穀》，徧於漢世之學官，誦于弟子，被于天下，今《公羊》《穀梁》二傳猶在，則孔子《春秋》之口授大義在，《公》《穀》二傳至可信據矣，故學《春秋》者，當知《公》《穀》爲口傳孔子《春秋》義之書，凡《公》《穀》之大義，如謹始、大一統、大居正、王者無外之大義數百，當條考之。

## "《公》《穀》以義附經文，有同經同義，同經異義，異經同義，而舍經文傳大義，則其口說皆同"考

《公羊》：曹世子來朝，傳《春秋》有譏"父老子代從政者"，不知其在曹與，在齊與，此文至奇，其《傳》大書特書，稱爲《春秋》者，不以今經文年月日，會盟征伐，一萬六千四百四十六字之《春秋》爲《春秋》，而別有所傳，雖有所見之《春秋》，本有"譏父老子代從政"七字，則今一萬六千四百四十六字之《春秋》，無此文也，且今一萬六千四百四十六字經文，皆記事無發義者，體裁亦不類，則知《春秋》真有口傳別本專發義者。《孟子》所謂"其義則丘竊取之"，《公羊》所謂"制《春秋》之義以俟後聖"，指此也。惟孔子唯雖明定此義，而以爲發之空言，不如託之行事之博深切明，故分綴各義，附入《春秋》，史文特筆削之，以爲記號，惟口傳者，輾轉久之，漸有誤亂。故《公羊》先師於傳《春秋》義"譏父老子代從政"一條，已忘其所繫之史文矣，其繫"曹世子來朝"之條耶，抑繫在"齊世子光盟於戲"之條耶，《公羊》先師篤謹，信以傳信，疑以傳疑，故云《春秋》有"譏父老子代從政"者，不知其在曹與，在齊與，可證《春秋》義之別爲一本，而又分條繫於史文。如今撰電報密碼者，撰成一一要言，密繫於各碼字中，任附何字碼，皆可以互對而知之，惟密碼偶有破損，則不知要言繫在何字碼矣。故他家或繫於經文，"仍叔之子來聘"條下，亦無不可，其要在明父老子不得代從政之大義耳，此孔子所竊取也。若曹世子來朝，齊世子光盟於戲，仍叔之子來聘，皆所謂"其事則齊桓、晉文，其文則史也"，斷爛朝報，無關要旨，可勿理也，試舍一萬六千四百四十六字之史文，徒摘《公》《穀》之口傳大義，則無一不同，特附史文時，有異同耳。此猶同記要言，而各編電報字碼，字碼雖異，而要言無殊也。一部《春秋》之義，可以此通之。吾讀《公羊》此條，乃大解徹，何君墨守《公羊》，而攻《穀梁》爲"廢疾"，蓋猶未明密碼之故，泥守所傳之電碼，以爲真傳，而不知《穀梁》所傳之電碼，亦是真傳也，遂使劉歆、賈逵緣隙奮筆，以《公》《穀》一家而鷸蚌相持，遂致僞《左》爲漁人得利，豈非先師墨守太過，敗績失據哉。今學《春秋》者，第一最要當知孔子《春秋》義，雖爲一書，而分條繫於史文中，各家條繫時有異同，其繫事文無關宏旨，惟傳大義同一發明。若通此例，《春秋》義自大光明發現矣；若不通，此猶是雲埋古道，不得見廬山真面目也。凡《公》《穀》二傳，同經同義考，同經異義考，異經同義考，可條證之。

## "《春秋》口説，《公》《穀》只傳大義，其非常之微言，傳在《公羊》家董仲舒、何休"考

　　史遷稱《春秋》文成數萬，其指數千；孟子稱《春秋》爲天子之事。今《公》《穀》二傳所傳大義，僅二百餘條，則其指數千安在？且亦未見爲天子之事也。董子醇儒，爲《公羊》學，而所稱《春秋》非常異義，多出《公羊》外，與胡毋生之傳於何休全合，與《穀梁》家之劉向亦合，與《孟子》合，董子豈杜撰者哉，何君亦豈及此哉？蓋皆七十子後學口傳於孔子，故自然相合爾，其傳《春秋》改制，當新王繼周之義，乃見孔子爲教主之證，尤要者，據亂、升平、太平三世之義，幸賴董、何傳之，口説之未絶，今得一綫之僅明者此乎，今治大地，升平、太平之世，孔子之道，猶能範圍之，若無董、何口説之傳，則布於諸經，率多據亂之義，孔子之道不能通於新世矣。今人聞升平、太平之義，猶尚驚怪，況在孔子之世，故必不能筆之於書，惟有傳之於口，乃至《公》《穀》。先師寫傳，亦只能將其據亂大義寫之，其升平、太平異義，實爲非常可怪，不能寫出也，亦只得口傳弟子，故見於董、何極詳，而《公》《穀》反若無之，夫以升平、太平之異義，範圍後世，非聖者不能作之，豈漢諸儒之篤謹能爲之哉？蓋董、何時，孔道益光大，故又不妨將所傳口説，稍寫出之也。試觀後世之攻《公》《穀》者，曰《公羊》以廢君爲行權，是神器可得而闚也；以妾母爲夫人，是嫡庶可得而齊也。《穀梁》以拒父爲尊祖，是爲子可得而叛也；以不納子糾爲內惡，是仇讎可得而容也。若此之類，傷教害義，不可強通，此范甯述漢晉以來儒先之公論也。范甯又曰，凡《傳》以通經爲主，經以必當爲理，夫至當無二，既不俱當，擇善而從，得不據理以通經乎，凡其所持，皆據亂之義也。孔子立法，豈爲一時？無論湯武順人，不使一人肆於民上，若今美、法之總統，瑞士之議長，豈有君臣，更何廢立；豈有神器，更何闚盜，若以范甯之倫聞之，不止驚爲傷教害義而已。三世之理相反，而適時各當，范甯及宋儒之倫，不識理而何據乎？彼所據理，不過據亂之一理而已，彼能得理之至當，而駁《傳》以通經，則人人能代孔子爲教主，而不勞孔子制《春秋》之義矣，然在據亂世而陳太平之義，當無不以爲大逆不道者，反於人心，則人不從。然則孔子，及《公》《穀》先師，蘊此異義，萬無寫出成書之理，除口傳外，更無別法矣；其相傳爲貶損當世大人有勢者，而不書見，猶非孔門本意所在也。然以口説無明文，故雖以兩漢全國講誦之經，竟爲劉歆僞《左傳》所攻倒，至於晉亂，《公》《穀》有書無師，口説遂亡，後人皆不知教主改制，據亂、升平、太平之義，中國輕視董、何之説，不

知爲孔子微言，甚且怪之，無人傳習，於是中國之治教，遂以據亂終，絕流斷港，無由入於升平、太平之域，則不明董、何爲孔子口說之故也。學《春秋》者，尤當知董子《繁露》，何休注，多爲孔子口說，七十子後學，輾轉傳之，雖有微誤，而宗廟百官之美富，可見大端，當一一理會，尊重發明之；否則雖抱《公》《穀》傳文，其於《春秋》猶欲入而閉之門耳。

### "董、何傳口說與《穀梁》及劉向學說全合"考

董、何傳《公羊》，董難江公，何作《廢疾》，若水火然，試舍棄所繫之經文，但述大義，則董、何與《穀梁》無不合者，可一一條證之，以明口說之真，蓋同出於孔門，後學故莫不同條共貫也。故學《春秋》者，當知董、何傳口說，與《穀梁》及劉向學說全合，則於《春秋》四通六闢，無所窒礙矣。

### "《春秋》有魯史之'不修春秋'，及孔子筆削已修之《春秋》"考

《孟子》曰：晉之《乘》，楚之《檮杌》，魯之《春秋》，一也。孔子曰，其事則齊桓、晉文，其文則史。司馬遷曰：因魯史而修《春秋》。孔子《春秋》，確以魯史爲底本，而加筆削，古今定義，無有異辭，至劉歆僞改《國語》爲《左傳》，於是其後學杜預之流，乃謂《春秋》直書其事，善惡自見，是直欲攻倒筆削之義矣。即三傳平列，襃貶之筆，實難盡攻，亦可言人人殊，各自推求，或且束三傳於高閣，獨抱遺經究終始矣。蓋魯史之原文，既不可考，則孔子之筆削，亦無從定其孰真，尊之則隨意推求，謂爲袞鉞，但以爲尊王攘狄而已；輕之，則以爲斷爛朝報，廢於學官，與三傳同束高閣，而《春秋》滅矣。如論天神之有無，而無一人能升天觀驗之，則聽人所說無不可也。惟莊七年經文"夏四月辛卯夜，恒星不見，夜中星霣如雨"。《公羊傳》曰：不修《春秋》曰，"雨星不及地尺而復"，君子修之曰，'星霣如雨'。"不修《春秋》"，即魯之《春秋》也，"君子修之"，即孔子筆削之《春秋》也。據此傳乎，則謂《春秋》只有直書而無筆削，不辨自辟矣。且《公羊傳》稱，"不修《春秋》曰，'雨星不及地尺而復'"，則是"不修《春秋》"之魯史原文尚存，《公羊》先師，猶得親見其本，持與孔子筆削之《春秋》寫本兩兩對校，而知"星霣如雨"四字爲孔子所修，古今群書，無人見魯史之"不修《春秋》"原本者，惟《公羊》有此文，吾由此推悟，乃知《公羊》所言，何以書，何以不書，有名無名，或詳或略，有日月無日月，皆校魯史"不修

《春秋》"而知之。"盛"之魯史原文爲"成";"齊仲孫"之魯史原文爲"慶父";"仲遂"之魯史原文爲"公孫遂";"莒人滅鄫"之魯史原文爲"立外孫"而非"滅";"元年正月"之魯史原文爲"一年一月";"天王"之魯史原文無"天";"虞師、晉師滅蔡陽"之魯史原文爲"晉師假道於虞",皆校魯史"不修《春秋》"原本而知之。惟其兩本互校,故書不書瞭然備見,而書不書之或詳或略,或削或存,或有日月或無日月,或名或不名,皆大義微言之所條繫,故筆削如電報密碼之編輯,然又非若編電報密碼之無義也,於筆削之中,即明大義。若"天王狩於河陽""梁亡""鄭棄其師""宋督弑其君""楚世子商臣弑其君",袞鉞森然,帝綱重重,光明四照,圓滿無漏,而實又別繫微言也。故董子曰:《春秋》微密而難知也。以其頭頭是道,太繁太密也,及魯史原本既逸,口説又亡,歧途易失,迷道難出;而僞《左》直書之説又亂之,於是筆削之跡不可見,而徒供聚訟矣。至於聚訟則真僞不分,是非莫定,終則同歸於盡,而孔子之《春秋》掃地盡滅。不獨孔子口説之微言大義滅,乃至孔子筆削,已修之《春秋》亦滅,二千年所傳者,僅爲一不魯史、不孔子之一萬六千四百四十六字"斷爛朝報"而已,豈不哀哉。吾讀《公羊》,至"不修《春秋》曰""君子修之曰",乃悟《公羊》先師,親見兩本之文,《公羊》《穀梁》董、何之口説,亦且聞筆削之條繫,吾今據《公羊》《穀梁》、董、何書不書,曷以書,曷以日月不日月,名不名,遂如見孔子筆削原文,乃條條字字推之,於是二千年後,焕然如親讀孔子筆削原文真跡。光明一旦發露,豈非古今絕異之大幸事哉!

雖二傳多無説者,失墜幾三之一,夫《春秋》之旨數千,今所收拾泰山一毫芒耳,而幸《公》《穀》、董、何諸先師,口説尚傳,遺文未泯,予小子得推拾先聖墜文於古學僞亂、諸儒聚訟之後,閱世綿襮二千年之遠,亦中國未有之事矣。嗟夫,此豈予小子所能哉,皆《公》《穀》、董、何先師之遺説也,天不滅先聖之道,將光大於大地,不能終泯其真假,予小子而牖其明耳。故學《春秋》者,第一當知《春秋》有魯史之"不修《春秋》",有孔子筆削已修之《春秋》二本,而公羊先師親見二本,互校而分別書不書也。不知此乎,則欲學《春秋》而閉其門也。

### 結序

《春秋》有四本:一魯史原文,"不修之《春秋》"。(孟子所見"魯之《春秋》",公羊所見"不修《春秋》"是也。今佚。可於《公》《穀》書不書推得之)。

一孔子筆削，已修之《春秋》。（世所傳《春秋》一萬六千四百四十六字者是也）

以上二本，皆文。

一孔子口説之《春秋》義。（《公》《穀》傳之）。

一孔子口説之《春秋》微言。（《公羊》家之董仲舒、何休傳之）。

以上二本，皆無文而口説傳授者。

今以《公羊》《穀梁》、董仲舒、何休所稱書、不書而推書魯史"不修《春秋》"原文，以墨寫在先，存爲史文案稿；以《公羊》《穀梁》、董、何所稱書、不書而推出孔子筆削"已修之《春秋》"，以硃筆寫改於墨字旁後，以明筆削之真跡，俾一覽如見孔子修《春秋》原本，以《公》《穀》、董、何、劉向所傳微言大義合輯之，於是，孔子作《春秋》之微言大義，乃略發明，而教主改制、升平、太平之義，亦可一一而推之。《易·大傳》曰，書不盡言，言不盡意。書者，文之可見者也；言者，口説之可傳者也。今雖摭什一於千百，未能見聖人大道之全，然亦粗得其大概矣。若夫聖人之意不可見者，其在升平、太平之條理耶？《公羊》曰：制《春秋》之義，以俟後聖。《中庸》曰：百世以俟聖人而不惑。是則在於補衍升平、太平之條理者乎？先聖、後聖其揆一也。述先聖之至仁，撥亂世，除民患，而極樂之至於大同，其在斯耶！其在斯耶！此非今編輯所及也。

門人好學，與我斯文，其校讎補闕者，順德麥孟華、南海黃通也，通尤勤矣。

## 春秋筆削大義微言考例言

一《左氏》不傳《春秋》，但爲《國語》；《公》《穀》爲傳孔經大義微言口説，故今只取《公》《穀》二傳，後儒向壁虛造之説，悉不引。

一《春秋》經文，俱依《公羊傳》，其有與《公羊傳》異者，於經文下注明。

一正文分三條，平列以闡發孔子筆削大義，第一條爲"不修《春秋》"，即魯史原文；第二條爲孔子筆削之稿；第三條爲"已修《春秋》"，即今之《春秋經》也。

一《公羊》《穀梁》二傳無説，或孔子仍魯史原文而無筆削者，止照今經文錄出，不復分別。

一經文中，有魯史原文所無，而孔子增入者，皆以朱文旁注於今經文之側，表示原文所無之意。

一《公羊》《穀梁》俱無傳無注者，則云無説，其無傳而有注，或引用或不引用，俱云無傳。

一漢儒詳於災異，凡日食、水旱、災蝝、地震、山崩等事，必極言。其先是若何，後是若何，此象某某，今間引一二，取足發明經義而止，其餘概從闕如，以省繁重。

### 春秋筆削大義微言考録目

卷一隱公

卷二桓公

卷三莊公閔公附

卷四僖公

卷五文公

卷六宣公

卷七成公

卷八襄公

卷九昭公

卷十定公

卷十一哀公

## 【甲種之十一】

## "春秋大義"是什麼

張西堂

**西堂案：**這篇文字是專論《春秋》在孔子哲學中的地位，和說明"《春秋》大義"的概略的。我研究《春秋》一經，絕對地嚴守《公羊》之說，我只承認《公羊》是《春秋》的真傳。我何故守《公羊》，棄《左》《穀》，俟將來再說明；但我希望對於《公羊》懷疑的人，先看梁任公的《歷史研究法》，《要籍解題》這一類的書。對於《穀梁》，近年無多人說，只好先看崔觶甫的《春秋復始》了。

### （一）

大概是要研究孔子的哲學，至少也得知道《春秋》的大義，才能得其真，得其全。《春秋》大義是什麼呢？我可以不遲疑地回答說：是孔子的哲學之全部。這是如何重要的書籍，但是有許多人不承認《春秋》有大義，而當歷史傳記看了。有許多人不知道"大義"是哲理，而當為褒貶善惡看了。有許多人對於《春秋》，不知其重要，即專門研究《春秋》的，也有許多人不甚明白，實在是可太息的事情了。本篇所說，意在明《春秋》之有"大義"，說"大義"就是哲學，並論《春秋》是極關重要而已。

我以為《春秋》大義不能講究明白，慢說研究孔子哲學，要受很大的影響；就是先秦哲學的思想綫索，恐怕也連帶的不能講透澈，故我先寫出這篇文字，求大家的注意和批評。

### （二）

《孟子》說："晉之《乘》，楚之《檮杌》，魯之《春秋》，一也。其事則齊桓、晉文，其文則史。孔子曰'其義，則丘竊取之矣。'"這是《春秋》有"大義"的明證。現在且詳說之：

一、由於孔子著述《春秋》的旨趣，可以看出《春秋》一定是含有深意大義的。古來傳說《春秋》的旨趣的，約有三種，大概都極可信。

孟夫子說：

> 世衰道微，邪說暴行有作。臣弒其君者有之，子弒其父者有之。孔子懼，作《春秋》。《春秋》，天子之事也；是故孔子曰："知我者，其惟《春秋》乎！罪我者，其惟《春秋》乎！"

董仲舒說：

> 周道衰廢，孔子知言之不用，道之不行也，是非二百四十二年之中，以爲天子儀表。……子曰："我欲載之空言，不如見之行事之深切著明也。"

司馬遷說：

> 子曰："弗乎弗乎！君子疾歿世而名不稱焉。吾道不行矣！吾何以自見於後世哉！"乃因史記作《春秋》，上至隱公，下記哀公十四年，十二公。"據魯""親周""故殷"；運之三代，約其文詞而旨博。

在這三說之中，什麼世道、是非，什麼"爲天下之儀表，以自見於後世"，足見孔子作《春秋》，一定含有深意大義的。但是我們最要留意之一語是："我欲載之空言，不如見之行事之深切著明也。"孔廣森《公羊通義·自序》說："理不窮其變，則不深；事不當其勢，則不切；高論堯舜之道，而無成敗之效，則不著不明。故近取諸《春秋》，因亂時之事，季俗之情，漸裁以正道。庶賢者易勉，不肖者易曉，亦致太平之所由基也。"廣森這幾句話，算是將"深切著明"四字解釋清楚了。但是最關緊要的是："載之空言，不如見之行事"十字，皮錫瑞《春秋通論》說：

> 載之空言，不如見之行事，後人亦多稱述，而未必人人能解。《春秋》一書，亦止是載之空言，如何說是見之行事？即後世能實行《春秋》之法，見之行事，亦非孔子所及見，何以見其深切著明？此二語，看似尋常之言，有令人百思而不得其解者。

這句話的關鍵，依我看來，就在"見"字。"見"字是表現的意思。孔子的意思是：用空話來說理，不如表現之於實事上，理由和證據能夠互相發明。故《春秋》這部書，只是假史明義，因事窮理；義理就是大義，不是一條一條的史文，一件一件的事實了。皮錫瑞又說："……即專著一書，說明立法之義如何，仍是託之空言，不如見之行事，使人易曉。猶今之《大清律》，必引舊案，以爲比例，然後辦案乃有把握。故不得不借當時之事，以明褒貶之義，即褒貶之義，以爲後來之法。"這幾句話，是說何以假史明義，因事窮理的。可以答復："孔叟既有爾許微言大義，何妨別著一書，而必淆亂歷史上事實，以惑後人"的疑問。總之，孔子著作《春秋》之旨趣，只是傳義，不是傳事，這是很明顯的。

二、由於孔子著述《春秋》的體例，可以看出《春秋》一定是含有深意大義的。《春秋》即是假客觀的歷史，表主觀的哲學，自然和原來史記大異其趣了。《春秋》不詳事實之真相，不重先後之次序；應記的反不記，應不記的反記；該詳的反不詳，該不詳的反詳；這都是《春秋》非史的明證。分明是晉文公召見天子，《春秋》却說是"天王狩於河陽"（僖公二十八年）；分明大國先而小國後，《春秋》却要說"虞師晉師滅夏陽"（僖公二年）；分明"夫椒之戰"是件大事，《春秋》却不登載（此據胡安國《春秋傳說》，事在哀公元年）；分明"丹桓宮楹"是件小事，《春秋》却要記錄（莊公二十三年）；一個梁國亡了，應詳而反略（《春秋》只書"梁亡"二字（僖公十九年）；一個宋伯姬事，應略而反詳，《春秋》所書共有八條（至成公七年至襄公三十年）。還有無其事的，反要書上，譬如襄公七年的"十有二月，公會晉侯、宋公、陳侯、衛侯、曹伯、莒子、邾子於鄬。鄭伯髡頑如會，未見諸侯，丙戌，卒於鄵"這一條，未見諸侯就死了，《春秋》偏要說他"如會"。《春秋》中如此類甚多，可見孔子修《春秋》，只是傳義，不是傳事，由《春秋》的體例上看來，當然《春秋》是有很多大義可考的。

如若我們說《春秋》是史，那《春秋》真是不倫不類的東西了！王安石肇錫以嘉其名曰"斷爛朝報"，梁任公復加之徽號曰"流水賬簿"，那都是絕妙的形容詞了！但是孔子說："君子之於言也，無所苟而已矣！"如孔子修《春秋》，他豈肯作出這不倫不類的東西嗎？我們看《春秋》，若是用"屬詞比事"的方法，或細看《公羊傳·注》的解釋，可以確信《春秋》例義是異常嚴整的，並非不倫不類。《春秋》重義不重事，是經不是史，千萬不可拿歷史的眼光看待《春秋》；如拿歷史的眼光看待《春秋》，那就真是"斷爛朝報""流水賬簿"了！梁任公先生說："蓋《春秋》而果爲史者，則豈惟如王安石所譏之'斷爛朝報'；恐其穢乃不減魏收矣！"我們知道孔子不是那樣無知識、無道德的人，孔子決不至於作出這樣的書來！家鉉翁在《春秋詳說·自序》上說："《春秋》非史也！謂《春秋》爲史者，不明乎《春秋》者也！"這是一點也不會錯的。

（附說）近來反對"《春秋》非史"之說的，當然以章太炎先生最爲有力了。其實太炎先生不過有門戶之見，故不得不如此說罷了。《國故論衡·原經》上面的話，理由不甚充足，不可爲訓。

## （三）

從孔子到於今，說《春秋》者，大概有數十百家，有些人們，已經告訴我們"《春秋》大義"是哲學的。他們對於《春秋》的考語，又可以見得《春秋》是經不是史，傳義不傳事；但是他們都無系統的說明，故至今"《春秋》大義"，還是不昌明，被烏烟瘴氣遮蔽滿了！現在揀出時代最古的，學問最深的幾家，來作代表，看他們說"《春秋》大義"是什麼。為方便起見，分為兩組看。

第一組：

莊子　《春秋》以道名分。

史遷　《易》本隱之以顯，《春秋》推見致隱。《易》與《春秋》，天人之道也。（《漢書律曆志》）

揚雄　說理者，莫辨於《春秋》。

邵子　《春秋》，盡性之書也。

程子　《春秋》一句即一事，是非便見於此，乃窮理之要，學者只觀《春秋》，亦可以盡道矣。

程子　觀聖人之書，而知《論語》之安仁，書於《春秋》者，無非此理。

朱子　《易》以形而上者，說出在那形而下者上；《春秋》以形而下者，說出在那形而上者去。

朱子　《春秋》本是正誼明道之書。

第二組：

子貢　《春秋》切而為國家資。

子夏　有國家者，不可以不知《春秋》。（《繁露》）

董君　《春秋》正是非，故長於治人。

周子　《春秋》正王道，明大法也。

程子　《春秋》聖人之用。聖人之用，全在此書，……乃窮理之要。

胡氏　百王之法度，萬世之準繩，皆在此書。……學是經者，信窮理之要矣；不學是經而處大事、決大疑，能不惑者，鮮矣！

胡氏　其於格物修身齊家治國，施諸天下，無所求而不得，亦無所處而不當，何莫學夫《春秋》！

由第一組看來，前人對於《春秋》，已看出有論知識，論人生等類地方。莊周、揚雄之言，是說有孔子的名學思想，史遷、朱子之言，是說有孔子的玄學思想，其餘如盡性、安仁、正誼明道，是說有孔子的倫理思想，或是孔子哲學的根本觀念。故可見"《春秋》大義"，即是孔子的哲學思想。

由第二組看來，前人對於《春秋》，不惟是承認有孔子之政治思想，且將這種思想，恭維得有些太過。《春秋》本因當時之政治史跡，表現其個人意見，這是毫無可疑之處。但政治論之根本，還在人生論的思想；前人對於這一點，未曾看出；故大半以爲《春秋》只是長於治人了。總之，"《春秋》大義"是孔子哲學之全部，這是可信任的。

以上由前人之言論，證明《春秋》大義是孔子哲學，現在請將自己的意見說出來。

《春秋》既不是史文，而只傳義理，這義理當然是孔子的思想，或是孔子的哲學。既是哲學思想，當然有根本觀念，有出發點，有歸宿處；豈是毫無系統，毫無組織，而可稱爲哲學家之思想？《春秋》大義，雖分見於各條，但我們能研究出有系統之孔子哲學思想的。在《春秋》中表現之孔子哲學思想，最要者約有五項。請略述之：

一、正名。孔子正名之業，在於《春秋》，這是人人所知道的。由《春秋》之中，我們可以看出正名主義，至少有：正名實、明是非、示分義、別嫌惑這四種觀念。此外示人以求知的方法的，尚有所謂《春秋》"屬詞比事之教"，亦是很關重要。因此我們相信孔子對於理智，並不輕視。

二、慎微。司馬遷說："《春秋》推見以至隱"，這是《春秋》之要義。由《春秋》之中，我們可以看出慎微主義，無論在正名實、原心意、安仁恕、明政治這幾條要旨上，都很重要。至於慎微之方法，如重本慎始，防微杜漸，亦可察見，《春秋》中表現知幾其神的意味是很明切的。

三、原心。董仲舒說："《春秋》之論事，莫重於志"，可知《春秋》有行爲動機論。動機不是專爲揚權誠僞，明辨善惡，其實尚有重要的意義。人們的略述誅心論，大概是出於《春秋》尚有許多應當討論的地方，但必從《春秋》研究，才能得其真義。總之，行爲動機論，實是孔子哲學的重要觀念。

四、安仁。仁是萬善之總名，是孔子哲學的根本觀念。《春秋》之中，亦是如此。凡正名、慎微、原心、明政，這些思想，都出發於仁，歸宿於仁。黃楚望說："《春秋》本是一貫之道，天子以一理裁萬物，洪纖高下，各有攸當，而學者竟未知其爲一貫也。"（趙汸《春秋師說》）一貫之理，只有仁了。

五、明政。《春秋》興滅繼絕，尊周攘夷，誅暴討亂，愛民輕君，這都是根本於仁，歸宿於仁的政治思想。在《春秋》中，政治思想佔居全書最大部分，故董君說："《春秋》正是非，故長於治人。"我們如只認《春秋》有政治思想，推尋淵源，亦可見出孔子哲學之全部了。

這五種思想，大概也足見《春秋》大義之一般了！《春秋》沒有什麼論宇宙之來源或論宇宙之本體的。孔子哲學，根本沒有這種宇宙論的思想；中國哲學，大半如此，《春秋》自然不是例外。但如參天地，盡物性等，本是孔子哲學的要義，其實這種思想，《春秋》之中也含有的，不能因此否認"《春秋》大義"即是孔子哲學。

從前研究《春秋》的學者，對於"《春秋》大義"，有兩種誤會之處。第一，他們認錯了"《春秋》大義"。譬如研究《公羊傳》的人們，他們最喜歡把什麼"張三世"、通"三統"，當作"《春秋》大義"。其實那些玩意兒，都是無關宏旨，至多也不過在政治論上有些微之關係，只能說是"小"義，哪能比得正名、慎微等那些"大"義呢？人們因為那些玩意在《春秋》上有些特別，故大講而特講，講明白了，也與孔子哲學無若何之關係。第二，他們錯講了"《春秋》大義"。他們把"《春秋》大義"，只看為一條一條的，他們未說出系統來，故不能把"《春秋》大義"，視為孔子之整個的哲學。

《春秋》本無一字褒貶之說，而人們偏以為《春秋》"寓褒貶""別善惡"。趙汸《春秋屬辭》說："《春秋》所以別嫌疑、明是非，而非褒貶之謂也。……學者弗能深考，一字褒貶之說，蓋由是生焉；夫既以變文為貶矣，而不變者非褒也，由是有貶無褒之說生焉。"朱子說："今人看《春秋》，必要謂某字譏某人，則是孔子專任私意，妄為褒貶。"（《語類》三十八）看這兩段話，就知道《春秋》不重褒貶了。孔子不是計較利害、論人長短的人。"既往不咎"，孔子又褒貶什麼呢？把《春秋》當褒貶看，實在是大錯了。

## （四）

試看"《春秋》大義"之重要！

現在我們研究孔子哲學，只有根據《周易》《春秋》《論語》三書，餘如《詩》《書》《三禮》，大概都不可信靠。在《周易》《春秋》《論語》三書之中，我以為只有《春秋》一類，比《周易》《論語》，無可疑處。《周易》本是伏羲、文王、周公、孔子四聖合作，現在雖有人否認《周易》有文王、周公的成分（參看皮錫瑞《經學通論》），但也不能否認有伏羲的成分；我們是否能將《周易》完全認作孔子的哲學，這是第一個問題。相傳孔子之作《十翼》，自歐陽修《傳易圖序》、葉水心《習學記言》辨別以後，我們才知道《十翼》並不是孔子之作，是《易經》尚有竄偽的部分。我們是否能完全相信為孔子哲學，這是第二個疑問。至於《論語》一書，本是曾子弟子紀錄出來的（柳子厚《論語辨》），廖季平說："《論語》少壯、晚年之語俱有"（《今古學考》），康南海說："《論語》盡是曾門小康之道（《論語注序》）。《論語》在思想方面，盡有難信之處，我們有了第一個疑問了。《論語》上有許多竄亂之處，且有許多不是孔子的話，從韓退之到袁隨園，已有不少的發見。《論語》在文字上面，又有難信之處。這是我們第二個疑問了。最好是拿"《春秋》大義"作爲資證，才能研究《易經》《論語》。

再從《春秋》方面立說，《春秋》是極可相信。《三傳》的並傳，雖使"《春秋》大義"湮沒了兩千年，但一方面却保證了《春秋》無竄亂的地方。《春秋》雖是口說相傳，到漢景帝時，才著竹帛，然而是沒有闕漏的。（劉紹攽《春秋筆削微旨》說："夫所謂闕文者，果傳寫之誤乎？抑舊史之闕乎？以爲傳寫之誤，則一傳可闕，不容三傳具闕也。以爲舊史之闕，則'西狩獲麟'，乃孔子所目覩，何難考驗而得其日月，而但書時不書月？"）《公羊傳》的文字簡古謹嚴，正合《春秋》的筆法，其傳授也極可靠（朱子說："《公羊》是個村樸秀才，《穀梁》又狡黠得些。"），在文字上是沒有疑問。其實思想亦洽合《春秋》，不過後世因爲有許多"非常異義可怪之論"，故不甚相信。《公羊》經清儒的解釋，已經"撥雲霧而睹青天"，我們對於《春秋公羊傳》之大義，絲毫不用懷疑。

在《春秋》之中，有四條要旨，是《易經》《論語》所未有，或雖有而不明顯詳細的。這是我們研究孔子哲學，有研究"《春秋》大義"之必要。

一、正名主義，在孔子哲學中，很占重要地位的。但是正名的宗旨，正名的方法，只有《春秋》表現得最詳盡，在《論語》書中所有的，不過一兩條罷。《春秋》屬辭比事之教，在《易經》《論語》上都是沒有的。"屬"就是綜合的意思，"比"就是比較的意思，內中含有歸納法的求同、求異諸術，我們如不研究《春秋》，就不能知道孔子哲學有這種地方了。此"《春秋》大義"根本上之重要之一。

二、孔子哲學是唯心派，故有動機論。但是在《論語》《易經》上所說的只有幾條，不能得見其全。在《春秋》上關於論行爲之動機的就多了。在《論語》上決不能見出原心論有行恕、安仁的意義，而在《春秋》上却表現得極明顯。故我們不研究《春秋》，不能知道孔子哲學有這些地方了。此"《春秋》大義"根本上之重要之二。

三、正誼明道的思想，在《論語》《易經》上本有甚多的議論，但我想《春秋》本是正誼明道之書，在《春秋》上自然講得格外明顯清晰，條目自然多了。董仲舒首先提出："正其誼不謀其利，明其道不計其功。"他是《春秋》學者，故能見得如此。此《春秋》大義根本上之重要之三。

四、《春秋》是評論當日之政治事務和政治行爲的。譬如"譏世卿"是打破貴族政治，誅暴君是發揮民本政治，這些都是在《易經》《論語》上不可多見的。蕭楚在《春秋辨疑》上說："《孟子》曰……'民爲貴，君爲輕'，此《春秋》之義也，……故《春秋》所書，大致亦以民事爲重。"如不研究《春秋》，能見得《孟子》的話是有淵源的嗎？孔子政治哲學，實只傳在《春秋》，此《春秋》大義根本上之重要之四。

此外尚有許多處所，亦很重要。譬如顯著幾微，明察人倫，這兩種思想，只要是研究《易經》《論語》就可知道的，但是《春秋》上表現得格外深切著明，很容意提醒人的。孔子哲學，本關於正心修身的方面較多，這種深切著明的大義，讀之，於我們的身心上必有很大的益處。我在上面說的，可以印證《易經》《論語》，可以見得孔子哲學之"真"之"全"，這不過算一件末事罷！

## （五）

在結論中，我請對於"《春秋》大義"之懷疑者加以解釋。我請以朱子之語爲代表。

朱子是一個博學的孔子之徒，他以爲"《春秋》煞有不可曉處"，他對於《春秋》沒有什麼著述，他覺得《春秋》之研究有不可能的地方，他說：

> 今只眼前朝報差除，尚未知朝廷意思如何，況生乎千百載之下，欲逆推乎千百載上聖人之心？況自己之心，又未如得聖人，如何知得聖人肚裏事？……除非是孔子還魂親説出，不知如何。（《語類》三十八）

朱子對於《春秋》這樣的懷疑，極可敬佩，其實未免矜慎過度了罷。我對於朱子所說，有三層解答。第一，朱子說過："孔子修《春秋》，當時亦須與門人講說，所以《公》《穀》《左氏》得一個源流……若是全無傳授，如何鑿空撰得？"我們現在雖居在孔子千百年之後，如根據孔子親自傳授的《公羊》研究《春秋》，那是孔子的真意，有何不可呢？（朱子不信《公羊》，故如此說）第二，朱子以爲必須孔子還魂，才能再講《春秋》，這是萬辦不到的事。但是我們能否將《春秋》"束之高閣""存而不問"呢？將正名、原心、明政之旨置之不理，孔子之學，又不得其全，我們就因噎而廢食嗎？第三，朱子以爲研究《春秋》，不免有"猜謎"的嫌疑。老實說罷，研究古時的學問，都不免於"猜謎"。譬如"子貢方人"四字，有說是子貢"謗"人，有說是子貢"正"人，朱子說是子貢"比"人，這三說那個對呢？朱子能擔保"比"人猜對了嗎？何以研究他種書籍，不怕猜謎的嫌疑，對於《春秋》，又說如何知得聖人肚裏事呢？研究《春秋》，又何嘗是像朱子説底那樣呢？我請鄭重聲明：《公羊》是孔子親自傳授下來的，我們只用嚴謹的方法研究《春秋》罷了。對於朱子這種懷疑，沒有什麽表同情的地方。

最後，我請引朱子的這一句話告結束："孔子之事，莫大於《春秋》"——《孟子注》。

## 【甲種附録之一】

## 《春秋》集目

張西堂

**西堂案**：《春秋》一經，號稱難治，歷代學者，關於《春秋》之述造，亦浩如烟海；學者欲專研之，每苦難於問津。兹依各書目集爲斯篇，以爲有志斯學者之參考，附贅數語，以見階梯，其有略漏，當再詳焉。

《公羊注疏》二十八卷（何休解詁，徐彦疏）（以下《十三經注疏》本）
《穀梁注疏》二十卷（范甯集解，楊士勛疏）
《左傳注疏》三十六卷（杜預集解，孔穎達疏）
　　《公羊》徐疏，確爲六朝人所述作，治《春秋》者，必當讀之。三《傳》注疏，自是初學入門之書，亦學者所必備之書，故先列此。除《左氏》外，先讀清儒新疏亦可，詳下。
《春秋繁露》十七卷（董仲舒）（以上古經解彙函本）
《春秋釋例》十五卷（杜預）（又聚珍本，貸南閣本，埽葉山房本）
《春秋微旨》三卷（唐　陸淳）（又聚珍本，經苑本）
《春秋集傳纂例》十卷（同上）（經苑本）
《春秋集傳辨疑》十卷（同上）
　　《春秋繁露》，爲西漢經師之著述，讀三傳外，當先讀此。可參看蘇輿之《義證》。陸淳《纂例辨疑》亦當閱，以見唐人説經風氣。且以知三《傳》是非。
《春秋尊王發微》十二卷（宋　孫復）（以下通志堂經解本）
《春秋皇綱論》五卷（宋　王晳）
《春秋傳》十五卷（宋　劉敞）
《春秋權衡》十七卷（同上）
《春秋意林》二卷（同上）
《春秋名號歸一圖》二卷（宋　馮繼先）
《春秋年表》一卷（不著撰人名氏）

《春秋列國臣傳》三十卷（宋　王當）
《春秋本例》二十卷（宋　崔子方）
《春秋經筌》十六卷（宋　趙鵬飛）
《石林春秋傳》二十卷（宋　葉夢得）
《春秋後傳》十二卷（宋　陳傅良）
《春秋集解》三十卷（宋　吕祖謙）
《春秋左氏傳説》二十卷（同上）
《春秋左氏傳事類始末》五卷（宋　章冲）
《春秋提綱》十卷（宋　陳則通）
《春秋王霸列國事紀編》三卷（宋　李琪）
《春秋通説》十三卷（宋　黄仲炎）
《春秋集注》十一卷（宋　張洽）
《春秋或問》二十卷（宋　吕大圭）
《春秋五論》一卷（同上）
《春秋詳説》三十卷（宋　家鉉翁）
《春秋類對賦》一卷（宋　徐晉）
《春秋諸國統紀》六卷（元　齊履謙）
《春秋本義》三十卷（元　程端學）
《春秋或問》十卷（同上）
《春秋集傳》十五卷（元　趙汸）
《春秋屬辭》十五卷（同上）
《春秋師説》三卷（同上）
《春秋左氏傳補注》十卷（同上）
《春秋諸傳會通》二十四卷（元　李廉）
《春秋集傳釋義大成》十二卷（元　俞皋）
《讀春秋編》十二卷（元　陳深）
《春王正月考》（明　張以寧）

　　讀清儒重要述作後，可閲宋明諸儒之書，《通志堂經解》中所收者，以劉敞、張洽、家鉉翁、程端學、趙汸之書爲最要。劉之《權衡》，評論三《傳》；張之《集注》，原本朱子；家之偏主《公羊》；程則搜集衆説；趙汸《屬辭》，爲清儒所推重，師説述黄澤言，亦多名言。此五人九書，當先讀之。自餘如孫復、崔子方、葉夢得、陳鵬飛、陳傅良、吕祖謙、黄仲炎、吕大圭、張以寧九家，又其次者。

《左傳杜解補正》三卷（昆山　顧炎武）（以下《皇清經解》）
《學春秋隨筆》十卷（鄞縣　萬斯大）（又《經學五種》本）
《春秋毛氏傳》三十六卷（蕭山　毛奇齡）
《春秋簡書刊誤》二卷（同上）
《春秋屬詞比事記》四卷（同上）
《春秋説》十五卷（元和　惠士奇）
《春秋地理考實》四卷（江永）
《春秋左傳小疏》一卷（吳江沈彤）
《春秋左傳補注》六卷（元和　惠棟）（又《貸園叢書‧守山閣金壺本》）
《春秋正辭》十三卷（武進　莊存與）
《春秋公羊通義》十三卷（曲阜　孔廣森）
《春秋左傳補疏》五卷（甘泉　焦循）
《春秋左傳補注》三卷（桐城　馬宗璉）
《公羊何氏釋例》十卷（武進　劉逢祿）
《公羊何氏解詁箋》一卷（同上）
《發墨守評》一卷（同上）
《穀梁廢疾申何》二卷（同上）
《箴膏肓評》一卷（同上）
《左氏春秋考證》二卷（同上）
《春秋異文箋》十三卷（仁和　趙坦）

　　《清經解》中所收諸書，除毛氏所著可緩讀外，餘均當閱之。趙氏《異文箋》，則陳立《公羊義疏》已採入，可不專讀。《公羊通義》，雖陳立略有採擇，亦當細讀之。

《春秋稗疏》二卷（衡陽　王夫之）（以下《續清經解》）
《春秋占筮書》三卷（蕭山　毛奇齡）
《春秋長曆》十卷（泰州　陳厚耀）
《春秋大事表》六十七卷（無錫　顧棟高）
《春秋左傳詁》二十卷（陽湖　洪亮吉）
《左通補釋》三十二卷（錢塘　梁履繩）
《春秋三傳異文釋》十二卷（嘉興　李富孫）
《左傳古義》六卷（長興　臧壽恭）
《左傳補注》十二卷（吳縣　沈欽韓）
《左傳地名補注》十二卷（同上）

《穀梁釋例》四卷（海州　許桂林）

《左傳舊疏考證》八卷（儀征　劉文淇）

《春秋朔閏異同》二卷（甘泉　羅士琳）

《左傳賈服注輯述》二十卷（嘉興　李貽德）（又餘姚朱氏刻本）

《公羊逸禮考徵》一卷（長洲　陳奐）

《公羊禮疏》十三卷（江都　凌曙）

《公羊問答》二卷（同上）

《春秋繁露注》十七卷（同上）

《公羊曆譜》十一卷（涇縣　包慎言）

《春秋決事比》一卷（仁和　龔自珍）

《春秋古經説》二卷（番禺　侯康）

《穀梁禮證》二卷（同上）

《穀梁大義述》三十卷（丹徒　柳興恩）

《春秋釋》一卷（定海　黃式三）

《公羊義疏》七十六卷（句容　陳立）

《穀梁補注》二十四卷（嘉善　鍾文烝）

《春秋名字解詁補義》一卷（德清　俞樾）

《春秋日南至譜》一卷（寶應　成蓉鏡）

《春秋名字解詁駁》一卷（湘潭　胡元玉）

　　《續經解》中所收諸書，除占筮、曆譜、名字之類可以緩讀，餘則均當讀之。《左傳詁》《公羊義疏》《穀梁補注》爲治《左氏》《公羊》入門之事。《春秋大事表》《穀梁大義述》《公羊禮疏》《公羊問答》《公羊逸禮考徵》《春秋決事比》，以及梁、臧、沈、劉、李五家《左氏》之書，皆屬次要。餘則泛覽可也。

《春秋集解》十二卷（宋　蘇轍）（經苑本）

《春秋經解》十五卷（宋　孫覺）（以下聚珍本、叢書本）

《春秋辨疑》四卷（宋　蕭楚）

《春秋考》十六卷（宋　葉夢得）

《春秋集注》四十卷（宋　高閌）

《春秋傳説例》一卷（宋　劉敞）

　　《古經解彙函》《通志堂經解》所未收之《春秋》類書，見於"經苑"及"聚珍板叢書"者，孫、蕭、葉、高之作，皆所必讀。孫之偏主《穀梁》，蕭之善言義理，葉之考核史事，高之搜採衆説，均今之所不能廢。四家以蕭爲最，孫次之。

《春秋摘微》一卷（上海　李邦黻）（以下南菁書院叢書本）

《左傳補注》一卷（桐城　姚鼐）

《公羊補注》一卷（同上）

《穀梁補注》一卷（同上）

《左傳劉杜持平》六卷（餘姚　邵瑛）

《春秋世族譜拾遺》（寶應　成蓉鏡）

《春秋國都爵姓考》一卷（清　嘉善　陳鵬）（以下奧雅堂續集本）

《春秋國都爵姓考補》一卷（清　曾釗）

《春秋五禮例宗》七卷（宋　張大亨）

《春秋非左》二卷（明　京山　郝敬）（以下湖北叢書本）

《春秋楚地問答》一卷（清　易本烺）

《春秋土地名》一卷（晉　京相璠）（以下微波榭本）

《春秋長曆》一卷》（晉　杜預）

《春秋金鎖匙》一卷（趙汸）（翠琅玕館本）

《左傳博議拾遺》二卷（金陵　朱元瑛）（以下小萬卷樓本）

《春秋通義》一卷（不著撰人名氏）

《左氏蒙求》一卷（元　吳化龍）（以下藝海珠塵本）

《春秋或辨》一卷（清　許之獬）

《箴膏肓》《起廢疾》《發墨守》各一卷（東漢　鄭玄）（又問經堂輯本）

《春秋三傳異同考》一卷（清　吳陳琰）

《春秋職官考略》三卷（清　程廷祚）

《春秋地名辨異》三卷（同上）

《左傳人名辨異》三卷（同上）

《春秋左傳分國土地名》二卷（清　沈淑）（以下後知不足齋本）

《左傳職官》一卷

《左傳器物宮室》一卷

《王氏經説》六卷（清　王紹蘭）（功順堂本）

《春秋四傳私考》（明　徐浦）（蒲城宋元明儒書本）

《左傳官名考》二卷（清　李調元）（以下函海本）

《春秋地名考略》十四卷（徐善代　高士奇）（高文恪四部稿本）

《左傳姓名同異考》四卷（高士奇）（同上）

《春秋十論》一卷（洪亮吉）（卷施閣集續刻本）

《春秋胡氏傳辨疑》二卷（明　陸粲）（指海）
《春秋胡傳考誤》一卷（明　袁仁）（學津本）
《春秋三傳比》二卷（同上）
《春秋通訓》六卷（張大亨）（以下墨海金壺本）
《春秋正旨》一卷（明　高拱）
《春秋說》一卷（清　陶正靖）（以下借月山房本）
《春秋日食質疑》（清　吳守一）（又指海本）
《春秋識小錄》九卷（清　程廷祚）（以下金陵叢書本）
《春秋本義》十二卷（清　吳楫）
《春秋氏族譜》一卷（清　陳厚耀）（邵武徐氏叢書本）
《春秋讞義》三卷（元　王元傑）（群書校補本）
《春秋經傳比事》二十卷（清　林春溥）（竹柏山房本）
《公羊墨史》二卷（明　周拱辰）（周孟侯全書本）
《春秋說略》十二卷（清　郝懿行）（以下郝氏遺書本）
《春秋比》二卷
《春秋家說》（以下船山遺書本）
《春秋世論》
《續春秋左氏傳博議》
《春秋傳正誼》四卷（清　方宗誠）（以下柏堂遺書本）
《春秋集義》十二卷（同上）
《春秋傳義》十二卷（姜國伊）（守中正齋本）
《春秋直解》十二卷（方苞）（以下杭溪堂本）
《春秋比事目錄》四卷（同上）
《春秋通論》四卷（同上）
《公羊傳箋》十二卷（王闓運）（以下湘綺樓本）
《穀梁申義》一卷（同上）
《何氏公羊解詁三十論》（廖平）（以下六譯館本）
《公羊補證》（同上）
《起起穀梁廢疾》一卷（同上）
《讀左管窺》（清　趙青藜）（以下涇川叢書本）
《讀春秋》二卷（清　趙良）

　　以上散見於各叢書者，自以南菁書院中所收者爲最要。姚姬傳之《三傳補注》，頗多發明，尤不可不閱。餘如王湘綺、廖季平、郝敬、方苞、王夫之、郝懿行諸家之作，皆極重要。王、廖二氏之書，尤當細讀。若考究世族爵姓職官之類，則取程廷祚諸人書閱之可也。吳陳琰、王紹蘭二氏所作，亦當參究。

《春秋會義》二十六卷（宋　杜諤）（光緒山淵閣本）

《春秋傳》十二卷（清　牛運震）（嘉慶空山堂本）

《春秋述義拾遺》八卷（清　陳熙晉）（廣雅局本）

《春秋規過考信》三卷（同上）

《春秋集古傳注》二十六卷（清　郜坦）（淮南局本）

《春秋或問》六卷（同上）

《春秋屬詞辨例篇》六十卷（清　張應昌）（江蘇局本）

《春秋集傳辨異》十二卷（清　趙培桂）（同治明德堂本）

《春秋宗朱辨義》十二卷（清　張自超）（光緒重刻本）

《春秋朔閏日至考》二卷（清　王韜）（光緒弢園刊本）

《春秋世族源流圖考》六卷（清　常茂徠）（光州怡古堂本）

《讀左漫筆》十六卷（同上）（同治活字本）

《春秋四傳詁經》十五卷（清　萬斛泉）（光緒戊申刊本）

《補春秋長曆》十卷（清　陳厚耀）（自刻本）

《春秋經傳朔閏表》二卷（姚文田）（在《邃雅堂學古錄》內）

《春秋經傳朔閏表發覆》四卷（施彥士）（求己堂本）

《春秋說》三十卷（宋　洪咨夔）（通行本）

《春秋正傳》三十七卷（明　湛若水）（重刊本）

《左傳評注測義》七十卷（明　凌稚隆）（明刊本）

《春秋胡氏傳》一十卷（宋　胡安國）（通行本）

《春秋歸義》十二卷（明　賀仲軾）（原刊本）

《春秋經傳敬繹》六卷（清　曹珍貴）（大雅堂刻本）

《春秋指掌》三十卷（清　儲欣、蔣景祁）（原刊本）

《春秋夏正》二卷（清　胡天游）（原刊本）

《春秋比事參義》十六卷（石埭　桂含章）（原刊本）

《春秋集傳》十六卷（清　汪紱）（原刊本）

《春秋疑年錄》一卷（海寧　錢保塘）（原刊本）

《春秋辨名小記》一卷（同上）（原刊本）

《春秋經傳類求》十二卷（常熟　孫從添）（原刊本）

《春秋易簡》十二卷（清　車萬育）（原刊本）

《春秋大全》十二卷（馮夢龍）（原刊本）
《讀左補義》五十卷（姜炳璋）（原刊本）
《左傳事緯》十二卷（濟南 馬驌）（懷澄堂刊本、通行本）
《春秋筆削大義微言考》十一卷（南海 康有爲）（萬木草堂叢書本）
《穀梁古義疏》十一卷（井研 廖平）（原刊本、十九年重刊本）
《公羊臆》三卷（平湖 張憲和）（原刊本）
《讀公羊注記疑》三卷（同上）（原刊本）
《春秋通論》一卷（善化 皮錫瑞）（師伏堂叢書本、影印本）
《春秋穀梁傳注》十五卷（柯劭忞）（鉛印本）
《春秋通論》五卷（三原 劉紹攽）（原刊本）
《春秋筆削微旨》（同上）（原刊本）
《讀左日鈔》十二卷補二卷（朱鶴齡）（原刊本）
《左傳經世鈔》二十三卷（清 魏禧）（原刊本）
《春秋鈔》十卷（朱軾）（朱文端公藏書十三種本）
《春秋疑義》二卷（清 華學泉）（真意堂刊本）
《春秋左傳讀叙錄》一卷（章炳麟）（章氏叢書本）
《師伏堂春秋講義》二卷（皮錫瑞）（鉛印本）
《公羊補注》（馬宗璉）（刻本）

　　右單刊本或見於其他叢書者，張應昌、張自超、姜炳璋、劉紹攽皆當瀏覽。胡氏傳、馬氏《事緯》、康有爲、皮錫瑞、廖平、張憲和、柯劭忞諸家之書，尤當詳讀。華學泉之《疑左》、章太炎之袒左，二人書亦當一讀。餘則可後緩。

《春秋大傳》一卷（以下玉函山房輯佚書）
《春秋決事》一卷
《公羊嚴氏春秋》一卷（漢 嚴彭祖）
《春秋公羊顏氏記》一卷（漢 顏安樂）
《春秋穀梁傳尹氏章句》一卷（漢 尹更始）
《春秋穀梁傳說》一卷（漢 劉向）
《春秋左傳劉氏注》一卷（漢 劉歆）
《春秋左氏長經》一卷（後漢 賈逵）
《春秋牒例章句》一卷（後漢 鄭衆）
《春秋左氏傳解詁》二卷（後漢 賈逵）
《春秋三傳異同說》一卷（後漢 馬融）

《解疑論》一卷（後漢　戴宏）

《春秋公羊文謚例》一卷（後漢　何休）

《春秋左傳解誼》四卷（後漢　服虔）

《春秋成長說》九卷（同上）

《春秋左氏膏肓釋痾》十卷（同上）

《春秋釋例》一卷（後漢　潁容）

《左氏奇說》一卷（後漢　彭汪）

《春秋左傳許氏注》一卷（後漢　許淑）

《春秋左傳章句》三十卷（魏　董遇）

《春秋左傳王氏注》一卷（魏　王肅）

《春秋左傳嵇氏音》一卷（魏　嵇康）

《春秋穀梁傳麋氏注》一卷（魏　麋信）

《春秋公羊穀梁傳解詁》一卷（晉　劉兆）

《春秋左氏傳義注》一卷（晉　孫毓）

《春秋公羊穀梁二傳評》（晉　江熙）

《春秋穀梁傳徐氏注》一卷（晉　徐乾）

《春秋土地名》一卷（晉　京相璠）

《春秋穀梁傳注義》一卷（晉　徐邈）

《春秋左傳徐氏音》一卷（同上）

《春秋左傳函義》一卷（晉　干寶）

《薄叔元問穀梁義》一卷（晉　范甯）

《春秋穀梁傳鄭氏說》一卷（晉　鄭嗣）

《春秋左氏經傳義略》一卷（陳　沈文阿）

《續春秋左氏經略》一卷（陳　王元規）

《春秋傳駁》一卷（後魏　賈思同撰，秦道靜述）

《春秋左氏傳義疏》一卷（南北朝　蘇寬）

《春秋述義》二卷（隋　劉炫）

《春秋規過》二卷（同上）

《春秋攻昧》一卷（唐　啖助）

《春秋闡微纂類義統》一卷（唐　趙匡）

《春秋通例》一卷（唐　陸希聲）

《春秋折衷論》一卷（唐　陳岳）

《春秋緯感精符》

《春秋緯文耀鈎》

《春秋緯運斗樞》

《春秋緯合誠圖》

《春秋緯考異郵》

《春秋緯保乾圖》

《春秋緯漢含孳》

《春秋緯佐助期》

《春秋緯握誠圖》

《春秋緯潛潭巴》

《春秋緯說題辭》

《春秋緯演孔圖》

《春秋緯元命苞》

《春秋命曆序》

《春秋内事》一卷

《春秋例統》一卷（唐　啖助）

《春秋盟會圖》（漢　嚴彭祖）以下漢學堂叢書本

《穀梁傳例》（晉　范甯）

《春秋後傳》（晉　樂資）

以上輯佚書之類

《春秋通義》一卷（同上）（以下四庫收入，刊本不易得者）

《春秋例要》一卷（宋　崔子方）

《春秋經解》十二卷（宋　崔子方）

《春秋讞》二十三卷（宋　葉夢得）

《春秋左氏傳續說》十二卷（宋　吕祖謙）（金華叢書本）

《詳注東萊左氏博議》二十五卷

《春秋比事》二十卷（宋　沈棐）

《春秋左傳要義》三十一卷（宋　魏了翁）

《春秋分紀》九十卷（宋　程公說）

《春秋講義》四卷（宋　戴溪）

《春秋集義》五十卷綱領三卷（宋　李明復）

《春秋纂言》十二卷總例二卷（元　吳澄）

《春秋三傳辨疑》二十卷（元　程端學）

《春秋經傳闕疑》五十五卷（元　鄭玉）

《春秋胡傳附錄纂疏》三十卷（元　汪克寬）

《春秋鈞元》四卷（明　石光）

《春秋經傳辨疑》一卷（明　童品）

《左傳附注》五卷（明　陸粲）

《春秋胡氏傳辨疑》二卷（同上）

《春秋明志錄》十二卷（明　熊過）

《春秋輯傳》十三卷凡例二卷（明　王樵）

《春秋億》六卷（明　徐學謨）

《春秋事義全考》十六卷（明　姜寶）

《春秋屬事》二十卷（明　傅遜）

《左氏釋》二卷（明　馮時可）

《春秋質疑》十二卷（明　楊于庭）

《春秋孔義》十二卷（明　高攀龍）

《讀春秋略記》十卷（明　朱朝瑛）

《春秋四傳質》二卷（明　王介之）

《春秋平義》十二卷（清　俞汝言）

《春秋四傳糾正》一卷（同上）

《春秋管窺》十二卷（清　徐庭垣）

《三傳折諸》四十四卷（清　張尚瑗）

《春秋闕如編》八卷（清　焦袁熹）

《三正考》二卷（清　吳鼎）

《春秋究遺》十六卷（清　葉酉）

《春秋隨筆》二卷（清　顧奎光）

《春秋集傳》十九卷（宋　張洽）（以下刊本不易見本）

《左氏摘奇》十二卷（宋　胡元質）

《春秋私考》（明　季本）

《春秋地考》（同上）

《春秋日錄》三十卷（明　王錫爵）

《春秋疑問》（明　姚舜牧）

《春秋諸傳辨疑》（明　朱睦㮮）

《春秋四傳斷》（明　張溥）

《春秋備考》（明　陳宗之）

《春秋傳注》（明　嚴啓隆）

《春秋别典》（明　薛虞畿）
《春秋紀疑》（清　陳遷鶴）
《春秋義存録》（清　陸奎勛）
《春秋補注》（楊方達）
《春秋識小録》（董豐垣）
《公穀異同合評》（清　沈赤然）
《春秋經傳集解考正》（清　陳樹華）
《春秋客難》（清　龔元玠）
《春秋地名考補》（清　高岱）
《春秋左氏聚》（清　張用星）
《春秋辨異》（清　鄭文蘭）

以上以崔子方、葉夢得、程端學、汪克寬、徐庭垣、張尚瑗、張洽、季本諸家之書爲要。葉之《三傳讞》，程之《三傳辨疑》，以今視之，似尤重要。暇當略述其説。

## 【乙種之一】

## 《漢書藝文志辨偽》

### 《新學偽經考》卷三上——《春秋》

康有為

  **西堂案：**《春秋》之經，號稱難治，三《傳》並傳，莫明其是非之故也。《左氏》不傳《春秋》，雖自漢儒言之，然而世人多沉溺於史事，而耽好其文詞，卒至《左氏》盛行，二《傳》浸微；唐宋以來，雖有病之者，其論未定也。清季今文學興，南海康有為氏，著《新學偽經考》，辨章古學之譌，以今之《左氏傳》，乃自《國語》分出，本非以傳《春秋》者，鐵案如山，不可移易，其論乃略定焉。今研講《春秋》，而論次三《傳》，將迻錄諸儒論三《傳》之篇章，以為研究之參考。故先錄《漢志》，以明《春秋》之緣始，附以辨偽，以見定論之所在，則可不為先儒之瞽説所惑矣。

《春秋》古經十二篇；經十一卷。（《公羊》《穀梁》二家）
《左氏傳》三十卷。（左丘明，魯太史）
《公羊傳》十一卷。（公羊子，齊人。師古曰"名高"）
《穀梁傳》十一卷。（穀梁子，魯人。師古曰"名喜"）
《鄒氏傳》十一卷。
《夾氏傳》十一卷。（有錄無書。師古曰"夾音頰"）
《左氏微》二篇。（師古曰"微，微謂釋其微指"）
《鐸氏微》三篇（楚太傅鐸椒也）
《張氏微》十篇。
《虞氏微傳》二篇。（趙相虞卿）
《公羊外傳》五十篇。
《穀梁外傳》二十篇。
《公羊章句》三十八篇。
《穀梁章句》三十三篇。

《公羊雜記》八十三篇。

《公羊顏氏記》十一篇。

《公羊董仲舒治獄》十六篇。

《議奏》三十九篇。（石渠論）

《國語》二十一篇。（左丘明著）

《新國語》五十四篇。（劉向分《國語》）

《世本》十五篇。（古史官記黃帝以來迄春秋時諸侯大夫）

《戰國策》三十三篇。（記春秋後）

《奏事》二十篇。（秦時大臣奏事及刻石名山文也）

《楚漢春秋》九篇。（陸賈所記）

《太史公書》百三十篇。（十篇有錄無書）

馮商所續《太史公》七篇。（韋昭曰："馮商受詔續《太史公》十餘篇，在班彪別錄。商字子高。"師古曰："《七略》云：'商，陽陵人；治《易》，事五鹿充宗，後事劉向；能屬文；後與孟柳俱待詔，頗序列傳；未卒，病死。'"）

《太古以來年紀》二篇。

《漢著記》百九十卷。（師古曰："若今之起居注"）

《漢大年紀》五篇。凡《春秋》二十三家，九百四十八篇。（省《太史公》四篇）

古之王者，世有史官，君舉必書，所以慎言行，昭法式也。左史記言，右史記事，事為春秋，言為尚書，帝王靡不同之。周室既微，載籍殘缺，仲尼思存前聖之業，乃稱曰，夏禮吾能言之，杞不足徵也；殷禮吾能言之，宋不足徵也；文獻不足故也。足，則吾能徵之矣。以魯，周公之國，禮文備物，史官有法，故與左丘明觀其史記，據行事，仍人道，因興以立功，敗以成罰，假日月以定曆數，藉朝聘以正禮樂。有所褒諱貶損，不可書見，口授弟子；弟子退而異言。丘明恐弟子各安其意，以失其真，故論本事而作《傳》，明夫子不以空言說經也。《春秋》所貶損大人，當世君臣有威權勢力，其事實皆形於《傳》，是以隱其書而不宣，所以免時難也。及末世口說流行，故有《公羊》《穀梁》、鄒、夾之傳。四家之中，《公羊》《穀梁》立於學官，鄒氏無師，夾氏未有書。

（右《漢書·藝文志》文）

按：《史記·儒林傳》，《春秋》只有《公羊》《穀梁》二家，無《左氏》，《河間獻王世家》無得《左氏春秋》、立博士事。馬遷作史多採《左氏》，若左丘明誠傳《春秋》，史遷安得不知？《儒林傳》述"六藝"之學，彰明較著，可爲鐵案。又《太史公自序》稱"講業齊、魯之都""天下遺文古事靡不畢集太史公"，若河間獻王有是事，何得不知？雖有蘇、張之舌，不能解之者也。《漢書·司馬遷傳》稱"司馬遷據《左氏》《國語》，採《世本》《戰國策》，述《楚漢春秋》"。《史記·太史公自序》及《報任安書》俱言："左丘失明，厥有《國語》。"《報任安書》下又云："乃如左丘明無目，孫子斷足，終不可用，退論書策，以抒其憤。"凡三言左丘明，俱稱《國語》。然則左丘明所作，史遷所據，《國語》而已，無所謂《春秋傳》也。

歆以其非博之學，欲奪孔子之經，而自立新説，以惑天下，知孔子制作之學首在《春秋》，《春秋》之傳在《公》《穀》，《公》《穀》之法與"六經"通。於是思所以奪《公》《穀》者。以《公》《穀》多虛言，可以實事奪之，人必聽實事，而不聽虛言也。求之古書，得《國語》與《春秋》同時，可以改易竄附。於是毅然削去平王以前事，依《春秋》以編年，比附經文，分《國語》以釋經，而爲《左氏傳》。歆本傳稱"歆始引《傳》解《經》"，得其實矣。作《左氏傳微》以爲書法，依《公》《穀》日月例而作日月例。託之古文以黜今學，託之河間、張蒼、賈誼、張敞名臣通學以張其名，亂之《史記》以實其書，改爲十二篇以新其目，變改"紀子帛""君氏卒"諸文以易其説，續爲經文，尊"孔子卒"以重其事，遍偏群經以證其説。事理繁博，文辭豐美，凡《公》《穀》釋經之義，彼則有之，至其叙事繁博，則《公》《穀》所無。遭逢莽篡，更潤色其文以媚莽，因藉莽力，貴顯天下通其學者，以尊其書。證據符合，黨衆繁盛，雖有龔勝、師丹、公孫禄、范升之徒，無能搖撼；雖博士屢立屢廢，而賈逵選嚴、顏高才二十人，教以《左氏》。見《後漢書·賈逵傳》。至於漢末亂起，相斫之書以實事而益盛，武夫若關羽、呂蒙之屬，莫不熟習。孔子改制之學既爲非常異義，《公》《穀》事辭不豐，於是式微。下迄六朝，《左傳》一統，《隋志》《釋文》，嘆《公》《穀》之垂絶矣。唐世，經學更變，並束三《傳》，而世尚辭章，《左氏傳》實大行也。陸淳《春秋集傳纂例》謂："《左傳》其功最高，能令百代之下頗見本末，因以求意，經文可知。"《史通·申左篇》云：孔子修《春秋》時，年已老矣，故其傳付之丘明。傳之與經一體，相須而成也。凡所以尊《左》者，皆尊其事，遂至於今，學者咸讀

《左氏》，而通《公》《穀》幾無人焉。此固劉歆所逆料而收拾者也。蓋《國語》藏於秘府，自馬遷、劉向外，罕得見者。《太史公書》關本朝掌故，東平王宇求之，漢廷猶不與，見《漢書·東平思王傳》。況《國語》實是"相斫書"乎？時人罕見，歆故得肆其改竄，"舊綉移曲折，顛倒在短褐"，幾於無跡可尋，此今學所以攻之不得其源，而陳元、賈逵所以能騰其口說也。

今以《史記》、劉向《新序》《說苑》《列女傳》所述春秋時事較之，如少昊嗣黃帝之妄，后羿、寒浞篡統、少康中興之誣，宣公之夫人爲夷姜而非蒸，宣姜之未嘗通公子頑，宋桓夫人、許穆夫人、戴公、文公非宣姜通昭伯所生，陳佗非五父，隱母聲子爲賤妾而非繼室，仲子非桓母，是皆歆誣古、悖父、竄易《國語》而證成其説者。劉逢祿《左氏春秋考證》甚詳。且《國語》行文舊體，如惠之二十四年則在《春秋》前，悼之四年則在獲麟後，皆與《春秋》不相比附，雖經歆改竄爲傳，遺跡可考。《史記·五帝本紀》《十二諸侯年表》，皆云"《春秋》、《國語》"，蓋史公僅採此二書，無《左氏傳》也。幸遷、向書尚在，猶可考見一二耳。而張衡、譙周、司馬貞反據《左傳》以攻《史記》，誤甚矣。其詳別見《左氏傳證僞》。

歆遍造僞經，而其本原莫重於僞《周官》及僞《左氏春秋》。而僞《周官》顯背古義，難於自鳴，故先爲僞《左氏春秋》，大放厥辭。於《河間獻王傳》則謂"《左氏春秋》已立博士"，《移太常博士書》亦誦言之。此《志》敘仲尼之作《春秋》，橫插與左丘明觀其史記以實之。劉逢祿《左氏春秋考證》曰："《左氏》記事在獲麟後五十年，丘明果與夫子同時，共觀魯史，史公何不列於弟子？論本事而作傳，何史公不名爲'傳'，而曰'春秋'？且如鄭季姬、魯單伯、子叔姬等事，何失實也？經所不及者獨詳誌之，又何説也？經本不待事而著，夫子曰：'其義則丘竊取之矣。'何左氏所述君子之論多乖異也？"如劉説，歆亦不能自辨矣。蓋歆於丘明，而申其僞傳，於是尊丘明爲"魯君子"，竄之《史記·十二諸侯年表》中，又稱與孔子同觀史記，僞《古論語》又稱孔子與丘明同恥，蓋歆彌縫周密者也。續經之傳云"悼之四年"，據《史記·魯世家》，悼公在位三十七年，其薨在獲麟後五十餘年，在孔子時且未即位，何得遽稱其諡？歆亦自忘其疏矣。《春秋正義》一引《嚴氏春秋》，亦有與左丘明觀書事，蓋嚴、顏高才受學之後所竄亂者矣。且孔父，夫子六世祖，而書名以貶。倘左氏如此，必非親見聖人者，此歆無可置辭者也。

《公羊》《穀梁》大行漢世，自君臣政事奏議咸依焉。鄒、夾二氏，劉向《別錄》無之，而不惜憑虛。至其所首欲奪之者，雖以七十子親受之説，猶痛貶之爲"末世口説""安意失真"，置之與"無是""烏有"之僞鄒、夾同科。鼓舌搖唇，播弄白黑，隨手抑揚，無所不至。昔魏收作《魏書》，每言"何物小子，敢共魏收作色！舉之則使上天，按之當使入地"，時人號爲"穢史"。歆之作僞亂道，其罪又浮於收百倍矣。

其云"《春秋古經》十二篇"，蓋歆之所妄分也。云"《經》十一卷"，注曰："公羊、穀梁二家。"則《公》《穀》相傳皆十一篇，故《公羊傳》《穀梁傳》《公羊顏氏記》皆十一卷也，即"子虛"之鄒氏、夾氏《傳》亦十一卷。然則天下相傳《經》皆十一篇，蓋孔子所手定。何邵公猶傳之，云："繫《閔公篇》於《莊公》下者，子未三年，無改於父之道。"（《公羊·閔二年解詁》）。蓋西漢胡毋生以來舊本也。歆《古經》十二篇，或析《閔公》爲一篇，或附續經爲一篇，俱不可知，要皆歆之僞本也。凡歆所僞之經，俱錄加於今文之上，"六藝"皆然，此亦歆自尊其僞經之私心可見者也。

歆既爲《左氏微》以作書法，又録《鐸氏微》《張氏微》在《虞氏微傳》之上，皆以爲《春秋》説。而西漢人未嘗稱之，蓋亦鄒、夾之類，皆歆所僞作，以旁證《左氏微》者。其意謂中秘之《春秋》説尚多，不止《左氏春秋》爲人間所未見，謂見寡聞未窺中秘者，慎勿妄攻也，其術自謂巧密矣。然考"儒家"別有《虞氏春秋》，與《虞氏微傳》豈有兩書邪？則《左氏傳》之與《國語》分爲二書，亦其狡僞之同例，尤無可疑。況《左氏傳》不見於《史記》，而力爭於歆者乎？

或據《史記·十二諸侯年表》云："魯君子左丘明，懼弟子人人異端，各安其意，失其真，故因孔子史記具論其語，成《左氏春秋》"以相難，則亦歆所竄入者，辨見前。

《國語》僅一書，而《志》以爲二種，可異一也。其一，"二十一篇"，即今傳本也；其一，劉向所分之《新國語》"五十四篇"。同一《國語》，何篇數相去數倍？可異二也。劉向之書皆傳於後漢，而五十四篇之《新國語》，後漢人無及之者，可異三也。蓋五十四篇者，左丘明之原本也，歆既分其大半凡三十篇以爲《春秋傳》，於是留其殘賸，掇拾雜書，加以附益，而爲今本之《國語》，故僅得二十一篇也。考今本《國語》，《周語》《晉語》《鄭語》多春秋前事；《魯語》則大半敬姜一婦人語；《齊語》則全取《管子·小匡篇》；《吳語》《越語》筆墨不同，不知掇自何書；然則其爲《左傳》之殘餘，而歆補綴爲之至明。歆以《國語》原本五十四篇，天下人或有知之者，故復分一書以當之，又託之劉向所分非原本，以滅其跡，其作僞之情可見。史遷於《五帝本紀》《十二諸侯年表》，皆云"《春秋》《國語》"，若如今《國語》之寥寥，又言少皞與《本紀》不同，史遷不應妄引矣。劉申受《左氏春秋考證》，知《左氏》之僞，攻辨甚明，而謂："《左氏春秋》，猶《晏子春秋》《呂氏春秋》也。直稱《春秋》，太史公所據舊名也；冒曰《春秋左氏傳》，則東漢以後之以譌傳譌者矣。"蓋尚爲歆竄亂之《十二諸侯年表》所惑，不知其即《國語》所改。故近儒以爲："左氏作《國語》，自周穆王以後分國而述其事。其作此書，則依《春秋》編年，以魯爲主，以隱公爲始，明是《春秋》之傳。"番禺陳氏澧說，亦猶申受不得其根原也。然申受《左氏春秋考證》，謂"《楚屈瑕篇》年月無考"，固知《左氏》體例與《國語》相似，不必比附《春秋》年月也，是明指《左傳》與《國語》相似矣。

《左氏春秋考證·隱公篇》，"紀子帛、莒子盟於密"證曰："如此年，《左氏》本文盡闕。""六月戊申"證曰："十年《左氏》文闕。"《桓公篇》，"元年"證曰："是年《左氏》文闕。""冬曲沃伯誘晉小子侯殺之"證曰："即有此事，亦不必在此年，是年《左氏》文闕。""冬曹太子來朝"證曰："是年《左氏》文闕，《巴子篇》年月無考。""冬齊、衛、鄭來戰於郎，我有辭也"證曰："是年《左氏》文亦闕，《虞叔篇》年月無考。""十二年"證曰："是年《左氏》文闕，《楚伐絞篇》當與《屈瑕篇》相接，年月亦無考。""十三年"證曰："是年亦闕，《伐羅篇》亦與上相接，不必蒙此年也。""十六年"證曰："是年亦闕。"《莊公篇》，"元年"證曰："此以下七年文闕，《楚荆尸篇》《伐申篇》年月亦無考。""十三年""十五年""十七年"，皆證曰："文闕。""二十七年"證曰："比年《左氏》文闕。""二十九年"證曰："文闕。""三十年"證曰："是年蓋闕"；"三十一年"證曰："文闕。"《僖公篇》"君子以齊人之殺哀姜也爲已甚矣"證曰："是年文闕。"《昭公篇》"冬十一月，晉魏舒、韓不信如京師"證曰："此篇重定元年，僞者比附《經》文而失檢耳。"又觀各條，劉申受雖未悟《左傳》之摭於《國語》，亦知由他書所採附，亦幾幾知爲《國語》矣。

蓋經、傳不相附合，疑其説者自來不絶。自博士謂"左氏不傳《春秋》"，班固爲《歆傳》云："及歆治《左氏》，引傳文以解經，轉相發明，由是章句義理備焉。"班爲古學者，亦知引傳解經由於歆矣。

不特班固也，范升云："《左氏》不祖孔子，而出於丘明，師徒相傳，又無其人。"《後漢書·范升傳》李育頗涉獵古學，嘗讀《左氏傳》，雖樂文彩，然謂不得聖人深意。何休作《公羊墨守》《左氏膏肓》《穀梁廢疾》（《後漢書·儒林傳》），惜不得歆作僞之由，未達一間，卒無以塞陳元、賈逵之口耳。

又不徒范升、李育、何休也，王接謂："《左氏》自是一家書，不主爲經發。"（《晉書·王接傳》）《朱子語類》云："林黄中謂：《左傳》'君子曰'是劉歆之辭。《左傳》'君子曰'最無意思。因舉'芟夷藴崇之'一段，是關上文甚事！"（八十三）

又不止王接、林黄中、朱子也，即尊信《左氏傳》者亦疑其有爲後人附益矣。陸淳《春秋集傳纂例》謂："左氏功最高，能令百代之下頗見本末，因之求意，經文可知。而後人妄有附益，左氏本未釋首抑爲之説。"番禺陳氏澧《東塾讀書記》曰："孔沖遠云：'《春秋》諸事皆不以日月爲例，唯"卿卒""日食"二事而已。'此説可疑，豈有一書内唯二條有例者乎？蓋《左傳》無日月例，後人附益者。"又："《傳》之《凡例》與所記之事有違反者，如莊十一年《傳》云：'凡師，敵未陳曰"敗某師"，皆陳曰"戰"。'《釋例》曰：'令狐之役，晉人潛師夜起，而書"戰"者。晉諱背其前意而復薄秦師，以戰告也。'成十八年《傳》云：'凡去其國，國逆而立之曰"入"，復其位曰"復歸"，諸侯納之曰"歸"，以惡曰"復入"。'《釋例》曰：'莊六年，五國諸侯犯逆王命以納衛朔，懼有違衆之犯，而以國逆告。'此明知《凡例》不合而歸之於'告'，是遁辭矣。"

且《左傳》多傷教害義之説，不可條舉，言其大者，無人能爲之迴護。如文七年："宋人殺其大夫。"《傳》云："不稱名，非其罪也。"既立此例，於是宣九年："陳殺其大夫洩冶。"杜注云："洩冶直諫於淫亂之朝以取死，故不爲《春秋》所貴而書名。"昭二十七年："楚殺其大夫郤宛。"杜注云："無極，楚之讒人，宛所明知，而信近之以取敗亡，故書名罪宛。"種種邪説出矣。宣四年："鄭公子歸生弑其君夷。"《左傳》云"凡弑君稱君，君無道也；稱臣，臣之罪也。"杜預《釋例》暢衍其説。襄二十七年："秋七月，豹及諸侯之大夫盟於宋。"《傳》云："季武子使謂叔孫以公命曰：'視邾、滕。'既而齊人請邾，宋人請滕，皆不與盟。叔孫曰：'邾、滕，人之私也，我，列國也，何故視之！宋、衛，吾匹也。'乃盟。故不書其族，言違命也。"是孔子貴媚權臣，而抑公室也。凡此皆歆借經説以佐新莽之篡，而抑孺子嬰、翟義之倫者，與隱元年"不書即位，攝也"同一獎奸翼篡之説。若是之類，近儒番禺陳氏澧皆以爲後人附益。是雖尊《左氏》者，亦不能不以爲後人附益矣。

又不止後儒也，且爲歆僞傳作注、疏者亦不能無疑矣。莊二十六年："秋，虢人侵晉。冬，虢人又侵晉。"杜預注："此年《經》《傳》各自言其事者，或《經》是直文，或《策書》雖存，而簡牘散落，不究其本末，故傳不復申解，但言傳事而已。"《正義》："'曹殺大夫''宋、齊伐徐'，或須説其所以。此去丘明已遠，或是簡牘散落，不復能知故耳。上二十年亦傳不解經。"蓋杜預、孔穎達亦以爲傳不釋經，各明一事矣。文十三年《左傳》："其處者爲劉氏。"《正義》云："漢室初興，《左氏》不顯於世，先儒無以自申，插注此辭，將以媚於世。"則孔冲遠之有異説多矣。

又僖公十五年"曰：'上天降災……'。"《釋文》曰："此凡四十二字，檢古本皆無，尋杜《注》亦不得有，有是後人加也。"此文見《列女傳》，小有異同。夫服、杜以後，尚有改竄，而世人習爲故常，則歆以前之竄亂，尚可辨邪！以此證之，然則天下尚有惑《左氏》之文彩，溺劉歆之僞説，其亦有未審矣。

或者惑於《史記·十二諸侯年表》"《左氏春秋》"之説及《左氏微》，信《左氏》之傳經，且以史遷引《左傳》書法、《左傳》多與今學之禮相合爲證。《史記》之文多歆竄入，辨見前。左丘明著書在獲麟後五十餘年，習聞孔門之説，不稱今學之禮，則何稱焉？但中多異説，爲歆所竄入，故今古禮錯雜其中。要之，《左氏》即《國語》，本分國之書，上起穆王，本不釋經，與《春秋》不相涉，不必因其有劉歆僞《古禮》，而盡斥爲僞書，亦不能因其偶合於《儀禮》、《禮記》，而信其傳經也。

## 【乙種之二】

## 《經義考》中所述關於《左氏傳》之記載與評論

朱彝尊

西堂案：《左氏》不傳《春秋》，及劉歆治《左氏》，引傳文以釋經，始有所謂《春秋左氏傳》。且左氏本非《論語》之左邱明，《仲尼弟子列傳》中亦無之，其不傳《春秋》甚明也。僞《左氏》者，乃牽合"左邱明好惡與聖人同"之說，使世人不辨其非。其書述事較詳，文詞又艷而富，故世人多好之。實則自是一家書，不主爲經發也。左氏獎奸翼篡，非崇君父，卑臣子，善於禮者。其義理固失矣。《春秋》在義不在於事，敘事雖詳，無益於經也，篇中具見本末之說，學者幸勿惑之。

左邱子明《春秋傳》（《漢志·三十卷》）
存
《論語注》：左邱明，魯太史。
《漢書》：漢興，北平侯張蒼，及梁太傅賈誼，京兆尹張敞，太中大夫劉公子，皆修《春秋左氏傳》。
嚴彭祖曰：孔子將修《春秋》，與左邱明乘，如周觀書於周史，歸而修《春秋》之經，邱明爲之傳，共爲表裏。
劉向曰：左邱明授曾申，申授吳起，起授其子期，期授楚人鐸椒，椒作抄撮八卷，授虞卿，卿作抄撮九卷，授荀卿，卿授張蒼。
劉歆曰：左邱明好惡與聖人同，親見夫子，而公、穀在七十子之後，傳聞之與親見，其詳略不同也。
桓譚曰：《左氏》傳世後百餘年，魯穀梁赤爲《春秋傳》，多所遺失，又齊人公羊高，緣經文作傳，彌離其本事矣。《左氏》經之與傳，猶衣之表裏，相待而成。經而無傳，使聖人閉門思之，十年不能知也。又曰：劉子政、子駿、伯玉三人，尤珍重左氏，下至婦女讀誦。
班固曰：仲尼思存前聖之業，乃稱曰夏禮吾能言之，杞不足徵也；殷禮吾能言之，宋不足徵也；文獻不足故也，足則吾能徵之矣。以魯周公之國，禮文備物，史官有法，故與左邱明觀其史記，據行事，仍人道，固與以立功，就敗以成罰。假日月以定曆數，藉朝聘以正禮樂，有所褒諱貶損，不可書見，口授弟子，弟子退而異言，邱明恐弟子各安其意，以失其真，故論本事而作《傳》，明夫子不以空言說經也。

王充曰：《春秋左氏傳》，蓋出孔子壁中，孝武皇帝時，魯共王壞孔子教授堂以爲宫，得《佚春秋》三十篇，《左氏傳》也。公羊高、穀梁寘、胡毋氏皆傳《春秋》，各門異户，獨《左氏傳》爲近得實。何以驗之，《禮記》造於孔子之堂，太史公漢之通人也。左氏之言，與二書合。公羊高、穀梁寘、胡毋氏不相合，又諸家去孔子遠，遠不如近，聞不如見。劉子政玩弄《左氏》，童僕妻子，皆呻吟之。光武皇帝之時，陳元、范叔上書，連屬條事是非，《左氏》遂立。范叔尋因罪罷。元叔天下極才，講論是非，有餘力矣。陳元言訥，范叔章紃，《左氏》得實明矣。

賈逵曰：《左氏》崇君父，卑臣子，强榦弱枝，勤善戒惡，至明至切，至直至順。

鄭康成曰：《左氏》善於禮。

盧植曰：邱明之傳《春秋》，博物盡變，囊括古今，表裏人事。

高祐曰：《左氏》屬辭比事，兩致並書，可謂存史意，而非全史體。

張曜曰：《左氏》之書，備序言事，惡者可以自戒，善者可以庶幾。

杜預曰：左邱明受經於仲尼，以爲經者不刊之書也。故傳或先經以始事，或後經以終義，或依經以辨理，或錯經以合異，隨義而發。

王接曰：《左氏》辭義贍富，自是一家書，不主爲經發。

荀崧曰：孔子作《春秋》，微辭妙旨，義不顯明，時左邱明、子夏，造膝親受，無不精究。孔子既没，微言將絶，於是邱明退撰所聞，而爲之《傳》，其書善禮，多膏腴美辭，張本繼末，以發明經意，信多奇偉學者好之。

賀循曰：《左氏》之傳，史之極也。文采若雲月，高深若山海。

范甯曰：《左氏》艷而富，其失也巫。

陸德明曰：孔子書六經，左邱明述《春秋傳》，皆以古文。又曰：孔子作《春秋》，終於獲麟之一句，《公羊》《穀梁》經是也。弟子欲記聖師之卒，故採魯史記以續夫子之經，而終於孔丘卒。丘明因隨而作《傳》，終於哀公。從此以下，無復經矣。

孔穎達曰：漢武帝時，河間獻《左氏》，議立《左氏》學，《公羊》之徒，上書詆《左氏》，《左氏》之學不立。成帝時，劉歆校秘書，見古文《春秋左氏傳》，歆大好之。時丞相尹咸，以能治《左氏》，與歆共校傳，歆略從咸，及丞相翟方進受質問大義。初《左氏傳》多古字古言，學者傳訓詁而已。及歆治《左氏》，引傳文以釋經，轉相發明。由是章句義理備焉。和帝元興十一年，鄭興父子，創通大義，奏上《左氏》，始得立學，遂行於世。至章帝時，賈逵上《春秋大義》四十條，以訛《公羊》《穀梁》，帝賜布五百疋。又與《左氏》作長義，至鄭康成鍼《左氏膏肓》，發《公羊墨守》，起《穀梁廢疾》。自此以後，二傳遂微，《左氏》之學顯矣。又曰：《公羊》之經，獲麟即止；《左氏》之經，終於孔子卒。

劉知幾曰：觀《左傳》之釋經也，言見經文，而事詳傳內。或傳無而經有，或經闕而傳詳，其言簡而要，其事詳而博，信聖人之羽翮，而述者之冠冕也。又曰：邱明能以三十卷之約，括囊二百四十年之事，靡有孑遺。觀《左氏》之書，為傳之最。而時經漢魏，竟不列於學官。儒者皆折此一家，而盛推二傳。夫以邱明躬為魯史，受經仲尼。語世則並生，論才則同體。彼二家者，師孔氏之弟子，預達者之門人，才識特體殊，年代又隔，安得持彼傳說，比茲親受者乎。又曰：邱明授經立傳，廣包諸國，蓋當時有周《志》、晉《乘》、鄭《書》、楚《檮杌》等篇，遂聚而編之，混成一錄。向使專憑魯策，獨詢孔氏，何以能殫見洽聞，若斯之難也。又曰：周禮之故事，魯國之遺文，夫子因而修之，亦存舊制而已。至於實錄，付之邱明，用使善惡必彰，真偽盡露。向孔經獨用，《左傳》不作，則當代行事，安得而詳哉。然自邱明之後，迄及魏滅，年將千禩，其書寖廢，至晉太康年中，汲冢獲書，全同《左氏》。於是摯虞、束皙，引其義以相明，王接、荀凱，取其文以相證。杜預申以注釋，干寶藉為《晉紀》，世稱實錄，不復言非。

啖助曰：《左氏傳》自周、晉、齊、宋、楚、鄭等國之事最詳，晉則每出一師，具列將佐；宋則每因興廢，備舉六卿；故知史策之文，每國各異，左氏得此數國之史，以授門人，義則口傳，未形竹帛。後代學者，乃演而通之，綜而合之，編次年月，以為傳記。又廣採當時文籍，故兼與子產、晏子及諸國卿佐家傳，並卜書及雜占書，縱橫家、小說諷諫等，雜在其中，故敘事雖多，釋意殊少，是非交錯，混然難證，其大略皆是《左氏》舊意，故比餘傳，其功最高，博採諸家，敘事尤備。能令百代之下，頗見本末。

劉貺曰：《左氏》紀年，序諸侯列會，具舉其謚，知是後人追修，非當世正史也。

趙匡曰：《論語》：左邱明恥之，丘亦恥之。夫子自比，皆引往人，故曰竊比於我老彭。又說伯夷等六人，云我則異於是，並非同時人也。邱明者，蓋夫子以前賢人，如史佚、遲任之流，見稱於當時爾。

楊億曰：雍熙中校九經史館，有宋臧、榮緒梁、岑之敬所校《左傳》，諸儒引以爲證。

劉敞曰：《左氏》拘於赴告。

崔子方曰：《左氏》失之淺。

黄晞曰：《左氏》凡例，得聖人之微。

王晳曰：仲尼修經之後，不久而卒，時門弟子，未及講授，是故不能具道聖人之意。厥後書遂散，傳別爲五家，於是異同之患起矣。鄒、夾無文，獨《左氏》善覽舊史，兼賅衆説，得《春秋》之事亦甚備，其書雖附經而作，然於經外自成一書，故有貪惑異説，採掇過當，至於聖人微旨，頗亦疏略。而大抵有本末，蓋出於一人之所撰述。

程子曰：《左傳》不可全信，信其所可信者爾。以傳考經之事跡，以經別傳之真僞。又曰：《左傳》非邱明作，"虞不臘矣"並"庶長"，皆秦官秦語。

李之儀曰，春秋之世，先王之跡猶在，故一言之出，盛衰存亡繫之。孔子因而是是非非，以詔後世，左邱明隨事而解之，炳若星日。孔子成《春秋》而亂臣賊子懼，邱明與有力焉。

劉安世曰：《左氏傳》於《春秋》所有者或不解，春秋所無者或目爲傳，讀《左氏》者，當經自爲經，傳自爲傳，不可合而爲一也。然後通矣。

晁説之曰：《左氏》之説專而縱。

葉夢得曰：古有左氏、左邱氏，太史公稱"左邱失明，厥有《國語》"，今《春秋傳》作左氏，而《國語》爲左邱氏，則不得爲一家。文體亦自不同，其非一家書明甚。又曰：《左氏》傳事不傳義，是以詳於史而事未必實。

胡安國曰：事莫備於《左氏》，或失之誣。

朱子曰：《漢·藝文志》，《春秋》家列左氏傳《國語》，皆出魯太史左邱明。蓋自司馬子長、劉子駿已定爲邱明所著。班生從而實之耳。至唐柳宗元，始斥外傳爲淫誣，不叅於聖，非出於左氏。世劉侍讀敞，又以《論語》考之，謂邱明是夫子前人，作《春秋內外傳》者乃左氏，非邱明也。諸家之説頗異。又曰：看《春秋》，且須看得一部《左傳》首尾意思通貫，方能略見聖人筆削與當時事意，又曰：左氏史學，事詳而理差。又曰：《春秋》之書，且據《左氏》，當時聖人據實而書，其是非得失，付諸後世公論，蓋有言外之意，若必於一字一辭之間求褒貶所在，竊恐不然。

林栗曰：《左傳》凡言"君子曰"，是劉歆之辭。

吕祖謙曰：看《左傳》須看一代之所以升降，一國之所以盛衰，一君之所以治亂，一人之所以變遷，能如此看，則所謂先立乎其大者，然後看一書之所以得失。又曰：《左氏》一書，接三代之末流，五經之餘派，學者苟盡心於此，則有不盡之用矣。又曰：《左氏傳》綜理微密，後之爲史者，鮮能及之。

陳傅良曰：《左氏》本依經爲傳，縱橫上下，旁行溢出，皆所以解駁經義，非自爲書。

胡甯曰：《左氏》釋經雖簡，而博通諸史，叙事尤詳，能令百世之下，具見本末，其有功於《春秋》爲多。

鄭耕老曰：《春秋左氏傳》，一十九萬六千八百四十五字。

葉適曰：《左氏》有全用《國語》文字者，至吳越語，則採取絶少，《齊語》不復用，蓋合諸國紀載，成一家之言，工拙繁簡自應若此。惜他書不存，無以遍觀也。而漢魏相傳，乃以《左傳》《國語》，一人所爲……餘人爲此語不足怪，若賈誼、司馬遷、劉向不加訂正，乃異事耳。又曰：《公》《穀》末世口説流傳之學，空張虛義，自有《左氏》，始有本末，而簡書具存，大義有歸矣。故讀《春秋》者，不可舍《左氏》，二百五十餘年，明若畫一。舍而他求，多見其好異也。又曰：《公》《穀》《春秋》至獲麟而止，《左氏》以孔丘卒爲斷，使無《左氏》，則不知孔子之所終矣。又曰：仲尼曰：以臣召君，不可以訓，故書曰"天王狩於河陽"。《左氏》特舉此以見孔子改史之義，明其他則用舊文也。

羅璧曰：《左傳》《春秋》，初各一書，後劉歆治《左傳》，始取傳文解經。晉杜預注《左傳》，復分經之年，與傳之年相附，於是《春秋》及《左傳》二書合爲一。

吕大圭曰：宗《左氏》者，以爲邱明受經於仲尼，好惡與聖人同，觀孔子謂"左邱明恥之，丘亦恥之"，乃竊比老彭之意，則其人當在孔子之前，而左氏傳《春秋》，其事終於智伯，乃在孔子之後，説者以爲與聖同者，爲左邱明，而傳《春秋》者爲左氏，蓋有證矣。或以爲六國時人，或以爲楚左史倚相之後，蓋以所載"虞不臘"等語，蓋秦人以十二月爲臘月，而《左氏》所述楚事極詳，蓋有無經之傳，而未有無傳之經，亦一證也。又曰：《左氏》熟於事，《公》《穀》深於禮，蓋左氏曾見國史，而《公》《穀》乃經生也。然《左氏》雖曰備事，而其間有不得其事之實，觀其每述一事，必究其事之所由，深於情僞，熟於世故，往往論其成敗，而不論其是非，習於時世之所以趨，而不明乎大義之所在。言周鄭交質，而曰信不由中，質無益也。論宋宣公，立穆公，而曰可謂知人矣。鬻拳强諫楚子，臨之以兵，而謂鬻拳爲愛君。趙盾亡不越竟，反不討賊，而曰惜也，越竟乃免。此皆其不明理之故，而其叙事失實者尤多，然則《左氏》之紀事，固不可廢，而未可盡以爲據矣。

家鉉翁曰：昔者夫子因魯史而修《春秋》，其始《春秋》《魯史》並傳於世，學者觀乎魯史，可以得聖人作經之意，其後魯史散佚不傳，《左氏》採撫一時之事，以爲之傳，將使後人因傳而求經也。左氏者，意其事爲史官。與聖人同時者，邱明也。其後爲《春秋》作傳者，邱明之子孫，或其門弟子也。經者其略，傳紀其詳，經舉其初，傳述其終。雖未能盡得聖人襃貶之意，而春秋二百四十二年之行事，恃之以傳，何可廢也。吁！使左氏不爲此書，後人之何所考據，以知當時事乎。不知當時事，何以知聖人意乎！

陳則通曰：《公》《榖》但釋經而已！《春秋》所無，《公》《榖》不可得而有；《春秋》所有，《公》《榖》亦不可得而無。《左氏》或先經而始事，或後經以終義，或依經以辨理，或錯經以合異，其事與辭，過《公》《榖》遠矣。宰喧歸賵，二傳未有載惠公仲子之詳者，《左氏》獨詳之，吾是以知仲子之爲妾。鄭伯克段，二傳未有以發祭仲子對之言者，《左氏》獨詳之，吾是以知鄭伯之心。此類有功於天下後世者不少，微《左氏》吾奚以知《春秋》哉。

盛如梓曰：左氏，晦庵以爲楚人，項平文以爲魏人。

程端學曰：《左氏傳》及外傳，或謂楚左氏倚相作者，近是。謂左邱明者，非也。

黄澤曰：孔子作《春秋》，以授史官，及高弟。在史官者，則邱明作傳，在高弟者，則一再傳而爲公羊高、穀梁赤。在史官者，則得事之情實，而義理間有譌。在高弟者，則不見事實，而往往以意臆度。若其義理，則間有可觀，而事則多譌矣。酌而論之，事實而理譌，後之人猶有所依據以求經旨，是經本無損也。事譌而義理間有可觀，則雖說得大公至正，於經實少所益，況未必大公至正乎！使非《左氏》事實尚存，則《春秋》益不可曉矣！又曰：左邱明或謂姓左邱名明，非傳《春秋》者。傳《春秋》者，蓋姓左而失其名。愚謂去古既遠，此以爲是，彼以爲非，又焉有定論。今以理推之，夫子修《春秋》，蓋是遍閲國史，策書簡牘，皆得見之，始可筆削。雖聖人平日，於諸國事，素熟於胸中，然觀聖人入太廟每事問，蓋不厭其詳審，況筆削《春秋》將以垂萬代，故知夫子於此尤當詳審也。又策書是重事，史官不以示人，則他人無由得見。如今國史自非，當爲史官者，則亦莫能見而知其詳。又夫子未歸魯以前，未有修《春秋》之意，歸魯以後，知道不行，始志於此。其作此經，不過時歲間爾。自非備見國史，其成何以若是之速哉！策書是事之綱，不厭其略，其節目之詳，必須熟於史者，然後知。是以此書若示學者，則雖高弟，亦猝未能曉。若在史官，雖未能盡得聖人之旨，比之不諳悉本末者，大有徑庭矣。故愚從杜元凱之説，以爲左氏是當時史官，篤信聖人者。又曰：左氏是史官，曾及孔氏之門者，古時竹書簡帙重大，其成此傳，是閲多少文字，非史官不能得如此之詳，非及孔氏之門，則信聖人不能若此之篤。又曰：《穀梁》多測度之辭，當是不曾親見國史。公羊齊人，齊亦有國史，而事亦僞謬。蓋國史非人人可見，《公》《穀》皆有傳授，自傳授之師，已不得見國史矣！故知左氏作傳，必是史官，又是世官，故末年傳文，當是其子孫所續。又曰：説《春秋》者，多病左氏浮夸，然豈無眞實，苟聖略浮夸而取眞實，則有益於經，正自不少。豈可因其短而棄所長哉！若欲舍傳以求經，非惟不知《左氏》，亦且不知經。又曰：近世學者，以《左氏》載楚事頗詳，則以左氏爲楚人，此執一偏之説也。周衰號令不及於諸侯，事權多出於晉，其次則楚，故晉、楚之事多於周。今以載楚事詳遂謂之楚人，其亦未深求其故，祇見其可笑也。

何異孫曰：《左氏》善於考事，而義理則疏。《公》《穀》於義理頗精，而考事則略。《左氏》理不勝文，《公》《穀》文不勝理。《左氏》之得，《公》《穀》失之，《公》《穀》之得，《左氏》失之。

邵寶曰：聖人因魯史而修《春秋》，不以《春秋》而廢魯史。《春秋》行而魯史從之矣！則魯史安在，今之《左傳》是已。何以謂之傳，傳以附經，《左氏》蓋修飾之。

羅欽順曰：春秋事跡，莫詳於《左傳》。《左氏》於聖人筆削意義，雖無甚發明，然後知學《春秋》者，得其事跡爲據，而聖經意義所在，因可測識，其功亦不少矣。

何孟春曰：《春秋》史而經之書也。學是經者，必本諸史，經以標義，史以備事。經義隱而史事顯，左氏備事之書也。仲尼作《春秋》，邱明以聖人筆削，義隱於事，而次第其事，傳以實之，實之者，顯之也。所傳事皆有稽據，先經後經，原委究悉。非後來《公》《穀》、鄒、夾四家空言者比，而世之尊是經者，顧與左氏立異，口議流行，又出四家之外，何哉！

羅喻義曰：《左氏》原自爲一書，後人分割附經，正如《易》之《小象》《文言》，分隷諸卦，宜還其舊。

尤侗曰：左氏之爲邱明，自遷、固以下皆信之，獨啖助、趙匡立説，以破其非；而王介甫斷左氏爲六國時人者，有十一事。據《左傳》紀韓、魏、智伯之事，及趙襄子之諡，計自獲麟至襄子卒，已八十年。夫子謂邱明恥之丘亦恥之，則邱明必夫子前輩，豈有仲尼歿後七十八年，邱明猶能著書者乎。《詩》有大、小毛。《書》有大、小夏侯，《禮》有大、小戴，六國時人，豈無左氏，必以邱明實之，亦固矣。

按孔子作《春秋》，若無左氏爲之傳，則讀者何由究其事之本末，左氏之功不淺矣。匪獨詳其事也，文之簡要，尤不可及，即如隱元年春王正月《傳》云，元年春，王周正月，視經文止益一周字耳！而王爲周王，春爲周春，正爲周正，較然著明。後世黜周王魯之邪説，以夏冠周之單辭，改時改月之紛綸聚訟，得《左氏》片言，可以折之矣。

又按司馬遷《報任少卿書》："左邱失明，厥有《國語》。"應劭《風俗通》：邱姓，魯左邱明之後。然則左邱爲復姓甚明。孔子作《春秋》，明爲作傳，《春秋》止獲麟，傳乃詳書孔子卒。孔子既卒，周人以諱事神，名終將諱之，爲弟子者，自當諱師之名，此第稱《左氏傳》，而不書左邱也。

**西堂案：**《左氏》叙事雖詳，其中多不爲經發；即爲經發者，亦不必盡可信。（別有辨，葉夢得、家鉉翁俱有説）此不可從者一也。《春秋》之中，隨宜褒貶，學者亦可不求其事之本末，《左氏》叙事雖多，亦奚以爲？此不可從者二也。《左氏》置周於王下，本末倒置，方病其失，不得謂之簡要。《春秋》魯史，奉周王之正朔，亦何須加一周字，其不謹嚴，非傳《春秋》者也。朱氏所云，蓋猶未悟。

## 【乙種之三】

## 《經義考》中關於《公羊傳》之記載與評論

朱彝尊

**西堂案：**《春秋》三傳之中，《左氏》本非傳《春秋》者，已見於《漢書藝文志辨僞》，及《經義考》中之紀載與評論矣。《公羊》之學，本最淳樸。《左氏》學者而外，莫不推尊《公羊》，宋元儒者如朱子、黄震、家鉉翁、王應麟，聞見淹贍，皆亟許之。其持兩可之論，以爲俗險雜亂，皆苛刻之説也。《經義考》中所引先儒之説三十餘條，指摘之者，約三之一，可以見矣。

春秋三

公羊氏（高）《春秋傳》《漢志》：十一卷。存

《漢書》注：公羊子，齊人。

《儒林傳》：武帝時瑕邱江公，與董仲舒並。仲舒通五經，能持論，江公訥於口，上使與仲舒議，不如仲舒。而丞相公孫弘，本爲《公羊》學。比輯其議，卒用董生。於是上因尊《公羊》家，詔太子受，由是《公羊》大興。

司馬遷曰：漢興，言《春秋》於齊魯自胡毋生，於趙自董仲舒，其傳公羊氏也。《春秋説題辭》曰：傳我書者公羊高也。

班固曰：末世口説流行，故有《公羊》《穀梁》、鄒、夾之傳，四家之中，《公羊》《穀梁》之於學官。

王充曰：《公羊》《穀梁》之傳，日月不具，輒爲意，使平常之事，有怪異之説；徑直之文，有曲折之義，非孔子之心。

賈逵曰：《公羊》多任於權變。

戴宏曰：子夏傳與公羊高，高傳與其子平，平傳與其子地，地傳與其子敢，敢傳與其子壽。至漢景帝時，壽乃共弟子胡毋子都，著於竹帛。

鄭康成曰：《公羊》善於讖。

王接曰：《公羊》附經立傳。經所不書，傳不妄起；於文爲儉，通經爲長。

荀崧曰：儒者稱公羊高親受子夏，立於漢朝，辭義清儁，斷決明審，多可

採用。

范甯曰：《公羊》辯而裁其失也俗。

梁武帝曰：《公羊》禀西河之學。

《隋書·經籍志》：後漢《公羊》與《穀梁》並立，晉時《公》《穀》但試讀文，而不能通其義，至隋寖微，今殆無師說。

陸德明曰：《公羊》《穀梁》，皆以日月爲例。

孔穎達曰：《公羊》《穀梁》，道聽塗說之學。或日或月，妄生褒貶。

楊士勛曰：景帝好《公羊》，胡毋之學興，仲舒之義立。

徐彥曰：《公羊》《穀梁》，出自卜商，不題曰卜氏傳者，子夏口授公羊高，至壽乃共胡毋生著竹帛，胡毋生題親師，故曰《公羊》，不曰卜氏。《穀梁》亦是著竹帛者題其親師，故曰《穀梁》也。

啖助曰：《公羊》《穀梁》，初亦口授，後人據其大義，散配經文，故多乖謬，其失綱統。然其大指亦是子夏所傳。

又曰：二傳密於《左氏》，《穀梁》意深，《公羊》辭辨。隨文解說，往往鉤深，但以守文堅滯，泥難不通，不近聖人夷曠之體。

劉敞曰：《公羊》牽於讖緯。

崔子方曰：《公羊》失之險。

劉安世曰：《公》《穀》皆解正《春秋》，《春秋》所無者，《公》《穀》未嘗言之，故漢儒推本以爲真孔子意。然二家亦自矛盾，則非孔子之意矣。

晁說之曰：《公羊》之失雜而拘。

葉夢得曰：《公羊》《穀梁》，傳義不傳事；是以詳於經而義未必當。

胡安國曰：例莫明於《公羊》，或失之亂。

朱子曰：《公》《穀》是齊魯間儒所著之書，恐有傳授。但皆雜以己意，所以有差舛。其有合道理者，疑是聖人之舊。又曰：《公》《穀》經學，理精而事誤。

胡寅曰：《公》《穀》釋經，其義皆密。如衛州吁以稱人爲討賊之辭也。公薨不地故也。不書葬，賊不討，以罪下也。若此之類，深得聖人誅亂臣討賊子之意。考其源流，必有端緒，非曲說所能及也。

鄭清之曰：稗官有紀《公羊》《穀梁》並出一人之手。其姓則姜，蓋四字反切即姜字也。

羅璧曰：《公羊》《穀梁》，自高、赤作傳外，更不見有此姓。萬見春謂皆姜字切韵脚，疑爲姜姓假託。

王應麟曰：公羊子齊人，其傳《春秋》多齊言。登來、化我、樵之、漱浣、笋將、踴爲、詐戰、往黨、往殆、於諸、累、如、昉、桮、脰之類是也。漢武尊《公羊》家，而董仲舒爲儒者宗，正誼不謀利，明道不計功，二言得失夫子心法。太史公聞之董生者，又深得綱領之正。嘗考公羊氏之傳，所謂讖緯之文，與黜周王魯之説，非《公羊》之言也。蘇氏謂何休《公羊》之罪人，晁氏謂休負《公羊》之學，五始、三科、九旨、七等、六輔、二類、七缺，皆出於何氏，其《墨守》不攻而破矣。又曰：漢以《春秋》決事，如雋不疑引蒯瞶違命出奔，輒拒而不納，《春秋》是之。蕭望之引"士匄帥師侵齊，聞齊侯卒，引師而還，君子大其不伐喪"。丞相御史議封，馮奉世引"大夫出疆，有可以安社稷，存萬民，專之可也"。皆本《公羊》，雖於經旨有得有失，然不失制事之宜。至於嚴助以《春秋》對，乃引"天王出居於鄭，不能事母，故絶之"。則其謬甚矣。又曰：臣不討賊，非臣也，子不復讎非子也，讎者無時焉可與通。此三言者，君臣、父子、天典、民彝繫焉。公羊子大有功於聖經。

又曰：九世猶可以復讎乎？雖百世可也。儒者多以《公羊》之説爲非。然朱子序戊午讞議曰：有天下者，承萬世無疆之統，則亦有萬世必報之讎。吁何止百世哉。

黄震曰：《公羊》釋經，未嘗舍經而爲之。文雖不及《左氏》之藂，而明白則過之。

吕大圭曰：《公》《穀》《左》三傳，要皆有失。而失之多者，莫如《公羊》。《公羊》論隱、桓之貴賤，而曰子以母貴，母以子貴。夫謂子以母貴可也，謂母以子貴可乎？推此言也，所以長後世妾母陵僭之禍者，皆此言基之也。公子結媵陳人之婦於鄄，遂及齊侯、宋公盟。《公羊》曰：大夫受命不受辭，出境有可以安社稷，利國家者，專之可也。後之人臣有生事異域，而以安社稷利國家自諉者矣。紀侯大夫去其國，聖人蓋傷之也。而《公羊》則以爲齊襄復九世之讎。春秋之後世有窮兵黷武，而以《春秋》之義自許者矣。祭仲執而鄭忽出，其罪在祭仲也，而《公羊》則以爲合於反經之權。後世蓋有廢置其君如弈棋者矣。此其爲害豈不甚於叙事失實之罪哉。

家鉉翁曰：聖人之作經也，其大經大法，所以垂示千載者，門人高弟，蓋得之難疑答問之際，退而各述所聞。逮至暮年，復以授其門弟子，公、穀氏其最著者也。以爲派出子夏，更戰國暴秦，以及漢興，其門人裔孫，始集所聞爲傳。前史派其傳授，由漢而上達乎洙泗，具有本末。三代而下，有國家者，所恃以扶綱常植人極，皆《春秋》之大法，而《公》《穀》所傳也。當漢盛時，經生學士，立乎人之本朝，決大謀議，往往據依《公》《穀》，其有功於世教甚大。其間固有擇焉而不精，謂祭仲逐君爲行權，衛輒拒父爲尊祖，妾以子貴，得僭夫人之類，則其流傳之誤也。

黃澤曰：《公羊》《穀梁》所據之事，多出於流傳，非見國史。故二傳所載，多涉鄙陋不足信。但其間却有老師宿儒相傳之格言。賴此二傳以傳於世。又曰：舉大義，正名分，君子大居正之類，此《公羊》有益於經。

何異孫曰：《公》《穀》各守所學；《春秋》所有者，皆求解盡，所無者則未當言之。是二儒質樸處。

顧炎武曰：《公羊傳》子沈子曰：《注》云，子沈子後師明說此意者。沈子稱子冠氏上者，著其爲師也。不但言子曰者，辟孔子也。其不冠子者，他師也。按傳中有子公羊子，而又有子沈子，子司馬子，子女子，子北宮子，何後師之多與。然則此傳不盡出於公羊子也明矣。

## 【乙種之四】

## 《經義考》中關於《穀梁傳》之記載與評論

朱彝尊

**西堂案：**《穀梁》之學，本甚寂寥，説經多刻峭之論，甚失之穿鑿迂短，前儒所論，蓋甚是也。以其刻峭，故有謂其善於經者，斷義不如《穀梁》之精者，且或以三傳之學，《穀梁》所得爲多，實則膚淺不足道也。黄震謂舉大禮言，則視《公羊》又寂寥，甚善説也。蓋本不得《春秋》真傳，故其學亦最微，兹姑録經義以見之。

穀梁氏（赤）《春秋傳》
《漢志》十一卷
存
《漢書》注：穀梁子，魯人。
《儒林傳》：太子既通《公羊》，復私問《穀梁》而善之。……宣帝即位，聞衛太子好《穀梁春秋》，以問丞相韋賢、長信少府夏侯勝，及侍中樂陵侯史高，皆魯人也，言穀梁子本魯學，公羊氏乃齊學，宜興《穀梁》。……時千秋爲郎，召見，與《公羊》家並説，上善《穀梁》説，擢千秋爲諫大夫給事中。甘露元年，召名儒大議殿中，多從《穀梁》，由是《穀梁》之學大盛。
應劭曰：穀梁子名赤，子夏弟子。
鄭康成曰：《穀梁》善於經。
糜信曰：秦孝公時人。
晉元帝曰：《穀梁》膚淺。
荀崧曰：穀梁赤師徒相傳，暫立於漢世。向、歆漢之碩儒，猶父子各執一家，莫肯相從。其書文清義約，諸所發明，或《左氏》《公羊》所不載。亦足有所訂正。
范甯曰：《穀梁》清而婉，其失也短。
阮孝緒曰：名俶（或作叔），字元始。
顔師古曰：穀梁子名喜。受經於子夏，爲經作傳。傳孫卿，卿傳魯申公，申公傳瑕丘江公。

楊士勛曰：宣帝善《穀梁》，千秋之道起，劉向之意存。

陸淳曰：斷義皆不如《穀梁》之精。

孫覺曰：以三家之説校其當否，《穀梁》最爲精深。

劉敞曰：《穀梁》窘於日月。

崔子方曰：《穀梁》失之迂。

晁説之曰：《穀梁》晚出於漢，因得監省《左氏》《公羊》之違畔而正之。其精深遠大者，真得子夏之所傳與。又曰：《穀梁》司典刑而不縱，崇信義而不拘，有意乎蹈道而知變通矣。不免失之隨也。

胡安國曰：義莫精於《穀梁》，或失之鑿。

晁公武曰：三傳之學，《穀梁》所得爲多。

王應麟曰：穀梁子或以爲名赤，或以爲名俶，秦孝公時人。今按傳載尸子之語，尸佼與商鞅同時，故以爲秦孝公時人。然不可考。又曰：《穀梁》言大侵之禮與《毛詩·云漢傳》略同，言蒐狩之禮與《毛詩·車攻傳》相合，此古禮之存者。

黃震曰：《公羊》以妾母夫人爲禮，而《穀梁》黜之；《公羊》以宋襄之師文王不是過，而《穀梁》非之，所見似又過於《公羊》。然舉大體言，則視《公羊》又寂寥矣。

黃澤曰：桓無王定無正之類，此《穀梁》有益於經。

## 【乙種之五】

## 《公羊》先師考

（《隸經文》卷四，《清經解續編本》）

江　藩

**西堂案：**《春秋》三傳，《公》《穀》爲經學，《左氏》爲史學，是非黑白，略可明矣！其當詳論其傳授，以及傳之略例。《公羊傳》者，本齊學也。今之《公羊》，乃齊之《公羊》，非董君所傳之《公羊》也。學者不甚明，獨江子屏能言之。茲録其《隸經文·卷四·公羊先師考》一篇，以略見之。學者可進而研討董、何之異同矣！《公羊》之傳授源流，亦不信以爲真實，然而《公羊》不害爲得《春秋》之真傳，據傳固可見之，亦優於《左》《穀》也。

西京大儒傳習淵源，《史記》《漢書·儒林傳》序之綦詳，嗣後序録家亦無異論。惟《公羊傳》則後人有胡毋生，云董仲舒爲公羊高五傳弟子之説，大謬不言矣。

其説本之戴宏。徐彦《疏》引宏《序》云："子夏傳與公羊高，高傳與其子平，平傳與其子地，地傳與其子敢，敢傳與其子壽。至漢景帝時，壽乃共弟子齊人胡毋子都著於竹帛，與董仲舒皆見於圖讖。"徐彦又曰："胡毋生本雖以《公羊》經傳授董氏，猶自別作條例。"其言不可信也。太史公親見仲舒，故曰"吾聞之董生"。其作《儒林傳》，不言子都、仲舒之師爲何人，蓋不可得而聞矣。若子都、仲舒爲壽之弟子，太史公豈有不知者哉？即班書亦不言子都、仲舒之師爲壽，第云"胡毋生與董仲舒同業，仲舒著書稱其德，年老歸教於齊"而已。"同業"者，同治《公羊》之學，未嘗云"以經傳授董子"。陸元朗《經典釋文·序録》亦無是説也。戴宏解疑論本之圖讖，乃無稽之談。而《隋書·經籍志》《公羊疏》《玉海》皆引以爲説，不信經史而信圖讖，何哉？

《公羊》之學興於漢初，最著者爲胡毋生、董子。子都歸老於齊，齊之言《春秋》者不顯。董子之弟子遂之者衆，故其説大行於世。如蘭陵褚大、東平嬴公、廣川段仲温、吕步舒皆通顯至大官。嬴公授東海孟卿及魯眭孟。孟授嚴彭祖、顏安樂。由是《公羊》有嚴、顏之學。彭祖授琅琊王中，中授同郡公孫文及東門雲。安樂授淮陽泠豐及淄川任翁。豐授大司徒馬宮及琅琊左咸。貢禹亦事嬴公而成於眭孟，授潁川堂溪惠。惠授泰山冥都及疏廣。廣事孟卿，以授琅琊筦路。路及筦都又事顏安樂，授大司農孫寶。《釋文·序錄》之說如此。是前漢時嚴、顏之學盛行，皆仲舒之學也。

胡毋生之弟子爲公孫宏一人，餘無聞焉。爰及東京，多治《嚴氏春秋》，見於范書《儒林傳》者則有丁恭、周澤、鍾興、甄宇、樓望、程曾六人。治《顏氏春秋》者，惟張君夏一人。張氏兼說嚴氏、冥氏（冥，《後漢書》誤作"宣"）亦非專治顏氏之學者。至於李育，雖習《公羊》，然不知其爲嚴氏之學歟？顏氏之學歟？何休之師，則博士羊弼也。《傳》稱休與弼追述李育意，以難二傳，作《公羊墨守》，則休之學出於李育，無所謂嚴氏、顏氏矣。其爲解詁，依胡毋生條例，自言多得其正。至於嚴、顏之學，則謂之"時加釀嘲辭"，又曰"甚可閔笑"。然則休之學出於育，有之學本之子都矣。今之《公羊》，乃齊之《公羊》，非趙之《公羊》也。

董子書散佚已久，傳於世者僅存殘闕之《繁露》，而其說往往與休說不合。《繁露》之言二端十指，亦與條例之三科九旨迴異。仲舒推五行災異之說，《漢書·五行志》備載焉。休之《解詁》不用董子之說，取京房之占，其不師仲舒可知矣。則其所稱"先師"者，爲胡毋生、李育之徒，非仲舒、彭祖、安樂也。是董子之學盛行於前漢，寖微於後漢，至晉時其學絕矣。若夫晉之劉兆、王接父子，絕無師法，合三傳而別一尊，不特非胡毋生、董子之學，並非公羊高之學也。

## 【乙種之六】

## 左氏非丘明辨

（《六經奧論》卷四——通志堂經解）

鄭　樵

**西堂案：** 傳《左氏傳》者，非《論語》中所引之左丘明，《史記·仲尼弟子傳》亦不言，蓋本六國時人也。至唐啖、趙，始略言之，宋鄭漁仲，目舉八證以辨之，其左驗乃明確矣。雖有反駁漁仲之説者，多强辭，不足信也。兹録是篇，以當《左氏》先師考。

劉歆曰：左氏丘明好惡與聖人同，親見夫子，而《公羊》在七十子之後。司馬遷曰：孔子作《春秋》，丘明爲之傳。班固《藝文志》曰：丘明與孔子觀魯史而作《春秋》。杜預序《左傳》亦云：左丘明受經於仲尼。詳諸所説，皆以左氏爲丘明無疑矣。至唐啖助、趙氏，獨立説以破之。啖助曰：《論語》所引丘明，乃史佚、遲任之類，左氏集諸國史以釋《春秋》，後人謂左氏爲丘明，非也。趙氏曰：公、穀皆孔氏之後人，不知師資幾世，左丘明乃孔子以前賢人，而左氏不知出於何代。惟啖、趙立説以破之，未有的論。然使後人終不以丘明爲左氏者，則自啖、趙始矣。況孔氏所稱左丘明姓左名丘明，斷非左氏明矣。今以《左氏傳》質之，則之其非丘明也。《左氏》終紀韓、魏、智伯之事，又舉趙襄子之諡，則是書之作，必在趙襄子既卒之後。若以爲丘明自獲麟至襄子卒，已八十年矣，使丘明與孔子同時，不應孔子既殁七十有八年之後，丘明猶能著書。今《左氏》引之，此左氏爲六國人，在於趙襄子既卒之後，明驗一也。左氏戰於麻隧，秦師敗績，獲不更女父，又云秦廣長，鮑庶長武帥師及晉師戰於櫟。秦至孝公時，立賞級之爵，乃有不更庶長之號。（或有作《左傳》已見，不始孝公）今《左氏》引之，是左氏爲六國人，在於秦孝公之後。明驗二也。《左氏》云：虞不臘矣，秦至惠王（一作公）十二年初臘。鄭氏、蔡邕皆謂臘於周即蠟祭。諸經並無明文，惟《吕氏·月令》有臘先祖之言，今《左氏》引之，則左氏爲六國人，在於秦惠王之後，明驗三也。（要簡則曰有曰庶長不更者，秦孝公之官名也。有曰虞不臘者秦惠王之蠟名也）左氏師承鄒衍之誕，而稱帝王子孫，案齊威王時，鄒衍推五德終始之運，其語不經，今《左氏》引之，則左氏爲六國人，在齊威王之後，明驗四也。《左氏》言分星皆準堪輿，案韓、魏分晉之後，而堪輿十二次始於趙分。曰大梁之語。今《左氏》引之，則左氏爲六國人，在三家分晉之後，明驗五也。《左氏》云：左師長將以公乘馬而歸。案三代時有車戰無騎兵，惟蘇秦合縱六國，始有車千乘，騎萬匹之語。今《左氏》引之，是左氏爲六國人，在蘇秦之後，明驗六也。《左氏》序呂相絕秦，聲子説齊，其爲雄辯徂詐，真游説之士，捭闔之辭。此左氏爲六國人，明驗七也。《左氏》之書，序晉、楚事最詳，如楚師熸猶拾沈等語。則左氏爲楚人，明驗八也。據此八節，亦可以知左氏非丘明。是爲六國時人，無可疑者。或問伊川曰：左氏是丘明否？曰：傳無丘明字，故不可考。又問左氏可信否？曰：不可全信，信其可信者爾。真知言歟！

# 【乙種之七】

# 左丘明之姓氏

**西堂案：**傳《左氏》之丘明，非《論語》中所載之丘明，讀鄭樵《左氏非丘明辨》，可以知之。近今瑞典珂羅尼倫著《左傳真僞考》，證明《左傳》中之文字非魯語，尤爲確據。學者按其書可以知其意矣。惟左丘明之姓氏，果氏左與？抑複氏左丘與？亦所當知者也。兹錄劉寶楠《論語正義》一節，俞正燮《左丘明子孫姓氏論》，暨劉師培《劉氏論語正義·左丘明姓氏駁議》，凡三篇以見之。

## （一）左丘明氏左丘

### （《論語正義·卷六》）

劉寶楠

《史記·十二諸侯年表·序》："自孔子論史記次《春秋》，七十子之徒口受其傳。魯君子左丘明懼弟子各有妄其意，失其真，故具論其語成《左氏春秋》。"又《自叙》篇稱"左丘失明。厥有《國語》"。《漢書·藝文志》："左氏傳三十卷。左丘明，魯太史。"

案史公以"左丘"連文，則左氏是兩字氏，明其名也。"左丘"亦單稱"左"，故舊文皆言"《左傳》"，不言"左丘傳"。説者疑左與左丘爲二，作《國語》者左丘明，作《左傳》者別人，與《史》《漢》諸文不合，非也。左丘明雖爲太史，其氏左丘，不知何因，解者援《玉藻》"動則左史書之"，謂左丘明以官爲氏；則但當氏左，不當連"丘"爲文，亦恐非也。

《周官》："太史，下大夫二人，上士四人。"侯國君臣秩差降，太史當止以士爲之。

## （二）左丘明子孫姓氏論

### （《癸巳類稿·卷五》）

俞正燮

漢史游《急就章》有"丘則剛，左地餘"，採自緯書，是古有丘、左兩姓，或合"左丘"爲複姓，始宋鄧名世《古今姓氏書辯證》，不足據也。

《廣韵》十八尤"丘"注引《風俗通》云："魯左丘明之後。"又云："齊太公封於營丘；支孫以地爲氏，世居扶風。丘俊，王莽時持節江淮，不仕，避居吳興"。《急就》"丘則剛"，宋王應麟補注及自注《姓氏》《急就》引同。是丘氏二派：一出太公，一則丘明。

丘明子孫爲丘姓，義最古無疑。丘明傳《春秋》而曰"《左氏傳》"者，以"爲左氏官"言之，如司馬遷書今名《史記》也。《春秋》傳，《公羊》《穀梁》題姓者，《毛詩》《韓詩》之比；《左傳》不題姓者，《齊詩》《魯詩》之比。《經義考》言左丘，《傳》單稱左，疑孔門避諱，殊不然矣。

難者曰，《史記》言"左丘失明，厥有《國語》"，複姓無疑。此則春秋時周公爲宰，題"宰周公"，不必是姓"宰周"；司馬遷稱"史遷"不必姓"史"。又複姓古有"左人""左師""左行""左史"，"丘"則《廣韵》四十四複姓獨無"左丘"。鄧名世忽謂"《論語》左丘明姓左，作《左傳》姓左丘"。以其時賣卜者有左丘怪姓，又以一左姓御史言，遂造此怪論，誣鬼神也。

難者曰，《元和姓纂》"左"字注内稱"臨淄有左丘明後"，引晉左思等爲證，是在山東者姓左不姓丘。《廣韵》"丘"字注内稱"左丘明之後，有河南、吳興二望"，是其族唐前已徙他郡，不在山東。案《廣韵》三十二霰"左"注云："齊之公族有左右公子，後因氏焉"，不信左丘明。唐顔師古注《急就》"左地餘"云："魯太史，後遂爲姓"，非臨淄。《晉書·左思傳》云："左思，字太冲，齊國臨淄人。其先齊之公族有左右公子，因以氏焉。思家世儒學"云云，不言祖是丘明。後人何得妄改史傳，誣左氏爲丘明後。唐韶"丘"云"出河南、吳興二望"。吳興是扶風所徙，《廣韵》引《風俗通》已言之。河南之丘，《魏書·官氏志》明著胡、周、長保、奚、伊、丘、亥七族之始；《廣韵》亦以河南丘爲元魏丘敦氏所改；《姓纂》亦著爲拓跋後，《姓氏書》亦言魏臨淮王豆真後，爲拓跋裔。又著扶風一望，均不言是丘明子孫外徙也。齊、魯丘少達者，故門望不著。門第書可證有，不可證無。

宋吳曾《能改齋漫録》云："得吳興丘遲碑，言'遲，丘明後。'"，則丘明子孫亦有外徙者，特不可謂《廣韵》中有此説。然以此見左思家世儒學，不言爲左丘明後；丘遲家世儒學，自言是丘明後，則唐以後言左言左丘者亦有愧矣。

## （三）劉氏論語正義左丘明姓氏駁義

（《左盦集·卷三》）

劉師培

《論語·公冶長篇》："左丘明恥之"，即劉歆所謂"丘明好惡與聖人同"也。孔《注》云："左丘明，魯太史"，本班《志》爲説，未爲失也。

惟丘明姓氏，説者各殊。《左傳》孔《疏》云："丘明爲傳，以其姓左，故號爲《左氏傳》。"朱彝尊《經義考》云："左丘爲複姓；單稱'左'者，疑孔門避諱。"劉寶楠《論語正義》則曰："左丘是兩字氏，明其名也。"其説均非。

惟俞正燮《癸巳類稿·左丘明子孫姓氏論》云："《廣韻》十八尤'丘'字注引《風俗通》云：'魯左丘明之後'。丘明子孫爲丘姓，義最古無疑。丘明傳《春秋》而曰《左氏傳》者，以爲左史官言之。"其説最長。

考《大戴禮·盛德篇》云："內史，太史，左右手也"，盧《注》云："太史爲左史，內爲右史"。是左史即太史也。丘明爲魯太史，故以左氏爲稱。丘明以左史傳《春秋》，與《玉藻》"左史記動"合，則《漢志》《申鑒》《六藝論》作"右史記動"，均傳文之異矣。又《元和姓纂》"左"字注云："臨淄有左丘明後"。《急就篇》："左地餘"句，顏《注》云："魯太史後，遂爲姓"。則丘明之後亦有以官爲氏者；惟不得以"左"爲丘明之姓，史不得以左丘爲複姓耳。劉説非也。

若唐宋鄙儒以《論語》左丘明與作傳之人爲二，或以作《國語》者氏左丘，作《左傳》者氏左氏，尤不足據依者也。

## 【乙種之八】

# 傳 經 表

## （《春秋董氏學》卷七）

康有爲

**西堂案：**《春秋》三傳，《左》《穀》之不傳《春秋》，略可知矣。即《公羊》之授受，戴宏《序》所云者，亦不盡信，自胡、董以後，其學始著。今欲悉其要概，則讀康南海之《傳經表》，可以知之。兹録是篇，以供參稽。

### 《傳經表》第七

後世之道術不明，統緒不著者，皆韓愈粗疏滅裂之罪也。愈之言道也，自孔子後千年舉孟子、荀子，而以楊雄蚩其間，又謂軻死不得其傳焉。宋儒紹述其説，遂若千餘年無聞道者。信若斯言，則是孔子大教已滅絶，豈復能光於今日哉！夫《吕氏春秋》《韓非子》作於戰國之末日，孟子已殁，而吕氏稱孔子弟子，充滿天下，彌塞天下，皆以仁義之道，教化於天下。韓非稱儒分爲八，有孟氏之儒，有顔氏、子夏氏、子張氏、漆雕氏、仲良氏、孫氏、樂正氏之儒，不特孟氏有傳，七家亦皆有傳焉。至於漢世，博士傳五經之口説，皆孔門大義微言，而董子尤集其大成。劉向以爲伊、吕無以加，《論衡》所謂孔子之文，傳於仲舒。《春秋緯》謂亂我書者，董仲舒；亂者治也，天人策言道出於天，正誼不謀利，明道不計功；朱極推其醇粹。而韓愈乃不知之，而敢斷然謂孟子死而不傳，嗚呼，何其妄也！若楊雄於君國，則以《美新》投閣；於經學，則爲歆僞欺給，徒以《法言》摹仿《論語》，美言可市，乃舍江都而與蘭陵併，愈擬人既不於倫，寶康瓠而棄周鼎，嗚呼，何其妄也！夫孔子之大道在《春秋》，兩漢之治以《春秋》，自君臣士大夫政事法律言議，皆以《公羊》爲法，至今律猶從之。（吾有《今律出〈春秋〉考》）《公羊》博士之傳，遍天下，雲礽百萬，皆出江都，嗚呼盛矣！由元明以來，五百年治術言語，皆出於朱子，蓋朱子爲教主也。自武帝終後漢四百年治術言議，皆出於董子，蓋董子爲教主也。二子之盛，雖孟、荀莫得比隆。朱子生絶學之後，道出於向壁，尊四書而輕六經、孔子，末法無由一統，僅如西蜀之偏安而已。董子接先秦老師之緒，盡得口說，《公》《穀》之外兼通五經，蓋孔子之大道在是。雖書不盡言，言不盡意，聖人全體不可得而見，而董子之精深博大，得孔子大教之本，絕諸子之學，爲傳道之宗，蓋自孔子之後一人哉！因屬門人王覺，任搜其後學，表其傳授，俾後世於孔門統緒流別得詳焉。

## 傳 經 表

| | | | | | |
|---|---|---|---|---|---|
| 董仲舒 | 嬴公（以下俱董子親授弟子） | 眭孟 嬴公授○ 弟子百餘人。 | 嚴彭祖 眭孟授○ 家世傳業。 | 王中 嚴彭祖授。按《漢書·儒林傳》稱："中徒衆尤盛，是大師也。" | 公孫文 王中授○ 東門雲，王中授○ |
| | 褚大 殷忠溫（《漢書》作段忠溫）。 呂步舒 戾太子據 吳丘壽王 鮑敞 司馬遷（聞《春秋》於董生） | | 顏安樂， 眭孟授○ | 任公，顏安樂授○ 泠豐 劉向，顏安樂授○（見徐氏《公羊疏》） | 馬宮 泠豐授○ 左咸，泠豐授○（按《漢書·儒林傳》稱："徒衆尤盛。"亦是當時大師） |
| | | 孟卿，嬴公授○ 貢禹，事嬴公而成於眭孟。 | 疏廣，孟卿授○ 堂谿惠，貢禹授○ | 王彥 同上 筦路，始事疏廣，後事顏安樂。 冥都，始事堂谿惠，後事顏安樂 | 孫寶，冥都授○ |
| 丁恭，（諸生自遠方至者著錄數千人○） 以下並不詳所授 | 樓望， 丁恭授○ （諸生著錄者九千餘人） 承宮， 丁恭授○ | | 李修 樊儵授○ 夏勤，樊 | 張楷，霸子門徒常數百人。 | |

續表

| | | | | | |
|---|---|---|---|---|---|
| 甄宇，教授常數百人。 | 樊儵，丁恭授〇門徒前後三千人。 | 儵授〇張霸，樊儵授〇 | 孫林，張霸授〇劉固，張霸授〇段著，張霸授〇 | | |
| | 鐘興，丁恭授〇教授太子及諸侯王。 | | | | |
| 郅惲<br>李章<br>周澤<br>門徒常數百人。 | 甄普（宇子） | 孝明帝，從鍾興受《公羊》嚴氏〇甄承（普子），講授嘗數百人，子孫傳學不絕。 | | | |
| 徐子盛<br>諸生數百人。 | | | | | |
| 程曾，常居門下者數百人。 | 顧奉，程曾授〇 | | | | |
| 孔宙（見《隸釋》） | 孔謙（宙子），述家業修《春秋》。<br>孔襄，同上。<br><br>張雲（以下俱宙門生。《隸釋》云以久次相傳曰門生）<br>趙政<br>捕巡<br>韋勛<br>張上<br>王時<br>張典<br>孟忠 | | | | |

續表

| | | | | | |
|---|---|---|---|---|---|
| | 李鎮<br>吳讓<br>文儉<br>鄉瑱<br>暴香<br>梁淑<br>趙恭<br>張表<br>滕穆<br>桑演<br>靳京<br>梁布<br>桑顯<br>司馬覎<br>張祺<br>張朝<br>蘇覿<br>張琦<br>齊納<br>呂昇<br>秦麟<br>如廬浮<br>薛凱<br>高冰<br>趙震<br>徐璜<br>吳進<br>李都<br>賀曜<br>許祺<br>史崇<br>孫忠<br>盧精<br>任景漢<br>張忠<br>陸暹<br>樂禹<br>朱班<br>周慎<br>周昇 | | | | |

續表

| | | | | | |
|---|---|---|---|---|---|
| 徐穉（見謝承書）<br>劉祐（見謝承書）<br>祝睦（見謝承書）<br>樊敏（見《金石錄》）<br>嚴訢（見《金石錄》）<br>孔龢（見《金石錄》）<br>傳《顏氏春秋》表<br><br>張玄，諸儒多伏其通著錄者千餘人○以下並不詳其所受。見《金石萃編》<br><br>唐檀，教授常百餘人<br>陳重<br>雷義<br>魯峻<br>見《金石萃編》 | 陳褒<br>謝洋<br>丁培<br>戴璋<br>王政<br>（並見《隸釋》）<br><br><br><br><br><br><br><br><br><br><br><br><br><br><br><br><br><br><br><br>丁直（以下俱峻門生，見《金石萃編》）<br>呂圖<br>殷敦<br>干商<br>魏顥<br>路龍<br>王端<br>胡嵩 | | | | |

續表

| | | | | | |
|---|---|---|---|---|---|
| | 胡昱 | | | | |
| | 棣真 | | | | |
| | 兒雄 | | | | |
| | 路福 | | | | |
| | 李牧 | | | | |
| | 王輔 | | | | |
| | 周普 | | | | |
| | 吳盛 | | | | |
| | 梁愘 | | | | |
| | 李□ | | | | |
| | 陽成□ | | | | |
| | 鄭立 | | | | |
| | 夏侯雄 | | | | |
| | 孫謙 | | | | |
| | 邢顥 | | | | |
| | 邢□ | | | | |
| | 馬萌 | | | | |
| | 王□ | | | | |
| | 尹徒 | | | | |
| | 尹顥 | | | | |
| | 劉扶 | | | | |
| | 劉盛 | | | | |
| | 鄉晨 | | | | |
| | 鄉恭 | | | | |
| | 劉本 | | | | |
| | 張謙 | | | | |
| | 夏統 | | | | |
| | 許仁 | | | | |
| | 周雄 | | | | |
| | 誠屯 | | | | |
| 王充附：按本傳不詳所受何經，惟《論衡》所稱如"文王之文在孔子，孔子之文在仲舒"，此非傳董子之學者不能道。故亦附著焉。 ||||||

## 傳《公羊》而不詳所受者表

自嚴、顏立博士以後，江都之學遂成一統。然則凡治《公羊》者皆其後學，今並表之如左以見董道觀光大焉。

| | | | | | |
|---|---|---|---|---|---|
| 宋均<br>周黨<br>楊終<br>李育（門徒四百）<br>戴宏（見徐氏《公羊疏》） | 宋意（均子），少習父業。 | | | | |
| 羊弼<br>第五元<br>李咸（見謝承書）<br>徐淑（見謝承書） | 何休<br>羊弼受○ | | | | |
| 李固<br>（按謝承書，祇稱固學五經而不言《春秋》何家。惟議梁氏戚爲椒房禮所不臣，及稱《春秋》褒儀父貶無駭，皆用《公羊》義。當爲《公羊》家可知） | 王調<br>（固門生）<br>郭亮<br>（固弟子）<br>董班（少游太學宗事李固。見謝承書）<br>杜訪<br>以下皆固弟子。見謝承書。<br>鄭遂 | | | | |
| 公沙穆<br>閭葵班<br>見《隸釋》 | 趙承 | | | | |
| 馮緄，見謝承書。<br>尹宙，見《隸釋》<br>劉寵，見《華陽國志》<br>関因，見徐氏《公羊疏》。<br>唐固<br>嚴幹<br>張裔<br>孟光<br>嚴翰，見《魏略》<br>王愆期（按，愆期稱文王爲孔子是嫡傳《公羊》者。見《尚書·泰誓》疏。 | 閭葵讓<br>班子 | | | | |

## 傳《公羊》而兼《左氏》表

| |
|---|
| 荀爽（治《費氏易》及《公羊》《左氏》） |
| 鄭興（少習《公羊》） |
| 馬融，著三傳異同説 |
| 鄭元（從第五元受《公羊》） |
| 虞俊 |
| 陳壽（治《尚書》《三傳》，見《華陽國志》） |
| 王長（著《春秋三傳》十二篇，見《華陽國志》） |
| 壽良（治《春秋三傳》，見《華陽國志》） |
| 孫炎 |

## 【乙種之九】

## 《經典釋文·序録》(《春秋》)

陸德明

**西堂案：**《春秋》經之傳授，見《史》《漢》〈儒林傳〉；至於魏晉以後，師承家法不明，《經典釋文·序録》則並三傳之源流，訖於魏晉六朝者，略略言之。唯元朗生當隋唐，今學盡亡，耳濡目染，師友講授，皆僞古學。其所謂《左氏》傳授，不見《太史公書》，班固《別傳》亦無徵，劉歆之徒，亦無一言及之，亦在無徵不信之列，讀者固當分别觀之。

古之王者，必有史官，君舉則書，所以慎言行，昭法式也。諸侯亦有國史，《春秋》即魯之史記也。孔子應聘不遇，自衛而歸，西狩獲麟，傷其虛應，乃與魯君子左丘明，觀書於太史氏，因魯史記而作《春秋》。上遵周公遺制，下明將來之法，褒善黜惡，勒成十二公之經，以授弟子。弟子退而異言，丘明恐弟子各安其意，以失其真，故論本事而爲之《傳》，明夫子不以空言説經也。《春秋》所貶損人當世君臣，其事實皆形於《傳》，故隱其書而不宣。所以免時難也。及末世口説流行，故有公羊（名高，齊人，子夏弟子，受經於子夏）、穀梁（名赤，魯人，糜信云：與秦孝公同時。《七録》云：名淑；《風俗通》云：子夏門人）、鄒氏（王吉善《鄒氏春秋》、夾氏之傳。鄒氏無師，鄒氏無師，夾氏有録無書，故不顯於世。桓譚《新論》云：《左氏傳》遭戰國寢藏，後百餘年，魯人穀梁赤，作《春秋》，殘略多有遺文；又有齊人公羊高，緣經文作傳，彌失本事）漢興，齊人胡毋生（字子都，景帝時爲博士。齊之言《春秋》者宗事之，公孫弘亦頗受焉）、趙人董仲舒（官至江都膠西相）並治《公羊春秋》。蘭陵褚大（梁相）、東平嬴公（諫大夫）、廣川段仲温、吕步舒（步舒丞相長史）皆仲舒弟子。嬴公守學不失師法，授東海孟卿，及魯眭弘（字孟，符節令），弘授嚴彭祖（字公子，東海下邳人。爲博士，至左馮翊，太子太傅）及顔安樂（字翁孫，魯國薛人也。孟姊子也，爲齊郡太守丞）。由是《公羊》有嚴、顔之學。弘弟子百餘人，常曰《春秋》之意，在二子矣。彭祖授琅邪王中（少府，家世傳業），中授同郡公孫文（東平太傅，徒衆甚盛）及東門雲（荊州刺史）。安樂授淮陽泠豐（字次君，淄川太守）及淄川任翁（少府）。豐授大司徒馬宮（字游卿，東海戚人。封扶德侯）及琅邪左咸（郡守，九卿，徒衆甚盛）。始貢禹（字少翁，琅琊人，御史大夫）事嬴公，而成於眭孟。以授潁川堂谿惠，惠授泰山冥都（丞相史）。又疏廣（字仲翁，東海蘭陵人，太子太傅），事孟卿，以授琅琊筦路。筦路及冥都，又事顏安樂。路授大司農孫寶（字子嚴，潁川鄢陵人）。

瑕丘江公受《穀梁春秋》及《詩》於魯申公，武帝時爲博士（傳子至孫皆爲博士）。使與董仲舒論，江公訥於口，而丞相公孫弘，本爲《公羊》學，比輯其義，卒用董生，於是上因尊《公羊》家，詔太子受。衛太子復私問《穀梁》而善之，其後浸微，惟魯榮廣（字王孫）、浩星公二人受焉。廣盡能傳其《詩》《春秋》，蔡千秋（字少君，諫大夫郎中户將）、梁周慶（字幼君）、丁姓（字子孫，至中山太傅）皆從廣受。千秋又事浩星公，爲學最篤。宣帝即位，聞衛太子好《穀梁》乃詔千秋與《公羊》家併說。上善《穀梁》說，後又選郎十人，從千秋受。會千秋病死，徵江公孫爲博士，詔劉向受《穀梁》，欲令助之。江博士復死，乃徵周慶、丁姓待詔，使授十人。十餘歲皆明習，乃召五經名儒、太子太傅蕭望之等，大議殿中，平《公羊》《穀梁》同異（時《公羊》博士嚴彭祖侍郎申輓、伊推、宋顯，《穀梁》議郎尹更始，待詔劉向、周慶、丁姓並論）。初，尹更始（字翁君，汝南邵陵人。議郎諫大夫長樂户將）事蔡千秋，又受《左氏傳》，取其變理合著以爲章句。傳於咸（大司農）及翟方進（字子威，汝南上蔡人，丞相封侯）、房鳳（字子元，琅琊不其人。光禄大夫、五官中郎將。青州牧）。始江博士授胡常，常授梁蕭秉（字君房），王莽時爲講學大夫。左丘明作傳以授曾申，申傳衛人吳起（魏文侯相），起傳其子期，期傳楚人鐸椒（楚太傅）。椒傳趙人虞卿（趙相），卿傳同郡荀卿名況，況傳武威張蒼（漢丞相，北平侯），蒼傳洛陽賈誼（長沙梁土太傅），誼傳至其孫嘉，嘉傳趙人貫公（《漢書》云賈誼授貫公，爲河間獻王博士）；貫公傳其少子長卿（蕩陰令），長卿傳京兆尹張敞（字子高，河東平陽人。徙杜陵）及御史張禹（字長子，清河人）。禹數爲御史大夫蕭望之言《左氏》，望之善之，薦禹徵待詔，未及問，會病死。禹傳尹更始，更始傳其子咸及翟方進、胡常，常授黎陽賈護（字季君，哀帝時待詔爲郎），護授蒼梧陳欽（字子佚，以《左氏》授王莽至將軍）。《漢書·儒林傳》云：漢興，北平侯張蒼，及梁太傅賈誼，京兆尹張敞，大中大夫劉公子，皆修《春秋左氏傳》。始劉歆（字子駿，向之子。王莽國師）從尹咸及翟方進受《左氏》（哀帝時歆與房鳳、王龔欲立《左氏》，爲師丹時歆所奏不果，平帝世始得立）由是言《左氏》

者，本之賈護、劉歆。歆授扶風賈徽（字元伯，後漢潁陰令，作《春秋條例》二十一卷），徽傳子逵，逵受詔，列《公羊》《穀梁》不如《左氏》四十事奏之，名曰《左氏長義》。章帝善之，逵又作《左氏訓詁》；司空南閤祭酒陳元，作《左氏同異》；大司農鄭眾；作《左氏條例章句》；南郡太守馬融，爲三家同異之說。京兆尹延篤（字叔堅，南陽人）受《左氏》於賈逵之孫伯升，因而注之。汝南彭汪（字仲博）記先師奇說及舊注；太中大夫許淑（字惠卿，魏郡人）、九江太守服虔（字子慎，河南人）、侍中孔嘉（字山甫，扶風人）、魏司徒王朗（字景興，肅之父）、荊州刺史王基、大司農董遇徵士燉煌；周生烈並注解《左氏傳》。梓潼李仲欽著《左氏指歸》；陳郡潁容（字子嚴，後漢公車徵，不就）作《春秋條例》。又何休（字邵公，任城人。後漢諫大夫）作《左氏膏肓》《公羊墨守》《穀梁廢疾》，鄭康成鍼《膏肓》，發《墨守》，起《廢疾》，自是《左氏》大興。漢初立《公羊》博士，宣帝又立《穀梁》，平帝始立《左氏》。後漢建武中，以魏郡李封爲《左氏》博士，群儒蔽固者，數廷爭之。及封卒，因不復補。和帝元興十一年，鄭興父子奏上《左氏》，乃立於學官，仍行於世。迄今遂盛行，二傳漸微（江左中興，立《左氏傳》杜氏、服氏博士。太常荀崧奏請立二傳博士，詔許立《公羊》，云《穀梁》膚淺不足立博士，王敦亂，竟不果立）。《左氏》今用杜預注，《公羊》用何休注，《穀梁》用范甯注（二傳近代無講者，恐其學遂絕，故爲音以示將來）。

士爕注《春秋》經十一卷（字彥威，蒼梧人。衛將軍龍編侯），賈逵《左氏解詁》三十卷，服虔《解誼》三十卷，王肅注三十卷，董遇《章句》三十卷，杜預《經傳集解》三十卷（字元凱，京兆杜陵人。晉鎮南大將軍，開府儀同三司，當陽穆侯），孫毓注二十八卷，杜預《春秋釋例》十五卷、四十篇，服虔音一卷，魏高貴鄉公音三卷（曹髦，字士彥。魏廢帝），嵇康音三卷（字叔夜，譙國人。晉中散大夫），杜預音三卷，李軌音三卷，荀訥音四卷（字世言，新蔡人。東晉尚書左民郎），徐邈音三卷。

右《左氏》，梁東宮學士沈文何撰《春秋義疏》，闕下袟。陳東宮學士王元規續成之。元規又撰《春秋音》。何休注《公羊》十二卷，王愆期注十二卷（字門子，河東人，東晉散騎常侍、長陽伯），高龍注十二卷（字文，范陽人，東晉河南太守），孔衍《集解》十四卷（字舒元，魯人，東晉廣陵相），李軌音一卷，江惇音一卷。

右《公羊》

尹更始《穀梁章句》十五卷，唐固注十二卷（字子正，丹陽人。尚書僕射），糜信注十二卷（字南山，東海人，魏樂平太守），孔衍《集解》十四卷，徐邈注十二卷，徐乾注十三卷（字文祚，東莞人。東晉給事中），范甯《集注》十二卷，段肅注十二卷（不詳何人），胡訥《集解》十卷。

右《穀梁》

**西堂案**：讀是篇者，可參看《僞經考·卷十·經典釋文糾謬》。

## 【乙種之十】

## 《春秋繁露目録》

附：凌曙《春秋繁露注序》，蘇輿《春秋繁露義證凡例》

**西堂案：**《春秋》學之流傳授受，既已略明，猶有不可忽者，則兩漢經師之説也。董仲舒爲明於《春秋》，爲《公羊》學之大師，其《繁露》一書，尤爲治《春秋》者所不可忽，蓋説《春秋》者數十百家，當以董君爲傑出。治《春秋》者，當卒讀之。兹録其目次，以見其要略。凌曉樓《繁露注》，蘇厚庵《繁露義證》，爲參閲要籍，故附録凌序及蘇之凡例。

《春秋繁露》目録
卷一　楚莊王第一　玉杯第二
卷二　竹林第三
卷三　玉英第四　精華第五
卷四　王道第六
卷五　滅國上第七　滅國下第八　隨本消息第九
會盟要第十（計豪本作《盟會要》　正貫第十一　十指第十二
重政第十三
卷六　服制象第十四　二端第十五　符瑞第十六　俞序第十七
離合根第十八　立元神第十九　保位權第二十
卷七　考功名第二十一　通國身第二十二　三代改制第二十三
官制象天第二十四　堯舜湯武第二十五　服制第二十六
卷八　度制第二十七（一名《調均》篇，萍鄉本在三十五　爵國第二十八
仁義法第二十九　必仁第三十
卷九　身之養第三十一　封膠西王第三十二　觀德第三十三
奉本第三十四
卷十　深察名號第三十五　實性第三十六　諸侯第三十七
五行對第三十八　闕文第三十九　闕文第四十

卷十一　爲人者第四十一　五行之義四十二　陽尊陰卑第四十三
王道通第四十四　天容第四十五　天辯第四十六　陰陽位第四十七
卷十二　陰陽終始第四十八　陰陽義第四十九　陰陽出入第五十
天道無二第五十一　煖燠孰多第五十二　基義第五十三
闕文第五十四
卷十三　四時之副第五十五　人副天數第五十六　同類相動第五十七
五行相勝第五十八　五行相生第五十九　五行逆順第六十
治水五行第六十一
卷十四　治亂五行第六十二　五行變救第六十三　五行五事第六十四
郊語第六十五
卷十五　郊義第六十六　郊祭第六十七　四祭第六十八　郊禘第六十九
順命第七十　郊事對第七十一
卷十六　執贄第七十二　山川頌第七十三　求雨第七十四　止雨第七十五
祭義第七十六　循天之道第七十七
卷十七　天地之行第七十八　威德所生第七十九　如天之爲第八十
天地陰陽第八十一　天道施第八十二

**凌曙《春秋繁露注·序》**

昔仲尼志在《春秋》，行在《孝經》，《春秋》爲撥亂反正之書。聖德在庶，修素王之文焉，周室既衰，秦並天下，焚書坑儒，先王之道蕩焉泯焉。炎漢肇興，鴻儒蔚起，各執遺經，抱殘守闕，《公羊》至漢始著竹帛；書紀散，孔不絕，此中蓋有天焉。廣川董生，下帷講誦，實治《公羊》。維是古學未出，《左氏》不傳《春秋》，《公羊》爲全孔經，而仲舒獨得其精義，說《春秋》之得天頗詳。蓋自西狩獲麟，爲漢制法，知劉季之將興，識仲舒之能亂，受授之義，豈偶然哉！據百國之寶書，乃九月而經立，於是以《春秋》屬商，商乃傳與公羊高，高傳與其子平，平傳與其子地，地傳與其子敢，敢傳與其子壽。自高至壽，五葉相承，師法不墜。壽乃一傳而爲胡毋生，再傳而爲董仲舒。太史公謂漢興五世之間，唯仲舒名爲明於《春秋》，其傳公羊氏也。觀諸《藝文》所載，著述甚夥，今不概見；所存者，唯《春秋繁露》十有七卷，原書亦皆失次，然就其完善者讀之，識禮義之宗，達經權之用，行仁爲本，正名爲先，測陰陽五行之變，明制禮作樂之原，體大思精，推見至隱，可謂善發微言大義者已。漢武即位，以文學爲公卿，欲議古立明堂城南，以朝諸侯，草巡狩封禪改曆服色事，未就。及仲舒對冊，推明孔氏，抑黜百家，立學校之官，州郡舉茂才孝廉，皆自仲舒發之，然終未盡其用。當武帝時，公卿以下，爭於奢侈，僭上亡度，民皆背本趨末，仰舒乃從容說上，切中當世之弊。及仲舒死後，功費愈甚，天下虛耗，武帝乃悔征伐之事無益也。劉向謂仲舒有王佐之才，雖伊呂無以加，管晏之屬，殆不及也。今其書流傳既久，魚魯雜揉，篇第褫落，致難卒讀。淺嘗之夫，橫生訾議，經心聖符，不絕如綫，心竊傷之。遂乃搆求善本，重加釐正，又復採列代之舊聞，集先儒之成說，爲之注釋。及隋唐以後諸書之引《繁露》者，莫不考其異同，校其詳略，書目姓氏，咸臚列於下方。夫聖情幽遠，末學難窺，賴彼先賢，以啓櫝昧，事跡既明，義例斯得，輔翼經傳，舍此何從？曙也不敏，耽慕其書，傳習有年，弗忍棄置；至於是書之善，正誼明道，貫通天人，非予膚淺之識，所能推見。登堂食饗，願以俟諸好學深思之士。嘉慶二十午四月既望，書於蛋云閣。

### 蘇輿《春秋繁露義證》凡例

《漢·藝文志》載董仲舒百二十三篇，《公羊董仲舒治獄》十六篇。《後漢書·應劭傳》：仲舒作《春秋決獄》二百三十二事，當即《志》之十六篇，而無《春秋繁露》名。《漢書》本傳載仲舒說《春秋》得失，聞舉玉杯繁露清明之屬，復數十篇，是《繁露》止一篇名，當在百二十三篇中。此書《隋唐·志》始著錄，唐宋類書，時見徵引，蓋東漢古學盛而今學微，故董書與之散佚。茲後人採掇之僅存者，前人已疑其非盡本真，然微詞要義，往往而存，不可忽也。西漢大師說經，此爲第一書矣。茲於其可疑者，略爲別白，間復離其節次，錯簡誤文，時據諸家說及群書迻正，並注原文於下。

何休序《公羊解詁》云：往者略依胡毋生條例，多得其正，故遂隱括使就繩墨，而無一語及董。條例當是五始三科、九旨七等、六輔二類七缺之說，究其義與此合者，十實八九。胡毋生與董同業，殆師說同也。茲間爲採入，以證淵源；其說焉而失者，間爲辨正；此外如兩京經師家說，及詔令奏議，與本書比傅者，頗復採錄，用徵條貫之同，而得致用之略。諸子及各傳記，亦多節取，緯家說同出今學，引用特慎。

此書凌氏曙始有注本，凌之學出於劉氏逢禄，而大體平實，絕無牽傅。惟於董義少所發揮，疏漏繁碎，時所不免，隨文改正，不復徵引，以省複冗。其可採者，仍加凌云以別之。各家解釋，足資考證者，並爲收入。是書宋本不多見，然據明校所引宋本，參之知已，不免譌誤。乾隆時館臣據《永樂大典》所收樓鑰本，對勘補訂，删改漸成完帙，且於創行聚珍板之始，首先排印。盧氏文弨曾取聚珍本，覆加考核，參以明嘉靖蜀中本，及程榮、何允中兩家本，今所稱盧校本是也。凌注本亦以聚珍爲主，參以明王道焜及武進張惠言讀本，予復得明天啓時朱養和所刊孫鑛評本，合互校訂，擇善而從，其官本曾校他本作某與今所見各本同者，不復列，異則出之，凡校語不關書義者，別爲圈隔，以便省覽。

## 【乙種之十一】

## 《漢書·劉歆傳》

班　固

**西堂案：**《公羊》大師，西漢爲董君仲舒；《左氏》大師，則劉歆實爲第一。治《公羊》者，多以歆僞《左氏》，於《歆傳》中，言歆治《左氏》，引傳文以解經，轉相發明，由是章句義理備焉。然則《左氏》本不解經，西漢博士以爲《左氏》不傳《春秋》，讀是傳者，可以知之。今錄《歆傳》全文，以見歆之爲人，及其與《左氏》之關係，反覆誦之，必更瞭然。

歆字子駿，少以通《詩》《書》能屬文召，見成帝，待詔宦者署，爲黃門郎。河平中，受詔與父向領校秘書，講六藝傳記，諸子、詩賦、數術、方技，無所不究。向死後，歆復爲中壘校尉。

哀帝初即位，大司馬王莽舉歆宗室有材行，爲侍中太中大夫，遷騎都尉、奉車光禄大夫，貴幸。復領《五經》，卒父前業。歆乃集六藝群書，種別爲《七略》。語在《藝文志》。

歆及向始皆治《易》，宣帝時，詔向受《穀梁春秋》十餘年，大明習。及歆校秘書，見古文《春秋左氏傳》，歆大好之。時丞相史尹咸以能治《左氏》，與歆共校經傳。歆略從咸及丞相翟方進受，質問大義。初《左氏傳》多古字古言，學者傳訓故而已，及歆治《左氏》，引傳文以解經，轉相發明，由是章句義理備焉。歆亦湛靖有謀，父子俱好古，博見強志，過絶於人。歆以爲左丘明好惡與聖人同，親見夫子，而公羊、穀梁在七十子後，傳聞之與親見之，其詳略不同。歆數以難向，向不能非間也，然猶自持其《穀梁》義。及歆親近，欲建立《左氏春秋》及《毛詩》《逸禮》《古文尚書》皆列於學官。哀帝令歆與《五經》博士講論其義，諸博士或不肯置對，歆因移書太常博士，責讓之曰：

昔唐、虞既衰，而三代迭興，聖帝明王，累起相襲，其道甚著。周室既微而禮樂不正，道之難全也如此。是故孔子憂道之不行，歷國應聘。自衛反魯，然後樂正，《雅》《頌》乃得其所；修《易》，序《書》，制作《春秋》，以紀帝王之道。及夫子没而微言絶，七十子終而大義乖。重遭戰國，棄籩豆之禮，理軍旅之陳，孔氏之道抑，而孫、吳之術興。陵夷至於暴秦，燔經書，殺儒士，設挾書之法，行是古之罪，道術由是遂滅。

漢興，去聖帝明王遐遠，仲尼之道又絶，法度無所因襲。時獨有一叔孫通略定禮儀，天下唯有《易》卜，未有它書。至孝惠之世，乃除挾書之律，然公卿大臣絳、灌之屬咸介冑武夫，莫以爲意。至孝文皇帝，始使掌故朝錯從伏生受《尚書》。《尚書》初出於屋壁，朽折散絶，今其書見在，時師傳讀而已。《詩》始萌芽。天下衆書往往頗出，皆諸子傳説，猶廣立於學官，爲置博士。在漢朝之儒，唯賈生而已。至孝武皇帝，然後鄒、魯、梁、趙頗有《詩》《禮》《春秋》先師，皆起於建元之間。當此之時，一人不能獨盡其經，或爲《雅》或爲《頌》，相合而成。《泰誓》後得，博士集而讀之。故詔書稱曰："禮壞樂崩，書缺簡脱，朕甚閔焉。"時漢興已七八十年，離於全經，固已遠矣。

及魯恭王壞孔子宅，欲以爲宫，而得古文於壞壁之中，《逸禮》有三十九篇，《書》十六篇。天漢之後，孔安國獻之，遭巫蠱倉卒之難，未及施行。及《春秋》左氏丘明所修，皆古文舊書，多者二十餘通，臧於秘府，伏而未發。孝成皇帝閔學殘文缺，稍離其真，乃陳發秘臧，校理舊文，得此三事，以考學官所傳，經或脱簡，傳或間編。傳問民間，則有魯國桓公、趙國貫公、膠東庸生之遺學與此同，抑而未施。此乃有識者之所惜閔，士君子之所嗟痛也。往者綴學之士不思廢絶之闕，苟因陋就寡，分文析字，煩言碎辭，學者罷老且不能究其一藝。信口説而背傳記，是末師而非往古，至於國家將有大事，若立辟雍、封禪、巡狩之儀，則幽冥而莫知其原。猶欲保殘守缺，挾恐見破之私意，而無從善服義之公心，或懷妒嫉，不考情實，雷同相從，隨聲是非，抑此三學，以《尚書》爲備，謂《左氏》爲不傳《春秋》，豈不哀哉！

今聖上德通神明，繼統揚業，亦閔文學錯亂，學士若兹，雖昭其情，猶依違謙讓，樂與士君子同之。故下明詔，試《左氏》可立不，遣近臣奉指銜命，將以輔弱扶微，與二三君子比意同力，冀得廢遺。今則不然，深閉固拒，而不肯試，猥以不誦絶之，欲以杜塞餘道，絶滅微學。夫可與樂成，難與慮始，此乃衆庶之所爲耳，非所望士君子也。且此數家之事，皆先帝所親論，今上所考視，其古文舊書，皆有徵驗，外内相應，豈苟而已哉！

夫禮失求之於野，古文不猶愈於野乎？往者博士《書》有歐陽，《春秋》公羊，《易》則施、孟，然孝宣皇帝猶復廣立《穀梁春秋》，《梁丘易》《大小夏侯尚書》，義雖相反，猶並置之。何則？與其過而廢之也，寧過而立之。傳曰："文武之道未墜於地，在人；賢者志其大者，不賢者志其小者。"今此數家之言，所以兼包大小之義，豈可偏絶哉！若必專己守殘，黨同門，妬道真，違明詔，失聖意，以陷於文吏之議，甚爲二三君子不取也。

其言甚切，諸儒皆怨恨。是時，名儒光禄大夫龔勝以歆移書上疏深自罪責，願乞骸骨罷。及儒者師丹爲大司空，亦大怒，奏歆改亂舊章，非毀先帝所立。上曰："歆欲廣道術，亦何以爲非毀哉！"歆由是忤執政大臣，爲衆儒所訕，懼誅，求出補吏，爲河内太守。以宗室不宜典三河，徙守五原，後復轉在涿郡，歷三郡守。數年，以病免官，起家復爲安定屬國都尉。會哀帝崩，王莽持政，莽少與歆俱爲黄門郎，重之，白太后。太后留歆爲右曹太中大夫，遷中壘校尉、羲和、京兆尹，使治明堂辟雍，封紅休侯。典儒林史卜之官，考定律曆，著《三統曆譜》。

初，歆以建平元年改名秀，字穎叔云。及王莽篡位，歆爲國師，後事皆在《莽傳》。

## 【乙種之十二】

## 春秋三傳先後考

（《左盦集》卷二）

劉師培

**西堂案：** 經學盛於兩漢，至清而後復興，治《春秋》經，於西漢大師之説，固當詳探討之，於輓近諸儒之説，尤當多加意也。前修未密，後出轉精，其所用以治學之術，亦所當取法也。儀征劉氏世治《左氏》，其論《左氏》，尤所當知。兹録劉師培《左盦集》中文數篇以見之。其謂《公》《穀》晚出，則非定論。此篇《春秋三傳先後考》，以蓋詞定三傳之先後。然如《漢志》言諸子蓋出於某某之官，後世則直諸子出於某某之官，如劉毓崧《通義堂文集》有墨家出於清廟之守説，《漢志》著蓋詞，而此則去之，豈可以蓋定先後哉！《穀梁》一曰之文，照引《公羊》，而謂或繫鄒、夾諸傳有是説與《公羊》同，則遁詞也，而謂《穀梁》非引《公羊》亦不可也。讀是篇者，當勿爲其所惑。

《春秋》一書，有義有事。孔子所記，雖非僅限於經文，教授之際，恒資口述，即《史記·十二諸侯年表·序》所謂：七十子之徒，口受其傳也。《年表·序》又言：左丘明懼弟子人人異端，各安其意，失其真，故因孔子史記，具論其語。是丘明之世，説《春秋》者，已各殊，因所聞不同，或以臆解測經，丘明作傳，志事特詳，即《漢書·藝文志》所謂丘明論本事以作傳也。惟《漢志》又言，隱其書不宣，致孔子門人，不克盡睹《左氏傳》，或稍聞丘明之説，或於丘明所記外，復有所稽，與《左傳》或同或異，而《公》《穀》諸家以起。《漢書·劉歆傳》謂歆以公羊、穀梁在七十子後。《藝文志》言：末世口説盛行，故有《公羊》《穀梁》、鄒、夾之傳。此二卷後於《左傳》之證。桓譚《新論》曰：《左氏》傳世後百餘年，魯穀梁赤爲《春秋》，殘略多所遺失。又有齊人公羊高，緣經作傳，彌離其本事矣（《御覽》六百十引）。鄭君《釋廢疾》曰：穀梁近孔子，公羊正當六國之亡（《禮記·王制·疏》

引）。此《公羊》後於《穀梁》之證。蓋《左傳》之書，《公》《穀》二家均未睹，共同於《左傳》者，則所據書同，或略聞丘明之説也。故二傳之中，如《公羊》五始義，夙爲《左傳》所具；譏二名例，《左傳》指更名言；譏世卿義，《左傳》只指世位言；亦爲《左傳》所有。惟《公羊》得之口述，解釋遂歧，自斯而外，有稍聞《左傳》之説，昧其詳者，如崔氏出奔，《穀梁》言舉族而出；崔杼弑君，《穀梁》言莊公失言，淫於崔氏；大夫宗婦覿用幣，《公羊》言當用棗栗腶脩，即本《左傳》御孫説是也。有稍聞《左傳》之説而致譌者，如蔡侯朱奔楚，《左傳》有立東國之文，《穀梁》稍聞其説，遂改朱爲東，謂即東國。齊仲孫來，《左傳》所記有不去慶父諸言，《公》《穀》稍聞其説，又以本經有仲孫蔑諸文，遂以仲孫爲慶父是也。此均二傳晚出之徵。觀《左傳》記事無蓋詞，《穀梁》於郭公諸條，始著蓋詞。《公羊》所著，則以十餘計。蓋詞而外，《公》《穀》兼用或詞，《公羊》所云其諸與或者同，亦有真言無聞者。又宣夫人公子喜時諸條，《左傳》所載至詳，《公羊》則均言未知。宣二年勇士，《左傳》明言靈輒，《公羊》則言勇士某，此即劉歆所謂傳聞與親見不同也。故《公羊》作傳，僅著所知，不以傳言爲得實，若於《左》《穀》之説有所聞，則亦並陳其説。《穀梁》於《左傳》亦然，如二年葬桓王，《穀梁》云改葬也，或曰卻尸以求諸侯。所云卻尸，即《左傳》緩葬説。僖三十三年敗秦師，《穀梁》云晉人，《公羊》則云先軫也。或曰襄公親之。蓋稍聞《左傳》子墨衰絰説，故隱著其詞。此均《公》《穀》習聞《左傳》説之證也。又成元年王師敗績於茅戎（二《傳》作貿），《左傳》言敗績於徐吾氏，《穀梁》言晉敗之，《公羊》則云蓋晉敗之，或云貿戎敗之。一本《穀梁》，一本《左傳》，於所聞《穀梁》説，亦著蓋詞，則《穀梁》後於《左傳》，《公羊》後於《穀梁》，復何疑乎。《穀梁》所引有尸子、沈子説，《公羊》則稱子沈子亦其徵也（《公羊》後於《穀梁》，故隱三年何危爾節，莊十年其不曰何以始乎此節，隱十年因誰之力節，僖十七年爲桓公諱節，襄二十九年何賢乎季子節，昭九年曷謂存陳節，均用《穀梁》説而增詮釋，此因《穀梁》所已言，而補其義也。又用致夫人《穀梁》云立妾之詞，此指成風言，《公羊》誤改其義，遂變其説曰，蓋脅乎齊女之先至者。蔡人殺陳佗，《穀梁》言淫獵於蔡，《公羊》舍獵字遂變其説言外淫，均《公羊》曾習聞《穀梁》緒論之證也。故立晉，鮑卒，紀伯姬，戍陳諸條，亦較《穀梁》爲詳。惟《釋文·叙錄》，言《穀梁》後於《公羊》，陳蘭浦《東塾讀書記》本之，謂莊二年伐於餘丘，文十二年子叔姬卒，《穀梁》有其一曰其一傳曰之文，均本《公羊》；宣十五年蝝生，《穀梁》言非稅畝之災，即駁《公羊》。不知《穀梁》所謂非災，即本

《左傳》"幸之也"爲説。《公羊》言應是有天災，適與《穀梁》相反。且《穀梁》各傳，屢著非正也之文，公孫敖不至而復，傳亦云非復也。均非駁《公羊》，則此亦非駁《公羊》矣。至所引一曰之文，或係傳《穀梁》者所增，或係鄒、夾諸傳，有是説與《公羊》同，非《穀梁》後於《公羊》也）夫二傳之文，雖係晚出，然所敘叔術諸條，足補《左傳》所缺，即有與《左傳》殊説者，亦足徵傳聞之異。故周季漢初之儒，凡治《春秋》，均三傳並治，非惟荀卿之書可徵也。（卿傳《左傳》，見劉向《別錄》，觀《致士篇》賞僭不濫節，全本傳文；《禮論篇》天子之喪節，本於《左傳》葬期説；《君子篇》天子無客禮，本於凡自周無出；《王霸篇》公侯失禮則幽，本於諸侯相執稱人，均《左傳》義也。卿通《穀梁》，見惠棟《九經古義》；卿通《公羊》，見汪中《述學》、荀卿子《通論》。又《王制篇》言齊桓劫於莊公，及周公述職，亦本《公羊》，則兼通三傳甚明。故《大略篇》説賵贈襚三傳之説均同）觀陸賈《新語·道基篇》，明引《穀梁傳》，而輔政無爲，《至德》《懷慮》《明誡》諸篇，均述《公羊》誼，爲《繁露》所本；若《辨惑》一篇，甄引孔子論嘉樂諸言，則又悉本《左傳》。毛公説《詩》，亦三傳互引，足證三傳同説《春秋》。故前儒治經，左右採獲，不囿於一家之言。及景、武之際，董生所明，惟在《公羊》，由是執《公羊》而抑《左》《穀》。儒生傳《左》《穀》者，遂各持一傳之義，以相抗衡，遠乖孔子作經之心，近違荀氏傳經之例，然《公羊》大師，不得不尸其咎矣。

**西堂案**：《荀子》各篇，真僞雜揉，亟待别白。《致士篇》末，同於《左傳》，而與上文不相干涉，恐係後人加入。餘則荀子採《左氏春秋》，抑爲《左氏傳》者採《荀子》，殊難斷定。要之，荀子言《春秋》之微也，則得《春秋》顯著總微之指，《公羊》之所傳也；其非治《左氏》而本治《公羊》可知。《穀梁》之採《荀子》，見拙著《穀梁真僞考》。

## 【乙種之十三】

# 《左氏》不傳《春秋》辨

附:《周季諸子述〈左傳〉考》

劉師培

**西堂案：**《左氏》原本爲《國語》，劉歆改竄之而成爲《左傳》，康氏《藝文志辨僞》言之甚明也。治《左氏》者，於西漢博士《左氏》不傳《春秋》之説，多不認之。章太炎《〈左傳〉讀叙録》則以《左氏》素非所習，不可據之以爲證。劉師培則舉周季諸書所述《春秋》爲《左氏》，以明《左氏》之傳《春秋》。不知此所述乃未經竄亂之《春秋》《國語》，非今之《左氏》也。瑞典珂羅倔倫著《左傳真僞考》，據文字用法以明《左氏》與《國語》極相似，康氏説益有據，則此所辨不如不辨也。

自漢博士謂《左氏》不傳《春秋》，近世治《春秋》者，重燃其焰。今考周季之書，所述《春秋》，均指《左氏》。《韓詩外傳》載《荀子謝春申君書》，引"子圍崔杼弑君"事，稱爲《春秋》之記。《國策·十七》作《春秋》戒之曰。《韓非子·姦劫弑臣篇》，述此二事，亦稱爲《春秋》之記，一也。《國策·二十四》記魏説趙王，引"晉人伐虢取虞"事，又言《春秋》書之以罪虞公，即本《左氏》罪虞之誼，二也。《國策·十七》記虞卿謂春申君曰："《春秋》於安思危"，即本《左傳》"居安思危"語，三也。《吕氏春秋·求人篇》曰："觀于《春秋》，自魯隱公以至哀公十有二世，其所以得之，所以失之，其術一也。"又曰："虞用宮之奇，吴用伍子胥之言，此二國者，雖至於今存可也。"案子胥諫吴王，其語惟詳於《左氏》，四也。是則戰國儒生，均以《左傳》即《春秋》，斯時《公》《穀》未興，《春秋》之名，僅該《左氏》。漢臣不察，轉以《左氏》不傳《春秋》，不亦惑歟。（近人劉申受之儔，均以《左傳》書法凡例及"君子曰"以下，增於劉歆。今觀《國策》言罪虞，則書法凡例，均《左傳》舊文。）又《韓非子·外儲説》述高渠彌弑君事，語同《左傳》，復言"君子曰：昭公知所惡"，則"君子曰"以下，非歆所益，此均劉氏等所未考也。

## 《周季諸子述左傳考》

劉師培

　　昔在周季，吳子、荀子均為《左傳》先師，故語多述傳，然戰國諸子所述之事不必盡與傳符，其有本傳為說及與傳說互明，恒足證今本文字之譌，並足徵後儒訓詞之誤：如文元年以宮甲圍成王，《韓非子》（《內儲說下》六微）述其事，作於是乃起宿營之甲，營與環同，宿營之甲即《左傳》下文之環列，蓋商臣從潘崇謀，以宿營之甲助其篡，故以環列之尹彄崇，傳作宮甲，宮蓋營之譌文也。僖五年唇亡齒寒，《呂氏春秋·權勳篇》述其語作唇竭齒寒，《莊子·胠篋》篇同《國策·韓策》作唇揭，高注云揭猶反，蓋揭訓高舉，唇揭則齒靡所蔽，故曰：齒寒，傳作唇亡，亡乃揭之壞字也（《呂書》高注亦訓為亡，疑出後人所改，今本高注非，故書也）。僖廿四年其後予從翟君以田渭濱，汝為惠公來，求殺予。《韓非子》（雜三篇）作攻之惠竇。案：重耳奔翟，翟界晉邊距渭至遙，奚有君畋渭濱之事，蓋渭、惠音同通用，濱為竇譌（竇譌為賓，因改為濱），為翟境地名。此均足證今本譌文者也（是猶昭三年國之諸市，古通之諸，二字即都之二字之倒文也）。又昭二十年鄭國多盜取人於萑苻之澤，《韓非子》（《內儲說上》七術）作鄭少年相率為盜與藿澤（唐石經未改本作萑），則取人即聚人，故曰：相率為盜。宣二年華元殺羊食士，其御羊斟。《呂氏春秋·察微》篇作羊斟御，明日，將戰，華元殺羊饗士，羊斟不與焉，則羊斟為人姓名（近儒錢氏以斟為斟酌之斟，羊為名，非），故曰：羊斟御。宣二年舍與翳桑，《呂氏春秋·報更》篇作見骫桑之下有餓人，則翳桑非地名（近儒王氏、江氏均以翳桑為地名）。僖二十三年大司馬固諫，《韓非子·外儲說左上》作右司馬購強趨而諫，則固為人名（固即購強，強、固義近，其名字正相應），非司馬即子魚（顧氏以司馬即子魚）。昭二十六年諸侯釋位以間王政，魯連子（《史記》索引引）作共伯名和，王奔於彘，諸侯奉和以行天子事，則諸侯即共和非周、召，此足闡傳文故誼也（是猶宣十四年履及于絰〔室〕皇，《呂氏春秋》作庭，則皇即堂皇。昭七年好以大屈，魯連子作大屈之弓，則大屈為弓名也）。自是而外有足為傳文作詞者，如襄廿五年公登臺而請，《韓非子·奸劫弒臣》篇作入室請與之分國（本《荀子·答春申書》）。宣十四年鄙我也，《呂氏春秋·行論》篇作是以宋為野鄙也。襄七年為臣而君，《韓非子·難四》篇作臣而不後於君（從藏本）。昭廿七年吾無以酬之，《呂氏春秋·慎行覽》作我且何以給待之是也。有足考傳文異字者，如昭五年吳蹶由，《韓非子·説林》篇作蹶融。宣二年使鉏麑賊之，《吕氏春秋·過理論》作沮麛。僖二十七年蒐於被廬，《韓非子·外儲説左（右）》作圃陸。昭四年任之會，《韓非子·十過》篇作有戎是也。欲考《左傳》故文舊誼，不得不取自於斯。蓋漢人述傳，或逞臆詞，惟周季學士大夫時與春秋相接近，前儒謂子可證經，此之謂矣。

## 【乙種之十四】

## 《左氏學行於西漢考》

劉師培

**西堂案：** 劉氏於《周季諸子述〈左傳〉考》外，又有此篇，以照《左傳》之行於西漢。考訂甚詳，恐當世引用者實非今本《左傳》，或今《左傳》之原本耳。《左氏》實不傳經，雖百喙不足解之，假令西漢果有是書，亦不得《春秋》之真傳者也。劉氏考訂雖加詳焉，亦不泯其跡，亦不泯《歆傳》所言"引傳解經，章句始備"之説也。然此篇固不可不詳讀之。

《漢·藝文志》云：《春秋》古經十二篇，《經》十一卷；《左氏傳》三十卷。"古經"者，《左氏》經也。"經"者，《公》《穀》經也。別言《左氏傳》者，西漢《左氏傳》與經別行也。《左氏》經傳，得之漢初，自張蒼受業荀卿（《左傳正義》引劉向《別錄》敘《左氏》傳授云：荀卿授張蒼），傳《左氏》學，漢興，獻《春秋左氏傳》（《説文·叙》云北平侯張蒼，獻《春秋左氏傳》，《春秋》該古經言，蓋所獻不僅傳文。段若膺謂北平亦獻經，《漢志》所列，即本北平所獻是也）。此西漢秘府有《春秋》古經，及《左傳》之始。蓋在高帝之時（段若膺謂蒼獻書，當在除挾書禁後，不知蒼當高帝之世，已爲御史大夫，以大臣獻書，不必限於書禁之開否也。觀《新語》進於高帝時，此其微矣），故高祖之詔引其文（《韓王信傳》：上賜信書曰，專死不勇，專生不任，即本《哀十六年傳》語），叔孫通之倫，並採其説以制禮（如《五經異義》引通所定日祭及納妃禮，均從《左氏》是也。通所據蓋即北平之本，或通爲秦博士，夙見其書。又《御覽·五百廿九》引《漢舊儀》云：祠五禩，謂五行金、木、水、火、土也。木正曰句芒，火正曰祝融，金正曰蓐收，水正曰玄冥，土正曰后土，而《漢書·高帝紀》又言高帝設秦晉巫，均本《左傳》）。下迄文帝詔書，（如《文紀》二年，日食；《求賢詔》載："天生民爲之置君"，二語是也），武帝制命（《史記·三皇世家》載，大司馬去病等疏引制曰：康叔親屬有十，而獨尊者，褒有德也。此本《左氏·定四年傳》），哀帝封册（《王嘉傳》載，《封董賢詔》引晉文憚子玉事），咸述其文。漢廷有司，亦持以議禮（如《漢書·郊祀志》，述羣臣議尊寶鼎，言禹收九牧之金，鑄九鼎象九州；又言夏德衰，鼎遷於殷，殷德衰，鼎遷於周，即本《宣三年傳》語。又《三輔黃圖》載武帝時，許襄等議明堂，有"以昭令德"及"茅屋越席"之語，均本《桓二年傳》），此即張蒼所獻之書，亦即劉歆所謂《左氏春秋》，丘明所修，皆古文舊書，多者二十餘通，藏於秘府，伏而未發者也。及成帝之世，陳發秘藏，以考學官所傳經（即以古文《春秋》校《公羊》經，以上均據劉歆《讓太常博士書》），欲立三傳博士，脊君安以《左傳》不祖聖人相駮（見《華陽國志·士女傳》）。然成帝封孔子後，仍推跡古文，以《左氏》相明（見《梅福傳》）。此均歆莽以前，《左傳》行於漢廷之徵也。其行於民間者，則張蒼既獻其書，復作曆譜五德（《史記·十二諸侯年表·序》云：漢相張蒼曆譜五德。曆即下文曆人取其年月之曆，譜即下文譜牒獨記世謚之譜，亦即上文所謂予讀牒記及稽其曆譜牒終始五德之傳也。蓋曆、譜二者，蒼均有書，或兼詳《左傳》年月及世謚，惜不可考）。又作《張氏微》十篇（《漢志》列之《左氏微》後），以授賈誼（《漢書·儒林傳》言北平侯張蒼、梁太傅賈誼，皆修《春秋左氏》説，《釋文·叙録》云，蒼授賈誼，語必有本）。誼作《左氏傳訓説》（見《漢書·儒林傳》）。遺説具見賈子《新書》（如《惟難》篇述白公事，《審微》篇述晉文請隧于奚賞邑事，《禮》篇述父慈子孝節，《容經》述明君在上節，《禮容語》下記叔孫聘宋事，《胎教》篇述晉厲、齊簡遇弑事，均合《左傳》。至於四國有葉叔帶即伯闕，尤足補《左傳》之缺），賈氏世傳其業（《釋文·叙録》言誼傳至其孫嘉，《史記·賈生傳》亦曰孫嘉最好學世其家，即世傳《左氏》學也）。誼兼授貫公（《漢書·儒林傳》言誼授趙人貫公，《釋文·叙録》則言嘉傳趙人貫公，嘉蓋他字之譌），此古文經傳傳於民間者，蓋與祕府所藏相合。及魯恭王壞孔子宅，得《春秋古經》，《説文·序》云：壁中書者，魯恭王壞孔子宅，而得《禮記》《尚書》《春秋》《論語》《孝經》，所言《春秋》，蓋指古經及傳言，及《漢書·景十三王傳》所謂恭王於壁中得古文經傳也。段若膺曰：《春秋》蓋謂古文經是也，惟所得兼有傳。並得《春秋左氏傳》（《論衡·案書》篇曰：《春秋左氏傳》者，蓋出孔子壁中，孝武皇帝時，魯共王壞孔子教授堂，以爲宮，得《春秋》三十篇，《左氏傳》也。此其證，《論衡》不言得古經傳也）。蓋未獻秘府（劉歆《讓太常博士書》，述孔壁得《逸禮》《逸書》，安國獻之，未及施行事；下言《春秋》古文，藏於秘府事，則安國所獻古文，無《春秋》經傳，蓋以北平久獻斯書也。《漢書·儒林》不言孔壁得《左氏》，即由安國未獻之故）。爲安國輩所藏，故孔藏亦見其文（《孔叢子·連叢上》引孔臧《鴞賦》

云，覽考經書，在德爲常，棄常爲妖，又云禍福無門，惟人所求，均《左氏》誼）。嗣司馬遷爲太史令，紬《史記》金匱石室之藏（《史記·太史公自序》）讀《春秋》古文（《史記·吳太伯世家·贊》），又與嘉通書，從安國問故（《漢書·儒林傳》僅言遷從安國問《古文尚書》，略也），故《史記》述《左傳》特詳，蓋秘府所藏之書，賈、孔所傳之説，惟史遷克以兼通也。又河間獻王好古學，亦立《左氏春秋》博士（見《漢書·景十三王傳》。又《禮記正義》引《七略》云：《樂記》三十三篇，《季札》第十八。而《漢志》亦言河間作《樂記》，則此篇即據《左傳》採入，亦獻王明《左氏》之徵。又考《左傳正義》云：漢武帝時河間獻《左氏》及《周官》，案《正義》此節之文，均本《漢書》，此事於《漢書》無徵，疑獻即獻王之獻下脱王字，王下復有脱文，蓋漢廷既得古文經及《左氏傳》，無俟河間之再獻也）。博士即貫公（《漢書·儒林傳》）。則河間所興之《左氏》，亦屬賈誼之傳。厥後賈嘉傳子捐之（《漢書·捐之傳》載其請罷珠崖議云：及其衰也，南征不復，齊桓極救其難，孔子宣其文。此捐之通《左傳》之徵），貫公傳子長卿，長卿授清河張禹，説爲蕭望之所善（蕭説載《漢書》本傳，大抵本《公羊》，《儒林傳》又言望之善《穀梁》，然考《通典·八十九》引《石渠禮論》，蕭對父卒母嫁爲之何服，以子有貶母之義，與《左傳》先儒論絶文義合，又本傳所載雨雹對，與《五行志》引劉向述《左傳》雹義合，此望之通《左氏》之證）。《禹傳》尹更始，尹通《穀梁》，又受《左氏傳》，取其變理合者爲章句（見《漢·儒林傳》，考更始説久失傳，惟《穀梁章句》，至唐猶存。《文選·魏都賦·注》引"天子以千里爲寰"一條，即本《左傳》天子一圻爲説。知尹説《穀梁》，多用《左傳》。又楊《疏》所引"有所者俠之氏"一條，意尹説《左傳》，亦以俠卒之俠爲氏所也），以傳子咸（《漢書·劉歆傳》言咸以能治《左氏》，與歆共校經傳。又《藝文志·數術類》木咸所修，其論雜占云，《春秋》之説妖曰，人之所忌，其氣炎而取之，妖由人興也，人失常則妖興，人無釁焉，妖不自作。此咸述《左傳》之證），並傳翟方進（《漢書》本傳云：方進雖受《穀梁》，然好《左氏傳》，天文星曆。今考本傳所載引季孫語，均本《左傳》）。胡常、房鳳（《儒林傳》言鳳與王龔、劉歆三人皆侍中，歆白《左氏春秋》可立，哀帝納之，以問諸儒皆不對，歆於是數見丞相孔光，爲言《左氏》以求助，光卒不肯，惟鳳、龔許），方進受田終術，常授賈護，護受陳欽（《五經異義》所引有陳欽《春秋説》）。欽授賈嚴、王莽（《翟義傳》載莽詔引築京觀事，《莽傳》載莽疏引塗山之會執玉帛者萬國；又云《春秋》隱公不書即位，攝也。均莽述《左傳》之詞）。由更始以下，大抵以《左氏》通《穀梁》。

(故咸、鳳、方進均爲《穀梁》先師。方進述尊上公爲宰，莽引天子之宰通於四海，又引下辛卜郊，均本《穀梁》，以《穀梁》與《左氏》並崇）與《公羊》家言相遠。長卿又以學授張敞（《釋文·叙録》云長卿傳京兆尹張敞，説必有本。《敞傳》言敞治《春秋》，即治《左氏傳》也。本傳引敞上封事曰：臣聞公子季友有功於魯，大夫趙衰有功於晉，大夫田完有功於齊，皆疇其官邑，延及子孫。終後田氏篡齊，趙氏分晉，季氏專魯，故仲尼作《春秋》，迹盛衰，譏世卿，最盛。"譏世卿"雖爲《公羊》説，然封事所引，均本《左傳》。蓋《左氏》亦譏世卿，特不譏世禄，僅譏世位，見《五經異義》。敞譏霍氏世位，非譏霍氏世禄也（敞傳子吉，敞女爲杜鄴母，鄴從吉學得其家書，恒引《左傳》之説。《杜鄴傳》云：其母張敞女，鄴壯，從敞子吉學問，得其家書。《鄴傳》又言元壽元年正月朔傳晏丁明臨拜日食，鄴曰，皇甫雖盛，三桓雖隆，魯爲作三軍，無以甚。此又引叔段、惠后事，此鄴述《左傳》之徵）。竦爲敞孫，從學於吉，亦通《左氏》（《漢書·王莽傳》載竦爲陳崇艸奏稱莽功德，所述包胥辭賞，成王封魯，及晉侯以樂賜魏絳事，悉本《左傳》）。自敞以下，大抵以《左氏》通《公羊》（如《敞傳》所載論伯姬事，《鄴傳》所載論秦伯及不書紀侯之母事，均本《公羊》，此其證也），不雜《穀梁》之説。此民間《左氏》學之區派別者也。然均由長卿上溯張、賈，至劉歆典校秘書，見《古文春秋·左氏傳》，又從翟方進質問大義，引傳文解經，轉相發明，而章句義理以備。蓋以秘藏經傳爲主，而兼通張、賈以下相傳之大誼者也，其遺説具見《漢書》諸志，旁見《莽傳》《韋元成傳》，凡釋例正義所引劉説，其與賈、許、穎並言者，均歆説之佚文。其單詞隻義，復散見《七略》（如《初學記·廿一》所引論書四時）、《鐘律書》（見《隋書·牛弘傳》），不惟《遂初賦》所述已也。然漢儒通《左氏》者，別有劉公子（見《漢書·儒林傳·張霸》）。《論衡·佚文》篇云，東海張霸通《左氏春秋》，案《百篇序》以《左氏》詁故造作《百兩篇》；《漢書·儒林傳》亦言採《左氏傳》、《書序》爲作首尾，凡百二篇）、劉向（《書抄·九十八》引桓譚《新論》曰，劉子政、子駿、伯玉三人，尤珍重《左氏》，教子孫下至婦女無不讀誦。又《論衡·案書》篇云劉子政玩弄《左氏》，童僕婦女，皆呻吟之。故《漢·五行傳》所載向説，多詮釋《左傳》之詞。如龍鬭洧淵、蛇出泉宮諸條是也。若《新序》《説苑》《列女傳》三書所載《左氏》誼，至爲衆多），諸人惟授受不克考，若夫研治羣籍，兼通《左氏》，漢初則陸賈（《新語》之説，多本《公》《穀》，然《辨惑》篇載孔子嘉樂、不野合二語，均本《左傳》，則賈兼通三傳）、毛公（《詩·毛傳》中，若《旱麓》《天作》《葛覃》《皇華》《新臺》諸篇，均引《左傳》，蓋亦受自荀卿者）、賈山（賈山《至言》所述古制，悉本《襄十四年傳》文，蓋山爲魏博士弟子賈袪後，故親見其書），中葉則劉安（《淮南子》述《左傳》最詳，如《精神訓》所述華周卻賂，子罕辭玉事；《道應訓》所白公焚庫，僖負羈禮重耳，及晉文伐原事。《氾論訓》所述弦高犒師事；《説山訓》所述裨諶能謀事；《修務訓》所述申胥乞師事；《人間訓》所述楚莊封陳季氏，芥雞穆伯攻皷，無極進讒諸御，鞅諫君事，均與《左傳》合。其以訓故之字代本字者，咸足闡《左氏》古誼）、舍人（《左傳正義》引兩《雅釋》爲九扈舍人注，即本《左傳》"扈民無淫"爲説，乃賈説《左傳》所本）、路溫舒（《漢書·舒傳》，言溫舒受《春秋》通大義，而所上《尚德緩刑疏》，引齊桓、晉文所由興，又引山藪藏疾數言，均本《左傳》。則溫舒治《春秋》，蓋兼通《公羊》《左氏》，故又言大一統慎始之義也）。季葉則谷永（《五行志》引谷永曰，昔虢公爲無道，有神降曰賜而土田；又《陳湯傳》載永上書訟陳湯曰：臣聞楚有子玉得臣，文公爲之仄席而作，均本《左傳》）、揚雄（《漢書·雄傳》，謂雄以箴莫大於虞箴，作州箴，則雄見《左氏》甚明。故《方言》三引箠路二語，明均本《左傳》。《宗正卿箴》引有仍二女事，《太常箴》引夔子不禋事，《博士箴》引原伯魯事，均本《左傳》）、李弘（抄本《華陽國志·士女志》，《弘傳》引弘封太守謂石碏殺厚，《春秋》譏焉，則親見《左傳》甚明）。賈山以上，或親見周秦故書者也。劉安以下，蓋習聞張、賈緒論，或克覩秘藏者也。若鄒陽（《漢書·陽傳》載陽上梁孝王書，引晉文親讎齊桓用仇事）、東方朔（《楚詞·七嘆·沈江》篇述驪姬申生諸事）、褚先生（《史記·三代世表》有晉獻滅霍語）、李陵（《詩》有鍾子歌南音句）、杜欽（《漢書·欽傳》，載欽引申生事；又《馮奉世傳》，載欽奏記王鳳引傳文，賞疑從予、罰疑從去語，疑述《襄廿六年傳》義）、王襃（如《文選》所載聖主得賢臣訟，引齊桓書管、鮑、隰、寧，晉文用咎犯、趙衰是也）之流，蓋亦親見《左氏傳》，故咸有述傳之詞。即今文大師，亦於《左傳》多甄引，如伏生（《路史·國名紀八》引《大傳》曰："圻者天子之境"也，諸侯曰境，天子游不出封圻，諸侯非朝聘不出境，與《左傳》天子非展義不巡狩諸例合；又《輔行記·四》引《大傳》曰，凡宗廟有先王之主曰都，無曰邑，悉本《左傳》）、韓嬰（如《韓詩外傳·卷三·大水條》，卷四載《孫卿答春申書》，均本《左傳》。又卷七旨文勝楚，衛侯好鶴，蒯芮死齊事，卷八伯宗問山崩事，均與《左傳》所記互相發明）、董仲舒（如《繁露·王道》篇恩衛葆，即用《左氏》經歸衛俘説。見俞曲《諸子平議》；又《漢書·五行志》謂隱五年秋螟，董仲舒、劉向以爲公觀漁於棠貪利之應，亦本《左傳》臧僖伯語)、主父偃(《漢書·偃傳》載偃引天子春蒐秋獮，諸侯春振旅秋治兵事，亦述《隱五年傳》文)、眭弘(《漢書·弘傳》，載弘疏稱漢爲堯後，則弘亦窺覩《左氏》之書)、嚴彭祖(《左傳正義》引沈氏説，《嚴氏春秋》引《觀周篇》云，孔子將修《春秋》，與左丘明乘如周觀書於周史，歸而修《春秋》，丘明爲之傳，共爲表裏。此彭祖崇《左氏》之徵，又《隋書·經籍志》載彭祖《春秋左氏圖》十卷，《唐志》作七卷，此彭祖兼治《左氏》之證)、焦延壽(如《易林》乾、需諸卦述棠姜事，坤卦述龍鬭時事，需卦述楚零身死事，需離卦述晉求秦醫事，訟及小畜豫述子鉏獲麟事，小畜述號公出奔事，泰及未濟述元凱事，隨卦述驪姬進讒事，臨卦述蔡女蕩舟事，睽卦述唐叔封晉事，均採《左傳》)、京房(如賓起見，雄鷄斷尾；宋女子生毛事，均僅見《左傳》，而京房《易傳》均述之，見《漢書·五行志》。則房兼治《左傳》矣)、翼奉(《漢書·奉傳》載奉言《春秋》忌子卯，本《昭九年傳》)、龔勝(《朱博傳》載龔勝等言《春秋》之義，姦臣事君，有常不舍；又引叔孫僑如譖囚季孫事，謂《春秋》重而書之，則以《左氏》爲春秋)、師丹(《丹傳》載丹上書引天威，不違顏咫尺)，是也。及成、哀以降，若王龔、王舜(《漢書·韋元成傳》載歆舜廟制議，多引《左傳》，又《莽傳》載舜等奏言《春秋》列功德之義，太上有立德，其次有立功，其次有立言，與《左傳》同)、崔發(《莽傳》載發言《周禮》及《春秋左氏》，國有大災則哭以厭之)均通《左傳》，則染濡莽、歆之論。(《莽傳》又言羣臣奏言成王廣封周公庶子六子，皆有茅士。亦本《左傳》)故歆等欲立《左氏》，雖爲哀帝博士所格，迄平帝之世，遂立學宮。(時爲博士者，蓋金子嚴，《東觀記》言鄭興師博士金子嚴即此人)而桓譚、杜林、賈徽、孔奮之徒，通習《左氏》經傳，均當西漢季年，遂啓東漢古文之學。由是而觀，則《左氏》之學漢初漢季，再顯漢廷，文景以降，哀平以前，雖伏而未發，然民間傳習，未嘗一日絶，則所謂"《左氏》不傳《春秋》"者，僅漢季博士之偏詞耳，奚足辯哉。

# 【乙種之十五】

## 《穀梁補注·序》

鍾文烝

**西堂案**：清儒治《穀梁》者，以鍾文烝、柳興恩爲稍善，許桂林、侯康所不逮也。鍾氏《穀梁補注》詮釋甚明，近柯劭忞以爲尠所發明，實近於苛。鍾氏兼採宋儒之説，於《春秋》義理亦有見，兹先録《補注》序文，以見其著述之恉，治《春秋》者，可取則焉。

魯之《春秋》，魯所獨也；孔子之《春秋》，孔子所獨也。魯所獨者，王禮所在，其史法較諸國爲備。故石尚欲書《春秋》，當時以爲重。孔子所獨者，是非二百四十二年之中，修其辭以明其義，子游、子夏不能贊一辭，改一字，故梁、鄭正其名，石、鶂盡其辭，正隱治桓，皆卓然出於周初典策之上。夫梁、鄭之事，舊文也，而名有所必正，則其加損舊文者可知矣。石、鶂之事，微物也，而辭有所必盡，則大焉者可知矣。正隱治桓，揭兩字於卷首，則全書悉可知矣。然而斯義也，《左氏》《公羊》不能道，獨穀梁子稱述而發明之，實爲十一卷大指總要之處。推之千八百事無所不通，故《穀梁傳》者，《春秋》之本義也。蓋嘗論之，聖人既作《春秋》，書於二尺四寸之策，其義指數千，弟子口受之，自後遞相授受，録以爲傳。則《穀梁》之與《左氏》《公羊》，宜若無大異者。而漢博士言《左氏》不傳《春秋》，實以其書專主記事，不若二家純論經義。二家之中，《公羊》當六國之亡，《穀梁》去孔子近，則見聞不同。《公羊》五傳至其元孫，當漢孝景時始著竹帛。《穀梁》作傳，親授荀卿，則撰述亦不同。《公羊》爲齊學，《穀梁》乃魯學，則師承又不同。今觀《穀梁》隕霜不殺草之傳，據韓非書，乃夫子答哀公問《春秋》之語，而《公羊》無之。《穀梁》引尸子、公子啓、蘧伯玉、沈子之外，有稱傳曰者十，傳者七十子所記，其來甚古。《儀禮·喪服傳》亦有此例，而《公羊》又無之。以公羊氏所未聞，明穀梁氏之近古，以《儀禮》傳之可信，明《春秋》傳之得真。知其爲《春秋》之本義，無疑也。《左氏》《公羊》之失甚多，就其最淺著者，如《左氏》於仲子之賵以爲桓母未死而豫賵，誤紀子伯爲紀子帛，則以君爲臣；誤尹氏爲君氏，則内外、男女皆失其實。開卷之初，其謬如是。《公羊》妄意曹伯爲有罪，則曰甚惡也，又不能言其惡。則曰：不可以一罪言也。妄意盟宋再出豹爲殆諸侯，則曰衛石惡在是，惡人之徒也。妄意西宮爲宮寢之宮，又不敢決言三宮之制，則曰以有西宮亦知諸侯之有三宮也。凡若此類，第在事實、人名、禮制之間，亦不及《穀梁》遠，何論其他矣。漢世三傳並行，大約宣、元以前，則《公羊》盛；明、章以后，則《左氏》興；而《穀梁》之學頗微。江左中興，妄謂《穀梁》膚淺，不足立學。相沿至唐初，謂之小書，而《穀梁》之學益微。苟非有范甯、徐邈闡明於前，楊士勛輩纘述於後，則《穀梁傳》之在今日，幾何不爲十六篇《書》、三家《詩》之無徵不信哉；吾於此歎唐人義疏之功大也。大曆以降，經學一變，前此說《春秋》者，皆說三《傳》，主於一而兼其二，未有自我作故，去取唯欲者。啖助、趙匡、陸淳之書出，而兩宋孫復、劉敞、孫覺、程子、葉夢得、胡安國、陳傅良、張洽之徒繼之。元之黃澤、趙汸，用功尤深，又踵而詳之。於是三家之書，各不成家，而《春秋》之說滋亂，至於今未已也。然而風氣日開，智慧日出，講求益密，義理益詳，則亦自有灼然不惑之說。故啖助謂《穀梁》慧深，陸淳謂斷義不如《穀梁》之精，孫覺謂以三家之說校其當否，《穀梁》最爲精深；葉夢得謂《穀梁》所得尤多；胡安國謂義莫精於《穀梁》；蔡元定謂三傳中道理《穀梁》及七八分。某氏《六經奧論》謂解經莫若《穀梁》之密。而乾道中，浦江鄭綺遂著《穀梁合經論》三萬言，惜不可見矣。清興，李文貞公光地，變通朱子之學，以治群經，其論《春秋》曰：三傳好，《穀梁》尤好。迨後惠士奇父子，倡左學於東南，亦云論莫正於《穀梁》。其專宗《穀梁》者，溧水王芝藻而後，亦頗有人，而書皆不行。竊以國家二百年來，經籍道盛，宜有專門巨編，發前人所未發者，且以范注之略而舛也，楊疏之淺而厖也，苟不備爲補正，將令穀梁氏之面目精采，永爲《左氏》《公羊》所掩，謂非斯文之闕事乎哉！

　　文烝年九歲十歲時，先君子親以三傳全文授讀，備承庭訓，兼奉慈箴，後來博搜諸家書，見而記，記而疑，其甚疑者，則時時往來於心，不能自已。年將三十，始知《穀梁》源流之正，義例之精，數年之間，所見漸多，頗有所得。用是不揣檮昧，詳爲之注。存豫章之元文，擷助教之要義，繁稱廣引，起例發凡，敷暢簡言，宣揚幽理，條貫前後，羅陳異同，典禮有徵，詁訓從朔，辭或旁涉，事多創通。竊謂《穀梁》解《春秋》，似疏而密，其約而賅，經固難知，傳亦難讀。學者既潜心於玆，又必熟精他經，融貫二傳，備悉周秦諸子，及二千年說者之得失，然後補苴張皇，可無遺憾。以予淺學，蓋未之逮。唯曰實事求是，而盡心平心，則庶幾矣。夫不得於心，則不得於言；趙岐之拙，王弼之巧，皆失之不明。李鼎祚、衛湜之浩博，又苦於不斷。予期於明且斷而已矣。乙巳迄癸丑歲稿立，己未歲始有定本，直題《補注》，無取異名。疏卷二十，今二十有四，《左氏》《公羊》之經異者，具列經下，並證明之。別爲論經傳各若干條，冠書首焉。咸豐九年己未夏五月乙未嘉善鍾文烝朝美氏自序。

自後又修飾暢隱之，而紀之以詩，癸亥之三月也。又六歲，增易又以千百計。然後疑滯疏漏，漸漸免矣。夫學欲多也，思欲專也，取群書以治一書者，其道無以易此也。予討論百家之解，稽合四部之言，所謂思之思之，鬼神教之，蓋有之矣。所謂天下之理，眩於求而真於遇，蓋有之矣。敢自謂多且專乎哉。抑亦有二十餘年心力之勤焉，於是乎又記。時同治七年戊辰七月七日。

## 【乙種之十六】

## 《穀梁補注·論傳》

鍾文烝

**西堂案：**《穀梁》一書，雖非真傳，然猶謹於解經，非《左氏》本竄僞之比。鍾氏《補注》謂《穀梁》往往以心志爲説，以人已爲説；謂《春秋》記人事即記人心，此數語蓋得之，《穀梁》猶可爲治《春秋》者之參考也。鍾氏於《穀梁》譽之過甚者，則不得其實，當分別觀之。《補注》全書，則學者所當卒讀。

《孝經鉤命決》稱孔子之言曰：吾志在《春秋》，行在《孝經》。以《春秋》屬商，以《孝經》屬參。然則得《春秋》之真傳者，必在卜氏之門矣。陸淳纂例，趙匡引應劭《風俗通》云：穀梁，子夏弟子，名赤。楊士勛《疏》云：穀梁子名淑，字元始，魯人。一名赤，受經於子夏。爲經作傳，傳孫卿。陸德明《釋文·序録》《太平御覽》並引桓譚《新論》云：左氏後百餘年，魯人穀梁赤爲《春秋》。《序録》又引糜信注云：穀梁與秦孝公同時。案如《風俗通》楊疏之言，是穀梁子受業於子夏也。如《新論》糜注之言，是穀梁子不及見子夏也。桓以爲獲麟後百餘年，而《史記》秦孝公渠梁之元年，距獲麟百有二十一年，其説相合也。王應麟曰：傳載尸子語，而尸佼與商鞅同時。故糜氏以穀梁子爲秦孝公時人，然不可考。《漢書》但云魯學而已。文烝案：糜南山固無他據；桓君山謂獲麟後百餘年，必有據，而應仲瑗之説，亦非無因。蓋穀梁受業於子夏之門人，因遂誤以爲子夏門人。《史記·孟子列傳》云：孟軻受業於子思之門人，王劭誤以人爲衍字，應氏之誤，正相類矣。大抵穀梁子之於子夏，孟子之於子思，事同而時亦相近也。

楊疏曰：穀梁爲經作傳，傳孫卿，孫卿傳魯人申公，申公傳博士江翁。案孫卿即荀卿，其歿在秦始皇九年後，而燕子、噲子之時，已有賢名，蓋當秦之惠王矣。惠棟曰荀卿著書，言師不越時，言天子以下廟數，及賵賻禭含之義，誥誓盟詛交質子之文，諸侯相見，使仁居守，以大上爲天子，皆本《穀梁》之説。其言傳孫卿信矣。文烝案：荀子又云，《春秋》賢繆公，以爲能變也，與《公羊·文十二年傳》同，《穀梁》無其義。漢劉向治《穀梁》，而封事中引祭伯來以爲奔，乃用《公羊》。《說苑》亦或用《公羊》義，是何也？蓋聖人既沒，齊、魯之間，人自爲師，家自爲書，異說紛拿，故雖荀卿亦間取他說。劉子政時則《公羊》之學方盛，尤不能無染於其說矣。惠棟又曰：隱元年《傳》云：《春秋》成人之美，不成人之惡。僖二十二年《傳》云：過而不改，又之，是謂之過。二十三年《傳》云：以其不教民戰，則是棄其師也。今皆在《論語》中。鄭君《論語序》云：仲弓、子夏等所撰定，《論語讖》亦言子夏等六十四人共撰仲尼微言。其諸聖人之徒，私淑諸人者乎。又《傳》中所載，與《儀禮》《禮記》諸經合者，不可悉舉，故鄭君《六藝論》云：《穀梁》善於經。文烝案：《穀梁》又有與《毛詩傳》合者，王應麟所舉大侵搜狩二禮其最著者也。毛公之學，出於荀卿，而傳於子夏。益知穀梁子之果爲荀卿師，而源出子夏也。又《易·彖象傳》釋經有曰：其位其吉，有曰吝道也，安行也，遍辭也，志疑也，有止一字者，曰窮也，明也，咎也，行也，下也，順也，憊也，《穀梁》文句，多與相似。

《釋文·序錄》論三傳次第云：左、穀明受經於仲尼，公羊高受之於子夏，穀梁赤乃後代傳聞，此言真瞽說也。案桓譚《新論》云：《左氏傳》遭戰國寢微，後百餘年，魯人穀梁赤爲《春秋》，殘略多所遺失；又有齊人公羊高，緣經文作傳，彌離其本事矣。鄭君釋《廢疾》云：穀梁近孔子，公羊正當六國之亡。觀桓、鄭之言，《穀梁》先於《公羊》，明矣。而陸元朗乃爲斯言，不亦謬乎。《序錄》注解傳述人中，亦引《新論》文，何不一爲檢照乎。要由漢世《公羊》先出。《藝文志》已以《穀梁》列《公羊》後，迨江左中興，妄謂《穀梁》膚淺，不足立博士。范甯、徐邈之後，微學幾絕，遺書僅存，迭皆申公而屈穀耳。且公羊高去子夏固遠，而左丘明亦非夫子同時人也。《左氏》載韓、魏滅智伯事，有趙襄子諡，在春秋後已五十餘年，作書又當在其後，豈得以爲受經而作。桓君山謂左氏作傳後百餘年，而穀梁子始爲《春秋傳》，亦以《左傳》之作，即在獲麟時。班彪則直以爲定、哀之間，皆失之矣。《穀梁》與《左氏》時代不甚相遠，《公羊》則在其後，此無可疑者。《公羊》之學，當亦由子夏之弟子，展轉相授，而去聖彌遠，意義不備，或多亂說。雖與《穀梁》同源，而其歸迥異，左氏爲魯太史，本不得其傳授，而能博採諸國史書，詳陳事跡，使一經本末具見，深爲有功於經。但其中與經爲異，據經臆測者，亦正不少，其於經之取義，則罕有合。趙匡所謂《左氏》解經，淺於《公》《穀》，誣謬實繁者也。桓君山誤以太史記事之冊，爲聖門傳經之宗，不知《穀梁》《公羊》，實得其傳，而《穀梁》尤得所傳之正。於事雖略，未嘗多所遺失也。

杜預病世之説，《左氏春秋》者，進不成爲錯綜經文，以盡其變；退不守丘明之傳。如杜此言，苟能錯綜經文，以盡其義例之變，則固不必守丘明之傳，以爲義例也。愚治《穀梁傳》二十年，乃知傳之於經，實有如杜所云，錯綜盡變者，蓋魯學授受之可憑如是，惜乎元凱氏未嘗潛心。

《漢書·儒林傳》云：宣帝即位，聞衛太子好《穀梁春秋》，以問丞相韋賢、長信少府夏侯勝，及侍中樂陵侯史高，皆魯人也。言穀梁子本魯學，公羊氏乃齊學也，宜興《穀梁》。斯言也，天下之公言也。《春秋》猶《論語》也，漢初《魯論語》《齊論語》併行，其後孔氏壁中《古文論語》出，篇簡章句與《魯論》大同，不若《齊論》多所附益，是魯學必勝齊學也。《公羊》作傳，多齊言，且其解經多有獲齊者，何足憑乎？

《史記·十二諸侯年表》云：孔子西觀周室，論史記舊聞，興於魯而次《春秋》，上記隱，下至哀之獲麟，約其辭文，去其煩重，以制義法，王道備，人事浹。七十子之徒，口受其傳指，爲有所刺譏襃諱挹損之文辭，不可以書見也。《儒林列傳》云：仲尼因史記作《春秋》，以當王法，其辭微而指博。後世學者多録焉。此二條言口受，言多録，其説可信。經義則口受於夫子，經文則遞相傳録也。録或作謬字，蓋誤。考諸董仲舒《春秋繁露·俞序篇》有如閔子、子貢、子夏、曾子、子石、公肩子、世子、子池之倫，皆以此經爲授受之業，但其義則徒有口説，而無書，其有書，亦但如穀梁子所引傳曰之類，實非專書。蓋至《穀梁》始有專書矣。公羊作傳，則當六國之亡，直至漢景帝時，乃著竹帛。其初皆是口説相授，故其經字與《左氏》《穀梁》異者，大率音同聲近之字。而傳文亦多齊言，或以語急而易他字，如以"得"爲"登"之屬。

《史記·儒林列傳》云：瑕丘江生爲《穀梁春秋》，自公孫弘得用，嘗集比其義，卒用董仲舒。然則當時固非以瑕丘之學，爲不如廣川也。以公孫氏力主之，上遂信之，天下莫敢言耳。董生自是醇儒，其説經自災異以外，多合正理。惟一主《公羊》，故於失經本義者。

漢初陸賈造《新語》十二篇，其第一篇《道基》之末，引《穀梁傳》曰：仁者以治親，義者以利尊，萬世不亂，仁義之所治也。今傳中無此四語。蓋在《漢志》所稱《穀梁外傳》《穀梁章句》中，而通謂之傳也。又第八篇《至德》之末，論魯莊公事，而曰故《春秋穀梁》云云：今自梁字以下，皆缺不知何語，觀陸生兩引《穀梁》，則此傳信爲周代書，並《外傳》《章句》之屬，有非晚出者矣。《穀梁》文章有二體，有詳而暢者，有簡而古者，要其辭清以淡，義該以貫。氣峻以厲，意或專釋，或通説，或備言相發，或省文相包，或一經而明衆義，或闡義至於無文，此乃程瑤田之論《喪服傳》，所謂端緒雖多；一綫不亂，而凌曙以爲唯鄭氏能綜核不誤者也。若夫《左氏》得之品藻，失之浮夸；《公羊》得之於辯，失之於俗，具如舊說。其解經不及《穀梁》，又無論矣。鄭君論三傳曰：《左氏》善於禮，《公羊》善於讖，《穀梁》善於經。案《左氏》言禮，未必盡當。圖讖趨於哀、平，乃附合《公羊》家說爲之，鄭評二傳，竊所未安。唯《穀梁》善經一語，則不可易。《墨子》曰：夫辯者將以明是非之分，審治亂之紀，明同異之處，察名實之理，處利害，次嫌疑，焉摹略萬物之然，論求群言之比，以名舉實，以辭抒意。文烝爲此書，頗有志乎此數語，而要以《穀梁》善經一語爲準。

　《穀梁》特多言君臣、父子、兄弟、夫婦，與夫貴禮賤兵、內夏外夷之旨，明《春秋》爲持世教之書也。《穀梁》又往往以心志爲說，以人已爲說。桓、文之霸，曰信，曰仁，曰忌。僖、文之於雨，曰閔，曰喜，曰不憂，明《春秋》爲正人心之書也。持世教易知也，正人心未易知也，然而人事必本於人心，則謂《春秋》記人事即記人心可也。謂孟子亦欲正人心，直承上文成《春秋》可也。災異以人事統之，又所謂降水警余者也。故《春秋》非心學，亦心學也。唯傳知之，愚至癸酉季夏而後悟之。

　史之有論也，自《左氏》始也。述人言以評之，稱君子以斷之，即一家之書，而一時之人心見焉，霸之譎正，國之夷夏，弗論也，論強弱而已。侯王之等，臣主之分，弗論也，論曲直而已。堯、舜爲的，文、武爲首，周公爲翼，未之有也，徒有怪力亂神之論而已。士莫賢於叔肸，而惟美其後嗣之卿；女莫賢於伯姬，而乃謂之女而不婦；人心如此，何以說聖人正人心之書哉！記曰：《春秋》之失亂。《孟子》曰：君子反經。將去亂而反諸經，非《穀梁》惡乎可。

　杜牧嘗言天若不生夫子於中國，紛紜冥昧，百家鬭起，是己所是，非己所非，天子隨其時而宗之，誰敢非之；縱有非之者，欲何所依據，而爲其辭。至哉斯言！《春秋》之有《穀梁傳》，亦猶是矣。夫《春秋》之爲事，非董狐、南史、左史、倚相、左丘明、司馬遷、班固之事也。乃欲以據事直書求之，或以網羅浩博，考核精審求之，不亦淺乎！《春秋》之爲道，非伯夷、伊尹、柳下惠之道也。況執後世儒生之見，哆口而議，其義理不亦偏且謬乎，故是己所是，非己所非，說愈多而愈無定，惟依據《穀梁傳》，則皆有以斷之。或曰：《穀梁》何以必可依據也？曰：《穀梁》文婉以平，徵前典皆據正經述古語，特多精理。與《論語》《禮記》最爲相似。至其解經之妙，曰：商子有言曰：先聖人爲書，而傳之後世，必師受之，乃知所謂之名，不師受之，而人以其心意議之，至死不能知其名與其意。愚之宗《穀梁》，亦宗其師受而已矣。

　　《漢書·藝文志》有《左氏微》二篇，又有《鐸氏微》三篇，注曰：楚太傅鐸椒。又有《張氏微》十篇，又有《虞氏微傳》二篇。注曰：趙相虞卿。《史記·十二諸侯年表》云：鐸椒為楚威王傅，為王不能盡觀《春秋》，採取成敗，卒四十章，為《鐸氏微》。《釋文·序錄》：《〈左傳〉序》、正義並引劉向《別錄》云：左丘明授曾申，申授吳起，起授其子期，期授楚人鐸椒，鐸椒作抄撮八卷，授虞卿，虞卿作抄撮九卷，授荀卿。荀卿授張蒼。案諸文或言微，言微傳，獲言抄撮，其篇章卷數又不同。大概皆是《左氏》之學，記事之流。故太史公繼《左氏春秋》言之，而劉子政言其源出丘明也；又，《年表》云：趙孝成王時，其相虞卿上採《春秋》，下觀近世，亦著八篇，為《虞氏春秋》。《虞卿列傳》云：曰節義稱號揣摩政謀，凡八篇，以刺譏國家得失。案此蓋即《藝文志·儒家》之《虞氏春秋》十五篇。其書如今《晏子春秋》，與《虞氏微傳》各為一書也。又疑太史公所云：為王不能盡觀《春秋》，虞卿上採《春秋》者，承上左丘明成《左氏春秋》言，兼指《左傳》，不專指夫子經文。《戰國·楚策》：孫子為書謝春申君，韓非子《奸劫弒臣》篇，並引楚王子圍、齊崔抒弒君事，與《左傳》大同，乃云《春秋》記之，是其證也。又當時通謂諸國史記為春秋，如《周春秋》《燕春秋》《宋春秋》《齊春秋》《晉春秋》之類。總為百國春秋，故《晉語》司馬侯言羊舌肸習於《春秋》，《楚語》申叔時言教之《春秋》，《管子·山權數》篇"《春秋》者所以記成敗也"，《明法解》"《春秋》之記，臣有弒其君、子有弒其父者。"《戰國策·周策》：呂倉謂周文君，"《春秋》記臣弒君者以百數"。《燕策》奉陽君曰："今臣逃而紛，齊、趙始可著於《春秋》。"望諸君報書："臣聞賢明之君，功立而不廢，故著於《春秋》。"《韓非子·備內篇》："上古之傳言，《春秋》所記，犯法為逆以成大奸者，未嘗不從尊貴之臣也。"此等皆是史記之通稱。史公所云，亦其比矣。《左氏微》《張氏微》二書，無可考，當亦鐸、虞之類。自丘明以史說經，已有傳事不傳義之譏。況其支流餘裔乎。

　　鄒氏、夾氏之書，《藝文志》列《穀梁傳》之後，其傳皆十一卷。據《王吉傳》，吉能為《鄒氏春秋》；而吉《上宣帝疏》言"《春秋》所以大一統者，六合同風，九州共貫也。"其說與《公羊》同。然則鄒之大體，於《公羊》為近，其時代或亦相近矣。《志》於《夾氏傳注》曰：有錄無書。其下又曰鄒氏無師，夾氏未有書。是知鄒氏書無傳其學者，故《漢書》中自王吉之外，絕無所聞；夾氏則但有口說，如景帝以前之《公羊傳》，未著竹帛，《公羊》卒著之，夾竟不著也。

## 【乙種之十七】

## 穀梁大義述序

柳興恩

**西堂案：**《穀梁》之學，治者甚尠。清儒爲是業者，鍾文烝外，以柳興恩《穀梁大義述》爲較佳；然或論文例，或搜討舊聞，於大義無所發揮也。兹録原書阮序及其自序，以見其治學之塗徑。其述古訓、述師説、述長編諸法，亦可施之以治《左氏》《公羊》，學者所當留意。

### 一 阮 序

《六藝論》云：穀梁子善於經，蓋以其親受微言於子夏，最近於孔子也。公羊與穀梁同師子夏，而鄭氏起《廢疾》，則以穀梁爲近孔子，公羊爲六國時人，然則"善經近孔"四字，固此傳之確評矣。世之治經者，多治《左氏》《公羊》，於《穀梁》慢之；故余整齊百家，爲《皇清經解》千五百卷，《左氏》《公羊》皆有專家，《穀梁》無之，心每欿然。道光十六年，始聞鎮江柳氏，爲《穀梁》之學；二十年夏，柳氏興恩挾其書渡江來，始得讀之，知其專從善於經入手，而善經則以屬辭比事爲據，事與辭則以春秋日月等名例定之，發憤沈思，久乃卒業，余甚惜見之晚也。亟望禮堂寫定，授之梓人，補學海之缺文，與海内學者共之，是余老年之一快也。揚州阮元譔。

### 二 自 序

《春秋》終於獲麟，而託始隱公之元年，杜預曰因獲麟而作，作起獲麟，則文止於所起，此說允矣。至何以託始於隱元，憶自十歲外，讀《左氏傳》時，即懷此疑，見杜預"平王東遷之始王，隱公讓國之賢君"云云，竊以爲其詞文，嗣是博訪通人，均未有劃切言之者。及年四十有四，奉諱居憂，向治《毛詩》，知毛公師荀卿，荀卿師穀梁，《毛傳》中多《穀梁》說。因即家弟所藏汲古閣毛氏初印注疏本翻閱之。見范甯之序，亦以遭父大故，而訂《穀梁傳注》，益覺與蒙之讀禮同也，而專精治之，治之久而不覺數十年來之疑頓釋也。曰嗚呼！《穀梁》之學之微也久矣，乃今而知《春秋》託始於隱之旨，獨在此矣。何言之?《公羊》予桓公以宜立,《穀梁》罪桓以不宜立,宜立則罪在桓,不宜立則罪在隱。傳曰:先君之欲與桓,非正也,邪也。探先君之邪志以與桓,是則成父之惡也。如傳意,則隱在惠公爲賊子,傳曰爲子句受之父。爲諸侯受之君。廢天倫忘君父,如傳意則隱於周室爲亂臣。《孟子》曰:孔子成《春秋》而亂臣賊子懼,夫所謂賊者,豈但制之刃乃爲賊哉,成父之惡,即賊子矣。所謂亂者,豈但犯上作逆乃爲亂哉,廢倫忘君即亂臣矣。嗚呼,以輕千乘之國者,而卒不能逃亂賊之誅,則千秋萬世臣子之懼心,必自隱公始矣。(劉恭冕云:《漢書·古今人表》:魯隱公與魯桓公同例下下,第九等,亦一證也)況《傳》曰:先君既勝其邪心以與隱,是惠公未失正也,明其不必託始於惠也。《傳》曰:讓桓不正,見桓之弒逆,隱實啓之也。並明其無庸託始於桓也,且惠反諸正以與隱,隱乃不行即位之禮以啓桓,是隱之納於邪也。然則隱之元年,尤邪正絕續之交,《春秋》之託始於此,即於不書公即位見之。孔子志在《春秋》,故知我罪我之言,亦出於不得已。此《春秋》之微言,即《春秋》之大義也。烏乎!仲尼沒而微言絕,七十子喪而大義乖,穀梁子親受子夏,開宗明義,首發此傳《春秋》之旨,炳如日星,以視《左氏傳》曰,不書即位,攝也。《公羊傳》曰:《春秋》何以始乎隱,祖之所逮聞也,果孰當乎!果孰當乎!故鄭康成《六藝論》,獨曰《穀梁》善於經,此之謂也。范甯序襲杜預説而小變之一,謂孔子慨東周之變,於時則接乎隱公,故因茲以託始,亦豈知《穀梁》之旨者哉!烏乎,自漢以來,《穀梁》師授,既不敵二傳之多,至曉曉於《廢疾》《起廢疾》之辨,抑末也。近阮相國刻《皇清經解》凡千四百卷,爲書百八十餘種,其中經師七十餘人,《公羊》《左氏》,俱有專家,而《穀梁》缺焉,其著述中兼及之者,如齊侍郎《經傳考證》,王尚書《經義述聞》,又多沿其支流,鮮克舉斯大義,蒙故發憤卒業於此,並思爲《穀梁》集其大成,謹敍其凡例於右。

聖經既以《春秋》定名,而無事猶必舉四時之首月,後儒紛紛競謂日月非經之大例,豈通論哉?現桓五年春王正月甲戌己丑,陳侯鮑卒,一事而兩日迭書。十有二年丙戌公會鄭伯盟於武父,丙戌衛侯晉卒,二事而一日兩書;僖十有六年春王正月戊申朔隕石於宋五,是月六鷁退飛過宋都。日先書,月後書。此即經之自起凡例也。《穀梁》日月之例,泥則難通,比則易見,與其議傳而轉謂經誤(唐啖助、趙匡、陸淳等謂甲戌之下必有脫文,兩書丙戌必有誤字),何如信經而並存傳說之爲得耶?述日月例第一(其自然之序説見諸侯卒葬例)。

春秋治亂於已然,禮乃防亂於未然,觀《穀梁》親受子夏,其中典禮,尤與《論語》夏時周冕相表裏，百世以俟聖人而不惑也。述禮第二。

《毛詩正義》云：字與三家異者，動以百數（謂《齊詩》《魯詩》《韓詩》）。謹案《穀梁》之經，與《左氏》《公羊》經異者，亦以百數。此非經旨有殊，或由齊魯異讀。（《漢書·儒林傳》：《穀梁》魯學，《公羊》迺齊學也）音轉而字亦分也。陸氏《釋文》雖備載之，而未嘗析其源流，今本仁和趙徵君坦《春秋異文箋》，以引而伸焉。述異文第三。

穀梁親受子夏，故傳中用孔子、孟子說者，如隱元年"成人之美不成人之惡"，（《論語·顏淵》篇文）僖二十有二年"禮人而不答則反其敬，愛人而不親則反其仁，治人而不治則反其智"；（《孟子·離婁》篇文）其他暗相吻合者更多。《毛詩·大雅》云：古訓是式，竊有志焉。述古訓第四。（原闕）

自漢以來，《穀梁》師授，即不敵二傳之多。迨唐以後，說經者競治《春秋》，即不束三傳於高閣，其於《穀梁》或採用一二焉，或批駁一二焉，無非兼及，鮮有專家，要不得擯諸師說之外也。述師說第五。

漢儒師說之可見者，唯尹更始、劉向二家，然搜獲者亦寥寥矣。其說已亡而名僅存者，自漢以後，並治三傳者，亦收錄焉，共若干人。述經師第六。

《穀梁》久屬孤經，今日更成絕學，茲於所見載籍之涉《穀梁》者，以經史子集之序，循次摘錄，附以論斷，並著本經廢興源流，庶爲之集其大成，述長編第七。

# 【乙種之十八】

## 穀梁廢興源流

柳興恩

**西堂案：** 柳書各篇中最要者，厥爲《穀梁廢興源流》，茲録原文，以供參稽。篇中所叙，止於宋代。經師則見於述經師篇。其實《穀梁》除注疏外，唐之啖、趙、陸淳，宋之孫覺、葉夢得、蔡元定輩，雅知折中。清則王芝藻（《春秋類義折衷》）、陳壽祺（《穀梁禮說》，未成）、李富孫（《穀梁異文釋》）、許桂林（《穀梁釋例》）、侯康（《穀梁禮正》，並有專書）；近則以廖平、柯劭忞兩家最著，此亦治《春秋》者所當知也。

### 《穀梁》廢興源流

《史記・儒林傳》：瑕丘江生爲《穀梁春秋》，自公孫弘得用，嘗集比其義，卒用董仲舒。

《漢書・戾太子傳》：少壯，詔受《公羊春秋》，又從瑕丘江公受《穀梁》。

又，《宣帝紀》：甘露三年，詔諸儒講五經同異，太子太傅蕭望之等，平奏其議，上親稱制臨決焉。乃立《梁丘易》，大、小夏侯《尚書》，《穀梁春秋》博士。

又，《儒林傳》：瑕丘江公受《穀梁春秋》及《詩》於魯申公，傳子至孫爲博士。武帝時，江公與董仲舒並，仲舒通五經，能持論，善屬文，江公訥於口；上使與仲舒議，不如仲舒。而丞相公孫弘，本爲《公羊學》，比輯其議，卒用董生，於是上因尊《公羊》家，詔太子受《公羊春秋》，由是《公羊》大興。太子既通，復私問《穀梁》而善之，其後寖微，唯魯榮廣王孫、皓星公二人受焉。廣盡能傳其《詩》《春秋》，高材捷敏，與《公羊》大師眭孟等論，數困之，故好學者頗復受《穀梁》。沛蔡千秋少君，梁周慶幼君，丁姓子孫，皆從廣受。千秋又事皓星公，爲學最篤。宣帝即位，聞衛太子好《穀梁春秋》，以問丞相韋賢，長信少府夏侯勝，及侍中樂陵侯史高，皆魯人也。言穀梁子本魯學，公羊氏乃齊學也，宜興《穀梁》。時千秋爲郎，召見與《公羊》家並說，上善《穀梁》說，擢千秋爲諫大夫給事中。後有過，左遷平陵令，復求能爲《穀梁》者，莫及千秋，上愍其學且絕，乃以千秋爲郎中戶。將選郎十人從受，汝南尹更始翁君，本自事千秋，能說矣。會千秋病死，徵江公孫爲博士，劉向以故諫大夫，通達待詔，受《穀梁》，欲令助之。江博士復死，乃徵周慶、丁姓待詔保宮，使卒授十人，自元康中始講，至甘露元年，積十餘歲，皆明習。乃召五經名儒、太子太傅蕭望之等，大議殿中，平《公羊》《穀梁》同異，各以經處是非。時《公羊》博士嚴彭祖，侍郎申挽、伊推、宋顯，《穀梁》議郎尹更始、待詔劉向、周慶、丁姓並論。《公羊》家多不見從，願請內侍郎許廣、使者亦並內《穀梁》家中郎王亥各五人，議三十餘事，望之等十一人，各以經誼對，多從《穀梁》。由是《穀梁》之學大盛，慶、姓皆爲博士。姓至中山太傅，授楚申章昌曼君爲博士，至長沙太傅，徒衆尤盛。尹更始爲諫大夫、長樂戶將，又受《左氏傳》，取其變理合者，以爲章句。傳子咸及翟方進，琅邪房鳳，咸至大司農，方進丞相，自有傳。房鳳字子元，不其人也，以射策乙科，爲太史掌故太常，舉方正，爲縣令都尉。失官，大司馬票騎將軍王根，奏除補長史，薦鳳明經通達，擢爲光祿大夫，遷五官中郎將。時光祿勳王龔，以外屬內卿與奉車都尉劉歆共校書，三人皆侍中。歆白《左氏春秋》可立，哀帝納之，以問諸儒，皆不對。歆於是數見丞相孔光爲言《左氏》以求助。光卒不肯，唯鳳、龔、許、歆，遂共移書責讓太常博士，語在《歆傳》。大司空師丹奏歆非毀先帝所立，上於是出龔等補吏，龔爲弘農，歆河內，鳳九江太守，至青州牧。始江博士授胡常，常授梁蕭秉君房，王莽時爲講學大夫，由是《穀梁春秋》，有尹、胡、申、章、房氏之學。

又，《劉向傳》：向本名更生，會初立《穀梁春秋》，徵更生受《穀梁》，講論五經於石渠。

又，《劉歆傳》：歆以爲左丘明好惡與聖人同，親見夫子，而公羊、穀梁在七十子後。傳聞之與親見之，其詳密不同，歆數以難問，向不能非間也，然猶自持其《穀梁》義。

《後漢書·章帝紀》：建初八年，詔曰：五經剖判，去聖彌遠，章句遺辭，乖疑難正，恐先師微言，將遂廢絕，非所以重稽古，求道真也。其令羣儒選高材生，受學《左氏》《穀梁春秋》《古文尚書》《毛詩》，以扶微學，廣異義焉。

又，《賈逵傳》：至先武皇帝，奮獨見之明，興立《左氏》《穀梁》，會二家不曉圖讖，故令中道而廢。凡所以存先王之道者，要在安上理民也。今《左氏》崇君父，卑臣子，強榦弱枝，勸善戒惡，至明至切，至真至順。且三代異物，損益隨時，故先帝博觀異家，各有所採。《易》有施、孟，復立梁丘；

《尚書》歐陽，復有大、小夏侯，今三傳之異，亦猶是也。八年迺詔諸儒，各選高材生，受《左氏》《穀梁春秋》《古文尚書》《毛詩》，由是四經遂行於事，皆拜迻所選弟子及門生爲千乘王國郎，朝夕受業黃門署，學者皆欣欣羨慕焉。

又，《陳元傳》：往者孝武皇帝好《公羊》，衛太子好《穀梁》，有詔詔太子受《公羊》，不得受《穀梁》。孝宣皇帝在人間，時聞衛太子好《穀梁》，於是獨學之。及即位，爲石渠論，而《穀梁》氏興，至今與《公羊》竝存，此先帝後帝，各有所立，不必其相因也。

又，《儒林傳·序》：建初中，大會諸儒於白虎觀，考詳同異，連月乃罷。肅宗親臨稱制，如石渠故事。顧命使臣，著爲通義，又詔高才生，受《古文尚書》《毛詩》《穀梁》《左氏春秋》，雖不立學官，然皆擢高第爲講郎，給事近署，所以網羅遺逸，博存衆家。

又，《安帝紀》：延光二年，詔選三署郎及吏人，能通《古文尚書》《毛詩》《穀梁春秋》各一人。

又，《靈帝紀》：光和三年六月，詔公卿舉能通《尚書》《毛詩》《左氏》《穀梁春秋》各一人，悉除議郎。

《魏志·文帝紀》：黃初五年夏四月，立太學制五經課試之法，置《春秋穀梁》博士。

《晉書·職官志》：晉初承魏制，置博士十九人。及咸寧四年，武帝初立國子學，定置國子祭酒博士各一人，助教十五人，以教生徒。博士皆取履行清淳，通明典義者。若散騎常侍、中書侍郎、太子中庶子以上，乃得召試，及江左初減爲九人，元帝末增《儀禮》《春秋公羊》博士各一人，合爲十一人。後又增爲十六人，不復分掌五經，而謂之太學博士也。

又，《荀崧傳》：時方修學校，簡省博士，置《周易》王氏、《尚書》鄭氏、《古文尚書》孔氏、《毛詩》鄭氏、《周官》《禮記》鄭氏、《春秋左傳》杜氏、殷氏，《論語》《孝經》鄭氏博士各一人，凡九人。其《儀禮》《公羊》《穀梁》及鄭《易》，皆省不置。崧以爲不可，乃上疏曰：自喪亂以來，儒學尤寡，今處學則闕朝廷之秀，仕朝則廢儒學之俊，昔咸寧、太康、永嘉之中，侍中常侍黃門，通洽古今，行爲世表者，領國子博士：一則應對殿堂，奉酬顧問；二則參訓國子，以弘儒訓；三則祠、儀二曹，及太常之職，以得所質疑。今皇朝中興，美隆往初，宜憲章令軌，祖述前典，世祖皇帝，應運登禪，崇儒興學，經始明堂，營建辟雍，告朔班政，鄉飲大射，西閣東序，河圖秘書，禁籍臺省，有宗廟太府金墉故事，太學有石經古文，先儒典訓，賈、馬、鄭、杜、服、孔、王、何、顏、尹之徒，章句傳注，衆家之學，置博士十九人。九州之中，師徒相傳，學士如林，猶選張華、劉寔，居太常之官，以重儒教。傳稱孔子沒而微言絕，七十二子終而大義乖，自頃中夏殄瘁，講誦遏密，斯文之道，將墮於地。階下聖哲龍飛，恢崇道教，樂正《雅》《頌》，於是乎在江、揚二州，先漸聲教；學士遺文，於今爲盛，然方疇昔，猶千之一。臣學不章句，才不宏通，方之華寔，儒風殊邈。思竭駑駘，庶增萬分，願斯道隆於百世之上，縉紳詠於千載之下。伏聞飾省之制，皆三分置二。博士舊置十九人，今五經合九人，準古計今，猶未能半。宜及節省之制，以時施行。今九人以外，猶宜增四，願陛下萬機餘暇，時垂省覽，宜爲鄭《易》置博士一人，鄭《儀禮》博士一人，《春秋公羊》博士一人，《穀梁》博士一人。昔周之衰，下陵上替，上無天子，下無方伯，善者誰賞，惡者誰罰？孔子懼而作《春秋》，諸侯諱妬，懼犯時禁，是以微辭妙旨，義不顯明。故曰知我者其惟《春秋》，罪我者其惟《春秋》。時左丘明、子夏，造膝親受，無不精究。孔子既沒，微言將絕，於是丘明退撰所聞，而爲之傳。其書善禮，多膏腴美辭，張本繼末，以發明經義，信多奇偉，學者好稱之。公羊高親受子夏，立於漢朝，辭義清雋，斷決明審，董仲舒之所善也。穀梁赤師徒相傳，暫立於漢世，向、歆漢之碩儒，猶父子各執一家，莫肯相從。其書文清義約，諸所發明，或是《左氏》《公羊》所不載，亦足有所訂正。是以三傳並行於先代，通才未能孤廢。今去聖久遠，其文將墮，與其過廢，寧與過立，臣以爲《三傳》雖同曰《春秋》，而發端異趣；案如三家異同之說，此乃義則戰爭之場，辭亦劍戟之鋒，於理不可得共。博士宜各置一人，以博其舉。元帝詔曰：崧表如此，皆經國之務，爲政所由；息馬投戈，猶可講藝，今雖日不暇給，豈忘本而遺存邪？可共博議者詳之。議者多請從崧所奏，詔曰：《穀梁》膚淺，不足置博士，餘如奏。會王敦之難不行。

《南齊書·陸澄傳》：永明元年，領國子博士，時國學置鄭、王《易》，杜、服《春秋》，何氏《公羊》、糜氏《穀梁》，澄與尚書令王儉書論之曰：《穀梁》泰元舊有糜信注，顏（延之）益以范甯、糜猶如故。顏論閏分，范注當以同我者親，常謂《穀梁》劣，《公羊》爲注者又不盡善，竟無及《公羊》之有何休，恐不足兩立。必謂范善，便當除糜。儉答曰：《穀梁》小書，無俟兩注，存糜略范，率由舊式。

《梁書·武帝紀》：中天監四年春正月癸卯朔詔曰：今九流常選，年未三十，不通一經，不得解褐。若有才同甘顏，勿限年次，置五經博士各一人。

又，《劉之遴傳》：是時《周易》《尚書》《禮記》《毛詩》，並有高祖義疏，之遴乃著《春秋大義》十科，《左氏》十科，《三傳同異》十科，合三十事以上之，高祖大悅。詔答之曰：省所撰《春秋義》，此事論書，辭微旨遠，編年之教，言闡義繁。丘明傳洙泗之風，公羊禀西河之學，鐸椒之解不追，瑕丘之説無取。繼踵胡毋、仲舒云盛，因修《穀梁》，千秋最篤。張蒼之傳《左氏》，賈誼之襲荀卿，源本分鑣，指歸殊致，詳略紛然，其來舊矣。昔在弱年，乃經研味，一從遺置，迄將五紀，兼晚冬晷促，機事罕暇，夜分求衣，未遑搜括，須待夏景，試取推尋，若温故可求，别酬所向也。

《册府》（《六百四·奏議門》）：唐李元瓘爲國子司業，開元八年三月上言三《禮》三《傳》及《毛詩》《尚書》《周易》等，並聖賢微旨，《周禮》經邦之軌則，《儀禮》莊敬之楷模，《公羊》《穀梁》，歷代宗習。今兩監及州縣，以獨學無友，四經殆絶。既事資訓誘，不可因循，其學生望請各量配作業，並貢人預試之，日習《周禮》《儀禮》《公羊》《穀梁》，並請帖十通五，許其八策，以此開勸，即望四海均習九經，該備從之。

《新唐書·歸崇敬傳》：時皇太子欲臨國學，行齒胄禮，崇敬建議，近世明經，不課其義，先取帖經，顓門廢業，傳受義絶，請以《禮記》《左氏春秋》爲大經，《周官》《儀禮》《毛詩》爲中經，《尚書》《周易》爲小經，各置博士一員。《公羊》《穀梁春秋》共準一中經，通置博士一員。有詔尚書省集百官議，皆以習俗久制度難分明，故無施行者。

《册府》（《六百七·刊校門》）：漢隱帝乾祐元年四月，國子監上言：在監雕印板九經，内止《周禮》《儀禮》《公羊》《穀梁》四經未有印板，今欲集學官校勘四經文字，雕造印板，從之。

《玉海》（二百四十二）祥符八年正月丁未，上作《穀梁詩》三章，賜群臣和。

## 【乙種之十九】

## 《春秋公羊經傳通義叙》

孔廣森

**西堂案：**清儒治《公羊》者，自莊存與、劉逢祿創其始；莊之《春秋正辭》，劉之《左氏春秋考證》，皆學者所必讀。其餘如凌曉樓、陳卓人二家之書，尤當詳研閲之。茲不贅述。孔巽軒之《公羊通義》，治經之士，多病其信《左氏》，未能專守一家，然孔氏於《公羊》，實多心得之言，且兼宋儒之説，於義理有發明，學者不可廢也。世多忽之，甚足惜焉。今録其序，以見全書之大概，其闡發《春秋》之旨，頗多名言，尤當注意。

昔我夫子，有帝王之德，無帝王之位，又不得爲帝王之輔佐，乃思以其治天下之大法，損益六代禮樂文質之經制，發爲文章，以垂後世。而見夫周綱解弛，魯道陵遲，攻戰相尋，彝倫或斁，以爲雖有繼周王者，猶不能以三皇之象刑、二帝之干羽，議可坐而化也。必將因衰世之宜，定新國之典；寬於勸賢，而峻於治不肖；庶幾風俗可漸更，仁義可漸明，政教可漸興。烏乎託之？託之《春秋》。《春秋》之爲書也，上本天道，中用王法，而下理人情。不奉天道，王法不正；不合人情，王法不行。天道者：一曰時，二曰月，三曰日。王法者：一曰譏，二曰貶，三曰絶。人情者：一曰尊，二曰親，三曰賢。此三科九旨既布，而壹裁以内外之異例，遠近之異辭。錯綜酌劑，相須成體。凡傳《春秋》者三家，粵惟公羊氏有是説焉。

漢初求六經於燼火之餘，時則有胡母子都、董仲舒，皆治《公羊春秋》，以其學鳴於朝廷，立於校官。董生授弟子嬴公，嬴公授眭孟，孟授東海嚴彭祖、魯國顔安樂，各專門教授，由是《公羊》有嚴、顔之學。方東漢時，帝者號稱以經術治天下，而博士弟子因端獻諛，妄言西狩獲麟是庶姓劉季之瑞，聖人應符，爲漢制作。黜周王魯，以《春秋》當新王。云云之説，皆絶不見本傳，重自誣其師，以召二家之糾摘矣。然而《孟子》有言："《春秋》，天子之事也"。經有變周之文，從殷之質，非天子之因革耶？甸服之君三等，蕃衛之君七等，大夫不世，小國大夫不以名氏通；非天子之爵禄耶？上抑杞，下存宋；襃滕、薛、邾婁儀父，賤穀、鄧而貴盛、郜；非天子之絀陟耶？内其國而外諸夏，内諸夏而外四裔，殆所謂"天下之本在國，國之本在家"者，非耶？愚以爲《公羊》家學，獨有合於《孟子》，乃若對齊宣王言"小事大"，則紀季之所以爲善；對滕文公言"效死勿去"，則萊侯之所以爲正。其論異姓之卿，則曹羈之所以爲賢；論貴戚之卿，又寔本於不言剽立以惡衍之義。且《論語》責輒以讓國，而《公羊》許石曼姑圍戚，今以曼姑擬皋陶，則與瞽瞍殺人之對正若符契。故孟子最善言《春秋》，豈徒見"稅畝"、"伯於陽"兩傳文句之偶合哉？嗚呼！是非相淆，靡不然矣。自有《書》而梅、姚僞之；自有《禮》而鄭、王争之；自有《易》而荀、虞之象，陳、邵之數，焦、京之五行，王弼、何晏之浮虛，並起而持之；往時《詩》有齊、魯、韓、毛四家，今《毛詩》孤行，亦既杜其歧矣，顧《小序》復不信於後世；况乃公羊、穀梁、左丘明並出於周秦之交，源於七十子之黨，學者固不得而畸尚而偏詆也。雖然，古之通經者，首重師法。三傳要各有得失，學者守一傳，即篤信一傳，斤斤罔敢廢墜。其失者猶曰有所受之，其得者因而疏通證明，誠可以俟聖人復起而不惑。倘將參而從焉，衡而取焉，彼孰不自以爲擇善者？詎揣量其智識之所及，匪唯謬於聖人，且不逮三子者萬分一。逞臆奮筆，恐所取者，適一傳之所大失；所棄者，反一傳之所獨得；斯去經意彌遠遠已。

晉、唐以來，《公羊》《穀梁》皆成絕緒，唯《左氏》不絕於講誦。然今之《左氏》，失其師説久矣！漢世謂《公羊》爲今學，《左氏》爲古學，以其書多古文訓讀，賈逵、服虔，號能明之。雖時與此傳牴牾，而一字予奪必有意，日月、名氏、詳略必有説，大指猶不甚相背。杜預始變亂賈、服古訓，以爲經承舊史，史承赴告。苟如是因陋就簡，整齊冊牘云爾，董狐、倚相之才，徧優爲之，而又何貴乎聖人。大凡學者，謂《春秋》事略，《左傳》事詳，經傳必相待而行，此即大惑。文王繫《易》，安知異日有爲之作《十翼》者？周公次《詩》，安知異日有爲之作《小序》者？必待傳而後顯，則且等於揚雄之《首贊》，朱子之《綱目》，非自作而自解之，不可也。聖人之所爲經，詞以意立，意以詞達；雖無三子者之傳，方且揭日月而不晦，永終古而不敝。魯之《春秋》，史也，君子修之則經也。經主義，史主事；事故繁，義故文少而用廣，世俗莫知求《春秋》之義，徒知求《春秋》之事，其視聖經，竟似《左氏》記事之標目，名存而實亡矣。

啖、趙横興，宋儒踵煽，加以鑿空懸擬，直出於三傳之外者，淺識之士，動爲所奪；其訾毁三傳，率撫拾本例，而膚引例不可通者，以致其詰。董生不云乎："《易》無達占，《詩》無達詁，《春秋》無達例"。夫唯有例而不囿於例者，乃足起事同辭異之端，以互發其蘊。《記》曰："屬詞比事，《春秋》之教也。此"之謂也。十二公之篇，二百四十二年之紀，文成數萬，赴向數千，應問數百，操其要歸，不越乎同辭、異辭二塗而已矣。當其無嫌，則鄭忽之正，陳佗、莒展之賤，曹覉、宋萬、宋督之爲大夫，未嘗不同號。祭伯奔而曰來，祭公使而曰來，介葛盧朝而曰來，齊仲孫外之而曰來，未嘗不同辭。入者爲篡，"天王入於成周"乃非篡；出者爲有外，"天王出居於鄭"乃非外；此無他，正名天王，灼然不疑也。"夫人婦姜""夫人氏""夫人孫於齊"，則辭有異；"楚屈完來盟於師""齊侯使國佐如師"，則辭有異。衛侯言歸，以成叔武之意；曹伯言歸，以順喜時之志；或加復或不加復，則同辭之中猶有異。此言負芻出惡，已見於伯討；成公出惡，未有所見也。若是之屬，有不勝僂指述者。諸滅同姓莫名，獨衛侯燬名；諸葬稱公，獨蔡桓侯不稱公；諸來稱使，獨武氏子、毛伯不稱使；一難而"而"乃"異"，一救而言次之先後異；一人之名而'曼''何'之有無異；一年之內而糾與子糾異。凡皆片言榮辱，筆削所繫，不可不比觀，不可不深察。

　　《春秋》有當略而詳，當詳而略。詳之甚者，莫如錄伯姬；略之甚者，莫如鄭祭仲之事。祭仲權一時之計，紓宗社之患，君子取之，亦"與其進不與其退"之意焉爾。若《左傳》所載，忽之弑，亹、儀之立，仲循循無能匡救，苟並存其跡，將不可爲訓，故斷至昭公復正，厲公居櫟，取足伸仲之權而止，此《春秋》重義不重事之效也。董生曰："正朝夕者視北辰，正嫌疑者視聖人"。聖人以祭仲易君，季子殺母兄，皆處乎嫌疑之間；特殊異二子於衆人之中，而貴，而字之，而不名，尚猶有援《左氏》之事，以駁《公羊》行權之義者，盍思仲之稱字，正逆知天下後世，必有呶呶議仲者，乃大著其善也。淳于髡設滑稽之辨，欲窮孟子，孟子應之曰："君子之所爲，人衆故不識也"。方將任膠滯庸鄙之見，而贊游、夏之所不能贊，不亦難矣！

　　世俗之爲說者曰：《春秋》據事直書，美惡無所避，豈不甚明，而顧假時月日以爲例乎？此言非是。《春秋》之序事甚簡，稱言甚約，記戰伐知戰伐而已，不知其師之名；記盟聘知盟聘而已，不知其事之爲。若乃情狀委曲，有同功而異賞，亦殊罪而共罰；抑揚進退，要當隨文各具，非可外求。但據記事一言，終無自尋其抑揚進退之緒；誠求諸繫時、繫月、繫日，繫殺之不相襲，則其明晰有不啻若史傳之論贊者。東山趙氏嘗言之曰："事以日決者繫日，以月決者繫月，踰月則繫時，此史氏之恒法也。東周王室衰微，夷狄僭號，五等邦君，以强弱易周班，而伯者之興，幾於改物。其災祥禍福之變，禮樂刑政之亂，必皆有非常之故焉。史氏以其三例者，一以施之，是非得失混淆，雖有彼善於此者，亦無從見矣。孔子之修《春秋》也，至於上下內外之無別，天道人事之反常，史之所書，或文同事異，事同文異者，則皆假日月以明其變，決其疑。大抵以日爲詳，則以不日爲略；以月爲詳，則以不月爲略，其以不日爲恒，則以日爲變；以日爲恒，則以不日爲變；甚則以不月爲異。其以月爲恒，則以不月爲變；以不月爲恒，則以月爲變，甚則以日爲異。將使學者屬辭比事以求之，其等衰勢分甚嚴，善惡、淺深、奇變、極亂，皆以日月見之，如示諸掌。"善哉！自唐迄今，知此者惟汸一人哉！推舉其槩，及齊平，及鄭平，均平也；而一信一否，月不月之判也。郯伯姬來歸，杞叔姬來歸，均出也；而一有罪，一無罪，月不月之判也。"城楚丘"之不嫌於內邑，以其月也。"晉人執季孫行父"，何以別於"齊人執單伯"，以其月也。晉侯入曹，何以別於宋公入曹，以其日也。武宮亦立，煬宮亦立，而知季孫隱如之爲之者，以其不日也。諸侯相執例時，始見於"宋人執滕子嬰齊"，則惡而月之。公如例時，襄、昭如楚則危而月之。會例時，終桓公之篇，悉危而月之，可得謂無意乎？常辭偏戰日，詐戰不日，獨至於殽，詐戰而亦日。讀其經曰："辛巳，晉人及姜戎敗秦於殽"；"癸巳，葬晉文公"，背殯之罪，日之而益見。復歸未有日者，獨衛獻公日；讀其經曰："辛卯，衛甯喜弑其君剽"，"甲午衛侯衎復歸於衛"。諼弑之跡，亦日之而益見。《春秋》雖魯史舊名，聖人因而不革，必有新意焉。春者陽中，萬物以生；秋者陰中，萬物以成；善以春賞，惡以秋刑，故以是名其經。"丙戌"之再也，疑於衍而非衍，"夏五"或無月，"十有二月"或無冬，疑於脫而非脫。春以統王，王以統月，月以統日，《春秋》所甚重甚謹者莫若此。

世俗之説又曰：譏、貶當各就其事，而傳説有先事貶者，有終身貶者，得無乖《論語》不逆憶之信，且疾惡已甚乎？是未知《春秋》之用譏、貶，當事而施者，小過惡耳。至其未事而先貶，既事而終絕，則必蹈名教之宏罪，犯今古之極愆，有雖孝子慈孫，百世不可改者。中人之情，固有始善終忒，先後易轍，惟若公子翬之媚桓弑隱，公子招之脅君亂國，充其惡可以至於此極，則平日處心積思，出謀發慮，久已不範於禮義。先師言："《春秋》，夫子之行事也"。向使夫子與翬、招並時立朝，必不待其弑君亂國，蚤已放流之，竄殛之，又何不逆憶之有？以誅不待教之惡人。而且使之出師，而且使之會諸侯之大夫，是則陳、魯之君，無知人之明，以自招其禍也。故貶招於澶，貶翬於伐鄭、伐宋，以戒後世之爲人君者。若曰：有臣如此，則不可以長三軍而使四方，豈唯二公子之幸而已。翬，公子也，而弗謂公子；招，弟也，雖弗謂弟，存公子焉。若曰："疎者不良，當絕其位；親者不良，但不當任之，亦勿可失其貴",此深中之深,微中之微也。俗儒不知《春秋》,病於不能探深窺微。翬在所傳聞之世,訟言貶之,遂在所聞之世,唯一貶於其卒,逮所見之世,隱如疑不得貶矣。然而辭不屬不明,事不比不章。昭公之篇,一曰"隱如至自晉",一曰"叔孫舍至自晉",同事而氏不氏異,氏者賢,不氏者惡,亦因得見端焉。且遂卒而貶,猶夫終身貶也。《春秋》之義,人道莫重乎終始,用致夫人,弗正其始,則終身不免爲篡。成風之含賵、會葬,王弗稱天,則終身不正其爲小君。其於追命桓公亦然,故翬、招貶之於始,仲遂貶之於終,皆言罪大惡極,足以貫其没世者也。譏貶絶不槩施,每就人情所易惑者而顯示之法。人莫知"大夫不敵君",而後以楚人書;人莫知"卿不得憂諸侯",而後以晉人、宋人書。溴梁以降,大夫交政,未嘗貶也。郤缺之徙義,公子側之偃革,宜若有善焉,轉發其專平,專廢置之罪,而以人書。不寧惟是,又因以見士匄、公子結,專其所可專,得免於貶。雖於名氏之外,未有加焉,固已榮矣。鄭襄公背華附楚,賤之曰"鄭代許",與"吳伐郯"、"狄伐晉",文無以異。至其子哀經興戎,則正言之曰:"鄭伯伐許"。以爲不待貶絶爾,第未若狄之之顯也。故襄公書葬,悼公不書葬,其葬猶之突也;其不葬也,猶前之接,後之腧,而蔡之肸也。《傳》曰:"《春秋》不待貶絶而罪惡見者,不貶絶以見罪惡也;貶絶然後罪惡見者,貶絶以見罪惡也。"又曰:"《春秋》見者不復見"。皆讀此經之要法也。楚子虔哆哆然自以爲討賊,而取絶於《春秋》,何則?般之弑父已見,虔之誘討難知也。名虔矣!般可以無誅乎?則又見諸絶世子有;絶有矣,蔡之臣子,可釋憾於楚乎?則又見諸葬蔡靈公,以爲廬伸其復讐之志。凡義無常,唯時所當。方君屬固,則般也賊;及君義屬般,則虔也讐。此其比在刺築館,譏猶繹;王姬可以無逆,不可以逆而外之;遂不宜爲大夫,既爲大夫,即不得薄其恩禮。生殺不相悖,天以成其施;刑賞不偏廢,王以成其化,非《春秋》孰能則之?撥亂之術,譏與貶絶,備矣。

而又曰:"爲尊者諱,爲親者諱,爲賢者諱"。惡如可諱,何以癉惡聞之?有虞氏貴德,夏后氏貴爵,殷周貴親,《春秋》監四代之令模,建百王之通軌,尊尊親親而賢其賢。尊者有過,是不敢譏;親者有過,是不可譏;賢者有過,是不忍譏。爰變其文而爲之諱,諱,猶譏也。傳以"諱與髎狩"爲譏重,是也。所謂"父子相隱,直在其中",豈曲佞飾過之云乎?無駭貶去氏,故"入極"不嫌非滅,承"徐人伐吳氏",則"滅項"不嫌非齊;書"戍鄭虎牢於下",乃可以城不繫鄭;書"孟子卒"於後,昭公取夫人,乃可以不書,其諱文存實,有如此者。於"紀侯大去",見諸侯以國爲體,於入曹,見同姓滅之當救;於公孫會,見司寇有八議之辟,於防、於暨、於處父,見君臣無相爲盟之法；其假諱而立義，有如此者。世爭則示之以讓，世讓則示之以信，是以美召陵，高泓霍，而於讓國公子，三致意焉；衛子之諱殺也，捷之諱宋也，三亡國之諱亡也；其緣賢者之心而隱惡，有如此者。將因其所諱，達之於所不諱，則會稷成亂，以嚴君臣之分；乾時伐敗，以隆父子之恩；子般忍日，以正世及之坊；然乃知祖之逮聞，所以為始，為將推而遠之，而後得盡其辭，又炳炳彰彰如此。嘗病《左氏》規隨，擬議，續經三年，顧云"齊陳恒執其君，實於舒州"。夫凡伯以天子之使，諱不言執，況可加之其君乎？斥言"成叛"，抑非"圍棘"。取運內邑不聽之例也。故曰：《左氏》之事詳，《公羊》之議長，《春秋》重義不重事，斯《公羊傳》尤不可廢。

方今《左氏》舊學，湮於征南；《穀梁》本義，汨於武子；唯此傳相沿，以漢司空掾任城何休《解詁》，列在注疏，漢儒授受之旨，藉可考見。其餘《公羊墨守》《穀梁廢疾》《左氏膏肓》，《春秋漢議》《文謚例》之等，尚數十篇，惜無存者。《解詁》體大思精，詞義奧衍，亦時有承譌率臆，未能醇會傳意。三世之限，誤以所聞始文，所見始昭，遂強殊鼻我於快，而季姬、季友、公子慈之曰卒，皆不得其解。外大夫奔例時，諸侯出奔無罪時，有罪月；內大夫出無罪月，有罪日；功過之別，內外之差，宜然也。何邵公自設例，與經詭戾，而公孫敖之日，歸父之不日，兩費詞焉。叔術妻嫂，傳所不信；邵公反張大之，目為非常異義可怪之論。亦猶傳本未與輒拒父，雋不疑詭引以斷衛太子之獄，致令不曉者為傳詬病，此其不通之一端也。七十子沒而微言絕，三傳作而大義睽，《春秋》之不幸耳。幸其猶有相通者，而三家之師，必故各異之，使其愈久而愈歧，何氏屢蹈斯失，若"盟於包來"下，不肯援《穀梁》以釋傳；"叛者五人"，不取證《左傳》，而鑿造"諫不以禮"之說，又其不通之一端也。今將祛此二惑，歸於大通，輒因原注，存其精粹，刪其支離，破其拘窒，增其隱漏，冀備一家之言。依舊帙次為十一卷，竊名曰《通義》。胡毋生、董生皆此經先師，雖義出傳表，卓然可信。董生緒言，猶存《繁露》；而《解詁・自序》，以為略依胡毋生《條例》，故亦未敢輕易也。昔韓文公《遺殷侍御書》云："近世《公羊》學幾絕，何氏注外，不見他書；聖經賢傳，屏而不省，要妙之義，無自而尋，非先生好之樂之，味於眾人之所不味，務張而明之，其孰能勤勤拳拳，若此之至？固鄙心之所最急者，如遂蒙開釋，章分句斷，其心曉然。直使序所注，挂名經端，自託不腐，其又奚辭？"蓋自有唐巨儒，惜此傳之墜絕，而望人之講明也如是。今殷侑之注，已復不存，更以穴知孔見，期推測於千百禩之後，安得有道如昌黎者，而就正其失也。鑽仰既竭，不知所裁。

乾隆卅有八年孟冬甲子裔孫翰林檢討廣森謹言

## 【乙種之二十】

## 《春秋復始》（節錄）

崔　適

**西堂案：**近儒治《公羊》者，多不守何注之範圍，蓋何君生當東漢，不得不雜引讖緯，以解經傳，又前修未密，後出轉精，何君之注，實有令人不盡愜意者，亦不必盡從之也。孔氏《通義》，已多破何君說，王壬秋之《公羊箋》，張憲和之讀《公羊傳注記疑》，尤多攻訐何注。近儒治《公羊》者，當推吳興崔適，亦有箴何之論。今摘錄其論《左氏》者數節，以見其梗概。

### 序證（卷一）
### 左丘明不傳《春秋》

《太史公自序》曰："左丘失明，厥有《國語》。"劉歆《移書太常博士》曰："或謂左丘明不傳《春秋》。"然則左丘明有《國語》而無《春秋》明矣。

劉歆分析《國語》，並自造誕妄之辭與釋經之語，散入編年之下，書以古字，名曰《古文春秋左氏傳》。《漢書·劉歆傳》曰："歆以爲左丘明好惡與聖人同。"曰"歆以爲"，則是歆之創論，前人所未有矣。又曰："歆治《左氏》，引傳文以解經。"此言頗陂游移。傳自解經，何待歆引。歆引以解，則非傳文。原其大旨，謂解經之文歆所作爾。是即左丘明不傳《春秋》之明證矣。

《儒林傳》曰："漢興，北平侯張蒼、梁太傅賈誼、京兆尹張敞、大中大夫劉公子，皆修《春秋左氏傳》。誼爲《左氏傳》訓故，授趙人貫公。貫公傳子長卿；長卿授清河張禹。禹與蕭望之同時，數爲望之言《左氏》。望之善之，上書數以稱說。禹授尹更始。更始傳子咸及翟方進。而歆從尹咸及翟方進受。"案，此說亦如捕風繫影。

劉逢禄曰："《張蒼傳》曰'著書十八篇，言陰陽律術'有已，不聞修《左氏傳》也。《賈誼傳》曰'頗通諸家之書'而已，亦未聞其修《左氏傳》也；所著述存者五十八篇，皆與《左氏》不合。《張敞傳》曰'本治《春秋》'，其所陳說以《春秋》譏世卿，君母下堂則從傅母，皆《公羊》義。《蕭望之傳》曰'治《齊詩》'，曰'從夏侯勝問《論語》禮服'，其《雨雹對》謂'季氏專權，卒逐昭公'，伐匈奴對謂'士匄之不伐喪'，亦《公羊》義，未聞引《左氏》義也。"適案，尹更始與韋玄成上《罷郡國廟議》，亦引《公羊傳》文；文見上篇。《翟方進傳》曰"受《春秋》"，則與《公孫丞相》《董生》《張蒼傳》所云無異，皆謂《公羊傳》也。無一人可見其為《左氏》學者。餘人言行無考，可置弗論。

《後漢書·范升傳》曰："王莽、大司空王邑辟升為議曹史"，升曾仕莽朝，則與劉歆同時。建武四年奏曰："《左氏》不祖孔子而出於丘明，師徒相傳又無其人。"據此，則《漢書》謂自賈誼、貫公、貫長卿、張禹、尹更始、翟方進、劉歆師徒六世相傳者，皆不譬矣。不然，范升豈不知乎！故歆數見丞相孔光，為言《左氏》以求助，光卒不肯（《儒林傳》）。大司空師丹奏歆改亂舊章（《歆傳》），左將軍公孫祿劾其顛倒五經，毀師法（《王莽傳》）也。

歆自成帝河平三年典校秘書。哀帝建平二年，諫大夫龔勝等十四人以為"魯大夫叔孫僑如欲顓公室，譖其族兄季孫行父於晉，晉執囚行父以亂魯國，《春秋》重而書之"。是為引《左氏》說《春秋》之始。歆所著書已出故也。

知其本於《國語》者（以下多刺取康氏說），《藝文志》曰："《國語》二十一篇"，又有"《新國語》五十四篇"。注謂"劉向所分"。案，《新國語》今不傳；因歆據之，析三十篇入《左傳》，刪并其餘為二十一篇，即今所傳《國語》是也。其書《周語》《晉語》《鄭語》，多《春秋》以前事，《左傳》無所用之，故仍其舊也。《魯語》載敬姜語過半，於十二公之事轉從蓋闕，《左氏》之殘篇也。《吳語》《越語》極為詳貫，未經割裂入《左傳》也。本不為《春秋》而作，故無釋經之辭。今《左傳》有者，劉歆竄入也；要不及《公羊》什一。且《左氏》各國文體不同，曲沃伐晉，楚伐諸戎，皆無年月可據，足為《國語》而非《春秋傳》之證。《國語》文意有與《左傳》不同者，即《左傳》與《左傳》亦多違異，並詳《外篇》。

至歆謂"左丘明親見夫子"，則晉平公之世，六卿並強，季札何由知范中行、智氏必亡，晉國卒於趙、魏、韓三家乎！又曰："有嬀之後，將育於姜；八世之後，莫之與京"，明是田氏篡齊，三家分晉後人追述古事而飾為此辭，安能親見夫子！

《論語》，"子曰：'左丘明恥之'"，《集解》錄孔安國注。孔安國乃歆所託為傳古文學者，則此章亦出《古論語》，是亦歆所竄入。

《藝文志》載《春秋》學家又有鄒氏、夾氏，且云"鄒氏無書，夾氏無師"，則無暇別造章句，詭敘受授，不過虛立其名，困《公羊》於四面楚歌之中而已矣。

**外篇（卷三十八）**

案《左氏》之言，於《春秋》無所繫屬，而與先秦古書相刺謬或自相矛盾者，條舉之爲外篇。

**鑿空**

《大戴記·五帝德》《史記·五帝本紀》所謂"五帝"者，黃帝、顓頊、帝嚳、堯、舜也；無所謂少皞也。《呂氏·十二紀》《禮·月令》《白虎通》所謂"五祀"者，春祀戶，夏祀竈，中央祀中霤，秋祀門，冬祀行也；無所謂句芒、祝融、后土、蓐收、玄冥也。

少皞及句芒之屬，《左氏》於文十八年曰："少皞氏有不才子，天下之民謂之窮奇"，列於帝鴻氏後（杜注："帝鴻，黃帝"），顓頊氏前。於昭十七年曰："少皞氏鳥名官"，亦列於黃帝、炎帝、共工、大皞之後，顓頊以前。於昭二十九年，獻子曰："社稷五祀，誰氏之五官也？"蔡墨對曰："少皞氏有四叔：曰重，曰該，曰脩，曰熙，實能金木及水；使重爲句芒，該爲蓐收，脩及熙爲玄冥：此其三祀也。顓頊氏有子曰黎，爲祝融；共工氏有子曰句龍，爲后土：此其二祀也。"此皆劉歆所造。又竄其文入《禮記·月令》，《呂氏·十二紀》於春曰："其帝大昊，其神句芒"；於夏曰："其帝炎帝，其神祝融"；於中央曰："其帝黃帝，其神后土"；於秋曰："其帝少昊，其神蓐收"；於冬曰："其帝顓頊，其神玄冥。"於是"五帝"去帝嚳、堯、舜，而入大昊、炎帝、少昊："五祀"改戶、竈、中霤、門、行，而爲句芒、祝融、后土、蓐收、玄冥矣。

知《禮記》《呂覽》"其帝，其神"十句係古文家竄入者，《淮南子·時則訓》錄自《呂氏·十二紀》，未有此文故也。

然則古文家造少皞之名，竄入《左氏》，其義安在？曰，《後漢書·賈逵傳》，逵奏曰："五經家皆言顓頊代黃帝而堯不得爲火德。《左氏》以爲'少昊'代黃帝，即圖讖所謂'帝宣'也。如令堯不得爲火，則漢不得爲赤。"案逵借劉歆之文以媚漢；歆造此文，特欲假途於漢以媚新。何者？如令漢不得爲赤，則新不得爲黃故也。由新黃漢赤遞溯至堯火以上，帝嚳木，顓頊水；不增竄少昊之金，則以顓頊代黃帝，土不生水故也。若改五祀，特欲多翻今文家舊案而已。

又於昭元年曰："昔金天氏有裔子曰昧，生允格臺駘"，則爲少皞廣子姓也。

又於昭十七年因少皞氏鳥名官，而曰"共工氏以水紀，故爲水師而水名"。杜注："共工以諸侯霸九州，在神農前，大皞後。"《祭法》（亦古文家言）："共工氏之霸九州也，其子曰后土（即句龍，見上文），能平九州。"鄭注："共工氏無録而王（謂不受天之圖録，）謂之霸，在大皞、炎帝之間。"《律曆志》（亦古文家言）云："《祭典》曰，'共工氏霸九域'，言雖有水德，在火木之間，非其序也。任知刑以疆，故伯而不王。"

案《孟子》曰："五霸者，三王之罪人也。"《白虎通》曰："霸者伯也，行方伯之職，非明王之法不張。"是則霸後於王明甚，豈炎帝以前即有霸諸侯！尋其原委，共工氏霸九州，緣五霸而附增；共工氏無緣而王，緣今文家五帝無少皞而附增；共工氏以水紀，在火木之間，非其序，緣秦以水德在周漢木火之間，不當五行之序而附增其子句龍，則與少皞氏之子同官而附增者也。凡以爲少皞氏植黨與而已。

右少皞，重，該，脩，熙，昧，允格，臺駘，共工，句龍。

《堯典》命九官曰：禹平水土，棄播百穀，契敷五教，皋陶作士，垂作共工，益作朕虞，伯夷作秩宗，夔典樂，龍作納言。《左氏》於文十八年曰："昔高陽氏有才子八人，蒼舒、隤敳、檮戭、大臨、尨降、庭堅、仲容、叔達，齊聖廣淵，明允篤誠，天下之民謂之'八愷'。高辛氏有才子八人，伯奮、仲堪、叔獻、季仲、伯虎、仲熊、叔豹、季貍，忠肅恭懿，宣慈惠和，天下之民謂之'八元'。此十六族也。舜臣堯，舉八愷，使主后土；舉八元，使布五教。"於《堯典》人名無一同者。是於禹契爲蔽賢，於十六族爲攘功。杜注以垂、益、禹、皋陶之倫當八愷，以稷、契、朱虎、熊羆之倫當八元，不惟於十六族復遺其半，且繹《左氏》之言，是謂八愷皆主水土，八元皆布五教，不謂此十六族有任餘官者也。

《堯典》四罪曰"共工、讙兜、三苗、鯀"；此曰"混沌、窮奇、檮杌、饕餮"，雖稱謂不同，其數猶可相比附。然於三族曰"世濟其凶"，於八愷曰"世濟其美"，杜氏謂禹在八愷，檮杌謂鯀，不思鯀乃禹父，禹之世美則鯀不得獨凶，鯀凶則累禹世之美，不可相通者也。得杜注《左》，益見《左》之癥結矣！

昭二十九年，蔡墨曰："陶唐氏既衰，其後有劉累，學擾龍於豢龍氏……夏后嘉之，賜氏曰御龍，以更豕韋之後。……范氏其後也。"

襄二十四年，范宣子曰"昔匄之祖，自虞以上，爲陶唐氏，在夏爲御龍氏，在商爲豕韋氏，在周爲唐杜氏，晉主夏盟爲范氏，在周爲唐杜氏。晉主夏盟，爲范氏。"

文十三年曰："士會之帑處秦者爲劉氏。"

賈逵曰："五經家皆無以證圖讖明劉氏爲堯後者，而《左氏》獨有明文。"案此亦賈逵借劉歆説以媚漢，本歆所以媚莽者。《莽傳》曰："予之皇始祖虞帝受嬗於唐，漢氏初祖唐帝世有傳國之象。"莽自以爲舜後，故稱漢爲堯後，以成其嬗代之謀，其説亦必自歆啓之。

依《左氏》之言，自劉累至處秦之劉氏，五變而復其初，與新莽改郡縣相似，文章政事，其趣一也。依賈逵之言，劉累果有堯後，安見漢氏必是劉累之後。周有劉康公，王季子也，食采於劉，見宣十年杜注。《詩·王風》，"彼留子嗟"，《毛傳》曰："留，大夫氏。"案留之爲氏亦係邑名，即"古者鄭國處於留"之留，與劉同在王畿之内。《説文》無"劉"字，有"鎦"字，從留聲，蓋鎦即留，亦即劉也。彼皆無後乎？

太史公爲《高祖本紀》，始述其里居，言其爲家人子也；次詳其姓氏，明其世系無考也。豈若《秦本紀》曰"帝顓項之苗裔"，《項羽本紀》曰："世世爲楚將"，出自世家大族之比哉！然則劉氏爲堯後，《左氏》雖有明文，乃不足爲漢氏榮也。賈逵以此媚明帝而明帝嘉之，吾見其識殊出狄武襄，不敢認爲梁公之後下也。

右劉累，劉氏。

《漢書·韋賢傳》曰："初，高帝時令諸侯王都皆立太上皇廟。至惠帝尊高帝廟爲太祖廟，景帝尊文帝廟爲太宗廟，行所嘗幸郡國，各立太祖太宗廟。至宣帝本始二年，復尊孝武廟爲世宗廟，行所巡狩亦立焉。至元帝時，貢禹奏言"古者天子七廟。今孝惠、孝景皆親盡宜毀，及郡國廟不應古禮，宜正定"。劉歆之徒習見漢之郡國有祖宗廟，遂謂魯有文王廟，許田有周公廟矣。

襄十二年，"秋，吳子壽夢卒，臨於周廟。凡諸侯之喪，異姓臨於外，同姓於宗廟，同宗於祖廟，同族於禰廟。是故魯爲諸姬臨於周廟，爲邢凡蔣茅胙祭臨於周公之廟。列周廟於周公之廟以前"。杜預謂"周廟，文王廟也"，是也。《郊特牲》曰："諸侯不敢祖天子，大夫不敢祖諸侯。"僞《左》謂魯有文王廟，豈三家亦有桓公廟耶。

隱八年"三月，鄭伯使宛來歸邴"，自是六年春鄖人來渝平之賂。何劭公於八年"九月辛卯，公及莒人盟於包來"注云："隱爲桓立，狐壤之戰不能死難，又受湯沐邑"是也。桓元年"三月，鄭伯以璧假許田"。其言以璧假之何？易之也。謂以璧易許田，非以邴易許田也。（説詳卷十七"歸"章）《左氏》於隱八年曰："鄭伯請釋泰山之祊而祊周公，以泰山之祊（邴，《左氏》作祊）易許田。"杜注："成王營王城，有遷都之志，故賜周公許田，以爲魯國朝宿之邑；後世因而立周公別廟焉。"鄭桓公，周宣王之母弟，封鄭，有助祭泰山湯沐之邑在祊，鄭以天子不能復巡狩，故欲以祊易許田，各從本國所近之宜，恐魯以周公別廟爲疑，故云已廢泰山之禘而欲爲魯禘周公。於是牽連邴假許田爲一事，而於許田增一周公廟。蓋劉歆以漢郡國廟制上託之周人。果爾，貢禹何得云"不應古禮"耶。

右周廟，周公廟。

## 誤析一事爲二事

晉楚之盟，《春秋》止有一次，《左氏》誤析爲二次。

襄二十七年曰："宋向戌善於趙文子，又善於令尹子木，欲弭諸侯之兵以爲名。如晉，晉人許之。如楚，楚亦許之。七月辛巳，盟於宋西門之外"。此事應經。

先於成十一年"宋華元善於令尹子重，又善於欒武子；冬，華元如楚，遂如晉合晉，楚之成。"十二年，"夏五月，晉士燮會楚公子罷許偃；癸亥，盟於宋西門之外。"此事《春秋》所無。

主盟皆宋臣，會盟皆宋地，此一事誤析爲二事。

右晉楚之盟。

昭十二年，"鄭簡公卒，將爲葬除，及游氏之廟，將毀焉。子大叔使其除徒執用以立，而無庸毀，曰：'子產過女，而問何故不毀，乃曰，不忍廟也。諾，將毀矣。'既如是，子產乃使辟之。"

十八年，"子產爲火故，大爲社，乃簡兵大蒐，將爲蒐除。子大叔之廟在道南，其寢在道北，其庭小。過期三日，使除徒陳於道南廟北，曰：'子產過女，而命速除，乃毀於而鄉。'子產朝，過而怒之；除者南毀。子產及沖，使從者止之，曰：'毀於北方。'"

案，子大叔即游氏也，其廟應毀同。子大叔使其除徒弗毀而諷子產，子產免之，皆同。亦誤析一事爲二事也。

右游氏之廟。

襄二十一年，"秋，欒盈出奔楚，宣子殺羊舌虎。初，叔向之母妒叔虎之母美而不使，其子皆諫其母。其母曰：'深山大澤，實生龍蛇。彼美，余懼其生龍蛇以禍女！'使往視寢；生叔虎，美而有勇。欒懷子嬖之，故羊舌氏之族及於難"。

昭二十八年，"夏六月，晉殺祁盈及楊食我。楊食我，祁盈之黨也，而助亂，故殺之；遂滅祁氏、羊舌氏。初，叔向欲娶於申公巫臣氏，其母欲取其黨。叔向曰：'吾母多而庶鮮，晉懲舅氏矣！'其母曰：'子靈之妻，殺三夫一君一子而亡一國兩卿矣，可無懲乎！'叔向懼，不敢娶。平公強使取之，生伯石。伯石始生，子容之母走謁諸姑曰：'長叔姒生男。'姑視之，及堂，聞其聲而還，曰：'是豺狼之聲也！狼子野心，非是莫喪羊舌氏矣！'遂弗視。"

案，羊舌虎之母美而生龍蛇，楊食我爲夏姬之外孫而其母生豺狼；羊舌虎爲叔向之弟而事欒盈，楊食我爲叔向之子而事祁盈，皆坐盈而見殺；豫知者皆叔向之母。羊、楊聲同，舌、食聲同虎、我聲近，此誤析一人爲二人，一事爲二事，其尤顯著者也。

右羊舌虎，楊食我。

昭元年，"晉侯有疾，鄭伯使公孫僑如晉聘，且問病。叔向問焉，曰：'寡君之疾病，卜人曰實沈、臺駘爲祟，敢問此何神也？'"

七年，"鄭子產聘於晉，晉僑有疾。韓宣子逆客，私焉，曰：'寡君寢疾，夢黃熊入於寢門，其何厲鬼也？'"

案，此晉侯皆平公，問疾者皆子產，實沈、臺駘與黃熊皆係鬼神爲祟，蓋亦誤析一事爲二事也。

右子產問晉侯疾。

## 分野

《周官·保章氏》引堪輿曰："星紀，吳越也。玄枵，齊也。娵觜，衛也。降婁，魯也。大梁，趙也。實沈，晉也。鶉首，秦也。鶉火，周也。鶉尾，楚也。壽星，鄭也。大火，宋也。析木，燕也。"此十二國上繫十二分野之說也。

原其所繫之理，《周語·泠州鳩》曰："昔武王伐殷，歲在鶉火，歲之所在則我有周之分野。故《保章氏·疏》謂："古受封之日，歲星所在之辰。"此一說也。《左·昭元年》，子產曰："遷閼伯於商丘，主辰，商人是因，故辰爲商星。遷實沈於大夏，主參，唐人是因，故參爲晉星。"十七年，申須曰："宋，大辰之虛也。"注："大辰，大火，宋分野。"是分野因乎所遷之地，此又一說也。不可通一矣。

實沈主參，猶之閼伯主辰，皆人名也。宋之分野不名閼伯，晉之分野乃曰實沈。不可通二也。

昭十年曰："今茲歲在顓頊之虛，姜氏、任氏實守其地。"《爾雅·釋天》云："玄枵，虛也。顓頊之虛，虛也。"則以"玄枵，齊也"之文，則齊之分野亦因所居之地，與宋同，何以衛亦顓頊之虛，亦十七年文，而其分野屬娵觜，乃與所居之地異耶？不可通三也。

又十七年，"宋，大辰之虚也。陳，大皞之虚也。鄭，祝融之虚也"。案《説文》："虚，大丘也。"古者九夫爲井，四井爲邑，四邑爲丘，丘謂之虚。以此言之，大皞、祝融皆人名，故有其虚。大辰，星名，何以有虚？不可通四也。

其下文曰："皆火房也。"則陳亦當有分野，在大火、壽星之間。何以繫於十二分野者無陳耶？不可通五也。

晉之分野因乎唐，唐始如堯，何以唐有分野不始於堯而始實沈？宋之分野因乎商，商始如契，何以商有分野不始於契而始閼伯？周自武王伐殷，始有分野，何以后稷封邰，古公遷岐，文王興周，皆無分野？且魯爲武王所封，衛爲成王所封，秦爲孝王所封，鄭爲宣王所封，趙爲威烈王所封，封國相次而增，分野亦相次而屬。依子產之言，何國無地。依泠州鳩之言，何國無始封之歲。堯時萬國，湯時三千餘國，周初千二百國，分野止於十二，何以前此所封之國皆不應分野，以俟後起者應之耶？隨舉一端，不能相通。

餘詳《災異篇》隱二年"日有食之"節下。

### 互體

莊二十二年，"周史有以《周易》見陳侯者，陳侯使筮之，遇《觀》之《否》"。注："坤下巽上，觀；坤下乾上，否。觀六四爻變而爲否。"又曰："坤，土也；巽，風也；乾，天也。風爲天於土上山也。"注："巽變爲乾，故曰'風爲天。'自二至四有艮象，艮爲山。"案有艮象者，謂否二至四之互體也。

顧氏《日知錄》曰："凡卦爻二至四，三至五兩體，交互各成一卦，先儒謂之互體。然夫子未嘗及之。"案，夫子所未及者，夫子未生以前之筮者已及之，豈周史已通漢《易》乎！

## 【乙種之二十一】

## 《史記探源》(節錄)

崔　適

**西堂案：**崔氏評論《左氏》，在《史記探源》中，猶有數節，必當讀者。近儒治《春秋》者，亦多辨明《左氏》之亂經，崔氏蓋繼劉申受、康南海而爲是業者也。崔氏謂《穀梁》亦古文學，拙著《穀梁真僞考》中，已全引之，今録斯篇。

**春秋古文**（卷一，序證；下五節同）

《史記·儒林列傳》曰："言《春秋》，於齊魯自胡毋生，於趙自董仲舒。"《太史公自序》曰："昔孔子何爲而作《春秋》哉？余聞董生"云云。是太史公之於《春秋》，一本於董生，即一本於《公羊》。其取之《左氏》，乃《國語》也。《自序》曰："左丘失明，厥有《國語》。"可證是時無所謂《左傳》也。

劉歆破散《國語》，並自造誕妄之辭與釋經之語，編入《春秋》逐年之下，託之出自中秘書，命曰《春秋古文》，亦曰《春秋左氏傳》。今案其體有四。

一曰無經之傳。姑即《隱公篇》言之，如三年冬"鄭伯之車僨於濟"是也。夫傳以釋經，無經則非傳也，是《國語》也。

二曰有經而不釋經之傳。凡傳以釋經義，非述其事也。如五年九月"初獻六羽"。《公羊傳》曰："何以書？譏始僭諸公也。"是釋其義也。《左傳》但述羽數，此與經同述一事耳，豈似傳體。以上錄自《國語》居多；亦有劉歆竄入者，詳下。

三曰釋不書於經之傳。如元年四月"費伯帥師城郎，不書，非公命也"。夫不釋經而釋不書於經，則傳書者不當釋黃帝何以無典，傳詩者不當釋吳楚何以無風乎？彼傳不然，則此非傳也。

四曰釋經之傳務與公羊氏、董氏、司馬氏、劉向之説相反而已。如隱三年書"尹氏卒"，譏世卿，爲昭二十三年立王子朝張本也。宣十年書"齊崔氏出奔"，譏世卿，爲襄二十五年弑其君光張本也。雖使"《春秋》三傳束高閣，獨抱遺經究終始"者讀之，當無異議矣。《左氏》改"尹"爲"君"，謂之隱公之母；於崔氏之出奔，曰"非其罪也。"凡以避世卿之譏，祖庇王氏而已。

此皆劉歆所改竄。故公孫祿劾其"顛倒五經，毁師法"。班固曰："歆治《左氏傳》，其《春秋》意已乖"也。

《史記》之文，凡與《左氏傳》同，有真出自左丘明者，列國世系及政事典章之屬是也；出自劉歆者，詳下五節。

### 終始五德

劉歆欲明新之代漢，迫於皇天威命，非人力所能辭讓，乃造爲終始五德之説，託始於鄒衍，説詳《孟荀列傳》。又增《吕氏春秋·十二紀》，於春曰"其帝太皞，其神句芒"；於夏曰"其帝炎帝，其神祝融"；於中央曰"其帝黄帝，其神后土"；於秋曰"其帝少皞，其神蓐收"；於冬曰"其帝顓頊，其神玄冥"凡十句。《月令》因之。適案，《淮南·時則訓》録自《十二紀》，無此十句（《天文訓》有之，當是後人竄入；不然，何以此籍與之異）可證《吕氏》本亦無之；今有者，歆所竄入也。

紀又曰："春禩户，夏禩竈，中央禩中雷，秋禩門，冬禩行。"此《白虎通》所謂"五禩"也。《左昭二十九年》，以句芒、祝融、蓐收、玄冥、后土爲"五禩"，與此禩五神之名同而五禩之説異，可證其爲歆説。猶之黄帝、顓頊、帝嚳、堯、舜，乃孔子所謂五帝；此紀去帝嚳、堯、舜而列太皞、炎帝於黄帝之前，增少皞於黄帝之後，以爲五帝則五帝之説亦異。《漢書·王莽傳》曰："予惟黄帝，帝少昊，帝顓頊"云云，是增少昊爲五帝而分配五德，固自歆爲莽典文章始矣。

歆所以爲此説者，由顓頊水德而下，嚳木，堯火，舜土，夏金，殷水，周木，（秦説在下）漢復爲火，新復爲土，則新之當受漢禪，如舜之當受堯禪也。《後漢書·賈逵傳》，逵奏曰："五經家皆言顓頊代黄帝，而堯不得爲火德。如今堯不得爲火，則漢不得爲赤。"案逵此奏，正足與歆意相發明。特逵以媚漢，歆以佐新，意旨不同爾。

歆之所言，固自以爲密合矣。然其所爲三統曆與《郊禩志》，而後人削爲《封禪書》者（詳《武帝本紀·下》），夏德之屬金屬木也，殷德之屬水屬金也，周德之屬木屬火也，秦德之屬金屬水也，漢德之屬水屬土屬火也，不合者一。謂秦水德而尚黑，漢火德而尚赤，則夏尚黑非金非木，殷尚白非水，周尚赤非木，不合者二。謂周木德，漢火德，秦以水德在木火之間，不當五行之序。案漢果火德，則秦爲金德，櫟陽雨金，秦獻公自以爲金瑞，故作畦時禩白帝，嫗哭白帝子可證。推五勝之義，漢火勝秦金，秦金勝周木，秦非不當五行之序也。秦果水德，則漢為土德，黃龍見成紀可證。漢土勝秦水，秦水勝周火，秦仍非不當五行之序也。不合者三。所載張蒼、公孫臣、賈誼、司馬遷之言，此歆偽託，不足信也。

古無終始五德之說，則夏尚黑，殷尚白，周尚赤，其義何居？曰，此因三正，不緣五德也。《白虎通・三正》篇引《禮・三正記》曰："十一月之時，陽氣始養，根株黃泉之下，萬物皆赤；赤者，盛陽之氣也，故周為天正，色尚赤也。十二月之時，萬物始牙而白；白者陰氣，故殷為地正，色尚白也。十三月之時，萬物始達，孚甲而出，皆黑，人得加功，故夏為人正，色尚黑也。"《尚書大傳》曰："夏以十三月為正，色尚黑，以平旦為朔。殷以十二月為正，色尚白，以雞鳴為朔。周以十一月為正，色尚赤，以夜半為朔。"是則易服色之義自改正朔而出，豈由終始五德耶！

《王莽傳》曰："定有天下之號曰新，服色配得尚黃，犧牲應正用白。"是則別服色於正朔之外，而屬之終始五德，亦自歆為莽典文章始。於《史記》則竄入黃帝，《秦始》《漢高本紀》《十二諸侯年表》《張蒼傳》也，詳各篇下。通篇皆偽者，不在此例；以下稱是。

## 十二分野

《春秋》所記災異，劉向以為某事之應者，劉歆必指無事可考之國以當之，入《五行志》。如隱公三年"二月己巳，日有食之"。董仲舒、劉向以為戎執凡伯，鄭獲魯隱之應；劉歆則謂正月二日，燕越之分野，以是時燕、越之事於《國語》世家皆無考故也。又託為他國他事之應，入之《左傳》，如昭十七年"冬，有星孛於大辰"。董仲舒、劉向以為王室亂，吳入郢之應；《左傳》則謂宋、衛、陳、鄭火作之象，而分野之名以立。

分野者，以地之十二國繫天之十二次。何謂十二次？分二十八宿隸之。《律曆志》謂"自斗至女為星紀，自女至危為玄枵，自危至奎為諏訾，自奎至胃為降婁，自胃至畢為大梁，自畢至於井為實沈，自井至柳為鶉首，自柳至張為鶉火，自張至軫為鶉尾，自軫至氐為壽星，自氐至尾為大火，自尾至斗為析木"是也。然與《地理志》不同。此志以初軫十二度終氐四度為壽星之次，彼志則自井六度至亢六度矣。此志以初尾十度為析木之次，彼志則自危四度至斗六度矣。又析十二分野為十三。二志同出《漢書》，乖異若是也。

以十二國繫十二次者，《保章氏》鄭注引堪輿曰："星紀，吳越也。玄枵，齊也。諏訾，衛也。降婁，魯也。大梁，趙也。實沈，晉也。鶉首，秦也。鶉火，周也。鶉尾，楚也。壽星，鄭也。大火，宋也。析木，燕也。"賈疏謂"古受封之日，歲星所在之辰。"適案，《周語》曰："昔武王伐殷，歲在鶉火；歲之所在則我有周之分野。"此爲賈疏所本。然以《左傳》校之：一顓頊之虛也，昭十年以爲齊，十七年以爲衛，八年九年以爲陳矣。一陳也，九年謂之水族，十七年謂之火房矣。一鄭也，襄二十八年以爲龍星，注謂"角亢"，《疏》曰："即壽星。"昭十七年乃曰"祝融之虛"，則是大火矣。趙、韓、魏三國，同時所封，鄭注有趙無韓、魏。《地理志》，魏同晉，韓同鄭。然命三家爲諸侯，皆在威烈王二十三年，則歲星所次同矣。《志》以趙屬大梁，魏屬實沈，韓屬壽星，則相去六歲，豈可通乎！以十二國徵十二國，以《左傳》校《左傳》，矛盾層累如此。

又有以十二辰與十二州之說繫十二次，矛盾更甚。以無與於《左傳》，姑弗論。其說實創自劉歆，有三證焉。

《爾雅》之名，始見於王莽詔書，即所徵之千數人受歆之意旨而作者也。《釋天》："玄枵，虛也；顓頊之虛，虛也。"與冬"其帝顓頊"之說皆當北方水位合。五德，劉歆所創，則分野可知。證一也。

《書·伏傳》，《詩·毛傳》，《周本紀》，周之始年皆謂文王受命之年。案，文王受命七年而崩；九年武王上祭於畢；十一年，武王伐紂。如十一年歲在鶉火，則元年在壽星。壽星乃周之分野，《國語》以鶉火當之，是以武王伐紂爲周之始年，豈周之泠州鳩已通漢之古文學乎！此必歆所竄入。證二也。

《漢書·五行志中之上》曰："夏侯始昌、夏侯勝、許商教弟子，其傳與劉向同，唯劉歆傳獨異。"《下之下》：凡主分野，皆劉歆說；間有人董仲舒、劉向語者，亦爲後人竄亂。不然，不當云"劉歆傳獨異"矣。昭公七年"四月甲辰朔，日有食之"。董仲舒、劉向以爲楚靈王弒君，陳公子昭殺世子之應；劉歆以爲魯衛分。《左傳》曰："魯衛惡之"，是歆說與《左氏》同，與仲舒、向並異。證三也。

於《史記》則竄入《十二諸侯年表》，《齊》《宋》《鄭世家》，《張耳傳》也。


### 變象互體

《說卦》曰："觀變於陰陽而成卦；發揮於剛柔而生爻。"又曰："《易》六畫而成卦。"至於成卦之後，不言六爻有變象，有互體也。杜預始發此例，則是說之出晚矣。故鍾會論《易》，王弼作注，皆無互體，爲程子所深取。

《左莊二十二年傳》，筮得觀之否，曰："坤，土也；巽，風也；乾，天也；風爲天於土上，山也。姜，太岳之後也。"《注》："坤下巽上，觀；坤下乾上，否。觀六四爻變而爲否，巽變爲乾，故曰'風爲天'。"適案，觀三互五爲艮，否二互四亦爲艮，艮爲山，故曰"山"曰"嶽"也。是此年之傳，於《易》之變象互體實兼之矣，豈周太史已通漢學乎！此必劉歆竄入，又竄入《史記·十二諸侯年表》，《陳》《晉》《魏》《田齊世家》也。

以上皆"無經之傳"與"有經而不釋經之傳"之屬。

**告則書**

《左傳》謂《春秋》本魯史，魯史本赴告；告則書，不告則否。然則《春秋》襃貶之全權秉於赴告者之手，孔子何爲以"竊取其義"，"知我罪我"自任乎！

經書列國君卒之日，傳輒以爲赴之日，別記卒日於前。然隱三年"八月庚辰，宋公和卒"；昭十年"七月戊子，晉侯彪卒"皆經傳同日，已無解於赴之太速矣。襄公二十五年"五月乙亥，齊崔杼弑其君光"，亦經傳同日，下文且曰："辛巳，太史書曰'崔杼弑其君'。"辛巳者，後乙亥七日也（古書計日，皆連本日數之）。是日，太史始書於國史，然後赴告他國，至速亦同日爾，何由先七日赴乎！莊公八年"十有一月癸未，齊無知弑其君諸兒"。傳乃在十二月，先赴而後弑乎！公薨及魯大夫之卒，以魯史書魯事，無待於赴，此必薨卒之正日也；而於各國之君乃舍其卒日而書赴日，經義如是之參差乎！經文明書其卒，傳乃易之以赴，"安意失真"，孰大於是，比於"口說流行"者何如乎！

然則諸侯卒無赴告之文乎？曰，有之，但《春秋》之文必不本於赴告爾。名在諸侯之策，曰"孫林父寧殖出其君"，《春秋》書曰："衛侯衎出奔齊。"許人以悼公卒赴，《春秋》書曰："許世子止弑其君買。"不據赴告之文，有明證矣。至若"楚世子商臣弑其君髡"，代髡立者商臣也；"蔡世子般弑其君固"，代固立者般也。赴者即商臣與般之臣，若亦據實以赴，則當何所措辭？雖使劉歆捉刀，得無窮乎！

《春秋》書列國之事自當據列國之史，凡卒之日皆非赴日。"甲戌己丑，陳侯鮑卒。"《公羊傳》曰："甲戌之日亡，己丑之日死而得"是也。即實弑而書卒，亦非因赴告之文也。"鄭伯髡頑卒於操"，不言其大夫弑之，爲中國諱也。"陳侯溺卒"，公子招貶不稱弟，不言其弑，以楚之託乎討招以滅陳，陳之滅，自招致之，其罪更重於弑君也。

蓋《春秋》者，孔子託義之書，非列國記事之史。若左丘明作《國語》則異是，據各國之別史，冣爲一家之總史，如陳壽《三國志》，李延壽《南北史》之比，本不與《春秋》相比附，何得有釋經之語。

劉歆傳曰："歆治《左氏》，引傳文以解經。"此語頗持兩端。傳自解經，何待歆引！歆引以解，則非傳文！此傳，歆所自作，非所謂"誣善之人其辭游"者耶？然《左氏》解經之傳，歆始爲之，則歆固自言之矣。創爲赴告則書之説，緣其古文經傳是非與《春秋》相反，故託是説，示人以《春秋》非孔子作，不過雜録各國赴告之文，則其襃貶是非皆不足據，不如古文學説爲足據也。於《史記》則竄入《十二諸侯年表》《齊》《陳》《鄭世家》也。

### 官失之

孔子據各國史記而作《春秋》，筆之削之，斷自聖心，無所謂官失之也。如隱公三年"二月己巳，日有食之"，《公羊傳》曰："日食則曷爲或日，或不日；或言朔，或不言朔？曰，某月某日朔，日有食之者，食正朔也。其或日，或不日，或失之前，或失之後。失之前者，朔在前也；失之後者，朔在後也。"何氏於"朔在前"注曰："謂二日食，象君行暴急外見畏，故日行疾，月行遲，過朔乃食，失正朔於前也。""朔在後"注曰："謂晦日食，象君行懦弱見陵，故日行遲，月行疾，未至朔而食，失正朔於後也。"然則官何失之有。

劉歆欲奪《春秋》於孔子而歸之魯史，故於桓十七年"冬十月朔，日有食之"，竄其説入《左傳》曰："不書日，官失之也。"又竄入《史記·十二諸侯年表》也。

以上皆"釋經之傳"之屬。

### 十二諸侯年表（卷四）

"不可以書見也……及如荀卿、孟子、公孫固、韓非之徒各往往攟摭《春秋》之文不可勝紀。漢……上大夫董仲舒"。

案各本"見也"下"魯君子左丘明"以下一百二十六字，皆爲劉歆之學者所竄入，當删。請例七證以明之：

《七略》曰："仲尼以魯史官有法，與左丘明觀其史記，有所襃毁貶損，不可書見，口授弟子，弟子退而異言。丘明恐弟子各安其意，以失其真，故論其本事而作傳。"與此表意同。《七略》與上下文意相聯，此與上下文意相背（詳下），則非《七略》録此表，乃竄《七略》入此表也。證一

此表上云"七十子口授，不可書見"，中云"左丘明因孔子史記具論其語"，則是"書見"而非"口授"矣。若太史公一人之言，豈應自相背謬若此。證二。

劉歆譽《左氏》，所以毀《公羊》。此表下稱董仲舒，無由先譽左丘明。賈逵曰："《左氏》義長於君父，《公羊》多任於權變。"（逵此説，非實也。《左氏》以兵諫爲愛君，可謂不任權變乎。《公羊》謂君親無將，將而誅，不可謂不長於君父也）《太史公自序》："余聞之董生云：'爲人臣者不可以不知《春秋》，守經事而不知其宜，遭變事而不知其權。'"此説正與逵之稱《左氏》義相反。若此篇亦以懼弟子失其真稱《左氏》，則"知權"之説正在"失真"之内，不猶助敵自攻乎！證三。

《劉歆傳》曰："歆以爲左丘明好惡與聖人同。"夫曰"歆以爲"，則自歆以前未嘗有見及此者也。乃此紀與《七略》皆曰："左丘明懼弟子各安其意，以失其真。""安意失真"者，即好惡與聖人不同之謂。不失其真，即同之謂。如太史公已云然，即謂《左氏》與聖人同矣，安得云"歆以爲"耶！證四。

歆《讓太常博士書》曰："或謂《左氏》爲不傳《春秋》。"如此表已云"左丘明成《左氏春秋》"，歆何不引太史公言以折之耶！證五。

《自序》云："左丘失明，厥有《國語》。"然則左丘其氏，明是其名，有《國語》而無《春秋傳》。《七略》稱"丘明"，此表曰"《左氏春秋》"，則左氏而丘明名，傳《春秋》而無《國語》。止此四字，與《自序》相矛盾，與《七略》若水乳。證六。

此表自周平王四十九年以後皆取自《春秋》。《吕氏春秋》非紀年月日之書，復何所取。鐸氏、虞氏，其書今亡，弗論。要自後人雜取四家書名，從中插入，致上下文皆言孔子之《春秋》者語意隔斷。不然，虞、吕世次在孟、荀後，豈其書亦爲孟、荀所攟摭乎！證七也。

"漢"下有"相張蒼曆譜五德"七字，五德詳序證終始五德節及《張蒼傳》。此與《春秋》何與？亦後人竄入，致與上下文皆言《春秋》者其義截斷，當删。

## 【乙種之二十二】

# 清代中葉之春秋論三種

西堂案：治《春秋》者，多聚訟於筆削襃貶之說，此今猶未有定論者也。如必謂孔子修之，毫無義意，則不必是；如必謂孔子修之，俱有義意，亦未盡然。趙汸嘗以存策書之大體，與特筆變文以見義並言。蓋孔子以魯史授門弟子，必有論評在焉，則其中有有微言大義者，如書"天王狩於河陽""伯姬卒"之類，是也。其他書兵戎卒薨之類，或無大義，亦未可知。今錄清世論《春秋》者文數篇，以見之。學者以經視《春秋》，求其義理可也；即以古史視《春秋》，求其記載亦可也。史家非無義理者，即視爲史而求其義理亦可也。即視爲非孔子修之，以爲漢儒說理之書，亦無不可也。讀茲數篇，當有感於中。

## 《春秋》論二篇

（《潛研堂文集》卷一）

錢大昕

一

《春秋》，襃善貶惡之書也。其襃貶奈何？直書其事，使人之善惡無所隱而已矣。

曰"崩"，曰"薨"，曰"卒"，曰"死"，以其位爲人之等。《春秋》之例，書"崩"，書"薨"，書"卒"而不書"死"。死者，庶人之稱，庶人之不得見於史，故未有書死者。此古今史家之通例，非襃貶之所在，聖人不能以意改之也，魯之桓公、宣公，皆與聞乎弑君也，其生也書"公"，其死也書"薨"，無異詞；文姜，淫而聞乎弑者也，其生也書"夫人"，其死也亦書"薨"，書"小君"，無異詞。書薨者，內諸侯與小君之例也，非襃之也，《春秋》不奪之也。然猶可曰此爲君諱爾，公子遂之弑其君之子，季孫意如之逐君，皆大惡也，其死也亦書"卒"，無異辭。書卒者，內大夫之例也，非襃之也，《春秋》不奪之也。然猶可曰此爲宗國諱爾。吳、楚，僭王之君也；鄭伯寤生，射王中肩者也；宋公鮑，與聞乎弒者也，其生也書爵，其死也書"卒"，皆無異詞。書卒者，外諸侯之例也，非褒之也，《春秋》亦不奪之也。

殺逆之罪大矣，以庶人之例作之曰"死"，可乎？曰，不可。是諸人者，論其罪當肆諸市朝，僅僅夷諸庶人，以足以顯其辜。論其位，則彼固諸侯也，大夫也，夫人也，未嘗一降爲庶人，而我以庶人書之，非其實矣。紀其實於《春秋》，俾其惡不沒於後世，是之謂褒貶之正也。

後之學《春秋》者，乃有書"死"之例，其說本於《檀弓》。"君子曰終，小人曰死"。史家未有書君子之死曰終者，而獨書小人之死，吾不知其何義也，古書未有以死爲貶詞者。以舜之聖，而《尚書》曰，"陟方乃死"，史果不美之名乎？孔子曰："予死於道路乎？"又曰："予殆將死也！"孔子肯以小人自居乎？死而不朽，謂之"令終"，《尚書》謂之"考終命"，否則徒死而已。檀弓之言與曾子"啓乎足"之語相近，非爲紀事者言之也。顏子，大賢也，而《論語》書之曰"死"，且屢書不一書。莊子，老氏之徒也，而其書有曰"老聃死"，皆非貶詞也。

褒善貶惡之義莫備於《春秋》。謂"《春秋》之法"有所未備而以意補之，豈後儒之識能加孔子之上乎哉！

## 二

魯昭公之出也，魯未嘗立君，魯之臣民猶君之也。若齊若晉，猶以諸侯之禮待之也，昭雖失國而未失位，故生稱"公"，葬稱"我君"。自二十六年至三十二年皆昭在位之年也，非《春秋》強加之也。昭之喪至自乾侯，而嗣君始即位於柩前，明乎魯人猶公之也。"公"之號未替，故《春秋》據實而書之，降已降而虛尊之也。

昭公之在外者七年，而歲首書"公在"者三，其始居於鄆，鄆本魯地，則猶在國也，故不曰"公在鄆"也。乾侯非魯地，則謹而書之，猶襄公二十七年書"公在楚"也。此亦方策之例，非《春秋》之實筆也。

## 附錄：

### 錢大昕《潛揅堂答問》一則

問："《孟子》言'孔子成《春秋》而亂臣賊子懼'，愚嘗疑之。將謂當時之亂賊懼乎，則趙盾、崔杼之倫史臣固已直筆書之，不待《春秋》也。將謂後代之亂賊懼乎，則《春秋》以後亂賊仍不絕於史冊，吾未見其能懼也。孟氏之言毋乃大而夸乎？"

曰：《孟子》固言"《春秋》者天子之事也"。述王道以爲後王法，防其未然，非刺其已然也。

太史公曰："撥亂世反之正，莫近乎《春秋》"。又曰："有國家者不可以不知《春秋》，前者讒而弗見，後有賊而不知。爲人臣子者不可以不知《春秋》，守經事而不知其宜，遭變事而不知其權。""《春秋》之法"行而亂臣賊子所無容其身，故曰懼也。

凡篡弒之事，必有其漸。聖人隨事爲之杜其漸。

隱之弒也，於"翬帥師"戒之。子般之弒也，於"公子慶父帥師伐於餘丘"戒之。此大夫不得專其柄之義也。

尹氏立王子朝在昭公之世，而書"尹氏卒"於隱之策；崔杼弒君在襄公之世，而書"崔杼奔衛"於宣之策。此卿不得世之義也。

"齊侯使其弟年來聘"再見於《春秋》，爲無知之弒君張本也，母弟雖親，不可使踰其分也。

趙穿弒君而以趙盾主惡名，穿之弒由於盾也。胥甲父與穿同罪，盾於甲父則放之，於穿不惟不放，且使之帥師侵崇，盾尚得辭其罪乎！侵崇，小事，不必書而書之，所以正盾之罪，且不使穿得漏網也。

鄭公子宋弒君而以歸生主惡名，歸生正卿，且嘗率師敗華元矣，力足以制宋而從宋之逆，較之趙盾又有甚焉，不得託於本無逆謀也。

楚公子比之弒君，棄疾成之，而比獨主惡名者，奸君位也。而棄疾之惡終不可掩，故以相殺爲文，著其罪同然。比與棄疾皆楚靈之弟，靈逐比而任棄疾，卒死於二人之手，先書"比奔晉"，又書"棄疾帥師圍蔡"，明君之曰弟弟不可以愛憎爲予奪也。

衛孫寧出其君而以出奔爲文，衎有央國之道也。貶衎則嫌於獎剽，故先書"公孫剽來聘"以見義。公孫而干正統，其罪不可掩也。

楚商臣、蔡般之弒，子不子，父亦不父也。許止不嘗藥非大惡而特書弒，以明孝子之義，非由君有失德，故楚蔡之君不書葬而許獨書葬，所以責楚蔡二君之不能正家也。楚成之事與晉獻略同，子孝則爲申生，子不孝則爲商臣，而晉亦尋有奚齊與卓之弒，未有家不齊而國治者也。故晉獻之卒亦不書葬也。

書"闇弒吳子餘祭"，戒人君之近刑人也，書"盜弒蔡侯申"，戒人君之疏大臣而近小人也。

欒盈之入曲沃，趙鞅之入晉陽，書之以戒大都耦國之漸，人臣不可奪其私邑也。

楚子虔弒於乾谿，書其地，著役之久也。君親出師，久而不歸，禍之不旋踵宜矣。楚之强莫强於虔，戌吳執慶封，滅賴，滅陳，滅蔡，史不絕書，而無救於弑者，無德而有功，天所惡也。

宋襄公用鄫子，楚靈王用蔡世子，皆特書之，惡其不仁也，且以徵二君之强死非不幸也，

宋公與夷、齊侯光、楚子虔以好戰而弑，晉侯州蒲以誅戮大臣而弑，經皆先文以見義，所以爲有國家者戒至深切矣。

《左氏傳》曰："凡弑君稱君，君無道也；稱臣，臣之罪也。"後人多以斯語爲詬病。愚謂君誠有道，何至於弑，遇弑者皆無道之君也。其賊之有主名者書名以著其臣之罪，其微者不書，不足書也，無主名者亦闕而不書，史之慎也，非恕臣之罪也。

聖人修《春秋》，述王道，以戒後世，俾其君爲有道之君，正心修身齊家治國各得其所，又何亂臣賊子之有！若夫篡弑已成，據事而書之，良史之職耳，非所謂"其義則竊取之"者也。秦漢以後，亂賊不絕於史，由上之人無以《春秋》之義見諸行事故爾。故惟孟子能知《春秋》。

# 《春秋》論二篇

（《劉禮部集》卷三）

劉逢祿

## 上

嘉定錢詹事論《春秋》曰："《春秋》之法，直書其事，使善惡無所隱而已。魯之桓、宣，皆與聞乎弑，其生也書'公'，其死也書'葬'，無異詞。文姜淫而與乎弑，其生也書'夫人'，其死也書'葬'，無異詞。公子遂弑其君，季孫意如逐其君，亦書'卒'，無異詞。"

應之曰："錢氏以《春秋》無書法也，則隱之不葬，桓之不王，宣之先書子卒不日，胡爲者？""公夫人姜氏如齊"去"及"；"夫人孫於齊"，去"姜氏"；"夫人氏之喪至自齊"，去"姜"。胡爲者？仲遂在所聞世，有罪不日，意如在所見世，有罪無罪例日，皆以其當誅而書卒，見宣定之失刑獎賊也。

錢氏又曰："楚商臣、蔡般之弑，子不子，父不父也。許止以不嘗藥書'弑'，非由君有失德，故楚蔡不書'葬'，以責楚二君之不能正家也。宋襄公用鄫子，楚靈王用蔡世子，皆特書之，以惡其不仁，且明二君之强死，非不幸也。"（潛揅室答問）

正之曰：《春秋》之義，君弑賊不討，不書葬，未聞有責君不正家者。許

止本未嘗弑君，故書"葬"以赦之。吳楚之君從無書葬之例。至蔡景公實書"葬"，三傳經文所同，而謂其不書葬，不知所見何經也？僖十九年夏，"宋人、曹人、邾婁人盟於曹南，鄫子會盟於邾婁。己酉，邾人執鄫子用之"。經文瞭然，故《公》《穀》均指邾、鄫以季姬事相仇爲説。如果宋襄用鄫而經歸獄邾婁，則《春秋》其誣罔之書歟？《左氏》經文亦同《公》《穀》，而錢氏謂"經特書之以著宋襄之罪"，又不知所見何經也。（辨詳《左氏膏肓》）

且錢氏不過欲以破綱目於夷狄賊臣書"死"之例，此例亦非綱目特創也，《史記》《漢書・匈奴傳》曰，"冒頓單於死""老上單於死""軍臣單於死""伊稚斜單於死""烏維單於死""兒單於死""呴黎湖單於死""且鞮侯單於死""孤鹿姑單於死""壺衍鞮單於死""虛衍權渠單於死""握衍朐鞮單於死""呼韓邪單於死"。乃至匈奴之臣則"左右谷蠡王死""左右賢王死""休屠王死"；其漢臣降匈奴之衛律等亦書"死"。又《王莽傳》云，"大師王舜死""大司馬甄邯死""太傅平晏死""功顯君死"。蓋一則本《春秋》吳、楚君卒不書葬之義而變其詞，一則本《春秋》君弑賊不討以爲無臣子皆當誅絕之義而變其詞，史家皆自爲例，不必效《春秋》，亦無倍《春秋》也。

錢氏又不過欲破綱目季漢中唐正統之書法。夫綱目所書正統，其悉當與否，吾不敢知，若史家正統之例，則實本《春秋》通三統之義。太史公作《五帝本紀》，列黃帝、顓頊、高辛、堯、舜而不數少昊氏，斯義也。本之董生論三統（《繁露・三代改制質文篇》），孔子論五帝德，《國語》柳下惠論禩典，蓋少昊氏之衰，九黎亂德，顓頊修之，故柳下、孔子、董生、太史公論列五帝，皆祧少昊一代於不言，視《月令》郯子所論，識殊霄壤。此正統本於三統之明徵，豈徒臚列紀傳，體同胥史，遂並董狐乎？

錢氏又曰，"《左氏》之勝《公羊》，宜乎夫人知之，而范升抗議於前，何休伸辯於後，漢儒專己黨同如此"（亦見《答問》）。吾謂此非《公羊》之不及《左氏》，乃《春秋》之不及《左氏》也。《左氏》詳於事而《春秋》重義不重事；《左氏》不言例而《春秋》有例，無達例。惟其不重事，故存什一於千百，所不書多於所書。惟其無達例，故有貴賤不嫌同號，美惡不嫌同詞，以爲待貶絕不待貶絕之分，以寓一見不累見之義。如第以事求《春秋》，則尚不足爲《左氏》之目錄，何謂游、夏之莫贊也？如第執一例以繩《春秋》，則且不如畫一之良史，何必非斷爛之朝報也？

下

《春秋》之有《公羊》也，豈第異於《左氏》而已，亦且異於《穀梁》。《史記》言"《春秋》上記隱，下至哀，以制義法。爲有所刺譏襃諱抑損之文不可以書見也，故七十子之徒口受其傳詣"。《漢書》言"仲尼没而微言絕，七十子喪而大義乖"。夫無口受之微言大義，則人人可以屬詞比事而得之，趙汸、崔子方何必不與游、夏同識。惟無其張三世通三統之義以貫之，故其例此通而彼礙，左支而右絀。是故以日月名字爲褒貶，《公》《穀》所同，而大義迥異者，則以《穀梁》非卜商高弟，傳章句而不傳微言，所謂"中人以下不可語上"者與？

　　清興百有餘年，而曲阜孔先生廣森始以《公羊春秋》爲家法，於以廓清諸儒據赴告，據《左氏》，據《周官》之積部，鍼砭衆説無日月，無名字，無褒貶之陳羹，詎不謂素王之哲孫，麟經之絶學。乃其三科九旨，不用漢儒之舊傳，而別立時日月爲天道科，譏貶絶爲王法科，尊親賢爲人情科。如是，則《公羊》與《穀梁》奚異，奚大義之與有！

　　推其意，不過以"據魯，新周，故宋"之文疑於倍上；"治平，升平，太平"之例等於鑿空。不知《孟子》言《春秋》繼王者之跡，行天子之事，知我罪我其唯《春秋》。爲邦而兼夏、殷、周之制既以告顔淵；"吾其爲東周"。又見於不狃之召；"夏、殷、周道皆不足觀，吾舍魯何適"，復見於《禮運》之告子游。故曰"我欲載之空言，不如見之行事之深切著明"，又曰，"吾因其行事而加吾王心焉"，憂天閔人不得已之心，百世如將見之。後世杜預、范甯之徒曉曉訾議，皆夫子所謂"罪我"者也。必如其説《春秋》，功則有之，何罪之有！

　　又其意以爲三科之意不見於傳文。出止何氏解詣，疑非《公羊》本義。無論，"元年文王""成周宣謝""杞子滕侯"之明文，且何氏《序》明言"依胡毋生條例"，又有董生之《繁露》，太史公之《史記自序》，《孔子世家》，皆公羊師七十二子之遺説，不特非何氏臆造，亦且非董、胡特創也。無三科九旨則無《公羊》，無《公羊》則無《春秋》，尚奚微言之與有！

　　且孔君之書辟"《春秋》當新王"之名而未嘗廢其實也。其言曰，"《春秋》有變周之文，從殷之質"，非天子之因革耶？"甸服之君三等，蕃衛之君七等，大夫不氏，小國之大夫不以名氏通"，非天子之爵禄耶？"上抑杞，下存宋，褒滕、薛、邾婁儀父，賤穀鄧而貴盛鄀"，非天子之絀陟耶？"内其國而外諸夏，内諸夏而外夷狄"，非天子之尊内重本邪？辟王魯之名而用王魯之實，吾非見其不倍上也。

　　《春秋》因魯史以明王法，改周制而俟後聖，猶六書之假借，説《詩》之斷章取義。故雖以齊襄、楚靈之無道，祭仲、石曼姑、叔術之嫌疑，皆假之以明討賊復讎行權讓國之義，實不予而文予。《春秋》立百王之法，豈爲一事一人而設哉？

故曰，"於所見微其詞，於所聞痛其禍，於所傳聞殺其恩"，此一義也。穀梁氏所不及見也。"於所傳聞之世見撥亂致治，於所聞世見治升平，於所見世見太平"，此又一義也，即治《公羊》者亦或未信之也。《孟子》述"孔子成《春秋》"於"禹抑洪水，周公兼狄"之後，爲第三治，請引之以告世之以《春秋》罪孔子者。

## 《春秋說》（三篇）

### （《夏仲子集》卷四）

夏　炯

一

孔子自言"述而不作"，諸經皆然，不獨《春秋》也，故孟子曰，"其事則齊桓、晉文，其文則史"，言《春秋》爲魯史之原文也。孔子曰，"其義則某竊取之"。所謂義者，所以脩《春秋》之大義，非於原文之中別著己義也，亦猶之《書》百篇，《詩》三百篇，皆夫子所手定，《詩》《書》之原文，夫子未嘗有所更易也。於《詩》《書》無更易，謂於《春秋》獨有更易，此以私心窺聖人之說也。

蓋《春秋》者，魯史之名。列國皆有史，自朝政廢弛，史失其官，於是有或記或不記者矣。即史不失職，而歷年久遠，前史之文有不能具存者矣。且自春秋以後，列國爭戰不休，兵戈擾攘之中有不暇及此者矣。惟魯承先王之舊，遵烈猶存，史有專守。故韓宣子在魯見《易·象》與魯春秋，曰，"周禮盡在魯"，此其明徵也。

夫子生春秋之末，見綱紀益壞，無有底止，若不及時脩輯，則傳至後世，魯事一無可徵，是以裒而錄之，別爲一編，俾諸弟子可以遞相投受。傳之既廣，勝於太史之專藏一處，異時或盡歸湮沒。此夫子修《春秋》之徵意也。修史本朝廷之事，夫子不得已而爲之，故曰"知我者其惟《春秋》，罪其者其爲《春秋》"也。

其斷自隱公者，自隱公以後始有可據，知隱以前之史年代既多，或已全失，或已失其大半也，若自周公以來史有全文，未嘗缺失，其大經大法必有足垂型後世者，聖人豈有不網羅之，而胡爲託始於隱也？

自說《春秋》者狃於筆削之說，從隱元以迄哀十四年，凡一文一字必推敲聖人用意所在，幾似《春秋》一書處處經聖人增補刪改。獨不思'述而不作'，聖人早自明之；"其文則史"，孟子又代夫子申之。不信聖人之自言與近聖人不遠之言，而徒處千百載以下，妄以測千百載之上，宜乎詞愈多而旨愈遠也！

## 二

《春秋》既仍魯史之原文，而何以又有褒貶之説也？曰，脩《春秋》既所以寓褒貶也，有其文則褒貶自見也。猶之《詩》有勸懲，三百篇皆原文，原文存則勸懲悉昭也。聖人意在勸懲則序時，意在褒貶則脩《春秋》；於《詩》可見，則《春秋》從可推也。桓、文之伯，不必著其伯也，有會盟征伐等文，則不謂之伯不得矣。魯大夫之專，不必著其專也，有率師出會等文，則不謂之專不得矣。王朝之微弱，不必著其微弱也，有"王師敗績""狩於河陽"等文，則不謂之微弱不得矣。是故，《春秋》之旨隱而見，微而顯也。

杜預知依傳以斷經矣，而全經必以例求之，則猶之不知也。匪特漢以來諸儒所不知，《公》《穀》二家於一字一句窮究到底，則已不能知矣。知之者其爲《左氏》乎？《左氏》但紀實事，所以實《春秋》之事也。《春秋》之事既實而《春秋》之褒貶見矣，聖人所以作《春秋》之意不待明而無不明矣。

自啖助、趙匡、陸淳、孫復以後，俱別出意見以説《春秋》，外雖排擊三傳，實則陰祖《公》《穀》，而《春秋》遂因以日晦，則非《春秋》之晦而説《春秋》之晦之也。夫《公》《穀》二家去聖未遠，其説《春秋》已不能相同。後之儒者有又取其説，或文飾之，或翻衍之，人人自以爲得《春秋》之意，而《春秋》幾何不爲諸儒所蔽也！

故習《春秋》者但當據《左》以證經，就經以見意，其事可褒則知經之寓褒，其事宜貶則知經之寓貶。寓之言寄也，聖人何嘗自爲褒貶，褒貶即寄於其事也。亦序《詩》美刺皆收而要其歸於"無邪"之意也。

## 三

春秋二百四十年，書天王崩者八，書公朝於王所者二，書公如京師者一，書魯臣如京師者七，書魯世子生者一，書魯君葬者九，書魯與作者三，書魯蒐狩者八，書內大夫卒者三十一，合此九事觀之，而《夏秋》之全經益爲魯史原文可見矣。

夫天王者，天下之共主也，其崩也，未有不赴於諸侯者。自平王入春秋，至敬王，凡十四王，敬王崩於獲麟以後，其應書崩於春秋尚有十有三王，而《春秋》之經只有八。終春秋之世，周十四王，魯十二公，魯之於王朝較列國諸侯宜加親密，何以二百年內魯君僅朝於王所者二，其如京師者一，內大夫如京師者止七？魯十二公，惟隱傳桓，閔傳僖，昭傳定，無世子，其餘則皆有世子，何以《春秋》止書"子同生"？魯十二公，哀公薨葬在十四年以後，不入《春秋》，其餘則皆宜見於經，何以"葬我君"者止九？城池宮室之舉，蒐苗獮狩之經，皆國家之常典，何以二百四十年內書興作者止三，書蒐狩者止八？內大夫見於春秋之世不下百，何以書卒者止三十有一？以是知魯史之所有者聖人仍之，魯史所無者聖人亦侵之。

匪特此也，凡書以傳信也，非以傳疑也，然而《春秋》之闕文凡一十有六："甲戌、己丑"並存，"郭公""夏五"仍舊，盟處父書日不書人，朝王所著日不署月。其闕也，亦非聖人闕之，魯史之原文已缺之。魯史已闕，聖人不得不因之。其因之，正以顯史官之善也。故曰，"吾猶及史之闕文也"。若後之說《春秋》者，謂處處經聖人筆削，則此等闕文之處，以聖人之博學，何難考訂折衷以歸於是？此以知其必不然也。

《文心雕龍》筆記

# 前　言

张西堂教授讲　冯岭安记

## 一、命名

《序志》篇云："夫文心者，言爲文之用心也。昔涓子《琴心》，王孫《巧心》，心哉美矣！故用之焉。古來文章，以雕縟成體；豈取騶奭之群言雕龍也。"

## 二、分類

依范文瀾《文心雕龍注》一書中所稱，記之於下：

上篇：

第一組，文章之樞紐，定《原道》《徵聖》《宗經》《正緯》《辨騷》《諸子》六篇屬之。

第二組，自《易》衍出之文，定《論説》篇屬之。

第三組，自《書》衍出之文，定《詔策》《章表》《奏啓》《議對》《書記》五篇屬之。

第四組，自《詩》衍出之文，定《明詩》《樂府》《詮賦》《頌贊》《雜文》《諧隱》六篇屬之。

第五組，自《禮》衍出之文，定《祝盟》《銘箴》《誄碑》《封禪》《哀弔》五篇屬之。

第六組，自《春秋》衍出之文，定《史傳》《檄移》二篇屬之。

下篇：

第一組，《總術》《神思》篇以下至《物色》篇（《時序》篇不在内）皆文術也。

故首列《總術》，而下析《情志》《事義》《辭采》《宫商》四類。

第二組，《情志》《神思》（《養氣》《物色》）《體性》（《風骨》《通變》——《定勢》）等，以《神思》《體性》爲主。

第三組，《事義》《鎔裁》爲主，《附會》輔之。

第四組，辭采

（一）以《章句》爲主，《麗辭》《練字》輔之。與《鎔裁》《附會》相表裏者也。

（二）以《情采》爲主，《事類》《比興》《夸飾》《指瑕》輔之。與《神思》《體性》相表裏者也。

第五組，《宮商》《聲律》篇屬之。

第六組，雜篇《時序》《才略》《知音》《程器》等非關文術，故定爲雜篇。

——依《小說月報》第十七期《文心雕龍之研究》一文中所稱記之於下：

全書分爲八組：

（一）文學本源論：《原道》《徵聖》《宗經》《正緯》等篇屬之。

（二）文章流別論：《辨騷》《明詩》《樂府》《詮賦》《頌贊》《祝盟》《銘箴》《誄碑》《哀弔》《雜文》《諧隱》《史傳》《諸子》《論說》《詔策》《檄移》《封禪》《章表》《奏啓》《議對》《書記》等屬之。

（三）文學家功力論：《神思》《風骨》《物色》《養氣》等篇屬之。

（四）修辭分論：《情采》《麗辭》《夸飾》《鎔裁》等篇屬之。

（五）文學的品格：《程器》一篇。

（六）文學的批評觀：《知音》《體性》二篇。

（七）文學的環境與作者之才情：《時序》《才略》二篇。

（八）批評宣言：《序志》一篇。

## 三、基本觀念：

（一）提倡自然　《明詩》篇：人稟七情，應物斯感，感物吟志，莫非自然。

《定勢》篇：即體成勢也，自然之趣也。

《原道》篇：心生而言立、言立而文明，自然之道也。

（二）提倡真實　《情采》篇：故爲情者要約而寫真，爲文者淫麗而煩濫。

《物色》篇：故巧言切狀，如印之印泥，不加雕削，而曲寫毫芥。

《通變》篇：故練青之濯絳，必歸藍蒨。

（三）提倡創造　《通變》篇：夫青生於藍，絳生於蒨，雖踰本色，不能復化。

《通變》篇：通變無方，數必酌於新聲。

《風骨》篇：然後能孚甲新意，雕畫奇辭。昭體，故意新而不亂；曉變，故辭奇而不黷。

## 四、文學的評批觀：

（一）不賤今　《知音》篇：夫古來知音，多賤同而思古，所謂"日進前而不御，遙聞聲而相思"也。昔儲說始出，子虛初成，秦皇漢武，恨不同時。既同時矣，則韓囚而馬輕，豈不明鑒同時之賤哉！

又：故鑒照洞明，而貴古賤今者，二主是也。

（二）不崇己　《知音》篇：至於班固、傅毅，文在伯仲，而固嗤毅云："下筆不能自休。"及陳思論才，亦深排孔璋；敬禮請潤色，歎以為美談；季緒好詆訶，方之於田巴；意亦見矣。故魏文稱："文人相輕"，非虛談也。

又：才實鴻懿，而崇己抑人者，班曹是也。

（三）不信偽　《知音》篇："至如君卿唇舌，而謬欲論文，乃稱史遷著書，諮東方朔；於是桓譚之徒，相顧嗤笑。彼實博徒，輕言負誚；況乎文士，可妄談哉？"

（四）去偏見　《知音》篇："夫篇章雜沓，質文交加，知多偏好，人莫圓該。慷慨者逆聲而擊節，醞藉者見密而高蹈；浮慧者觀綺而躍心，愛奇者聞詭而驚聽。會己則嗟諷，異我則沮棄，各執一隅之解，欲擬萬端之變，所謂'東向而望，不見西牆'也。"

（五）博學識　《知音》篇："凡操千曲而後曉聲，觀千劍而後識器。故圓照之象，務先博觀。閱喬嶽以形培塿，酌滄波以喻畎澮。無私於輕重，不偏於憎愛，然後能平理若衡，照辭如鏡矣。"

（六）唯是非　《知音》篇："夫麟鳳與麏雉懸絕，珠玉與礫石超殊，白日垂其照，青眸寫其形。然魯臣以麟為麏，楚人以雉為鳳，魏氏以夜光為怪石，宋客以燕礫為寶珠。形器易徵，謬乃若是；文情難鑒，誰曰易分？"

（七）貴分析　《知音》篇："夫綴文者，情動而辭發；觀文者，披文以入情；沿波討源，雖幽必顯。世遠莫見其面，覘文輒見其心。豈成篇之足深？患識照之自淺耳。夫志在山水，琴表其情，況形之筆端，理將焉匿？故心之照理，譬目之照形，目瞭則形無不分，心敏則理無不達。然而俗監之迷者，深廢淺售。此莊周所以笑《折揚》，宋玉所以傷《白雪》也。"

## 五、文學的創造：

（一）文學的修養　《養氣》篇："率志委和，則理融而情暢；鑽礪過分，則神疲而氣衰：此性情之數也。"

（二）自然的觀察　《物色》篇："情以物遷，詞以情發。"

（三）興會的文學　《神思》篇："是以秉心養術，無務苦慮，含章司契，不必勞情也。"

## 六、《文心雕龍》的面面觀：

（一）文學概論——《原道》篇（主旨爲文學的起源及定義）；《神思》篇（文學與想象）；《情采》篇（文學與感情）；《時序》篇（文學與時代）；《才略》篇（文學與個性）；《程器》篇（文學與道德）。

（二）文學評論之原理——《神思》篇（文學與想像）；《情采》《通變》二篇（文學的感情元素）；《鎔裁》《附會》二篇（文學的形式元素）；《徵聖》《宗經》二篇（文學的理智元素）。

（三）修辭學——《總術》《神思》《情采》諸篇（通論修辭）；《事類》《比興》《麗辭》《夸飾》《聲律》等篇（修辭上的消極修辭）；《鎔裁》《附會》《章句》《練字》諸篇（修辭上的積極修辭）；《體性》《定勢》《風骨》等篇（修辭學上的文體論）。

附：范文瀾《文心雕龍》分類表：

(一) 上篇

《原道》……《徵聖》……《宗經》…

…《易》:《論説》

…《書》:《詔策》《章表》《奏啓》《議對》《書記》

…《詩》:《明詩》《樂府》《頌贊》《辨騷》…《詮賦》……《雜文》《諧隱》

…《禮》:《祝盟》《銘箴》《誄碑》《吊喪》

…《春秋》:《史傳》《檄移》

……《諸子》

(二) 下篇

《總術》…

…《情志》:《神思》《體性》《通變》《養氣》《風骨》《定勢》《物色》

…《事義》:《鎔裁》《附會》

…《辭采》:……《章句》

…《麗辭》

…《練字》

…《情采》：……《隱秀》

…《事類》

…《比興》

…《夸飾》

…《指瑕》

…《宮商》：……《聲律》

# 《神思》篇

"神思"二字，見於蕭子顯《南齊書·文學傳論》："屬文之道，事出神思，感召無象，變化不窮。"蓋爲講文章創造之論也。今人朱光潛在其《文藝心理學》一書中稱："創造在未經傳達之前只是一種想象，這種想象就是在心眼中見到的意象，故曰之爲創造的想象。"朱先生分析這種創造的想象含有三種成分：（一）理智的，（二）情感的，（三）潛意識的。——理智的和情感的兩種成分，都是意識所能察覺的；然却還有使意識所不能察覺的成分，這就是所謂靈感（Inspiration）。靈感之來，往往出於作者自己的意料之外，作品已經完成了，才發現自己又創造了一件作品；有時苦心搜索而不能得，都是在無意中得到靈感，所以靈感的特徵可以説有二：（一）突如其來，即找不出預備的痕跡，往往出於意外，故靈感的作品，大半成得極快。（二）不由自主，作者希望它來時，它偏不來，没有期待它來，它却驀然出現。所以靈感在心理學上叫做潛意識，因爲潛意識可以作想象思考之活動和醖釀，靈感便起於這種潛意識的活動和醖釀。法人李波（Rilot）分創造爲兩種：（一）是反省的，即作者擬定主旨，而逐漸發展，至於完成。（二）是直覺的，即無確定觀念，讓潛意識中醖釀一種觀念到時機成熟時爆發出來，趁着這股靈感，構成作品。我們擬定題目作文章，便是反省的，而有時候偶然興到，即作一詩一文，這便是直覺的。用下表比較之：

……中心觀念的生發（有意識的思索）
（一）反省的創造：……創造（作品的完成）
……修改
……普遍的修養（潛意識的醖釀）
（二）直覺的創造：……中心觀念的涌現（靈感）
……中心觀念的發展及作品的完成

由上引述，可以知道本篇討論文學的創造而命題曰"神思"，乃今日所謂靈感也。

神與物游："游"，明嘉靖本作"游"，何氏本同。

神猶主觀之謂也，物猶客觀之謂也，即作者之情與景物之喻，神與物游，即主觀與客觀或作者之情與景物之融合也。故"游"即今所謂"直觀"之意；是下文所謂"我才之多少，將與風云並驅矣"之意也。

樞機：樞，戶樞也，戶因以開閉之所。機，弩牙也，弩因以張馳之處。

陶鈞文思，貴在虛靜：謂運用文思之時，最貴虛靜。虛靜，心中無成見之謂也。

《荀子·解蔽》篇："虛一而靜……不以所已藏害所將受謂之虛……不以夫一害此一謂之一……不以夢劇亂知，謂之靜。"

《老子》（第十六章）："致虛極，守靜篤。"

傅東華先生論直觀之三階段及六元素，亦暗合虛靜之旨。

三階段乃：

（一）經驗——《文賦》：其始也，皆收視反聽，耽思傍訊，精騖八極，心游萬仞。

（二）靈感——《文賦》：其致也，情瞳矓而彌鮮，物昭晰而互進……觀古今於須臾，撫四海於一瞬。

（三）構思——《文賦》：然後選義按部，考辭就班。《神思》篇："規矩虛位，刻鏤無形。"

六元素乃：

（一）想象，（二）情緒，（三）意識，（四）意匠，（五）選辭，（六）綜合。

志氣統其關鍵："鍵"，何氏漢魏叢書本作"建"，朱襄校本作"鍵"。

馴致以懌辭："懌"，兩京遺編本作"繹"，嘉靖本同，何氏本作懌，朱校本云："懌原作繹。"

元解之宰："元"，兩京遺編本作"玄"，嘉靖本同，梅慶生本、何氏本均作"玄"。

《荀子·正名》篇："心者道之工宰也"。故"宰"者，心也，工者，匠也。

尋聲律而定墨，窺意象而運斤：謂應依規矩而成方圓，以意旨而之剪裁也。

劉熙《文概》："文之所尚，不外當無者盡無，當有者盡有。"

又："昌黎《論文》曰：惟其是爾。余謂'是'字注脚有二，曰正，曰真。"

含章司契：《易·賁卦》："含章可貞。"故含章猶含美也。《文賦》："意司契而爲匠。"《老子》："有德司契。"故司契猶把握綱要而施發也。

含筆腐毫：《漢書·枚皋傳》："司馬相如善爲文而遲，故所作少而善於皋。"《西京雜記·二》："司馬相如爲《上林》《子虛》賦，意思蕭散，不復與外事相關，控引天地，錯綜古今，忽然如睡，煥然而興，幾百日而後成。"此皆言相如文遲，含筆腐毫之説，想彦和以意爲之。

揚雄驚夢：桓譚《新論》："成帝時……每上甘泉，詔（揚子雲）令作賦，爲之卒暴，思精苦，賦成，遂因倦小卧，夢其五藏出在地，以手收而内之。……由此言之，盡思慮，傷精神也。"

桓譚苦思：桓譚《新論》："余少時見揚子雲之麗文高論，不自量年少新進，而猥欲逮及。嘗激一事而作小賦，用精思太劇，而立感動發病，彌日瘳。"

王充思慮：《後漢書·王充傳》："充好論説，始若詭異，終有理實。以爲俗儒守文，多失其真，乃閉門潛思，……著《論衡》八十五篇，二十餘萬言。……年漸七十，志力衰耗，乃造《養性書》十六篇，裁節嗜欲，頤神自守。"

張衡研京：《後漢書·張衡傳》："衡乃擬班固《兩都》作《二京賦》，因以諷諫，精思傅會，十年乃成。"

左思練都：《文選李善注》引臧榮緒《（舊）晉書》曰："左思，字太冲，齊國人。少博覽文史，欲作《三都賦》，乃詣著作郎張載，訪岷、邛之事。遂構思十稔，門庭、藩溷皆著紙筆，遇得一句即疏之。徵爲秘書。賦成，張華見而咨嗟，都邑豪貴，競相傳寫。"

淮南賦騷：孫詒讓《離騷札逐十二》："高誘《淮南子序》云：'詔使爲《離騷賦》，自旦受詔，日早食已上。'即彦和所本也。案'賦'，應作'傳'：《漢書·淮南王傳》'安入朝獻作内篇新出，上愛秘之，使之爲《離騷傳》。'班固《離騷序》'淮南王安叙《離騷傳》，以國風好色而不淫之也。'"

本書《辨騷》篇："昔漢武愛《騷》，而淮南作傳，以爲《國風》好色而不淫，《小雅》怨誹而不亂，若《離騷》者，可謂兼之。蟬蜕穢濁之中，浮游於塵埃之外，皭然涅而不緇，雖與日月爭光可也。"

如上所引皆稱傳文，並非賦體，高誘不得其解，改"傳"爲"傅"（略用楊樹達《漢書札記》語）。疑此'賦'本作'傳'。"傳""傅"形近易僞（如《練字》篇"師傅"之傅，集成本、天啓本、梅本均爲"傳"。又《明詩》篇傅毅之傅，兩京遺編本，嘉靖本，何氏本，均作"傳"，即可證也。後人不得其解，竟改"傳"爲"賦"耳。

枚皋成賦：《漢書·枚皋傳》："上有所感，輒使賦之。爲文疾，受詔輒成，故所賦者多。"

子建援牘：《文選·楊修答臨淄侯箋》："握牘持筆，有所造作，若成誦在心，借書於手，曾不斯須，少留思慮。"《魏志·陳思王傳》："年十歲餘，誦讀《詩》論及辭賦數十萬言，善屬文。太祖嘗視其文，謂植曰：'汝倩人邪？'植跪曰：'言出爲論，下筆成章，顧當面試，奈何倩人？'時銅雀臺新成，太祖悉將諸子登臺，使各爲賦。植援筆立成，可觀。"

仲宣舉筆：《魏志·王粲傳》："善屬文，舉筆便成，無所改定，時人常以爲宿構。"

阮瑀據案：《典略》："太祖嘗使瑀作書與韓遂。時太祖適近出，瑀隨從，因於馬上具草，書成呈之。太祖攬筆欲有所定，而竟不能增損。""案"，梅本作"鞍"，朱校本作"案"。

禰衡草奏：《後漢書·禰衡傳》："劉表嘗與諸文人共草章奏，並極其才思。時衡出，還見之，開省未周，因毀以抵地。表憮然爲駭。衡乃從求筆札，須臾立成，辭義可觀。表大悅，益重之。"又："黃祖長子射……射時大會賓客，人有獻鸚鵡者，射舉巵於衡曰：'願先生賦之，以娛嘉賓。'衡攬筆而作，文無加點，辭采甚麗。"案，草奏一事，當食作賦又一事，所云"當事草奏"殆合兩事而言之。

情饒歧路："歧"，嘉靖本、天啓本、何本、梅本均作"岐"，朱校本作"歧"。

臨篇綴慮："慮"，《御覽》五八五明抄本云"慮"作"翰"。案，實當作"慮"。《神思》篇《贊》語："結慮思契"。《風骨》篇："是以綴慮裁篇，務盈守氣。"《附會》篇："斯綴思之恒數也。"綴，結義也，思、慮義同，足證實作"綴慮"，即構思也。

必有二患：《札記》云"意之患二，曰雜曰竭；竭者不能自宣，雜者無復統序。辭之患二，曰枯曰繁；枯者不能求達，繁者徒逐浮蕪。枯竭之弊宜救之以博覽，繁雜又弊宜納之於鎔裁。"

博見爲饋貧之糧："博見"是上文所述"積學以儲寶，酌理以富才，研閱以窮照，馴致以繹辭"之意也。嚴羽《滄浪詩話》："夫學詩以識爲主，入門須正，立志須高……若自退屈，即有下劣詩魔入其肺腑之間。"

清魏際瑞《伯子論文》："文章首貴識，次貴議論；然有識則議論自生，有議論則詞章不能自已。"

《事類》篇："是以將贍才力，務在博見，狐腋非一皮能温，雞蹠必數千而飽矣。"

《知音》篇："故圓照之象，務先博觀。"

貫一爲拯亂之藥：《鎔裁》篇："二意兩出，義之駢枝也；同辭重句，文之疣贅也。"

又："繩墨以外，美材既斫，故能首尾圓合，條貫統序。"

《附會》篇："附辭會義，務總綱領，驅萬途於同歸，貞百慮於一致。"

又："首尾周密，表裏一體，此附會之術也。"

《章句》篇："章總一義，須意窮而成體。"

又："啓行之辭，逆萌中篇之意；絕筆之言，追媵前句之旨。"

又："外文綺交，內義脉注。跗萼相銜，首尾一體。"

陸機《文賦》："立片言而居要，乃一篇之警策；雖衆辭之有條，必待兹而效績。"

梅伯言《與孫芝房書》："夫古文與他體異者，以首尾一氣，不可斷耳。有二首尾焉，則斷矣……其能成章者，一氣也。"

曾國藩《復陳寶箴書》："一篇之內，端緒不宜繁多，譬如萬山傍薄，必有主峰。龍袞九章，但挈一領。否則首尾衡決，陳義蕪雜，兹足戒也。"

管異之《文集書復》："子之文病雜，一篇之中，數體互見。武其冠，儒其衣，非全人也。"

温徹斯特《文學評論之原理》（Some Principles of Literary Criticism）："藝術作品之情，有順即有逆，有明即有暗，固也；然試更以音樂之理譬之，抑揚高下，雖有不同，而其隸於某宮，屬於某調，未始不一以貫之也。故作者應順乎人情之自然，不當有一段或一節，僅圖敷陳事實而忘其合於文情之職，蓋全篇之中，雖千變萬化，實可以一致之情貫之。"（《文學的感情原素》）

又："狹義形式的唯一要素，可以包括一切者，厥惟一貫一切美術，絕不可少。文學雖千變萬化，而要在不離乎此也。使爲純粹思想之作，則當僅得一結論；使爲記叙之品，則當僅談一事，餘皆爲之附屬；使純爲表情的如抒情詩者，則以一情爲之主，想象聲調則環拱而渲染之；其複雜作品，有衆多之人物，繁複之情景，如高等戲劇者，必仍集中觀者之意，使視紛綸爲一體，以顯其主要之動作，尤必有唯一之情感，爲之主焉。"（《文學的形式原素》）

情數詭雜：情術奇異之謂也。《通變》篇："通變則久，此無方之數也。名理有常，體必資於故實；通變無方，數必酌於新聲。"

拙辭或孕於巧義，庸事或萌於新意："於"讀若《詩經》"定之方中，作於楚宫"之"於"，爲也。

《札記》云："此言文貴修飾潤色。拙辭孕巧義，修飾則巧義顯；庸事萌新意，潤色則新意出。凡言文不加點，文如宿構者，其刊改之功，已用之平日，練術既熟，斯疵累漸除，非生而能然者也。"

全篇可分始、中、終三段：開始釋神思之意，中間述神思之法，末尾餘説神思，要點約爲六：

（一）故思理爲妙，神與物游——謂靈感之精妙，在使情景合於一也。

（二）陶鈞文思，貴在虛靜——謂運用文思，貴在己無成見。

（三）秉心養術，務無苦慮，含章司契，不必勞情也——謂爲文應修養心術，單只苦慮則無成效。若胸有成竹，則一觸即發，不須勞情也。

（四）人之禀才，遲速易分——謂遲速由乎禀才，無關乎文章，蓋古今文士之成名，半由於天才，半由於學力，失一焉則其所至必盡。

（五）難易雖殊，並資博練——謂難易有別，却可以博練救之。

（六）博見爲饋貧之糧，貫一爲拯亂之藥——謂爲文應以博學爲基礎，以一情爲幹流。

其末論中"杼軸獻功，煥然乃珍"諸語，則神思之理，乃括盡無餘。

古人有所謂神助神韻之説，即靈感之昔名也，蓋因其不由自主也，故曰"神"。

（一）《詩品》："《謝氏家錄》云：康樂每對惠連，輒得佳語。後在永嘉西堂，思詩竟日不就。寤寐間，忽見惠連，即成'池塘生春草'。故嘗云此語有神助，非吾語也。贊曰：'池塘生草謝家春，萬古千秋五字新。傳語閉門陳正字，可憐無補費精神。'"

（二）《泠齋夜話》："黃州潘大臨工詩，多佳句，然甚貧，東坡、山谷尤喜之。臨川謝無逸以書問：'有新作否？'潘答書：秋來景物，件件是佳句，恨爲俗氛所蔽翳。昨日閒臥，聞攪林風雨聲，欣然起，題其壁曰：'滿城風雨近重陽'，忽催租人至，遂敗意。止此一句奉寄。"

以上二例，蓋皆靈感之作用也。

——《神思》篇終

# 《情采》篇

水天明記

蘄春黃季剛侃,曩執教北雍,爲諸生説劉舍人《文心雕龍》,次爲札記若干卷,獨見縣解,情要間出,間令,辭乏凝滯,義無殘遺,令札識《情采》一篇,體略仿此,析爲三目:曰校注,曰互證,曰疏説,其於不知,蓋闕如也。曲阜桂明經未谷有《札樸》,瑞安孫比部仲容作《札迻》,愚篇亦冠以"札"字,聊以景行於古之作者云爾。

## 甲目　校注

古籍傳世,經時既久,則版本之間,文字互異,非讎校無以識基本初,《文心雕龍》,校者多家,以北平黃叔琳校今最善,即依據黃本,更參以孫仲容先生手錄、顧千里、黃蕘圃合校本、譚復堂校本,又張師西堂時有旁證,亦並入之。

注書之途有二:曰詁名義,曰標出處;一在窮推名原,一則極究意指,二者翼輔,注斯明矣,今采范文瀾叔云集注,參以興化李審言詳補注,庶無遺漏。

### （一）校讎之屬

五情發而爲詞章:范文瀾曰:"'情'疑作'性'"。張師曰:"《明詩》篇'人秉七情,應物斯感',言情則當云七情,不當作五情,上文'三曰情文,五性是也,則此處緊接上文,當云五性。'"

君子常言未嘗質也:范文瀾曰:"'常'一作'嘗'"。

研味李、老:黃叔琳曰:"案'馮'本作'孝'"。孫詒讓曰:"案,孝、老不誤,當據改"。紀昀曰:"'李'當作'孝',孝老,猶云'老易'。"李詳曰:"詳案此段首引《孝經》《老子》,次引莊周、韓非,其下文則曰'研味李、老,詳覽莊、韓',紀以'李'當爲'孝'是也。'李'字易僞爲'孝',《列女傳·班婕妤傳》:'寡孝之行'僞爲'寡李',可以取證。"

將欲明經:汪本"經"作"理"。黃叔琳曰:"案,馮本作'理',詩紀作

'理'，兩京本嘉靖本作'理'。朱校云'經當作理。'案作理是。"

設謨位理：謝云："'謨'當作'模'，何氏校作'模'，朱校云元作'謨'，集成本作'模'。

## （二）注釋之屬

《禮記·樂記》："文采節奏，聲之飾也。"文采文章，皆《夸飾》篇明義。

淪漪：張師曰："《詩·伐檀》'河水清且淪漪'，淪漪，水紋也，淪從水，從侖，凡從侖之屬，有條理義車之輪，言之論，行之倫皆是。（天明案：番禺陳澧《東塾讀書記·小學卷》有此說）漪有搖動意，象山陳漢章曰'淪漪本《詩·伐檀》篇，淪、漪猶'；《吳都賦》云'刷蕩漪瀾'，劉淵林注'漪瀾，水波也'，瀾即漣漪之漣，《毛詩》《釋文》亦云'猗'本作'漪'。"

花萼振：張師曰："振發也。"

鞟同犬羊：《論語·顏淵》："子貢曰：'文猶質也，質猶文也。虎豹之鞟，猶犬羊之鞟'。"

犀兕：《左傳·宣二年》："宋城，華元為植，巡功。城者謳曰：'睅其目，皤其腹，棄甲而復。於思於思，棄甲復來。'使其驂乘謂之曰：'牛則有皮，犀兕尚多，棄甲則那？'役人曰：'從其有皮，丹漆若何？'"

鳥跡：許慎《說文解字敘》："黃帝之史倉頡，見鳥獸蹏迒之跡，知分理之可相別異也，初造書契。"天明案，"鳥跡"即文字。

魚網：《後漢書·宦者列傳·蔡倫》："倫乃造意，用樹膚、麻頭及敝布、漁網以為紙。"

彪炳：張師曰："《易》曰：'大人虎變，其文炳也；君子豹變，其文蔚也。'"案，"彪"，虎屬，獸也。

《孝經》垂典，喪言不文：《孝經·喪親》章："子曰：'孝子之喪親也，哭不偯，禮無容，言不文。'"

美言不信：老子《道德經·八十一章》："信言不美，美言不信。"

辯雕萬物：《莊子·天道》篇："故古之王天下者……辯雖雕萬物，而不自說也。"《釋文》："'說'音'悅'。"

艷采辯說：《韓非子·外儲說左上》："范且、虞慶之言，皆文辯辭勝而反事之情，……夫不謀治強之功，而艷乎辯說文麗之聲，是却有術之士，而任壞屋折弓也。"

范文瀾曰："此云'艷乎'，'采'豈'乎'字之誤歟？"

鬱陶：張師曰："閻若璩《尚書古文疏證·第五十六》言《爾雅》解'鬱

陶'爲喜，今誤作'憂'。《尚書·五子之歌》'鬱陶乎予心！顏厚有忸怩。'"

幾務：孫蜀丞曰："《文選·嵇叔夜與山巨源絕交書》云：'幾務纏其心。'《尚書》'一日萬幾'。"

桃李不言而成蹊：《史記·李廣傳贊》："桃李不言，下自成蹊。"《淮南子·繆稱訓》："男子樹蘭，美而不芳。"

翠綸桂餌：馬國翰《玉函山房輯佚書·七十二》曰："《太平御覽》卷八百二十四引《闕子》：'魯人有好釣者，以桂爲餌，黃金之鉤，錯以銀碧，垂翡翠之綸。'"

言隱榮華：《莊子·齊物論》："言隱於榮華"。

衣錦褧衣：《詩·衛風·碩人》："碩人其頎，衣錦褧衣。"《正義》曰"錦衣所以加褧者，爲其文之大著也，故《中庸》云'衣錦尚絅'，惡其文之大著，是也。"

五千：《老子傳》："著書上下篇，言道德之意，五千餘言而去。"

涇渭：《詩·邶風·谷風》："涇以渭濁，湜湜其沚。"《毛傳》："涇、渭相入而清濁異"。

真宰：《莊子》："若有真宰，而特不得其朕。"

賁象窮白：《易·賁卦》，上九，白賁，无咎，象曰：白賁无咎，上得志也。王弼注曰："處飾之終，飾終反素，故任其質素，不勞文飾，而无咎也。以白爲飾，而無患憂，得志者也。"

摛藻：《漢書·敘傳上》："摛藻如春華。"

雕琢其章：《詩·大雅·棫樸》："追琢其章。"天明案，古音雕、追二字同紐互用。

言以文遠：《論語》："言之不文，行之不遠。"

舜英：《詩·鄭風·有女同車》："有女同行，顏如舜華。"《毛傳》："舜，木槿也。"陸機：《毛詩草木鳥獸蟲魚疏》："舜，一名木槿……今朝生暮落者是也。"

## 目乙　五證

高文典冊，陳義奧眇，非證莫明。是以學者或則反勘本經，比其殊塗同歸之辭，所謂以此證彼者也；或則旁蒐異説，發掘匪謀而合之理，所謂以彼證此者也，並此兩塗，夫可以典剩義矣。

## (一) 内證之屬（即以此證此）

故情者文之經：《知音》篇："夫綴文者情動而辭發，觀文者披文以入情；沿波討源，雖幽必顯。"

男子樹蘭而不芳，無其情也：此殆言文家稟賦之不同，故情性斯異。《體性》篇："才力居中，肇自血氣。氣以實志，志以定言，吐納英華，莫非情性。是以賈生駿發，故文潔而體清……觸類以推，表裏必符，豈非自然之恆資，才氣之大略哉？"

## (二) 外證之屬（即以彼證此）

情者文之經：《文概》曰："聖人之情見乎辭，爲作《易》言也。作者情生文，斯讀者文生情。《易》教之神，神以此也。使情不稱文，豈惟人之難感，在己先'不誠無物'矣。"

魏際瑞《伯子論文》曰："詩文不外情、事、景，而三者情爲本。然置頓不得法，則情爲章句所匿。"

爲情而造文：《史記·自序》："《詩》三百篇，皆聖賢發憤之所爲也。"

《漢書·禮樂志》曰："夫民有血氣心知之性，而無哀樂喜怒之常，應感起動而動，然後心術形焉。"

《漢書·食貨志下》曰："男女有不得其所者，因相與歌咏，各言其傷。"《公羊宣十四年傳》注："男女有所怨恨，相從而歌，饑者歌其食，勞者歌其事"。

爲文而造情：《抱樸子·應嘲》篇："非不能屬華艷以取悅，非不知抗直言之多咎，然不忍違情曲筆，錯濫真僞。欲令心口相契，顧不愧景，冀知音之在後也。""華艷相悅，違情曲筆，即爲文而造情，彥和之所譏也。"

爲文者淫麗而煩濫：陸雲《與兄平原書》曰："此是情文，但本少情，而頗能作氾説耳"。

彬彬君子矣：昭明太子《答湘東王求〈文集〉及〈詩苑英華〉書》曰："夫文典則累野，麗亦傷浮。能麗而不浮，典而不野，文質彬彬，有君子之致。"

誠哉斯驗：《文學評論之原理》（《Some Principles of literary Criticism》）："文學之感情原素章：'各派批評家皆以爲描寫人生之要件，唯在於真；真也者，根於人生也'。"

《修辭鑒衡》："李格非善論文章，嘗曰：'諸葛孔明《出師表》、劉伶《酒德頌》、陶淵明《歸去來辭》、李令伯《乞養親表》，皆沛然如肺肝中流出，殊不見斧鑿痕。是數君子，在後漢之末，兩晉之間，未嘗欲以文章名世，而其詞意超邁如此，吾是以知文章以氣爲主，氣以誠爲主。'"

曾滌生《鳴原堂論文》："文忌卑弱，然矯卑弱之，病便易有矜氣。矜氣從浮僞中出來，運以沉思，真氣出則無此失矣。真氣從誠意來，沉思以樸筆出之，故《易》曰修辭立其誠。"

情感之本質：（1）真實性。（2）普遍性——又稱共受性（Commuin）。鮑桑葵在其《美學三講》中稱"所謂共受者即並非僅爲己身所有之心，而起之有私感（Selfish）乃爲可以分享於他人之快感"。《荀子》："千人萬人之情，一人之情也。"（3）永續性。《文學評論之原理》："一人之情感終屬暫時，而人類一般之性情則有共同之點，爲情感聯屬之波動雖生滅於瞬息，而感情之大海則洋溢古今未嘗或變也。"又云：文學情感有永久價值之徵者五：

1. 情感之合理與適當（The pustion of pepncety of theemotion）
2. 情感之生動或有勢（The vididness of ponees of the emotion）
3. 情感之持續或永久（The continuity of teadness of the emotion）
4. 情感之錯綜或變化（The vange of vasiety of the emotion）
5. 情感之格式性質（The nanle of guality of the emotion）。

情感之抉擇：張師曰："（一）當排斥自私的；（二）當排斥無含蓄的。拉司金於其《近代畫家論》中謂："高尚之情緒分爲'愛'（love）、'敬'（venesation）、'嘆美'（admisation）、'觀悦'（joy）四種神聖之情緒（pvuslein modesm Paintess）。"

情之差別：《白虎通》："性者，陽之施；情者，陰之化也。人禀陰陽氣而生，故內懷五性六情。"

（1）禀賦之不同：《體性》篇："吐納英華，莫非情性。是以賈生駿發，故文潔而體清；長卿傲誕，故理侈而辭溢……安仁輕敏，故鋒發而韵流；士衡矜重，故情繁而辭隱。"

（2）遭遇之不同：孟郊《下第》詩："棄置復棄置，情如刀割傷。"《再下第》詩："兩度長安陌，空將泪見花。"《及第》詩："昔日齷齪不足夸，今朝放蕩思無涯。春風得意馬蹄疾，一日看盡長安花。"

## 目丙　疏說

古之作者，執於簡要，詞費理庸，洵屬大忌，時易世遷，風聲有殊。後之學者，每於一字之間，剖析微茫，或乃綜其蕃變，敷陳大略，雖未標樹新解，抑亦有所補益，因次疏說一目，盡以屬之。

黄侃《文心雕龍札記》曰：

舍人處齊梁之世，其時文體方趨於縟麗，以藻飾相高，文勝質衰，是以不得無救正之術。此篇恉歸，即在挽爾日之頽風，令循其本，故所譏獨在采溢於情，而於淺露樸陋之文未遑多責，蓋揉曲木者未有不過其直者也。雖然，彥和之言文質之宜，亦甚明瞭矣。首推文章之稱，緣於采繪，次論文質相待，本於神理，上舉經子以證文之未嘗質，文之不棄美，其重視文采如此，曷嘗有偏畸之論乎？然自義熙以來，力變過江玄虛冲淡之習而振以文藻，其波流所蕩，下至陳隋，言既隱於榮華，則其弊復與淺露樸陋相等，舍人所譏，重於此而輕於彼，抑有由也。綜覽南國之文，其文質相劑，情韵相兼者，蓋居泰半，而蕪辭濫體，足以召後來之謗議者，亦有三焉：一曰繁，二曰浮，三曰晦。繁者，多徵事類，意在鋪張；浮者，緣文生情，不關實義；晦者，竄易故訓，文理迂回。此雖篤好文采者不能爲諱。愛而知惡，理固宜爾也。或者因彥和之言，遂謂南國之文，大抵佻艷居多，宜從屏棄，而別求所謂古者，此亦失當之論。蓋佻艷誠不可宗，而文采則不宜去；清真固可爲範，而樸陋則不足多。若引前修以自張，背文質之定律，目質野爲淳古，以獨造爲高奇，則又墮入邊見，未爲合中。方乃標樹風聲，傳詒來葉，借令彥和生於斯際，其所譏當又在此而不在彼矣。故知文質之中，罕能不越，或失則過質，或失則過文。救質者不得不多其文，救文者不得不隆其質。芻狗有時而見棄，澼絖有時而利師，善學者高下在心，進退可法。何必以井蛙夏蟲自處，而妄誚冰海也哉！

一曰形文……一曰聲文，五音也：范文瀾曰：“形文如《練字》篇，所論聲文如《聲律》篇所論。”

故情者文之經……此立文之本源也：紀昀曰：“此一篇之大旨。”

……此爲情而造文也：范文瀾曰：“詩人什篇，皆出於性情，蓋苟有其情，則耕夫織婦之辭，亦可觀可興。漢之樂府，後世之謠諺，皆里閈小子之作，而情文真切，有非翰墨之士所敢比擬者。即如“古詩十九首”，在漢代當亦謠諺之類，然擬古詩者如陸機之流，果足以抗顏行論短長乎？彥和‘詩什篇爲情而造文，辭人賦頌爲文而造情’，寥寥數語，古今文章變遷之跡、盛衰之故盡於此矣。”

……此爲文而造情也：范文瀾曰：“《宋書·王微傳》載，微《與從弟僧綽書》曰：‘文思不怨思抑揚則流澹無味，夫怨思發於性情，强作抑揚，非爲文造情而何？'"

故有志深軒冕……真宰弗存，翩其反矣：范文瀾曰："劉歆作《遂初賦》，潘岳作《秋興賦》，石崇作《思歸》，引古來文人類此者甚。依然不得謂其必無皋壤，人外之思，蓋魚與熊掌本所同欲，不能得兼，勢必去一，而反身綠水固未嘗忘情也。故塵俗之縛愈急，林泉之慕愈深。彥和所譏，尚非伊人。若夫庸祿蠢鄙性天成，亦復搖筆鼓舌，虛言遐往，斯則所謂'真宰弗存，翩其反矣'者也。"

《情采》篇札記終

三十六年三月纂次

**附錄：**

## 《無言之美》（摘錄）

朱光潛

所謂文學，就是以言達意的一種美術。在文學作品中，語言之先的意象，和情緒意旨所附麗的語言，都要盡美盡善，才能引起美感。盡美盡善的條件很多。但是第一要不違背美術的基本原理，要"和自然逼真"（true to nature），這句話講得通俗一點，就是說美術作品不能說謊。不說謊包含有兩種意義：一、我們所說的話，就恰似我們所想說的話。二、我們所想說的話，我們都吐肚子說出來了，毫無餘蘊。

意既不可以完全達之以言，"和自然逼真"一個條件在文學上不是做不到麼？或者我們問得再直截一點，假使語言文字能夠完全傳達情意，假使筆之於書的和存之於心的銖兩悉稱，絲毫不爽，這是不是文學上所應希求的一件事？這個問題是瞭解文學及其他美術所必須回答的。現在我們姑且答道：文字語言固然不能全部傳達情緒意旨，假使能夠，也並非文學所應希求的。一切美術作品也都是這樣，儘量表現，非惟不能，而也不必。

先從事實下手研究。譬如有一個荒村或任何物體，攝影家把它照一幅相，美術家把它畫一幅畫。這種相片和圖畫可以從兩個觀點去比較：第一，相片或圖畫，哪一個較"和自然逼真"勺不消說得，在同一視閾以內的東西，相片都可以包羅盡致，並且體積比例和實物都兩兩相稱，不會有絲毫錯誤。圖畫就不然；美術家對一種境遇，未表現之先，先加一番選擇。選擇定的材料還須經過一番理想化，把美術家的人格參加進去，然後表現出來。所表現的只是實物一部分，就連這一部分也不必和實物完全一致。所以圖畫決不能如相片一樣"和自然逼真"。第二，我們再問，相片和圖畫所引起的美感哪一個濃厚，所發生的印象哪一個深刻，這也不消說，稍有美術口胃的人都覺得圖畫比相片美得多。

　　文學作品也是同樣。譬如《論語》，"子在川上曰：逝者如斯夫，不舍晝夜！"幾句話決沒完全描寫出孔子說這番話時候的心境，而"如斯夫"三字更籠統，沒有把當時的流水形容盡致。如果說詳細一點，孔子也許這樣說："河水滾滾地流去，日夜都是這樣，沒有一刻停止。世界上一切事物不都像這流水時常變化不盡麼？過去的事物不就永遠過去決不回頭麼？我看見這流水心中好不慘傷呀！……"但是縱使這樣說去，還沒有盡意。而比較起來，"逝者如斯夫，不舍晝夜！"九個字比這段長而臭的演義就值得玩味多了！在上等文學作品中，尤其在詩詞中這種言不盡意的例子處處都可以看見。譬如陶淵明的《時運》"有風自南，翼彼新苗"；《讀（山海經）》"微雨從東來，好風與之俱"；本來沒有表現出詩人的情緒，然而玩味起來，自覺有一種閒情逸致，令人心曠神怡。錢起的《省試湘靈鼓瑟》末二句，"曲終人不見，江上數峰青"，也沒有說出詩人的心緒，然而一種淒涼惜別的神情自然流露於言語之外。此外像陳子昂的《幽州臺懷古》："前不見古人，後不見來者，念天地之幽幽，獨愴然而淚下！"李白的《怨情》："美人卷珠簾，深坐肇蛾眉。但見淚痕濕，不知心恨誰"。雖然說明了詩人的情感，而所說出來的多麼簡單，所含蓄的多麼深遠。再就寫景說，無論何種境遇，要描寫得惟妙惟肖，都要費許多筆墨。但是大手筆只選擇兩三件事輕描淡寫一下，完全境遇便呈露眼前，栩栩如生。譬如陶淵明的《歸園田居》："方宅十餘畝，草屋八九間。榆柳陰後簷，桃李羅堂前。曖曖遠人村，依依墟裏煙。狗吠深巷中，雞鳴桑樹顛。"四十字把鄉村風景描寫多麼真切！再如杜工部的《後出塞》："落日照大地，馬鳴風蕭蕭。平沙列萬幕，部伍各見招。中天懸明月，令嚴夜寂寥。悲茄數聲動，壯士慘不驕。"寥寥幾句話，把月夜沙場狀況寫得多麼有聲有色，然而仔細觀察起來，鄉村景物還有多少爲陶淵明所未提及，戰地情況還有多少爲杜工部所未提及。從此可知文學上我們並不以儘量表現爲難能可貴。

　　在音樂裏面，我們也有這種感想，凡是唱歌奏樂，音調由洪壯急促而變到低微以至於無聲的時候，我們精神上就有一種沉默肅穆和平愉快的景象。白香山在《琵琶行》裏形容琵琶聲音暫時停頓的情況說："水泉冷澀弦凝絕，凝絕不通聲暫歇。別有幽愁暗恨生，此時無聲勝有聲。"這就是形容音樂上無言之美的滋味。著名英國詩人濟慈（Keats）在《希臘花瓶歌》也說，"聽得見的聲調固然幽美，聽不見的聲調尤其幽美"（Heard melodies are sweet; but those unheard sweeter），也是說同樣道理。大概喜歡音樂的人都嘗過此中滋味。

就戲劇說，無言之美更容易看出。許多作品往往在熱鬧場中動作快到極重要的一點時，忽然萬籟俱寂，現出一種沉默神秘的景象。梅特林克（Maeterlinck）的作品就是好例。譬如《青鳥》的佈景，擇夜闌人靜的時候，使重要角色睡得很長久，就是利用無言之美的道理。梅氏並且說："口開則靈魂之門閉，口閉則靈魂之門開。"贊無言之美的話不能比此更透闢了。莎士比亞的名著《哈姆雷特》一劇開幕便描寫更夫守夜的狀況，德林瓦特（Drinkwater）在其《林肯》中描寫林肯在南北戰爭軍事傍午的時候跪著默禱，王爾德（O. Wilde）的《溫德梅爾夫人的扇子》裏面描寫溫德梅爾夫人私奔在她的情人寓所等候的狀況，都在興酣局緊，心懸懸渴望結局時，放出沉默神秘的色彩，都足以證明無言之美的。近代又有一種默劇和靜的佈景，或只有動作而無言語，或連動作也沒有，就將靠無言之美引人入勝了。

雕刻塑像本來是無言的，也可以拿來說明無言之美。所謂無言，不一定指不說話，是注重在含蓄不露。雕刻以靜體傳神，有些是流露的，有些是含蓄的。這種分別在眼睛上尤其容易看見。中國有一句諺語說，"金剛怒目，不如菩薩低眉"，所謂怒目，便是流露；所謂低眉，便是含蓄。凡看低頭閉目的神像，所生的印象往往特別深刻。最有趣的就是西洋愛神的雕刻，她們男女都是瞎了眼睛。這固然根據希臘的神話，然而實在含有美術的道理，因為愛情通常都在眉目間流露，而流露愛情的眉目是最難比擬的。所以索性雕成盲目，可以耐人尋思。當初雕刻家原不必有意為此，但這些也許是人類不用意識而自然碰的巧。

要說明雕刻上流露和含蓄的分別，希臘著名雕刻《拉奧孔》（Laocoon）是最好的例子。相傳拉奧孔犯了大罪，天神用了一種極慘酷的刑法來懲罰他，遣了一條惡蛇把他和他的兩個兒子在一塊絞死了。在這種極刑之下，未死之前當然有一種悲傷慘戚目不忍睹的一頃刻，而希臘雕刻家並不擒住這一頃刻來表現，他只把將達苦痛極點前一頃刻的神情雕刻出來，所以他所表現的悲哀是含蓄不露的。倘若是流露的，一定帶了掙扎呼號的樣子。這個雕刻，一眼看去，只覺得他們父子三人都有一種難言之恫；仔細看去，便可發見條條筋肉根根毛孔都暗示一種極苦痛的神情。德國萊辛（Lessing）的名著《拉奧孔》就根據這個雕刻，討論美術上含蓄的道理。

以上是從各種藝術中信手拈來的幾個實例。把這些個別的實例歸納在一起，我們可以得一個公例，就是：拿美術來表現思想和情感，與其儘量流露，不如稍有含蓄；與其吐肚子把一切都說出來，不如留一大部分讓欣賞者自己去領會。因爲在欣賞者的頭腦裏所生的印象和美感，有含蓄比較儘量流露的還要更加深刻。換句話說，說出來的越少，留著不說的越多，所引起的美感就越大越深越真切。

這個公例不過是許多事實的總結束。現在我們要進一步求出解釋這個公例的理由。我們要問何以說得越少，引起的美感反而越深刻？何以無言之美有如許勢力了。

想答復這個問題，先要明白美術的使命。人類何以有美術的要求？這個問題本非一言可盡。現在我們姑且說，美術是幫助我們超現實而求安慰於理想境界的。人類的意志可向兩方面發展：一是現實界，一是理想界。不過現實界有時受我們的意志支配，有時不受我們的意志支配。譬如我們想造一所房屋，這是一種意志。要達到這個意志，必費許多力氣去征服現實，要開荒辟地，要造磚瓦，要架樑柱，要賺錢去請泥水匠。這些事都是人力可以辦到的，都是可以用意志支配的。但是現實界凡物皆向他心下墜一條定律，就不可以用意志征服。所以意志在現實界活動，處處遇障礙，處處受限制，不能圓滿地達到目的，實際上我們的意志十之八九都要受現實限制，不能自由發展。譬如誰不想有美滿的家庭？誰不想住在極樂園？然而在現實界決沒有所謂極樂美滿的東西存在。因此我們的意志就不能不和現實發生衝突。

一般人遇到意志和現實發生衝突的時候，大半讓現實征服了意志，走到悲觀煩悶的路上去，以爲件件事都不如人意，人生還有什麼意味？所以墮落，自殺，逃空門種種的消極的解決法就乘虛而入了，不過這種消極的人生觀不是解決意志和現實衝突最好的方法。因爲我們人類生來不是懦弱者，而這種消極的人生觀甘心讓現實把意志征服了，是一種極懦弱的表示。

然則此外還有較好的解決法麽？有的，就是我所謂超現實。我們處世有兩種態度，人力所能做到的時候，我們竭力征服現實。人力莫可奈何的時候，我們就要暫時超脫現實，儲蓄精力待將來再向他方面征服現實。超脫到哪里去呢？超脫到理想界去。現實界處處有障礙有限制，理想界是天空任鳥飛，極空闊極自由的。現實界不可以造空中樓閣，理想界是可以造空中樓閣的。現實界沒有盡美盡善，理想界是有盡美盡善的。

姑取實例來說明。我們走到小城市裏去，看見街道窄狹污濁，處處都是陰溝廁所，當然感覺不快，而意志立時就要表示態度。如果意志要征服這種現實哩，我們就要把這種街道房屋一律拆毀，另造寬大的馬路和清潔的房屋。但是談何容易？物質上發生種種障礙，這一層就不一定可以做到。意志在此時如何對付呢？他說：我要超脫現實，去在理想界造成理想的街道房屋來，把它表現在圖畫上，表現在雕刻上，表現在詩文上。於是結果有所謂美術作品。美術家成了一件作品，自己覺得有創造的大力，當然快樂已極。旁人看見這種作品，覺得它真美麗，於是也愉快起來了，這就是所謂美感。因此美術家的生活就是超現實的生活；美術作品就是幫助我們超脫現實到理想界去求安慰的。換句話說，我們有美術的要求，就因爲現實界待遇我們太刻薄，不肯讓我們的意志推行無礙，於是我們的意志就跑到理想界去求慰情的路徑。美術作品之所以美，就美在它能夠給我們很好的理想境界。所以我們可以說，美術作品的價值高低就看它超現實的程度大小，就看它所創造的理想世界是闊大還是窄狹。

但是美術又不是完全可以和現實界絕緣的。它所用的工具例如雕刻用的石頭，圖畫用的顏色，詩文用的語言都是在現實界取來的。它所用的材料例如人物情狀悲歡離合也是現實界的產物。所以美術可以說是以毒攻毒，利用現實的幫助以超脫現實的苦惱。上面我們說過，美術作品的價值高低要看它超脫現實的程度如何。這句話應稍加改正，我們應該說，美術作品的價值高低，就看它能否借極少量的現實界的幫助，創造極大量的理想世界出來。

在實際上說，美術作品借現實界的幫助愈少，所創造的理想世界也因而愈大。再拿相片和圖畫來說明。何以相片所引起的美感不如圖畫呢？因爲相片上一形一影，件件都是真實的，而且應有盡有，發洩無遺。我們看相片，種種形影好像釘子把我們的想象力都釘死了。看到相片，好像看到二五，就只能想到一十，不能想到其他數目。換句話說，相片把事物看得忒真，沒有給我們以想象餘地。所以相片，只能抄寫現實界，不能創造理想界。圖畫就不然。圖畫家用美術眼光，加一番選擇的功夫，在一個完全境遇中選擇了一小部事物，把它們又經過一番理想化，然後才表現出來。惟其留著一大部分不表現，欣賞者的想象力才有用武之地。想象作用的結果就是一個理想世界。所以圖畫所表現的現實世界雖極小而創造的理想世界則極大。孔子談教育說："舉一隅不以三隅反，則不復也"。相片是把四隅通舉出來了，不要你勞力去"復"。圖畫就只舉一隅，叫欣賞者加一番想像，然後"以三隅反"。

流行語中有一句說："言有盡而意無窮"。無窮之意達之以有盡之言，所以有許多意，盡在不言中。文學之所以美，不僅在有盡之言，而尤在無窮之意。推廣地說，美術作品之所以美，不是只美在已表現的一部分，尤其是美在未表現而含蓄無窮的一大部分，這就是本文所謂無言之美。

# 《鎔裁》篇

張西堂教授講　陳增淮記

## 一、釋題

A. 本文："規範本體謂之鎔，剪截浮詞謂之裁。"
B. 札記："爲文最要者：一命意，二修辭。"

按，"鎔"，《說文》："治器法也"。"裁"，《周易·繫辭上傳》："化而裁之謂之變"。《國語·吳語》："救其不足，裁其有餘"。

## 二、校勘

設位：《兩京遺編》："設下遺'乎其'二字。"

獻替：《兩京遺編》嘉靖本"替"均作"贊"。梅云："元作贊，何、朱均校作質。"

隨分所好：《兩京遺編》嘉靖本、何本、梅本"隨"均作"適"。

又：引本書爲證：《明詩》："隨性適分，鮮能通圓"。《養氣》："並適分胸臆，非牽課才外也。"《風骨》："文術多門，各適所好。"

辭殊意顯：汪本"意"作"義"。

## 三、詮釋

剛柔以立本：剛柔者，陽剛陰柔也，指上文情理而言，二字屢見本書，《體性》："才有庸俊，氣有剛柔""風趣剛柔，寧或改其氣"。

變通以當時：變通，指上文文采而言。《通變》："變則可久，通則不乏。"

檃括：檃，揉曲也；括，正方也。

審分：分者，分所當得也。黃侃《文心雕龍札記》："洐令多寡得宜，修短合度，酌中以立體，循實以敷文，斯鎔裁之要術也。"

駢拇：《莊子》："駢拇枝指，出乎性哉，而侈於德。附贅縣疣，出乎形哉，而侈於性。"

履端於始：《左傳·文公元年》："履端於始，序則不愆。舉正於中，民則不惑。歸餘於終，事則不悖。"

美材既斫：《文賦》："苟傷廉而愆義，亦雖愛而必捐。"

條貫統序：條理貫窮而統一也。《定勢》："若雅鄭而共篇，則總一之勢離。"

游心覓句：《莊子·駢拇》："駢於辯者，累瓦結繩竄句，游心於堅白同異之間。"《釋文》引司馬彪注云："竄句，謂邪說微隱，穿鑿文句也。"

引而伸之：引伸之法，據 QEVELOPOMENT OF POIAGIAPHS 所列凡七，一引用，二比擬，三原因，四結果，五反正，六對照，七疑問（見英文《作文要略》）。

謝艾：十六國時期前涼將領。《晉書·張重華》："主簿謝艾，兼資文武，可用以禦趙。"

清新：《陸清河集·與兄平原書》云："兄文章之高遠絕異，不可復稱言，然猶皆欲微多，但清新相接，不以此爲病耳。"

友於：《論語·爲政》："孝乎惟孝，友於兄弟。"舊讀"孝乎，惟孝友於兄弟"。按，"孝乎惟孝"猶今之"微乎微""賤乎賤"也，故當作"孝乎惟孝，友於兄弟"。

陶淵明《庚子歲五月中從都還阻風於規林·其一》詩："一欣侍溫顏，再喜見友於。""友於"借代兄弟也。

美錦製衣：《左傳·襄公三十一年》："子有美錦，不使人學製焉。"

榛楛：陸機《文賦》："石韞玉而山輝，水懷珠而川媚。彼榛楛之勿翦，亦蒙榮於集翠。"注："榛楛，喻庸音也。以珠玉之句既存，故榛楛之辭亦美。"

庸音：《文賦》："放庸音以足曲。"

榮衛：榮，指血液循環；衛，指氣的周流；猶"氣血"也，《內經》："榮衛不行，五藏不通。"

斟酌濃淡：曹子建《洛神賦》："穠纖得衷，修短合度"；《登徒子好色賦》："增之一分則太長，減之一分則太短，著粉則太白，施朱則太赤。"

弛於負擔：《左傳·莊公二十二年》："齊侯使敬仲爲卿，辭曰：'羈旅之臣，幸若獲宥，及於寬政，赦其不閒於教訓，而免於罪戾，弛於負擔，君之惠也。"

### 四、問題集議

**1. 三準問題**：劉氏三準之說，曰始、曰中、曰終，與三段論法大致相同，古人謂詩文有起承轉合，實則承、轉可以納之於中而仍爲三也，茲舉名家之說以證之。

亞里斯多德云："始有發端，中有發揮，末有收束，此三者均不可廢。"

齋藤正謙《拙堂文話》："文章有頭、有腹、有足，頭欲小，腹欲滿，足欲重而不欲大。"

陳繹曾《古今文式》："頭起欲緊而重，大文五分腹，一分頭頷；小文三分腹，一分頭頷，腹中欲滿而曲折多，欲健而快，尾結欲輕而意足，如駿馬駐坡，三分頭，二分尾。"

朱東潤《文學批評史》引元陶宗儀《南村輟耕錄》："喬孟符（吉），博學多能，以樂府稱。嘗云：'作樂府亦有法'，曰：'鳳頭、猪肚、豹尾'六字是也。大致起要美麗，中要浩蕩，結要響亮，尤貴在首尾貫穿，意思清新，能若是，斯可以言樂府矣。"

范德璣（椁）《詩法》："作詩有四法：起要平直，承要舂容，轉要變化，合要淵永。"

《藝概·文概》："兵形象水，文脉亦然。水之發源、波瀾、歸宿，所以示文之始、中、終，不已備乎？"

又："揭全文之旨或在篇首或篇中或在篇末，在篇首則後必顧之，在篇末則前必注之，在篇中則前顧之後注之，顧注亦所謂文眼也。"

《文學批評原理》："行文所根據者二事：一爲作者之性情，一爲題旨之所在，即所表之情思，與表之之人也。"

又，"一貫統包完備、合法、和諧三意……完備者應有盡有，不容增減之謂；合法即架構是置篇中各部於適當之次序與比例；和諧較適當爲進，不但不適當之事在所不容，即事之適於動作、言論而足使感情減色或損其感人之力者亦宜除去（按此條亦可與下繁簡問題相發明）。"

**2. 繁略問題**：文之繁略人各異辭，兹舉名家之說如下：

《日知錄》卷十九："辭主乎達，不論其繁與簡。繁簡之論興而文亡矣，《史記》之繁處必勝於《漢書》之簡處。"

《伯子論文》："文章繁簡非因字句多寡，篇幅長短，若庸絮懈慢一句亦謂之繁，切到精詳連篇亦謂之簡。"

錢大昕曰："文有繁有簡，繁者不可減之使少，猶簡者不可增之使多。《左傳》之繁，勝於《公》《穀》之簡，《史記》《漢書》，互有繁簡，謂文未有繁而能工者，非通論也。"

方苞《與程若韓書》："夫文未有繁而能工者，如煎金錫，粗礦去，然後黑濁之氣竭而光潤生。"

**3. 存瑕問題**："《文賦》之'榛楛勿剪，庸音足曲'，劉氏以爲情苦芟繁。《孟子》云：'西子蒙不潔，則人必掩鼻而過之。'是瑕之不可存矣，然今論者以爲缺陷可以益美，故文章亦宜以山川襯珠玉也。"

《伯子論文》："詩文句句要工，使不在行。"

又："古人文字有累句不成句處，而不改若非不能改也。改之或傷氣格，故寧存其自然；若帖之存敗筆，古琴之仍焦尾是也。昔人論《史記·張蒼傳》，有年老口中無齒句，宜則曰老無齒；《公羊傳》齊侯是跛者逆跛者，禿者逆禿者，眇者逆眇者，宜則曰各以類逆，簡則簡而非《公羊》；史遷之文又於神情特不生動，知此說者可以悟存瑕矣。"

## 五、述評

### 1. 章節

全文三大段：①解題；②論法：A. 法在三準 B. 法在繁簡 C. 舉例證明；③總結。

### 2. 評議

劉氏鎔裁之法一曰標三準，二曰審繁簡，三準之法證以名家之說實爲綴文之經，而統一條理之術也。至於繁簡之論，雖難軒輊，而劉氏修短有度，自爲不易之言。爲文之要，首在明白、明眸、善睞，秾纖得衷，美人之美亦文章之宜也，增之一分則太長，減之一分則太短，不可增減之度斯鎔裁之極也。東坡自謂"作文如行雲流水，初無定質，但常行於所當行，止於所不可不止。"其此之謂乎。

# 《附會》篇

刘俊贤　記

1. 《後漢書·張衡列傳》："乃擬班固《兩都》，作《二京賦》，因以諷諫。精思傅會，十年乃成。""傅"與"傅會"爲通用字。

2. 本篇云："附辭會義，務總綱領，驅萬涂於同歸，貞百慮於一致；使衆理雖繁，而無倒置之乖，群言雖多，而無棼絲之亂；扶陽而出條，順陰而藏跡，首尾周密，表裡一體，此附會之術也。"

3. 范注："附會者，使通篇相會而會於一，蓋討論如何'首尾圓合條貫統序'，如何'異端不至駢贅盡去'。"

4. 附會者，首尾一貫，使通篇相附而會於一，即後來所謂章法也。彌綸：《易經·繫辭》："故能彌綸天地之道。"注：彌爲彌縫之彌，謂聯合也。綸爲經綸之綸，謂條理也。

雜而不越：雜而不越者愈變化愈整齊之謂也。

才最學文："最"，疑當作"優"或"繁"，傳寫之誤，殆由學優而任意化成此語。"最"當作童體性："夫才有天資，學慎始習……故童子雕琢，必先雅製。"

事義爲骨髓："《宗經》：'洞性靈之奧區，極文章之骨髓者也。'"《風骨》："乃其骨髓峻也。"《章句》："外文綺交，内義脉注。"脉即骨髓也。

情志爲神明，事義爲骨髓，辭采爲肌膚，宮商爲聲氣：《知音》："是以將閱文情，先標六觀：一觀位體，二觀置辭，三觀通變，四觀奇正，五觀事義，六觀宮商。斯術既行，則優劣見矣。"《總術》："視之則錦繪，聽之則絲簧，味之則甘腴，佩之則芬芳。"

元黃：天啓本、嘉靖本、何氏本、梅氏本均作"玄黃"。

以裁厥中：中者適也，當也。程伊川言《春秋》曰："欲知中庸，無如權。何物爲權？義也，時也。"

恒數：兩京遺編本、集本、天啓本、嘉靖本、何氏本、梅本均作"常數"。

棼絲：《左傳》："治絲而棼之也"。

首尾周密，表裡一體：《修詞鑒衡》："秦少游之文，文章有首有尾，無一言亂説，觀少游五十策可見。"

同上，"東坡在儋耳時，葛延之自江陵擔簦絕海往見，留一月，坡嘗誨以作文之法曰：'儋州雖百家聚州，人須取之市而足，然亦不可徒得也，必有一物以攝之，然後爲己用，所謂一物者錢是也。作文亦然，天下之事散在經史中，不可徒使，必得一物以攝之，然後爲己用，所謂一物者意是也。不得錢不可以取物，不得意不可以取事。'"

曾文正公論文："謀篇見疊出，使一覽而盡，而自首至尾意緒一綫。"儀毫而失墻：《吕氏春秋·處方》篇："今夫射者儀毫而失墻，畫者儀髮而易貌，言審本也。"

鋭精細巧：《伯子論文》："著佳語佳事太多，如京肆列雜物，非不炫目，正爲有市井氣，語言無味，面目可憎，此庸俗人病也；而專好新奇譎怪者，病甚於此，好奇好怪即是俗見，大雅之士不然耳。"

詘寸：《文子》："《淮南子·氾論訓》：'詘寸而伸尺，聖人爲之。小柱而大直，君子行之。'"

偏善之巧：《文賦》："苟傷廉而愆義，亦雖愛而必捐。"

文變多方：兩京遺編本、集本、《太平御覽》、嘉靖本、何氏本"多"字均作"無"。

率故多尤：《文賦》："或率意而寡尤。"

需爲事賊：《左傳·哀公十四年》："需，事之賊也。"

制首以通尾：林語堂《論翻譯尋常作文之心理程序》："必是分析的，而非組合的，先有總意義，而後分爲一句之各部，非先有零碎之辭字，由此辭字而組織成一句之總意義……此所謂句之分析説（原於温德氏），很容易由各人經驗證明，凡做文章通順之人，行文時於未下筆之先，必先有一句要説的意思，在心理，即所謂總意象，心知其所欲言；直至下筆成文之時，然後不得不依練習之語法，一字一字寫出來，決非先由各字之意義堆積成句，然後明其所欲言是全句意義。故行文者，必於筆未下時，文句自現宛然於耳中，預先聞見，此句之聲響若得到處，再求辭字，由辭字而後堆積成句者，其文必不能雅訓，前者即所謂Auto Dictation，後者即所謂 ECBEUPOUYUG（依 PALMEI 名稱），此所謂總意象之分析，即尋常行文之心理（《語言學論叢》）。

林語堂行文之理："當先有。統統意象。"

偏枯文體：《吕氏春秋》："魯人有公孫綽者……曰：'我固能治偏枯……'"

懸識：《史記·扁鵲倉公列傳》："扁鵲過齊，齊桓侯客之。入朝見，曰：

'君有病在腠理，不治將深。'"喻見微知著。

豆之合黃：釋凡三：

1. 范文瀾疏："'豆之合黃'未詳其説，按《廣雅》，豆林落也，黃作觥，兕牛角可以飲者也，豈黃必事託而六朝有此成語耶。"

2. 范注引鈴木虎雄《文心雕龍校勘記》（《御覽》五八五五引）："豆之合黃作石之合玉，銓木石之合玉，玉石之聲，其調和合也。"

3. 黃侃曰："'豆'疑當作'曰'。"本書《頌贊》篇："徒張虛論，有似黃白之僞説矣。"黃注引《呂氏春秋·别類》篇曰，"相劍者曰：白所以爲堅也，黃所以爲牣也，黃白雜則堅且牣，良劍也。"是其義。

修短在手：《鎔裁》："修短有度。"

總轡：《孔子家語》："善御馬者，正身以總轡"。

善附者異旨如肝膽，拙會者同音如胡越：

1. 《修辭鑒衡》："過換處不可忽，看文須要看他過換處，及轉接處。"

2. 魏禧《日録》論文嘗言："古文轉接之法一定不可易。或問：'古文轉接有極奇變出人意外處，何謂一定？'曰：'試將原文轉接處，以己意改换，至再至十，終不能及，便知此奇變乃是一定也。'"

3. 唐彪《讀書作文譜》："文章不貫患之弊有二，如一篇中有數句先後倒置，或數句少礙理即不貫串矣，承接處字句或虛實失宜，反正不合，即不貫矣，二者之弊雖名文亦多之。"

同音如胡粵：《漢書·賈誼傳》："夫胡、粵之人，生而同聲，耆欲不異，及其長而成俗，累數譯而不能相通，行者有雖死而不相爲者，則教習然也。"

《荀子·勸學篇》："干、越、夷、貉之子，生而同聲，長而異俗，教使之然也。"

易字艱於代句：《練字》篇："善爲文者，富於萬篇，貧於一字，一字非少，相避爲難也。"

兒寬更草，而漢武嘆奇：《漢書·兒寬傳》："張湯爲廷尉，廷尉府盡用文史法律之吏，而寬以儒生在其間，見謂不習事，不署曹，除爲從史，之北地視畜數年。還至府，上畜簿，會廷尉時有疑奏，已再見却矣，掾史莫知所爲。寬爲言其意，掾史因使寬爲奏。奏成，讀之皆服，以白廷尉湯。湯大驚，召寬與語，乃奇其材，以爲掾。上寬所作奏，即時得可。異日，湯見上。問曰：'前奏非俗吏所及，誰爲之者？'湯言兒寬。上曰：'吾固聞之久矣。'"

鍾會易字，晉景稱善：《魏晉世語》："司馬景王命中書郎虞松作表，再呈不可，意令松更定之，經時竭思不能改，心有憂色……會（鍾會）取草視，爲定五字。松悦服，以呈景王。景王曰：'不當爾耶？'"

絕筆斷章，譬乘舟之振楫：《修辭鑒衡·結語》："結文字須要精神，不要閒言語。"

上重下輕之病：《唐子西文錄》："凡爲文，上句重，下句輕，則或爲上句壓倒。《書錦堂記》云：'仕宦而至將相，富貴而歸故鄉。'下云：'此人情之所榮，而今昔之所同也。'非此兩句，莫能承上句。"

《六一居士集序》云："'言有大而夸'，此雖只一句，而體勢則甚重，下乃云：'賢者信之，衆人疑寫。'非用此兩句亦載上句不起。"

《伯子論文》："收結恒須緊束；或故爲散弛懈緩者；亦如勞役之際，閉目偃倚，乃不至於困竭也。"

克終：《詩經》："靡不有初，鮮克有終。"

厎績：《尚書·舜典》："詢事考言，乃言厎可績。"

間關：有三義：

1. 車聲：《詩經·車轄》："間關車之轄兮"。
2. 鳥聲：白居易《琵琶行》詩："間關鶯語花底滑"。
3. 行路之曲折：《漢書·王莽傳》："間關至漸臺。"間關，艱難狀也，此處狀文字之艱澀。

蘇軾《戲和正輔一字韻》詩："改更句格各蹇吃，姑因狡獪加間關。"

如樂之和：《左傳》："如樂之和，無所不諧。"

# 《章句》篇

張西堂先生　講　　李書堃記

《文心雕龍札記・釋〈章句〉之名》曰："《說文》："'有所絕止，而識之也。'施於聲音，則語有所稽，宜謂之；施於篇籍，則文有所介，宜謂之。一言之駐，可以謂之，數言聯貫，其辭已究，亦可以謂之。假借爲讀，所謂句讀之讀也，凡一言之停駐者用之。或作句投，或作句豆，或變作句度，其始皆但作'、'耳。其數言聯貫而辭已究者，古亦同用絕止之義而但作'、'。從聲以變則爲章，《說文》'《樂竟》爲一章'是也。言樂竟者，古但以章爲施於聲音之名，而後世則泛以施之篇籍。舍人言章者明也，此以聲爲訓，用後起之義傅麗之也。句之語原於𠄌，《說文》：𠄌（ᄅ），鉤識也，從反𠄍（Ƨ），是𠄌亦所以爲識別，與'、'同意。章先生說：《史記・滑稽列傳》，東方朔至公車上書，公車令兩人共持舉其書，人主從上方讀之。止，輒乙其處。乙非甲乙之乙，乃鉤識之𠄌。𠄌字見於傳記，惟有此耳。聲轉爲曲，曲古文作𠚎，正象句曲之形，凡書言文曲，《荀子》言曲折，《漢書・藝文志》言曲度，皆言聲音於此稽止也。又轉爲句。《說文》曰：'句，曲也。'句之名，秦漢以來衆儒爲訓詁者乃有之。此由諷誦經文，於此小駐，正用鉤識之義。舍人曰'句者，局也。此亦以聲爲訓，用後起之義傅麗之也。'《詩疏》曰：'古者謂句爲言。'……案古稱一言，非必辭意完具，但令聲有所稽，即爲一言，然則稱言與稱句無別也。總之，句、讀、章、言四名，其初但以目聲勢，從其終竟稱之則爲章，從其小有停駐言之則爲句、爲曲、爲讀、爲言。降後乃以稱文之詞意完具者爲一句，結連數句爲一章。……篇章之分，一著簡册之實，一著聲音之節，以一篇所載多章皆同一意，由是謂文義首尾相應爲一篇，而後世或即以章爲篇，則又違其本義。案《詩》三百篇，有一篇但一章者，有一篇累十六章者，此則篇章不容相混也。其他文籍，如《易》二篇不可謂之二章，《孟子》七篇不可謂之七章，《老子》著書上下篇，不可謂之二章。自雜文猥盛，而後篇章之名相亂。舍人此篇云：積章成篇，篇之彪炳，章無疵也。又云：篇有小大，蓋猶是本古誼以爲言。"

設情有宅：《說文》："宅，所寄也。"《國語・魯語上》："宅，章之次也。"章明情志，必有所寄乃可次序顯晰。故設情有宅，置言有位，義即規定意義，劃分區域也。

章者明也，句者局也：鄭《注》："《堯典》'平章百姓'曰：'明也。'"《說文》："句，曲也。"局亦句也。《詩·關雎·正義》孔穎達疏曰："句者局也，聯字分疆，所以局言者也。章者明也，總義包體，所以明情者也。"

區畛：《蜀都賦》："瓜疇芋區。注：'區，界畔也。'《周禮》：'十夫有溝，溝上有畛。畛，田界。'"

彪炳：光彩焕發貌。左思《蜀都賦》："符采彪炳，暉麗灼爍。"

萬畢：一切了當也。《淮南子》有萬畢術。

匠筆：斧削也，意匠經營也。

送迎際會：送謂收也，迎謂起也。際，邊也；際會謂交接會合之處，謂收結與起始也。

文説分間法：《文説》："其間小段，間架極要分明，而不欲使人見其間架之跡，蓋意分而語串，意串而語分也。'

綴兆：《禮·樂記》："屈申俯仰，綴兆舒疾，樂之文也。"《正義》曰："綴，謂舞者行列相連綴也。兆，謂位外之營兆也。"又，《禮·樂記》："行其綴兆，要其節奏，行列得正焉。"注曰："綴兆，舞位也。"按，兆即今所謂活動區域。

抗墜：《禮·樂記》："歌者，上如抗，下如隊，曲如折，止如槀木。"按，抗隊即抑揚頓挫也。

詩人擬喻，斷章取義：堃按，詩人爲詩，常取典籍中事以喻所懷。如：《古詩十九首》中"誰能爲此曲，無乃杞梁妻""晨風懷苦心，蟋蟀傷局促"，秦嘉《留郡贈婦》詩："詩人感木瓜，乃欲答瑤瓊"，陶淵明《飲酒詩二十首》："九十行帶索，饑寒況當年"，皆斷章取義例也。

啟行：《詩·小雅·六月》："元戎十乘，以先啟行。"啟行，喻始也。

綺文：綺，繒之一種，其文倚斜，不順經文。

跗蕚：《詩·小雅·常棣》："常棣之華，蕚不韡韡。"《箋》：承華者曰蕚，不、柎聲同，柎亦作跗，蕚足也。

搜句忌於顛倒：《文賦》："苟達變而相次，猶開流以納泉。如失機而後會，恒操末以續巔。謬玄黃之秩叙，故溷濁而不鮮。或仰逼於先條，或俯侵於後章。或辭害而理比，或言順而義妨。離之則雙美，合之則兩傷。考殿最於錙銖，定去留於毫芒。苟銓衡之所裁，固應繩其必當。"

裁章貴於順序：欲有順序，必先布置。布置之法如下：

①層次：a. 升降　　b. 斷續　　c. 列敘　　d. 類字
②a. 對偶　　b. 對照
③連環（連珠）
④復疊：a. 反復　　b. 疊字　　c. 照應　　d. 增助
（5）問答

《修辭鑒衡》：文章要布置條下，引《古今詩話》范文寶云："古人文章必謹布置，如老杜贈韋見素（《奉贈韋左丞丈二十二韵》）詩：'紈袴不餓死，儒冠多誤身。'此一篇立意也。故令靜聽而陳之。自'甫惜少年曰'，至'致使風俗淳'皆儒冠事業也。'此意見蕭條'，至'蹭蹬無縱鱗'。言誤身如此也則意舉而文備，固已有是詩矣，然必言所以見韋者，於是有厚愧真知之句。所以真知者，謂傳誦其詩也。然宰相職在進賢，不當徒愛人而已。士固不能無望，故曰：'竊效貢公喜，難甘原憲貧。'果無益則去之可也。故曰：'焉能心怏怏，止是走踆踆。'入海而去秦也，其餘去也，人情必有遲遲不忍之意，故曰：'尚憐終南山，回首清渭濱。'所知不可以不別，故曰：'常擬報一飯，況懷辭大臣。'夫如是則相亡江海之外，雖見素亦不可以得而見矣，故曰：'白鷗波浩蕩，萬里誰能馴'終焉。此詩前賢錄爲壓卷，爲其布置得正體，如官府甲第，廳堂房屋，各有定處不亂也。"

陳騤《文則》："文有上下相接如繼踵然，其體有三：其一曰敘積小至大。如大學'能盡己之性，則無盡人之性；能盡人之性，則能盡物之性……'其二曰，敘由精及粗，如《莊子》'古之明大道者，先明天而道德次之，道德已明而仁義次之，仁義已明而分守次之，分守已明而形名次之……'其三曰，敘自流極源，如《大學》'古之欲明明德於天下者，先治其國；欲治其國者，先齊其家；欲齊其家者，先修其身……'"

附：

## 杜甫：《奉贈韋左丞丈二十二韵》

紈袴不餓死，儒冠多誤身。丈人試靜聽，賤子請具陳。
甫昔少年日，早充觀國賓。讀書破萬卷，下筆如有神。
賦料揚雄敵，詩看子建親。李邕求識面，王翰願卜鄰。
自謂頗挺出，立登要路津。致君堯舜上，再使風俗淳。
此意竟蕭條，行歌非隱淪。騎驢十三載，旅食京華春。
朝扣富兒門，暮隨肥馬塵。殘杯與冷炙，到處潛悲辛。

主上頃見徵，欻然欲求伸。青冥却垂翅，蹭蹬無縱鱗。
甚愧丈人厚，甚知丈人真。每於百寮上，猥頌佳句新。
竊效貢公喜，難甘原憲貧。焉能心怏怏，只是走踆踆。
今欲東入海，即將西去秦。尚憐終南山，回首清渭濱。
常擬報一飯，况懷辭大臣。白鷗沒浩蕩，萬里誰能馴？

分爲五科，科有細目，舉舊文以明之，皆辨審文句之事。若夫訂學誼，正訛文，雖有關於文句，然於成辭之質無所增者，雖有條例，不闡入於比云。

**第一，倒文。**

（一）句中倒字：《左傳·昭公十九年》"諺所謂'室於怒，市於色。'"（倒置。順言當云："怒於室，色於市。"）

（二）倒字葉韵：《詩·節南山》篇："弗問弗仕，勿罔君子。式夷式已，無小人殆。"（順言當云："無殆小人。"）《墨子·非樂上》引《武觀》曰："啓子淫溢康樂，野於飲食。將將銘莧磬以方。"（順言當云："飲食於野。"）

（三）倒句：《左傳·閔公元年》："爲吳太伯，不亦可乎？猶有令名，與其及也。"（順言當云："與其及也，猶有令名。"）《禮記·檀弓》："蓋殯也，問於聊曼父之母。"（順言當云："問於聊曼父之母，蓋殯也。"）

（四）倒序：《周禮·大宗伯職》："以肆獻祼享先王。"（以次序言，祼在先，獻次之，肆又次之。）《書·無逸》："或五六年，或四三年。"

**第二，省文。**

（一）蒙上省：畫，《禹貢》："荆岐既旅，終南惇物，至於鳥鼠。"（不言治，蒙上荆岐既旅之久）《左傳·定公四年》："楚人爲食，吳人及之，奔。食而從之。"（"奔"不言楚人，"食而從之"不言吳人，蒙上）

（二）因下省：《書·堯典》："朞三百有六旬有六日。"（三百者，三百日也，不言日，因下省）《詩·七月》："七月在野，八月在宇，九月在戶，十月蟋蟀入我牀下。"（在野，在宇，在戶皆蟋蟀也。不言者，因下省）

（三）語急省：《左傳·莊公二十二年》："敢辱高位，以速官謗。"（敢，不敢也。語急省）《公羊傳·隱公元年》："如勿與而已矣。"（如，不如也。語急者）

（四）因前文已具而省：《易·同人》："'九五同人，先號咷，而後笑。'……《象》曰：'同人之先以中直也。'"（象意當説：同人之先號而後笑，以中直也。令但曰同人之先，蒙上省也。《易傳》此類例甚多）《詩·板》篇："天之牖民，如壎如篪。如璋如圭，如取如攜。攜無曰益，牖民孔易。"（無曰益，但承攜言，以文不便，省壎篪以下了）

（五）以疏略省：《論語》："沽酒、市脯，不食。"（當云"沽酒不飲"，疏而《體之》篇——范文瀾曰：而《體之》篇疑當作《二體》之篇，二體指六言、七言。梅云："而"下疑有脱字。天啓本、集成本，"而"均作"兩"）。

兩漢：鈴木云："梅本作西漢。"案，天啓本、集成本、梅本均作西漢，何校作"兩"。

節文：讀如《孟子》："節文之斯謂禮"之節文，屬動詞。

魏武論賦：朱襄本：《玉海》校作論"詩"。

資代：范文瀾曰："資代作貿代，是。貿，遷也。"《札記》曰："若夫聲宮商，句中雖不必盡調，至於轉韵，宜令平仄相間，則聲音參錯，易於入耳。魏武嫌於積韻，善於資代。所謂'善於資代'，即工於換韵耳。"

劄記——劄，以針刺也，非表非狀謂之劄，戴侗："六書故曰劄，削竹刺入也。"

乎哉已也：張師曰："案上文'夫、惟、益、故'，'之、而、於、以'下並有也字，就文氣言，此'乎、哉、已、也'之下亦當有"者"字。

據事似聞，在用實切：孫德謙《六朝麗指》曰"作駢文而全用排偶，文氣易致窒塞。即對句之中，亦當少加虛字，使之動宕。六朝文如傅季友《爲宋公求加贈劉前軍表》：'俾忠貞之烈，不泯於身後，大賞所及，永旌於善人。'任彦升《宣德皇后令》：'客游梁朝，則聲華藉甚，薦名宰府，則延譽自高。'邱希範《永嘉郡教》：'才異相如，而四壁徒立；高慚仲蔚，而三徑没人。'或用'於'字，或用'則'字，或用'而'字，其句法乃栩栩欲活。至庾子山《謝滕王集序啓》：'譬其毫翰，則風雨争飛；論其文采，則魚龍百變。'更躍然紙上矣。然如去此虛字，將'譬其''論其'易爲藻麗之字，則平板，而不能如此流利矣。於是知文章貴有虛字，旋轉其同，不可落入滯相也。"

斷章有檢：檢，檢察也，引申之則爲法度意。

配主：《易·豐卦》："初九：遇其配主。"

**附錄：**

## 《札記·約論古書文句異例》

恒文句讀，但能辨解字誼，悉其意旨，即可憭然無疑，或專以文法剖判之，亦可以無差忒。惟古書文句，駁舉奇侅者衆，不悉其例，不能得其義旨，言文法者，於此又有所未暇也。幸顧、王、俞諸君，有成書在，兹删取其要，分爲五科，科有細目，舉舊文以明。

詩頌大體：祝盟，"盟之大體"。哀弔，"哀辭大體"。頌贊，"大體斯底"。奏啓，"可謂識大體"。則大體，義即大要也。

祈父：《詩·小雅·祈父》："祈父，予王之爪牙。"

肇禋：《詩·周頌·維清》："肇禋，迄用有成，維周之禎。"

竹彈謠：《吳越春秋》曰："彈起於古之孝子，不忍見父母爲禽獸所食，作彈以守之。歌曰'斷竹續竹，飛土逐肉。'"按所歌者本黃帝時《竹彈謠》。

洛汭：《夏書·五子之歌》也。歌曰："内作色荒，外作禽荒，甘酒嗜音，峻宇雕牆，有一於此，未或不亡。"《序》曰："太康失邦，昆弟五人須於洛汭，作《五子之歌》。"

元首之詩：《尚書·虞書·益稷》："帝庸作歌……曰：'股肱喜哉，元首起哉，百工熙哉！'皋陶……乃賡載歌曰：'元首明哉，股肱良哉，庶事康哉！'"按，哉爲語助辭，以喜起熙，朗、良、康爲韵是三言也。

行露：《詩經·召南·行露》："誰謂雀無角，何以穿我屋。誰謂女無家，何以速我獄。雖速我獄，室家不足。"

六言七言：摯虞《文章流別論》："六言者'我姑酌彼金罍'之屬是也。……七言者'交交黃鳥止於桑'是也。"

趙翼《陔餘叢考》："任昉云：'六言始於谷永。'然劉勰云'六言七言雜書詩騷。'今按《毛詩》'謂爾遷於王都''曰予未有室家'等句，已開其端，則不始於谷永矣。"

吳檢齋先生《緅齋筆記》曰："《後漢書》東平王蒼、杜篤、崔琦、崔瑗、崔寔等《傳》，並云著七言若干篇，《班固傳》則有六言若干篇，由是推之：知漢人稱詩，皆以四言爲限，其六言、七言、八言者，或本爲琴歌，或質稱六言、七言、八言，皆不與之詩名也。漢人七言之詞，今世已不數見，唯《文選》李注所引數事而已。《西京賦》注引劉向七言曰'博學多識與凡殊'；王仲宣《贈士孫文始詩》注引劉歆《七略》（是劉向七言之訛）曰'宴處從容觀《詩》《書》'；嵇叔夜《贈秀才入軍詩》注引劉向七言曰'山鳥群鳴動我懷'，張景陽《雜詩》注引劉向七言'謁來歸耕永自疏'。按，李引七言四句，其三句以'殊''書''疏'爲韵，明其同出一篇。"

范文瀾曰："《吳越春秋》所載《窮劫》等曲，通首皆七言，此書出趙長君手，後漢人也。又史游《急就章》以七言成句，蓋今時里閈歌訣之類，亦可以證漢世民間七言之行用。彦和所指成於兩漢者，其即六言七言二體乎！"

（六）反言省疑詞：《書·西伯戡黎》："我生不有命在天？"（言有命在天也）《老子·七十七章》："是以聖人爲而不恃，功成而不處，其不欲見賢？"

(言其不欲見賢乎)

（七）記二人之言省"曰"字：《孟子·滕文公》："從許子之道，至屨大小同則賈相若。"（皆陳相之詞。上省"曰"字）《禮記·檀弓》篇："悼公之喪，季昭子問於孟敬子曰：'爲君何食？'敬子曰：'食粥天下之達禮也。'吾三臣者之不能居公室也，四方莫不聞矣。勉而爲瘠，則吾能，毋乃使人疑夫不以情居瘠者乎哉！我則食食。"（自吾三臣之下皆昭子詞，而省"曰"字）

第三，複文。

（一）同義字複用：《左傳·襄公三十一年》："繕完葺牆以待賓客。"《左傳·昭公十六年》："庸次比耦以艾殺此地，斬之蓬蒿藜藿而共處之。"（庸次比偶，四字同義）

（二）複句：《易·繫辭》："言天下之至賾而不可惡也，言天下之至動而不可亂也。"（下賾字鄭、虞、王本皆同，今本作"動"。）《孟子·梁惠王》篇："故王之不王，非挾泰山以超北海之類也。王之不王，是折枝之類也。"（《詩》中複句極多，不能悉數）

（三）兩字義類相因牽連用之而複：《禮記·文王世子》篇："養老幼於東序。"（言養幼者牽扯於老而言之）《玉藻》篇："大夫不得造車馬。"（言造馬者牽扯於車而言之）

（四）語詞疊用：《尚書·多方》篇："爾曷不忱裕之於爾多方？爾曷不夾介乂我周王享天之命？今爾尚宅爾宅，畋爾田，爾曷不惠王熙天之命？爾乃迪屢不靜，爾心未愛；爾乃不大宅天命，爾乃屑播天命，爾乃自作不典，圖忱於正。"（十一句中三"爾曷不"字，四"爾迺"字）《詩·大雅·緜》："篇："迺慰迺止，迺左迺右。迺疆迺理，迺宣迺畝。"（四句疊用八"迺"字）

（五）語詞複用：《書·秦誓》："尚猶詢茲黃髮。"（言"尚"又言"猶"。）《禮記·檀弓》篇："人喜則斯陶。"（言"則"又言"斯"）

（六）一人之詞中加曰字：《左傳·哀公十六年》："乞曰：'不可得也。'曰：'市南有熊宜僚者，若得之，可以當五百人矣。'"（下曰字仍爲乞語，此記者加一更端）《論語》："'懷其寶而迷其邦，可謂仁乎？'曰：'不可！'"（曰字陽虎自答，此自爲問答之詞）

第四，變化。

（一）用字錯綜：《春秋·僖公十六年》："隕石於宋五，是月，六鷁退飛，過宋都。"（上言石五，下言六鷁，錯言之耳）《論語》："迅雷風烈。"（即迅雷烈風）

（二）互文見義：《禮記·文王世子》篇："諸父守貴宮貴室，諸子諸孫守下宫下室。……諸父諸兄守貴室，子弟守下室，而讓道達矣。"（鄭曰：上言父子孫，此言兄弟互相備也）《祭統》篇："王后蠶於北郊以供純……夫人蠶於北郊以供冕服。"（鄭曰：純服亦冕服也，互言之耳）

（三）連類並稱：《儀禮·少牢饋食禮》："日用丁巳。"（或用丁或用巳）《孟子》："華周、杞梁之妻善哭其夫，而變國俗。"（哭夫爲杞梁妻事，華周妻乃連類言之也）

（四）兩語平列而實相連：《論語》："君子恥其言而過其行。"（言君子恥其言之過其形也）《詩·蕩》篇："侯作侯祝。"（《傳》曰："作祝詛。"）

（五）兩語小殊而實義：《詩·關雎》："參差荇菜，左右流之""參差荇菜，左右求之"。（《傳》曰：流，求也。）《禮記·表記》："仁有數，義有長短小大。"（數即長短小大）

（六）變文葉韵：《易·小畜》："上九，既雨既處。"（處，止也，與雨韵故變言處）《詩·鄘風·柏舟》："母也天只，不諒人只。"（《傳》曰："天謂父也。"《正義》曰："先母後天，取其韵句。案，變父言天，亦取韵句耳。"）

（七）前文隱没，至後始顯：《禮記·曲禮》篇："天子謂之伯父，異姓謂之伯舅。"（下言異姓，則上言同姓名矣）《檀弓》："晉獻公之喪，秦穆公使人弔公子重耳……子顯以致命於穆公。"（上不言使人爲誰，至後乃顯）

（八）舉此見彼：《易·文言》："地道也，臣道也，妻道也，地道無成而代有終也。"（不言臣妻）《禮記·王制》："大國之卿，不過三命，下卿再命。小國之卿與下大夫一命。"（鄭曰："不著次國之卿者，以大國之下互明之。"）

（九）上下文語變換：《書·洪範》："金曰從革，土爰稼穡。"（爰，即曰也）《論語》："愛之，能勿勞乎？忠焉，能勿誨乎？"（焉，即之也）

（十）敘論並行：《左傳·僖公三十三年》："秦伯素服郊次，鄉師而哭，曰：'孤違蹇叔，以辱二三子，孤之罪也。不替孟明，孤之過也。大夫何罪？且吾不以一眚掩大德。"（"不替孟明"乃記者之辭）《史記·周本紀》："尹佚筴祝曰：'殷之末孫季紂，殄廢先王明德，侮蔑神祇不祀，昏暴商邑百姓，其章顯聞於皇天上帝。'於是武王再拜稽首，曰：'膺更大命，革殷，受天明命。'武王又再拜稽首。"（"於是武王再拜稽首曰"九字夾敘於祝文之中，"再拜稽首"敘其事，"曰"者，史佚更讀祝文也）

（十一）録語末竟：《左傳·襄公二十五年》："盟國人於大宮，曰：'所不與崔、慶者。'（下無文）

第五，足句。

（一）間語：《書·君奭》："迪惟前人光。"（惟，間語也）《左傳·隱公

十一年》:"天而既厭周德矣。"(而,閒語也)

(二)助語用虛字:《詩·車攻》篇:"徒禦不驚,大庖不盈。"(《傳》:不驚,驚也;不盈,盈也)《書·洪範》:"皇建其有極。"(有極,極也)

(三)以語齊句:《詩·匏有苦葉》篇:"濟盈不濡軌,雉鳴求其牡。"(不字所以齊句)

上所甄舉,大抵取之古書《疑義舉例》中,其文與互用者殊特,不瞭其義則於其義茫然,或因以生誤解。文法書雖工言排列組織之法,而於舊文有所不能施用。蓋俞君有言:"執今人尋行數墨之文法,而以讀周、秦、兩漢之書,譬猶執山野之夫,而與言甘泉、建章之巨麗也。"斯言諒矣。兹爲講說計,竊取成篇,卿以證古書文句之異,若其詳則先師遺籍具在,不煩羅縷於此云。

# 《練字》篇

文象列而結繩移，鳥跡明而書契作：《說文·叙》："古者庖犧氏之王天下也，仰則觀象於天，俯則觀法於地，視鳥獸之文與地之宜，近取諸身，遠取諸物，於是始作《易》八卦，以垂憲象及神農結繩為治，而統其事，庶衆其繁，飾僞萌生，黃帝之史蒼頡見鳥獸蹏迒之跡，知分理之可相別異也，初造書契。……"

鬼哭粟飛：《淮南子·本經訓》："昔者蒼頡作書，而天雨粟，鬼夜哭。"王充《論衡·感虛》篇："傳書言'倉頡作書，天雨粟，鬼夜哭。'此言文章興而亂漸見，故其妖變致天雨粟、鬼夜哭也。"

書必同文：《中庸》："今天下車同軌，書同文。"

輶軒之使：《風俗通》："周秦常以歲八月遣輶軒之使采異代方言，還奏籍之，藏於秘府。"

《方言·劉歆與楊雄書》："三代周秦軒車使者，遒人使者以歲八月巡路，寀代語、僮謠、歌戲。"

復文：謂如有長字、門字，而重作"馬頭人"之長，"人持十"之門。

隱訓：謂詭僻之訓，如屈中爲蟲（《說文·叙》：蟲者屈中）之類。

諷誦則續（續）在宮商：劉海峰《論文偶記》："神氣者，文之最精處也；音節者，文之稍粗處也；字句者，文之最粗處也。余謂論文而至於字句，則文之能事盡矣。"一句之中或用平聲，或用仄聲，同一平字，仄字或陰平、陽平、上聲、去聲入耳，則異節迥異，故字句爲音節之主。（而練字亦有時視音節而定）

呴呭：喧嘩也。

齟齬：不安也。

重出：陸雲《與兄豐厚書》："'徹'與'察'皆不與'日'韻，思惟不能得，願賜此一字。"

於穆不食者：孫詒讓《札迻·十二記》："當作似《詩·周頌》'維天之命，於穆不已'。"

字靡異流：《札記》："'異'當作'易'。諸子'經子異流'靡多也。"

《論文劄記》——煉一字

（一）賈島初赴舉，在京師。一日於驢上得句云："鳥宿池邊樹，僧敲月下門。"又欲"推"字，煉之未定，於驢上吟哦，引手作推敲之勢，觀者訝之。時韓退之權京兆尹，車騎方出，島不覺，行至第三節，尚爲手勢未已。俄爲左右擁至尹前，島具對所得詩句，"推"字與"敲"字未定，神游象外，不知迴避。退之立馬久之，謂島曰："'敲'字佳。"遂並轡而歸，共論詩道，留連累日，因與島爲布衣之交。"（《詩話總龜》）

（二）范文正公守桐廬，始於釣臺建嚴先生祠堂，自爲記——其歌詞曰："雲山蒼蒼，江水泱泱。先生之德，山高水長。"既成，以示南豐李泰伯。泰伯讀之，三嘆味不已，起而言曰："公之文一出，必將名世，某妄意輒易一字，以成盛美。"公瞿然握手扣之。答曰："雲山、江水之語，於義甚大，於詞甚溥，而'德'字承之，乃似趦趄，擬換作'風'字，如何?"公凝坐頷首，殆欲下拜。（《容齋隨筆》）

（三）"王荆公絕句云'京口瓜洲一水間，鍾山只隔數重山。春風又綠江南岸，明月何時照我還。'吳中士人家藏其草，初云'又到江南岸'，圈去'到'字，注曰'不好'，改爲'過'，復圈去而改爲'入'，旋改爲'滿'，凡如是十許字，始定爲'綠'。"（《容齋續筆·卷八》）

（四）陳公時偶得杜集舊本，文多脫誤，至《送蔡都尉》，詩云"身輕一鳥"，其下脫一字。陳公因與數客各用一字補之，或云"疾"，或云"落"，或云"起"，或云"下"，莫能定。其後得一善本，乃是"身輕一鳥過"。陳公嘆服，以爲雖一字，諸君亦不能到也。（《六一詩話》）

（五）藝祖微時《日詩》云："欲出未出光辣達，千山萬山如火發。須臾走向天上來，趕却流星趕却月。"國史潤色之云："未離海嶠千山黑，才到天心萬國明。"文氣卑弱，大不如原作辭志慷慨，規模遠大，凛凛乎已有千萬世帝王氣象也。（《藏一話腴》）

（六）"疾雷不及掩耳"，此兵家成言，初非偶語，古今文士未有改之者。宋子京於《李靖傳》乃易"疾雷"爲"震霆"，易"掩"爲"塞"，不惟失真，且其理亦不安矣。

雷以其疾，故不及掩耳，而何取於震？掩且不及，復何暇塞哉！此所謂欲益反弊者也。（《濟南遺老集·新唐書辨》）

（七）歐陽公爲韓魏公《晝錦堂記》云"仕宦至將相，富貴歸故鄉。"韓公得之愛賞。後數日，歐復遣介，別以本至，曰："前有未是，可換此本。"韓再三玩之，無異前者，但於"仕宦""富貴"下各添一"而"字，文義尤暢，前輩爲文不易如此（《宋稗類鈔·卷五》）。

（八）《桑榆雜録》云："或言《醉翁亭記》用'也'字太多，荆公曰：'以某觀之，尚欠一也字。'坐有范司户者，曰'禽鳥知山林之樂，而不知人之樂，此處欠之。'荆公大喜。"予謂不然，若如所説，不惟意斷，文亦不健矣，恐荆公無此言，誠使有之，亦戲云爾。"（《潯南遺老集·文辨》）。

（九）"李廣見草中石，以爲虎而射之，中石没鏃，視之，石也，因復更射，終不能復入石矣。"凡多三"石"字，當云"以爲虎而射之，没鏃。既知其石，因復更射，終不能入"。或云"嘗見草中有虎，射之，没鏃，視之，石也"亦可。又云："其射，見敵急，非在數十步内，度不中，不發。""度不中"三字重疊，若此句存，則上句宜去也。又言：廣自到，"軍士大夫一軍皆哭"，但云"一軍"足矣；或去此二字亦可。（《潯南遺老集·〈史記〉辨惑》）

（十）《古史觀·〈史記〉多省文》："《史記》曰'母韓女也，滑稽多智。'然則'樗里子'之文，其可省乎？《史記》曰：'甘茂者，下蔡人也。事下蔡史舉，學百家之説。'《古史》曰：'下蔡史舉學百家之説'，似史舉自學百家矣，然則'事'之一字，其可省乎？"（《黄氏日鈔·卷五十一》）。

吕居仁《紫薇詩話》云："老杜云：'新詩改罷自長吟。'文字頻改，功夫自進。歐公作文時加竄定，有終篇不留一字者。山谷晚年多定前作。"《朱子語類》云："嘗見歐公《醉翁亭記》原稿，發端凡三四行，後悉塗去，而易以'環滁皆山也'五字。"洪景盧《容齋續筆》云："王荆公絶句'春風又緑江南岸'，原稿'緑'作'到'，圈去，注曰'不好'，改'過'字，復圈去，改爲'入'，旋改'滿'。凡如是十許字，始定爲'緑'。黄魯直詩'歸燕略無三月事，高蟬正用一枝鳴。''用'字初曰'抱'，又改曰'占'，曰'在'，曰'帶'曰'要'，至'用'字始定。予聞於錢伸仲大夫如此。（《文學研究法》卷四）

嘉定錢竹汀《跋方望溪文》載臨川李巨來譏望溪省桐城之名而但曰"桐"，以爲"縣以'桐'名者有五，桐鄉、桐廬、桐柏、桐梓，不獨桐城。宋强行父《唐子西文録》："皎然以詩名於唐，有僧袖詩謁之，然指其《御溝詩》云：'此波涵聖澤'，波字未穩當改。"僧艴然作色而去。僧亦能詩者也，皎然度其必復來，乃取筆作"中"字掌中，握之以待。僧果復來，云，"欲更爲中字如何？"然展手示之，遂定交。

六書：《周禮》："八歲入小學，保氏教國子，先以六書。一曰指事……二曰象形……三曰形聲……四曰會意……五曰轉注……六曰假借"。

吏師：《史記·秦始皇本紀》："若欲學法令，以吏爲師"。

删籀造隸：《漢書·藝文志》："蒼頡七章，秦丞相李斯所作也。文學多取

《史籀篇》，而篆體復頗異，所謂秦篆者是也。是時始造隸書矣，起於官獄多事，苟趨省易，施之於徒隸也"。

六體：《漢書·藝文志》："漢興，蕭何草律，亦著其法，曰：太史試學童，能諷書九千字以上，乃得爲史。又以六體試之，課最者以爲尚書御史史、書令史；吏民上書，字或不正輒舉劾。六體者：古文、奇字、篆書、隸書、繆篆、蟲書。"注："篆書謂小篆，蓋秦始皇使程邈所作也。隸書亦程邈所獻。"

馬字缺畫：《萬石君傳》："長子建爲郎中令，……奏事下，建讀之，驚恐曰：'書馬者與尾而五，今迺四，不足一，獲譴死矣！'其爲謹慎，雖他皆如是"。

相如撰篇：《漢書·藝文志》："武帝時，司馬相如作《凡將篇》，無復字。"

張敞傳業：《漢書·藝文志》："《倉頡》多古字，俗師失其讀。宣帝時，徵齊人能正其讀者，張敞從受之。傳至外孫之子杜林，爲作訓故，並列焉。"

《杜鄴傳》："鄴少孤，其母張敞女。鄴壯，從敞子吉學問，得其家書。以孝廉以郎。""吉子竦，又幼孤，從鄴學問，亦著於世，尤長於小學。鄴子林，清靜好古，亦有雅材，其正文字，過於鄴、竦，故世言小學者由杜公"。

揚雄纂訓：《漢書·藝文志》："元始中，徵天下通小學者以百數，各令記字於廷中。揚雄取其有用者，以作《訓纂》篇。"

太半：《東京賦》注："凡數，三分有二爲太半。"

孔徒：《西京雜記》："郭威以謂《爾雅》周公所制，而《爾雅》有'張仲孝友'，張仲，宣王時人，非周公之制，明矣。余嘗以問揚子雲，子雲曰：'孔子門徒游、夏之儔所記，以解釋六藝者也。'"

三接之外：黃叔琳注云："按三接者，如張景陽《雜詩》：'洪潦浩方割'、沈休文《和謝宣城》詩：'別羽泛清源'之類。三接之外，如曹子建《雜詩》：'綺縞何繽紛'，陸士衡《日出東南隅行》：'璃珮結瑤璠'，五字而聯邊者四，宜有字林之譏也。若賦則更有十接二十接不止者矣。"

黭黮：劉向《九嘆》："望舊邦之黭黮兮"〈注〉："黭黮，暗也"。

三寫：《抱樸子·遐覽》："諺云：'書三寫，魚成魯，帝成虎'。"

三豕：《孔子家語》："子夏曰，嘗返衛，見讀史志者云：'晉師伐秦，三豕渡河。'子夏曰：'非也，己亥耳。'讀者問諸晉史，果曰己亥。"

子夏弟子三句：《札迻》云："案，禩當作似"。

《詩·周頌》"維天之命，於穆不已"。

《毛傳》引孟仲子說，《正義》引《鄭譜》云："孟仲子者，子思弟子。"又云："子思論詩，於穆不已。仲子於穆不似，即彥和所本也，今所傳歐陽修輯本,《鄭譜》無此二文"。

《尚書大傳》有"別風淮雨",《帝王世紀》云"列風淫雨"。"別""列""淮""淫"字似潛移。"淫""列"義當而不奇,"淮""別"理乖而新異。詳案盧氏文弨《鍾山札記》引"別風淮雨"下,據宋本,有元長作序,亦用"別風"八字,當補入。又云《古文苑》載傅毅作《北海靖王興誄》云:"白日幽光,淮雨杳冥",今《文心雕龍·誄碑篇》所載爲後人易以"氛霧杳冥"矣。《蔡中郎集》中有《太尉楊賜碑》,云:"烈風淮雨,不易其趣。"今俗間本"淮雨"改作"雖變",余所見者宋本也。安知"烈風"不亦出後人所改乎?一字師:阮閱《詩話總龜》:蕭楚見張永作獨恨太平無一事請改"情"作"幸",公曰"真一字"師。

《竹坡詩話》:汪内相將赴臨川,曾吉父以詩送之,有"白玉堂中曾草詔,水晶宫里近題詩。"韓子蒼改"中"爲"深","里"作"冷",吉父聞之,以子蒼爲一字師。

## 《總術》篇

**(1)《札記》曰**："此篇乃總會《神思》以至《附會》之旨，而丁寧鄭重以言之，非別有所謂總術也。篇末曰：'文體多術，共相彌綸，一物攜二，莫不解體，所以列在一篇，備總情變。然則彥和之撰斯文，意在提挈綱維，指陳樞要明矣。'自篇首至知言之選句，乃言文體衆多。自此以下，則明文體雖多，皆宜研術，即以證圓鑒區域大判條例之不可輕。紀氏於前段則云汗漫，於次節則云與前後二段不相屬，愚誠未喻紀氏之意也。今當取全文而爲之銷解，庶覽者毋惑焉。若夫練術之功，資於平素，明術之效，呈於斯須。割情析采，籠圈條貫，摘神性，圖風勢，苞會通，閱聲字，其事至多，其例至密，其利害是非之辨至紛紜。必先之博觀，繼之以勤習，然後覽先士之盛藻，可以得其用心，每自屬文，亦能喻得失。真積力久，而文術稠適，無所滯疑，縱復難得善文，亦可退求無疵，雖開塞之數靡定，而利病之理有常。顏之推云：'但使不失體裁，辭意可觀，遂稱才士。'言成就之難也，是以練術而後爲文者，如輪扁之引斧；棄術而任心者，如南郭之吹竽；繩墨之外，非無美材，以不中程而去之無吝；天籟所激，非無殊響，以不合度而聽者告勞。是知術之於文，等於規矩於工師，節奏之於矇瞍，豈有不先曉解而可率爾操觚者哉？若夫曉術之後，用之臨文，遲則研《京》以十年，速則奏賦於食頃，始自用思，終於定藁，同此必然之條例，初無歧出之衢途。蓋思理有恒，文體有定，取勢有必由之準皋，謀篇有難畔之綱維，用字造句，合術者工而不合術者拙，取事屬對，有術者易而無術者難。聲律待術而後安，采飾待術而後美，果其辨之有明通之識，斯爲之無憒惑之虞。雖文意細若秋毫，而識照朗於鏡鑠，故曰：乘一總萬，舉要治繁也。欲爲文者，其可不先冶練術之功哉？

**(2) 今之常言**：今或作令，宋翔鳳《過庭錄》："所謂今之常言者，蓋當功目令有此別目也，無刻作令，俗刻改爲令。"按宋說迂，"令"自是"今"字之誤。

**(3) 有文有筆**：本文：以爲無韵者筆也，有韵者文也。

郭紹虞《中國文學批評史》引《晉書》引載。

蔡謨傳，文筆議論有集行於世。

習鑿齒傳，以文華著稱。

《樂廣》傳：廣善清言而不長於筆，將讓尹，請潘岳爲表，岳曰："當得君意。"廣乃作二百句語，述己之志，岳因取次比，便成名筆。岳不取廣之旨，無以成斯美也。

《文苑·張翰傳》：其文筆數十篇行於世。

《文苑·曹毗傳》：所著文筆十五卷行於世。

《文苑·袁弘傳》：桓温重其文筆，專綜書記。

宋顏延之論其子各得文風則曰："竣得臣筆，測得臣文。"

范曄《獄中與甥書》："手筆差易，文不拘韵故也。"

《金樓子·立言》篇："古人之學者有二，今人之學者有四。夫子門徒，轉相師受，通聖人之經者，謂之儒。屈原、宋玉、枚乘、長卿之徒，止於辭賦，則謂之文。今之儒，博窮子史，但能識其事，不能通其理者，謂之學。至如不便爲詩如閻纂，善爲章奏如伯松，若此之流，汎謂之筆。……"

《金樓子·立言下》："任彥升甲部闕如，才長筆翰，善緝流略，遂有龍門之名。"

《南史·孔珪傳》："與江淹對掌辭筆。"

《梁書·劉潛傳》："三筆六詩"。

《南史·沈約傳》："謝玄暉善爲詩，任彥升工於筆。"

梁簡文帝《與湘東王書》："詩既若此，筆又如之。"

**（4）請奪彼矛，還攻其盾**：《韓非子》："楚人有鬻矛與盾者，譽之曰，'吾盾之堅，莫能陷也。'又譽其矛曰：'吾予之利，於物無不陷也。'或曰：'以子之矛，陷子之盾，何如？'其人弗能應也。"

**（5）若筆不言文**：《札記》曰："不字爲'爲'字之誤。"張先生按，不亦形迥，當爲"亦"字之誤。

**（6）將以立論**：《中庸》："凡事豫則立，不豫則廢。"

**（7）可强可弱**：强弱猶言質文。《札記》曰："予以爲以下數語，言屬筆皆稱爲筆，而經傳又筆中之細名。同出於言，同入於筆，經傳之優劣在理，而不以言筆爲優劣也。信如此言，則上一節所云文筆之分，何不可以是難之。以此而觀，知彥和不堅守文筆之辨明矣"。"分經以典奧爲不刊，分當作六。"

**（8）號爲曲盡**：陸機《文賦序》："他日殆可謂曲盡其妙。"

**（9）九變之貫**：漢武帝《詔》："九變復貫，知言之選。"顏師古曰："貫，事也；選，擇也。"

**（10）落落之玉**：《老子·法本》："不欲琭琭如玉，落落如石。"張先生按，"落"當作"珞"。

**(11) 伶人告和**：《左傳·昭公二十一年》："泠州鳩曰：'王其以心疾死乎？夫樂，天子之職也；夫音，樂之輿也；而鐘，音之器也。天子省風以作樂，器以鐘之，輿以行之。小者不窕，大者不摦，則和於物，物和則嘉成。'"。杜注："窕細不滿，摦大不入。"

**(12) 動用揮扇，何必窮初終之韵**：范《注》云："未詳"。張先生按，二句略用《莊子·天運篇》："北門成問於黃帝曰：'帝張《咸池》之樂於洞庭之野，吾始聞之懼，復聞之怠，卒聞之而惑，蕩蕩默默，乃不自得。'帝曰：汝殆其然哉！吾奏之以人，徵之以天……吾驚之以雷霆。其卒無尾，其始無首……變化齊一，不主故常。……其聲揮綽，其名高明。……布揮而不曳，幽昏而無聲。動於無方，居於窈冥……此之謂天樂……樂也者，始於懼，懼故祟；吾又次之以怠，怠故遁；卒之於惑，惑故愚。"一假大意，易原文，始卒爲初終，揮綽爲揮扇，又隱括動於無方諸句爲動用，郭象《注》："用其所動，而爲動用揮（扇）綽，何必窮初終之韵也。"

**(13) 比篇章於音樂**：《典論·論文》："文以氣爲主，氣之清濁有體，不可力强而致。譬之音樂，曲度雖均，節奏同檢，至於引氣不齊，巧拙有素，雖在父兄，不能移其子弟。"

**(14) 不截盤根**：《後漢書·虞詡列傳》："不遇盤根錯節，何以別利器乎？"

**(15) 不剖文奧**：班孟堅答賓戲："守突奧之熒燭，未仰天庭而睹白日也。""交"與"文"形近，故誤。杜詩："文章開突奧"，又本此文。

**(16) 必資曉術**：韓退之作《柳子厚墓志銘》云："衡、湘以南爲進士者，皆以子厚爲師，其經承子厚口講指畫爲文詞者，悉有法度可觀。"

《新唐書·文藝傳序》云："韓愈倡之，柳宗元、李翱、皇甫湜等和之，排逐百家，法度森嚴。"

《宋史·歐陽修傳》云：修之爲文豐約中度。

董其昌《論書法》曰：其始必入於古人，其終必離於古人。

魏際瑞《伯子論文》："不入於法則散亂無紀；不出於法則拘迂而無以盡文章之變，由規矩者，熟於規矩，能生變化；不由規矩者，巧力所到，亦生變化；既有變化，自合規矩。夫概文之尚理法者，不大勝亦不大敗，尚才氣者，非大勝則大敗。"

章炳麟《菿漢微言》："以桐城義法……摧伏魔外，綽然有餘。"

方苞《書貨殖傳後》："《春秋》之制義法，自太史公發之，而後深於文者亦具焉。

義即《易》之所謂'言有物'也，法即《易》之所謂'言有序'也，義以爲經而法爲之，然後爲成體之文。"

(17) **圓鑒區域，大判條例**：上句言體，下句言用。

(18) **博塞邀遇**：博塞，即六博、格五等類博戲；邀遇，期求勝。《說文·竹部》："簙，局戲也。六箸十二棊也，古者烏曹作。"段玉裁曰："古戲今不得其實，箸韓非所謂箭。"

《招魂注》云："昆路作箸，故其字從竹。"

(19) **借巧儻來**：《莊子·天地篇》："物之儻來，寄者也。"

(20) **視之則錦繪，聽之則絲簧，味之則甘腴，佩之則芬芳**：錦繪指辭采，竹簧指宮商，甘腴指事義，芬芳指情致。

(21) **縲牽忌長**：《戰國策》：段干越人謂韓相新城若："昔王良弟子駕千里之馬，過京父之弟子。京父之弟子曰：馬，千里之馬也；服，千里之服也；而不能取千里，何也？曰：子縲牽長。故縲牽於事，萬分之一也，而難千里之行。"

(22) **三十之輻**：《考工記》："輪輻三十，以象日月也。"

# 語言文學書目舉要

# 一　總類書目索引之屬

**《漢書·藝文志》**　（東漢）班固等著，（清）王先謙《漢書補注》卷三十。通行《漢書》本，《八史經籍志》本等。

此爲史志書目。乃班固刪定，劉向、歆《七略·輯略》：六藝、諸子、詩賦、兵書、數術、方技編纂而成。體例甚善，有互見、別裁諸例。清儒謂："不通《漢·藝文志》，不可以讀天下書。藝文志者，學問之眉目，著述之門戶也。"這話太過，但可以見此志之重要。在此志中，可以考見古代學術之起源及其流傳至漢代遷變情況，這是一部必要的參考書乃至於須背讀的書。簡稱《漢志》，關於此書，前人用力頗多，有以下較重要的著作：

**《漢書藝文志條理》**　（清）姚振宗著　（快閣師山房叢書本　廿五史補編本）

**《漢書藝文志拾補》**　（同上）

**《漢書藝文志辨僞》**　（清）康有爲著　《新學僞經考》本

**《漢書藝文志講疏》**　顧實　商務補印本（此書有不妥當處，但便初學）

**《隋書·經籍志》**　唐長孫無忌等　通行《隋書》本　《八史經籍志》本

此依四部書類，爲瞭解自漢至隋書籍流傳、學術變遷必要之參考書。

**《清書經籍志考證》**　章宗源　豫章叢書本

**《隋書經籍志考證》**　姚振宗　快閣師山房叢書本

**《隋書經籍志糾繆》**　康有爲　《僞經考》本

以下爲補後漢、三國、晉書之史志書目：

顧櫰三《補後漢書藝文志》（金陵叢書本，補編本）

曾樸《補後漢書藝文志》（廿五史補編本）

姚振宗《後漢藝文志》（補編本）

侯康《補後漢書藝文志》（史學叢書本）

侯康《補三國藝文志》（嶺南叢書本）

姚振宗《三國藝文志》（適園叢書本）

丁國鈞《補晉書藝文志》（廣雅局本）

吳士鑑《補晉書經籍志》（家刊本）

黃逢元《補晉書藝文志》（排印本，不易得）

唐以後史志書目：

《舊唐書經籍志》

《新唐書藝文志》

《宋史藝文志》

《明史藝文志》　　（通行本　《八史經籍志》本）

朱師轍《清史稿藝文志》　　（排印本）

顧懷三《補五代史藝文志》　　（廣雅局本）

盧文弨《宋史藝文志補》　　（抱經堂自刻本　《八史經籍志》本）

倪燦《宋史藝文志補》（金陵叢刻本）

盧文弨《補遼金元藝文志》

金門詔《補三史藝文志》

錢大昕《補元史藝文志》（以上《八史經籍志》本）

《明志》簡略可查：黃虞稷《千頃堂書目》

《清史稿·藝文志》亦甚簡略，可兼用《清代學者生卒著述表》。

方志中《藝文志》可參看：

李濂鏜《方志藝文志彙目》（《國學季刊》七卷二期）

《七略別錄佚文》　姚振宗　（快閣師石山房本）此本公藏書目原目已失，後人採輯之佚文。《隋志》劉向《別錄》二十卷、劉歆《七略》七卷。讀之可見劉向、歆對古籍之評論等事。

錢東垣　《崇文總目輯釋》（粵雅堂叢書）

（明）解縉　《永樂大典目錄》（連筠簃叢書）

（明）楊士奇　《文淵閣書目》

《四庫全書總目提要》　紀昀　通行本。大東書局本有書目表最善，商務本可利用四角號碼檢查。關於此書體例，可參看拙作《論書目之體例》一文（國學季刊二卷一期），此不備述。

張之洞　《輶軒語·語學第二》："讀書宜有門徑。汎濫無歸，終身無得；得門而入，事半功倍。……尤宜抉擇分析，方不至誤用聰明。此事宜有師承。然師豈易得？書即師也。今爲諸君指一良師，將《四庫全書總目提要》讀一過，即略知學術門徑矣。"這話當然也是過分，但欲研究某一類古典文獻，此書將某一類的提要，翻閱一遍，對於瞭解其源流變遷，得失利病，是有必要的。

余嘉錫　《四庫提要辨證》（鉛印本，科學出版社）

此書爲糾正《提要》之錯誤而作，但亦不免舛誤。

《四庫全書簡明目録》　紀昀　永瑢等　（通行本　袖珍本）　古典文學出版社（以下簡稱古文社）

簡明目録無存目，不及《提要》。

《四庫未收書目提要》　阮元　（通行本　商務）

抗戰前夕日人爲達其文化侵略之目的，有續修《四庫提要》之議，由東方協會利用庚子賠款退款委託一些文化漢奸作一些書目提要，但未蕆事而七七事變起。稿當尚存北京。

《江蘇省立國學圖書館圖書總目》王煥鑣等（一九三六年鉛印本三十册）

此書目較丁丙丁仁《八千卷樓書目》所收書籍猶多，可供檢查之用。

《北京圖書館館藏書目》，散見於《圖書館學季刊》中。

其他公藏書目、大學圖書目録、私家藏書目録甚多，不能備載。上舉《八千卷樓書目》外，甚較著者如陸心源《皕宋樓藏書志》，繆荃孫《藝風堂藏書記》《續記》《再續記》。莫伯驥《五十萬卷樓藏書目》等書在必要時可供檢查之用。

《一九四九——一九五四　全國總書目》，《一九五五全國總書目》……五六、五七全國總書目……

此爲國家書目。解放前有生活書店出版全國總書目。此類書目可檢查新近出版之書籍。解放前朱士嘉有《官書局書目彙編》（中華圖書館協會出版），及其他營業書目亦可偶備檢查。

《郡齋讀書志》　（宋）晁公武　王先謙校本　（1937商務印書館　長沙思賢講舍刻本）

《直齋書録解題》　（宋）陳振孫　（聚珍版叢書本）

以上二種均係個人讀書筆記，可謂爲讀書家之書目，因其類似提要，可供學術書目之用。

錢遵王（曾）　《讀書敏求記》　（海山仙館叢書本）

周中孚　《鄭堂讀書記》（嘉業堂叢書本）

《古今僞書考》　姚際恒　（知不足齋叢書本　商務辨僞叢刊"古書辨僞四種"本）

《古今僞書考》爲治諸子之門徑書，前人曾有此說。不分真僞，實枉費力。

金夏中（受申）　《古今僞書考考釋》　（排印本）

顧實　《重考古今僞書考》　（排印本）

梁啟超　《古書之真僞及其年代》（排即本）

張心澂　《僞書通考》（商務）

顧頡剛　《古籍辨僞叢刊》（中華）

《書目答問補正》　張之洞原作　范希曾補正　（排印本）

　　此書專嚮指示門徑之作。例云："讀書不知要領，勞而無功，知某書宜讀而不得精校精注本，事倍功半。目的爲解決應讀何書，書以何本爲善。"頗風行一時。當時傳說此書係繆荃蓀代作，藝風老人自訂年譜，亦云奉命撰《書目答問》。但此實不確，說詳陳增《藝風年譜與書目答問》一文。（民二五年四月十六日《大公報》圖書副刊）

《要籍解題及其讀法》　梁啓超　（單印本）

《國學入門書要目及其讀法》　梁啓超　（單印本）

《經子解題》　呂思勉　（商務）

《三訂國學用書撰要》　李笠　（樸社）

《經義考》　朱彝尊　（曝書亭刊本　備要本）

翁方綱　《經義考補正》　（蘇齋叢書本　粵雅堂本）

《小學考》　謝啟昆　（浙局本　自刻本）

《許學考》　黎經誥　（排印本）

《雅學考》　胡元玉　（長沙刻胡氏殺青本　北大排印本）

《方言考》　崔驥　（《圖書館學季刊》六卷二期，有單印本）

　　自《經義考》以下，爲學術書目中之專科書目，書中分類排列各時代之著作，並附原書序、跋（《雅學考》未附序、跋），可見所錄某一書之概略。《經義考》諸書，或間下案語，讀者可藉以辨其源流，知其得失。

　　章學誠有《史籍考》三百二十五卷，惜其原稿已毀，但於其所存《敘　錄》，即《論修史籍考要略》和《史考釋例》兩篇文字，可窺其涯略。《敘錄總目》已刊劉刻《章氏遺書》中，謝國楨有《晚明史籍考》《清初開國史料考》，均已排印刊行。

《增訂說文目錄》

《說文解字詁林》　丁福保（排印單行本《說文解字詁林》中有引用書目表）

馬敘倫《清人所著說文之部書目初編草稿》（《圖書館學季刊》一卷一期）

沈兼士　《系統的文字學參考書目舉要》（北大國學門月刊）一卷五號

《甲骨書錄解題》　邵子風　（商務）

《五十年甲骨學論著目》　胡厚宣　（中華）

《金石書錄目》 容媛 容庚 （商務）
《中國文學選讀書目提要》 吳虞 （成都茹古書局刊本）
《關於詩經研究的重要書籍介紹》 鄭振鐸
《詩經參考書提要》 陸侃如 （《國學月報彙刊》1933年1期）
《楚辭書錄》 饒宗頤 （選堂叢書）
《周秦諸子書目》 胡韞玉 （樸學齋刊本）
《老子考》 王重民 中圖書協會出版（已絕版）

《史記書目》 在日人瀧川龜太郎《史記會注考證》中，此未有單印本，亦非單篇論文，錄此以備一格。此類如《文選書目》，在駱鴻凱所著《文選學》内；《文心雕龍書目》見范文瀾《文心雕龍注》，亦當以專科書目視之。

《全上古三代秦漢三國晉南北朝文編目》 蔣鏨 （烏程蔣氏刊本）
《全唐詩未備書目》 朱彝尊 （晨風閣叢書本）
《全唐文目》 傅雲龍 （有傳鈔本）
《宋詩書目》 郭篤士 （《中大圖書週刊》四卷三、四期）
《宋元人詞目》 吳昌綬 （趙尊嶽藏原稿本 據《書目長編》）
《曲海總目提要》 黃文暘原本； 董康輯訂 （大東書局）
《曲目表》 支宜平 （曲苑）
王國維 《曲錄》七卷 （晨風閣本 曲苑本不全）
《傳奇彙考》 （傳鈔本 石印本）
《中國俗曲總目》 劉俊 李家瑞 （中研 商務）
《明代雜劇全目》 傅惜華 （作家）
《現存元人雜劇書錄》 徐調孚 （上海文光出版社）
《彈詞寶卷書目》 胡士瑩 （古典文學出版社）
《子弟書總目》 付惜華 （上文）
《晚清戲曲小說目》 阿英 （上文）
《中國通俗小說書目》 孫楷第 （北平圖 作家）
《日本東京所見中國小說書目提要》孫楷第 （同上）
《紅樓夢書錄》 一粟 （古典）
《叢書舉要》 楊守敬 （鉛印）
沈乾一 《叢書書目彙編》（《續編》） （上海醫學書局）
《清華大學叢書子目書名索引》
《書目舉要》 周貞亮 （原刊本）

邵瑞彭　《書目長編》　（排印本，有舛誤）

潘承弼、顧廷龍合編　《明代版本圖錄初稿》（開明）

《四庫全書簡明目錄標注》　邵懿辰　（原刊本）

《邵亭知見傳本書目》莫友芝　（通行本）

孫殿起　《販書偶記》（三六年冀縣孫氏借閑居鉛印本）

王文進　《文禄堂訪書記》　（四二年北京文禄堂排印）

《天禄琳琅書目前編》于敏中編（長沙王氏刊本）

《天禄琳琅書目後編》彭元瑞　（長沙王氏刊本）

《宋元書影》（上海有正書局影印）

《清代禁燬書目四種》　（民二杭州抱經堂刊有索引）

《皇清經解編目》

楊樹達　《群書檢目》

《國學論文索引一——五編》　王重民

《國學論文索引一——三編》

《清代文集篇目索引》　王重民

《史學論文索引》　科學院歷史研究所

《全國主要報刊索引》

　　近三十年出版之專書索引、綜合引得名目甚多，此處不能備列，可查何多源《中文參考書指南》或勃朗（Zaidee Brown）《圖書館利用法》《工具書使用法》等書。欲查年號者可用汪宏聲《中國歷代年號索引》（開明）或羅振玉之《重校訂紀元編》（排印本）、史襄哉、夏雲奇編《紀元通譜》兩書；欲查人名者當兼用（有索引）《古今人物別名索引》（較陳乃乾《室名索引》《別號索引》為詳）；姜亮夫的《歷代人物年里碑傳綜表》（商務）、梁啓雄《二十四史傳目引得》《二十五史人名索引》及《八十九種明代傳記綜合引得》等書。考於地名者可用臧勵龢等編《中國古今地名大辭典》，但此書亦頗多缺點。

　　關於類書，可以檢查古代佚書佚文，可以訂正傳本文字錯誤，亦可當一種百科全書來用。此類書籍之較著名者如唐虞世南《北堂書鈔》（孔廣陶校刊本）、歐陽詢《藝文類聚》（明刊本）、徐堅《初學記》（古香齋袖珍本）、《白孔六帖》（唐白居易，宋孔傳撰，嘉靖本）、宋李昉等《太平御覽》（四部叢刊三編本）、王欽若《冊府元龜》（明刊本）、祝穆《古今事文類聚》（明刊本）、吳淑《事類賦》

(通行本)、章如愚《山堂考索》(明副本)、《錦繡萬花谷》(明刊本)、謝維新《古今合璧事類備要》(明刊本)、明章潢《圖書編》(明萬曆本)、明陳耀文《天中記》(有清光緒刊本)、俞安期《唐類函》(德聚堂刊本)及清代之《圖書集成》等書。附列於此，以備參考。

## 二　語言類（文字訓詁之屬）

《甲骨書録解題》邵子風（互見）

胡厚宣　《五十年甲骨文發現的總結》（商務）

胡厚宣　《五十年甲骨學論著目》（中華）

邵書五卷，按著録、通考、字書、代述、目録五項列述，有解題，附録有甲骨論文解題。于民二四年商務出版。

胡氏《論著目》以發現、著録、考釋、研究、通說、評論、彙集雜著諸目，並有著者篇名、編年等索引。出書雖較後較詳，但分類似過細，初學入門仍當一閱邵書。

《增訂殷墟書類考釋》　羅振玉　（民三石印本、民一六增訂本）

甲骨文自光緒廿五年發現後，開始拓印著録者爲劉鶚之《鐵雲藏龜》光緒廿九年石印本。一九三一年上海蟫隱廬翻印本附有鮑鼎釋文。孫詒讓獲見是編，因成《契文舉例》一書。但此書僅屬初創，所論甚簡。羅氏於《鐵雲藏龜》出版後，有《殷墟書契前編》《殷墟書契菁華》《鐵雲藏龜之餘》《殷墟書契後編》諸書之編印，後成爲《殷商貞卜文字考》及《殷墟書契考釋》兩書。考釋是擴大殷商貞卜文字考而作的，全書分爲八端：都邑第一、帝王第二、人名第三、地名第四、文字第五、卜辭第六、禮制第七、卜法第八。關於文字，說明形聲義可知者四百八十五字，形義可知而聲不可知者五十六字。羅氏在傳論中提出：由文學之可識者觀之，其與許書篆文合者十三四……與許書所出古籀則不合者十八九；且僅合者，又與籀文合者多，而與古文合者寡，以是知大篆者，蓋固商周文字之舊……非大篆創於史籀，小篆創於相斯。又謂"許書所出之古文，不能悉合於商周之舊"。其結論均甚是。此書增訂本與初印本不盡同，應參閱增訂本。

《戩壽堂所藏殷墟文字考釋》　王國維　（民六年與戩壽堂所藏殷墟文字同刊，廣倉學宭石印本，藝術叢編本）

此書署名"姬佛陀"，書題"姬佛陀編次之戩壽堂所藏殷墟文字（實際全書編次出王國維手）。對於（1）殷先王先公意之名稱；（2）

殷代之禮制；（3）文字之審釋等均頗用力。王氏在後來更寫成《殷卜辭中所見先王先公考》及《續考》《觀堂集林九·殷周制度論》《古史新證》《殷禮徵文》等文，為研究甲骨或古史者必讀之參考書。關於《殷卜辭中所見先王先公考》釋帝夋、相土、季、王亥、王恆、上甲、報丁、報丙、報乙、主壬、主癸、羊甲等名，其結論謂以卜辭證《殷本記》，則知《殷本紀》所記為是。《殷周制度論》釋明周人立子立嫡之制，廟數之制，同姓不婚之制；《古史新證》考論禹、殷生王先公、商諸臣、商都邑，係綜合卜辭金文及紙上材料寫成，亦頗多收穫。

《殷墟書契前編集釋》葉玉森　（大東書局石印本，一九三三）

葉氏有《殷契鉤沈》，說契、研契較譚及《鐵雲藏龜拾遺附考釋》諸書，所論有超出羅、王二家之外者。《集釋》一書，可供參閱。

《殷墟文字類編》　商承祚　（民十二年自刊本）

全書依《說文》編次，可供檢查之用。尚氏別有《殷墟書契待問編》，書集疑難諸字；又有《福氏所藏甲骨文字（附考釋）》《殷契佚存》等書。

《殷契卜辭附釋文》　容庚　（哈佛燕京社墨松本）

《甲骨文字研究》　郭沫若　（民二十年大東石印本　五二年重印本）

《卜辭通纂》一卷（附考釋三卷），索引一卷　郭沫若

《甲骨文字研究》初印本上冊有《釋祖妣》《釋臣宰》《釋耤》《釋龢言》《釋寇》《釋攻》《釋作》《釋朋》《釋五十》《釋歲》等十六篇，下冊為《釋支干》一篇（重印本別去上冊九篇），通纂一書分八類：干支、數字、世系、天象、食貨、征伐、遊畋、雜纂，有考釋者照錄釋文，此外另為疏說，立論比較謹嚴。書後附四種（1）中央研究院藏大龜四版（2）新獲卜辭拓本（3）何氏（遂）所藏甲骨拓本（4）日本所藏甲骨擇尤。此外郭氏更有《殷契餘論》（古代銘刻彙考四種之一）《殷契粹編附考釋》等書。

《新獲卜辭寫本附後記》　董作賓　（石印本，《安陽發掘報告第一期》重印本）

《後記》談地下之知識、時代之考證、契法之探求、骨料之發現。此為新發掘卜辭之探討。董氏別有《甲骨文斷代研究例》（集列外編本，排印本）更將研究方法推進一步。從世系、稱謂、貞人、坑位、方國等項區分甲文為五個時期：（1）武丁以前；（2）祖庚、祖

甲；（3）廪辛、康丁；（4）武乙、文丁；（5）帝乙、帝辛；可謂爲甲骨研究闢一新途徑。董氏別有《殷墟文字甲編》《殷墟文字乙編》（上中輯）等書。一九五六年科學院出版《小屯——殷墟文字乙編》下輯，則沿用董氏舊名。

《古文字學導論》　唐蘭　（北京大學出版組）

唐氏別存有《殷墟文字小記》（此大講義）、《天壤閣甲骨文存考釋》（輔仁大學叢書）、《中國文字學》（開明）及《卜辭時代的文學和卜辭文字》（《清華學報一一·三期》）等文。

《甲骨學文字編》《甲骨學商史編》　朱芳圃　（商務）

《甲骨學文字編》纂輯次第一依《說文》，凡錄八百三十有六文，重文一千四百六十九。其形義可知而《說文》所無者亦均入正文，正文條下酌錄各家輯語，但頗多節略，而不另出己見。後附《補遺》。此書纂集各家說，頗便於初學。

《甲骨文編》　孫海波　（哈佛燕京學社石印本　一九三三）

纂集諸字均出影摹，次第依《說文》，每字下注明出處，而選擇精審，校讎細密，解說簡明。末附檢字備查，有直指許文爲非者，可視爲甲文索引。此書成稿尚早，未採輯殷契佚存及殷墟書契續編等諸書，應有續編。

《雙劍誃殷契駢枝》（《初編》《續編》《三編》）　于省吾

胡厚宣　《甲骨學商史論叢》　（成都齊魯大學國學研究所）

《戰後寧滬新獲甲骨集》《戰後南北所見甲骨錄》《戰後京津新獲甲骨集》《甲骨續存》諸書　（來熏閣書店1951年出版）

《積微居甲文說·耐林廎甲文說·卜辭瑣記·卜辭求義》　楊樹達　（中國科學院）

《甲骨文例》　胡光煒　（石印本）

《殷墟甲骨刻辭的語法研究》　管燮初　（中國科學院）

《殷墟文字綴合》　郭若愚　曾毅公　李學勤　（科學出版社）

此類書籍尚有：關百益《殷墟文字存真》一——八集（許敬參考釋一——三集）、黃濬《鄴中片羽初集》，《庫方二氏藏甲骨卜辭》，金祖同《殷契遺珠》（上海中法文化出版委員會1939年出版），李旦丘《殷契摭佚》，諸書詳見《五十年甲骨學論著目》，不一一列舉。

《金石書錄目》　容媛　容庚　（一九三六年商務出版）

此書本係容庚所作底稿，委託其妹容媛清理而出之刊本。容庚爲之序，批評葉銘《金石書目》、田士懿《金石名著匯目》、黃立猷

《石刻名匯·第一編》、林鈞《石廬金石書志》之譌誤，但亦不免譌奪。又在一九三五年以後出版此書，多部書目均未及收，應更參閱《考古通訊·五五年第三期》儘載之續目。

《攗古錄》　（清）吳式芬　（家刻本）

此爲金石文字總類目錄，容目稱"自三代迄元都一萬八千餘種，目錄以此爲最豐富。"稍後有繆荃孫《藝風堂金石文字目十八卷》（光緒三十二年刻本）、繆祿保《藝風堂金石文字續目》（傳鈔本）、羅振玉《雪堂藏古器物目錄》（一九二四年鉛印本）亦可備檢查。

《宋代金文著錄表》　（《王國維遺書》二集本）　容庚重編　（民一八《北京圖書館月刊》一卷五期單行本）

王國維　《國朝金文著錄表（遺書二集本）

鮑鼎　《國朝金文著錄表補遺》　（石印本，向收僞器，鑒別未精）

羅福頤　《國朝金文著錄表校勘記》（石印本）

羅振玉　《海外吉金錄》

《三代秦漢金文著錄表》　羅福頤　（三三年石印本　未收周金文存）

羅福頤　《內府藏器著錄表》（三三年石印本）

以上諸書乃金文類目錄，但可用作各器索引，而在一種書內可以查得其考釋之用。

《歷代鐘鼎彝器款識法帖》　（宋）薛尚功　（通行本　民廿四海城于氏影印明朱氏刻本；民二十一年中研影印宋拓殘本十葉）

此書所採大抵以《考古圖》（宋　呂大臨）、《宣和博古圖》（宋　王黼等撰）兩書爲本，而蒐輯較廣，實多出於兩書之外，然未免真僞雜糅。薛氏深通篆籀之學，箋釋名義，考據頗精。

《積古齋鐘鼎彝器款識》　阮元　（自刻本　係知不齋本　通行本）

朱爲弼《積古齋鐘鼎款識稿本》　（光緒三十二年石印本），阮書應是朱氏代作。

《筠清館金文》　吳榮光　（自刻本　宜都楊氏重刻本）

《古籀拾遺》　孫詒讓

此書爲校訂薛、阮、吳三家書而作　有自刻本。

《攗古錄金文三卷》　吳式芬　（家刻本　民二西泠印社翻刻本）

《古籀餘論》　孫詒讓　（此爲校訂《攗古錄金文》而作）

《愙齋集古錄》二十六冊　吳大澂　（民七商務影印本）

《愙齋集古錄釋文賸稿》一卷　吳大澂　（民八商務影印本　民十再版附

《愙齋集古錄》後）

《周金文存》　鄒安　（民五上海廣倉學宭石印本）

《貞松堂集古遺文》十四卷……補遺三卷　羅振玉

《貞松堂傳書遺文補遺》三冊　羅振玉

《三代吉金文存》　羅振玉

　　容目未收此書，僅著錄有羅氏《殷文存》及《夢郼草堂吉金圖三卷》《貞松堂吉金圖》。以上數書，欲對金文稍涉獵者，均當一一流覽。徐同柏《從古堂款識學》、吳雲《兩罍軒彝器圖釋》十二卷、潘祖蔭《攀古樓彝器款識》，此外如劉心源《奇觚室吉金文述》、方溶益《綴遺齋彝器款識考釋》、朱善心《敬吾心室彝器款識》、陳介祺《簠齋吉金錄》、盛昱《郁華閣金文》亦可參閱。

　　關於圖錄之書，自《考古圖》《博古圖》以下其較著者有：宋王俅《嘯堂集古錄》（明蔣凡重刊之本）王厚之《復齋鐘鼎款識》，清廷敕編之關於圖釋之《西清古鑑》《西清續鑑》《宵壽鑒古》、錢坫《十六長樂堂古器款識考》、曹奎《懷米山房吉金圖》、劉喜海《長安獲古編》、吳大澂《恒軒所藏所見吉金錄》、端方《陶齋吉金錄》《續錄》二卷。又羅氏《夢郼草堂吉金錄》（影印本），容庚《寶蘊樓彝器圖錄》《武英殿彝器圖錄》》（選採遼寧故宮藏器），關百益《益齋金石文存》《新鄭古器圖錄》，孫壯《澂秋館吉金圖》（陳寶琛藏居）、容庚《頌齋吉金圖錄》《武英殿彝器圖錄》《海外吉金圖錄》（並影印本），劉體智《善齋吉金錄》、于省吾《雙劍誃吉金圖錄》。此類圖錄，可窺見原器形狀，亦可閱參。附列於此。（詳見容目）

《觀堂古金文考釋五種》五卷　王國維　（《遺書》初集本）

　　考釋毛公鼎、不期敦、散氏盤、盂鼎、克鼎五種。主氏弟子徐中舒有《䣄氏編鐘圖釋》，吳其昌有《矢彝考釋》（燕京學報），劉節有《楚器圖釋》（石印本）。

《殷周青銅器銘文研究》郭沫若　（民二十年大東書局石印本）

《金文叢考》四冊附《金文餘釋之餘》一冊　郭沫若　（民二十一年日本文求堂書石印本）

《古代銘刻彙考》四種　郭沫若　（民二十二年文求堂石印本）

《兩周金文辭大系圖錄》《二編》《考釋》三冊別行　郭沫若　（民國二十一年初版無圖，民國二十四年日本文西堂影印本）

　　郭氏於改編本《金文叢考·自序》云："金文自北宋以來，零星出土，出土情況，多已泯沒，僞器甚多。千餘年來，雖有不少著錄，而體系未能建立，作爲史料，遂有不少的困難。因此，我在繼續研究金文的途中，便把重點集中到東、西二周，把傳世相當重要之金文辭依時代與國別賦予一定的條貫，一九三二年出版的《兩周金文辭大系》，便是這項研究的結穴。《大系》出版後，繼續加以整理和補充，一九三四年乃成《兩周金文辭大系圖錄》及《考釋》，圖系考察到一部分器物的圖像，以便由花紋形式以推定年代。……在今天看來依然不失爲一部良好方便的工具書，想研究金文的人，是不能離開它的；想研究中國古代的人，同樣不能離開它的。"據此序所云，可知《大系》之重要性。《大系》於西周時代的銅器，根據器物本身推定其所屬的王朝，參驗以字體、辭例、形制和花紋，序列西周王臣之器凡一百六十餘器。於東周時代銅器，則根據其銘文中所表現的國別，分列爲三十餘國，而每國之下亦依時代先後，共列東周侯國器百六十餘器。關於周代的銅器，就此書可以看出其時代先後。

改編本《金文叢考》乃係將《金文餘釋之餘》《古代銘刻彙考》和《古代銘刻彙考續編》中有關金文部分彙集爲一書，仍名《金文叢考》。郭氏以《叢考》與《大系》是姐妹篇，相輔相成，《大系》爲主，《叢考》爲輔。《金文叢考》中首三篇《周彝中之傳統思想考》《金文所無考》，《〈周官〉暫疑》，極爲重要，研究思想史、文學史者均當一讀。

《雙劍誃吉金文選》附《附編》　于省吾　（民二三石印本）

選文之高古者爲上卷，凡一百三十一首；詞調較遜者爲下卷，凡三百三十八首，又附錄石刻文字五首。此書選錄金文略加考釋，可備瀏覽或初學入門之用。

黃公渚　《兩周金石文選注》（商務）

吳闓生　《吉金文錄》　（民二三邢氏刻本）

此二種可用爲讀本，但不如直接讀郭、于兩家書。

《字說》　吳大澂　（自寫刻本）

《說文古籀補》　吳大澂　（寫刻本　點石齋石印本）

《說文古籀補補》　丁偉言　（寫刻本　重印本）

《說文古籀三補》　強開運　（民二四商務石印本）

《文源》　林義光　（民九寫印本）

以上五書以金文文字補《說文》古籀，爲治金文與《說文》當讀之書。

《金文編》　容庚　（民一四　自寫石印本）

專收殷周金文，有《續編》（商務），專收秦漢金文。

《古文聲系》　孫海波　（石印本）

此書以聲韻為系。

《古籀彙編》　徐文鏡　（民廿四商務石印本）

　　此書集《鐘鼎字源》《說文古籀補》《說文古籀補補》《金文編》《古璽文字徵》《殷虛文字類編》六書之字而成，而刪去各書中附錄之字。

《許學考》　黎經誥　（民一六　排印本）

　　關於《說文》之書目，前之列丁福保《增訂說文目錄》及馬敘倫《清人所著說文之部書目初編草稿》等文。惟此二種均無提要。《許學考》是模仿《經文考》《小學考》的體例編成的，關於所列書多附序跋，可供參考。全書二十六卷，卷一列許氏《說文》，卷二卷三兩卷列關於考訂大徐本說文諸書，四五兩卷關於小徐本諸書，第七卷關於《段注說文》，卷八關於王筠《說文句讀》《說文釋例》，卷九列關於重文古籀諸書，卷十列關於新附佚字諸書，卷十一列關於《說文》字源諸書，卷十二至卷十六列關於《說文》聲系及朱氏《說文通訓定聲》，卷十七關於六書諸書，卷十七以下列關於引經、古語、漢讀、雜記諸書，而以檢字諸書及陶方琦《許君年表》等列入著廿五、六兩卷。係專研關於《說文》的重要著作，應當一閱。

《說文解字》十五卷　（漢）許慎　（宋）徐鉉等校定　（平津館本　藤花榭本　續古逸叢書本　四部叢刊本）

《說文繫傳》　（南唐）徐鍇　（四部叢刊本）

　　《說文解字》是東漢許慎編寫的，這書成於東漢和帝永元十二年，"凡十四篇，合目錄一篇為十五篇。分五百四十部，為文九千三百五十三，重文一千一百六十三"（四庫提要）。在他以前的字書如《史籀篇》《倉頡篇》以及司馬相如的《凡將篇》、史遊的《急就章》，雖然都是用作教學童的字書，《倉頡》四字一句，和《千字文》很相似，《凡將》《急就》或以三字、七字為句，並不對字體構造等加以解說，到許慎才用"六書"來解說"文"的形體、"解"字的孳乳，是我們中國最早的一部解說文字的書。但這書流傳到唐代，文字上已有許多遺漏譌誤的地方，宋徐鉉奉詔校定。這書，徐鉉自己雖說校書時於群臣家藏備加詳考，審知漏落，悉為補錄，他又加了一些新附的字，所以徐鉉校定的《說文解字》並不是原來的面目。徐鍇是徐鉉的胞弟，他所作《說文所未傳》雖然比較徐鉉謹細，但也經鉉的刪削，所以現在這兩種本子，大徐本、小徐本都是有問題的。清儒嚴可均、姚文田作《說文校議》（咫進齋本）、嚴章臨作《說文解字議議》（吳興叢書本）、鈕樹玉作《說文解字校錄三十卷》（江蘇局本）、沈濤作《說文古本考》（湣喜齋本）、莫友芝作《唐寫本說文解字木部箋異》（許學叢書）、田潛作《一切經音義引說文箋》（鼎新室自刻本）、朱士端《說文校定本》（咫進齋本），都是對大徐本作考訂工作的。王筠的《說文繫傳校錄》、汪憲的《說文繫傳考異》是對小徐本加以改定的。田吳炤的《說文二徐箋異》（彩印稿本）又是箋二徐之異。這些書對專研《說文》的人很有用，對我們只須知其概況即可。

《說文提要》一卷　陳建侯　（崇文局本　成都存古書局本　掃葉山房石印本　附段注稿）

《許學四種本》　含清蔣和《說文提要校訂》二卷，清蔣和、王筠《說文提要增附》一卷，金鉞《說文約言》一卷，諸可寶《許君疑年錄》一卷。（民國八年天津金氏刊本）

苗夔《說文建首字讀》（增附苗氏《說文四種本》

張行孚《說文揭原》（原刻本，釋部首，有新意）

章炳麟《說文部首韻語》（章氏叢書本）；

錢玄同《說文部首今讀表》（新知識出版社）

黃壽鳳《說文部首韻語（釋一卷）》（自刻本）

《說文》這書推闡六書之義，分部類從，至為精密，而訓詁簡質猝不易通，一開始就看詁解較繁的本子是要感到困難的。《說文提要》這書是就說文的五百四十部首"摘錄字義，附以音考"，其"首尾次第，一依許氏所編定"，有一字數義數音的，也一一註明。將此書先看一遍，可以知《說文》所說的是哪些部首的字，熟記了更便於檢查《說文》之用。苗氏的《建首字讀》也是依《說文》次序排列的，較略於提要；章氏《韻語》是為了記憶部首之用；錢氏的《今讀》為讀音之用。

《文字蒙求》　王筠　（覆刻本　石印本）

《文字蒙求廣義》　蒯光典　（江楚書局本）

此二書亦為初學入門之用。

馬敘倫　《說文解字研究法》　（商務　一九五五年重印本）
陳　晉　《說文研究法》　（商務）

　　馬氏書寫於一九二八年，是他所作《說文六書疏證》的資料。書中談到的方面很多，如《說文》部首的增削，有誤分誤合，屬字之誤及說解的羼亂奪譌，以別義爲本義，以本以爲別義，以及關於"六書"之字例，共約六十多個項目。文字比較深奧。陳書所說較淺顯明瞭，關於《說文》書例，六書名義，部首、排列、篆書、義相、聯屬例等事雖極簡單但令人易於瞭解。全書共三十一章，其二十七八章並涉及用甲古金文、用科學方法研究六書等事。讀這兩部書可以對《說文》有一般的瞭解，作爲研究進一步說文之用。張之洞在《勸學篇》中曾說："百年以來講《說文》者終身鑽研，汩沒不迫，是亦一病。要之只須通其大旨大例，即可應用。"又說："得明師說之，十日粗通，一月大通，引伸觸類，存乎其人。"這兩部書對許氏作了一些分析的研究，讀過一遍就可以知道《說文》一書之大概了。

《說文解字注》　段玉裁　（原刻本　掃葉山房影印刻本　武昌局本　蘇州重刻本　商務本）

　　《說文段注》在《說文解字》的注解中是比較好的書。盧文弨曾說"自有《說文》以來，未有善於此書者。其書於《說文》之有脫漏者則增益之，有經後人妄增者則刊落之，有經後人篡改者則董正之，有失其次則移易之"。段氏又通聲韻，這也是一個優點。但是這書有些地方失於武斷，後來的人如鈕樹玉《段氏說文注訂》（許學叢書原刻本）、王紹蘭《說文段注訂補》（嘉業堂本）、徐承慶《說文解字注匡謬》（潘氏刻本）、馮桂芬《說文解字段注考正》（蟬隱廬影印稿本）、徐灝《說文段注箋》（石刻本）、馬壽齡《說文段注撰要》（許學叢書本）等書都是糾正段注的，專研《說文》，對於此類書亦當注意參閱。

《說文解字義證》　（清）桂馥　（連筠簃叢書本　崇文書局覆刻本）
《說文句讀（附補正）》《說文釋例（附補正）》　王筠
《說文通訓定聲》　朱駿聲

　　如欲對於《說文》作進一步研究，於段注外應讀上列三家書。王氏《句讀》比較平允，可以先看。朱氏定於轉注假借，舉例較多，可以當作字書看待。一般的應以工具書視之。

《說文解字詁林》《說文解字詁林補遺》　丁福保

這部分是萃集治《說文》者諸家之學說，暨其他著述論及《說文》者類聚而成，將此種原書截長補短，表書碑帖，然後付之影印，避免錯字，但又保存原書面目。計合錄各家《說文》撰述計一百八十二種，一千餘卷，可以說是"集許氏訓詁之大成"。全書有前編、後編、補編及附編，末附通檢。研究或參考《說文》的也可以用這書來細看，主要地看段注，同時參考其他注解。

《轉注假借說》　章炳麟　（《國故論衡》卷中）

江聲　《六書說》　（琳琅秘室本）

曹仁虎　《轉註古義考》　（許學叢刊本）

夏炘　《六書轉註說》（咸豐三年刻本）

朱珔　《說文假借義證》　（家刻本）

廖平　《六書舊義》　（四川存古書局）

王闓運　《六書存徵》

葉德輝　《六書古徵》　（觀古堂本）

吳承仕　《六書條例》

姜忠奎　《六書轉注考》　（濟南東方書社石印本）

馬敘儒　《六書解例》

說六書者甚多，馬氏書較晚出，可以參閱。章炳麟《轉註假借說》尤爲重要，應當先讀。別有史蟄夫《六書綜》（商務）、賀崧齡《六書原始》、馮鼎調《六書準》、潘肇豐《六書會原》可參看

《文始》　《小學答問》　章炳麟　（章氏叢書）

《文始》是講求字源的，《小學答問》係論文字聲韻中的一些問題，此二書均可一閱。

《說文六書疏證》　馬敘倫

馬氏原有《六書解例》一書，《疏證》比較後出，卷帙較多，當爲關於《說文》方面參考要籍。

鈕樹玉　《說文新附考》（崇文局本）

鄭珍　《說文新附考》（咫進齋本）

鄭珍　《說文通字》（御風樓本）

劉盼遂　《說文重文疏》

丁山　《說文闕義箋》（中研石印本）

莊述祖　《說文古籀疏證》（清刊本　景印本）

周名輝　《說文古籀考》（商務）

程際盛　《說文古語考》（刻本）
葉德輝　《說文讀若考》（自刻本）
葉德輝　《說文同聲假借字考》（自刻本）
石廣權　《說文匡鄦》（商務）
馬宗霍　《說文引經考》（五八年科學）
孔廣居　《說文疑疑》（許學叢書本）
張行孚　《說文發疑》（刻本）
陳詩庭　《讀說文證疑》（許學叢刻本）
王念孫　《讀說文記》（許學叢刻本）
王國維　《觀堂集林·論說文》（密韻樓刻本）
《說文通檢》　黎永椿　（通印本）
史恩綿　《說文易檢》（商務）

## 三　聲韻學書目

《小學考》謝啟昆　（浙江書局本）

關於聲韻方面，無類似《經義考》《許學考》之專科書目，僅可於此書中（自廿九卷起）參閱其有關音韻之書籍，藉以略知梗概。莫友芝《韻學源流》（鉛印本）、張世祿《音韻學》（商務百科小叢書本）、王力《漢語音韻學》（商務）、唐作藩《漢語音韻學常識》（新知識出版社），也可作入門書用。

《唐寫本切韻殘卷》（五種）　北京大學景印十韻彙編本（王國維手抄景印本只三種）。

《唐王仁煦〈刊謬補缺切韻〉殘卷二種》　（同上）

《五代刊本切韻殘卷》　（同上）

中國音韻學研究最重要的書籍是《廣韻》，《廣韻》以前的韻書現在都已亡佚了，現在只有在敦煌發現的隋陸法言《切韻》殘卷，可以作爲參考資料。陸法言的《切韻》是綜合魏晉南北朝諸家的韻書而成，又是唐宋韻書的始祖，在中國音韻學上是占一個很重要的位置。唐寫本《切韻》殘卷有五種，有的只存上聲一小部分，有的存陸法言《序》、長孫訥言《序》，及上平一部分；有的僅存平上聲，中間也都有缺佚，也並非統統是法言全書（王國維書《巴黎圖書館所藏唐寫本切韻後》及北大景印《十韻彙編序》）。陸法言的《序》說他是"取諸家音韻，古今字書而定""論南北是非，古今通塞"，共分聲韻的韻部爲一百九十三韻，和《廣韻》的二〇六部不同。王仁煦《刊謬補缺切韻》是補正陸書的。

唐寫本孫愐《唐韻》殘卷　十韻彙編本　（神州國光社刊本）

孫愐《唐韻》寫於開元天寶年間，大部是依照陸法言《切韻》加以增廣，也是研究《廣韻》的資料。王國維有《唐寫本唐韻校記》《唐韻佚文》，《唐韻別考》（併排印本）可以參看。

《廣韻》五卷

隋陸法言原本　唐孫愐　宋陳彭年　邱雍重修（商務景印本　古佚叢書本）

《廣韻》是承襲陸法言《切韻》以及唐代許多韻書作成的。"廣韻"是"廣"《切韻》之意,唐人對孫愐《唐韻》也有人稱之曰《廣韻》。現在所說的《廣韻》是"大宋重修",是宋真宗大中祥符年間重修的。以澤存堂本字數較多,注解較詳。現在的各個本均經過後人修改,研究時應用各本參校或用周祖謨《廣韻校本》。《廣韻》分部是二百〇六部,是依據陸、孫的韻書寫的,"取諸家音韻,古今字書而定";還兼"南北是非,古今通塞";在地域上、在歷史上有不同的音分,又根據四聲陰陽開合分的,所以成爲二百〇六韻。這是一部關於音韻極爲重要的書。以下更是關於《切韻》《唐韻》《廣韻》重要參改書。

《小學彙函》有澤存堂内府二本　曹棟亭本（揚州局本）

陳澧　《切韻考》《切韻考外編》　（東塾遺叢書本,音學叢書本）

李榮　《切韻音餘》（排印本）

紀客舒　《唐韻考》（守山閣叢書本,幾輔叢書本）

顧亭林　《唐韻正》（音學五書本）

張世禄　《廣韻研究》（商務）

沈兼士　《廣韻聲系》（排印本）

錢玄同　《廣韻之韻類及書音讀之假定》（在《等韻源流》内）

周祖謨　《廣韻校勘記》《廣韻校本》（五一年商務景印本）

白滌洲　《廣韻通檢》（中國大辭典編纂處印）

宋景德時,　定《廣韻》後,又頒行《韻略》。到了景祐時,又令丁度修《廣韻》爲《集韻》（棟亭五種本、咫進齋本）,修《韻略》爲《禮部韻略》（棟亭五種本、續古逸叢書本）。金代有韓道昭《五音集韻》（明萬曆刊本）；元有黃公紹《古今韻會》,熊忠《古今韻會舉要》（元刻明補本,淮南書局本）,明方日升更因之成《韻會舉要小補》（明刊本）。這些都是《廣韻》一系統的韻書。《五音集韻》將《廣韻》二〇六韻爲一六〇部,金人更有並韻爲一〇六部或一〇七部,《古今韻會》因之,此爲近代韻書只有一〇六部變遷之大略。關於《集韻》,有方成珪《集韻考證》（清刊本）,陳準《集韻考證校記》（瑞安陳氏石印本）,黃侃《集韻聲類表》（開明書店印本）

廣韻一系韻書,在元明時已不能適合北方文學（曲）之用,元周德清因之作《中原音韻》（明刊本、鐵琴銅劍樓景元刊本、北大石印本）,爲北音韻書的創始。其後,有明樂韶鳳《洪武正韻》（明刊本）,清初有樊騰鳳《五方元音》（通行本）,卓從之《中州音韻》

(北大排印本），王鋆《中州音韻輯要》（乾隆咸德堂刊本），除《洪武正韻》屬南曲使用的韵書，其餘均屬北音韻書。但清初李光地《音韻闡微》部目仍爲一〇六韻，仍未離開《廣韻》影響。又，明代陳鐸《詞林韻釋》（單行本、詞學叢書本），清戈載《詞林正韻》（原刻本 四印齋重印本），此二書是詞韻，中原音韻是曲韻，商務出版有《中原音韻研究》一書，可作研究聲韻學者之用。

《音論》《詩本音》《易本音》《唐韻正》《古音表》 顧炎武 （音學五書本） 《音韻問答》 錢大昕 （在《十駕齋養新錄》內）

《詩古韻表二十二部集說》 夏炘 （景紫堂全書 音學叢書）

《國故論衡》上卷 章炳麟 （章氏叢書）

《音略》《聲韻通例》 黃侃 （華國月刊一——五期）

《歌戈魚虞模古讀考》 汪榮寶 （《國學季刊二期》）

《喻母古讀考》 曾運乾 （楊樹達輯《古聲韻討論集》）

劉賾 《聲韻學表解》 （商務）

魏建功 《古音系研究》（原刊本）

劉盼遂 《文字音韻學論叢》（人文書店排印本）

《廣韻》爲集古今韻書而成，講求聲韻特別有用。力於古音之學者，清代顧炎武是奠定古音研究的創始人，他根據《詩》《易》《廣韻》等書，考古來古讀，分列古音爲十部。後來江永作《古韻標準》（貸園叢書本、粤雅堂本、守山閣本），修正顧氏之說；戴震作《聲類表》《聲韻考》（戴氏遺書本），分析音韻並依音理；段玉裁作《六方書韻表》（《說文解字注》後附），補正顧、江二家；錢大昕作《音韻問答》，發明古今聲類有異；孔廣森作《詩聲類》（續經解本），嚴可均作《說文聲類》（續經解本），對古音也有發明。王念孫的《詩經群韻詳》（高郵王氏遺書本，《經義述聞》內有與李方伯書）、江有浩的《音學十書》（原刊本、中國書店景印本，含《十書詩經韻讀》《群經韻讀》《楚辭韻讀》《子史韻讀》《許魏韻讀》《二十一部韻詳》《二十一部諧聲表》《入聲表》《唐韻再正》《古韻系論》）。清代的古音研究可說到王、江二家達到極點，夏炘的《古韻二十二部集說》就是依據王、江二家的。張惠言及其子成、孫的《說文諧聲詳》，也大體依這兩家（朱駿聲《說文通訓定聲》採段氏說，劉逢祿《詩聲衍》類似戴東原）。集清代古音大成的是章炳麟，有許多精闢之論；他的弟子黃侃，更是超邁前人。汪氏曾氏《古讀考》也頗有發明。

想知道古音大概的可以先參閱顧、錢兩家書，更就夏炘集說考查各家分部，章、黃、汪、曾四家書，卻可以全瀏覽一通。但這些書對於音讀音理，都不如近人，均非定論，這也是當注意的。

《漢魏晉南北朝韻部演變研究》　羅常培

此書比較洪亮吉《漢魏音》更進一步，爲考古音應有之作。

《等韻一得》《等韻一得外編》　勞乃宣　（清光緒吳橋官廳刊本）

"等韻學"是一種舊式的用審音功夫，應用字母來說明的反切的。（關於字母可參看《玉篇》卷末所載神珙四聲五音九弄反紐圖，及《康熙字典》卷首字母切韻要法等）現存研究等韻的書有：張麟之《韻鏡》（在古逸叢書內）、鄭樵《七音略》（載《通志》中）、《切韻指掌圖》（相傳爲司馬光作，經鄒特夫改定爲楊中修作。說詳陳澧的《韻考外篇》）、《四聲等子》（無撰人姓名，咫進齋叢書本）、元代劉鑑《經史正音切韻指南》，明代釋真空《篇韻貫珠集》《直指玉鑰匙門法》（俱明正德刊黑口本），明呂維祺《音韻日月燈》（明崇禎刊本）、江永《回聲切韻表》（粵雅堂本）、潘耒《類音》（康熙刊遂初堂本）、方中履《切字釋疑》（明代叢書本）、吳遐齡《切韻指歸》（康熙刊本）、張耕《切音肆考》（道光刊本）、王起鵬《音學全書》（道光刊本）、李汝珍《音鑒》（同集古堂刊本）、裕恩《音韻逢源》（道光刊本）、鄺伯行《切音捷決》（光緒摭古參刊本）及戴震《聲韻考》、江有誥《等韻說》、陳澧《切韻外編》諸書。近人所著《等韻源流》（商務）亦可參看。

《漢語音韻學導論》　羅常培　（商務）

《古音說略》　陸志韋（燕大排印本）

《漢語史稿》　王力

《漢語音韻學論文集》　周祖謨　（排印本）

以上四種爲今人著作。別有李方桂《切韻 A 的來源》（語歷集刊第三本第一分）、《東冬屋沃之上古音》（同上第三分）及董同龢《上古音韻表稿》（民三三年語歷研究所石印）

## 四　雅學書目（詞典類之屬）

《雅學考》　　胡元玉　　（胡氏雜著本　北大鉛印本）

《爾雅義疏》　　郝懿行　孫聯薇校可足本　武昌局本　石印本）

王念孫　《爾雅郝注刊誤》（殷禮在斯堂叢書本）

邵晉涵　《爾雅正義》（原刻、重刻通行本）

王闓運　《爾雅集解》　（原刻本）

張宗泰　《爾雅注疏本正誤》（廣州局本　積學齋叢書本）

戴鎣　《爾雅郭注補正》（光緒海陽韓氏利本）

潘衍桐　《爾雅正郭》（光緒辛卯刊本）

翟灝　《爾雅補郭》　（咫進齋本　續經解本）

周春　《爾雅補注》　（觀古堂刻本）

王樹枏　《爾雅郭注佚存訂補》（原刊本）

江藩　《爾雅小箋》　（無齋叢書本）

繆楷　《爾雅禆疏》（南菁書院叢書本）

錢坫　《爾雅古義》（錢氏四種本　續經解本）

胡承珙　《爾雅古義》　（載《國粹學報》中。原刊本罕見）

嚴元照　《爾雅匡名》　（續經解本）

孫詒讓　《爾雅匡名補義》　（籀廎述林三）

嚴可均　《爾雅一切註音》（木樨軒叢書本）

《釋宮小記》《釋草小記》《釋蟲小記》　程瑤田　（學海堂本）

錢坫　《爾雅·釋地以下四篇注》（錢無四種本）

劉寶楠　《釋穀》（家刻本　廣雅書局本）

高潤生　《爾雅穀名考》（鉛印本）鄭珍親屬（廣州局本）

宋翔鳳　《爾雅釋服》　（浮溪精舍本）

宋綿初　《釋服二卷》（續經解本）

沈彤　《釋骨》（明代叢書補編本　漢陽葉氏刻本）

任大椿　《釋繒》一卷（學海堂本）

《爾雅釋例》　陳玉澍　（排印本）

王國維　《爾雅草木蟲魚釋例》一卷（觀堂遺書本）．

《方言注》　（漢）楊雄　（晉）郭璞注　（聚珍本　小學彙函本）

《方言》《釋名》《小爾雅》《廣雅》四種　（明）郎奎金刻五雅中並有之，此四書亦屬於雅學。

錢繹　《方言箋疏》（積學齋刻本　杭州書局本）

戴震　《方言疏證》（戴氏遺書本　四川存古局本）

王念孫　《方言疏證》一卷（王氏遺書本）

顧震福　《方言校補》三卷《佚文》一卷（光緒間自刻本）

郭慶藩　《合校方言》附　杭世駿《續方言》程際盛《續方言補正》（長沙刻本）

章炳麟　《新方言》（章氏叢書本）　《方言箋疏及通檢》

《釋名疏證》八卷《補遺》一卷　（漢）劉熙　（清）江聲疏補（係江聲為畢沅撰，署畢名）（經訓堂本　廣州局本）

王先謙　《釋名疏證補》（長沙刻本　通行本）

顧震福　《釋名校補》（自刻本）

《小爾雅訓纂》　宋翔鳳　（廣州局本　續經解本）

《小爾雅》乃孔叢子中之一篇。

胡承珙《小爾雅義禮》（墨莊遺書本　聚學刊本）

朱駿聲　《小爾雅約注》（光緒間刻本）

《廣雅疏證》　王念孫　（家刻本　學海專本　江寧局本　石印本）

王念孫　《廣雅疏證補正》一卷（廣蒼學宭排印本）

王樹枏　《廣雅補疏》（文莫堂自刻本）

《駢雅訓纂》十七卷　（明）朱謀瑋纂（清）魏茂林訓纂　（通行大字本　石印本）

（唐）顏師古《匡謬正俗》（小學彙函本　四川刻本）

（清）黃生《字詁》（家刻本　指海本）

（宋）陸佃《埤雅》（五雅本　格致叢書本）

（宋）羅願　《爾雅翼》（五雅本　學津本　格致叢書本）

《書目答問》以此四書附列宋雅類後。此類書尚有（明）方以智《通雅》，（清）劉燦《續廣雅》，吳玉楷《別雅》（原刻本　益雅堂刻本），許瀚《別雅訂》（滂喜齋刻本），夏味堂《別雅》（原刻本六卷，其弟絟也作注，析為二十卷。道光壬午刊本）

何其傑　《別雅類》（原刻本）

洪亮吉《比雅》（蓋雅堂本　洪北江全集本）

汪榮寶　《新爾雅》（排印本）

程先用　《選雅》（原刊本）

盧前　《曲雅》（排印本）

　　《書目答問》於此類附列有（唐）釋玄應《一切經音義》二十五卷　（海山仙館本　杭州新校刻本）、釋慧苑《華嚴音義》（粵雅堂本　守山小閣本），此二書不如唐釋慧琳《一切經者義》一百卷、（遼）釋希麟《續十卷》卷帙之多。此書有明代朝鮮刻本，日本刻本，但在中土已佚，故《答問》不及此書。民一五年上海醫學書局始在中國排印附通檢行世。慧琳引用書凡七百餘種，多已佚之典籍，於檢勘補輯均可用。

　　《爾雅》是一部訓詁書，但實際上不過是一部辭典，内容是釋詁、釋言、釋訓、釋親、釋宫、釋器、釋樂、釋天、釋地、釋丘、釋山、釋水、釋草、釋木、釋蟲、釋魚、釋鳥、釋獸、釋畜，共十九項。《爾雅》相傳爲周公作，仲尼增益；但田廣《提要》已謂"其書在毛亨以後，大抵小學家綴輯舊文，遞相增益，周公、孔子皆依託之詞"。又說："王充《論衡》以爲五經之訓故，然釋五經者不及十之三四，更非專爲五經作。今觀其文，大抵採諸書訓詁名稱之同異以廣見聞，實自爲一書，不附經義。"這些話大體上是對的。《爾雅》成書甚晚，應當在西漢末，原來本是《禮記》的一些篇，應是從《禮記》中提出補充的。《十三經注疏》中的《爾雅正義》是郭璞注，宋邢昺疏；但是，邢疏不如郝疏。

## 五　五經輯注校詁書目（經學之屬）

《周易注疏》（魏）王弼　（晉）韓康伯注　（唐）孔穎達疏　（通行阮刻《十三經注疏附校勘記本》）

《周易傳義音訓》　（宋）程頤傳　朱熹本義　呂祖謙音訓（同治望三益齋刻本）

《易經程傳》　朱子本義並有江南書局本及其他刊本。

殷人用龜作"卜"以占覘吉凶；周人用蓍草作求神問卦之用，叫作"筮"。《周易》是利用一些占課辭的卦爻辭編纂而成的書，本是爲卜筮用的。因爲方法簡易，又兼包變易不易二義，所以叫做《易》。《易經》中共有六十四卦，這六十四卦又是由原始的八個卦重疊（八卦上再加八卦）而成。八卦是：乾、坤、震、艮、離、坎、兌、巽，朱子《本義》爲了人們便於記憶，有八卦取象歌：（乾卦☰）乾三連，（坤卦☷）坤六斷，（震卦☳）震仰盂，（艮卦☶）艮覆碗，（離卦☲）離中虛，（坎卦☵）坎中滿，（兌卦☱）兌上缺，（巽卦☴）巽下斷。卦的畫法都是由下而上，每個畫的名稱叫作"爻"。不中斷的爲陽爻，中斷的是陰爻。六十四卦就是由這八卦錯綜重疊而成。六十四卦每個卦有六爻。六爻也是由下而上畫成。在《易經》中以九代表陽爻，以六代表陰爻，陽爻在最下的叫作初九，次爲九二、九三、九四、九五，最上的叫作上九。陰爻最下的叫作初六，最上叫作上六。卦辭是在每卦下總說一卦的意義和吉凶的，例如"乾，元亨利貞"，這是卦辭。爻辭，是專說那一爻的，例如"上九，亢龍有悔"。《易經》在開始成書，本只有六十四卦的卦辭和爻辭，分成上下兩篇。到了後來又有所謂《十翼》，這《十翼》是由彖、繫、象、說卦、文言等篇分成。孔《疏》以爲《十翼》是上彖一、下彖二、上象三、下象四、上繫五、下繫六、文言七、說卦八、序卦九、雜卦十，彖、繫、象也依上下篇分爲六篇。連文言等共爲《十翼》。"彖"是斷的意思，是斷定全卦之義的；"象"是說明一卦的卦象（大象）和一爻的爻象（小象），本來是以自然界和人世間的現象來作說明，例如：乾爲天，爲陽、爲父……等等；坤爲地，爲陰、爲母……等等；震爲雷、爲龍、爲長子……等等；巽爲風，爲長女……等等；坎爲水，爲中男……等等；離爲火，爲日、爲電、爲中女……等等；艮爲山，爲少男……等等；兌爲澤，爲少女……等等。所以叫做象。十翼不與卦爻辭相連，後人因爲既是說明一卦或一爻，所以放在卦辭和爻辭之後，除乾卦、彖、象在卦爻辭後，餘皆彖辭就在卦辭後，象辭就在爻辭後。文言是乾、坤兩卦才有，也就移在乾、坤兩卦最後邊。其餘上繫、下繫、說卦、序卦、雜卦五篇仍在六十四卦之後。現在的本子於古本的經二篇加《十翼》是又不相同的，《易經》的卦爻辭舊說是伏羲畫卦，文王《繫辭》，孔子作《十翼》，所謂"人更三聖，世歷三古"。後來看出爻辭中有些話是在文王後的，又以爲"卦辭文王，爻辭周公"，這些經近人的改訂，大體上都認爲只是孔子以前才有了的。郭沫若《青銅時代》以爲編者是孔子再傳弟子馯臂子弓，實際卻很難說。不過在《左傳莊二十二年》已引有觀卦六四爻辭"觀國之光，利用賓於王"了，可見《易》卦爻辭之成書，不必早在西周初，也不應晚在孔子以後，是春秋中葉時結集而成。至於彖傳、象傳能以卦象比附自然界和人世間的現象來作說明，帶有儒家色彩甚重，大約是秦漢之際齊魯間的儒者才結集成功。郭沫若《青銅時代》說彖、繫、文言三種是荀子的門徒在秦統治期間做的，《象》是在《彖》之後別一派人做的，這話大體上是可同意的。《說卦》以下，其出當更要晚，也不該早在秦以前，《荀子·儒效》篇談儒家的經典只有《詩》《書》《禮》《樂》和《春秋》，沒談到《易》；而且說"在天地之間者畢矣"；如若《彖》《象》確是孔子作，《荀子》就不當如此說。這是鐵證，可以拿來論定《十翼》的著作時代。

《易經》中的爻辭多半是韻文，而且多是含有詩意的，例如屯卦的"六二，屯如邅如，乘馬班如，匪寇婚媾"。井卦九三："井渫不食，爲我心惻；可用汲，王明，並受其福"。"歸妹，上六：女承筐無實，士刲羊無血。"離卦中孚九二："鶴鳴在陰，其子和之。我有好爵，吾與爾靡之"。我們可以說有許多古代謠諺保留在爻辭中，但是《易》的八卦，建立陰陽對立的觀念上，象徵一些事物的對立，又有許多的矛盾，更應用"變化""發展"的觀念來說明吉凶禍福，是具有變易的觀念，我們可以說這是《周易》作者從自然的觀察所得出來的一個辯證宇宙觀，只是可惜更好用中道，希望保持"中"，不要讓矛盾發展到盡頭而向反面轉化，這樣發展中止，易變成不易。郭沫若《中國古代社會研究》中之說《易》的出發點原是一種辯證觀，《易傳》把這一點看得很詳細。在《青銅時代》中也說："從《易爻》的純粹思想上說，它之強調著變化而採取著辯證的思維方式，在中國思想史上的確是一大進步。這思想的來源是受著老子和孔子的影響。"關於《易傳》的思想是要論定在孔子之後才有的。郭氏引用了《序卦》原文來作說明，現在試引第一段來看："有天地然後萬物生焉，盈天地之間者唯萬物，故受之以屯。屯著，盈也；屯著，物之始生也；物生必蒙，故受之以蒙，蒙著，蒙也，物之稚也；物稚不可不養也，故受之以需。需者，飲食之道也；飲食必有訟，故受之以訟。訟必有眾起，故受之以師。師者眾也，眾必有所比，故受之以比，比必有所畜，故受之以小畜。物畜然後有禮，故受之以履，履而泰，然後安，故受之以泰。"這等個真是"一個有趣味的觀念"。"一個唯物的社會進化觀，雖然很含糊，雖然很幼稚"。《易經》正是因爲利用許多自然界的現象，人世間關係來說明一切都是有個盡頭，一切都沒有絕對的盡頭，一切都是相對，一切都不是絕對的相對，相生相剋相反的。"於事物中看出矛盾，於矛盾中看出變化，於變化中看出整個世界"，就這樣的辯證觀念，影響幾千年來後人的心理。由於矛盾要發展到盡頭才會向反面轉化，而又沒有絕對的盡頭，所以這種變易又轉到不易中道，這樣更被統治階級所利用，也影響了人們的思想。

《易經》用八卦陰陽爻及卦象來判斷吉凶，後人把八卦看作很神秘的東西，論其原始，有說起於數字，有說是出於男女陰陽，這都不確，我們同意是受折竹占卜的影響這個說法。關於《易經》的參考用書可以說太多了。漢儒對於《易》的注解注重象數，到了王弼用哲理說《易》，反較明暢。宋衷《易注》、程子《易傳》、朱子《本義》都好，以此三書入門即可，只是太繁瑣了。

以下爲談到象數及研究《易》學應用之參改書。

宋俞琰　《讀易舉要》　（四庫珍本叢書）

朱壽昌　《漢儒易義針度》附孫吉齋《諸法指明》　（袖珍本）

劉師培　《易經學教科書》第二冊　（遺書本）

胡渭　《易備辨》（續經解本）

惠棟　《易漢學》（續經解本）《周易述》（經解本）

江藩　《周易述補》（自刻本）
李松林　《周易述補補》（續經解本）
張惠言　《周易虞氏義、周易九家義》（清經解本）
宋翔鳳　《卦占解》（浮溪精舍叢書本）
俞樾　《周易互體徵》（續經解本）
李道平　《周易集解纂疏》（湖北叢書本）
王夫之　《周易內傳、周易外傳》（遺書本）
焦循　《易章句》《易簡略》《易通釋正》（續經解本）
杭辛齊　《易學筆談》（民國排印本）
尚重和　《焦氏易詁》（民國自刻本）
于省吾　《周易新證》（石印本）
高亨　《周易古經今注》（開明書局。此書不用爻象說易）
郭沫若　《中國古代社會研究》《青銅時代》
顧頡剛　《周易卦爻辭中的故事》
李鏡池　《易傳探源》
金永梁　《易卦爻的的時代及其作者》（《古史辨》第三冊）

《尚書集注音疏》　江聲　（清經解本）
《尚書今古文注疏》　孫星衍　（清經解本）
《尚書覈詁》　楊筠如　（陝西人民　五九年新印本）

　　《尚書》是古代的文件彙編，內中不完全是帝王之書，也有臣公作的。現在流傳下來的《尚書》有比較真的，有的是僞造而絕對不可當作史料引用的，所以讀《尚書》須先知道這個區別。漢初伏生傳下來的用當時文字寫的今文《尚書》只有二十八篇，這是真的。這二十八篇是《堯典》《皋陶謨》《禹貢》《甘誓》《湯誓》《盤庚》《高宗肜日》《西伯戡黎》《微子》《牧誓》《洪範》《金縢》《大誥》《康誥》《酒誥》《梓材》《召誥》《洛誥》《多士》《無逸》《君奭》《多方》《立政》《顧命》《費誓》《呂刑》《文侯之命》《秦誓》。漢武時又得了一篇《泰誓》，於是《尚書》成爲廿九篇（參看錢玄同《重論經今古文學問題》）。相傳在漢景帝時從孔壁中也得到一種《古文尚書》，比今文多十六篇，不過細分爲廿四篇，這已失傳，且不管它。到了東晉，梅頤又奏上孔氏古文和《孔安國傳》，這書卻是假的，經宋、明、清歷代的考證，大家已一致公認這是"僞古文"，是王肅僞造的。這僞古文是不當當作史料的。在《十三經注疏》中孔穎達疏沒有顯明分別出來，很令一些人弄錯了。宋蔡沈《書傳》卻分別出來，比較容易辨認。

比較真的二十八篇之中，經近人攷訂，也是當區別對待，《堯典》《皋陶謨》《禹貢》三篇多認爲是戰國、秦、漢間作成；《甘誓》《湯誓》《牧誓》《洪範》《金縢》五篇一般也認爲戰國初中葉作。《高宗肜日》《西伯戡黎》《微子》《無逸》《君奭》《顧命》《費誓》《呂刑》《文侯之命》《秦誓》等十篇非西周初作。許多人認爲是西周與春秋間作的，也可說大部分是東周時作。最可信的是《盤庚》《大誥》《康誥》《酒誥》《梓材》《召誥》《洛誥》《多士》《多方》《立政》等十篇。《盤庚》是殷代作品，大約到周初有過修訂，其餘全是西周初作。對於"《尚書》的真僞及其年代"弄明白了才能談到書中的思想，在《尚書》中所表現的思想有許多地方是與金文相同的，《盤庚中》已說到"各設中於乃心"。又說"式敷民德，永肩一心"，主張用中守一（《盤庚》中有此種思想是其可疑之點）。在《酒誥》中也說"丕惟曰爾克永觀省，作稽中德""越小大德，小子惟一"。這是不惟主張勵用中道，而且主張純一之德。在《周誥》中，有許多地方也是以暴虐爲戒，以魚肉庶民、欺侮鰥寡爲戒，《康誥》中說"天畏（威）棐忱（信），民情大可見，小人難保。往盡乃心，無康好逸豫，乃其乂民"。又說："惟乃丕顯考文王，克明德慎罰；不敢侮鰥寡，庸庸，祇祇，威威，顯民。"《召誥》中說："其惟王勿以小民淫用非彝，亦敢殄戮用乂民。"可見他們不惟時刻警惕暴虐行爲，而且知天命實是老百姓給與的，他們要保全庶民的地位，不得不"從小民受天永命"。這是周初統治階級實際上對人民低了頭，想出來一套辦法，所以才對殷民主張不殺。《多士》篇"告爾殷多士，今予惟不爾殺，予惟時命有申"。所以才主張給與殷民的田宅，多方"宅爾宅畋爾田"。這是與殷代大不相同的地方。這樣子才將歷史推進一步，慢慢由奴隸社會轉變爲封建社會。至於道德思想在《周誥》說的更多，例如《康誥》說："我聞曰，怨不在大，亦不在小，惠不惠、懋不懋。""丕則敏德，用康乃心，顧乃德，遠乃猷，裕乃以；民寧，不汝瑕殄。"《多方》："惟聖罔念作狂，惟狂克念作聖"。這是關於個人方面的。"齊家"思想也很濃厚，《康誥》："元惡大憝，矧惟不孝不友。子弗祇服厥父事，大傷厥考心；于父不能字厥子，乃疾厥子。于弟弗念天顯（憲），乃弗克恭厥兄；兄亦不念鞠（養）子哀，大不友於弟。惟吊茲，不于我政人得罪，天惟與我民彝大泯亂，曰：乃其速由文王作罰，刑茲無赦。"這是滿肚子的父慈子孝、兄友弟恭的想法。這與全文中所見德以齊家的思想是相合的。但儘管如此說，統治階級治民的思想十分落後，不免在每篇都可看到，如《盤庚》篇刻畫出盤庚的猙獰面貌，這裏且不詳列出。

《尚書·盤庚》中已用了許多比譬之詞，在《大誥》《梓材》等篇都有，《費誓》中也顯出魯侯那種厲害模樣。《盤庚》二篇所有序、正文都有起中結，是組織得很好的文章。在《洪範》《無逸》兩篇也尤其寫得條理清楚，層次分明。這兩篇卻是東周作品，文字淺顯明白。在《文侯之命》表達了感謝之意；《秦誓》表達出悔過之忱，在語言中更有表情，所以頗有詩意。從這一部古代"文件彙編"中也可看古代散文發展的大概。關於《尚書》的參改書，因為"今古文《尚書》及其真偽問題"是首先要明確的問題，應參看一些考據書；此外，《尚書》文章詞句艱深，還沒有好注本，應先看《尚書覈詁》，（聞曾運乾著有《尚書正讀》一書，似乎有講義，似未出書）再參看一些其他注本。

（明）梅鷟　《古文尚書考異》（浙局本）
閻若璩　《古文尚書疏證》（續經解本）
惠棟　《古文尚書考》（清經解本）
王鳴盛　《尚書後案》　（清經解本）
孫星衍　《尚書篇目表》（岱南閣本）
丁晏　《尚書餘論》（續經解本）
皮錫瑞　《書經通論》（通行本）
錢玄同　《重論經今古文學問題》顧頡剛（〈古史辨〉一、二、五冊）
顧頡剛《尚書研究講義》（鉛印本）
郭沫若　《青銅時代》《十批判書》
以上有關真偽、時代之重要參改書。
孔穎達　《尚書正義》（注疏本）
蔡沈　《尚書集傳》（通行本）
金履祥　《尚書表注》（通志堂經解本）
姚永概　《尚書誼略》（集虛草書從書本）
黃式三　《尚書啟蒙》（浙江局本）

簡朝亮　《尚書集注述疏》（原刊本）
王先謙　《尚書孔傳參正》（虛夏堂本）
孫詒讓　《尚書駢枝》（原刊本）
劉盼遂記　王國維《觀堂授書記》（（國學論叢書）
于省吾　《尚書新證》（石印本）
以上爲有關注釋之重要參考書。


《毛詩正義》（漢）毛亨傳　（唐）孔穎達正義
《詩毛氏傳疏》　陳奐（單刊本續經解本）
《詩集傳》朱熹　（通行本）
《詩經通論》姚陳恒　（四川刻本　新印本　道光丁酉刻《九經通論》本）
《讀風偶識》　崔述　（東壁遺書本　單印本　畿輔叢書本）
《詩經原始》　方玉潤　（原刊本　鴻蒙堂叢書本　泰東印本）
《詩三家義集疏》　王先謙　（虛受堂刊本）

　　《漢書·藝文志》："故古有採詩之官，王者所以觀風俗，知得失，自考正也。孔子純取周詩，上採殷，下取魯，凡三百五篇。遭秦而全者，以其諷誦，不獨在竹帛故也。漢興，魯申公爲《詩》訓故，而齊轅固、燕韓生皆爲之《傳》，或取《春秋》採雜說，咸非其本義。與（如）不得已，魯最爲近之。三家皆列於學官。又有毛公之學，自謂子夏所傳，而河間獻王好之，未得立。"這一段話告訴我們幾件事：一、《詩》只有三百五篇，遭秦而全者，以其諷誦，不獨在竹帛故也。《詩》原本不是有三百十一篇，毛詩是後出的、冒名的，想立舉官。在《毛序》有六笙詩，不當計算在《詩經》內。《毛序》更有問題，不當以《毛序》有，而忘了三家都沒有六笙詩。二、魯申公是荀卿再傳弟子，在漢文時爲博士，《詩》並未失傳，何來後傳之說。三、《毛詩》本有問題，班固就很懷疑，《毛詩》序說應當注意引用。但《漢志》這一段說上採殷，是未認清《商頌》何時所作。至於採詩刪詩，現在意見尚未一致。如有採詩之官，後當還是樂師。朱自清《經典常談》有一段話說："我們知道，春秋時的樂工就和後世闊人家的戲班子一樣，老闆叫作太師。那時各國都養着一班樂工，各國使臣來往，宴會時，都得奏樂唱歌，太師們不但得搜集本國樂歌，還得搜集別國樂歌；不但搜集樂詞，還得搜集樂譜。"這意思是值得我們參考的。

刪詩的問題大體上都不以爲孔子刪了。

風、雅、頌是就形式分，"南"如指南國，都就要考慮如何答復周南、召南兩個區域的區分，這是其一。既是南國之詩，何以内中有的實是周人的詩，如《卷耳》說到"陟彼周行"；《汝墳》說到"玉室如燬"；《甘棠》一詩是讚美召伯的；《何彼襛矣》更讚美"王姬"。這是其二。還有寫《呂氏春秋》的人們何以並不以爲南國之詩，這是其三。《毛詩》變風變雅之說雖不可信，但豈有以南國詩爲正風，其他國詩倒是變風之理？"正變"說早已爲宋人所駁，這些都是值得注意的問題。其他的問題，這裏不能一一都講。研究《詩經》的人是應當對上列漢宋諸儒及清人的注疏一一過目，這是幾部最要看的書。如只想涉獵一過，可先選讀朱熹《詩集傳》或方玉潤《詩經原始》。如欲進一步研究，還可看唐成伯璵《毛詩指說》（通志堂經解）、宋歐陽修《詩序本義》（同上，歐陽述刻本，有單行排印本）、蘇轍《詩集傳》（兩蘇經解本）、程大昌《詩論》（藝海珠塵本）、嚴粲《詩輯》（廣州局本）、王質《詩總聞》（經苑本聚珍版叢書本）、鄭樵《詩辨妄》（顧頡剛輯點本）、《詩經奥論》（通志堂本《六經奥論》中）、朱熹《詩經旁訓》（通行本）、《詩序辨說》（朱子遺書本　《詩集傳》附刻本　《詩經彙纂》附刻本）、《朱子語類·詩經之部》（在《朱子語類》中）、朱鑒《詩傳遺說》（通志堂本）、宋王柏《詩疑》（藝海珠塵本　通志堂本）、胡廣《詩集傳大全》（通行本）、清李光地《詩所》（榕村全書本）、方苞《詩傳補正》（南海馮氏刊本）、范家相《詩瀋》（乾隆家刊范氏遺書本）、王闓運《詩經補箋》（湘綺樓本）、明何楷《詩經世本古誼》（清嘉慶刻本　石印本）、清徐璈《詩廣詁》（家刻本）、魏源《詩古微》（續經解本　有單刻本）、龔橙《詩本誼》（半廠叢書本）、皮錫瑞《詩經通論》（師伏堂叢書本　通行本）、胡承珙《毛詩後箋》（墨莊遺書本　續經解本）、馬其昶《毛詩學》（原刊本　排印本）、牛運震《詩志》（空山堂集本）、林義光《詩經通解》（掛印本）、于省吾《詩經新證》（石印本）、聞一多《詩經通義》《風詩數鈔》（全集本）。其他從略。

《春秋左傳正義》晉杜預集解，孔穎達正義（《十三經注疏》本　通釋本）
《左傳舊注疏證》劉文淇　（五九年出版）
此書只寫到襄公四年，今年始由中華排印出版
《公羊義疏》　陳立　（續經解本　四部備要本　國學基本叢書本）

《春秋》是孔子筆削魯史而成，如專就文學的角度來看，那不過只是簡短平易謹嚴的散文和只書大綱而不詳事實的歷史記錄。在藝術性一方面沒有什麼可稱道的。如果從思想性方面來觀察，那孔子修《春秋》，厚今薄古是有其政治、歷史、哲學意義的。這與瞭解儒家尤其是孔子的世界觀有很大的關聯。孟子說："孔子懼，作春秋。""《春秋》成而亂臣賊子懼。"（《孟子·滕文公》）《荀子》也說"《春秋》之其微也"（《勸學》）。"《春秋》言是其微也"（《儒效》）。孟、荀都是儒家大師，都認爲孔子修《春秋》有政治上的作用，有哲學上的意義，這部書在思想性上很重要。但這書在後人有罵它是"斷爛朝報"的，近代人還有形容它像"流水帳簿"似的，講哲學史的有利用《孟子》"其義則丘竊取之矣"的話，說孔子"修《春秋》"不是"作"其義，這樣在哲學史上倒沒有人講《春秋》了。《春秋》是孔子"修"過的，可以從種種方面證明。號稱"疑古"的錢玄同終於不能不認這是孔子的一部託古改制的書，是有其政治性思想性的。說《春秋》都是用特殊的"書法"以明"義"，不是普通記載事實的態度（詳見《古史辨》第五冊，錢玄同《左氏春秋考證後序》）。從著作原材料和歷史背景來看，必是魯國人才修《春秋》這書，如非是孔子修的，孟、荀都是看不起孔門弟子的，必不輕易放過。再從書法和內容上來看，哀十四年前的爲一體系，哀十四年的"續經"僅有兩年，書法就不如真的春秋（如"有星孛"），不謹嚴。我們在《公羊傳》和《論語》中也可找到一些證明。《春秋》確是孔子修的。我們普通以爲孟子說出"民爲貴"，其實這是《春秋》之義。宋儒蕭楚《春秋辨疑》已說過："《孟子》曰的'民爲貴，君爲輕'，是《春秋》之義也。故《春秋》所書，大致以王爲重"。《春秋》對於迫害人民的戰爭、賦稅、興築、天災都很詳細記載。這都是表現重民的思想。"文十八年'莒弑其君庶其'"。稱國以弑表示大衆弑君"一人弑君，人人盡喜"。"桓十一年'宋人執鄭祭仲'"，讚美祭仲廢君行權，《春秋》不稱其名，反書其"字"（"不稱其名"），這些地方也可見《春秋》的重民輕君、民爲貴的思想。《春秋》反對貴族政治，主張賢人政治（"隱三年尹氏卒""宣十年崔氏出奔衛。"《公羊傳》），至於《春秋》的反對侵略的思想，所謂"尊王攘夷"，這是大家都知道的。《春秋》贊美齊桓存亡繼絕也正是反戰反侵略。至於《春秋》之"慎微"的表現，在《春秋經》中可看出的是對於事物的開始和事物的變遷，都很注意所謂"重本性、防積漸"（參看"隱四年莒人伐杞取牟婁""桓七年焚咸丘""隱三年癸末葬宋繆公""莊十七年鄭詹自齊逃來"《公羊傳注》）。《春秋》是瞭解"小之將爲大，微之將爲著"，這些漸變的道理的。這些思想孔子有時運用或詳或略的書法，（"略常以明變，辭繁而不殺"）表達出來，有的照字義的函義表達出來，這是孔子所以要正名的原因，正名也有慎微意，《春秋》也是孔子表現正名的一部光輝著作。我們從文學的角度來看，如若我們瞭解了《春秋》的思想大義，再看《春秋》，更可以從這十分簡短平易、謹嚴的散文中看出它的思想感情來（如僖公四年"楚屈完來盟於師，盟於召陵。"）。關於《春秋》之義，應用《公羊傳注》來解說，《左傳》常常"文闕"，本不是解經的。《左傳》中有無經之傳（例如隱五年傳"曲沃莊伯以鄭人、邢人伐翼……翼侯奔隨"）；有不釋經之傳（例如隱五年"初獻六羽"）；有釋不書於經之傳（例如隱元年"費伯帥師城郎。不書，非公命也。"）有釋經而顯違經意之傳（例如隱三年"尹氏卒"，《左傳》改"尹"爲"君"）。《穀梁》更是僞傳，從體例、思想、文字以及用漢語史的角度看都如此，都不當用來解釋《春秋》。

《左傳》雖不是解經的書，但是從文學一方面的角度來看，則是歷來受人推崇的。《左傳》是以善於敘事著稱，從總的方面來說：

（1）有人物性格心理的描寫。在一部《左傳》中是著重地寫了齊桓、晉文、秦穆、楚莊這幾位霸主，對於齊桓公的正而不譎，晉文公的譎而不正，秦穆公的知悔過又能改，楚莊王的從善如流，頗能對於他們的性情心理、聲音笑貌描繪出來。對於管仲的謙讓，子玉的驕縱，華元的忠厚，子產的開明，都能適如其分地加以刻畫。對於一些人物有時用簡單特殊事例描寫出來，如"犖有力焉，能投蓋於稷門"（莊三十二年）；"南宮萬奔陳，以乘車輦其母，一日而至"（莊十二）。這些，只用一兩句話就將他們的特點描寫了出來。《左傳》確是善於對人物刻畫的。

（2）是對大小戰爭的描寫。對幾個大的戰役，如韓原、城濮、邲、鞌、鄢陵等諸戰役，從戰爭的起因、勝負的估計、兵力的強弱、推測戰略的部署，到交戰的經過情況，戰爭的結果，戰後的處理，都點點滴滴很詳細地敘述出來。中間還包括一些臨時產生的變化，一些瑣屑的情節，時而緊張，時而安閒，頗善於戲劇性的描寫，如戲劇似地搬上了歷史舞臺。這其中的確也有人物形象的描寫，如城濮之戰的寫魏犨傷於胸，"束胸見使者，曰：'以君之靈，不有寧也。'距躍三百，曲踴三百。"鞌之戰的"齊高固入晉師，桀石以投人，禽之而乘其車，係桑本焉，以徇齊壘，曰：'欲勇者賈餘勇'。""辟女子，女子曰：'君免乎？'曰：'免矣。'曰：'銳司徒免乎？'曰：'免矣。'曰：'苟君與吾父免矣，可若何！'乃奔。"鄢陵之戰的"楚子登車而望之"所見的形象，都是刻意加以描繪的。《左傳》中所敘的小的戰事，如鄭敗戎師（隱九）、楚人伐絞（桓十二），也都能將策略與戰鬥扼要地敘述出來。這些戰爭的敘述，無論是大戰小戰，確是能寫得層次分明，結構嚴整，井井有條，栩栩如繪。

（3）對一些變化的描寫，這如"齊侯使連稱、管至父戍葵丘"（莊八年）的事變，晉靈公"不君"的事件（宣二年），也是《左傳》中寫得很出色的文字，採用從原因到結果，情景如畫，有形象的描繪。

（4）對一些鬼神妖夢的描寫，如狐突盡見鬼巫（僖十年），晉侯夢見大厲"被髮及地，搏膺而踊"（成十年），"鄭人相驚以伯有"（昭七年），以及其他占夢的故事，都寫得如聞其聲，如見其人，更是神怪小說的濫觴。

（5）是一些外交辭令說得入情入理，不卑不亢，委婉動聽。

（6）是一些諍諫議論，說得義正詞嚴，有理有據，這些文字也都面面俱到，井井有條，更是有組織的文章。所有這些，令我們讀起這書來會有如讀一部《三國演義》的感覺。

（7）在一些敘述中更引用了些謠諺徒歌作結，反映人民的意見，增加了感染力。如對華元、對子產，有些地方引用當代人的評論和作者的意見，也幫助對問題的瞭解。（此例甚多，不具舉）

（8）形象性的語言例如"狼子野心"（宣四年、昭廿八年），"困獸猶鬥"（定四年），"人心之不同，如其面焉（襄三十一年），"舉棋不定"（襄二十五年），"數典而忘其祖"（昭十五年），"唇亡齒寒"（僖五年），"馬首是瞻"（襄十五年）等等；有"毛將安附"（僖一四年），"爾墓之木拱矣"（僖三十二年），"肘中之指可搹矣"（宣十五年），《左傳》中這些藝術性的語言在後代絕大部分一直在沿用，豐富了民族的語言。以上種種就是《左傳》所以被人推崇、而《史通》所以要"申左"的原因。

關於《左傳》之參考書，比較重要者更有：

（晉）杜預　（宋）林覺叟　《春秋左傳杜林合注》（明孫鈔評點本，馮天驥集辭本）

姚增謙　《左傳杜注補輯》（江南局本）

洪亮吉　《左傳詁》（續經解本，商務萬有文庫排印本，北江合集本）

（日）安井衡　《左傳輯解》（原刊本）

以上有關注釋之書，安井衡輯解敕評較便。

王源　《左傳評》（四有學會排印本　原刊本）

馮天驊　《評輯左繡》（通行本）

吳曾祺　《左傳菁華錄》（商務）

以上有關評點之書。

《左傳》舊注疏證止於襄公四年，不爲全書，李生撰要因而 "多列諸家補注以備參閱" 併摘錄如次：

（元）趙汸　《春秋左傳補注》（通志堂本）

焦循　《左傳補疏》

沈彤　《左傳小疏》

顧炎武　《左傳杜解補正》

惠棟　《春秋左傳補注》

馬宗璉　《左傳補注》（以上清經解本）

張聰成　《左傳杜解辨正》（聚學軒本）

丁晏　《左傳杜解集正》（適園叢書本）

姚鼐　《左傳補注》（全集）

方苞　《讀書筆記》（望漢集外文補遺）

王引之　《經義述聞》

朱亦棟　《十三經劄記》

徐灝　《通介堂經說》

武億　《羣經義證》

邵晉涵　《南江劄記》

盧文弨　《羣書拾補》

何焯　《義門讀書記》

姚範　《援鶉堂筆記》

周壽昌　《思益堂日劄》

洪頤煊　《讀書從錄》

徐鼒　《讀書雜禪》

桂馥　《札樸》

張文虎　《舒藝室隨筆》

王紹藝　《王氏經說》（以上並有單刊本）

左傳敍事，往往一人而名字謚號前後互出，初學頗難辨認，可檢閱馮維先《春秋名號歸一圖二卷》（在通志堂經解中），或日人所著《左傳人名地名索引》。

　　劉逢禄《左氏春秋考證》討論《左傳》問題及其與《國語》的關係，爲《左傳》之參考書。可用顧頡剛校點本比較方便。

《國語集解》　　（三國吳）韋昭注　徐元誥集解（民一九年中華書局排印本）
關於《國語》的參考書尚有：
黃丕烈　《韋昭注〈國語〉劄記》　　（士禮居本，大小多種）
黃模　《國語補韋》（清嘉、道間刻本）
汪遠孫　《國語校注本三種》（錢塘汪氏振綺堂家刻本）　　（穰躊堂本）
陳瑑　《國語翼解》　（廣雅局本）
董增齡　《國語正義》（清光緒庚辰式訓堂刊本）
洪亮吉　《國語韋昭注疏》（旌德呂氏刊本）
劉臺拱　《國語校補》（續經解本）
姚鼐　《國語補注》（南菁書院叢書本）
汪中　《國語校文》（靈鶴閣本）
狄鎔　《國語詳注》（文明書局鉛印本）
吳曾祺　《國語韋解補正》（商務）
高嶟　《集評國語鈔》（培元堂刊本）
譚沄　《國語釋地》（清光緒間自刻本）
以上諸書，以徐元誥集解較善，較便參改。

　　《國語》與《左傳》原是一書分爲二書。試看梁啓超說："《左傳》《國語》是一是二的問題……今本《國語》，論其年代固以春秋爲中堅，與《春秋》一書之時代略相函，然其中述隱元年至哀十四年二百四十年間事反極少，將極主要的之部分概從闕略。再反觀今本《左傳》，既云釋《春秋》，自當以隱元年至哀十四年爲起訖之大限，乃發端記'惠公元妃孟子'事，已居隱前，猶可曰爲隱公攝位直接張本，不得不追述也。至如桓二年'晉穆侯夫人姜氏以條之役生太子'一篇，所記遠在春秋前數十年，與孔子的《春秋》有何關係？"釋經而縷縷道此，又何爲者？是故今本《國語》與今本《左傳》，若析而爲二，則兩書皆可謂自亂其例，不足以列於著作之林。若合而爲一，則西周末東周初三百餘年間一良史也。其書本名《國語》，或亦稱《左氏春秋》。"梁氏主張《國語》即《左氏春秋》，並非二書。《左傳》是"將魯惠隱間迄哀悼間的一部分抽出改爲編年體，取以與孔子所作《春秋》年限相比附，謂：《春秋左氏傳》。其餘無可比附者別出，仍其舊名及舊體例謂之《國語》"。這樣的意見是很正確的。(近人所撰《僞書通考》是無所謂門戶之見的，綜合各家之說，亦以《左》《國》本係一書"(四七一——四七二頁及六三六頁)。我們不可以兩書文體不同，而斷定爲二人之作。因爲：

(一)《左傳》一書中前半部與後半部文體就不大同，這是時代的關係和原材料的關係。

(二)《左傳》畢竟是改編出來的，《國語》是一些剩餘的材料，在文體上不同，不能決定其爲二書。從這二書的體例及其此詳彼略的關係，才算是以全面考查問題。

《戰國策》　高誘注　(宋)姚宏校正　黄丕烈《札記》(景士禮居本　武昌局本　仿刻本　又雅雨堂校本)

《戰國策校注》(宋)鮑彪注　(元)吳師道補正　(惜陰軒本　四部叢刊景元本)

《戰國策補釋》(民一三貴陽金氏十梅館刊本)

林春溥　《戰國紀年》(竹柏山房十一種本)

顔觀光　《國策編年》(家刻本)

程恩澤　《國策地名考》(狄子奇　粵雅堂本)

張琦　《戰國策釋地》(廣州局本　式訓堂本)

吳曾祺　《戰國策補注》(商務)

金正煒　《戰國策補釋》(排印本)

鍾鳳年　《戰國策勘研》(排印本)

高注《戰國策》甚簡略，標注雖詳但又淺率，當參用諸家注釋書。又：

方苞　《讀書筆記》、姚範《援鶉堂筆記》、周壽昌《思益堂日劄》、王念孫《讀書雜誌》、孫詒讓《札迻》、張文虎《舒藝室隨筆》、桂馥《札樸》諸書中有關《戰國策》之致訂，需要時可參看。

《戰國策》是蒯通作的，說詳吾友羅根澤先生《戰國策作於蒯通考》一文中(《古史辨》第四册)，後來許維遹作《棲霞牟默人(庭)先生著述考》，我們更知道牟庭也有這一說。但是羅氏撰文時並未獲見牟說，他們兩人意見是先後相同的。《戰國策》的藝術性近人多能言之。朱自清《經典常談》也說："蒯通那枝筆是很有力量的，鋪陳的偉麗、叱詫的雄豪固然傳達出來了，而那些曲析微妙的聲口也絲絲入扣，千載如生。讀這部書真是如聞其語，如見其人……宋代有個李文叔也說，這部書所記載的事'淺陋不足道'，但'人讀之，則必向其說之工而忘其事之陋者，文辭之勝移之而已。'（李格非《書戰國策後》）。"《戰國策》的寫作技巧是影響了漢代的辭賦，這是我們不當忽略的。

關於歷史散文尚有：《逸周書》《竹書紀年》《穆天子傳》三書應當涉及，《逸周書》可用朱右曾《逸周書集訓校釋》（續經解本，山旻局本）、孫詒讓《周書校補》作參考。《竹書紀年》可用徐文靖《竹書紀年統箋》（浙江局本通行本），但在引用時須根據王國維《古本竹書紀年輯校》（廣倉學窘未遺書本），因今本《紀年》乃係宋以後僞託。《穆天子傳》可以參看郭璞注本（平津館本 四部叢刊本）及丁謙《穆天子傳考證》，陳逢衛補注，呂調陽《穆天子傳校正》，檀萃《穆天子傳注疏》，劉師培《穆天子傳補釋》諸書。

又，關於《山海經》的參考書，尚有吳任臣《山海經廣注》（原刊本），盧文弨《羣書拾補》，俞樾《讀山海經》，徐文清《管城碩記·雜述類》，孫詒讓《札迻》諸書，可供進一步研討之用。

## 六　先秦諸子之屬書目

《論語正義》　劉寶楠　（江寧刊本　樓經解本　商務排印本　四部備要本）
（梁）皇侃　《論語義疏》（殿本　知不足齋本　羸經解彙函本）
朱　熹　《論語集注》（通行本）載他《論語注》，用《春秋》說《論語》，指出其本事，頗有用（南菁書院叢書本）。
焦　循　《論語通釋》（木犀軒本　焦凡遺書本）
楊伯峻　《論語譯註》（五八年中華書局本）

　　關於《論語》散文的藝術性，近來談論的人很多，也都談到了關於孔子的世界觀，只是說得還不太透澈。孔子的哲學思想，雖然是唯心論的，但我們可以說他是屬於客觀唯心論這一方面。首先，孔子不好言鬼神，他注重人生。《述而》篇記："子不語怪力亂神"，《先進》篇記子路問事鬼神，子曰："未能事人，焉能事鬼？"問死，曰："未知生，焉知死？"《公冶長》篇"子貢曰：夫子之文章，可得而聞也，夫子之言性與天道，不可得而聞也"。這都可見孔子的不信鬼，好談玄，而要求"事人""知性"。《論語》說："（孔）子絕四：毋意、毋必、毋固、毋我"（《子罕》），他不好憑主觀臆測，也不固執己見，他是採用客觀態度。從他對於世界的觀察來看，孔子讚歎世界是常常變遷的，他說："天何言哉？四時行焉！百物生焉，天何言哉？"（《陽貨》）又："子在川上，曰：'逝者如斯夫，不舍晝夜'"（《子罕》），因而他十分注重權變，他說"齊一變，至於魯；魯一變，至於道"（《雍也》）。又說："可與共學，未可與適道；可與適道；未可與立；可與立，未可與權"（《子罕》）。他認為有了變革，就可以"至於道"，而且還不滿足於"適道"，更主張用權，以權為高。雖然他稱贊中庸，說"中庸之為德也，其至矣乎，民鮮久矣"（《雍也》）。故他是主張用權，不是"執中無權，猶執一也"。孔子所講的中庸，應當是以"時、義"為標準的。結合著《春秋》來看，孔子的世界觀，是不信鬼神而注意了人生，注重漸變不"意""必""固""我"。孔子的思想與孟子的"萬物皆備於我"這種主觀唯心論大不相同，所以可以說孔子的世界觀和荀子一樣是接近唯物論一方面，而是屬於客觀唯心論一方面的。再從孔子主張的"仁"來看，在實踐一方面，他主張先事後得（《顏淵》），先難後獲（《雍也》）；"己欲立而立人，己欲達而達人"（《雍也》）；己所不欲，勿施於人（《顏淵》）；能"近取譬"（《雍也》）。這都是見他重在客觀實踐，與佛家的談慈悲不同。孔子的民爲貴的思想，表現在《春秋》中，在《論語》中主張博施濟衆，主張"不患寡而患不均"（《季氏》）。這些極簡短的辭句，說明了孔子"肫肫其仁"（《中庸》）的思想，這思想也正是針對當時的客觀現實統治階級的視民爲草芥而來。認爲孔子是客觀唯心論者比較更容易瞭解他的思想及當時儒家的影響。孔子是愛好文學的人，他說"質勝文則野，文勝質則史，文質彬彬，然後君子"（《雍也》）。這固然好像是說君子，但可見他對於文的另一方面又是注意的。如他說"繪事後素"（《八佾》），"爲命，裨諶草創之，世叔討論之，行人子羽修飾之，東里子產潤色之"。（《憲問》）先有草創討論，然後修飾潤色，也是重內容和質的意思。闡說孔子思想的書，近人嵇文甫的《周秦社會思想述要》和郭沫若的《十批判書》都應該看。孔夫子畢竟是我們中國古代偉大的思想家、教育家，儘管他不免陷於唯心論的泥潭中，儘管他是沒落貴族的代言人，但是不可一概抹煞，只看《十批判書》對孔子的推崇就知道了。

《論語》這書是孔門再傳弟子編寫的，這從柳宗元起，已疑心其是出於有子、曾子門人之手，其書傳到後來更不免有些竄亂部分，引用時必須注意。據崔述《洙泗考信錄》及餘錄，《論語·雍也》篇末"子見南子"章，《鄉黨》篇末"色斯舉矣"章，《季氏》篇末"齊景公"章、《微子》篇末"周公謂魯公"章，"皆與孔門無關，或文義不類"。崔氏又以全書二十篇中末五篇季氏、陽貨、微子、子張、堯曰皆有可疑之點，其中如《陽貨》篇記"公山弗擾以費畔，召，子欲往"云云，又說"佛肸以中牟叛，召，子欲往"云云，弗擾叛時孔子正爲魯司寇，其亂孔子手平定之……佛肸以中牟叛，趙襄子時事……趙襄子之立，在孔子卒後五年，孔子何從與肸交涉？凡此諸義，皆在崔氏所疏證，大致極爲精審。我們不可認爲孔子真有其事而認孔子又有革命的思想。這也必當注意。

《墨子間詁》　孫詒讓　（家刊本　江蘇聚珍本　商務影印本　諸子集成本）
梁啓超　《墨學微》《墨經校釋》《墨子學案》

張之銳　《新考正墨經注》（河南官書局排印線裝本）
《墨子·大取篇釋義》（同上）
鄧高鏡　《墨經新釋》　（商務）
曹耀湘　《墨子箋》　（排印本）
陶鴻慶　《讀墨子劄記》（排印本）
劉師培　《墨子斠補》　（劉申叔遺書本）
張純一　《墨子閒詁箋》（排印本）
《墨子集解》　（世界書局　此書雜用佛家學說釋《墨子》，須注意引用）
伍非百　《墨經解故》（石印本）
魯大東　《墨辯新注》（中華）
吳毓江　《墨子校注》（獨立出版社）

　　五四以後研究《墨子》者甚多，李笠、陳柱時對於解詁俱有校補，譚戒甫有《墨經易解》，范耕研《墨辯疏證》（商務），方授楚《墨學源流》（中華），等等，其著尚多，茲不備舉。

　　《墨子》文在藝術性方面又甚重要，因其運用名辯，故說服力甚強。對於所謂"三表法"當注意。《墨子》全書可分五組：(1) 自《親士》至《三辯》凡七篇爲一組，是弟子所傳。(2)《尚賢》《尚同》《兼愛》《非攻》《節用》《節葬》《天志》《明鬼》《非樂》《非命》《非儒》，有上中下者二十四篇爲一組，爲三墨所傳。(3)《經上》《經下》《經說》上下，《大取》《小取》六篇爲一組，後期墨家學所傳。(4)《耕柱》《貴義》《公孟》《魯問》《公輸》五篇爲一組，墨子弟子所記。(5) 自《備城門》以下廿篇爲一組，爲兵家言。應分別對待。此參考《墨子》當注意者。羅根澤先生有《墨子探源》一文可以參看。


《莊子集解》　王先謙　（思聖講舍本　諸子集成本　通行本）
郭慶藩　《莊子集釋》（同上）
劉文典　《莊子補正》（商務）
宣穎　《南華經解》　（通行本）
馬其昶　《莊子故》　（集虛草堂本）
劉鴻典　《莊子約解》　（原刊本）
奚侗　《莊子補注》（鉛印本）
陶鴻慶　《讀莊子劄記》（鉛印本）
馬敘倫　《莊子義證》（商務）

高亨　《莊子今箋》（開封岐文齋刻本）
高亨　《莊子天下篇箋證》（西北大學講義）
武延緒　《莊子劄記》（家刻本）
梁啟超　《莊子天下篇釋義》（合集本）
譚戒甫　《莊子天下篇校釋》（排印本）
于省吾　《莊子新證》（石印本）
王叔岷　《莊子校釋》
羅根澤　《莊子外雜篇探源》（燕京學報）
郭沫若　《十批判書》

五四以後，說《莊子》者亦甚多，較好者已列舉，其他從略。

《莊子》之文學以《逍遙遊》《齊物論》《養生主》等七篇爲代表，均有極高濃厚的文學意味，好像寓言。《齊物論》有涉及自然辨證觀者，應爲《老子》書中自然的辨證法之先驅，尤不可忽。惜此數篇文字稍難懂，否則可當作小說讀。羅根澤《莊子外雜篇探原》兼說明外雜篇著作時期及其與內篇之關係，研究文學史者亦當一讀；劉文典《補正》較後出已採及諸家說，並附有郭象注，不似王叔岷的專重校勘，極合用。故特爲推薦。

評點《莊子》者有林雲銘《莊子因》，陸樹芝《莊子雪》等書，這種書只可瀏覽，不必引用。

《老子覈詁》　馬敍倫　（排印本）
《老子正詁》　高亨　（排印本　開明本）
《老子章義》姚鼐　（同治庚年桐城吳氏刊本）
魏源　《老子本義》（漸西村舍叢書本排印本）
奚侗　《老子集解》（排印本）
楊樹達　《老子古義》（中華）
何士驥　《古本道德經校刊》　（民二五北研鉛印本）

《老子》一書的著作年代，從其思想及文字等考察，應當是在《莊子內外篇》以後才有的；以文學論，《老子》是一部哲學詩，講文學史亦當注意到這一點，起碼要在敘《莊子》以後附帶提起。全書是用韻的，這一特色，不可忽略。

關於《老子》是哲學詩，曾有支偉成所寫一小冊子提及。日人津田左右吉《儒道兩家關係論》（商務），說是戰國末年道家的格言集。話固然可以這樣說，但是全書應是出於一人之手，有其整個體系，不能因之而謂後人校集而成。解放後讀楊榮國《中國古代哲學史》主張《老》在《莊》後；近來翻檢《偽書通考》，著者綜合各家之說，更提出許多新解，更證明《老》在《莊》後，彌覺此說更益顛撲不破。余曾有《老莊的先後問題》一文，發表在民二十年《學文》第四期中，主張《老》在《莊》後，後來寫《老子思想概要》（師大講義），舉出八項證明。我當時固然未見到楊榮國他們的說法，他們也未見到我的說法和舉出的證據，但是結論是一致的。講文學史、哲學史都須改變看法，《老子》移在《莊子》後，否則是講不通的，這並無損於《老子》的價值。欲研究此問題，可翻檢原文，爲避免繁瑣，茲不摘錄。

《孟子集注》　朱熹　（通行本）
《孟子註疏》　趙岐　（十三經注疏本）
《孟子正義》（清）焦循正義　（清經解本　通行本　集成本）
《增補蘇批孟子》　蘇洵批，趙大浣增補　（坊刻本　石印本）
高步瀛　《集解孟子文法讀本》（北京直隸書局鉛印本）
陳澧　《東塾讀書記》三
崔述　《孟子事實錄》　（在《東壁遺書》）

　　關於《孟子》本文，可參考焦氏《正義》，但朱注淺顯易懂。至於《孟子》散文的藝術性近來說的還好，舊日坊行《蘇批孟子》雖爲課童之書，但可給予人一些提示，可以過目。高氏讀本亦至精審可讀。陳澧《讀書記》將《孟子》全書折散比觀之，對於義理發明不少。《孟子事實錄》爲極謹嚴之孟子小傳。羅根澤有《孟子評傳》一書（商務）亦可參看。
《孟子》書非孟子本人自作，劉汝霖《周秦諸子考》已爲考明。

《荀子集解》　王先謙　（思賢講舍本　商務景印本　排印本　集成本）
《荀子簡釋》　梁啟雄　（商務新印本改用《簡釋》，稍有修訂）
高亨　《荀子校箋》（《山東大學學報》）
鍾泰　《荀注訂補》（商務）

　　《荀子柬釋》已爲李氏所列參考書注收入注內，但李氏所未舉者有劉光蕡《〈荀子·議兵〉篇節評》（煙霞草堂遺書）、梁玉繩《瞥記·五》及《三餘劄記》《讀書雜識》諸書涉及《荀子》者未收入。近高氏更有《校箋》，均可參看。余昔有《荀子真僞考》一書，節錄發表於北研《史學集刊》二卷三期中，此書探討《荀子》各篇真僞，從當時經濟基礎着眼，讀之可知孰爲真《荀子》文，孰非《荀子》文。

以文學論，《荀子》散文中比較好的爲《天論》《正名》《解蔽》《性惡》《勸學》《富國》《禮論》《樂論》諸篇，《非十二子》《王制》《修身》《榮辱》《不苟》《正論》等篇次之。其弟子所記則有《儒效》《強國》《議兵》三之篇。至於《成相》《賦》篇與則本屬於文學一類，荀子又其始創者。讀《荀子》文感覺其議論精闢，氣勢磅礴，筆鋒犀利，層次分明，此與其接近唯物論之思想有關。近有專篇討論荀子散文風格者，可參閱。

《韓非子集解》　王先謙　（通行本　集成本）
陳奇猷　《韓非子校釋》（中華）
容肇祖　《韓非子考證》　（商務）

說《韓非子》應將周秦間其他法家之說作爲參考。關於《管子》，通行注本外，可用日人安井衡《管子纂詁》，戴望《管子校正》諸書；羅根澤《管子探源》（中華）亦當參看。關於《商君書》，有王時潤《商君書斠詮》（排印本）、簡書《商君書箋正》（民二〇大定簡氏鉛印本）、朱師轍《商君書解詁》（新印本）等等。

關於《申子》有玉函山房輯佚書本；關於《慎子》有嚴可均輯校本（守山閣叢書）。

《呂氏春秋集釋》　許維遹　（排印本）

中華書局在抗戰期間出版有《呂覽輯校》一書（排印本），在校勘方面，根據善本較多可以補許書所不及當參用。其他爲許氏書所已收者不錄。《古史辨》第六冊有關於《呂氏春秋》論文，亦當參閱。

《楚辭補注》（漢）王逸注　（宋）洪興祖補　（四部叢刊本　汲古閣本通行本）

《楚辭集注附辯證》（《集注》八卷《辯證》二卷　《後語》四卷）　朱熹　（古佚叢書本　掃葉石印本　武昌局本　蘇州局本無後語）

《楚辭校補》　聞一多　（單印本　全集本）

說《楚辭》之參考書甚多，重要者可參照聞氏《校補》所舉，其他可參看《楚辭》書錄。

# 七 其 他

《全上古三代秦漢六朝文》 嚴可均 （清光緒黄氏王氏刊本 醫學書局景印本）

《古詩記》馮惟訥彙編，（明）謝陞校訂 （原刊本 吳琯重刻有金陵、陝西二本）

馮舒 《詩記匡謬》（知不足齋叢書本）

《古謡諺》杜文瀾輯 （清咸豐曼陀羅華閣刊本）

以上三書爲古代詩文與民間文藝總集，爲研究上古至六朝重要參考書。惟此三書均明清人蒐輯，其中所列有不盡可信者，須注意引用。至於《詩記》，可參閱馮氏《匡謬》

《山海經箋疏》十八卷圖讚一卷 郝懿行箋疏 （四部叢刊景印郭注本 阮刻單行本 郝氏遺書本 坊刻巾箱本）

《山海經地理》 吳承志《山海經地理今釋》（求恕齋叢書本）

汪紱 《山海經存》 （汪雙池遺書本）

嚴可均輯 （晉）郭璞《山海經圖讚》（清光緒葉氏郎園刻本 觀古堂叢書本）

《山海經》在過去以爲地理（《漢志》列數術略形法家）或古史（《書目答問》）一類的書，但《四庫提要》已有這樣的議論説："核實定名，實則小説之最古者爾"。我們現在應糾正過去的看法，將此書認爲神話小説一類的書，其中保存中國神話最多。這書過去以爲是夏禹、伯益所作，這不可信。《四庫提要》以爲"斷不作於三代以上，殆周秦間人所述，後來好異者又附益之"。内中《五藏山經》，可信爲東周時代的作品（袁珂）。據近人考訂，《海内外經》作於春秋戰國時代，《大荒經》及《海内經》一部分大約係漢初人作。

關於盤古故事，在三國吳徐整《三五歷記》（《藝文類聚》《太平御覽》引）、《後漢·南蠻傳》、梁任昉《述異記》等書並有之。其他觸及神話資料的以《楚辭·離騷》《天問》《九歌》及《淮南子》《列子》較多，《穆天子傳》《竹書記年》《左傳》《國語》《莊子》《韓非子》《吕氏春秋》中亦間有之。晉干寶《搜神記》、王嘉《拾遺記》、張華《博物志》《虞集志林》、舊題名東方朔著《神異經》及唐段成式《酉陽雜俎》、李冗《獨異志》諸書散見於《漢魏叢書》《唐代叢書》《說郛》《稗海》等叢書中，可供參閱。

《中國神話研究 ABC》玄珠（沈雁冰）　　（排印本）

《中國古代神話》　袁珂　（商務　增訂本）

　　以上二書爲有系統研究神話之書。楊寬《中國古代史道術論》（《古史辨》第七冊）利用神話傳說研究古史，亦應當參閱。

1959. 8

・國立貴州大學中文系講義・

# 漢語修辭學講義

# 漢語修辭學講義

## Ⅰ 修辭通論

### 一 修辭二字之意義

修，《說文》云："修，飾也。"段氏《注》云："飾，即今之拭字。拂拭之，則發其光彩，故引伸爲文飾……""此云修飾也者，合本義、引伸義而兼舉之，不去其塵垢，不可謂之修；不加以縟采，不可謂之修。之從彡者，灑刷之也，藻繪之也。"（九、三七）《說文》云："詞，意内而言外也。"段氏《注》云："'詞'與辛部之辭與辛部之'辭'，其義迥别。辭者，説也。從罾辛。辛猶理辜，謂文辭足以排難解紛也。然則辭謂篇章也。詞者，意内而言外。從司言，此謂摹繪物狀及發聲助語之文字也。積文字而爲篇章，積詞而爲辭。《孟子》曰'不以文害詞'，不以詞害辭也。孔子曰：'言以足志'，詞之謂也。文以足言，辭之謂也。《大行人》故書'行詞命'，鄭司農云：'詞當爲辭'，此二篆之不可掍一也。"（九、五八）

辭，《說文》云："辭，訟也。從罾，罾猶理辜也。鄭，理也。"段氏《注》云："今本説譌訟。《廣韻》七之所引不誤。今本此説譌爲訟。訩字下訟譌爲説。其誤正同。言部曰：'説者，釋也。從罾辛。'"（一五、四五）

### 二 漢語言修辭之始

梁章鉅《退庵論文》："作文之法有已標舉於經傳之中者，如《易》言'修辭立誠'；《書》言'辭尚體要'；《詩》云'穆如清風'；《戴禮》言'達而勿多'；《左氏》言'言之無文，行之不遠'。合而觀之，作文之本末備舉，後人千言萬語恐不能出其範圍間。（閻百詩云：'孔子《爲命》一章其示人以作文之法乎。《小子》一章其示人以作詩之法乎。'）"

《文概》："文之通可約舉數語以明之，曰'辭達而已矣'，修辭宜其誠，言近而旨遠，詞尚此要，乃言底可績。'非先王之法言不敢言'，《易》其心而後語。"

《文概》："《老子》曰：'言有宗'。《墨子》曰：'立辭而不明於其類，則必困矣。'"宗、類二字,於文之體用包括殆盡。

## 三 漢語修辭學參考書

(1) 揚雄《法言》:《吾子》《問神》篇（注一）
(2) 王充《論衡》:《語增》《藝增》篇（注一）
(3) 曹丕《典論·論文》（注一）
(4) 陸機《文賦》（注一）
(5) 沈約《宋書·謝靈運傳論》
(6) 劉勰《文心雕龍》
(7) 蕭繹《金樓子·立言》篇
(8) 任昉《文章緣起》
(9) 蕭子顯《南齊書·文學傳論》
(10) 顏之推《顏氏家訓》
(11) 劉知幾《史通》:《書事》《載文》
(12) 韓愈《答李翊書》《答正夫書》（注2）
(13) 皇甫湜《諭業》
(14) 柳宗元《答韋中正論師道書》（注二）
(15) 陳騤《文則》
(16) 蘇洵《上歐陽內翰書》
(17) 蘇轍《上韓太尉書》
(18) 李耆卿《文章精義》
(19) 王構《修辭鑒衡》
(20) 王應麟《辭學指南》
(21) 真德秀《文章正宗》

《文正公論文》上下卷四,歸震川《史記圈識凡例》,姚姬傳鼐《古文辭類纂序》,惲敬《大雲山房文稿初集四卷》,曾文正公《經史百家雜鈔·叙目》（注四）,此外尚有：

(1) 鍾嶸《詩品》
(2) 皎然《詩式》
(3) 司空圖《二十四詩品》
(4) 張戒《歲寒堂詩話》
(5) 陳巖肖《庚溪詩話》
(6) 胡仔《苕溪漁隱叢話》

(7) 嚴羽《滄浪詩話》
(8) 姜夔《白石道人詩說》
(9) 王士禛《漁陽詩話》
(10) 趙執信《聲調譜》
(11) 趙翼《甌北詩話》
(12) 袁枚《隨園詩話》
(13) 潘德輿《養一齋詩話》
(14) 沈德潛《說詩晬語》
(15) 王國維《人間詞話》

## 四　自然之文之分類

《文心雕龍·原道》："心生而言立，言立而文明自然之道也。"

《情采》："立文之道，其理有三：一曰形文，五色是也；二曰聲文，五音是也，三曰情文，五性是也。五色雜而成黼黻，五音比而成《韶》《夏》，五情發而爲辭章，神理之數也。"夫鉛黛所以飾容，而盼倩生於淑姿，文采所以飾言，而辯麗本於情性。故情者文之經，辭者理之緯；經正而後緯成，理定而後辭暢：此立文之本源也。

《鎔裁》："情理設立，文采行乎其中。"

曾國藩《〈湖南文徵〉序》："古之文，初無所謂法也。《易》《書》《詩》《儀禮》《春秋》諸經，其體勢聲色，曾無一字相襲。即周、秦諸子，亦各自成體。持此衡彼，盡然若金玉與卉木之不同類，是烏有所謂法者。後人本不能文，强取古人所造而摹擬之，於是有合有離，而法不法名焉。若其不俟摹擬，人心各具自然之文，約有二端：曰理、曰情，二者人人之所固有。就吾所知之理而筆諸書而傳諸世，稱吾愛惡悲愉之情而綴辭以達之，若剖肺肝而陳簡策，斯皆自然之文。性情敦厚者，類能爲之。而淺深工拙，則相去十百千萬而未始有極。自群經而外，百家著述，率有偏勝。以理勝者，多闡幽造極之語，而其弊或激宕失中；以情勝者，多悱惻感人之言，而其弊常豐縟而寡實。"

《文概》："《孔叢子》：宰我問'君子尚辭乎？'孔子曰：'君子以理爲尚。'文中子曰：'言文而不及理，是天下無文也。'昌黎雖謂，謂'辭不足不可以爲成文。'而必曰：'學所以爲道，文所以爲理。'陸士衡《文賦》曰：'理扶質以立榦。'劉彥和《文心雕龍》曰：'精理爲文，然則舍理而論文辭者，奚取焉？'"

"《易·繫辭傳》謂：'易其心而後語。'揚子雲謂：'言爲心聲'，可知語亦心學也。況文之爲物，尤言語之精者乎？"

劉熙載《藝概·文概》："論事叙事皆以窮盡事理爲先，事理盡後，斯可再講筆法，不然，離有物以求有章，曾足以適用而不朽乎？""《揚子法言》曰：''事辭稱則經。'余謂不但事當稱乎辭而已，義尤欲稱也。"

《文概》："'聖人之情見乎辭'，爲作《易》言也。作者情生文，斯讀者文生情易教之神，神以此也。使情不稱文，豈惟人之難感，在己先不誠無物矣。"

"文無論奇正，皆取明理。試觀文執奇於莊子，而陳君舉謂其憑虛而有理，致況正於莊子者乎？"

胡適《文學改良芻議》："吾所謂物非，古人所謂'文以載道'之説也；吾所謂物約有二事：一，情感。《詩序》曰：'情動於中而形於言，言之不足故嗟嘆之，嗟嘆之不足故永歌之，永歌之不足，不知手之舞之，足之蹈之也。'此吾所謂情感也。情感者文學之靈魂，文學而無情感，如人之無魂，木偶而已，行屍走肉而已。（今人所謂美感者亦情感之一也）二，思想。吾所謂'思想'，蓋兼見地、識力、理想三者而言之，思想不必皆賴文學而傳，而文學以有思想而益貴，思想亦以有文學的價值而益貴也。此莊周之文、淵明老杜之詩、稼軒之詞、施耐庵之小説所以覆絕千古也。思想之在文學，如腦筋之在人身，人不能思想，雖山月姣好，雖能笑啼感覺，亦何足取哉？文學亦猶是耳，文學無此二物，便如無靈魂、無腦筋之美人，雖有穠麗，富厚之外觀，抑亦末矣。"

胡適：《什麽是文學》："文學有三個要件：第一要明白清楚，第二要有力能動人，第三要美。"

林語堂《論翻譯》："尋常作文之心理程序，必是分析的，而非組合的，先有總意義，而後分爲一句之各部，非先有零碎之辭字，由此辭字而織組成一句之總言義……此所謂句之分析説（原於温德氏），很容易由各人經驗證明。凡做文章通順之人，行文時于未下筆之先，必先有一句要説的意思在心裏，即所謂總意象，心知其所欲言，直至下筆成文之時，然後不得不依習練之語法一字一字寫出來，決非先由各字之意義堆積成句，然後明其所欲言，是全句意義。故行文者必於筆未下時文句自現，宛然於耳中預先聞見此句之聲響，若待到處再求辭字，由辭字而後堆成句者，其文必不雅馴，前者即所謂（auto dictaliqu），後者即所謂（exfewpouyug，依 palmey 名稱）……此所謂總意象之分析，即尋常行文之心理。"（《語言學論》三三七）

"文字體裁可以分外的與内的（autei pqiu wuu poiu），外的體裁就是如句之長短、繁簡及詩之體格等，内的體裁就是作者之風度，文體與作者個性直接有

關的，如理想、寫實、幻像、奇想、樂觀、悲觀、幽默感、輕世等。"（林語堂：《語言學論・論翻譯》三四一）

## 五　修辭應有之傾向

《法言》："吾習君子之道有四易，簡而易用也，要而易守也，炳而易見也，法而易言也。"

陸機《文賦》："理扶質以立榦，文垂條而結繁……辭程才以效使伎，意司契而爲匠……要辭達而理舉，故無取乎冗長……其會意也尚巧，其遣言也貴妍。"

韓愈《答劉正夫書》："又問曰：文宜易宜難？必謹對曰：無難易，惟其是爾，如是而已。"

《修辭鑒衡》："爲文當從三易：沈隱侯曰，古今爲文當從三易，易見事，一也；易見字，二也；易誦讀，三也。邢子才嘗曰：沈侯文章用事不使人覽，若胸臆語深，以此服之，在一部作詩類多故。實不似用事者是皆得作者之奧。樊宗師爲文澀不可讀，亦自名家，才不逮宗師者固不可效其體。劉勰《文心雕龍》論之至矣。"

曾文正公《論文》："上退之論文，先貴'沈浸濃鬱，含英咀華'，陸士衡、劉舍人輩，皆以骨肉停勻爲上。姬傳先生亦以格律聲色與神、理、氣、味四者並稱。閣下之文有骨無肉，宜於聲色二字稍加講求。"

"無論古今何等文人，其下筆造句，總以珠圓玉潤四字爲主。無論古今何等書家，其落筆結體，亦以珠圓玉潤四字爲主。"

《文概》："昌黎論文曰：'惟其是爾'，余謂是字注腳有二，曰正、曰真文，概昌黎以'是''異'二字論文。然二者仍須合一，若不異之是，則庸而已，若不是之異則妄而已。"

"昌黎尚陳言務去。所謂陳言者，非必剿襲古人之説以爲已有也，祇識見議論落於凡近，未能高出一頭，深入一境者，自結撰至思者觀之，皆陳言也。"

"坡文多微妙語，其論文曰快、曰達、曰了，正爲非此不足以發微闡妙也。"

《藝概》："子由曰：子瞻之文奇，吾文但穩耳。余謂百世之文，總可以'奇''穩'兩字判之。"

《文概》："文之所尚，不外當無者盡無，當有者盡有。"

"奏疏總以明顯爲要，時文家有典、顯、淺三字訣，奏疏能備此三字，則盡善矣。典字最難，必熟於前史之事跡，並熟於本朝之掌故，乃可言典。至顯、淺二字，則多本於天授。雖有博學多聞之士，而下筆不能顯豁者多矣。淺字與雅字相背，白香山詩務令老嫗皆解，而細求之，皆雅飭而不失之率。吾嘗謂奏疏能如白詩之淺，則遠近易傳播，而君上亦易感動。《東坡上皇帝書》雖不甚淺，而典、顯二字則千古所罕見也。"

## 六　修辭現象之分際

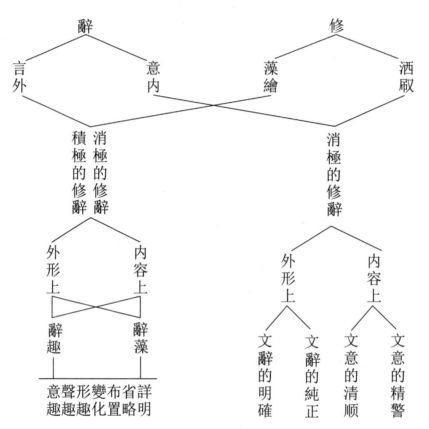

《文章薪火》："吳立夫（萊）言：'《論文》有云：作文如用兵法，有正有奇，正是法度，要部伍分明；奇是不爲法度所縛，舉眼之頃，千變萬化，坐作進退擊刺，一時俱起，及其欲止，什伍各還其隊，元不曾亂。'"

魏際瑞《伯子論文》："作文貴有本心，有良心。本心者，不自爲支離，不因境苟且是也；良心者，不任意狂恣，不矯誣奪理是也。不深原道情，則不可以爲體；不更歷世情，則不可以爲用；不深原道情，則不可以爲體；不更歷世情，則不可以爲用；不入手法，則散亂無紀，才出於法則拘迂無以盡文章之一變。"

"由規矩者熟了規矩，能生變化，不由規矩者巧力精到，亦生變化，既有變化，自合規矩。"

唐彪《讀書作文譜》："武叔卿曰，説理之辭不可不修，若修之而理反以隱，則寧質毋華可也；達意之辭不可不修，若修之而意反以蔽，則寧拙毋巧可也。修辭者其審之。"

劉海峰《論文偶記》："凡作文總有個講究的便不是古人文字，最不可攀處只是方法高妙而已。古人文章可告人者惟法耳，然不得其神而徒守其法，則死法而已，要在自家於讀書時微會之。文法至鈍拙處乃爲極高妙之能事，非真鈍拙也，乃古之至耳；古來能此者史遷尤爲獨步，文章到極妙處便一字不可移易，所謂無一定之律而有一定之妙。"

《退庵論文》："吳立夫（萊）論文有云：'作文如用兵法，有正有奇；正是法度，要步伍分明；奇是不爲法度所縛，千變萬化坐作進退，擊刺一時俱起，及其欲止，什伍各還其隊，原不曾亂，可謂善言文章者也。'"

《初月樓古文緒論》："章有章法，句有句法，字有字法，到純熟後縱筆所如無非法者。"

劉熙載《文概》："'書法'二字，見《左傳》，爲文家言法之始；《莊子·寓言篇》曰：'言而當法'；晁公武稱陳壽《三國志》'高簡有法'；韓昌黎稱謂'經承子厚口講指畫爲文辭者，悉有法度可觀'；歐陽永叔稱尹師魯爲文章簡而有法。俱見法之宜講。"

"義法居文之大要。《史記·十二諸侯年表序》稱'孔子……次《春秋》……約其辭文，去其煩重，以制義法'。此言'義法'之始也。"

"長於理則言有物，長於法則言有序，始文者矜言物序，何不實於理法求之。"

"文之尚理法者，不大勝亦不大敗；尚才氣者，非大勝則大敗。觀漢程不識、李廣，唐李勣、薛萬徹之爲將可見。"

章炳麟《菿漢微言》："'問桐城義法何其隘耶？'答曰：'此在今日亦爲有用。何者？明末猥雜佻俍之文，霧塞一世，方氏起而廓清之，自是以後，異喙已息，可以不言流派矣。'乃至今日，而明末之風復作，報章小説，人奉爲宗，幸其流派未亡，稍存綱紀，學者守此不墮入下流，故可取也。若諦言之，文足達意，遠於鄙倍可也。有物有則，雅訓近古，是亦足矣，派別安足論。然是爲中人以上言爾。桐城義法者，佛家之四分律也。雖未與大乘相齒，用以摧伏魔外，綽然有餘，非以此爲極致也。"

## Ⅱ 消極修辭

### 一 修辭應有準備

#### （一）廣儲材料

《法言·吾子》："'不合乎先王之法者，君子不法也。'觀書者譬諸觀山及水，升東嶽而知衆山之邐迤也，況介丘乎？浮滄海而知江河之惡沱也，況枯澤乎？舍舟航而濟乎瀆者，末矣；舍五經而濟乎道者，末矣。……好書而不要諸仲尼，書肆也。好説而不要諸仲尼，説鈴也。……'萬物紛錯則懸諸天，衆言淆亂則折諸聖。'"

曹丕《典論·論文》："文以氣爲主，氣之清濁有體，不可力强而致。譬諸音樂，曲度雖均，節奏同檢，至於引氣不齊，巧拙有素，雖在父兄，不能以移子弟。"

陸機《文賦》："佇中區以玄覽，頤情志於典墳。遵四時以嘆逝，瞻萬物而思紛。悲落葉於勁秋，喜柔條於芳春。心懍懍以懷霜，志眇眇而臨云。詠世德之駿烈，誦先人之清芬。游文章之林府，嘉麗藻之彬彬。……傾群言之瀝液，漱六藝之芳潤。"

《文心雕龍·宗經》："三極彝訓，其書曰經。經也者，恒久之至道，不刊之鴻教也。故象天地，效鬼神，参物序，制人紀，洞性靈之奥區，極文章之骨髓者也。……若稟經以制式，酌雅以富言，是即山而鑄銅，煮海而爲鹽也。故文能宗經，體有六義：一則情深而不詭，二則風清而不雜，三則事信而不誕，四則義貞而不回，五則體約而不蕪，六則文麗而不淫。揚子比雕玉以作器，謂五經之含文也。"

《神思》："是以臨篇綴慮，必有二患：理鬱者苦貧，辭溺者傷亂，然則博見爲饋貧之糧，貫一爲拯亂之藥，博而能一，亦有助乎心力矣。"

韓愈《答劉正夫書》："或問：'爲文宜何師？'必謹對曰：'宜師古聖賢人。'曰：'古聖賢人所爲書具存，辭皆不同，宜何師？'必謹對曰：'師其意不師其辭。'……'漢朝人莫不能爲文，獨司馬相如、太史公、劉向、揚雄爲之最。然則用功深者，其收名也遠。若皆與世沉浮，不自樹立，絶不爲當時所怪，亦必無後世之傳也。'"

李習之《答朱載言書》："故意深則義遠，義遠則理辨，理辨則氣直，氣直則辭盛，辭盛則文工……皆學而知。"

　　蘇子由《上樞密韓太尉書》："轍生好爲文，思之至深。以爲文者氣之所形，然文不可以學而能，氣可以養而致。孟子曰：'我善養吾浩然之氣。'今觀其文章，寬厚宏博，充乎天地之間，稱其氣之小大。太史公行天下，周覽四海名山大川，與燕、趙間豪俊交游，故其文疏蕩，頗有奇氣。此二子者，豈嘗執筆學爲如此之文哉？其氣充乎其中而溢乎其貌，動乎其言而見乎其文，而不自知也。"

　　《修辭鑒衡·李格非論文》："李格非善論文章，嘗曰諸葛孔明《出師表》、劉伶《酒德頌》、陶淵明《歸去來辭》、李令伯《陳情表》，皆沛然從肺腑中流出，殊不見斧鑿痕，是數君子在後漢之末兩晉之初，未嘗欲以文章名世，而其辭意超邁，如此是知文章以氣爲主，氣以誠爲主。"

　　劉海峯《論文偶記》："昔人云：'文以氣爲主，氣不可以不貫鼓；氣以勢壯爲美，而氣不可不息。'語甚好。"

　　《論文集要卷一》："《柳子厚答韋中立論師道書》："本之《書》以求其質，本之《詩》以求其恒，本之《禮》以求其宜，本之《春秋》以求其斷，本之《易》以求其動：此吾所以取道之原也。參之穀梁氏以厲其氣，參之《孟》《荀》以暢其文，參之《莊》《老》以肆其端，參之《國語》以博其趣，參之《離騷》以致其幽，參之太史公以著其深。此吾所以旁推交通，而以爲文也。"

　　曾文正公《論文》："文忌卑弱，然矯卑弱之弊，便易有矜氣。矜氣從浮從僞出來，運以沉氣真氣，則無此失矣。真氣從誠意來，沉思以樸筆出之。故《易》曰：'修辭立其誠。'"

　　"學者於看、讀、寫、作四者，缺一不可。看者涉獵宜多、宜速；讀者諷咏宜熟、宜專；看者'日知其所亡'，讀者'月無忘其所能'。看者如商賈趨利，聞風即往，但求其多；讀者如富人積錢，日夜摩挲，但求其久。看者如攻城拓地，讀者如守土防隘。二者截然兩事，不可缺亦不可混。至寫字，不多則不熟，不熟則不速。無論何事，均不能敏以圖功。"

　　曾文正公《論文·復許孝廉振祎書》："古文者，韓退之氏厭棄魏、晉、六朝駢儷之文，而返之於六經兩漢，從而名焉者也。名號雖殊，而其積字而爲句，積句而爲段，積段而爲篇，則天下之凡名爲文者一也。國藩以爲欲着字之古，宜研究《爾雅》《說文》、小學、訓詁之書，故嘗好觀近人王氏、段氏之說，欲造句之古，宜仿效《漢書》《文選》，而後可砭俗而裁僞；欲分段之古，宜熟讀班、馬、韓、歐之作，審其行氣之長短，自然之節奏；欲謀篇之古，則群經諸子至近世名家，莫不各有匠心以成章法……如人之有肢體，室之有結構，衣之有要領。大抵以力去陳言、戛戛獨造爲始事，以聲調鏗鏗，包蘊不盡爲終事。"

章炳麟《國故論衡・論式》："夫持論之難，不在出入風議，臧否人群，獨持理議禮爲劇。出入風議，臧否人群，文士之所美也；持理議禮，非謹其學者莫能至。自唐以降，綴文者在彼不在此。觀其流勢，洋洋纚纚，即實不過數語。又其持論，不本名家，外方陷敵，内則亦以自債，惟劉秩、沈既濟、杜佑，差無盈辭。持理者，獨劉、柳論天爲勝，其餘並廣居自恣之言也。宋又愈不及唐，濟以嘩。近世或欲上法六代，然上不窺六代學術之本，惟欲屬其末流，江統《徙戎》、陸機《辨亡》、干寶《晉紀》，以爲駿極不可上矣。自餘能事，盡於送往事居，不失侶佁，以甄名理，則僻違而無類，以議典憲，則支離而不馴。余以爲持誦《文選》，不如取《三國志》《晉書》《宋書》《弘明集》《通典》觀之，縱不能上窺九流，猶勝於滑澤者。"

### （二）剪截浮辭

杜甫："新詩讀罷自長吟。"

《修辭鑒文》："歐陽公文：歐公每爲文，既成，必自竄易，至有不留本初一字者。其爲文章，則書而傅之屋壁，出入觀省之；至於尺牘單簡亦必立稿，其精審。如此每一篇出，士大夫皆傳寫諷誦，唯覯其渾然天成，莫究斧鑿之跡也。"

"東坡之文：王文公居鐘山，有客自黃州來。公曰：'東坡今日有何妙對？'對曰：'東坡宿於臨皋亭，醉夢中而起，作《寶相藏記》千餘言，才點定一兩字而已，有墨本，適留舟中。'公遣健步往取而至，時月出東方，林影在地，公展讀於風檐，喜見鬚眉，曰：'子瞻人中龍也。然有一字未穩。'客請願聞之，公曰：'日勝日負，不若日勝日貧耳。'東坡聞之，撫掌大笑，以公爲知言。（宋釋惠洪《冷齋夜話》王文公作舒王）

"文有三多：陳名山云，永叔謂文有三多：看多、做多、商量多也。"

"檢尋出處：楊文公凡爲文章，所用故事常令子侄、諸生檢討出處。每段用小片紙錄之。既成，則綴粘所錄而蓄之，時人謂之'衲被'焉。"

《文章精義》："文字貴相題廣狹。晦庵先生諸文字，如長江大河，滔滔汩汩，動數千萬言而不足；及作《六君子贊》，人各三十二字，盡得描畫其生平，無欠無餘，所謂相題者也。"

侯朝宗《與任王谷論文》："行文之旨，全在裁制，無論細大，皆可驅遣，當其閒漫纖碎處，反宜動色而陳，鑿鑿娓娓，使讀者見其關係，尋繹不倦；至大議論人人能解者，不過數語，發揮便須控馭，歸於含蓄。若當快意時聽其縱橫，必一瀉無餘地矣。譬如渴虹飲水，霜隼搏空，瞥然一見，瞬息滅没，神力變態，轉更夭矯。足下以爲何如？"

唐彪《讀書作文譜》："文入妙來無過熟。"

"剖析精微而細加審察，則讀十可以當百。"

"葛屺瞻曰：'思前審後，必使胸中具有全局，而後可下筆行文，方得筆情逼肖。如此用功，初時極難，甚或終日不成一字。切莫畏阻，久久做去，機竅一通，則題到筆隨，直迎刃而下，蓋此取給於心；而心之生機，原自無量，特當其塞時，若難其通時甚易。'"

《伯子論文》："文章貴識次，貴議論。然有識則議論自生，有議論則詞章自不能已。何者？人得一見，必伸其說，發之未暢，說必不得止也，夫忿怒冤抑之意積於此，則慷慨激烈之言沛然而莫禦，作文而憂詞之不足，皆無識之病耳。"

《文概》："文以識爲主，認題立義，非識之高卓精審，無以中要。才、學、識三長，識爲尤重，豈獨作文然耶？"

《退庵論文》："百工治器，必幾經轉換而後器成；我輩作文，亦必幾經刪潤而後文成；其理一也。聞歐陽文忠作《晝錦堂記》，原稿首兩句是：'仕宦至將相，富貴歸故鄉。'再四改訂，最後乃添兩'而'字。作《醉翁亭記》，原稿起處有數十字。粘之卧内，到後來又只得'環滁皆山也'五字。其平生爲文都是如此，甚至有不存原稿一字者。近聞吾鄉朱梅崖先生，每一文就，必粘之於壁，逐日熟視，輒去十餘字。旬日以後，至萬無可去，而後脱稿示人。此皆後學者所當取法也。"

"文字有難於自信者，必資良友刪削。昔曹子建之言曰：'凡人爲文，私於自是，不忍於割截，或失於繁多其間。妍媸抑文自感，必待交友有公鑒，無姑息者討論而削奪之，然後繁簡當否，得其中矣。'二公皆雄於文者而其書如此，學者可不深長思乎。"

"讀書以熟爲貴，作文亦然。昔有歐陽公作文之法者，公曰：'吾於賢豈有吝惜，只是要熟耳；變化姿態皆從熟出也。'毛稚黄云'或疑文亦有生而佳者'，答曰：'此必熟後之生也。熟後而生，生必佳；若未熟之生，則生疏而已矣，焉得佳乎！'"

## 二　文意的精警

### （一）規範本體

《典論·論文》：“夫文本同而末異，蓋奏議宜雅，書論宜理，銘誄尚實，詩賦欲麗：此四科不同，故能之者偏也，唯通才能備其體。文以氣爲主，氣之清濁有體，不可力強而致。譬諸音樂，曲度雖均，節奏同檢，至於夫文本同而來異，蓋奏議宜雅書論宜理銘誄尚實，詩賦欲麗。”

《文賦》：“故夫夸目者尚奢，愜心者貴當，言窮者無隘，論達者唯曠。詩緣情而綺靡，賦體物而瀏亮。碑披文以相質，誄纏緜而悽愴。銘博約而温潤，箴頓挫而清壯。頌優游以彬蔚，論精微而朗暢，奏平徹以閒雅，説煒燁而譎誑。雖區分之在茲，亦禁邪而制放。要辭達而理舉，故無取乎冗長。”

“收百世之闕言，操千載之餘韻，謝朝華於已披，啓夕秀於未振。”

“考殿最於錙銖，定去留於毫芒；苟銓衡之所裁，固應繩其必當。或文繁理富，而意不指適。極無兩致，盡不可益。立片言而居要，乃一篇之警策；雖衆辭之有條，必待茲而效績，亮功多而累寡，故取足而不易。”

《文心雕龍·神思》：“博見爲饋貧之精貫（一爲‘拯亂之藥’）。”

《鎔裁》：“情理設位，采行乎其中，剛柔以立本，變通以趨時，立本有體，意或偏長；趨時無方，辭或繁雜，蹊要所司，職在鎔裁，櫽括情理，矯揉文采也。規範本體謂之鎔，剪截浮詞謂之裁，裁則蕪穢不生，鎔則綱領昭暢……一意兩出，義之駢枝也；同辭重句，文之疣贅也。”

《通變》：“夫設文之體有常，變文之數無方，何以明其然耶？凡詩賦書記，名理相因，此有常之體也；文辭氣力，通變則久，此無方之數也。名理有常，體必資於故實；通變無方，數必酌於新聲。”

《定勢》：“夫情致異區，文變殊術，莫不因情立體，即體成勢也。勢者，乘利而爲制也。如機發矢直，澗曲湍回，自然之趣也。圓者規體，其勢也自轉；方者矩形，其勢也自安：文章體勢，如斯而已。……章表奏議，則準的乎典雅；賦頌歌詩，則羽儀乎清麗；符檄書移，則楷式於明斷；史論序注，則師範於核要；箴銘碑誄，則體制於宏深；連珠七辭，則從事於巧艷：此循體而成，勢隨變而立功也。”

《附會》：“夫畫者謹髮而易貌，射者儀毫而失牆；鋭精細巧，必疏體統。故宜詘寸以信尺，枉尺以直尋，棄偏善之巧，學具美之績，此命篇之經略也。”

《修辭鑒衡》：“文要用人所不能用。某少讀《貨殖傳》，見所謂人棄我取，人取我與，遂悟爲學法。蓋爲學能知人所不能知，爲文能用人所不能所用，斯爲善矣（節孝先生語）。"

《修辭鑒衡·作文》"他人所詳者我略，他人所略者我詳；若用言語必不得已，只用點過。（麗澤文説）"

陳繹曾《文説》："明體清頌宜典雅和粹，樂宜古雅諧韻，贊宜溫潤典實，箴宜謹嚴切直，銘宜深藏切實，碑宜雄渾典雅，碣宜實質典雅，表宜張大典實，傳宜質實而隨所紀之人變化，行狀宜質實詳備，紀宜簡實方正而隨所紀之人變化，序宜疏通圓美而隨所序之人變化，論宜圓析遠深，説宜平易明白，辨宜曲折明白，議宜方直明白，書宜簡要明切，奏宜情辭懇切、意思忠厚，詔宜典重溫雅，謙冲惻怛之意藹然制誥。"

《文説·五意法》："意：凡議論思致曲折，皆意也，意以理爲主。景：凡天文地理物象皆景也，景以氣爲主。事：凡實事、故事皆事也，事生於景則真。情：凡喜、怒、哀、樂、愛、惡、欲之真趣，皆情也，情生於意則切。凡文體雖衆，其意之所從事，必由此四者而出。故意之法，必由此四者而求之。各隨所宜以爲主，而統之於中。凡文無景則苦無意，則粗無事，則虛無情，則誣立意之法，必兼四者。戴師初先生曰：'凡作文發意第一番來者陳言也，掃去不用；第二番來者正語也，停之不可用；第三番來者精意也，方可用之。韓子所謂陳言之務去，戛戛乎其難者，其法如此。'戴先生又云：'作文須三致意焉，一篇之中三致意，一段之中三致意，一句之中三致意。'先生書云：'文章猶若理詞狀也，一本事，二原情，三據理，四按例，五斷決。本事者，認題也；原情者，明來意也；據理者，守正也；按例者，用事也；斷決者，結題也。五者備矣，辭貴簡切而明白'。"

《文説·抱題法》：(1)"開題：以題中合説事逐一分析，開寫於篇中各間架內，次其先後所宜，逐一説盡，或以意化之，或以情申之，或以實事紀之，或以故事彰之，或以景物叙之。一篇之內，變幻雖多，句句切題也。此作文入門之法，非其至者也。"(2)"合題：亦以題中合説事逐一開寫，却將意融會作一片，一口氣道盡然，忌直率却於間架中要意思曲折，此高於開題者也。"(3)"括題，只取題中緊要一節作主意，餘事輕輕包括見之，此最徑捷也。"(4)"影題：並不説正題事，或以故事，或以他事，或立議論挨。"(5)"傍題：目而不着跡，題中合説事，皆影見之，此變態最多。"(6)"反題：題目或悖義理，則反意説之。"(7)"救題：題目雖悖義理，而以強辭奪正理解救之。"(8)"引題：別發遠意，使人不知所從來，忽然引入題去，却又親切痛快，此要筆力，似影題而實異也。影題從題中來，此自題外來。"(9)"蹙題：

題繁，乃戁其文，使甚簡而不繁，乃戁其文使甚簡，而不漏題中一字。"（10）"衍題：題虛，無可説，乃衍其意，使甚多，而無一事題外來。"衍題無可説釪其意使甚多而無一字從題外來。（11）"招題：將題目熟涵泳之，使胸中融化消釋盡，將題中合説麄話掃去，就其中取出精華微眇之意，作成文章，超出題外不離道，愈進論其末，則吾氣以與古人之氣相禽，有欲求太簡而不得者兼營乎？本末斟酌乎？繁簡此自昔志士之所爲，畢生矻矻而吾輩所當勉焉者也。"

### （二）文辭精煉

《法言·吾子》："或問：'君子尚辭乎？'曰：'君子事之爲尚。事勝辭則伉，辭勝事則賦，事、辭稱則經。足言足容，德之藻矣！'"

《法言·問神》："或問：'淮南、太史公者，其多知與？何其雜也。'曰：'雜乎雜，人病以多知爲雜。惟聖人爲不雜。'書不經，非書也。言不經，多多贅矣！"

王充《論衡》："爲世用者，百篇無害；不爲用者，一章無補。如皆有用，則多者爲上，少者爲下。"

《文心雕龍·鎔裁》："夫美錦製衣，修短有度，雖翫其采，不倍領袖。巧猶難繁，況在乎拙。而《文賦》以爲榛楛勿剪，庸音足曲，其識非不鑒，乃情苦芟繁也。夫百節成體，共資榮衛，萬趣會文，不離辭情。若情周而不繁，辭運而不濫，非夫鎔裁，何以行之乎！"

《史通》："昔古文義，務却浮詞。《虞書》云：'帝乃殂落，百姓如喪考妣。'《夏書》云：'啓呱呱而泣，予不子。'《周書》稱'前徒倒戈''血流漂杵'。《虞書》云：'四罪而天下咸服。'此皆文如闊略，而語實周贍。故覽之者初疑其易，而爲之者方覺其難，固非雕蟲小技所能斥苦其説也。"

《史通·叙事》："若《穀梁》稱邵克眇，季孫行父禿，孫良夫跛，曹公子手僂。齊使跛者逆跛者，禿者逆禿者，眇者逆眇者，僂者逆僂者。蓋宜除'跛者'以下句，但云'各以其類逆'，必事皆再述，則於文殊費，此爲煩句也。"

"《漢書·張蒼傳》云：'年老口中無齒'。蓋於此一句之内去'年'及'口中'可矣。夫此六文成句，而三字妄加，此爲煩字也。然則省句爲易，省字爲難，洞識此心，始可言史矣。"

《文則》：且事以簡爲尚言，以節爲當言，以載事文以著言，則文貴其簡也。文簡而理周，斯得其簡也。讀之疑有闕焉，非簡也，疏也。見《春秋》書曰'隕石於宋五'，《公羊傳》曰'聞其磌然，視之則石，察之則五'。《公羊》之義，經以五字盡之，是簡之難。劉向（《説苑·君道》）載洩冶之曰：

'夫上之化下，猶風靡草，東風則草靡而西，西風則草靡而東，在風所由，而草爲之靡。'此用三十二言，而意方顯。及觀《論語》曰：'君子之德風，小人之德草，草上之風必偃。'此減洩冶之言半而意亦顯。又觀《書》曰：'爾爲風，下民惟草'，此論載《論語》九言，而意愈顯。吾故曰：是簡之難者見。"

《歐陽修與徐無黨書》："近著甚佳，議論正宜如此，然著撰苟多，他日更自精擇，少去其繁，則峻潔矣，然不必勉強，勉強簡節之，則不流暢，須待自然而至也。"

李耆卿《文章精義》"石駘仲卒，無適子，有庶子六人，卜所以爲後者。曰：'沐浴佩玉則兆。'五人者皆沐浴佩玉，石祁子曰：'孰有執親之喪，而沐浴佩玉者乎？'不沐浴佩玉。石祁子兆，衛人以龜爲有知也。此段言沐浴佩玉者四，而不覺其重複。"

王構《修辭鑒衡》："繁簡文有以繁爲貴，若《檀弓》石祁子浴沐佩玉；莊子之大塊噫氣用者字；韓子送孟東野用鳴字；上宰相書至今稱國公之德，其下文有'不衰二字'，凡此類則以繁爲貴也。文有以簡爲貴者：若《舜典》'至於南岳，如岱禮''至於西岳，如初'；孟獻子有友五人……'其三人，則予忘之矣'；《史記》'事在某人傳'；凡此類則又以簡爲貴矣。但繁而不厭其多，簡而不遺其意，乃爲善也。"

"文要說盡事情。呂居仁云：'文章須要說盡事情，如韓非諸書，大略可見，至一唱三嘆有遺音，非有所養不能也。《童蒙訓》'"

胡應麟《少室山房筆叢》："簡之勝繁，以簡之得者論也，繁之遜簡，以繁之失者論也，要各有攸當焉；繁失之得者遇簡之得者，則簡勝；簡之失者遇繁之得者，則繁勝；孰是？以論繁簡其庶幾乎？"

《日知錄·卷十九》："漢文人所著絕少，史於其傳末每云，所著凡若干篇。惟董仲舒至百三十篇，而其餘不過五六十篇，或十數篇，或三四篇。史之錄其數，蓋稱之，非少之也。乃今人著作則以多爲富，夫多則必不能工，即工亦必不皆有用於世，其不傳宜矣。"

《文章繁簡》："辭主乎達，不論其繁與簡也。繁簡之論興，而文亡矣。《史記》之繁處必勝於《漢書》之簡處。《新唐書》之簡也，不簡於事而簡於文，其所以病也。"又，"時子因陳子之言而以告孟子，陳子以時子之言告孟子，此不須重見而意已明"。"齊人有一妻一妾而處室者，其良人出，則必饜酒肉而後反，其妻問其所與飲食者，則盡富貴也。其妻告其妾也，良人出則必饜酒肉而後反。問其與飲食者，盡富貴也，而未嘗有顯者來。吾將瞷良人之所之也。""有饋生魚於鄭子產，子產使校人畜之池。校人烹之，反命曰：'始舍之，圉圉焉，少則洋洋焉，悠然而逝。'子產曰：'得其所哉，得其所哉！'校人出，曰：'孰謂子產智？予既烹而食之，曰：得其所哉，得其所哉！'""此必須重疊而情事乃盡，此孟子文章之妙。使入《新唐書》，於齊人則必曰：'其妻疑而瞷之'，於子產則必曰：'校人出而笑之'，兩言而已矣。是故辭主乎達，不主乎簡。"

《伯子論文》："古人文字有累句，澀句不成句處而不改者，非不能改也，改之或傷氣格，故寧存其自然。名帖之存敗筆，古琴之仍焦尾，是也。昔人論《史記·張蒼傳》，有'年老口中無齒'句，宜刪曰'老無齒'。《公羊傳》'齊跛者逆跛者，禿者逆禿者，眇者逆眇者'，宜刪曰'各以類逆'，簡則簡矣，而非《公羊》史述之文，又於神情特不生動。如此說者可悟存瑕之故矣。"

"文章繁簡非因字句多寡、篇幅長短，若庸絮懈慢，一句'亦謂之類'切到精詳，連簡亦謂之闕。"

"文章有宜簡者，《孟子》'河東凶，亦然'是也；有不宜簡者，'今王鼓樂於此，先王以利說秦楚之王'是也。鼓樂者憂喜不同情，說秦楚若義利不同效情，相比而苦樂著效，相較而利害明。兩軍相通，將卒各鬥也；移民移粟，述事而已；事止語畢，復則無味也。又有曾一簡而不得不詳者，如《舜典》'二月東巡狩''五月南巡守''八月西巡守''十有一月朔巡守，至於北岳'；朔典利所有四時四方不可偏廢也。禮制皆同，不煩重叙而約之，日如岱禮變之日，如初禮又變之日如西禮，委宛屈軼，斐然成章也。文有自然之情，有常然之理情，著爲狀理，著爲法是，斷然而不容穿鑿者見。方苞《與程若韓書》：'夫文未有繁而能工者，如煎金錫，粗礦去，然後黑濁之氣竭而光潤生。'"

錢大昕《與友人論文書》："文有繁簡，繁者不可減之使少，猶簡不可增之使多也。《左氏》之繁，勝於《公》《穀》之簡，《史記》《漢書》互有繁簡，謂文未有繁而能工者，亦非通論也。"

## 三 文意的清順

### （一）首尾圓合

《文心雕龍·鎔裁》："凡思緒初發，辭采苦雜，心非權衡，勢必輕重。是以草創鴻筆，先標三準：履端於始，則設情以位體；舉正於中，則酌事以取類；歸餘於終，則撮辭以舉要。然後舒華布實，獻替節文，繩墨以外，美材既斫，故能首尾圓合，條貫統序。若術不素定，而委心逐辭，異端叢至，駢贅必多。"

《附會》："何謂'附會'？謂總文理，統首尾，定與奪，合涯際，彌綸一篇，使雜而不越者也。若築室之須基構，裁衣之待縫緝矣。夫才量學文，宜正體制。必以情志爲神明，事義爲骨髓，辭采爲肌膚，宮商爲聲氣；然後品藻玄黄，摛振金玉，獻可替否，以裁厥中：斯綴思之恒數也。"

"凡大體文章，類多枝派；整派者依源，理枝者循榦。是以附辭會義，務總綱領；驅萬塗於同歸，貞百慮於一致。使衆理雖繁，而無倒置之乖；群言雖多，而無棼絲之亂。扶陽而出條，順陰而藏跡；首尾周密，表裏一體：此附會之術也。"

《修辭鑒衡》："秦少游之文，文章有首有尾，無一言亂説，觀少游五十策可見。"

"文要紆餘有首尾，引《麗澤文説》：'鼓氣以勢壯爲美勢，不可以不息；不息則流宕而忘返，亦猶絲竹繁奏必有希聲，窈眇聽者悅聞如川流迅激，必有洄洑逶迤，觀者不厭。'"

"東坡在儋耳時，葛延之自江陵擔簦萬里絕海往見。留一月，坡嘗誨以作文之法曰：'儋州雖百家聚州，人所須取之市而足，然不可徒得也，必有一物以攝之，然後爲己用。所謂一物者，錢是也。作文亦然，天下之事散在經子史中，不可徒使，必得一物以攝之，然後爲己用。所謂一物者，意是也。不得錢不可以取物，不得意不可以用事；此文字之要也。（《韻語陽秋》）'"

《修辭鑒衡》："文字要布置"條下引《古今詩話》，范元實云："古人文章必謹布置，如老杜《贈韋見素》詩云，'紈袴不餓死，儒冠多誤身'。此一篇立意也，故令静聽而陳之，自'甫昔少年日'至'再使風俗淳'，皆儒冠事業也；自'此意竟蕭條'至'蹭蹬無縱鱗'，言誤身如此也。則舉意而義備，固已有是詩矣。然必言'所以見韋者，於是有厚愧'，真知之句，所以真知者謂傳誦其詩也。然宰相職在進賢，不當徒愛人而已，士固不能無望，故曰：'竊效貢公喜，難甘原憲貧。'果無益則去之可也，故曰：'焉能心怏怏，止是走踆踆。'必入海而去秦也；其於去也人情，必有遲遲不忍之意，故曰：'尚憐終南山，回首清渭濱。'所知不可以不別，故曰：'常擬報一飯，況懷辭大臣。'夫如是，則相忘江湖之外，雖見素亦不可得而見矣。故曰：'白鷗没浩蕩，萬里誰能馴。'終焉。此詩前賢録爲壓卷，爲其布置最得正體，如官府甲第，防堂、房室各有定處不亂也。韓文公《原道》與《書》之《堯典》蓋如此，其他雖謂之變體可也。"

《文說》:"分間法:頭起欲緊而重,大文五分腹,二分頭額;小文三分腹,一分頭額;腹中欲滿而曲折多,欲健而快,凡結欲輕而意足,如駿馬駐坡,三分頭二分尾。凡文如長篇、古律詩、騷古詞、賦碑碣之類長者,腹中間架或至二三十段,段其要亦不過三節而矣;其間小段,間架極要分明,而不欲使人見其間架之跡。蓋忌分而語串,意串而語分也。范梈《詩法》:'作詩有四法,起要平直,承要舂容,轉要變化,合要淵永。'"

《伯子論文》:"詩文不外情、事、景,而三者情爲本。然置頓不得法,則情爲章句所匿,尤貴善養其氣,故無窘窒懈累之病。古人爲文,雖有偉詞俊語,宜刪而舍之,正恐累氣而節其也。收結恆須緊束,或故爲散馳解緩者,亦如勞役之際,閉目偃倚,力不至於困竭也。"

梅曾亮《論文集要》:"古文與他體異者,以首尾氣不可斷耳。有二首尾焉,則斷矣。退之謂'六朝文雜亂無章',人以爲過論。夫上衣下裳,相成而不復也,故成章。若衣上加衣,裳下有裳,此所謂無章矣。其能成章者,一氣者也。"

曾文正公《論文》:"謀篇曾見疊出,不使一覽而盡,而自首至尾,義緒一綫。"

《文概》:"兵形象水,文脈亦然。水之發源、波瀾、歸宿,所以亦文之始、中、終,不已備乎?"

"揭全文之旨,或在篇首,或在篇中,或在篇末。在篇首則後者必顧之,在篇末則前者必注之,在篇中則前注之、後顧之。顧、注,抑所謂文眼者也。"

《文章精義》:"文字有終篇不見主意,結句見主意者。賈誼《過秦論》:'仁義不施,而攻守之勢異也。'韓退之《守戒》:'在得人'之類是也。"

《論文集要·卷三·曾文正公論文下》:"《史記·李將軍列傳》:'初,廣之從弟李蔡'至此,乃將軍所以不得侯者也。十餘行中專敘廣之數奇,已令人讀之短氣,此下接敘從衛青出擊匈奴,徙東道迷失道事,愈覺悲狀淋灕,若將從衛青出塞,事敘於前,而以廣之從弟李蔡一段議論敘於後,則無此沈雄矣。故知位置之先後,剪裁之繁簡,爲文家第一要義也。"

## (二) 條貫統序

陸機《文賦》:"然後選義按部,考辭就班,抱景者咸叩,懷響者畢彈。或因枝以振葉,或沿波而討源。或本隱以之顯,或求易而得難。或虎變而獸擾,或龍見而鳥瀾。或妥帖而易施,或岨峿而不安。"

"苟達變而相次,猶開流以納泉。如失機而後會,恆操末以續顛。謬玄黃之秩叙,故澒涊而不鮮。或仰逼於先條,或俯侵於後章;或辭害而理比,或言順而意妨。離之則雙美,合之則兩傷。考殿最於錙銖,定去留於毫芒;苟銓衡之所裁,固應繩其必當。"

《文心雕龍·附會》:"夫文變無方,意見浮雜,約則義孤,博則辭叛,率故多尤,需爲事賊。且才分不同,思緒各異,或制首以通尾,或尺接以寸附。然通制者蓋寡,接附者甚衆。若統緒失宗,辭味必亂;義脉不流,則偏枯文體。夫能懸識腠理,然後節文自會,如膠之粘木,石之合玉矣。是以駟牡異力,而六轡如琴,馭文之法,有似於此。去留隨心,修短在手,齊其步驟,總轡而已。故善附者異旨如肝膽,拙會者同音如胡越,改章難於造篇,易字艱於代句,此已然之驗也。"

"若夫絶筆斷章,譬乘舟之振楫;會詞切理,如引轡以揮鞭。克終厎績,寄深寫遠。若首唱榮華,而媵句憔悴,則遺勢鬱湮,餘風不暢。此《周易》所謂'臀無膚,其行次且'也。惟首尾相援,則附會之體,固亦無以加於此矣。"

《章句》:"夫裁文匠筆,篇有小大;離章合句,調有緩急;隨變適會,莫見定準。句司數字,待相接以爲用;章總一義,須意窮而成體。其控引情理,送迎際會,譬舞容回環,而有綴兆之位;歌聲靡曼,而有抗墜之節也。尋詩人擬喻,雖斷章取義,然章句在篇,如繭之抽緒,原始要終,體必鱗次。啓行之辭,逆萌中篇之意;絶筆之言,追媵前句之旨。故能外文綺交,内義脉注,跗萼相銜,首尾一體。若辭失其朋,則羈旅而無友;事乖其次,則飄寓而不安。是以搜句忌於顛倒,裁章貴於順序,斯固情趣之指歸,文筆之同致也。"

《修辭鑒衡》:"文要先定凡例。凡爲文章,皆須凡例先定;如張安道作《蘇明允墓表》,或曰蘇君,或曰先生,或曰明允言歐陽永叔,或名或字,凡例不先定,致輕重不等(《步里客談》)。"

"爲文先識主客。凡爲文須有主客,先識主客,然後成文字。如今作文多是先立己意,然後以己說佐之;此是不知主客也。須是先立己意,然後以故事佐吾說方可(《蒲氏漫齋語録》)。"

"過換處不可忽。看文字須要看他過換及過接處(《防澤文說》)。"

"起語上重下輕爲文之病。凡爲文上句重下句輕,則或爲上句壓倒。《晝錦堂記》云:'仕宦而至將相,富貴而歸故鄉。下云此人情之所榮,而今昔之所同也。'非此兩句,莫能承上句。《六一居士集序》云:'言有大而非夸'。此雖只一句,而體勢則甚重,下乃云'賢者信之衆人,疑焉'。非用兩句亦載上句不起。韓退之與人書:'泥水馬弱不敢出,不果,鞠躬親問,而以書。'

若無'而以書'三字，則上重甚矣。此爲文之法也（《唐子西語録》）。"

"結語。結文字須要精神，不要閒言語（《防澤文説》）。"

魏叔子《日録論文》："嘗言古文轉接之法，一定不可易。或問古人轉接有極奇變出入意外處，何謂一定，曰試將原文轉接處以己意改換，至再至十終不能及，便知此奇變乃是一定也。"

唐彪《讀書作文譜》："文章不貫串之弊有二：如一篇中有數句先後倒置，或數句辭意少礙，理即不貫炙。承接處字句或虛實失宜，或反正不合，氣即不貫夾。二者之弊，雖明文亦多有之。讀文者不當以名人之文恕於審察，必細心細究辨析其毫釐之差。（卷五）"

《文概》："叙事有主意，如傳之有經也；主意定則先此者爲先經，後此者爲後經，依此者爲依經，錯此者爲錯經。"

"叙事要有尺寸，有斤兩，有剪裁，有位置，有精神。"

"叙事要有法，然無識則法亦虛；論事要有識；然無法則識亦晦。"

《曾文正公論文》："讀古人文，須尋一篇義緒、脉絡、反正、賓主、輕重、淺深、前後、疏密詳略，縱橫分合，明暗斷續，承卸轉接處，又求其所以不得不然，此處看透方免晦澀蕪雜之病。"

## 四　文辭的純正

### （一）行文純正

《文心雕龍·練字》："是以綴字屬篇，必須練擇：一避詭異……三權重出……詭異者，字體瑰怪者也。曹攄詩稱：'豈不願斯游，褊心惡讻呶。'兩字詭異，大疵美篇，況乃過此，其可觀乎！……重出者，同字相犯者也。《詩》《騷》適會，而近世忌同；若兩字俱要，則寧在相犯。故善爲文者，富於萬篇，貧於一字，一字非少，相避爲難也。"

《章句》："夫設情有宅，置言有位；宅情曰章，位言曰句。故章者，明也；句者，局也。局言者，聯字以分疆；明情者，總義以包體：區畛相異，而衢路交通矣。夫人之立言，因字而生句，積句而成章，積章而成篇。篇之彪炳，章無疵也；章之明靡，句無玷也；句之清英，字不妄也：振本而末從，知一而萬畢矣。"

《練字》："至於經典隱曖，方册紛綸，簡蠹帛裂，三寫易字，或以音謔，或以文變。子思弟子，'於穆不禪'者，音謔之異也；晉之史記，'三豕渡河'，文變之謬也。《尚書大傳》有'別風淮雨'，《帝王世紀》云'列風淫雨'。'別列''淮淫',字似潛移。'淫列'義當而不奇,'淮別'理乖而新異。傅毅制《誄》,已用'淮雨';元長作《序》,亦用'別風':固知愛奇之心,古今一也。史之闕文,聖人所慎,若依義棄奇,則可與正文字矣。"

劉知幾《史通·言語》:"夫天地長久,而風俗無恒,後之視今,亦猶今之視昔。而作者皆怯書今語,勇效昔言,不其惑乎!"

柳宗元《報袁君陳秀才避師名書》:"秀才志於道,慎勿怪、勿雜、勿務速顯。"

《涵芬樓文談》:"宋子京……與歐陽文忠公並修唐史,往往以僻字更易舊文。文忠病之,而不敢言,乃書'宵寐匪禎,紮闥洪庥'八字以戲之。宋不知其戲已,因問此二語出何書,當作何解。歐言此即公撰唐書法也,'宵寐匪禎'者,謂夜夢不祥也;'紮闥洪庥'者,謂闔宅大吉也。宋不覺大笑。"

陳騤《文則》:"古人之文用古人之言也,古人之言後世不能盡識,非得訓切殆不可讀,如登崤險,一步九嘆;既而強學焉搜摘古語撰叙今事,殆如昔人所謂大家婢學夫人舉止,羞澀終不似真也。"

李奇卿《文章精義》:"學文切不可學怪句,且先明白正大,務要十句百句只如一句,貫穿意脉,説得通處,盡管説去,説得反復竭盡處自然住。所謂行乎其所當行,止乎其所不得不止,真作文之大法也。"

## (二) 詞語妥帖

袁弘道《與汪進之書》:"世道既變,文亦因之。今不必摹古,亦勢也。……人物事態有時而更,鄉語方言有所而易事,今日之事則亦文今日之文而已。"

顧亭林《日知錄》:"文人求古之病,《後周書·柳虯傳》:'時人論文體有今古之異,虯以爲時有今古,非文有今古。'此至當之論。夫今之不能爲二《漢》,猶二《漢》之不能爲《尚書》《左氏》。乃虯取《史》《漢》中文法以爲古,甚者獵其一二字句用之于文,殊爲不稱。"

《伯子論文》:"今俗人作古人地名、官名之屬,務稱古號,以爲新別,而複多錯謬,否則杜撰牽合。如稱給事爲給諫,狀元爲殿撰,三公、三孤,保其一也,而通曰宫保。牽強支離,竟不成語。著於文章之內,真所謂金甌玉盞盛狗矢也。又如日居月諸、居諸乃諸論而稱《日月》爲居諸;刑於寡妻、友於兄弟亦於諸詞而曰刑於友於;司馬遷、諸葛亮,複姓也,而曰'馬遷''葛亮',則古人先以條通所俗,又何怪乎?鄙有之遠,不能不望於君子。"

方望溪《評沈椒園文》:"古文義法不講久矣。吳越間遺老尤放恣,或雜小説，或沿翰林舊體，無一雅潔者，古文中不可入語録中語，魏晉六朝人藻麗俳語，漢賦中板重字法，詩歌中雋語，南北史佻巧語。"

姚姬傳《復沈云潞書》："鼐又聞之：'言之無文，行而不遠'，出辭氣不能遠鄙，則曾子戒之……當唐之世，僧徒不通於文，乃書其師語以俚俗，謂之語録。宋世儒者弟子，蓋過而效之，然以弟子記先師，懼失其真，猶有取之也。明世自著書者乃亦效其辭，此何取哉？願先生凡辭之近俗如語録者，盡易之使成文則善矣。"

梅曾亮《管異之文集書後》："曾亮少好爲駢體文。異之曰：'人有哀樂者，面也。今以玉冠之，雖美，失其面矣。此駢體之失也。'余曰：'誠有是。然《哀江南賦》《報楊遵彥書》，其意固不快耶？而賤之也？'異之曰：'彼其意固有限，使孟、荀、莊周、司馬遷之意，來如雲興，聚如車屯。則雖百徐、庾之詞，亦不足以盡其一意。'余遂稍學爲古文辭。異之不盡謂善也，曰：'子之文病雜，一篇之中，數體並見，武其冠。儒其服，非全人也。'余自信不如信異之深，得一言爲數日憂喜。"

梅曾亮《姚鼐先生尺牘序》："先生嘗語：'學者爲人不可有注疏、語録及尺牘氣，蓋尺牘之體有別於文矣。'"

《初月樓古文緒論》："古文之體忌小説，忌語録，忌詩主話知，忌時文，忌尺牘，此五者不去，非古文也。國初如汪堯峰文，非同時諸家所及，然詩話尺牘氣尚未去淨，至方望溪乃盡淨耳。詩賦字雖不可有，但當分别言之；如漢賦字句，何嘗不可用？六朝綺靡，乃不可也。正史字句，亦自可用，如《世説新語》等大隽者則近乎小説矣。公牘字句亦不可闌入者，此等處辨之，須細須詳審。"

"作文豈可廢雕琢，但須是清雕琢耳。功夫成就之後，信筆寫出無一字吃力，却無一字率易，清氣澄澈中自然古雅，乃是一家數也。"

《退庵論文》："蘇齋師云：'凡作傳志，不宜用四六駢體，蓋叙一事而必借古事述之，何如直叙其事之爲明白乎？'"

"凡詩文中於古人稱呼，必經古人用過者方可用之。如樂毅稱樂生，賈誼稱賈生，李膺稱李君，阮籍稱阮公，嵇康稱嵇生，杜甫稱杜公、杜子、杜老……李白稱李侯、李生，各有所本，不可假借。假令稱少陵曰杜生，太白曰李公，知復爲誰耶？又如古人有二字、三字之謚，而止稱其一字者，如衛之叡聖武公止稱武公，惠文子止稱公叔文子，楚頃襄王止稱襄王，秦昭襄王只稱昭王，漢諸葛忠武侯只稱武侯，倘又前人用過，又可以意爲之耶？"

《文概》："文中用字在當不在奇，如宋子京好用奇字，亦一癖也。"

"文有七戒，曰：旨戒雜，氣戒破，局戒亂，語戒習，字戒僻，詳略戒失宜，是非戒失實。"

## 五　文辭的明確

### （一）造語明確

《文心雕龍·指瑕》："陳思之文，群才之俊也，而《武帝誄》云'尊靈永蟄'，《明帝頌》云'聖體浮輕'，浮輕有似於蝴蝶，永蟄頗疑於昆蟲，施之尊極，豈其當乎？左思《七諷》，說孝而不從，反道若斯，餘不足觀矣。潘岳爲才，善於哀文，然悲内兄，則云'感口澤'；傷弱子，則云'心如疑'，《禮》文在尊極，而施之下流，辭雖足哀，義斯替矣。"

《顔氏家訓·文章篇》："陳思王《武帝誄》，遂深永蟄之思；潘岳《悼亡賦》，乃愴手澤之遺：是方父於蟲，匹婦於考也。蔡邕《楊秉碑》云：'統大麓之重。'潘尼《贈盧景宣詩》云：'九五思飛龍'。孫楚《王驃騎誄》云：'奄忽登遐。'陸機《父誄》云：'億兆宅心，敦叙百揆'。《姊誄》云：'倪天之和'。今爲此言，則朝廷之罪人也。王粲贈楊德祖詩云：'我君餞之，其樂洩洩。'不可妄施人子，況儲君乎？"

《文則》："夫文有病辭，有疑辭。病辭者，讀其辭則病，究其意則安。如《曲禮》曰：猩猩能言不離禽獸。《繫辭》曰：'潤之以風雨'，蓋'禽'字於'猩猩'爲病，'潤'字於'風'爲病也。疑詞者，讀其詞則疑，究其意則斷，如《何彼秾矣》：'平王之孫'。《檀弓》曰：'容居魯人也'。蓋平王疑爲東遷之平王，魯人疑爲魯國之人也。凡觀此文可不深考。"

洪邁《容齋隨筆·卷四》："《韓文公送孟東野序》云：'物不得其平則鳴'，然其文云：'在唐、虞時，咎陶、禹其善鳴者，而假之以鳴。夔假於《韶》以鳴，伊尹鳴殷，周公鳴周。'又云：'天將和其聲，而使鳴，國家之盛。'然則非所謂不得其平者也。"

孔平仲《珩璜新論》："宋玉文：'豈能與料天地之高哉'，天言高可也，地言高不可也。《後漢書·楊厚傳》'父統對耳目不明'。目言不明可也，耳言不明不可也。"

邵博《聞見後録·卷十六》："曾南公讀歐陽公《晝錦堂記》，來治予相，'真州東園''泛以畫舫之舟'二語皆以爲病。"

王若虛《滹南遺老集·三十五〈文辨〉二》："退之《盤谷序》云：'友人李愿居之'，稱'友人'則便知爲己之友，其後但當云'予聞而壯之'，何必用昌黎韓愈字？柳子厚《凌準墓志》既稱'孤某以其先人善予，以誌爲請'，而終云'河東柳宗元……哭以爲志'。山谷《劉明仲墨竹賦》既稱'故以歸我'，而斷以'黃庭堅曰'，其病亦同。蓋'予''我'者自述，而姓名則從旁言之耳。……前輩多不計此，以理觀之，其事害事，謹於爲文者，當試思焉。"

王若虛《滹南遺老集·三十五〈文辨〉二》："退之《行難》篇云：'先生矜語其客曰：某胥也，某商也，其生某任之，其死某誅之。'予謂上二'某'字，胥商之名也；下二'某'字，先生自稱也；一而用之，何以別乎？"

《滹南遺老集·三十三〈謬誤雜辨〉》："《論語》稱'有朋自遠方來'，而後周蕭大圜云：'有朋自遠，揚榷古今，豈成語哉？然歐陽公《集古錄》載後漢一碑，已有此語，則其謬久矣。南齊巴陵隱王寶義爲太尉，詔曰：不言之化，形于自遠。尤不可也。'"

"《論語》云：'夫子之言性與天道，不可得而聞。'其文甚明，非難也。而唐太宗旌賞孫伏伽詔曰：'朕惟寡德，不能性與天道'；長孫無忌對太宗之問曰：'陛下性與天道，非臣等愚所及。'令狐德棻《周書·王褒庾信傳論》曰：'闕里性與天道，修六經以維其末'，何其謬耶。"

"《公羊》曰：'君親無將，將而誅焉。'蓋接上文'將試君'之詞也；唐明皇廢皇后詔云：'見無將之心'。劉從諫理王涯等冤云：'有如大臣，挾有無將之謀，自宜執付有司。'蕭遘斥時溥之姦云：'卑侮王室，有無將之萌。'如何道來？後人用此字，往往不安也。"

王若虛《滹南遺老集》："賀知章曰：'見紫芝眉宇，令人名利之心都盡。'紫芝，元德秀字也。今人書簡遂有紫字之稱，不成語矣。"

"'王言如絲，其出如綸；王言如綸，其出如綍'。此特喻其所出寖大而已，世遂以制誥爲'絲綸'，而執翰苑者謂之'掌絲綸'，又有'綸闈''綸閣'之稱。古今相襲，不以爲怪，不亦過乎？"

"古人言，'文集行於世者，世聞也'；或有云'行於代'者，代字雖亦訓世，義自差殊。武三思言：'我不知代間何者？謂之善人，何者謂之惡人？'此本只是'世'字，蓋當時記錄者避太宗諱，故易之。而後之作史者遂相仍而不删，其實不成語也。"

"《論語》稱'夫子便便言，言唯謹爾。'唯，語辭也。《史記·石奮傳》遂用唯謹字，而後世史書凡言人性凡謹者，往往以此爲成言，豈非襲遷之誤耶？"

"古人言底事、底物、底處，有底作底之訓，何也？今人或認爲此字之義误矣。"

《文章精义》: "唐代宗时,有晋州男子郇谟者,上三十字條陈利害,一字是一件事,如'团'字是说'团练使'之类,谟自知之,他人不喻也。吾谓世之作文,务要崎岖隐奥,辞不足以达意者,皆郇谟之徒也。"

钱大昕《潜研堂文集·卷三十·跋》: "方望溪文云:'望溪以古文自命,意不可一世,惟临川李巨来轻之。望溪尝携所作曾祖墓铭示李,才阅一行即还之。望溪恚曰:某文竟不足一寓目乎?曰:然。望溪益恚,请其说。李曰:今县以桐名者有五:桐乡、桐庐、桐柏、桐梓,不独桐城也。省桐城而曰桐,後世谁知为桐城者?此之不讲,何以言文?'"

方植之《昭昧詹言·论诗文之法》: "朱子论文所忌:'忌意凡恩缓(《欧六一居士传》);软弱;没紧要;不仔细;辞意一直无余;浮浅;不稳;絮(说理要精细却不要絮);巧(东坡时伤巧),昧晦(荆公子固)不是(欧公)轻,兄(南丰欧若山文一事可思)薄。'"

《佩文韵府·卷十八引》: "《隋唐嘉话》:贾岛初赴举京师,一日于马上得句云'鸟宿池中树,僧敲月下门'。初欲作'推'字,又欲作'敲'字,炼之未足,不觉冲尹。时韩吏部权京师,左右拥至前。岛具所以,韩立马良久曰,'作敲字佳矣'。"

宋戴埴《鼠璞·卷上》: "陶岳《五代史补》:齐己携诗诣郑谷《咏早梅》云:'前月深雪里,昨夜数枝开。'谷曰:'数枝非早也,未若一枝。'齐己拜谷为一字师。"

宋洪迈《容斋五笔》: "范文正公守桐庐,始于钓台建严先生祠堂,自为记歌词云:'云山苍苍,江水泱泱,先生之德,山高水长。'既成,以示南丰李泰伯。泰伯读之三叹,昧不已,起而言曰:'公之文一出,必将名世;某妄意辄易一字,以成盛美。'公瞿然,握手扣之。答曰:云山江水之语,于义甚大,于词甚溥,而'德'字承之乃似趑趄。拟换作'风'字如何?公凝坐颔首,殆欲下拜。"

# Ⅲ 積極修辭（上）

## 一 詳明

**(一) 引用**

a 引語；b 用事；

**(二) 譬喻**

a 明喻；b 隱喻；c 對喻；d 交喻；e 博喻；f 詳喻；g 虛喻；h 諷喻

**(三) 比擬**

a 擬人；b 擬物；

**(四) 摹仿**

a 摹狀；b 擬態；c 示現；

**(五) 詳密**

a 深言；b 希冀（願言）；c 辨言（析）；d 釋解；

## 二 簡略

**(一) 省略**

a 省略；

**(二) 借代**

a 旁借；b 對代；c 特指；

**(三) 婉曲**

a 曲言；b 反言；c 設疑；d 淺言；

**(四) 諱飾**

a 曲飾；b 隱晦；

## 三 布置

**(一) 層次**

a 升降；b 斷叙；c 列叙；d 類字；

**(二) 對偶**

a 對偶；b 對比；

（三）連環

a 連環；

（四）復叠

a 反復；b 叠字；c 類字；d 照應；e 增助；

（五）問答

a 問答；

## 四　變化

（一）夸飾

a 夸張；b 情化；c 凝神；d 映寫；e 絕特；

（二）警奇

a 精警；b 驚異；c 憤激；d 悔恨；e 頓呼；f 詠嘆；

（三）墊拽

a 抑揚；b 進退；c 墊拽；

（四）參差

a 參互；b 倒置；

（五）轉變

a 移狀；b 轉品；c 轉折；d 斷續；

## 五　詳明法

（一）引用

A 引語：

（1）《韓愈送孟東野序》："周之衰，孔子之徒鳴之，其聲大而遠。傳曰：'天將以夫子爲木鐸。'"

（2）《戰國策·楚策四》："襄王曰：'寡人不能用先生之言，今事至於此，爲之奈何？'莊辛對曰：'臣聞鄙語曰：見兔而顧犬，未爲晚也；亡羊而補牢，未爲遲也。'"

（3）宋郊《鷓鴣天》詞："寶轂雕輪狹路逢，一聲腸斷綉幃中。身無彩鳳雙飛翼，心有靈犀一點通。（暗引李商隱詩）金作屋，玉爲籠。車如流水馬如龍。劉郎已恨蓬山遠，更隔蓬山幾萬重。（暗引李後主詞）"

（4）張茂先《鷦鷯賦》："形微處卑，'物莫之害'。（暗引《呂氏春秋》）"

## B 用事

（1）《文心雕龍·事類》："事類者，蓋文章之外，據事以類義，援古以證今者也。昔文王繇《易》，剖判爻位。《既濟》九三，遠引高宗之伐，《明夷》六五，近書箕子之貞：斯略舉人事，以徵義者也。至若胤征羲和，陳《政典》之訓；盤庚誥民，叙遲任之言：此全引成辭以明理者也。然則明理引乎成辭，徵義舉乎人事，乃聖賢之鴻謨，經籍之通矩也。"

（2）《文則》："凡伯刺厲之詩而曰先民有言。（《大雅·板》三章曰'先民有言，詢於芻蕘'）鄭康成云：'此古賢者有言也。言甫美宣之詩而曰人亦有言，（《大雅·烝民》五章曰：'人亦有言，柔則茹之，剛則吐之。'此亦前人有言。故此允侯之征力舉《政典》。（《政典》曰：'先時者殺無赦，不及時者殺無赦。'）孔安國之《政典》：'夏后爲政之典籍，若《周官》六卿之治典。'盤庚之告亦載遲任，（遲任有言曰：'人惟求舊，器非求舊，器惟新。'孔安國云：'遲任，古賢人'）或稱古人言，（《泰誓》曰：'古人有言曰：撫我則後，虐我則仇。'此類是也）是皆有所援引也。《詩》《書》而降，傳記籍籍，援引之言，不可具載。且《左氏》采諸國之事以爲經傳，戴氏集諸儒之篇以成《禮》志，援引《詩》《書》，莫不有法。推而論之，蓋有二端：一以斷行事，二以證之言。二者又各三分體，略條於後。《左氏傳》載《詩》曰：'自詒伊戚'，其子臧之謂矣。此獨引《詩》以斷之，是一體也；《左氏傳》載《詩》曰：'於以采蘩？於沼於沚。於以用之？公侯之事。'秦穆有焉：'夙夜匪懈，以事一人，孟明有焉；詒厥孫謀，以燕翼子，子桑有焉。'此各引詩以和合斷之，是二體也。（《表記》載《詩》曰：'莫莫葛藟，施於條枚。豈弟君子，求福不回。'其舜、禹、文王、周公之謂與？此又一詩總斷之體也）《國語》載《詩》曰：'其類維何？室家之壺。君子萬年，永錫祚胤。'類也者，不忝前哲之謂也；壺也者，廣裕民人之謂也；萬年也者，令聞不忘之謂也；祚胤也者，子孫蕃育之謂也。單子朝夕不忘成王之德，可謂不忝前哲矣。膺保明德，以佐王室，可謂廣裕民人矣。若能類善物，以混厚民人者，必有章譽蕃育之祚，則單子必富之矣。此既引詩文，又釋其義以斷之，是三體也。二，《大學》載：'《康誥》曰：克明德。《大甲》曰：顧諟天之明命。《帝典》曰：克明峻德。皆自明也。'湯之《盤銘》曰：'苟日新，日日新，又日新。'《康誥》曰：'作新民。'《詩》曰：'周雖舊邦，其命維新。'是故君子無所不用其極。此則采總群言以盡其義，是一體也。《緇衣》曰：'好賢如《緇衣》衣，惡惡如《巷伯》'，則爵不瀆而民作願，刑不試而民咸服。《大雅》曰：'儀刑文王，萬邦作孚'。此則言終引證是二體也。(《孝經》諸篇，悉用此體)《左氏傳》曰：'《周書》所謂庸庸祗祗者，謂此物也夫。'又曰：'《太誓》所謂商兆民離，周十人同者，衆也。'此乃斷析本文，以成其言，是三體也。"

(3)《文説》："用事法：正用，故事與題事正用者也；反用，故事與題事反用者也；借用，故事與題事絕不類，以一端相近，而借用之者也；暗用，用故事之語意，而不顯其名跡；對用，經題用經事，子題用子事，史題用史事，漢題用漢事，三國題用三國事，韓柳題用韓柳事，佛老題用佛老事，此正法也。用子史百家題用經事；三國題用周漢事，此扳前證後亦正法也。比用莊子題用列子，柳文題用韓文，亦正用之變也。倒用：經題用子史，漢題用三國，此有筆力者能之也；泛用：於正題中乃用稗官小説、俗語戲談、異端鄙事爲證，非大筆力不敢用，變之又變也。凡用事但可用其事意，而以新語融化入五文五語上，即不可全寫。"

(4)《伯子論文》："文用故事須如訟人告於證，又如一花一石偶然安放，否則窮人補衣但貼上一塊而已。"

(5)（同上），"引證古事以對舉二事爲妙，如《孟子》：'王不待大，……湯以七十里，文王以百里。''惟仁者能以大事小，是故湯事葛，文王事昆夷。惟智者爲能以小事大，故太王整事獯鬻，勾踐事吳。''王請大之……則文王之勇……武王之勇也。''不召之臣……故湯之於伊尹……桓公之於管仲……百世之師。'則伯夷、柳下惠，'不爲臣不見'。'則段干木、洩柳，宋行王政。''則湯振葛，武王東征'，養勇則北宮黝似、孟施舍；蓋軍舉則似一事，偶合對舉事二事，則其理若事無不確者。而其證辨之力亦雄厚。"

(6)《文概》："多用事與不用事，各有其弊；善文者滿紙用事，未嘗不恐空諸；所有滿紙不用事，未嘗不包諸所有。"

(7)《古書疑義舉例》："則古人引書，每有減增例。"

(8) 韓愈《送楊少尹序》："昔疏廣、受二子，以年老，一朝辭位而去。於是公卿設供帳，祖道都門外，車數百輛；道路觀者，多嘆息泣下，共言其賢。漢史既傳其事，而後世工畫者，又圖其跡，至今照人耳目，赫赫若前日事。國子司業楊君巨源，方以能詩訓後進，一旦以年滿七十，亦白丞相去歸其鄉。世常説古今人不相及，今楊與二疏其意豈異也？"

(9) 黃山谷詩："小臣膽如斗，侏儒俸一囊（'膽如斗'暗用《姜維傳》事。《三國志維本傳》：'維死時見剖膽如斗大。''俸一囊'暗用東方朔事。《漢書·東方朔傳》：'上書，上偉之，令待詔公車，俸祿薄。朔紿騶侏儒曰：上欲盡殺若曹。上問，朔何恐侏儒？對曰：侏儒長三尺，俸一囊粟，錢二百四十；朔長九尺餘，亦俸一囊粟，錢二百四十。侏儒飽欲死，臣朔饑欲死。'"

(10) 江淹《別賦》："'帳飲東都，送客金谷'。（上句用《晉書·石崇傳》：'崇有別館在河陽之金谷，一名梓澤；送者傾都，帳飲於此焉。'下句用石崇《金谷詩序》。"

### （二）辟喻

#### A 明喻

（1）邯鄲淳《笑林》：某甲，夜暴疾，命門人鑽火。其夜陰暝不得火，催之急，門人忿然曰：君責人亦太無道理，今闇如漆，何以不把火照我？我將覓鑽火具，然後易得耳。

（2）李白《菩薩蠻》："平林漠漠烟如織，寒山一帶傷心碧。暝色入高樓，有人樓上愁。"

#### B 隱喻

（1）《論語·顏淵》："君子之德風，小人之德草。"

（2）《戰國策·楚策一》："夫秦，虎狼之國也。"

（3）謝莊《月賦》："素月流天。"

（4）周邦彥《解語花》："舊情衰謝。"

（5）楊惲《報孫會宗書》："材朽行穢。"

（6）張翥《春風第一枝》："青春肯誤芳約。"

（7）辛棄疾《念奴嬌》："舊恨春江流不盡，新恨雲山千叠。"

（8）蘇軾《卜算子》："水是眼波橫，山是眉峰聚。"

#### C 對喻

（1）李斯《諫逐客書》："物不產於秦，可寶者多；士不產於秦，而願忠者衆。"

（2）《淮南子·說山訓》："水濁而魚噞，形勞則神亂。"

#### D 博喻

（1）蘇軾《前赤壁賦》："客有吹洞簫者，倚歌而和之。其聲嗚嗚然，如怨如慕，如泣如訴；餘音裊裊，不絕如縷。舞幽壑之潛蛟，泣孤舟之嫠婦。"

（2）王實甫《西廂記》："其聲壯，似鐵騎刀槍冗冗；其聲幽，似落花流水溶溶；其聲高；似風清月朗河唳空；其聲低；似兒女語小窗中喁喁。"

### E 交喻

(1)《孟子·梁惠王上》："挾太山以超北海，語人曰'我不能'，是誠不能也。爲長者折枝，語人曰'我不能'，是不爲也，非不能也。"

(2)《增廣賢文》："人生一世，草生一春，來如風雨，去似微塵。"

### F 詳喻

(1)《孟子·梁惠王上》："孟子對曰：'王好戰，請以戰喻。填然鼓之，兵刃既接，棄甲曳兵而走。或百步而後止，或五十步而後止。以五十步笑百步，則何如？'"

(2) 劉向《新序》："夫上之化下，猶風靡草，東風則草靡而西，西風則草靡而東，在風所由而草爲之靡。"

### G 借喻

(1)《論語·子罕》："歲寒然後知松柏之後凋也。"

(2) 王安石《木末》詩："繰成白雪桑重綠，割盡黃雲稻正青。"

### H 諷喻

(1)《世說新語·政事》："文帝嘗令東阿王七步中作詩，不成者行大法；應聲便爲詩曰：'煮豆持作羹，漉菽以爲汁；萁在釜下燃，豆在釜中泣；本自同根生，相煎何太急。'帝深有慚色。"

(2)《曹臣言華錄》："宋太祖嘗面許張融爲司徒長史，敕竟不出。融乘一馬甚瘦，太祖曰：'卿馬何瘦？給粟多少？'融曰：'日給一石。'帝曰：'何瘦如此？'融曰：'臣許而不與。'明日即除司徒長史。"

(3) 吳均《續齊諧記》："京兆田真兄弟三人共議分財。生貲皆平均，惟堂前一株紫荊樹，共議欲破三片。明日，就截之，其樹即枯死、狀如火然。真往見之，大驚，謂諸弟曰：'樹本同株，聞將分斫，所以憔悴。是人不如木也。'因悲不自勝，不復解樹，樹應聲榮茂。兄弟相感，合財寶，遂爲孝門。"

《文則》："易之有象，以盡其意；詩之有比，以達其情。文之作也，可無喻乎？博采經傳約而論之，取喻之法，大概有十，略條於後：

一曰宜喻：或言猶，或言若，或言如，或言似，灼然可見。《孟子》曰：'猶緣木而求魚也。'《書》曰：'老朽索之馭六馬。'《論語》曰：'譬如北辰。'《莊子》曰：'淒然似秋。'此類是也。

二曰隱喻：其文雖晦，義則可尋。《禮記》曰：'諸侯不下漁色。'《國語》曰：'没平公，軍無秕政。'又曰：'雖蝎譖焉避之。'《左氏傳》曰：'是豢吳也夫。'（若人養牺牲）《公羊傳》曰：'其諸為其雙雙而俱至者與。'此類是也。

三曰類喻：取其一類，以此喻之。《書》曰：'王省惟歲，卿士惟月，師尹惟日。'歲月日一類也。賈誼《新書》曰：'天子如堂，群臣如陛，衆庶如地。'堂陛地一類也，此類是也。

四曰潔喻：雖為喻文，似成話難。《論語》曰：'虎兕出於柙，龜玉毀於櫝中，是誰之過歟'。《左氏傳》曰：'人之有牆，以蔽惡也，牆之隙壞，誰之咎也。'此類是也。

五曰對喻：先比後證，上下相符。《莊子》曰：'魚相忘乎江湖，人相忘乎道術。'《荀子》曰：'流丸止於甌臾，流言止於智者'。此類是也。

六曰博喻：取以為喻，不一而足。《書》曰：'若金，用汝作礪；若濟巨川，用汝作舟楫；若歲大旱，用汝作霖雨。"《荀子》曰："猶以指測河也，猶以戈舂黍也，猶以錐餐壺也。'此類是也。

七曰簡喻：其文雖略，其意著明。《左氏傳》曰：'名，德之輿也。'《揚子》曰：'仁，宅也。'此類是也。

八曰詳喻：須假多辭，然後義顯。《荀子》曰：'夫耀蟬者，務在乎明其火，振其樹而已。火不明，雖振其樹無益也。今人主有能明其德，則天下歸之，若蟬之歸明火也。'此類是也。

九曰引喻：援取前言，以證其事。《左氏傳》曰：'諺所謂：庇焉而縱尋斧焉者也。'《禮記》曰：'蛾子時術之，其此之謂乎？'此類是也。

十曰度喻：既不指物，亦不指事。《論語》曰：'其言似不足者。'《老子》曰：'飄兮似無所止。'此類是也。

《文説・造語法》："隱語：《論語》：'割雞焉用牛刀？''有美玉於斯，韞櫝而藏諸？求善賈而沽諸？''虎兕出於柙，龜玉毀於櫝中。'《孟子》：'城門之軌兩馬之力歟？'皆隱語也。《小雅・鶴鳴》、古樂府《藁砧》，全篇隱語。《莊子》尤多。"

## （三）比擬

### A 擬人

(1)《莊子・秋水》："風曰：然。予蓬蓬然起於北海而入於南海也，然而指我則勝我，鰌我亦勝我。雖然，夫折大木，蜚大屋者，唯我能也。"

(2) 蘇軾《鶴嘆》："園中有鶴馴可呼，我欲呼之立坐隅。鶴有難色側睨予，豈欲臆對如鵰乎。我生如寄良畸孤，三尺長脛閣瘦軀。俯啄少許便有餘，何至以身爲子娛。驅之上堂立斯須，投以餅餌視若無。戛然長鳴乃下趨，難進易退我不如。"

(3) 辛棄疾《沁園春·將止酒》："杯汝來前！老子今朝，點檢形骸。甚長年抱渴，咽如焦釜；於今喜睡，氣似奔雷。汝說'劉伶，古今達者，醉後何妨死便埋'。渾如此，嘆汝於知己，真少恩哉！更憑歌舞爲媒。算合作平居鳩毒猜。況怨無小大，生於所愛；物無美惡，過則爲災。與汝成言，勿留亟退，吾力猶能肆汝杯。杯再拜，道'麾之即去，招則須來。'"

(4) 王實甫《西廂記》："《長亭送別》：'倩疏林挂住斜暉'。"

### B 擬物

(1) 駱賓王《蟬》："露重飛難進，風多響易沉。"
(2) 白居易《詠草》："野火燒不盡，春風吹又生。"
(3) 喬孟符《揚州夢》第三折："濃妝呵嬌滴滴擎露山茶，淡妝呵顫巍巍帶雨梨花。"
(4) 呂留良《詠黑牡丹》："奪朱非正色，異種也稱王。"

### C 較物

(1) 王安石《減字木蘭花》："徘徊不語，今夜夢魂何處去。不似垂楊，猶解飛花入洞房。"

(2) 劉克莊《長相思》："朝有時，暮有時，潮水猶知日兩回，人生長別離。來有時，去有時，燕子猶知社後歸，君行無定期。"

(3) 范梈《木天禁語》："借喻：借本題說他事，如詠婦人者，必借花爲喻；詠花者，必借婦人爲比。"

(4)《詩人玉屑》卷九："誠齋（楊萬里）論比擬：白樂天《女道士詩》云：'姑山半峰雪，瑤水一枝蓮。'此以花比美婦人也。東坡《海棠》云：'朱脣得酒暈生臉，翠袖卷紗紅映肉。'此以美婦人比花也。"

(5)《文心雕龍·比興》："《詩》文弘奧，包韞六義；毛公述《傳》，獨標'興'體。豈不以'風'通而'賦'同，'比'顯而'興'隱哉？故'比'者，附也；'興'者，起也。附理者切類以指事，起情者依微以擬議。起情故'興'體以立，附理故'比'例以生。'比'則畜憤以斥言，'興'則環譬以託諷。蓋隨時之義不一，故詩人之志有二也。"

"觀夫'興'之託諭，婉而成章；稱名也小，取類也大。關雎有別，故后妃方德；尸鳩貞一，故夫人象義。義取其貞，無從於夷禽；德貴其別，不嫌於鷙鳥：明而未融，故發注而後見也。且何謂爲'比'？蓋寫物以附意，颺言以切事者也。故金錫以喻明德，珪璋以譬秀民，螟蛉以類教誨，蜩螗以寫號呼，澣衣以擬心憂，席卷以方志固：凡斯切象，皆'比'義也。至如'麻衣如雪'，'兩驂如舞'；若斯之類，皆'比'類者也。楚襄信讒，而三閭忠烈，依《詩》制《騷》，諷兼'比''興'。炎漢雖盛，而辭人夸毗；《詩》刺道喪，故'興'義銷亡。於是賦頌先鳴，故'比'體云構；紛紀雜遝，信舊章矣。"

"夫'比'之爲義，取類不常：或喻於聲，或方於貌，或擬於心，或譬於事。宋玉《高唐》云：'纖條悲鳴，聲似竽籟。'此比聲之類也。枚乘《菟園》云：'焱焱紛紛，若塵埃之間白雲。'此則比貌之類也。賈生《鵩賦》云：'禍之與福，何異糾纆？'此以物比理者也。王褒《洞簫》云：'優柔溫潤，如慈父之畜子也。'此以聲比心者也。馬融《長笛》云：'繁縟絡繹，范、蔡之說也。'此以響比辯者也。張衡《南都》云：'起鄭舞，繭曳緒。'此以容比物者也。若斯之類，辭賦所先；日用乎'比'，月忘乎'興'；習小而棄大，所以文謝於周人也。"

《容齋三筆》："詩以'不來'爲'貍'……《爾雅》'不律'謂之'筆'……虵曰突郎。"

宋宋祁《宋景文公筆記·釋俗》："孫炎本俚俗作反切，謂'團'爲'突欒'，林逋詩：'團欒空繞千百回'，是不曉俚人反切，而變'突'爲'團'，亦其謬也。"

《江南志書》："'太蒼州翻誤爲字者'條，'孔'爲'屈龍'，'團'爲'屈欒'。"

《古今圖書集成·方言什錄》："角爲矻落，蒲爲勃廬，蓬爲勃龍，槃爲勃蘭，頂爲滴顁，鐸爲突落……"

……

# Ⅳ 積極修辭（下）

## （一）特指

特指是對於言物因有特異所指，便將原事物加以作者的情思而改變，其原有所屬便其趨於特有。所屬此中辭格，固人所處之地方及當時的情思而定，其效力可增加文辭的情趣。例如：

"鹿門月照烟樹開。"（孟浩然：《夜歸鹿門歌》）

"昨夜梁園里，弟寒兄不知。"（李白：《對雪獻從兄虞城宰》）

"欲待主人林上月，還思潘岳縣中花。"（郎士元：《酬王季友題半日村別業兼呈李明府》）

"向來携酒共追攀，此日看雲獨未還。不見山中人半載，依然松下屋三間。"（戴叔倫《過故人陳羽山居》）

"醉里欲尋騎馬路，蕭條幾處有垂楊。"（張南史《陸勝宅秋暮雨中探韵同作》）

"飛來南浦（水）〔樹〕，半是華山雲。"（于武陵《贈王隱者山居》）

"院静厨寒睡起遲，秣陵人老看花時。城連曉雨枯陵樹，紅帶春潮壞殿基。"（孔尚任《桃花扇·鷓鴣天》）

旁敲法　反情法　特例法　曲言法　問答法　設疑法　詠難法　反語法　警句法

深言法例

(1) 因心感而思及事物

"空流嗚咽聲，聲中疑是言。"（釋子蘭《飲馬長城窟行·游客長城下》）

"泪眼問花花不語，亂紅飛過秋千去。"（歐陽修《蝶戀花》）

(2) 因心煩而恨及事物

"不喜秦淮水，生憎江上船。載兒夫婿去，經歲又經年。"（劉采春《啰唝曲》）

(3) 因傷心而畏及事物

"心心視春草，畏向玉階生。"（王維《雜詩·蘭汀》）

雙關法掇言法例：

"鷄既鳴矣，朝既盈矣。匪鷄則鳴，蒼蠅之聲。"（《詩經·齊風·鷄鳴》）

"心非木石豈無感？吞聲躑躅不敢言。"（鮑照《擬行路難》之四）

希冀法例：

"不撫壯而棄穢兮，何不改乎此度？乘騏驥以馳騁兮，來吾道夫先路。"（《楚辭·離騷》）

"願陛下矜憫愚誠，聽臣微志，庶劉僥幸，卒保餘年。"（李密《陳情表》）

辨言法例：

"直不百步耳，是亦走也。"（《孟子·梁惠王章句上》）

"莫怪臨風倍惆悵，欲將書劍學從軍。"（溫庭筠《過陳琳墓》）

"吾所謂空，非無馬也，無良馬也。"（韓愈《送溫處士赴河陽軍序》）

凝神法　絕對法　進退法　憤語法　驚駭法　諧謔法　對偶法　漸層法　反覆法　倒裝法　照應法　轉折法　抑揚法　省略法　錯綜法　陪襯法　叠字法　列叙法　疑字法　藏顯法　遞代法　對照法

今將唐彪《讀書作文譜》所論"諸文體式"及"諸詩體式"節述於後，以爲研究文體的參照。按，這書大部分是從徐師曾《文體明辨》《詩體明辨》二書引證來的。

《諸文體式》：

**記**　記者紀事之文也，有單叙事者，有純議論者；有半叙事、半議論者；又有記物以寓意者，如王績《醉鄉記》是也；有首之以序，而以韻語爲記者，如昌黎《汴州東西水門記》是也；有篇末繫以詩歌者，如范仲淹《嚴先生祠堂記》之類是也。皆爲別體，其題或曰某記，或曰記某，命題雖不同，而體未嘗異也。論辨、序題，可以推類。

唐彪曰：或言作記一着議論，即失體裁，此言非也。凡記名勝山水，點綴景物，便成妙觀，可以不着議論；若廳堂亭臺之記，不着議論，將以何説撰成文字？豈棟若干、梁柱若干、瓦磚若干便足以成文字乎？噫，不思之甚矣。

**志**　伯魯曰：字書云志者，記也；字亦作誌，其名起於《漢書》十《志》，而後人因之，大抵記事之作也。

〔紀事〕伯魯曰：紀事者，記志之別名，而野史之流也。古者史官掌記時事，耳目不逮，往往遺焉，故文人學士遇有見聞隨手紀録，或以備史官之采擇，或以補史籍之遺忘，故以紀事名之。

**序、小序** 唐彪曰：《爾雅》云：發其事理，次第有叙也。有叙事多者，有議論多者，有末後綴以詩者，三者皆通用也。西山真氏，則分無詩者爲正體，也詩者爲變體。小序者，序其篇章之所由作，對大叙而名之也。古人著書，每自爲之叙，然後己意瞭然，無有差誤，此小序之所由作也。

**説** 伯魯曰：説，解説也。原本經史而更佐以己見，縱橫抑揚以詳贍爲上，與論無大異也。明其理，

**原** 伯魯曰：原者，推其本原，究其委末，曲折抑揚以明其理，亦論之流別也。

**議** 伯魯曰：議貴據經析理，審時度勢，以確切爲工，不以繁縟爲功，以明核爲美，不以深隱爲奇，乃得體之正也。

**辨** 伯魯曰：辨，判別也。大概祖述《孟子》以至當不易之理，而以反覆曲折之詞接之是也。

**解** 伯魯曰：字書云：解者，釋也。因人有疑而釋之也，辨疑釋難與論説原議，辯益相通焉。其題曰解，某曰某解，無個別也，釋之體之相同。

**文** 伯魯曰：凡篇章皆謂之文，而此獨以文名者，蓋文中之一體也；或以盟神，或以諷人，或爲韻語，或爲散文，或做《楚辭》，或爲四六，其體不同，其用亦異。

**傳** 伯魯曰：字書云：傳者，傳也，記載事跡以傳於後也。自漢司馬遷作《史記》創爲列傳，以紀一人之始終，後世史家，襲用其體，而傳爲史家所專有。凡載於列代史者，謂之史傳。若《王肅家傳》《王襃世傳》、蘇軾《方山子傳》、曾鞏《徐復傳》，則謂之家傳。嗣是山林閭巷，或有隱德弗彰，或有細行可法者，則皆爲之作傳，以傳其事；或有寓意尚馳騁文墨者，間以滑稽之術雜焉，皆傳體也，其間又有史傳、家傳、託傳、假傳四者之焉。

**碑文** 前輩云：考"士婚禮，入門當碑揖"注云"古者宮室有碑，以察日影，知早晚也"；《祭義》曰：牲入麗於碑。註云：古者宗廟立碑，以察犧牲，後人因鼎彝漸闕，無以紀其功德，故以石代金，紀於其上，以垂不朽也。故碑實銘類，銘實碑文，其序則傳其文，則銘此碑之體也。

唐彪曰：碑文事實多者止須叙事，若故意攙入議論，便成贅瘤；事實寡者，不少參之以議論，必寂寞不成文字。此前輩又謂碑文一着議論，便非體裁，此言過矣，今刪去之。

**行狀** 伯魯曰：行狀者，取死者生平言語、行事、世系、名字、爵里、壽年，後裔之詳者爲行狀，立各行述或牒考，供太常使之議諡或課史館請爲編

録，或上作若乞墓誌碑表之類。以其有所謂求，故謂之狀，其文多出於門生故吏，親舊之乎以謂非其人不能知也。其逸事狀則但録；其逸事不詳已載，乃猶之變體也。

**墓誌銘** 唐彪曰：志者，記也；銘者，名也。古之人，有德善功烈可名於世，鑄器以銘，故於葬時，述其人世系、名字、爵里、行治、壽年、卒葬日月，與其子孫之大略，勒石加蓋，埋於壙前三尺之地，以爲異時陵谷變遷之防也。迨爲末流，乃有假手文士，以謂可以信今傳後，而潤飾太過者，亦往往有之。然使正人秉筆，必不肯殉人以情也。其體圓，事實多者，專敘事，事實少者，可參之以議論焉。其題曰墓誌銘者，有志有銘者也；並序者，有志有銘而又先有序者也；單曰墓誌，則無銘者也；曰墓銘，則無志者也；亦有單云誌而却有銘，單云銘而却有志者；有純用"也"字爲節段者，有虛作誌文而銘內始序事者，亦變體也。若夫銘之爲體，則有三言、四言、七言、雜言散文之異，有中用"兮"字者，有末用"兮"字者，有末用"也"字者。其用韻，有一句用韻者；有兩句用韻者；有三句用韻者；有前用韻而末無韻者，有前無韻而末用韻者；有篇中既用韻而章內又各自用韻者；有隔句用韻者；有韻在語詞上者；有一字隔句重用自爲韻者；有全不用韻者。其更韻，有兩句一更者，有四句一更者，有數句一更者，有全篇不更者，不一體也。此外，又有末葬而權厝者，曰"權厝志"；既殯之後，葬而再誌者，曰"續志"；又曰"後志"（柳河東有《故連州員外司馬陵君墓後志》是也）；殁於他所而歸葬者，曰"歸祔志"（《河東集》有《先夫人河東縣太君歸祔志》）葬於他所而後遷者，曰"遷祔志"，（《河東集》有《叔妣陸夫人遷祔志》）。刻於蓋者，曰"蓋石文"；刻於磚者，曰"墓磚記"，又曰"墓磚銘"（《河東集》有《下殤女子小侄女墓磚記》，墓磚銘是也）；書於木版者，曰"墳版文"（《唐文粹》也舒元輿撰《陶母墳版文並序》），曰"墓版文"；又有曰"葬志"（《河東集》有《馬室女雷五葬志》）；曰"志文"（有志無銘者，則《江文通集》有《宋故尚書左丞孫緬等墓志文》是也，有志有銘者，《河東集》載《故尚書户部侍郎王君先太夫人河澗劉氏志文》是也）；曰"墳記"（《河東集》有《韋夫人墳記》）；曰"墳志"；曰"壙銘"；曰"椁銘"；曰"埋銘"（《朱文公集》有《女埋銘》是也）。在釋氏，則有"塔銘""塔記"（《唐文粹》載劉禹錫撰《牛頭山第一祖融大師新塔記》）。凡二十題，今備載之。

**祭文** 唐彪曰：祭文之體，有韻語，有儷語，有散文。其用有四：祈禱雨暘，驅逐邪魅，干求福澤，此三者貴乎辭恭而意懇，不亢不浮爲得體；若祭奠之辭，貴乎哀切，寫其生平之行誼，而哀其死亡之過速，如此而已。……

**賦** 伯魯曰：賦者富麗之詞也，莫盛於漢，賈誼、相如、揚雄皆以命世之才，俯就騷律，故情意俱工，可謂盛矣。如《上林》《甘泉》，極其鋪張而終歸於諷諫，則有風之義；《兩都》等賦極其炫耀，終折以法度，則有雅、頌之義；《長門》《自悼》等賦篇緣情發意，託物興詞極和平從容之概，則有比具之義，此皆古賦之最佳者，學賦者當取法於此，自然得賦之正關。

**書 簡 狀 疏 啓** 伯魯曰：書者，舒也。舒布其言而陳之簡牘，也有辭令、議論二體。簡者，略也，言陳其大略也。手簡、小簡、尺牘皆別名耳。狀言陳也，疏言布也，啓者開陳其意也，以上五者多用於親知往來問答之間，而書、啓、狀、疏亦以進御書。簡多用散文，啓、狀皆用儷語，疏則散文儷語通用；世俗施於尊者，多用儷語，所以表恭敬者也。蓋書論之諸項體制本在書言，故宜條暢以宣意，優柔以達情，乃心聲之獻酬也。若夫尊卑有序，親疏得宜，是又存乎簡文之間，作者詳之。

**書** 伯魯曰：人臣進御之書爲上書，親明上下往來之書爲書二端之外，復有書者乃別出議論以成書也，《史記》中有"八書"，唐李翺有《復性》《平賦》二書，此類是也。

……

**D 諧趣**

**(一) 飛白**

(1)《舊唐書》："太常少卿姜度，林甫舅子，度妻誕子，林甫手書慶之曰：'聞有弄麞之喜'，客觀之皆掩口。"東坡詩有云："膌欲去爲湯餅客，惟愁錯寫弄麞書'。"

(2) 宋王辟之《澠水燕談錄·談謔》："貢父（劉攽）晚苦風疾，鬢眉皆落，鼻梁且斷。一日，與子瞻（蘇軾）數人小酌，各舉古人語相戲，子瞻戲貢父云：'大風起兮眉飛揚，安得壯士兮守鼻梁。'座中大噱，貢父恨悵不已。"

(3) 褚人穫《堅瓠集·三》："有人送枇杷於沈石田，誤寫'琵琶'，石田答書曰：'承惠琵琶，開匳視之，聽之無聲，食之有味。乃知司馬揮泪於江干，明妃寫怨於塞上；皆爲一啖之需耳。嗣後覓之當於楊柳曉風，梧桐夜雨之際也。'"

(4)（同上），"景泰中，有一蔭生作蘇州監郡，不甚曉文義。一日呼'翁仲'爲'仲翁'，或作倒字詩誚之曰：'翁仲將來作仲翁，也緣書讀少夫功；

馬金堂玉如何入，只好蘇州作判通。'"

（5）《聊齋志異·三·嘉平公子》："一日公子有諭僕帖置案上，中多錯謬，'椒'譌'菽'，'姜'譌'江'，'可恨'譌'可浪'。女見之，書其後云：'何事可浪？花菽生江，有婿如此，不如爲娼。'"

## （二）析字

### A. 增損

（1）《北齊書·徐之才傳》："之才聰辨強識，有兼人之敏，尤好劇談謔語，公私言聚，多相嘲戲。鄭道育常戲之才爲師公。之才曰：'既爲汝師，又爲汝公，在三之義，頓居其兩。'又嘲王昕姓云：'有言則誑王，近犬便狂，加頸足而爲馬，施角尾而爲羊。'盧元明因戲之才云：'卿姓是未入人，名是字之誤。'即答云：'卿姓在亡爲虐，在丘爲虛，生男則爲虜，養馬則爲驢。'"

（2）《太平廣記·二四八》引《啓顏錄》："有人姓出，名六斤。欲參素，齎名紙至省門。遇白，請爲題其姓。乃書曰：'六斤半'。名既入，素召其人問曰：'卿姓六斤半？'答曰：'是出六斤。'曰：'何爲六斤半？'曰：'向請侯秀才題之，當是錯矣。'即召白至。謂曰：'卿何爲錯題人姓名。'對云：'不錯。'素曰：'若不錯，何因姓出名六斤，請卿題之，乃言六斤半。'對曰：'向在省門，會卒無處見秤。既聞道是出六斤，斟酌只應是六斤半。'素大笑之。"

（3）曹臣《舌華錄》："後魏高祖名子曰恂、愉、悅、懌。崔光名子勵、勗、勉。高祖謂光曰：'我兒名傍皆有心。卿兒名傍皆有力。'答曰：'所謂君子勞心，小人勞力。'"

### B. 離合

（1）《後漢書·五行志》："千里草，何青青？十日卜，不得生。"

（2）《古絕句》："藁砧今何在，山上復有山。何當大刀頭，破鏡飛上天。"

（3）鮑照《龜字謎》："頭如刀，尾如鈎，中央橫廣，四角六抽，右面負兩刃，左邊雙屬牛。"

（4）彭乘《續墨客揮犀》："陳少常亞以滑稽著稱，蔡君謨嘗以其名戲之曰：'陳亞有心終是惡'；陳即復曰：'蔡襄無口便成衰。'時以爲名對。"

（5）陸龜蒙離合體詩《閑居雜題》五首之一："子山園靜憐幽木，公干詞清咏蓽門。月上風微蕭灑甚，斗醪何惜置盈尊。"

（6）彭乘《續墨客揮犀》："荆公戲作四句謎，示吉甫云；'畫時圓，寫時方。冬時短，夏時長。'吉甫亦作四句解云：'東海有一魚，無頭亦無尾。更除脊梁骨，便是這個謎。'"

(7) 明俞弁《山樵暇語》"荊公作字謎"云："'目字加兩點，不得作具字猜；具字欠兩點，不得作目字猜。'乃賀、資二字也。又云：'四個口皆方，十字在中央，莫作田字道，不用器字商。'乃'圖'字也。"

(8) (同上)："'一月復一月，兩月共半邊；上有可耕之田，下有長流之川；六口共一室，兩口不團圓。'乃'用'字。"

(9) 伊士珍《嫏嬛記》"趙明誠幼時，其父將爲擇婦。明誠晝寢，夢誦一書，覺來惟憶三句云：'言與司合，安上已脱，芝芙草拔'。以告其父。其父爲解曰：'汝殆能得文辭婦也。言與司合是詞字，安上已脱是女子，芝芙草拔是之夫二字，非謂汝爲"詞女之夫"乎?'後李翁以女妻之，即易安也。果有文章。"

(10) 葉夢得《石林詩話卷中》："孔融《離合郡姓名字詩》：'漁父屈節，水潛匿方——離魚字；與時進止，出寺施張——離日子合爲魯字。''六翮不奮，羽儀未彰——離禺字；龍蛇之蟄，俾也可忘——離蟲字合爲融字''呂公磯釣，闔口渭旁——離口字；九域有聖，無土不王——離或字合爲國字。''無名無譽，放言深藏——離與字；按轡安行，誰謂路長——離才字合舉字''好是正直，女回予匡——離子字；海外有截，隼逝鷹揚——離乙字合爲孔字。'"即"魯國孔融舉"。

## (三) 回文

(1) 蘇伯玉妻《盤中詩》："山樹高，鳥啼悲。泉水深，鯉魚肥。空倉雀，常苦饑。吏人婦，會夫稀。出門望，見白衣。謂當是，而更非。還入門，中心悲。北上堂，西入階。急機絞，抒聲催。長嘆息，當語誰。君有行，妾念之。山有日，還無期。結巾帶，長相思。君忘妾，未知之。妾忘君，罪當治。安有行，宜知之。黃者金，白者王。高者山，下者谷。姓者蘇，字伯玉。人才多，知謀足。家居長安身在蜀，何情馬蹄歸不數。羊肉千斤酒百斛，令君馬肥麥與粟。今時人，智不足。與其書，不能讀。當從中央周四角。"

(2) 蘇惠《璇璣圖》：如"仁智懷德，聖虞唐貞，志篤終誓，穹蒼欽所，感想忘淫，荒心憂增，慕懷慘傷；傷慘懷慕，增憂心荒，淫忘想感，所欽蒼穹，誓終篤志，貞唐虞聖，德懷智仁。"

(3) 王融《春游詩》："枝分柳塞北，葉暗榆關東。垂條逐絮轉，落蕊散花叢。池蓮照曉月，幔錦拂朝風。低吹雜綸羽，薄粉艷妝紅。離情隔遠道，嘆結深閨中。"

(4) 梁簡文帝《紗扇銘》:"風發曜光,空月照霜。霜照月空,光曜發風。風霜照月,空光曜發。發曜光空,月照霜風。"

(5) 蘇軾《晚眺》詩:"長亭短景無人畫,老大橫拖瘦竹筇。回首斷雲斜日暮,曲江倒蘸側山峰。"

(6) 納蘭性德《菩薩蠻·霧窗寒對遥天暮》:"霧窗寒對遥天暮,暮天遥對寒窗霧。花落正啼鴉,鴉啼正落花。袖羅垂影瘦,瘦影垂羅袖。風翦一絲紅,紅絲一翦風。"

### E 聲趣

### (一) 借音

(1) 孟浩然《裴司士見訪》:"府僚能枉駕,家醖復新開。落日池上酌,清風松下來。厨人具雞黍,稚子摘楊梅。誰道山公醉,猶能騎馬回。"

(2) 劉禹錫《陋室銘》:"談笑有鴻儒,往來無白丁。"

(3)《太平廣記·二四八》引《啓顔錄》:隋侯白,州舉秀才,至京。機辯捷,時莫之比。嘗與僕射越國公楊素並馬言話。路傍有槐樹,憔悴死。素乃曰:"侯秀才理道過人,能令此樹活否?"曰:"能。"素云:"何計得活?"曰:"取槐樹子於樹枝上懸著,即當自活。"素云:"因何得活?"答曰:"可不聞《論語》云:'子在,回何敢死?'"素大笑。

(4)《左傳·宣四年》:"伯棼射王,汰輈,及鼓跗,著於丁寧。"杜注:"丁寧,鉦也。"

(5) 王廷珪《寧公端惠蒲團詩》:"正憂坐客寒無席,遺我新蒲入突欒。"注:突欒,宋洪邁《容齋三筆·切脚語》曰:"團"爲"突欒"。

### (二) 雙關

#### A. 表裏雙關

(1) 朱揆《諧噱録》:"唐道士程子宵登華山上方,偶有顛撲。郎中宇文翰致書戲之曰:'不知上得不得,且怪懸之又懸。'"(《老子》書云:"上德不德""玄之又玄")

(2) 俞並山《小樵暇語》:"俞文豹《唾玉集》云:朝廷嘗遣使高麗,彼以一僧伴宴,會中行令云:'張良項羽争一傘,良曰:涼傘。羽曰:雨傘。'我使曰:'許由、晁錯争一瓢,由曰:油葫蘆。錯曰:醋葫蘆。'"

（3）周密《齊東野語》："宣和中，童貫用兵燕薊，敗而竄。一日內宴，教坊進伎爲三四婢，首飾皆不同。其一當額爲髻，曰蔡太師家人也；其二髻偏墜，曰鄭太宰家人也；又一人滿頭爲髻如小兒，曰童大王家人也。問其故，蔡氏者曰：'太師覲清光，此名朝天髻。'鄭氏者曰：'吾太宰奉祠就第，此懶梳髻。'至童氏者曰：'大王方用兵，此三十六髻也。'"

（4）《元曲選·東坡夢》："一日天子游御花園，見太湖石摧其一角。天子問'爲何太湖石摧其一角？'安石奏言：'此乃蘇軾不堅。'小官上前道：'非蘇軾不堅，乃安石不牢。'"

（5）《金史·后妃傳》：章宗元妃李氏"勢位熏赫，與皇后侔矣。一日，章宗宴宮中，優人代瑁頭者戲於前。或問：'上國有何符瑞？'優曰：'汝不聞鳳凰見乎？'曰：'知之，而未聞其詳。'優曰：'其飛有四，所應亦異。若向上飛則風雨順時，向下飛則五穀豐登，向外飛則四國來朝，向裏飛則加官進禄。'"

（6）《樂府詩集·子夜夏歌》："朝登涼臺上，夕宿蘭池裏。乘月採芙蓉，夜夜得蓮子。"

（7）劉禹錫《竹枝詞》："楊柳青青江水平，聞郎江上唱歌聲。東邊日出西邊雨，道是無晴還有晴。"

（8）牛希濟《生查子》："新月曲如眉，未有團圞意。紅豆不堪看，滿眼相思淚。終日劈桃穰，仁在心兒裏。兩朵隔墻花，早晚成連理。"

（9）《樂府詩集·楊叛兒》："歡欲見蓮時，移湖安屋裏。芙蓉繞床生，眠臥抱蓮子。"

（10）（同上），《子夜春歌》："自從別歡後，嘆聲不絕響。黃蘗向春生，苦心隨日長。"

（11）（同上），《讀曲歌》："自從別郎後，臥宿頭不舉。飛龍落藥店，骨出只爲汝。"

**B. 彼此雙關**

（1）朱揆《諧噱錄》："侯白好俳謔。"

（2）褚人獲《堅瓠四集》："陸通明世居洞庭，有吳某客於山，往來頗狎，一日陸內人臨蓐，吳訊曰：'曾弄璋未？'陸曰：'昨暮生一女，已溺之矣。'吳嘲其諱曰：'先生極明，此事欠通了。'陸訝之。吳曰：'豈不聞溺愛者不明耶？'"

## （三）仿古

（1）魏泰《東軒筆談》："呂惠卿嘗語王荊公曰：'公面有䵟，用芫荽洗之當去。'荆公曰：'吾面黑耳，非肝也。'吕曰：'芫荽亦能去黑。'荆公笑曰：'天生黑於予，芫荽其如予何。'"

（2）梁章鉅《制義叢話廿四》："有一秀才日喜看盲詞，適屆歲考場中命題'子曰赤之適齊也'，遂援筆立就。其文曰：'聖人當下開言説，你今在此聽分明。公西此日山東去。裘馬翩翩好送行。自古道：雪中送炭爲君子，錦上添花是小人。豪華公子休提起，再表爲官受禄身。爲官非是别一個，堂堂縣令姓原人，得了俸米九百石，堅辭不要半毫分。'"

（3）梁紹任《兩般秋雨庵隨筆三·制義》："有所謂墨派者，庸惡陋劣，無出其右。有即以墨卷爲題，仿其調作兩股以嘲之者：曰：'天地乃宇宙之乾坤，吾心實中懷之在抱久矣，夫千百年非一日矣，溯往事以追維，曷勿考記載而誦詩書之典要。元后即帝王之子，蒼生乃百姓之黎元，庶矣哉，億兆民中已非一人矣，思入時而用世，曷弗瞻蕭座而登廊廟之朝廷。'疊床架屋，今之所謂音調鏗鏘者何以勝此。"

（4）《修辭鑒衡》："'文章貴曲折乾旋'……'文字不必多用，及只用意便得'……東坡云：'意盡而言止者，天下之事言也，然而言止而意不盡，尤爲極至，如《禮記》《左傳》可見。'"

（5）《修辭鑒衡》："文章平淡，凡文字少時，須令氣象崢嶸，采色絢爛，漸老漸熟，乃造平淡。其實不是平淡，乃絢爛之極也。"

（6）《文說》："下字法　諧音：凡下字，有順文之聲而下之者。若音當揚，則下響字；若音當抑，則下喑字。審意：凡下字，有詳文之意而下之者。意當明，則下顯字；意當藏，則下隱字；意當尊則下重字，意當卑則下輕字，如此之類變化無方。"

（7）《文說》："下字法　襲古：凡下字，於平穩處宜用古人曾下好字面，須求其的當平實者用之取新。凡下字於出奇處，字用新字面，須尋不經人道語，亦須的當新奇不怪僻，令人讀之若出於自然乃善。"

……（以下闕佚）

## 附録一

# 張西堂先生傳

（選自《陝西省誌·人物誌》）

　　張西堂（一九〇一~一九六〇），本名張正，字西堂，大學畢業後以字行。祖籍湖北漢川，生於湖北武昌。早年曾考入北京清華學堂，因病輟學。一九一九年復考入山西大學國文科。在校期間即開始學術研究，主攻樸學（研究群經諸子之學）。一九二〇年發表的《〈中國哲學史大綱〉訂誤》，指出了胡適《中國哲學史大綱》的不少史料及觀點錯誤，在校內外引起轟動，時任山西省政府秘書長的著名學者鄧初民爲此文特意到山西大學，走訪了這位初出茅廬的青年學生。

　　一九二三年大學畢業後，曾先後在太原三晉高級中學、新民中學、斌業中學任教。一九二六年秋到北京，先後任孔教大學、河北大學、中國大學、國立北平女子師範學院講師、副教授、教授。在此期間，他結識了以對中國傳統古史觀進行懷疑與批判爲主要特徵的疑古學派或稱古史辨學派的代表人物錢玄同、顧頡剛等著名學者，並很快成爲他們中的一員。顧頡剛計劃編一套"辨僞叢書"，特意請張撰寫了《唐人辨僞集語》。尤顯其造詣的，是他在這一時期根據自己多年的研究心得完成的學術專著《春秋六論》和《穀梁真僞考》。這兩部著作和他的一批有獨到見解的論文，奠定了他在學術界的地位。

　　一九三一年八月到一九三四年七月，經顧頡剛介紹推薦，張赴武昌國立武漢大學和河南大學任教。一九三四年八月回到北平，先後任北平師範大學、民國大學、中國大學教授，並參加了《中華大辭典》的編纂工作。

　　爲了給不斷壯大的"古史辨"隊伍提供一個發表自己學術觀點的陣地，同時積累他們在辨析中國傳統古史方面的優秀成果，顧頡剛從二十世紀二十年代起，創辦了一個名爲《古史辨》的不定期叢刊。這套曾經影響了將近一個世紀中國史學研究的叢刊第四、第五、第六册中，就收錄了張西堂的五篇文章。

　　其中，刊於第五册的《左氏春秋考證·序》是最能體現張西堂疑古觀點的文章之一。

《左氏春秋考證》是清代今文經學派人物劉逢祿的著作。他指出《左傳》乃西漢劉歆的僞作，不是春秋時左丘明的作品，率先對《左傳》的產生年代和性質等提出懷疑。這一觀點受到康有爲、梁啟超等人的讚揚與肯定。顧頡剛欲將歷代辨僞的重要著作納入他的"辨僞叢書"重新出版，自然少不了這部《左氏春秋考證》。而爲《左氏春秋考證》重新出版的作序人，顧頡剛則選中了深諳經學和諸子學的張西堂。張不負所托，他在對《左傳》作了進一步考證之後，在《序》中首先肯定了劉逢祿的基本觀點，認爲《左傳》確系後出，爲劉歆僞作，並讚揚《左氏春秋考證》是在繼承前人考訂基礎上的最有成績的一部辨僞作品。《序》文同時也指出劉著的不徹底處，在《序》文中用了相當篇幅對《左傳》作了新的辨僞，並認爲對《左傳》的辨僞，到康有爲的《新學僞經考》和崔適的《史記探源》問世，才最終成爲定論。由於這篇《序》觀點鮮明，論據充分，論證縝密，受到史學界的普遍讚揚，顧頡剛又約其撰文，爲《古史辨》的第六冊作序。

張西堂在教學和學術研究活動中，還結識了吳承仕、黃松齡、譚丕謨、呂振羽、黎錦熙等一批信仰唯物史觀的學者，並與他們結爲至交好友。在他們的影響下，張逐漸接受了唯物主義觀點，並嘗試著用它來觀察、審視中國歷史。發表在《北平師範大學學報》上的《詩三百篇之詩與樂之關係》和發表在《中央研究院集刊》上的《荀子真僞考》等文，就體現了這種觀點。

在潛心治學的同時，張還關心政治時事，支援抗日救亡運動。他的內弟黃誠在北平"一二九"運動中先後任清華大學救國會主席、北平學聯主席和中共北平學聯黨團書記，是"一二九"運動中著名的學生領袖。張對黃十分關心，在學校裏也做了不少配合、支持學生愛國活動的實際工作。

一九三七年七月，盧溝橋事變爆發，張輾轉到廣西梧州，任廣東勷勤大學教授，後又到貴陽任貴州大學中文系教授兼系主任，並曾一度在四川江津國立編譯館工作。在極端艱苦的條件下，他仍堅持學術著述，曾計畫寫一部一二〇萬字的《經學史綱》，以系統總結中國的傳統學術——經學的發展演變歷史。可惜由於時局和健康的原因，此書只撰寫了不足二分之一而沒有完成。一九四四年八月，張應老友高亨之邀，來到陝西省城固縣國立西北大學文學院中文系任教，並曾一度兼任文學院院長和中文系系主任。從此，他落腳於陝西，在西北大學工作直到逝世。

張在西北大學任教時，以其高深的學術造詣和高尚的道德情操深得教師和學生的敬重。一九四六年春夏之間，西北大學發生學潮，學生特請他爲調解人；中文系馮嶺安等四位學生因受他講課的影響，奔赴延安參加革命。其間，張在學術研究方面又獲得新的成果，他所撰寫的學術專著《顏習齋學譜》獲教育部一九四六年~一九四七年度學術獎勵哲學類二等獎。他任中文系系主任時，十分重視中文系的教師隊伍建設，親自聘請了傅庚生、劉持生等著名教授到西北大學任教。新中國成立後，張雖身體多病，但仍堅持任教，筆耕不輟。一九五七年和一九五九年，他最後的兩部學術專著《詩經六論》和《尚書引論》分別由中華書局及陝西人民出版社出版。

張一生治學嚴謹，著作甚豐。已經出版的學術專著，除文中提到的外，還有《王船山學譜》《荀子真偽考》《公孫龍子研究》《周秦諸子論叢》《孫卿子考證》《漢晉傳經表》《目錄學四種》《〈文心雕龍〉筆記》等共二十部；未出版的有《經學史綱》《學術思想論集》《詩經選注》等。他逝世後，他的幾部專著，如《唐人辨偽考》《王船山學譜》《尚書引論》《顏習齋學譜》《荀子真偽考》《穀梁真偽考》等，均在港、臺出版並多次重印。張西堂先生於一九六〇年二月十日病逝於西安。

## 附録二

# 張西堂先生年譜

張銘洽撰

**一九〇一年**（清光緒二十七年）農曆三月二十三日（一九〇一年五月十一日）出生於湖北武昌。父名業駿，母易氏。家中前堂後室，爲小手工業作坊，以製作、售賣手工業品爲生。先生爲家中次子，有長兄西坪，長先生十歲，曾於北京就讀醫科院校。有同父異母弟西垣、妹西琴。先生本名鼐[①]，字西堂，曾自名正。同年，清廷詔令全國各省在省城舊書院的基礎上設大學堂。

**一九〇四年**（清光緒甲辰年），三歲。六月，生母病逝，先生由其三叔撫養，故先生自幼便頗有自立精神。四五歲時入學堂，學習國學經典及新式課本，頗刻苦，善思考，常得老師誇獎。自述"自卯年受經，喜於探索辭理；丙辰（一九一六年）以還，鑽研諸子，思舉聖哲道術，撩理使有統序"。（《穀梁真僞考·自序》）

**一九一七年**（民國六年），十六歲。參加湖北省全省會考，以成績優異，考入官費清華學堂留美預備班，全省當年有數人被清華學堂錄取。

**一九一九年**（民國八年）十八歲。二月，在北海公園滑冰，不慎墜入冰窟，引發大病，故退學（《清華同學錄》稱"肄業"）。同年九月，更名張正，復考入國立山西大學國文科。

**一九二一年**（民國十年），二十歲。在校學生會辦的刊物上發表學術論文《〈中國哲學史大綱〉訂誤》，對胡適先生《中國哲學史大綱》書中的一些觀點和史實錯誤等進行了批評糾正，引起轟動。時任山西省督軍府秘書長的鄧初民先生特意來校會晤先生，大加勉勵。

**一九二二年**（民國十一年），二十一歲。冬，撰寫《春秋六論》。《穀梁真僞考·自序》中談及："壬戌之冬，撰《春秋六論》"，發表於《孔子哲學月刊》一九二三年第一期。

**一九二三年**（民國十二年），二十二歲。七月，先生自山西大學畢業，大名則以字行。至一九二六年（民國十五年）秋，先後在山西太原三晉高級中學、新民中學、斌業中學任教。此期間，撰寫並發表《春秋大義是什麼》（上海《時事新報·學燈》及《國故學討論集》第三册)、《古書辨僞方法》等論文。先生所表現出的深厚學術功底,得到梁啟超(任公)等學術大家的稱讚,梁啟超在一封信札中說:"張君樸學,極所欽遲。"後劉盼遂先生在此信札題跋云任公信札所說"張君即謂西堂",並云任公在清華授課時,每每"以西堂少年精進,時舉以策勵院中諸生,此爲我所目擊者"②。

**一九二六年**(民國十五年),二十五歲。秋,到北京,在北京孔教大學任講師、教授,講授"群經概要"等。此後至一九三一年(民國二十年)六月,先後在河北省立河北大學、中國大學、國立北平女子師範學院任講師、副教授、教授,講授"群經概要""清代學術思想"等課程。二十年代末,與劉盼遂、王重民、孫楷第、羅根澤等共同發起組織"學文"學社,並編輯出版《學文》雜誌。期間與錢玄同、顧頡剛等先生相識並引爲知己。

**一九三一年**(民國二十年),三十歲。本年八月至一九三三年(民國二十二年)六月,先生赴湖北武昌,任國立武漢大學中國文學係特約講師,講授"經學史""經學概論"等課程,並編纂了《經學史綱》《經學概論》《詩經學講義》《詩三百篇考略》《春秋研究講義》。一九三一年八月一日,《穀梁真僞考》一書完稿,並由北平和記印書館刊印出版。

**一九三三年**(民國二十二年)八月至一九三四年(民國二十三年)七月,赴河南開封,任河南大學教授。

**一九三四年**(民國二十三年)八月至一九三七年(民國二十六年)七月,任河北大學、北平師範大學、北平民國學院、中國大學講師、教授。期間,於一九三六年八月二十八日與黃珮女士完婚(主婚人錢玄同教授、介紹人羅根澤教授、證婚人顧頡剛教授)。期間,完成校點廖平《古學考》(一九三六年三月北平景山書社出版);《唐人辨僞集語》完稿並於一九三六年十一月由樸社出版;《孫卿子研究》完稿(後更名《荀子真僞考》,一九九四年由臺北明文書局出版);一九三七年三月三日《王船山學譜》完稿,一九三八年七月由商務印書館出版;一九三七年七月十日《顔習齋學譜》完稿,後於一九九四年六月由臺北明文書局出版。在《古史辨》第四、第五、第六册上發表論文多篇,並應顧頡剛先生之邀爲《古史辨》第六册作序。

**一九三七年**(民國二十六年)七月七日,盧溝橋事變爆發。八月,赴廣西梧州,任廣東省立勷勤大學教育學院教授,至一九三八年十二月。期間,《尚書研究》完稿(一九五九年由陝西人民出版社出版,更名《尚書引論》)。

**一九三九年**(民國二十八年)三月,因廣州淪陷,赴重慶國府教育部登記。至一九四一年(民國三十年)七月,在重慶江津白沙國立編譯館任職。

期間，於一九四〇年四月，被國府教育部委以"史地教育委員會"專任委員。《兩漢三國傳經通經表》完稿。

**一九四一年**（民國三十年）八月至一九四二年（民國三十一年）七月，在重慶任武昌中華大學教授。

**一九四二年**（民國三十一年）八月至一九四四年（民國三十三年）七月，赴貴州貴陽，任貴州大學中文系教授兼系主任，編纂了《漢語修辭學講義》等。

**一九四四年**（民國三十三年）八月，赴陝西城固，至一九六〇年二月，任西北大學中文系教授。期間，曾任西北大學中文系系主任並一度兼任西北大學文學院院長。到西北大學後，完成撰寫《經學史綱》先秦兩漢部分，後因身體和時局等原因輟筆。《顏習齋學譜》獲民國教育部一九四六～一九四七年度哲學類二等獎。柳詒徵先生評價為："述顏之學不難，難在引申辨別之語與顏、李、三程諸儒之分際昭合，是可見其於顏、李之學確有心得。"胡適先生評價為："作者尚能貫串顏、李等著作詳細分析，為敍述顏、李學中最詳細而最明白的著作。"（三五～三六年度教育部評獎審查意見）。

**一九五六年**，整理核定所撰寫的《荀子真偽考》《詩經選注》《學術思想論集》等著作送交陝西人民出版社。後，該幾部書稿均撤回。九月，將一生積累收藏的各類圖書雜誌等共五千餘冊（《西北大學大事記》記載：其中"線裝古書一千七百冊"）捐贈給西北大學圖書館。

**一九五七年**，撰寫的《詩經六論》由商務印書館出版。在《西北大學學報》及《人文雜志》等發表論文數篇。

**一九五九年**，撰寫的《尚書引論》由陝西人民出版社出版。八月，編纂的《語言文學書目舉要》（講義初稿）完稿。

**一九六〇年**，參加學校元旦團拜會，感受風寒，患病。二月十日，因病逝世。

一生撰寫專著和編纂講義等二十餘部，發表論文數十篇。

子二：銘津、銘洽

女二：銘潔、銘源

注：

①見《清華同學錄》，民國二十六年四月（一九三七年四月），清華大學校長辦公處編印，第六十七頁。先父於他處未見使用過此名。

②見吳曉叢：《張西堂黃珮先生存藏學人翰墨過眼錄》，載陝西省文物局主辦《文博》雜誌二〇二二年第二期。

附錄三

# 張西堂先生著作目錄

（臺灣東吳大學）陳恆嵩　編

（二〇〇九．八．十七）

## 編輯說明

1、本目錄蒐集民國經學家張西堂（一九〇一~一九六〇）之著作目錄。張氏專研經學、諸子及明清哲學思想，論文所論頗爲精湛，惜迄今爲止，未見相關研究論文，本目錄爲首次對張氏論著相關文獻作較有系統的整理。

2、本目錄分爲專書、論文兩類編排。論文類又分經學、哲學思想其他兩類。

3、專書之著錄項依書名、出版地、出版社、頁數、出版年月之順序排列；論文之著錄項依篇名、期刊名、卷期、頁數、出版年月之順序排列。

4、張氏著作大都發表於民國初年及抗戰期間，受戰亂影響，資料散佚毀損甚多，檢索相當困難，本目錄資料必有不少闕漏，懇請海內外博雅君子有以正之。

## 一、【專著】

1. 《詩經六論》
   上海　商務印書館　140 頁　1957 年 9 月
   香港　文昌書店　140 頁　1957 年　月
2. 《尚書引論》
   西安　陝西人民出版社　226 頁　1958 年 4 月
   臺北　崧高書社　269 頁　1985 年 9 月
   《尚書類聚》初集第八册　頁 511-627　臺北　新文豐出版公司　1986 年 9 月
3. 《穀梁真僞考》

　　　　北平　和記印書館　8，176頁　1931年8月
　　　　臺北　明文書局　191頁　1994年4月
　4.《荀子真僞考》
　　　　臺北　明文書局　153頁　1994年3月
　5.《王船山學譜》
　　　　上海　商務印書館　219頁　1938年9月
　　　　臺北　臺灣商務印書館　219頁　1965年11月（萬有文庫）
　　　　臺北　臺灣商務印書館　219頁　1967年11月（人人文庫）
　　　　香港　崇文書店　219頁　1971年（《中國近三百年學術史參考資料》）
　　　　臺北　文海出版社　219頁　1972年10月（《近代中國史料叢刊》第79輯）
　6.《明王船山先生夫之年表》
　　　　臺北　臺灣商務印書館　224頁　1978年7月（《新編中國名人年譜集成》）
　7.《顏習齋學譜》
　　　　臺北　明文書局　224頁　1994年3月
　8.《唐人辨僞集語》　張西堂輯點
　　　　北平　樸社　38，102頁　1935年11月
　　　　香港　太平書局　1963年
　　　　臺北　世界書局　1979年10月
　9. 經學史講義
　　　　北平師範大學講義　1冊
　10. 經學史綱

## 二、【論文】

（一）經學

　　1.《尚書盤庚篇》今譯簡解
　　　《人文雜誌》1958卷6期　頁83-90　1958年12月
　　2. 尚書引論自序
　　　《西北大學學報》（人文科學版）1957年第3期　頁59-62　1957年7月
　　3. 春秋六論
　　　（武漢大學）《文哲季刊》4卷3期　頁509-547

《孔子哲學月刊》1 期　1937 年 1 月
4. 春秋要旨論
《西北大學校刊》第 36 期　頁 1-7　1948 年 4 月
5. 春秋大義是什麼
《時事新報》（上海）〈學燈〉　1925 年 3 月
《國故學討論集》第 3 集（第 2 册）　頁 471-493　上海　群學社　1927 年
《國故學討論集》第 3 集（第 2 册）　頁 471-493 上海　上海書店　1991 年 12 月
6. 穀梁不傳春秋證
《學文雜誌》第 1 卷 3 期　頁 1-16　1931 年 7 月
7. 《穀梁真僞考》自序
《學文雜誌》第 1 卷 4 期　頁 37-38　1931 年 9 月
8. 穀梁春秋考證（附：春秋今古文異同表）
《圖書月刊》第 3 卷 5、6 期合刊　頁 3-25　1945 年 12 月
9. 穀梁爲古文學補證
《西北大學學報》（人文科學版）1957 年第 2 期　頁 21-43　1957 年 4 月
10. 左氏春秋考證序
《古史辨》第 5 册上編　頁 263-292　北平　樸社 1935 年 1 月（《民國叢書》第四編第 68 册）
《古史辨》第 5 册上編　頁 263-292　臺北　明倫出版社　1970 年 3 月
《古史辨》第 5 册上編　頁 263-292　臺北　藍燈文化事業公司　1987 年 11 月
11. 詩三百篇之詩的意義及其與樂之關係
《師大月刊》　14 期　頁 1-17　1934 年 10 月
12. 毛詩序略說
《人文雜誌》1957 年第 1 期　頁 52-61　1957 年 4 月
13. 詩經是中國古代的樂歌總集
《詩經六論》　頁 1-18　上海　商務印書館　1957 年 9 月
《詩經六論》　頁 1-18　香港　文昌書局　不著出版年月
14. 詩經的思想內容

《詩經六論》頁 19-50　上海　商務印書館　1957 年 9 月

《詩經六論》頁 19-50　香港　文昌書局　不著出版年月

15. 詩經的藝術表現

《西北大學學報》（人文科學版）1957 年第 1 期　頁 1-17　1957 年 1 月

《詩經六論》　頁 51-77　上海　商務印書館　1957 年 9 月

《詩經六論》　頁 51-77　香港　文昌書局　不著出版年月

16. 詩經的編訂

《詩經六論》　頁 78-97　上海　商務印書館　1957 年 9 月

《詩經六論》　頁 78-97　香港　文昌書局　不著出版年月

17. 詩經的體制

《詩經六論》頁 98-115　上海　商務印書館　1957 年 9 月

《詩經六論》頁 98-115　香港　文昌書局　不著出版年月

18. 關於毛詩序的一些問題

《詩經六論》　頁 116-140　上海　商務印書館　1957 年 9 月

《詩經六論》　頁 116-140　香港　文昌書局　不著出版年月

19. 《周頌・時邁》本爲周大武樂章首篇說——批判王國維及右派分子陸侃如兩家說

《人文雜誌》1959 年第 6 期　頁 26-33 轉 25　1959 年 6 月

20. 逸詩篇句表（附考）

《西北大學學報》（人文科學版）1958 年第 1 期　頁 121-134　1958 年 7 月

21. 批判右派分子陳夢家的《尚書通論》

《西北大學學報》（人文科學版）1958 年第 2 期　頁 91-96　1958 年 10 月

22. 蔡汝堃《孝經通考序》

《晨報》（北平）〈思辨〉63 期　1936 年 11 月 29 日

23. 三國六朝經學上的幾個問題

《師大月刊》18 期　頁 32-55　1935 年 4 月

24. 樂本無經補證

《晨報》（北平）《思辨》　1936 年 10 月 30 日

**（二）哲學及其他**

25. 諸子名誼考

《學文雜誌》1卷2期　頁11-18　1931年1月

26. 尹文子哲學通論

《哲學月刊》2卷5期　頁24-37　1930年3月

27. 王愷鑾"尹文子校正"

《大公報》圖書副刊　159期　1936年12月3日

28. 尸子考證

《時事新報》（上海）《學燈》　1925年3月

《國故學討論集》第4集　頁135-147　上海　上海書店　1991年12月

《古史辨》　第4冊下編　頁646-653　北平　樸社　1933年3月（《民國叢書》第四編第67冊）

29. 荀子真偽考

《史學集刊》第3期　頁165-235　1937年4月

30. 荀子勸學篇冤詞

《晨報》（北平）《思辨》40、41期　1936年6月16、29日

古史辨　第6冊上編　頁147-162　上海　開明書店　1938年9月（《民國叢書》第四編第69冊）

31. 關於考據諸子的態度

《天津益世報》人文周刊　23期　1937年6月11日

32. 清代思想的一個特徵

《文哲月刊》第1卷6期　頁63-82　1936年3月

（《東洋學文獻類目》作1937年）

33. 黃梨洲的哲學思想

《文哲月刊》第1卷9期　頁53-74　1936年11月

34. 王船山學譜

《圖書季刊》新1卷2期　頁189-190　1939年6月

35. 船山思想之體系

《文哲月刊》第1卷10期　頁25-53　1937年1月

36. 王船山的經世思想

《經世半月刊》第1卷1期　頁61-69　1937年1月

37. 顏李學派之實行的精神

《經世半月刊》第1卷7期　頁36-41　1937年4月

38. 顏李著述考

《圖書季刊》新 8 卷 1、2 期　頁 1-10　1947 年 6 月

39. 四存學會所刊——《顏李師承記》正誤

《文匯報》　第 10 版　1939 年 4 月 26 日

40. 潘用微之思想

《晨報》（北平）《思辨》65 期　1936 年 12 月 11、18 日

41. 古史辨第 6 冊序

《古史辨》　第 6 冊卷首　頁 1-9　上海　開明書店　1938 年 9 月（《民國叢書》第四編第 69 冊）

42. 陸賈新語辨僞

《古史辨》　第 4 冊上編　頁 214-215　上海　開明書店　1933 年 3 月（《民國叢書》第四編第 67 冊）

43. 古書辨僞方法

《國故學討論集》第 3 集　頁 121-142　上海　群學社　1927 年

《國故學討論集》第 3 集（第 2 冊）　頁 121-142　上海　上海書店　1991 年 12 月

44. 論書目之體例

《圖書季刊》第 2 卷 3 期　頁 133-139　1935 年 9 月

（三）研究評論

張西堂的《詩經》研究　　　郭丹撰

西北大學學報（哲學社會科學版）2009 年第 3 期 2009 年 6 月


論《詩經》的表現手法——兼評張西堂先生《詩經的藝術表現》　中文系三年級《詩經六論》批判小組集體寫作

西北大學學報（人文科學版）一九五八年第四期一九五八年八月

## 整理者後記

經過了逾十年的努力，先父 張西堂先生的全集稿已基本整理完畢。付梓前在此寫下些簡短文字，以對此項工作做一個交待。

《張西堂全集》將先父一生的主要學術成果結爲一集，是可以視爲其畢生心血的結晶。先父從二十世紀二十年代起即開始學術研究，一生專治群經諸子之學（參見筆者所撰《張西堂先生年譜》），其涉獵頗廣，並以極爲深厚的學術功力，對經學發展中的一些主要現象、重要問題和重要人物等做了深入細緻的剖析和總結歸納，對其中一些歷史積案則條分縷析，提出了有說服力的新結論。可以說先父是在繼承清代樸學學風的基礎上，始終秉持了"古史辨派"的學術宗旨，辨僞求真，力求創新，在經學研究中是別樹一幟的。若通覽了《張西堂全集》，對此當會看得非常清楚。先父在民國時期所出版的數部著作，在當時已有較大的影響，獲得了學術界的普遍好評。當時未出版的數部著作，如《顏習齋學譜》，柳詒徵先生和胡適先生在"三五～三六年度教育部評獎審查意見"中都給予了很高的評價。而初次面世的先父幾部著作，特別是于二十世紀四十年代後期所撰寫的《經學史綱》，是從宏觀的角度，全面、系統、深入、詳盡且更加實事求是地總結了中國傳統文化的核心——經學的發展歷史和相關問題。雖只寫到兩漢，但若聯繫其《三國六朝經學上的幾個問題》《唐人辨僞集語》《校點〈古學考〉序》《晚清今文學運動》等文，言先父在一些新思想的影響下，對中國古代經學歷史的研究，尤其是對經今古文等問題的研究，是進行了一次近百年來極其少有的清理和總結，是對經學史研究的一部集大成之作，這應該還是客觀的、恰如其分的，其學術價值不言而喻當是極高的。

如今社會的發展，已迫切要求對祖國和民族傳統文化進行系統全面的總結，這裏，自然包括總結儒家經學發展的歷史，這是對民族傳統文化繼承、研究和弘揚的必要。因此，先父的著作，雖寫成甚早，然其內容卻並未過時，現在能夠出版,卻也可謂正當其時。

在中國傳統學術文化中,經學長期居於中心的地位,特別是西漢以降,經學不僅是學術,更成爲政治指導理論、社會行爲準則和倫理標準,經學在自身發展的過程中,也逐漸異紛雜呈,出現說經不一和真僞雜見的現象,這是經學史本身就極爲難治的內在原因。在二十世紀三十年代後期,出現了一種"以史治經"的論調,對經學研究產生了很大困擾,而近數十年來,由於時代變遷,經學日漸式微,專治經學的學者已寥寥無幾,而使這一情形遷延至今。歷來雖有"經史一家""六經皆史"之說,但其實史學並不能解決經學核心的問題,如經學探究"經義",此若不深入"經"本身,做字句的考辨,做歷史的考查,做多方的探求,則根本無法說明經學發展變化的根本原因和影響。近二十年來又有所謂"走出疑古時代"一說,儘管其主要對象是史學,但已在某種程度上對我國新文化運動以來最大的學術流派"古史辨派"形同否定。"古史辨派"學術成果的一個重要部分,就是對古籍,特別是儒家經典的"疑古辨僞",這項工作真的全部做完,或者以前做錯了?答案顯然應該是否定的。若無"疑古辨僞",就不可能"求真",那對於經學歷史真相和內涵的研究,從根本上就無從談起,更無論"疑古學派"能否成爲學術流派了。先父曾指出:"至於經今古文的問題,這本是一件很不容易解決的公案;這一問題如若重新提出討論之時,是應當:第一,對於這兩派最初爭論的要點——古文經傳的真僞問題,予以謹嚴的考辨;第二,對於這兩派因經立說的主旨——今古經說的同異問題,予以詳細的劃分。這兩派的發生,實在是各有各的時代背景,各有各的相當立場,而其興替變化,都是有不得不然之勢的;如若不明瞭這一點,對於這一問題也是無從獲得解決的途徑的。"(《校點〈古學考〉序》,見本書《樸學研究論集》)這都需要"疑古辨僞"才能獲得實事求是的解決,先父也正是如此去做的。當前,實在還到不了"走出疑古時代"的時候。先父所撰寫的《經學史綱》等著述,明確表明了必須以多學科綜合的方法來研究經學,亦必須始終堅持"疑古辨僞",實事求是,唯如此,才是經學研究的正道,其著述在某種程度上也是對經學研究方法的一次正本清源,對今日的學術研究,亦當有重要的貢獻和價值。

這些年筆者從事整理先父遺稿的工作,其實感慨頗多。先父生前,應該是能有時間和精力將書稿整理核訂完畢的,在本書《經學史綱》中,即可看到先父校訂釐正的一些痕跡。但一九五二年的高等學校專業調整後,使得經學已被文史哲一分爲三,事實上不存在了,雖然一九五六年有過一段好時光,但其一晃而過,同時,一波又一波的政治運動已開始愈演愈烈,此時再談"經學",是明顯不合時宜的,欲出版這些著作,也無異於自找麻煩,光是"繁瑣考證"和"厚古薄今"的帽子就戴不起。於是先父不僅將手稿封存,已送交出版社的幾部書稿也均撤回,不再謀求出版,所用書籍資料等則全部捐贈西北大學圖書館(共五千餘册,其中線裝"古書一千七百餘册")。父親去世後的二十幾年間,更是根本沒有出版這一類學術著作的社會氛圍和條件。母親在萬般無奈之下,曾想將書稿捐贈給陝西省圖書館,但恰逢"批儒評法運動"而遭拒絕。我想,在那些年裡,整理出版先父遺著,一定是一直壓在母親心頭的沉甸甸的一塊巨石,而面對那"階級鬥争爲綱"的年代,母親也實在無能爲力。幾年前,在母親遺物中,發現她在一九六二年二月十日父親去世兩周年時所寫的兩副輓聯,其一云:

匆促了殘生,瞑目床前,猶談辨僞求真,考據煩文留後世;
悽惶驚噩夢,畫眉窗下,檢點遺編賸稿,傳經續筆屬何人?

我這才知道,原來母親談過先父彌留之際曾一度短暫迴光返照,最後所談的竟是先父書稿如何能見天日之事!這是父母親共同的一個念兹在兹的心結。一九八二年七月三日晚,母親鄭重地將整理先父書稿並將之出版之事託付予我,這大概也是母親早想告訴我而最後才對我說的話。萬萬想不到,第二天一早,母親竟突發腦溢血,搶救無效於兩天後去世。從此與母親陰陽兩隔,母親的囑託竟成爲她的最後遺言!本來,如果按部就班地上學,我一九六八年就應該考大學,但十年浩劫卻使我一九七八年春才走進大學校門;若當初就上大學,我絶不可能學文,而十年之後,以"知青"當農民和當工人的經歷,卻使我轉變爲對人文科學充滿了濃厚興趣。前幾十年父母親的無奈和我的人生際遇,就這麼被時代交匯到了一起,説陰錯陽差也罷,説機緣巧合也罷,總之是完成父母親期望的重擔就這樣落到了我的肩上。母親去世時,我雖也頂著一頂大學中文系畢業的帽子,但對於經學,卻實實在在只是一個"白丁"。爲了母親的囑託(現在知道竟還有父親的期望),我除了硬著頭皮學,硬著頭皮幹,再無他法,這已經是我無論如何也推脱不掉和繞不開的任務。我曾在《長安學叢書·張西堂卷》(三秦出版社二〇一二年)的《後記》中寫過:"我知道,母親的囑託,已經成爲我必須完成的使命,是我做兒子一定要盡的孝,也要求我必須重新開闢一條新的人生道路。"而那一晚母親最後的形象,則永遠刻印在我的腦海中,這麼多年來無數次在夢中夢到母親,竟幾乎全是這一影像,是母親在督促我努力學習、不許懈怠,囑咐我一定要完成這一工作。而我最值得慶幸的一點,是趕上了國家改革開放的時代。那真是一個偉大的時代!我感到二十世紀八十年代所帶給我們的最珍貴者,就是希望和機會。一九八五年,我有幸考上西北大學秦漢史專業的研究生，能夠改變命運，逐漸具備從事學術研究的基礎；這些年來，也正是在自己所追求的道路上一點一點地向著目標不斷前進。有機會，有希望，我就堅信母親的期望一定可以實現。何況退休以後，確實感覺自己有理想、有目標、有事做，心中極充實，甚至覺得心境和人生格局都有所改變，這是異常難得的。而每每想到這些，都實在禁不住要喟然長歎：此乃命也夫！命也夫！

　　整理先父書稿的工作對於我確實是相當艱難的，因爲不僅是學識要加強，而且自己的工作也要做好，事業也要發展，不可能拋開工作只做父親的事情，而必須將時間劃分爲兩個階段：退休前以做好工作爲主，抓緊時間努力讀書，作爲準備；退休後在實踐中加強學習，邊幹邊學。這實際上也是自己學術功力積累和能力提高的過程，這期間，須臾也不敢忘記母親的教誨，使我能不斷克服各種困難。此事，我也曾寫入我主編的《長安學叢書·張西堂卷·後記》中，那時等於是宣告：我開始邊幹邊學了！到如今整整十年過去，先父全集即將正式出版，多年辛勞終於有了結果。我總算可以欣慰地說沒有辜負母親的期望，可以告慰父母在天之靈了！其實我現在最希望的，就是以後在夢中再夢到母親，她不再像過去那樣滿臉嚴肅，而能對我笑笑，誇我幾句，說一聲"孺子尚可教也"，那我這麼些年所付出的一切辛勞就都值了。

　　同時，對我來說，這也是一個追尋父親足跡的過程。父親去世的時候，我尚不足十一歲，對父親的一生基本沒什麼瞭解，更不懂他所做的學問。後來雖然聽母親講過一些，上大學時也讀了先父的《詩經六論》，其實很多事情還是不瞭解。而通過整理父親的書稿，幾遍通讀其論著，不僅深深地爲父親深厚的學術功力所嘆服，也認識到其學術成果的重大價值。同時，盡力搜集關於父親的一切歷史資訊，特別是他到西北大學後的資訊。近幾年我看了好幾部關於西大校史的書，看到在抗戰時期那些父輩的老學者們不甘當亡國奴，爲保存高等教育的火種，顛沛流離來到陝西，在極艱苦的條件下，篳路藍縷，忘我奉獻，勤奮工作，教書育人；而學生們同樣不顧條件簡陋，"弦歌不輟"，爲祖國的富強和明日的復興刻苦學習。此時，我總會有一些冥想，想象著父親當年在城固低矮的草屋中，在昏暗的油燈下，邊抽煙邊奮筆揮毫，勤奮寫作的情景。他們並非爲了名或爲了利，也沒有什麼"課題"一說，有的僅僅是發自內心的對民族、對學術的高度責任感。先父的所作所爲，正是那些前輩學人在民族危難之時堅持氣節、奮鬥拼搏的一個生動寫照，故而對先父那一輩老知識分子，心裡也是滿滿的敬佩。這些，使我覺得自己在慢慢地讀懂了父親，也堅信自己在做一項極其有意義的工作。